中國哲學體用思想研究

言恭達

胡勇——著

Research on the *Ti-Yong* Thought of the Chinese Philosophy

南京大学出版社

图书在版编目(CIP)数据

中国哲学体用思想研究 / 胡勇著. —南京：南京
大学出版社，2020.4
ISBN 978-7-305-22799-8

Ⅰ.①中… Ⅱ.①胡… Ⅲ.①哲学思想-研究-中国
-古代 Ⅳ.①B2

中国版本图书馆 CIP 数据核字(2019)第 299286 号

出版发行　南京大学出版社
社　　址　南京市汉口路 22 号　　　　邮　编 210093
出 版 人　金鑫荣
书　　名　**中国哲学体用思想研究**
著　　者　胡　勇
责任编辑　郭艳娟

照　　排　南京紫藤制版印务中心
印　　刷　南京爱德印刷有限公司
开　　本　787×1092　1/16　印张 54　字数 996 千
版　　次　2020 年 4 月第 1 版　2020 年 4 月第 1 次印刷
ISBN 978-7-305-22799-8
定　　价　298.00 元

网　　址：http://www.njupco.com
官方微博：http://weibo.com/njupco
官方微信：njupress
销售咨询热线：(025)83594756

序

  本书立足于整个中国古今哲学的历史进程,从纵、横两个方向对中国体用思想的起源和发展予以全面深入的考察。

  纵向上,将中国体用思想的发展历史分为六个阶段:(1)先秦两汉时期,"体用"意识的孕育和萌动;(2)魏晋南北朝时期,"体用"范畴的发生与定型;(3)隋唐时期,"体用"逻辑的初成与展开;(4)宋元时期,"体用"诠释的泛化与成熟;(5)明清时期,"体用"范式的圆融与固化;(6)近现代时期,"体用"哲学的转折与开新。

  横向上,对每个历史时期重要思想流派和代表人物的体用思想和体用逻辑的经典论述进行深入考察。在先秦两汉时期,重点考察儒家礼乐文化、诸子天道性命、秦汉宇宙气论以及早期易经诠释中的中国"体用"意识之孕育与萌动;在魏晋南北朝时期,重点考察玄学、早期佛学、道教经学以及儒家经学中"体用"范畴的发生与定型;在隋唐时期,重点考察此一时期佛教宗派哲学、道教哲学和儒家哲学中的"体用"逻辑之初成与展开;在宋元时期,重点考察此一时期易学与道学尤其是朱熹哲学、宋元新道教以及佛教哲学发展中所展现的体用诠释的泛化与成熟;在明清时期,重点考察心学、实学、佛教中兴以及明末清初伊斯兰教哲学中国化中所体现的"体用"范式之圆融与固化。

  对于近现代体用思潮,作者重点考察西学冲击下的文化论争、现代新儒家崛起、近代佛学革故以及马克思主义哲学中国化过程中所呈现的"体用"哲学之转折与开新。

  在对体用思想进行全面历史性考察的基础上,对体用思想从概念、范畴、逻辑、诠释、范式和哲学等六个层面进行辩证分析,试图深度揭示中国体用思想所蕴含的历史本质和未来可能。

  在"体用"概念的语源学考察中,本书根据"体"与"用"的词源意义与词汇意义进行全景式梳理分析,对"体"与"用"两个概念的哲学蕴涵予以深刻揭示;在对体用范畴方法论本质的分析中,本书首先肯定中国哲学有其自己独特的范畴体系——实质性范畴和形式性范畴,同时明确指出"体用"范畴乃是中国哲学形式性范畴系统中的最高范畴。在对"体用逻辑"的本体论实质的分析中,本书把儒、释、道三家作为自己的思考对象和表述基础。在"体用范式"的中西哲学交会的思考中,本书指出,"体用范式"不仅是观照中国哲学的基本框架,也能在认识西方哲学本质上发挥重要作用。

本书是作者在其博士论文基础上进一步修润而成。它不仅将中国"体用"思想放在"古今—中西"的哲学视域之中,予以全景式的历史考察,而且对于体用思想本身进行了较深入的哲学思考,具有很强历史感、开放性和理论思辨,颇具开创性和学术价值。对于进一步推动包括中国古代思辨哲学在内的中国传统文化的研究,具有重要的意义。该书即将付梓,聊寄数语,是为序。

赖永海

2019 年 12 月于南京大学

目　录

下编　　"体用"哲学

绪　论

"古今—中西"视域中的中国哲学

哲学本质上是一种活动,人类通过特有的哲学思维对世界、人类自身以及人与世界的关系进行根本性的认识思考与观照体悟,从而为人类自身改善生存质量和提升生命境界提供终极意义上的价值设准。哲学的发展一方面响应、跟随乃至引领时代的脉动,一方面又具有自身内在变化的趋势、轨迹乃至规律。因此如何透过对哲学发展历史的反思来理解和把握这种趋势、轨迹乃至规律,不断地在这种反思中体察把握哲学自身的本性和发展方向,自然成为哲学研究和思考的永恒使命。世界哲学,尤其西方哲学是如此,中国哲学自然不能例外。本书研究的主要任务,是通过对"体用"思想的"用"和"体"进行集中、全面、深入的历史考察和哲学分析,以期更好地把握中国古代哲学的本来面目和未来走向。

一、研究意义

"体用"思想贯穿古今,内涵丰富,形态多姿。一般认为,"体用"范畴起始于王弼时期,事实上体用意识或体用思想却至少可以溯源至先秦轴心时代,甚至更古的前哲学时代。由此可见,"体用"思想由萌芽到生发到拓展到成熟,从古至今经历了至少两千多年,可以说是贯穿了整个中国哲学发展历史的,一方面是中国哲学家们不断地以体用逻辑为工具、手段乃至为根本,来完成自己的哲学创造和时代使命,另一方面则是"体用"范畴本身在这些创造过程中不断地变化、发展,乃至跃升。事实上,这个过程是逐渐由隐到显,由微到著的。理解这个过程,在某种程度上说就是在理解整个中国哲学自身。

"体用"思想是中国哲学系统的核心。自王弼提出"体用"概念之后,"体用"概念逐渐为同时代及后来的学者关注和继承,并且在后来儒释道易的学术思想发展中,不断深化、拓展其意涵,被普遍运用于对宇宙生成、心性本体、世界实相、修证功夫,乃至事物的认识和诠释解读上,由此使"体用"概念最终上升为一个基本的哲学范畴,成为后来诸多学者思想体系中不可或缺的关键结构。更为重要的,是体用范畴还代表着一种独具中国特色的哲学思维范式和语言诠释范式,依此范式,思想者们得以认识世界、理解世界、言说世界,从而建构出各具特色的思想体系。近世以来,在中国哲学与世界哲学(主要是西方哲学)的碰撞与对话中,在追求中国哲学的主体性和世界性的过程中,中国哲学不断地认识自身,调适自身与世界的关系,"体用"范畴于此发挥着根本性的作用。至此,"体用"已由一种范畴发展到一个范式,并最终上升为一种哲学,一种有着鲜明的民族特色的哲学系统。熊十力说哲学就是本体论,就是体用论,可谓对此最强有力的宣昭。

"体用"思想是把握三教关系的总关键。"体用"概念的范畴化,标志着哲学思维最根本的跃升,伴随着佛教的本体论思维的引进,中国本土的本体论思维也各有进步,乃至最后三教相互交涉、交融,于此,"体用"范畴和范式都发挥着重要的平台和枢纽作用。可以说,"体用"思想已经成为儒释道三教各自理论发展和相互沟通的共法,当然也就成了体察三教关系的金钥匙。

"体用"思想是中西文化对话的总枢纽。近160年以来,中国社会遭遇近三千年来从未有过之大变局,中国文化之自信遭受巨大的挫折,尤以中国哲学为甚。所以,如何重建中国哲学乃至中国文化之自信,就成为百多年来中国哲人之重大使命。中国哲学如何以一种主体的身份进入世界,参与世界哲学的对话和建设,在今天显得尤为重要。而以经过批判的"体用哲学"为中国哲学主体性的核心,充分发挥其强大的圆通精神和融摄能力,中国哲学可以更加自信地走向世界和未来。

由此可见,"中国哲学体用思想研究"就显得十分必要且意义重大:

1. 通过对"体用"思想的整体性研究,有利于厘清其如何由一般概念到哲学范畴直至上升到哲学逻辑范式的全部过程,从而能更完整地把握它在整个中国哲学发展进程中的地位、作用和功过。

2. 有利于更清晰地把握儒、释、道三家各自理论发展的内在过程,特别是佛教中国化和佛教化中国的理论机制,更准确地掌握三教之间互涉、互动、互融、互通的文化密码。

3. 有利于更清楚地把握中国哲学发展的实际进程和核心逻辑,更好地揭示中国哲学的本来面目和真精神,从而获得中国哲学真正的主体性,更平等地参与中西对话,更自觉地走向世界和未来。

4. 有利于从方法上开拓第二序的哲学反思,由以往过分重视中国哲学的思想内涵转向对中国哲学的思想形式的研究,使中国哲学研究由混沌、圆融走向分析、批判。

二、研究现状

随着中国经济腾飞、国力增强,中华文化的自信也在逐渐恢复之中。中国哲学经过与西方哲学近两百年的学习、借鉴与对话,逐渐从历史迷雾中走向清晰,从盲目自大中走向开放,从妄自菲薄中走向平等,从混沌走向批判。由此,21世纪的中国哲学研究正以越来越开放、平等、自觉的主体姿态走向世界和未来,大量新的研究材料、新的研究方法、新的研究视野以及新的研究成果不断得到发掘、发现与创造。目前中国哲学研究总的趋势表现为:第一,摒弃用西方哲学的概念、范畴和框架来肢解中国文化哲学的陋习,尊重中国哲学自身二千多年来的发展历史、轨迹和逻辑,努力用中国哲学自己的话来说清楚自己;第二,调整过去一味以宏大叙事方式来讲中国哲学的做法,综合采用多种研究和诠释方法,深入哲学发展的细节,夯实哲学研究的基础,充分理解中国哲学发展的内在规律和机理;第三,自觉参照西方哲学发展,合理运用西方哲学方法,积极实践中西哲学对话与融通,大胆追求中国哲学的主体性和世界性。当然,这种趋势只是刚刚开始,还存有很大的拓展和深化的空间,远没有达到它的发展极致,因此需要中国哲学的研究者们不断努力推进与实现。在此背景下,选择以中国哲学"体用"思想为研究对象,就显得格外有历史感和时代感。下面将对此课题的研究现状及其文献作简要的综述:

第一,就"体用"思想的宏观整体研究①来看,相关学者都十分关注体用范畴的发生发展过程的历史考察,对不同时期的体用思想的表现形态和哲学内涵做了比较全面而深入的分析和讨论,其中尤以葛荣晋的《中国哲学范畴通论》和景海峰的《中国哲学体用论的源与流》为突出。综合而言,有如下几个特点:

1) 他们都认为体用范畴在中国哲学发展过程中地位重要,作用很大,值得深入研究。

2) 大家一致认为体用范畴是一个发展变化的历史范畴,其萌芽时期在先秦和两汉,正式形成时期为魏晋玄学时期,以王弼为首②,僧肇为峰③;体用

---

① 相关著作主要有张岱年:《中国古典哲学中若干基本概念的起源与演变》,《哲学研究》,1957 年第 2 期,第 57—72 页;方克立:《论中国哲学中的体用范畴》,《中国社会科学》,1984 年第 5 期,第 185—202 页。景海峰:《中国哲学体用论的源与流》,《深圳大学学报》,1991 年第 1 期,第 56—64 页;张云勋主编:《中国哲学基本范畴与文化传统》,贵州民族出版社,1999 年;葛荣晋:《中国哲学范畴通论》,首都师范大学出版社,2001 年;陈赟:《从"贵体贱用"到"相与为体"——中国体用哲学的范式转换》,《许昌学院学报》,2003 年第 1 期,第 1—6 页;方克立:《关于文化体用问题》,《社会科学战线》,2006 年第 4 期,第 16—23 页;方克立:《当代中国文化的"魂""体""用"关系》,《中国社会科学院研究生院学报》,2012 年第 1 期,第 5—13 页。

② 相关著作有:刘梁剑:《王弼论体用关系》,《渤海大学学报(哲学社会科学版)》,2004 年第 2 期,第 29—32 页;郭丽娟:《王弼易学哲学思想再探》,2006,四川大学博士论文;杨颖川:《王弼哲学对"有"的肯认——"有无"关系再探》,《齐齐哈尔大学学报(哲学社会科学版)》,2007 年第 5 期,第 27—29 页;朱汉民:《论程颐易学对王弼之学的继承》,《齐鲁学刊》,2010 年第 1 期,第 18—21 页;李晓春:《王弼"体用论"述真》,《兰州大学学报(社会科学版)》,2010 年第 4 期,第 12—17 页。

③ 参见徐小跃:《僧肇"有无观"、"体用论"之探讨——兼谈佛教中国化问题》,《南京大学学报(哲学社会科学版)》,1995 年第 1 期,第 31—38 页;陈赟:《简论僧肇的佛学思想》,《商丘师范学院学报》,1997 年第 1 期,第 21—23 页;蒋海怒:《僧肇对玄佛体用论枪的扬弃》,《人文杂志》,1999 年第 4 期,第 21—24 页;沈顺福:《僧肇哲学与玄老思想比较研究》,《东岳论丛》,1999 年第 1 期,第 99—105 页;王贻社、李秋丽:《论僧肇"空"的视野下的宇宙人生》,《齐鲁学刊》,2004 年第 2 期,第 36—39 页;陈红兵:《庄子僧肇人生观比较研究——基于道家哲学与佛教中国化关系的研究》,《管子学刊》,2008 年第 1 期,第 85—91 页;陈红兵:《论僧肇佛学的有无论与动静观》,《华东师范大学学报(哲学社会科学版)》,2010 年第 2 期,第 58—64 页。

范畴在唐代佛教的发展中使用十分繁盛,并深刻影响了宋明理学对体用范畴的全面使用;明清之际的体用思想已经发展到高峰,尤以王夫之为代表;而到近现代时期,体用范畴的应用由哲学转向政治、文化领域,但基本的哲学内涵没有大的改变。

3) 都对体用范畴的内涵进行了自己的分析,认为体用范畴的含义不是单一,而是多层次的,大致有三种含义:一是形体(形质、实体)与功能、作用、属性的关系。包括先秦荀子的体用观,袁准的才性论,范缜的形质神用说,张载、王安石、罗钦顺、王夫之的气学体用说,熊十力的体用说,张岱年的"文化体用"说,都是从这一层涵义上来使用"体用"范畴的。二是本体(本质)与现象(表现)的关系。魏晋玄学、隋唐佛学和宋明理学的体用范畴论,主要是从这一层涵义上来使用的。三是根本原理(原则)与具体应用的关系,如三国时期杜恕的体用论、宋代胡瑗、真德秀的"内圣外王"之学,清代李颙的"明体适用"之学,近代张之洞的"中体西用"说,以及现代李泽厚的"西体中用"说,张岱年的"文化体用"说,等等,都是从这一层涵义上来使用的。另外,从历史上看,有的哲学家是从单一意义上来使用体用范畴,有的哲学家是从两种或三种意义上来使用体用范畴的。①

4) 另外,景海峰提出了几个值得深入研究的问题:一是体用说到底起源于何时,先秦儒家经典中是否存在体用思想,宋明儒学的体用思想到底是借用于中国佛教,还是承接于先儒;二是体用在中国佛教中的运用十分普遍,但其思想的起源不是十分明晰,是否为中国体用思想在佛教中的运用,还是存在一个所谓印度佛教的体用思想;三是关于近代以来中西文化体用论争中的体用观念是一种滥用,还是一种创新。这几个问题,对于全面深入的把握体用范畴和思想是十分关键的。②

第二,就"体用"思想的局部个体研究来看,统计近三十年来国内的期刊文献,直接以某个哲学家的体用思想为讨论主题的文章有300多篇,仔细分析,可以发现如下几个特点:

1) 就研究的时段而言,学者的关注点比较集中于三个时期:一是体用范畴的发生定型期,即魏晋南北朝时期,研究对象主要为王弼、僧肇等;二是体用范畴的成熟鼎盛时期,即宋元明清时期,主要对象为张载的体用论以及中西文化体用说为重心。当然,也有部分学者较为关注先秦时期的《老子》、《易传》和《中庸》等经典中的体用思想。

2) 就研究的领域而言,主要集中在儒家,特别是新儒家(包括现代新儒家);其次是六朝佛教,少数学者关注到隋唐宗派佛教中的体用思想。道教

---

① 参见葛荣晋《中国哲学范畴通论》,首都师范大学出版社,2001年,第334页。

② 景海峰:《中国哲学体用论的源与流》,《深圳大学学报》,1991年第1期,第56—63页。

领域的研究相对更少,仅有李刚、孔令宏等人分别对重玄学派和宋元丹道学派中的体用思想予以讨论。

综上所述,近几十年来,不仅有一批通论性质的文章,对体用思想的源流、体用范畴的内涵及其在哲学史的地位,进行了较为细致和深入的梳理和考察;还有很多学者从个体微观的角度对许多思想家的体用思想和体用观进行研究。这充分说明国内学术界十分重视对中国哲学体用思想的研究,这是中国哲学自觉意识的表现。这些研究成果都将成为作者进一步研究的起点和基础。但同时又必须清醒地看到,当前国内外对于中国哲学体用思想的研究还处在一个较为原始粗糙的阶段,还比较缺乏研究的对象意识和方法意识。

其一,就"体用"思想研究的对象来说:先秦儒学除了荀子偶有提及外,比较重视《易传》和《中庸》,孔、孟以及儒家的其他经典则很少言及。先秦道家中老子较多,而庄子以及其他经典几乎没有讨论。当然其他先秦诸子也很少言及。秦汉时期的体用思想的讨论基本阙如。魏晋南北朝时期,比较重视王弼、僧肇,而对其他重要思想家的体用思想重视不够。隋唐时期,儒释道三家都十分重视体用逻辑的运用,但研究者关注十分不够,尤其是重玄道教的体用思想,佛教各个宗派的体用观、儒家易学中的体用观。宋元明清时期,是新儒学大发展时期,也是三教融合时期,学者的重心大多放在新儒学的体用思想上,而缺乏对此时期道教和佛教体用思想的关注,显得很不平衡,特别是明清实学和易学中体用思想缺乏深入研究;近现代时期,是体用思想的自觉时期,因而关注得较为全面和充分,但也存在着研究的空白,譬如西学东渐的过程中体用思想的变化、转折,特别是马克思主义中国化进程中的体用意识等,都缺乏深入的探讨。正因为研究对象的不平衡,导致我们对于中国哲学体用思想的历史进程及其哲学本质缺乏真正完整而清晰的认识和把握,当然也无法获得对每一个体的体用思想正确的认识和评价。

其二,就"体用"思想的研究方法来说,主要存在如下一些问题:

1)满足于对研究对象的平铺直叙,不能深入地分析体用概念运用的哲学本质和逻辑内涵,大多停留在就事论事的层面上。

2)偏重于利用体用结构来说明运用者的思想,而不能对体用范畴和体用范畴所表达的思想做恰当区隔,从而忽视了对体用结构本身的深入分析。

3)满足于对体用结构的表层语意的简单分析和归纳,缺乏对"体用"表述的深层和多层分析,缺乏对体用概念与其他概念之间互动关联的认识。譬如说,早期的体用与本枝、本末,中期与本迹、因果、寂用、权实等,后期与内外、一多、动静、能所、先后等范畴之间都有十分紧密的关联和互动。

4)偏重于对于体用范畴内涵的平面把握,而不能从体用思想的发展历史中,发现其由"体用意识"到"体用概念"再到"体用范畴",进而"体用逻辑"

的由具象到抽象、由实到虚不断哲学化的过程。

5）满足于描述思想者对体用范畴的运用，缺乏对体用作为思想方法和表达范式对于思想建构本身的正、反面影响的认识。

6）满足于个案研究，缺乏对体用思想儒、释、道各自理论发展进程，特别是体用思想在三教互动关系中的形态、作用和影响做全面深入的考察。

7）满足于在传统思想的历史中自言自语，不能充分自觉到体用哲学乃是中国哲学的根本内核，是中国哲学思维的基本范式，中国哲学精神的具体标志，从而缺乏与西方哲学积极主动的比较、对话甚至会通的意识和实践。

总而言之，当前学界的体用思想研究无疑取得了很大的进步，产生了一批研究成果，但相对于体用思想在中国哲学中的地位来说，现有的研究还很不够，无论是研究内容和方法，都需要更多的学者做出更大的努力和推进——那就是写一部贯通古今中外的"中国哲学体用思想研究"的专著，这也是本书的主要目标。

三、研究成果

基于体用逻辑分析的普遍性，全书结构依据"即用显体，立体行用"的原则来安排，共分上下二编，上编属于"用"，下编属于"体"。正是在这样的结构安排中，实现了体用思想研究的诸多成果。

第一，研究表明，中国体用思想的源头在中国，而非由外来文化所传入。早在先秦时期就孕育有丰富的体用意识，这种体用意识与中国上古礼乐文明的发展有极为深远而密切的关系。最早且完整的体用表达由东汉王符在《潜夫论》中所实现——"道者，气之根，气者，道之使"。魏晋南北朝时期是体用概念逐渐范畴化的重要阶段，其中王弼、僧肇二人的体用思想对于儒释道三家各自体用思想发展的影响巨大，然而真正完整的体用表达和诠释是在梁武帝时期，从此儒释道各家进入自己独立发展体用思想的阶段。到隋唐时期，佛教体用思想全面逻辑化、结构化，并且与佛教各家各派的义学阐释紧密结合，佛教译经之中也大量使用体用概念；重玄学与体用逻辑的结合，大大提高了道教的理论思辨水平；儒家经学也蕴发十分重要的体用思想，直接成为宋明理学的启蒙和开端。宋元明清时期是体用诠释全面泛化的时期，也是体用逻辑发展最为丰富的时期，但真正对体用思想发展有较大贡献的还属新儒学，周敦颐正是运用体用结构才真正完成儒学从经学向理学的最终转变，程颐所倡导的"体用一源，显微无间"思想对整个中国后期哲学影响深远。尔后无论气学、理学、心学，都是依托体用逻辑展开自己的理论建构和相互竞争。与此同时，儒释道三教之间及依据体用逻辑相互批评，又以此为根据进行相互融合。明末清初的方以智和王夫之成为中国古代哲学体用思想发展的集大成和最高峰。此一时期在伊斯兰教中国化过程中，刘智完全把伊斯兰教义思想体用逻辑化,从而实现其与中国传统哲学尤其是宋明理学的融合。近代以降,中国文化受到西方强势文化的剧烈冲击,体用逻辑在中国文化命运的激荡中发挥重要作用,各种围绕中西体用之间的争论此起彼伏,至今未息;更重要的是这一时期全面进入了对体用思想本身的自觉反思,为体用哲学的形成创造条件。

第二,研究表明,体用范畴的核心意蕴是世界的真实存在和存在者之间的普遍联系,基于存在的静态方面而有"实体—作用(表现或功用)"的逻辑呈现,基于存在的动态方面而有"本体—作用(显发或流行)"的逻辑呈现。体用范畴属于中国哲学最高的形式性范畴,能够以任何实质性范畴和其他形式性范畴为诠释对象,其与中国哲学最高的实质性范畴"天人"结合形成中国哲学(儒释道)的基本结构——"天人—体用"或"本体—工夫",这一结构同时也与西方哲学的基本结构——"思维—存在"或"本体—认知"形成鲜明对比。中西哲学形态上的巨大差异,其根源在于作为哲学文化底层的精神活动方式的巨大差异,即西方的"反思"与中国的"返思",正是这两者之间的显著不同,致使中西各有其"本体论"和"ontology",以及中国以"体知"为核心的"工夫论"和西方以"认知"为根本的"知识论"。中西哲学的对话应该以中国哲学的主体性和世界性为前提,同时要建立在"(世界—历史)—人"的新本体之上,在体用不二的框架内充分发展体用二分的反思哲学,在体用二分的分析中努力回归体用不二的返思哲学,这正是中国体用哲学的创新使命,也是未来"世界哲学"的必然方向。

总之,整个体用思想的历史考察和哲学分析充分表明:"体用"思想贯穿中国哲学发展之古今,其内涵丰富,形态多姿,不仅是中国哲学系统的思维核心,同时也是把握儒释道三教互动融合的总关键,更是近现代以及未来展开中西文化对话的总枢纽之一。

上编 "体用"源流

证据只能由历史本身提供。

——[德]恩格斯:《路德维希·费尔巴哈和
德国古典哲学的终结》

我们不再只是质问人们思想的内容(思想的内容毕竟是思考的最终结果),而要探索人们用什么思考;不再只问思想的客体,还要质问思考的工具。①

——[法]朱利安《进入思想之门——思维的多元性》

---

① [法]朱利安:《进入思想之门——思维的多元性》,北京大学出版社,2014 年,第 122 页。

第一章

先秦两汉时期:"体用"意识之孕育与萌动

所谓"体用意识",是指对"体用"结构及其逻辑的一种觉察和认识,本质上是一种思维模式或方法;但这种"意识"自身还没有形成明确而稳定的概念表达,当然也没有达到自觉的哲学反思层次,而是散见于不同的思想者自发而又随意的运用之中;在这种自发随意的运用中,蕴藏着后来成熟的体用范畴及逻辑所拥有的各种丰富内涵的雏形及其变化发展之轨迹。也正是在这个意义上说,先秦两汉是"体用意识"的孕育和萌发的重要时期。因此,本章的主要任务,就在于对"体用意识"在先秦两汉时期的孕育和萌动的实际情形做出一个尽可能全面而客观的重新发现,并力图阐明这种"体用意识"的生发与前后时代思想发展之间的相互关系,特别是要揭示中国传统哲学思维的早期形态和发展趋势。

第一节 儒家礼乐文化中的"体用"意识

礼乐文明或礼乐文化,可以说是先秦上古文明的总体特征;但到了西周末年,整个社会的形态和结构发生重大变化,出现所谓"礼崩乐坏"局面,极大地削弱了礼乐文化在整个社会存在中的整体性和权威性。接下来的春秋战国时代,是诸侯争雄称霸的时代,也是诸子百家兴起、众说纷纭竞争的时代。尽管学派繁多,但他们的主张、学说都围绕着一个共同的时代主题,即如何响应或解决当时的"礼崩乐坏"问题,从而为时代、为社会、为人之存在重新建构一种秩序。其中的代表为春秋时代被尊为显学的儒家和墨家,以及战国时代崛起的道家和法家。儒家从孔子开始,以恢复上古礼乐传统、实现天下太平为己任;墨家提倡兼爱、非攻,尚同、尚贤,菲薄礼乐;道家崇尚自然、虚无,反对礼乐;法家重法尚刑,利用礼乐。由此可见,无论是哪家学派或思想主张,其根本仍在于如何面对这个源远流长、曾经无比辉煌的文明传统——礼乐文明,也自然成为他们分歧争论的焦点或实质所在。

儒家作为诸子百家中唯一以继承、维护礼乐文明传统为使命的思想学派,在对礼乐文化进行反思和建构的文化转型过程中,形成其哲学上所谓的人性论、道德论、天命观、修养论等思想。正是在这些思想论述中,孕育和发展出一种特殊的"体用意识",这种意识的形成和发展,一方面决定学者们对礼乐文化反思的深度和方向,同时又深刻地参与并塑造整个时代的思维方式,并极大影响了后世中国文化的思维模式和表述模式。

鉴于此,本节将按照历史时期分为先秦和两汉两个阶段,集中考察分析早期儒家礼乐文化思考中的"体用意识"。

一、先秦儒家礼乐文化中的"体用"意识

先秦阶段儒家思想家自然是孔子、孟子和荀子为重点,其相应的文本为《论语》、《孟子》、《荀子》。说到中国古代的礼乐文明、礼乐文化,不能不提到《周礼》、《仪礼》和《礼记》,即通常所说的"三礼"。《三礼》是古代礼乐文化的理论结晶,对礼法、礼义做了最权威的记载和解释,对历代礼制的影响最为深远。《周礼》又称《周官》,主要讲官制和政治制度。《仪礼》记述有关冠、婚、丧、祭、乡、射、朝、聘等具体的礼仪制度。《礼记》则是一部秦汉以前儒家有关各种礼仪制度的论著选集,其中既有礼仪制度的记述,又有关于礼的理论及其伦理道德、学术思想的论述。另外还涉及一些基本经典,如《尚书》、《左传》等。下面的论述将依据文本的出现年代先后来安排。

(一)《尚书》:"五行"之"体—性—用"

《尚书》原称《书》,到汉代改称《尚书》,意为"公之于众的(古代)皇室文献"。作为我国最古老的历史文献,《尚书》是我国历代统治者治理国家的"政治课本"和理论依据。[①]通过重点考察其中体、用的词语使用及类似于体用思维的表达结构,可以发现:

(1) 在《尚书》中,"体"字的直接使用仅有两次。一次作动词,如《尚书·毕命》中"政贵有恒,辞尚体要,不惟好异",究其实,"体要"[②]当为体现、反映、把握说话的要点、纲要、核心之义。一次作名词,意为龟卜之"兆体",如《尚书·金滕》曰:乃卜三龟,一习吉。启籥见书,乃并是吉。公曰:"体!王其罔害。予小子新命于三王,惟永终是图;兹攸俟,能念予一人。"[③]此处的"体",

---

① 两千多年来,我国学术界一直对传世的古文《尚书》存在真伪之争。传统观点认为:现存版本中真伪参半。一般认为《今文尚书》中《周书》的《牧誓》到《吕刑》十六篇是西周真实史料,《文侯之命》、《费誓》和《秦誓》为《春秋》史料,所述内容较早的《尧典》、《皋陶谟》、《禹贡》反而是战国编写的古史资料。今本《古文尚书》总体认为是晋代梅赜伪造,但也存在争议。本书对此采纳学界的主流观点,认为《今文尚书》基本属实。

② "体要"孔安国的注为:"政以仁义为常,辞贵以理实为要,故贵尚之。"孔颖达疏为:"为政贵在有常,言辞尚其礼实要约,当不惟好其奇异。"汉代荀悦的《汉纪·后序》中说:"于是乃作考旧,通达体要,以述《汉纪》。"刘勰在其《文心雕龙·序志》中说:"盖《周书》论辞,贵乎体要;尼父陈训,恶乎异端。"

③ 《尚书·金滕》。本书有关《尚书》引文均引自(汉)孔安国传,(唐)陆德明音义,《四部丛刊初编》。

当指龟卜时的兆象。① 所谓龟卜之"兆体"，实际包含有后来所发扬出来的两个要素，一个是象数，一个是义理。

（2）"用"字使用相对较多，共有149次，从意义上说共分两类，一是作名词，表示功用、功能之义。《尚书·大禹谟》中有"政在养民。水、火、金、木、土、谷，惟修；正德、利用、厚生，惟和"，此处功、用并出，大禹指出善政具体表现在"九功"，即六府三事。其中"利用"是指为民兴利，利于民用，用即是功用。一是作动词，表示使用、运用之义。如《尚书·洪范》：

> 初一曰五行，次二曰敬用五事，次三曰农用八政，次四曰协用五纪，次五曰建用皇极，次六曰乂用三德，次七曰明用稽疑，次八曰念用庶征，次九曰向用五福，威用六极。

此处之"用"为运用、使用、施用之义，因其在运用之时的状态和目的不同，而形成不同之"用"，即敬用、农用（厚用）、协用、建用、乂用、明用、念用、向用和威用。"五行"之所以不说"用"，孔颖达《尚书正义》曰："五行不言'用'者，五行万物之本，天地百物莫不用之，不嫌非用也。传于'五福'、'六极'言天用者，以前并是人君所用，五福六极受之于天，故言天用。"乃是因为"五行"实为万物之根本，天地万物没有不用的，所以就不需要专门言用了。这也就表明在"五行"为九用中之本，而其余八者为用中之用。

（3）在《尚书》之中还没有发现"体用"连用对称的情况，这说明体用结构或体用概念还都没有形成。但非常重要的是，在《尚书》这部最早的历史文献中，在其对"五行"的说明中，已经蕴涵有一种后来十分重要的体用模式或结构——"体—性—用"和"名—体—用"。这就是在《尚书·洪范》中著名的"五行"之说：

> 五行：一曰水，二曰火，三曰木，四曰金，五曰土。水曰润下，火曰炎上，木曰曲直，金曰从革，土爰稼穑。润下作咸，炎上作苦，曲直作酸，从革作辛，稼穑作甘。

此处并无"体""用"的直接使用，但包含有典型的"实体—属性—功用"的思维逻辑与表述结构。以水为例，"水"是实体性存在，其有"润下"的属

---

① 参见孔颖达《尚书正义》。孔颖达的正义曰："'如此兆体'，指卜之所得兆也。《周礼·占人》云：'凡卜筮，君占体，大夫占色，史占墨，卜人占坼。'郑玄云：'体，兆象也。色，兆气也。墨，兆广也。坼，兆罅也。'尊者视兆象而已，卑者以次详其余也。周公卜武王，占之曰：'体，王其无害。'郑意谓此言'体'者，即彼'君占体'也。但周公令卜，汲汲欲王之愈，必当亲视灼龟，躬省兆罅，不惟占体而已。但郑以'君占体'与此文同，故引以为证耳。"

性,同时这种"润下"的属性,能够产生"作咸"的功用。其他四种也同样如此。

五行 →	五性 →	五用
水	润下	作咸
火	炎上	作苦
木	曲直	作酸
金	从革	作辛
土	稼穑	作甘
(体) →	(性) →	(用)

这一结构虽然存在,但直到孔颖达的《尚书正义》中才有明确的揭示,他说:

> 此章所演,文有三重,第一言其名次,第二言其体性,第三言其气味,言五者性异而味别,各为人之用。《书传》云:"水火者百姓之所饮食也,金木者百姓之所兴作也,土者万物之所资生也。是为人用。""五行"即五材也,襄二十七年《左传》云"天生五材,民并用之",言五者各有材干也。谓之"行"者,若在天则五气流行,在地世所行用也。①

这段话中有两个方面内容,一是指出原文对五行的叙述为三重结构,第一层是对"五行"的名次的说明,第二层是对"五行""体性"的说明,第三层是对五行"气味"的说明。所谓"气味",是指五种存在的体性表现在气味上的差别,这种差别对人产生不同的作用,所以从根本上说,"气味"则是五行体性所产生的功用。也即是说,此中三重结构实际上为:名次—体性—功用,进一步可简化为名—体—用。第二,是他引用说明"五行"即是《书传》中的"五材",所谓"五材",一方面突出其作为"材干"的实体性,另一方面突出其"材用"的功用性。所谓在天为"行",五行即五气流行,在地为"用",世所行用之"用"。这说明"五行"是从其存在状态上说的,而"五材"则是从其存在形质上说的,而"五用"则从其功能或功用上来说。

(二)《左传》:"体政"之体

《左传》中虽然没有明确的"体用"案例,但其中"体"的用法有两处地方值得关注,而且这两处都与"礼"的论述有关。一是在《左传·桓公二年》中提出"体政"的说法:"夫名以制义,义以出礼,礼以体政,政以正民,是以政成而民听。"②此处认为"体政"实际上意味着有一种"政体"的存在,"政体"即指政治活动的具有其完整而具体的体制内容,并形成一种合理的整体秩序。

---

① 孔颖达:《尚书正义》。《武英殿十三经注疏》本。
② 《左传·桓公二年》。《武英殿十三经注疏》本。

"礼以体政"，指出"体政"为礼之目的或功用，同时也意味着"礼"是"政体"之使用工具或手段。不仅如此，此处还将"体政"纳入"定名—制义—出礼—体政—正民"层递为目的与手段的意义链条之中。其次是出现在《左传·定公十五年》：

> 　十五年，春，邾隐公来朝，子贡观焉，邾子执玉高，其容仰，公受玉卑，其容俯，子贡曰：以礼观之，二君者皆有死亡焉，**夫礼，死生存亡之体也**，将左右周旋，进退俯仰，于是乎取之，朝祀丧戎，于是乎观之，今正月相朝，而皆不度，心已亡矣，**嘉事不体，何以能久**，高仰，骄也，卑俯，替也，骄近乱，替近疾，君为主，其先亡乎。①

子贡以"礼"为死生存亡之"体"。此"体"当为"根据"之义，也就是说人对生死存亡等人生大事的根本态度或意义都体现在礼仪之中。显然，"体"在此已经具有体用之"体"的概念内涵了。

上述两例表明，在《左传》的作者意识中，"体"已经成为表示抽象事物的根据之义，同时其动词用法与名词用法相对应形成"实体"与"过程"及"功用"的逻辑结构，如"体政"之于"政体"。

（三）《论语》：礼之本与用

《论语》虽然不是孔子的全部言论②，但记录了孔子与其学生的重要对话，以及孔子学生的某些言论，这为了解孔子及其学生那个时代的思维与表述模式提供了重要的文本依据。从"体"和"用"的使用情况来看，一是使用次数不多，二是意义都较为普通，多用作日常词汇，缺乏可分析的哲学内涵。但《论语》中已经出现"本""用"范畴的运用，尽管还没有把本与用相连并举。通过本用范畴的运用分析，我们可以管窥《论语》中孔子及其弟子的"体用"意识或"体用"思维。③　下面通过四个案例来说明。

---

①　《左传·定公十五年》。

②　《孔子家语·礼运》："仁者、义之本、顺之体，得之者尊。"《郊问》："万物无可以称之者，故因其自然之体也。"《曲礼子贡问》："礼也者，犹体也。体不备，谓之不成人。"《哀公问政》："诚者，天之道也；诚之者，人之道也。夫诚、弗勉而中，不思而得，从容中道，圣人之所以定体也。诚之者，择善而固执之者也。"《辩物》："子贡曰：'以礼观之，二君者、将有死亡焉？'夫礼、生死存亡之体。"《六本》："孔子曰：'行己有六本焉，然后为君子也。立身有义矣，而孝为本；丧纪有礼矣，而哀为本；战阵有列矣，而勇为本；治政有理矣，而农为本；居国有道矣，而嗣为本；生财有时矣，而力为本。置本不固，无务农桑；亲戚不悦，无务外交；事不终始，无务多业；记闻而言，无务多说；比近不安，无务求远。是故反本修迹，君子之道也。'"

③　钱锺书《管锥编》：魏了翁《鹤山大全集》卷一〇九《师友雅言》记李微之云："《六经》、《语》、《孟》发明多少义理，不曾有'体'、'用'二字，逮后世方有此字。先儒不以人废言，取之以明理，而二百年来，才说性理，便欠此二字不得；亦要别寻二字换却，终不得似此精密"（参见许衡《鲁齐遗书》卷二《语录》下论"孔孟未尝言体用而每言无非有体有用"）。

【1】有子曰:"礼之用,和为贵。先王之道,斯为美。小大由之。有所不行,知和而和,不以礼节之,亦不可行也。"①

有子的话中很重要的一点,是他把"礼之用"的观念提出来,并明确地把"礼"与"和"作了区分,认为"和"并非是"礼"之本身,而只是礼之"用"。实际上就暗涵着一个与礼之"用"相对应的,能够作为控制这种"用"的"礼之本"或"礼之体"的存在。但必须清楚的是,虽然这里已经实际存在着一个礼之"本"和"用"的思维,但毕竟有子始终没有把这个逻辑以明确的"体用"或"本用"从概念形式上表述出来。

【2】林放问礼之本。子曰:"大哉问! 礼,与其奢也,宁俭;丧,与其易也,宁戚。"②

林放向孔子请教的并非礼的具体程序或规则,而是"礼之本",即礼的内在本质与外在形式之间的关系。孔子的解答内在地表明——礼节仪式只是礼的外在形式,内心的情感真实表达才是礼的本质内涵;因此行礼不能只停留在表面仪式上,更重要的是要从内心和感情上体悟礼的根本,符合礼的要求。

【3】有子曰:"其为人也孝弟,而好犯上者,鲜矣;不好犯上,而好作乱者,未之有也。君子务本,本立而道生。孝弟也者,其为仁之本与!"③

"孝弟也者,其为仁之本与",无论是理解为"仁之本"或是"为仁之本",其最关键在于提出了一个道德哲学的命题,即道德之所以为道德,或道德修养之所以能够实现,是由其基本或根本的因素来决定的。这样就由对"孝悌"这样一个具体的道德行为的讨论上升到一个对整个道德修养的普遍性讨论。结论是道德及道德修养本身是有其根本要素存在的,这种根本性要素一方面决定道德之所以为道德,也决定了道德实践的行为选择。这就是有子所说的"君子务本,本立而道生"。与此同时,也奠定了儒家及中国哲学的"本体—工夫"结构。"仁之本"为道德本体论之本,"为仁之本"乃道德工夫论之本。

【4】子游曰:"子夏之门人小子,当洒扫、应对、进退,则可矣。抑末也,本之则无。如之何?"子夏闻之曰:"噫! 言游过矣! 君子之道,孰先

---

① 《论语·学而》。
② 《论语·八佾》。
③ 《论语·学而》。

传焉？孰后倦焉？譬诸草木，区以别矣。君子之道，焉可诬也？有始有卒者，其惟圣人乎!" ①

此处涉及的其实是修习君子之道的内容和过程问题。从哲学思维上说，子游和子夏在为学的内容区分上是一致的，即都认为君子之道从内容上可以分为根本和枝末的两种类型；但不同的是二人在价值认定上，子游属于崇本弃末，而子夏则属于末先本后，由末之本。

《论语》中的体用意识一开始就与孔子"克己复礼"的仁学思想紧密结合在一起，主要表现在两个方面：一是分别讨论了礼之本和礼之用，虽然没有建立本和用之间的实质联系，但此处的"本"乃是与外在形式相对称的内在本质或根据之义，因此已经具有"体用"之"体"的部分意涵，而"用"突出的是"礼"的社会功用；与此同时讨论了为仁之本和为学之本，二者都是在本末关系的逻辑中使用"本"，此处的"本"更多强调的是本源或始初之义。其二也是更为重要的是，"君子务本，本立而道生"初步奠定了儒家的"务本"思维，强调儒家人格修养实践的根源性依据和基础性方法。

(四)《孟子》：志气合于一体

孟子(前372—前289)作为战国时期儒家学派的代表人之一，与荀子不同的是，他比较注重从人性、本心层面来继承孔子"克己复礼"的仁学思想。通览《孟子》全文，体和用作为概念的运用并不太多，也没有体用并称连用的情况；其中"体"的使用大多属于身体、物体之义，"用"之义也仅限于功能、作用上；其体用意识或体用思维主要体现在有关心性论方面的论述之中。

第一，在心气或志气关系上，孟子一方面注重内在心志对自然生命之气的统帅作用，一方面又强调二者之间的交养互动并统一于人之生命整"体"，在某种意义上，属于"心统志气"或"体统志气"，与朱熹"心统性情"之结构极为相似。《孟子·公孙丑上》中著名的"知言养气"即是明证。

曰："敢问夫子之不动心，与告子之不动心，可得闻与?""告子曰：'不得于言，勿求于心；不得于心，勿求于气。'不得于心，勿求于气，可；不得于言，勿求于心，不可。夫志，气之帅也；气，体之充也。夫志至焉，气次焉。故曰：'持其志，无暴其气。'""既曰志至焉，气次焉，又曰持其志，无暴其气者，何也?"曰："志壹则动气，气一则动志也。今夫蹶者趋者，是气也，而反动其心。""敢问夫子恶乎长?"曰："我知言，我善养吾浩然之气。" ②

────────────

① 《论语·子张》。
② 《孟子·公孙丑上·知言养气章》。

"志,气之帅也;气,体之充也"。"志"作为道德判断和道德行动的导向者的心之所之,是人生命活动动力即"气"的统帅,强调道德心志对身体之气的主导作用。就志气关系而言,志为上为主,气为下为次,但真正的"不动心",需要二者兼备:持其志,无暴其气。即在内坚持心志的统一性和主体性,在外保持对生命之气有所制约。也即是说:"志"与"气"既要统一于"心",更要统一于"体"(生命整体)。同时"志气"之间是交养互动的,即"志壹则动气,气一则动志"。所以孟子所谓的"不动心",就既不是"心气"隔离之后心对气的随附,也不是对外在义理之言的盲目服从,而是要追求义理之言与义理之心的统一。这就是他所说的"不得于言,勿求于心,不可"。综合起来,孟子认为要做到真正的"不动心",就要做到"知言"——道德之心与义理之言的统一,"养气"——道德心志与生命之气的统一。

此段话是《孟子》阐释其仁学工夫中最重要的一段,也是后来宋明儒学家最为关注的内容之一——所谓"知言养气"问题。虽然最终目标在于"不动心"的精神境界,但其中关键在人之心、志、气与体四者之间关系的处理上。如图所示:

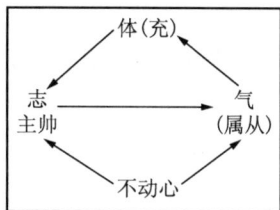

第二,孟子对人性的相关讨论中,提出"大体""小体"的概念,他说:"从其大体为大人,从其小体为小人。"[①]此处的"大体"与"小体",均不是指形体或身体,人之大小在此并非形体意义上的大小,而是存在特性或价值意义上的大小,而其大小又是由人生命本然具有二种官能之体在人的价值选择中位置来决定的。耳目之官与心之官二者都是人生命结构中的器官实体,而且他们都有各自不同的功能,耳目有交感外物的功能,而心之官则有理性思考超越感官形式的功能。显然这种提法已经表明一种官能之实体与官能之功用之间的结构关系,也就是说无论"大体"或"小体",此体都蕴涵着相应的功用在其中,即大体有大用,小体有小用。第二是既然都是各有体用,其大小实质上不取决于"体"之大小,而是取决于体之"功用"的大小上。"大体"为心之官,故有超越有形存在进行理性思考的"功能",之所以是"大",这是相对于耳目之体只能对有形事物做出有限感应的"功用"而言的。也就是说,在孟子大体/小体、大人/小人的区分体系中,隐涵着一个更为根本的价值区分,即有形事物在存在价值上属于"小",而能够超越有形事物的精神理

---

① 《孟子·告子上》。

性在存在价值上属于"大"。如图所示：

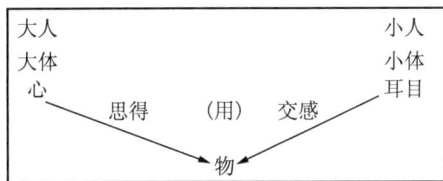

第三，孟子所揭发的"本心"概念很重要。《孟子·告子上》："乡为身死而不受，今为宫室之美为之；乡为身死而不受，今为妻妾之奉为之；乡为身死而不受，今为所识穷乏者得我而为之，是亦不可以已乎？此之谓失其本心。"①此处的"本心"即是指人性本有、固有的四端之心，在此具体指属于义之端的羞恶之心。蹴尔之食、宫室之美、妻妾之奉，皆是养生之物，但人之为人的根本在于有"仁、义、礼、智"之心，所以虽然二者皆为人之所欲，当二者不可兼得之时，就应该"舍生取义"，即执本舍末。"本心"之"本"的重心在于两点，一是此心乃人之所固有和本有，二是指此心乃是人之为人的根本。物欲之心虽然也是人之自然所有，但不是人之为人的本性，这是孟子与荀子、告子等自然人性论者的根本差别所在。

总之，孟子人性论的核心思想是强调人的道德意识或道德情感是人之为人的本性而非自然属性，强调人之"本性"与"本心"的同一性。"本心"具有能动性、主体性、智慧性和超越性，因此"本心"的基本功能或作用在于对有形有限存在的理性把握与价值超越，同时也在于因顺事物存在的自在特性和发展规律。

虽然从逻辑层面来说，《孟子》对"体用"概念或逻辑的运用频次并不太多，自觉意识不强，但其对"本心"的深刻论述，实际上是对"心之本"思维的进一步强化，这对于中国儒家心性体用思维的发展起到十分重要的奠基作用，尤其是对宋明理学心性论的建构有着基本的导向和规定作用。

（五）《荀子》：贵本而亲用

荀子（约前 313—前 238）作为战国后期著名儒家后学之一，与前期的孟子在继承和发展孔子儒学路径上有很大不同。孟子重视"德"、强调"本心"和"仁政"，荀子的核心思想则是强调"礼"，提出"隆礼重法"的思想。在这一点上，可以说是孔子"克己复礼"精神的继承人，尽管他的礼法思想与孔子已有较大差别。下面将通过对《荀子》文本中 15 例文句的分析来全面考察荀子礼法思想中的体用意识。

【1】礼者，治辨之极也，强固之本也，威行之道也，功名之总也，王公

---

① 《孟子·告子上》。

由之所以得天下也,不由所以陨社稷也。①

此处给予"礼"极高的地位,重要的是他在此所采用的诸多概念,如极、本、道、总、所以等。虽然这些词语的内涵并不完全相同,但它们在逻辑上的占位是完全相同的。这些最高逻辑占位概念群的出现,表明使用者的思维状态也处于同样的层面,这同样也是"体"思维产生并成熟的前提。事实上,后来的"体"概念的确吸收了这些概念几乎全部的内涵和功能。

【2】荣辱之大分,安危利害之常体。先义而后利者荣,先利而后义者辱;荣者常通,辱者常穷;通者常制人,穷者常制于人,是荣辱之大分也。材悫者常安利,荡悍者常危害;安利者常乐易,危害者常忧险;乐易者常寿长,忧险者常夭折,是安危利害之常体也。②

荀子认为,荣辱之间有根本性的分别,安危利害之间各有其固定恒常的表现状态。此处对"常体"的描述,不自觉地揭示一个本质、本根与具体表现之间的结构关系。以安危、利害为例说明,如图所示:

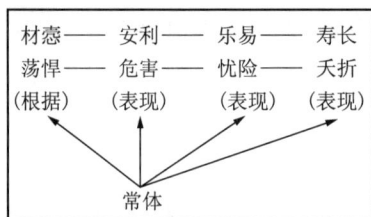

此处用"常体"来形容"安危利害"的根源和具体表现,由此,"体"不再局限于事物的形体或形式,而是逐渐走向指称抽象存在的本质、根源和具体内容。"常体"在荀子这里还指君子恒常不变的精神人格或道德品格,也可以说是人之"德体"或是"性体"。他说:"天有常道矣,地有常数矣,君子有常体矣。君子道其常,而小人计其功。"③所谓"君子道其常,小人计其功",君子重视的是人之为人的精神性实体,而小人注重的是与人有关事物的功用或利益。这与孟子"从其大体为大人,从其小体为小人"论述的出发点是一致的。"常"指事物存在之本性,"功"指事物之功用,常与功并举连用,实质上构成了"本性—功用"意义上的"体用"关系。

【3】昔宾孟之蔽者,乱家是也。墨子蔽于用而不知文。宋子蔽于欲

---

① 《荀子·议兵》。
② 《荀子·荣辱》。
③ 《荀子·天论》。

而不知得。慎子蔽于法而不知贤。申子蔽于势而不知知。惠子蔽于辞而不知实。庄子蔽于天而不知人。故由用谓之道，尽利矣。由欲谓之道，尽嗛矣。由法谓之道，尽数矣。由埶谓之道，尽便矣。由辞谓之道，尽论矣。由天谓之道，尽因矣。此数具者，皆道之一隅也。夫道者体常而尽变，一隅不足以举之。曲知之人，观于道之一隅，而未之能识也。故以为足而饰之，内以自乱，外以惑人，上以蔽下，下以蔽上，此蔽塞之祸也。①

　　荀子批评墨子"蔽于用而不知文"，凸显"实用"与"文饰"的对立。依照同样的逻辑，他还批评宋子、慎子、申子、惠子、庄子等人，指出他们的主张犯了与墨子同样的错误，即都是只说明了道的某一方面，而未能真正把握道之全体。如图所示：

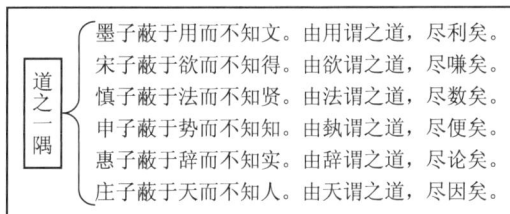

道之一隅	墨子蔽于用而不知文。由用谓之道，尽利矣。
	宋子蔽于欲而不知得。由欲谓之道，尽嗛矣。
	慎子蔽于法而不知贤。由法谓之道，尽数矣。
	申子蔽于势而不知知。由埶谓之道，尽便矣。
	惠子蔽于辞而不知实。由辞谓之道，尽论矣。
	庄子蔽于天而不知人。由天谓之道，尽因矣。

　　在荀子看来，道者是"体常而尽变"，所以举出"道德"某一方面的特点不足以体现"道"。同时只能体察到道的某一方面的人也不足以称之为知"道"者，而只能称作"曲知之人"。若以不知而为强知，则必然会引发"蔽塞之祸"。

　　通观此段文字，我们可以看到，"道"在此成为一个统贯性的概念，并产生一个"道之全体"与"道之一隅"的相对性结构。更为重要的是，此处已经明确地提出"道体"概念，并且这个"道体"是不变之常，但又说此道体能够"尽变"，因此这里就形成一个变与不变的矛盾表述，而这个矛盾表述又恰好都是针对"道"而言的。事实上，根据荀子的论述，我们知道，这个不变的"常体"即是指道之全体，这个"尽变"即是指道之一隅。所以"常体而尽变"的矛盾，若在同一个层面而言是不可思议的，因为道不能在"体"上既变又不变。因此，要使这个矛盾表述不构成真正的矛盾，就必须使变与不变处于不同的层面，也就是说要使"道之全体"与"道之一隅"不处于同一个层面。荀子在此明确指出"不变之常"是道之体，但没有指明"尽变"属于道的哪一层面。如果依照后来的体用逻辑来表述，这个表述矛盾就会顿然消解。如以"常"为"道体"，以"尽变"为"道用"，就是典型的"体常而用变"的体用逻辑。在此，道体与道用之间，已经不是实体与功用的关系，而是实体与其表现之间

———————————
　　① 《荀子·解蔽》。

的关系,所以道的各种表现并非直接等于道之本体或全体,以"道之一隅"直接为"道之全体"者,必然是不能真知"道"者。正因为此,荀子批评六位之所以被遮蔽就在于蔽于道之变用而不知道之常体。

必须承认,荀子在此仍然没有发展出完全意义上的体用结构,因而不能很好地从逻辑上解决这个问题,但必须肯定的是,荀子的确离真正的"体用"结构已经很近了。

> 【4】今圣王没,天下乱,奸言起,君子无势以临之,无刑以禁之,故辨说也。……名闻而实喻,名之用也。累而成文,名之丽也。用丽俱得,谓之知名。名也者,所以期累实也。辞也者,兼异实之名以论一意也。辨说也者,不异实名以喻动静之道也。期命也者,辨说之用也。辨说也者,心之象道也。心也者,道之工宰也。道也者,治之经理也。心合于道,说合于心,辞合于说。……是圣人之辨说也。①

此一大段属于荀子**正名语言学**与**治道认识论**的集中表达,在其中他重点讨论了名、实、期、命、辨、说之间的关系。

就名实关系而言,荀子认为,"名"的作用在于"喻实"和"累实",分别称之为名之"用"和"丽"。他认为只有完整地把握一个"名"的"用"和"丽",才算是真正地知道一个"名"。显然"用"和"丽",都是指明"名"之作用的,不过"用"重在表明"名"内在的指实功能即"喻实",而"丽"则重在表明"名"对外的概念联合即"累实"作用。而不论是内在的指实之"用",还是外在的累实之"丽",其发挥作用的根本都在于名之所"实"。没有这个"实"存在,所谓名之用和名之丽都无从谈起。因此从这个意义上说,这个"实"就是"名"之实"体",乃是"名之用"和"名之丽"产生的依据和根本。

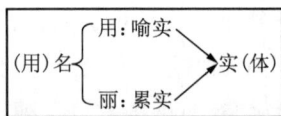

如图所示,若用体用逻辑来表述,即是:名为实之用,实为名之体;实依名而显,名因实而有二用。由此可见,虽然荀子在此没有明确使用体用范畴来表述名实之间的关系,但是通过"实"与"用"的关系完整表述了这一逻辑,尽管还停留在不自觉的阶段。

就"期命"与"辨说"之间,荀子提出"期命也者,辨说之用也。辨说也者,心之象道也。心也者,道之工宰也。道也者,治之经理也"。荀子认为:会合事物并对其命名,目的是为了展开推理论证活动;推理论证的内容则是表达

---

① 《荀子·正名》。

人心对"大道"的认识；"心"就是认识道的主宰，而道则是治理国家的常法。于是就构成一个逻辑层递的结构链：期命——辨说——心——道——治。其中既有主宰之体，也有目的之用。如图所示：

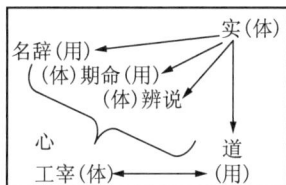

从上图来看，荀子的正名思想的核心概念是心、道和实，名辞、期命与辨说共同构成"心"的认识内容及其过程，认识最初开始于"心"对外在对象之"实"的命"名"概念活动，然后是在此"名实"基础上的"期命"（判断）和"辨说"（推理论证）活动，其最终目的在于认识治理天下之常道，由此最终完成"心之象道"的功能。

就荀子来看，心乃是认识道的主宰，"实"是心所认识的对象，但最终要从"实"出发获得治理天下的"道"。显然，"道"一方面源自"实"，一方面又必须运用心的认识功能——累实、期命、辨说——才能获得。以体用逻辑来说，心为认识的主体，道为认识的客用，"实"为心之所接，心为实之能知，"实"为名辞之体，名为实之丽用。

【5】飨，尚玄尊而用酒醴，先黍稷而饭稻粱。祭，齐大羹而饱庶羞，贵本而亲用也。贵本之谓文，亲用之谓理，两者合而成文，以归大一，夫是之谓大隆。①

此处值得重视的是"贵本而亲用"的说法，表明本和用已经被荀子作为一对意涵明确的概念在使用。在此，本为文，用为理，本用结合，也即文理结合而同归"大一"，而《礼记》也将礼之大本归于"大一"。②

【6】天行有常，不为尧存，不为桀亡。应之以治则吉，应之以乱则凶。强本而节用，则天不能贫……本荒而用侈，则天不能使之富……故明于天人之分，则可谓至人矣。③

虽然此段著名的文字在于强调天行有常且天人有分，但值得关注的是他两次将"本""用"对举，即"强本而节用"和"本荒而用侈"。结合前面的"贵

---

① 《荀子·礼论》。
② 《礼记·礼运》："是故夫礼，必本于大一，分而为天地。"
③ 《荀子·天论》。

本而亲用",这已充分表明,"本—用"已经被荀子作为一对意涵明确的概念在使用。在此处,"本"当为物质生产活动,"用"则指各种财物的消耗使用。用今天的经济学术语说,就是以生产为本,以消费为用。从哲学上说,此处的"本用"关系,还不完全具备成熟的体用范畴的逻辑内涵,因为此处的"本"虽然具有根本基础之抽象意义,但"用"仍然是指实际使用或具体财用。也就是说还没有上升到一般的哲学概念,因此本和用之间也就不能建立真正意义上的逻辑联系,只能算作一般性的事实联系。与此同时又必须指出,这种对举性用词的反复出现,无疑对真正意义上的"本用"逻辑的形成是一次巨大的推进。

【7】大天而思之,孰与物畜而制之。从天而颂之,孰与制天命而用之。望时而待之,孰与应时而使之。因物而多之,孰与骋能而化之!思物而物之,孰与理物而勿失之也。愿于物之所以生,孰与有物之所以成!故错人而思天,则失万物之情。①

这里就天人之间的关系,荀子提出一系列相对立的行动模式:大天与制天,望时与应时,因物与骋能,思物与理物,以及"愿于物之所以生"与"有物之所以成"。其中心思想是说:离开人的能动性或主体性,一味地崇拜仰慕自然之天,则最终无法正确地全面认识和把握万物存在的真实。从体用思维的立场看,此处有三点值得讨论:一是"制天命而用之"中"用"的含义,二是"物之所以生"与"有物之所以成",三是所谓"万物之情"。

第一,"制天命而用之",意味着"天命"可制而用之。"天命"作为荀子天人思想中的核心观念,即他所说的常道、常数、常体。所谓"制天命而用之",并非无中生有地制造天命,而是指人主动认识和掌握天地万物运行变化的规律,并在人类生存活动中运用这种规律。其中蕴涵的逻辑是:天有"命"存在,并且此"命"是可以被人认识并运用,也即是说此"命"是有其"用"之所在的。

第二,"愿于物之所以生,孰与有物之所以成"。荀子在吸收《老子》和《易传》区分万物"生""成"观念基础上,明确提出了万物"生成之所以"的概念,即在万物"生—成"的事实之上探寻万物为何如此"生—成"的根本依据或根本原因。这在哲学思维发展的进程中是极为重要一环,从而实现"从怎样生成的生成论"到"为何如此生成的本体论"的跨越。荀子在此严格区分"生之所以"与"成之所以",他认为与其去仰慕希求万物之所以产生的神秘根源,还不如实际掌握并运用万物如何变化成长的规律。对于万物之所以

---

① 《荀子·天论》。

生的问题,荀子认为这是天地之必然职责和自然功用,人类不必也不能去认识,所以他说"唯圣人为不求知天"①。荀子认为万物一旦产生之后,就必然具有该事物所独有的存在特征或规律,也就是他说的"性"。而人与万物不同的地方,就在于其不仅具有这种自然之性,还能通过人特有的力量去认识掌握万物之"性"并造福人类。这个"性",就是"万物之所以成"的那个"所以"。在荀子看来,那个生之"所以"属于天职、天功,乃是不可求的领域,但这个成之"所以",也是万物自然不变之"天性",却是人可以也应该积极去认识并掌握运用的。从哲学上说,"生之所以"的问题属于创生论或本源论范畴,而"成之所以"的问题则属于本性论或本质论范畴。

第三,所谓"万物之情",情者,实也。万物之情,即万物之实,也就是指万物之常性。在荀子的时代,性、实、质,以及"体"等概念之间,已经有所交涉并互相涵摄了。这种情况不仅反映在荀子著作中,事实上在几乎整个战国时代的哲学性表述中,都经常可以看到这种用法。从先秦到两汉,这种结合融摄的趋势越来越明确和强烈,发展到魏晋玄学时代,则逐渐由"体"这一概念来统摄其他如性、实、质等概念。对此本书第二章有更为具体的阐述。

【8】故君子……其于天地万物也,不务说其所以然,而致善用其材;其于百官伎艺之人也,不与之争能,而致善用其功……夫是之谓圣人,审之礼也。②

此处表述中有两组相对性概念,一组为"所以然"与"材",一组为"能"与"功"。前者是针对天地万物等自然存在,"所以然"指明万物的存在根据,而"材"则在于表明此存在的具体材质内容以及内在结构。若依据宋明儒家的说法,"所以然"为"理","材"则指"气"。后者针对百官伎艺等人事活动而言,所谓"能"当指人事本身所具有的作用属性或才华能力,而"功"则当指此种"能"即"作用属性或才华能力"所实际产生的结果或功效。显然"能"与"功"之间实为因果关系。

"所以然"与"材",虽然在论说层面上各有不同,但终究都在于阐明事物之存在本身;"能"与"功",虽然在因果上有先后差别,但终究都在于说明事物存在之作用功效。所以,依体用逻辑,可以说前者重在阐明存在之"体",而后者显然在于说明事物之"用"。这样就可以发现在荀子的论述中,其实隐藏着一个四重体用逻辑结构,如图所示:

① 《荀子·天论》。
② 《荀子·君道》。

$$
\left.\begin{array}{l}
\text{所以然} \longrightarrow \text{理} \\
\text{材} \longrightarrow \text{气}
\end{array}\right\} \boxed{\text{体}}
$$

$$
\left.\begin{array}{l}
\text{能} \longrightarrow \text{因} \\
\text{功} \longrightarrow \text{果}
\end{array}\right\} \boxed{\text{用}}
$$

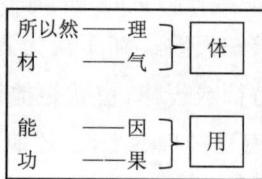

就第一重"体用"来说,应当属于典型的"实体—作用"关系。而若就"所以然"与"材"之间的关系来说,在后来的宋明理学的发展中,理学派认为是"理体气用"的关系,气学派则相反,认为是"气体理用"的关系,但不管怎么样,都是赋予二者以体用逻辑,显然这种体用逻辑并不表明理气之间是体用相生的关系。就"能"和"功"而言,其中"能"能生"功",这就说明二者是一种以因果相生逻辑为核心的体用关系。由此说来,在荀子此处的表述中,的确暗含着一个十分复杂而荀子又完全不自觉的体用逻辑结构:"实体—作用"的体用结构中,以本体为中心又展开为相依型的体用结构,以作用为中心又展开为相生型的体用结构。更为重要的是,这一结构将在其后的儒释道哲学发展中有更完整和更清晰的呈现,最终成为不同哲学家解决其基本哲学问题的重要工具和方法。关于这一点,将会在随后的文本分析中予以重点阐述。

【9】万物同宇而异体,无宜而有用为人,数也。人伦并处,同求而异道,同欲而异知,生也。[①]

此是《荀子·富国第十》中的首段文字,凡是研究体用范畴起源的学者,必定会引用此段文字并予以分析说明。就目前的意见来看,分歧或争论主要集中在两个方面:一是关于"无宜而有用为人,数也"的断句问题,二是此处的"体用"使用是否属于真正意义上的体用逻辑的问题。

就断句问题而言,首先,笔者支持将"数也"同后面的"生也"对称的句读处理。论证理由在下面的分析中呈现,故在此不做特意的证明。其次,就二句的理解上说,第一句是就自然万物的存在而言,"同宇"是说万物都存在于同一个时空世界之中,"异体"是说万物在存在形式和存在状态上又是各个不同,相互区别的。此处的"体",不仅仅指形体或形貌,而应该更多的指不同事物相对独立的存在结构本身,这个存在结构本身当然具有各自不同的形态属性以及相对性本质。"无宜而有用为人,数也",其语义层次当为"无'宜而有用为人'",即是说这些各个异体的存在,并非都必然对人有用。也就是说,万物并非都是按照或符合人的使用需求而存在,而是有其各自本有而不同的存在结构和功用,这就是所谓万物的自然之数。第二句是就人类

---

① 《荀子·富国》。

的存在而言，是说人类个体千千万万，生活在同一个世界，虽然大家的生命欲求相同，但争取满足欲求的方式、道路不一样，希望得到的东西相同，但拥有的智慧不一样，这种存在特性是人类生来就有的。（"生也"，"生"通假为"性"）。总而言之，此二句文字的共同目的在于阐明，万物的存在是有其各自相对独立的存在方式或特性，而人类的存在则是具有更多的差异性和分别性。如此理解才符合荀子"人分而能群"的核心思想。

就"体用"思想而言，此处的"体"和"用"是否属于真正意义上的体用结构，关键是一要看此处的体和用是否在同一个叙述逻辑中，同时还要看二者是否发生必然的意义关联，而不仅是语词形式上的联系。结合前面的断句分析，可以肯定的是，此处的体和用都是针对万物的存在而言，即体为万物之体，用为万物之用。这也就意味着此处的体和用的确处在同一个叙述逻辑之中。那么这是否意味着二者发生了必然的意义联系呢？结论是二者并没有发生显明的意义联系。具体分析如下："体"虽然是指万物的存在结构或形态本身，但这只是就存在的场域相比较而言，而万物之"用"则是就万物与人的关系而言，即在于说明万物并非迎合人的需求而存在。这也就表明万物之体与万物之用并没有实质性联系，既没有阐明体对用的作用，也没有说明用与体的关系。

但从整个体用思想的发展历史上来看，此处的"体用"对举又具有十分重要的意义。第一，这是体与用第一次同时出现在同一叙述结构之中，并且各自具有相对明确而稳定的概念内涵，也就是说，体和用都不再是一般性的名词，而已经上升为基础性的概念，从而可以依此来阐明各种事物的存在特性，譬如这里对万物体和用的描述。第二，必须明确的是，虽然此处的体和用具有了基础概念的地位，但离真正意义的体用关系范畴还有较大距离。原因主要在于，虽然二者都是针对同一个描述对象即万物的，但二者之间并没有实质意义的逻辑关联，也就是说体和用在此处仍然是一种分离性存在，二者并没有进入一个具有实质逻辑内涵的结构关系之中，而这个结构关系的形成，对于体用这对关系性范畴来说是至关重要的。第三，尽管此处的体用还不能算作真正意义上的体用范畴，但必须看到这种发展的逻辑必然性。

总而言之，从体用意识的自觉性以及充分性来说，荀子都要远远超过孟子。

第一，从体用概念或逻辑的实际运用来说，荀子在体用思想发展史上有着重要的承前启后作用。首先，他第一次把"体"和"用"两个概念使用在同一个表述结构之中，提出了万物之体与用的概念，尽管其体用概念仍然未能上升为真正的纯粹哲学概念。其次，他非常明确地运用了"本—用"表达结构，并阐明了"本用"之间的关系，从而为形成真正"体用"关系奠定基础。最后，他在各种概念或事物之间的关系的论述中，不自觉地构造出或暗涵着一种在后来得到充分发展的体用结构逻辑。可以肯定地说,体用意识在荀子这里获得了很大的发展,其诸多具体的论述几乎接近真正意义上的体用逻辑,但毕竟还没有真正形成明确的体用概念和体用结构,自然也谈不上所谓的体用范畴了。

第二,荀子鲜明的体用意识还体现在其体用的概念表达与哲学思维之间的相互促进与融合。一方面,荀子在思想的论述过程中,或自然或自觉地发展出"常体"、"本用"等蕴涵体用意识或逻辑的概念范畴或表达结构;另一方面,荀子也正是通过这些概念范畴或表达结构,推动了自身哲学思考的深入和哲学表达的创新。首先,荀子"隆礼重法"的思想表现出鲜明的体用意识,不仅强调"礼"在价值上和国家治理上的本体地位,还特别重视礼在实践上的"强本节用"和"贵本而亲用",反对"本荒而用侈"。不仅重视君民之间的源流关系,还强调君主在天下法治中的主体根本地位。其次,荀子的天道自然观,强调天人相分基础上的天人合一,他把天的创生功能名为天职或天功,认为此天功不能为人所认识,而把天之成就万物的功能作为人类认识的对象,强调"制天命而用"之,并在此基础上客观蕴涵一复杂的体用结构。最后,在荀子名学思想中,他十分重视"名"与"实"的关系:以实为名之体,以指实功能与累实功能作为名之用;实依名而显,名因实而有。同时他还特别重视心与道的关系,他以心为道主宰,同时又强调"心合于道"。

(六)《礼记》:礼之大体与礼之用

《礼记》不仅编织出了一张从治理国家、求学问道一直到婚丧嫁娶、衣食住行等日常生活各个方面的精细周密的礼仪网络,还从宇宙观、人性论、历史观的哲学高度对礼的起源、礼的作用等问题进行了详细阐述。可以说,《礼记》的出现,标志着中国传统的礼文化在哲学上已走向成熟,其成熟的标志即是它对礼文化之体用逻辑的体察。

【1】公族朝于内朝,内亲也。虽有贵者以齿,明父子也。外朝以官,体异姓也。①

《礼记正义》云:"体犹连结也。"是说宗族内亲在内朝虽贵,仍然要按照年龄长幼排列,目的在于明确父子昭穆之间的亲情与恩义。倘若是在外入朝,则不按年龄来排列,而是以官位大小为次序,这样的目的在于将公族和外族异姓连结而成为一体。与此相同的用法还有一些,譬如在《礼记·文王世子》中有"公族之罪,虽亲不以犯有司正术也,所以体百姓也"。所谓"体百姓"即是前面的"体异姓"。《礼记正义》云:"法无二制,故虽公族之亲犹治

---

① 《礼记·文王世子》。

之,与百姓为一体,不得独有私也。"由此可见,此处的"体"的根本之义在于将不同的存在连结成为一个更大的整体或统体性存在。

【2】故礼之于人也,犹酒之有糵也,君子以厚,小人以薄。故圣王修义之柄、礼之序,以治人情。……故礼也者,义之实也。协诸义而协,则礼虽先王未之有,可以义起也。义者艺之分、仁之节也,协于艺,讲于仁,得之者强。仁者,义之本也,顺之体也,得之者尊。①

此处的重点在于仁义礼乐之间关系的阐明。首先是礼义关系,礼作为成人之本,礼义的功能在于调节人情。礼是义之实,并非说礼是义的实质内容,而是说礼仪是"义"的现实表现,因为接下来有"协诸义而协,则礼虽先王未之有,可以义起也"之说,是说"礼"要符合于"义",即使先王未曾制定某些礼仪,仍可根据"义"的原则而重新制定。在此,礼义之间的关系恰是以"义为礼之本"②,礼可依义而起。也就是说,义相较于礼是更为内在的原则性存在,而礼则可以看作"义"的外在性实现。其次是仁义关系,所谓"义者艺之分、仁之节",是说"义"之实质为裁断合宜的原则,所以为实行仁、艺的"分节"。又说"仁者,义之本也,顺之体",是说"仁"乃是"义"这种原则的根据或本源,也是所谓"因顺"事宜这种活动的内在之体。在此"本"与"体"对出,"本"即是"体"。也就是说,仁作为本心属于"最根本之体","义"则为此本体仁心在具体情境事为中的具体分别、节度,而礼仪则是义之分别节度的具体制度规定和外在仪式。于是就形成一个这样的层递关系:

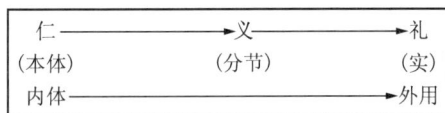

```
仁 ————————→ 义 ————————→ 礼
(本体)          (分节)         (实)
内体 ——————————————————→ 外用
```

【3】礼,时为大,顺次之,体次之,宜次之,称次之。尧授舜,舜授禹;汤放桀,武王伐纣,时也。《诗》云:"匪革其犹,聿追来孝。"天地之祭,宗庙之事,父子之道,君臣之义,伦也。社稷山川之事,鬼神之祭,体也。丧祭之用,宾客之交,义也。羔豚而祭,百官皆足;大牢而祭,不必有余,此之谓称也。诸侯以龟为宝,以圭为瑞。家不宝龟,不藏圭,不台门,言有称也。③

---

① 《礼记·礼运》。
② 值得注意的是《礼记正义》的说法与此正好相反,其云:"礼所以与义合者,礼者,体也。统之于心,行之合道,谓之礼也。义者,宜也,行之于事,各得其宜,谓之义也。是礼据其心,义据其事,但表里之异,意不相违,故礼与义合也。"显然是以礼为内为心本,以义为外为事用。
③ 《礼记·礼器》。

此处通过礼之时、顺、体、宜、称来阐明"礼"的全部内涵。《礼记正义》疏曰:"'礼,时为大'者,揖让干戈之时,于礼中最大,故云'时为大'也。'顺次之'者,虽合天时,又须顺序,故顺次之也。'体次之'者,有时有顺,又须小大各有体别也。'宜次之'者,大小虽有体,行之又须各当其宜也。'称次之'者,称犹足也,行礼又须各自足也。"此处礼之"体",是指礼制对象,如社稷、山川、鬼神的体别大小。

【4】礼也者,犹体也。体不备,君子谓之不成人。设之不当,犹不备也。礼有大有小,有显有微。大者不可损,小者不可益,显者不可掩,微者不可大也。故《经礼》三百,《曲礼》三千,其致一也。未有入室而不由户者。①

礼,如同人之身体,如果身体不完备,则不被称作真正的成人。礼有大小显微,如果这些设置不当,就会导致礼制的不完备。礼仪虽多,但其根本精神或制定原则是一致的。此处的"体"此身体,不只是形体躯体之义,而是包括人的身心在内完整的人之存在。所以严格来说,此"体"乃指人之存在本身。

【5】子夏曰:"五至既得而闻之矣,敢问何谓三无?"孔子曰:"无声之乐,无体之礼,无服之丧,此之谓三无。"子夏曰:"三无既得略而闻之矣,敢问何诗近之?"孔子曰:"'夙夜其命宥密',无声之乐也。'威仪逮逮,不可选也',无体之礼也。'凡民有丧,匍匐救之',无服之丧也。"②

《礼记正义》云:"'无声之乐,无体之礼,无服之丧',此三者皆谓行之在心,外无形状,故称'无'也。"也就是说"礼乐"有内外之分别,而真正的礼乐恰在于舍弃其外在形式,所以无声之乐、无体之礼、无服之丧,正是礼乐的根本所在。此处言无体之礼,则表明"礼"有两种类型,一是有体之礼,一是无体之礼。显然这里的"体"乃形式之体,所谓有体之礼即由外在礼仪形式呈现的,而无体之礼则是舍弃这些外在礼仪形式的。

【6】子曰:"民以君为心,君以民为体;心庄则体舒,心肃则容敬。心好之,身必安之;君好之,民必欲之。心以体全,亦以体伤;君以民存,亦以民亡。"③

---

① 《礼记·礼器》。
② 《礼记·孔子闲居》。
③ 《礼记·缁衣》。

此处把君民关系规定为心与身体的关系。一方面，心为身体的主宰，依同样的逻辑，君为心，民为体，则君为民之主宰，民则跟随和归属于君；另一方面，心与身体之间，还有"心以体全，亦以体伤"的内在关系，也即是说身体对于心来说并非完全是被动从属，而是对于心之功用实现的好坏有着重要影响。于此也就意味民对君的存亡也具有根本性的决定作用。综合而言，心体之间或君民之间，可以说是一种互为主宰又相互支撑的关系。

此处的"体"显然只是指人之有形身体，并非"体用"范畴上的概念意义。但不可忽视的是，此处心体或君民之间的关系及其内在逻辑，与后来意义十分明确的体用范畴已非常类似。也就是说，这里的君民、心体之间实质上属于准"体用"关系。其内在逻辑也是相当复杂而又具有较强辩证性的：君为民之体，民为君之用，体动则用随，体必依用存，用亦可亡体。

【7】敬慎、重正，而后亲之，礼之大体，而所以成男女之别，而立夫妇之义也。男女有别，而后夫妇有义；夫妇有义，而后父子有亲；父子有亲，而后君臣有正。故曰：昏礼者，礼之本也。①

【8】夫礼始于冠，本于昏，重于丧、祭，尊于朝、聘，和于射、乡：此礼之大体也。②

【7】中言礼之"大体"，是指制礼的最根本原则或精神实质。显然，此中之"体"已不再是具体的有形存在，而是一种抽象存在，之所以仍然称为"体"，乃在于凸显此抽象存在的真实性和统贯性。以"昏礼"为礼之根本，与最初始的"冠礼"相区别，尤其体现作为根本的"本"与作为时间上开始的"始"之间的差别。【8】中则是以礼的全部内容作为礼之"大体"的。【7】【8】两者说明，《礼记》的作者认为所谓"大体"即是指事物（此处为"礼"）存在的根本依据或基本原则，同时又指事物存在之根本内容和基本结构，二者在本质上应当是一致的。

【9】仁义接，宾主有事，俎豆有数曰圣，圣立而将之以敬曰礼，礼以体长幼曰德。德也者，得于身也。故曰：古之学术道者，将以得身也。是故圣人务焉。③

所谓"礼以体长幼曰德"，《礼记正义》云："既能有礼以体我长幼，以事得宜，故曰'德'也。""体长幼"指使长幼为各得其体，故能各有所得，所以说

---

① 《礼记·昏义》。
② 《礼记·昏义》。
③ 《礼记·乡饮酒义》。

"德"。此处之"体"既有"体别"之义，又同时含有"符合"之义，即是"得之于身"之义。

【10】礼之大体，体天地，法四时，则阴阳，顺人情，故谓之礼。訾之者，是不知礼之所由生也。①

【11】……和宁，礼之用也；此君臣上下之大义也。故曰：燕礼者，所以明君臣之义也。②

前者【10】提出"礼之大体"，也就是"礼之所由生"。"礼之所由生"即是礼所产生的根源和依据所在，此中的体、法、则、顺含义相通，都有贯通符合之义。因此，礼之"大体"即以效法、贯通与符合天地、四时、阴阳、人情之本体的过程本身。后句【11】提出"礼之用"，即以使君臣上下和睦安宁为礼的根本目的和作用。虽然二句中的体和用没有同时出现，但其作为相对概念的内涵是十分明确的："大体"指制定礼的根源或依据，也指制礼的基本精神或根本原则，而"用"则指制定礼的根本目的或作用，二者之间显然已经具有后来体用关系的逻辑内涵。但必须指出的是，礼之"大体"和礼之"用"在《礼记》中仍然是作为相互独立的概念来使用的，并没有形成明确而稳定的体用结构，因而与后来体用对出之对待性关系范畴还是有很大不同的。

【12】礼也者，反本修古，不忘其初者也。故凶事不诏，朝事以乐。醴酒之用，玄酒之尚。割刀之用，鸾刀之贵。莞簟之安，而稿鞂之设。是故，先王之制礼也，必有主也，故可述而多学也。③

强调先王制礼必定有主，此"主"即制礼的根本原则。"反本修古"，即不忘人之生命存在的本源和初始。礼器不同，其用也各有不同。

【13】祀帝于郊，敬之至也。宗庙之祭，仁之至也。丧礼，忠之至也。备服器，仁之至也。宾客之用币，义之至也。故君子欲观仁义之道，礼其本也。④

以"仁义之道"为礼之根本，郊礼、祭礼、丧礼等不同之礼仪则为礼之具体运用。

---

① 《礼记·丧服四制》。
② 《礼记·燕义》。
③ 《礼记·礼器》。
④ 《礼记·礼器》。

【14】是故夫礼，必本于大一，分而为天地，转而为阴阳，变而为四时，列而为鬼神。其降曰命，其官于天也。夫礼必本于天，动而之地，列而之事，变而从时，协于分艺，其居人也曰养，其行之以货力、辞让：饮食、冠昏、丧祭、射御、朝聘。①

"礼必本于大一"与"礼必本于天"，明确指出礼之所本。前者显然受到先秦史官与道家阴阳说的影响，因其依据由大一分而为天地、阴阳，再变而为四时的宇宙生成模式。后者又回归到儒家以天命为礼义本源的传统。

【15】先王之立礼也，有本有文。忠信，礼之本也；义理，礼之文也。无本不正，无文不行。②

礼之本与礼之文。以忠信为礼之本，表明存在于人之内心的忠信是礼之根本依据和原则。以义理为礼之文，则表明存在于具体事情中的义理是礼的外在表现。所谓"本"在于建立和端正礼之"体"，而"文"则在于显现和推行礼之"用"。显然，此处的本和文，已经具有体用关系的基本意涵，即忠信之本为礼体，义理之文为礼用。体为内在，用为外在，体以立礼，用以行礼。

【16】万物本乎天，人本乎祖，此所以配上帝也。郊之祭也，大报本反始也。③

"报本返始"为礼之本。所谓"本"乃是天地，"始"乃是人之祖宗，归根结底为"上帝"。由此可见，"礼"从来都不是一种文饰性的人类活动或行为，而是有着深刻的形而上根据和超越精神。也就是说，"礼"乃是人类回归其生命之本源，酬报其生命存在之根据的神圣活动与行为。

【17】君子曰：大德不官，大道不器，大信不约，大时不齐。察于此四者，可以有志于学矣。三王之祭川也，皆先河而后海；或源也，或委也。此之谓务本。④

之所以"先河而后海"，乃是因为河为"发源"，而海为最后的归宿，即"委"。

---

① 《礼记·礼运》。
② 《礼记·礼器》。
③ 《礼记·郊特牲》。
④ 《礼记·学记》。

所以先河后海,即是体现对生命存在之本源的重视。所谓"务本",即是在任何实践礼的具体仪式安排中,都要体现出制定礼仪的根本精神和原则。

【18】乐者,音之所由生也;其本在人心之感于物也。是故其哀心感者,其声噍以杀。其乐心感者,其声啴以缓。其喜心感者,其声发以散。其怒心感者,其声粗以厉。其敬心感者,其声直以廉。其爱心感者,其声和以柔。六者,非性也,感于物而后动。是故先王慎所以感之者。故礼以道其志,乐以和其声,政以一其行,刑以防其奸。礼乐刑政,其极一也;所以同民心而出治道也。①

音乐产生的根本在于人心对外物的感应,是故有六心,即哀心、乐心、喜心、怒心、敬心、爱心,则有对应的六声,即声噍以杀、声啴以缓、声发以散、声粗以厉、声直以廉、声和以柔。但这六声,都不是事物和人心的本性,而是人心感应外物而后所产生的。所谓"所以感之者",即是指产生感应的根据所在,也就是指"人心"。这个"所以感之者",不仅是乐之本,也是礼与刑政之本。这就是所谓的"礼乐刑政,其极一也;所以同民心而出治道也",其中"极"当指礼乐刑政的最根本依据,也当指四者之最高目标,这个"极"就是"民心"。

从哲学逻辑的层面来看,一方面,人心是礼乐刑政产生和建立的依据和本源,与此同时,礼乐刑政乃以人心为根本,是人心感应外物的结果和作用。这种逻辑与体用结构是十分吻合的,即民心乃礼乐刑政之体,而礼乐刑政乃民心之用。所以礼乐刑政虽于治道各有不同之用,如"礼以道其志,乐以和其声,政以一其行,刑以防其奸",但其根据之"极"是同一的民心。显然此中所谓的"极",即是"体"之谓。

【19】是故先王本之情性,稽之度数,制之礼义。合生气之和,道五常之行,使之阳而不散,阴而不密,刚气不怒,柔气不慑,四畅交于中而发作于外,皆安其位而不相夺也;然后立之学等,广其节奏,省其文采,以绳德厚。律小大之称,比终始之序,以象事行。使亲疏贵贱、长幼男女之理,皆形见于乐,故曰:"乐观其深矣。"

此处阐明三点:一是指明制定礼仪的所本,即人类之情性与天地之度数。二是指明礼义的内容和结构,即"合生气之和,道五常之行,使之阳而不散,阴而不密,刚气不怒,柔气不慑,四畅交于中而发作于外,皆安其位而不

---

① 《礼记·乐记》。

相夺也;然后立之学等,广其节奏,省其文采,以绳德厚。律小大之称,比终始之序,以象事行"。三是指明制乐之根本作用和最终目的,即"使亲疏贵贱、长幼男女之理,皆形见于乐"。也就是说,乐乃是对礼的体现和实现。所以综合起来,这里明确地把礼之本、礼之内容结构、礼之作用目的三个层面揭示出来,用图式可以更好地表明其中的逻辑关系。

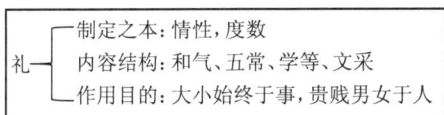

从这个图示来看,实际上已经构建出一个阐释任一存在对象的基本模式,即对于任一存在,都可以从这三个方面来认识分析和诠释理解:一是该事物产生的根源或存在的根据;二是该事物作为现实存在的内在实质和结构;三是该事物之存在与其他存在之间的关系,也就是此事物存在作用或存在目的。唯有如此,才能算作对某一事物的存在本身有一个比较清晰而全面准确的认识或阐释。若从体用模式的角度来看,一方面这种三分结构十分接近由孔颖达所明示的"体性用"结构,"本"相当于"体性用"之中的"体","内容结构"类似于"性","用"则基本相同。关于孔颖达的"体性用"结构将在第三章有更为详细的分析。一方面这种三分结构也可以归结"体用"结构,即把存在之"本"与存在的"内容结构"整合以为一,相当于"体"的逻辑内涵,而"用"则相同。总之,无论是"体性用"还是"体用",都表明《礼记》的作者及其时代,他们已经把握到一个关于存在之为存在的认识或诠释的基本结构或逻辑。虽然这一结构或逻辑还没有获得十分明确而稳定的概念范畴形式,但的确成为后来"体用"和"体性用"成熟模式的思想源头之一。

【20】乐者,心之动也;声者,乐之象也。文采节奏,声之饰也。君子动其本。[1]

分别声乐文之间的关系,"乐"根源于内心的发动,"声"则是乐的外在呈现。而所谓文采节奏等,只是对"声"的修饰。这种层递关系与仁义礼之间是十分相似的。如图所示:

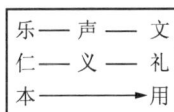

【21】天下之礼,致反始也,致鬼神也,致和用也,致义也,致让也。

① 《礼记·乐记》。

致反始,以厚其本也;致鬼神,以尊上也;致物用,以立民纪也。致义,则上下不悖逆矣。致让,以去争也。合此五者,以治天下之礼也,虽有奇邪,而不治者则微矣。①

此处是先秦上古"致用意识"的集中体现。这里以"五致"来阐明天下之礼的内容和功用。

【22】是故君子之事君也,必身行之,所不安于上,则不以使下;所恶于下,则不以事上;非诸人,行诸己,非教之道也。是故君子之教也,必由其本,顺之至也,祭其是与? 故曰:祭者,教之本也已。②

【23】孔子遂言曰:"内以治宗庙之礼,足以配天地之神明;出以治直言之礼,足以立上下之敬。物耻足以振之,国耻足以兴之。为政先礼。礼,其政之本与!"③

强调礼为教化之本,更是为政之本。这表明一方面礼之本身有其本体和作用,另一方面"礼"也可以作为政治教化的本体。

【24】天命之谓性,率性之谓道,修道之谓教。道也者,不可须臾离也,可离非道也。是故君子戒慎乎其所不睹,恐惧乎其所不闻。莫见乎隐,莫显乎微。故君子慎其独也。喜怒哀乐之未发,谓之中;发而皆中节,谓之和;中也者,天下之大本也;和也者,天下之达道也。致中和,天地位焉,万物育焉。④

首先值得关注的,是这里提出了一个完整的天人关系图式:天——性——道——教。在此结构中"道"是核心,然而此处的"道"并非道家自然式的宇宙生成之道,而是儒家人文性的修身教化之道。此"道"一方面根源于天命之性,而天命之性的根本又在于"中和",所以修"道"即是修此"中和"之道,达此"中和"之境。另一方面,修道又是实现人对天之参赞辅助作用的根本途径,因此有"致中和,天地位焉,万物育焉"。前者表明的是天对人之始源性、支配性地位,后者表明的是人对天的发展性、辅助性作用。《中庸》篇中后来反复阐述的"诚者天之道,诚之者,人之道",可谓对这一主旨更为精炼和鲜明的表达。

---

① 《礼记·祭义》。
② 《礼记·祭统》。
③ 《礼记·祭统》。
④ 《礼记·中庸》。

从体用逻辑来看，后儒多以"中和"来说体用，即以中为体，以和为用。显然这种诠释并非穿凿附会，而是确有其内在逻辑根据的。依前所述，天人关系的核心在于"道"，一方面"天""性"为道之本，此本即"中"，一方面"修道"即是对此"本"的运用和实践，从哲学上可谓"本"之"用"，"和"即是此用之自然结果和最终目标。所以此处所谓"体用"实际上是以"道"为中心而展开的诠释结构，即"中"为道之本，属"体"，"和"为修道之用，属"用"。从而，"中和（中庸）"之道就是儒家所追求贯通天人的大道，达到这一大道的根本途径在《礼记》的作者看来无疑就是"礼"本身。

【25】温良者，仁之本也；敬慎者，仁之地也；宽裕者，仁之作也；孙接者，仁之能也；礼节者，仁之貌也；言谈者，仁之文也；歌乐者，仁之和也；分散者，仁之施也；儒皆兼此而有之，犹且不敢言仁也。①

细察此处关于仁德的八个方面，实可进一步区分为四个层面：一是温良与敬慎，属于仁德的最内在的特性部分；二是宽裕与孙接，属于仁德的向外发动作用部分；三是礼节和言谈，属于仁德的外在表现形式部分；四是歌乐与分散，属于仁德对社会的功效部分。若进一步分析，就会发现其中存在一个由内向外的层递逻辑。如图所示：

此处还有一点很重要，即以"仁"为主德来统贯其他德行，在儒家文献中这应该是第一次。最为关键的是"儒皆兼此而有之，犹且不敢言仁"，是说，一个儒者即使能够兼有"仁"的各个方面，但仍不敢轻言自己就已经完全实现了"仁"德本身。显然，这里"仁"德不再作为具体德行之一，而是作为众德之上的总德，因此不再与其他德行平等并列。这样实际上就必然会触及一个十分重要的哲学问题，即什么是真正的"仁"，"仁"德与作为仁德表现的其他德行之间的关系是什么？

【26】大学之道，在明明德，在亲民，在止于至善。知止而后有定，定而后能静，静而后能安，安而后能虑，虑而后能得。物有本末，事有终始，知所先后，则近道矣。②

① 《礼记·儒行》。
② 《礼记·大学》。

此处的"物有本末,事有终始",并非特定的哲学概念,因为本末始终在先秦时代都属于日常描述事物的空间和时间之存在时所常用的表示先后次序的概念。

【27】自天子以至于庶人,壹是皆以修身为本。其本乱而末治者否矣,其所厚者薄,而其所薄者厚,未之有也。此谓知本,此谓知之至也。①

从认识论上来说,认识事物存在的根本所在,就是认识的最高境界或者是最后目标。从实践论上来说,所有人都应该以修身作为人之实践性存在的根本。因为这里必须遵循一个本末逻辑,即"本治则末可治,本乱而末亦不可治"。所以"知本"也好,"治本"也好,其最终目标不在于放弃末之治,而恰在于末之治。

【28】道得众则得国,失众则失国。是故君子先慎乎德。有德此有人,有人此有土,有土此有财,有财此有用。德者本也,财者末也,外本内末,争民施夺。是故财聚则民散,财散则民聚。是故言悖而出者,亦悖而入;货悖而入者,亦悖而出。②

指出治国之道的本末逻辑:以德行为本,为财用为末;若坚持内本外末,则万民归服,若本末倒置而以本为外、以内为末,则会导致"争民施夺",百姓离散。

综合上述 28 例分析,我们可以看到,体用意识在《礼记》中又有了更大的发展,可以说离真正的体用范畴越来越近了。具体来说:

(1)从使用情况来看,体和用在《礼记》中的使用比较多,当然使用的状况也是多样的。一是既有动词性使用,又有大量的名词性运用。二是体用使用的含义也是多种的,就"体"言,既有具体的身体、形体之义,也有较抽象的基本结构、根据、原则等含义,特别值得重视的是还有动词性的表"连接"、"统合"的含义。就"用"而言,既有动词性的使用、运用、利用之义,也有名词性的作用、功用之义,重要的还有表现、属性之义。还有一个需要特别注意的是,在《礼记》中,"本"和"体"不仅有对称使用的情况,而且还有比较明显的"本""体"合一、相互融摄的趋向。这种趋向对于最终形成中国式的"本体"概念或"本体论"具有十分重要的意义。这也将在随后的文本分析中得到进一步的印证和阐释。

(2)就体用结构而言,在《礼记》中,虽然没有出现体用连称或对出的结构,但已经明确地提出礼之体与礼之用的概念,同时也提出了许多类似甚至

① 《礼记·儒行》。
② 《礼记·大学》。

十分接近体用逻辑的表述结构。如"仁者,义之本也,顺之体也","民以君为心,君以民为体","忠信,礼之本也;义理,礼之文也","乐者,心之动也;声者,乐之象也。文采节奏,声之饰也","温良者,仁之本也;敬慎者,仁之地也","中也者,天下之大本也;和也者,天下之达道也","本治则末可治,本乱而末亦不可治","德者本也,财者末也,外本内末"。事实上,类似的表达还可以举出很多。由此可以看出《礼记》已经具有非常强烈的体用意识,这种强烈的意识必将随着时代的发展和哲学思维水平的提升而产生突破,最终实现体用概念的范畴化和体用逻辑的结构化。这一进程和结果将在第二章有很充分的讨论。

（3）从逻辑类型来说,虽然没有明确的体用结构表述,但从相类似或接近的结构表述中,我们仍然可以分析出隐含其中的逻辑类型。譬如在对"礼"的存在本质、根源和功用的讨论中,我们可以看到最为普遍还是"实体—功用"型的,它的变化结构为"实体—属性—功用",如【19】中的"体性用"就是典型。除此之外,还有在作为礼之本体原则与礼之具体表现之间,可以发现一种"本体—表现"的逻辑类型。不仅如此,《礼记》中还发展出一个典型的四重体用结构,具体如【26】所分析,其中既有"实体—功用"型,也有"本体—表现"逻辑。

总而言之,上述分析充分表明,在《礼记》时代,体用意识已经有了很大的发展,正是借助于这种原始的体用思维,儒家思想中对于礼乐文化中一系列最为根本的思辨和阐述才得以实现。与此同时,在这种不断推进对礼乐文化深刻思考的过程中,体用意识也随之不断地走向自觉,这种自觉表现为在形式上有了更多的发展和变化,逻辑上结构上也更为丰富深刻。可以说,有此基础,真正成熟明确的体用概念和范畴的产生就是必然而呼之欲出的了。

二、汉代儒家礼乐思想中的"体用"意识

(一)《春秋繁露》："礼者,庶于仁,文、质而成体者也"

《春秋繁露》,共十七卷,汉董仲舒(前179—前104)撰。这部书以《公羊传》的阐释为中介,以今文经学的立场来描述《春秋》中的伦理、道德及政治原则,并根据当时所流行的阴阳五行观念而加以进一步确证。值得注意的是,在这些思考与论述的过程中,儒家体用意识得到进一步的深化和强化。

【1】礼者,庶于仁,文、质而成体者也。①

---

① 《春秋繁露·竹林》。此处一般断句为:"礼者,庶于仁、文,质而成体者也。"恐无法合理解释,笔者断为"礼者,庶于仁,文、质而成体者也",意在将礼与仁、文与质对举呼应,如此才能合理解释此段文字。

"礼，庶于仁。""庶"者，旁支之义，是说仁高于礼，礼以仁为正为本，强调仁与礼的差别和联系。而"文、质而成体者"，是说礼既有表象之"文"，又有义理之实"质"，二者合而为礼之"体"。董仲舒在此阐明一个十分重要的观念，即"礼"作为一种重要的文化存在，是一种有"体"的真实存在，而作为一种真实存在的"体"，则必定涵有其外在之"文"和内在之"质"等要素。

与先秦时期的礼学不同的是，董仲舒在这里不仅明确地把礼与仁的关系凸显出来，以仁为礼之根本；更重要的是他以礼之"体"来标示礼之存在本身，并揭示出此礼体之结构及其要素。由此也表明，"礼"在文化中逐渐失落了其涵盖一切的中心地位和角色，逐渐演变成为一种形式化、外在化的制度性存在，而"仁"则逐渐成为政治社会治理和人们伦理实践的中心和根本。

【2】人始生有大命，是其体也。有变命存其间者，其政也。政不齐则人有忿怒之志，若将施危难之中，而时有随、遭者，神明之所接，绝续之符也。亦有变其间，使之不齐如此，不可不省之，省之则重政之本矣。①

此处董仲舒将人之命区分为两种，一是"大命"，是从获得生命之际被天所赋予的，他认为这种"大命"就表现在人的生命之整"体"上。二是"变命"，是人在社会生活中所遭遇到的各种穷通祸福，他认为这种"变命"是建立在社会政治的好坏之上。所以，他认为执政者应该重视为政之本，从而慎重为政，最终使政齐而命同。

从哲学上看，董仲舒在此把人的存在分为不变和可变的两个方面，不变者为个人内在的天赋之体，可变者则由个人外在的社会政治所决定。可惜，变与不变这二者在董仲舒这里仍然相互独立，没有建立相应的关联。

【3】体国之道，在于尊神。尊者所以奉其政也，神者所以就其化也，故不尊不畏，不神不化。……是谓尊神也。②

"体国"之"体"，非是"体国经野"③之"体"。虽然此处也是治理国家之义。但"体"非为"分"义，而当为"统合"之义。

---

① 《春秋繁露·重政》。
② 《春秋繁露·立元神》。
③ 首见于《周礼·天官冢宰》。原文为："惟王建国，辨方正位，体国经野，设官分职，以为民极。乃立天官冢宰，使帅其属而掌邦治，以佐王均邦国。"郑玄注："体犹分也，经谓为之里数。"意在把都城划分为若干区域，由官宦贵族分别居住或让奴隶平民耕作。后被泛指治理国家。

【4】一国之君,其犹一体之心也。隐居深宫,若心之藏于胸;至贵无
与敌,若心之神无与双也。……是故君臣之礼,若心之与体,心不可以
不坚,君不可以不贤;体不可以不顺,臣不可以不忠。心所以全者,体之
力也;君所以安者,臣之功也。①

　　"一国之君,其犹一体之心也",是以"心—体"关系喻"君—国"关系。具
体而言,心与体,君与臣,一方面是心主宰身体,君王主宰臣民;另一方面,是
身体支持心的存在,臣民保障国君的安危。从语词上说,"所以"即是体用之
"体","力"与"功"即是体用之"用"。因此,"君所以安者",即是君安之"体",
"臣之功也",即是指臣之"用"。合而言之,则是"君之体乃臣之用"。从逻辑
上看,这实际上与后来的体用逻辑是相当一致的,可以说是一种互为体用的
关系。这种逻辑在后来刘向《说苑》中有进一步的体现。

【5】天道施,地道化,人道义。圣人见端而知本,精之至也;得一而
应万,类之治也。动其本者不知静其末,受其始者不能辞其终。利者盗
之本也,妄者乱之始也。夫受乱之始,动盗之本,而欲民之静,不可得
也。故君子非礼而不言,非礼而不动。好色而无礼则流,饮食而无礼则
争,流争则乱。夫礼,体情而防乱者也。民之情,不能制其欲,使之度
礼。目视正色,耳听正声,口食正味,身行正道,非夺之情也,所以安其
情也。变谓之情,虽持异物,性亦然者,故曰内也。变变之变,谓之外。
故虽以情,然不为性说。故曰:外物之动性,若神之不守也。积习渐靡,
物之微者也。其入人不知,习忘乃为,常然若性,不可不察也。纯知轻
思则虑达,节欲顺行则伦得,以谏争静为宅,以礼义为道则文德。是故
至诚遗物而不与变,躬宽无争而不以与欲推,众强弗能入。蜎蜎浊秽之
中,含得命施之理,与万物迁徙而不自失者,圣人之心也。②

　　所谓"见端而知本",表明由"末"可以知"本";"得一而应万",则揭示出
"一以统万"的逻辑。所以圣人治理天下,要知道治乱之本末所在,要善于以
一应万。而这个"本"和"一",在董仲舒看来即是"礼",所以他说:"夫礼,体
情而防乱者也。"所谓"体情",董仲舒认为是"安情"而非"夺情",也就是说通
过"礼"来统合、规范人民的情欲。所以"体情"之"体",在此就是统合、规范、
安定之义。
　　这里值得深入探讨的是,"体"何以具有统合、规范、安定之义的呢? 说

① 《春秋繁露·天地之行》。
② 《春秋繁露·天道施》。

礼以"体情",也即是说以礼为情之"体"。要回答这个问题,需要结合董仲舒的"情性论"。他说:"变谓之情,虽持异物,性亦然者,故曰内也。变变之变,谓之外。故虽以情,然不为性说。故曰:外物之动性,若神之不守也。"所谓"变,谓之情",是说"情"乃是心理上的波动变化。"虽持异物,性亦然者,故曰内也",指出"性"乃是天赋的自然本性,是人心内在不变的部分。这种"情性论"还见于他《贤良策三》中所论"命、情、性"的层次:"天令之谓命,命非圣人不行;质朴之谓性,性非教化不成;人欲之谓情,情非度制不节。"①总起来说,情和性都内在于人心,但"情"属于可变的部分,外在物境会造成情绪上的波动变化,虽然这也是某种情绪感受,但并非天赋所命,所以不能说是本性,因而他说"变变之变,谓之外;故虽以情,然不为性说"。接着他又说"外物之动性,若神之不守也。积习渐靡,物之微者也;其入人不知,习忘乃为常然若性,不可不察也",是说外在之物境对情性的影响,若是因其变化激烈而动荡了内在之"性",这种影响是显明的,就如同人之身体失去了心神之主那样;若是微细变化,则会逐渐累积而形成习惯,最后让人觉得这就是人之本性,因此这种情况最需要人去细心体察。

从逻辑上来说,这里呈现出一个"情、性、物"逻辑结构,如图所示:

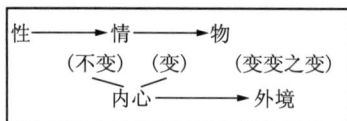

在这个结构中,性是天赋不变的,情是可变的,物是引起情性变化的外在原因。"礼"的意义就在于能够使百姓的变化之情获得一种不变或者说是稳定的结构性和秩序性。这种结构性、秩序性的存在即是所谓的"体",一旦人的情欲获得了这种"体性",就必然会达到这样一种圣人的境界:一方面保持情感的变动性,从而能够应接外物的变迁,另一方面又使这种变动获得一种适宜合理的"体性",而不会导致对自然本性的伤害。这就是董仲舒所说的:"是故至诚遗物而不与变,躬宽无争而不以与欲推,众强弗能入。蜎蜎浊秽之中,含得命施之理,与万物迁徙而不自失者,圣人之心也。"显然这种圣人境界论,与后来王弼的"无为而无不为",尤其是僧肇的"寂即用"的圣人境界论思想有着极强的相似性。

从体用逻辑的层面上说,此处的"情性论"虽然没有明确提出"性其情"或"性体情用"的说法,但"体情"之说的确蕴含着变化之情需要以不变之性来主宰规范的逻辑,因此就必然会发展出"情之体"为何的追问。董仲舒是以"礼"为情之体,而没有以"性"为情之体,其根本原因在于他主张人性善恶二元论,导致"性"无法直接作为"情"之本体,必须借助唯善无恶之"礼"来作

---

① 《汉书·董仲舒传》。

为安定、节制情欲的外在依据。

【6】循天之道，以养其身，谓之道也。天有两和以成二中，岁立其中，用之无穷。……中者，天地之太极也，日月之所至而却也，长短之隆，不得过中，天地之制也。兼和与不和，中与不中，而时用之，尽以为功。是故时无不时者，天地之道也。顺天之道，节者天之制也，阳者天之宽也，阴者天之急也，中者天之用也，和者天之功也。①

此处既以"中和"为天地之"太极"，又以其为天地之"功用"，而这是否矛盾呢？关键在如何理解"太极"之义。"太极"一词最早见于《庄子·大宗师》，其中有："夫道……在太极之先而不为高，在六极之下而不为深；先天地生而不为久，长于上古而不为老。"庄子此处的"太极"只是一个空间概念，是指空间的最高远之际。后来在《易传》中有"易有太极，是生两仪……"这里的"太极"就不再是一个空间概念，而成为或指易经原理或指宇宙生成中最高实体的一个概念，从此之后的"太极"，以此义居多。那董仲舒说的"太极"的是空间概念，还是实体概念呢？或是有其他意义呢？先回到原文语境中来理解："中者，天地之太极也，日月之所至而却也，长短之隆，不得过中，天地之制也。"显然，此处"太极"不属于空间概念，而是作为天地日月运行的标准和制度。此后接着又说："兼和与不和，中与不中，而时用之，尽以为功。"由此可见，这个标准和制度并非一个实有不变动的存在，而是在"时用"的过程中实现其功效而形成的。也正是在这个意义上，说"中和"是天地之功用。由此可见，董仲舒在此实际上是既以"中和"为天地之太极，又以"中和"为天地之功用，"太极"就是在其实际运行中所显现出的"功用"之标准，可谓是即太极即功用。

综合而言，董仲舒在《春秋繁露》之中已有十分明确的体用意识，在其政治学说和性情论中，都以体用关系逻辑为其展开思考和论述的基础。（1）就其对体用思想的发展而言，其中最为值得关注的是其对"体"的内涵拓展。在阐述其礼学思想时，他提出"文、质而成体"，认为礼之体中有"文"与"质"两个方面的内涵，这实际上触及存在之"体"的内在结构问题。特别值得注意的是其中"体"的动词性涵义，他又有"体国"之说，即治理国家使之统一有序之义。还有所谓"体情"之说，其"体"也是统合、规范、安定之义。由此展开他的性情论。（2）就体用关系逻辑而言，他利用体用逻辑深化三纲尤其是君臣之间的辩证关系，他提出"心所以全者，体之力也；君所以安者，臣之功也"，强调君臣之间是"互为体用"、相互成就的关系，而非过去我们一直误解

---

① 《春秋繁露·循天之道》。

的君主独裁主义。在宇宙论方面,他继承并发展《易传》中的"中和"思想,既以中和为天地之太极,又以之为太极之时用,客观上揭示出即太极即时用的"中和"逻辑。

因此,虽然还没有明确的自觉和绝对的创新,但必须承认董仲舒的体用思想有其承上启下之作用,也是整个体用思想发展进程中比较重要的一环。

(二)《新书》:"内本六法,外体六行"

《新书》又称《贾子》,是贾谊(公元前 200 年—公元前 168 年)的政论文集①,其思想内容很丰富,重点在于反思秦国败亡的教训,探索国家治理的根本。贾谊总结秦朝"违礼仪,弃伦理",造成社会秩序混乱、风气败坏的教训,作为荀子的再传弟子,贾谊继承荀子礼治思想,强调礼教为治国之本。本节重在考察其思想中的体用思维模式和表述逻辑。

【1】臣窃惟事势,可痛惜者一,可为流涕者二,可为长大息者六。……夫曰天下安且治者,非至愚无知,固谀者耳,皆非事实,知治乱之体者也。②

"治乱之体",实际上就是治乱之"本"。由此可见,到西汉贾谊之时,"体"逐渐取代"本",以表示事物存在和变化的根本依据。而"本"与"体"二概念的融合乃是中国本有概念"本体"产生的重要前提。

【2】曰:"请问品善之体何如?"对曰:"亲爱利子谓之**慈**,反慈为嚚;子爱利亲谓之**孝**,反孝为孽。爱利出中谓之**忠**,反忠为倍。心省恤人谓之**惠**;反惠为困。兄敬爱弟谓之**友**,反友为虐。弟敬爱兄谓之**悌**,反悌为敖。接遇慎容谓之**恭**,反恭为媟。接遇肃正谓之**敬**,反敬为嫚。言行抱一谓之**贞**,反贞为伪。期果言当谓之**信**,反信为慢。衷理不辟谓之**端**,反端为跛。据当不倾谓之**平**,反平为险。行善决衷谓之**清**,反清为浊。辞利刻谦谓之**廉**,反廉为贪。兼覆无私谓之**公**,反公为私。方直不曲谓之**正**,反正为邪。以人自观谓之**度**,反度为妄。以己量人谓之**恕**,反恕为荒。恻隐怜人谓之**慈**,反慈为忍。厚志隐行谓之**洁**,反洁为汰。施行得理谓之**德**,反德为怨。放理洁静谓之**行**,反行为污。功遂自却谓之**退**,反退为伐。厚人自薄谓之**让**,反让为冒。心兼爱人谓之**仁**,反仁为戾。行充其宜谓之**义**,反义为懵。刚柔得适谓之**和**,反和为乖。合得密周谓之**调**,反调为盭。优贤不逮谓之**宽**,反宽为阨。包众容易谓之

① 《汉书·艺文志》中将《新书》列入儒家,今存 10 卷 58 篇,其中《问孝》、《礼容语上》两篇有目无文,实为 56 篇。

② 贾谊:《新书·数宁》。

裕，反裕为褊。欣熏可安谓之**熅**，反熅为鸷。安柔不苛谓之**良**，反良为啮。缘法循理谓之**轨**，反轨为易。袭常缘道谓之**道**，反道为辟。广较自敛谓之**俭**，反俭为侈。费弗过适谓之**节**，反节为靡。僶勉就善谓之**慎**，反慎为怠。思恶勿道谓之**戒**，反戒为傲。深知祸福谓之**知**，反知为愚。亟见窕察谓之**慧**，反慧为童。动有文体谓之**礼**，反礼为滥。容服有义谓之**仪**，反仪为诡。行归而过谓之**顺**，反顺为逆。动静摄次谓之**比**，反比为错。容志审道谓之**枣**，反枣为野。辞令就得谓之**雅**，反雅为陋。论物明辩谓之**辩**，反辩为讷。纤微皆审谓之**察**，反察为旄。诚动可畏谓之**威**，反威为圂。临制不犯谓之**严**，反严为软。仁义修立谓之**任**，反任为欺。伏义诚必谓之**节**，反节为罢。持节不恐谓之**勇**，反勇为怯。信理遂惔谓之**敢**，反敢为拚。志操精果谓之**诚**，反诚为殆。克行遂节谓之**必**，反必为怛。凡此品也，善之体也，所谓道也。"①

此篇可以看作对整个儒家所提倡的道德德目（共计 56 个）的全面总结，贾谊把这种总结叫作"品善之体"。所谓"善之体"，即是指善德的本质内涵和具体存在，譬如他说："亲爱利子谓之慈，反慈为嚚；子爱利亲谓之孝，反孝为孽。"即是阐明"慈"和"孝"两种德行的"体"。值得注意的是，他不仅从正面来定义德目之体，还从其对立性的恶行来凸显善德之体。

【3】然而人虽有六行，微细难识，唯先王能审之。凡人弗能自至，是故必待先王之教，乃知所从事。是以先王为天下设教，因人所有以之为训，道人之情，以之为真，**是故内本六法，外体六行，以与《诗》、《书》、《易》、《春秋》、《礼》、《乐》六者之术，以为大义，谓之六艺。令人缘之以自修，修成则得六行矣。**六行不正，反合六法。艺之所以六者，法六法而体六行故也，故曰六则备矣。②

贾谊在此讨论先王政治教化的根本方法。所谓"内本六法，外体六行"，在内以六艺最为微言大义的根本，在外则以此大义微言为根本依据自修，这即是所谓"法六法而体六行"。这也正是儒家基本经典"六艺"的根本价值所在。

从论述形式上说，无论是"内本六法，外体六行"，还是"法六法而体六行"，此处"本"与"体"不仅对称使用，而且本、体之间的意义相互函摄，因此"本体"合用的趋势逐渐明晰。

---

① 《新书·道术》。

② 《新书·六术》。

【4】德有六理,何谓六理?曰道、德、性、神、明、命。此六者,德之理也。诸生者皆生于德之所生,而能象人德者,独玉也。写德体,六理尽见于玉也,各有状,是故以玉效德之六理。……德有六美,何谓六美?有道,有仁,有义,有忠,有信,有密,此六者德之美也。道者德之本也,仁者德之出也,义者德之理也,忠者德之厚也,信者德之固也,密者德之高也。六理、六美,德之所以生阴阳天地人与万物也,固为所生者法也。……德毕施物,物虽有之,微细难识。夫玉者,真德象也。六理在玉,明而易见也。是以举玉以谕物之所受于德者,与玉一体也。①

此处是贾谊对"德"所进行的内涵分析。他指出"德"的丰富的内在结构,具体说有六理(道、德、性、神、明、命)和六美(道、仁、义、忠、信、密),不仅如此,他还认为此六理和六美,就是"德"之"生阴阳天地人与万物"那个"所以"即根据或根源,也即他所说的"所生者法"。在贾谊看来,"德"乃是宇宙万物之根本。他之所谓"生"虽不可理解为创生,而是指"德"乃是天地万物生成的根据和依凭。他认为,这种根据和依凭作用的发挥,又是因其内在的六理和六美。仔细查看贾谊对此六理和六美的阐述,可以发现其中实际上隐含着一种体用逻辑。所谓"六理",乃是以玉之理来比喻德之实,他明确指出即是指"德体"——德的内涵或结构。而"六美",实质上是指"德"之六种属性或具体表现。因此六理与六美结合起来,就构成完整的"德",此"德"不仅有六理之"体",还有六美之"用",如此体用兼备,自然成为天地人物生长变化的根据和依凭了。依此"德"而治理天下,自然就是"德治"。而六理与六美自然成为贾谊"德治"思想的完整内涵。内在逻辑可以图示说明:

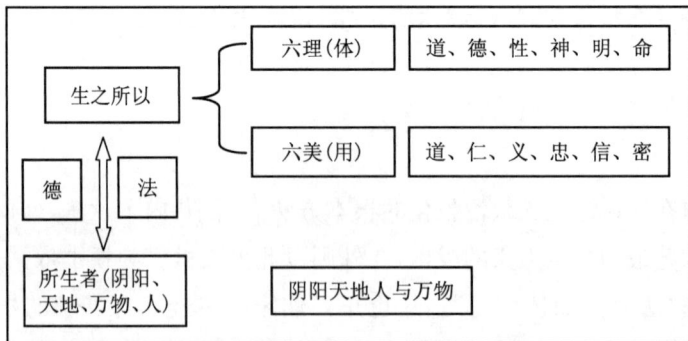

【5】礼者,所以固国家,定社稷,使君无失其民者也。主主臣臣,礼之正也;威德在君,礼之分也;尊卑大小强弱有位,礼之数也。……君仁臣忠,父慈子孝,兄爱弟敬,夫和妻柔,姑慈妇听,礼之至也。君仁则不厉,臣忠则不贰,父慈则教,子孝则协,兄爱则友,弟敬则顺。夫和则义,

① 《新书·道德说》。

妻柔则正,姑慈则从,妇听则婉,礼之质也。①

贾谊继承荀子隆礼重法的基本思想,在此明确指出"礼"之根本大"用",乃是"固国家,定社稷,使君无失其民者"。进而从三个方面来说明礼之大"体":"礼之正"指礼调节的核心内容,"礼之分"指礼分别的主要名分,"礼之数"指礼之节制分别的具体度数。所谓"礼之至",即指礼实现后的最好效果:"君仁臣忠,父慈子孝,兄爱弟敬,夫和妻柔,姑慈妇听。"所谓"礼之质",即是指"礼之至"这种效应的本质所在。在《晏子春秋》中也有类似的话,不过其中"礼之至"为"礼之经",全文如下:

> 礼之可以为国也久矣,与天地并立。君令臣忠,父慈子孝,兄爱弟敬,夫和妻柔,姑慈妇听,礼之经也。君令而不违,臣忠而不二,父慈而教,子孝而箴,兄爱而友,弟敬而顺,夫和而义,妻柔而贞,姑慈而从,妇听而婉,礼之质也。②

综合而言,贾谊的体用思想有如下两个方面的特点:

(1) 从思想内容上,贾谊的政治哲学中,关注的重点是"治乱之体",也就是汉代之前常言的"治乱之本"。而他认为这个"本""体"就是三代圣人所传也是儒家一直所推崇的"礼治"。相对于秦代的严刑峻法,他更提倡"德治",所以他又特别重视探讨所谓的"德体"以及"品善之体"。这种对政治或德治之根本的重视,发展了他的"体"思维,使"体"的哲学地位或作用更加明确和重要。一方面,"体"基本上不再停留在表示形体或事物的具体概念层面,而是逐步具有表示存在的本质内涵、基本结构乃至根本依据等义涵,从而最终上升到一个融合事实结构与价值属性的哲学范畴。

(2) 从体用形式上来说,最重要的是,到西汉贾谊之时,"体"逐渐取代"本"以表示事物存在和变化的根本依据。譬如他说先王政教"内本六法,外体六行","本"与"体"对称使用,意味着本、体之间的意涵的互摄,使得"本体"合用的趋向更加明晰。而"本"与"体"二概念的融合乃是中国本有概念"本体"产生的重要前提。

(三)《说苑》:"转相为本"

《新苑》为刘向(前 77—前 6)所著,分类记述春秋战国至汉代的逸闻轶事,主要体现了儒家的哲学思想、政治理想以及伦理观念。

---

① 《新书·礼》。
② 《晏子春秋·外篇第七》。

孔子曰：行身有六本，本立焉，然后为君子。立体有义矣，而孝为本；处丧有礼矣，而哀为本；战阵有队矣，而勇为本；政治有理矣，而能为本；居国有礼矣，而嗣为本；生才有时矣，而力为本。……夫君臣之与百姓，**转相为本**，如循环无端。夫子亦云：人之行莫大于孝；孝行成于内而嘉号布于外，是谓建之于本而荣华自茂矣。君以臣为本，臣以君为本；父以子为本，子以父为本，弃其本，荣华槁矣。①

此处根据孔子"行身有六本，本立焉，然后为君子"来讨论，这是典型的早期"本"思维的体现。具体如下图所示：

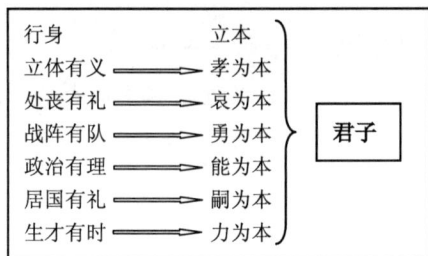

```
行身              立本          ┐
立体有义 ━━━━━━→ 孝为本        │
处丧有礼 ━━━━━━→ 哀为本        │
战阵有队 ━━━━━━→ 勇为本        │──→ ┌────┐
政治有理 ━━━━━━→ 能为本        │    │君子│
居国有礼 ━━━━━━→ 嗣为本        │    └────┘
生才有时 ━━━━━━→ 力为本        ┘
```

但此处更为值得重视的是，提出了"转相为本"的思想。以君臣父子为例，君以臣为本，臣以君为本；父以子为本，子以父为本。这种君子父子"转相为体"的思想，早在刘向之前 100 年的董仲舒那里有了明确的论述："是故君臣之礼，若心之与体，心不可以不坚，君不可以不贤；体不可以不顺，臣不可以不忠。心所以全者，体之力也；君所以安者，臣之功也。"②如前所分析，这已经是一种典型的互为体用逻辑，而刘向的论述更为明确："君以臣为本，臣以君为本；父以子为本，子以父为本，弃其本，荣华槁矣。"必须注意的是，无论是董仲舒，还是刘向，虽然转相为本，互为体用，但本末之间始终遵守"本为主宰，末为从属"的内在逻辑。

（四）《汉书》：六艺之体用

班固（32—92）在《汉书》的《艺文志》和《礼乐志》中，探讨了礼乐之体用和六艺之体用。

【1】乐以治内而为同，礼以修外而为异；同则和亲，异则畏敬；和亲则无怨，畏敬则不争。揖让而天下治者，礼乐之谓也。二者并行，合为一体。畏敬之意难见，则着之于享献辞受，登降跪拜；和亲之说难形，则发之于诗歌咏言，钟石筦弦。盖嘉其敬意而不及其财贿，美其欢心而不

---

① 刘向：《说苑·建本》。
② 董仲舒：《春秋繁露·天地之行》。

流其声音。①

"乐以治内而为同，礼以修外而为异"，即是指礼乐之功用有内外之别，礼以别异为用，乐以合同为功。若礼乐并行，合为一体，则天下大治。如此从逻辑上说，则是一体二用的结构。

【2】六艺之文：《乐》以和神，仁之表也；《诗》以正言，义之用也；《礼》以明体，明者着见，故无训也；《书》以广听，知之术也；《春秋》以断事，信之符也。五者，盖五常之道，相须而备，而《易》为之原。故曰"《易》不可见，则乾坤或几乎息矣"，言与天地为终始也。至于五学，世有变改，犹五行之更用事焉。②

此处论六艺之文，采用统一的论述模式，仔细分析可知其中隐藏多重体用关系或逻辑。以"《乐》以和神，仁之表也"为例，首先是"《乐》以和神"，说明《乐》作为六艺经典的主要目的和作用是用来"和神"，从这个意义上来说，《乐》与"和神"就构成一种体用关系，即《乐》之用为"和神"；其次是"仁之表也"，说明用以"和神"之《乐》作为经典之一，实际上是五常之德"仁"的具体外化表现，也就是说，《乐》与"仁"又构成一种体用关系，即"仁"为体《乐》为用。其他以此类推，诗、书、礼、春秋分别作为义、礼、智、信的表现和作用。如此便构成二重体用逻辑关系，如图所示：

五常	表现	五艺	功用
仁	之表	《乐》	以和神
义	之用	《诗》	以正言
礼	无训	《礼》	以明体
知	之术	《书》	以广听
信	之符	《春秋》	以断事
体	用	体	用
体		用	

（五）《申鉴》："道之本，仁义而已"与"知道之体"

《申鉴》是汉末思想家荀悦（148—209）的政治哲学论著，其篇目有五：政体、时事、俗嫌和杂言上、下。

【1】其正不若约。莫不为道，知道之体，大之至也；莫不为妙，知神之几，妙之至也；莫不为正，知之，正之至也。故君子必存乎三至，弗至，

————————

① 《汉书·礼乐志》。
② 《汉书·艺文志》。

斯有守无悖焉。①

此处直言"道之体"和"神之几",道之体为大之至,神之几为妙之至。

【2】夫道之本,仁义而已矣。……故凡政之大经,法教而已。教者,阳之化也;法者,阴之符也。仁也者,慈此者也;义也者,宜此者也;礼也者,履此者也;信也者,守此者也;智也者,知此者也。……是谓政体也。②

"道之本,仁义而已",是典型的儒家说法,这和道家以虚无、自然为道之本有根本的不同。然后又以"法教"为政治的"大经","大经"即是指根本的原则,所以"仁义礼智信"等不过是此大经的实施或变现而已。综合而言,此即是政治之体。在此"道本"之五常乃是"政体"之法教的具体实施和表现,也就是说"道本"是"政体"之用。显然,这种儒家思想中具有较多偏向法家的内容,与儒家荀子一派较为接近。

(六)《中论》:"文质著然后体全"

《中论》为汉末徐干(170—217)所著,是一部政论性著作,其目的在于"阐发义理,原本经训,而归之于圣贤之道"③。

【1】孔子称"安上治民,莫善于礼";"移风易俗,莫善于乐。"存乎六艺者,着其末节也。谓夫陈笾豆,置尊俎,执羽钥,击钟磬,升降趋翔,屈伸俯仰之数也,非礼乐之本也。礼乐之本也者,其德音乎!……此礼乐之所贵也。……艺者、心之使也,仁之声也,义之象也;故礼以考敬,乐以敦爱,射以平志,御以和心,书以缀事,数以理烦。敬考则民不慢,爱敦则群生悦,志平则怨尤亡,心和则离德睦,事缀则法戒明,烦理则物不悖;六者虽殊,其致一也;其道则君子专之,其事则有司共之。此艺之大体也。④

此篇文字的中心在讨论礼乐之本和六艺之大体,显然,"本"与"体"在此具有同样的概念内涵。

【2】艺之兴也,其由民心之有智乎? ……故圣人因智以造艺,因艺

① 《申鉴·杂言下》。
② 《申鉴·政体》。
③ 《四库全书总目·子部·儒家类》。
④ 《中论·艺纪》。

以立事，二者近在乎身，而远在乎物，艺者所以旌智、饰能、统事、御群也。圣人之所不能已也。艺者，所以事成德者也，德者，以道率身者也。艺者，德之枝叶也，德者，人之根干也，斯二物者不偏行，不独立。木无枝叶则不能丰其根干，故谓之瘣；人无艺则不能成其德，故谓之野。若欲为夫君子，必兼之乎！……美育材，其犹人之于艺乎！既修其质，且加其文，文质著然后体全，体全然后可登乎清庙，而可羞乎王公。故君子非仁不立，非义不行，非艺不治，非容不庄。四者无愆，而圣贤之器就矣。①

此篇重在讨论"艺"，指出艺之目的或作用，即"所以旌智、饰能、统事、御群"。接下来重点说明"艺"与"德"的"本枝"关系：艺为德之枝，德为艺之本，二者相互依存，相互成就。因此，真正的君子应该艺德兼而有之。接下来又提出"文质著然后体全"的思想，是以德为人体之质，艺为质上之文，文质兼美方能成就人存在之全体。所以"艺德"关系又可以说是"文质"关系，若结合前面的"本枝"来说，则"艺"为文为末，"德"为质为本。此处强调唯有艺德赅备，文质兼美，才能成就人之大体。这就表明，"体"作为人之完整存在，是有其内在结构的，其结构要素即是"艺"与"德"，而二者又是相互依存作用的本枝或文质关系。然而从二种关系的结构逻辑来看，其实与后来成熟之体用表达的逻辑相差无几了。

其中"文质"之间实属于本质内涵与外在表现的关系，也就是说属于"本质内涵—外在表现"式的体用逻辑类型。

综合上述分析，我们可以了解到，汉代儒家十分重视"礼乐"，认为它是治国安邦的根本思想、典籍和制度所在，也是圣人君子人格修养的根本依据和途径。在这些思想的论述中，体用思维和相类似的表述集中体现在君臣关系、德行关系，六艺与政体等方面，相较先秦儒家而言更为丰富，也更为深入。

第二节　诸子天道性命中的"体用"意识

一、墨家学说中的"体用"意识

墨子(前468—前376)创立墨家学说，并有《墨子》一书传世。《墨子》分两大部分：一部分是记载墨子言行，阐述墨子思想，主要反映了前期墨家的

---

① 《中论·艺纪》。

思想;另一部分《经上》、《经下》、《经说上》、《经说下》、《大取》、《小取》等 6 篇,一般称作《墨辩》或《墨经》,着重阐述墨家的认识论和逻辑思想,还包含许多自然科学的内容,反映了后期墨家的思想。下面分别考察前期墨家和后期墨家思想中的体用意识,其中的"体"思维犹为重点。①

【1】……不尽千丈者勿迎也,视敌之居曲,众少而应之,此守城之大体也。……凡守城者以亟伤敌为上,其延日持久以待救之至,明于守者也,不能此,乃能守城。②

此处强调守城的"大体"即守城的基本原则。

【2】君子战虽有陈,而勇为本焉。丧虽有礼,而哀为本焉。士虽有学,而行为本焉。是故置本不安者,无务丰末。③

【3】是故子墨子言曰:"得意贤士不可不举,不得意贤士不可不举,尚欲祖述尧舜禹汤之道,将不可以不尚贤。夫尚贤者,政之本也。"④

【4】是以子墨子曰:"今天下王公大人士君子,中情将欲为仁义,求为上士,上欲中圣王之道,下欲中国家百姓之利,故当尚同之说,而不可不察尚同为政之本,而治要也。"⑤

显然墨子认为各种人事实践都有其"本",打战以"勇"为本,治丧以"哀"为本,为学以"行"为本,为政以"尚贤""尚同"为本。显然这里的"本"之内涵和前面【1】中的"大体"基本相同。

【5】故言必有三表。何谓三表? 子墨子言曰:"有本之者,有原之者,有用之者。于何本之? 上本之于古者圣王之事。于何原之? 下原察百姓耳目之实。于何用之? 发以为刑政,观其中国家百姓人民之利。此所谓言有三表也。"⑥

墨子认为辨明言论必须订立准则,提出言论的三条标准:"本之者"即用

---

①　关于《墨经》中"体"概念的含义辨析,可以参看郑坚坚:《关于〈墨经〉中"体"的新解》,《自然科学史研究》,1991 年第 01 期。李毅忠、安军:《〈墨经〉"兼"、"体"关系科学性考辨》,《科学技术哲学研究》,2012 年 8 月第 29 卷,第 4 期。

②　《墨经·号令》。

③　《墨经·修身》。

④　《墨经·尚贤上》。

⑤　《墨经·尚同下》。

⑥　《墨经·非命上》。

古时圣王事迹来考察言论的历史依据,"原之者"即要向下考察是否与百姓耳闻目睹之事实相一致,"用之者"即通过把它用作刑法政令来看看国家百姓人民的实际利益。这里的本、原、用三者都是动词用法,本、原即是探究和考察言论(认识)的"本原"所在,而"用"则是通过实践之利来考察实际之利益与功用。这也再次证明中文中的本、原、用等概念是动词性(活动)和名词性(存有)一体的。

上面考察的是《墨子》中有关墨子的政治社会方面思想中本、体思维的情况,下面着重考察后期墨经中有关几何学、力学、光学、逻辑学和伦理学等方面思想中的体思维情况。具体如下:

【6】经上:体,分于兼也。经说上:体,若二之一,尺之端也。[①]

此处的"体"属于几何学,是说独立的个体是从整体中分离出来的。

【7】经上:端,体之无厚而最前者也。经说上:端,是无间也。[②]

认为"端"是物的起始,是组成物体的最小单位。把物体分割到"无厚",便达到处于最前(即分割到最后)的质点。端是最基本的东西,最基本的东西是无间隙的,这是原子论的萌芽。

【8】经上:损,偏去也。经说上:损,偏也者,兼之体[③]也。其体或去存,谓其存者损。

这是对"损"的定义说明。所谓"偏"是"兼之体",即是指包含部分的整体或全体。部分从整体中分离出去,对于剩下的存有部分就称作"损"。关键在此处之"体"是可以与其他体相兼,即组合成为一个更大的整体的个体。

【9】经上:见,体、尽。经说上:见,时者,体也;二者,尽也。[④]

孙诒让《墨子闲诂·经说上》注中认为:"体,即《经上》'体分于兼'之义。'时',疑当为'特'。特者奇也。二者耦也。特者止见其一体,二者尽见其众

---

① 《墨经·经上》。
② 《墨经·经上》。
③ 体。原为"礼"。参见(清)孙诒让《墨子闲诂》,中华书局,2001年,第341页。
④ 《墨经·经上》。

体。特、二文正相对。"①显然这里的体乃是分别、独立成体之义,与"合"相对。

【10】经上:同,重、体、合、类。经说上:同,二名一实,重同也。不外于兼,体同也。俱处于室,合同也。有以同,类同也。②

【11】经上:异,二、不体、不合、不类。经说上:异,二必异,二也。不连属,不体也。不同所,不合也。不有同,不类也。③

【10】【11】属于名学上谈同和异,"同"有重同、体同、合同、类同四种。与之相应,"异"有二、不体、不合、不类四种。其中"不外于兼,体同也""不连属,不体也",表明"体"即是"兼并""连属"之义。其与合与类的意义十分接近,不过"体"更加强"不同事物调能够聚合为一体"之义,而"合"只要求同于处所即可,"类"则只要求有相同的地方就可以了。

【12】经上:仁,体爱也。经说上:仁,爱己者,非为用己也。不若爱马。④

此处"体"属于伦理学,孙诒让在《墨子闲诂·经上》举证:"《国语·周语》云'博爱于人为仁',《说苑修文》篇云'积爱为仁'。张云'以爱为体'。"⑤张氏的"以爱为体"最为恰切,"体"为一体、连结之义,所谓"仁"即是以爱将他人和自己连为一体,即墨子主张的"兼爱"。

针对《经上》所言的"体爱",《经说上》解释为"仁:爱己者,非为用己也。不若爱马",这段话历来难解。孙诒让引张氏解说之后并提出自己的说明,他认为"己"应当为"民"。⑥ 其实,原文是没有问题的。因为《经说上》中的原文实际上是在通过区分两种不同的爱来进一步说明真正的"兼爱"或"体爱"之"仁"。这两种爱分别为"爱己之爱"和"爱马之爱"。二者的差别在于,前者不是因为自己对自己有用,或能够满足自己需要之用而爱自己;而"爱马"则不同,人之爱马则是因为马能满足人的需要之用而爱的。所以真正的仁

---

① 孙诒让:《墨子闲诂》,中华书局,2001年,第350页。

② 《墨经·经上》。

③ 《墨经·经上》。

④ 《墨经·经上》。

⑤ 孙诒让:《墨子闲诂》,中华书局,2001年,第310页。

⑥ 孙诒让:"张云:'爱己非为用己也,爱马为用马也。爱所不用,则非己无爱也,未足明爱。爱所用,则非己亦爱也,爱足明也。言当观仁于兼爱。'案:张说是也。但疑'己'或当为'民'。'民',唐人避讳阙笔,与'己'形近,因而致误。《淮南子·精神训》云'圣王之养民,非求用也,性不能已',此义与彼同。"孙诒让:《墨子闲诂》,中华书局,2001年,第334页。

爱,应该是如同爱己一样爱人,而非像爱马那样只是爱其有用而已。这就是所谓"体爱"和"兼爱"。这种"体爱"思想与康德爱的伦理学——"人是目的不是工具"——几乎一致。

综上所述,《墨子》的"体"思维主要体现在两个方面:一是社会政治思想方面,强调守城之"大体"、"为政之本",以及各种人事实践之"本"和思想言论的"本、原、用",表现出与儒家相同的思维模式,即"务本""立体"思维。二是其在逻辑学、几何学和伦理学等相关论述中的"体"思维,"体"作为名词使用,指称的是一个独立的个体或由部分构成整体,作为动词性使用,则表示事物之间的"兼并""连属"关系。

二、道家学说中的"体用"意识

(一)《老子》:"弱者道之用"

陈鼓应曾说:"至于体用观方面,老子隐含性地提出道的体、用问题,其后由王弼加以显题化,而提出'以无为体'、'以无为用'等重要命题,并在北宋理学家程颐'体用一源'的说法中,得到进一步的阐发。"[1]显然,这种认识是十分正确的。鉴于在历史上有太多针对《老子》进行体用诠释的文本,同时又因为老子的原始文本目前仍然很难确定,所以在此不就《老子》做更多分析,而打算在随后的诸多《老子》诠释中进行论述。

(二)《文子》:"道以无为有体"

《文子》相传为文子[2]所著,主要解说老子之言,阐发老子思想,继承和发展了道家"道"的学说。它每篇皆以"老子曰"三字开头,表明与老子的师承关系。[3]

【1】老子曰:所谓真人者,性合乎道也。[4]

这是哲学史上首次提出"性合乎道",强调人性与天道相结合,成为后来道家及道教的核心思想。

【2】真人体之以虚无、平易、清静、柔弱、纯粹素朴,不与物杂,至德

---

① 陈鼓应:《老子的有无、动静及体用观》,《华中师范大学学报(人文社会科学版)》,2005年第6期。

② 文子,老子弟子,史称其年少于孔子,曾问学于子夏和墨子,传为《文子》(《通玄真经》)一书作者。

③ 明朝宋濂称:"子尝考其言,一祖老聃,大概道德经之义疏尔。"元代吴金节也称:"文子者,道德经之传也。"都说明了《文子》的主旨内容。但也有人认为"老子曰"三字乃后人窜入的。参阅《文子》维基百科 http://zh.wikipedia.org/wiki/%E6%96%87%E5%AD%90。

④ 《文子·守朴》。

天地之道，故谓之真人。①

真人"体之以虚无、平易、清静、柔弱、纯粹素朴"，实则是指真人以"虚无、平易、清静、柔弱、纯粹素朴"等德性作为自身存在的本质内容。因此，此处的"体"虽作为动词，实际是从其名词涵义中转化过来的。其名词性"体"则指人之存在本质内容。其实从某种意义上说，"真人"就是实现了"性与道合"之存在，也即是"体道"之人。

【3】老子曰：道至高无上，至深无下，平乎准，直乎绳，圆乎规，方乎矩，包裹天地而无表里，洞同覆盖而无所荬（mǎi），是故**体道**者，不怒不喜，其坐无虑，寝而不梦，见物而名，事至而应。②

"道"之无限性与"体道"者的无为而无不为，其无为体现为"不怒不喜，其坐无虑，寝而不梦"，无不为则体现为"见物而名，事至而应"。

【4】老子曰：道以无为有体，视之不见其形，听之不闻其声，谓之幽冥者。幽冥者，所以论道，而非道也。③

指出"道"以"无"为"有"之"体"，因此即便是"视之不见其形，听之不闻其声，谓之幽冥者"，也只是对"道"谈论和描述，仍然不是真正的"道体"本身。一方面更加突出道之不可言的特性，一方面又明确道是有"体"的真实存在。以"无"为"体"，就使"体"从根本上摆脱了"体"不只是作为有形有限的"形而下存在"的表述，从而获得上升或超越为表述"形而上存在"的可能。这一转变对于体用范畴或体用逻辑的形成是至关重要的一环。

【5】老子曰：夫道者，体员而法方，背阴而抱阳，左柔而右刚，履幽而戴明，变化无常，得一之原，以应无方，是谓神明。④

说道之体为圆，道之法为方，只是形象的比喻之说，旨在强调他的变化无常而有常、圆应无方而有方的特性，即所谓"神明"之德。

【6】老子曰：凡学者，能明于天人之分，通于治乱之本，澄心清意以

---

① 《文子·道原》。
② 《文子·符言》。
③ 《文子·上德》。
④ 《文子·自然》。

存之，见其终始反其虚无，可谓达矣。治之本，仁义也；其末，法度也。人之所生者，本也，其所不生者，末也。本末，一体也，其两爱之，性也。先本后末，谓之君子；先末后本，谓之小人。法之生也以辅义，重法弃义是贵其冠履而忘其首足也。①

此处明确以"本末"逻辑来论述仁义、法度的关系，即"治之本，仁义也，其末，法度也"。但更重要的是其后的论述，首先他对本末的内涵做了明确定义，所谓"人之所生者，本也"，当是指"仁义"为人之本来所具有，故可由内而生发，所以为治道之本。所谓"其所不生者，末也"，当是因为"法度"不是人性所本具，故需从外而制定以约束人，所以为治道之末。他接下来又说："本末，一体也，其两爱之，性也，先本后末，谓之君子，先末后本，谓之小人。"这是说固然有内外和生与不生之区别，但本末毕竟一体。这个"一体"应当是指"本末"二者的连属性，实则意味着法度之末并非凭空产生，而是从仁义之本延伸或效法而有，所以二者不可决然隔离，而是相互依存的一"体"。正因为二者一体，故二者兼爱，实是人之本性所在；依照本末先后的处理不同，而有君子小人之差异。最后明确法度的目的在于辅助仁义发挥治理之功用，所以说"重法弃义"，就好比是"贵其冠履而忘其首足"，实质是"舍本逐末"，故不可取。

从上述分析来看，《文子》作为对老子思想的继承者，一方面他十分重视对"道体"的描述，强调道体的无限性和真实性，同时又强调"性合乎道""体道"的重要性。另一方面，他又不同于老子在政治上否定仁义、法度的作用，而是在坚持道的本体地位的基础上，统合仁义与法度的作用，并以二者为本末关系，强调二者的结合而为治理天下的大道。就体用思想而言，《文子》的贡献在于他对道体和体道的重视，为后来的《老子》体用诠释奠定了的基本方向。

从体用思想的角度来说，《文子》文本中最值得推崇的，是其第一次明确提出道"以无为有体"，这里触及道的"有、无"两个层面，并指出"无"作为"道体"的根本属性，使"体"从身体、物体、形体的具体事物性概念上升为一般性抽象概念。这恰是"形而上者谓之道，形而下者谓之器"的思想成立的前提。

（三）《庄子》："大本大宗"与"无用之用"

庄子（约前369年—前286年），作为老子思想的继承和发展者，与老子同为道家学说的主要创始人之一。在哲学上，庄子继承并发展了老子的道本根论，提出了具体的修道、体道的方法论，是道家思想的集大成者。具体而言，庄子的体用思想集中体现在三个方面：一是本宗思维与道本根论，二是体思维与体道论，三是用思维与无用之用论。

---

① 《文子·上义》。

一是本宗思维与道本根论。在继承先秦以来久远的"本"思维的基础上,发展"宗"的概念,赋予其相同的哲学功能,由此进一步强化其对道的本体论述。

【1】以天为宗,以德为本,以道为门,兆于变化,谓之圣人。①

【2】以本为精,以物为粗,以有积为不足,澹然独与神明居,古之道术有在于是者。②

【3】庄周闻其风而悦之。……其于本也,宏大而辟,深闳而肆;其于宗也,可谓稠适而上遂矣。③

【4】夫虚静恬淡,寂寞无为者,万物之本也。④

【5】夫明白于天地之德者,此之谓大本大宗,与天和者也。⑤

道作为万物之本,"虚静恬淡,寂寞无为",相对于万物之"粗"而言,道是无形之"精",显然这是明确把形而上之道和形而下之物做了严格的区分,这与庄子严格区分"物"与"物物者"⑥、"迹"与"所以迹"⑦的内在逻辑是相一致的。庄子以"天地之德"为道之"大本大宗",表明探求宇宙天地人物存在的"大本大宗",乃是先秦以来特别是战国时期的思想者们最为重要的工作和目标。正是这种对"大本大宗"的执着探寻,最终导致中国哲学形而上思维的发展和发达,同时也是中国特有的体用思维之发生和体用逻辑之形成不可或缺的哲学前提。从体用表述的模式来说,庄子的"大本大宗、宗本同述"的表达方式也有深刻影响,《六祖坛经》中的"无念为宗、无相为体、无住为本"(《大正藏》第 48 册,第 338 页)便是最为鲜明的例证。

在"本·宗"思维的基础上,《庄子》对道的本体存在做了丰富的规定和描述,最终发展为明确的道本根论。

【6】夫道,有情有信,无为无形;可传而不可受,可得而不可见;自本自根,未有天地,自古以固存;神鬼神帝,生天生地;在太极之先而不为高,在六极之下而不为深;先天地生而不为久,长于上古而不为老。⑧

---

① 《庄子·天下》。
② 《庄子·天下》。
③ 《庄子·天下》。
④ 《庄子·天道》。
⑤ 《庄子·天道》。
⑥ 夫有土者,有大物也。有大物者,不可以物;而不物,故能物物。(《庄子·在宥》)
⑦ 老子曰:"幸矣,子之不遇治世之君也! 夫六经,先王之陈迹也,岂其所以迹哉! 今子之所言,犹迹也。夫迹,履之所出,而迹岂履哉!"(《庄子·天运》)
⑧ 《庄子·大宗师》。

【7】六合为巨,未离其内;秋毫为小,待之成体;天下莫不沉浮,终身不故;阴阳四时运行,各得其序;惛然若亡而存,油然不形而神,万物畜而不知,此之谓本根。①

上述两段文字是《庄子》道本根论最为集中的论述。"有情有信,无为无形"凸显"道"之存在的真实性和无限性,"自本自根"突出"道"之存在的终极性和本原性,"神鬼神帝,生天生地"强调"道"之创生性和超越性。从它与万物的关系来说,道乃天地万物的终极本源和根本根据,"本根",从道自身来说,道是自身存在的本源和根据。这即是《庄子》道本根论的完整内涵,若依体用逻辑来论述则会更加鲜明:道者,物之体;万物者,道之用。显然这一本根论的可以看作王符《潜夫论》中——"道者,气之根也;气者,道之使也"②—— 道体用论述的先驱。

二是体思维与体道论。庄子非常重视对"道体"和"体道"的讨论与描述,这种描述的根本动力在于探求事物存在的"大本大宗"。

【8】子祀、子舆、子犁、子来四人相与语曰:"孰能以无为首,以生为脊,以死为尻,孰知生死存亡之一体者,吾与之友矣。"四人相视而笑,莫逆于心,遂相与为友。③

以"生死存亡"为一"体",是说把生死存亡看作身体的不同部分,虽各有差别但终究共同为一完整身体,既如此,就不应该只要生存而厌弃死亡。从文字表面上看,"体"在此指身体,实质上还蕴含更深刻的含义,即"首"、"脊"、"尻",之所以为一"体",关键原因是这些虽然都是身体整体的相对独立的器官部分,但它们具有内在的统一性和连属性。这种统一性和连属性即是"体"概念的深层义涵。

【9】孔子曰:"彼假修浑沌氏之术者也:识其一,不知其二;治其内,而不治其外。夫明白入素,无为复朴,体性抱神,以游世俗之间者,汝将固惊邪?且浑沌氏之术,予与汝何足以识之哉!"④

"体性抱神",性与神,即素朴浑沌之道本身,所以"体性抱神",即是"体道"。"体道"的本质在于使"道"之理想性存在与人之身体实践性存在合为

---

① 《庄子·知北游》。
② 王符:《潜夫论·德化》。
③ 《庄子·大宗师》。
④ 《庄子·天地》。

一体。

【10】夫体道者,天下之君子所系焉。今于道,秋毫之端,万分未得处一焉,而犹知藏其狂言而死,又况夫体道者乎! 视之无形,听之无声,于人之论者,谓之冥冥,所以论道,而非道也。①

"视之无形,听之无声,于人之论者,谓之冥冥,所以论道,而非道也。"此句文字与《文子》中基本相同,谁先谁后值得注意。

在这种不断深化的探讨中,"体"逐渐成为一个真正意义上的哲学概念。在庄子这里,主要用来表示具有内在统一性和连属性的存在,并逐渐与性、神等概念合流,也就是说,"体"不只是表示具体的个体实体,还能表示一切具有统一性、连属性的整体实体,乃至抽象实体。更重要的是,它同时也表示存在之内在本性。

三是用思维与无用之用论。先秦体用意识的发展重心在本思维和体思维方面,关于"用"思维,大多停留在功用、使用、过程之实用层面。直到《庄子》,这一局面才有了很大的改变。

【11】凡物无成与毁,复通为一。唯达者知通为一,为是不用而寓诸庸。庸也者,用也;用也者,通也;通也者,得也。适得而几矣。因是已。已而不知其然,谓之道。劳神明为一,而不知其同也,谓之朝三。何谓朝三? 曰狙公赋芧,曰:"朝三而莫四。"众狙皆怒。曰:"然则朝四而莫三。"众狙皆悦。名实未亏,而喜怒为用,亦因是也。是以圣人和之以是非,而休乎天钧,是之谓两行。②

以通为用,即"物无成与毁,复通为一",复举"朝三暮四"寓言为喻,说明若不能明达事物的成就与毁灭乃至一切是非得失在根本上是连属相通为一,则必定会因为事物的表面变化而生发喜怒之情。反之,则谓之"两行"。显然,在此庄子提出了两种性质的"用",一是"名实未亏,而喜怒为用",一是"为是不用而寓诸庸"。前者是不能通达事物本质,而被事物表面变化所引发的"现象之用",后者则是明白事物得失一体之后而有的"本真之用"。更为重要的是,此处的"用",不再表示一般意义上的功能、作用,而已发展成表示事物存在之表现或现象的特殊概念。

---

① 《庄子·知北游》。
② 《庄子·齐物论》。

【12】山木自寇也，膏火自煎也。桂可食，故伐之；漆可用，故割之。人皆知有用之用，而莫知无用之用也。①

庄子在哲学史上最早提出"有用之用"与"无用之用"的分别，这样势必产生二者之间的关系问题。一般之人，把掌握有用之用的人当作有知者，而把懂得无用之用的人当作愚蠢的表现。如他说："若然者，以用为知，以不用为愚，以彻为名，以穷为辱。移是，今之人也，是蜩与学鸠同于同也。"②但对于庄子来说，则完全不是如此，此在他与惠子的对话可见一斑。

【13】惠子谓庄子曰："子言无用。"庄子曰："知无用而始可与言用矣。夫地非不广且大也，人之所用容足耳。然则厕足而垫之，致黄泉，人尚有用乎？"惠子曰："无用。"庄子曰："然则无用之为用也亦明矣。"③

惠子对庄子说："你的言论没有用处。"庄子说："懂得没有用处方才能够跟他谈论有用。大地不能不说是既广且大了，人所用的只是脚能踩踏的一小块罢了。既然如此，那么只留下脚踩踏的一小块其余全都挖掉，一直挖到黄泉，大地对人来说还有用吗？"惠子说："当然没有用处。"庄子说："如此说来，没有用处的用处也就很明白了。"这则故事的中心在于说明无用之用乃有用之用的根本，有用之用是建立在无用之用之上的。

综合而言，《庄子》对体用思想发展之最大贡献，一方面是他的道本根论中隐含性体用逻辑，最重要的方面还在于他首次区分"有用之用"和"无用之用"，并以"无用之用"为"有用之用"的根本。这一区分的最大意义在于，它使"用"这个概念从一个表示功用的具体概念上升为一个抽象概念，最终成为一个真正的哲学范畴。更重要的是，此处的"用"，不再只是表示一般意义上的功能、作用，而发展成表示事物存在之表现或现象的特殊概念。

（四）《论六家要旨》：道家"以虚无为本，以因循为用"

司马谈为汉初黄老道家学者，著有《论六家要旨》一文。在这篇论文里他第一次分析出自春秋战国以来重要的学术流派，即阴阳、儒、墨、名、法、道六家。

【1】乃论六家要旨曰：易大传，天下一致而百虑，同归而殊涂。夫阴阳、儒、墨、名、法、道德，此务为治者也。

【2】墨者，俭而难遵，是以其事不可遍循。然其强本节用，不可

---

① 《庄子·人间世》。
② 《庄子·庚桑楚》。
③ 《庄子·外物》。

废也。

【3】道家,无为,又曰无不为,其实易行。其辞难知,其术以虚无为本,以因循为用,无成势、无常形,故能究万物之情,不为物先,不为物后,故能为万物主。有法无法,因时为业,有度无度,因物与合。故曰圣人不朽,时变是守。虚者,道之常也。因者,君之纲也。

指出道家之术"以虚无为本,以因循为用"。此处的"用"并非指实体之作用,而是指把因循作为道家之术实际运行的具体原则或方法。由此说明,"用"业已从实体之作用发展为原理或原则之运用。与此同时,以虚无为本,也不再是以虚无为本源或本始,而是以"虚无"作为道家之术的最高本质和绝对依据,而所谓"因循为用"则是对此最高本质和绝对依据的具体运用。由此也就表明,此处的"本用"之间已经隐含"本质—运用"的内在逻辑。

三、法家思想中的"体用"意识

法家是中国历史上研究国家治理方式的学派,春秋战国时期从未有一个组织或学派叫"法家",而只是在西汉司马谈的《论六家要旨》将韩非子、管仲等理念相似的人归类为一派并命名"法家"。《汉书·艺文志》列为"八流"之一。其思想源头可上溯夏商时期的理官。战国时李悝、吴起、商鞅、慎到、申不害等人予以发展,遂成为一个学派,到了韩非集其大成。汉代人对他们的学说加以总结、综合,其思想则成为统一天下的理论基础。

(一)《管子》:"体、礼者,所以取天下"

《管子》是战国时各学派的言论汇编,内容很庞杂,包括法家、儒家、道家、阴阳家、名家、兵家和农家的观点,传说是春秋时期管仲(前770—前476)的著作。

【1】先王取天下,远者以礼,近者以体。体、礼者,所以取天下;远近者,所以殊天下之际。①

此处的"体"和"礼",都是先王取天下之"所以"——根本方法或依据。体和礼的本原一致,差别只在于对象的近远。《礼记》有:礼者,体也。既有统一、连属之义,同时又包含"分别"之义。

【2】曰:民知德矣,而未知义,然后明行以导之义,义有七体,七体者何? 曰:孝悌慈惠,以养亲戚。恭敬忠信,以事君上。中正比宜,以行礼

---

① 《管子·枢言》。

节。整齐撙诎，以辟刑僇。纤啬省用，以备饥馑。敦蒙纯固，以备祸乱。和协辑睦，以备寇戎。凡此七者，义之体也。①

此处强调民众不仅要知道"德"的重要，还要知道行事之"义"的重要。义者，宜也。"义有七体"之说，其中孝悌慈惠、恭敬忠信、中正比宜、整齐撙诎、纤啬省用、敦蒙纯固、和协辑睦七者为"德"，而相应的养亲戚、事君上、行礼节、辟刑僇、备饥馑、备祸乱、备寇戎七者为具体的行事。所谓"义体"当指人在不同的行事领域中要有不同的、恰当的德行表现，也就是说"体"即是"义"所表现的具体内容和规定。

【3】论材、量能、谋德而举之，上之道也。专意一心，守职而不劳，下之事也。为人君者，下及官中之事，则有司不任。为人臣者，上共专于上，则人主失威。是故，有道之君，正其德以莅民，而不言智能聪明；智能聪明者，下之职也；所以用智能聪明者，上之道也。上之人，明其道。下之人，守其职，上下之分不同任，而复合为一体。②

这里从君臣一体的角度来说明在国家治理上，君臣既要严守各自角色分际，又要协和为统一之整体，同时表明分乃是合的基础和前提。"智能聪明者，下之职也；所以用智能聪明者，上之道也"，表明上之道与下之职之间的体用关系：上之道为下之职的"所以"，即行使智能聪明的依据所在，而下之职则是上之道的"所以用"，乃是上之道的具体使用和展现。

【4】四肢六道，身之体也。四正五官，国之体也。四肢不通，六道不达，曰失。四正不正，五官不官，曰乱。③

此处提出身体、国体的概念，显然在此"体"既不是具体的身体，也不是一般的形体。乃指事物存在之基本结构和实质内容，具体的"身"即以"四肢六道"为之体，抽象的"国"则以"四正五官"等"法制"（《管子》语）结构和具体内容为其体。

【5】国之所以乱者四，其所以亡者二，内有疑妻之妾，此宫乱也。庶有疑适之子，此家乱也。朝有疑相之臣，此国乱也。任官无能，此众乱

---

① 《管子·五辅》。
② 《管子·君臣上》。
③ 《管子·君臣下》。

也。四者无别；主失其体。①

此处重要的是指出了四乱的共同点——"主失其体"，即是说君王丧失了他治理国家的根本"体制"——根本结构、原则和方法。

【6】道之所言者一也，而用之者异。……异趣而同归，古今一也。②

在此提出了道之本身与对道的运用之间的分别，二者即一和多的关系，就道而言，实即是"体同而用异"。

【7】地者，万物之本原，诸生之根菀也。……故曰：水者何也？万物之本原也，诸生之宗室也，美、恶、贤、不肖、愚、俊之所产也。③

此处的重点在于，明确提出"本原"的概念，可以说是中国哲学本原思维的一次正式亮相。

综合上述7例分析，表明《管子》中的体、用意识都很明确，尤其重视"体"对于国家治理的重要性，因而有身体、义体、国体等抽象概念。"体"在此也指事物存在的基本结构和具体内容。"用"概念既有运用、使用之义，也有利益、功用之义。另外还特别强调在"体"的同一性和统一性以及"用"的多样性和差异性，初步具有"体同而用异"的逻辑意识。同时值得注意的是，他第一次明确提出了"本原"这一概念。

(二)《韩非子》："以道为常，以法为本"

《韩非子》又称《韩子》，是先秦时期法家代表人物韩非(约前275年—前233年)的论著，为先秦法家集大成的作品，也是中国历史上第一部对老子《道德经》加以评注的著作。从《韩非子》文本来看，战国时期的法家也还是具有一定程度体用意识的。他们在论述自己"以法为本"的核心思想时，强调体天地自然之大道，强调从事物特别是人的本性或"体性"出发来制定法度，统治人民；不过这种"本体"并非本质之义，而是基础或根源之义。具体分析如下：

【1】凡有国而后亡之，有身而后殃之，不可谓能有其国能保其身。……夫能有其国、保其身者必且体道，体道则其智深，其智深则其会远，其会远众人莫能见其所极。唯夫能令人不见其事极，不见事极者为保其身、

---

① 《管子·君臣下》。
② 《管子·形势》。
③ 《管子·水地》。

有其国,故曰:"莫知其极;莫知其极,则可以有国。"①

提出"体道"的目的在于"智深","智深"就在于使众人不能发现或把握君王行事的根本目的或轨迹。此处所谓"体道"即是"体天地之道"。如:

【2】不设备而必无害,天地之道理也。体天地之道,故曰:"无死地焉。"动无死地,而谓之"善摄生"矣。②

"体天地之道",即是把天地之道作为自身存在和行动选择的根本,"体"即是以之为根本的逻辑。也就是说,此处的"体"与"本"有互相涵摄之势。

【3】古之全大体者:望天地,观江海,因山谷,日月所照,四时所行,云布风动;不以智累心,不以私累己;寄治乱于法术,托是非于赏罚,属轻重于权衡;**不逆天理,不伤情性**……故曰:古之牧天下者……因道全法,君子乐而大奸止;澹然闲静,因天命,持大体。故使人无离法之罪,鱼无失水之祸。③

从整个论述来看,韩非子所谓"大体"即是自然之天理、天命与人类之情性。此处表明,"体"已与"理"、"性"等概念具有十分紧密的关联。

【4】如故先王以道为常,以法为本,本治者名尊,本乱者名绝。此,故天下少不可。④

"以道为常,以法为本",强调治国要以"道"为永恒原则,以"法"为根本手段。

【5】人有福则富贵至,富贵至则衣食美,衣食美则骄心生,骄心生则行邪僻而动弃理,行邪僻则身死夭,动弃理则无成功。夫内有死夭之难,而外无成功之名者,大祸也。而祸本生于有福,故曰:"福兮祸之所伏。"⑤

---

① 《韩非子·解老》。
② 《韩非子·解老》。
③ 《韩非子·大体》。
④ 《韩非子·饰邪》。
⑤ 《韩非子·解老》。

此"本"乃本源之本,而非本质之本。是说人之祸患的根源在于有福,而不是说祸患的本质是福。

【6】圣人之治民,度于本,不从其欲,期于利民而已。故其与之刑,非所以恶民,爱之本也。刑胜而民静,赏繁而奸生,故治民者,刑胜、治之首也,赏繁、乱之本也。……禁先其本者治,兵战其心者胜。圣人之治民也,先治者强,先战者胜。夫国事务先而一民心,专举公而私不从,赏告而奸不生,明法而治不烦,能用四者强,不能用四者弱。夫国之所以强者,政也;主之所以尊者,权也。故明君有权有政,乱君亦有权有政,积而不同,其所以立异也。故明君操权而上重,一政而国治。故法者,王之本也;刑者,爱之自也。①

此段可以说是韩非子重法思想的集中表述。其核心逻辑为:既然"喜其乱而不亲其法"是普通百姓的本性,所以圣人治理万民,就应该根据这种本性,制定政策,运用权力,推行法度,而不是顺从民众的欲望,这样最终才能达到利民的目的。正是基于这样的逻辑,韩非子才进一步提出:"法者,王之本也;刑者,爱之自也。"此处的"本"并非本质之本,而是基本之本或本源之本。

四、兵家思想中的"体用"意识

兵家是先秦到汉初研究军事理论、从事军事活动的学派,其代表人物:春秋末有孙武、司马穰苴;战国有孙膑、吴起、尉缭、魏无忌、白起等;汉初有张良、韩信等。现存兵家著作有《黄帝阴符经》、《六韬》、《三略》、《孙子兵法》、《司马法》、《孙膑兵法》、《吴子》、《尉缭子》等。下面以《司马法》、《三略》、《尉缭子》为例来说明其中之体用意识。

(一)《司马法》:"体俗"与"体其命"

《司马法》又称《司马兵法》或者《司马穰苴兵法》,为中国著名兵书之一,其成书年代和作者均具争议。《司马兵法》篇幅和内容不算太多,其中值得探讨的体用相关论述主要有四处,下面逐一分析。

【1】既致教其民,然后谨选而使之。事极修则官给矣,教极省则民兴良矣,**习惯成则民体俗矣**,教化之至也。②

【2】有虞氏戒于国中,欲民体其命也。夏后氏誓于军中,欲民先成

---

① 《韩非子·心度》。
② 《司马法·天子之义》。

其虑也。殷誓于军门之外，欲民先意以待事也。周将交刃而誓之，以致民志也。夏后氏正其德也，未用兵之刃，故其兵不杂。殷义也，始用兵之刃矣。周力也，尽用兵之刃矣。夏赏于朝，贵善也。殷戮于市，威不善也。周赏于朝，戮于市，劝君子，惧小人也。三王章其德一也。①

值得重视的是其中"体俗"与"体其命"的用法。所谓"体俗"，即以"俗"为"体"，是指民众百姓都把优良风俗作为自己一种习以为常并身体力行的生活方式。所谓"体其命"，即有虞氏希望国中民众能够把他的命令当作百姓身体行为的准则或动力。所以，结合二者来说，"体俗"与"体命"在语义构成上是一致的，即都由名词"体"而动词化来构词。无论是"体俗"还是"体命"，其重点都在于这种实践的亲身性和整体性。

除了上述两例"体"的动词性运用，《司马法》还有两处"本"的用法值得关注。具体如下：

【3】古者，以仁为本，以义治之之谓正，正不获意则权，权出于战，不出于中人。是故：杀人安人，杀之可也；攻其国爱其民，攻之可也；以战止战，虽战可也。故仁见亲，义见说，智见恃，勇见身，信见信。内得爱焉，所以守也；外得威焉，所以战也。②

【4】凡大善用本，其次用末，执略守微，本末唯权，战也。③

虽然用兵打仗必定有杀戮死亡，但提出要"以仁为本"，并以《仁本》为独立成卷，强调战争用兵的最终目的乃是"内得爱"与"外得威"。显然这属于战争哲学原则的论述。同时在具体的战术方法上，提出"本末唯权"的思想，突出"本先末后"的逻辑。

（二）《尉缭子》："虚实者，兵之体也"

《尉缭子》一书，对于它的作者、成书年代以及性质归属，历代都颇有争议，一般认为成书于战国时代。④

【1】官者，事之所主，为治之本也。制者，职分四民，治之分也。贵爵富禄必称，尊卑之体也。⑤

---

①　《司马法·天子之义》。

②　《司马法·仁本》。

③　《司马法·严位》。

④　一说《尉缭子》的作者是魏惠王时的隐士，一说为秦始皇时的大梁人尉缭。一般署名是尉缭子。最早着录于《汉书·艺文志》，书中杂家类著录《尉缭》29篇，兵家形势类著录《尉缭》31篇。1972年在山东临沂银雀山汉墓出土了《尉缭子》残简，说明此书在西汉已流行。

⑤　《尉缭子·原官》。

【2】下达上通，至聪之听也。知国有无之数，用其伪也。知彼弱者，强之体也。知彼动者，静之决也。①

【3】矢射未交，长刃未接，前噪者谓之虚，后噪者谓之实，不噪者谓之秘，虚实者兵之体也。②

【1】"贵爵富禄必称，尊卑之体也。"此处的"体"乃"体别"之体，是说"贵爵富禄"等各有其相对应的要求，乃是尊卑之别的根本体现。【2】"知彼弱者，强之体也。知彼动者，静之决也。"是说要知道弱小恰好是强大的根本所在，行动、运动正是静止的竭尽、结束。突出对立性因素的相互依存关系。这里的"体"乃本始之意。【3】"虚实者兵之体也。"断明虚实是兵法的根本要求或原则。上述三者之"体"，都不是形体或形貌之义，而是指存在之"体"、体制之"体"，同时又含有根本之"本"的含义，具有发展为"本体"之义的可能性。

(三)《三略》："帝者，体天则地"

《黄石公三略》，亦称《三略》，是我国古代著名的兵书，相传作者为汉初隐士黄石公。最早提及此书的是司马迁③。

【1】夫三皇无言，而化流四海，故天下无所归功。帝者，体天则地，有言有令，而天下太平。④

"体天则地"，"体"即是"则"。是说身为皇帝，要以天地之道为治理天下的大体和根本原则。

【2】舍己而教人者逆，正己而化人者顺。逆者乱之招，顺者治之要。道、德、仁、义、礼五者，一体也。道者人之所蹈，德者人之所得，仁者人之所亲，义者人之所宜，礼者人之所体，不可无一焉。故夙兴夜寐，礼之制也。讨贼报雠，义之决也。恻隐之心，仁之发也。得己，得人，德之路也。使人均平，不失其所，道之化也。⑤

此处有二"体"，一是"道、德、仁、义、礼五者，一体也"，一是"礼者人之所体"。

---

① 《尉缭子·原官》。
② 《尉缭子·兵令上》。
③ 司马迁:《史记·留侯世家》。
④ 《黄石公三略·中略》。
⑤ 《黄石公三略·下略》。

综合而言，秦汉时期的兵家更为注重的是天下治理，其次才是伐兵伐谋之事，因此他们的论述重心也在于此，他们强调治理之道在于"体天则地"，强调官制是政治之"体"，看重老百姓是否支持，即"体俗"和"体命"。在具体的兵法战术上，他们强调"虚实者兵之体也"，强以弱为体，动以静为本。总之，就体用思维而言，体用结构或逻辑在兵家的论述中并不多见，值得重视的是，他们对"体"的重视，突出"体"作为根本原则、根据之义，因而导致"本体"的意味非常强。

与此同时，秦汉兵家在其论述中体现出很鲜明的"本"思维，不仅有大量与"本"相关的论述，如《吴子》中继承道家"反本复始"思想，强调《守土》之时不可"舍本而治末"；《尉缭子·原官》中有"官者，事之所主，为治之本也"，并强调"事必有本，故王者伐暴乱，本仁义焉"；《三略》提出"英雄者，国之干。庶民者，国之本。得其干，收其本，则政行而无怨"，以庶民为立国之本。还直接作为独立篇章，如《司马法》有《仁本》章，《尉缭子》有《治本》章。

从逻辑上来看，秦汉兵家论述中的体和本之间的联系并不十分紧密，大都属于单独运用，并未构成明显的"本体"合流之势。

第三节　秦汉宇宙气论中的"体用"意识

一、《黄帝四经》："阴阳四时者，万物之终始也，死生之本也"

《黄帝四经》最早的文本是 1973 年马王堆汉墓出土帛书，包含四部经典：《经法》、《十大经》、《称经》、《道原经》。它体现了道家学说由老子一派向黄老学派的转变，对先秦各家各派都有直接或间接的影响，其中黄老学派、稷下学派与法家关系至为深刻；它的出现推翻很多一贯以来已经被认定的经学理论，于经学研究有极重要的地位。①

【1】故阴阳四时者，万物之终始也，死生之本也，逆之则灾害生，从之则苛疾不起，是谓得道。②

以"阴阳四时"为万物变化和人之生死的根本原因。

【2】黄帝曰：夫自古通天者生之本，本于阴阳天地之间，六合之内，

---

① 陈鼓应认为《黄帝四经》成书下限是在战国中期。参见《关于帛书〈黄帝四经〉成书年代等问题的研究》一文，载于陈鼓应注释《黄帝四经今注今译》，商务印书馆，2007 年，第 33—47 页。

② 《黄帝四经·四气调神大论》。

其气九窍五藏十二节,皆通乎天气。其生五,其气三,数犯此者,则邪气伤人,此寿命之本也。①

以得天地之正气为人寿命之本。

【3】夫精者身之本也,故藏于精者春不病温。夏暑汗不出者,秋成风疟。此平人脉法也。②

以精为生命内在的基本物质要素。

【4】黄帝曰:阴阳者,天地之道也,万物之纲纪,变化之父母,生杀之本始,神明之府也,治病必求于本。③

此处推重"阴阳"在宇宙变化及生命存在中的根本地位,重要的是这里使用了诸如道、纲纪、父母、本始、府等概念。

总起来说,在《黄帝四经》中,"体"和"用"的使用基本上属于表示具体事物形体躯体和功用的层次,用来表示事物存在之根本或根源,乃至基本原则的概念大都是"本"、本始、纲纪等。由此也可以说明《黄帝四经》是比较早期的经典文献。

二、《吕氏春秋》:"万物之形虽异,其情一体"

《吕氏春秋》是战国末年(公元前 239 年前后)秦国丞相吕不韦组织属下门客们集体编撰的杂家(儒、法、道等等)著作,又名《吕览》。

就体用意识而言,首先,《吕氏春秋》有着其丰富而鲜明的"本"思维,其不仅有《务本》专章,相关的论述更是比比皆是,下面略举重要之例而说明之。

【1】务本:尝试观上古记,三王之佐,其名无不荣者,其实无不安者,功大也。……安危荣辱之本在于主,主之本在于宗庙,宗庙之本在于民,民之治乱在于有司。④

【2】夫兵有本干:必义,必智,必勇。⑤

---

① 《黄帝四经·生气通天论》。
② 《黄帝四经·金匮真言论》。
③ 《黄帝四经·阴阳应象大论》。
④ 《吕氏春秋·务本》。
⑤ 《吕氏春秋·决胜》。

【3】德也者，万民之宰也。月也者，群阴之本也。①

【4】黄钟之宫，音之本也，清浊之衷也。②

【5】求之其本，经旬必得；求其末，劳而无功。功名之立，由事之本也，得贤之化也。非贤其孰知乎事化？故曰其本在得贤。……凡味之本，水最为始。③

【6】凡举人之本，太上以志，其次以事，其次以功。④

【7】以为为国之本在于为身，身为而家为，家为而国为，国为而天下为。故曰以身为家，以家为国，以国为天下。此四者，异位同本。⑤

【8】故忠臣之谏者，亦从入之，不可不慎，此得失之本也。⑥

【9】先王王之于论也极之矣，故义者百事之始也，万利之本也，中智之所不及也。⑦

【10】舜曰："夫乐，天地之精也，得失之节也，故唯圣人为能和。乐之本也。夔能和之，以平天下。若夔者一而足矣。"⑧

【11】名号大显，不可强求，必缘其道。……性者万物之本也，不可长，不可短，因其固然而然之，此天地之数也。⑨

【12】凡为天下，治国家，必务本而后末。所谓本者，非耕耘种植之谓，务其人也。务其人，非贫而富之，寡而众之，务其本也。务本莫贵于孝。……夫孝，三皇五帝之本务，而万事之纪也。⑩

【13】天生人而使有贪有欲。欲有情，情有节。……由贵生动则得其情矣，不由贵生动则失其情矣。此二者，死生存亡之本也。⑪

【14】天生阴阳寒暑燥湿，四时之化，万物之变，莫不为利，莫不为害。……故凡养生，莫若知本，知本则疾无由至矣。⑫

【15】汤问于伊尹曰："欲取天下若何？"伊尹对曰："欲取天下，天下不可取。可取，身将先取。"凡事之本，必先治身，啬其大宝。⑬

---

① 《吕氏春秋·精通》。
② 《吕氏春秋·适音》。
③ 《吕氏春秋·本味》。
④ 《吕氏春秋·遇合》。
⑤ 《吕氏春秋·执一》。
⑥ 《吕氏春秋·骄恣》。
⑦ 《吕氏春秋·无义》。
⑧ 《吕氏春秋·察传》。
⑨ 《吕氏春秋·贵当》。
⑩ 《吕氏春秋·孝行》。
⑪ 《吕氏春秋·情欲》。
⑫ 《吕氏春秋·尽数》。
⑬ 《吕氏春秋·先己》。

　　以上所举 15 例，充分说明《吕氏春秋》文本中"本"思维运用之丰富与深刻。从内容来看，《吕氏春秋》之中的"本"论述可以说是无所不包。从层面来看，则可以区分为两个层面：一个层面是事物性层面，即所谓"凡事之本"，具体涉及有——味之本、群阴之本、兵之本、养生之本、死生存亡之本、为政之本、孝行之本、礼乐之本、举人之本等等，不一而足；另一个层面则是总括性、超越性的层面，如"性者万物之本"一类。无论是哪一层面之本，其目的都在于从认识和行动上能够做到知其本、求其本、依其本、守其本、至其本。

　　其次，《吕氏春秋》之体用意识还体现在文本中"体"之一词的用法上，虽然文本中"体"概念使用不多，大多集中在具体的身体、物体和形体等意义上。但其中有两处使用值得注意。

　　【16】古人得道者，生以寿长，声色滋味，能久乐之，奚故？……人与天地也同，万物之形虽异，其情一体也。故古之治身与天下者，必法天地也。①

　　【17】吴王曰："不然。吾闻之：'义兵不攻服，仁者食饥饿。'今服而攻之，非义兵也；饥而不食，非仁体也。不仁不义，虽得十越，吾不为也。"②

　　【16】认为虽然天地万物之形各自差别，但它们实质上是同"体"之存在，所以古代修养身体和治理天下的人，一定是效法天地的存在和运行。显然这个"体"不是形式上结合或相同，而是指天地万物之间的存在结构或存在本质是相同或相通的。【17】中提出"仁体"概念值得注意，在此"体"作为道德的本质规定已经完全超越了其有形属性，成了与"道体"相一致的哲学概念。

　　三、《淮南子》："无为者，道之体也；执后者，道之容也"

　　《淮南子》又名《淮南鸿烈》、《刘安子》，是西汉时期的一部论文集，由淮南王刘安(前 179 年—前 122 年)主持撰写，故而得名。该书在继承先秦道家思想的基础上，综合了诸子百家学说中的精华部分，对后世研究秦汉时期文化起到了不可替代的作用。

　　【1】静漠恬澹，所以养性也；和愉虚无，所以养德也。外不滑内，则性得其宜；性不动和，则德安其位。养生以经世，抱德以终年，可谓能体

---

① 《吕氏春秋·情欲》。
② 《吕氏春秋·长攻》。

道矣。①

继承老庄"体道"思想，认为"养性"、"抱德"即是体道，体道之目的又在于"经世"和"终年"。

【2】所谓真人者也，性合于道也。故有而若无，实而若虚；处其一不知其二，治其内不识其外。明白太素，无为复朴，体本抱神，以游于天地之樊。②

此段文字与《庄子·天地》中一段文字极为相似，"孔子曰：'彼假修浑沌氏之术者也。识其一，不知其二；治其内，而不治其外。夫明白入素，无为复朴，体性抱神，以游世俗之间者，汝将固惊邪？且浑沌氏之术，予与汝何足以识之哉！'"其中的"体性抱神"在淮南子中作"体本抱神"。真人之性即是真人之本，"体本"即是"以本为体"，"体性"即以"性"为"体"。可见本、性有逐渐被"体"所涵摄的趋势。

【3】夫竹之性浮，残以为牒，束而投之水则沉，失其体也。③

失其体即是失其本，也是失其性。竹子本性能浮，失去本来之体后，其能浮之本性也同时丧失了。表明性与体的紧密关联，有此体方有此性，性随体有。显然此"体"不只是指形体，当指事物之本来之结构性存在，一旦这种本来的结构性被破坏或丧失掉，则依据此结构性存在而有的属性也将随之被破坏或丧失掉。所谓"体性"、"性体"一词即表明这种内在逻辑，以至在后来的发展中，"体"、"性"不分，言体即是言性，言性则即言体。

【4】义者，循理而行宜也；礼者，体情制文者也。义者宜也，礼者体也。昔有扈氏为义而亡，知义而不知宜也；鲁治礼而削，知礼而不知体也。④

此处认为"礼者，体情制文者也"及"礼者，体也"，又认为"知礼而不知体"将导致"鲁治礼而削"。所谓"体情"，当是赋予"情"以"体"，即是使人的情感欲望具有这种"体"性，此"体"一方面具有内在结构的稳定性和次序性，

---

① 《淮南子·俶真训》。
② 《淮南子·精神训》。
③ 《淮南子·齐俗训》。
④ 《淮南子·齐俗训》。

一方面又具有外在形态的独立性和分别性,因为这种"体"性正是人类存在的根本所在,所以说"礼者,体也"。但现实中礼往往会发生其外在形式与礼之本体相分离不统一的情况,所以有"知礼而不知体"的批评。这一方面表明作者认为"体"乃是"礼"的内在本质,同时也说明礼乐文化发展到汉代,越来越纹饰化、外在化,这与先秦时期认为礼乐乃是天地之根本的思想已有很大不同。

【5】无为者,道之体也;执后者,道之容也。无为制有为,术也;执后之制先,数也。①

这是哲学上第一次对"道之体"进行明确说明,也是第一次以无为或无规定道体。"无为制有为",显然是以道之体为本,这就意味着此处的道之体已经具有"本体"之内涵。所谓"本体",即是把"无为"作为道之本真性或本源性存在。

【6】故将以民为体,而民以将为心。心诚则支体亲刃,心疑则支体挠北。心不专一,则体不节动;将不诚心,则卒不勇敢。②

类似君民或将民之间的关系,在先秦时期几乎都是以"本末"结构来说明,显然在《淮南子》这里有了变化,即更多地以"体"概念来说明。如此处的"将以民为体,而民以将为心",显然,此处的"体"乃与心相对的身体之义。心体与将民之间的关系,虽然将为心为主,但二者之间是互为作用的,从逻辑上基本接近后来的体用范畴。

【7】治之所以为本者,仁义也;所以为末者,法度也。凡人之所以事生者,本也;其所以事死者,末也。本末,一体也;其两爱之,一性也。先本后末,谓之君子;以末害本,谓之小人。君子与小人之性非异也,所在先后而已矣。③

"治之所以为本者,仁义也;所以为末者,法度也。"此与《文子》中的表述基本一致。其后面还有"末也。本末,一体也;其两爱之,一性也。先本后末,谓之君子;以末害本,谓之小人",也是一样的。不过在此之中有一句是不同的,即:"凡人之所以事生者,本也;其所以事死者,末也。"在《文子》中为

---

① 《淮南子·诠言训》。
② 《淮南子·兵略训》。
③ 《淮南子·泰族训》。

"人之所生者,本也,其所不生者,末也"。从整个文本看来,似乎是淮南子的表述更为合理。

【8】夫无形者,物之大祖也;无音者,声之大宗也。其子为光,其孙为水。皆生于无形乎! ……是故清静者,德之至也;而柔弱者,道之要也;虚无恬愉者,万物之用也。肃然应感,殷然反本,则沦于无形矣。所谓无形者,一之谓也。所谓一者,无匹合于天下者也。卓然独立,块然独处,上通九天,下贯九野。员不中规,方不中矩。大浑而为一,弃累而无根。怀囊天地,为道开门。穆忞隐闵,纯德独存,布施而不既,用之而不勤。……道者,一立而万物生矣。①

这是《淮南子》中描述"道"最为重要的一段文字。具体可分为二层:一是道之存在是无形无音之"无",此无为有之本,用它的话说是"祖"和"宗"。所谓的清静、柔弱、虚无恬愉,都不过是对此之"无"的接近,而非"无"本身,所以它用"德之至"、"道之要"、"物之用"来说明。二是此"无"即是浑沌之"一",此"一"虽然是"卓然独立,块然独处",却是"一立而万物生"。显然此"一"则意味着一切的"有"。若综合来说,前者重在阐明道之无的一面,而后者则重在阐明其生化万有的一面,也就是说,大道既是无也是有。

它的"无"主要描述的是道之无形无声等存在状态本身,而说道之"一"中又能感应无穷,变化无限,即它所说的"布施而不既,用之而不勤",显然是在描述道之生化万物的无限之用。若纯粹从语义逻辑的层面来说,此处的道之"有无"描述与后来王弼的表述已经没有太大差别,而且更为重要的是,他以无为"道之要"、"德之至",为"万物之用",又说"一立而万物生",这样就把道之与无与有的关系凸显出来,一方面道既是无也是有,有无同时存在;二是道与万物的关系——道一以生万物。而且从其所举事例来看,道一生万物的过程,实则为由基本要素产生无穷变化的过程。因而从生成论类型上说,应该属于"本质构生"型,而不是"本源创生"型。②

【9】夫形者,生之所也;气者,生之元也;神者,生之制也。一失位,则三者伤矣。今夫狂者之不能避水火之难,而越沟渎之险者,岂无形神气志哉? 然而用之异也。③

提出"形气神"生命三一结构论,可说是后来道家道教"精气神"三一结

---

① 《淮南子·原道训》。
② 关于生成论类型的具体分析,将在第十章详细展开。
③ 《淮南子·原道训》。

构之雏形。

【10】由此观之,无形而生有形,亦明矣。是故圣人托其神于灵府,而归于万物之初。视于冥冥,听于无声。冥冥之中,独见晓焉;寂漠之中,独有照焉。其用之也以不用,其不用也而后能用之;其知也乃不知,其不知也而后能知之也。①

从修养境界论的层面集中论述"有无"关系。从宇宙存在论来说,是"从无中生有"。从圣人修养论来说,则应该是"从有以归无";若从圣人境界论上说,则应该是"既无既有"的有无同时共在,即它所说的"视于冥冥,听于无声。冥冥之中,独见晓焉;寂漠之中,独有照焉"。这和后来僧肇所表述的寂用论逻辑无有差别。

【11】水之性真清,而土汩之;人性安静,而嗜欲乱之。……是故神者智之渊也,渊清则明矣;智者心之府也,智公则心平矣。……夫唯易且静,形物之性也。由此观之,用也必假之于弗用也。是故虚室生白,吉祥止也。②

再次强调"用"以"不用"为本。形物之性和人性都在于其平易清静。"神者智之渊也,渊清则明矣;智者心之府也,智公则心平矣。"神即是心,所以神智之间即是心智之间,二者之间形成互为主导和作用的关系。

【12】天有四时,人有四用。何谓四用?视而形之,莫明于目;听而精之,莫聪于耳;重而闭之,莫固于口;含而藏之,莫深于心。③

人有四用,即目视、耳听、口固、心藏,为人体之四种功能。显然天之四时,也可以说是天的功用表现。

【13】为政之本,务在于安民;安民之本,在于足用;足用之本,在于勿夺时;勿夺时之本,在于省事;省事之本,在于节欲;节欲之本,在于反性;反性之本,在于去载。去载则虚,虚则平。平者,道之素也;虚者,道之舍也。④

---

① 《淮南子·俶真训》。
② 《淮南子·俶真训》。
③ 《淮南子·缪称训》。
④ 《淮南子·诠言训》。

在此形成一个本末逻辑的层递结构：为政——安民——足用——勿夺时——省事——节欲——反性——去载——虚平，最终落实到"虚平"。而虚平是对"道"本身的描述：虚为道之居舍，平为道之素质。

【14】走不以手，缚手，走不能疾；飞不以尾，屈尾，飞不能远。物之用者，必待不用者。……物固有以不用而为有用者。地平则水不流，重钧则衡不倾，物之尤必有所感，物固有以不用为大用者。①

《淮南子》反复出现的一个论述，即是物之"用"者，必待"不用"，也就是说就物之用而言，"无用"是有"用"的根本和依据。

综合而言，《淮南子》在体用意识的发展方面有两大特点或说贡献。一是他继承老庄的本/体思维和道本根论思想，第一次明确提出"无为者，道之体"，并强调"无为制有为"，同时在具体概念运用上，有逐渐将本/体/性相互涵摄统一之势。二是继承由庄子首倡的无用之用和有用之用的分别，并强调无用之用乃是有用之用的根本和依据所在。由此可见，在体和用概念的哲学化的进程中，《淮南子》无疑是一个重要的环节。

四、《论衡》："不相贼害，不成为用"

东汉王充（27—97）所作《论衡》一书大约成于汉章帝元和三年（86 年），现存文章有 85 篇（其中的《招致》仅存篇目，实存 84 篇）。该书被宋代沈括称为"疾虚妄古之实论，讥世俗汉之异书"②。

【1】夫禀气渥则其体强，体强则其命长；气薄则其体弱，体弱则命短，命短则多病寿短。始生而死，未产而伤，禀之薄弱也；渥强之人，不卒其寿。若夫无所遭遇，虚居困劣，短气而死，此禀之薄，用之竭也。此与始生而死，未产而伤，一命也，皆由禀气不足，不自致于百也。人之禀气，或充实而坚强，或虚劣而软弱，充实坚强，其年寿；虚劣软弱，失弃其身。③

禀受上天之气决定人体强弱和寿命长短。

【2】人禀元气于天，各受寿夭之命，以立长短之形，犹陶者用土为簋廉，冶者用铜为柈杆矣。器形已成，不可小大；人体已定，不可减增。用

---

① 《淮南子·说山训》。
② 沈括：《梦溪笔谈》。
③ 王充：《论衡·气寿》。

气为性,性成命定。体气与形骸相抱,生死与期节相须。形不可变化,命不可减加。以陶冶言之,人命短长,可得论也。①

以"体气"为"性命","体气"不同于形骸,它禀受于天,不可增减。

【3】豆麦之种,与稻粱殊,然食能去饥。小人君子,禀性异类乎? 譬诸五谷皆为用,实不异而效殊者,禀气有厚泊,故性有善恶也。残则授仁之气泊,而怒则禀勇渥也。仁泊则戾而少愈,勇渥则猛而无义,而又和气不足,喜怒失时,计虑轻愚。妄行之人,罪故为恶。②

这里的重点在于揭示了"实体—功用"模式的两种情况。一种是"实不异而效殊",即事物之间的实质没有什么差别,但其作用功效可以有差别。如就五谷而言,"豆麦之种,与稻粱殊,然食能去饥",一方面说明事物的种性不同,但功用可以相同,另一方面说明虽然都有能够充饥的作用,但因为种类不同而会在充饥养生的效果上表现出差别。与之不同的是小人君子之间,他们是同一种性,即都是人,但因他们各自所禀受的天地之气有厚薄差别,而导致他们各自情性上也有善恶好坏之分。可以用图式来表明二者差别。

五谷:作物(品种不同)——充饥(作用同)——营养(功效不同)
小人君子:人(种性同)——禀气(不同)——情性(不同)

更重要的是,这里还提出了一个作用与效用的区别,事实上这两种"用"都可以归属于"体用"之"用"。品种品性自然可以归属于"体用"之"体"了。

【4】或曰:欲为之用,故令相贼害;贼害相成也。故天用五行之气生万物,人用万物作万事。不能相制,不能相使;不相贼害,不成为用。金不贼木,木不成用;火不烁金,金不成器,故诸物相贼相利。含血之虫相胜服、相啮噬、相咬食者,皆五行气使之然也。③

王充在此认为事物要发挥其作用,必须使事物之间相互"贼害"。即它所说的"不能相制,不能相使;不相贼害,不成为用",及"诸物相贼相利",还举五行之气来说明这一规律。最后以五行之气的这种"相贼相利"来论证自

① 王充:《论衡·无形》。
② 王充:《论衡·率性》。
③ 王充:《论衡·物势》。

然界各种物类之间的相互竞争和相互厮杀为食的自然合理性。不仅如此，他还把这种现象扩展成宇宙万物生存发展的普遍规律。

尽管这一说明还停留在十分粗糙的经验层面，并不能很好地说明万物之间复杂的客观本质，但触及了哲学上一个十分重要的问题：即事物之间之所以是普遍联系的，其根本原因在于，任一存在事物其作用的发挥或实现，必然会导致此一存在事物对其他存在事物的实质接触、信息交流，甚至是剧烈的冲突，正是此种接触、交流乃至冲突的发生，才使得事物作为存在实体的作用或功能得以实现。简要地说，世界上有实体性事物的存在，就必然有其作用或功能，这一作用或功能的实现必然导致此一实体存在与其他实体存在之间发生联系。所以从本质上说，所谓世界的普遍联系，即是指事物之间的相互作用，反过来所谓实体事物的功用，也就是事物与其他事物之间的联系本身。

【5】曰：天生万物，欲令相为用，不得不相贼害也，则生虎狼蝮蛇及蜂虿之虫，皆贼害人，天又欲使人为之用邪？①

王充确实发现了自然世界中普遍存在的事物之间的这种相互作用"相贼相利"的辩证性，尽管这种辩证性认识还属于经验层面。客观上隐含着事物之间互为体用、体用相资的逻辑可能。

【6】故范蠡、尉缭见性行之证，而以定处来事之实，实有其效，如其法相。由此言之，性命系于形体，明矣。②

把精神性的性命之根本归属于物质性的形体，是王充自然主义气论的必然逻辑。

五、《潜夫论》："道者，气之根也；气者，道之使也"

东汉王符（83—170），字节信，甘肃镇原县人，所著《潜夫论》共三十六篇，多数是讨论治国安民之术的政论文章，少数也涉及哲学问题。他对东汉后期政治社会提出广泛尖锐的批判，涉及政治、经济、社会风俗各个方面，指出其本末倒置、名实相违的黑暗情形，认为这些皆出于"衰世之务"，并引经据典，用历史教训警告当时的统治者。从体用思想的发展来说，王符的《潜

---

① 王充：《论衡·物势》。
② 王充：《论衡·骨相》。

夫论》可以说是一座里程碑。

【1】夫富民者,以农桑为本,以游业为末;百工者,以致用为本,以巧饬为末;商贾者,以通货为本,以鬻奇为末;三者守本离末则民富,离本守末则民贫,贫则阰而忌善,富则乐而可教。教训者,以道义为本,以巧辩为末;辞语者,以信顺为本,以诡丽为末;列士者,以孝悌为本,以交游为末;孝悌者,以致养为本,以华观为末;人臣者,以忠正为本,以媚爱为末;五者守本离末则仁义兴,离本守末则道德崩。慎本略末犹可也,舍本务末则恶矣。①

此段文字可以说是先秦以来中国"本"思维或者说"本末"逻辑运用的集大成。所谓"守本离末"和"慎本略末",对应的是"离本守末"和"舍本务末",其背后的逻辑在于"本"相对于"末"在逻辑上和价值上的优先性。

【2】凡为人之大体,莫善于抑末而务本,莫不善于离本而饰末。夫为国者以富民为本,以正学为基。……故明君之法,务此二者,以为成太平之基,致休征之祥。②

把"本末"关系作为论述为人、理政的基本逻辑架构。"为人之大体,莫善于抑末而务本,莫不善于离本而饰末。"其次,值得重视的是他提出为人之"大体"的概念,其在《潜夫论·梦列》中也提到"察梦之大体"③。所谓"大体"是指决定事物存在价值的根本原则或主要内容。

【3】夫用天之道,分地之利,六畜生于时,百物聚于野,此富国之本。游业末事,以收民利,此贫邦之原。忠信谨慎,此德义之基也。虚无谲诡,此乱道之根也。④

此处重要的是对本、原、基和根等概念的集中使用,表明这些概念虽然内涵不完全相同,但它们的逻辑占位是一致的。显然这种概念习惯不是王符个人的偏好,而是在秦汉时代极为普遍的,成为大多数思想者的基本的思维模式和表述习惯。

---

① 王符:《潜夫论·务本》。
② 《潜夫论·务本》。
③ 《潜夫论·梦列》。
④ 《潜夫论·务本》。

【4】人君之治,莫大于道,莫盛于德,莫美于教,莫神于化。道者所以持之也,德者所以苞之也,教者所以知之也,化者所以致之也。民有性,有情,有化,有俗。情性者,心也,本也。化俗者,行也,末也。末生于本,行起于心。是以上君抚世,先其本而后其末,顺其心而理其行。心精苟正,则奸匿无所生,邪意无所载矣。①

王符认为,人君之治的根本在于"道、德、教、化"四者,而"道、德、教、化"四者的依据又在于百姓之有"性、情、化、俗",此四者又可以归为"心"与"行"两个方面。心行二者为本末关系,"情性"属心为本,"化俗"属行为末。在此基础上,进一步明确本末之间的关系,即"末生于本",相应的则是"行起于心"。基于这样的逻辑,王符主张,治理天下应该贯彻"先其本而后其末,顺其心而理其行"的原则。

【5】是故道德之用,莫大于气。道者,气之根也。(气者,道之使也。必有其根,其气乃生;必有其使,变化乃成。是故道之为物也,至神以妙;其为功也,至强以大。天之以动,地之以静,日之以光,月之以明,四时五行,鬼神人民,亿兆丑类,变异吉凶,何非气然?)②

此段文字非常重要,下面从三个层面来予以分析:(1) 就道气关系而言,王符说:"道德之用,莫大于气。道者,气之根也;气者,道之使也。必有其根,其气乃生;必有其使,变化乃成。"此处又有两个层面的内容:其一是明确阐明道气关系:即"气"为"道"之"使","道"为"气"之"根",在此"使"即是"用"。其二更为重要的是,他进一步阐释了"根"和"使"的概念内涵。"根"乃根源之"根",凸显的是气为道所创生,"使"或"用"强调的是"道"役使"气"而形成万物之变化。也即是说"道"不仅创生"气",还役使"气"来形成具体的万物。(2) 就道之存在本身,王符说:"是故道之为物也,至神以妙;其为功也,至强以大。"说道之为"物",并非指道是一个具体的有形个体,而是强调"道"之存在的真实性和现实性。具体而言,它的存在本身虽然神妙莫测,而其功用却是真实强大的。显然这种对道的描述在结构和认识上已经非常接近于后来的王弼。③ (3)就宇宙万物而言,王符说:"天之以动,地之以静,日

---

① 《潜夫论·德化》。

② 《潜夫论·德化》。括号内文字《四部丛刊初编》本和《钦定四库全书》本均不在《潜夫论·本训三十二》篇之中,而是窜入《潜夫论·德化三十三》篇中,此处依清代汪继培《潜夫论笺校正》(中华书局,1985 年第 1 版)改定。

③ 详见第二章第一节中之"王弼经典诠释中的'体用'创造"。

之以光,月之以明,四时五行,鬼神人民,亿兆丑类,变异吉凶,何非气然?"是说天地日月人物,宇宙中一切事物,乃至变化吉凶,都是气化的结果。

于是就形成一个"道——气——变化(万物)"的宇宙论模式,这个模式不仅是创生论,还是本体论的。也就是说,道不仅创生出"气",还役使主宰着气化万物的过程。如图所示:

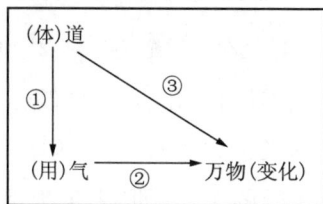

上图中存在着三组关系,分别标为①②③。其中①表示道与气之间,王符已经明确规定为创生关系;其中②指气与万物的关系,王符以"气化"来说明万物的形成。其中③表示道与万物的关系,王符认为道并不直接创生出万物,而是役使气而生成万物,也就是说气化万物的过程仍是以道为根本和依据。这三种关系,乃是探讨宇宙存在之真理时最为核心的部分,如何圆融无碍地处理这些关系,为历代哲人所殚精竭虑,欲罢不能。王符在此根本性问题上也已经表现出相当的自觉。在他的思想体系中,万物存在的直接根源是"气",而"气"又是"道"所创生并始终受"道"之控制和役使的,所以"道"才是万物存在的宗极根据。

值得注意的是,在这三组关系中,只有第一组即道气关系,被王符明确表述为体用结构:道为气之根,气为道之使。在王符的整个论述体系中,"根"既是本、基、原,也是"体","使"即是"用"。因此,道气的关系也可以表述为:道为气之体,气为道之用。道为气之体,是创生论及本源论;气为道之用,本质上是指气化万物的过程,气则为万物变化之本原,万物皆气,气即万物,此即是典型的本体论或本根论。若以道与万物的关系而言,则道既是万物的创生本源,又是万物的存在本质。

之所以说王符的《潜夫论》是中国体用思想发展历史进程中的一座里程碑,是因为他不仅在哲学上第一次直接而明确地讨论"道"和"气"关系,也是第一次如此明确地揭示道气之体用关系,最为重要的,在于虽然他没有直接使用"体—用"概念组合,但"根—使"概念组合完全能够与其相对应,也就是说,"根—使"即"体—用"。在此我们可以大声宣告,中国哲学思想论述中体用逻辑的第一次完整且明确的概念表述,不是来自佛教,而是来自王符的《潜夫论》——"道者,气之根也;气者,道之使也"。

第四节　早期易经诠释中的“体用”意识

一、先秦易学中的体用意识

何谓易学？简单地说，就是对《周易》进行诠释和研究的学问。但《周易》又有广义和狭义之分，广义的《周易》或《易经》包括两部分内容：一是由六十四卦卦象符号、64 条卦辞和 386 条爻题爻辞所组成的《周易》经文或《周易》古经，二是由孔子及其门徒编而成的解释性著作《易传》。狭义的《周易》或《易经》，即是针对广义的第一部分而言的。所谓“易学”，就是对广义的《周易》、《易经》进行研究的学问。[①] 也有学者认为“易说”包括广狭二者，他认为“从汉朝开始，由于儒家经学的确立和发展，《周易》列为五经之首，人们对它的研究，成了一种专门的学问，即易学”。[②]

（一）春秋易学之与体用

儒家解易[③]，始于春秋时代的孔子，注重卦爻辞的教育意义，不大迷信筮法，此即后来荀子所说：“善为易者不占。”[④]《礼记》中有六处引《周易》中的话，讲说道德修养的重要性，即可代表后来儒家对孔子易说的阐发。对此，著名易学哲学史家朱伯崑有很好的总结，他说：“总之，春秋时期的易说，就筮法说，以取象和取义解说卦象和卦爻辞；就易理说，重视生活中的经验教训和道德修养以及事物变易的法则，不以吉凶为鬼神之所赐，开始将周易引向哲理化的道路。”[⑤]

对于春秋易学的诠释方法，张朋在其《春秋易学研究》一书中指出，流行于汉代及后来的类似于“得位”、“失位”、“乘”、“承”、“比”、“应”、“据”、“中”等爻象解说方法，在春秋时代还没有出现。其中“乘、承、比、应、据、中”等解说方法是在战国时期成书的《小象》、《彖》中衍生出来的。另外，《左传》和《国语》中的解卦者，在解说《周易》时也没有使用“半象”的方法，严格地说也没有使用“互体”、“卦变”的方法。而且使用所谓“伏卦”的可能性也很小。最后，张朋认为“八卦取象比类”，即使不是春秋时代《周易》全部的唯一的解

---

①　张朋：《春秋易学研究——以〈周易〉卦爻辞的卦象解说方法为中心》，上海人民出版社，2012 年，第 2 页。

②　朱伯崑：《易学哲学史》第 1 卷，昆仑出版社，2009 年版，第 26 页。

③　迄今所知最早的一部易学专著是春秋时期的《易象》。《春秋左传·昭公二年》有：二年春，晋侯使韩宣子来聘，且告为政而来见，礼也。观书于大史氏，见《易》、《象》与《鲁春秋》，曰：“周礼尽在鲁矣。吾乃今知周公之德，与周之所以王也。”

④　《荀子·大略》。

⑤　朱伯崑：《易学哲学史》第 1 卷，昆仑出版社，2009 年版，第 37 页。

说方法,也是春秋时代易学首要的解说方法。①

总而言之,春秋易学仍然是以占卜为中心,其解释卦爻象以"取象比类"为主要方法,在整体上仍然保持浓厚的经验、实用性色彩,因而缺乏哲学抽象,所以其中的体用意识也不是十分鲜明。这一状况要到战国时期的《易传》形成之后才有所改变。

(二) 战国易学与《易传》

战国时代的易说的特点是以"阴阳"观念解释《周易》的卦象和卦爻辞的内容。②《庄子·天下》评论儒家的六艺说时指出,"《易》以道阴阳",可以说是概括出了战国时期"易说"的特征。战国时代的易说,除《易传》③外,史料较少,晋汲郡出土的《阴阳说》已失传。《易传》在易学史上的主要贡献,是以"阴阳"为范畴,说明卦象、爻象以及事物的根本性质,并且概括为"一阴一阳之谓道"作为其易学哲学的基本原理。《彖》以阴阳解易,阴阳指刚柔,到《小象》特别是《文言》方提出阴阳二气说。

《易传·系辞》依《彖》、《象》之阴阳说,对卦象和爻象进行了全面解释。其阴阳说,从卦象的解释推广到人类的政治生活。因此从《彖》、《象》对卦义和卦爻辞的解释看,《易传》作者眼中的《周易》已不仅是占筮用的典籍,而且成为依据天道变化处理生活得失、治理天下国家和进行道德修养的指南。就体用思想的发展而言,《易传》可以说居于极为重要的地位。下面将集中予以分析。

【1】习坎,重险也。……天险不可升也,地险山川丘陵也,王公设险以守其国,坎之时用大矣哉!④

【2】睽……天地睽,而其事同也;男女睽,而其志通也;万物睽,而其事类也;睽之时用大矣哉!⑤

---

① 张朋:《春秋易学研究——以〈周易〉卦爻辞的卦象解说方法为中心》,上海人民出版社,2012年,第78页。

② 高亨认为战国易学与春秋易学在解释《易经》的方法上有较大的不同。他说:"至于《左传》、《国语》记春秋时人用《易经》以占事或引《易经》以论事,则多谈卦象,不仅谈本卦卦象,而又谈变卦卦象,但不谈爻象与爻数,这大概是先秦易学的一派,似乎是春秋以前的旧易学。《易传》则多以本卦卦象与爻象爻数解《易经》,而不谈变卦卦象,这大概是先秦易学的又一派,似乎是战国时代的新易学。"详见高亨《周易大传今注·自序》,齐鲁书社,1979年,第3页。

③ 《易传》指战国以来的系统地解释《周易》的代表著作,共七种十篇:《彖》上下,《象》上下,《文言》,《系辞》上下,《说卦》,《序卦》,《杂卦》。此十篇,《易纬·乾凿度》和东汉经师称之为"十翼"。"翼"是辅助之意,表示用来解释《易经》的。称十翼之类的解易著作,为《易传》或《传》,始于汉初。其时,也有一般的经师把自己的解易著作称为《易传》的,所以,东汉经师为了区别所谓孔子之所作之《易传》和一般经师的著述,采《易纬》说,称战国以来的解易著作为"十翼"。

④ 《易传·彖传·坎》。

⑤ 《易传·彖传·睽》。

【3】蹇，难也，险在前也。……当位贞吉，以正邦也。蹇之时用大矣哉！①

以上三例，分别取自《易传》对六十四卦中的坎、睽、蹇三卦的解释。可以发现它们的解释有一个共同点，即都在最后指出三卦之"时用大矣"。"时用"王弼注为："非用之常，用有时也。"乃是强调卦象之用在特定时间的特别作用。

【4】易与天地准，故能弥纶天地之道。……范围天地之化而不过，曲成万物而不遗，通乎昼夜之道而知，故神无方而易无体。②

"易"能"弥纶天地之道""范围天地之化"，是天地万物生成变化的根本根据，显然其地位已与传统的"道"相一致了。所谓"神无方而易无体"，邵康节先生对此解释说："神者易之主也，所以无方；易者神之用也，所以无体。"③显然这是在运用体用逻辑来进行阐释。"无方"是指没有固定的方所，"无体"是指没有固定的形体，但其神妙莫测、变动无常的功用是实在呈现的。

【5】一阴一阳之谓道……百姓日用而不知，故君子之道鲜矣。显诸仁，藏诸用，鼓万物而不与圣人同忧，盛德大业至矣哉。④

此则中的"显诸仁，藏诸用"为历来解释者所热衷。不过本书对于此处的解释与诸家略有不同。一是关于"仁"的理解。此处仁和用对称使用，实与此文前面的"仁知"之仁不同，仁在此处应该是作核心、实质之义讲，而"体"也同样有体质、骨干之义。所以说此处的"仁"即是"实体"之义，也就可以说是"显诸体，藏诸用"了。第二是"显诸体"与"藏诸用"是相同句式，在语法上解释就是"道在万物之体上显现，在日常之用上隐藏"之义。显然这里的仁（体）和用并非真正意义上的"体用"，但确实也揭示了一个道与万物与百姓日用的关系的说明，即虽然道之存在是广大悉备，或隐或显，但始终不离天地万物和百姓日用。

【6】子曰："乾坤其易之门邪？乾，阳物也；坤，阴物也；阴阳合德，而刚柔有体，以体天地之撰，以通神明之德，其称名也杂而不越，于稽其

---

① 《易传·彖传·蹇》。
② 《易传·系辞上》。
③ 《皇极经世·观外物》。
④ 《易传·系辞上》。

类,其衰世之意邪?"①

刚柔对乾坤和阳阴的德性所在,刚柔有"体"当是说刚柔最终要落实到具体的个体事物之上。

上述所举六例文句,说明《易传》作者已经具有相当程度的体用意识,但又确实并非十分清晰和确定。这正好为后来的易学家和哲学家所充分发挥,由此而发明的体用诠释成为中国哲学体用思想的重要源头之一。

二、汉代易学中的体用意识

汉代易学属于典型的象数派,与今文经学以及谶纬神学有密切的关系。主要包括孟焦易学"重象"说、京房的"八宫"学说、《易纬》的宇宙生成论、荀爽的"乾升坤降"说、郑玄的"爻辰"说、虞翻的"卦变"说等。② 下面主要以《易纬》、《焦氏易林》和《京氏易传》为例来说明其中的体用意识。

(一)《焦氏易林》:卦体与性体

《焦氏易林》又名《易林》,十六卷,西汉焦延寿撰。《焦氏易林》是对《易》卦的演弈。《焦氏易林》虽然源自《易经》,却与其有迥异独特之处,最重要方面在于"卦变说",其中所蕴含的体用思维主要表现在"体"概念的使用上。通观《易林》,可知其中"体"的用法可以归纳为四种。

一是表示"卦体",如【1】泰:异体殊患,各有所属。四邻孤媚,欲寄我室。王母骂詈,求不可得。③【2】归妹:体重飞难,不得蹦关,不离室垣。④【3】无妄:合体比翼,嘉耦相得。与君同好,使我有福。⑤

二是表示"形体",如【4】履:精华堕落,形体丑恶,龃龉挫顿,枯槁腐蠹。⑥【5】旅:响像无形,骨体不成。微行衰索,消灭无名。⑦【6】明夷:诸石攻玉,无不穿凿。龙体吾举,鲁班为辅。麟凤成形,德象君子。⑧

三是表示"身体""仪体",如【7】夬:光体春成,陈仓鸡鸣。阳明失道,不能自守。消亡为咎。⑨【8】未济:免冠进贤,步出朝门。仪体不正,贼孽为患。⑩【9】需:躬体履仁,尚德止讼。宗邑以安,三百无患。⑪

---

① 《易传·系辞下》。
② 隰玉龙:《汉代象数易学哲学思想探析》,西藏民族学院硕士论文,2011年。
③ 《焦氏易林·蒙之》。
④ 《焦氏易林·蒙之》。
⑤ 《焦氏易林·讼之》。
⑥ 《焦氏易林·豫之》。
⑦ 《焦氏易林·大畜之》。
⑧ 《焦氏易林·艮之》。
⑨ 《焦氏易林·贲之》。
⑩ 《焦氏易林·贲之》。
⑪ 《焦氏易林·大畜之》。

四是表示"性体",如【10】比：松柏枝叶，常茂不落，君子惟体，日富安乐。①

（二）《京氏易传》：互体说与飞伏说

《京氏易传》乃是西汉京房（前 77—前 37 年）所撰。他以乾、坤为根本，坎、离为性命，统摄六十四卦，采用世、应、飞、伏、游魂、归魄等概念或方法来解说爻、卦之间的关系，属于典型的术数之学。

京房在对八宫的解释中提出"飞伏"说。此是说，卦象和爻象皆有"飞"和"伏"。"飞"指可见而现于外者，"伏"指不可见而藏于背后者。"飞"和"伏"都指对立的卦象和爻象。朱震在《汉上易传》中解释"飞伏"说："伏爻何也？曰：京房所传飞伏也。乾坤坎离震巽艮兑相伏者也。见者为飞，不可见者为伏。飞方来也，伏既往也。"②

他还特别重视运用"互体"方法来解释卦理。所谓"互体"，是指《易》卦上下两体相互交错取象而成之新卦，具体说就是在一个六爻的卦体之中，二、三、四爻与三、四、五爻又各自成一个三爻卦，然后两个三爻卦又联合构成的一个新的六爻卦，又叫"互卦"。

> 言日月终天之道，故《易》卦六十四，分上下，象阴阳也。奇耦之数，取之于《乾》、《坤》。《乾》《坤》者、阴阳之根本，《坎》《离》者、阴阳之性命。分四营而成《易》，十有八变而成卦。卦象定吉凶，明得失，降五行，分四象。顺则吉，逆则凶。③

这里重要的是他认为易卦中的奇偶之数，即是来于天地阴阳之数。同时又以为"乾坤者阴阳之根本"，"坎离者阴阳之性命"。这实际上是表明易卦的象数关系，阴阳之象乃是奇偶之数的根本，同时乾坤坎离又是阴阳的根本和性命，所谓根本性命即是指乾坤坎离为阴阳之卦变的"本体"。

（三）《易纬》：三易说与四太说

《易纬》是研究孟喜、京房易学乃至整个汉代易学的重要资料。汉代《易纬》流传下来的有六种，即《稽览图》、《乾凿度》、《坤灵图》、《通卦验》、《是类谋》、《辨终备》。郑玄对这六种《易纬》皆曾作注。④ 就体用思想而言，其中值得关注的是"三易说"和"太易说"。下面对此二说予以具体分析：

【1】孔子曰：易者易也，变易也，不易也，管三成为道德苞钥。易者

---

① 《焦氏易林·离之》。
② 朱震：《汉上易传》。
③ 《京氏易传·归妹》。
④ 林忠军：《易纬导读》，齐鲁书社，2002 年，第 30—40 页。

以言其德也。通情无门,藏神无内也。光明四通,俲易立节。天地烂明,日月星辰布设,八卦错序,律历调列,五纬顺轨,四时和粟孳结;四渎通情,优游信洁,根着浮流,气更相实,虚无感动,清净照哲,移物致耀,至诚专密,不烦不挠,淡泊不失,此其易也。变易也者,其气也。天地不变,不能通气。五行叠终,四时更废。君臣取象,变节相和。能消者息,必专者败,君臣不变,不能成朝,纣行酷虐,天地反。文王下吕,九尾见。夫妇不变,不能成家,妲已擅宠,殷以之破,大任顺季,享国七百,此其变易也。不易也者,其位也,天在上,地在下,君南面,臣北面,父坐子伏,此其不易也。故易者,天地之道也,乾坤之德,万物之宝,至哉,易一元以为元纪。①

此段话很重要,被引用率也极高。此中借孔子之言,提出“三易说”:易者易也,变易也,不易以易。然后又对三易的具体内涵予以详细说明:一是“易者以言其德也”。二是“变易也者,其气也”。三是“不易也者,其位也”。所谓“德”即是指“易”的规律性、贯通性和恒常性;所谓变易者为气,是指阴阳五行之气在天地、四时之间的成人成物的具体变化;所谓不易之位,是指阴阳五行之气运行布施的框架和结构。

显然“三易”之说的内在逻辑在于:变易之气是天地万物生成的根本,而易之德则是指此气之变化过程中所必须遵循的内在规律性,不易之位则是气之变化所必须依据的结构和框架。也就是说,不易之位和易之德都是变易之气所必须遵循的,但“位”突出结构性,“德”突出过程性。从某种意义来说,不易之位属于体,易之德属于性或德,变易之气属于用,因此三易说实则蕴涵着一个体德用或体性用的逻辑结构。这是分开来说,若合起来说,就必然是三位一体基础上的互为体用关系。当然《易纬》作者并没有明确意识到此种关系的存在,然而实际上后来诸多的诠释者的确就是依据这样的逻辑进行诠释的。

【2】昔者圣人因阴阳,定消息,立乾坤,以统天地也。夫有形生于无形,乾坤安从生?故曰有太易,有太初,有太始,有太素也。太易者,未见气也;太初者,气之始也;太始者,形之始也;太素者,质之始也;炁形质具而未离,故曰浑沦。浑沦者,言万物相浑成而未相离。视之不见,听之不闻,循之不得,故曰易也。易无形畔,易变而为一,一变而为七,七变而为九,九者,气变之究也,乃复变而为一。一者,形变之始。清轻者上为天,浊重者下为地。物有始、有壮、有究,故三画而成乾,乾坤相

① 《易纬·乾凿度》。

并俱生。物有阴阳,因而重之,故六画而成卦。①

此段在哲学史上也是非常著名的。核心思想是宇宙生成论。他将宇宙万物生成的过程具体表述为:太易——太初——太始——太素——万物。在此之中,"太易"即是前边气无形的阶段,后面四个阶段则是气化万物的具体过程。显然,与前面三易说联系起来,我们可以发现,此中所谓太易即是易之德和不易之位的统合,而后者则为变易之气。其中的问题是,它们在三易说中是互为融合的,在四太说中却必须是先后的生成逻辑:易与不易生变易之气。同时这与后来宋儒所强调的易有太极、太极即阴阳之气是有很大不同的,反而遵循的是道家"从无生有"的宇宙论模式。

(四) 郑玄:"复归本体,亦是从无入有"

郑玄(127—200 年)集两汉经学之大成。在易学方面,郑玄可以说是兼采义理、象数之说。在象数学方面,主张采用互卦说、消息说、五行生成说与交辰说。在义理方面则多依据三礼的观点来论证易道之广大悉备。郑玄不仅注解周易,还注解《易纬》,下面以他在易纬《乾坤凿度》一段注解来说明他的体用意识。

> 太易始著才极成。太极成,乾坤行。(郑玄注:太易,无也;太极,有也。太易从无入有。圣人知太易有理未形,故曰太易信)老神氏(郑玄注:天英氏)曰性无生(郑玄注:天地未分之时无生真)生复体(郑玄注:生与性天道精还,复归本体,亦是从无入有。)天性情地曲巧未尽大道,各不知其自性,乾坤既行,太极大成(郑玄注:太极者,物象与天同极。天产圣人,牡射万源,立乾坤二体,设用张弛)。②

这段注解中有四点值得重视。第一,他针对易纬中宇宙形成的两个阶段,注解为无和有这两个阶段,因此"太易"生"太极"即是"从无入有"。第二,他对太易之无的解释是"有理未形",也就是说太易之无并非无任何存在,而只是针对有形之太极而言是无形,其实际存在的是"理"。这样也就等于说太易生太极即是"理生气"。第三,他对"性无生,生复体"的解释表明,性即是天地未分之时的"浑沌",因此说无"生";而"生"则是指万物各具"自性"之时,但此有分之生与浑沌之性最终又都会复归到天道本体。他把这个过程也说成是"从无入有"。第四是他对太极的解释。他认为太极本身就内立乾坤二体,如此乾坤二体乃是对立的,一张一弛的,由此而能施用于此结

---

① 《易纬·乾凿度》。
② 郑玄注:《易纬·乾坤凿度》。

构之中。冯友兰曾经评论郑玄在此处的注解时认为"立乾坤二体,设用张弛",似乎有体、用对立的意思。[①]

事实上,这里的体用意识已经十分鲜明了:一是他以"本体"解释有形之生向未分天性的复归,这已经是纯正的中国本体宇宙论哲学了;二是把太易生太极解释为从无入有、从理生气的过程,这不仅开玄学有无之辩的先河,也直接启发了宋儒的理气之辩。三是他对太极内涵乾坤对待二体而生用的洞察,实际上已经揭示了太极之体即是乾坤二体之对待结构,而太极成万物之用就在于此对待结构,这已经和朱熹所说的"对待为体,流行为用"(《朱子语类》卷六十五)的太极阴阳说极为接近了。

---

① 参见冯友兰:《中国哲学史新编》第三册,人民出版社,1985年,第191页。

第二章

魏晋南北朝时期：“体用”范畴之发生与定型

第一节　玄学兴起与体用范畴

一、魏晋玄学概说

一般来说，魏晋玄学①可分前后两期。魏末西晋时代为清谈的前期，是承袭东汉清议的风气，就一些实际问题和哲理反复辩论，亦与当时士大夫的出处进退关系至为密切，又可将其分为正始、竹林和元康三时期，在理论上有老或庄之偏重，但主要的仍是对于儒家名教的态度，即政治倾向的不同。正始时期玄学家中，以何晏、王弼为代表，从研究“名理”发展到倡导“无名”。而竹林时期玄学家以阮籍、嵇康为代表，皆标榜老庄之学，以“自然”为宗，不愿与司马氏政权合作。元康时期玄学家以向秀、郭象为代表。东晋一朝为清谈后期，清谈只为口中或纸上的玄言，已失去政治上的实际性质，仅作为名士身份的装饰品，并且与佛教结合，有儒、道、佛三位一体的趋势。

在哲学上，玄学重视探讨万物存在的根源问题，由此引发的“有无之辩”成为这一时期最为重要的论辩。也正是在这样的论辩之中，“体用”概念正式形成，并逐渐范畴化，成为整个中国体用思想发展的一个非常重要的历史阶段。

二、正始玄学之体用

（一）王弼经典诠释中的“体用”创造②

王弼（226—249）一生短暂，但学术成就卓著。他曾对当时最重要的思想经典——道家的《道德经》和儒家的《周易》、《论语》分别进行创造性的注

---

① “玄学”一词最早出现在《晋书·陆云传》：“初，云尝行，逗留故人家，夜暗迷路，莫知所从。忽望草中有火光，于是趣之，至一家，便寄宿，见一少年，美风姿，共谈《老子》，词致深远。向晓辞去，行十许里，至故人家，云此数十里无人居，云意始悟。却寻昨宿处，乃王弼冢。云本无玄学，自此谈老殊进。”

② 本节此处大部分内容已经发表在《台湾大学哲学评论》2012 年第 44 期的《有无，本来与作用：王弼经典诠释中的哲学创造》一文。

解,并写下《老子指略》、《周易略例》等纲领性思想著作,成为正始玄学的代表人物。其在经典诠释过程中,一面继承并深化传统的"有无"、"本末"概念,提出"本无末有"、"崇本息末"的政治哲学之道,一面其创造性地运用"体用"观念和逻辑,结合"本末"、"有无"等基本范畴,正式拉开中国传统哲学全面从宇宙创生论转向宇宙本体论[①]的大幕。

近几十年来,关于王弼"体用"思想的性质问题,学界一直争论不断,争论的焦点有二:一是王弼的体用论是否为成熟的本体论?[②] 二是王弼体用论的内涵到底是"体无用有"还是"体有用无"?[③] 其实这两个问题不仅互相关联,同时也影响到对王弼哲学理论性质及其历史地位的认定。笔者以为,想要很好地回应这些问题,必须回到王弼经典诠释文本本身来考察"体用"概念的分别所指,然后要结合它与有无、本末概念的相互关系来揭示王弼"体用"观念的本来面目和真实内涵。

1. 诠释与概念

为了完整把握王弼的体用思想,必须全面深入考察其所有的经典诠释。因此接下来,本节将分别从《老子注》(包括《老子指略》)、《论语释疑》、《周易注》(包括《周易略例》)考察其"体用"概念的使用情况。

(1)《老子》诠释中的体与用

> 【1】地虽形魄,不法于天则不能全其宁。天虽精象,不法于道则不能保其精。冲而用之,用乃不能穷满以造实,实来则溢,故冲而用之,又复不盈,其为无穷亦已极矣。形虽大,不能累其体,事虽殷,不能充其量,万物舍此而求主,主其安在乎。(《老子注》第 4 章)[④]

此是王弼注解《老子》"道冲而用之或不盈"中的一段文字。其中地以形魄言,天以精象言,实际上都是属于"有"的范畴。王弼认为:天地是有形之最大,也不能牵累道之"体";世间事物再繁复,也不能充满道之"量"。为什么呢? 奥秘在于"道"乃"冲而用之"。冲者,虚无也;不盈者,不可满实也,不可穷尽也。由于道之"体"本身就是"冲虚",道之"用"也是"不盈"的,也才能成为万物的"宗主"。在这里,一方面王弼以道作为万物之"宗主"来论道之

---

① 此处的"宇宙本体论"是相对于"宇宙创生论"而言的,事实上二者合起来又都归属于"本体宇宙论",而"本体宇宙论"又与"本体心性论"相对应,同属中国哲学之"本体论"。关于这些概念的明确界定在本书的下篇中将有详细讨论。

② 对此,台湾学者洪景潭有比较全面的总结和分析。详见其《魏晋玄学"以无为本"的再诠释——以王弼、嵇康、郭象》,台湾成功大学博士论文,2009 年。

③ 对此,台湾学者周芳敏有非常好的概括和举例说明。详见其《王弼"体用"义诠定》,《台湾东亚文明研究学刊》第 6 卷第 1 期。

④ 楼宇烈:《王弼集校注》,中华书局,1980 年,第 11 页。

"用";同时以"形"来论道之"体",但并非认为"形"就是"体",而是认为道乃无形之体,万物为有形之体。显然,"体"是涵括"形",而"形"则归属于"体",因为"体"可以是有形,也可以是无形的。总之,如果从体用的角度来看,王弼显然认为道之"体"为"无",道之用也是"无"。与此相同的表述还有:"道无水有,故曰,几也。"①

【2】道以无形无为成济万物,故从事于道者,以无为为君,不言为教,绵绵若存而物得其真,与道同体,故曰同于道。(《老子注》第 23 章)②

言"与道同体",显然不是说圣人(从事于道者)之身体也能够和道之体一样是无形的,而是指圣人效仿道之无为不言来成济天下,这就是"同于道"了。

【3】夫大之极也其唯道乎? 自此已往岂足尊哉? 故虽〔德〕盛业大,富(而)有万物,犹各得其德,而未能自周也。故天不能为载,地不能为覆,人不能为赡,(万物)虽贵以无为用,不能舍无以为体也,不能舍无以为体,则失其为大矣,所谓失道而后德也。(《老子注》第 38 章)③

此处"体用"对举,成为历来讨论王弼"体用"思想最重要的文本之一,同时也是产生歧义和争论最多的一部分。特别"(万物)虽贵以无为用,不能舍无以为体也,不能舍无以为体,则失其为大矣",无论句读和选字都存在诸多疑难和困惑。对此,楼宇烈在《王弼集校释》用两个注释来予以说明:

"(万物)虽贵,以无为用",陶鸿庆说,当作"虽贵以无为用"。按,陶未见夺文而据意改之,虽亦可通,然观本注前文说"何以尽德,以无为用"之意,则不必如陶说改。此句意为,万物虽贵,然必须以无为用,不能离开无而自以为用,亦即不能"弃本舍母,而适其子"之意。

"不能"二字涉上文而衍,故删。按,"不能舍无以为体也,则失其为大矣"义不可通。观王弼注文之意,"万物虽贵,以无为用",故当"言舍无以为体,则失其为大矣",故此处不当有"不能"二字甚明。或说,二舍字,当作舍,意为居守。此说于此句虽可通,而于上句则不可通。又,"则"字《道藏集注》本作"也",属上读。④

---

① 楼宇烈:《王弼集校注》,中华书局,1980 年,第 20 页。
② 楼宇烈:《王弼集校注》,中华书局,1980 年,第 58 页。
③ 楼宇烈:《王弼集校注》,中华书局,1980 年,第 94 页。
④ 楼宇烈:《王弼集校注》,中华书局,1980 年,第 102 页。

根据楼先生的判定可知,(1) 认为此处句读当为"(万物)虽贵,以无为用";(2) 认为第二个"(不能)舍无以为体也"中的"不能"二字为衍文;(3) 认为二"舍"字,当为"舍弃"义,不赞同取"居守"之意的"舍"字。所以全句应当为:"万物虽贵,以无为用,不能舍无以为体也,舍无以为体,则失其为大矣。"楼先生的这一判定对如何理解王弼的哲学思想以及体用有无的概念内涵产生重大的影响,目前学界对此问题还没有引起充分重视。

当然也有部分学者不认同楼先生的看法。牟宗三先生在《才性与玄理》第五章中有一个王弼《老子注》第三十八章的附录,在这个附录中,我们可以看到牟先生对这段文句的取舍判断:

> 夫大之极也,其唯道乎? 自此已往,岂足尊哉? 故虽盛业大富,而有万物,犹各得其德。虽贵以无为用,不能"舍"无以为体也。("舍"当为"居")不能"舍"无以为体,("舍"亦当为"居")则失其为大矣。所谓失道而后德也。[①]

德国学者瓦格纳(Rudolf G. Wagner)教授在其巨著《王弼〈老子注〉研究》中,对此段文字做了十分详细的辨析,但得出了与楼先生和牟先生都不同的判定:

> 故虽德盛业大,富有万物,犹各得其德,而未能自周也。故天不能为载,地不能为覆,人不能为赡,虽贵以无为用,不能全无以为体也,不能全无以为体,则失其为大矣。[②]

上述所引表明,整个问题集中在两个方面:一是句中第二个"(不能)舍无以为体也"中的"不能"二字是否为衍文;二是句中两个"舍"字,当取舍弃之"舍",还是牟先生的"居",还是瓦格纳的"全"。

笔者认为,要解决这个疑惑,一要从本段文句的整体语境出发,前后关联,通盘考虑,还要结合王弼对老子第三十八章整个注解,尤其是王弼经典诠释的整体立场和诠释逻辑来考虑,方能做出恰当的判断和选择。从整个《老子》第三十八章的整体内容来看,这里呈现的是一个不断堕落退化的政治行动和与此相应的社会生活景观——从"道"到"上德"到"下德"到"上仁"到"上义"到"上礼"。显然王弼是肯定了这一个退化逻辑的,所以在他的注解前半部分,详细说明此退化逻辑每一个环节的具体表现和原因——即"失道之大"。【3】中所录文字,是王弼对应《老子》中"失道而后德"文句的诠释。

---

① 牟宗三:《才性与玄理》,广西师范大学出版社,1980 年,第 142 页。

② [德]瓦格纳:《王弼〈老子注〉研究》,江苏人民出版社,2008 年,第 547—555 页。

其旨在表明只有"道"才能是真正的"大"，即便是儒家《周易》中所推重的"德盛业大，富有万物"，仍然不过是"上德"而已，因为它已经由"道"堕落退化到"德"了，而真正值得推崇的只有大之极之"道"，所以他说"夫大之极也，其唯道乎？自此已往，岂足尊哉？"是说称得上"大之极"的，唯有"道"本身而已，自"道"以下，就已经不值得推崇了。为什么呢？王弼以这句备受争议的话，来进一步诠释"道"与"德"的差别：所谓"（不能）舍无以为体，则失其为大矣，所谓失道而后德也"，即表明之所以会"失道而后德"，根本在于丧失了、远离了真正的大道；而之所以会丧失了、远离了这个真正的大道，又根本取决于与"无"的关系——"以无为用"还是"以无为体"。显然根据"不能舍无以为体则失其为大矣，所谓失道而后德也"来看，"舍无以为体"是高于"以无为用"的。也就是说：尽管做到了"以无为用"，但不能做到"舍无以为体"，则虽然是德盛业大、富有万物，虽算是"得德"，但仍然远离大道本身。唯有"舍无以为体"，才能达到道的境界。

那究竟什么是"舍无以为体"呢？一要看如何理解"舍"字的含义，二要符合二者原有的逻辑关系。

首先，"舍"作为动词有两个基本的含义：一为放弃义，一为居留义；而"以无为用"也可以有两种理解：一是无即是用；二是"有"依赖"无"而发挥作用。由此，"舍无以为体"也存在两种理解可能：如果取"无即是用"之义，则应该理解为虽然能够做到"贵无"并以无为用，但未能达到居留于无并直接以"无"为"体"。如果取第二义，则应该如此理解：虽然能够做到"贵无"从而依赖于"无"发挥作用，但未能达到舍弃对无的依赖而直接以"无"为"体"。虽然这两种理解都能够满足"舍无以为体"高于"贵以无为用"的逻辑要求，但根据"贵无"和"舍无"的递进关系，这里取"居留"义似乎更合乎王弼的诠释目标。因为，在王弼看来，真正的得道者，必须是不仅"用""无"，还要"体""无"，也就是要"德其母"。"无"为用之母，德其母者，即以无为本性也。如此，方能吻合其"每况愈下"的退化逻辑："上德者"即是得道者（既"贵以无为用"又能"舍无以为体"）——下德者（虽能"贵以无为用"却不能"舍无以为体"）——仁义礼者（既不能"舍无以为体"，也不能"贵无以为用"）。用体用和有无概念来表述则为：上德者是"体无用亦无"，下德者是"体未无而用无"，等而下之则是"体未无用亦未无"。如图所示：

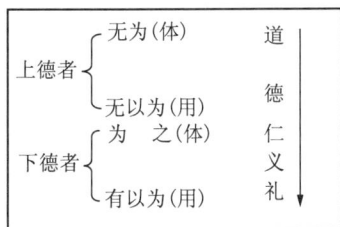

$$
\begin{array}{llll}
& \left\{\begin{array}{l} \text{无为（体）} \\ \\ \text{无以为（用）} \end{array}\right. & \text{道} & \\
\text{上德者} & & \text{德} & \\
& \left\{\begin{array}{l} \text{为 之（体）} \\ \text{仁} \\ \text{义} \\ \text{有以为（用）} \end{array}\right. & \text{礼} & \downarrow \\
\text{下德者} & & &
\end{array}
$$

至此，回到此前对整个文句的判读上来，我们可以清楚地看到两种相对立的解读：即楼宇烈先生为一种，牟宗三和瓦格纳并列为一种。若依照楼先生的解读，则没有办法满足王弼诠释逻辑的要求；而牟先生和瓦格纳的解读从义理上都是符合王弼文本本有之逻辑的，但是瓦格纳的"舍"改为"全"实为不必要的主张，一则没有任何文献证据表明它的可能性，二则"舍"本就有舍弃和保全（居留）两种含义，这种一字兼含相反二义的情况在古汉语中本是十分常见的。

（2）《论语》诠释中的体与用

【4】"况之曰道，寂然无体，不可为象。是道不可体，故但志慕而已。"（《论语释疑·述而》邢昺疏）①

此处的"道不可体"与【2】中的"与道同体"并不矛盾。说道"无体"，实就其无形无象而言，正因为"无体"，所以对于人而言，道是不可"体"的，人只能"志慕"而已。所谓"志慕"，就是指对道"无为而无不为"之境界的追求与效法，这种追求与效仿实际上就是"与道同体"的过程。

【5】注曰：言为政之次序也。夫喜，惧，哀，乐，民之自然，应感而动，则发乎声歌。所以陈诗采谣，以知民志风。既见其风，则捐益基焉。故因俗立制，以达其礼也。矫俗检刑，民心未化，故又感以声乐，以和神也。若不采民诗，则无以观风。风乖俗异，则礼无所立，礼若不设，则乐无所乐，乐非礼则功无所济。故三体相扶，而用有先后也。（《论语释疑·泰伯》皇侃疏）②

这是对《论语·泰伯》中"兴于诗，立于礼，成于乐"的诠释。王弼认为，这是孔子在阐述为政方法的先后次序：诗以观民风，故在先；礼以矫民俗，故其次；乐以化民心，故在后。但又认为，所谓先后次序之不同，只是就它们功用上的差别而言，若从三者的"体"上来说，则不能说什么先后，因为它们三者始终是紧密联系并互相支持的。显然，这里的"体"，就不再是形象之体了，而应当是指诗、礼、乐三教的内容及其体制而形成的统一体。

（3）《周易》诠释中的体与用

【6】夫《彖》者，何也？统论一卦之体，明其所由之主者也。（《周易略例·上》)③

---

① 楼宇烈：《王弼集校注》，中华书局，1980 年，第 624 页。
② 楼宇烈：《王弼集校注》，中华书局，1980 年，第 625 页。
③ 楼宇烈：《王弼集校注》，中华书局，1980 年，第 591 页。

【7】凡《象》者，通论一卦之体者也。一卦之体，必由一爻为主。（《周易略例·下》）①

以上是论卦之体，并表明卦体之中存在一个主宰者或决定者。那什么是卦体之体呢？王弼在此没有说明，今人朱伯昆解释为"一卦之体，即一卦之体制，指一卦的卦义"。②

【8】夫爻者，何也？言乎变者也。变者何也？情伪之所为也。夫情伪之动，非数之所求也。故合散屈伸，与体相乖。形躁好静，质柔爱刚，体与情反，质与愿违。（《周易略例·上》）③

王弼认为，卦爻是显示事物（此处的事物包含卦爻象在内）之变化的，而变化又是事物情性的真实与虚伪之矛盾多变而导致，并且这种变化无法从僵化的数字推演中直接把握。接下来王弼以"故合散屈伸，与体相乖。形躁好静，质柔爱刚，体与情反，质与愿违"来说明所谓"情伪"之变。关于这段话，唐代的邢璹是这样注解的：

> 物之为体，或性同行乖，情貌相违，同归殊途，一致百虑。故《萃》卦六二："引吉，无咎"。萃之为体，贵相从就，六二志在静退，不欲相就。人之多辟，己独取正，其体虽合，志则不同，故曰"合散"。《乾》之初九："潜龙，勿用"。初九身虽潜屈，情无忧闷，其志则申，故曰："屈伸"。至如风虎、云龙，啸吟相感，物之体性，形愿相从。此则情体乖违，质愿相反。故《归妹》九四："归妹愆期，迟归有时"。四体是震，是形躁也。愆期待时，是好静也。《履》卦六三："武人为于大君"，志刚也。《兑》体是阴，是质柔也。志怀刚武，为于大君，是爱刚也。（《周易略例》邢璹疏）

从邢璹的疏解来看，所谓"合散"，是指体合而志散；所谓"屈伸"，是指体屈而情伸。体形本为躁动的却趋好于静，体质本为阴柔的却志怀刚武，这就是所谓的"体与情反，质与愿违"。体者，不仅包括形和质，还包括卦之性，因为王弼常常用阴阳刚柔之性来言卦体。情者，即是志、愿也，实际上是指卦爻将要运动变化的趋向。从事物的"体质"与"情愿"的关系来看，二者既可以是"相违"，亦可以是"相从"；但最终"情愿"是从属于"体质"本身的。王弼在《周易注·乾卦·文言》说："不为'乾元'，何能通物之始？不性其情，何能

① 楼宇烈：《王弼集校注》，中华书局，1980年，第615页。
② 朱伯昆：《易学哲学史》第1册，昆仑出版社，2009年，286页。
③ 楼宇烈：《王弼集校注》，中华书局，1980年，第597页。

久行其正？是故'始而亨者'，必'乾元'也。利而正者，必'性情'也。"孔颖达对其中的"不性其情，何能久行其正"疏解为："性者天生之质，正而不邪；情者性之欲也。言若不能以性制情，使其情如性，则不能久行其正。"①并在其后，引用了王弼之"体与情反，质与愿违"来进一步论证其解释的合法性。由此我们可以看到：王弼所谓的"体"，是包括"形"、"质"、"性"、"义"的，而其"情"、"志"、"愿"、"欲"则都是依从于"体"而发出并最终受到"体"之制约的。

【9】近不必比，远不必乖。同声相应，高下不必均也。同气相求，体质不必齐也。召云者龙，命吕者律。故二女相违，而刚柔合体。(《周易略例·明》)②

此处"体质"并称。刚柔可以合体，意即以"刚柔"之性来言"体"。

【10】是故范围天地之化而不过，曲成万物而不遗，通乎昼夜之道而无体，一阴一阳而无穷。非天下之至变，其孰能与于此哉！是故卦以存时，爻以示变。(《周易略例》)③

【11】夫卦者，时也；爻者，适时之变者也。夫时有否泰，故用有行藏。卦有小大，故辞有险易。一时之制，可反而用也。一时之吉，可反而凶也。故卦以反对，而爻亦皆变。是故用无常道，事无轨度，动静屈伸，唯变所适。故名其卦，则吉凶从其类；存其时，则动静应其用。寻名以观其吉凶，举时以观其动静，则一体之变，由斯见矣。(《周易略例》)④

以上二则讨论卦与爻的关系。"卦"即是"时"，表示事物存在的整体状态或性质，而卦中之爻即是"时之用"，显示事物存在的变化性。虽然"用无常道，事无轨度"，但这种时"用"必须是"适时之变"。所以，卦以"时"而论，则有否泰；而爻以"时之用"而论，则只有所谓"行藏"，即《泰》时则行，《否》时则藏"。通过卦之名来考察吉凶，通过卦之时来考察动静是否适宜，这样，就可以明了一卦之体的全部变化了。这说明卦之"体"既有"名"又有"时"，六爻在卦体之内，即是卦"体"之"时"之"用"，所以简单地说，"卦"乃爻之"体"，"爻"是卦之"用"。虽然王弼并没有如此明确地表达，但其中的体用逻辑是确定不移的。

---

① 孔颖达：《周易正义·乾·象》。
② 楼宇烈：《王弼集校注》，中华书局，1980年，第597页。
③ 楼宇烈：《王弼集校注》，中华书局，1980年，第598页。
④ 楼宇烈：《王弼集校注》，中华书局，1980年，第604页。

【12】初上者，体之终始，事之先后也。故位无常分，事无常所。非可以阴阳定也。尊卑有常序，终始无常主。故《系辞》但论四爻功位之通例，而不及初上之定位也。然事不可无终始，卦不可无六爻，初上虽无阴阳本位，是终始之地也。统而论之，爻之所处则谓之位，卦以六爻为成，则不得不谓之六位时成也。（《周易略例》）①

这实际上是在讨论卦的内在结构：初、上表时间，即是"时"；二至五表空间，即是"位"。综合起来，一卦具有六爻，而六爻聚合成为一个时空统一体，这个"六位时成"的统一体就是所谓的卦之"体"。

【13】凡体具四德者，则转以胜者为先，故曰"元亨，利贞"也。（《周易略例·下》）②

一个卦不仅是一个时空综合之体，而且还具有其自身的特性——"德"，譬如乾卦就具有全部四种德性：元、亨、利、贞。

【14】天也者，形之名也；乾（健③）也者，用形者也。夫形也者，物之累也。有天之形，而能永保（无）亏，为物之首，统之者岂非至健哉！《周易注·乾·象》④

【15】地也者，形之名也；坤也者，用地者也。夫两雄必争，二主必危。有地之形，与刚健为耦，而以永保无疆。用之者，不亦至顺乎？《周易注·坤·象》⑤

上面二则是王弼对于乾、坤象辞的注解：所谓天地，并不是"形"本身，只是对宇宙中两种最大的存在之"形"的称谓；所谓乾坤，恰是天地之形的运用。本来有形之物必定受到形的牵累，但天能"永保无亏"，关键在于"天之形"具有至健之德，故能突破形的束缚而成为万物之统领。"至健"之德固然是伟大的，但如果宇宙世界同时存在两个这样的雄健，则必定带来争斗和危乱；"地之形"因为拥有"至顺"之德，故能与刚健之天并存，能顺承刚健而"永保无疆"。

---

① 楼宇烈：《王弼集校注》，中华书局，1980 年，第 613 页。
② 楼宇烈：《王弼集校注》，中华书局，1980 年，第 615 页。
③ 楼宇烈认为此处的"健"应当为"乾"。今依此。详见楼宇烈：《王弼集校注》，中华书局，1980 年，第 221 页。
④ 楼宇烈：《王弼集校注》，中华书局，1980 年，第 213 页。
⑤ 楼宇烈：《王弼集校注》，中华书局，1980 年，第 226 页。

王弼在此提出了一组非常关键的概念——即"形之名"者与"用形者"，也即天地之形与乾坤健顺之德——来讨论天地与乾坤、健顺的关系，三者的关系在唐代孔颖达的《周易正义》中有十分明确的表述："'天'是体名，'乾'则用名，'健'是其训，三者并见，最为详悉。"（孔颖达：《周易正义》卷一）虽然王弼并没有明确采用体用概念来论述，但其以形质为体，认为天地是"形之名"，而乾坤为"用形者"之名，实则已经蕴涵了"天地为体，乾坤为用"的逻辑。

【16】君子体仁，足以长人。《周易注·乾·文言》①

所谓"体仁"，即是"体包仁道"②。仁道无形，何以被有形之体包涵呢？显然此处的体仁之体，并非为人身之形体，而应当指身心合一之存在"主体"。唯有"主体"才能发扬"仁心"，实施"仁道"，这就是"体仁"。

【17】统而举之，乾体皆龙；别而叙之，各随其义。《周易注·乾·文言》③
【18】九，刚直之物，唯乾体能用之。用纯刚以观天，天则可见矣。《周易注·乾·文言》④

这里所谓"乾体"，实际上就是那个六爻之"时位"而成的乾卦之体。以爻象而言，乾卦之六爻都是阳爻，故皆以龙为象，所以说"乾体皆龙"，即六阳爻生成的乾卦之体通体是龙象。以爻位而言，六位均言"九"，九是纯刚之数，只有纯阳的乾体才能使用，所以乾体必用九。

【19】处困而用刚，不失其中，履正而能体大者也。《周易注·困》⑤

"用刚"与"体大"。这里的"用"和"体"都用作动词，暗示着一个能"用"能"体"之"主体"——"君子"或"大人"——的存在。所谓"用刚"，即是君子自身发扬自强不息的刚健之"德用"；所谓"体大"，即是君子因为履行中正之道而能不断扩充自身之体，最终达至成济天下之"大体"。由此可见，依于主体的"体用"动词性用法中其实蕴含着一个相应的名词性"体用"结构。动词

---

① 楼宇烈：《王弼集校注》，中华书局，1980年，第597页。
② "明人法天之行此'四德'，言君子之人，体包仁道，泛爱施生，足以尊长于人也。仁则善也，谓行仁德，法天之'元'德也。"见孔颖达《周易正义》。
③ 楼宇烈：《王弼集校注》，中华书局，1980年，第216页。
④ 楼宇烈：《王弼集校注》，中华书局，1980年，第216页。
⑤ 楼宇烈：《王弼集校注》，中华书局，1980年，第454页。

性的"体"总是从一个名词性的"体"发出,而动词性的"用"总是要去获得某个名词性的"用";一个名词性的客"体"总能产生某个名词性的"用",而一个名词性的"用"总能期待一个动词性的"体"来实现。如图所示:

2. 结构与逻辑

上述 19 个案例,基本涵盖了王弼全部的经典诠释文本,应该说具有很强的代表性,由此我们可以对王弼"体用"概念的使用有一个比较全面和准确的的了解:

第一,关于"体"和"用"的概念涵义。所谓"体用"的概念内涵并非王弼自己有过明确的定义或说明,只能是从对他使用情况的全面考察中获得恰当的认识。

首先,从使用的形式来说,王弼"体用"概念的运用可以区分为二种,一种是动词性运用,一种是名词性使用。而这两种运用之间有着紧密的联系,这在前面已有明确的分析,即动词性的"体用"一定指向一个"主体"的存在,这个"主体"正是通过某种"体"和"用"的动态实践,达到"主体"存在的理想之"体"与"用"。与此同时,体用的运用还存在着单独运用和对举使用的差别:一方面,数量上单独使用的情况要远远大于对举连用;另一方面,"体"的名词性运用要多于动词性使用,"用"的动词性使用要多于名词性运用。

其次,从使用的对象来说,王弼"体"、"用"概念的使用对象既可以是"道"、"天地""圣人"、"百姓",也可以是"卦"、"爻"、"器物"、"事数"。这充分说明,"体"、"用"在王弼这里不仅运用范围非常普遍,而且已经成为王弼诠释分析和表述的不可缺少的概念了。就"体"而言,既可以是人身之主体、万物之形体、卦爻之性体,当然还可以是无体之道体,也可以进一步区分为:主体和非主体、具体和虚体,动体和静体等,可以说宇宙中一切存在都有其特殊之"体"。就"用"而言,既可以是使用、运用、利用,也可以是功用、作用、效用,从而形成动态之用和静态之用的分别。动态之用总是对某个"体"的运用过程,而静态之用则总是此种运用的结果,因此,我们又可以说是二者过程之用和结果之用的区分。

综合前述,"体"、"用"的概念内涵可以由下图说明:

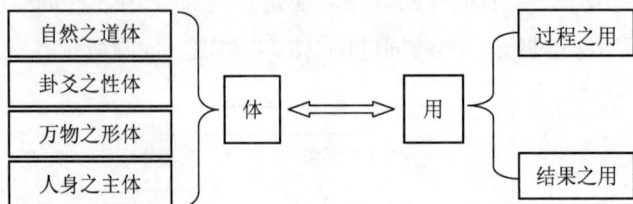

```
┌─────────┐
│ 自然之道体 │──┐              ┌──┌─────────┐
├─────────┤  │              │  │ 过程之用 │
│ 卦爻之性体 │──┤  ┌───┐     ┌───┐ └─────────┘
├─────────┤  ├──│ 体 │◄───►│ 用 │
│ 万物之形体 │──┤  └───┘     └───┘ ┌─────────┐
├─────────┤  │              │  │ 结果之用 │
│ 人身之主体 │──┘              └──└─────────┘
└─────────┘
```

第二,关于"体"和"用"的关系。所谓"体"实际上是对任何一种形式之"存在"本身的指向,这个"存在"本身可以从形、质、象、状、性、义等方面去规定它,"形、象、状"可以说是"体"的外在或形式方面,而"质、性、义"可以看作"体"的内在或内容方面。从使用情况来看,王弼有时候以"形质"合言"体",有时候单用"形"或"质"来言"体"。所谓"用"实际上是那个"存在"("体")本身与宇宙中其他之存在("体")的一种或多种作用关系,既包含作用之过程,也包括作用之结果。

由此,我们可以看到,"用"是从属于"体"的,"用"一定是由某"体"而引发,而一旦形成某"体",其"体"必然表现为与其他"体"的作用关系,从而获得某种"用",这种"用"或许是潜在,或许是已经实现的。本质上"体"和"用"是不可分离,"体"对"用"具有约束性,而"用"对"体"具有相关性。

第三,就王弼的整个经典诠释来说,"体用"范畴意识在《老子》、《论语》的诠释中并不十分显明和充分,且始终依从于"本末"概念,到了诠释《周易》时,对体用的概念运用以及关系的讨论则体现得相对充分和丰富一些。实际上,王弼对于"体用"概念的运用是相当松散而多样的,这说明"体用"概念在王弼那里,还没有获得足够的稳定性和明确性,但这也使得王弼的"体用"运用中蕴涵丰富的可能性,这恰为后来体用思想的发展所逐步揭示与证实。

3. 创造与困难

事实上,在王弼的思想体系中,更中心的概念不是"体用",而是"有无"与"本末"。尤其是"本末"在王弼整个思想体系和诠释活动中,无疑占有支配地位并统摄着其他概念。[①] 尽管它们在整个体系中所扮演的角色和所发挥的作用并不相同,但这三者是紧密关联的,成为王弼经典诠释中创造性的核心要素。

从逻辑上看,当王弼把"体用"对举,并纳入"本末"、"有无"的范畴结构中使用时,就不仅赋予了"体用"相应的逻辑语意,也改变了"本末"与"有无"

---

① 所谓"'本末'概念无疑占支配地位",此种说法立足于两点:一是就王弼整个圣人政治哲学的体系建构而言,"本末"概念的确更为核心,因为王弼政治实践哲学的核心在于——"崇本息末"和"崇本举末";二是就王弼整个创造性的诠释过程而言,"本末"结构的建立和运用始终都是最为关键的部分。

自身的逻辑表达。这正是王弼哲学思维的创造性所在，也是王弼哲学思想内在矛盾的关键所在，虽然这些大多未被他本人所意识到。如图所示：

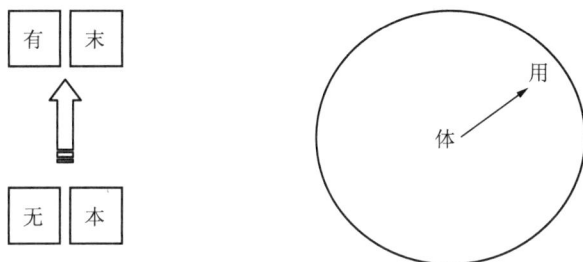

```
有 末
 ↑
无 本        体 → 用
```

上图表明，"体用"与"本末"和"有无"之间的结构逻辑存在着较大的差异："本末"与"有无"均为对立性或对等性概念，"本"与"末"相对独立，虽然可以合为一体却有主从之别；"有"与"无"是既相反相对却又相生相成的；与二者不同，"体"与"用"之间并非对立性或对等性关系，而是相互依存关系。因此从分离性来说，"有无"和"本末"二者内部都存在着较大的可分离性，而"体用"之间恰恰是要求不可分离的。因此，当"有无"与"本末"结合会产生"本无末有"的结构，有无与体用结合则会产生"体无用有"的结构，如果单独使用，都不会产生问题。但如果将这两个结构结合起来，就必然会产生不可解决的理论冲突。

具体来说，当以"道"为"无"，"万物"为"有"时，道和万物就必然被赋予"有无"一样的对立关系。虽然王弼"本无末有"的模式能够以其贵贱主从的价值逻辑来统一"有无"，即以道之"无"为"本"，以万物之"有"为"末"；但这不可避免地导致"道"与"万物"成为分离独立的二元存在。与有无、母子、本末不同的是，体用结构的内在逻辑是一方面强调"体用"之间的不同层次性，另一方面又特别强调二者不可分离性，所以"体无用有"模式可以很好地解决这个矛盾，即当"以道为体，以万物为用"的时候，道和万物并非处在同一个层面上，也就不构成"有无"对立性二元同在的冲突，同时又能满足"以无为本"的价值要求。

问题的复杂在于，王弼对体用的实际运用是属于"实体—作用"类型的。此一"体用"类型逻辑地要求"体用"总是针对某一具体的存在而言的，譬如道、万物、圣人、卦，等等。也就是说，当我们使用"体用"概念时，总是表达为"X之体"和"X之用"。因此，我们谈论"体用"时，凸显的总是某一"X"的具体存在。于是当我们把道和万物纳入体用结构中，就必然要求有一个"X"处在于道和万物概念的上位，由此方可表达道和万物的体用关系：道为"X"之体，万物为"X"之用。这样不仅满足了道与万物之间"本无末有"的贵贱主从之价值要求，也满足了"体无用有"非二元性同在的不可分离性需求。看上去是个完美的解决，却为王弼哲学留下一个巨大的理论困境，那就是：如果存在这样一个超越于道和万物的"X"，事实上也就取消了道作为最高存在的合法性,道也就不能成为万物存在之本了,"本无末有"自然也就无法成立。如果不存在这样一个"X",那么所谓的道与万物之间"体无用有"的结构也将不成立,自然就必须承认道和万物之间是彼此分离独立的二元存在。显然,这两个结果都是王弼所不能接受的。

总之,依照王弼对本末和体用两个结构的实际运用来说,二者既相互融摄,又潜在地相互冲突。这一冲突之所以是潜在的,主要是两个方面的原因:一是王弼哲学的核心目标并非讨论道和万物的关系,其终极目的在于为其圣人政治哲学寻求形而上基础——即那个终极的自然之道,也就是说王弼优先解决的是圣人治道与自然之道之间的关系,他最终的处理模式就是"崇本举末"和"崇本息末"。毫无疑问,王弼于此获得的成功自然遮蔽了讨论道与万物之间关系的重要性。二是虽然王弼以母子本末关系为核心范畴来统摄其他概念关系,就注定了这个困境的存在,但因为体用思维此刻并未在王弼的哲学架构中显明化和结构化,相应的,这种冲突也就没有在王弼这儿成为一个真正现实的问题或困境,尽管这个问题是如此重要。只有到了唐代重玄道教和宋明理学时期,这个困境才真正成为那个时代的中心问题并得到相应的解决。解决这个冲突的关键在于,他们不再坚持采用"实体—作用"的体用逻辑,而是发展出"本体—显现"式的体用模式,从而使得道与万物之间的关系可以表述为:道者,万物之体;万物,道体之用。①

4. 结论

以上通过对王弼经典诠释所有文本的考察和分析,全面把握其中"体用"运用的实际情况,基本厘清了其概念内涵和结构逻辑,也对体用观念在王弼哲学诠释中的创造性和潜在困难有所揭示。因此,针对本节开始时所提出的问题——王弼体用思想的本质特征,至此可以很好的回应:

(1)在王弼那里,"体用"还没有成为一对内涵明确、形式稳定的概念范畴,"有无"尤其是"本末"才是王弼"本体论"的核心范畴。但必须承认,与这种范畴相应的思维过程和表达逻辑都已经发展得比较成熟了,不仅有"体无用有",还有"体有用无",甚至有"体无用无"等结构类型。

(2)在价值上"体用"与"本末"紧密关联,但在逻辑上存在重要区别,因此不能简单地把"体用"等同于"本末",认为言"本末"必是言"体用",从而忽视其对思想体系所可能带来的潜在冲突。

(3)在王弼的经典诠释中,他创造性地运用体用思维或体用结构,尝试从存在之体、德性或功用的角度,来诠释任一对象或事物,从而形成一种自觉的本体性诠释。由此创造出"道"与"圣人"之体用的诠释模式,成为后来

---

① 事实上,早在东汉王符的《潜夫论·本训》中就已经有非常类似而明确的表达,他说:"是故道德之用,莫大于气。道者,气之根也;气者,道之使也。"他明确地以道为气之根、本,以气为道之使、用。但是很可惜这一创见,因为时代的原因,并没有在哲学发展史上产生影响。

儒佛道三家学者的诠释典范。

三、竹林玄学之体用

(一) 阮籍:"乐者,天地之体,万物之性也"

阮籍文章很多,其中较多玄学思想表达的有:《老子赞》、《通易论》、《通老论》、《达庄论》、《乐论》、《大人先生传》。纵览这些文字,几乎没有对称使用"体用"结构,这说明在阮籍的思想中,并没有形成明确的"体用"概念,当然也谈不上所谓的"体用"范畴了。其中"体"的使用共计 27 次,"用"字 20 次,大部分是作为动词使用,表示使用、运用之义,有三处作名词,分别为利用、事用和济用。但其中"体"的运用仍然是值得讨论的,下面结合文例予以分析:

> 【1】卦体开阖,乾以一为开,坤以二为阖。乾坤成体而刚柔有位。①
> 【2】君子曰:《易》,顺天地,序万物,方圆有正体,四时有常位,事业有所丽,鸟兽有所萃,故万物莫不一也。②

此处【1】中的"卦体",是直接继承秦汉易学的传统,以阴阳刚柔为卦之体性。【2】中"方圆正体",指方圆的最标准的形态。三者都表明"体"在此就不一定局限于形体,而更多的是指事物的存在样态。

> 【3】圣人明于天人之理,达于自然之分,通于治化之体,审于大慎之训,故君臣垂拱,完太素之朴;百姓熙怡,保性命之和。③

此中"治化之体",指治理天下、协理万民的根本原则或最佳方法。

> 【4】天地合其德,日月顺其光,自然一体,则万物经其常。入谓之幽,出谓之章,一气盛衰,变化而不伤。是以重阴雷电,非异出也;天地日月,非殊物也。故曰:自其异者视之,则肝胆楚越也;自其同者视之,则万物一体也。人生天地之中,体自然之形。身者,阴阳之精气也;性者,五行之正性也;情者,游魂之变欲也;神者,天地之所以驭者也。④

"万物一体",应当不是指万物的形体同一,也不是指万物成为一个混沌

---

① 阮籍:《通易论》,见清代严可均辑《全上古三代秦汉三国六朝文》,以下不再注明。
② 阮籍:《通易论》。
③ 阮籍:《通老论》。
④ 阮籍:《达庄论》。

的整体,而应当是指万物虽各有形体,但它们的存在本性是相同或相通的。所以"体"在此当有存在"本性"之义。"体自然之形","体"在此作动词用,主要意思当为是自然赋予的形态获得实体性或实在性之义。因此,动词性的"体"意味着此"体"的获得或实现过程。

【5】故至道之极,混一不分,同为一体,得失无闻。①

至道是混一不分的,所以同为一"整体"。

【6】夫乐者,天地之体,万物之性也。合其体,得其性,则和;离其体,失其性,则乖。昔者圣人之作乐也。将以顺天地之性,体万物之生也。②

此处明确地把体和性对应起来,在此,"体"即是"性"。

【7】故八音有本体,五声有自然,其同物者以大小相君。③
【8】琵琶筝笛,间促而声高,琴瑟之体,间辽而声埤。④

【7】所谓"八音",是指我国古代八种制造乐器的材料,通常为金、石、丝、竹、匏、土、革、木八种不同质材所制。⑤ "五声"是指五种声阶,宫、商、角、徵、羽。在此值得注意的是"本体"一词的出现。不过这里"本体"是指八种乐器的源始材质,虽然不具有形而上根据的本体义,但仍然蕴藏有这种逻辑发展的可能,因为它与后面的"自然"相对应。【8】此处的"体"为体制结构之义,不完全是形体。

【9】刑、教一体,礼、乐外内也。刑驰则教不独行,礼废则乐无所立。尊卑有分,上下有等,谓之礼;人安其生,情意无哀,谓之乐。车服、旌旗、宫室、饮食,礼之具也;钟磬鞞鼓、琴瑟、歌舞,(《艺文类聚》四十无"歌舞"二字,疑此衍)乐之器也。礼逾其制则尊卑乖,乐失其序则亲疏

---

① 阮籍:《达庄论》。
② 阮籍:《乐论》。
③ 阮籍:《乐论》。
④ 阮籍:《乐论》。
⑤ 《书·舜典》:"三载,四海遏密八音。"孔传:"八音:金、石、丝、竹、匏(páo)、土、革、木。"《周礼·春官·大师》:"皆播之以八音:金、石、土、革、丝、木、匏、竹。"郑玄注:"金,钟镈(bó)也;石,磬也;土,埙也;革,鼓鼗(táo)也;丝,琴瑟也;木,柷敔(zhù yǔ)也;匏,笙也;竹,管箫也。"

乱。礼定其象,乐平其心;礼治其外,乐化其内。①

刑罚与教化同为治理天下的大"体",而教化依内外而有礼乐之分。车服、旌旗、宫室、饮食、钟磬鞞鼓、琴瑟、歌舞等为礼乐具体表现的器具;尊卑有分、上下有等、人安其生,情意无哀等为礼乐的精神实质,可以说是礼乐教化之"本质";礼定其象,乐平其心,礼治其外,乐化其内,则是礼乐教化之用。此处虽然没有使用体用范畴来表述,却实有体用逻辑于其中。

【10】夫大人者,乃与造物同体,天地并生,逍遥浮世,与道俱成,变化散聚,不常其形。②

"大人"与造物者同"体",意味着大人与造物者本性相同,在此"体"即是"性"。

综合上述案例,我们可以发现,从体、用概念的使用情况来看,在阮籍的不同著作中,"用"除使用、功用等一般意义外,没有更多哲学上的意义。而"体"有多种用法,从词性上说,有名词和动词之分:作名词有"卦体"、"形体"、"身体"、"琴瑟之体"、"方圆之体"、"天地之体"、"礼乐之体"、"造物之体"、"治化之体"、"治国之大体";作动词用有"体自然之形"等。从"体"的内涵来说,可以分为三种情况:一是"体性"之体,指事物存在的本性或本质;二是"体质"之体,指事物存在的实体形质;三是整体同体之体,指事物之间的相互关系。总体上说,阮籍的体用思维或意识还不是非常得明确,也还没有形成较为固定的体用表达,这与同时代的嵇康是有比较大的差别的。

(二)嵇康:体赡而用博

嵇康的作品中最富有哲学性的有《声无哀乐论》、《养生论》、《释私论》。嵇康的《声无哀乐论》不仅讨论了音乐有无哀乐、音乐能否移风易俗,还涉及音乐美学上的一系列重大问题,即音乐的本体与本质问题,音乐鉴赏中的声、情关系问题,音乐的功能问题等,提出了"声无哀乐"的观点,所以从本质上来说,这是一篇哲学论文。不仅涉及对音乐与情感的本质和关系问题,从思维形式和论辩逻辑的角度来说,具有丰富的"体用"思想。下面将从体用思维和逻辑的角度对这篇论文进行分析。

整篇论文采用主客问答体展开,其核心的论述逻辑为:把音乐(音声)和情感的"哀乐"分别为二种不同的存在,即如他所说"心之与声,明为二物",在此,声即音乐,是客观存在的音响,心即"哀乐",是人们的精神被触动后产

---

① 阮籍:《乐论》。
② 阮籍:《大人先生传》。

生的感情,两者独立存在,之间并无必然的因果对应关系。

首先他认为"音声"有一定之"体",他说:"音声之作,其犹臭味在于天地之间。其善与不善,虽遭遇浊乱,其体自若,而不变也。岂以爱憎易操,哀乐改度哉?"这个音声之"体",是自然而具有的,不会随着个人的爱憎和哀乐而改变自身的节度。这个"体"可以用善恶、大小、高低、迟急来描述,这些都是客观的自然存在,所以他说:"夫五色有好丑,五声有善恶,此物之自然也。"但这些音声有能激发人们内心情感的作用,所以古人借其所用,"因事与名",把使人哭泣的音乐称为"哀音",把让人发笑的称为"乐音"。于是音声便有"哀乐"之名,但这并非说"音声"本身有"哀乐"之实。这是从"名实"角度来说明声无哀乐。

与此同时,嵇康还借用孔子"乐云乐云,钟鼓云乎哉"之言,进一步表明"玉帛非礼敬之实,歌舞非悲哀之主"。为什么呢?因为"殊方异俗,歌哭不同,使错而用之,或闻哭而欢,或听歌而(感)〔戚〕。然而哀乐之情均也。今用均〔同〕之情,而发万殊之声,斯非音声之无常哉?"这是说,不同地方的人群,有不同的文化习俗,因此他们对同一种音声的感应和反应是不一样的,此处的哀音可能在彼处产生欢乐,彼处的乐音可能在此处引发悲伤。这是"用均同之情,而发万殊之声",也恰好说明"音声"在所谓"哀乐"方面是"无常"的,即不以"哀乐"为音声之"实",所谓"哀乐"只是因其引发的情感作用而赋予的名称。"实"即是"体",名只是就其"用"上说的,从这个意义上可以说,"哀乐"非言"音声"之"体",乃借言"音声"之"用"。

接下来,嵇康进一步阐明主观之心与客观之声之间的相互独立性,他说:

【1】由此言之,则外内殊用,彼我异名。声音自当以善恶为主,则无关于哀乐。哀乐自当以情感〔而后发〕,则无系于声音。名实俱去,则尽然可见矣。[①]

他以心之情感为内在,而音声为心之所感的外在,并认为内在之心与外在之音的功用是不同的,因此各自的名称应该是不同的。声音应当以"善恶"为其主宰,所以与哀乐之心情没有关系;同理,"哀乐"乃内心引发的情感,自然也与外在的"音声"无关。这实际上是说音声与人心情感各有所主,也各有所用。他说:

【2】酒以甘苦为主,而醉者以喜怒为用。其见欢戚为声发,而谓声

---

① 嵇康:《嵇康集·声无哀乐论》。

有哀乐,〔犹〕不可见喜怒为酒使,而谓酒有喜怒之理也。①

　　"主"即是"体",此处把"音声"比作"酒",把喝酒之人类比为听闻音乐的人,酒以甘苦为"体",喜怒则是酒对喝酒人的情感激发,喜怒之理本在于喝酒之人心内,不能因为看见酒能使人有喜怒之情,就认为酒本身也有喜怒之理。因此同理,不能因为看见悲欢之情是由音声引发,就直接认为音声本身有哀乐之理。事实上,和酒与饮酒者的关系一样,音声之体之主为善恶美丑,是不变的;而哀乐之情只是音声之体对人心的一种作用,是无常的。

　　至此,虽然嵇康已把主观之心和客观之声区别开来,反对把属于主观之心的"哀乐"当作客观之音的实、体,从而坚决主张"声无哀乐"论。但他也必然面临一个难题:既然"心之与声,明为二物",那又如何解释人们对音乐的感受与反应呢? 从哲学来说,既然二者是相互独立的存在,那二者又是如何发生联系的呢?

　　传统的观念是心音相应,即言为心声,"心为声变"。《乐记》中说:"凡音之起,由人心生也。"认为音乐本身不仅具有"躁静"之别,还具有"哀乐"之情。人的情感是随着音乐本身的情感变化而能变化的。不同的乐器相应产生不同的音乐,从而引发听者相应的情感,譬如同一人听"筝笛琵琶"等乐器,会"形躁而志越";若闻"琴瑟之音",则"听静而心闲"。即使是同一种乐器,演奏不同地方的乐曲,其所激发的情感也会随之变化。这就是所谓问难者所说的"同一器之中,曲用每殊,则情随之变"。唯有"至和"之声,能够无所不包,故无所不感。

　　嵇康正是反对这样的论调,他说:

　　【3】曲用每殊,而情随之变。此诚所以使人常感也。琵琶筝笛,间促而声高,变众而节数。以高声御数节,故(更)〔使〕〔人〕形躁而志越,犹铃铎警耳,钟鼓骇心。故闻鼓鼙之音,〔则〕思将帅之臣;盖以声音有大小,故动人有猛静也。琴瑟之体,(闻)〔闲〕辽而音埤,变希而声清,以埤音御希变,不虚心静听,则不尽清和之极,是以听静而心闲也。夫曲用不同,亦犹殊器之音耳。齐楚之曲多重,故情一;变妙,故思专。姣弄之音,挹众声之美,会五音之和,其体赡而用博,故心(侈)〔役〕于众理,五音会,故欢放而欲惬。然皆以单、复、高、埤、善、恶为体,而人情以躁静〔专散为应。譬犹游观于都肆,则目滥而情放;留察于曲度,则思静〕而容端。此为声音之体,尽于舒疾;情之应声,亦止于躁静耳。夫曲用每殊,而情之处变,犹滋味异美,而口辄识之也。五味万殊,而大同于

---

　　① 嵇康:《嵇康集·声无哀乐论》。

美;曲变虽众,亦大同于和。美有甘,和有乐;然随曲之情,尽于和域;应美之口,绝于甘境。安得哀乐于其间哉?①

他认为,恰是"筝笛琵琶"和"琴瑟"其体各有不同,所以它们各自对人产生的作用也就不同,如"筝笛琵琶"之体为"间促而声高,变众而节数",故使人"形躁而志越",就好比铃铎能够警醒人耳,钟鼓能够惊骇人心;而"琴瑟"之体则为"间辽而音埤,变希而声清",则容易使人"听静而心闲"。与不同的乐器之体发出不同类型的声音一样,不同的乐曲之体其激发人心的作用也会不同,唯有那"姣弄之音",因其"体赡"故能"用博",最后使人产生"欢放而欲惬"的境界。

"体赡而用博",在此明确地提出了"体用"概念,并认为就乐器而言有体用,就乐曲而言也有体用。不仅如此,接下来又明确指出"声音"以单、复、高、埤、善、恶为"体",而人情却是以躁、静、专、散作为对此"体"的感应。而此心之躁静专散的反应却是由声音之体而引发变化的功用,所以他说:"躁静者,声之功也。"至此,心与声的关系也就非常明确了,即音声为心之体,有躁静之别;躁静之别实为音声之体的功用。

这样的体用结构很好地表现了心与声之间既相互区别又主从关联的关系。但这种体用结构只是解决善恶之声与躁静之心的关系问题,而没有解决"哀乐以何为体"的问题。如果哀乐不是"音声"的自然属性,而是人心内在的情感,前面又只证明音乐会对人心的躁静专散产生作用,那人的哀乐之情又与音声有何关系呢?

嵇康对此有更深入的讨论,他认为:人情各有不同,因此抒发也各有不同。当一个人内心平和(即哀乐正等)时,是没有哀乐之情预先存在的,所以在这种情境下,听闻任何"音声",都不会产生所谓的哀乐之情,而只有随之而来的躁静变化。当一个人情感有所表现时,他的内心已经不平和了,也就说明他内心早已存在某种情感,只不过在外在声音的激发下得以抒发出来。所以从根本上说,并非因为有哀乐之音才有哀乐之情的产生,恰恰是先有哀乐之情,才会因为躁静之音而感发。但这样说并非认为音声不对人心产生必然的作用,只是说,不是产生哀乐之用而是产生躁静之用而已。显然在嵇康看来,人的内心至少有两个层面的活动,一是躁静、专散之心态,一种是喜怒哀乐、爱憎惭惧之情感。前者是可以和外在的音声相呼应,是音声之功用;后者是人情感的主体,与外在的声音没有必然的因果关系。所以他说:

【4】哀乐者,情之主也;不可见声有躁静之应,因谓哀乐皆由声音也。②

---

① 嵇康:《嵇康集·声无哀乐论》。
② 嵇康:《嵇康集·声无哀乐论》。

虽然,嵇康认为哀乐之情不是由外在的声音所产生的,但他还是承认外在的音声对哀乐的抒发有感发作用,所以他仍然把哀乐作为音声之用。譬如他说:

【5】夫会宾盈堂,酒酣奏琴,或忻然而欢,或惨尔而泣,非进哀于彼,导乐于此也。其音无变于昔,而欢戚并用,斯非吹万不同耶?①

是说譬如宾朋聚会,一人演奏,却有人欢喜有人悲泣,这并非同时对哭者演奏哀声,对笑者演奏乐音。事实上,音乐本身自始至终没有改变,但产生了悲伤和欢喜不同的功用。如同庄子所谓的天籁,虽吹万不同,但并非有所谓主宰而为,而只是使其自己本来如此而已。也就是说,在嵇康的逻辑里,音乐显然具有两种功用,即“欢戚之用”与“躁静之用”,二者有显明的不同。如图所示:

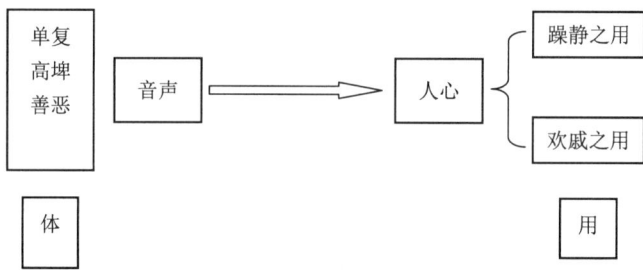

嵇康透过体用诠释,成功地解决了心与音之间的关系,也解决了“哀乐”产生的根源,由此强化了“声无哀乐论”的观点。但秦野之客并未就此折服,而是继续发难。他认为虽然嵇康前面对心的分析是正确的,但如果隐去对心本身的讨论,而转向对心之外在表现的分析,情形就不一样了。他说:

【6】夫人心不欢则戚,不戚则欢,此情志之大域也。然泣是戚之伤,笑是欢之用也。盖闻齐楚之曲者,唯覩其哀涕之容,而未曾见笑噱之貌,此必齐楚之曲以哀为体,故其所感,皆应其度量。岂徒以多重而少变,则致情一而思专耶?若诚能致泣,则声音之有哀乐,断可知矣。②

此是说人心有欢戚之情,必会表现为外在的哭和笑,因为“泣是戚之伤,笑是欢之用”。正因为如此,那些听闻齐楚之曲的人,我们总是看到他们的“哀涕之容”,而从未看见过他们的“笑噱之貌”,这就证明齐楚之曲是以哀为其“体”的,因此才会有此哀涕之用。结果是,由声音能够使人哭泣和欢笑,

---

① 嵇康:《嵇康集·声无哀乐论》。
② 嵇康:《嵇康集·声无哀乐论》。

就推出音乐必然以哀或乐为体。很显然,问难之客的逻辑全在体用:欢戚为体,哭笑为用,由用以显体,有其用必有其体。事实上,这个逻辑链条中还缺省了一个环节,即必须是欢戚之情为用,哀乐之声为体。这样就构成一个体用递进逻辑:

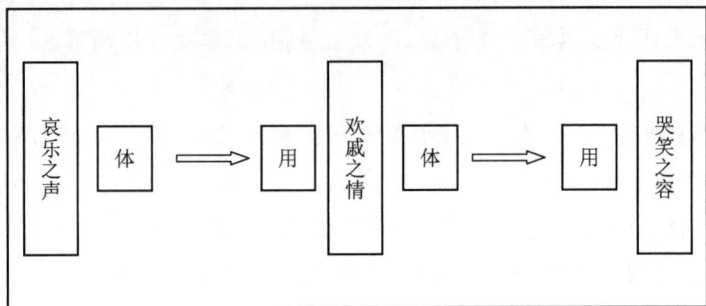

显然,秦客利用了嵇康此前的体用逻辑,使得"声有哀乐"之证明力量大增,一旦嵇康接受这个体用逻辑链条,就必须接受这个结论。

嵇康自然不会轻易接受这个逻辑,他认为,虽然说"哭泣笑噱"之态是出于"欢戚之情",但此欢戚之情"自以理成,非自然应声之具"。意在先前所强调的哀乐之情自有其固有之理,并非感应外在音声的必然表现。所以他说:

【7】此为乐之应声,以自得为主;哀之应感,以垂涕为故。垂涕则形动而可觉,自得则神合而无忧。是以观其异,而不识其同;别其外,而未察其内耳。然笑噱之不显于声音,岂独齐楚之曲耶? 今不求乐于自得之域,而以无笑噱谓齐楚体哀,岂不知哀而不识乐乎?①

嵇康认为,人内心的哀乐之情在量上是各有多少,因此其反映到外在的表现也各有不同。当人们以快乐之心去感受外在之音声时,会变现出一种自得愉悦的心态,但不一定表现为"笑噱"的外在行为。而内心极度悲伤之时,加之音声的感发,则必然会表现较为夸张的外在状态——垂泪哭泣。垂涕因表现在外在形态上而容易察觉,而"自得"则仅是一种内心的状态因而难以察觉其中的变化。因此秦客之辨析是有错误的,他只看到了哀乐之情在外在表现上的差别,而没有看到欢戚之情内在的一致之处——都是人心内在本有的情感。事实上,听闻之后虽然内心愉悦但表现为笑噱之貌的,不只是齐楚之曲,如果明白快乐之本在于内心自得之域,就不会因没有笑噱之貌而认为齐楚之曲是以哀为体。由此表明,嵇康并不接受秦客的体用递进逻辑:其一,外在的哭泣与笑噱并非如秦客所认为的那样有必然的对应关

---

① 嵇康:《嵇康集·声无哀乐论》。

系，其二，哀乐之情与外在音声也没有必然的对应关系。嵇康对秦客的体用逻辑链条的批判也就意味着秦客所主张的"声音有哀乐"的推论是不可接受的。

其实主张"声有哀乐"论的核心动机在于儒家礼乐教化之道，所以秦客继续以此为立场来反驳嵇康的"声无哀乐"论。秦客先引圣人之语："移风易俗，莫善于乐。"继而归谬发难：既然你认为哀乐不是声音本有的属性，那又如何如孔圣人所说的那样利用音乐来移风易俗，完善政治呢？如果承认音乐有移风易俗的作用，就势必要承认声音是有哀乐的论断。针对此诘难，嵇康首先认为所谓移风易俗必是在世道衰败之后才发生。而古代真正的王者以无为之道治理天下，自然是国泰民安，天下百姓必然是"和心足于内，和气见于外，故歌以叙志，舞以宣情"，必然是"凯乐之情，见于金石；含弘光大，显于音声"。显然这是认为王道政治在先，歌舞升平在后，有治世方有治世之乐，有乱世才有乱世之音，而非相反。所以他说：

【8】乐之为体，以心为主。故无声之乐，民之父母也。至八音会谐，人之所悦，亦总谓之乐。然风俗移易，本不在此也。[①]

值得注意的是，此处说的是"乐之为体"，而非"乐之体"，不然会误解为音乐之体以心为主，就变成音乐是以人心为主体或本体的，从而与嵇康此前所宣称的"声之与心，殊涂异轨，不相经纬"相矛盾了。所谓"乐之为体，以心为主"，其实是指音乐作为政治教化的载体，是以人心的和谐为主的。因此此处的"体"，非指音乐的"本体"而言，而是"载体"之义。而关于音乐的本体本身，嵇康于此有非常明确的表达，他说："声音以平和为体，而感物无常；心志以所俟为主，应感而发。"[②]他以"平和"为声音之"本体"，实际上就是以此超越有哀乐分别的人心人情。之所以他说"无声之乐"是民众的父母，因为"无声之乐"即是无哀无乐的平和至乐，此平和至乐非人为制造追求得来，必须是君王无为之治，百姓"群生安逸，自求多福；默然从道，怀忠抱义，而不觉其所以然也"[③]。当此太平盛世，必然带来"八音会谐"的和美音乐和人民内心的幸福愉悦，这些都总称为"乐"，这才是孔子所言的"移风易俗，莫善于乐"的那个"乐"之所在。但所谓移风易俗的"根本"并不在此之"乐"，而恰是先有那无为而无不为的自然之王道，尔后方有和美的无声之乐。正是在此意义上，嵇康才说此无声之乐是民众的父母。所以绝不可期待用所谓的治世之音乐拯救衰败的乱世，而应该从根本上革新政治，恢复真正的无为自然

---

① 嵇康：《嵇康集·声无哀乐论》。
② 嵇康：《嵇康集·声无哀乐论》。
③ 嵇康：《嵇康集·声无哀乐论》。

之王道。

　　嵇康如此说只是强调,是政治、社会的好坏决定人间音乐的邪正美丑,
而非相反,并非要否定礼乐教化对政治的影响。他认为,儒家圣人之所以强
调"放郑声,远佞人",并非声音有必然的雅、郑之本质差别——即所谓的"雅
郑之体"。郑卫之音之所以对政治教化有负面影响,不是它们本身有雅正与
淫邪属性之分,而恰是因为郑卫之音是"音声之至妙",而"妙音感人,犹美色
惑志,耽盘荒酒,易以丧业"。嵇康认为这种过于美妙的音乐是"自非至人,
孰能御之",所以先王恐天下平凡的百姓会耽溺于此声音感官的享受,会"流
而不反",最终导致"上失其道,国丧其纪,男女奔随,婬荒无度"的局面。所
以君王治理天下,应该摒弃这种至妙之音,而应当以平和之乐和节度之礼来
治理朝纲,化成天下,由此必能"风以此变,俗以好成"。音乐虽然不是决定
政治好坏的根本,但对实现自然王道的理想社会还是有重要的辅助作用的。
这再次表明所谓淫邪只在于人心,而不在声音本身。所以他最后总结道:
"淫之与正同乎心,雅郑之体,亦足以观矣。"

　　　【9】夫不虑而欲,性之动也;识而后感,智之用也。性动者,遇物而
　　当,足则无余;智用者,从感而求,倦而不已。故世之所患,祸之所由,常
　　在于智用,不在于性动。……故智用则收之以恬,性动则纠之以和,使
　　智止于恬,性足于和。然后神以默醇,体以和成,去累除害,与彼更生。
　　所谓不见可欲,使心不乱者也。[①]

　　此处把情欲看作人的自然本性的发动,把对外物的感性认识看作人之
智性的作用或表现。他认为人生患祸的根由,常在于"智用",不在于"性
动";但又认为"智以无恒伤生,欲以逐物害性"。由此强调使"智止于恬,性
足于和"是安心养生的根本之道。从体用思维来说,关键是区分了人之性与
欲,智和识,而二者之间都有一种同结构关系:一方面是"欲"为"性"之动,
"识"为"智"之用,凸显性、智的本体地位;一方面是"智以无恒伤生,欲以逐
物害性",表明欲与识对本体的反作用。

　　通观全篇,我们可以发现论文是围绕两个问题来辩论的,一是声音(音
乐)与情感(人心)的关系问题,二是音乐与政治的关系问题,后者是前者在
那个时代的必然延伸。就体用思维或逻辑来看,嵇康的体用思想有鲜明的
特点,在整个体用思想的发展过程中具有相当重要的作用。具体而言,有三
个方面值得重视:一是"体用"作为哲学概念的明确使用——音声之体与用;
二是第一次完成"体—用"概念对称使用——"体赡而用博";三是体用逻辑

————————————————

① 嵇康:《嵇康集·答养生论》。

的层递运用：声—心—形。

四、元康玄学之体用

（一）郭象："天地以万物为体，而万物必以自然为正"

《庄子注》名为注《庄子》，实际上是郭象（252—312）用《庄子》来阐发自己的思想，因此，与其说此书是为《庄子》作注，还不如说是一部独立的理论著作。在哲学上，郭象主张"物各自造"的独化论和"各安性分"的逍遥论，在此重点考察此种思想中的体用思维。

> 【1】各以得性为至，自尽为极也。向言二虫殊异，故所至不同，或翱翔天池，或毕至榆枋，则各称体而足，不知所以然也。[①]

此处的体和性意义相近，"性"即事物的本质之性，乃是个体存在的最高依据，因此有"得性为至，自尽为极"的说法。而"体"则更多侧重于指个体的实存本身。所谓"称体而足"，当是指个体实体的存在现实与该事物的存在本性完全符合相称。总之，体和性，在此都指向事物的存在本身。二者的区别在于，"体"相当于事物的实然性存在，而"性"则指向事物的应然性或必然性存在。与此同时，在郭象看来，每一个个体事物，都因各自具有独立的存在本质而各个不同，但它们都以获得各自之本质体性为其存在的至极。

> 【2】天地者，万物之总名也。天地以万物为体，而万物必以自然为正。自然者，不为而自然者也。[②]

以"天地"为"万物"之总名，是郭象的一个创造。在《老子》那里，天地常常作为万物的始源或创生者而出现。这样就涉及天地存在的性质问题，即天地是有形的存在，还是无形的存在呢？若属有形，则与其他有形的事物就属于同类，因此就不能成为万物之母。若是无形，那无形的天地与无形的道之间，则无法区分。郭象的做法是，不以天地为具体的存在，而只以其为万物的总名，同时，这个总名又并不指向一个类似于独立个体存在的所谓"天地"的实体。

以天地为万物总名，一方面是天地不再担当万物创生者的角色，另一方面是使天地与万物形成一种新的关系，即他接下来所说的"天地以万物为体，万物必以自然为正"。"天地以万物为体"，意思是"天地"既不拥有独立

---

① 郭象：《庄子注·逍遥游》。
② 郭象：《庄子注·逍遥游》。

于万物之外的实体性存在,也不拥有与万物相同的形质性存在,而只是以万物的形质之体作为天地自己的存在本身。所谓"万物必以自然为正"是说,既然否定了万物由天地或其他超越万物者所创生,那万物的存在就是自然而然的存在,这即是说万物的存在根据即在于万物自身。这个存在根据就是万物各自的本质之性,也即是自然之性。

【3】夫体神居灵而穷理极妙者,虽静默闲堂之里,而玄同四海之表,故乘两仪而御六弃,同人群而驱万物。①

【4】然体玄而极妙者,其所以会通万物之性,而陶铸天下之化,以成尧舜之名者,常以不为为之耳。②

"体神居灵而穷理极妙",是指人在静默的状态中与神灵同体,并能穷极事物存在的原理和奥妙,就可以逍遥而游了。"体玄极妙",体与极之对象为"玄妙",所谓"玄妙",即是会通万物之性。所以"体神居灵而穷理极妙"与"体玄而极妙",即是与万物之本性合为一体的过程。只有与万物之本性合为一体,才能造就、培育天下万物,这种造就、培育又不过是因物之性、无为而为之而已。

还必须注意的是,当他把体与玄、妙、极、性等概念结合使用时,必将促使形体或质体之"体"向"宗极"之体发展,也就使"体"逐渐虚化并具有本体之色彩。

【5】大块者,无物也。夫噫气者,岂有物哉?气块然而自噫耳。物之生也,莫不块然而自生,则块然之体大矣,故遂以大块为名。③

块然之体,大至无物。无物仍可称"体",则意味着此"体"非指具体有限个别之物"体",而是虚化无形之"体",此"体"恰是气与物之生化之本。

【6】夫臣妾但各当其分耳,未为不足以相治也。相治者,若手足耳目,四肢百体,各有所司而更相御用也。④

"百体",指身体的各个不同的具体器官和组织体。言其"各有所司而更相御用",意思是任一器官组织体都各有其本分,又因为各自发挥自己的本

---

① 郭象:《庄子注·逍遥游》。
② 郭象:《庄子注·逍遥游》。
③ 郭象:《庄子注·齐物论》。
④ 郭象:《庄子注·齐物论》。

性,所以能够相互协同作用而构成一个更大的整体。可见,"体"即指任一独立的具有相应结构和性分的存在。"相治"指各个相对独立的个体之间的相互作用,实际上已经十分接近"体用相资"的观念。

【7】与变为体,故死生若一。①

在此,"体"即是指事物存在之本性。所谓"与变为体",即是指使自身的存在符合并保持变化的本性。只要做到与变为体,就可以达到齐万物、一生死的逍遥境界。因为所谓生死,从本质上无非就是事物存在形态的不同变化而已。显然"与变为体"的论述,彻底将"体"形体层面虚化而至纯粹抽象的本体层面。

【8】凡非真性,皆尘垢也。②

强调事物存在的真性。实质上将事物的存在区分为两种:一种是有真实本质的存在,即"真性"存在;一种是如同尘垢一般的依附性、变幻性的"非真性"存在。必须注意的是,真性和非真性的存在区分主要是价值意义上的。

【9】世或谓罔两待景,景待形,形待造物者。请问:夫造物者,有耶无耶? 无也,则胡能造物哉? 有也,则不足以物众形。故明众形之自物而后始可与言造物耳。是以涉有物之域,虽复罔两,未有不独化于玄冥者也。故造物者无主,而物各自造,物各自造而无所待焉,此天地之正也。③

郭象在此直接讨论是否存在造物者的问题。他既否定"无"能造物,因为空无不可能造物;也否定"有"能造物,因为有限的存在不足以造出全部的存在来,而提出"众形之自物"与"独化于玄冥"的说法。所以,最终结论是"造物者无主,而物各自造",物各自造而无所依赖,即是万物之本性,而天地为万物之总名,且以万物为体,所以为天地之"正"。

【10】不得已者,理之必然者也,体至一之宅而会乎必然之符者也。④

① 郭象:《庄子注·齐物论》。
② 郭象:《庄子注·齐物论》。
③ 郭象:《庄子注·齐物论》。
④ 郭象:《庄子注·人间世》。

提出必然之理的概念,同时认为,唯有以"至一"为"体"者方能与"必然之理"相符。

【11】木自以无用为用,则虽不为社,亦终不近于翦伐之害。①

【12】利人长物,禁民为非,社之义也。夫无用者,泊然不为而群才自用,自用者各得其叙而不与焉,此以无用之所以全生也。②

"无用"是针对此物与他物而言,"自用"是针对此物存在之自身而言。以无用为用,表明用的虚化,无用者与自用者之间的关系为:无用为自用全生之根本。

【13】与化为体者也。③

【14】夫体道合变者,与寒暑同其温严,而未尝有心也。④

"与化为体",即"与变为体"。"体道合变",即是"与化为体"和"与变为体"。

【15】刑者,治之体,非我为。⑤

刑为治之体,此"体"肯定不是形体之义,而是指治理天下的根本方法,也就说"体"在此已经具有"根本依据"之义。

【16】礼者,形体之用,乐者,乐生之具。忘其具,未若忘其所以具也。⑥

是说"礼"是形体的运用,"乐"乃产生音乐的器具。相对于"具"与"所以具",其实还存在一个"用"和"所以用"的结构关系。在郭象看来,礼乐都是属于"用"和"具",而非作为根本依据的那个"所以用"和"所以具"。显然此与其"迹/所以迹"结构在逻辑上是完全相同的。

【17】仁者,兼爱之迹;义者,成物之功。爱之非仁,仁迹行焉;成之

① 郭象:《庄子注·人间世》。
② 郭象:《庄子注·人间世》。
③ 郭象:《庄子注·大宗师》。
④ 郭象:《庄子注·大宗师》。
⑤ 郭象:《庄子注·大宗师》。
⑥ 郭象:《庄子注·大宗师》。

非义，义功见焉。存夫仁义，不足以知爱利之由无心，故忘之可也。但忘功迹，故犹未玄达也。①

以仁为兼爱之迹，义为成物之功；而无心之兼爱和成物自然就是仁义之本体了。仁义之功迹自然不可执着，即便如此，仍不能说是明白了"爱利"之本在于无所用心，因此只有连兼爱和成物之心都能遣忘时，才能算是体达无为而无不为的玄妙之境。这实际上是在强调本迹双遣，可谓后来道教重玄学的先声了。就体用思想来说，此处的要点有二：一是将迹与功对应，功者，功用，因此也就是迹和用相对应。二是提出爱利之"所由"与"迹用"的结构，以"仁义"为迹用，以"无心"为所由。尽管他没有明确采用体用的范畴来表述，显然这已经是一种明确的体用关系结构，且和王弼体用模式的逻辑一样，都属于"本体—现象"型。

【18】与万物为体，则所游者虚也。不能冥物，则迕物不暇，何暇游虚哉！②

"与万物为体"，并非说和万物在形体上保持同一性，而是说因循万物之本性，以之为自己行动的根本。由此，必然消除物我的差别和隔阂，这就是所谓的"冥物"。所以"与万物为体"即是"体万物之真性"。

【19】圣人者，民得性之迹耳，非所以迹也。此云及至圣人，犹云及至其迹也。夫圣迹既彰，则仁义不真而礼乐离性，徒得形表而已矣。有圣人即有斯弊，吾若是何哉！③

"迹"和"所以迹"相对，同于前面的"具"和"所以具"。圣人其实不过是仅得真性之"迹"，而非达到性之"所以迹"。因此儒家所推崇的仁义礼乐等圣人之道，因其远离真性，也不过是真性之迹罢了。

【20】凡此皆变朴为华，弃本崇末，于其天素，有残废矣，世虽贵之，非其贵也。④

本者，所以迹，真性也；末者，迹也，仁义礼乐者也。弃本崇末，就是要废

① 郭象：《庄子注·骈拇》。
② 郭象：《庄子注·应帝王》。
③ 郭象：《庄子注·马蹄》。
④ 郭象：《庄子注·马蹄》。

弃仁义礼乐等"迹",而回归或达至自然真性之"所以迹"。

【21】法圣人者,法其迹耳。夫迹者,已去之物,非应变之具也,奚足尚而执之哉!执成迹以御乎无方,无方至而迹滞矣,所以守国而为人守之也。①

"迹",是指已经发生的事件或过去的存在,因此不能作为现实应变的根据。

【22】由腐儒守迹,故致斯祸。不思捐迹反一,而方复攘臂用迹以治迹,可谓无愧而不知耻之甚也。②

提出"捐迹反一",则意味着迹为多,而本为一。反对"腐儒"那种"用迹以治迹"的无耻作为。"捐迹反一"也可谓是"弃末崇本"。

【23】马性不同而齐求其用,故有力竭而态作者。③

虽同为马类,但其个体之马的本性仍然是相互不同的,若要求它们发挥同样的作用,则必定有一些马会因达不到这个标准而"力竭而态作"。此处是就个体存在而言,性与用形成紧密的对应关系,这种性用关系蕴含的逻辑为:即性而有用,用必依性而有,性不同则用不同。

【24】夫无为之体大矣,天下何所不(无)为哉!④

提出"无为之体"的概念,其"体"为无所不为。

【25】无情之道大矣。不虑而知,开天也;知而后感,开人也。然则开天者,性之动也;开人者,知之用也。性动者,遇物而当足则忘余,斯德生也。知用者,从感而求,而不已,斯贼生也。任其天性而动,则人理亦自全矣。民之所患,伪之所生,常在于知用,不在于性动也。⑤

---

① 郭象:《庄子注·胠箧》。
② 郭象:《庄子注·胠箧》。
③ 郭象:《庄子注·马蹄》。
④ 郭象:《庄子注·天道》。
⑤ 郭象:《庄子注·达生》。

此段是对《庄子·外篇》第十九篇《达生》中一段话的注释,原文如下:

> 夫醉者之坠车,虽疾不死。骨节与人同而犯害与人异,其神全也,乘亦不知也,坠亦不知也,死生惊惧不入乎其胸中,是故忤物而不慑。彼得全于酒而犹若是,而况得全于天乎?圣人藏于天,故莫之能伤也。复雠者不折镆干,虽有忮心者不怨飘瓦,是以天下平均。故无攻战之乱,无杀戮之刑者,由此道也。不开人之天,而开天之天,开天者德生,开人者贼生。不厌其天,不忽于人,民几乎以其真!①

原文的中心思想为只有"全于天"、"藏于天"方能"达生"。郭象的注释重点为,所谓"全于天"或"藏于天",即是"无情之道"。"无情之道",即是指"不虑而知"的"开天",而不是"知而后感"的"开人"。"不虑而知"的开天是"性之动",而"知而后感"的"开人"则为"知之用"。所谓"性动",即是因任事物的天性而动,这样自然就是德生、达生。而所谓"智用",则是以一己之私意来要求、规范他物,其必然导致"贼生"、"害生"。所以,最后郭象强调:"民之所患,伪之所生,常在于知用,不在于性动也。"由此可见,郭象整个"达生"理论的核心在于"性动"和"智用"的差别与对立,前者是"不虑而知",即是所谓无心之心,无情之情;后者是"知而后感",则是以有知有情为人存在之根本。显然,郭象的立场为取"性动"而反"智用"。

从思想发展的历史来说,这种性动与智用区分,一方面是对嵇康《达生论》中性动与智用分别的继承,同时又可以说是开启了后来宋明理学区分德性之知与见闻之知的先河。从概念结构来说,性动与智用属于同一结构,即性之动与知之用。其中性与知相对,性即事物浑然之真性,知乃事物有分别之私智。动与用相应,动即是用,也就是说,"性动"即是性之用,当然"知用"也可以说是知之动。就其内在逻辑而言,则都属于依照某种事物的存在性质而有特定相应的表现或作用。显然这已经具有一般体用结构的逻辑蕴涵了。

【26】不际者,虽有物物之名,直明物之自物耳。物物者,竟无物也,际其安在乎!既明物物者无物,又明物之不能自物,则为之者谁乎哉?皆忽然而自尔也。②

庄子强调的是"物物者非物",而郭象则强调"物物者无物",所以他说作

---

① 郭象:《庄子注·达生》。
② 郭象:《庄子注·知北游》。

为万物根本的"际"也是不存在的。万物既不由他物所生,也不是自己所生,而是忽然如此这样而已。这就是所谓"独化于玄冥之境"。

【27】玄冥者,所以名无而非无也。夫阶名以至无者,必得无于名表。故虽玄冥犹未极,而又推寄于参寥,亦是玄之又玄也。①

因为"玄冥"属于名无而非无,也就意味着"玄冥"仍然没有抵达名言思辨上的宗极概念,因此在"玄冥"概念之上还需要建立一个"参寥",这样就达到了玄之又玄的重玄之境。

【28】意尽形桎,岂知我之独化于玄冥之境哉!②

把认识完全建立在一切可见有形事物的存在之上,是无法真正明白什么是这种超越有形事物"独化于玄冥"之存在境界的。

【29】夫有虞氏之与泰氏,皆世事之迹耳,非所以迹者也。所以迹者,无迹也,世孰名之哉!未之尝名,何胜负之有耶!然无迹者,乘群变,履万世,世有夷险,故迹有不及也。③

一切历史中的圣王,都不过是世事之"迹",而非其"所以迹"。所以迹,即是无迹,所以无名,但它可以统一群变,贯穿万世,因此可以超越一切迹有。这样就把所以迹与迹的关系明确为无迹无名与有迹之间的关系,也可以说是"无"与"有"之间的关系。这是否与郭象否认无能生有的观点相冲突呢?实际不会,因为郭象所谓的"所以迹"虽然无迹无名,但并不负有创生"迹有"的责任,无迹只是迹有的真性与依据而已。

综合而言,郭象"物各自造"的独化论与"各安性分"的逍遥论中有丰富而鲜明的体用思维,具体表现以下几个方面的特点:

一是"体"与"性"合流,郭象所言之"体",更多不指"形体",而是指向存在实然本身,即事物之"性",这种存在既可以是有具体形质的存在,也可以是没有形质的实在。前者对应的是各个具体事物的存在本身,后者则指向万物的整体性存在。这个整体性存在既是真实的存在,但又没有各个事物那样的独立形质。显然"体"、"性"的合流,使"体"概念在本体化思维进程中地位进一步得到强化。

---

① 郭象:《庄子注·大宗师》。
② 郭象:《庄子注·达生》。
③ 郭象:《庄子注·大宗师》。

二是郭象提出"体道合变"的思想,表明他对老庄体道思想的基本继承,但他特别强调体道与合变的关系,提出要"与化为体"和"与变为体"。这就将"体"概念进一步脱离具体形态的限制而成为真正一般的哲学概念。

三是郭象提出无用与自用、性动与智用的分别,这些都很大程度上拓展并深化了传统的用思维内涵和模式。

四,也是最为重要的方面,即郭象强化了"迹"与"所以迹"之间的独立,强调无形之"所以迹"是作为有形之"迹"的根本依据,若与他提出的"无为之体"结合,便可说是"所以迹"为"体"而迹为其"用"。毫无疑问这是一种典型的体用逻辑的表现。

五、东晋玄学之体用

(一)《世说新语》:"易以感为体"

《世说新语》是南朝宋时期刘义庆(403—444)组织一批文人编写的一部主要记述魏晋人物言谈轶事的笔记小说,可以作为考察魏晋知识阶层的玄学思想及思维方式的重要资料。

我们来分别考察《世说新语》中"体"概念的运用情况。经统计,全文共使用"体"27次。下面选取较为典型的14个案例,并从三方面来予以分析。

第一,是"体"之基本义,即身体、躯体。当然具体使用的情境也有不同,下面列举5例说明。

【1】王平子、胡毋彦国诸人,皆以任放为达,或有裸体者。乐广笑曰:"名教中自有乐地,何为乃尔也?"(德行第一)

【2】陈元方遭父丧,哭泣哀恸,躯体骨立。其母愍之,窃以锦被蒙上。郭林宗吊而见之,谓曰:"卿海内之俊才,四方是则,如何当丧,锦被蒙上?孔子曰:'衣夫锦也,食夫稻也,于汝安乎?'吾不取也!"奋衣而去。自后宾客绝百所日。(规箴第十)

【3】谢公谏曰:"圣体宜令有常。陛下昼过冷,夜过热,恐非摄养之术。"帝曰:"昼动夜静。"谢公出,叹曰:"上理不减先帝。"(夙慧第十二)

【4】王处仲,世许高尚之目。常荒恣于色,体为之弊,左右谏之,处仲曰:"吾乃不觉尔。如此者甚易耳!"乃开后卜,驱诸婢妾数十人出路,任其所之,时人叹焉。(豪爽第十三)

【5】裴令公有俊容姿,一旦有疾至困,惠帝使王夷甫往看。裴方向壁卧,闻王使至,强回视之。王出,语人曰:"双眸闪闪若岩下电,精神挺动,体中故小恶。"(容止第十四)

上述5例,无论是裸体、躯体或身体,在此都意味着一种具体的有形的实际存在,这种实体往往都与人的精神、思想相对应。

第二,是"体"的哲学式用法,即意味着"体"不再作为事物形体或人之身体等有形实体概念,而是指称人的精神人格之体。如:

> 【6】会稽贺生,体识清远,言行以礼。不徒东南之美,实为海内之秀。(言语第二)
>
> 【7】太傅东海王镇许昌,以王安期为记事参军,雅相知重。敕世子毗曰:"夫学之所益者浅,体之所安者深。闲习礼度,不如式瞻仪形;讽味遗言,不如亲承音旨。王参军人伦之表,汝其师之。"(赏誉第八)
>
> 【8】谢公语王孝伯:"君家蓝田,举体无常人事。"(赏誉第八)
>
> 【9】卞望之云:"郗公体中有三反:方于事上,好下佞己,一反;治身清贞,大修计校,二反;自好读书,憎人学问,三反。"(品藻第九)
>
> 【10】简文问孙兴公:"袁羊何似?"答曰:"不知者不负其才,知之者无取其体。"
>
> 【11】魏长高雅有体量,而才学非所经。初宦当出,虞存嘲之曰:"与卿约法三章:谈者死,文笔者刑,商略抵罪。"魏怡然而笑,无忤于色。(排调第二十五)
>
> 【12】范启与郗嘉宾书曰:"子敬举体无饶,纵掇皮无余润。"郗答曰:"举体无余润,何如举体非真者?"范性矜假多烦,故嘲之。(排调第二十五)

上面所举共7例,其【6】有"体识清远",体为禀性,识为器识。【7】有"学之所益者浅,体之所安者深","体"指人伦之表。【8】有"举体",指一个人言行举止之整体。【9】"体中有三反",所谓"三反"是指郗公身上具有三种不同于时俗的品格和趣味,都属于精神修养层面。【10】中"才"与"体"相对,"体"当为品性,"才"当为才学。是说袁羊这个人才学很好,但品性不行,所以不了解他的人不会看不到他的才能,了解他的人瞧不起他的品德。【11】"高雅有体量","体量"当是指心怀气度。【12】三个"举体",举体即全体,但前面二个"举体"乃指人之全身之体,而"举体非真"中的"举体"则是指人的"本性"。

综合上面7例的分析,可见,"体"在魏晋玄学人物的言谈中,不仅指具体的个别存在,还被广泛地用来指称个人的精神人格、品德,乃至人之本性。此人格本性之"体",实际上是一种相对于有形实体的精神实体。显然在魏晋玄学的论域中,此精神实体相对于身体物体等有形实体而言,在价值体系中具有更为本质和基础的地位。

第三，是"本体"之体。

【13】王辅嗣弱冠诣裴徽，徽问曰："夫无者，诚万物之所资，圣人莫肯致言，而老子申之无已，何邪？"弼曰："圣人体无，无又不可以训，故言必及有；老、庄未免于有，恒训其所不足。"（文学第四）

【14】殷荆州曾问远公："易以何为体？"答曰："易以感为体。"殷曰："铜山西崩，灵钟东应，便是易耶？"远公笑而不答。（文学第四）

【13】在王弼的体用思想考察中已有详细的分析说明，在此不再赘述。【14】中问何谓《易》之"体"，答以交感或感应为其体。显然此体非形体，而是指《易》的发生作用或者运行的基本原则或方法。事实已经具有后来所谓"本体"之义涵。

接下来考察《世说新语》中"用"概念的使用情况。

【1】孙绰赋遂初，筑室畎川，自言见止足之分。斋前种一松树，恒自手壅治之。高世远时亦邻居，语孙曰："松树子非不楚楚可怜，但永无栋梁用耳！"孙曰："枫柳虽合抱，亦何所施？"（言语第二）

【2】庾子嵩目和峤："森森如千丈松，虽磊砢有节目，施之大厦，有栋梁之用。"（赏誉第八）

【3】庞士元至吴，吴人并友之。见陆绩、顾劭、全琮，而为之目曰："陆子所谓驽马有逸足之用，顾子所谓驽牛可以负重致远。"或问："如所目，陆为胜邪？"（品藻第九）

【4】刘令言始入洛，见诸名士而叹曰："王夷甫太解明，乐彦辅我所敬，张茂先我所不解，周弘武巧于用短，杜方叔拙于用长。"（品藻第九）

【5】周侯说王长史父："形貌既伟，雅怀有概，保而用之，可作诸许物也。"（容止第十四）

综合上面五例用的运用，可以看到，在魏晋时期的士人中，"用"大多沿袭了传统的功用、使用之义，其哲学概念的身份并不明显。这也表明"体用"作为概念范畴，在此时期还没有完全普遍化，而只是在个别思想者的具体思考和表达中偶为运用。

第二节　魏晋南北朝佛学与体用思想

一、汉魏晋南北朝佛学概说

中国佛学是随着印度佛教的传入而产生的一种宗教哲学，其学说来源，基本上是依靠对佛经的"传译和讲习",以及在此基础上所进行的"研究和融通",这也就决定了中国佛学并非印度佛学的单纯"移植",而是一种"嫁接"。因此形成了既不同于印度佛教原有思想又不同于中国传统思想,同时又与印度和中国本土思想紧密相联的特点。①

当然,中国佛学的形成与发展,始终伴随着印度佛教中国化的历史进程,这一历史的起点虽然发生在公元前后,但作为一种外来宗教哲学被真正认识到并得到传播,显然要比其宗教部分来得迟一些。从现有的史料来看,大约在公元二世纪左右,所以我们讨论中国佛学与体用思想的关系便从这一时期开始。随着早期印度佛教经典的被传入和翻译,中国学者才开始接触到真正意义上的印度佛教思想。据史载,最早的佛经翻译家有两人:一是安世高,西域安息人,于东汉桓帝建和初年(公元147年)至洛阳;一是支娄迦谶,西域月氏人,于桓帝末年(公元167年)至洛阳。从学说上来说,二人主要翻译的是上座系和大乘系的经典,安世高所译主要在小乘"禅数"方面,而支谶所译主要在大乘"般若"方面。而初期传入的佛学宗,般若引起人们的最大的研究兴趣,一方面是般若学说与道家学说有类似之处,因而不久就成为中国佛学的主流思潮。特别是鸠摩罗什到达长安较为准确地翻译出大乘般若学的主要经典之后,般若思想便与魏晋之际的玄学互为激荡,最终改变了"中国佛学"的面貌。正是以僧肇为代表的般若学者对般若思想的创造性发挥,使得"中国佛学"获得了自己的独立品格,正式走上中国的思想舞台。

在整个魏晋时期的佛教学术发展中,贡献最大者,当为道安、僧肇、慧远和道生,所以接下来也以他们为体用思想考察的主要对象。

二、汉魏晋佛教与体用思想

(一)道安:执寂以御有,崇本以动末

道安(312—385),早年师事西域名僧佛图澄,重视禅数之学,后来南下,专心研究般若学,其观点主要散见于他所著的各种"经序"之中。在他弟子僧叡的《大品经序》中,对道安的主张做了扼要的叙述。在这篇序文里,他称道其师道安是"标玄旨于性空",后人传说道安做过《性空论》、《实相义》,但这些都失传了。昙济的《六家七宗论》中说道安是"本无宗"代表,后来吉藏的《中观论疏》对道安的"本无宗"有更清楚的说明。此处我们考察的重点在道安的体用思想方面,下面是与此相关的几个例子:

在《安般注序》中,道安认为安般禅定之法为"道德"之所寄托,并认为禅数之学的关键就在于"执寂以御有,崇本以动末"②。这一方面表现出其早期

---

① 吕澄:《中国佛学源流略讲》,中华书局,2008年,第1—4页。
② 道安:《安般注序》第三,《出三藏记集》卷六,中华书局,1995,第245页。

对禅数之学的器重,另一方面可以看出其对玄学思维的依赖,从整体上还停留在王弼时期的本末有无架构之中。不过此处值得注意的是,他提出的是"执寂以御有,崇本以动末",这就把"有无"与"动静"引入"本末"之中,形成"寂本动末"的结构。虽然无法知道这对僧肇的"寂用论"有何影响,但毕竟表明其在佛教禅定学之中的影响。

在《合放光光赞略解序》中,道安诠释"般若波罗蜜"者为"无上正真道之根"①。"根"即是"本",表明"般若"乃佛教成道的根本所在,具体而言,即是法身、如、真际。其在进一步诠释所谓"真际"时,采用几乎和王弼一致的方式:

> 真际者,无所著也,泊然不动,湛尔玄齐,无为也,无不为也,万法有为,而此法渊默,故曰无所有者,是法之真也。……凡论般若,推诸病之疆服者,理辙者也;寻众药之封域者,断迹者也。高谈其辙迹者,失其所以指南也。其所以指南,若假号章之不住,五通品之不贡高,是其涉百辟而不失午者也。宜精理其辙迹,又思存其所指,则始可与言智已矣。何者?诸五阴至萨云若,则是菩萨来往所现法慧,可道之道也。诸一相无相,则是菩萨来往所现真慧,明乎常道也。可道,故后章或曰世俗,或曰说己也。常道,则或曰无为,或曰复说也。此两者同谓之智而不可相无也。斯乃转法轮之目要,般若波罗蜜之常例也。②

此处值得注意的是,道安仍然沿用老子形容道之宗极境界的模式——无为无不为——作为对佛教宗极之道的描述,把道区分"可道之道"与"常道",一方面把"无为"与"有为"诠释为"真"与"假"的对立性关系,一方面把智慧区分为"真慧"与"法慧","真慧"对应"常道","法慧"对应"可道之道"。从哲学上来说,道安在此突出的是作为根本"指南"的道与作为"辙迹"的万法之间的差别性与对立性,虽然二者可以纳入"本末"结构中,但其中的分离性独立性是十分严重的,显然这是采用玄学思想方法所致。这在《地道经序》中也有充分的表现:"夫地道者,应真之玄堂,升仙之奥室也。无本之城,杳然难陟矣。无为之墙,邈然难逾矣,微门妙闳少窥其庭者也。盖为器也犹海与? 行者日酌之而不竭,返精者无数而不满。其为像也,含弘静泊,绵绵若存,寂寥无言,辩之者几矣;恍忽无行,求矣濣乎其难测。圣人有以见因华可以成实,睹末可以达本,乃为布不言之教。"③这显然与其"本无"的思想是

---

① 道安:《合放光光赞略解序》,《出三藏记集》,大正藏,第 55 册,第 48 页上。
② 道安:《合放光光赞略解序》,《出三藏记集》,大正藏,第 55 册,第 48 页上。
③ 道安:《合放光光赞略解序》,《出三藏记集》,大正藏,第 55 册,第 69 页上。

一致的:"夫人之所滞,滞在末有,若宅心本无,则异想便息。"①

（二）僧肇:寂用论与体用

在印度佛教中国化的历史进程中,僧肇(384—414)无疑是最重要最卓越的佛学大师之一。从佛教思想的角度,他很好地继承和发挥了佛教空宗般若中观的思想和方法,所以有"秦人解空第一"②的美誉。而从哲学思维的角度来说,也是乐于揭发或标举"体用"哲学的旗帜。关于魏晋六朝时期的哲学特质,汤用彤先生有三个为人所熟知的观点:即他认为(1)整个魏晋南北朝之学术界虽然学说繁兴,争论复杂,但都离不开"体用观念";(2)玄学与佛学都主张"贵无贱有",以无为本,以万有为末,而"本末"即谓"体用";(3)当然汤先生还最为赞赏僧肇体用哲学,他说:"肇公之学说,一言以蔽之曰,即体即用。"他还认为僧肇不仅解空第一,而且哲学思维上已经达到了"有无"、"体用"问题之最高峰。③ 总之,在汤先生看来,"体用"思想实乃僧肇哲学的核心所在。

汤先生此论,一经发表便成学界的定论和常识,还有学者在此基础上,对僧肇的体用论内涵做了进一步的分析和阐述。④ 平心而论,汤先生的说明以及其他学者的阐发,也的确抓住了僧肇思想的整体气质和时代精神的本质特征;但若从体用范畴或逻辑的发展整个过程以及僧肇的著述本身来看,汤先生及其他学者的论断仍然存在接受进一步分析或批评的可能。就僧肇而言,至少我们还需要弄清楚两点:一是僧肇哲学思想到底是属于"体用"论还是"寂用"论? 二是僧肇的"寂用论"思想与整个时代的体用思想到底是什么关系? 为此,笔者将以《肇论》⑤为主要分析对象,针对上述两个问题展开论述,以期对僧肇思想的哲学本质及其历史贡献有更多新的思考和认识。

僧肇哲学思想到底是属于"体用"论还是"寂用"论? 之所以提出这样一个问题,是基于两方面的原因:一是在整个《肇论》中,僧肇既没有使用"体用"一词,也没有把"体"和"用"两个概念放置在同一个逻辑结构里的情况。就"寂用"而言,单"寂"字在《肇论》总就出现 49 次,而"体"字只有 29 次,"寂用"连用有 1 次,"用寂"合用有 2 次,除此之外,更多是"寂"、"用"的对称使用。因此从使用的频率上看,说"体用"论,似乎不如说"寂用"论更符合《肇

---

① 《中观论疏》卷 2,《大正藏》第 42 册,第 29 页上。

② 《高僧传》说,罗什大师称:"秦人解空第一者,僧肇其人也。"

③ 汤用彤:《汤用彤全集第一卷·汉魏晋南北朝佛教史》,河北人民出版社,2000 年,第 253—254 页。

④ 蒋海怒认为:"僧肇建立的般若中观之体用论包含三个维度:作为理论基础的性空体用说,承袭传统文化精神的主体之无的体用说,全面调整佛学内在矛盾的二谛体用说。"详见其《僧肇对玄佛体用论的扬弃》,《人文杂志》,1999 年第 3 期。

⑤ 僧肇:《肇论》,《大正藏》第 45 册,第 150—161 页。本书凡《肇论》文字均以《大正藏》为准,其中包括《宗本论》、《物不迁论》、《不真空论》、《般若无知论》、《答刘遗民书》和《涅槃无名论》。故其后不再标注说明。

论》的文本表达本身。另一方面，"寂用"的结构模式在僧肇之后并没有消亡，而是不断出现在各种佛教经①论中。经统计，在《大正藏》中"寂用"连称使用共 213 次。这说明"寂用"并未因为后来"体用"概念的广泛应用而隐退，并且还常与"体用"一同使用，如智颛在《妙法莲华经文句》中："体一而用异，寂用为三昧，持用名陀罗尼。"②不仅如此，"寂用"概念还被道教经论广为借用，甚至成为他们描述体道最高境界的老生常谈。譬如《云笈七签》卷十七有云："有事无事，常若无心。处静处誼，其志唯一。有无双遣，寂用俱忘。万法不二，名之唯一。"③

由此可见，"寂用"不论在僧肇哲学中，还是后来的佛教甚至道教经论中都是一对独立的常用概念，深入考察僧肇寂用论与体用论之实质是十分必要的。接下来，笔者将从分析《肇论》中体、用、寂等概念的使用情况入手。

1. "体用"概念考察

考察《肇论》全部文字，其中"体"字共出现 29 次，另外与"体"相近的"本" 40 次、"本性"1 次、"宗极"3 次、"宗"16 次、"极"34 次、"性"30 次、"体性"1 次、"形"30 次、"质"2 次；出现"用"字 27 次，与"用"意义相近的"功"字 21 次和"能"字 59 次。同王弼一样，《肇论》中的体与用既有名词性使用，亦有动词性运用，下面列举其中较为典型的情况加以分析：

【1】人则谓少壮同体，百龄一质；徒知年往，不觉形随。（《肇论·物不迁论》）

【2】是以如来，功流万性而常存，道通百劫而弥固。（《肇论·物不迁论》）

【3】夫以名求物，物无当名之实。以物求名，名无得物之功。物无当名之实，非物也。名无得物之功，非名也。是以名不当实，实不当名；名实无当，万物安在。（《肇论·不真空论》）

【4】然经云："般若清净者。"将无以般若体性清净，本无惑取之知。（《肇论·般若无知论》）

【5】是以圣人应会之道，则信若四时之质，直以虚无为体，斯不可得而生不可得而灭也。（《肇论·般若无知论》）

【6】秦王道性自然，天机迈俗；城堑三宝，弘道是务。（《肇论·答刘遗民书》）

---

① 譬如《圆觉经》中就有"若诸菩萨，以寂灭力而起作用；于一切境，寂用随顺"。见《大方广圆觉修多罗了义经》，《大正藏》17 册，第 918 页下。

② 智颛：《妙法莲华经文句》卷 10〈释妙音菩萨品〉，《大正藏》34 册，第 144 页下。

③ 见于《洞玄灵宝定观经注》之注文中。收录于《正统道藏》之"洞玄部玉诀类"："原不题撰者，经文约出于南北朝末或隋唐之际。又据徒跋，注文当系唐代道士冷虚子撰。"

【7】道远乎哉，触事而真。圣远乎哉，体之即神。(《肇论·不真空论》)

【8】夫圣心者，微妙无相，不可为有。用之弥勤，不可为无。不可为无，故圣智存焉。不可为有，故名教绝焉。(《肇论·般若无知论》)

从上列情况可以看到：《肇论》中名词性之"体"，从运用范围上看，既指身之"体"、物之"体"，还可以指道之体，即般若圣智之体和涅槃法身之体；从使用内涵来看，一方面"体"由形、质、名、实来形容，如【1】【3】【5】，更多是从"性"来界定其内涵，如【2】【4】【6】中，特别是"道性"、"体性"、"万性"，这些概念都是王弼没有使用过的。这种以"性"来界定"体"的内涵的现象表明，虽然以形质名实来讨论"体"之内涵的情况依然并存，但"体"作为概念确实逐渐由具象转向抽象，由外在深入内在，由实在升向虚无。尽管这种变化早在玄学时期尤其是王弼哲学中就已经发生，但是在佛教东传之后才变得越来越常见的。① 这一方面说明中国古代学者的哲学思维进一步超越直观经验而趋向形而上思考，也表明佛教的传入进一步刺激和促进了人们对探讨事物存在终极本性——道或者般若、涅槃、法性——的理论兴趣。事实上《肇论》就充分体现了这一点，譬如其在《般若无知论》中大谈"般若之体"，特别是其在《涅槃无名论》中的第一次难答就是围绕"涅槃之体"来展开的。

值得注意的还有【7】【8】，其中的"体"和"用"分别用作动词。从逻辑上分析，一个动词性的"体"必然蕴涵三个名词性的"体"，即谁在体？ 体什么？ 如何体？ 什么体？ 显然，此处的"体"的对象为"道"，而"道"乃是作为主体的人对"道"的领悟，并把这种领悟贯彻到整个生活行为之中。所谓"体"道的过程就是"与道同体"的过程，而"与道同体"也是其最终结果，即表明存在主体全身心的进入与"道"一样的存在境界。

同理可知，"用"作为动词，也必然指向四个维度：一是"用"之主体，即谁在用？ 二是"用"之内容，即用什么？ 三是"用"之对象，即对谁用？ 四是"用"之结果，即有什么用？ 因此一个动词性的"用"必然蕴涵三个名词性的"用"。依此逻辑可知，此处"用"的主体乃是"圣心"本身，"用"之内容乃是"般若圣智"之微妙无相，"用"之对象则是世间万象之有，"用"之结果则是洞察万物真相而不损伤其微妙无相。一句话，即圣心"用"其所"无"而鉴照世间所"有"，且又能不失其所"无"，故存其"有"。

综合以上分析，我们可以有两点结论：一是在僧肇整个思想论述中，始终没有采用明确的"体用"表述，包括体用概念连用或对称使用的情况。二

---

① 对此笔者已有较为详细的讨论和说明，详见《有无、本末与体用：王弼经典诠释中的哲学创造》，《"国立"台湾大学哲学论评》，2012 年第 44 期。

是僧肇对于"体"与"用"这两个概念的运用不仅范围普遍，而且深入到各自概念内涵的各个方面。尤其是僧肇对道性、体性、物性、般若之体、涅槃之体以及神用、功用等概念的自觉而广泛的运用，足以表明在僧肇思想创造中，已经有较强的"体用意识"或"体用观念"。

2."寂用"概念考察

关于"寂"与"用"，在《肇论》中主要集中在《般若无知论》①（包括《答刘遗民书》）②中，而此论即是僧肇最早写作之论文，并深得罗什、慧远、道生与刘遗民诸公赞叹。由此也可以说，真正最能代表僧肇哲学思想的也是此篇论文。下面列举其中的典型表达予以分析：

【9】《放光》云："般若无所有相，无生灭相。"《道行》云："般若无所知，无所见。"此辨智照之用。此辨智照之用，而曰无相无知者何耶？果有无相之知，不知之照明矣。何者？夫有所知，则有所不知；以圣心无知，故无所不知。不知之知，乃曰一切知。（《肇论·般若无知论》）

【10】是以圣人虚其心而实其照，终日知而未尝知也。（《肇论·般若无知论》）

【9】【10】集中描述般若的特点。先引经，明确其"无所有相，无生灭相；无所知，无所见"。接着指出这并不妨碍般若智慧之用——"智照之用"，不仅不妨碍，反而恰是这种"无相无知"就是"智照之用"本身。因此般若圣智即"无知而无不知"。那拥有般若智慧的圣人之心也就必然是"终日知而未尝知"，因为圣人心之虽为虚无，但其照鉴万物的功用是实实在在的。

【11】然则智有穷幽之鉴，而无知焉。神有应会之用，而无虑焉。神无虑故能独王于世表，智无知故能玄照于事外。智虽事外，未始无事；神虽世表，终日域中。所以俯仰顺化，应接无穷，无幽不察，而无照功。斯则无知之所知，圣神之所会也。然其为物也，实而不有，虚而不无，存而不可论者，其唯圣智乎！（《肇论·般若无知论》）

此处是对"圣智"即般若玄智的全面赞叹。智即是神，"神智"之"有"在于其鉴照之功和应会之用，之"无"则在于"圣智"始终处于无知无虑的状态，正是因为其无知无虑，才能真正发挥其鉴察、应会之功用。二者是互为根据且同时存在的。其作为一个"物"而言，它有实在的功用却没有具体的形态，

① 僧肇在《大品》翻出之后，即作此论。
② 约在弘始十年（408），竺道生南归，以《涅槃无名论》示庐山隐士刘遗民，第二年（409），刘遗民致书僧肇，对此论有所质难，故有"答刘遗民书"。

它自身虚无却并非没有功用，它真实存在着却又不可以名言来讨论。

【12】无知即般若之无也，知无即真谛之无也。是以般若之与真谛，言用即同而异，言寂即异而同。同故无心于彼此，异故不失于照功。是以辨同者同于异，辨异者异于同。斯则不可得而异，不可得而同也。何者？内有独鉴之明，外有万法之实。万法虽实，然非照不得，内外相与以成其照功，此则圣所不能同用也。内虽照而无知，外虽实而无相，内外寂然，相与俱无，此则圣所不能异寂也。（《肇论·般若无知论》）

此段文字是僧肇针对设难——如何说明"圣智之无"与"惑智之无"的同异——的回答。首先他认为圣智之无即是般若之无，而惑智之无乃是真谛之无。然后讨论般若与真谛的同异。值得重视的是，他把同异讨论建立在内外、寂用结构上：强调二者是同于寂而异于用。同于"寂"，是指二者都是无名无相，故同为寂灭之无；异于"用"，则是指般若虽为寂无却有鉴照万物、应会万机之动用，虽然真谛建立诸法之假名实性，真谛却没有这一鉴照应会之功用。与此同时，僧肇又强调，这种般若与真谛二者同异之间的关系又是相即不二的，说"寂之同"乃是"即"于"用之异"而有的，同样，说"用之异"则是"即"于"寂之同"而存的。正因为这种"寂同用异"的结构，才使得能知之般若与所知之真谛可以"无心于彼此"即"无知"，又能使"能所"相接而实现鉴照万物"无不知"之功用。如下图明示：

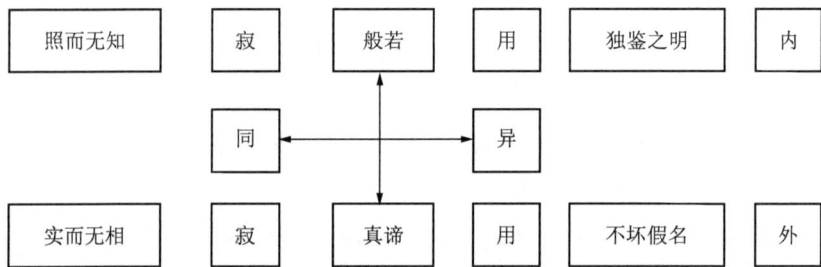

僧肇在此本意为凸显般若之知其"无知而无不知"的特点。若进一步分析，我们从中还可以发现，僧肇在此客观上承认了一个事实，即"般若"和"真谛"分别可言其"寂用"，实际上暗示了存在两种逻辑不同而又紧密联系的"寂用"结构。具体而言如下：（1）般若之"寂用"。照而无知为般若之"寂"，鉴照应会万物为之"用"。真正的般若智慧必定是二者相即不二，也就是"无知而无不知"，"无为而无不为"。此"寂用"结构本质上属于横向的"实体—作用"型体用逻辑。（2）真谛之"寂用"。实相无相为真谛之"寂"，万法之为真谛之"用"。"真谛"依僧肇看来是"即万物之自虚"，实相无相但不坏假名，因此真谛之寂用不二，但此"寂用"结构本质上属于纵向的"本体—现象"型体用逻辑。

在僧肇看来,此二种"寂用"结构有内外的分别,"内"指"般若",乃是哲学上所谓体真悟道的实践主体;"外"指"真谛",即是对宇宙真实之客观存在。二者分属不同的体用逻辑,但二者是寂同而用异的关系。

【13】用即寂,寂即用,用寂体一,同出而异名,更无无用之寂而主于用也。是以智弥昧照逾明,神弥静应逾动。岂曰明昧动静之异哉。(《肇论·般若无知论》)

这是在进一步响应般若之内是否存在"用寂"之别。僧肇的结论是:在般若圣智之内,"用"与"寂"是相即的关系。所谓"同出",就是说"用"和"寂"都是归属于"般若"圣智的;所谓"异名",即它们分别是对"般若"不同方面的说明。"同出而异名"本出于《老子》首章,这充分表明,如同"有名"与"无名"都是归属于"道"一样,僧肇认为所谓"寂"与"用"应都归属于"般若",这也就是所谓"体一"。正是这种寂用相即体一的关系,使得圣智表现为一种特别的状态或境界:即当般若之神智越来越趋近于幽昧和寂静——即"无"时,其鉴照应接万物的功用就愈来愈显明和强大——即"有"。

不仅如此,更可贵的是,僧肇还对"寂用"关系做出了明确的分析和结论:他认为既不存在无用之"寂",也没有无寂之"用","寂"、"用"总是不可分离的同时共在;不仅如此,寂用之间还存在一种主从关系,即"寂"是"用"之主,反过来说"用"从属于"寂"。所以一方面是寂用体一,一方面又寂用有别——即寂主用从。当它和动静明昧结合起来时,就会产生"寂静用动"或"寂昧用明"的表达结构。这些都充分说明僧肇对于"寂用"结构的认识已经相当深刻和成熟。

综合前面的分析,可知所谓"寂"是针对般若存在本身的状态而言,所谓"用"则是针对般若圣智与世界的关系而言。重要的是,僧肇对"圣智"的存在形态及功用做出了十分有价值的区分:就"寂"而言,区别为"无形无相"和"无知无虑"两个方面;就"用"而言,区别为"鉴照之功"与"神会之用"两个方面。如图所示:

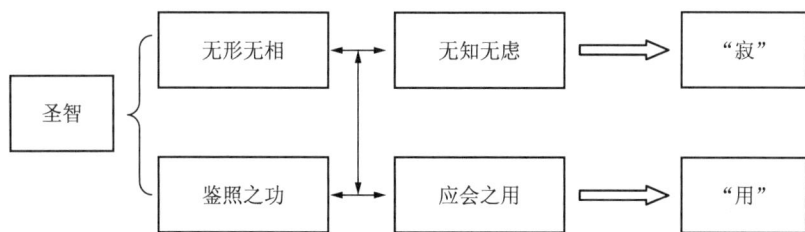

这样区分的意义在于丰富了对般若智慧的了解层面:相对于"无形无相"凸显出其静态性存在,而"无知无虑"则凸显出动态性存在;相对于"鉴照

之功"表现其静态内在的功用,"应会之用"则强调其动态外在的功用。若进一步分析,则会发现其中隐含着一个在后来大放光彩的四重体用结构的雏形。图示如下:

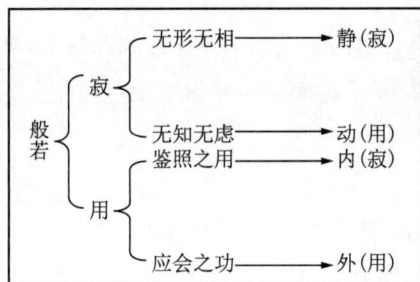

在《涅槃无名论》中有"动寂第十五"章,重在描摹圣人成佛之后所得涅槃之境,通篇依据"动寂"之间的逻辑关系来阐述。摘录如下:

【14】无名曰:经称"圣人无为而无所不为"。无为,故虽动而常寂;无所不为,故虽寂而常动。虽寂而常动,故物莫能一;虽动而常寂,故物莫能二。物莫能二,故逾动逾寂;物莫能一,故逾寂逾动。所以为即无为、无为即为,动寂虽殊而莫之可异也。

《道行》曰:"心亦不有亦不无。"不有者,不若有心之有;不无者,不若无心之无。何者? 有心,则众庶是也;无心,则太虚是也。众庶止于妄想,太虚绝于灵照;岂可止于妄想、绝于灵照,标其神道而语圣心者乎? 是以圣心不有,不可谓之无;圣心不无,不可谓之有。不有,故心想都灭;不无;故理无不契。理无不契,故万德斯弘;心想都灭,故功成非我。所以应化无方,未尝有为;寂然不动,未尝不为。

经曰:"心无所行,无所不行。"信矣。儒僮曰:"昔我于无数劫,国财身命施人无数;以妄想心施,非为施也。今以无生心,五华施佛,始名施耳。"又空行菩萨入空解脱门,方言"今是行时,非为证时"。然则心弥虚,行弥广;终日行,不乖于无行者也。是以《贤劫》称无舍之檀,《成具》美不为之为,禅典唱无缘之慈,《思益》演不知之知。圣旨虚玄,殊文同辩;岂可以有为便有为、无为便无为哉? 菩萨住尽不尽平等法门,不尽有为、不住无为。即其事也。而以南北为喻,殊非领会之唱。①

之所以全篇摘引,是因为这段话可以看作僧肇对实践工夫论的一个集中阐述。全篇可分为三个部分。第一部分是其对体达涅槃之道圣人境界的一个集中描述,也是对涅槃之体的一个形容。首先他借无名之口,引述老子

---

① 僧肇:《肇论·涅槃无名论》,《大正藏》第45册,第160页下。

之言："圣人无为而无所不为。"然后对无违和无不为依"动寂"关系作逻辑分析。他认为所谓"无为"，并非不动，而是"虽动而常寂"；所谓"无所不为"，也不是不静，而是"虽寂而常动"。因为"虽寂而常动"，所以能够应会万物的变化迁流；因为"虽动而常寂"，所以能始终保持自己的本性如一。正因为本性始终如一，所以能够"逾动逾寂"；正因为能够应会万物之变迁，结果是"逾寂逾动"。在这样的层层推论下，最后他得出结论："为即无为、无为即为，动寂虽殊而莫之可异。"至此，僧肇阐明了一个体道圣人"动寂相即"的存在模式——"虽寂而常动、虽寂而常动"，"为即无为、无为即为"。

　　第二部分是僧肇对体道圣人在心性论层面的存在予以说明，提出圣人之心乃是"不有不无"。此中有两点值得重视。一是揭示"心"之存有三种状态，一是众庶之"有心"，此心即是常识之心，即是妄想执着一切假名之万物为实有，故名"有心"。一是所谓太虚之"无心"，此心与"有心"完全相反，即认为既然一切为空无，不可执着，不如让心返回到与万物绝对无关的"太虚"状态。故名"无心"。僧肇认为这两种心都有重大缺陷，"有心"之弊在于"止于妄想"，即停留在万有之假象上；而"无心"之弊在于其追求与物隔绝的太虚之无，最终是"绝于灵照"，即使灵照万物之神用无从实现。鉴于此，他提出第三种心为"圣心"，认为"圣心"乃是对"有心"和"无心"的超越，为"不有不无"之心。所谓"不有"，并非空无所有，而是指其对执着万有的有心的超越，所以"不有"即是"心想都灭"；所谓"不无"，并非指实有什么具体存在，而是指其鉴照万物之神用乃是恒有不失，所以"不无"即是"理无不契"。最后，他认为第三种心即"圣心"因其"不有不无"，所以一方面是"理无不契，故万德斯弘"，与此同时，则是"心想都灭，故功成非我"。第二点值得注意的是他把"动寂"与"有无"结合起来，他认为"圣心"之非有非无，实际上就是"无为而无不为"，就是前述的"虽寂而常动"。

　　第三部分中，僧肇进一步把"无为而无不为"或"动寂相即"的逻辑扩展到修行解脱之实践工夫层面，强调在修行实践中，应当是"心弥虚，行弥广；终日行，不乖于无行"。因而大力标榜"无舍之檀"[①]，"不为之为"，"无缘之慈"，"不知之知"。与此同时，僧肇再次批评那些"以有为便有为、无为便无为"的错误认识和实践，强调真正体真证道之菩萨、圣人乃是"住尽不尽平等法门，不尽有为、不住无为"。

　　综合上述三个部分的分析，我们可以看到，贯穿其中的是僧肇"动寂相即"结构逻辑。以"寂"来表明圣人存在的本真状态，以"动"来显示圣人存在与外在世界的现实关系。此处的"动"即是《般若无知论》的鉴照应会万物之"用"。所以其实质仍然是在解脱论上圣人境界的"动寂"论，也即是在工夫

---

① "无舍之檀"，即是不舍之舍。"檀"即梵文"檀越"，汉译为布施。

论上圣智主体的"寂用"论。

3. 体用还是寂用

僧肇哲学思想到底是属于"体用论"还是"寂用论"？这个问题本身有两个方面，一是僧肇是否既有"体用论"又有"寂用论"，二是逻辑上"体用论"与"寂用论"的差别。接下来将分别予以论述。

第一方面是需要确定僧肇是否既有"体用论"又有"寂用论"的问题，要解决这个问题，需要提供两个重要证明：一是《肇论》中或其他僧肇的著述中，其体、用概念的实际使用情况，二是需要说明此"寂用论"是否贯穿僧肇的所有著述而成为其哲学思维的根本方法。关于体用概念的实际使用情况，在文章的一开始就以统计数据和实际举例的方式说明了体用的使用情况，即在僧肇的著述尤其是整个《肇论》中，没有发现明晰的"体用"表述结构。因此，接下来将重点考察第二个方面的问题，即"寂用论"是否贯穿僧肇的所有著述而成为其哲学思维的根本方法？

鉴于前面的文本分析重点放在《肇论》的《般若无名论》和《涅槃无名论》，也证明"寂用论"是这两篇论述的核心思维。接下来，将着重考察《物不迁论》和《不真空论》。

首先，在《物不迁论》中，僧肇通过"动静"讨论来揭示事物存在的真实性：事物并非我们日常所认识的那样是变化迁流，而是既迁流变化而又恒常不变的。僧肇虽然通过今昔、来去、因果等方面的反复辨析来破除世俗之见，看上去很繁复难以把握，实质上他的思维方法很简单。他说：

【15】寻夫不动之作，岂释动以求静，必求静于诸动，必求静于诸动故虽动而常静。不释动以求静，故虽静而不离动。然则动静未始异，而惑者不同。[1]

【16】斯皆即动而求静，以知物不迁，明矣。寻夫不动之作，岂释动以求静？必求静于诸动。必求静于诸动故虽动而常静，不释动以求静故虽静而不离动。然则动静未始异。[2]

上述所举是他在文章一开始就表明的观点，显然也即是整个《物不迁论》立论的方法基础。其奥妙就在于"即动而求静"，也就是必须在事物的变动迁流中揭示事物存在的永恒本性。于是，动与静本为矛盾对立的两种性质，通过"动静相即"，就使得二者不再是必须分离独立的矛盾存在，而是可以乃至必然是同时性的共在——"虽动而常静"和"虽静而不离动"。对此，

---

① 僧肇：《肇论·物不迁论》，《大正藏》45 册，第 151 页上。
② 僧肇：《肇论·物不迁论》，《大正藏》45 册，第 151 页上。

僧肇还用具体形象的方式说明这种动静相即的奇妙结构。他说："然则旋岚偃岳而常静,江河竞注而不流,野马飘鼓而不动,日月历天而不周。"①通过一系列辨析之后,他在文章的最后说："苟能契神于即物,斯不远而可知矣。"②是说,假若人们能够真正把握住"即物"这个方法,就离真理的发现或体证不远了。

僧肇在此所强调的"即物",实际上就是一种认识世界的方法,具体来说就是"即动而求静"。这显然是"寂用"或"动寂"结构在说明世界存在上的实际运用。可惜的是他虽提出了"即物"之说,却未能深入揭示"即"的全部内涵,这个任务在《不真空论》中才得到了较好的解决。

其次,如上所述,在《物不迁论》中,"动静"问题是中心,"有无"问题引而未发。而在《不真空论》中,"有无"则成为中心问题。与王弼不同的是,僧肇放弃了"本末"③结构,同时引入佛学的"真伪"逻辑。当他把"有无"纳入"真伪"结构的时候,就不再是"本无末有",而是"假有真空(空即无)"了。问题在于,"真伪"结构和"本末"结构一样,无法解决"有无"因为矛盾性而带来的分离性。也就是说,一个事物是如何可以既是"真"的又是"假"的,既是"有"又是"无",或既是"非无"同时又是"非有"的呢?

僧肇在此采用大乘佛教"即"的观念解决这个问题,他在文中三次说到圣人"即万物之自虚",这三次分别位于文章的开始、中间和结尾部分,实际成为贯穿全文的脉络中枢。引录如下:

【17】夫至虚无生者,盖是般若玄鉴之妙趣,有物之宗极者也。自非圣明特达,何能契神于有无之间哉! 是以至人通神心于无穷,穷所不能滞,极耳目于视听,声色所不能制者。岂不以其即万物之自虚,故物不能累其神明者也。

【18】诚以即物顺通,故物莫之逆。即伪即真,故性莫之易。性莫之易,故虽无而有。物莫之逆,故虽有而无。虽有而无所谓非有,虽无而有所谓非无。如此则非无物也,物非真物,物非真物,故于何而可物。故经云："色之性空,非色败空。"以明夫圣人之于物也,即万物之自虚,岂待宰割以求通哉!

【19】是以圣人乘千化而不变,履万惑而常通者。以其即万物之自

① 僧肇:《肇论·物不迁论》,《大正藏》45 册,第 151 页上。
② 僧肇:《肇论·物不迁论》,《大正藏》45 册,第 151 页下。
③ 尽管僧肇仍然使用本末概念,但在整个《肇论》中,本末出现的次数很少,这和王弼形成鲜明对比。在王弼的视域中,"有无"并非指事物的存在和不存在,而是指事物存在的两种矛盾方式,"有"即是各种具体事物的存在,"无"则是一种没有具体规定性的存在,但是那些具体存在的"宗极"。并且在王弼那里,"有无"关系纳入"本末"结构中,从而获得"本无末有"的逻辑规定。

虚,不假虚而虚物也。故经云:"甚奇世尊,不动真际为诸法立处。"非离真而立处,立处即真也。然则道远乎哉,触事而真;圣远乎哉,体之即神。

所谓"即万物之自虚",就是说,万物的虚无本性或空性,并不是脱离了万物本身而在之外独立存在的,而恰是和万物同时共在的。因此"即"的逻辑就是:既不是等同,真空不等于假有;也不是分离的,真空与假有可以且必须同时共存。这种逻辑僧肇在论文最后归结为:"道远乎哉,触事而真。圣远乎哉,体之即神。"僧肇的论述表明,"即万物之自虚"就是"触事而真(道)",也就是佛教中的"不动真际为诸法立处"。这里的"道"和"事"是中国传统哲学概念,"道"即是"虚","事"即是"万物",僧肇以此来表示佛教中的"真际"与诸法。如图所示:

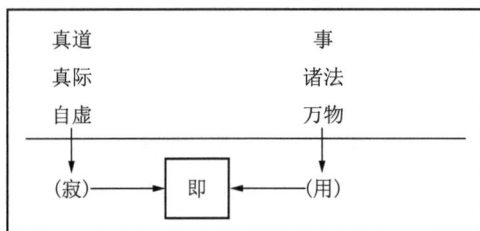

```
┌─────────────────────────────────────────┐
│  真道                      事             │
│                                           │
│  真际                      诸法           │
│                                           │
│  自虚                      万物           │
│  ────────────────────────────────        │
│          │      ┌─────┐      │            │
│ (寂)─────┼─────►│  即  │◄─────┼───(用)    │
│          │      └─────┘      │            │
└─────────────────────────────────────────┘
```

上图清楚地表明,"虚"即是"寂",是"静",是"不动",是对真道、真际之"体"的形容。所谓"即万物之自虚",实质上就是"用即寂",是"虽动而常寂"。

第二,依前所述,僧肇的"寂用论"是比较成熟的,说其"成熟",一是因为其"寂用论"之"寂用"概念的内涵明确而稳定。其中所谓"寂"其实就是对般若圣智和涅槃圣境之"体"的描述,不过为突出其存在之无形无相、无知无取之寂静无为状态,而以"寂"言体。僧肇之所谓"用",即是指般若圣智或体道圣人鉴照万物应接万机之神用与妙用,此"用"一方面相对于"寂"而言必是"动",同时也因其直接和变动迁流的外在事物打交道,所以也必是"动"。事实上在僧肇的著述中,既有言"寂用"的,也有言"动寂"的。"寂用"与"动寂"表述不同,而其实一致,差别在于"寂用"凸显其灵照万物的"功用",而"动寂"则更为强调其变动的存在状态。由此也可以表明僧肇思想中的一个深层逻辑,即"用"必定涵"动","动"则必然生"用"。

说其"成熟",还在于他对于"寂用"或"动寂"之间的内在关系或逻辑有十分明确的认识和论述。(1)"寂用"之间是相即不二的关系。"即"非是等同之义,而是指同时共存之义,尤指矛盾对立的因素之间的统一关系。譬如他说:"用即寂,寂即用,寂用体一。"(2)"寂用"之间除了相即不二的关系,还具有价值上的"主从"关系,具体说是"寂主用从"关系。譬如他说:"更无无用之寂而主于用也。"（3）前面两点都在静态层面阐明其关系，事实上在僧肇的思想中，"寂用"还是一个在互相作用之中的发展概念或动态结构。一方面是"虽寂而常动"和"虽寂而常动"，另一方面还是"逾动逾寂"和"逾寂逾动"，以及他所说的"智弥昧，照逾明；神弥静，应逾动"。（4）在其对般若神智之寂用论述中，还隐含着一个四重体用结构：寂寂、寂动、动寂、动动。

总之，从逻辑上说，"寂用论"以"寂"来说明"体"，以"动"来说明"用"，或直接言"用"；同时其对寂用之间结构关系的认识也是符合"体用"逻辑的。这充分说明"寂用论"或"动寂论"，无疑是属于"体用论"的。但问题是"寂用论"不能直接等于"体用论"。因为"寂"不是"体"，而只是对"体"之存在状态的一种描述而已，"寂"因此无法替代"体"，而"体"乃是一个超越"寂"的范畴，就像"体"超越"形"一样。同样，"寂用"之"用"也不能和"体用"之"用"完全等同，虽然它揭示了体用之用的一个核心意义，当毕竟还是一个表明存在具体作用的具体概念。事实上体用之"用"作为一个抽象概念，包括除功用之外的很多内涵，如流行、显现、属性、运用等。更重要的是，在"寂用"结构之中无法表现动词性的体用逻辑。因此，若用"体用"结构来表达"寂用"结构，就应该为"体寂用动"，如果用"有无"关系来表达则为"体无用有"。而问题是"体用论"不只是表现为"体寂用动"或"体无用有"一种结构模式，如在王弼体用思想中，还存在"体无用无"和"体有用有"等多种模式。① 在后来的体用论思想中，王夫之还发展出"体静用动"、"体动用动"② 等多种体用动静逻辑。因此，"寂用论"与"体用论"的关系可以如此表述："寂用论"不等于"体用论"，但"寂用论"属于"体用论"，是"体用论"的一种具体表现形态。

分析至此，我们可以很肯定地说，僧肇所创造的"寂用论"乃是贯穿整个《肇论》之中并成为其基本的思维方法和表达形式。这种"寂用论"不仅有明确的概念内涵，还有清晰而具体的结构逻辑说明，更重要的是，它的确是僧肇哲学思想中最重要的辨析方法和表达逻辑。因此依哲学的严谨来说，僧肇思想的根本特质应该是"寂用论"而不是"体用论"。必须说明的是，如此"咬文嚼字"并非无聊之举，其意义在于，一方面有助于认清僧肇哲学思想的本来面目，一方面有助于把握整个体用思想的发展进程。

4. 意义和贡献

虽然僧肇"寂用论"不等于"体用论"，但从属于"体用论"，不可否认的是，作为体用思想发展中很重要的一环，僧肇"寂用论"有其重要的历史意义和理论价值。

---

① 此点笔者已有很详细的讨论。详见胡勇《有无、本末与体用：王弼经典诠释中的哲学创造》，《台湾大学哲学论评》，2012 年第 44 期。

② 王夫之《正蒙注》："乾、坤有体则必生用，用而还成其体。体静而用动，故曰'静极而动，动极而静'，动静无端。"

第一，就僧肇自身的哲学目标而言，"寂用论"显得至关重要。通观整个《肇论》，僧肇的目标很明确——"识真证道"。所谓"识真"，就是要引导凡俗众生认识到常识常见的错误所在，从而发现世界的真谛本性；所谓"证道"，就是通过启发般若智慧，最终证入涅槃实境。具体来说，《肇论》四篇之中，《物不迁论》和《不真空论》，主要着眼于世界万有来"识真"，具体来讲，就是要解决现象世界存在本性的有无问题；而《般若无知论》和《涅槃无名论》则着眼于主体实践来"证道"，实际上是要解决人生主体存在的有无问题。

僧肇的独特之处，就在于他把世界存在的本性问题和实践主体的本性问题统贯起来，全部归结于"寂用"结构，较好地解决了外在世界与本真世界、凡俗世界与神圣世界的同构性和沟通性。其次，是他将动静、真伪、有无和寂用紧密结合，客观上造成了传统中国思维与印度佛教思维的相互诠释和融摄，同时也使他能够超越当时盛行的格义式佛学和玄学式佛学，实现了较为纯正的般若中观佛学的中国式表达。

第二，就体用思想发展的历史进程而言，僧肇所创的"寂用论"很大地丰富了体用思想的结构内涵和逻辑。在僧肇时代，还没有正式形成严格意义上的体用范畴，但思想者们都有着一种非常强烈的体用意识，体用结构也作为一种潜在逻辑的方式被广为使用。作为历史上最为成熟，也是最为接近体用范畴和体用结构的"寂用论"，可以说是体用思想发展过程中的一次重大的理论突破。具体表现为两点。

一是当僧肇把寂用和动静、明昧结合起来，不仅解决了"动静"不可并存的理论困惑，重要的是形成"寂静用动"或"寂昧用明"表达结构，客观上赋予了"体用"结构以"体静用动"的新内涵。这种"体静用动"的逻辑内涵，对于中国后来的思想发展——唐代道教重玄学以及宋明新儒学——产生了重大影响。

二也是最为重要的，僧肇第一次明确表述了"寂用相即"的逻辑，尽管"即"的意识或观念，在僧肇之前的思想表达中早已大量存在。但到了僧肇这里，"即"才获得明确的哲学身份。从此之后，"寂用相即"以及"体用相即"等结构，在中国思想的创造和表达中，就一发不可收，最终成为中国哲学综合性思维的一种显著标志，尽管后来的体用论者对"即"的内涵和使用又有很大的发展和创新。必须承认，僧肇"寂用相即"论这一创造，很大程度上要归功于他对佛教般若中观思想，具体而言是《维摩诘经》中的"不二"思想的准确把握和发扬，这很清楚地表现在他对《维摩诘经》所做的注解①之中。这个"不二"模式的中国式表达就是"即"。"即"字的本义为依靠、就近，也就是

---

① 僧肇直接采用了《维摩诘经》中的"不二"思想。鸠摩罗什译出此经时，僧肇第一个为之做注。

不脱离不分离，从时间上说具有同时性，从空间上来说具有依附性、同存性。这样就使有无、动寂能够相即不二了。也正是在这个意义上汤用彤认为僧肇之学尽在"即体即用"①。而实际上就僧肇而言是"即寂即用"，因为"寂用"属于"体用"思想的一个典型形态，才导致后来"体用相即"观念的滥觞。

第三，就整个中国古典哲学的诠释历史而言，《肇论》的"寂用论"不仅用来诠释佛经，也用来照应传统儒道之经典，其以"动寂说"来诠释老子的"无为而无不为"就是最好的明证，这对于之后中国佛教经典诠释体用化的形成具有直接的启发作用。更重要的是，《肇论》世之后，受到了中国佛教学者的重视，遂成为被不断诠释的佛门经典。事实上，这也是一个不断将其诠释体用化的过程。现存最早的《肇论》注疏为南朝陈时代的慧达法师所著的《肇论疏》，其中就已大量运用"体用"表达和结构。经统计，"体用"连称共有 29 次，"体用"对称使用的情况就更为普遍。从此以后，各家注疏大多沿用这一诠释模式。因而汤用彤等现代学者的说法，其实是对历代肇论诠释者诠释习惯的一个总结。这一诠释体用化的历史，充分表明体用思想或体用逻辑是僧肇哲学中本有的但是没有被显明化、概念化，而后来的诠释体用化，既是对这种潜在的体用逻辑的发现，同时也是诠释者自身创造性解读的结果。

（三）慧远：至极以不变为性，得性以体极为宗

慧远（334—416）的佛教思想十分丰富。他早期追随道安学习般若学，定居庐山之后，先随僧伽提婆研习毗昙学，后又受鸠摩罗什思想的影响，同时接受佛陀跋陀罗的禅法，信仰弥陀净土。慧远还参与各种反对排斥佛教的争论：曾经与戴逵讨论因果报应论，与何无忌辩论沙门应否袒服问题，与桓玄争论沙门不敬王。鸠摩罗什来华译介《中观经论》之后，他又专门致信与罗什探讨法身、法性等问题。② 从哲学上来说，慧远重要的思想莫过于"法性"以及"神不灭"思想，下面具体就以下方面来探析其体用思想。

1. 法性、法身

公元 391 年，僧伽提婆受慧远邀请，来到庐山并译出《阿毗昙心论》和《三法度论》。慧远受到新译的影响，写了《法性论》来阐述自己的思想，特别强调泥洹之"不变"义。可惜此论已经佚失，仅在其他著作的引用中了解一些他的观点："至极以不变为性，得性以体极为宗。"（见《高僧传》）另外，元康的《肇论疏》中还引用了《法性论》中的几句话："又且远法师作《法性论》。自问云：'性空是法性乎？'答曰：'非，性空者，即所空而为名。法性是法真性，非

———————————

① 汤用彤：《汤用彤全集》第一卷《汉魏晋南北朝佛教史》，河北人民出版社，2000 年，第 250 页。

② 参见《弘明集》，《大正藏》第 52 册。

空名也,今何得会为一耶。'"①慧远显然把"法性"与"性空"看成两个东西,这与道安把二者看作一义是不同的。

这种法性实有的思想,其实在当时佛教学界是一股很重要的思潮,一方面与传统中国本有的灵魂思想相承接,一方面也是对当时全盘否定般若性空思想的一种必然反动。这种反动还包括罗什的弟子僧叡,他在《妙法莲华经后序》中说:"至如《般若》诸经,深无不极,故道者以之而归;大无不该,故乘者以之而济;然其大略,皆以适化为大;应务之门,不得不以善权为用。权之为化,悟物虽弘,于实体不足。"②僧叡认为,般若经虽然深广,但主要以权化为主,于揭示诸法性空与菩萨万行有功,却于诸法实相的"实体"阐发不足。所以他在推崇般若经典的同时,十分重视《法华经》等经典,他说:"《法华经》者,诸佛之秘藏,众经之实体也。"③

慧远与鸠摩罗什通信往返,虽受到鸠摩罗什性空思想的影响,但其法性实有的思想并没有根本改变。在晚年最后著作《大智论钞》的序文中,他说:

> 尝试论之。有而在有者,有于有者也。无而在无者,无于无者也。有有则非有,无无则非无。何以知其然? 无性之性,谓之法性,法性无性。因缘以之生,生缘无自相,虽有而常无,常无非绝有,犹火传而不息。夫然则法无异趣,始末沦虚,毕竟同争,有无交归矣。故游其樊者,心不待虑,智无所缘。不灭相而寂,不修定而闲,不神遇以斯通焉。识空空之为玄,斯其至也,斯其极也。过此以往,莫之或知。④

初看慧远的这段话,发现其与罗什所弘扬的中观学颇为接近。但是,从慧远晚年的不少著述看,对于"法性"与"不灭之神"的区别,尤其是离开"神"的轮回主体到底何以可能等这些问题上,慧远与罗什仍然有较大的差异。因此,综合而言,其法性理论显然带有双重品格。当慧远把"法性"视为不变的法真性,执"法性"本体为"实体",慧远的"法性论"更接近玄学的本无说;当慧远从"性空"、"无性"释"法性",视"法性"为非有非无、空有实相时,其法性论又带有大乘般若色彩。⑤

2. 形尽神不灭

众所周知,佛陀虽然继承了婆罗门教的轮回思想,却否定轮回的主体,只是以轮回为方便说,尽管这在理论上是有矛盾的。虽然中国传统的福祸

---

① 元康:《肇论疏》卷1,《大正藏》第45册,第165页上。
② 僧叡:《法华经后序》,《大正藏》,第9册,第62页中。
③ 僧叡:《法华经后序》,《大正藏》,第9册,第62页中。
④ 慧远:《大智论钞》序,《出三藏记集》卷第十,《大正藏》第55册,第75—76页。
⑤ 赖永海主编:《中国佛教通史》第一卷,江苏人民出版社,2010年,第596页。

报应思想很悠久,在印度轮回观念面前却显得有些粗糙无力。因此,慧远以为,佛教业报因果论确实可以弥补中土报应说的局限。

慧远报应说中最值得注意的是他对于报应主体的看法,他更多采用中国传统的思想,形成所谓"形尽神不灭"论。他说:

> 夫神者何邪？精极而为灵者也。精极则非卦象之所图,故圣人以妙物而为言,虽有上智,犹不能定其体状,穷其幽致,……神也者,圆应无生,妙尽无名,感物而动,假数而行。感物而非物,故物化而不灭;假数而非数,故数尽而不穷。①

回到"形尽神不灭"的论证,慧远的"神"是指有形物质性的"精"发展到极致而言的,"神"无生无名,即便有上智的圣人也无法确定它的形体,穷尽它的幽微。也就是说,从形质、形体的角度来说,此"神"是"无"。但是此"神"却有与粗之形体不同的"妙物之灵",在意义上,"神"是"有",且是永恒性的不灭之"有"。"神"能够感应万物,借助于物而发挥作用,所以它本身不是物,也没有生灭。基于此理,他反对"形神俱化"的说法,而宣扬"形"虽尽但"神"不灭。从慧远的思想的一贯性来说,其"形尽神不灭"思想,是其"法性"实有思想在逻辑上的必然结果。

从"返本求宗"的宗教追求上来说,"形尽神不灭"的思想,满足了人们超越形体的局限去获得精神无限性的信仰需要。但从哲学的角度来说,它并没有真正把握形神,即精神与物质之间的本质关系。从慧远的论述中,我们可以看到,他一方面强调形神之间的相互独立性,认为"神"不是"物",不是"物"故无形无名,也因此可以不灭。慧远的忠实信徒宗炳也曾说:"无身而有神,法身之谓也","精神极则,超形独存,无形而神存,法身常住之谓也"。另一方面,他又承认"物"是"神"的根据和基础。他认为"神"具有感应万物的妙用,这种妙用其实是从"精"中产生发展而来,因为他说"精极而为灵"。

总之,慧远既认为"神"根源于"物",是物之极;同时又认为"神"不是物,且可以超越"物",属于不变的存在。若依体用逻辑来看,既然"神"来源于"物","物"即是体,神则为体之用。若神可以超越"物"而不灭,那么永恒的"神"就不需要以"物"为根据,因其自身就是自在之体。这样看来,若接受"形尽神不灭"之说,便不能接受"神"本于"形";若坚持形神具有体用关系,就必须符合体用一致的原则,即有体必有用,用有必体存,因此就不能接受"形尽神不灭"这一说法。

① 慧远:《沙门不敬王者论·形尽神不灭第五》,《大正藏》,第52册,第31页下。

就体用思维来说，慧远曾较为明确地以形言体，以神言用。他说："夫形以左右成体。理以邪正为用。二者之来各乘其本。"①不过此处的"体"本非本体意义上之体，而是形体或具体实在之义。与慧远这一说法非常相似的，还有同样坚持"神不灭论"思想的郑道子。他说：

> 夫形神混会，虽与生俱存。至于粗妙分源，则有无区异。……形与气息俱运，神与妙觉同流。虽动静相资，而精粗异源。岂非各有其本，相因为用者耶。②

显然，郑道子也认为形、神二者是混会俱存、动静相资因而不可分离的，但二者之间又必定是"精粗异源"，因为"形与气息俱运，神与妙觉同流"。更重要的是，郑道子不仅提出形神"各有其本"，而且还是相因为用。事实上也就在形神之间建立相互作用的关系，那二者之间的"本用"关系就呼之欲出了。

3. 禅智为宗，照寂相济

慧远从不变之性的"法性"论开始，主张人的精神是永恒常存的，这一不变之神既是报应的承担者，又是成佛的根据。

在慧远这里，有形之物其实被分为两个方面：一是与神紧密关联的人的身体；二是神可以照察认识的外物。无形之神与有形之物的关系也必然要分为两种情况来讨论：即神与身的关系，神与外物的关系。对于神与外物的关系，慧远以神能够感应照察的功用来和外物建立联系，但不为外物的存在提供依据。对于神与身体的关系，他在《明报应论》中说："尝试言之，夫因缘之所感，变化之所生，岂不由其道哉？无明为惑网之渊，贪爱为众累之府，二理俱游，冥为神用，吉凶悔吝，惟此之动。无明掩其照，故情想凝滞于外物；贪爱流其性，故四大结而成形。形结则彼我有封，情滞则善恶有主。有封于彼我，则私其身而身不忘；有主于善恶，则恋其生而生不绝。"在此慧远认为，人的有形之身是在无明、贪爱的作用下，由地水火风四大凝结而成。也就是说人身不但不是"神"积极作用的结果，而恰是"神"要努力超克的对象。

> 夫三业之兴，以禅智为宗。……禅非智无以穷其寂，智非禅无以深其照。然则禅智之要，照寂之谓其相济也。照不离寂，寂不离照。感则俱游，应必同趣。功玄于在用，交养于万法。其妙物也，运群动以至一

---

① 慧远：《沙门袒服论》，《大正藏》第 52 册，第 32 页中。
② 郑道子：《神不灭论》，《大正藏》第 52 册，第 28 页上。

而不有,廓大象于未形而不无。无思无为,而无不为。①

这里值得注意的是,慧远把禅智作为修道的宗极法门,又把"照"作为智之用,"寂"作为禅定之终极目标,认为禅寂与智照二者的关系为"照寂相济",即所谓"照不离寂,寂不离照,感则俱游,应必同趣"。这样一种境界并非与万物隔绝,并非遗世独立,而是与"功玄于在用,交养于万法"的,这种与万物交往之"妙"用,最终达至"运群动以至一而不有,廓大象于未形而不无。无思无为,而无不为"的境界。细察其中的逻辑,可以发现,虽然群动为"多",为"有",为"形",但它的宗极之本是为"一",为"不有",为"未形";一方面它是"无思无为",一方面又是"无不为"的,结合禅智而言,则是禅寂智照、禅无智有。

显然,这种表达逻辑,与王弼对道以及僧肇对涅槃的描述是完全一致的。若以后来成熟的体用模式来表述,即是以寂静无为之体为法性、法身之体,而无所为不为则为之妙用。慧远并没有采用明确的体用结构,他的"寂照"论与僧肇的"寂用"论更为接近。事实上,在整个两晋佛学论述中,这种思维是极为普遍的,尽管他们都没有直接采用"体用"作为表述的范畴。这种思维模式的本质在于,把佛教所追求出离世界的超越性和关心世俗的现实性很好地结合起来。这种超越性即是所谓的宗极境界的空无、寂净、真实,其与世俗世界的假有、变动、虚幻本来水火不容,本是不可同时共在并存于一处的。如何把矛盾的二者统一起来,实际上成为当时整个魏晋时代乃至后来佛学发展的理论重点。从早期的本末到后来的体用思维和表述结构,无疑反映出这种探索的内在历程和最后的选择,即体用模式是最佳的选择。他一方面充分满足了佛教出世与入世相即不二的理论要求与实践追求,一方面不仅充分满足了中国人形而上层面对"实体"(或物质性的元气、精气;或精神性的灵魂、精神;或二者兼有不明的道、太极等等)的内在需求,还很好地回应了玄学思潮甚为发达时代的理论难题和思辨风尚。

"神"之体为寂,用为照,只是解决了神本身的存在状态问题,但没有解决物的存在根据以及神与物的关系问题。慧远的寂照论与僧肇的寂用论一样只能用来描述终极之道,而未曾用来讨论道与物关系,就佛教而言就是出世与世俗的存在论关系。这些问题只有到了以佛性论和唯识论为主要思潮的南北朝时期才成为真正的问题,并获得相应的解决。

(四) 僧卫:"体用无方,则用实异照"

《十住经》又称《十地经》,属于大乘华严部,由鸠摩罗什与佛陀耶舍共同翻译,后收入《华严经·十住品》,以宣讲菩萨修行的十个位阶(十地)为主要

---

① 慧远:《达摩多罗禅经·序》,《大正藏》第 15 册,第 300 页下。

内容。该经在印度最重要的两部论书分别为龙树的《十住毗婆沙论》和世亲的《十地经论》。其中《十地经论》由菩提流支和勒那摩提二人并译于北魏永平元年(508),随后成为南北朝时期地论宗的根本论书。事实上,从鸠摩罗什、道安到庐山慧远及长沙僧卫,围绕《十住经》所进行相关的阐释,形成中国最早的《十住》义学,进而构成了华严禅及义学的早期形态。①

关于僧卫生平的资料目前所见较少,在梁慧皎所著的《高僧传·昙翼传》之中也是列在其文字的最后部分,其记载很简单:"时长沙寺复有僧卫沙门,学业甚著,为殷仲堪所重,尤善十住,乃为之注解。"②昙翼是道安的弟子,僧卫与昙翼同在长沙寺,著有《十住经合注论》,可惜全文不存,仅僧祐《出三藏记集》中保存其序言部分。下面将其原文全录于此,并逐段予以简析,然后对其中之体用运用进行讨论。

> 夫冥壑以冲虚静用,百川以之本;至极以无相标玄,品物以之宗。故法性住湛一以居妙,寂纷累以运通;灵根朗圆烛以遂能,乘涉动以开用。然**能要有资,用必有本**。用必有本,故御本则悟涉无方;能要有资,故悟虚则遂运其通。通则苞镜六合,而有无圆照,塞则用随缘感,而应必虑偏。圆照则神功造极,虑偏则颠覆兴焉。故四渎开溢,则洪川灌壑;玄象差辙,则三光晦曜。因此而推,固知运通有宗,化积有本。

《序》之首段先标举"冲虚"、"无相"为万物之宗本,此"宗本"是《十住经》境界之纲领,是十住位次修学的"宗本"。在此,僧卫使用一组概念即"能、用",他说:"灵根朗圆烛以遂能,乘涉动以开用。然能要有资,用必有本。用必有本,故御本则悟涉无方;能要有资,故悟虚则遂运其通。"显然,"能用"对应即是前面的"宗本",于是有"宗本—能用"的结构关系。

> 夫运通之宗,因缘开其会,无相极其终;化积之本,十道启其谋,心术兆其始。故心术凭无,则灵照通而大乘廓,滞有则神虑塞而九宅开矣。**然推而极之,则唯心与法**;别而张之,则绵彰八极。请辨而目焉。夫万法浩然,宗一无相,灵魄弥纶,统极圆照,斯盖曰**体用为万法**,言性虚为无相,称动王为心识,谓静御为智照。故滞有虑塞,则曰心曰识;凭灵照通,则曰智曰见。见者正见也,始晓之偏目也;智者正智也,体极之圆号也。正见创入辙之始,正智标体极之终,四者盖精魄弥纶,水镜万法,虽数随缘感,然灵照常一而不变者也。夫体用无方,则同实异照,故

---

① 赖鹏举:《东晋末中国〈十住〉义学的形成》,《圆光佛学学报》第三期,1999年2月,第2页。

② 这在唐道宣《出三藏记集》中有记录:《十住经合注序》第二,释僧卫作。

乱识为尘秽心欲。闻见谓宝,廓智谓种。秽心故五欲为□醴之室,开见故三宝为荆石之门。乱识故六尘为幻惑之肆,廓智故一切种为骊龙之渊。四者实万法浩然,同实异照,虽感应交映,而宗一无相者也。故识御六尘以蒙性,心起五欲以昏虑,见凭四谛以洗鉴,智抚无相以通照。然则境虽(下缺数语。)理故心缘精魄弥纶,体故灵照,灵照故统名一心,所缘故总号一法。若夫名随数变,则浩然无际;统以心法,则未始非二。

此段之重心在于,《十住经》之所谓十道亦即是十住、十地之修行境界或法门,归结起来"唯心与法"。从法的角度来说,万法从现象上是"浩然"之态,从宗本来说是"无相"之在。在此僧卫所说的"曰体用为万法",即是说:万法从现象层面分别有体有用,从本体即性虚层面是无相。从心的角度而言有动静之分,心之动为心识,心之静为智照。心识是对万法之缘而感应变化,但智照则能常一而不变。同时僧卫认为:以"心"、"法"两者相互含摄,故自心法"灵照"万法的角度而言,整个法界可谓为"一心"。自"万法"能为心"所缘"的角度而言,法界亦可谓为"一法",故两者"非二"。这样就形成一个心与法之间的对应结构关系。如图所示:

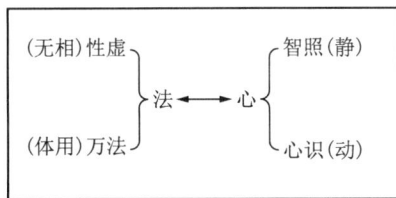

```
(无相)性虚 ┐          ┌ 智照(静)
           ├ 法 ←→ 心 ┤
(体用)万法 ┘          └ 心识(动)
```

显然,这一结构和王弼道之本体模式是十分相似的:法有有无、虚实之分,心则有真妄、动静之分,真心智照对应的是性虚无相之法,妄心动虑对应是体用之实有。不过此处值得注意的是,僧卫明确使用"体用"概念,尽管他认为万法"滞有"之现象层面才可言其"体用"。

故《十住》为经,将穷赜心术之原本,遂真悟之始辩,神功启于化彰,八万归于圆照,使灵机无隐伏之数,大造无虚窈之名。尔乃落滞识以反鉴,贞真慧以居宗,开十道运其用,恬无相远其通,合三义以廓能,则表宏称谓菩提。菩提者,包极十道之尊号,括囊通物之妙称,乃十住启灵照之圆极,远弘大通之逸轨。**故十住者,静照息机,反鉴之容目者也。**夫所以冠大业之始唱,统十地之通目,表称十住,谅义存于兹焉!义存于兹焉!然则十住之兴,盖廓明神觉之向牖,发莹真慧之砥砺,如来反流尽源之舟舆,世雄抚会诞化之天府,乃众经之宗本,法藏之渊源,实鉴始领终之水镜,光宣佛慧之日月者也。夫致弘不可以言象穷,道弘不可以名数极,故文约而义丰,辞婉而旨弘,兆百行开于心辙,启八万举其一隅，非夫探钩玄□研机，孰能亢贞鉴敬于希微，开拔英悟返乎三隅者哉？

在前述心法相应的基础上，此段重点指出：《十住经》的根本宗旨和功用就在于"穷赜心术之原本"、"启灵照之圆极，远弘大通之逸轨"，最终实现导俗归真、圆证菩提之境界。

> 悲夫守习之迷，虽服膺旧闻，不习斯要，譬负日月而弥昏，面玄津而莫济矣。当请引而摧焉。夫举高必诣远，致深则兴玄，故廓六天以妙处，引法云以胜众。盖非胜无以扣其玄处，非妙不足以光其道。光道要有方，玄扣必得人。故位妙处以殊方，则境绝众秽；开玄肆以引众，则英彦盖时。处极六天，则宝映七珍；众举法云，则体镜九宅。廓六变以开运，朗耀世之宏观；叩三说以开兴，抚玄中之统韵。发五情以宣到，虑众诚以弥淳，递二七以运感，互交用于玄端，开神辙于三转之际，兆灵觉于九识之渊。匹夫众经以比兴，不得同日而语。开八万以辩用，焉可共劫而言！非夫体包三义，道总两端，孰有若斯之弘哉！孰有若斯之弘哉！以此而断，其道渊矣！其致玄矣！夫以金刚之幽植，总神辩以居用，犹曰不可究其深，况自降兹者乎？

此段重点在于赞叹《十住经》之德"举高必诣远，致深则兴玄，故廓六天以妙处，引法云以胜众"，"体包三义，道总两端"，"道渊致玄"。

> 然道不独运，弘必由人，故令千载之下，灵液有寄焉。夫外国法师鸠摩罗耆婆者，挺天悟于命世，迈英风于季俗，乘冥寄而孤游，因秦运以弘道，抚玄节于希声，畅微言于像外，可以祛故纳新，非拟三益，悟宗入辙，几于过半。运启其愿，弥遭其会，以铅砾之质，侧南金之肆，诚悟无反三之机，思无稽玄之谋。然存闻赏事，庶无惑焉，故抚经静虑，感寻畴昔，每苦其文约而致弘，言婉而旨玄，使灵烛映于隐数，大宗昧于褊文，神标縠是以权范，玄风自兹用浇淳。至于闲诣靖唯，扣膺津门，则何常不遥然长慨，抚纲薄以兴怀哉！故遂撰记上闻，略为注释。岂曰渊壑之待晨露？盖以伸其用己之心耳。庶后来明哲，有以引而补焉。[①]

从序最后一段文字是僧卫交代自己注经之始末和心得。由此可知，僧卫曾亲自参加了鸠摩罗什《十住经》的译场，他说：

---

① 僧卫：《十住经注序》，《大正藏》第55卷，第61—62页。

> 运启其愿,弥遭其会。以铅砾之质,厕南金之肆。诚悟无返三之机,思无稽玄之谋,然在闻赏事,庶无惑焉。……撰记上闻,略为注释。

既然僧卫参加了鸠摩罗什的《十住》译场,故可以列入其弟子之列。僧卫虽自谦称资质较差,但他是"在闻赏事",亲自听过鸠摩罗什讲《十住经》而"庶无惑焉"。从目前文献记录来看,在鸠摩罗什所有弟子中,也只有他对《十住经》"撰记上闻,略为注释",因而传下了鸠摩罗什重要的《十住》义学。可惜至今《注》已不存,只留下此《注》的"序"。①

综合上述讨论,僧卫在《十住经合注序》中在结合《十住经》之特点来阐述自己的佛学真理观和修行时间观之同时,也交代自己进行经典合注的缘由和体会。从体用论述的角度有以下几个特点:一是虽然《十住经》经文本身没有任何地方使用体用概念,也没有采用体用作为论述模式,但僧卫除了整个采用当时普遍的玄学论述模式外,还明确使用了"体用"概念,虽然讲其明确限定在作为现象性存在的万法上。二是僧卫在阐释中采用"宗本—能用"的论述结构,这已经是典型的体用逻辑,这与后来智𫖮所提"体显能用"和湛然所提"所体能用"有很大的结构相似性了。

三、南北朝佛教学派与体用思想

(一) 涅槃学派与体用

涅槃学派是传承、研习《大般涅槃经》而形成的一个学系,其研习、弘传《大般涅槃经》的学者称为"涅槃师",从北凉(397 或 401—439)至隋末唐初,此学派一直兴盛不衰。涅槃学派是一种以《涅槃经》为中心的交叉传承,存在和传播历时近 300 年。涅槃师的丰富思想,成为南北朝佛教思想史的重要内容,可以说是隋唐佛教宗派成立的前奏。

涅槃学派的传承以道生(355—434)为第一人,这是从"阐提有佛性"的核心思想来说。事实上,从法显译出六卷《大般泥洹经》开始,在以建康(今南京)为中心的南方佛学界,如道生、慧叡(355—439)、慧严(363—443)、慧观(生卒年不详)等人,迅速从鸠摩罗什所传的般若学转向涅槃学。所以,涅槃学派的形成,与鸠摩罗什教团具有密切的关系。昙无谶(385—433)于玄始十年(421)译出四十卷《大般涅槃经》后,研习者转向此经,促进涅槃学派在北魏与刘宋时期的兴盛。另一方面,涅槃学在中国的兴起,与慧远的庐山教团亦有密切的关系。虽然,慧远本人无缘见到《泥洹经》,但是慧叡、慧观、慧严等在师事鸠摩罗什之前,都是慧远的弟子。慧远以般若、空的立场理解

---

① 赖鹏举:《东晋末中国〈十住〉义学的形成》,《圆光佛学学报》第三期,1999 年 2 月,第 16—18 页。

"泥洹",而且,佛陀跋陀罗离开长安后,被慧远邀请住在庐山,后来译出《泥洹经》。所以,涅槃学的兴起,与鸠摩罗什、庐山慧远两大教团皆有密切的联系。正是两大教团精英学者的学术转向,才真正促进了涅槃学派的发展。[1]

涅槃学派的发展史,应该以河西僧团为滥觞。所谓"河西僧团",即指由昙无谶于玄始十年(421)年在北凉译出北本《大般涅槃经》后,其门下聚集一批义学沙门,如道朗、慧嵩、道进等所形成一个研习、弘传《涅槃经》的僧人学者团体。当时受到北凉沮渠蒙逊(366—433)家族的支持,在北凉盛极一时。其中慧嵩是翻译《涅槃经》时的笔受,道朗作《涅槃经序》,提出"法性以至极为体,至极则归于无变"的说法,实际上是承认"法性"有"常体"。他还依据昙无谶讲经之义撰《涅槃经义疏》。在吉藏、灌顶的著作中,还提及道朗对《涅槃经》的"五门"科判:释名、明宗、辩体、论用、教判。

刘宋时期(420—479)的涅槃学派,是以建康道场寺、龙光寺为中心,刘宋后期以新安寺最著名,法瑶、昙斌、道猷大约同时住在此寺,其次是中兴寺。

齐(479—502)、梁(502—557)时期,在玄学的影响下,受到竟陵王、梁武帝的支持保护,蓬勃发展。尤其是宝亮与法云、智藏、僧旻(467—527)三大师对《涅槃经》的弘扬,对后世影响巨大。《大般涅槃经集解》的编纂,是南朝涅槃学的集中体现。而且,宋、齐、梁三代的涅槃学派,夹杂着成实学派一起发展,其思想中心已经超越了"顿渐"的论争,囊括了二谛、佛性、心识等所有主要佛教思想的主题。

北朝(386—581)的涅槃学派,继承了北凉昙无谶的思想传统,夹杂着地论学派,以昙延、净影慧远、法总为代表,通过"涅槃众主"的地位和影响,对隋唐佛教非常具有影响力。

《涅槃经》经文中已有"涅槃之体"的说法,而且以"常乐我净"来表现对涅槃之体的认识。《涅槃经》以"常乐我净"创新性地诠释与批判了小乘佛教的无常等观念,同时又以伊字三点来融摄和吸收小乘佛教与般若空观的涅槃思想。小乘重视"解脱",而《般若经》等大乘经典则重视"般若",涅槃经则将解脱、般若和法身构成涅槃三德,即是伊字三点。

《涅槃经》对中国佛教影响最大的思想在于"一切众生悉有佛性"。而佛性论是中国佛学思想的主流,自从道生提出"阐提有性",在晋宋之际引发了佛性有无以及是"始有"还是"本有"的大讨论。总览南北朝佛性论说,共有十一家之多,而涅槃学派多持正因佛性说,主要集中在以理为正因佛性,如道生、法瑶、慧令、宝亮等;其次,是受到中国本有思想"神明"及毗昙学的影响,出现以"心识"为正因佛性,即智藏、法安、法云等;最后是以"假实"为正

---

① 赖永海主编:《中国佛教通史》第三卷,圣凯撰,江苏人民出版社,2010年,20页。

因,即道朗、僧旻、僧柔等。①

就体用思想而言,在《大般涅槃经集解》和梁武帝的相关著作中,已经呈现出比较成熟的体用范畴运用和逻辑结构。

(1)《大般涅槃经集解》

《集解》首卷为经题序,载录了十位法师②从八个方面对本经题目的阐释,其中第二为辨体,旨在辨明涅槃之有体无体。为便于分析,将其全部载录如下:

> 道生曰:"夫真理自然,悟亦冥符,真则无差,悟岂容易。不易之体,为湛然常照,但从迷乖之,事未在我耳。苟能涉求,便反迷归极。"
>
> 僧亮叙曰:"无学地法,皆是其体。佛略说三,以标神道:一曰般若,二曰法身,三曰解脱也。"
>
> 法瑶叙曰:"涅槃至号,其义赡博。岂唯般若等三,以极其致,但略举其要,然则此三,名殊而实同,非体异者也。如其体别,则同因成假名之法,虚而不实,岂得称常。"
>
> 僧宗叙曰:"累患既息,体备众德,略举其三,可以贯众。然此三德,体一而义异。就一体之上,义目有三也。"
>
> 宝亮叙曰:"障累既尽,万行归真,无德不满,众用皆足,转因字果,名大涅槃。然其德渊旷,难可备举,略陈其要,理可有三:一谓正法宝城,二标别德,三寄工用。何者? 夫涅槃无体,为众德所成,取况宝城,以喻斯旨也。别德者,谓大常大我等,此是成涅槃之胜因也。工用者,谓归依洲渚,能使物免苦而获安也。"
>
> 智秀叙曰:"体者,圆极妙有之本也。德者,般若、法身、解脱之流也。谈德虽众,论体唯一。何者? 即圆极有可轨之义,曰法身;有静照之功,曰般若;有无累之德,曰解脱。是则即解脱之体可轨,亦可轨之体能照,更无别体而有德也。"
>
> 案:旧所详习,有二种解释。一谓:圆极果体,真实妙有,非如假名,但以有用而无体也。一谓:涅槃无体,假众德以成,岂得不空耶。
>
> 慧朗述法瑶曰:"生死涅槃,义分为二,谓十二因缘颠倒故有,即因缘无性,是名涅槃。岂待离烦恼已,有妙有可得而不空乎。故《般若经》云:'设有法过于涅槃,亦说如幻如梦矣。'又述纤爱宗等旧释云:'万行得圆极之果。'果体是实,而随德立义,非假众义共成一体也。"
>
> 法安曰:"涅槃虽假众德为体,而异五阴成人也。何者? 人及五阴,

---

① 以上有关涅槃宗的历史发展主要参考赖永海主编的《中国佛教通史》第三卷相关内容。(此卷由圣凯撰,江苏人民出版社,2010 年,第 18—69 页。)

② 这十位法师分别为:道生、僧亮、法瑶、昙济、僧宗、宝亮、智秀、法智、法安、昙准。

　　假实斯空,今涅槃虽空,而众德是实也。"①

　　另外在《经题序》中有昙济法师有关涅槃体的说法,并录如下:

> 昙济:夫大涅槃者,(下略)亦言无生,复云无灭,亦言无为,亦言无相。所以言无生者,永绝于四生;所以言无灭者,量齐太虚;故称无灭,所以言无为者,不为生灭之所为;故言无为所以言无相者,体绝十相,故言无相也。涅槃者,敢无学地诸功德,尽为涅槃体也。略举三事,以称遂焉。三事者,般若、法身、解脱。语般若,明智周万境;辨法身,明备应万形;称解脱,明众累不生。智周万境,故三达之功显;备应万形,故能殊方并应;众累不生,明神道苞含,所以成也。②

　　为了更好地比较异同,故将其表格化如下:

道生	不易之体,为湛然常照	一体
僧亮	无学地法,皆是其体	多体
法瑶	名殊而实同,非体异者	体一名殊
僧宗	然此三德,体一而义异	体一义殊
宝亮	涅槃无体,为众德所成	无体
智秀	谈德虽众,论体唯一	体一德众
法安	涅槃虽假众德为体,而异五阴成人	体空德实
昙济	涅槃者,敢无学地诸功德,尽为涅槃体	多体

　　综合上表,可知对于涅槃之体,有"有体说"和"无体说"两种。《集解》按语对此有明确说明:

　　旧所详习,有二种解释。"一谓圆极果体,真实妙有,非如假名但以有用而无体也;一谓涅槃无体,假众德以成,岂得不空耶。"③

　　"有体说"认为,涅槃乃圆满的境界果体,是一种真实的"妙有",不是和"假有"那样"有用而无体";而"无体说"则认为,涅槃本身是没有固定不变的"实体",只是依法身、般若、解脱等功德而假设安立的名词。因为,如果承认涅槃体为"实有",就成为不空法,从而违背了万法皆空的佛法真理。这里值得关注的是"有体说"认为假名是"有用而无体",显然"涅槃妙有"就应该是"体用皆有"了。

---

① 《大般涅槃经集解》卷一,《大正藏》第 37 册,第 380 页下。
② 《大般涅槃经集解》卷一,《大正藏》第 37 册,第 377 页下。
③ 《大般涅槃经集解》卷一,《大正藏》第 37 册,第 380 页下。

在《集解》十法师中，智秀最为明确主张"有体说"，他说：

> 体者，圆极妙有之本也。德者，般若法身解脱之流也。谈德虽众，论体唯一。何者？即圆极有可轨之义，曰法身；有静照之功，曰般若；有无累之德，曰解脱。是则即解脱之体可轨，亦可轨之体能照，更无别体，而有德也。①

智秀在此明确把涅槃之"体"与"德"对称起来讨论，认为"体"乃是涅槃圆妙的本"源"，而"德"则是涅槃"本体"所发展出来的"流"。"德"是依从于"体"的，所谓法身、般若、解脱三德并非各有其体，而恰只是涅槃之体的德，所以，此"体"必有"德"，"德"可以为众多，而"体"只能是唯一。显然，智秀是采用"体一德三"的结构模式来解决涅槃之是否有体及体与德的关系问题。与智秀持同样观点还有僧亮、法瑶等法师。僧宗更是明确，他说："累患既息。体备众德。略举其三。可以贯众。然此三德。体一而义异。就一体之上，义目有三也。"这就是典型的"体一义三"论。

从哲学上说，所谓涅槃体的问题涉及两个方面：一是涅槃妙有与假名之有的关系问题，二是涅槃之体与涅槃三德之间的关系问题。一个对外而言，一个对内而言。但无论对内对外，都是要处理生灭现象与永恒实体之间的关系问题，用当时流行的哲学概念表述，就是有和无的关系问题，当然也涉及一和多的关系问题。

若从体用思维的角度上看，"体一德三"或"体一义三"则属于典型的体用模式，从类型上说，涅槃体"实体"，体必有用，用为众德。而在众德之用中，又暗涵一个"体德用"的结构，即法身为可轨之体，解脱为无累之德，般若为静照之功。显然此结构与《大乘起信论》中的"体相用"在逻辑上是一致的，至于二者之间有何联系则缺乏更多的历史证明。

（2）梁武帝与体用

梁武帝（464—549）"博学多通"，儒、释、道、易，无不涉猎，多有著作，对于儒释道易的体用思想发展都有重要影响，甚至可以说体用概念真正的范畴化是从梁武帝开始的。下面以其《天象论》和《立神明成佛义记》②来予以说明。

1.《天象论》：妙体别用

《天象论》，虽只言"天象"，实则是包括天地万物的生成及其次序，所以

---

① 《大般涅槃经集解》卷一，《大正藏》第 37 册，第 380 页下。
② 佛教传入中国后，因果报应问题带来人死后"灵魂"有无的争论，从而在两晋南朝时期引发"形神关系"的全面讨论。"神明"和心、气关系的讨论，在慧远、宗炳等人的阐述中，得到很大的发展。随着梁朝神灭不灭的辩论，神明与佛性义的结合，成为当时佛学思潮的重要支派。最著名的"神明"佛性说当属梁武帝及其所著的《立神明成佛义记》一文。

准确地说,这是梁武帝以周易原则来阐述自己的宇宙观。他在批评自古以来大多谈论宇宙的学说之狭隘错谬的基础上,引用《易经·系辞》的话展开自己的宇宙论阐述:

> 系辞云:"易有太极,是生两仪。"元气已分,天地设位,清浮升乎上,沈浊居乎下,阴阳以之而变化,寒暑用此而相推,辨尊卑贵贱之道,正内外男女之宜,在天成象,三辰显曜,在地成形,五云布泽,斯昏明于昼夜,荣落于春秋,大圣之所经纶,以合三才之道,清浮之气,升而为天,天以妙气为体,广远为量,弥覆无不周,运行来往不息,一昼一夜,圜转一周,弥覆之广,莫能测其边际,运行之妙,无有见其始终。不可以度数而知,不可以形象而譬,此天之大体也。沈浊之气,下凝为地,地以土水为质,广厚为体,边际远近,亦不可知,质常安伏,寂而不动,山岳水海,育载万物,此地之大体。天地之间,别有升降之气,资始资生,以成万物。易曰:"大哉乾元,万物资始。至哉坤元,万物资生。"资始之气,能始万物,一动一静,或此乃天之别用,非即天之妙体。资生之气,能生万物,一翕一辟,或此亦地之别用,非即地之妙体。①

从整体上说,梁武帝的易学属于玄学派,但他并不排斥汉易所主张的太极元气说,他说:"系辞云:'易有太极,是生两仪。'元气已分,天地设位,清浮升乎上,沈浊居乎下,阴阳以之而变化,寒暑用此而相推,辨尊卑贵贱之道,正内外男女之宜。"显然这是本于《易纬》的说法。接下来,他提出体用范畴,并以此来解释乾坤、天地、阴阳,认为天地各有其体用,乾元资始之气为天之妙体,动静为其别用;坤元资生之气为地之妙体,翕辟为其别用。所谓"妙体",指内在的本质结构;"别用",指外在的表现和作用。朱伯昆先生认为这种体用思想来自佛教哲学,并举梁武帝的《立神明成佛义记》为证。② 下面就此文进行进一步的分析。

2.《立神明成佛义记》:体一用殊,体用不离

众所周知,佛教传入中国后,因果报应问题带来人死后"灵魂"有无的争论,从而引发对于"形神关系"的全面讨论。"神明"和心、气关系的讨论,在慧远、宗炳等人的阐述中,得到很大的发展。随着梁朝对"神灭不灭"的辩论,神明与佛性义的逐渐结合,成为当时佛学思潮的重要支派。最著名的"神明佛性说"当属梁武帝,集中体现在他所著《立神明成佛义记》一文中。在此文中,他说:

---

① 梁武帝:《天象论》,见[清]严可均辑《全上古三代秦汉三国六朝文》。
② 朱伯昆:《易学哲学史》第1卷,昆仑出版社,2009年,第386页。

夫涉行本乎立信,信立由乎正解,解正则外邪莫扰,信立则内识无疑。然信解所依,其宗有在,何者?愿神明以不断为精,精神必归妙果,妙果体极常住,精神不免无常,无常者,前灭后生,刹那不住者也。若心用心于攀缘,前识必异后者,斯则与境俱往,谁成佛乎?经云:心为正因,终成佛果。又言:若无明转,则变成明。案此经意,理如可求,何者?夫心为用本,本一而用殊,殊用自有兴废,一本之性不移。一本者,即无明神明也。寻无明之称,非太虚之目,土石无情,岂无明之谓?故知识虑应明,体不免惑,惑虑不知,故曰无明。而无明体上,有生有灭,生灭是其异用,无明心义不改,将恐见其用异,便谓心随境灭,故继无明名下,加以住地之目,此显无明即是神明,性不迁也。何以知然?如前心作无闻重恶,后识起非想妙善,善恶之理大悬,而前后相去甚迥,斯用果无一本,安得如此相续?是知前恶自灭,惑识不停,后善虽生,暗心莫改。故经言若与烦恼诸结俱者,名为无明,若与一切善法俱者,名之为明。岂非心识性一,随缘异乎?故知生灭迁变,酬于往因,善恶交谢,生乎现境,而心为其本,未曾异矣。以其用本不断,故成佛之理皎然,随境迁谢,故生死可尽明矣。[①]

梁武帝针对当时有关佛性与成佛的讨论,提出以"无明神明"为成佛之"正因"的观点。他说:"夫心为用本,本一而用殊,殊用自有兴废,一本之性不移。一本者,即无明神明也。"他采用的是"本一而用殊"的模式,所谓"本一"就是"无明神明",此"无明神明"是"无明"与"神明"的共体,为什么呢?太虚和土石因为没有虑知情识,所以谈不上什么"无明","无明"恰是因为"明"之所在,此"明"即是不变永存的"神明",而此"神明"因为有虑知情识而必攀缘万物,故不免于外物的惑染,即是无明。所以梁武帝说:"寻无明之称,非太虚之目,土石无情,岂无明之谓?故知识虑应明,体不免惑,惑虑不知,故曰无明。"接下来他又认为,因为无明的存在,故有生灭现象的产生,而此生灭就是此"无明体"之"异用"。所谓"异用"即表明此"用"是与"体"不同的一种状态。

对此,当朝之臣沈绩将梁武帝的"本用"直接注释为"体用"。他说:"既有其体,便有其用。语用非体,论体非用。用有兴废,体无生灭。"可见沈绩把梁武帝的"本一用殊"明确为"体一用殊"。因此作为"心"之体的"无明神明"是无生灭的"一",而有生灭的殊多则是此体之用。体无生灭而用有生灭,故称"异用"。梁武帝认为,迷惑之人只能看见此"异用",便认为心神也会随着外境的生灭而断灭。这就是所谓的形尽而神灭,其实是不知道心之

---

① 梁武帝:《大梁皇帝立神明成佛义记》,《弘明集》卷九,《大正藏》第 52 册,第 54 页上。

体乃"无明神明",且无明即是神明,神明之性永住不灭。对此,沈绩有进一步的阐释,他说:"惑者迷其体用,故不断猜。何者? 夫体之与用,不离不即。离体无用,故云不离。用义非体,故云不即。见其不离,而迷其不即。迷其不即,便谓心随境灭也。"在此,沈绩他特别指出了体用之间的逻辑规定——不即不离。

最后,梁武帝援引佛经,进一步说明"无明神明"之内涵:"故经言若与烦恼诸结俱者,名为无明,若与一切善法俱者,名之为明。岂非心识性一,随缘异乎?"梁武帝强调"心识"的本性是恒一不变的,所谓"无明"与"明"都是此心体随缘显现出来的"异用"——与烦恼相应则为"无明",与善法相应则是"明",而其"本来不变之体"则是"无明"与"神明"合体之"心"。结合前面的分析,可知梁武帝在神明与无明的关系上,又是以神明是本,而无明是其用。

总之,在梁武帝看来:正因为有此本一不断灭的心神存在,才有最终成佛的依据和保障。虽然现象有生灭,但只是无明随外境而所变迁,其最终都可以转化为"明"。沈绩对此依然用体用逻辑做了更清晰的解释"成佛皎然,扶其本也。生死可尽,由其用也。若用而无本,则灭而不成。若本而无用,则成无所灭矣",再次强调体用之间不即不离的关系。

沈绩曾为《立神明成佛义记》作序,在序中,他清楚地说明了梁武帝著作此文的根本原因所在,他说:

> 是以先代玄儒谈遗宿业,后世通辩亦论滞来身,非夫天下之极虑,何得而详焉。故惑者闻识神不断,而全谓之常。闻心念不常,而全谓之断。云断则迷其性常,云常则惑其用断。惑其用断,因用疑本谓在本可灭。迷其性常,因本疑用谓在用弗移。莫能精求,互起偏执,乃使天然觉性自没浮谈。

由此可见,梁武帝立"神明"佛性义的根本目的在于,论证处于生灭变化世界的凡俗众生是可以成佛的,因为每一个人都有此永恒不变的心。神明是心之体,而无明为其用,用有生灭,但体无生灭。所以,尽管外境变迁不止,但神明本心恒有不灭。如图所示:

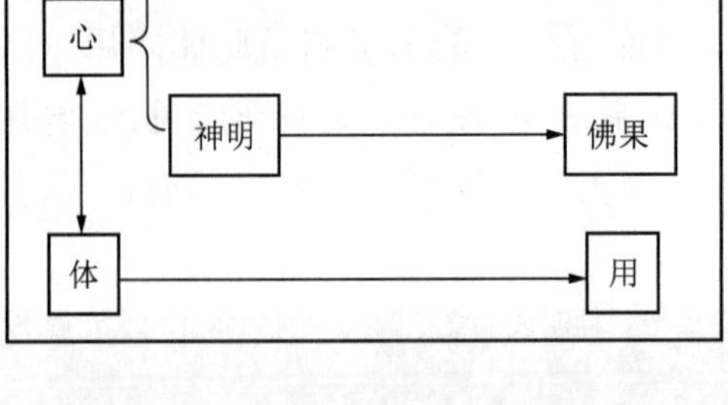

若从哲学立场来看,此"体一用殊"的模式的意义,则在于其有效地解决了"生灭之断"和"不灭之常"二者不能同时共存的逻辑困境:用断与体常。

最后需要引起重视的是,梁武帝这种"无明神明合体为一,无明和明随缘异用"的佛性思想,与随后真谛所译《大乘起信论》中"一心二门"的结构,从佛教的理论逻辑上,具有惊人的相似性。这种相似性显然非常重要,但遗憾的是,目前学界对此似乎没有太多关注。①

(二) 智论学派与体用

以研习《大智度论》为核心的学派称为智论学派,因而有智论师,吉藏在《大乘玄论》中就把它和北方的成论师、地论师、摄论师同说,可见当时的北方确实出现专研《大智度论》的学者。在南朝佛教,由于梁武帝对《大智度论》的推崇,促进了《大智度论》在南方的兴起,形成四论学派。在梁陈之间,帝王喜好的不同,促使四论学派转向三论学派。② 关于《大智度论》的十四种注疏中仅存慧影③的《大智度论疏》。在此疏中,首次将"体用"连称,并依此作为义理诠释的结构逻辑。下面将通过具体案例来分析其中的体用思想。

【1】"彼论之中,解有两番,初番就体,后释据用。亦可两番之中,随义即释,不必定就体用。"④

这是慧影对《大智度论·序品》中一段文字所做的诠释,此段文字为"是空、无相、无作,是定性,是定相应心心数法,随行身业、口业,此中起心不相应诸行和合,皆名为三昧……"⑤在此不对原文进行细致疏解,关键在于说明慧影在诠释方法上的创新。《大智度论》本是龙树菩萨为论释《大品般若经》之作,论中文字对应的经文为:"空三昧、无相三昧、无作三昧,四禅、四无量心、四无色定,八背舍、八胜处、九次第定、十一切处。"这本是对解脱门具体法类的阐释,其中三昧有三种,分别为"空三昧、无相三昧、无作三昧",龙树对此三昧做了进一步的解释,慧影又对龙树的解释进行了分析说明。比较可知,慧影的说明与龙树的解释不同之处在于,他不满足于解释三昧的具体

---

① 杜继文先生在《〈大乘起信论〉述评》一文中略有说明。该文收入其《中国佛教与中国文化》,宗教文化出版社,2003 年版。

② 道宣:《续高僧传》卷一,《大正藏》第 50 卷,第 431 页上。

③ 隋代僧。巴西(四川)人,俗姓江。曾从后周道安学大智度论,并继其法。师泛迹人间而志存林野,住蜀地潼州迁善寺。隋开皇(581—600)末年入寂,其余事迹与世寿均不详。著有《述道安智度论解》二十四卷、《伤学论》一卷(除谤法之愆)、《存废论》一卷(防奸求之意)、《厌修论》一卷(令改过放道)。其中,《述道安智度论解》题为《大智度论疏》,然流传至今,版本不全,其残卷分别收于卍续藏第七十四册、第八十七册。其余三论现俱不存。(《历代三宝纪》卷十二、《大唐内典录》卷五、《续高僧传》卷二十三)p6055。详见《佛光大辞典》

④ 慧影:《大智度论疏》卷六,《续大正藏》第 46 册,第 804 页中。

⑤ 《大智度论》卷 20〈1 序品〉,《大正藏》第 25 册,第 207 页上。

内容,而且在此基础上对龙树的解释方法以及解释逻辑予以本质揭示,指出其解释方法的深层逻辑为"体用"结构。一方面指出何处为"就体"说,何处为"据用"说,同时又提出"随义即释"、"体用不定"的诠释原则。

就体用思想的发展来说,慧影的这一创造性诠释具有十分重要的意义,不仅明确地把"体用"概念作为哲学范畴使用,更为重要的是,他第一次把"体用"范畴作为一种诠释方法来运用,提升了中国佛教诠释学的自觉,同时也丰富了"体用"范畴的逻辑内涵。

【2】化宜有四,谓慈悲喜舍。慈以哀怜为义,悲以愍怆为怀,喜本庆悦为心,舍以亡怀为趣。若辨功能差别,与众生乐,是慈之用;拔众生苦,是悲之能;庆物得乐,是喜之力;息离怨亲,是舍之功。①

慈悲喜舍,四无量心,各有其体用。"慈以哀怜为义,悲以愍怆为怀,喜本庆悦为心,舍以亡怀为趣。"此处没有明确使用"体",而是用义、怀、心和趣等概念来表明其"体"所在。"与众生乐,是慈之用;拔众生苦,是悲之能;庆物得乐,是喜之力;息离怨亲,是舍之功。"则明确说明此为辨析四无量心之"功能差别",显然用、能、力和功等概念都是表明其"用"之所在。总起来说,此处之"体"非是指"实体",而是表示本质内涵之义,而"用"则是属于"功用"之用。依体用结构的逻辑类型来说,此处的体用应该属于"本质—作用"类型。

【3】问曰下,当释。答曰下,亦当释。"已有还无"已下,此不同灭无之无。本来得一切种起今得之大用故,名为今有。此起即寂,故云今无也。"与上相违"者,明本来不有,今亦不无也。当释。有为善法是行处者,据其用;无为法是依止处者,据其体,即是依如来藏、依正法身等义也。当释。此是新发意已下,明新学菩萨,既未能深入法相,故为作如此分别;无生忍菩萨不然也。当一一对上文释之也。②

此是其对《大智度论》卷 59《校量舍利品》中一段问答的诠解。为便于分析,把这段文字摘录如下:

问曰:何因缘故说是有为法、无为法相?答曰:帝释赞叹般若波罗蜜摄一切法,此中欲说因缘。有为法相,所谓十八空,三十七品乃至十八不共法;略说善、不善等,乃至世间、出世间,是名有为法相。何以故?

---

① 慧影:《大智度论疏》卷六,《续大正藏》第 46 册,第 806 页下。
② 慧影:《大智度论疏》卷六,《续大正藏》第 46 册,第 878 页下。

是作相,先无今有、已有还无故。与上相违,即是无为法相。是二法,皆般若波罗蜜中摄。有为善法是行处,无为法是依止处;余无记、不善法,以舍离故不说,此是新发意菩萨所学。若得般若波罗蜜方便力,应无生忍,则不爱行法、不憎舍法,不离有为法而有无为法,是故不依止涅槃。①

就原文来看,旨在阐释有为与无为二法的各自内涵和相互关系。慧影在此再次发挥他特有的诠释创造性,即对龙树的解释文本做体用结构分析,他针对龙树对二法关系的说明,进一步阐释说:"有为善法是行处者,据其用;无为法是依止处者,据其体,即是依如来藏依正法身等义也。"在慧影看来,"有为善法"是修行解脱的实践,属于"用"的维度;而"无为法"则是修行实践的依止、根据,属于"体"的层面,并进一步指出"无为法"即是"如来藏"、"正法身"等。接下来,他又说:"此是新发意已下,明新学菩萨,既未能深入法相,故为作如此分别;无生忍菩萨不然也。"此是说明"新学菩萨"与"无生忍菩萨"对二法关系的认识差别:即"新学菩萨"虽然以"无为法"为体,以"有为法"用,但因"未能深入法相",而仍有"体用"分别;而"无生忍菩萨"则不同,因深入法相,得无生忍,所以是体用无别,此"体用无别"对应的恰是原文中所说的"不离有为法而有无为法",也即是"不离用而有体"。若就体用结构的逻辑类型来说,此处的体用应当属于"本体—工夫"型。其中本体为无为法,有为善法为"工夫",本体是工夫之依止,工夫为本体之实践。其具体逻辑为:从体起用,用以归体。

但也必须注意到,这种体用诠释中所潜藏着的巨大的理论矛盾。在龙树的《大智度论》中,有为法又分为行法和舍法,行法指善法,无记和不善法为舍法,若如慧远(当然也是龙树所赞同的)所论,在修道实践中,有为法中"舍法"应当被舍离,而唯有为善法属于"行法",即作为实际的修道法门,所以为"用",其以"无为法"为其归依之"体"。显然,"体用"结构所阐释的只是有为善法与无为法之间的关系,而非是有为法与无为法之间的关系。如此一来,则势必导致有为法中的无记、不善法等"舍法"与"无为法"以及与"有为善法"的关系无从规定。如图所示:

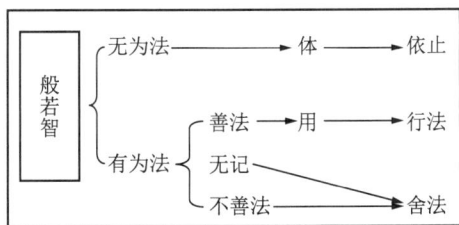

---

① 《大智度论·校量舍利品》卷59,《大正藏》第25册,第480页下。

综合所论,可以发现智论师在努力追求深入理解并正确诠释龙树的般若空宗之学的同时,充分发挥自己的诠释创造性。正是在这种创造性诠释中,体用概念逐渐成为一种普遍的诠释方法,其诠释对象不仅是经论中的概念或理论,更重要的是还扩展到诠释活动及方法本身,大大丰富了体用范畴诠释对象的层次和内涵。对此,慧影的《大智度论疏》即是最好的证明。

(三)成实学派与体用

《成实论》为鸠摩罗什所译传,其中心思想接近《般若》,在于阐明人法二空,有导向大乘的作用,且能详细辨明法相,具有佛教概论的特点,一时成为佛教学者的研究热门,逐渐发展为一独立学派。

成实学派在南朝齐梁时代盛极一时,成实论师对当时的佛教思潮,如判教、佛性、二谛等,各有自己的见解。宋齐时代,周颙作《三宗论》(已佚),批判成实论师之说;依梁昭明太子萧统(501—531年)《解二谛义令旨并答问》,萧统就"二谛"问题与佛门大德二十二家往返议论,可谓盛况空前。成实论师对"二谛"的理解,由于文献不多,很难知道其全部。目前来看,有智藏的《成实论大义记》,其中第八卷《二谛义》详细地解释了有关二谛的各种思想,可惜现存的只有其中有关十重的目录以及一些片段的说法。

成实论师的"二谛"思想主要包括两个方面,一是"二谛"各自的内容,一是"二谛"之间的关系。就"二谛"的内容而言,成实论师提出"二谛体"的概念,并依"体用"来解说"二谛体",认为在"三假"中,"因成假"是最根本的谛"体",而"相续假"和"相待假"只是"因成假"所衍生出来的"用";一旦谛体为空,那么从体之用也就自行消散不存了。对此,在吉藏的《大乘玄论》中有明确说明:

> 声闻用因成,缘觉用相续,菩萨用相待。而成论三藏为宗,多明因成以入道。所以然者,凡有二义。一者因成是世谛体,续待为用。若体已空,用即自遣。二者因成多重数,观行自浅至深。初捉五根以空众生,次捉四大四微以折法,所以多捉因成。若是续待二假,即无此重,故不用。[①]

事实上,开善寺智藏在《成实论大义记》中已经明确阐述了俗谛的内容是三假,而且说明三假的体用关系。此在日人安澄《中论疏记》中有记载:

> 《大义记》第八卷《二谛义》中,因成假、相续假、相待假,此谓三假。
> 解云:于三假中,相待一假是即体假,余二种假即是用假。又五阴之内,分折推求而知无人。故声闻人观因成假;缘觉之人鄙于声闻,从师修

---

① 吉藏:《大乘玄论》,《大正藏》第45册,第18页中。

学,惮于菩萨久劫修行,以独入山见于水流观于木凋,悟解无常,故观相续;待于生死而有涅槃,生死涅槃,生死涅槃无有自性,自性无故,其体是空,所以菩萨观相待假。①

显然,智藏对于三假之间的体用判定与吉藏的记载有所不同,他认为相待假是"体假",而因成假和相续假则为"用假"。

就二谛之间的关系而言,问题集中在(1)"二谛"究竟是一体还是异体?(2)二谛是否相即?事实上,关于二谛的体性问题,是南北朝佛教的争论中心之一,并一直延续到隋唐时代。就吉藏搜集来说有十四家解释之多。开善寺智藏和庄严寺僧旻主张二谛一体,而龙光寺僧绰则主张二谛异体说。②

(四) 地论学派与体用

地论学派是以弘扬印度世亲所著《十地经论》为中心,以研习菩提流支、勒那摩提所译经论为主,兼习《华严经》、《涅槃经》等经典而形成的佛教学派。学派因为慧光、道宠等人弘扬地域的不同和立场的差别,形成南、北二道。

《十地经论》的翻译是地论学派产生的基础。关于《十地经论》的翻译,隋唐以来就异说纷纭。据崔光《十地经论序》,谓北魏永平元年(508),宣武帝命菩提流支和勒那摩提并译此论,佛陀扇多传译,有义学缁儒十余人参加,四年(512)夏,翻译周讫。不久,北朝传此论以菩提流支为主译(《李廓录》),南朝传此论以勒那摩提为主译(《宝唱录》),还有说为二人各自译出者。对译者的争论反映在解释《地论》问题上,有意见分歧。

北魏宣武帝(500—515)长于释氏之义,曾为诸僧朝臣开讲《维摩诘经》,而后又亲自主持和笔受《十地经论》。崔光在宣武、孝明(516—528)两代高踞要津,也每为沙门朝贵讲《维摩》与《十地》,有义疏 30 余卷,因此,《地论》学继《成实》学之后,成了北魏以至东魏的官学。其中弘扬《地论》最早的僧侣是道宠和慧光。

到南北朝末期和隋初之际,佛教思想产生南北合流的趋势,因此北朝地论学和南朝摄论学,逐渐在涅槃学的基础上汇合,导致佛学普遍地转向对"心性"问题的探讨。地论师南北二道对"心性"的解释有许多差别。简略地说,北道地论师把世界的本原归结为具杂染性质的"阿黎耶识",所谓众生悉有"佛性",是指众生经历后天的熏习,最后必当成佛,这即是所谓"当常"之说。而南道地论师则把世界的最高本原归结为"清净阿黎耶识",或"如来藏"、"无垢识",修行者去除污染障蔽,使本有的清净心性得以显现,即可成佛,因而被称作"现常"之说。因此从哲学上说,南北现、当二说在判教上虽

① ［日］安澄:《中论疏记》卷一末,《大正藏》第 65 册,第 16 页下。
② 以上分析参照赖永海主编《中国佛教通史》第三卷,圣凯撰,江苏人民出版社,2010 年,第 210—223 页。

有四宗、五宗之别,但究其实,在理论上规定心性是净是染,在实践上发扬本有心性还是消灭本有心性的问题,才是南北二道的分歧的关键所在。①

近年来,随着对散佚文献的搜集整理,特别是在"敦煌卷子"中的对地论师著作的发掘,为我们全面深入地了解地论学派提供了宝贵的文献材料。接下来,本节结合《敦煌宝藏》中的一些地论师著作,如 S.613V《纲要书》、S.6388《胜鬘经疏》、B.6616(闰 76)《涅槃经疏》等,从判教与佛性两个方面来考察他们的体用思想。

(1) 判教与体用:"体、相、事"

关于地论师的判教思想,圣凯法师对此有较为详细的讨论②,本节重点在此基础上考察其判教思想中所蕴含的体用思想。以《纲要书》(S.613V)③为例。

　　【1】三教行相:夫如来大圣,所以兴于世者,将欲以己所得传示众生故也。然其所得,教别尘沙,岂容限目! 如约以辨一代始终,要不出三。其三者何? 一是三乘别教,二是通教,三是通宗教。言别教者,谓《毗昙》《成实》所辨疏论者是;言通教者,如《法华》,会三归一者是;言通宗教者,谓《涅槃》、《华严》、《大集》,所辨体状者是。前言通者,相融故通;今之辨通,体融故通。然究之体实,旨明教一,圆音不二为宗。所契平等,体真一味,理唯如如,岂容异哉! 但随根上下,别其浅深,寄言于三耳。又就别教之中,具辨法界理教行法及以一切,但唯在事耳。通教之中,备明法界,但唯论其相也。就其通宗,所辨法界唯据体实,以明此旨难晓,宜释前同异。寄以显示何者? 欲明前之别教宣明指月,舍相以标;通教辨唯据相,返诠而显悟;其通宗要是返而彰。……一体一切体。……言一体即是《华严》,一切体即是《涅槃》,体无不彰即是《大集》。然《涅槃》据相,明渐教行,是有余无余;《华严》就体,辨顿圆教行,是必竟不必竟;《大集》据无障碍,以彰圆教行,是秘密。盖是顿以辨渐,差别而无差别;即渐以明顿,无差别之差别。差别无差别,如因陀罗网;融同无碍者,宁非圆穷之实哉!④

其判教思想,分为两种层次:(1) 就"三教"的差别而言,"别教"对真理的阐发与实践等,都是在"事"的层面,诠释的方法是"指月舍相";"通教"是依

① 当然,南北二师的界限不一定如此分明。如作为南道慧光十大弟子之一的冯衮,他在其《捧心论》中认为"当为心师,不师于心",显然就是主张心性杂染的。

② 详见圣凯著《〈大集经〉与地论学派——以判教为中心》,载《法音》,2008 年第 2 期,第 6—8 页。《地论学派的判教思想与南朝佛教》,《闽南佛学》第五辑,宗教文化出版社,2008 年。

③ 在《敦煌宝藏》拟题为《佛经疏释》,主要是关于佛教法义的讨论,具有"义章"的特点。

④ 《敦煌宝藏》第 5 册,台湾新文丰出版公司,1981 年,第 139 页下—140 页上。

"相"而诠释世界,最后显示证悟的境界;"通宗"是依"体"而阐释法界的体性。(2)就通宗而言,依法界体性的最高真理,所有教法都是同一的,从修道者的证悟来说,说证入的真理之体是一味平等无差别的,但是随众生根机深浅而有顿、渐、圆的差别。《华严经》为一体,就"体"为顿教行;《涅槃经》为一切体,据"相"而为渐教行;《大集经》为体无不彰,据无障碍,为秘密圆教。如图所示:

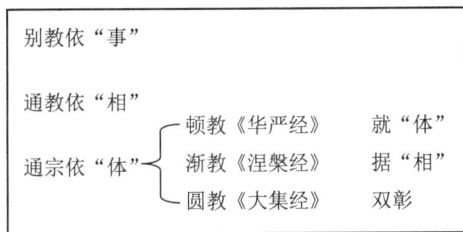

```
┌─────────────────────────────────────────────────┐
│  别教依 "事"                                        │
│                                                   │
│  通教依 "相"                                        │
│                   ┌─ 顿教《华严经》    就 "体"        │
│  通宗依 "体" ──────┤  渐教《涅槃经》    据 "相"        │
│                   └─ 圆教《大集经》    双彰          │
└─────────────────────────────────────────────────┘
```

这里提出了一个"体、相、事"的判教逻辑,不仅三教之间依据"体相事"而判别,就为体之"通宗"而言,内在又可依"体相"关系而分别为顿、渐、圆,结果形成一个二重"体相事"结构。然而,此处的"体相事"结构与《大乘起信论》中的"体相用"在逻辑上是否相同,两种逻辑结构之间是否存在着现实性的关联或相互影响,这些都需要做进一步的考察。

《胜鬘经疏》(S.6388)的判教思想与《纲要书》非常一致,类似的判教,亦见于《涅槃经疏》(B.6616 闰 76)。此时北方佛教界盛行将"渐教"和"顿教"再分别为"渐、顿、圆",这些都深刻影响后来天台智顗和华严法藏的判教。敦煌遗书中的《法界图》:此一法即一切,体相具融,故称为"通"。佛陀三藏(勒那摩提)撰《华严经旨归两卷》:通教大乘相融体不融,通宗大乘是体融无碍。

净影慧远在《大乘义章》中提出"佛性本体"和"法身本体"的说法,并依据"宗趣"(所说和所表)予以判教。他判别为四宗:一立性宗亦名因缘,配《阿毗昙》;二破性宗亦曰假名,配《成实论》;三破相宗亦名不真;四显实宗亦曰真宗。前面二宗为小乘,后面二宗为大乘。大小之中,又各分浅深。其对于第四显实宗,又依持义和缘起义来分别世谛和真谛。他说:

> 【2】第四宗中,义别有二,一依持义,二缘起义。若就依持以明二者,妄相之法以为能依,真为所依。能依之妄,说为世谛。所依之真,判为真谛。然彼破性、破相宗中,有为世谛,无为真谛。今此宗中,妄有理无,以为世谛;相寂体有,为真谛也。若就缘起以明二者,清净法界,如来藏体缘起,造作生死涅槃;真性自体,说为真谛;缘起之用,判为世谛。①

---

① 净影慧远:《大乘义章》卷一,《大正藏》,第 44 册,第 483 页中。

所谓"依持"义,有场所的涵义,即为诸法生灭之根本依。其中"妄相"为能依,是"妄有理无"之为世谛;"真如"为所依,是"相寂体有"之为真谛。所谓"缘起"义,即生起生灭诸法之义。清净法界缘起,亦即如来藏缘起,造作生死涅槃。因而此清净法界缘起和如来藏为自体,当是真谛,相应的缘起之用则为世谛。进一步分析可知,慧远分别"依持"和"缘起"二义,旨在以"依持"义说明净法的根本依据,以"缘起"义来说明万法的存在根据,如此结合缘起、依持二义,就能说明一切染净诸法的生起与存有之全部真实,所以名为"显实宗"。与此凸显的是慧远在判教中的体用逻辑:如来藏为体,依持、缘起为用,显然这种逻辑在后来诸宗派的建构中逐渐显明化了。

(2)佛性与心识

佛性思想起源于小乘佛教所言的"心性本净"说,在印度佛教中,涅槃佛性说与瑜伽唯识学本来就存在着相互吸收融合的情况,进入中土之后就更加明朗化了。地论学派的佛性思想即是在此基础上形成,具体来说,存在着两种倾向:一是侧重于以真理、性空之理来理解佛性,如以实相、法性、真如等;一种是侧重于从心识方面理解佛性,如以如来藏自性清净心、阿赖耶识为根据。如果把以道生(包括僧肇)为肇端的以"理体"解释佛性的学派归为第一类,那么地论学派则可大致归为第二类[①]。道生以后,佛性问题引起了广泛的讨论,出现了许多说法,综合言之,焦点有二:一是何为正因佛性?二是佛性为本有还是始有?[②] 问题的根本在于对佛性本体的认识有分别。关于本有还是始有,涅槃师和成实论师本已多有讨论,《十地经论》之译出,为争论提供了新的依据。地论师试图将二说调和圆融起来,但在第八识阿赖耶识的性质确定上产生分歧,北道坚持以妄染的阿赖耶识为诸法的依持而倡阿赖耶识缘起论,南道则坚持阿赖耶识为真如心且为诸法依持的主张。

(3)六相圆融与体用

所谓"六相",是指《华严经》、《十地经》中所说万有事物都具足的六种相:总、别、同、异、成、坏。此后与"十玄"结合共同构成华严宗的法界缘起的法门。而事实上,"六相"成为华严宗之缘起法门,其间经历了三个重要阶段,最初在印度世亲那里作为解释经文结构的诠释学原则,到地论学派已成为认识论原则,最后到法藏成为解释缘起的本体论原则。[③] 显然,地论学派尤其净影慧远的创造性诠释是其重要一环,下面将具体论述之。

法上在《十地论义疏》中,对"六相"概念的解释和使用,基本未超出世亲

---

① "但远人来译,音训不同,去圣时遥,义类差舛,遂使双林一味之旨,分成当现二常;大乘不二之宗,析为南北两道。纷纭净论,凡数百年,率土怀疑,莫有匠决。"《大唐大慈恩寺三藏法师传》卷一,《大正藏》第50册,第225页下。

② 参见赖永海《佛性论》,中国青年出版社,1999年,第322页。

③ 赖永海主编:《中国佛教通史》第三卷,圣凯撰,江苏人民出版社,2010年,第408—410页。

《十地经论》的范围。而净影慧远在《十地义记》卷一末和《大乘义章》卷三中对于"六相"义做了更为详细的阐释,由此成为华严宗"六相圆融"义得以形成的关键。①

> 六种相者,出《华严经·十地品》也。诸法体状,谓之为相。门别名门,此门所辨,异于余门,故曰门别,如经中说不二法门、有尽解脱门等。若对行心,能通趣入,故曰门也。门别不同,故有六种,所谓:总、别、同、异、成、坏。此六乃是诸法体义,体义虚通,旨无不在,义虽遍在,事隔无之。是以论言:一切十句,皆有六相。除事,事谓阴界入等,阴界入等,彼此相望,事别隔碍,不具斯六,所以除之。若摄事相以从体义,阴界入等,一一之中,皆具无量六相门也。今且就一色阴之中,辨其六相,余类可知。如一色阴,同体具有恒沙佛法,谓苦、无常、不净、虚假、空、无我等一切佛法,是等诸法,义别体同,互相缘集,摄彼同体一切佛法,以成一色,色名为总。就此总中,开出无量恒沙佛法。色随彼法,则有无量,所谓苦色、无常色、不净色、名用色、空无我色,乃至真实缘起之色,如是无量差别之色,是名为别。就彼别中,苦无常等诸法之上,皆有色义,名之为同。色义虽同,然彼色苦,异色无常异,如是一切,各各不同,是名为异。就彼异中,义门虽殊,其体不别,体不别故,诸义虽众,不得相离,不相离故,随之辨色,得摄为一,是故名成,成犹略也。体虽不别,义门恒异,义门异故,一色随之,得为多色,目之为坏,坏犹广也。据实论之,说前四门,辨义应足,为约同异成前二门故有六也。色义如是。今更就彼色无常中,以辨六相,余类可知。……六相之义,既通诸法,依法成行,行亦齐有。是故初地第四愿中宣说:一切菩萨所行,皆有总别同异等也。随行所说,广如地论。此六乃是大乘之渊纲,圆通之妙门。若能善会斯趣,一异等执,逍然无迹,六相之义,略辨如是。②

此中有两点很重要:其一,慧远将"六相"之"相"的涵义确定为诸法之"体状",这个"体状"并非形体状貌的意思,而是指诸法之"体义",即指诸法的存在样式或状态,具体来说就有总、别、同、异、成、坏六种。之所以称为"体状"或"体义",乃是此状或义不仅为诸法根本所有,而且遍在于一切诸法。在这意义上说,说"六相"不如说"六性",即可谓诸法存在的六种体性。其二,他将此种"体义"或"体状"的适用范围,从世亲和法上仅限于经论文本的结构层面,扩展到一切诸法,且特别强调适用一切生灭事法,从而

---

① 赖永海主编:《中国佛教通史》第三卷,圣凯撰,江苏人民出版社,2010 年,第 408—410 页。

② 净影慧远:《大乘义章》,《大正藏》,第 65 册,第 524 页上。

使"六相"由一种文本诠释方法,发展成为分别诸法存在形态的一种认识方法。

慧远认为,六门之中,"总别"是根本,"总别"必有"同异"和"成坏"。而所谓"总"即是指任一事法皆能同体涵摄一切诸法,一切诸法因由此一法所摄故名为"总"。由此"总"中开出一切诸法,各个相互分别不同,此即所谓之"别"。"总"即是一切诸法义别而体同,"别"则是一切诸法体同而义别,最终为总别相依;由别而总即是同,由总而别则是异;异而总之则是成,同而别之则是坏:于是"六相"义成。

究其实,慧远实现如此拓展的关键理论依据在于"摄事相以从体义"。其中,"事相"即是一切生灭诸法之相,而"体义"即是"六相"。显然,他认为"事相"虽如恒河沙数,但其根本"体义"不出总、别、同、异、成、坏六门。所以,所谓"摄事相以从体义",其内在逻辑实为"摄用以归体","六相"为诸法体义,是"一","事相"为一切诸法,为"多"。而事实上,所谓"总别同异成坏"六相之间,从哲学本质上来说即是一与多的关系。很明显,慧远在此的这种讨论,已经开启了华严宗"一多相即相入"圆融周遍法界思想的先河。

(4) 法上:《十地论义疏》

法上(495—580)是北朝著名地论学派南道系僧人。精通义理,乃应众之请,讲《十地经论》《楞伽经》《涅槃经》等,并各撰文疏。及北齐兴起,文宣帝(550—559 年在位)尊为国师,事之如佛。于魏、齐二代,历任昭玄曹僧统,主管僧侣事务近四十年,所辖之寺四万余所、僧尼二百余万。著有《增一数法》四十卷、《大乘义章》六卷、《佛性论》二卷、《众经论》一卷等。著名弟子有慧远、法存、道慎、灵裕、融智等。[1]

在法上的《十地论义疏》中有大量的体用运用,这显然对净影慧远产生直接影响,下面简择几例予以说明。

【1】此十名者,盖是玄原之幽智,绝称之灵宅,修途之宗辉。而表还中之妙旨,返本归宗之途要,真心绝灭之诠纬。如建真解之本德,智用两分之区要,而有本末之别。一体一切体,以一体为本,一切体为末。一切体一体,一切体为本,一体为末。一地一切地,一地为本,一切地为末。一切地一地,一切地为本,一地为末。本末有差,体用两别。[2]

此处法上认为"十地"乃是佛教修道工夫的关键法门,即他所说的"返本

① 以上参见《佛学大词典》"法上"条。
② 法上:《十地论义疏》卷1,《大正藏》,第85册,第766页下—767页上。

归宗之途要"。最为值得关注的是他把"体用"与"本末"结合起来,阐明修道境界之中,一体与一切体,一地与一切地之间具有互为本末体用的辩证关系。

【2】一体以辩十二。八识位中,七识无体依真而用别,即用为体更无别体。正以用为体,即体用同时以辩十二。①

这里强调八识之中,唯有第八识阿赖耶识为真正之体,而其余七识自然是无体但依持真体而有不同之用。这样就形成一个八识体用结构:体一而用七,八识为体,余七识为用。同时法上强调,所谓第八识之体也并非在七识之外有独立的别体存在,而是"即用为体",如此就是所谓"体用同时"。

【3】证有二种,一缘证,二体证。修道克证,理唯自觉,故云缘证。一切众生皆以法界为体,烦恼覆故隐而不现,了因除彰,自体显用,如如平等,故曰体证。②

在此,法上讲佛教的证道工夫分为缘证和体证两种。所谓"缘证"也就是"修证",即是修道者基于自身现实,通过渐修而后自觉证悟真理。而"体证"则是直接以法界为体,一切烦恼顿断,证得真如本体,显然这即是顿悟工夫。若从体用逻辑的角度来看,则"缘证"为"由用显体",而"体证"则是"自体显用",最终达到"体用一如"。

第三节　汉魏晋南北朝道教经学与体用思想

汉魏晋时期,作为道教思想史上一个相对独立的发展阶段,有其相对集中的思想主题。它不是作为一个学派兴起并且传承的,而是在神仙信仰流入民间,儒道诸家经过长期的蕴积之后,因东汉散乱而突变,遇魏晋动荡而孳乳形成的,所以道派林立,经书散漫,方术芜杂。从哲学上来说,笔者认为学者卢国龙的说法是恰当的,他把由东晋葛洪提出来的"玄道"作为汉魏晋道教思想的主题性概括。③ 但若从学术上说,这种"玄道"的形成或展开,主要集中在道教老学和道教经学的诠释与创制活动之中。因此,本小节将主要针对这两个方面来说明其中所蕴含的体用思想。

① 法上:《十地论义疏》卷 1,《大正藏》,第 85 册,第 771 页下。
② 法上:《十地论义疏》卷 1,《大正藏》,第 85 册,第 762 页下。
③ 卢国龙:《道教哲学》,华夏出版社,2007 年,第 116 页。

一、汉魏六朝道教经学与体用思想

(一) 汉魏晋道教经学概说

1.《老子》与道经创制

东汉张道陵创立五斗米道,借《老子》五千文来弘道阐微,意味着道教老学的正式形成。三张①所传的《老子想尔注》,通过对《老子》创造性的诠释,建立了道教神学理论体系。魏晋六朝,道士纷纷解《老》,道教老学的思想内容逐渐丰富。"《道藏》绝大部分经书无不或多或少依附《道德经》自尊其教。"②这一时期,较为重要的老学著作有:张天师著《老子想尔注》,葛玄著《老子道德经序诀》,楼观道的《太上老君中经》,又名《珠宫玉历》,以及《老君玉历真经》(疑为东汉时期作品),还有梁谌所著《西升经》,亦是"为道教阐发《道德经》要义而作"。③ 类似的还有《太上老君内观经》、《老子变化经》和《老子化胡经》等。

2. 道教老学的义理化倾向

道教老学的义理化倾向在早期道教起源时就已经产生,到南北朝时期,道教人士注解《老子》成为一时的风尚,陆修静、顾欢、陶弘景、孟景翼、孟智周、臧玄靖、窦略、诸糅、宋文明等道教人士,不仅都有《老子》注问世,而且他们大多数人的解《老》都是"以重玄为宗"。对于两个时期的道教老学特点,有学者认为,"如果说早期道士解《老》时注重神化老子及从术的层面对老子思想加以发挥,那么到南北朝时期,道教老学的旨趣发生了明显的变化,对义理的探讨成为重点,其标志是道教重玄学的产生和发展"④。

(二) 河上公《道德真经注》

河上公亦称"河上丈人"、"河上真人"等,齐地琅琊一带方士,黄老哲学的集大成者,黄老道的开山祖师。河上公的最主要贡献是为老子的《道德经》作注。虽然历代注家不绝,但其中影响最大、流传最广的还是由河上公作注的《道德真经注》,又名《河上公章句》,亦称《道德经章句》,应该是最古的《道德经》注本之一。⑤ 下面着重分析其中的体用思想。

---

① 汉末五斗米道的三个首领张陵、张衡、张鲁。三人之名见《三国志·魏志·张鲁传》。
② 李养正:《道教经史论稿》,华夏出版社,1995 年,第 266 页。
③ 卿希泰主编:《中国道教》第二卷,东方出版社,1996 年,第 66 页。
④ 刘固盛:《道教老学史》,华中师范大学出版社,2008 年,第 50 页。
⑤ 台湾学者郑灿山通过对文献数据的考察,推论河上公注之成书年代大约在东汉中晚期。认为它是一部融合汉代思想与神仙观念而向道教发展之过渡性经典。透过河上真人与汉文帝之神话传说之推波助澜,加强了河上公注之神圣性,逐步造就此书之圣经式地位。以至后来河上公注被编入"三洞四辅"之太玄部中而正式成为道教徒传承之圣典。详见郑灿山:《〈河上公注〉成书时代及其思想史、道教史之意义》,《汉学研究》,第 18 卷第 2 期,2001 年 12 月,第 85—112 页。

【1】"生之、畜之。生而不有，为而不恃，长而不宰，是谓玄德。"注：道生万物而畜养之。道生万物，无所取有。道所施为，不恃望其报也。道长养万物，不宰割以为器用。言道行德，玄冥不可得见，欲使人如道也。①

此处强调道生养万物而又不取不为不宰割的关系。

【2】"三十辐共一毂，当其无，有车之用。埏埴以为器，当其无，有器之用。凿户牖以为室，当其无有室之用。故有之以为利，无之以为用。"
注：古者车三十辐，法月数也。共一毂者，毂中有孔，故众辐共凑之。治身者当除情去欲，使五藏空虚，神乃归之。治国者寡能，揔众弱共使强也。无，谓空虚。毂中空虚，轮得转行，舝中空虚，人得载其上也。埏，和也。埴，土也。和土以为饮食之器。器中空虚，故得有所盛受。谓作屋室。言户牖空虚，人得以出入观视；室中空虚，人得以居处，是其用。利，物也，利于形用。器中有物，室中有人，恐其屋破坏，腹中有神，畏其形亡也。言虚空者乃可用盛受万物，故曰虚无能制有形。道者空也。②

此处根据车、器、室三物之利用的发挥而得出结论："虚空者乃可用盛受万物，故曰虚无能制有形。"最后指明"道"之实质即是"空"。

【3】"反者道之动，弱者道之用。天下万物生于有，有生于无。"注：反，本也。本者，道之所以动，动生万物，背之则亡也。柔弱者，道之所常用，故能常久。天下万物皆从天地生，天地有形位，故言生于有也。天地神明，蚑飞蠕动，皆从道生。道无形，故言生于无也。③

【4】"道生一，一生二，二生三，三生万物。万物负阴而抱阳，冲气以为和。"注：道使所生者一也。一生阴与阳也。阴阳生和、清、浊三气，分为天地人也。天地人共生万物也，天施地化，人长养之也。万物无不负阴而向阳，回心而就日。万物中皆有元气，得以和柔，若胸中有藏，骨中有髓，草木中有空虚与气通，故得久生也。④

上述两则都重在从宇宙论层面讨论道与万物的关系。【3】中以反为道

① 河上公：《老子注·能为第十》。
② 河上公：《老子注·无用第十一》。
③ 河上公：《老子注·去用第四十》。
④ 河上公：《老子注·道化第四十二》。

之本,以柔弱为道之用。"天下万物生于有"是指天地为有形位者,是具体事物的生成的根源,而所谓"有生于无"则指天地万物都是从无形之道所生,道之无在于其是无形的,而非不存在。如此一来,万物之所生一方面要直接根源于天地之有,同时又和天地之有一样以道为根本。显然这里隐含着万物生存的两重根源,一是生存之实质源自有形之天地,生存之原理源自无形之道。【4】中同样坚持这一思考逻辑,理解老子原文"道生一,一生二,二生三,三生万物"的关键在如何理解"生",河上公在此提出两种不同的"生"。一是"道生一",他注解为"道使所生者一",显然与后面的"一生阴与阳"与"阴阳生和、清、浊三气"以及"天地人共生万物"完全不同。后面的"生"乃为一般之创生、产生之义,而"道使所生者一"表明这个"一"并非从"道"中产生出具体存在之"一",而后又从"一"之中分生出阴阳来,"一"乃是道使所生的万物得以自身同一即存在,并使万物之间得以统一的最高原则或力量,显然此"一"乃是超越阴阳、天地人和万物的。从某种意义上说此"一"即是"道"的具体显现。如图所示:

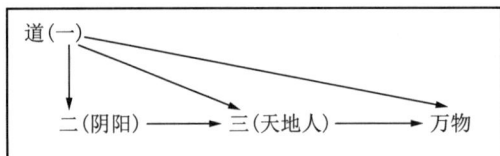

如图所示,此种两种"生","道生一"为"本体—显现"意义上之生,而后面之生则都是"实体—创生"意义上的生。值得注意的是,后来的道家道教宇宙论基本上都注意到这两个层面之"生"以及道与万物的关系。依照体用逻辑而言,则是两种体用逻辑的集中体现。

(三)《老子指归》:"道德,天地之神明也;天地,道德之形容"

严遵(前86—公元10)著《老子指归》,其最大的贡献是使道家学说更加条理化或者说义理化。扬雄少时以严遵为师,他称赞严遵"不作苟见,不治苟得,久幽而不改其操,虽随、和无以加之"。下面对其体用思想做简要的梳理。

【1】虚之虚者生虚者,无之无者生无者,无者生有形者。故诸有形之徒皆属于物类。物有所宗,类有所祖。天地,物之大者,人次之矣。夫天人之生,形因于气,气因于和,和因于神明,神明因于道德,道德因于自然:万物以存。故使天为天者非天也,使人为人者非人也。……由此观之,有生于无,实生于虚,亦以明矣。是故,无无无始,不可存在,无形无声,不可视听,裹无授有,不可言道,无无无之无,始未始之始,万物所由,性命所以,无有所名者谓之道。

此处是对《老子》中"道生一"篇所做的宇宙论阐释,其中关键在提出"虚之虚者生虚者,无之无者生无者,无者生有形者",在"虚无"之上还建立一个更高的存在即"虚之虚者"和"无之无者"作为"虚无"的所生之根源,而"虚无"又是"有形"物类的根源所在。具体的宇宙生成论图示如下:

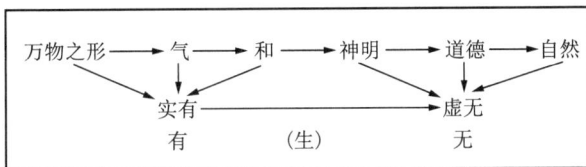

```
万物之形 ──→ 气 ──→ 和 ──→ 神明 ──→ 道德 ──→ 自然
                ↓                              ↓
              实有 ──────────────────────→ 虚无
               有        (生)                无
```

显然,严遵在这里实际上是要把一切实有存在的根据——"万物所由,性命所以"——建立在"虚无"之上,这和老子有无并重的立场已有所区别,更接近庄子的无为有本的立场,直接启发了王弼的"贵无"思想。

【2】万物之生也,皆元于虚,始于无。背阴向阳,归柔去刚,清静不动,心意不作,而形容修广、性命通达者,以含和柔弱而道无形也。是故,虚无无形微寡柔弱者,天地之所由兴,而万物之所因生也;众人之所恶,而侯王之所以自名也;万物之原泉,成功之本根也。①

这里仍然是承接【1】中的思想,来阐发万物生存的根源所在,它明确以"虚无、无形、微寡、柔弱"者为"万物之原泉,成功之本根";最为关键的是其中同时使用"元始"、"原泉"和"本根"等概念,表明作者强烈的本体思维意识。

【3】是以圣人,虚心以原道德,静气以存神明,损聪以听无音,弃明以视无形。览天地之变动,观万物之自然,以觐有为乱之首也,无为治之元也,言者祸之户也,不言者,福之门也。②

这里是从工夫论层面来阐明圣人如何"虚心静气"以回归万物之本原。

【4】夫原我未兆之时,性命所以,精神所由,血气所始,身体所基,以知实生于虚,有生于无,小无不入,大无不包也。本我之生,在于道德。孕而未育,所以成形。至于出冥,以知深微纤妙和弱润滑之大通也,无知无识无为无事之有大功也。……稽之天地,验之古今,动不相违,以

---

① 严遵:《老子指归·道生一篇》。
② 严遵:《老子指归·至柔篇》。

知天地之道毕于我也。故家者,知人之本根也;身者,知天之渊泉也。①

此处很重要的一点,是因为"我"之存在根源在于无形的道德,即"本我之生,在于道德",所以我也可以通过我自己的存在而了知天地之道的全部,即"知天地之道毕于我"。我自己的存在即是我自身和我的家庭,透过家可以知人之本根,透过自身可以知天之渊泉。实际上建立一种以我(人)为中心的"本体—体知"模式。如图所示:

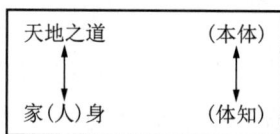

```
┌─────────────────────────────┐
│  天地之道          (本体)    │
│    ↕                ↕        │
│  家(人)身          (体知)    │
└─────────────────────────────┘
```

【5】道德无形而王万天者,无心之心存也;天地无为而万物顺之者,无虑之虑运也。由此观之,无心之心,心之主也;不用之用,用之母也。……托道之术,留神之方,清静为本,虚无为常,非心意之所能致,非思虑之所能然也。②

此处提出"无心之心,心之主也;不用之用,用之母"之说,显然这也是从工夫修养论的角度来说明"无"对于"有"的本体地位,特别提出了"不用之用"与"有用之用"之间为母子关系,不过这里的母子关系非指创生关系而是本根、根据关系。

【6】或曰:道德,天地之神明也;天地,道德之形容也。何以明之?道德包万天也。庄子曰:夫天地有类而道德无形。有类之徒,莫不有数;无形之物,无有穷极。以有数之物托于无穷,若草木离土,众星离天,不足以喻焉。而谓之不然,则是不通乎有无相包,虚实相含。③

此处直言道与天地万物的关系,他提出"道德,天地之神明也;天地,道德之形容"的说法。"神明"强调无形无限的"道德"是有类有数的"天地"的主宰依据,而反过来,有形有数者是无形无限者的具体表现——即所谓"形容"。显然这里表明了道德与万物之间乃是"根据—表现"的关系,这也是后来体用范畴或逻辑的重要内涵之一。在此也被作者赋予了"有无相包,虚实

---

① 《老子指归·不出户篇》。
② 《老子指归·圣人无常心篇》。
③ 《老子指归·道生篇》。

相含"的内涵,事实上这种内涵到王夫之时被纳入"体用相函"①的逻辑表达中。

【7】夫道之为物,无形无状,无心无意,不忘不念,无知无识,无首无向,无为无事,虚无澹泊,恍惚清静。其为化也,变于不变,动于不动,反以生复,复以生反,有以生无,无以生有,反复相因,自然是守。无为为之,万物兴矣;无事事之,万物遂矣。是故,无为者,道之身体而天地之始也。……庄子曰:道之所生,天之所兴。始始于不始,生生于不生。存存于不存,亡亡于不亡。凡此数者,自然之验、变化之常也。②

这里严遵描述道的方式与王弼之"体无用有"模式非常相似,可以看作王弼的先导。虽然他没有直言"体用",但不妨碍采用体用范畴来予以说明,因为其中已是鲜明的体用逻辑了。更重要的是,就道之存在之体,即他所说的"道之为物"而言,道之体是虚无的,但就其化成万物之用来说,道之用则是"变于不变,动于不动,反以生复,复以生反,有以生无,无以生有,反复相因,自然是守"。也就是强调在道体层面——无是有之本体,但在道用层面——则是"有无相生、反复相因"的。显然这里触及了两个层面的有无关系,如图所示:

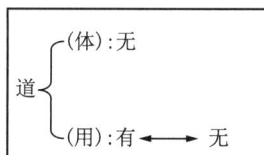

如图所示,第一层次的有无关系是道之体用之间也即是道与万物之间的,在此层次,有无是单向的,即无为有的本体根据;第二层次的有无关系在"用"层面的双向关系,这表明道之"用"实质上是一个运用有无相生之原理以化成万物的过程,其本身就是表示"自然之验、变化之常"的"道"本身的具体体现。显然这一思想极为深刻地影响了后来各派学者对老子的注释。

【8】道无不有而不施与,故存万物以存;无所不能而无所为,故万物以然。何以明之? 夫道体虚无而万物有形,无有状貌而万物方圆,寂然无音而万物有声。由此观之,道不施不与而万物以存,不为不宰而万物以然。然生于不然,存生于不存,则明矣!③

---

① 王夫之:《周易外传》卷五,《船山全书》第一册,岳麓书社,1988年,第1023页。

② 《老子指归·天下有始篇》。

③ 《老子指归·方而不割篇》。

这里直接明言道体是虚无,而万物为有形。所谓虚无即是不施不与和不为不宰,但正是如此的虚无才成就了万物如此这般的生存——存和然。但存和然又必须以"不然"和"不存"为本源和根据,此"不存"和"不然"则是虚无之道。这一思想即表现在下面的论述中。如:

【9】道德不生万物,而万物自生焉;天地不含群类,而群自托焉;自然之物不求为王,而物自王焉……体道合和,无以物为,而物自为之化。[①]

道与万物的关系被明确为"不生",也就是否定了道直接创生万物的可能,而强调万物之自生。这一点在王弼那里没有得到凸显,直到郭象才以"独化说"阐明这一点。"体道合和"表明"体"即是"合",体道即是与道之体用合一,具体来说就是要实践无为而万物自生自化的精神或原则。

【10】夫无形无声而使物自然者,道与神也;有形有声而使物自然者,地与天也。神道荡荡而化,天地默默而告;荡而无所不化,默而无所不告;神气相传,感动相报;反沦虚无;甚微以妙;归于自然,无所不导。[②]

此处与前面不同的,是不仅强调无形之道德神明对于万物的作用,还突出有形之天地对无万物的作用,都是"使物自然"者。这样就给万物的生化设置了两个本体,一个是无形的道德神明,一个是有形的天地,显然无形又是有形的根本所在。若如此就形成如下的结构模式:

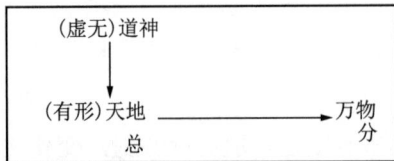

(四)《周易参同契》:春夏据内体,秋冬当外用

《周易参同契》,简称《参同契》,是一部将《周易》、黄老与炉火三者融合为一的炼丹修仙养身著作。它在形成过程中,受到了《周易》、汉易学、道家思想、儒家思想、黄老思想以及阴阳五行说的影响。

【1】日辰为期度,动静有早晚,春夏据内体,从子到辰巳。秋冬当外用,自午讫戌亥。赏罚应春秋,昏明顺寒暑。爻辞有仁义,随时发喜怒。

---

① 《老子指归·江海篇》。
② 《老子指归·言甚易篇》。

如是应四时,五行得其序。①

"春夏据内体……秋冬当外用"这是历来为学者所乐道的"体用"相对同出的最早句例之一。那么,其中的体与用到底是什么含义和关系呢? 由孟乃昌与孟庆轩所编辑的《万古丹经王:〈周易参同契〉三十四家注释集萃》中集萃了三十四家不同时期的注释,其中关于此段的注释可谓大同小异。在此略举几家有代表性的予以说明:

> 阴长生(东汉)注:卦有内体和外体之分,内为阳,外为阴,内为体,外为用。所谓春夏据内体,即指当乾之初九、九二、九三也;秋冬当外用,复当坤之初六、六二、六三也。②
>
> 朱熹(南宋)注:"春夏谓朝,秋冬为暮。内体谓前卦,外用谓后卦。此亦六十卦之凡例。"陆西星《测疏》云:"内体外用,亦指卦爻而言,盖内体即朝屯也,外用即暮蒙也。内体主动,外用主静。"③

综合各家注解,此处的"内外"多指两个方面:一是以前后两卦分为内外,譬如朱熹、陆西星等所言的屯卦为内,蒙卦为外。二是以一卦之上下分内外,如阴长生等。而对为何是"内体"和"外用"以及体用之间是何关系,诸家都有些语焉不详。但基本上都没有把它刻意地和体用范畴联系起来进行阐述。那此处的体和用到底是何种义涵,是否即是后来体用概念或范畴的雏形呢? 在此不急于结论,不妨来看另一段重要的文字。如下:

> 【2】天地设位,而易行乎其中矣。天地者,乾坤之象也;设位者,列阴阳配合之位也。易谓坎离,坎离者,乾坤二用。二用无爻位,周流行六虚。往来既不定,上下亦无常。幽潜沦匿,变化于中。包囊万物,为道纪纲。以无制有,器用者空,故推消息,坎离没亡。④(天地设位章第七)

先看诸家注释。阴长生注:"乾坤者,天地之用;坎离者,乾坤之用。"朱

熹注:"此引《易》而释之,以明乾坤坎离之用……乾坤二卦六爻,九六各有定位,唯用九、用六无定位,而六爻之九,即此九六之周流升降也。"陈显微(宋)注:"日月乃天地之易,坎离即人身中之易。乾坤其体也,坎离其用也。二用无爻位,周流行六虚……犹阴阳交感,化生万物,而为道之纲纪也。"①

原文以天地为乾坤,易为坎离;天地设位,易行乎其中。以坎离为乾坤的二用,即是以乾坤为定体。坎离二用显然无有定位,而是周流六虚,上下无常,但能变化万物,故为道之纲纪。上述注家的解释基本都在这个范围,唯有陈显微的注解最为显明贴切。无论是从后来的注释来看,还是从原文的文句结构与义涵逻辑来看,都可以肯定地说,此处乾坤和坎离之间具有被后来学者明确揭示出的一种关系,即体用关系。其所蕴含的逻辑为:乾坤为定体,坎离为变用,乾坤为坎离变用的根据,具体说乾坤为坎离的变化提供终极性场域或支撑,而坎离则在这个确定的场域中变化,以实现天地乾坤生化万物的功用。

接下来我们再来看案例【1】中的内体与外用。首先,从其前后的叙述内容和语势来看,此处整体上是想阐明,人应当根据大易卦爻变化的原理,来确定在不同的时间阶段中自身的修道模式或内容。显然,所谓"春夏据内体……秋冬当外用",即是其中的一个重要原则。其次,他把四季分为春夏和秋冬分为两个阶段,并以内和外标示这两个阶段,然后又把十二地支分为两个阶段,与春夏和秋冬之内外相应。由此可以推断,无论这里的内外的具体所指如何确定,其中体和用都是不可替换的相对性概念。最后,此处的"体"显然并非指形体或质体,当然也没有确切的证据确定体与用的内涵。

综上所述,有足够的证据证明《周易参同契》的作者已经具有较朦胧的体用概念意识,虽然此种体用观念还没有成为明确的体用概念,当然更没有成为具有稳定逻辑义涵的体用范畴,但这种体用意识的发生和形成,对于此后的体用概念和范畴的形成有很重要的启发和引导作用,后来诸多的诠释实践充分说明了这一点。

(五)《抱朴子·内篇》与体用

葛洪(284—364 或 343)为东晋道教学者、著名炼丹家、医药学家,字稚川,自号抱朴子,晋丹阳郡句容(今江苏句容县)人。三国方士葛玄之侄孙,世称"小仙翁"。他曾受封为关内侯,后隐居广东罗浮山炼丹。著有《神仙传》、《抱朴子内外篇》、《肘后备急方》、《西京杂记》等。

1. 体用概念辨析

首先来看《抱朴子·内外篇》中"体"与"用"的使用情况:

---

① 孟乃昌、孟庆轩编:《万古丹经王:〈周易参同契〉三十四家注释集萃》,华夏出版社,1993年,第 27 页。

【1】水性纯冷，而有温谷之汤泉；火体宜炽，而有萧丘之寒焰。①

【2】抱朴子曰：刚柔有不易之质，贞桡有天然之性。是以百炼而南金不亏其真，危困而烈士不失其正。②

【3】抱朴子曰：利丰者害厚，质美者召灾。是以南禽歼于藻羽，穴豹死于文皮，鳣鲤积而玄渊涸，麋鹿聚而繁林焚，金玉崇而寇盗至，名位高而忧责集。③

【4】狭见之徒，区区执一，去博辞精，思而不识，合锱铢而以齐重于山陵，聚百千可以致数亿兆，惑诗赋琐碎之文，而忽子论深美之言，真伪颠倒，玉石混淆，同广乐于桑间，均龙章于素质，可悲可慨，岂一条哉！④

【5】然则林宗可谓有耀俗之才，无固守之质，见无不了，庶几大用，符辨外发，精神内虚，不胜烦躁，言行相伐，口称静退，心希荣利，未得□玄圃之栖禽，九渊之潜灵也。⑤

【6】然荣华势利诱其意，素颜玉肤惑其目，清商流征乱其耳，爱恶利害搅其神，功名声誉束其体，此皆不召而自来，不学而已成。⑥

【7】昔黄帝生而能言，役使百灵，可谓天授自然之体者也，犹复不能端坐而得道。⑦

【8】郑君本大儒士也，晚而好道，由以礼记尚书教授不绝。其体望高亮，风格方整，接见之者皆肃然。⑧

【9】又术士或有偶受体自然，见鬼神，颇能内占。⑨

上述所举 9 个文例，足以说明葛洪对"体"概念的认识：其一，在【1】之中，"水性"与"火体"相对出，火本无定形，却以"体"言，表明葛洪此处之"体"已经不再局限于具体的形象层面而发展为决定事物之为该事物的"性"的层次，所以他认为万物各因类别不同而其体性也不相同。其二，在【2】之中提出任何事物都有其天然不易之真质、正性。这与【3】之"质美"【4】"素质"【5】之"固守之质"的内涵是一致的。其三，在【6】【8】之中，"体"与意、目、耳、神等生命要素相应，实指整体人格和内在生命。其四，在【7】【9】之中，"体"则意味着与自然之本性相符的生命个体。

---

① 葛洪：《抱朴子内篇·论仙》。
② 葛洪：《抱朴子外篇·博喻》。
③ 葛洪：《抱朴子外篇·博喻》。
④ 《抱朴子外篇·百家》。
⑤ 《抱朴子外篇·正郭》。
⑥ 《抱朴子内篇·至理》。
⑦ 《抱朴子内篇·极言》。
⑧ 《抱朴子内篇·遐览》。
⑨ 《抱朴子内篇·祛惑》。

2. 体用与玄道

【10】玄者,自然之始祖,而万殊之大宗也。眇昧乎其深也,故称微焉。绵邈乎其远也,故称妙焉。……因兆类而为有,托潜寂而为无。沦大幽而下沈,凌辰极而上游。……乾以之高,坤以之卑,云以之行,雨以之施。胞胎元一,范铸两仪,吐纳大始,鼓冶亿类,佪旋四七,匠成草昧,辔策灵机,吹嘘四气,幽括冲默,舒阐粲尉,抑浊扬清,斟酌河渭,增之不溢,挹之不匮,与之不荣,夺之不瘁。故玄之所在,其乐不穷。玄之所去,器弊神逝。①

【11】道者涵乾括坤,其本无名。论其无,则影响犹为有焉;论其有,则万物尚为无焉。……为声之声,为响之响,为形之形,为影之影,方者得之而静,圆者得之而动,降者得之而俯,升者得之以仰,强名为道,已失其真,况复乃千割百判,亿分万析,使其姓号至于无垠,去道辽辽,不亦远哉?②

【12】夫玄道者,得之乎内,守之者外,用之者神,忘之者器,此思玄道之要言也。得之者贵,不待黄钺之威。体之者富,不须难得之货。③

从【10】【11】文字中,我们可以看到,葛洪的"玄"的地位相当于老子的"道",他认为"玄"就像"道"一样,是自然万殊的"始祖"和"大宗",既是根源,又是宗极。至于什么是"玄",葛洪从两个方面来描述:一方面是"玄"的本身的存在状态,"玄"者是无比微妙高旷,它包涵一切有形可见的存在,超越一切常识,但它本身又是不可感知不可认识的。另一方面,它又无处不在,宇宙的一切都依赖它而存在,它照顾成就世间的一切却自身不受任何影响。这就是"玄",用葛洪自己的话来说:"玄"是"因兆类而为有,托潜寂而为无"。可见,葛洪的"玄"是一种既有既无、非有非无的存在。一方面是有,成就万物而为"有";一方面是无,超越有形常识,不可感知和认知,则是为"无"。虽然葛洪在这种有无描述中没有提及"体用"概念,但实际上与王弼僧肇在对"道"的描述中所使用的"体用"或"寂用"结构是完全一致的:玄之体为无,玄之用为有,因而"玄"即是一种"体无用有"的存在。

【12】显然是从人如何获得这种"玄道"的角度来说的,也即"思玄道之要言"也,这里的体、用都用于动词,所谓"用之者神"和"体之者富",即人若在生命实践中运用这"玄道",将会产生神奇神妙的效用;若能够使自己身心全部充盈此"玄道",这个人就是宇宙中最富有的存在。由此发现,用和体的对

---

① 葛洪:《抱朴子内篇·畅玄第一》。

② 葛洪:《抱朴子内篇·道意卷九》。

③ 葛洪:《抱朴子内篇·畅玄第一》。

象其实都是"玄道"本身。这种动词性的体用逻辑,在王弼处我们已经有很充分的讨论,不再赘述。

3.形神与有无

【13】夫陶冶造化,莫灵于人。故达其浅者,则能役用万物,得其深者,则能长生久视。

葛洪认为,只有人这种物类,最能体达那个"玄"道,达之浅者能够役用万物,达之深者可以长生久视,即可以成为"仙人"。

【14】夫有因无而生焉,形须神而立焉。有者,无之宫也。形者,神之宅也。故譬之于堤,堤坏则水不留矣。方之于烛,烛糜则火不居矣。身劳则神散,气竭则命终。根竭枝繁,则青青去木矣。气疲欲胜,则精灵离身矣。①

葛洪在此强调有无关系,有是凭借无依赖于无而存在,这可以说是对王弼思想的继承,在这样的逻辑底下,他提出人的"形"体要依赖"神"的支持才能保持长久。显然他认为形是有,而神则是无,很有意思的是他进一步明确有无和形神之间的关系:有者,无之宫也。形者,神之宅也。意思是说,"形之有"乃是"神之无"的居所,而反过来"神之无"则是"形之有"的主人。但接下来的譬喻则又把形与神比作堤坝与河水、火烛与火焰的关系。其中堤坝和河水的比喻不恰当,而火烛和火焰则比较接近有和无、实与虚的逻辑。这个关系可以和范缜的"形质神用"的结构进行一个比较:

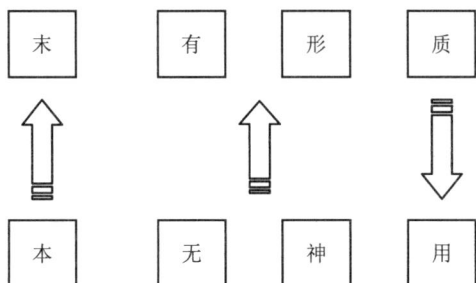

末	有	形	质
↑	↑		↓
本	无	神	用

根据这个图示,葛洪明确把形神纳入有无的结构中,虽然没有把它和本末明确结合起来,但他认为有是以无为本的。也就是说形式以神为主宰的。所以他进一步把形神有无关系说成是宅子与主人的关系:一方面"神"是居住在"形"或"身"这宅子里的,没有这个宅子就无法存在;另一方面,"神"又

---

① 葛洪:《抱朴子内篇·至理卷五》。

是这个宅子的主人,没有这个主人的维持护养,这个宅子很快就会腐败毁坏。形神之间就具有一种不可分离的关系,这和范缜的形质神用的不分离性是很接近的,而且他们都采用烛火的譬喻。但进一步分析就会发现,其中的差别是很大的:在范缜那里,强调的是形对神的基础地位,认为人的精神只是人的身体形"质"的一个作用,如果硬要纳入本末结构的话,恰好与葛洪的形以神为本相反,而是神以形为本。这正是神仙道教与众不同的地方,既认为神是形的主宰和根本,但其重视神的作用最终在于保持人身这个"形"的长生不朽,所以这可以看作葛洪版的"崇本以举末"。事实上在葛洪时代,其所谓"真人守身炼形之术"更多还是采用服气、饵食、金丹、房中等外在有形的方式。"欲求神仙,唯当得其至要,至要者在于宝精行炁,服一大药便足,亦不用多也。"

如果把范缜的"形质神用"结构看作体用模式的话,那葛洪的形有神无、形宅神主的模式,是否可以同样纳入体用结构之中呢? 结论是不可以。因为,形神之间虽然有很重要的相互作用的关系,但这种作用关系只是一种外在的支持制约关系,而非一种内在的生存性依存关系。也就是说,形神在葛洪看来仍然是相互独立的二元存在,尽管二者现实地互相缠绕在一起。这显然和范缜认为的神乃形质所产生的那种依存关系不同。而葛洪所明确采用的本末关系恰恰符合形神独立的二元关系。依此,我们可以认为,葛洪的思维结构仍然处在王弼为代表的玄学模式之中。

4. 道儒与本末、体用

葛洪作为神仙道教的崇信者,理论上除了论证神仙可至之外,还必须针对当时普遍的孔老之争也就是儒道之争,做出符合自己目标的论证。当然他在此采用了本末的结构来处理这一问题:

【15】仲尼,儒者之圣也;老子,得道之圣也。儒教近而易见,故宗之者众焉。道意远而难识,故达之者寡焉。道者,万殊之源也。儒者,大淳之流也。三皇以往,道治也。帝王以来,儒教也。谈者咸知高世之敦朴,而薄季俗之浇散,何独重仲尼而轻老氏乎? 是玩华藻于木末,而不识所生之有本也。①

葛洪认为,儒道有先后,道为源,在先;儒为流,在后。因此道为本,儒为末。依此为根据,随后立即明确这一结构:"或问儒道之先后。抱朴子答曰:'道者,儒之本也;儒者,道之末也。'"②值得注意的是这一表述的经典类型。

---

① 葛洪:《抱朴子内篇·塞难卷七》。
② 葛洪:《抱朴子内篇·明本卷十》。

他没有采用往常的说法：即道为本儒为末，而是采用一种互涉缠绕的方式，这一方式把儒道的关系嵌入得更紧密。

【16】且夫养性者，道之馀也；礼乐者，儒之末也。所以贵儒者，以其移风易俗，不唯揖让与盘旋也。所以尊道者，以其不言而化行，匪独养生之一事也。若儒道果有先后，则仲尼未可专信，而老氏未可孤用。①

这里指出儒道之教内部也有本末之分，譬如儒教，移风易俗才是其本，而揖让盘旋之礼只是儒教之末。至于道教，不言而形化是其本，长生养性之事不过是道之余罢了。在葛洪看来，虽然儒道之间有本末关系，同时又认为二者之间其实是可以互补的。他说："儒者，易中之难也。道者，难中之易也。"显然他接受了司马迁的观点，他说："唯道家之教，使人精神专一，动合无形，包儒墨之善，总名法之要，与时迁移，应物变化，指约而易明，事少而功多，务在全大宗之朴，守真正之源者也。"②

【17】凡言道者，上自二仪，下逮万物，莫不由之。但黄老执其本，儒墨治其末耳。今世之举有道者，盖博通乎古今，能仰观俯察，历变涉微，达兴亡之运，明治乱之体。③

大道括天地涵万物，但黄老为本，儒墨为末。关键是这里提出一个概念：一个致力于天下的有道者，必须要洞察"治乱之体"。

【18】今苟知推崇儒术，而不知成之者由道。道也者，所以陶冶百氏，范铸二仪，胞胎万类，酝酿彝伦者也。世间浅近者众，而深远者少，少不胜众，由来久矣。夫道者，内以治身，外以为国。疾疫起而巫医贵矣，道德丧而儒墨重矣。由此观之，儒道之先后，可得定矣。夫体道以匠物，宝德以长生者，黄老是也。④

儒道各有其功用，儒术之本在道，道不仅可以匠物治国，还可以治身长生。这种论调完全可以看作道教版的王弼政治哲学。

5. 圣仙之道与体用本末

---

① 葛洪：《抱朴子内篇·塞难卷七》。
② 葛洪：《抱朴子内篇·明本卷十》。
③ 葛洪：《抱朴子内篇·明本卷十》。
④ 葛洪：《抱朴子内篇·明本卷一》。

【19】夫圣人不必仙,仙人不必圣。①

【20】世人以人所尤长,众所不及者,便谓之圣。②

【21】且夫俗所谓圣人者,皆治世之圣人,非得道之圣人,得道之圣人,则黄老是也。治世之圣人,则周孔是也。③

【22】或曰:"圣人之道,不得枝分叶散,必总而兼之,然后为圣。"余答之曰:"孔子门徒,达者七十二,而各得圣人之一体,是圣事有剖判也。又云:颜渊具体而微,是圣事有厚薄也。又易曰:有圣人之道四焉,以言者尚其辞,以动者尚其变,以制器者尚其象,以卜筮者尚其占。此则圣道可分之明证也。"④

既然道儒有先后为本末,那如何看待儒家所推崇的圣人和道教所追求的仙人之间的关系呢? 首先,他把"圣人"定义为在某方面达到了众人所不能达到的境界的人,所以圣人的类型有很多种,黄老是得道的圣人,周孔只是治世的圣人。而世俗所称的圣人不过是治世的圣人而已。显然这种圣人的定义是不符合当时对圣人的要求的:圣人之道,不得枝分叶散,必总而兼之,然后为圣。而葛洪为了反驳这一观点,举出儒家两个事例来说明:孔子之徒三千,贤人七十二,他们都是得到圣人之体的一个方面的,这证明圣人之体是可以分判的;经典上说颜渊已经具有圣人之体,只是略显微小,尚未完备。这也说明圣人治道可以区分厚薄;《周易·系辞》中明确地说有四种圣人之道,这也可以成为圣道可分的明证。

圣人之道到底是总而兼之的整体,还是可分之体? 实际上就是一个有关"道体"性质的问题,这和佛教的顿渐之辩理论上属于同一层次的问题,但葛洪的目标在于强调——不可依据儒家治世圣人的标准来否定道教得道之圣人的存在和价值。

二、南北朝道教经学与体用思想

(一) 南北朝道教思想概论

元代马端临曾说:"道家之术,杂而多端,先儒之论备矣。盖清净一说也,炼养一说也,服食又一说也,符箓又一说也,经典科教又一说也。"⑤其中"清净"一说主要指老庄道家哲理,道教依托道家,但其真正系统吸收道家哲理,还是要到隋唐时候,以道教重玄学为代表。"经典科教"即道教的教义文

---

① 葛洪:《抱朴子内篇·辩问卷十二》。
② 葛洪:《抱朴子内篇·辩问卷十二》。
③ 葛洪:《抱朴子内篇·辩问卷十二》。
④ 葛洪:《抱朴子内篇·辩问卷十二》。
⑤ (宋)马端临:《文献通考》《卷二百二十五·经籍考五十二》,《钦定四库全书荟要》本。

本和活动规范，也是在东晋南北朝时期逐渐形成体系的。至于此前民间黄老道派的学问和技能，便主要是炼养、服食、符箓三类。炼养、服食主要为养生和修仙的方术，称为"仙道"，而符箓则为鬼神之术，史称"鬼道"，于汉末民间因普通百姓的祭祀需要而兴起。而神仙方术之士，一般为个人隐居修炼，与民众联系较少。所以在东晋之前，未能见到以仙道为中心的教团组织。

东晋时期，南方民间流行的黄老道派中，除了汉末兴起的天师道以外，影响较大的，先有三皇派，而上清派和灵宝派则后来居上。三皇派是两晋之际在江南流行的黄老道法中比较有影响的一派，西晋时兴起于北方，以《三皇文》为代表，奉行一种与神仙观念相联系的鬼神方术。

南北朝道教与魏晋道教最大的差别，在于道教义学的发展。南北朝时期道教融摄《老》《庄》义学的开展，因佛道论争和教外学术风气的影响，呈现出日益广泛而且深入的趋势。"广泛"表现在研究的人越来越多，及隋唐之际，老庄乃成为道教讲学之宗本，即如《隋书·经籍志》所载："其所以讲经，由以《老子》为本，次讲《庄子》及《灵宝》《升玄》之属。""深入"则表现为从神化老庄并援引以助证神仙信仰，发展到深入老庄之理窟，以注疏论义等多种著述形式，对老庄的思想理论进行诠释，加强自身的理论建设。这种趋势上承魏晋玄道之传统，下启隋唐重玄之学术。

中国古代的学术和流派，通常都不是由阐述某一特定概念而形成的，也不像近现代的学术或学派那样，在形成之前便确定了宗旨、发展宣言。"玄学"作为正式学科是在南朝刘宋时才出现①，而玄学的学术开展在魏晋时期，显然，我们不能因为玄学名词出现较晚而判断魏晋时还没有形成玄学。

就思想理论而言，学者卢国龙认为，道教重玄学可以概括为两个思想主题、一种理论方法。两个思想主题即道体论和道性论，一种方法即重玄或双遣兼忘。"双遣"多用于道体论，"兼忘"则多用于道性论。这种思想主题和理论方法既可以用来概括隋唐时大盛的道教重玄学，也可以用来概括南北朝道教义学，只不过在南北朝时，其理论方法有一个渐趋成熟的过程，宋齐不显，梁陈方彰。至于思想主题，自南北朝而隋唐，则是一以贯之的。②

（二）早期重玄学与体用

阐释老子著作③是南北朝新道教义学最基本的学术形式。从有关资料来看，阐释《老子》，南朝大概从刘宋时期的陆修静开始，北朝则从北魏的刘仁会开始。继刘仁会之后，有北周的韦处玄著有《老子义疏》四卷，他还撰有

---

① 早期的"玄学"指魏晋时谈玄的学问，并非学科意义上的玄学。学科意义上的玄学始于刘宋元嘉十五年(438)，宋文帝在建康建立儒学馆、史学馆、文学馆、玄学馆，实行分科讲授。详见于《南史》卷二《宋本纪·文帝纪》和《宋书·隐逸·雷次宗传》。

② 卢国龙：《道教哲学》，华夏出版社，2007，第182页。

③ 从道教的立场来说，老子著作不止《道德经》。唐孟安排《道教义枢》曰："尹生所受者，唯《道德》、《妙真》、《西升》等五卷。"

《西升经注》，以及据传为他所传授的《定观经》、《内观经》都属于以道教经典形式敷阐《老子》的著作。南朝道教注疏《老子》者，较北朝为多，继陆修静之后，有顾欢、陶弘景、孟智周、臧玄靖、宋文明、诸糅、窦略等人。

顾欢解《老子》的著作，有《老子义纲》和《老子义疏》二种，在此之前，顾欢又发表《夷夏论》，引发佛道二教的一场激烈论争。此次论战对南朝道教义学的发展起到了很大的刺激作用，并且成为道教摄取援引"重玄"思想的历史契机。到南梁之时，道教学者与教外人士相继解释《老子》，成为一时之风气。

孟智周、臧玄靖、宋文明等，都是南朝梁陈二代著名的义学道士。孟智周著有《老子义疏》五卷，见于《隋书·经籍志》著录和杜光庭的序录，据法琳在《辨正论》中载，他曾修撰《道德玄义》三十三卷。杜光庭序录六十家《老子注》，载明"梁道士臧玄静，字宗道，作疏四卷"，"法师宗文明，作《义泉》五卷"。此处的宗文明乃是宋文明之误，《义泉》即是《道德义渊》，盖因避唐高祖名讳而改。梁简文帝时，因张讥、周弘正等人提倡，"三玄"之学再度繁兴，道教义学蓬勃兴起，其间习气互相感染，自然不可避免。

总之，南北朝道教义学的思想理论，涉及很多人物，成果颇丰，但可惜的是这些义学资料大多缺失，只保存了一些残本甚至只有某些类书或集注本中引录的一鳞半爪，很难见其学术思想的整体与全貌。接下来，本节将尽可能利用现存的文献资料，重点讨论陆修静、顾欢、宋文明、臧玄靖和韦处玄等五位道教学者的重玄思想与体用思维之间的互动关系。

1. 陆修静："总括体用，分别条贯"

陆修静（406—477），字符德，吴兴东迁（今浙江吴兴东）人，诏谥简寂先生，以庐山旧居为简寂馆。陆修静可以说是"综括三洞"的南朝一代道学宗师。他与天师道、上清派、灵宝派皆有渊源，但皆无直接的师承关系，自称"三洞弟子"。道宣在《广弘明集》卷四中对其评述曰："昔金陵道士陆修静者，道门之望，在宋齐两代，祖述三张（张陵、张衡、张鲁），弘衍二葛（葛玄、葛洪）。"

（1）道经整理与"三洞四辅"

陆修静对改造旧道教、建立士族新道教有很大的贡献。一是他针对传统祭酒制度的腐朽败落，提出一套整顿和改革的措施，促使道官制度的兴起；二是他汲取融合儒家的封建礼法、道德规范以及佛教的"三业清净"的思想，从而使道教斋法不仅有了系统的仪式戒科，而且使斋戒仪范的理论更加完备；三也是最为重要的，陆修静在整理道教经典的同时，又创造了三洞、四辅、十二类的道教典籍分类体系，为隋唐以后历代整理道书、编修"道藏"所沿用。

陆修静整理道教经典，其功绩不仅在于刊录并刊正了当时一些道书中的谬误,更重要的是他首创了在道教史上有深远意义和影响的道教典籍分类方法——"三洞四辅十二类",即将道书分为三大类:洞真、洞玄、洞神;四辅:太玄、太平、太清、正一共七大部类;其中三洞各部又分为十二小类。这一分类法的形成,既与道教的宗教神学有关,也反映了早期道经传世的实际情况(七大部收入的实际就是汉魏六朝时期先后问世的七组道经)。虽然东晋时期许多道经中已初步形成了"三洞"的概念,但其说法还不太严格和统一,直到宋文帝元嘉十四年(公元 437),陆修静开始比较自觉地对其进行整理,并自称为三洞弟子。泰始七年(公元 471),陆修静居崇虚馆,受宋明帝之命广收道经,对道经详加甄别增修,最后撰成《三洞经书目录》。三洞的分类法才正式成为道教经典的分类标准。

将三洞真经分为十二类,也是陆修静首创。"十二类"原是陆修静编撰《灵宝经目》时"总括体用,分别条贯"①,提出《灵宝经》的十二种品类。第一本文,指灵宝天书真文,据说修行其法可以检校神仙图策,术仙致真,校正星宿运行分度,摄制魔鬼,效帝水帝蛟龙。第二神符,据称为神真符信,能召令群神,制勒百方。第三玉诀,为解释本文之书。第四灵图,为"玄圣所述神化灵变之象"。第五谱录,"玄圣所录圣真名讳,神宫位第"。第六戒律,为讲述因果报应及戒律之书。第七威仪,为六种灵宝斋醮仪式。第八方法,为"玄圣所述神药灵芝,茅金水玉之法"。第九众术,为"玄圣所述思神存真,心斋坐忘,步虚飞空,餐吸五方气,导引二光之法"。第十证传,"玄圣所述学业得道成真之法"。第十一玄章,为赞颂众圣之辞。第十二表奏,为"传授经文,登坛告盟之仪"。

三洞之外又有四辅之分,这大概也是陆修静的首创。辅的意思是辅赞、辅助,就是以四组道书作为三洞真经的辅助——《太玄》辅《洞真》,《太平》辅《洞玄》,《太清》辅《洞神》,《正一》通贯总成。从内容看,《太玄部》收录的是老子《五千文》以下诸经,《太平部》是《太平经》,《太清部》是金丹诸经,《正一部》是《正一经》。南宋金元中《上清灵宝大法序》云:"宋简寂先生陆修静分三洞之源,立四辅之目,述科定制,渐见端绪。"(《道藏》正一部)至梁初,又有孟法师撰《玉纬七部经书目》,阐述三洞四辅的宗旨和源流,使七部分类法更加系统化、理论化。

三洞四辅这一道书分类体例,在道教史上影响深远,隋唐以后历代整理道书,编修《道藏》,均沿用这一分类法。但这一体制还不仅是一种道书分类法,同时也包含着区分道经品级高低和排列道士的阶级次序的意思。按道教的规定,修持不同道法的道士有不同称号,如主修《正一经》者,称正一弟

---

① 据敦煌本梁宋文明《通门论》记载,他在《通门论》转录了陆修静的《灵宝经目》之后,接着说明陆修静对十部元始旧经"总括体用,分别条贯,合有十二种"。

子,正一法师;主修《太玄经》者称高玄弟子、高玄法师;主修《灵宝经》者称灵宝弟子、灵宝法师;主修《上清经》者称洞真弟子、洞真法师,等等。道教徒还认为,由于各家修行方式各有侧重,并且各种经典的品级也有高低之别(《上清经》最高,《正一法录》最低),道士修行得道的位业也各有所不同,如修洞神或太清法仅能成"仙"。修灵宝者可以成"真",修上清者能成"圣",等等。因此,后来的道教科戒仪式中,规定学道者修持经法要由低而高,循序渐进,逐级受经修行,不得逾越。南北朝至隋唐时期一些道书规定,道士修持经法的次序是:先修正一,次洞渊或洞玄,次洞神,次升玄,次洞玄,最高是洞真上清。这个次序与陆修静的"三洞四辅"的分类法与次序基本相应,可以说陆修静也是这一体系的奠基者。

总之,陆修静于宋泰始七年(公元471)撰定的这部《三洞经书目录》,是我国最早的道教经书目录,它奠定了《道藏》的初步基础。陆修静自称为"三洞弟子"是名副其实的。

(2)道教斋法与体用

陆修静一生著作甚丰,有关斋戒仪范者尤多。刘大彬《茅山志》谓其"著斋戒仪范百余卷",今《正统道藏》存有《太上洞玄灵宝众简文》、《洞玄灵宝五感文》、《陆先生道门科略》、《太上洞玄灵宝授度仪》、《洞玄灵宝斋说光烛戒罚灯祝愿仪》各一卷。另有《灵宝经目序》、《古法宿启建斋仪》、《道德经杂说》、《三洞经书目录》、《陆先生答问道义》、《陆先生黄顺之问答》,可惜均已不存。《灵宝道士自修盟真斋立成仪》、《三元斋仪》、《然灯礼祝威仪》、《金箓斋仪》、《玉箓斋仪》、《九幽斋仪》、《解考斋仪》、《涂炭斋仪》等也已亡佚,某些内容散见于《无上黄箓大斋成立仪》中。

在其《太上洞玄灵宝法烛经》(简称《法烛经》)、《洞玄灵宝斋说光烛戒罚灯祝愿仪》(简称《光烛祝愿仪》)二书,却保存了陆修静援引《老子》文以与灵宝斋义相互发挥的资料,十分珍贵,有助于了解他对《老子道德经》的特殊诠释。上述二书充分反映了陆修静重视灵宝斋法、整理灵宝教经教道法的情形,其中值得注意的是其对"斋体"的认识。

陆修静把斋戒作为修道的根本,他说:"道以斋戒为立德之根本,寻真之门户。"①不仅重视对各种斋戒法式的整合,还特别强调对斋戒的根本精神的重要性,他在《洞玄灵宝斋说光烛戒罚灯祝愿仪》中说:

> 若斯之徒,虽欣修斋,不解斋法,或解斋法,不识斋体,或识斋体,不达斋义,或达斋义,不得斋意。纷纭错乱,靡所不为,流宕失宗,永不自

---

① 陆修静:《洞玄灵宝五感文》,《正统道藏·正一部》。

觉，譬背惊风而顺迅流，不知泝徊反源，遂长沦于苦海，可不悲哉。①

　　这里提出的斋戒之法、体、义、意的概念是非常重要的。虽然陆修静没有进一步解说其各自内涵和相互关系，但从其表述的角度仍然可以了解到：所谓"斋法"当是特指修斋的具体内容、方法和仪轨；而"斋体"，应当是指修斋的根本原则或精神实质；至于"斋义"和"斋意"，则应当是比"斋体"更为抽象超越的修道目标。

　　那陆修静所谓的"斋体"为何呢？他在《洞玄灵宝斋说光烛戒罚灯祝愿仪》中说："夫斋者，正以清虚为体，恬静为业，廉卑为本，恭敬为事。"在《洞玄灵宝五感文》中"无与道合。道体虚无，我有故隔，今既能忘，所以玄合"。他还说："至道清虚，法典简素，恬寂无为，此其本也。"在《太上洞玄灵宝法烛经》中，他说："念净神静，斋之义也。"还有"以淡泊为心，虚无为意，中和为主"。结合唐代杜光庭《道德真经广圣义》中所引陆修静之论云："虚寂为道体，谓虚无不通，寂无不应也。"由此可见，对陆修静而言，所谓"斋体"的本质即是人体对道体的确认与皈依，也就是"体与道合"。既然道以虚无、虚寂、清虚为体，而斋戒又是修道求真的根本和门户，那么修斋之根本也必然是以"清虚"为根本，这个"根本"就是所谓的"斋体"。"斋义"和"斋意"，不过是"斋体"的内在之意蕴所在，而所谓的三等十二法之"斋法"则是此"斋体"的外在之形式所在。无论斋法，还是斋义、斋意，其实都是以"斋体"为中心而展开的。这种对"斋体"的重视，从根本上是修道者对道家之"道体"的必然呼应，显然这种呼应在早期的民间黄老道教的实践中是没有被重视的。由此可以看出，陆修静时代的道教已经不满足于只是具体斋法的运用，而是开始注重援引《道德经》的义理，将其融入灵宝斋仪中，以期提炼和提升道教修炼实践的超越性，使形而下的斋戒之法具有更多形而上的意味，激发更多的士大夫等精英人士对道教产生兴趣。

　　从体用论的角度来看，陆修静不仅已经具有很明确的"道体"和"斋体"的观念，并且还把"斋体"和"道体"联系起来，形成一个"本体—工夫"的结构，即以"道体"为修道之根本依据和最终目标，此即"本体"；以"斋体"为修道之手段和方法，此即"工夫"。但陆修静未能也不可能把此"本体—工夫"纳入体用的模式中，即以"道体"为体，以"斋体"为用。他的体用观从整体上是与王弼为代表的魏晋玄学相一致的，具体表现在他对《老子》的解读之中。

　　陆修静对《老子》颇有研究，著有《老子道德经杂说》一书，惜不存于世，从辑佚资料来看，虽然难窥其老学思想之全貌，我们还是可以从一些片段资料中略见其老学与体用思想之一斑。元朝道士刘惟永编《道德真经集义》

卷一引录《杂说》云："无名者,太始也,故为天地之父。有名者,太极也,故为万物之母。天地,万物之合;万物,天地之离。于父言天地,则万物可知矣。于母言万物,则天地亦可知矣。常无欲至观其徼,道之本出于无,故常无所以自观其妙。道之用常归于有,故常有得以自观其徼。"[①]

在这里,陆氏以《易纬》之太始、太极范畴诠解《老子》之无名、有名,又将"有无"理解为道之用和道之本。并以父母来言天地与万物之离合。最终认为道之本出于无,道之用归于有,实际上即是对道的完整描述为"本无用有"。"本无"具有创生性,"用有"具有归属性。从哲学上来说,其体用逻辑关注的重点仍然在"道"之"有无"上,透过"体无用有"的逻辑来表明"有无"并非在同一个层面对道的描述,有与无非但不会矛盾,而且必须是同时共存的。由此可见陆修静与王弼及整个魏晋玄学的继承性。

2. 顾欢:道之体无用有

顾欢(生卒年不详)是上清派的信奉者和重要传人,更是当时的老子学大家之一;[②]同时还是南朝道佛斗争中的著名人物。他作《夷夏论》,站在道教立场上,用中国传统"夏尊夷卑"的观点来反对佛教。此文一出,立即遭到佛徒及其信仰者的强烈反对,纷纷著文反驳,由此形成了南朝齐初一场规模颇大的佛道论辩。

据《顾欢传》,顾欢还多与名士交游,擅长玄谈名理,曾造《三名论》以驳斥曹魏之时的才性"四本"之论,批评其"昧其本而竞谈其末"。由此可见,顾欢对玄学的历史与内容意旨是极为熟谙的。若从道教思想史的角度考察,则顾欢《道德经》注疏,正是"重玄"道德经学发展过程中重要的一环,日本学者藤原高男认为,顾欢可能受到当时佛教成实论"非有非无,名圣中道"观念的影响,并借此推判顾欢的《老子注》乃"重玄派"之先声。[③]

通观现有的顾欢有关《道德经》注疏的资料,顾欢的体用思想主要集中在有无体用上。也就是说,顾欢承接的仍然是以王弼为代表的魏晋玄学以"有无"来论道体的学术传统。具体情况我们可以通过一些例证来予以分析

---

① 此段话,卢国龙《道教哲学》注引自元朝道士刘惟永《道德真经集义》之二卷一,卢国龙没有明确这是否为《宋志》著录的陆修静《老子道德经杂说》,但在集义中引自《维说》,而非《杂说》。作者不可考。容肇祖将此段辑为王安石《老子注》内容。故其真实著作者待考。

② 《南齐书·顾欢传》载,顾欢撰有《老子义纲》《老子义疏》。唐末道士杜光庭在论述前代诠疏笺注《老子》六十家时称"梁朝陶隐居(弘景)、南齐顾欢,皆明理身之道";"顾欢以无为为宗"。《正统道藏》收有题名顾欢的《道德真经注疏》八卷,近人蒙文通先生在《校理成玄英疏叙录》中,证其非顾氏作,是宗顾氏学派之徒所作,但他指出:"隋唐道宗之盛,源于二孟(指孟景翼和孟智周)……孟氏之传,出于顾氏,而道士之传此为最早,诚以景怡所造之宏也。""其径题顾欢作者,应自有故。"详见邓瑞全、王冠英主编:《中国伪书综考》,黄山书社,1998 年,第 855—860 页。

③ 参见藤原高男:《〈老子〉解重玄派考》,载《汉魏文化》第二号;藤原高男《顾欢〈老子注〉考》,收入《内野博士还历记念"东洋学论集"》,东京:汉魏文化研究会,1964。

说明。

【1】有名谓阴阳，无名谓常道，常道无体，故曰无名。阴阳有分，故曰有名。始者取其无先，母者取其有功。无先则本不可寻，有功则其理可说，谓阴阳含气禀生万物，长大成熟，如母之养子，故谓之母。①

这是对首章"无名，天地之始；有名，万物之母"的解释，顾欢以"有名"指称阴阳又分及万物之有形，以"无名"指称老子的"常道"。这个"常道"即是天地万物之始，而这并非意味着有一个所谓的"常道"先在，而后创生出阴阳万物。因为，虽然有所谓"常道"，而其又是"无体"的存在，说其是天地之"始"，却并非有一个先在的本体存在。但这样并非指道没有功用可言，这个功用即如同母亲生养儿子一样。顾欢实际上想表明，常道无体而有用，即"无名"为道之体，"有名"为道之用。这恰好可以回应释僧敏在《戎华论折顾道士夷夏论》中对道教所提出的批评：

> 道指洞玄为正，佛以空空为宗；老以太虚为奥，佛以即事而渊；老以自然而化，佛以缘合而生；道以符章为妙，佛以讲导为精。太虚为奥，故有中无无矣。即事而渊，故触物斯奥矣。自然而化，故宵堂莫登矣。缘合而生，故尊位可升矣。符章为妙，故道无灵神矣。讲导为精，故研寻圣心矣。有中无无，故道则非大也；触物斯奥，故圣路遐旷也。②

在此，释僧敏指出道教最大的不足，在于道教以"太虚为奥"，故是"有中无无"。而佛教则能"即事而渊"，所谓"即事而渊"，也就是能达到如僧肇所说"触物而真"。依体用逻辑来说，即他认为道教不仅是"有中无无"，更是有无相隔，而佛教则是有无兼备，且是即有而无。由此可见顾欢强调道的存在是"体无用有"，是有很强的理论针对性的。

【2】利，益也。毂中有轴，器中有食，室中有人，身中有神，皆为物致益，故曰有之以为利也。然则神之利身，无中之有，有亦不可见，故归乎无物。神为存生之利，虚为致神之用。明道非有非无，无能致用，有能利物，利物在有，致用在无。无谓清虚，有谓神明，而俗学未达，皆师老君全无为之道。道若全无，于物何益，今明道之为利，利在用形，无之为用，以虚容物故也。③

---

① 摘引自《正统道藏·洞神部·玉诀类》中题为顾欢所著《道德真经注疏》的"顾曰"部分。
② 《戎华论折顾道士夷夏论》，《弘明集》卷七，《大正藏》，第 52 册，第 47 页上。
③ 《道德真经注疏》。

此为顾欢针对《老子》"有之以为利，无之以为用"的阐释，首先是利、用区分，"利"即是实际的利益，而"用"则指抽象的功用。"毂中有轴，器中有食，室中有人，身中有神"，这些都是车毂、容器、房屋和身体作为"物"能够产生的实际利益，所以说"有之以为利"。以人的生命为例，身体之中的"神"对于身体有很重要的作用，这实际上是一种虚无之"有"，这个"有"是看不见的，所以就把它归属为"无"。所谓"神为存生之利，虚为致神之用"，即是"神"对人的身体有一种支持主宰的作用，没有"神"，人的生命（即形）就会腐朽消散，所以说"神为存生之利"。黄老道教一直都特别重视存神守一，以此追求长生甚至成仙。那么这个"神"对生命的支持主宰功能如何得到最大发挥呢？只有让人进入或者保持一种"虚""无"的状态，才能最好地发挥"神"对生命的支持和维护的功能，这就是"虚为致神之用"。这个例子充分表明，道本身是"非有非无"的，因为事物作为一个整体是可以对他物产生利益，而要使得这个利益实现，就必须要运用其中的虚无。道之"非有"，即是指道是以虚无的方式存在的，即便说有，也是"无中之有"；道之"非无"，即是指道的作用是现实的，任何的个体存在——即"物"或"有"要实现其利益，都要发挥这个"虚无"的道的作用。这就是顾欢所说的"明道非有非无，无能致用，有能利物，利物在有，致用在无"。接下来，顾欢仍然以人的生命为例，他说："无谓清虚，有谓神明，而俗学未达，皆师老君全无为之道。道若全无，于物何益，今明道之为利，利在用形，无之为用，以虚容物故也。"显然顾欢认为，"无"即是清虚之道，"有"即是人身体之中的"神明"，如顾欢前面所述，这个神明之有即是无中之有，即他并非同一个人身体一样是有形的存在，但他对身体的支持主宰作用是实实在在的"有"。这实际上是表明"道"本身不仅是"非有非无"，同时也是"既有既无"。"既有"言其通过有形的物体产生作用、利益；"既无"，通过虚无、清虚发挥对有的作用。

至此，顾欢完成了对"道"的描述，同时批判一种对道的错误观点，即认为太上老君全是"无"而没有"有"的道，若以此为师，这是未达至道的表现。因为，如果道全是"无"，即存在方式或状态是"无"，其作用功能也是"无"，那道还能如何发挥对万物的作用呢？这个批评虽然没有指明对象，但如果联系当时顾欢所引发的夷夏之辩，就会明了其实有所指。谢镇之在《重书与顾道士》一文中，批评顾欢不仅不懂佛教，甚至连道教都不懂，他认为老子思想唯一所长在于"全无为用"，他说："唯在五千之道全无为用，无为用，未能违有。"与此同时，他赞美佛教能够"九流均接"、"动静斯得"[1]。周颙诘难张融时，也认为《老子》二篇"义极虚无"[2]。释僧敏在《戎华论折顾道士夷夏论》更是有十分露骨的比较："尔乃故知：道经则少而浅，佛经则广而深。道经则鲜

---

① 《弘明集·重书与顾道士》，《大正藏》第52册，第42页中。

② 《弘明集·周剡颙难张长史融门律》，《大正藏》第52册，第39页上。

而秽,佛经则弘而清。道经则浊而漏,佛经则素而贞。道经则近而闇,佛经则远而明。"惠通在《驳顾道士夷夏论》中,也赞叹佛教为非有非无之至道,他说:"夫圣教妙通,至道渊博。既不得谓之为有,亦不得谓之为无。"①这些说法其最终目的都在于论证道家之学不如佛家般若学之精微。若联系到罗什和僧肇对《道德经》的诠释和批评,就更能了解顾欢此处的真意所在。在顾欢看来,道教之至道,既非"有中无无",而是以清虚为体的;也非"全无为之道",而是"以无为用"的。道不仅是"非有非无",更是"既有既无",所以道之与佛,乃"逗极无二"。②

从道教义学的发展来看,顾欢这种道之"体无用有"观,使其有效地应对了佛教"有无双遣"的理论优势,发展了道教的重玄思想。若从哲学体用思想上来说,此论并无太多的新意,因为其从根本上说是对王弼的体无用有说的承继。在顾欢对道的很多描述中,其语言表达和思维逻辑与王弼是极为相近的。譬如,他说:

> 言上德之化,处无为之事,行不言之教,其迹不彰。故曰:无为为既无迹,心亦无欲,故曰无以为。③
>
> 欲言定有,而无色无声。言其定无,而有信有精。以其体不可定,故曰唯恍唯惚。④

实际上这样的例子还有许多。但必须明确的是,顾欢和王弼二人利用体用逻辑诠释《老子》的理论旨趣是完全不同的。王弼的重心在于调和儒道二家,从而重建一种既超越又现实的政治哲学,而顾欢的任务则在于如何应对佛教的挑战,搭建道家与道教的桥梁,构造出一种道教神学的形而上基础。

3. 宋文明:"明治身之体用"

宋文明是南朝梁简文帝在位时(549—551)人。从保存在《大藏经》中的唐代大白马寺僧玄嶷的《甄正论》⑤中得知,宋文明是南朝推进灵宝系道教经教的重要人物。一说是"宋文明等更增其法……行其道者,始断婚娶,禁薰辛"。还说"宋文明等,为元始,立天尊",是最早确立灵宝经教主元始天尊这

---

① 《弘明集·惠通驳顾道士夷夏论》,《大正藏》第 52 册,第 47 页上。
② 《弘明集·周剡颙难张长史融门律》,《大正藏》第 52 册,第 38 页下。
③ 李霖:《道德真经取善集》卷六,《正统道藏·洞神部·玉诀类》。
④ 李霖:《道德真经取善集》卷四。
⑤ "《甄正论》是唐代武则天时期的一部佛教贬抑道教的'护法'著作,因其保存了唐及唐前的一些道教人物、佚经的记载,历来学术界对其史料价值评价颇高。然而,《甄正论》里却有大量的特别是道教方面的常识性错误,也开始使学者怀疑《甄正论》的可靠性。"详见张鹏:《塑造与讹误:从对〈甄正论〉作者的质疑而展开》,《中国典籍与文化》,2017 年第 3 期,第 121—130 页。

一道经中神格的关键人物。①《道德义渊》(即敦煌遗书 S.1438)和《通门论》(即敦煌遗书 P.2861＋P.2256,简称《通门》,又称《灵宝经义疏》)②,是我们了解宋文明体用思想的重要文献。下面将据此进行具体的分析。

首先,我们要关注宋文明在《通门》中对三洞十二部经的分类。

在 P.2256 中,对属于"金简书文"的三卷第十篇目之部的解释中,明确提到其为"明治身之体用"③,并将陆修静部别十部《灵宝经》为十二经的总原则归结为"总括体用,分别条贯,合有十二种"④。同时《通门论》也转录了陆修静对此十二部类的具体解说:

第一经之本源,指灵宝天书真文,据说修行其法可以检校神仙图策,术仙致真,校正星宿运行分度,摄制魔鬼,效帝水帝蛟龙。第二神符,据称为神真符信,能召令群神,制勒百方。第三玉诀,为解释本文之书。第四灵图,为"玄圣所述神化灵变之象"。第五谱录,"玄圣所录圣真名讳,神宫位第"。第六戒律,为讲述因果报应及戒律之书。第七威仪,为六种灵宝斋醮仪式。第八方诀,为"玄圣所述神药灵芝,茅金水玉之法"。第九众术,为"玄圣所述思神存真,心斋坐忘,步虚飞空,餐吸五方气,导引二光之法"。第十记传,"玄圣所述学业得道成真之法"。第十一玄章,为赞颂众圣之辞。第十二表奏,为"传授经文,登坛告盟之仪"。

陆修静对十部《灵宝经》正文的判别,在逻辑顺序上,强调"经之正文"的源、流和体、用之别。从大的方面来说,第一部"经之本源"是源,是体,而其余的十一类,则都是由它所派生的,是流,是用。与此同时,又对第一部"经之本源"再别体用,认为其"自然天文八会之文,凡一千一百九字,其六百六十八字是三才之原根,生天立地,开化人神万物之根。云有天道、地道、神道,此之谓也。修用法此(此法),凡有四科"。

宋文明不仅完全继承了陆修静和三洞十二部的分类体系⑤及其所采用

---

① 沈曾植的《海日楼札丛》卷六"宋文明"条录《太平御览》道部八引《道学传》:"宋文同,字文明,吴郡人也。梁简文时……又作《大义》,渊学者宗赖,四方延请。"刘批引宋版《御览》:"又作大义,名曰《义渊》,学者宗赖。"参见郑灿山:《迈向圣典之路——东晋唐初道教〈道德经〉学》,台湾师大国文所博士论文,2000 年。

② 日本学者大渊忍尔在 1978 年出版的《敦煌道经·目录编》提出,敦煌文献中 P.2861.2 和 P2256 两件抄本裂缝吻合,文字内容连续,认为即是《灵宝经义疏》卷下残本。此残本末行有注记:"开元二年十一月廿五日道士索洞玄敬写。"即于 714 年抄写。(大渊忍尔:《敦煌道经·目录编》,福武书店,1978 年)今残本上半部分为《灵宝经目录》,一般认为即陆修静编辑的《灵宝经目》,后半部分为陆修静、宋文明对《灵宝经》十二部义理的疏解。今收入《中华道藏》第 5 册。

③ 宋文明:《通门论》,转引自李小荣《敦煌道教文学研究·附录》,巴蜀书社,2009 年,第 475 页。

④ 宋文明:《通门论》,转引自李小荣《敦煌道教文学研究·附录》,巴蜀书社,2009 年,第 476 页。

⑤ 二者之间也有一些小的差别,但大都属于名词使用方面的。参见李小荣《敦煌道教文学研究》,巴蜀书社,2009 年,第 6—10 页。

的体用原则,而且有进一步的发展。他把"体用"范畴运用到十二部经的解说之中,对每一部的诠释,都说有两种含义:一从"体"方面来说,一从"用"方面来说。下面通过具体实例来说明此点。

"本文"一条有二义:一者叙变文,二者论应用。变文有六:一者阴阳之分,有三元八会之炁,以成飞天之书。……二者演八会为龙凤之文,谓之地书。……此下皆玄圣所述,以写天文。三者轩辕之世,仓颉仿龙凤之势,采鸟迹之文,为古文,即为古体。四者周时史籀,变古文为大篆。五者秦时程邈,变大篆为小篆。六者秦后胏阳,变小篆为隶书。……二者论应用:第一部本文八会之文,凡一千一百九字。

第二部神符一条,即云篆命光之流也。二重明义:一者叙其功用,一切万有莫不以精气为用也。……

第三部玉诀一条有二义:一者序理中更明理,二者事中复有事。

第四部灵图一条,有二义:一者论体例,图者,度也,虑也。……图书之作,俱出形声,至于玄圣署述,各有功用。图以传有,书以传无。无者言之与理,无有形迹,《定志》卷等之例是也。有者形之与迹,八景及人鸟之例是也。二者形藏有八:或镇之五岳,以保劫运也……如此八事,皆乘机运会,应变无方也。

第五部谱录一条,有二义:一者序谱录之体,谱者,记其源之所出……录者,镇录也。条列神明位次名讳,而使学者受而镇录之……二者述谱录之用,众生惑障,谓之生死,生死之理,欻然而有,欻然而无,如彼草木,有生有灭,无所缘起,故述神明根本、宿世因缘,令其以悟也。录之用者,条牒名录,以付学人,令其镇存思敬,事以自防保,修道既备,则录神,共举人身以升天也。

第六部诚律一条,有二义:一者论诚名体,二者事用。

第七部威仪一条有二义:一者序名数,二者论功德。

第八部方法一条有二义,一者序名教"方者,随方所处也;法者,有节也。采服神药灵芝众精及柔金化水之法,各有方处节度也"。二者重述变易名教,变易大略有九:粗食、蔬食、节食、服精、服芽、光日月、服六气、服元气、胎食。

第九部众术一条有二义:一者论冥通,二者论变化。冥通。术者,道也,通也,无所不通也,大而论之,略有五:思神存真、心斋坐忘、步虚空飞、吸餐五元、导引三光。变化有三事:白日升天、尸解、灭度。

第十部记传一条有二义:一者论其根源,有自然、学问之二体;二者述其阶次,有大乘、小乘之差别。

第十一部赞颂有二义:一者序名义,二者论变通。

194

第十二部表奏一条有二义：一者论事，二者述心。①

诚如王承文所指出的：古《灵宝经》将这些"天文"极度神化，把它们看成是"道"的本体和表现形式，既是宇宙万化之源，又是道教所有经教特别是"三洞群书"的本源。所以灵宝"天文"是《灵宝经》教义的核心，也是理解中古道教的整合以及统一性经教体系的关键性要素。②

其次，《道德义渊》与体用思维。

〔自然道性第四〕第一序本文；第二明性体；第三诠善恶；第四说显没；第五论通有；第六述过变。

第一序本文者，河上公云：辅助方物，自然之然。即此也，夫性极为命。《老子经》云：复命曰常。河上公云：复其性命。此言复其性命之复，曰得常道之性也。经云：道法自然。河上公云：道性自然，无所法也。经又云：以辅万物之自然。物之自然，即物之道性也。《裴君道授》曰：见而谓之妙，成而谓之道，用而谓之性。性与道合，由道之体，体好至道，道使之然也。一重。

第二明性体者，论道性以清虚自然为体，一切含识各有其分，先禀妙一以成其神，次受天命以生其身，身性等差，分各有限，天之所命，各尽其极。故外典亦云：天命之谓性，率性之谓道。又云：穷理尽性，以至于命。故命为性之极也。今论道性，则但就本识清虚以为言，若谈物性，则兼取受命形质以为语也。一切无识亦各有性，皆有中心，生系由心，故性自心边生也。二重。

第三诠善恶者，夫有识之主，静则为性，动则为情。情者，成也；善成为善，恶成为恶。《洞玄生神经》云：大道虽无心，可以有情求。此善情也。《定志经》又一五：受纳有形，形染六情。此恶情也。《四本论》或谓性善情恶，或云性恶情善，皆取无矣。《定志经》云：不亦为善，离此四半，反我两半，处于自然乎？其中又云：为善上升清虚，自然反乎一。即反道性也。三重。

第四说显没者，得道之所由，由有道性。如木中之火，石中之玉，道性之体，冥默难见，从恶则役，从善则显。所以然者，万物之性有三：一曰阴，二曰阳，三曰和。《玄女》云：阳和清虚，阴为滞浊，阳和多善，阴分多恶。故性之多阳，知者多善；多阴，知者多恶。〔多〕恶则乖道，多善则合真；合真则道性显，乖道则道性没也。《玄女》又云：阳和三合，乃能敌

① 上述文字皆以李小荣所校录之文本为准，见《敦煌道教文学研究》，第 472—486 页。
② 王承文：《敦煌古灵宝经与晋唐道教》，中华书局，2002 年，第 740—741。

阴；阳炁滞浊，浊对阳和；和阳清虚，滞阴坚实。是以朴散之后，以善微恶盛，此之由也。四重。

第五论通有者，夫一切含识皆有道性，何以明之？夫有识所以异于无识者，以其心识明暗，能有取舍，非如水石，虽有本性，而不能取舍者也。既心有取，则生有变，若为善则致福，故从虫兽以为人；为恶则招罪，故从人而堕虫兽。人虫既其交换，则道性理系通有也。五重。

第六途回变者，问人堕虫兽，虫兽为人，虫兽与人本非炁类，混元之初，各有其分限，虫兽未尝为人，人亦未尝为虫兽。今以何义，忽能换革？答曰：人与虫兽俱禀四大之形，止是方员不同，器质为异耳。譬如泥，搏和之为人，则成人状，解之为兽，则成兽象。亦如牛哀成虎，楚妪为龟之例，神识随之以异也。六重。[①]

这里值得重视的是宋文明鲜明的"道性论"。他在第一重中以性之宗极为"命"。说道性自然，意即"道性"不是在万物之性外别立一超然的存在或原则，无非是辅助万物之自然而已，这是表明道性与万物的关系。在第二重中阐明"道性"的自身特点，一是虚无性，即指道性自身是无形无质量，以清虚自然为体，二是它的普遍性，不仅为一切含识所有，一切无识也都含有道性，但"物性"兼有"道性"与"形质"。在第三重中讨论"性情"。他反对《四本论》的性善情恶或性恶情善之说，认为性静为本，故无善恶，动而为情，情有善恶。第四重中明确提出"得道"的根据在于有"道性"，同时又认为道性之体是"冥默难见"的，是因善而显，从恶而隐，故"合真则道性显，乖道则道性没"。至此道教"本体—工夫"的结构业已凸显，遍在于万物之中的道性为"本体"，为工夫所以行之根据，行善合真即是工夫，是实现本体之方法与过程。在第五重中他认为虽然一切含识皆有道性，道性为有识、无识所通有，但二者的差别在于"有识"之人类能够自觉取舍，并觉知是否符合道性，而"无识"则不能取舍。但他又认为有识与无识之间是可以转换的，关键在于人是从善还是为恶。最后在第六重中说明人虫之间可以"换革"的依据，因为人与虫兽以及全部的宇宙构成元素即所谓"四大"，因各自形状器质不同，而导致神识的性质和功用也各有不同。

综合上述六重分解，我们看到的是一个非常独特的基于"道性"论的"本体—工夫论"模式，这种模式恰成为后来整个道教体用哲学结构的基本形式之一。

4. 臧玄靖："智慧为道体，神通为道用"

臧玄靖乃是南朝梁陈之际人，一作臧矜，时称宗道先生，曾为梁武帝时

---

① 以上文字均引自《中华道藏》第五册中之《道德义渊》。

的国师。陈宣帝时(569—582)曾为其建玄真观。撰有《道学传》一卷,《道德经疏》四卷。著名弟子有王远知。

唐初道士孟安排《道教义枢》中辑有臧玄靖的部分言论,由此可以窥见其体用思想之大概。他说:

> 【1】又有无体用者,孟法师云:金刚火热,水湿风轻,若此之徒,以为有体,无为豁然,体不可立,借理显相,以寂然无形为体。玄靖法师释云:有法有用,有体有名,无法无用,无体无名。又云:无无体用,宜应无名,为说教法,假立称谓。体用自有,不可假设,名乃外来,故可假立,所以既往之法,体用斯尽,犹在其名,流传远世。徐法师云:有法有名,有体有用,无法无名,无用无体。今难此解,用附体立,既其无体,何得有用? 如诸有相碍,不得行用、凭无得用,用属于有,岂关于无?①

孟法师即孟智周,玄靖法师即臧矜,徐法师名徐素。此三家之论有无体用,观点不尽相同。

孟法师认为有无各有其体用不同。如金刚火热、水湿风轻等这些事物有具体的存在属性,是以"有形有象"为体;而"无"是一种豁然的虚空,"体"不可以形相而确立,只能借助"理"来显示"无"的形相,所以"无"是以"寂然无形"为体。

臧玄靖则认为:所有的法都有"用",但不必有"体",若有体则必相应有其"名"。这里的"法"即是指一切过去、现在及未来的事物或现象。接下来玄靖法师又认为,"无"没有"体用"可言,也不应该有"无"之"名",所谓"无"之名,只是为了教化而假立的称谓。体用必须源于"有",因此"无"不可假设有"体用",但"名"是由事物之外所赋予的,可以假立"名"。过去的事物已经不存在,其"体用"也就同时消失殆尽,但其"名"能流传后世。

这一讨论与印度部派佛教说一切有部的法体三世恒有的理论,有许多相似之处,值得关注。与"有无体用"相关联的,南北朝道教又盛谈"道德体用"。这个问题本由《老子》书分道、德二篇引出,涉及在解《老》义疏体例上如何理解二篇的关系,但到后来成为道教经学的一个重要问题:即"道篇"和"德篇"谁更为根本,后来又演变成形而上与形而下的关系,进而成为"道体论"的一种理论表现形式。下面我们来看臧玄靖是如何讨论这一问题的。

> 【2】道德体用义者,道义主无,治物有病,德义主有,治世无惑。陆先生云:虚寂为道体,虚无不通,寂无不应。玄靖法师以智慧为道体,神

---

① 孟安排:《道教义枢》卷之十,《正统道藏·太平部》。

通为道用。又云：道德一体而其二义，一而不一，二而不二。不可说其
有体有用，无体无用，盖是无体为体，体而无体，无用为用，用而无用，然
则无一法非其体，无一义非其功也。寻其体也，离空离有，非阴非阳，视
听不得，搏触莫辩。寻其用也，能权能实，可左可右，以小容大，大能居
小。体即无已，故不可以议；用又无穷，故随方示见。[①]

　　根据孟安排的概括，我们可以看到唐代重玄学派是将"道德体用"和"有
无体用"放在同一理论层面进行思考的。他说："道德体用义者，道义主无，
治物有病，德义主有，治世有惑。"认为"道篇"的主旨在于阐明"虚无"，属于
形而上，目的是对治世人因万物具体之有而产生的偏执之病；而"德篇"的主
旨在于阐明万有，属于形而下，旨在对治世人因世界变化无常而产生的空无
之惑。

　　显然这种思考与讨论是从南北朝道教发展而来，特别是臧玄靖。在此
之前，陆修静以"虚寂"为道体，认为虚寂之体而有通应之用，但他没有明确
使用"体用"对称结构。臧玄靖不同，他以"智慧"为道体，而以"神通"为道
用，明确以体用结构来描述道之存在，看似无差别，但从理论思辨或方法论
上来说是有很大不同的。同时他还明确讨论道与德之间的关系，他认为道
与德，二者是一体但有二义，二者是"一而不一，二而不二"。对于道之存在
本身，既不可以说"道"是"有体有用"，也不可以说是"无体无用"；实际上，
"道"是以无体为体，以无用为用，因此，它之"体"实际上是"无体"，它之"用"
实际上是"无用"。玄靖这样说，并非认为"道"是不存在，而是说道之体用与
一般的具体事物的体用不同。"道"不以具体的形质和特性为"体"，在这个
意义上说它是"无体"的，但它是真实存在的，真实的存在必然有体，只是道
之"体"非定体，而是以包含一切具体的"有"为体；道之"用"也与一般个别事
物的具体功用不同，从这个意义上说它是"无用"的，但道之用又是真实存在
的，这个"用"是以包括一切用在内并以内的用。

　　所以玄靖既认为道之体用是真实存在，但又不能采用传统的"有无"逻
辑来认识和言说，而是强调，要真正地认识"道"本身，必须要超越这种非此
即彼的模式。他说："寻其体也，离空离有，非阴非阳，视听不得，搏触莫辩。
寻其用也，能权能实，可左可右，以小容大，大能居小。"这里表面上采用了所
谓的重玄双遣的方式——"离空离有，非阴非阳"——来描述道之体用，但实
际上仍然旨在表明"道之体"是一种超越经验的存在，是"视听不得，搏触莫
辩"，但"道之用"是一种经验性实在，而且是无所不在。其实从理论上来说，
这种对道之体用的描述，并没有和王弼的描述有任何的不同，如果用王弼的

---

① 孟安排：《道教义枢》卷之十，《正统道藏·太平部》。卷之一。

模式来说,仍然是道之体无而用有。不过这里的体"无",并非与"有"相对的那个绝对之"无",而是突出其无形无名,是对有形有名的有限存在的一种超越;而所谓的用"有",也并非具体事物那样的"有",而是无所不在的"有"。

虽然如此,臧玄靖的道体论和体用思想与王弼还是有很大的不同。首先,他们二人对体用概念和方法上自觉性有很大的不同,臧玄靖已经明确地使用体用概念,且把它作为一组范畴独立使用,也作为一种方法来运用。其次,在王弼那里,体用概念还没有取得主体地位,仍然是依附于"本末"的一种边缘性的思维,特别是在使用范围上,局限于道、或具体的物或卦的描述上,而没有扩展到道与物之间的关系。而在臧玄靖这里情况有了很大的变化,他不仅把"体用"作为一般的概念组,而且把"体用"概念提升为一般范畴来运用,甚至用作为一种诠释方法,这在体用思想发展进程中是很重要的一个环节。更重要的是玄靖法师已经自觉地把"体用"范畴运用到"道物"关系的讨论中,其道和德的讨论实际上就是对道和万物关系的一个讨论,尽管还没有提出如唐代道教学者那样明确的"道体德用"的模式,但其"道德体一"之说实际上已经蕴涵着后来的发展。

另外,玄靖还十分重视南朝齐、梁、陈三代的道教学者都很关心的"三一"问题。所谓"三一"问题,可以说是道教所特有的一个形而上学问题,源自《老子》的文本。在《老子》书第十四、四十二章都讲到"一"和"三",如第十四章说:"视而不见,名曰夷;听之不闻,名曰希;搏之不得,名曰微。此三者不可致诘,故混而为一。"四十二章说:"道生一,一生二,二生三,三生万物。万物负阴而抱阳,冲气以为和。"十四章的"三一"问题从本质上说是关于道本身的存在以及其存在方式的问题,四十二章中的"三一"问题是有关道与万物的关系问题,但无论哪个问题,都是道家和道教理论发展过程中至关重要的形而上问题。

汉魏晋时期,道教多将"三一"问题的讨论放在解释宇宙生成和养生方术等方面,如早期道教的两部经典《太平经》和《老子想尔注》,都提到三一和守一[①]。到了南北朝时期,道教义学对"三一"问题的关注主要着眼于"体义",所谓"体义",就是从本体的层面来考察"三一"范畴的内涵和关系。

【3】四者玄靖法师解云:夫妙一之本,绝乎言相,非质非空,且应且寂。今观此释,则以圆智为体,以圆智非本非迹,能本能迹,不质不空,而质而空故也。今依此解,更详斯意者,既非本非迹,非一非三,而一而三,非一之一。三一既圆,亦非本之本,非迹之迹。迹圆者,明迹不离本,故虽迹而本;本不离迹,故虽本而迹。虽本而迹,故非迹不迹;虽迹

① 参见强昱:《道教的"三一"论》,《中国哲学史》,1998 年第 4 期。

而本,故非本不本。本迹皆圆,故同以三一为体也。三一圆者,非直精圆,神气亦圆。何者? 精之绝累即是神;精之妙体,即是气;神之智,即是精;气之智,即是精;气之绝累,即是神也。斯则体用圆一,义共圆三。圆三之三,三不乖一;圆一之一,一不离三。一不离三,故虽一而三;三不乖一,故虽三而一。虽三而一,故非一不一,亦虽一而三,故非三不三。三一既圆,故同以精智为体,三义并圆,而取精者,名殊胜也。①

与大孟、徐素等其他道教学者不同,臧玄靖的三一论有两个重要特点:一是他将三一关系建立在"圆智"本体的基础上,二是依托"本迹"、"体用"来说明三一之间的辩证互动关系。所谓圆智本体即是"精气神"三者之不即不离,具体来说,即是"精之绝累即是神;精之妙体,即是气;神之智,即是精;气之智,即是精;气之绝累,即是神也"。就"精"而言,精之体为气,神为精之用;就"气"而言,精为气之智体,神为气之神用;就"神"而言,精为神之智体,气则为神之妙体。总而言之是"体用圆一,义共圆三",也即是"本迹皆圆,同以三一为体"。

5. 韦处玄:道之体无用有

韦处玄,约与宋文明同时,与梁旷等同为北周著名的道教义学学者,其著作仅存《西升经注》。韦处玄道籍隶属楼观派,而楼观派自称其派源出关尹,崇尚清虚,无为隐修。从韦处玄的注文来看,他十分重视清虚无为的修持,反映出北朝楼观道派的特色。韦处玄的体用思想体现在其有关道体论的阐释之中,下面略举六例予以阐明。

【1】道无体,无为而无不为,故最为天地人物之上首。物有显然则不通,得道以通之,故德连显,物有不得,因施之令得,故仁迹章。上仁禀德以为主也。②

【2】视之不见,故无形,寻之不得,故无端。恍惚者,变化无兆之谓也。欲言其无,万象以之而封,欲言其有,寂漠不可得而睹,故曰亡若存者也。③

道体论存在两个方面的问题,一是道是如何存在的问题,二是道与万物的关系问题。这两方面的问题可以说是道家道教哲学最为根本的问题,显然,韦处玄对此都有较为深刻的思考。【1】和【2】是关于第一个问题的,他既说道"无体",又说道体"虚无",实际上是想表明,"道体"非一般物体之体,

---

① 《玄门大义·三一诀》,《云笈七签》卷四。
② (宋)陈景元辑:《西升经集注》卷之三,《正统道藏·洞神部·玉诀类》。
③ (宋)陈景元辑:《西升经集注》卷之一,《正统道藏·洞神部·玉诀类》。

而是超越一般感性存在的虚无之体,但"虚无"并非不存在,而是实有其成就万物之功用的,所以他说:"欲言其无,万象以之而封;欲言其有,寂漠不可得而睹,故曰亡若存者也。"就此而言,韦处玄基本上是承袭了自王弼以来对道体的描述策略,即道之存在是非有非无、既有既无,依体用结构来说就是"体无用有"。

第二个问题是有关道物关系的,这历来是理论上的一个难题所在,因为在道教的形而上目标中,它既需要说明道体本身的超越性存在,又需要解释宇宙如何从道体创生的问题。韦处玄显然对此有很大的理论兴趣,且看他说:

【3】老子曰:虚无生自然,自然生道,道生一,一生万物。虚无者,无物也。自然者,亦无物也,寄虚无生自然,寄自然以生道,皆明其自然耳。一者,即道之用也,天地万物皆从道生,莫有能离道者。复谓之一,一之布气,二仪由之而分,故曰一生二也,万物莫不由天地氤氲之气而生,故曰天地生万物也。①

【4】韦曰:天地万物皆微妙一气而化生也。②

【5】奥者藏也,深者极也。夫道体虚,而包含万象,故复谓之渊奥也。③

【6】柔弱者,道与气也,刚强者,天地与万物也。根本,即自然之道也。④

在【3】中,一方面,韦处玄认为虚无、自然与道都是"无物"的存在,所谓虚无生自然,自然生道,这里的"生"并非无中生有的创生,而只是一种寄寓的说法。之后道生一,这个"一"则是道之用,显然前述的虚无、自然都是道之体。"道生一"即是表明"道之体"产生"道之用",而所谓"一生万物",并非道生出一个独立的"一",然后再从这个"一"分化出天地万物来,实际上是天地万物皆由道而生,其生成变化没有能够离开"道"本身的,正是在这个意义上说是"一","一"即可以看作道生万物的总原则。不过【4】中韦处玄又认为"天地万物皆微妙一气而化生",还说:"一之布气,二仪由之而分,故曰一生二也,万物莫不由天地氤氲之气而生,故曰天地生万物。"似乎认为"道生一"的"一"即是"一气"。总之,韦处玄在此认为道创生万物,万物归于道。道之体即是虚无、自然,而道所生之一则是道之用,天地万物正是这个"道之用"所生成的。

---

① (宋)陈景元辑:《西升经集注》,卷之四。
② (宋)陈景元辑:《西升经集注》,卷之四。
③ (宋)陈景元辑:《西升经集注》,卷之一。
④ 以上所引文字均引自于宋代陈景元所辑《西升经集注》中韦处玄的注文部分,见于《正统道藏·洞神部·玉诀类》。

在【5】中,韦处玄又认为道体虽然虚无,却"包含万象",万象即万物、万有。这显然提出了一个与以往不同的命题,即明确表明道并非一个脱离万物并与万物不同的存在,而是虚无之道包涵有形之万象,即是说,除了万物万象,并没有万象之外的道本身,也就是说某种意义上,道即是万物。在《柔弱章》第二十八中,他说:"天地在空玄之内,夫空玄之空,不能空道,故包裹天地焉。金石坚刚,不能障道,故贯穿万物焉。"①这是说天地虽然在空玄之内,但这个空玄之空中,充盈着道本身,因此它能够包裹天地;万物虽然各有形质特性,但都不能障碍道的存在,所以道是贯穿万物的。也就是说,道不仅创生天地万物,是世界的本源本根,同时还在创生之后,包裹世界,贯穿万物,无一物可以离开道而存在的。这也就是表明道同时也是遍在于万物之中,作为万物存在之根据。所以【6】中他说:"柔弱者,道与气也,刚强者,天地与万物也。根本,即自然之道也。"柔弱是刚强之本,即是说道与气乃是天地万物的根本。并且这种根本的关系本身就是自然之道。

如果把这两个方面结合起来,我们可以发现,韦处玄已经触及了道教哲学乃至整个中国道本体哲学一个至为关键的难题——道是如何创生万物的,以及在创生之后又是如何保持与万物之间的关系的?这也就是现代学者津津乐道的宇宙生成论与宇宙本体论之间的差异和结合问题。

就王弼来说,他利用本末关系来转换《老子》中的母子关系,从而使在《老子》那里的"道创生万物"关系转换为"道本物末"的关系,也就不再讨论,至少是极大地淡化了道创生万物的问题。而作为宗教的道教不同,它必须要强化道对万物的创生关系,甚至还要神化、人格化此种关系。道既要能创生万物,之后还要成为万物存在的依据和根本,即成为万物的本性所在——即所谓"道性"。很显然,王弼的本末关系只能表达依存关系,而不能表达创生关系,更不能表达道性与道体之间的关系。我们来看韦处玄的解决方法,如下图:

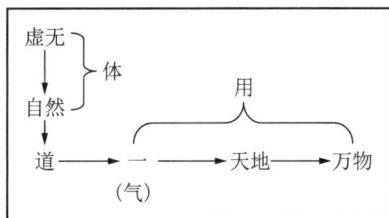

如图所示,韦处玄把道生万物的过程纳入道之用的范畴中,而又把虚无生自然,自然生道的过程纳入道之体的范畴中,不仅把道和万物都纳入体用的结构之中,而且还把道创生万物的过程也都纳入体用结构中,这样就使得道既是万物生成的本源,又是万物存在的本体,同时道包裹贯穿万物。这离

---

① (宋)陈景元辑:《西升经集注》。

朱熹"道即大化流行、大化流行即道"的思想仅有一步之遥了。①

但必须指出的是,韦处玄的道体论仍然存在着一个困难,这个困难同样一直困扰着后来的诸家学者。即是如何说明道与气的关系,具体说是道与气和万物的关系。如果道不属于有形的存在,那么无形之道如何生成有形的万物? 如果气为有形万物的生成之本源,那么道的本体地位又如何得到保证? 如果道和气共同成为万物的存在根源,那就必然会陷入道气二元论的局面,而二元论在中国传统的思想语境中是不具有任何合法性的。事实上,韦处玄正是面临这个问题,如在上述所举例之【3】【4】【5】【6】中,韦处玄明确认定万物由一气所生,然后又强调道生万物。尽管他在"道生万物"的过程中加入了一个"道生一"的环节,但最终还得说明"一"的存在属性,到底是有形之气呢,还是无形之道呢? 然而不论他如何回答,也仍然无法逃脱前述的三个质疑。

更重要的困难在【5】和【6】之间,一方面强调道包涵万物,在某种意义上道即是万物;一方面又说道贯穿万物,是天地万物的根本。第一方面会导致道落入有限之物的层次的危险,第二方面会导致道的实在性丧失的危险,而上面【3】【4】的分析业已表明,道之体是虚无、自然,属于"无"的方面,而道之用乃为道生一气、一生万物的过程,属于"有"的方面,最终把全部宇宙纳入道之"体无用有"的结构中。而【5】和【6】又恰恰试图从两个方面破坏这一结构。

由此,我们可以看到,韦处玄对于宇宙的存在本质进行了卓绝的理论思考,并试图以"体无用有"的结构来统一世界,不仅要说明世界的物质起源,还要说明世界存在的本质根据,但在其理论创造中,还不可避免地存在巨大的理论困难。这些困难还将在后来的各家各派的哲学思想创造中再次出现。

(三)陶弘景:"神者,心之用,心者,神之主"

陶弘景(456—536),字通明,齐梁间道士、道教思想家、医学家,自号华阳隐居,丹阳秣陵(今江苏南京)人,卒谥贞白先生。他是道教茅山宗的开创者。永明十年(492)陶弘景正式归隐茅山后,便着手整理弘扬上清经法,撰写了大量重要的道教著作,在天文历算、地理方物、医药养生、金丹冶炼诸方面也都有所著述。②

就体用思维考察陶弘景现存著作,发现有两点值得重视。一是他对心神关系的论述,他在《鬼谷子注》中谈及此点,并明确提出"神者,心之用,心者,神之主"的观点,如"口者,心之门户也。心者,神之主也。(注:心因口

① 详见本书第四章第二节"朱熹体用思想"。
② 据统计,全部作品达七八十种,但大多亡佚。至今尚存者有《真诰》、《真灵位业图》、《登真隐诀》、《肘后百一方》、《本草集注》、《陶隐居本草》、《药总诀》、《导引养生图》、《养性延命录》、《合丹药诸法节度》、《集金丹黄白方》、《太清诸丹集要》,以及《天文星算》、《帝代年历》、《华阳陶隐居集》等。

宣,故口者,心之门户也。神为心用,故心者,神之主也。)"①在此,我们看到"心神"之间典型的体用关系:心为神之主,即是"体"之义,神为心之用;心为主宰者,神为其作用。二是他谈论圣人与道的关系时说:

> 【1】故兴造化者,为始动作,无不包大道,以观神明之域。(注:圣人体道以为用,其动也神,其随也天,故兴造教化,其功动作,先合大道之理,以稽神明之域。神道不违,然后发施号令。)②

"圣人体道以为用",圣人体会通达道本身,就是以道为用的过程,即是运用道、实践道,最后达到与道同体的境界。实际表明体和用的动词性用法的内在关联性:体的过程就是用的过程,用的对象就是体的结果。

以上二例说明,在陶弘景的思想论述中,已经具有较为明确的体用意识,但最终没有形成稳定的体用表达结构。所以总的来说,他在体用思想发展过程中的作用和影响是有限的。

关于道性论,讨论成道依据的文献,现在可考的以东晋神仙家葛洪为最早,他在《抱朴子内篇·辩问》中说:"按仙经以为诸得仙者,皆其受命偶值神仙之气,自然所禀。故胞胎之中,已含信道之性,及其有识,则心好其事,必遭明师而得其法,不然,则不信不求,求亦不得也。"不过此处的"信道之性",主要是指一种先天具有的禀赋,而非作为遍在于与万物之内的道之本体。后来出现一种新的道性说。《上清经秘诀》引陶弘景《登真隐诀》云:

> 【2】所论一理者,即是一切众生身中清净道性。道性者,不有不无,真性常在,所以通之为道,道者有而无形,无形而有情,变化不测,通于群生,在人之身为神明,所以为心也,所以教人修心即修道也,教人修道即修心也。道不可见,因生以明之,生不可常,用道以守之,生亡则道废,合道则长生也。③

这里不仅把道性规定为"理",即以此"理"为通达一切众生的道性,并描述它的存在形态,即不有不无而既有既无,这与王弼对"道"体的描述逻辑是一致的。重要的是,陶弘景把这种"道性"直接和人的神明与心统一起来,由此达到修养工夫论上修心与修道的统一。

---

① 陶弘景:《鬼谷子注》。
② 陶弘景:《鬼谷子注》。
③ 陶弘景:《鬼谷子注》。

第四节　魏晋南北朝儒学发展中的体用思想

一、魏晋南北朝儒学发展概说

魏晋南北朝时期,玄学兴起,佛道广泛传播,儒学相比在两汉时期的地位,不能不说是相对衰落了。[①] 这种衰落当然有其深刻的社会和时代发展根源,但从儒学本身来看,主要表现在儒家经学的式微。尽管从哲学上说,在很长一段时间都没有出现一个真正意义上的儒家思想大家,但也必须看到,衰落的同时仍然潜伏着思想的深化和思维的转化。

皮锡瑞的《经学历史》称魏晋时期为经学的中衰时代,南北朝为经学的分立时代。总起来说,这是经学发展发生转折的时代。转折的第一个关键人物是汉末的郑玄(127—200)。郑玄之后另一个经学大家是王肃(195—256)。与王肃同时,在经学发展上有重大意义、留下深远影响的是王弼和何晏,虽然二位为玄学家,不以经学闻名,但都对推动经学发展方向的转折起了历史性的作用。王弼解《易》一是援道入儒,不仅打破了今、古文界限,也突破了儒道之间学派界线,二是把基点放在对经文义理的阐释上,超越了古文学家的偏重章句、训诂而转向对经典内在意蕴的理解上。

两晋时期,儒学的影响相对衰落,经学也相对衰落。在经学著作上,比较重要的是杜预《春秋左氏经传集解》、范宁《春秋穀梁传集解》和郭璞《尔雅注》。

南朝和北朝在儒学和经学的走向上有所不同。大体说来,南朝的经学家受玄学、佛学影响较大。宋文帝设四馆,梁武帝设五经博士。帝王亲自制作佛经讲疏和儒经讲疏,逐渐使南朝经学发展为偏重于经典义理的探究与阐释,而不是汉代那样致力于章句与典制名物的训诂。治经的方法,也由王弼注《易》那样总括经文大义、提炼升华出哲理性的原则,发展到借鉴佛徒讲经的方法,注重梳理经文大意的阐释方法。南朝礼学特别发达,宋初有雷次宗、南齐有王俭、刘王献。在经典地位上,南朝经学最可称者要推《三礼》,其他如《周易》崇王弼,《尚书》重孔安国、《左传》重杜预。

北朝的情况有所不同,从北魏至北周,在汉化过程中多依傍儒学的观念和精神,特别重视儒学、儒士和儒家经典的传统型解释。同时受玄学影响较少,以河西凉州儒学和中原齐鲁儒学为基底,基本沿袭汉魏传统。具体而言,《左传》方面则推重子慎,《尚书》、《周易》则服膺郑玄,《诗》则毛公,《礼》

---

① 详见张祥浩:《论魏晋南北朝时期儒学的衰落》,《南京理工大学学报(社会科学版)》,2005年,第4期,第10—15页。

为郑玄。

总而言之,魏晋时期的儒学玄学化倾向终于导致了传统经学的沉沦,但这样说并不意味儒家经学在魏晋时期毫无成就。事实上,在今存《十三经注疏》中,除了汉代学者的七部经注、唐代学者的一部经注外,其余五部均为魏晋学者所作。如王弼的《易注》、何晏的《论语集解》、杜预的《春秋经传集解》、范宁的《春秋穀梁传集解》、郭璞的《尔雅注》、韩康伯的《系辞注》,以及梅赜所献"孔安国"所传《古文尚书》等,都颇负盛名,在经学史上具有相当重要的地位。魏晋时期的经学研究除《春秋》学之外,最为热门的是《礼》学和《易》学,王弼、何晏等人的《易》学成就带有浓厚的理论色彩,且已严重玄学化。

汉代儒学重在明经,魏晋儒学重在义理,南北朝诸儒虽抱残守缺,但当汉学已逝、唐学未兴的绝续之际,南北诸儒所倡导的逐字逐句注释经典的"义疏之学",实对唐代儒学的发展具有先导作用。其中以皇侃《论语义疏》最为代表,它之杂糅儒释道三家思想,开创了儒家经典的义疏诠释新模式。

二、《论语义疏》:"性—用—功"与"本用"

皇侃(488—545 年)生平横跨齐、梁二代,不仅受到梁武帝萧衍与其子平西邵陵王萧纶的善待,还曾受学于当时的大儒贺玚(452—510),精通三《礼》、《孝经》与《论语》。梁武帝之时,皇侃于仕途与学术上逐渐发达。皇侃著述唯有《论语义疏》完整传世,这也是目前研究皇侃思想最主要的文献依凭。下面集中讨论《论语义疏》中所表现出的体用思想。

【1】道不可体,不可体谓无形体也。①

明确说明道是不可"体"的,所谓不可"体"就是指"道"没有固定的形体。显然,此处之"体"仍是基于形体意义上说的。

【2】子曰:"知者乐水,仁者乐山;知者动,仁者静;知者乐,仁者寿。"陆特进曰:此章极辨智仁之分,凡分为三段。自智者乐水、仁者乐山为第一,明智仁之性。又智者动仁者静为第二,明智仁之用,先既有性,性必有用也。又智者乐仁者寿为第三,明智仁之功,已有用,用宜有功也。

皇侃义疏云:"知者乐水。"今第一明智仁之性,此明智性也。智者识用之义也,乐者贪乐之称也。水者流动不息之物也,智者乐运其智化物,如水流之不息,故乐水也。"仁者乐山",此即明仁者之性。仁者恻

----

① 皇侃:《论语集解义疏·述而第七》。

隐之义，山者不动之物也。仁人之性，愿四方安静如山之不动，故云乐山也。"知者动"，此第二明用也。智者何故如水耶？政自欲动进其识，故云智者动也。"仁者静"，仁者何故如山耶？其心宁静故也。"知者乐"，第三明功也。乐欢也，智者得运其识，故得从心而畅，故欢乐也。"仁者寿"，性静如山之安固，故寿考也。然则仁既寿不乐，而智乐不必寿，缘所役用多故也。①

"性"指智与仁的本性，智者识用之义，仁者恻隐之心。"用"指仁智二者之所以乐山乐水的原因，智者用为动，仁者用为静，可以看作"性"的具体化或现实化，也即说是仁智之性的运用或发挥。"功"则"性之用"所产生的结果或效应。性、用、功三者之间的关系，则是性先后用而功，性必有用，用宜有功。事实上，在战国后期，儒家已有把"体性"合义的范例，到南北朝佛教义学中，"体性"合用几成潮流，所以，此处之"性用功"与"体用功"在结构逻辑上实无二致。

```
智者：乐水——  动——  乐
仁者：乐山——  静——  寿
   （性）——（用）——（功）
```

从体用逻辑来说，"性必有用"，用自然依附于性；"用宜有功"，功乃用之自然结果。很重要的是，此时的"用"已经完全摆脱了具体功用的概念定位，而是指事物本性的所必然展开的外在运行或表现；而恰好是此时的"功"替代了原来之"用"而表示功用或结果。当以"乐山"、"乐水"分别为仁者、智者之内在本性时，所谓仁者静、智者动，就只是此内在本性的自然表现，而不能说是此本性的功用或作用，唯有智者乐、仁者寿才可说是此本性及其动静表现的功用或结果。此作用或结果，直接说来自动静之用，根本上说来自仁智之本性。

显然这种"性—用—功"的诠释模式，不仅很好地理解了孔子的论述，而且触及了人之存在方式这个更深层次的结构本身。更为重要的是他客观地发展出一个重要的诠释逻辑，使儒家经典诠释不再停留在辞章训诂或政治比附的层面，从而愈来愈具有义理化哲学化的特征。这些对于唐代儒学新经学，特别是宋明理学的形成都具有重要的启发和示范作用。

【3】"君子务本"，此亦有子语也。务犹向也，慕也；本谓孝悌也。孝悌者既不作乱，故君子必向慕之也。"本立而道生"，解所以向慕本义

---

① 皇侃：《论语集解义疏·雍也第六》。

也。若其本成立,则诸行之道悉滋生也。"以孝为基",故诸众德悉为广大也。"孝弟也者,其为仁之本与",此更以孝悌解本,以仁释道也。言孝是仁之本,若以孝为本则仁乃生也。仁是五德之初,举仁则余从可知也。故孝经云:"夫孝,德之本也,教之所由生也。"①

此处再次展现皇侃"义疏"追求经典诠释之结构化、脉络化的强烈意愿,这种诠释的根本目标在于探寻文本内在的义理逻辑,而不只是满足于表层语义结构的了解。"君子务本","本立而道生","以孝为基","孝弟也者,其为仁之本与",这四句皇侃将其分为两个层次,一是"君子务本"和"本立而道生",前者为行动选择,后者选择之根据。于是构成一个作为君子行动的实践逻辑:因为"本立而道生",所以"君子务本"。第二层次当然是"以孝为基"和"孝弟也者,其为仁之本与",实际上是对第一层次中"实践逻辑"的具体化。具体指明孝悌为本,仁为道,所以必然是"孝弟也者,其为仁之本与"。

【4】子曰:"礼云礼云,玉帛云乎哉! 乐云乐云,钟鼓云乎哉!"此章辨礼乐之本也。……缪播曰:玉帛,礼之用,非礼之本。钟鼓者,乐之器,非乐之主。假玉帛以达礼,礼达则玉帛可忘。借钟鼓以显乐,乐显则钟鼓可遗。以礼假玉帛于求礼,非深乎礼者也。以乐托钟鼓于求乐,非通乎乐者也。苟能礼正,则无持于玉帛,而上安民治矣。苟能畅和,则无借于钟鼓,而移风易俗也。②

本段旨在辨明礼乐的本质及其实现的问题。在其所引用缪播③的注疏中,明确表明玉帛只是礼之用,而非礼之本;钟鼓也只是乐之器,而非乐之主。这表明了"本"与"用"范畴的独立性,"本"在此是具有主宰作用的礼乐之本质,而"用"不指礼的功用,也不是指礼的具体运用,而是指礼之本质借以实现自身的具体工具或载体。因此,所谓礼乐之本质作为本体是一种无形的价值性存在,而玉帛和乐器作为"用"是一种有形的事物性存在。在皇侃的诠释中,他有意识地解释并强化:礼乐之本质作为价值型存在与实现此种价值型存在的工具或途径之间的内在张力或不一致性。显然,皇侃最终是依靠"本用"逻辑来解决此不一致性的。

本、用之间的逻辑关系表现为两个方面,一是假用以达本,二是本达则用可忘。即他所说的"假玉帛以达礼,礼达则玉帛可忘;借钟鼓以显乐,乐显

---

① 皇侃:《论语集解义疏·学而第一》。
② 皇侃:《论语集解义疏·阳货第十七》。
③ 指晋代《论语》注疏家十三人之一,即卫瓘、缪播、栾肇、郭象、蔡谟、袁宏、江淳、蔡系、李充、孙绰、周瑰、范宁、王珉。缪播,字宣则,兰陵人也。

则钟鼓可遗"。这种逻辑与王弼的"得意忘言"之论非常类似。此种逻辑中，还有一个值得注意的是，即玉帛和钟鼓作为"用"，都是具体的器物，而作为"本"的"礼乐"则肯定不属于具体性的器物，是一种抽象性的价值型存在，并作为国家治理或道德教化的基本原则，这些原则其实就是后来儒家学者所追求"道"和"理"。因此在根本逻辑上来说，所谓"假用以达本"与程颐后来提出的"假象以明理"并无二致，虽然程颐并不赞同"本达则用可忘"。由此可见，这里提出的"本用"结构，既可以说是对秦汉早期礼乐文化精神的一种继承，也可说是对宋代理学"体用"思想的一种理论启迪。

三、《文心雕龙》："体性"之体与"本体"之体

《文心雕龙》是刘勰（约 465—520）创作的一部文学理论著作，成书于公元 501—502 年（南朝齐和帝中兴元、二年）间。它是中国文学理论批评史上第一部有严密体系的、"体大而虑周"（章学诚《文史通义·诗话篇》）的文学理论专著。从哲学上说，它整体上是以儒家诗教思想为基础，兼采道家甚至佛教思想，因此也可以看作一部融摄时代思想的文艺哲学著作。鉴于此，本节专门讨论其中所展现的体用思想。

> 【1】夫鉴周日月，妙极机神；文成规矩，思合符契。或简言以达旨，或博文以该情，或明理以立体，或隐义以藏用。故《春秋》一字以褒贬，《丧服》举轻以包重，此简言以达旨也。《邠诗》联章以积句，《儒行》缛说以繁辞，此博文以该情也。书契决断以象夬，文章昭晰以象离，此明理以立体也。四象精义以曲隐，五例微辞以婉晦，此隐义以藏用也。故知繁略殊形，隐显异术，抑引随时，变通适会，征之周孔，则文有师矣。[1]

此篇指出圣人经典作为文章典范的殊胜之处：《春秋》、《丧服》之"简言以达旨"，《邠诗》、《儒行》之"博文以该情"，《书》之"明理以立体"，《易》之"隐义以藏用"。在此，刘勰提出了一个"体用"对称结构，以义理之显为"体"，以义理之隐为"用"。这和程颐所提出的"体用一源，显微无间"[2]的易学原则具有很强的关联性。

> 【2】若禀经以制式，酌雅以富言，是即山而铸铜，煮海而为盐也。故文能宗经，体有六义：一则情深而不诡，二则风清而不杂，三则事信而不诞，四则义贞而不回，五则体约而不芜，六则文丽而不淫。[3]

---

① 刘勰：《文心雕龙·征圣》。
② 《二程集·易传序》，中华书局，1981 年，第 689 页。
③ 刘勰：《文心雕龙·宗经》。

此篇所谓文章之"体",在这里是指文章具有六种特点:一是情感深挚而不诡谲,二是文风纯正而不杂乱,三是叙述真实可信而不虚诞,四是义理正直而不隐晦,五是文体简约而不芜杂,六是文辞清丽而不过分。从哲学上说,文章这些特点之所以称之为"体",在于它是文章包括内容和形式所整体上表现出来的一种风格和气质,是一种不可捉摸却又真实可感的美学实体存在。

【3】故知诗为乐心,声为乐体;乐体在声,瞽师务调其器;乐心在诗,君子宜正其文。①

此处心与体义相应,所谓"诗为乐心,声为乐体",即以"诗文词采"为音乐的中心内容,以"声音韵律"为音乐的表现载体。

【4】谐之言皆也,辞浅会俗,皆悦笑也。昔齐威酣乐,而淳于说甘酒;楚襄宴集,而宋玉赋好色。意在微讽,有足观者。及优旃之讽漆城,优孟之谏葬马,并谲辞饰说,抑止昏暴。是以子长编史,列传滑稽,以其辞虽倾回,意归义正也。但本体不雅,其流易弊。于是东方、枚皋,铺糟啜醨,无所匡正,而诋嫚媟弄,故其自称"为赋,乃亦俳也,见视如倡",亦有悔矣。②

此属于《谐隐》篇。所谓"谐"和"隐"都是文体的名称。"谐"指谐词,即笑话;"隐"指隐语,即谜语。都属于讽刺幽默的一类文学作品。此段文字讲"谐"的意义和作用:从内容上说,刘勰认为这种文体可以表达百姓的怨怒,对统治者有一定的箴戒作用,即他所说的"意在微讽,有足观者"。从表现形式及其作用效果来说,刘勰认为如果正确合理地运用诙谐之语,虽然言辞表达诙谐搞笑,但终归是有讽谏规劝的正面意义。但如果不是以讽谏匡正为目的,只是用诙谐供人狎戏玩弄的话,那么就会使其变得毫无意义。之所以容易产生这样的流弊,关键在于"谐"之"本体不雅"所导致的。这里提出一个"本体"的概念,是指"谐"这种文体的本身来自民间,古代的文人认为不登大雅之堂。而"本体"则指文体的本来特质或体性。虽然这个"本体"并非完全哲学意义上的"本体"概念,但并非完全没有关联,因为若从某一文体的本质特征或体性扩展到一切事物的本质或根本,就必然会触及真正的"本体"概念。事实上,在中国传统的思想中,"本体"既可以指某一个别存在的"本体",也可以指一切存在的"本体"。不过在此,刘勰显然是用其表示个别文体之"本体"。

---

① 刘勰:《文心雕龙·乐府》。
② 刘勰:《文心雕龙·谐隐》。

【5】凡檄之大体，或述此休明，或叙彼苛虐。……移者，易也，移风易俗，令往而民随者也。相如之《难蜀老》，文晓而喻博，有移檄之骨焉。及刘歆之《移太常》，辞刚而义辨，文移之首也；陆机之《移百官》，言约而事显，武移之要者也。故檄移为用，事兼文武；其在金革，则逆党用檄，顺命资移；所以洗濯民心，坚同符契，意用小异，而体义大同，与檄参伍，故不重论也。①

此处的重点在于讨论檄移之体和用，所谓"体"即指体裁、体制之义，是指文章写作在内容和形式上的一种规范要求或整体特点。所谓"用"则指不同文体所相应产生的不同社会作用或效应。以檄、移为例，这两类文体，可兼而用于文武两方面，在军事上对叛逆的党徒用檄文，对顺从的民众则用移文。最后刘勰认为，移文和檄文之间是"意用小异，而体义大同"，即是说二者在意义作用上虽有差异，但在体制要求上是大体相同的。表述为体用逻辑则是——体同用异。

【6】夫奏之为笔，固以明允笃诚为本，辨析疏通为首。强志足以成务，博见足以穷理，酌古御今，治繁总要，此其体也。②

此时刘勰总结"奏"这种文体的体制，也即是其写作的基本要求。他认为这种体裁，必须以明确可信和忠厚诚实为根本，辨别分析和通达事理为首位。意志坚强才能完成任务，见闻广博才能够把道理说得透彻，斟酌古代的经验教训来处理当今的事务，治理繁杂众多的情况而能够抓住要害，这些就是奏疏写作的基本要求。

【7】夫情动而言形，理发而文见，盖沿隐以至显，因内而符外者也。……若总其归途，则数穷八体：一曰典雅，二曰远奥，三曰精约，四曰显附，五曰繁缛，六曰壮丽，七曰新奇，八曰轻靡。……故雅与奇反，奥与显殊，繁与约舛，壮与轻乖，文辞根叶，苑囿其中矣。③

刘勰认为文章之"体"表现为八种风格类型：典雅、远奥、精约、显附、繁缛、壮丽、新奇、轻靡。接着指出此八种风格之间又两两相对，即典雅与新奇，远奥与显附，繁缛与简约，壮丽与轻靡。具体来说，"体性"当是"体"和"性"，"体"是指文章艺术形式的基本纲领，属于客观方面，而"性"则指作者

---

① 刘勰：《文心雕龙·檄移》。
② 刘勰：《文心雕龙·奏启》。
③ 刘勰：《文心雕龙·体性》。

在作品中所凝聚的个性，包括才学与情感，因此属于主观方面，二者合起来构成文章作品的整体艺术风格。①

值得注意的还有，此处实认为文章之"体"从文章本身而言又可分为"情理"与"文言"两个方面，"情理"为内为隐，"文言"为显为外，"内外隐显"共同结合方为文章之"体"。

> 【8】情理设位，文采行乎其中。刚柔以立本，变通以趋时。立本有体，意或偏长；趋时无方，辞或繁杂。蹊要所司，职在镕裁，隐括情理，矫揉文采也。规范本体谓之镕，剪截浮词谓之裁。裁则芜秽不生，镕则纲领昭畅，譬绳墨之审分，斧斤之斫削矣。骈拇枝指，由侈于性；附赘悬疣，实侈于形。一意两出，义之骈枝也；同辞重句，文之尤赘也。②

此篇谈文章之"镕裁"，"规范本体谓之镕，剪截浮词谓之裁"。"镕"的具体内容为"规范本体"，目标在于使文章旨意明白，纲领晓畅；"裁"的具体内容为"矫揉文采"，目标在于使文章辞句得体趋时。就镕裁之具体对象言，则一为"情理"，一为"文采"，即所谓"隐括情理，矫揉文采"，"情理"乃指文章之"意"或"义"，"文采"实指文章之辞句。

更重要的是，此处隐含着一个"情理"与"文采"相对待之逻辑结构，刘勰对二者的关系有一个说明——"情理设位，文采行乎其中"，这一表述显然是对《易传》中之"天地设位，易行乎其中"的模仿，尤其是与《周易参同契》中的"乾坤设位，坎离行乎其中"类同。接下来他又"刚柔以立本，变通以趋时。立本有体，意或偏长；趋时无方，辞或繁杂"。实际上是以"情理"为刚柔之"本体"，以"文采"为趋时之"变通"。此实乃王弼的卦之"本体"与爻之"时变"的卦爻观在文论上的运用。总而言之，刘勰的"镕裁"论中隐含着一个文章之"本体"与"时变"之间的体用逻辑。

综上所述，刘勰在《文心雕龙》中体现出较为自觉的体用意识：所谓的"体"，一方面指文章的"体裁"或"体例"，此着眼于形式，凸显其作为一个整体与其他形式的区别性；一方面指"体制"或"体式"，此着眼于写作要求，凸显其内在的规范性和纲领性；一方面指"体性"或"体态"，此着眼于风格，凸显的是其作为整体对外的感发作用和美学效果。这种对"体"的文学讨论，本质上属于哲学上"体"思维一种文学具体化。这无疑是对"体"认识的一种很好的丰富与深化。

---

① 方禹纯：《体・体性・风格——略论〈文心雕龙〉风格论的理论价值》，《辽宁师范大学学报(社会科学版)》，1986 年第 2 期。

② 刘勰：《文心雕龙・镕裁》。

第三章

隋唐时期："体用"逻辑之初成与展开

第一节　隋唐宗派佛教与体用思想

一、隋唐宗派佛教概说

隋唐佛教的一个重要特征，即是由南北朝时期的各类"师说"发展成为大型"宗派"，这一特征的形成可以从寺院经济、社会政治和学术思想三个方面予以说明。

有关寺院经济和社会政治方面的说明，在此从略。从学术思想方面来说，南北朝以来，由于译经浩繁、种类杂多致使歧义纷出，师说林立；为调和各类佛典之间的矛盾、克服佛教内部的理论分歧，"判教"成为南北朝时期重要的佛教学术方法。所谓"判教"，即是根据一定的佛教义理原则，来断定佛教的主要经典和体系各自存在的理由和价值，但最终都以本宗信奉的那部分为最高最尊最圆满。这类判教，至隋特别流行开来。它们虽缺乏史实根据，却反映了隋唐宗派佛教的一个共同倾向：强烈的宗派性和学术的融摄性。随着判教活动的兴盛，佛学中国化的进程也进一步加速，此时的佛教学者，不仅更加自信地创造性诠释佛教经典，也更加自觉地创建个性化的佛教学理论述，使得这一时期的佛教哲学水平成为这一时代的最高代表。

关于隋唐佛教宗派的划分，中外学者有不同的意见。一般认为，创立于隋代的有天台宗、三论宗、三阶教；产生于唐代的有华严宗、法相宗、禅宗、律宗、净土宗、密宗和藏传佛教。本章将重点考察净影慧远、天台、三论、华严、唯识和禅宗中的佛教哲学与体用思想。

二、净影慧远与体用

净影慧远(523—592)，是地论学派南道系法上(495—580)最有成就的弟子。周武帝酝酿毁佛时，慧远曾出众抗争，后畏祸潜入山中。隋初，出任洛州沙门都，后敕居西京净影寺，故称"净影慧远"。他的注疏很多，所撰《大乘义章》是重要的佛学史料，另有《大乘起信论义疏》，是最早用《起信》观点解释瑜伽唯识思想的著作。本节就其最主要的两部著作来分析其中之体用思想。

(一)《大乘起信论义疏》中的体用思想

慧远的《大乘起信论义疏》是现存最早的《起信论》义疏之一①,也被称为《起信论》三大疏之一②。众所周知,在《大乘起信论》中,首次提出"体相用"的概念,同时也明确提出了"体用"的概念。这对中国佛学乃至整个中国哲学诠释学都产生重大而深远的影响。然而《大乘起信论》的真伪③又是一个至今仍然聚讼不已的问题,虽然在这里不可能对其进行讨论,但真伪问题与我们将要讨论的"体用"有着直接而重要的关系。如果《起信论》为印度佛教所传,则其中"体相用"和"体用"思想就是印度佛教中本有的概念、范畴。如果其并非印度所造,而是中土僧人所伪造,则必须考察其"体相用"逻辑的理论来源在哪里。为此,我们不妨先抛开真伪问题,而来直接考察此文本中有关"体相用"及"体用"的使用情况。

第一,《起信论》中体相用与体用

在《起信论》中,体、相、用之"三大"本是为称颂论证"一心"的本体地位及其作用、功能而提出的,因此其"立义分"明确地以"法"——"一心二门"与"义"——"三大"的结构模式来概括全论。全文共有五个部分,在此,我们重点讨论其第二立义分(主要阐明大乘佛法的全部要义)与第三解释分(对大乘佛法的全部要义进行详细的解释)中的体用思想。

"立义分"为《起信论》第二分,此分的宗旨在于建立或揭示"大乘"即"摩诃衍"之根本涵义所在。它从"法"和"义"两个维度来解说"摩诃衍"的内在基本涵义。所谓"法",即是指"众生心",摄一切世间、出世间法,依于此心方可显示"摩诃衍"之义。此"众生心"又有心真如相和心生灭相,"真如相"显示摩诃衍之体,"生灭相"显示摩诃衍自体相之用。而所谓"义",则分为三大:体大,一切法真如平等无增减;相大,如来藏具足无量性功德;用大,能生一切世间出世间善因果。显然,从"法"上说摩诃衍是一心二门,所以言"体用",而从"义"上说摩诃衍之有三大,故言"体相用"。如图所示:

---

① 另有隋代昙延(516—588)所撰的《大乘起信论义疏》,又称《起信义疏》。收于《续大正藏》第七十一册。

② 所谓三大疏,即隋代慧远的《大乘起信论义疏》、新罗元晓的《大乘起信论疏》、唐代贤首法藏的《起信论义记》,三书合称为《起信论三疏》。

③ 这一问题很早就有人提出过疑问:作为隋代的第一部经录,也是最早收录《大乘起信论》的一部经录,法经于开皇十四年(594)所编的《众经目录》,将它编入"众论疑惑部",并说:"大乘起信论一卷,人云真谛译,勘真谛录无此论,故入疑。"

```
┌──────────────────────────────────────────────────────┐
│           ┌── 真如平等不增减 ──────────── 体 ──┐        │
│  一切法 ──┼── 如来藏具足无量性功德 ──────── 相 ──┼ 三大 │
│           └── 能生一切世间出世间善因果 ──── 用 ──┘       │
└──────────────────────────────────────────────────────┘
```

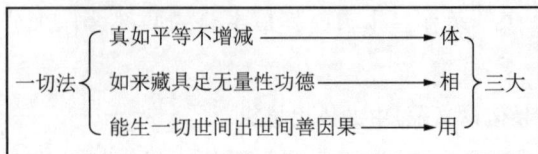

这里的关键是何谓"相"? 在"性相"相对的逻辑中,"相"即是现象,"性"则是现象的本质或本性,而在"实相无相"的逻辑中,"实相"在此就是本质之"性"。那么此处"体相用"中的相到底是现象之相,还是本质之性呢? 显然从起信论的文本而言,此处之"相"乃是指摩诃衍之体所本具的无量"性功德",就"一心"而言,它是多,是本体之现象,但相对于"能生一切世间出世间善因果"之用而言,它又是"性",而"用"又是此性之"相"。所以,如果以性相和体用逻辑而言,"体相用"三大之中实则有两个层次的性相或体用,即:

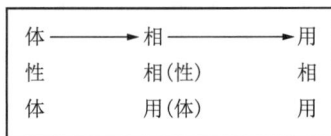

```
┌──────────────────────────────┐
│  体 ───────→ 相 ───────→ 用    │
│  性          相(性)        相   │
│  体          用(体)        用   │
└──────────────────────────────┘
```

从图示中可知,所谓"体相用"其基本逻辑实际上可以归结为"体用"结构。所以"义"之"体相用"三大最终也归结为"法"之一心二门:心真如门、心生灭因缘门;因为二门不相离,故二门皆摄一切法。心真如门:一法界大总相法门体,即是所谓心性不生不灭。其存在为"相无体有"。如果以言说分别,则可进一步区分二种义:如实空,如实不空。心生灭门:依如来藏有生灭心,又名阿赖耶识,是不生不灭与生灭的和合识。有"觉"和"不觉"二种义,故能摄一切法,生一切法。如图所示:

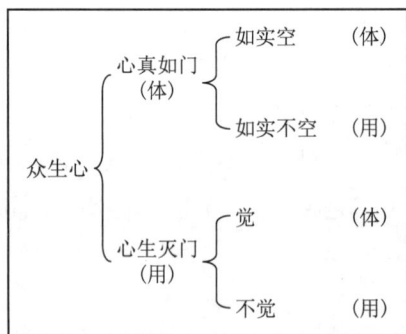

```
┌──────────────────────────────────────────────┐
│                      ┌── 如实空      (体)      │
│            心真如门 ──┤                         │
│             (体)     └── 如实不空    (用)      │
│  众生心 ──┤                                     │
│            心生灭门 ──┬── 觉          (体)      │
│             (用)     └── 不觉        (用)      │
└──────────────────────────────────────────────┘
```

无论一心二门之法,还是体相用三大之义,都是在存在本体层面说明世界的本来面目,这是生起大乘信心的根本依据,而《大乘起信论》的最终目标是要众生依据此本体真实修行,最终得以体证真如本体。《大乘起信论》作者于是提出真如与无明互熏的体用"熏习观",旨在说明染净诸法的缘起和众生造业轮回、修道解脱的机制,并试图从更高的角度来把握众生流转生死和解脱轮回的关键所在。在说明真如熏习时又区分为真如"体"熏习和真如"用"熏习,但无论体用熏习,都是从真如的立场上来说的。对于"无明"而言,因其本身无有真实之体,也就没有所谓的"体用熏习"存在。

第二,《义疏》中的体相用与体用:摄体从用与摄用归体、依体起用

作为当时地论学者仅存的《起信论》诠释义疏,其珍贵价值是不言而喻的。然而有意思的是,慧远在诠释《起信论》的文本结构以及表达自己的理解时,大量采用的是"体用"结构而并非"体相用"模式。如他在说明《起信论》第二分"立义分"的结构时说:"自下第二正释章门,此中有二:初释法章门,后释义章门。初中有二:一者正释,二何以下转释。初中有三句:一表出法体,二是心下明其用,三依于此下明立义意。"①这样的说明在文中是较多的。在此不做过多分析,下面重点分析其对"体相用"的阐述及其与体用之间的联系。

先来看慧远如何释"体",他说:

> 所言法者,自体名法。理不赖他,故言自体。问曰:万法无有别守自性,以乐德中无生灭义名之为常,如是一切何不赖他? 解曰:万法一体无异体,故以乐体异无有常体,故言无赖。②

慧远把"体"诠释为"自体",所谓"自体"即是"法"之自体,因其不依赖其他存在而恒常存在,所以称为"自体",表示其存在的内在性、绝对性和独立性和永恒性。接下来,他又具体阐释了何谓"无赖"之义。他说,尽管万法都没有所谓恒常不变的自性,但正因为此,万法即是一体而不是各自有体,这就是所谓的无所依赖义。实际上就是指万法因缘而有故缘起性空,性空则万法无所依赖,性空故万法同为一体,自然性空也就是一切法之自体了。

接下来看他对"相"的诠释。他说:

> 以二义释,一义云是心真如相者即是第九识,第九识是其诸法体故,故言即示摩诃衍体故也。是心生灭因缘相者是第八识,第八识是其随缘转变随染缘故生灭因缘相也,何以知者? 文中言即"示摩诃衍体相用故"也,用是正义,体相随来,于一心中绝言离缘为第九识,随缘变转是第八识,则上心法有此二义,是第八识随缘本故。世及出世诸法之根原故言则摄。前中但言八识,后转释中,了显二识,故言体用。第八识者,摄体从用,故言为用,心生灭也。③

就摩诃衍体相用三义而言,他明确指出"用是正义,体相随来",这说明

---

① 慧远:《大乘起信论义疏》,《大正藏》,第44册,第175页上。
② 慧远:《大乘起信论义疏》,《大正藏》,第44册,第175页上。
③ 慧远:《大乘起信论义疏》,《大正藏》,第44册,第175页上。

他把体相用三者进一步二分为"体（相）—用"或"体—（相）用"结构。显然"体相用"中之"相"不同于"一心二门"中的"相"。"一心二门"中的二相被慧远归结为"体用"关系，即"心真如相"为"体"，心生灭相为体之"用"。同时进一步把二"相"与二"识"联系起来，认为"心真如相"即是离言绝缘的"第九识"，而"心生灭因缘相"则是"第八识"。由此，第八识与第九识的关系，也必定是"体用"关系，"第九识"为体，即法佛体、大乘体、众生心体，而"第八识"则是"用"。体用之间的逻辑为"摄体从用"，所谓"摄"，慧远认为"世及出世诸法之根原故言则摄"，即是认为"体"作为"用"的根据本原。如此一来，慧远一方面把"体相用"结构进一步归化为"体用"结构，同时也尝试对当时盛行的摄论学派唯识思想进行融摄。

接下来，慧远对真如心体之"用"做了细致的分疏，他说：

> 言用大者，用有二种，一染二净。此二用中各有二种，染中二者，一依持用，二缘起用。依持用者，此真心者，能持妄染，若无此真，妄则不立。故《胜鬘》云："若无藏识，不种众苦。"识七法不住，不得厌苦乐求涅槃。言缘起用者，向依持用，虽在染中而不作染，但为本耳。今与妄令缘集起染，如水随风集起波浪，是以不增不减。解言：即此法界轮转五道，名为众生。染用如是，净用亦有二种。一者随缘显用，二者随缘作用。言显用者，真识之体，本为妄覆，修行对治，后息妄染；虽体本来净，随缘得言始净显也。是故说为性净法佛，无作因果，是名显用。……言作用者，本在凡时，但是理体，无有真用，但本有义；后随对治，始生真用，是故说为方便报佛，有作因果。又云：但是一中，义分为二。言能生一切世间出世间善因果者，世间是其染用之义，出世间者净用之义，此是总说理用也。①

总起来说，用分染净二用，但染净又各有二分，这样就形成一个一分为二、二分为四的体用模式，我们不妨用图表来予以说明：

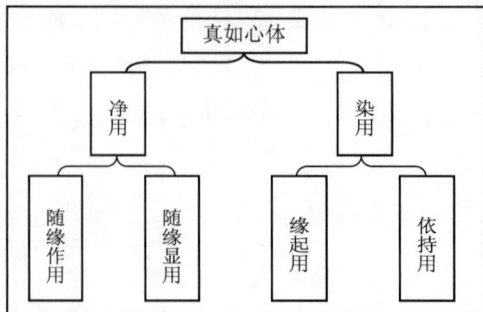

---

① 慧远：《大乘起信论义疏》，《大正藏》，第 44 册，第 179 页中。

先看二种"染用"。所谓"依持用"，慧远说："此真心者能持妄染，若无此真，妄则不立。"实际上是指"真如心体"对妄染世间的依持作用，如果没有此真如心体，则此妄染世间也无法成立。所谓"依持"，乃依止、容受、维持之义，

也即是说世间的一切妄染都是以此"真如心"为本。这类似于说一切相对的概念之间，如善恶、美丑、高下、前后等，此概念的成立必依持于彼概念，如美总是相对于丑而言，没有丑就没有美。妄染与真心之间也是如此，一定是相对于真心才有所谓的妄染，正是在这个意义上说真心能持妄染。

与"依持用"不同的是"缘起用"，慧远说："向依持用虽在染中而不作染，但为本耳。今与妄令缘集起染，如水随风集起波浪，是以不增不减。"恰如上所述，他认为"依持用"只表明了"心真如体"对妄染世间的存在起到对待支持作用，即他说的"在染"；但未能说明妄染是从何而生起的，即他说的"作染"。所以还需要建立"缘起用"，以此说明"真如心体"虽如海水的本性一样"不增不减"，但能如同海水随风吹动而生起波浪那样，随妄染缘集而生起染污世间一切诸法。

总而为言，"依持用"与"缘起用"都是从"真如心体"与"妄染世间"的关系来分析的，"真如心体"因"依持"和"缘起"二用而生起和维持"世间法"的存在。从哲学上说，"缘起用"实际上是解决有为法即现实世界的存在来源问题；而"依持用"则相对是解决有为法存在的根据问题。

再看二种"净用"，一为"随缘显用"，强调"真识之体"虽然自性清净，但被妄染所遮覆，只有通过修行对治，止灭妄染，才能使本来清净的真如心体如实显现。从这个意义上来说，是为"真修作佛"或"性修作佛"，故为性净法佛而无作因果，属于"本觉"说。二是"随缘作用"，强调"真如心体"在凡俗众生之中时，仅是作为清净之"理体"而存在，因而无法产生"真用"。所谓"真用"当是指妄染尽灭，实现唯一真法界显现的存在之用，此"真用"只有在随缘对治起修的过程中才能最终显现和实现，所以在这个意义上说，此是"缘修作佛"，为方便报佛而有作因果，属于"始觉"说。

"显用"和"作用"的根本差别在于因果作用的类型。"显用"为属于"无作因果"，虽可以说因果，但自性清净，只不过随缘而显，而实际上就无所谓因果。因为"因果"必定是由因作果，所以说是"无作因果"。"作用"就不同了，因为通过缘修，真如理体由隐而显为实际果用，因果分明，所以为"有作因果"。总之，无论"随缘显用"还是"随缘作用"，都强调真如"本体"必须随缘方能"显用"和"作用"。这种对妄染无明的态度显然比《大乘起信论》更为积极。

从哲学上说，所谓"染用"，本质上是要解决世间生灭万法的存在来源和根据问题，因此属于宇宙本体论方面；而所谓"净用"，则实质上是要解决主

体如何通过修养工夫实现自身存在的完善和完满问题,属于实践工夫论方面。二者实际上存在着明显的对应关系,如"随缘显用"正是根据真如本体的"依持用"而有,"随缘作用"则是依据真如本体的"因缘用"而有。前者对后者恰恰是一个逆向回返的过程,用牟宗三的话即是"逆觉体证"。如图所示:

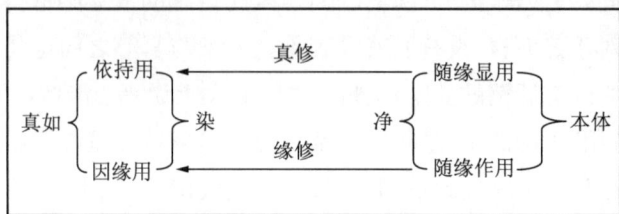

综上所述,我们可以看到,慧远在《义疏》中对于体用和体相用的结构模式都很重视。具体来说,表现为如下几个特点:(1) 将《起信论》中的"体相用"结构简化归结为"体用"模式。(2) 建立四重体用结构。(3) 把如来藏思想与唯识思想结合起来。

(二)《大乘义章》中的体相用与体用

慧远的《大乘义章》是中国佛教学者的著述中最早运用到《大乘起信论》体相用思想的一部佛教著书。①

第一,《大乘义章》中的"体相用"思想

首先,慧远为了充分说明空、无相和无愿三解脱各门分别时,不厌其繁,反复分解辨析。他在"就外境以说三门"时,采用"体相用"模式来说明三解脱门之间的关系,说:"外境之中,有体相用。体空名空;相空之义,名为无相;用空之义,说为无作,无用可贪,亦云无愿。"②接下来,他又"就涅槃以说三门",同样采用"体相用"模式来说明:"涅槃之中,有体相用。性净涅槃,以之为体;方便涅槃,以之为相;应作涅槃,以之为用。彼体寂者名曰空门;相寂之义,名为无相;作用寂者,名为无作。"③与上相应,在三解脱第六门明修入次第中,他说:"三约所空体相用等,明其次第。先说空门,空诸法体;次说无相,空诸法相;后说无作,空诸法用。次第如是。"④这样实际上也就把三解脱门、三涅槃门之间的关系由"体相用"而结构化了:即以空为体,无相为相,而无作或无愿则为用。

其次,在分别二种"种性义"即"习种性"与"性种性"时,慧远就"行"而辨其"体相用",他说:"次辨体相。此二种性,同用真识,以之为体,真识之中义别有三,谓体相用。体谓平等如实法性,古今常湛,非隐非显,非因非果。故

---

① 吕澂:《起信与禅——对于〈大乘起信论〉来历的探讨》,《学术月刊》,1962年第四期。
② 慧远:《大乘义章》,《大正藏》第44册,第489页上。
③ 慧远:《大乘义章》,《大正藏》第44册,第489页上。
④ 慧远:《大乘义章》,《大正藏》第44册,第490页中。

经说言'非因非果名为佛性',此之谓也。语其相也,真实缘起集成心事,所谓一切恒沙佛法,集成真实觉知之心。此心妄隐,义说为染,出缠离垢,义说为净。净中之始能为果本生后果,故说为性种。语其用也,真识在染,与妄和合,起作生死,在净随治,集起行德,行德初立能生后果,说为习种。"①在此他认为,无论"性种性"还是"习种性",都是以"真识"为体,此体为"非隐非显,非因非果",而其二者分别为真识之"相用",即是以"性种性"为"相",以"习种性"为"用"。值得注意的是,此处之"相"实为本质本真之"性",而非形态生灭之"相",这与《起信论》中体相用之"相"是相同的,包括缘起集成心事与真实自觉之心之性德。而"用"则包含世间之染用及出世间之净用。

总之,慧远对于"体相用"的用法,超出了《起信论》中纯粹作为本体论的诠释结构,而使其成为一般的诠释逻辑,从而大大地扩展了它的诠释范围和对象。

第二,《大乘义章》中的"体用"思想

在慧远的《大乘义章》中,"体用"结构已经成为其分析各种佛理概念的基本方式。尤其是在其"五聚"②之第一义"法聚"中之各门,基本上都采用了这样的"体用"诠释模式,而且几乎每一聚某一门中都会有辨体、辨相、辨体相、辨体用的条目。

慧远在《大乘义章》中,详细辨明八识,主要依据就是体用逻辑。他将八识分为两类,前六识是"随根受名",而七、八识是"就体立称"。此二类可以体用来区别,前六识是了别之用,后二识是了别之体。显然前六识是以后二识为体的。由此而有前六识的事相了别、第七识的妄相了别和第八识的真实自体了别。

为了更好地说明慧远的体用思想的普遍性和特点,下面将例举其中典型者予以进一步分析:

1. 在《义章》卷一"佛性义五门分别"之"辨体二"中,提出"体用分二":"废缘论性,性常一味,是其体也;随缘辨性,性有净秽,是其用也。"③显然认为佛性之体为湛然一味,而其用则是随缘而有染净之别。这样就形成一个"一体二用"的结构。随后,又采用《大乘起信论》的一心二门三大的结构,说明佛性义的体状:"如马鸣说:一者体大,谓真如性。二者相大,谓真如中具过恒沙性功德法。三者用大,谓真心中备起法界染净之用。"④事实上,慧远把"体相用"之"相"与"体"合为一体,所以"体相用"也就可以简化为"体相"

---

① 慧远:《大乘义章》,《大正藏》第 44 册,第 652 页上。
② 《大乘义章》一书分为五聚:一、教聚,二、义法聚,三、染法聚,四、净法聚,五、杂法聚。
③ 慧远:《大乘义章》,《大正藏》第 44 册,第 472 页中。
④ 慧远:《大乘义章》,《大正藏》第 44 册,第 472 页中。

与"用",也就是"体用"结构。不仅在慧远这里是如此,在此前的诸多经论中,早已存在大量将"体性"或"体相"合言的现象了。

与真实恒常的"佛性"相对应的,当然是生灭无常的假名有。慧远在对"假名义"的有无分别之中,同样采用体用结构进行分析,他说:

> 假法有三:一体,二用,三者名字。于中义别乃有四种:一摄名用,从体说无,随别以求,非直假体空无所有,名用亦无。如彼众生,随阴别求,生体叵得,既无生体,知复就何施名,起用设有所作,但是阴用,如是一切。是故就实,体用及名,一切皆无。第二分名异于体用,就实以求,但无体用,非无假名。何故如是? 随别以分,假体不立,故无假体;用必依体,以无体故,用亦不有,故无假用;名依相生,不依体发,故得有名。如贫贱人,虽复无其富贵体用,亦得假名说为富贵,如是一切。三分名用异于假体,就实以论,但无假体,非无名用。何故如是? 体据自实,随别求假,假无自实,是以无体。用谓集用,诸法和合,相假成用,故有假用。如以一缕独不制象,众多相假便有制能。如是一切,既有假用,依用立名,名亦非无。四摄体用以从其名,非直有名,亦有体用。依和合相而起名字,故有假名;用此假名,统摄别法,皆成一总,故有假体;依体施用,故有假用。是故三种俱皆是有,有无如是。[①]

显然,慧远认为假法之有无可以从体、用、名三个方面来讨论,具体又可以分为四种情况:其一是从体摄名、用来说,因一切有为法皆是假体空无所有,所以依于体之名,用也是无,故一切皆无。其二,把名和体用分开来看,假名之体用就实而言当是无,但假名之名并非是无。为什么呢? 慧远的解释很重要:假体是无,而用必依体,所以假用也是无;但名之所以为有,关键在于名不是和用一样依于体而有,而是依于相而有的。所以即使假体假用不可为有,但不妨假名为有。这里显然在体用结构中暗涵着"相"的存在。其三,把名、用和体分开来看,假体不可为有,名和用不可为无。原因在于,假体虽空无所有,但诸多的假体以相互缘集而生假用,既然有假用,则依于此假用而生假名。此处表明名可依用而有。其四,摄体用以从其名,即如果把体用都统摄到名之上时,就可以依于此假名而有假体假用了。因为生灭法是和合缘起故体为无,但和合相为有,故依此"和合相"有假名。在此假名之下就可以统摄假体的存在,然后再依此假体而生假用,所以在这个意义上,假法之体、用、名三种皆可谓有。四种分别可以列图如下:

---

① 慧远:《大乘义章》,《大正藏》第 44 册,第 478 页上。

```
①体(无)------------→用(无)------→名(无)

②【体—用】(无)————→相(有)————→名(有)

③体(无)------------→用(有)--------→名(有)

④【体—用】(有)←————相(有)←————名(有)
```

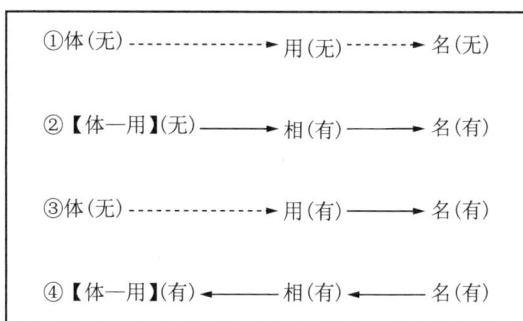

图中的箭头方向表示起点与趋向，实线表示从有到无的实际推导，虚线表示于此相反的情况。【体—用】表示"体用"之间的整合关系。

2. 在"二谛义"分别中，慧远通过四宗判教来说明二谛之体，他首先判诸教为小乘和大乘，而后宗别为四：一是立性宗，属于小乘中浅，宣说诸法各有体性；二是破性宗，属于小乘中深，主张诸法虚假无性；三是破相宗，属于大乘中浅，主张不仅体性为无，虚假之相亦是无；四是显实宗，属于大乘中深，主张诸法妄想故有，然而妄想无体，而必依托如来藏性而起，一切诸法都是依此真性缘起，所以为真宗。显然这种判教是立足于性、相而作判分的。而性与相实际上也就是体之性与体之相，因为慧远认为：

> 体义名性，说体有四：一佛因自体，名为佛性，谓真识心。二佛果自体，名为佛性，所谓法身。第三通就佛因佛果，同一觉性，名为佛性。其犹世间麦因麦果同一麦性，如是一切当知。是性不异因果，因果恒别，性体不殊。此前三义，是能知性，局就众生，不通非情。第四通说，诸法自体，故名为性。此性唯是诸佛所穷，就佛以明诸法体性，故云佛性。此后一义。是所知性，通其内外。斯等皆是体义名性。[①]

可见，无论是能知性，还是所知性，都是体义名性，也就是说以性为体。所以慧远此处依"性相"判教，实际是依"体用"判教，以一切诸法为相用，诸法本性为体性。根据体用有无的关系，则慧远所判四宗分别在于：立性宗为体用皆有、破性宗则为体无而用有，破相宗为体用皆无，显实宗则是体无而用有。显然，慧远是以"体无用有"为最高真理的内在逻辑。

其次，所谓二谛，即世谛和真谛，若分体用，则"体为真谛，用为世谛"[②]。为什么以"二谛"为体用关系呢？或者说二谛体用关系的真正内涵是什么呢？因慧远坚持真性缘起的观念，所以他在第四宗显实宗也就是真宗中，将

---

① 慧远：《大乘义章》，《大正藏》第 44 册，第 472 页上。

② 慧远：《大乘义章》，《大正藏》第 44 册，第 484 页下。

二谛分别为依持和缘起。他说：

> 若就依持,二谛相望,不即不离。依真起妄,即妄辨真,得说不离;真妄性别,得云不即。故经说言:"断脱异外有为法,依持、建立者,名如来藏。"若就缘起,二谛相望,得言相即,即体起用,用即体故。二谛之义,厥趣如是。①

就依持用和缘起用,慧远在《大乘起信论义疏》有充分的说明,此处的重点在于,他把二谛和体用直接联系起来讨论。他认为,若从依持用的立场来说,世谛和真谛是"不即不离"。因为虚妄的世谛并不能自立,必须依持真谛才能生起,真谛也必须依赖世谛才能辨明其自身,这是"不离";然而真妄二者又是有差别的,是不可混同的,这是"不即"。若就用体用逻辑来说,一是体用有别,此是说"不即",二是依体起用,这是说"不离"。

若从缘起用的角度来说,则二谛之间唯说"相即不二",因为"即体起用,用即体"之缘故。事实上,这里又提出一个关于体用的逻辑内涵:即体起用,用即是体,体真用妄。其实,慧远在"入不二门义"中,也对此种缘起体用有同样的阐明,他说:"如依真心缘起集成生死涅槃,用不离体,体用虚融,名为不二。"②所谓"体用不二",即是指从体起用、用不离体、体用虚融的状态。

慧远在此依据"依持用"和"缘起用",分别世谛和真谛之间为两种体用关系,一是依持用中的二谛体用之"不离不即",二是缘起用中的二谛体用之"相即不二"。为什么会有这种差别呢? 显然,其根源在于,真谛与世谛之间,或真如与生灭法之间,存在两种体用结构模式,一是"依持型"体用,一是"缘起型"体用。"依持型"体用的本质在于说明生灭法或世谛的存在依据,而"缘起型"体用则在于说明生灭现象的存在本源或本根。用现在的观念来说,即前者属于宇宙本体论层面,后者属于宇宙创生论或生成论层面。故在本体论层面,二谛体用之间是"不即不离",若从创生论层面来说,则二谛体用之间就是即体即用的"相即不二"的关系。如此二种二谛体用模式的发现或建立,可以说是慧远天才式的洞见,不仅极大地深化了佛教宇宙本体论的理论内涵,同时极大地丰富了体用结构自身的逻辑内涵。可惜这种价值和贡献,不仅过去一直都没有得到应有的重视和发掘,今天学界依然缺乏足够的认识。

3. 五法三自性。所谓五法,即是对一切有为法无为法所做的五种分类,具体为:一名,二相,三者妄想,四者正智,五者如如。前三为生死法,后二为

---

① 慧远:《大乘义章》,《大正藏》第 44 册,第 481 页下。
② 慧远:《大乘义章》,《大正藏》第 44 册,第 481 页下。

涅槃法。但五法只是法相不同，前三相实无自体，若穷其本源，都是法界如来藏性，如来藏性即是第八真识。就五法之间的关系，他说：

> 然就第八真识之中，随义分二：一体，二用。论其体也，即是法界恒沙佛。……诸门类尔，毕竟无有一法一义别守自性，皆无性故，说为如如。论其用也，恒沙佛法，集成心事，此之心事在染，与惑妄想应缘集成生死，说为前三；名相妄想在净息染，契穷自体，便成法界差别行德，就此净用，说为正智。①

显然，五法中如如即真如为体，而名、相、妄想等生死法为染用，而正智为净用。由此可见，五法不过是《起信论》之一心二门、一体二用的模式的展开而已。如图所示：

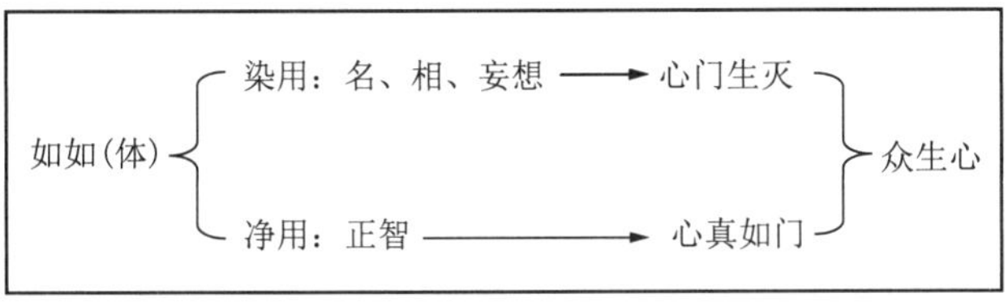

```
          ┌ 染用：名、相、妄想 ──→ 心门生灭 ┐
如如(体) ┤                                  ├ 众生心
          └ 净用：正智        ──→ 心真如门 ┘
```

4. 关于八识义，慧远在《大乘义章》中分别为三类，即眼、耳、鼻、舌、身、意为前六识，第七识为阿陀那识，第八识为阿赖耶识。又名事识（即前六识）、妄识（即第七识）和真识（即第八识）。又名心（即阿赖耶识）、意（即阿陀那识）、意识（即前六识）。这显然是依据《十地经论》和《起信论》而有的。

他认为，三类识各有体用，他说：

> 三就通分别。八俱有根，亦通有尘。故楞伽云："依境及根识故有八识生。"有相如何，前六可知。第七识中，有体有用。论其体也，无常流注，藉前生后，义说为根。性是无明，迷覆真法，真法即是所迷之尘。论其用也，还以众生眼等为根，色等为尘。是义云何？即前事识所依根尘，以理穷之，皆是妄想自心所现，其犹梦中所现根尘。此妄根尘，还为妄想六识所依，名七识中用根尘也。第八识中，有体有用。论其体也，就如来藏同体法中，义说根尘。彼如来藏，非宜是其心识之体，亦是根体故。经说言："众生身中，有如来眼如来耳等。"如来藏中恒沙佛法，为心所照，即名为尘。故马鸣言："从本已来，遍照一切法界之义。"论其用也，还以众生眼等为根，色等为尘。是义云何？即前事识所托根尘，穷实皆是真心所作。如人梦中根之与尘，皆报心作。此真所作，还为真用

① 慧远：《大乘义章》，《大正藏》第44册，第481页下。

六识所依,名真识中集用根尘。通有如是。①

下面通过图示来说明其各自的体用内涵:

前六识:体（六根识）——用（境相）
第七识:体（无明根性）——用（妄想六识）
第八识:体（如来藏）——用（前七识所依）

如图所示,事识、妄识与真识不仅各有体用,且三者之间又递次为体用关系,如他说"真与无明,共为本识,依本共起阿陀那识,依本共起六种生识"。也即他所说的"相起相摄":

> 言相起者,依彼真中集用六识。起妄六识,离真,妄法不独起故,依妄六识。起事六识,执妄为实,名为事故。……言相摄者,摄彼事中所有六识,即是妄中集用六识。根尘亦尔,妄心变异,为彼事故。摄妄六识,即是真中集用六识,真心变异,为彼妄故。摄彼事中所起我相,即是妄我。于妄法中,执为事故。摄彼妄我,即是真我。真心变异,为彼我故。故得真我,无妄可存。②

此处所言"相起"即是指依真起妄,所谓"相摄"则是指摄妄归真。接下来,他又通过真如体用辨明真妄之间的依持义。他说:

> 次唯就真以辨依持。真有体用,本净真心,说之为体;随缘隐显,说以为用。用必依体,名之为依;体能持用,说以为持。能持如水,能依如波。绳蛇等喻,类亦同尔。真妄相对,依持如是。③

这里通过真如体用来辨明依持义。以本净真心为体,随缘隐显为之用。根据体用之间的逻辑要求,"依"即指用必依体,"持"指体能持用,合而言之即是"依持"。二者分别为"能持"与"能依",好比是水与波浪的关系,也即是说体用之间的关系。如此明确地把体用关系与水波之喻结合起来说明真如与万法之关系,这应当是哲学上的第一次。水波之喻的体用逻辑本质在于,水波之间既非母子创生关系,又非"实体—功能"关系,也非一般的"实体—属性"关系,而属于"本体—显现"关系。在此关系中,水为波之体,波为水之用,水体能持波用,波用必依水体。即波显体,全体是波。

---

① 慧远:《大乘义章》,《大正藏》第44册,第531页中。
② 慧远:《大乘义章》,《大正藏》第44册,第527页上。
③ 慧远:《大乘义章》,《大正藏》第44册,第532页下。

值得注意的，是这种体用水波关系与后来的体用理事关系并不完全相同。具体来说，理与事分属不同的存在层次，理属于形而上，事为形而下；而水波则同属于具体实在层面。实际上，这种体用关系倒是与后来的易学气论派的模式极为类似，他们的模式是以太极为气，二仪四象八卦既为太极自身所蕴涵又为其所展开。另外，此处还明确以"随缘隐显"作为真体之用，这是否是程颐体用一源、显微无间说的一个理论源头，值得进一步研究。

5. 二种庄严义。所谓二种庄严，即是就佛果体而言，分别为福德庄严和智慧庄严。二者也可以就体用来分别，智慧庄严为佛果之体，而福德庄严为佛果之用。他说：

> 就体用开分二种。体谓证如，涅槃之行；用谓随缘，世间之行。用随世间，同世福善，说之为福。体则合如，照第一义，说之为智。随世行中，非无有智，隐而不彰。合如行中，非无有福，隐而不说。故涅槃云："福庄严者，有为有漏以有果报，有碍非常，是凡夫法。智慧庄严者，无为无漏无有果报，无碍常住，是贤圣法。"是凡法者，诸佛菩萨常在世间同凡行也，以同凡故有为有漏有碍非常。是圣法者，诸佛菩萨舍离世间合如行也，以合如故无为无漏无碍常住。此二即是《地经》之中常与无常二种爱果。福德是彼无常爱果，智是常果。然此二种性不相离，故经中说："无常共常，常共无常。"二种庄严体性如是。①

证得真如为体，属涅槃行果，名智慧庄严；随缘福善为用，属世间行果，名福德庄严。虽然福德是无常爱果，是凡夫法，而智是常果，是圣贤法；但二者又是性不相离。依体用逻辑来说，体用之间是不即不离，不即是体用有别；不离是用中有体，但体为隐；体中函用，但用未显。显然此种体用关系正属于"依持型"体用。

6. 证教两行义。

> 七就真中体用分别。次前证教，同说为体，依此体上，教智外彰，说以为用。体为证行，证法性故，用为教行。②
> 第四可以自体真法互相显示，名为可说。于中或有因果相显，故《地经》中举彼佛法用显地法。或复体用互相显示，如《地经》说，彼经之中，金庄严具所况之法，以用显体；摩尼光等所况之法，以体显用。或复行法互相显示，故《地经》中用彼真智显示地法。是等皆是自体真法互

---

① 慧远：《大乘义章》，《大正藏》第44册，第649页下。
② 慧远：《大乘义章》，《大正藏》第44册，第652页下。

相显示,名为可说,不可用彼情相显真,名不可说。①

此处很重要的两点:一是针对证真和教行各有可宣说和不可说之义。在"证"中提出五种可说不可说之分别,其第四为"自体真法互相显示,名为可说,不可用彼情相显真,名不可说"。也即是说在自体真法之内部有因果互显,体用互显,行法互显等,透过这种内在的互相显示,实际上就是对证行真法的宣说,因此为"可说",但又不可以通过世间有为之情法来显示体证真如之法,从这个意义来说,就是证行的"不可说"。二是,提出"体用互相显示"的观念,并举《地经》为例,指出彼经之中,既有金庄严具所况之法,为"以用显体";也有摩尼光等所况之法,为"以体显用"。② 因为同为真实法体,所以可以互相显示。这也表明,体用之间要达到互相显示,是有条件的,即必须是同为真实存在。

7. 四无量义:慈悲喜舍。

> 第五门中义别有二。一体用分别,二主伴分别。言体用者,初一慈行是其德体,后三德用。如《维摩》说:慈是体故,一慈门中统含法界一切行德。故彼经言:行寂灭慈,无所生故;行不热慈,无烦恼故;行等之慈,等三世故;乃至修行六度慈等,良以真实如来藏中恒沙佛法同一体性互相成故。依之成德,德只如是。一一之中皆备一切,是以慈中得具法界一切行德。后三用故随人化益。故彼经言:何谓为悲,菩萨功德皆与一切众生共之;何谓为喜,有所饶益欢喜无悔;何谓为舍,有所福佑无所悕望。此等皆是对人用也。一相如是,理实四行,齐得为体,并得为用,互相依故。③

此处将"慈悲喜舍"四无量心,作体用分别,即以慈行为德体,以悲、喜、舍为三德用。因为在一慈门中统含法界一切行德,故为体,而三者都是随人化益之用,属于慈德的不同表现。这如同程颢以仁为总德,并包义、礼、智、信诸德行。体用之间是体用相依的关系,即齐得为体,并得为用。无悲、喜、舍诸德用,慈之德体无从显现,无以慈为体,悲、喜、舍之德用亦不可得。这与仁为本体,礼为仁用的逻辑也是一致的。总之,此处的体用逻辑属于"总

---

① 慧远:《大乘义章》,《大正藏》第 44 册,第 653 页中。
② 《十住经》卷 24《焰地》:"诸佛子! 如上,真金以为庄严,余金不及;如是,诸菩萨摩诃萨住此菩萨焰地,诸善根转增明利,下地菩萨所不能及。譬如摩尼珠光明清净能照四方,余宝不及,雨渍水浇光明不灭;菩萨住焰地中,下地菩萨所不能及,一切诸魔及诸烦恼皆不能坏其智慧。"(《大正藏》第十册第 510 页中)
③ 慧远:《大乘义章》,《大正藏》第 44 册,第 689 页中。

体—表现"型。

8. 十忍义。

> 十忍之义出《华严经》。慧心安法，名之为忍，忍行不同，一门说十。十名是何：一随顺音声忍，二顺忍，三无生忍，四如幻忍，五如炎忍，六如梦忍，七如响忍，八如电忍，九如化忍，十如空忍。
>
> ……
>
> 果中有三。一体用分别，化用集起，名之为生，德体常寂，故号无生。二体德分别，有作行德本无今有，方便修起，名之为生，性净之体本隐今显。不从缘造，故号无生。

从存有状态来说"无生"有体用分别。所谓"化用集起，名之为生，德体常寂，故号无生"，是说真正意义上的"无生"并非没有生灭或消除生灭，而是指"德体常寂"为"无"，"化用集起"为"生"，"无生"即是寂而用，用而寂，寂用同时。这和僧肇对涅槃境界的描述是完全一致，也与后来的佛教学者的描述完全一致。

从修行实践上说"无生"有"体德"分别，即以"方便起修"为行德，此行德乃"本无今有"故可说是"生"；以性净之体为德之本体，虽依方便而起修，但性净本体只是"本隐今显"，并无所谓修，"无生"即是体无修而德用有修，即所谓无修之修，修即无修。此与后来南宗禅所提倡的顿修法门，可谓同气相求。

9. 涅槃义。

> 一对因论果，二对体彰用。何故而然，方便涅槃有其二种。一从因修得名方便净，二从体起用名方便净。为是释名，各有两义。方便净者，从其初义，教行功德本无今有，从因方便断障得净，名方便净。若从后义，作用善巧称曰方便，作用中净，名方便净。方便寂者，若就初义，从因方便断障得寂，名方便寂。若就后义，作用善巧故曰方便，作用中寂，名方便寂。方便坏者，若就初义，从因方便坏障得灭，名方便坏。若从后义，作用善巧名曰方便，用相不同名方便坏。不同相者，从其初义，方便涅槃断染得净，染净别体，名不同相。若从后义，作用差别名不同相，方便如是。性净涅槃名义有三：一名性净，二名性寂，三名同相。释此三名义各有二，一对因显果，二对用彰体。[1]

---

① 慧远：《大乘义章》，《大正藏》第 44 册，第 817 页上。

此段文字重点在以体用因果来说明涅槃二义,即方便涅槃和性净涅槃。说方便涅槃是"对因论果"和"对体彰用",说性净涅槃则是"对因显果"和"对用彰体"。在此,一是从范畴逻辑方面来说,体用因果具有对应性,体为因,果为用。二是从涅槃二义之间来说,则性净涅槃为体,方便涅槃则为用,二者是从体起用、由用彰体的体用逻辑。三是,虽方便涅槃为从体起用,也有二义,一是本无今有,从因缘而修得方便净,二是本有性净于作用善巧中显现为方便净。由此可见,"从体起用"实际上包含有两种逻辑,一种可谓"本无今有"之生起型,如前者,一种为"本隐今显"之显现型。此种分别实与前述的随缘显用和随缘作用是相对应的。

10. 四无畏义。

次第二门定其体性,并辨其境具。体性有二:一是智体,二是心体。内照自己,具四功德,实有非虚,是其智也。外于难辞,情安不怯,是其心也。……若说智慧以之为体,约对此体,辨义有四。一者是体,二者是用,三者是境,四者是缘。体者是其内照之智,内照自己,有智有尽,并具二能。用者是其不怯心也,由前知体,知己有德,便于外难起于勇猛不怯之用。境者自家四种德是,己智与断并及二能为智所照,故名为境。缘者外道四难辞是,寄对彼难而显佛德,彼四是其显德之缘,故名为缘。若说勇猛不怯之心以之为体,约对此体辨义亦四,一者是体,二者是用,三者是境,四者是具。体者,是其不怯心也,此心正是无畏之义,故名为体。用者,是其内照智也,由照自知,有德不虚,于他不怯,故名为用。境者,外道四难辞也,无畏之心,正缘彼难而不怯惧,故名彼难,以之为境。具者,自己四种德也,持己四德,于他不怯,故名己德以之为具。[①]

此处重在辨明"四无畏"之体性。体性有二:一以智慧为其体,即智体;一以勇猛不怯之心为其体,即心体。在此基础上,又分别从"体用境缘"和"体用境具"两个方面,来进一步阐明"智体"和"心体"的深层内涵。就"智体"而言,"体"为内照之智;"用"即是据此内照之智体,面对外难而生起勇猛不怯之心;所谓"境",即是此智体内照之德;所谓"缘"即是外难,因其能助显智体之德用,故为"缘"。若就"心体"而言,"体"为不怯心本身;"用"为内照之智,为不怯心之所用;"境"为外难,为不怯心所缘之境;"具"指不怯心本具四德,故能不怯。

仔细辨析,我们还可发现,智体和心体不仅各具体用,而且还是互为体

① 慧远:《大乘义章》,《大正藏》第 44 册,第 848 页中。

用的。譬如，"内照之智"既为智体之体，又是心体之用，"勇猛不怯之心"既是心体之体，又是智体之用。不仅"体用"之间如此，"境缘"之间也是如此，"外难"既为智体中之"缘"，又为心体中之"境"。究其根本，在于智体与心体本具互为体用之关系。显然，若把这种结构关系与宋明理学对性心关系之辩明相对照，就会发现二者之间具有很强的逻辑相似性。

三、天台宗与体用

天台一宗，渊源于北齐、南陈，创于隋，盛于唐，并传入朝鲜、日本，中唐以后，在中国趋于衰落，宋代有所回升，尔后延绵不绝。

(一) 慧思："以体体用，以用用体，体用不二"

慧思（515—577），后魏南豫州汝阳郡武津县（今河南上蔡县）人，师承北齐时期的慧文①，而为天台创宗之先驱者。慧思在北方学禅时，受慧文等禅师影响，通过诵读《法华经》而自悟"法华三昧"，开始了对《法华经》的崇拜。他到南方后，提倡"教禅并重"、"定慧双开"。慧思不仅继承了北方佛教重视禅法的传统，而且还大力吸收南方佛教注意玄理的风格，从而把南北佛学的两种学风融合到一种体系中，开辟了佛教的新格局。

下面将以《大乘止观法门》为中心来分析其中的体用思想。

> 【1】问曰："若心体本具染性者，即不可转凡成圣。"答曰："心体若唯具染性者，不可得转凡成圣。既并具染净二性，何为不得转凡成圣耶？"问曰："凡圣之用，既不得并起，染净之性，何得双有耶？"答曰："一一众生心体，一一诸佛心体，本具二性，而无差别之相，一味平等，古今不坏。但以染业熏染性故，即生死之相显矣；净业熏净性故，即涅槃之用现矣。然此，一一众生心体，依熏作生死时，而不妨体有净性之能。一一诸佛心体，依熏作涅槃时，而不妨体有染性之用。以是义故，一一众生，一一诸佛，悉具染净二性，法界法尔未曾不有；但依熏力起用先后不俱。是以染熏息故称曰转凡；净业起故说为成圣；然其心体二性，实无成坏。是故，就性说故，染净并具；依熏论故，凡圣不俱。"②

此处问答的关键在"心体是否本具染净二性"。质疑者认为，如果心体本来具有"染性"，那么就不能实现"转凡成圣"。答者认为，心体如果只是本

---

① 慧文，渤海（今山东）人，俗姓高，南北朝魏齐年间的高僧，佛教天台宗的肇始人。据《佛祖统记》记载，慧文读到龙树《大智度论》内所引《大品般若经》的一段话："欲以道智具足道种智，当学般若；欲以道种智具足一切智，当学般若；欲以一切智具足一切种智，当学般若；欲以一切种智断烦恼及习，当学般若。"慧文对此深有体味，从而提出"一心三智"、"一心三观"之论，开创天台禅行的心法。

② 慧思：《大乘止观法门》卷1，《大正藏》，第46册，第646页下。

具"染性"而无"净性",则不能"转凡成圣";若是同时并具"染净"二性,则可以实现"转凡成圣"。问者继续质疑,他说,既然"凡圣"之用不能同时发生,那染净二性怎么可以同时本具呢?实际上,问者在此处使用了一个体用逻辑:即用以求体,用既不能并起,体何能并有呢?

答者进一步论证,他认为:众生心体与诸佛心体,本具染净二性,平等不二;但因染净二"业"熏染染净二"性"不同,而分别生起"生死之相"和"涅槃之用"之差别。重要的是,当依染熏作生死时,而不妨心体有净性之能;依净熏作涅槃时,也不妨心体有染性之用。也就是说,染净之用存在有两种状态,即发生实际作用与潜在发生作用,当受熏时,相应的方面则会由潜在势用状态显现为发生实际作用,而另一方面仍然处在潜在势能状态。

虽然心体同时具有染净二性,但依染净二业熏习的缘故而有力用先后差别,所以"凡圣"二用不会同时。也就是慧思说的"就性说故,染净并具;依熏论故,凡圣不俱"。从佛性思想来说,此种说法充分体现了天台宗特有的性具佛性论——诸佛众生心体不二,本具染净二性,依熏习不同而有凡圣二用不同;所以虽本具染性,不碍"转凡成圣"。

从体用思想来说,很重要的是,此处佛性思想论述中,存在一个明确的"体性用"结构逻辑:心体——染净二性——凡圣二用。事实上,此种"体性用"结构可以简化为"体用"结构,即还把染净二性归属到"心体"之上,因为染净二性本是同时俱存于"心体"之中,换句话说,心体除染净二性外别无所有。如图所示:

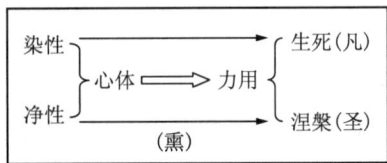

【2】问曰:"如来之藏体具染净二性者,为是习以成性,为是不改之性耶?"答曰:"此是理体,用不改之性,非习成之性也。"故云:佛性大王非造作法,焉可习成也。佛性即是净性,既不可造作,故染性与彼同体。是法界法尔,亦不可习成。问曰:"若如来藏体具染性能生生死者,应言佛性之中有众生,不应言众生身中有佛性。"答曰:"若言如来藏体具染性能生生死者,此明法性能生诸法之义。若言众生身中有佛性者,此明体为相隐之语。如说一切色法,依空而起,悉在空内。复言一切色中悉有虚空。空喻真性,色喻众生。类此可知,以是义故。如来藏性能生生死,众生身中悉有佛性义不相妨。"问曰:"真如出障,既名性净涅槃;真如在障,应名性染生死。何得称为佛性耶?"答曰:"在缠之时,虽体具染性故,能建生死之用,而即体具净性故,毕竟有出障之能,故称佛性。若据真体具足染净二性之义者,莫问在障出障,俱得称为性净涅槃,并合

名性染生死。①

　　此处关于如来藏体是否同时具有染净二性的问题,既是佛教佛性论历来争论的焦点,更是天台宗得以建宗立论的要害所在。这里有三个层次,首先针对"如来之藏体具染净二性者,为是习以成性,为是不改之性"的问题,明确指出,此二性乃是先天不改之性,而非后天习以成性,这也就是所谓"本具"之义。接着针对"既然如来藏体具染性,则只应说佛性中有众生,但不可说众生中有佛性"的问题,认为佛性与众生互具。佛性中有众生,即以如来藏体具染性表明法性能够生起生灭诸法;众生中有佛性,表明佛性之体是隐涵于众生之中,这种关系犹如色法与空性之间的关系。所以如来藏性能生生死,与众生中有佛性之义并不相违。第三,针对"既然真如在障时名为性染生死,又何以能称作真如佛性"的问难,慧思认为,一方面真如在障之时有建立生灭诸法之用,一方面因为同时真如体具净性,故始终存有出障得净的功能,所以就此而可言"佛性"。由此,若根据真如体具染净二性的,无论在障出障,都可以既称为"性净涅槃",又可以同时称为"性染生死"。可见,天台宗"性具"说的基本内涵在此已经全部显现。

　　【3】问曰:"若约真谛,本无众相,故不论摄与不摄。若据世谛,彼此差别,故不可大小相收。"答曰:"若二谛一向异体,可如来难。今既以体作用,名为世谛。用全是体,名为真谛,宁不相摄?"问曰:"体用无二,只可二谛相摄,何得世谛还摄世事?"答曰:"今云体用无二者,非如揽众尘之别用,成泥团之一体。但以世谛之中,一一事相,即是真谛全体,故云体用无二。以是义故,若真谛摄世谛中一切事相得尽,即世谛中一一事相亦摄世谛中一切事相皆尽。如上已具明此道理竟,不须更致余诘。"②

　　以"体用无二"逻辑回答二谛是否相摄之问难,认为真谛与世谛的差别在于,"以体作用,名为世谛;用全是体,名为真谛"。以"体用"论,真谛属体,此体全由世谛之用所成;世谛属用,此用乃由真谛之体所生发。如此,体用无二,故真俗二谛相摄。所谓"体用无二",并非把全部各种不同的生灭现象作用揉成泥团那样成一混合之体,而是指世谛之用中的任一事相都即是真谛全体的展现。所以依此"体用无二"之逻辑,不仅真俗二谛可以相摄,且真谛能尽摄世谛中的一切事相,而世谛中一一事相也能尽摄世谛中一切事相。若以"一多"来说,真谛体一,世谛用多,不仅真俗之间是"一多"相摄,且世谛

①　慧思:《大乘止观法门》卷1,《大正藏》,第46册,第647页上。
②　慧思:《大乘止观法门》卷1,《大正藏》,第46册,第647页上。

之用多中,各一之间也是相入互摄的。这从逻辑上与华严宗之理事无碍和事事无碍的法界缘起观极为接近了。

【4】复以大悲方便发心已来熏习心故,即于定中起用繁兴。无事而不作,无相而不为,法界大用,无障无碍,即名出修也。用时寂,寂时用,即是双现前也。乃至实时,凡夫亦得作如是寂用双修。此义云何?谓知一切法有即非有,即是用时常寂,非有而有,不无似法,即名寂时常用。①

此处强调一切法"非有而有",不仅是从宇宙存在的角度来说明动寂相即,也是从修养工夫和境界的层面来说:用时寂,寂时用,寂用双修。此与僧肇的寂用论在逻辑上几无差别。另外,慧思此处还特别强调"定中起用",即是"寂中起用",当然也就是强调"从体起用",这是与僧肇的寂用论不同的地方。

【5】种子习气坏故虚状永泯,虚状泯故心体寂照,名为体证真如。何以故?以无异法为能证故,即是寂照无能证所证之别。名为无分别智。何以故?以此智外无别有真如可分别故。此即是心显成智,智是心用,心是智体。体用一法,自性无二,故名自性体证也。如似水静内照,照润义殊而常湛一。何以故?照润润照故。心亦如是,寂照义分而体融无二。何以故?照寂寂照故,照寂顺体,寂照顺用。②

以心体寂照为"体证真如",以寂照无能所分别为"无分别智"。以智为心用,心为智体。显然此心为如来藏心,为真如心体,智为后得无分别智,所以为"心体智用"和"体用一法"。就心体的存在境界来说,所谓"寂照照寂",从"体"方面而言是照而能寂,从"用"方面而言则是寂而能照。也即"照寂顺体,寂照顺用",始终强调体用一如,相即无二。

【6】问曰:"何故依止此心修止观?"答曰:"以此心是一切法根本故。若法依本则难破坏,是故依止此心,以从本以来未有一法心外得建立故。又此心体本性具足寂用二义,为欲熏彼二义令显现故。何以故?以其非熏不显故。显何所用?谓自利利他故,有如是因缘故,依此心修止观也。"问曰:"何谓心体寂用二义。"答曰:"心体平等离一切相,即是

---

① 慧思:《大乘止观法门》卷1,《大正藏》,第46册,第659页上。
② 慧思:《大乘止观法门》卷1,《大正藏》,第46册,第641页下。

寂义；体具违顺二用，即是用义。"①

慧思即天台宗重视"心"在修习止观法门中的本体地位，他所谓的"心"是烦恼心，是现实心，即此处的"此心"，也是天台后来注重的"一念心"。在回答为何要依止"此心"来修习止观时，他认为原因在于"此心"是一切法的根本。其关键在于"此心"是本性具有"寂用"二义，即以"心体平等离一切相"为心之寂体；以体具违顺二用为心之用。"寂用"即是"体用"，正因为"此心"是体用兼备，所以为一切法的根本。

【7】问曰："利他之德，对缘施设，权现巧便，可言无实，唯是虚相，有即非有。自利之德，即是法报二身，圆觉大智，显理而成，常乐我净。云何说言有即非有。"答曰："自利之德实是常乐我净，不迁不变，正以显理而成故，故得如是。复正以显理而成故，即是心性缘起之用。然用无别用，用全是心；心无别心，心全是用。是故以体体用，有即非有，唯是一心而不废常用。以用用体，非有即有，炽然法界而不妨常寂。寂即是用，名为观门。用即是寂，名为止行。此即一体双行。"②

关于自利、利他二德的真实性问题，有人认为：利他之德，乃三身中化身之用，随缘而有，属于权应方便，因此可以说是"有即非有"。但对于自利之德，属于法身和报身之用，是由圆觉大智正理显现而成，具有常乐我净之性，为何也说是"有即非有"呢？针对这样的问难，慧思认为，自利之德确实是因正理显现而成自常乐我净，但正是因为正理显现而成的缘故，才有心体缘起之作用发生。并且此缘起作用无非全是心体，心体也无非全部的缘起作用，正所谓"体用不二"。问难中的"有即非有"，"有"是真实存在之义，"非有"是指不存在之义。

显然，慧思与问者的认定不同，以"体用"来界定有与非有的，即以真如心体为"有"，缘起之用为"非有"。因此，若从心体的角度来统摄有与非有，则是"有即非有"，也即是"心体即缘起之用"；若从缘起之用的角度来统摄，则是"非有即有"，即是"缘起之用即心体"。"体即是用"，表明"唯是一心而不废常用"；"用即是体"，正是"炽然法界而不妨常寂"。以实践功夫而论，前者是"寂即是用"，名为"观门"，后者是"用即是寂"，名为"止行"，正是所谓"止观双行""定慧双开"之义。

（二）智𫖮："体宗用""体用名"与"体用"

智𫖮（538—597），俗姓陈，世居颍川（今河南许昌），后迁居荆州华容（今

① 慧思：《大乘止观法门》卷1，《大正藏》，第46册，第653页中。
② 慧思：《大乘止观法门》卷1，《大正藏》，第46册，第659页上。

湖北监利西北）。18 岁出家,23 岁投慧思受学,为慧思所偏爱。慧思南下衡山隐居前,令智往金陵弘法,从此开始智与陈、隋两朝长达 30 年之久的合作关系。所作《法华玄义》、《摩诃止观》与《法华文句》合称"天台三大部",是天台宗的代表著作。智顗著述丰富,除"三大部",还有所谓"五小部",以及其他多种。

如果说《法华玄义》和《法华文句》是智顗以高迈的见解、独特的议论(五重玄义)对《法华经》进行玄义和注释的话,那么《摩诃止观》则是智顗对天台宗佛学体系的创新建构。在《摩诃止观》中,智顗提出了一系列天台独具的思想和理论命题,诸如:止观并重、一心三观、三谛圆融、性具实相、六即果位等等。更重要的是他在佛教诠释方法上独创——五重玄义和四意消文,这既标志着天台佛学理论的圆熟,也标志着中国佛学诠释学的成熟。

智顗的门徒很多,最有名的是灌顶(561—632),号章安大师,所谓天台三大部就是经他记录和整理的。智顗的思想,多经他的传播才得以流传。著有《涅槃玄义》、《观心论疏》、《国清百录》等。智顗、灌顶之后,各宗势力兴起,天台宗没有大的发展。中唐时,智顗五传弟子湛然担负起了"中兴"的重任。

接下来,本节将以《法华文句》、《法华玄义》和《摩诃止观》这法华三大部为分析对象,来仔细考察智顗佛教哲学中之体用思想。

1.《法华文句》中之"体用"

《法华文句》是智顗在南朝陈代祯明元年(587)于金陵光宅寺讲说,由灌顶笔记而成。全书旨在对《法华经》经文作逐句之注释。书中多运用天台宗独创之"四意消文"的释经方法以解释经文,称为天台四释:(一) 因缘释,就佛与众生之说、听因缘,以解释经文,为一般佛教之解释法;(二) 约教释,以五味八教解释偏圆大小之教格;(三) 本迹释,分《法华经》为本门与迹门,而解释其义旨之不同;(四) 观心释,将经上所说之每一事件,摄于自己之心以观实相之理。

> 【1】一列名者,谓事理、理教、教行、缚脱、因果、体用、渐顿、开合、通别、悉檀,即是十种名也。二生起者,从无住本立一切法。无住者,理也,一切法者,事也。理事故有教,由教故有行,由行故有缚脱,由脱故成因果,由果故体显能用,故有渐顿之化,由开渐顿故有于开合,开合故有通别之益,分别两益故有四悉檀。是为十章次第(云云)。①

此为智顗依"权实"说十法,"体用"为其一。十法因生起而有次第,其根本在于"从无住本立一切法",由此而有理事,无住者为理,一切法者为事。

---

① 智顗:《妙法莲华经文句》卷第三下,《大正藏》,第 34 册,第 37 页中。

依次有理教、教行、缚脱、因果，体用、顿渐等十法。在此，"体用"依"因果"而有，即"由果故体显能用"，"顿渐"则依"体用"而有。这在下面对"体用"的具体说明中可以看得更清楚。

> 【2】体用者，前方便为因，正观入住为果，住出为体用。体即实相，无有分别。用即立一切法，差降不同。如大地一生种种芽，非地无以生，非生无以显。寻流得源，推用识体。用有显体之功，故称叹方便。渐顿者，修因证果，从体起用，俱有渐顿。今明起用，用渐为权，用顿为实。若非渐引，无由入顿。从渐得实，故称叹方便。①

体为"实相"，所以无有分别；而用为"立一切法"，故差别各异。体用之间关系为：由体生用，用以显体，寻流得源，推用识体。而所谓"渐顿"者，乃就修证工夫而言顿渐，所谓"修因证果，从体起用，俱有渐顿"。若从"从体起用"上说顿渐，即以渐修为权用，以顿悟为实用。此处说明就"体"上无分"顿渐权实"，就"用"而言方有所谓"顿渐权实"之分别。因此，智𫖮接下来有说："修非权非实法身之体，即是为如来荷能权能实二智之用。"②此处"非权非实法身之体"即实相之体。实相之"体"不可分，但其"用"则可有"顿渐""权实"之别。

> 【3】约三法明如来能知。三法者，即是三慧。仍有三重：一、三慧境，二、三慧体，三、三慧因缘。念何事是明三慧用，念取于所念之事，即是三慧境。从云何念者，念是记录所闻之法，正是念慧之体也。从以何法念下，即是三慧取境，闻法是其因缘。③

此是约"体用境"来说明如来三慧，即以能"念"为慧体，以"念何事"为慧用（即慧因缘），以"所念之事"为慧境。

> 【4】又一小乘取空慧为车体，文云我等长夜修习空法（云云）。大乘亦以实慧方便为车体。车体譬有，有有运动故也。私谓诸师释佛乘之体，而竞指具度。何异众盲触象，诤其尾牙。依天台智者，明诸法实相正是车体，一切众宝庄校，皆庄严具耳。④

---

① 智𫖮：《妙法莲华经文句》卷第三下，《大正藏》，第34册，第37页中。
② 智𫖮：《妙法莲华经文句》卷第三下，《大正藏》，第34册，第108页中。
③ 智𫖮：《妙法莲华经文句》卷第三下，《大正藏》，第34册，第90页中。
④ 智𫖮：《妙法莲华经文句》卷第三下，《大正藏》，第34册，第67页中。

此处"车体"即"佛乘之体"。智颛在此批评不论小乘以"空慧"为乘体,还是一般之大乘以"实慧方便"为乘体,都是以某一具体的"车具"来指代"车体"本身,好比盲人摸象,最终只能以偏概全,不得其本体。唯有如天台宗一样,以"诸法实相"为车乘之本体,即佛乘之体,其一切"诸法"不过是车体上的"众宝庄校"而已。所以仍然是坚持以实相为本体,立一切法为用,而反对以诸法之一来指代诸法实相。综合如下图所示。

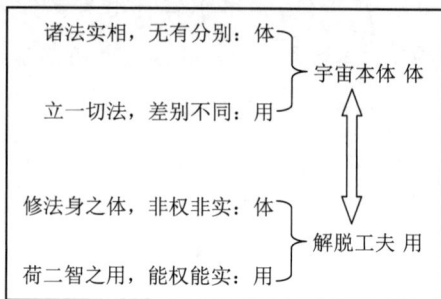

```
诸法实相,无有分别:体 ┐
                        ├ 宇宙本体 体
立一切法,差别不同:用 ┘
                              ⇕
修法身之体,非权非实:体 ┐
                          ├ 解脱工夫 用
荷二智之用,能权能实:用 ┘
```

2.《法华玄义》中之"体宗用"

《法华玄义》是智颛在隋开皇十三年(593)于荆州玉泉寺讲述,由灌顶笔记而成。本书结构上分七番共解、五重各说二部分。即于五重玄义(释名、辨体、明宗、论用、判教)分通、别二门以释之。通释乃设标章、引证、生起、开合、料简、观心、会异等七科,以通解一部经之大纲,即所谓七番共解。别释乃就前述五重玄义一一详说之,称为五重各说。中心内容为详释"妙法莲华经"之经题,并说明法华经幽玄之义趣。

【1】于理则通,于事不去(云云)。然执者不同,庄严旻据佛果出二谛外,为中论师所核。如此佛智,照何理、破何惑?若无别理可照,不应出外。若出外而无别照者。藉何得出?进不成三退不成二(云云)。梁世成论执世谛不同:或言世谛名用体皆有,或但名用而无于体,或但有名而无体用(云云)。陈世中论破立不同,或破古来二十三家明二谛义。自立二谛义,或破他竟约四假明二谛。古今异执,各引证据,自保一文,不信余说。①

这里指出梁代的成实论师对世谛的存在属性有不同认识,此不同乃依"体、用、名"而建立,有认为世谛是"体用名"三者皆有,有认为世谛是只有假名、用,而没有真实之体,有认为只有假名而无真实之体和用。由此表明在梁代成实论师的佛学议论中,"体用名"结构已被广泛用于关于法之存有属性的讨论。

---

① 智颛:《法华玄义》,《大正藏》,第33册,第698页中。

【2】复次，何必一向以运义释乘。若取真性不动不出，则非运非不运。若取观照资成，能动能出，则名为运。祇动出即不动出，即不动出是动出。即用而论体，动出是不动出。即体而论用，即不动出是动出。体用不二而二耳，例如转不转皆阿鞞跋致①，动不动皆是毗尼②。以是义故，发趣不发趣皆名为乘也（云云）。③

此处反对只以"运"义名"乘"，而应该是运与不运，动出与不动出都可以名为佛乘之乘。首先他指出依三轨而论，真性轨是不动不出，非动非出；观照轨和资成轨则是能动能出，故可解"乘"为"运"。接着依"体用"逻辑讨论佛乘是"动出"义还是"不动"出义。实际上是以真性轨为佛乘之体，以资成轨和观照轨为佛乘之用。体用之间的逻辑为："即用而论体，动出是不动出。即体而论用，即不动出是动出。"显然以动出为用，不动出为体，所谓"体用不二而二"，是说体用之间是既有分别又相即不离的关系。既然即体即用，那么自然是运与不运，动出与不动出都可以名为佛乘之乘。

【3】又行能证体，体为本；依体起用，用为迹。又实得体用名为本，权施体用名为迹。④

此处明确地把"体用"与"本迹"结合起来，其中有两个层次的结合：一是体为本，用为迹；二是实得体用为本，权施体用为迹。

【4】四约体用明本迹者。由昔最初，修行契理，证于法身为本，初得法身，本故即体。起应身之用，由于应身，得显法身。本迹虽殊，不思议一。文云：吾从成佛已来，甚大久远若斯，但以方便教化众生，作如此说。⑤

约"体用"明本迹。以初得的法身为本为体，以后起的应身为迹为用。由法身"本体"生起应身之"迹用"，由应身之"迹用"得显法身之"本体"。"本迹虽殊，不思议一"，即是"本迹"为"不二而二"之义。显然此处本迹享有和

① 梵语 Avaivart 的译音。又作阿毗跋致，或作阿惟越致，译曰不退转。不退转成佛进路之义。是菩萨阶位之名。经一大阿僧祇劫之修行，则至此位。《阿弥陀经》曰："极乐国土，众生生者，皆是阿鞞跋致。"同慈恩疏曰："阿鞞跋致者，阿之言无，鞞跋致之言退转。故《大品经》云：'不退转故，名阿鞞跋致。'（中略）是人不为诸魔所动，更无退转。"
② 梵语 vinaya 的译音。又译作"毗奈耶"。意为律。
③ 智顗：《法华玄义》，《大正藏》，第33册，第741页中。
④ 智顗：《法华玄义》，《大正藏》，第33册，第764页中。
⑤ 智顗：《法华玄义》，《大正藏》，第33册，第764页中。

体用一样的逻辑内涵。

【5】若约体用明本迹者。指用为迹，摄得最初感应、神通、说法、眷属、利益等五妙。指体为本，摄得最初三法妙也。①

三法妙，即智顗所诠本迹十妙中的第八本"涅槃妙"，因"涅槃妙"有真性轨、观照轨、资成轨三种德性，故称"三法妙"。此处认为体用本迹各有所摄，"迹用"所摄为感应、神通、说法、眷属、利益等五妙，而"本体"所谓第八本"涅槃三法妙"。因此在三法妙与五妙之间实际上就构成一个体用本迹的关系：以"涅槃三法妙"为"本体"，以"感应、神通、说法、眷属、利益"等五妙为"迹用"。

【6】今作有义者，最初妙觉，指初住为本。若初住被加作妙觉，亦指初住为本。初住之前，竖无所指，横有体用，即指体，岂非本耶？又发愿故，说寿长远，如文（云云）。又解。最初之佛，虽无长远已今、权实等本迹之可显，而有体用、教行、理教、事理等本迹之可显（云云）。②

智顗以"六重本迹"来诠释《法华经》，分别为理事本迹、理教本迹、教行本迹、体用本迹、实权本迹、已今本迹。这里的最初之佛，即是久远之佛本。智顗认为久远之佛本，因其为最初妙觉，故没有"已今"本迹，因其是长远永恒之实，故无"权实"本迹，但仍有体用、教行、理教、事理等本迹之可显。事实上，所谓教行、理教、事理等本迹，均可由"体用"本迹所摄，这也就是其所说的"竖无所指，横有体用"。所谓"竖"即是从纵向的超越维度来说根本佛身，此最初之根本佛身唯是本体，而无迹用；唯是实体，而非权用。所谓"横"即是从佛法横向传播、普度众生的维度来说，则此根本佛身需有"体用"、"本迹"等。因此，若进一步考察此"纵横"之间的关系，则又可以说"纵"为本体，"横"为迹用。但必须注意的是，依据智顗对"纵横"所摄"本迹"的差别，"纵"可谓是有本而无用，唯"横"是有体有用。也就是说，此处"纵横"之间属于体用相隔而非体用相即的关系。这是智顗诠释逻辑中难以解决的困难。

【7】第二显体者。前释名总说，文义浩漫。今顿点要理，正显经体，直辨真性。真性非无二轨，欲令易解，是故直说。后显宗用，非无初轨，偏举当名耳。体者，一部之指归，众义之都会也。③

---

①　智顗：《法华玄义》，《大正藏》，第33册，第764页下。
②　智顗：《法华玄义》，《大正藏》，第33册，第769页中。
③　智顗：《法华玄义》，《大正藏》，第33册，第779页上。

三妙法，即三轨，真性轨、观照轨、资成轨。智顗以真性轨为体，观照轨和资成轨为用。真性轨是：法体不妄不异的真如性德；观照轨是：破妄情、显真理的真如理德；资成轨是：理、性相辅相助的妙用性德。故三法轨同属一体，即是法界一切法的根本理体。而智顗在三轨中，为方便区别而又显示体与用，规定真性轨为体，其他两轨为用，但体用不是隔别，乃是即用即体而圆融无碍的。

【8】三正显体者，即一实相印也。三轨之中取真性轨，十法界中取佛法界。佛界十如是中取如是体……诸无谛中取中道无谛也。若得此意，就智妙中简乃至十妙，一一简出正体。①

【9】此经汝实我子无复四三之人。十方谛求，更无余乘。但一实相智，决了声闻法。但说无上道，纯是一实体也。②

【10】常乐我净，名一实谛。一实谛者，即是实相。实相者，即经之正体也。如是实相，即空假中。③

所列三段文字，集中阐明《法华经》之经体即"实相"，此"实相"亦即是实体，是实谛，也即是"即空即假即中"。这表明在智顗看来，《法华经》之"正体"即是佛法之"本体"，因而《法华经》也就当然成为佛法判教中的最高之圆教了。

【11】实相之体，祇是一法，佛说种种名。亦名妙有、真善妙色、实际、毕竟空。如如、涅槃、虚空、佛性、如来藏、中实理心、非有非无、中道、第一义谛、微妙寂灭等。无量异名，悉是实相之别号，实相亦是诸名之异号耳。惑者迷滞，执名异解。……如是等种种异名，俱名实相。种种所以，俱是实相功能。其体既圆，名义无隔，盖是经之正体也。复次，诸法既是实相之异名，而实相当体；又实相亦是诸法之异名，而诸法当体。妙有不可破坏故，名实相。诸佛能见故，名真善妙色。不杂余物，名毕竟空。无二无别故，名如如。觉了不变故，名佛性。含备诸法故，名如来藏。寂灭灵知故，名中实理心。遮离诸边故，名中道。无上无过，名第一义谛。随以一法当体，随用立称。④

这里针对实相之体与各种异名的关系进行"体、名、义"的分别，提出实相之"体"与实相"功能"的概念，此"功能"实为各种异名之"义"；并指出实相

---

① 智顗：《法华玄义》，《大正藏》，第33册，第779页上。
② 智顗：《法华玄义》，《大正藏》，第33册，第780页上。
③ 智顗：《法华玄义》，《大正藏》，第33册，第781页中。
④ 智顗：《法华玄义》，《大正藏》，第33册，第782页中。

之体圆融,与名义无所隔离,所以种种异名,具名实相,同时实相也即是诸法之异名。正所谓实相与诸法异名为体用不二,因而可以"随以一法当体,随用立称"。即是说实相之体是真实地遍在于每一诸法异名之中,而随一一诸法之所"用"而称道其"名"。故体为"一",而名义之用为"多"。虽名义之用为多,但此"多"中之一又一一当体,因此是一多相即,体用不二。

【12】六诸行体此为四。一诸行同异,二依经修行,三粗妙,四开粗。行同异者,夫禀教立行不出信法,钝者因闻得解,从解立行,故名信行。利者自推得解,从解立行故名法行。二行通四教,三藏信法,以傍实相为体,通教信法,以傍含正为体。别教信法,以正为体。圆信法亦用正为体。若横论行,即是诸波罗蜜慈悲喜舍等,当教论体。若横竖诸行,有体则本立而道生。若体有行,体则藉行而显也。①

这里提出"行体"和"体行"的概念,"行"当指佛门修道实践之本身,"体"既指修道实践之"行"的本体依据,也指"行"之本质本身。他将"诸行"分为"信行"和"法行"两种,并从横竖两个方面阐明二行之"体"。最后提出一个基本原则:"横竖诸行,有体则本立而道生。若体有行,体则藉行而显。"其中逻辑与体用实无二致:禀教立行,即是从体起用,依行显教,即是藉用显体。

【13】大章第三明宗。宗者修行之喉衿,显体之要蹊。……有人言,宗即是体,体即是宗,今所不用,何者? 宗致既是因果,因果即二体。非因非果,体即不二。体若是二,体即非宗。体若不二,体即非宗。宗若不二,宗即非宗。宗若是二,宗即非体。云何而言体即是宗,宗即是体? 又柱梁是屋之纲维,屋空是梁柱所取,不应以梁柱是屋空,屋空是梁柱。宗体若一,其过如是。又宗体异者,则二法孤调。宗非显体之宗,体非宗家之体。宗非显体之宗,宗则邪倒无印。体非宗家之体,则体狭不周,离法性外别有因果。宗体若异,其过如是。今言不异而异,约非因非果而论因果,故有宗体之别耳。②

前述【7】中智颛对"体"有明确的界定:"体者,一部之指归,众义之都会也。"此乃说"体"指所诠佛经全经之根本宗旨,是为其中诸多经义之统领与综合。接着看其对"宗"的界定:"宗者修行之喉衿,显体之要蹊。"此是说"宗"即是指所诠佛经中修行佛法的纲领及体证经之实体的津要。此中关键

---

① 智颛:《法华玄义》,《大正藏》,第33册,第793页下。
② 智颛:《法华玄义》,《大正藏》,第33册,第794页中。

在于他对"体宗"之间关系的简别，反对"体与宗同"的说法，认为二者是不一不异的关系。具体来说，"体"为不二，非因非果，"宗"致因果，宗即是二，所以"体"与"宗"不同，此即"不一"；与此同时，体与宗又是相依互成的关系，即体是宗家之体，宗乃显体之宗。也即是说非因非果之"体"不在因果之"宗"之外，这就是所谓"不异"。由此看来，此"体宗"之间不一不异的关系不就是体用逻辑的展现吗？

【14】大章第四明用者。用是如来之妙能，此经之胜用。如来以权实二智为妙能，此经以断疑生信为胜用。秖二智能断疑生信，生信断疑由于二智。约人约法，左右互论耳。前明宗就宗体分别，使宗体不滥。今论于用就宗用分别，使宗用不滥。何者？宗亦有用，用亦有宗。宗用非用用，用用非宗用；用宗非宗宗，宗宗非用宗。宗用者，因果是宗，因果各有断伏为用。用有宗者，慈悲为用宗，断疑生信为用用。[1]

此处集中说明"体宗用"之"用"。"用"包括两个方面：就佛法言，是指佛经之胜用；就人而言，即是指"如来之妙能"。关键在于"用"与"宗"的关系，他认为"宗亦有用，用亦有宗"，此是说"宗"和"用"分别都有宗用之分别，具体为宗宗、宗用、用宗、用用，并强调宗宗与用宗、宗用与用用之间是各别不同的。"宗宗"，即是宗之所体，当是非因非果之"体"；"宗用"，即是宗之用，以因果为宗，以因果各有断伏为用。"用宗"，即是用之所体，是以慈悲为"体"；"用用"，即是用之所用，以断疑生信为用用。据此分析可知，宗之所用，正是用之所宗，因此也可以说宗用之间也同样是体用关系。

结合前面对"体宗"之间的分析，我们可以看到"体宗用"三者之间实为一递进之体用逻辑。如图所示：

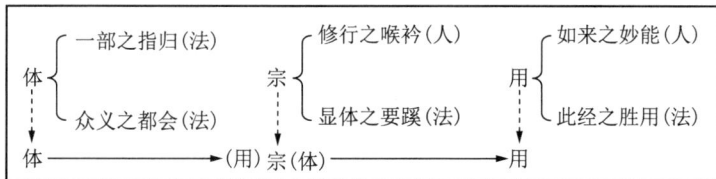

【15】观心引证者，《释论》云"一阴名色，四阴名名"，心但是名也。《大经》云"能观心性名为上定"，上定者，第一义定，证心是体。《大经》云"夫有心者，皆当得三菩提心"，是宗也。《遗教》云"制心一处，无事不办"，心是用也。[2]

① 智顗：《法华玄义》，《大正藏》，第33册，第796页下。
② 智顗：《法华玄义》，《大正藏》，第33册，第685页下。

此处引述经论文字来阐明"心"之存在属性。分别从名、体、宗、用四个方面而论:心之"名"为"名色之名",心之"体"为"第一义定",心之"宗"为"三菩提心",心之用则为"制心一处无事不办",即是"业心"。如图所示:

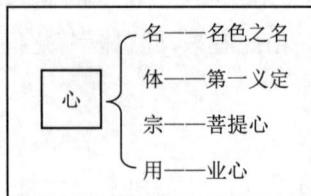

```
      ┌── 名——名色之名
 ┌─┐  │
 │心├──┤ 体——第一义定
 └─┘  │
      │ 宗——菩提心
      └── 用——业心
```

【16】心是诸法之本,心即总也。别说有三种心:烦恼心是三支,苦果心是七支,业心是二支。苦心即法身,是心体;烦恼心即般若,是心宗;业心即解脱,是心用:即开心为三也。①

此处以"心"为诸法之本,而此本心又可分别为三种心:烦恼心、苦心和业心。接着智顗又以涅槃三德和"体宗用"与此三心相对应,形成一个多层结构,如图所示:

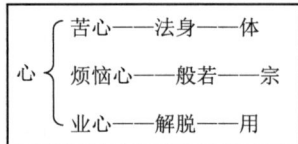

```
      ┌── 苦心——法身——体
      │
 心 ──┤ 烦恼心——般若——宗
      │
      └── 业心——解脱——用
```

从图所知,前述"体宗用"从逻辑上来说,即是体用递进结构,此处把它与三心、三德联系,其实还可以把它和三轨即真性轨、观照轨和资成轨对应联系起来,这些都表明"体宗用"在义理内涵,也说明"体宗用"完全可以形式化为一般的逻辑结构,从而能独立地发挥其诠释功能。这在后来的佛学诠释学发展中充分印证了这一点。

3.《摩诃止观》之"体用"

《摩诃止观》由智顗讲述于隋代开皇十四年(594),弟子灌顶笔录而成。又称《天台摩诃止观》,略称《止观》,与《法华玄义》《法华文句》合称法华三大部。本书为智顗晚年所讲述,亦为其著作中体系最圆熟之论书。书中详说圆顿止观之法,阐述智顗独特的宗教体验与宗教实践。智顗为叙说以禅观思惟体得超常识之宗教境界之蕴奥——圆顿止观,故将其具体实践法分成总论略说(五略)与别论广说(十广),详加解说。五略,指发大心、修大行、感大果、裂大网、归大处等五段;十广,指大意、释名、体相、摄法、偏圆、方便、正观、果报、起教、旨归等十章;二者并称五略十广。下面重点分析其中的体用

① 智顗:《法华玄义》,《大正藏》,第33册,第685页下。

思想。

【1】牙上有池，表八解是禅体，通是定用，体用不相离故。①

禅定为体，神通为用，体用不相离。此是对慧思思想的直接继承。

【2】又八触是四大。动轻是风。痒暖是火。冷滑是水。重涩是地。体用相添则有八触耳。若动触起时。②

这是智者大师在《摩诃止观》卷第九上"第六观禅定境"中，认为"体用相添"而有八触。八触，即动、轻、痒、暖、冷、滑、重、涩，分属地水火风四大。所谓"体用相添"，湛然在《止观辅行传弘决》中有说明："言体用相添者，轻暖冷重是体，动痒涩滑是用。"③另如《四分戒本如释》卷 12 中有云："是名欲界未到定，从未到定渐觉身心虚寂，内不见身，外不见物，或经一日，乃至月岁，定心不坏。于定中即觉身心微微然，运运而动。或发动痒轻重冷暖涩滑，此之八触，是四大。动轻是风，痒暖是火，冷滑是水，重涩是地。体用相添，则有八触耳，动触有支林功德。若欲界定中发八触者，悉是邪触，增病增盖，无正功德。若入色界定则动八触，有十功德：一空、二明、三定、四智、五善心、六柔软、七喜、八乐、九解脱、十境界相应。"④

【3】十明神通发者。略为五。天眼、他心、天耳、宿命、身通。无漏属下境中说。唯得因禅发通，不得因通发禅。所以者何？禅皆是定，法得相发。诸禅是通体，通是诸禅用。从体有用，故通附体兴；用不孤生，安能发体。……若就诸禅之体，或内心得解，或外相不明，而有隐没之义。神通是定家之用，用必明了。是故悉是不隐没也。⑤

这里着重讨论禅定与神通的体用关系。以诸禅为神通之体，神通为诸禅之用。"从体有用，故通附体兴。用不孤生，安能发体。"是说神通之用必须依附禅定之体而生发，而不能依据神通之用而生发禅定之体。即是谓"因禅发通，不得因通发禅"。

① 智颛：《摩诃止观》，《大正藏》，第 46 册，第 13 页上。
② 智颛：《摩诃止观》，《大正藏》，第 46 册，第 118 页中。
③ 湛然：《止观辅行传弘决》卷 9，《大正藏》，第 46 册，第 414 页，b26—28。
④ 《四分戒本如释》卷 12，《续大正藏》，第 40 册，301 页中。
⑤ 智颛：《摩诃止观》，《大正藏》，第 46 册，第 130 页上。

【4】如是性者,性以据内,总有三义:一不改名性,无行经称不动性。性即为不改义也。又性名性分,种类之义,分分不同,各各不可改。又性是实性,实性即理性,极实无过,即佛性异名耳。不动性扶空,种性扶假,实性扶中。①

如是"性"为《法华经》方便品第二中所说的十如是之首,智顗解"性"为三义,即"不改"名性,"性分"名性,"佛性"名性;而后又以三者分别配应空、假、中,这就表明性之三义实际属于一体,即空即假即中。

【5】如是体者,主质故名体。此十法界阴,俱用色心为体质也。如是力者,堪任力用也。如王力士,千万技能,病故谓无,病瘥有用。心亦如是,具有诸力,烦恼病故,不能运动,如实观之,具一切力。②

前述如是"性"实是指一切法不变的即空即假即中之本性。此处解如是"体"及如是"力"。以质明"体",一切法皆以色心为其"质",故有"体质"之称。所以"体"即是指一切法的实质构成内容,而所谓"力"是指一切法之力用功能。

【6】止即体真,照而常寂。止即随缘,寂而常照。止即不止止,双遮双照。③

"照"即是"观",所谓"止观"即是"止照"。"止即体真,照而常寂。止即随缘,寂而常照。止即不止止,双遮双照。"此中"止"既可体证实相真理,又同时能够随缘运化;"照"也是一样,既可"照而常寂",又同时能够"寂而常照";总而言之是"止即不止止,双遮双照"。这种悖论式的矛盾表述,其实质是"止"与"观",不仅各自有体有用,体用相即,且"止观"之间也是体用不二关系。

(三) 湛然:本迹即体用

湛然(711—782),俗姓戚,世居常州荆溪,"家本儒墨"。他以天台三大部为基础,糅进了《大乘起信论》的思想,用"真如随缘"解释"一念三千",谓"诸法真如随缘而现,当体即是实相",接近了华严宗的宇宙发生论。他批判法相宗,驳难禅宗,也与华严宗展开论战,大大促进了天台宗的兴盛。他特别针对华严宗只承认"有情有佛性"之说,提出了"无情有性"说。他说:"余

---

① 智顗:《摩诃止观》,《大正藏》,第46册,第52页中。
② 智顗:《摩诃止观》,《大正藏》,第46册,第52页中。
③ 智顗:《摩诃止观》,《大正藏》,第46册,第55页下。

患世迷,恒思点示,是故吃言,无情有性。"①认为,即使没有生命的东西,如草木瓦石等,也都具佛性。下面主要以其《法华玄义释签》、《法华文句记》、《止观辅行传弘决》、《止观大意》、《十不二门》为对象来考察其中的体用思想。

【1】今之法聚,以本迹为要。又本中体等,与迹不殊。故但于名,以分本迹。余体宗用直释而已,故章安述大师意,得经文心故,玄义五章莫过本迹。如释妙字本迹各十。本迹二体,其理不殊。昔日因果,名为本宗;中间今日所论因果,名为迹宗。本迹二用,不论粗妙及以广狭,但据近远以判。本迹教相,但是分别权实久近相耳,故知经心不过本迹。②

湛然说"今之法聚,以本迹为要"。是认为智颛"五重玄义"释经之核心在于"本迹",所以五重玄义中的名、体、宗、用、教相,各有本迹之分别。

【2】梵行是化他根本,病儿是化他之相,亦是体用。故此三行至初地时,同成初地化他体用也。③

强调"自行"与"化他"二德各有体用。梵行清净,为化他之德体,病儿为化他所示方便之相,故为用。

【3】一切诸法,无非心性。一性无性,三千宛然。当知心之色心,即心名变,变名为造,造谓体用。是则非色非心,而色而心,唯色唯心,良由于此。④

此处将一切诸法建立之根本归结为"心性"。此心性为色心,色心有变造故有"体用",因此才能"一性无性,三千宛然"。这是强调"心性"与生灭法之"体用"关系,即"心"能"变造"万法,万法以心性为"体",万法是心性之"用"。

【4】若云初住之前,竖无所指。以体为本,以用为迹。此本迹俱下句也。若准此意,一切诸佛,皆悉显本。又发愿故,于初住中说寿长远。初住实寿,亦复无量故。言发愿说寿者,但得法身,必得长寿。有缘机

① 湛然:《法华玄义释签》,《大正藏》,第 33 册,第 816 页上。
② 湛然:《法华玄义释签》,《大正藏》,第 33 册,第 816 页上。
③ 湛然:《法华玄义释签》,《大正藏》,第 33 册,第 876 页上。
④ 湛然:《法华玄义释签》,《大正藏》,第 33 册,第 918 页中。

熟,说遂昔愿(云云)。从又解最初之佛者,即妙觉身中,自将体用以为本迹。①

以体为本,以用为迹。一方面是本体迹用的结合,一方面是本与体,迹与用之间的差别。差别在于,最初久远之佛,唯是法身,本而无迹,实无所谓"体用"。因为在天台宗看来,"体用"唯在应化以接引众生之时方有,也唯有此时本体和迹用才能结合。

【5】次问意者:本成已后,中间垂迹。偏圆权实,同称权者,以是迹故,故皆是权。权即是偏,亦可悉皆称为偏耶? 次答:别义者不例,法既以定在本在迹,定偏定圆,教则不尔。在本则权实俱本,本故是实。在迹则权实俱迹,迹故名权。偏圆乃至体用亦尔。法则已定不可,在本,体用名体。在迹,体用俱用。若教所说,在本则体用俱实,在迹则体用俱权。当知体用等亦得是法,事理、理教、教行,准此可知。②

讨论本迹与权实、体用之间的关系:在本则权实俱本,本故是实。在迹则权实俱迹,迹故名权。在本,体用名体。在迹,体用俱用。在本则体用俱实,在迹则体用俱权。此间关系可以图式表明:

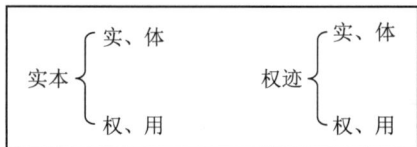

实本	实、体	权迹	实、体
	权、用		权、用

此处表明,湛然一方面坚持以"本迹"为诠释活动的基本范畴,同时又把"权实"与"体用"等范畴纳入"本迹"结构之中,实际上形成一个相互涵摄的多重结构。

【6】约本迹中初寄本中体用,故云本一迹三。中间下次明迹中应化胜劣,他受用报,皆在迹也。但生灭之言,多在应化,唯本地四佛皆本者。准例而言,则迹中体用俱迹,本地体用俱本。③

此处本迹之间是"本一迹三"的关系,且"迹中体用俱迹,本地体用俱本",实际上承认了本迹之中各有体用分别,因而可以形成一个"本中之体,本中之用;迹中之体,迹中之用"的四重本迹体用结构。

---

① 湛然:《法华玄义释签》,《大正藏》,第 33 册,第 920 页下。
② 湛然:《法华玄义释签》,《大正藏》,第 33 册,第 920 页下。
③ 湛然:《法华文句记》,《大正藏》,第 34 册,第 162 页下。

【7】初约小三义,次约大三德。前寄迹名,以申本迹。次约本名,以通至迹,欲明名通义别故也。若约体用释者,前释从用以明体,后释从体以立用。①

在这里"体用"逻辑明确作为诠释方法,此"体用"逻辑包含两方面之间的互动:从体以立用,从用以明体。

【8】次成就下证体用者。成就甚深即体具也,随宜所说即是用也。②

此是就修行成就而言体用,即以"成就甚深"为体,"随宜所说"为用。

【9】故华严云:法界非有量亦复非无量,牟尼已超越有量及无量。彼但迹中约体用论,体必双非,迹能双用。此乃约用明体,故云超越。③

此以迹中论体用,认为"体必双非,迹能双用",所谓"双非",即指法界的"非有量亦复非无量",指牟尼佛的"超越有量及无量"。在此法界是体,牟尼佛是体。所谓"双用",即是寂照之双用。

【10】明五眼者,皆云佛有,故在一心。祇约一眼有五用者,应云佛眼而有四用,云何言五?答:此约五眼而论体用,故佛眼为体,四眼为用。若作总别者。如涅槃是总,三德是别,五眼亦尔。祇是圆常不思议眼,名为佛眼。而有见中乃至见于色等五用,故得五名。是则佛己一体五眼开发,非为本无至佛方有。④

此处约五眼而论体用。五眼者,肉眼、天眼、慧眼、法眼、佛眼五者。此五眼中"佛眼"为圆常不思议眼,统摄其他四眼,即是说佛眼有四用,故可以说是佛眼为体,四眼为用。究其实,乃是佛身一体而五眼同时开发,并非是说有五眼次第,至佛方有佛眼。如同涅槃与三德之间的总别关系,佛眼为总,五眼是别,故可说是一眼而有五用。但若以三德之间而分别体用,则法身为体,而般若、解脱为用,故五眼之间亦是如此,佛眼为体,四眼为用。

从体用逻辑来看,此中实际存在两种"体用"结构,第一种是依"总别"而

---

① 湛然:《法华文句记》,《大正藏》,第 34 册,第 167 页下。
② 湛然:《法华文句记》,《大正藏》,第 34 册,第 215 页中。
③ 湛然:《法华文句记》,《大正藏》,第 34 册,第 331 页上。
④ 湛然:《止观辅行传弘决》,《大正藏》,第 46 册,第 224 页下。

言体用,即体为总体,用为别用,属于纵向之体用;第二种则属于横向的体用。

【11】结中二破,谓破法破心。二舍,谓舍财施法。事理二圆,二舍周备。理施为体,事施为用。此约自行以论体用,故云体用事理具足。①

把二舍即舍财施法又分为理施和事施,并以理施为体,以事施为用。实际上就是以理为体,以事为用。

【12】问:住与不住,俱有第三第四两句,并是遮照,二文何别? 答:不住是不住遮照,住中是住于遮照。虽有住与不住,并是中道体用。住是中道之用,不住是中道之体。若准此意,亦应更问:住与不住,俱有第一第二,与第三第四何别? 应云:初二,单明住与不住。三四,双明住与不住。此仍别对,故作此说。若通论者,八句并是中道体用。②

这里提出中道体用之说,以"住"为中道之用,"不住"为中道之体。所以一切诸法当于涅槃圣境"住于不住",方是中道实相。初看"住于不住",实为悖论诡辞,不可成立;若以中道体用来看,则豁然可解,因为住乃中道用,不住为中道体,体用二而不二,所以中道实相也必是"即住即不住"。

【13】若不入者,由心不安。三安心者,先总次别。所言总者,以法界为所安,以寂照为能安。若知烦恼及以生死本性清净,名之为寂。本性如空,名之为照。此烦恼生死复名法界,即此法界,体用互显。体是所安之法界,用是能安之寂照。体名平等法身,亦具三德。用名般若解脱,亦具三德。体用不二,三德理均。③

湛然在此讨论止观安心法门,以法界为所安,以寂照为能安。这里值得关注的,一是他以所安法界为体,以能安寂照为用,从而形成"所体能用"的结构;二是提出所谓"体用互显"的思想,即是说"即"此烦恼生死法界而显本性清净之寂,而生虚空智照之用。若以佛果涅槃三德而言,则体为法身,用为般若、解脱,且"体用"同时共具三德。这就是所谓的"体用不二,三德互具"。

---

① 湛然:《止观辅行传弘决》,《大正藏》,第46册,第377页上。
② 湛然:《止观辅行传弘决》,《大正藏》,第46册,第391页上。
③ 湛然:《止观大意》卷1,《大正藏》,第46册,第460页下。

【14】四因果不二门者,众生心因,既具三轨,此因成果,名三涅槃,因果无殊,始终理一。……故如梦勤加空名惑绝。幻因既满镜像果圆。空像虽即义同。而空虚像实。像实故称理本有。空虚故迷转成性。是则不二而二,立因果殊。二而不二,始终体一。若谓因异果,因亦非因。晓果从因,因方克果。所以三千在理,同名无明。三千果成,咸称常乐。三千无改,无明即明。三千并常,俱体俱用。此以修性不二门成。①

【15】五染净不二门者。若识无始,即法性为无明。故可了今,即无明为法性。法性之与无明,遍造诸法,名之为染。无明之与法性,遍应众缘,号之为净。浊水清水,波湿无殊。清浊虽即由缘,而浊成本有。浊虽本有,而全体是清。以二波理通,举体是用。故三千因果,俱名缘起。迷悟缘起,不离刹那。刹那性常,缘起理一。一理之内而分净秽,别则六秽四净,通则十通净秽。故知刹那染体悉净,三千未显验体仍迷。故相似位成,六根遍照。照分十界,各俱灼然。岂六根净人,谓十定十。分真垂迹,十界亦然。乃至果成,等彼百界。故须初心而遮而照,照故三千恒具,遮故法尔空中,终日双亡,终日双照。不动此念,遍应无方。随感而施,净秽斯泯。亡净秽故,以空以中。仍由空中,转染为净。由了染净,空中自亡。②

【14】【15】两则不仅充分表现了湛然的体用思想,同时也充分反映了整个天台宗性具缘起思想的关键所在。

四、三论宗与体用

南北朝的三论学到吉藏而构建成一个新的宗派体系。他本人把自己的思想来源追溯到"关河旧说"③,后人也以鸠摩罗什、僧肇为三论宗的先祖,把吉藏看成是印度中观学派的嫡传。事实上,这个体系的理论特点,是借助那种只破不立的方法,批判一切执着,融解一切不可融解的观念。吉藏说:"诸佛为众生失道,是故说经;菩萨为众生迷经,是故造论。"说明他之所以用"论"命宗,而不崇"经"的原因,就在于以"论"破"迷经"者。本节将以吉藏为重点来考察三论宗佛学思想中体用使用情况。

(一)《肇论疏》:"体用相即"

《肇论疏》又称《肇论吴中集解》,是现存《肇论》注释书中之最早者。相传为南朝陈代的慧达(惠达)所撰。关于慧达是晋代还是陈代的佛教学者,

---

① 湛然:《十不二门》,《大正藏》,第 46 册,第 703 页中。
② 湛然:《十不二门》,《大正藏》,第 46 册,第 703 页下。
③ 因罗什住在关中,古三论又称为"关河旧说"。它传播龙树正统思想,力图纠正当时走调的般若学——六家七宗,使佛教正统的般若学得以流传。

以及是否实为此《肇论疏》之作者,学界至今仍有许多争议,①但不妨碍我们从体用思想的角度来发掘它在三论宗义理发展,尤其在《肇论》诠释学上的意义和价值。

《肇论疏》非常注重对《肇论》的文本脉络和义理结构进行诠释,他十分自觉地采用了体用结构作为他诠释的基本逻辑。譬如:

> 言涅槃亦有体用。如波若义合明用涅槃亦从境得。能所合秤名为涅槃。此境智合秤涅槃即不可翻。若别涅槃则以灭度之名翻之为矣。体涅槃例此也。菩提法身佛性解脱。体用两释义皆例尔。但龙树菩萨举一隅而知余者。故举般若所表义端耳。若说波若义有多种。而大品玄记依论释义。寻之可得。今不重烦也。②

事实上,类似的说法在整个《肇论疏》中是十分常见的。譬如:"第四约体用得智无知也。"③"二是'以圣人'下,释体用两照二种波若也。"④"次,'何者'下,三双六句,体用相即释虚心实照也。初双两句,就体明于有无。次第二双,'圣以之故'下两句,释体用相即。"⑤显然,这些说法充分表明慧达对体用结构的诠释学性质是极为自觉的。

因此,从《肇论疏》自觉的体用诠释来看,无论是慧达还是惠达,《肇论疏》的作者都不可能属于晋代,而只可能是在梁武帝时期或之后。据此,我们就可以断定《肇论疏》的作者最可能是南朝陈代的佛教学者。

(二)吉藏:"体用重为体用"

吉藏(549—623),俗姓安,祖籍安息,后迁南海,再移金陵。7 岁归依法朗出家,19 岁时替法朗复讲经论;隋平百越(今浙江、福建一带)后,住会稽嘉祥寺,宣讲三论,听者常千余人,后世尊他为嘉祥大师。他重要的著作有《中论疏》、《十二门疏》、《三论玄义》、《大乘玄论》、《二谛义》等。

吉藏弟子很多,知名的有慧远(蓝田悟真寺)两个、智凯、硕法师、慧灌等。其中出自硕法师问下的元康,算是吉藏再传弟子中的佼佼者,此后式微。慧灌是高丽僧,他把三论宗传入日本,并成为该宗在日本的祖师。

1.《二谛义》:二谛互为体,真俗互为用

《二谛义》又称《二谛章》,为吉藏就三论宗教义中之枢要二谛义,分大

---

① 具体可以参见维基百科"惠达"词条。(http://zh.wikipedia.org/zh/％E6％83％A0％E8％BE％BE)

② 慧达:《肇论疏》,《续大正藏》,第 54 册,第 61 页下。

③ 慧达:《肇论疏》,《续大正藏》,第 54 册,第 62 页上。

④ 慧达:《肇论疏》,《续大正藏》,第 54 册,第 63 页下。

⑤ 慧达:《肇论疏》,《续大正藏》,第 54 册,第 64 页中。

意、释名、相即义、体、绝名、摄法、同异等七科加以论述。

【1】次说二悟不二,此二谛并得。何者? 因二悟不二,二即是理教；不二即是教理；二即中假,不二即假中；二即体用,不二即用体：故此二谛是得也。[1]

此处讨论的是如何理解真俗二谛之间二而不二的关系。为了说明二与不二相即不离的关系,吉藏在此大费周章,最后只好借助"教理、假中、体用"等关系范畴来说明。以"体用"而言,他说："二即体用,不二即用体。"显然是以真为体,以俗为用。所谓"二即体用",即是以从体生用,用即是分别生灭之世俗谛,所以说真俗体用为"二"。而"不二即用体",即是由用以归体,也就是由俗以归真,归真则"不二"。由此体用不二而二的逻辑就能很好地解决真俗二谛之间的关系。

【2】何者? 于谛即是所,教谛即是能,能所判于教二谛也。[2]

吉藏二谛思想的核心,在于首创于、教二谛之义。历来诸经论与各家所说之真俗二谛,有二种、三种、四重、六重等分别,吉藏在此处,以"能所"总摄诸说而归纳为于、教二谛。其中"于"为"所依",亦即诸佛所依之二谛为"于之二谛"。进而言之,六尘境界为"于之二谛",乃为如来说法之所依,圣者灼鉴,知其为空,称为"于真谛"。同样之六尘境界,凡夫见之,视为实有,称为"于俗谛"。其中"教"为"能依",即诸佛为众生所说之法为"教之二谛"。如来依此六尘而说真空妙有,称为"教俗谛"；超越言语思虑而宣说无所得之理,称为"教真谛"。如图所示：

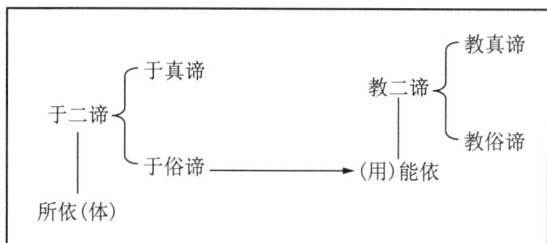

```
                       ┌── 于真谛              ┌── 教真谛
            于二谛 ┤                  教二谛 ┤
                       └── 于俗谛 ──────→ (用)能依   └── 教俗谛
             │
          所依(体)
```

图中所示,于教二谛之间又为所依和能依的关系,"能所"据吉藏而有体用逻辑,即所体能用。因此,于教二谛之间又实为体用关系。同时在于二谛和教二谛之内部,又各自分别真俗二谛,依【1】可知二者亦为体用关系,由此

---

[1] 吉藏：《二谛义》卷 1,《大正藏》,第 45 册,第 82 页下。
[2] 吉藏：《二谛义》卷 1,《大正藏》,第 45 册,第 92 页下。

就形成一个四重体用结构。

【3】大师常出三家明二谛体义。第一家明二谛一体,第二家明二谛异体,第三家明二谛以中道为体。就明二谛一体家复有三说,一云真谛为体,二云俗谛为体,三云二谛互指为体。第一真谛为体者,有二义:一者,明空为理本,明一切法皆以空为本,有非是本,为是故,以真谛为体也;二者,有为俗谛,折俗本为悟真故,真为体也。言俗为体者,要由折俗故得真,若不拆俗则不得真,良由前拆俗故得真,所以俗为体也。第三家说互指为体云,前两家并僻,今明具二义。明空为有本故,真为俗体,俗为真用。拆俗得真故,俗为真体,真为俗用。二谛互为体,真俗互为用也。此即是开善门宗有此三释,开善本以真为体,余两释支流也。①

此处讨论的是二谛体的问题,此问题在齐梁陈隋之际,已是佛教义学的热门话题之一。此前已有较为详细的分析,在此关注的是吉藏明确地以体用之范畴逻辑来阐明自己的观点。在说明第三家"二谛互指为体"义时,他说:"明空为有本故,真为俗体,俗为真用。拆俗得真故,俗为真体,真为俗用。二谛互为体,真俗互为用也。"这里有两点值得注意:一是他明确说明真俗二谛是互为体用;二是在此互为体用之中,实际蕴含两种不同的体用逻辑。一是"真为俗体",其依据是真空为假有之"本",二是俗为真体,而其依据则不同了,乃是由于"拆俗得真"的缘故。前者所谓"本",非是创生之本,因此不是说真实之"空"能够实际建立生灭之"有",而是说一切生灭之有的本性是"空",在此之"体"实际上是属于存有论或价值论上之本体根据。后者所谓"拆俗得真",即是说对世俗诸法因缘而有起生灭之有的本性的分析破解,从而认识其空无之本性,在此基础上说"俗为真之体",此"体"则实际上是属于认识论或解脱论上之源始起点。相应的,前者之"用"则是存有论或价值论上的从属现象,后者之"用"则是属于认识论或解脱论上的目标归宿。如图所示:

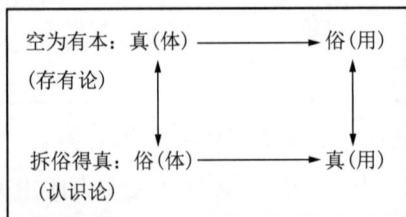

空为有本:真(体) ————→ 俗(用)
(存有论)

拆俗得真:俗(体) ————→ 真(用)
(认识论)

总而言之,仔细考察吉藏说论,可以发现其中蕴含两种体用逻辑,一为"本体—现象"之体用,一为"源始—目标"之体用。

---

① 吉藏:《二谛义》卷1,《大正藏》,第45册,第107页下。

【4】即以非真非俗为二谛体,真俗为用。亦名理教,亦名中假。中假重名中假,理教重为理教。亦体用重为体用故,不二为体,二为用。①

此处十分重要的是,吉藏明确提出了"体用重为体用"的思想。所谓"体用重为体用"是指在"体用"之中各有分别"体用",即体中分体用,用中亦分体用。以二谛而言有二重体用:第一重,以真为体,俗为用;第二重,以非真非俗为二谛之体,真俗为二谛之用。其中"非真非俗"即是"不二",真俗即是"二",所以即是以"不二"为体,以"二"为用。依此二重体用逻辑,二谛之间即真理世界与现象世界之间的关系,为不二而二,二而不二。如图所示:

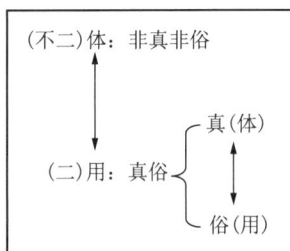

2.《三论玄义》:体用二正

《三论玄义》一书为吉藏概述三论宗所依之中论、百论、十二门论等三书之大义,是三论宗最简明之纲要书。全书驳斥外道、大小乘佛教之迷执,而显扬三论宗"诸法性空"与"非有非空"之中道实相。

【1】问:"此论名为正观,正有几种。"答:"天无两日,土无二王,教有多门,理唯一正。是故上来破斥四宗。……故开二正:一者体正,二者用正。非真非俗名为体正,真之与俗,目为用正。所以然者,诸法实相,言亡虑绝,未曾真俗,故名之为体;绝诸偏邪,目之为正,故言体正。所言用正者,体绝名言,物无由悟。虽非有无强说真俗,故名为用;此真之与俗,亦不偏邪,目之为正,故名用正也。"②

破"四宗"谬说的关键在建立二种"正观"。所谓"正观",是指对佛和法的正确认识,即以"非真非俗"为"体正","真俗"为"用正"。此和吉藏在《二谛义》中提出"以非真非俗为二谛体,真俗为二谛用"是一以贯之的。"体正"强调佛法真理,是超越任何言辞思虑,故以"非真非俗"为其"体",如是"观"才算是"体正"观。"用正"强调,因为真理之"体"绝名言,致使众生无从体悟此真理之境,所以真理之体为接引众生之用而必须强说真俗,而实无所谓

---

① 吉藏:《二谛义》卷1,《大正藏》,第45册,第107页下。
② 吉藏:《三论玄义》,《大正藏》,第45册,第7页中。

"真俗",如是观才算是"用正"观。如图所示：

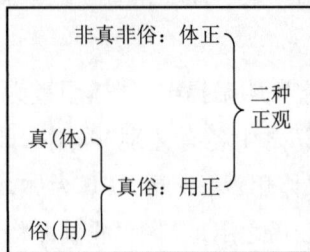

```
┌─────────────────────────────┐
│      非真非俗：体正┐          │
│                   ├二种       │
│                   │正观       │
│  真(体)┐          │          │
│        ├真俗：用正┘          │
│  俗(用)┘                     │
└─────────────────────────────┘
```

从图可知,在体用两种正观之中,"真体俗用"仍然是更为基础的逻辑,并且整体结构与前述逻辑是完全一致的。

【2】问:何故辨体用二正耶? 答:像末钝根,多堕偏邪。四依出世,匡正佛法,故明用正。既识正教,便悟正理,则有体正。但正有三种:一对偏病,目之为正,名对偏正。二尽净于偏,名之为正,谓尽偏正也。三偏病既去,正亦不留,非偏非正,不知何以美之,强叹为正,谓绝待正也。在正既然,观、论亦尔。因于体正,发生正观,名为体观;藉二谛用,生二谛观,名为用观。故观具二也。观辨于心,为众生故,如实说体,名为体论;若说于用,名之为用论,故论具二也。正既有对偏尽偏绝待,观论亦然,类前可知。[1]

此处在前述二种正观的基础上,根据体悟佛法的实际情况,又进一步于"体正"和"用正"中的分别对偏正、尽偏正和绝待正。与此同时,又有正、观、论的分别,"正"强调实理本身,"观"是根据"正"理所产生的认识,"论"是对此正理认识之论说。显然三者之间为体用相依关系,"正"理为实"体",正"观"为"用","论"亦为观之"用"。与体用而正一样,观、论也有体用分别。

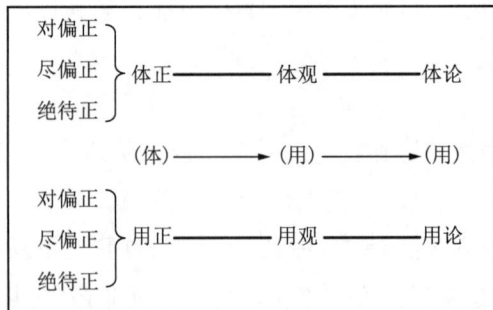

```
┌──────────────────────────────────────────┐
│ 对偏正┐                                    │
│ 尽偏正├体正────体观────体论               │
│ 绝待正┘                                    │
│                                            │
│       (体)────(用)────(用)                │
│                                            │
│ 对偏正┐                                    │
│ 尽偏正├用正────用观────用论               │
│ 绝待正┘                                    │
└──────────────────────────────────────────┘
```

【3】次明众论旨归门,通论大小乘经。同明一道故,以无得正观为宗。但小乘教者正观犹远,故就四谛教为宗。大乘正明正观故,诸大乘

---

① 吉藏:《三论玄义》,《大正藏》,第45册,第6页中。

经同以不二正观为宗，但约方便用异故，有诸部差别。……今四论约用不同，故辨四宗差别。《智度论》正释《大品》，而龙树开《大品》为二道，前明般若道，次明方便道，此之二道即是法身父母，故《大品》以实慧、方便慧为宗。论申经二慧，还以二慧为宗。如《中论》申二谛，还以二谛为宗也。①

【4】问：《大品》何故前明般若、后明方便耶？答：般若方便实无前后。而作前后说者，般若为体，方便为用。故《智度论》云：譬如金为体，金上精巧为用。故前明其体，后辨其用也。……次明《百论》宗者。百论破邪申明二谛。具如空品末说。亦应以二谛为宗。但今欲与中论互相开避。中论以二谛为宗。百论用二智为宗。即欲明谛智互相成也。……次明《十二门论》宗者。此论亦破内迷申明二谛。亦以二谛为宗。但今欲示三论不同。宜以境智为宗。②

此处阐明"四论"的宗旨异同。所谓"四论"，是指论阐《大品般若经》的四部论：《大智度论》、《中论》、《百论》和《十二门论》。吉藏在此认为，大乘经虽然都以"不二正观"为宗，但从"方便用"上有各部差别。与此相应，释经之论也有此"体用"差别。以"四论"为例，虽然都是以《大品般若经》"无得正观"为宗，但"四论"又于"方便用"上各有差别：如《大智度论》正释《大品》，开《大品》为二道，一是般若道，二是方便道，以此二道论申明《大品》经的实慧和方便慧二慧，故仍以此二慧为宗。再如《中论》在于申明真俗二谛，故还是以二谛为宗。《百论》和《十二门论》同样都以破邪申明二谛为宗，但《百论》用二智为宗，二智即权、实二智。《十二门论》以境智为宗，所谓"境智"，由"实相境发生般若，由般若故万行得成，即是境智之义"。

就四论与《大品》经而言，可以说《大品》经为四论之体，四论为经之用。以《大智度论》而言，其开《大品》为般若道和方便道二道，吉藏诠解为般若道为体，方便道为用，并直接揭示《大智度论》"金巧"之譬中隐含的体用结构：金为体，金上精巧为用。

【5】至人体无碍之道，故有无碍之用。般若既照空，即能鉴有。方便既涉有，即能鉴空。③

从修道工夫论之层面论体用逻辑，至人是体无而用无，因此般若智与方便慧，都能照空鉴有。显然此中逻辑与王弼和僧肇对圣人境界的描述是完全一致的。

---

① 吉藏：《三论玄义》，《大正藏》，第45册，第10页下。
② 吉藏：《三论玄义》，《大正藏》，第45册，第10页下。
③ 吉藏：《三论玄义》，《大正藏》，第45册，第10页下。

【6】四大乘人明中者,如摄大乘论师,明非安立谛,不著生死,不住涅槃,名之为中也。义本者,以无住为体中,此是合门。于体中,开为两用,谓真俗,此是用中,即是开门也。①

此处引摄论师有关大乘中道体用的观点,即以大乘中道为非安立谛②,以无住为"体中",属于"合门",真俗为两用是"用中",属于"开门"。

3.《净名玄论》:"收用归体,从体起用"

《净名玄论》为吉藏晚年所作,论述《净名经》(《维摩诘经》)之要旨。初述撰著缘由,次分名题、宗旨、会处三科。引用书籍颇多,有《大品经》、《法华经》、《涅槃经》、《大智度论》等三十余部经论,并载录道安、鸠摩罗什、僧肇、道生、北土论师等数十家之说。

【1】九体用门。问:不二既为本,应最初则说,不尔最后方陈。何故非初非后,中间说耶? 答:欲收用归体,从体起用,故处中说也。收用归体者,谓摄经初二用,归于不二也。又《净名》说二,本意令悟不二,欲示从二入不二,故初明二,后方明不二。次从不二更起二用,即是《香积品》等诸奇特之事,非但一经如此,众教皆然。但此经文约意含,故偏说耳。若最初即说,但得从体起用;最后说者,唯得收用归体;以处中明之,故义得两兼也。③

吉藏在《净名玄论》中,开十门以阐释《净名经》(《维摩诘经》),其第九门为"体用门"。所谓"门",用今天的话说,即是指诠释理解的角度或视域。

对于《净名经》的经文内容与结构安排,有人质疑既然以不二为本,为何不在经文的开始和结束之时阐明此点,而是放在经文的中间部分呢? 对此,吉藏认为,《净名经》之所以把"不二"之本放在经文的中间部分来说,实际是为了体现"收用归体,从体起用"的结构逻辑。所谓"收用归体",即指《净名》在开始部分说"二",接下来再阐明"不二"之旨。本意在于使人从"二"的分别之中体悟"不二"之旨,即所谓"摄经初二用,归于不二"。接下来又说"二",即指《香积品》等诸多奇特之事,目的在于使人能够从"不二"兴起方便"二用",这即是所谓"从体起用"。如果在经文初始就说不二之旨,便只得"从体起用";同理,若在最后说"不二",就只得"收用归体"。因此,唯有在中间说"不二",才能使"收用归体"和"从体起用"二者兼得。吉藏还强调,不仅

① 吉藏:《三论玄义》,《大正藏》,第45册,第13页中。

② 安立:即施设差别之义。亦即用语言、名相来区别种种事物。反之,则为非安立。非安立乃超越相对之差别,不以语言、名相表示。

③ 吉藏:《净名玄论》,《大正藏》,第38册,第862页下。

《净名经》是如此,其他各经教都是这样体用兼备的。

【2】七者初会具明净土体用。报应因果,即是土体;按地变净,现土利物。为土用也。后二会,唯明土用不辨体。①

以上依"体用"论"净土",一方面揭示经文的内在结构:即所谓"初会明体用",后二会"明用不辨体"。与此同时又阐明"净土"的体用内涵:即以"报应因果"为净土之"体",以"按地变净,现土利物"为净土之"用"。

4.《大乘玄论》:"以体为用,以用为体,体用平等不二中道,方是佛性"

本书虽为吉藏所著,实是由后人集录而成的,著作年代不详,推知应为其晚年之作。全书以三论宗空观中道之基本思想论证大乘佛法,其中博采涅槃、维摩、大品般若、华严、法华、金刚、阿含等经,中论、百论、十二门论及大智度、成实、婆沙等论,又援引鸠摩罗什、僧肇、道生等诸师之说,一一加以论评,义旨弘深,故为吉藏最重要的著作之一,亦为理解三论宗之重要典籍。

【1】二谛体第五,常解不同,有五家。初家明:有为体空为用。何故? 尔明世谛是有,行者折有入空,无有因空入有,故有是其本,空为其末。第二家云:以空为体,有是其用。何以故明,空为理本,古今常定;有是世间法,皆从空而生。故空为其本,有是其用。第三云:二谛各自有体。以世谛假有是世谛体,假有即空无相是真谛体,故言二谛各有体。第四云:二谛虽是一体,以义约之为异。若以有来约之,即名俗谛。以空约之,名为真谛。而今此二谛唯一,约用有二。第五云:二谛以中道为体。故云:不二而二,二谛理明。二而不二,中道义立。彼家有时亦作体用相即。②

二谛体的讨论在《二谛义》中有专门的辨析,此处再论,则完全从体用结构的类型来分别五家理论。具体如下:

> 第一家：体有,用空。
>
> 第二家：体空,用有。
>
> 第三家：空有二谛,各有体用。
>
> 第四家：真俗一体,空有二用。
>
> 第五家：中道为体,空有为用。

① 吉藏:《净名玄论》,《大正藏》,第38册,第902页中。

② 吉藏:《大乘玄论》,《大正藏》,第45册,第19页上。

中国哲学体用思想研究

此处的"空"即是指真谛,"有"即是俗谛。"体"即指真俗二谛的根本之体,"用"即是指二谛本体的作用。对二谛之体究竟是什么这个问题的关切,从哲学上来说,即是对什么是宗极存在的关切。既然佛教分有真谛和俗谛二重世界,那么此二重世界到底是什么关系,是以真谛为真俗二谛的本体,还是以俗谛为真谛的根本,还是在真谛和俗谛二谛之外有一更为真实的存在呢?

【2】问:何物是体假、用假? 何为体中、用中耶? 答:假有假无是用假,非有非无是体假;有无是用中,非有非无是体中。复言:有无、非有非无,皆是用中、用假。非二非不二,方是体假、体中。合有四假四中,方是圆假圆中耳。①

体用与中、假相结合,形成体假、用假、体中、用中,还有假体、假用、中体、中用等复合概念。而所谓"圆假圆中"则是此"体用中假"的圆融无二。从三论宗的否定逻辑来说,"体"必定是对"用"的否定,如此中以"假有假无"为"用假",以"非有非无"为"体假",以"有无"为"用中",则"非有非无"是"体中"。更有甚者,"有无"虽为"用中","非有非无"为"体假",但在更高一级的否定中,它们又都只是"用中"和"用假",唯有"非二非不二",才是真正的"体假"和"体中"。总之,从逻辑价值来说,"用"是从属于"体"的,因此必须通过对"用"的否定才能抵达"体",事实上这种否定在得"体"的过程中,从言语逻辑上说是无有止境的。唯有此种"体用"逻辑,才能把相互否定的两个方面结合在同一个结构之中。体用范畴的辩证本性也由此得以显露。

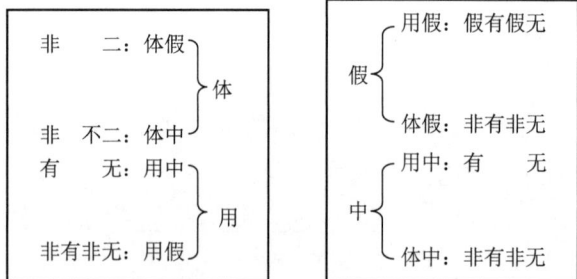

非 二：体假 ⎫	
非 不二：体中 ⎬ 体	
有 无：用中 ⎫	
非有非无：用假 ⎬ 用	

假 ⎰ 用假：假有假无	
⎱ 体假：非有非无	
中 ⎰ 用中：有 无	
⎱ 体中：非有非无	

【3】龙光二谛异体,开善一体。今明:二谛非一非异,离四句为体。亦明:非一非异,非不相离即,非即是即,离四句为即。若于谛为论,谓二谛各体,约两情为异,约无所有为论,空有皆无所有,故言一体。若教谛为论,约用有二体,约中道为论,终是一体。②

_____

① 吉藏:《大乘玄论》,《大正藏》,第45册,第18页中。
② 吉藏:《大乘玄论》,《大正藏》,第45册,第21页下。

龙光说二谛异体，开善明二谛一体，如何看待二者的差别呢？吉藏认为，应该分别于、教二谛来看他们的同异。就于谛而言，二谛各体的分别在于认识主体的不同，若从一切现象都没有真实性的角度来看，空有即真俗二谛本身也是不真实的，所以所谓二谛即是一体而没有二体。就教谛而言，则从方便用的角度有真俗二用，若从中道的角度来说，则又最终只是中道不二为一体。

【4】问：假不假宁异耶？答：对假生假灭，明假不生假不灭。此假不生等，皆是不二中道之用。除假生假灭与假不生假不灭等，不生非不生，不灭非不灭，方是正中也。故假不生假不灭，如假生假灭，悉是假，亦是用，亦是末也。不生不灭中，如非不生非不灭中，皆是中，亦是体，亦是本也。虽体用与中假等开，而无踪迹。非体非用，非中非假，强名体用中假等也。①

此处进一步讨论"体用"、"中假"与"生灭"之复杂关系，最后结论为，只要是假，不管是生灭不生灭，最终都只能是假、用、末；相应的，不生不灭之中，和非不生非不灭之中，都是中、体、本。如此看来，体用中假本末似乎十分清晰分明，但吉藏强调，这些所谓"体用中假"等最终也是"非体非用，非中非假"，因而是"强名体用中假"而已。这样无论是"生灭"，还是"不生不灭"，还是"非不生非不灭"，即其最终都是"假"而"不生"，这才是真正的不二中道之用。

由上分析可知，吉藏完全贯彻了中观缘起性空之无限否定的理论本色，体用中假本末等都不具有最终的真实性，只是在无限否定过程中的方便设施。

【5】佛性义然十一家，大明不出三意，何者？第一家以众生为正因。第二以六法为正因，此之两释：不出假实二义，明众生即是假人，六法即是五阴及假人也。次以心为正因，及冥传不朽、避苦求乐及以真神、阿梨耶识。此之五解，虽复体用、真伪不同，并以心识为正因也。次有当果与得佛理及以真谛、第一义空，此四之家，并以理为正因也。②

关于何为正因佛性的讨论，此前共有十一家说法，吉藏将其归结为四个最主要类型并一一予以评破。这四种类型具体为：一是以"众生"为正因佛

① 吉藏：《大乘玄论》，《大正藏》，第45册，第30页中。
② 吉藏：《大乘玄论》，《大正藏》，第45册，第35页中。

性;二是以"六法"(五阴和众生)为正因佛性;三是以"心"为正因佛性,包括心识、冥传不朽、避苦求乐、真神、阿梨耶识五家;四是以"理"为正因佛性,包括当果、得佛理、真谛、第一义空四家。吉藏在论述第三种类型以"心"为正因佛性的时候,说五家存在体用真伪之不同,这也就表明他在使用体用范畴讨论佛性问题。不妨进一步看他如何评破,他说:

> 【6】虽复五解言异,或体或用,而皆是心家体用。前第三家,以心为正因佛性者,不然。经云"有心必得菩提"者,此明有心之者必得菩提,何时言心是正因佛性耶?于时畏有如此谬故,即下经云"心是无常,佛性常",故心非佛性也。经既分明,言心非佛性而强言是者,岂非与佛共诤耶。心既不成,心家诸用冥传不朽、避苦求乐等,悉皆同坏也。①

吉藏以为,心识、冥传不朽、避苦求乐、真神、阿梨耶识这五家,之所以可以归到以心为正因一类,在于它们都是"心家体用",具体而言即是以"心识"为心体,"真神"和"阿梨耶识"与"心识"同为心体,而所谓"冥传不朽"和"避苦求乐"当为不同之心用。在此最为值得关注的,是吉藏心之体用的思想。如图所示:

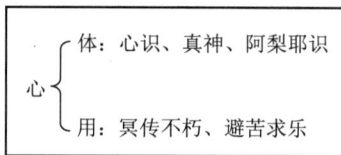

依此体用认识,他认为,佛只说过"有心必得菩提",并没有说过心是正因佛性,佛还说"心是无常,佛性常",由此可见"心"必定不是"佛性",而只是成佛的必要条件。所以既然心不是佛性,那么其他四家以心之用为正因佛性,也自然同时不能成立了。

> 【7】问:今义云何?为当在因,为当在果,为当在因果耶?答:今时明义。无在无不在。故云无在无不在,佛所说也。只以如此义,故名为佛性。虽无在无不在,而说在说不在者,佛性在因,性佛在果。故果因名佛性,因果名性佛。此是不二二义,不二二故二则非二。故云二不二是体,不二二是用。以体为用,以用为体,体用平等不二中道,方是佛性。②

---

① 吉藏:《大乘玄论》,《大正藏》,第45册,第35页中。
② 吉藏:《大乘玄论》,《大正藏》,第45册,第38页中。

在对四类十一家佛性义予以评破之后，吉藏就"因果"提出了自己的佛性论。他认为佛性既不在因，也不在果，更不在因果，而是"无在无不在"。所谓"无在无不在"，即是指不可谓定在因、在果或在因果，而是他所谓"佛性在因，性佛在果。故果因名佛性，因果名性佛"。"佛性在因"是以之为佛之本性，此"性"乃成佛之因；"性佛在果"则是以之为已成佛之必然性，此"性"乃成佛之果。"果因"即是指果中之因，所以名"佛性"；而"因果"则是指由因得果，故名为"性佛"。

在吉藏看来，若定言佛性在因在果，则会导致"二"之分别见，因而不能成为完满的佛性。因此，因、果或因果都不是"佛性"，唯有对这样的分别性即"二"的否定才能获得真正的佛性。对"二"的否定是"不二"，但若执着此"不二"，则与"二"又构成新的"二"，因此需要"不二二"作为新的否定，同时"二不二"又是对"不二二"的否定。从逻辑上讲，这样的否定是能够且必须无限进行下去，唯如此才能符合破执二边、得无所得的中观之道。

但问题是，如此无限之否定将会造成我们永远都在否定之路上，而无法获得在诠释教义或实践教理中所必需的正向而确定的认知。吉藏解决此问题的方法是依"体用"范畴的逻辑，将"二不二"与"不二二"这两个否定阶段来结构化，即以"二不二"为体、"不二二"为用，同时规定"体用"之间为内部互为体用的循环运动，即"以体为用，以用为体"，由此获得所谓"体用平等不二"之中道，而此"中道"即是佛性。如图所示：

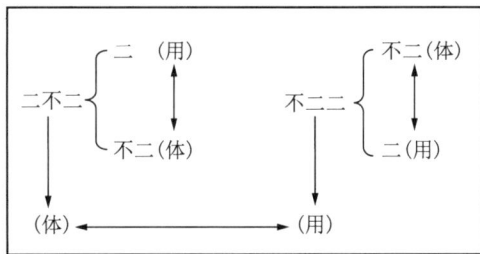

至此，吉藏之佛性论不仅从正面明确地阐明了佛性中道不二之本质，而且不必陷入无穷否定的困境之中。显然，体用范畴及其结构逻辑的运用，在此问题之解决中当居首要之功。

【1】问：此经明乘，正以何为体？答：若就因果用，以果为宗。若就正法体，即以正法为宗。今明：若因若果皆正法故，运故以正法为宗。有人言：此经万善为乘体。有人言：以果万德为宗。有人言：境智为宗。今明：就用非无此义，而不得乘深体故，以正法中道为经宗，为一乘正体。[1]

---

① 　吉藏：《大乘玄论》，《大正藏》，第45册，第42页中。

此处吉藏以"体用"结构为广义判教的逻辑依据。他指出：以"万善"为乘体，或以"果万德"为乘体，或以"境智"为乘体，这些说法都不过是在说明"一乘"之方便用，并未阐明一佛乘真正的"深体"——本体，唯有以"正法中道"为经宗，才是"一乘正体"。

> 【2】问：三身有几名耶？答：经论不同：法身、舍那身、释迦身，亦名法身、报身、化身，亦名法身、应身、化身，又名佛所见身、菩萨所见身、二乘凡夫所见身。法身亦名自性身，又名法性身。问：若如是者，应有六身八身，应有一佛身，本、迹二身。何故但明三身耶？答：依《法华》论，二身为自德，化身为化他德。《摄论》法身为自德，二身为化他德。若尔法身为自德，化身为化他德，应身亦自亦化他，故立三身，亦可。法身为体，报身为相，化身为用，体、相、用故立三身也。[①]

这里讨论何谓"三身"的问题。首先指出，不同经、论中对于三身的名称是不同的，接着说明佛教建立"三身"的根据所在，一是从修行实践的层面，依建立自行与化他两德的缘故而成立三身；一是从"体相用"的结构逻辑出发，说明三身之关系：法身为体，报身为相，化身为用。由此可见，吉藏在此已将《大乘起信论》中的"体相用"结构从原有语境脱离出来并进一步逻辑化运用了。

> 【3】辨体第二。灵正云："涅槃体者，法身是也，寻此法身更非远物，即昔神明成今法身，神明既是生死万累之体，法身亦是涅槃万德之体。"今明不然，以用为体，不及涅槃深体，今以中道正法为涅槃体。开善云："总明万德体无累为灭度，而经初明三德者，简异昔日二种涅槃：有余时，身智在，解脱不满；无余时，解脱满，身智不在。今日涅槃，身智在，解脱满。三德之中，法身为体，波若、解脱为用。"今明：万德、三德为体者，离此无别涅槃用望。若言法身为体，无有万德，云何是涅槃体。今明：涅槃体者，正法为体，而正法绝能所、四句、百非。……今明：四句百非洞遣，为涅槃体。常无常，是用。诸法师但得其用，不识深体。[②]

这里再次运用"体用"逻辑进行判教，并阐明何谓"涅槃"之体与用。指出灵正和开善分别以神明法身和以万德、三德为涅槃体，实际上都是以用为体，未及真正的涅槃本体。唯有"四句百非洞遣"之"中道正法"，方为涅槃本

---

① 吉藏：《大乘玄论》，《大正藏》，第45册，第44页上。
② 吉藏：《大乘玄论》，《大正藏》，第45册，第46页中。

体，而"常"与"无常"则为涅槃之用。

【4】通而言之，二智皆如实而照，并名为实，皆有善巧，悉称方便。就别言之，即波若名实，沤和称方便。略有八义。……六者对方便之用，以波若为体，故名实。①

【5】故波若为体，方便为用。论又云：波若与方便本体是一，而随义有异。譬如金为种种物。此明权实一体，约义分二。金喻波若，波若为体；金上之巧，譬于方便，方便为用。问：波若何故为体，方便何故为用？答：实相为本，波若照实相故，波若亦为本，所以为体；诸法为末，方便照诸法故，方便为用。②

此处吉藏谈般若与方便二智之间的体用关系：般若为体，方便为用。在此值得重视的是，吉藏还对为何二者之间具有此种体用结构的原因做了十分明确的说明，他说："实相为本，波若照实相故，波若亦为本，所以为体；诸法为末，方便照诸法故，方便为用。"依吉藏所说，可知般若与方便之所以为体用关系，乃是以它们各自观照对象的关系为依据：般若观照的对象是"实相"，实相为本；方便观照的是"诸法"，诸法为末。如图所示：

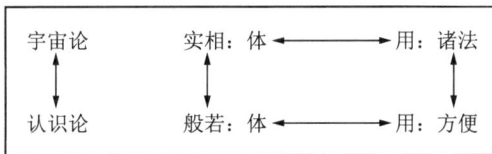

```
宇宙论        实相：体  ←——→  用：诸法
 ↕                ↕
认识论        般若：体  ←——→  用：方便
```

从图可知，般若智与方便智乃是对解脱主体之认识结构的说明，而实相与诸法则是属于宇宙实体之存在结构的阐明。重要的是，吉藏在此是把对解脱主体之认识结构的说明建立在对宇宙实体之存在结构的阐明之上；也即是把般若方便之体用逻辑建立在实相诸法的本末逻辑之上。当他把"体用"与"本末"关联起来时，实际上是赋予"体用"逻辑以价值义涵，体之所以为体，乃在于其"本"之价值地位，相应的，"用"也是如此。不仅如此，事实上，当他本末体用结合之时，体用结构的逻辑内涵也同样被本末结构所涵摄。也就是说，实相与诸法之间，不仅是价值上的本末关系，也具有存有论上的体用关系：即实相为体，诸法为用。

【6】六地之时，波若体强，方便用弱。以体强故，妙于静观故，观空不着，以用弱故，未能即空涉有，于有无滞。至于七地，即体用俱等，既

————————
①　吉藏：《大乘玄论》，《大正藏》，第45册，第42页中。
②　吉藏：《大乘玄论》，《大正藏》，第45册，第52页下。

能观空不染,即能涉有无着,故名等定慧地。等定慧地,即波若用巧,故云反。即从八地已上,二慧俱巧。若至佛地,即两慧同反:实慧即反名萨波若,谓一切智;方便慧反名一切种智也。[①]

吉藏不仅以体用逻辑来说明般若方便二智的结构关系,同时还依此结构来阐明修道境界之内在结构的不同。譬如此处表明,"六地"之时,是体强而用弱,故称般若。至"七地"时,则是体用俱等,故名等定慧地。七地与六地相比,又称方便胜,表明"方便用"胜于"般若慧"。七地用中必有体,空有兼备;六地虽然体中涵用,但用未必显,所以"六地"劣于"七地"。至"八地"已上,是二慧俱巧。若至"佛地",则是"两慧同反",即"实慧即反名萨波若,谓一切智;方便慧反名一切种智也"。实际上是说般若与方便之间"互为体用",般若为体即方便用,方便用为用即体,体用圆融不二。如图所示:

六地:体强用弱
七地:体用俱等
八九:体用俱巧
十地:体用同返

对于"两慧同反"之佛地境界,吉藏有一极为简洁之概括:"波若为沤和之体,沤和是波若之用。体鉴实相,用照诸法,故开此二门。即智无不圆,照无不尽。若同照实相,并鉴诸法,即二境不分,两慧相监。"

5.《法华义疏》:"识权方乃悟实,达用乃鉴于体。"

【1】次依《法华》论明此品来意者。火宅譬,破凡夫病。穷子譬,破二乘病。云雨譬,破菩萨病。菩萨之人,闻上来所说,唯有一乘。便谓毕竟无复三乘方便,此即得实失权,存体忘用。然识权方乃悟实,达用乃鉴于体。既不识权,亦不悟实;即权实俱丧,体用并亡。为治此病,故明:虽一地所生,一雨所润,而诸草木各有差别;虽至理无二,而于缘有五。故权实义成,体用方显。[②]

此处是对《法华经》中《药草喻品》之旨意的说明。吉藏的说明是依"权实"明"体用",指出三乘为权,一乘是实;实为体,权乃用。他认为,若只知毕竟真实,而舍弃三乘方便,则有"得实失权,存体忘用"之过。同时,他又认为唯"识权"才能"悟实",唯"达用"方能"鉴体";若不能"识权"、"达用",便不能

① 吉藏:《大乘玄论》,《大正藏》,第45册,第52页下。
② 吉藏:《法华义疏》,《大正藏》,第34册,第558页中。

"悟实"和"鉴体",其结果可能是"权实俱丧,体用并亡"。所以必须坚持一乘为"实体",三乘方便为"权用",如此才"权实义成,体用方显"。这里除了一贯重视的体用权实俱存的观点外,更为重视的是"权用"对"实体"的作用。

【2】今谓初谤经罪重,为下根人也。次为过小轻,谓中根人也。后得经之用,未识经体,三种之中谓上根人也。今明:须识经体用,方见此品意。所言体者法身,超四句绝百非,不可言常与无常等,故非量与无量。……所言用者,非常非无常。昔为众生,故说为无常……若不识斯体用,则无十二种悟道人也。①

不识经之体用,无以悟道。法身为体,不可言常与无常;用则为非常非无常。

【3】云何名随喜相耶? 答:二段经各有体用。乘权乘实体用者,不三不一,言断意忘,谓乘体。昔为物说三,今破三说一,谓乘用也。身权身实中体用者,法身非常无常,命不长不短。亦言断意忘,谓佛身体也。昔无常今常,昔短今长谓身用也。随顺二权二实体用而生欢喜,故有随喜相也。②

【4】又《药草喻品》云:究竟涅槃,常寂灭相,终归于空,即知空为诸法之体。昔说五乘,谓从体起用。今会五为一,则摄用归体。故言终归于空,为诸法之体。今既弘法,则宜识其体,识体故则识其用,体用具足方可弘经也。③

"昔说五乘,谓从体起用。今会五为一,则摄用归体。"以此说明,弘法传经,必需识得经法之体用,即以究竟空为体,方便为用。唯从体起用,摄用归体,体用具足,方可弘法传经。

6.《胜鬘宝窟》:体相用

古旧相传多开三分,谓序、正、流通。从初至咸以清净心,叹佛实功德,名序分。从如来妙色已下十五章经,为正说分。从放胜光明以下,为流通分。所以明三者:圣人说法必有由致,故有序分。由致既彰,正宗宜开,故有正说。如来大悲无限,众生无穷,非止益当时,复欲远传遐代,故有流通分。又约时有初中后善。故开三分。又约法有体、相、用,

---

① 吉藏:《法华义疏》,《大正藏》,第34册,第602页中。
② 吉藏:《法华义疏》,《大正藏》,第34册,第613页上。
③ 吉藏:《法华义疏》,《大正藏》,第34册,第478页中。

故开三分。放光动地,表所说相;正说显诸法体;流通明经有势力,令闻者得利,故名为用。①

此是对《胜鬘宝窟》做经文结构的辨析。吉藏在此把一般经文的三分结构,即序分、正分、流通分,与"体相用"结构结合起来,以序分为相,正分为体、流通分为用。如此一来,就不仅使经文结构的形式更加清晰,而且使得对此结构形式的诠释更加逻辑化和理性化,从而使经教文本的神圣性得到进一步强化。

更重要的是,将"体相用"结构作为诠释经文结构的基础逻辑,就使得"体相用"彻底从《起信论》之具体义理脉络中独立出来,成为普遍的结构形式。

五、唯识宗与体用

唯识宗,又名"法相宗"。此宗学统,传自印度的瑜伽行学派。在印度,佛陀入灭后九百年,无著菩萨出世,于佛教化地部出家,后来读大乘经典,转小入大,修习大乘,传说在兜率天的弥勒菩萨,曾降临中印度阿瑜陀国的逾遮那讲堂,为无著说《五部大论》,无著禀承其说,广造论典,弘传法相宗义;其弟世亲继之,造《五蕴论》、《百法论》、《唯识三十颂》、《唯识二十颂》等论典而大成唯识宗。此在印度,又称为瑜伽行学派,与大乘空宗的中观学派相对立。

世亲晚年造《唯识三十颂》,仅完成颂文,长行未撰而示寂,此后百年之间,难陀、护法等十大论师,先后各造《唯识三十颂》释论。护法的弟子戒贤,穷通瑜伽、唯识学的奥义,于那烂陀寺盛弘此宗。唐代玄奘三藏,游学印度期间,从戒贤受学五年,回国后广译此宗经论,建立此宗;其弟子窥基继之,广造论疏,为此唯识宗之规模乃得以完备。

玄奘(602—664)俗姓陈,名祎,出生于洛州缑氏县(今河南省偃师市南境)。他自己的著作不多。除《大唐西域记》外,其所做的《会宗论》、《制恶见论》以及为童子王所写的《三身论》等均已不传。他的许多见解散见在他门徒的记述中。《成唯识论》是他杂糅唯识十家对《唯识三十颂》的注疏编译而成,可以看作玄奘思想的代表作,也是唯识宗的奠基性论著。其后学由于对唯识学的解释不同,又分为两个系统,即圆测学系和窥基学系。

圆测曾就学于真谛一系的法常和僧辩。玄奘移居西明寺时(658),敕选五十大德同住,圆测是其中之一,故亦称"西明"。他和窥基等同从玄奘听讲《成唯识论》和《瑜伽师地论》,但在某些问题的解释上,与窥基不同。他的知

---

① 吉藏:《胜鬘宝窟》,《大正藏》,第37册,第6页下。

名弟子都是新罗人,故被朝鲜佛教推为新罗法相宗的始祖。他和他的弟子辈注疏有关唯识和因明的论述很多,也是全面研究玄奘思想及其影响的重要文献。

窥基(632—682),长安人,出身唐贵族鲜卑尉迟氏。据传,他以独受玄奘所讲陈那之论,而大善因明三支:"纵横立破,述义命章,前无与比";又独受玄奘的"五性宗法",与玄奘的其他门徒截然有别。他追随玄奘,信奉弥勒兜率净土,弘扬《法华经》。窥基才华横溢,撰述极多,号称"百本疏主"。一般认为,窥基属于玄奘的嫡传。由他代表玄奘创始的唯识法相宗,亦称慈恩宗。

窥基的代表作是《成唯识论述记》,此外还有《成唯识论掌中枢要》、《因明入正理论疏》、《瑜伽师地论略纂》、《法华经玄赞》、《大乘法苑义林章》等。除此之外,他对《异部宗轮论》和《辩中边论》、《唯识二十论》等都有述记,还有关于《说无垢称》、《金刚》、《弥勒》等经的一些疏释。

接下来,本节将以玄奘所译的《成唯识论》以及窥基所做的《成唯识论述记》、《大乘法苑义章》为中心,着重考察唯识宗之体用思想。

(一)《成唯识论》:"体用不离"

【1】又为开示谬执我法迷唯识者,令达二空,于唯识理如实知故。复有迷谬唯识理者,或执外境如识非无,或执内识如境非有,或执诸识用别体同,或执离心无别心所。为遮此等种种异执,令于唯识深妙理中得如实解。故作斯论。……又诸所执,实有我体,为有作用,为无作用。若有作用,如手足等,应是无常;若无作用,如兔角等,应非实我:故所执我二俱不成。①

此是玄奘在叙述译作《成唯识论》之目的,即为了遮拨对唯识真理的种种谬见,使迷惑之人能于"唯识深妙理中得如实解"。关于种种异执,玄奘例举最为典型的四种认识:第一种,认为认识对象即外境和人的认识主体一样,都是实有;第二种,认为人的认识与其认识的对象即外境一样,都不是实有;第三种,认为八识之间是体同用别的关系;第四种,认为心和心所之间是不能分离的。对于上述种种认识,玄奘认为他们都有一个共同点,即都认为存在一个真实不灭的认识主体"我",这个实体"我",可以发生作用,也可以不发生作用。对此,玄奘以归谬法展开自己的批判逻辑:假设此实体"我"能发生作用,其产生作用就如同人的手足那样持物或行走,然而手足之用是不具有恒常性的,由此用之无常必推知体之无常。若假设此实体"我"不能发

① 《成唯识论》,《大正藏》,第31册,第1页下。

生作用,就如同"兔角"这类无用的事物,同样可以推知实体"我"的不存在。所以,无论有用还是无用,都表明实体"我"是不能成立的。既然实体"我"是不能成立的,那么上述那些以实体"我"的存在为前提的种种认识自然也就不能成立了。

在玄奘的译述中,有三点值得注意:一是唯识论者认为"体用"必须相依同时,有体必有用,无无用之体。二是他们认为,手足等具体事物之体用都是生灭无常的,不具有真正的实在性;至于"龟毛兔角"之类,本是错误认识的结果,是不可能存在或有名无实的东西,自然是体用俱无。也就是说无常之用必有无常之体,相应的,真实恒常之体必有真实恒常之用。三是他们不承认有三世恒有之实体"我"的存在。由此三点,可见唯识宗作为大乘有宗对小乘有宗(主要是说一切有部)在理论上的批判与超越。

【2】实我若无,云何得有忆识诵习恩怨等事。所执实我,既常无变,后应如前,是事非有,前应如后,是事非无,以后与前体无别故。若谓我用前后变易,非我体者,理亦不然。用不离体,应常有故,体不离用,应非常故。然诸有情,各有本识,一类相续,任持种子,与一切法,更互为因,熏习力故,得有如是忆识等事。故所设难,于汝有失,非于我宗。①

如果实体之"我"是不存在的,那诸如"忆识、诵习、恩怨"等诸多前后相续的心理现象又是如何发生的呢? 也就是说,既然有"忆识诵习恩怨"等具体的心理现象的存在,那就必定有一个统摄如此心理现象的实体之"我"存在。面对这个问难,玄奘再次采用归谬逻辑。他说:假设所执之我为实在,此实在之我也必定是常而不变的,那么它所发生的心理活动,就必定是前后一致的。事实上是不一致的,这也就说明前后之体是分别不同的。如果将此不一致解释为说前后变易的只是"我"之用,而不是"我"之体,以"用变而体不变"的逻辑来证明实体我的存在,这也于理不合。因为根据体用不离的逻辑——用不离体,体不离用,所以体不变用亦不变,用变体也必变。总而言之,不能根据有"忆识诵习恩怨"等心理现象来推断有实体"我"的存在。那如何解释诸多心理现象发生的事实呢? 玄奘认为,有情众生,各有其"本识"种子,此"本识"种子是同类前后相续不断,它能够任用保持"种子"功能不失,且与过去未来现在三世的一切现象,互为因果,互相熏习,由此而得有如"忆识诵习恩怨"等心理现象发生。

【3】不相应行亦非实有,所以者何? 得非得等,非如色、心及诸心所

---

① 《成唯识论》,《大正藏》,第 31 册,第 2 页上。

体相可得；非异色、心及诸心所作用可得，由此故知，定非实有。但依色等分位假立，此定非异色、心、心所有实体用。如色、心等许蕴摄故。或心、心所及色、无为所不摄故，如毕竟无，定非实有。或余实法所不摄故，如余假法，非实有体。①

在小乘七十五法中，行蕴有二：一是相应行，就是四十六个心所，因为它们同心王相应，故称相应行；二是不相应行，就是十四个得、非得等，它们不与心王相应，故称不相应行。《成唯识论》认为，这十四个不相应行法也不是实有。何以见得？因为它们既不同于色法、心法及心所有法一样有"体相"可得，也不是离了色法、心法及心所有法，有独立"作用"可得，所以知道它不是实有，而不过是在色、心等法的分位上的假立名言而已。这肯定不是离开色法、心法、心所法而有的真实体用，如色法、心法等可以是五蕴所摄，或者并非由心法、心所有法及色法、无为法所摄取，就如"毕竟无"那样肯定不是实有。或者说，心不相应行法，并不由其余的实法所摄取。所以，心不相应行法像其他虚假事物那样，并非实有其体。

此处旨在证明"不相应行法"②的非实有性。之所以没有实在性，关键在于不相应行法它既不同于色、心、心所等法实有体相及作用，又不同于无为法，而是属于生灭变易之法，所以不是"种子"所生的"实法"。从体用角度来说，值得重视的是，《成唯识论》作者一方面将诸法分为实法和假法，假实之分别在于是否实有体用。同时认为色、心、心所等由"种子"所生为"实法"，因而实有其"体用"；相反的是，"不相应行"等法，因其既不为前述实法所统摄，又不属于已经离弃生灭之无为法，因而属于没有实在"体用"的假法。

【4】且彼如何知得非得，异色、心等有实体用。契经说故，如说如是补特伽罗成就善恶，圣者成就十无学法。又说异生不成就圣法，诸阿罗汉不成就烦恼。成不成言，显得非得。经不说此异色心等有实体用。③

此是依次别破十四个不相应行法。先假说问答：你怎样知道得、非得等，离开了色心等法，别有实在的体用呢？答曰：佛经上说过，就像补特伽罗之我能成就善、恶一样，佛教圣人能成就十种无学法，这就是成就。佛经还说凡夫不成就佛教圣法，诸阿罗汉不成就烦恼，这叫作不成就。成就就是

---

① 《成唯识论》，《大正藏》，第31册，第4页下。

② 不与心及心所相应，也不与色法相应，故名"心不相应行法"。行是有为法的总名。又这些法为五蕴中行蕴之所摄，故名行。心不相应行之数，大小乘均有异说。此处所举为《俱舍》学派的十四种不相应行法。

③ 《成唯识论》，《大正藏》，第31册，第4页下。

"得",不成就就是"非得"。而事实上,佛经中并未说得不得等不相应行法,离开色心等能有实体用。

【5】云何应知此第八识离眼等识有别自体?圣教正理为定量故。谓言《大乘阿毗达摩契经》中说:"无始时来界,一切法等依,由此有诸趣,及涅槃证得。"此第八识自性微细,故以作用而显示之。颂中初半显第八识为因缘用,后半显与流转还灭作依持用。①

《成唯识论》在第八章以前,是以八段十门解释本识。而本章节论文,是总明本识;此下是引五教十理,来证明"本识"之实有。外人问曰:你们唯识家,怎样知道这第八识,在离开了眼耳鼻舌身意等六识之外,别有它的自体呢?论主答:这不是世间的现量之境,而要依据圣言量,及比知的正理二量,才能决定"本识"的有无。

接下来,原文展开五教十理的论证,所引文字为五教证的第一证,为《大乘阿毗达摩契经》的颂文:"无始时来界,一切法等依,由此有诸趣,及涅槃证得。"原来有情第八识里的有漏、无漏种子,为一切染净现行法所依止,因此才有流转六趣染法的凡夫,也必依此才能证得涅槃净法的圣人。引用此颂文的目地就在于证明"本识"的实有。既然第八识为一切法之所依,则必实有其体,但这第八识的体性细微难显,所以只能"以用显体"。这四句颂文的前二句,是显示第八识能给现法作"因缘用";后二句,是显示与流转生死及还灭涅槃作"依持用"。

由此表明第八识一体二用之结构:所谓"自性微细",即是说八识有微细之"体";所谓依作用而显示,即显示有现起生灭之法的"因缘用"和流转生死与还灭涅槃的"依持用"。另外还需注意,此处的"因缘用"与"依持用"二用,与前述净影慧远所提出的"缘起用"和"依持用"的紧密关联。如图所示:

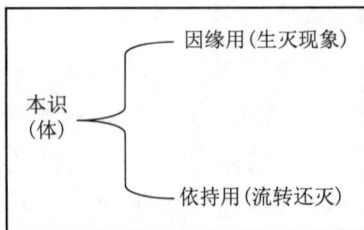

本识
(体)
— 因缘用(生灭现象)
— 依持用(流转还灭)

【6】随烦恼谓忿,恨覆恼嫉悭,诳谄与害憍,无惭及无愧,掉举与惛沈,不信并懈怠,放逸及失念,散乱不正知。论曰:唯是烦恼分位差别,

① 《成唯识论》,《大正藏》,第31册,第14页上。

等流性故,名随烦恼。此二十种,类别有三:谓忿等十,各别起故,名小随烦恼;无惭等二遍不善故,名中随烦恼:掉举等八遍染心故,名大随烦恼。云何为忿?依对现前不饶益境,愤发为性,能障不忿,执仗为业,谓怀忿者,多发暴恶身表业故。此即嗔恚一分为体,离嗔无别忿相用故。云何为恨?……此亦嗔恚一分为体,离嗔无别恨相用故。……云何为恼?……此亦嗔恚一分为体,离嗔无别恼相用故。云何为嫉?……此亦嗔恚一分为体,离嗔无别嫉相用故。云何为悭?……此即贪爱一分为体,离贪无别悭相用故。云何为诳?……此即贪、痴一分为体,离二无别诳相用故。云何为谄?……此亦贪、痴一分为体,离二无别谄相用故。云何为害?……此亦嗔恚一分为体,离嗔无别害相用故。……云何为憍?……此亦贪、爱一分为体,离贪无别憍相用故。①

此处说二十种随烦恼,指的是一忿、二恨、三覆、四恼、五嫉、六悭、七诳、八谄、九憍、十害、十一无惭、十二无愧、十三惛沈、十四掉举、十五不信、十六懈怠、十七放逸、十八失念、十九心乱、二十不正。这是相对于六个主要的贪、嗔、痴、慢、疑、不正见(邪见)等"根本烦恼"来说,因根本烦恼伴随而生二十种烦恼,所以也称作随惑、枝末惑。

所谓"唯是烦恼分位差别、等流性故,名随烦恼",是指"随烦恼"是"根本烦恼"的分位差别或等流性②。所谓"分位差别"即是说这些随烦恼是对相应之根本烦恼的细分,此细分的烦恼自然与根本烦恼一分"体性"相同,但又有各自"相用"差别。譬如什么叫作忿呢?对现前所见不顺意的违境,即发起忿怒,此为"忿"的体性;能障碍"不忿",进而拿棍棒斗殴,就是忿的业用。也就是说,凡是心怀忿怒的人,大多数都要发起暴恶的身行。所以忿是以嗔恚的一分为体性,离开了嗔,也就没有忿的相用了。

在十小随烦恼中,和"忿"同时与"嗔"同一分位差别的还有:恨、恼、害、嫉;"贪"的分位差别有:覆、诳、谄、矫、悭。"痴"分位差别的有:覆、诳、谄。若以体用来说,则可以说各种小随烦恼与其所分位的根本烦恼之间实为体用关系,即根本烦恼为体,随烦恼为用,如"嗔"为忿、恨、恼、害、嫉等之体,而忿、恨、恼、害、嫉等随烦恼则为"嗔"之别用。与此同时,忿、恨、恼、害、嫉等小随烦恼,又各有其自体和作用。

由此可见,《成唯识论》作者在此主要利用"体用"或"体—相用"逻辑来

① 《成唯识论》,《大正藏》,第31册,第33页中。
② 等流,指由因流出果,由本流出末,因果本末相类似,由甲出与甲无异也。《唯识论·九》曰:"闻法界等流教法。"《同述记·九》末曰:"法界性善顺恶违,具诸功德。此亦如是,故名等流。等者相似义,流者出义,从彼所出,与彼相似,故名等流。"又等者等同,流者流类也。但言二者相似。

分析随烦恼与根本烦恼之间的关系,以随烦恼为根本烦恼的等流之果,也即以根本烦恼为体,以枝末烦恼为体之不同相用。

【7】"复如何知,诸有为相,异色、心等,有实自性?""《契经》说故,如《契经》说有三有为之有为相,乃至广说。""此经不说异色心等有实自性。为证不成。……又生等相,若体俱有,应一切时齐兴作用,若相违故用不顿兴,体亦相违,如何俱有? 又住、异、灭用不应俱。能相所相,体俱本有,用亦应然,无别性故。若谓彼用更待因缘,所待因缘应非本有,又执生等便为无用。所相恒有而生等合,应无为法亦有生等。彼此异因不可得故。"①

此段经文旨在破"不相应行"之第八至十一,即"生、住、异、灭"四相。首先论主问外人:你们怎样知道生、住、异、灭四有为相,离开了色、心等法,别有实在的体性呢? 外人答:因为佛经上说过,有为法,有三种有为相,生、住异、灭。所谓"广说",即无常一相,生、灭二相,住异灭三相,不过是四相开合不同而已。

接下来,论主依此进行破斥,他说:经上但说,四相与色、心等法非一非异,并没有说离开了色、心等法之外,别有实在的自性,因此你们引用经上的证据,是不能成立的。

接下来是进一步的归谬分析:设若生、住、异、灭四相,其体性是同时俱有,就应当一切时候四相都能够同起作用,为何事实上不能呢? 若说它们的作用是前后相违,所以起不同时;体非相违,故能俱有。问题是体与用不能相离,用既相违,体也应当相违,怎么能说它们是同时俱有呢? 更何况,住、异、灭三相的作用,也不应当同时兴起,因为它们是前后相违的。

针对外道仍然可以"体为本有,用离体无"的体用逻辑来辩解,论主进一步破曰:根据"能所"的逻辑,生、住、异、灭为"能相",色、心等法则为"所相"。如果能所相之体性都为本有,那么,它们的作用也应当都是本有,因为体和用是不能离开的。如果说此四相之体是本有,但其用则须更待因缘,那么所待的因缘,也就不是真正的本有因缘了。如此一来,作为能相的生灭四相,对于所相的色、心等法而言就没有意义了。若又假定说,作为所相的色、心等法之体是三世恒有,只是因为与作为能相的四相相合,生起三世的变化之用。那么按照这样的逻辑,无为法之本来恒有,岂不也可以和生、住、异、灭相合,而有生灭无常之相了吗? 显然,有为法与无为法二者是完全不同的,所以不可依此证明离开了色心等法之外,别有所谓生住灭四相的"实体"

---

① 《成唯识论》,《大正藏》,第31册,第5页下。

所在。

此处的论证再次表明，《成唯识论》作者对于"体用不离"的坚持相当严格，具体表现为：(1) 有体必有用，有用必有体；(2) 体用必须同时具有；(3) 体若本有，用亦应然；(4) 体若恒有，用必恒有；(5) 用若待因缘而有，体必同然。正是根据如此严格的"体用不相违"的原则来批判"诸有为相，异色、心等，有实自性"之论。

(二)《成唯识论述记》："本识是体，种子是用。种子是因，所生是果"

《成唯识论述记》为唐代窥基(632—682)为注解《成唯识论》而作，又称《成唯识论疏》、《唯识论述记》、《唯识述记》、《述记》等。本书内容分为五门，即：(一)教时机，分为说教时会与教所被机两种。(二)论宗体，以唯识为宗而谓其体有四重。(三)藏乘所摄，谓成唯识论为一乘之所摄，并为三藏中之菩萨藏所摄。(四)说教年主，以慧恺之《俱舍论序论》说世亲与十大论师之年代。(五)本文判释，即就本文述释其义。

【1】论：体亦相违，如何俱有。述曰：此论主难，彼若救言，体不相违故得俱起，用相违故不得并者。即应难云，以体同用，亦应相违，体不离用故，如用。以用从体，用应不违，不离体故，如体。①

此是针对《成唯识论》中"又生等相，若体俱有，应一切时齐兴作用，若相违故用不顿兴，体亦相违，如何俱有？又住、异、灭用不应俱"文句的进一步诠释。在此需要关注的是窥基对此中体用逻辑的进一步阐述，他说："以体同用，亦应相违，体不离用故，如用。以用从体，用应不违，不离体故，如体。"在认同《成唯识论》中的"体用不相违"的同时，窥基进一步从体和用两个方面分别强调体用不相离的逻辑要求。

【2】论：体用因果，理应尔故。述曰：本识是体，种子是用。种子是因，所生是果。此之二法理应如是，不一不异。本识望种，四出体中，摄相归性，故皆无记。种从现行望于本识，相用别论，故通三性。若即是一，不可说为有因果法有体用法。若一向异，应谷麦等能生豆等。以许因果一向异故，不尔法灭，应方有用。以许体用一向异故，用体相似，气势必同。果因相似，功能状貌，可相随顺。非一向异，然《瑜伽决择》第五十一末、五十二末广说：而彼但言种望现法，即是此中因望果义，非唯种子望本识义。彼约因果门，此亦体用门。②

① 窥基：《成唯识论述记》，《大正藏》，第43册，第284页下。
② 窥基：《成唯识论述记》，《大正藏》，第43册，第302页下。

这是对《成唯识论》"此中何法名为种子,谓本识中,亲生自果,功能差别。此与本识,及所生果,不一不异。体用因果,理应尔故"中的"体用因果"所做的进一步解释。在《成唯识论》中,说外人问曰:什么叫作种子呢?唯识家答:第八根本识里,无始熏习的亲因,生起了各种不同的现行果法,这生果的不同功能,就叫作种子。那么这种子与本识(第八识),及其所生的果法,是一呢,是异呢?答曰:不一不异。本识与种子及诸法之间,具有体用因果的关系,并强调此种关系是理应如此的。

窥基《述记》的贡献在于,他将论中"体用因果"结构中隐含的逻辑内容明确表述出来,即"本识是体,种子是用。种子是因,所生是果"。并依此"体用因果"关系说"不一不异"。本识与种子之间,本识是体,种子是用,体用各别,是为"不一";同时"体"是此用之体,"用"是此体之用,体用不离,是为"不异"。同理,种子与现行之间,种子是因,现行是果,因果各别,所以"非一";但"因"是此果之因,"果"是此因之果,所以"不异"。这体用因果的关系,在道理上就是如此。在此我们可以发现一个递进式的体用因果结构,如图所示:

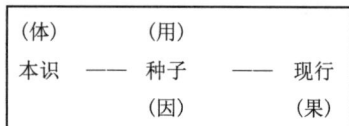

```
(体)        (用)
本识 ── 种子 ── 现行
           (因)        (果)
```

值得注意的是,之所以本识与种子虽为体用关系,而种子与现行却是因果关系,乃在于种子之因能"生"现行之果,显然本识与种子非是相生关系。由此可知,窥基在此并不认为"体"能生"用"。因此从逻辑上说,此处之"体用"之间为"实体—功用型"结构,从因有别于"因果"之间的"实体—创生型"结构。

> 【3】本有种望新熏种,非其因缘。现行能熏,为因缘故。即是本有唯望现行,现行唯望新熏,为因缘故,由此别脱戒。体不增而用增,与道定戒相似。定道二戒既是现思,故唯念念是用增非体。前解即与别脱戒,体用俱增义。[①]

依《成唯识论》,新熏种与本有种,由现行的前七识,随所应的色心万差种种习气,悉皆落于第八识中,成为生果的功能,此称为新熏种子,又作习所成种。那么问题是,本有种子与新熏种子是什么关系,另外,本有、新熏种子与现行各是什么关系?在此窥基有较为深入的讨论,他指出:(1)本有种与新熏种相对立,二者是没有"因缘"关系的;(2)"现行"属于"能熏",种子为

---

① 窥基:《成唯识论述记》,《大正藏》,第 43 册,第 310 页上。

"所熏"，二者具有因缘关系；（3）但唯有本有种子与现行法，现行法唯与新熏种子具有因缘关系；（4）本有种生现行法属于"体不增而用增"，而现行法生新熏种属于"体用俱增义"。显然，窥基在此利用"体用"变化的不同来辨明种子与现行之间存在的两类因缘生成关系。

> 【4】论"诸种子者"至"故是所缘"。述曰：谓即三性有漏种子，俱是所缘，此识性摄故，谓性者体也，体即本识，种子是用。如前已说，诸法体用，理应尔故，用是体摄。又言性者，谓是性类，其并有漏，以类同故，不相违背，得为所缘，又性者性也，若住本识，同无记性，故能缘之。①

《成唯识论》中有"诸种子者，谓异熟识所持一切有漏法种，此识性摄，故是所缘"，是说所谓诸种子，即是第八异熟识所摄持的三性有漏种子，此种子由本识所摄，同时也作为本识所缘的相分境。窥基认为，"识性"即是本识本体，所摄有漏种子为其用。在解释为何三性有漏种子同时都是本识的"所缘"时，对"识性"之性做了另外两种分别：一是作"性类"解，诸种子都是有漏种子，因而"性类"相同，所以能够成为"所缘"；二是作"性质"解，诸种子住于本识之内，为本识所摄，故与本识同一性质，即都是"无记"性，所以能够成为本识的"所缘"。

> 【5】由此故知，第八识体不缘我也。第八识变，变必有用，故不缘无，无无用故，故不缘我等，以无体用故。于有法中略有二种：一者有为，二者无为。何故此识，不缘无为？若实无为，因未证故；若假无为，无体用故，皆不得缘。于有为中，色、心、心所、不相应行。如前已辨，缘实非假等。②

无为分别实无为和假无为，假无为则无体用。

> 【6】若尔，必俱应二障体，各有差别。第七识等应二执体俱，是二执故。如二执用。论：体虽无异，而用有别。述曰：体不相违，可唯一体；用义分故，可说有别。同一种生，用分成二，如一识体，取境用多故。③

第七识与第八识体一而用二。

---

① 窥基：《成唯识论述记》，《大正藏》，第 43 册，第 323 页上。
② 窥基：《成唯识论述记》，《大正藏》，第 43 册，第 325 页下。
③ 窥基：《成唯识论述记》，《大正藏》，第 43 册，第 561 页下。

中国哲学体用思想研究

【7】论:"因果义成"至"非预我宗"。述曰:此即第七外人解质。未来因果,虽先有体,名因果时,要依作用,不依于体。未有作用,名未来。正有作用,名现在。作用已息,名过去。现有因用,果用未生。因义既成,果义便立。"故所诘难,非预我宗。"预者。关也。①

《成唯识论》有"因果义成,依法作用,故所诘难,非预我宗。体既本有,用亦应然,所待因缘,亦本有故",是说有部论师等辩称:过去、未来的因果,虽已有了法体,但因果意义的成立,是依法的作用,并非依于法的本体,所以你们的诘难与我宗无关。论主又驳他说:事物之体既然是本来就有,其作用也应当本来就有,即所待以起用的因缘,也应当是本有的;因为一切法的体用是没有差别的。而窥基在此的重点是把有部论师的论述逻辑详细地呈现出来:即法体恒有,但作用三时不同,未有作用时名未来,正有作用时名现在,作用已息名过去。

(三)《大乘法苑义林章》:"体故名法,用故名生"

又称《法苑义林章》、《义林章》、《法苑》。系依法相唯识学的立场,阐明唯识教理的著述。为理解唯识说之指南。全书由二十九章组成,书中内容,除详述三时判教、五重唯识观、一乘二乘乃至五乘大乘、烦恼障、所知障、四重二谛、我法二执、五蕴、十二处、十八界、三性分别,及佛身佛土等重要教义外,亦述及数论、胜论、声论、顺世论、自在天论等外道教义,以及梵语文法(六合释)、小乘二十部的教义、佛典结集之异说等。

【1】六合之释,解诸名中相滥。可疑诸难者故,此六合释,以义释之,亦可名为六离合释。初各别释,名之为离。后总合解,名之为合。此六者何? 一持业释,二依主释,三有财释,四相违释,五邻近释,六带数释。初持业释,亦名同依。持谓任持,业者业用,作用之义。体能持用,名持业释。名同依者,依谓所依,二义同依一所依体。②

"六合释",为解释梵语或巴利语之复合词的六种文法规则,又作"六离合释"。具体为:一持业释,二依主释,三有财释,四相违释,五邻近释,六带数释。第一为"持业释",即是依"体用"逻辑而有此释,业为作用之义,体能持用,所以名为"持业释"。譬如解释"藏识",以识者是体,以藏为业用,用能显体,体能持业,能藏、所藏之识,名为藏识,这种解释即是持业释。

---

① 窥基:《成唯识论述记》,《大正藏》,第43册,第338页下。
② 窥基:《大乘法苑义林章》,《大正藏》,第45册,第255页上。

【2】通观有无为唯识故，略有五重：一遣虚存实识，观遍计所执，唯虚妄起，都无体用，应正遣空。情有理无，故观依他、圆成，诸法体实。①

此处依"体用"有无谈"五重唯识"。如第一重为"遣虚存实识"。

【3】第四胜义，假名施设。胜义谛四名者：一世间胜义谛，亦名体用显现谛。二道理胜义谛，亦名因果差别谛。三证得胜义谛，亦名依门显实谛。四胜义胜义谛，亦名废诠谈旨谛。前之三种名安立胜义，第四一种非安立胜义。②

解释佛教四种胜义谛，世间胜义谛言"体用"，道理胜义谛言"因果"，证得胜义谛言"权实"，胜义胜义谛言"绝待"。

【4】释名者，诸论同说。根者增上义，出生义，是根义。与眼等识为威势增上，为因出生，故名为根。五是数名，即带数释。眼者照了导义，名之为眼。《瑜伽》第三云：屡观众色，观而复舍，故名为眼。梵云斫刍，斫者行义，刍者尽义。谓能于境行，尽见行，尽见诸色，故名行尽。翻为眼者，体用相当，依唐言译。③

此处谈名称翻译，强调眼根、耳根的梵文翻译，体用相当。即眼耳为用，根为其体。

【5】诸色顿灭不至极微而即灭尽。非如水滴微至边际。诸色终灭犹不至边。况有真实极微可见。故但知慧之所析。又有体用中最极小者。所谓阿拏。说此名极微。

此处举小乘有部之说，言实法之体用有大小之分别，其中最小中谓"阿拏"，异名"极微"。

【6】《佛地经》说：自性法、受用、变化差别转。《金光明经》第二卷《三身品》说：一切如来有三种身，一者化身，二者应身，三者法身；如是三身摄受阿耨多罗三藐三菩提。《佛地论》说：自性即是初自性身，体常不变名自性身。《成唯识》言：是一切法平等，实性无性。《摄论》第九卷

---

① 窥基：《大乘法苑义林章》，《大正藏》，第45册，第258页中。
② 窥基：《大乘法苑义林章》，《大正藏》，第45册，第287页中。
③ 窥基：《大乘法苑义林章》，《大正藏》，第45册，第298页上。

言：非假所立，故名自性，非如余身，合集成故，是所依止，故名为身。自性即身，是持业释。法谓差别诸功德义，性谓本体，义之体故名为法性。①

此是窥基阐明如来三身之义。第一为法身、自性身，或名法性。窥基依体用逻辑来释名，即以"身"、"性"为本体，以"法"、"自性"等为用。由此判定此为持业释。

六、华严宗与体用

华严宗以阐扬《华严经》而为主要宗本。对《华严经》的研究，自晋代至梁代，在南方的一些佛教学者中已经开始；南北朝后期，南北学者的有关研究转而兴盛。北魏宣武帝曾敕勒那摩提讲《华严经》，地论师律学大家慧光兼修《华严》，隋代地论师净影慧远作《华严疏》7 卷。其时在长安南郊终南山至相寺聚居对《华严》有研究的佛教学者数十人，华严宗的先驱法顺、智正、智俨等，都长期活动在这里，使该地区成为华严宗的发祥地。

（一）杜顺：六重诠释与体相用

法顺（557—640），俗姓杜，世称杜顺，敦煌雍州万年（今陕西长安）人。18 岁出家，先习禅法，后学《华严》。在他所著的《华严五教止观》②中，根据佛教各种经论的不同教义，把止观分为五类，并将《华严》放在大乘圆教的最高地位。这一分类，后经智俨、法藏的继承发挥，形成华严宗独特的判教说。在《华严法界观门》③中，他把《华严经》的主要思想概括为真空观、理事无碍观、周遍含容观等三个方面，后经智俨、法藏补充发展，构成华严宗的"四法界"理论。

现存的《华严五教止观》（简称《五教止观》）一卷，可以认定是法顺的唯一著作。值得注意的是，他在此文中提出一个六重诠释学方法，其中"体相用"并列其中。具体如下：

> 总举题纲，名为十八界法也。所言界者，别也；十八者，数也，故言十八界。即于前一一法上，各有六重。一者名，二者事，三者体，四者

---

① 窥基：《大乘法苑义林章·三身义林》，《大正藏》，第 45 册，第 358 页下。

② 此书又名《华严教分记》、《五教分记》、《五教止观》。全书详叙华严五教观门之趣入次第，于小、始、终、顿、圆五教之名称下，阐明各止观之修相。因书中所言多使用玄奘所传之用语（玄奘返唐，杜顺已示寂五年），并出现杜顺时代并未沿用的寺名，所以有人认为此书乃是法藏之《华严游心法界记》的草稿本，还有人认为此书是假托杜顺之名所伪作。本文暂定为杜顺所著。

③ 有学者认为《华严法界观门》应该看作法藏《华严发菩提心章》的一部分，不赞成是法顺的独立著作。详见魏道儒：《中国华严宗通史》，凤凰出版社，2008 年，第 102 页。

相，五者用，六者因。所言名者，眼根口中，是说言者是也。所言事者，名下所诠，一念相应如幻者是也。所言体者，八微事也。言八微者，坚、湿、煖、动、色、香、味、触者是也。所言相者，眼如香莜华，亦云如蒲桃埵是也。所言用者，发生眼识者是也。又有四义：一眼识作眼根，二发生眼识，三眼识属眼根，四眼识助眼根者是也。所言因者，赖耶识根种子者是也。①

所谓六重诠释学方法，即对十八界法②——作名、事、体、相、用、因等六重诠释。

所谓"名"，即是由口中说出来的有所指谓的概念名称，便呼之为名。譬如"眼根"即是能指谓此色身上与"眼目"相关的器官组织的概念名称，故"眼根"二字即是名。

所谓"事"，即是说名言概念所指谓的事物与事法。又这些事法不过是众生一念无明心动而幻现，故无自性。

所谓"体"，即是一切事物、事法的实体或体性，为一切法之本质，亦即法存立之根本条件。即这里所说的"微"，相当于现代物理学中的"基本元素"。小乘佛法认为一切诸法皆因缘所生，故所言事物之体者，亦不过系八种因缘——八微假合所成，无有自性。

所谓"相"，即是说事物事法的形状、相貌。如举眼根为例，即指眼根之形状相貌。文中言"眼如香莜华，亦如蒲桃埵"即是言眼根之相状。下文并详说其余诸根之相状。

所谓"用"，即是说名言概念所指谓的事物与事法所具有的作用与功能；亦即是说这个事物与事法是干什么用的。具体以眼根为例，则谓能"发生眼识"即是眼根的功能与作用也。

所谓"因"，即是指产生一切事物与事法的最初的种子。故文云阿赖耶识中能引生"眼根"的种子，即是眼根"因"义。③

综观此"六重"诠释法，从两个方面体现其体用思想。一是，在六重中并列"体、相、用"，"体"为实体、体性，"相"为相状、形貌，"用"为功能、作用。三者之间，相、用必依于体，体必有其相、用。三者结合，形成一个诠释一切存在的基本逻辑结构。但必须分别的是，此处的"体相用"，与《大乘起信论》中的"体相用"是不完全相同的：在《起信论》中，"体相用"乃是专指真如、如来

---

①　杜顺：《华严五教止观》，《大正藏》，第 45 册，第 509 页下。

②　十八界法，即六根界，六尘界，六识界，合之即十八界。具体为：眼界、耳界、鼻界、舌界、身界、意界，色界、声界、香界、味界、触界、法界，眼识界、耳识界、鼻识界、舌识界、身识界、意识界。

③　上述对"六重诠释"的解释参考了当代台湾华梵法师的《〈华严五教止观〉讲义》中之相关说法。见"显密文库"网站之《佛教文集》。

藏等无为法而言其体、相、用。具体来说,真如为"体";真如体内智慧慈悲等无量性功德为"相",此"相"实乃"性"之义,而非形状、相貌之谓;所谓"用"恰是依此"性相"而生发。而本节此处的"体相用"则是针对一切现行有为法而言其体、相、用。其以"八微"言体,实是从要素构成的角度来诠释事法之实体性,以"相"言其相貌、形状,"用"则是依于此"体"而生发的作用。

比较而言,杜顺之"体"实际上相当于《起信论》中之"相",而《起信论》中之"体",则相当于此处六重之"因"。如图所示:

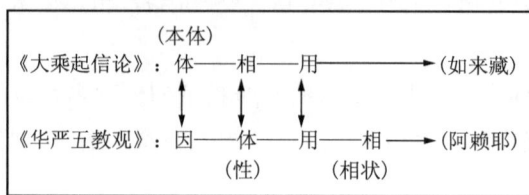

```
                    (本体)
《大乘起信论》:  体——相——用——————→(如来藏)

                ↕    ↕    ↕

《华严五教观》:  因——体——用——相——————→(阿赖耶)
                    (性)  (相状)
```

二者差别,首先在于其诠释之立足点不同,《起信论》乃立足于真如法界,而杜顺此处立足于现象界。所以就现象界而言,事物之本体与事物之体性是不同的,其所谓"八微"只能是实体之"体性",而其真正本体乃在于阿赖耶识或藏识,因而要在"体性"之外再列一重,以"因"作为其本体。

其次值得重视的是,他在对"用"的四种意义分别中,实际包含着更为细微的体用逻辑。其以眼识为例,具体演说四种用义:一、眼识作眼根。是说若没有眼识因缘,便不成眼根。识是其用,根为其体,用必依体,体必起用,无眼识之用,便不成眼根之体也。所以称为眼根者,乃是因眼识而得其名,故曰"眼识作眼根"。二、发生眼识。第二种义者,谓以眼根因缘,发生眼识也。若无其体,必不能起用。所以由眼根之体,而发生眼识之用。三、眼识属眼根。谓眼根主宰眼识,眼根摄眼识也。四、眼识助眼根。谓眼识助成眼根之用,眼识摄入眼根之用也。就体用而言,第一种强调的是用对体的"因缘"作用;第二种强调的是体对用的"发生"作用;第三种突出的是用对于体的"从属"作用,反之则是体对用的"主宰"作用;第四种则在于强调用对体的"助成"作用,反之是体对用的"统摄"作用。若进一步分析,可知,第一种和第四种可以合为一种,即体用之间互为因缘统摄结构;而第二种和第三种也可以合为一种,其体用逻辑为:体生用,用属体。从"用"的角度来说,前者实际上可谓是"依持用",而后者实际上可说是"缘起用"。

(二) 法藏:体用双融

法藏(643—712),先世为康居人,故俗姓康,号康藏法师。出生于长安。17 岁出家,入终南山听智俨讲《华严经》。曾参加玄奘译场,传说因见识不同退出。他的创宗活动是在武则天执政时代完成的。法藏前后讲新、旧译《华严》30 余遍,并参与《华严》、《楞伽》、《宝积》等重要经典的译场证义,著述很多,除《金师子章》外,还有《华严经探玄记》、《华严经旨归》、《华严策林》、《华严五教章》、《华严问答》、《华严经义海百门》、《妄尽还源观》、《游心法界记》、《文义纲目》等。

下面,将以《华严经探玄记》、《华严五教章》、《华严经义海百门》为重点来讨论法藏的体用思想。

1.《华严经探玄记》:"体用双融"

【1】九合名者。大即当体为目,包含为义。方即就用为名,轨范为义,是方法故,性离邪僻是方正故,能治重障是医方故,遍虚空界尽方隅故。广即体用合明,周遍为义,谓一切处一切时、一切法一切人,无不周遍,皆重重如帝网。此中且就一摄一切名大,一遍一切称广。①

此是法藏对《大方广佛华严经》经名的诠释。其诠释的方法,不仅使用传统逐字释名方法,还根据"体用"的结构逻辑来揭示经名的内在义涵。在此,他释"大"为体,"体"为包含之义;释"方"为用,"用"为轨范之义;释"广"为"体用"合明,则有周遍圆融之义。通过此种诠释来揭示《华严经》圆融无尽的特点。

【2】就初门中有十义具足。一教义具足,二理事,三境智,四行位,五因果,六依正,七体用,八人法,九逆顺,十应感具足。②

和天台智颛一样,列"体用"一门作为经义诠释的基本方法之一。

【3】一、诸缘各异义,谓大缘起中,诸缘相望,要须体用各别,不相和杂,方成缘起。若不尔者,诸缘杂乱,失本缘法,缘起不成。此即诸缘各各守自一也。③

在此强调诸缘各有体用不同,不相杂乱,才能成就大缘起之法。

【4】是故一一诸缘相望,各有二义。(一)约体,具空有义故有相即,谓若无一即一切缘全失自体。何以故? 以无一时、多无所成,无所成故,不是缘也。是故有一即有一切,却一即却一切,此即一切是空义故,泯自即他;以一是有义故摄他即自。……由二空二有各不俱故,无不相即时;一空一有不相碍故,恒时有相即。又由一一缘中空有不二

---

① 法藏:《华严经探玄记》,《大正藏》,第35册,第121页上。
② 法藏:《华严经探玄记》,《大正藏》,第35册,第123页中。
③ 法藏:《华严经探玄记》,《大正藏》,第35册,第124页上。

故,不坏自而即他,妙义思之。(二)约用,有有力无力义,故有相入,谓诸缘起非各少力而共生故,即一一缘各有全作义、全不作义。何以故?若无一缘,余全不作,则一有力,余皆无力。余缘亦尔。是即一有力,故能容多。多无力故潜入一,多有力等亦尔。亦由二有力二无力不俱故,无不相入时;一有力一无力无碍故,常恒相入耳。又于一一缘中各由有力无力不二故,不坏在外而恒相入。①

华严宗法界大缘起之要害在于"十玄门"与"六相圆融"两种理论,而其最终境界乃是"四法界"之"事事无碍法界"。但无论何种理论和哪种境界,其核心逻辑都在于"相即相入"之义。

显然,华严宗"相即"之义,是就"法体"之空有立论;"相入"之义,是就"用"之"有力无力"立论。重在阐明一多"相即相入"之义理。此外,相即相入还有同体、异体之别,由此而有异门相入义、异体相即义、同门相入义、同体相即义之四义。即在申论同体与异体之"相即相入"之义理。

【5】六体用双融义。谓诸缘起法,要力用交涉,全体融合,方成缘起。是故圆通亦有六句:一以体无不用,故举体全用,即唯有相入无相即义。二以用无不体故,即唯有相即无相入也。三归体之用不碍用,全用之体不失体,是即无碍双存,亦入亦即自在俱现。四全用之体体泯,全体之用用亡,非即非入圆融一味。五合前四句,同一缘起,无碍俱存。六泯前五句,绝待离言,冥同性海。

这里提出的"体用双融"义,以之作为华严宗之性起缘起法的根本要求,充分显示华严宗之圆融殊胜。具体表现为六个阶段或面向,如图所示:

(一) 以体无不用,故举体全用	相入无相即
(二) 以用无不体,故全用是体	相即无相入
(三) 归体之用不碍用,全用之体不失体,	相入亦相即
(四) 全用之体体泯,全体之用用亡,	非即亦非入
(五) 合前四句,同一缘起,无碍俱存。	合
(六) 泯前五句,绝待离言,冥同性海。	泯

其实,这六个方面应该归结为三个层次来看,前四句为一个分说层面,第五句为对前四句的综合层面,第六句则是此综合的超越层面。显然,"体用双融"之缘起法的真正结构义涵在前四句,由此四句充分揭示了体用之间的微妙而复杂的结构关系。

① 法藏:《华严经探玄记》卷四,《大正藏》,第35册,第173页上。

【6】就初首罗众内十天得法中。初明体用：体中法界空境也，寂静证也；用中方便者善巧应机，光明者觉照成益。①

以法界寂静之空境为体，以善巧应机之方便、觉照成益之光明为用。这既是从法界本体存在的角度说明体用，也可以看成实践修行的角度来言体用。

【7】宗趣者有二：一约人，二约法。人亦二：一化主；二助化。各有体相用：主中内证法智为体；七日思惟解脱为相；加说为用，此三不二，唯是一果。助化中入定为体；蒙加为相；起说为用，此三不二，唯是一因。此上因果融摄不二，唯是一人。法中亦二：一约义理，二约教事。亦各有体相用义：理中性海为体，别德为相，应教为用，此三不二，唯一义理。教事中本分内五海十智为体，十世界及华藏界为相，益机为用，此三不二，为一教事。此上教义融摄不二，为一法也。又上人法复圆融不二，为一宗趣。此四义各三，为一缘起相即无碍。②

以"体、相、用"为结构模式来诠释华严宗趣。约人有"因果"之体相用，约法有"理事"之体相用。

【8】道理有四：一观待道理，二作用道理，三证成道理，四法尔道理。……二作用亦二：一缘起诸法，各有业用，二真如法界，依持等用。……四法尔亦二，一、诸缘起法，有佛无佛，性从缘起。二、真如法界，性自平等。③

此处明确指出四种诸法道理之"作用道理"为二，一是缘起诸法之业用，二是真如法界之依持作用。显然这与慧远《大乘义章》中所揭示的缘起用和依持用是一脉相承的，也与《成唯识论》中所言第八识"因缘用"和"依持用"之结构相同。不过此处乃是依"真如法界"而有缘起用和依持用，而《成唯识论》之中，则是以依本识"阿赖耶识"有依持用，依种子生现行而有因缘用。

【9】二、持业释者，亦名同依释。谓举其业用，以显自体。如说藏识，藏是业用，识是其体，藏即识故。持用释体，非是别体相依，既非二

————————

① 法藏：《华严经探玄记》卷四，《大正藏》，第35册，第137页中。
② 法藏：《华严经探玄记》卷四，《大正藏》，第35册，第147页上。
③ 法藏：《华严经探玄记》卷四，《大正藏》，第35册，第148页中。

法,何名合释,以体用不离故名合也。①

持业释,为佛教六种释名方法之二。其释名原则为先列举某概念命名对象的功用(业用),再通过此功用显现自体的存在。譬如"藏识",即含藏一切善恶种子的识,也即阿赖耶识。其中"藏"标示其"含藏一切善恶种子"的业用,而"识"指示其体。合为藏识,即是"持用释体"。如此并非是说在藏用之外有一个独立于此用的识体为其所依,只是因为体用不离的缘故而言"合"。显然法藏的解释与唯识宗窥基在《大乘法苑义林章》中对"持业释"的体用诠释是完全一致的。

【10】四、依体起用。五、用相无功,《摄论》云:如摩尼天鼓,无思成自事。如是不分别,种种佛事成。六、明体用无碍,谓则体成用而不失体故,云不坏法性。即用常体而不废用故,云不着法界。是故,由不着理故,恒用不废;由不坏性故,用无不寂故也。②

所谓"体用无碍",是说"则体成用而不失体"和"即用常体而不废用",其实与"体用不离"和"体用相融"义同,若以法性之寂为体,以法界之用为用,"体用无碍"即是所谓的"寂而常用,用而常寂"。此种体用正是由僧肇所标举的本体与现象相容不二之说。

【11】三昧德用中,初显所得三昧,谓体用深广,名不思议。下彰胜用有三:一、巧便趣果用,二、住依了正用,三、达深无畏用。③

三昧德用即体用,体用深广名不思议。胜用有三,即趣果用、了正用、无畏用。

【12】此无缚无着解脱心,回向约无等大行立名。无缚无著有六种:一由离凡故,不缚生死,以出小故,不著涅槃;二离六识取外境不缚,离第七执于内不著;三离现行缚,无种子著;四不取有缚不执空著;五无惑障缚无智障著;六无粗使缚绝习气著故,名无缚无著。此明行体。解脱是大用无碍,非但脱离诸障,此是行用也。心者是行体,用所依之心。④

---

① 法藏:《华严经探玄记》卷四,《大正藏》,第 35 册,第 149 页上。
② 法藏:《华严经探玄记》卷四,《大正藏》,第 35 册,第 240 页上。
③ 法藏:《华严经探玄记》卷四,《大正藏》,第 35 册,第 253 页中。
④ 法藏:《华严经探玄记》卷四,《大正藏》,第 35 册,第 271 页中。

"行体"，即修行境界之本体，即六种"无缚无著"。"行用"，即修行成就之大用，即解脱之大用无碍。此乃辨明修行实践之体用：以解脱心为体，解脱为用。所谓"心者是行体"，是说心为修行实践的主体，修行自然是心体之用。然此心之用并非有用之对象或内容独立于此心体之外，而是以"心体"自身为用之对象或内容，即此处所说的"用所依之心"。由此可知，此六种"无缚无著"，既是"心体"，也是"行体"，也还是"行用"。就体用言，则是即体即用。此与王弼的圣人"体道"之体用观，可谓遥相呼应。

2.《华严一乘教义分齐章》：体用相即相入

【1】何者圣说真如为凝然者？此是随缘作诸法时，不失自体，故说为常。是即不异无常之常，名不思议常。非谓不作诸法如情所谓之凝然也。故《胜鬘》中云：不染而染者，明随缘作诸法也。染而不染者，明随缘时不失自性。由初义故俗谛得成，由后义故真谛复立。如是真俗但有二义，无有二体，相融无碍，离诸情执。①

"真如凝然，随缘作法"，可以说是华严圆教缘起论的理论核心。引《胜鬘经》中"不染而染"与"染而不染"来阐明真如随缘作诸法而自体不失之旨，同时阐明真俗二谛各自成立但又相融无碍之旨。就体用论，则是真俗同体而异用。

显然法藏此说与《大乘起信论等》之真如缘起说相一致，而与唯识宗的"真如凝然，不作诸法"真如观思想截然相反。唯识宗认为真如凝寂湛然，毫不随缘起动。显然，唯识宗是以真如为常住不变平等无相的理体，是无变化、无作用的无为法，因此不因熏习而生诸法。唯识宗认为，如果真如随缘起动，则违背无为无作用之条件，最终落入生灭之有为法。

【2】若依圆教，一切烦恼，不可说其体性，但约其用，即甚深广大。以所障法，一即一切，具足主伴等故，彼能障惑，亦如是也。是故不分，使习种现，但如法界，一得一切得故，是故烦恼，亦一断一切断也。②

圆教论烦恼之体用，体无自性，其用在于出烦恼即入法界，一断一切断，一得一切得，因此烦恼之用是"甚深广大"。

【3】若依圆教，佛果常等义有三说。一约用，佛果既通三世间等一

---

①　法藏：《华严一乘教义分齐章》，《大正藏》，第45册，第484页下。
②　法藏：《华严一乘教义分齐章》，《大正藏》，第45册，第494页中。

切法,是故具有常等四句。二约德,佛果即具四义:谓一修生,二本有,三本有修生,四修生本有。圆融无碍,备无边德,是故亦通常等四句。上二句义,思之可见。三约体,亦通四句。谓此经中以不说为显故是常,与阿含相应故是无常,二义无碍故俱有,随缘起际故俱非。此上三义,若体即俱体,乃至用即俱用。①

此处依圆教阐明佛果"常、乐、我、净"等义。以"常"为例,首先它可以分别为常、无常、俱有、俱非四个方面,其次这四方面又可依据"体德用"的结构来说明其深层涵义。从用上说,佛果能贯通三世间等一切法,所以一定具有上述四个方面。从德上说,佛果之常指其俱含"修生、本有、本有修生、修生本有"四义,此四义恰好与四句相通。从体上说,佛果本不可言说而显,故是"常";但又与阿含经义相应,所以是"无常";此常语无常二义无碍,所以是"俱有";常与无常最终都是随缘而起,所以是"俱非"。最后强调,体、德、用三义,是体即俱体,德即俱德,用即俱用,充分显示"体德用"圆融无碍之华严圆教特色。

在此值得重视的是这个"体德用"的诠释逻辑与"体相用"是何种关系。通过细致的辨析可知,此中之"体德用"与"体相用"在逻辑上是完全一致的。体即是真如之体,涅槃之体,佛果之体,即是法身;德即是性,是相,是报身;用则是随缘应化之机用,是化身。无论佛果之体德用,其都有常、无常、俱有、俱非之四句。

【4】第十义理分齐者有四门。一、三性同异义,二、缘起因门六义法,三、十玄缘起无碍法,四、六相圆融义。②

所谓"缘起因门六义法"又简称"因门六义",华严宗基本教义之一,其认为一切诸法皆具足缘起因门六义,即诸法缘起而引生万法之因有六种义。此"因门六义"最早由智俨在《华严五十要问答》提出。他说:

又一切因有六种义:一空有力不待缘,念念灭故。二有有力不待缘,决定故。三有有力待缘,如引显自果故。四无无力待缘,观因缘故。五有无力待缘,随逐至治际故。六无有力待缘,俱有力故。③

后来之法藏,依据《十地经论》、《大乘阿毗达摩杂集论》之说,及《摄大乘

---

① 法藏:《华严一乘教义分齐章》,《大正藏》,第45册,第494页中。
② 法藏:《华严一乘教义分齐章》,《大正藏》,第45册,第499页上。
③ 智俨:《华严五十要问答》卷2,《大正藏》,第45册,第531页中。

论》、《成唯识论》中所说的"种子六义"而予以详细阐释,此六义之内容略述如下:

一、空、有力不待缘。《华严五教章》卷四云:"由刹那灭故,即显无自性,是空也。由此灭故,果法得生,是有力也。然此谢灭非由缘力,故云不待缘也。"此"空有力不待缘"相当于唯识宗种子六义中的"刹那灭义"。

二、空、有力待缘。《华严五教章》卷四云:"由俱有故方有,即显是不有,是空义也。俱故能成有,是有力也。俱故非孤,是待缘也。"此空有力待缘相当于唯识宗种子六义中的"果俱有义"。

三、空、无力待缘。《华严五教章》卷四云:"三者是待众缘义,何以故?由无自性故,是空也。因不生缘生故,是无力也。即由此义故,是待缘也。"此空无力待缘相当于唯识宗种子六义中的"待众缘义"。

四、有、有力不待缘:指诸法缘起之因的体性为假有(本体不变,而随缘示现的诸法,称为假有),具有引生果的全部力用,而不须借助他缘的力用而引生果法,称为有有力不待缘。此有有力不待缘相当于唯识宗种子六义中的"性决定义"。

五、有、有力待缘。《华严五教章》卷四云:"由引现自果是有力义。虽待缘方生,然不生缘果,是有力义;即由此故,是待缘义。"此有有力待缘相当于唯识宗种子六义中的"引自果义"。此犹如来藏之因,由无明之缘而随缘生自果,称为"有有力";须借无明,是为"待缘"。

六、有、无力待缘:指诸法缘起之因的体性为假有,不具有引生果的力用,而必须借助他缘之力以引生果者,因无力而待缘称为有无力待缘。此有无力待缘相当于唯识宗种子六义中的"恒随转义"。以如来藏而言,一切法如驶流,如来藏于无始已来恒随逐无明而生果,故是"有";而无力又随逐,是"无力待缘"。《华严五教章》卷四云:"由随他故,不可无;不能违缘故,无力用;即由此故,是待缘也。"

华严教义之特点即在于就"体之空、有"说"相即",又就"用之有力、无力"说"相入"。换句话说,其特点在就诸法之体、用巧论"相即、相入"无碍圆融。依此而言,所谓缘起因门六义,即就用之"相入"而论因、缘之有力、无力。

【5】六义据显理情自亡,有斯左右耳。第四开合者,或约体唯一,以因无二体故。或约义分二,谓空有。以无自性故,缘起现前故。或约用分三,一有力不待缘,二有力待缘,三无力待缘。初即全有力,后即全无力,中即亦有力亦无力。[①]

———————————

① 智俨:《华严五十要问答》卷2,《大正藏》,第45册,第499页上。

此处依据"体义用"之结构,把因门六义的内在逻辑揭示出来:即约体为一;约义二分为空和有;而约用三分为有力不待缘、有力待缘和无力待缘。"体义用"从逻辑上与前述之"体德用"和"体相用"仍然是一致的。

> 【6】二明力用中自有全力故,所以能摄他;他全无力故,所以能入自。他有力自无力(反上可知)。不据自体,故非相即;力用交彻,故成相入。又由二有力、二无力各不俱故,无彼不相入,有力无力、无力有力无二故,是故常相入。又以用摄体更无别体故,唯是相入。以体摄用无别用故,唯是相即。①

这里仍然是依据缘起因门六义之体用交涉来阐明"相入相即"之圆教义。有力者能摄他,无力者他入自。无论"摄"还是"入",都是以自体之用摄他用之体,则体更无别体,这就是"相入";以自用之体摄他体之用,则用无别用,这就是"相即"。所谓"相即"即是体之相融,所谓"相入"即是力用交彻。

3.《华严经义海百门》:"达体随缘,不起恒起"

> 初明缘起者。如见尘时,此尘是自心现,由自心现,即与自心为缘,由缘现前,心法方起,故名尘为缘起法也。经云:诸法从缘起。无缘即不起,沈沦因缘,皆非外有,终无心外法。能与心为缘,纵分别于尘,亦非攀缘。然此一尘,圆小之相,依法上起,假立似有,竟无实体。取不可得,舍不可得,以不可取舍。则知尘体空无所有。今悟缘非缘,起无不妙,但缘起体寂,起恒不起,达体随缘,不起恒起,如是见者,名实知见也。②

此处以"尘"为例,阐明缘起。尘虽为外尘,却是自心所现,因为它是以自心为缘,由此现前而起心法,所以说"尘"亦是缘起之法。一切都是从缘而起,即使是最为微细难见的外"尘",也是缘起之假有,无有究竟实体。无有实体,故不可取舍,不可取舍,故尘"体"毕竟是空。但若领悟"缘"即是"非缘",虽是缘起却起无不妙缘起为动用,因而不起为体寂,若能即缘起而体寂,故"起"恒"不起",若能达体随缘,故不起恒起。只有这样认识"缘起",才能叫作"实知见"。所谓"实知见",就是即体即用,寂而用,用而寂。这其实仍然是僧肇的存在论逻辑。

(三)李通玄:"体用互参,理事相彻"

与法藏同时研究新译《华严经》的学者有李通玄(635—730)。他用《易

---

① 智俨:《华严五十要问答》卷2,《大正藏》,第45册,第499页上。
② 法藏:《华严经义海百门》,《大正藏》,第45册,第627页中。

经》会通《华严经》，但不属华严宗。所撰《新华严经论》40卷，影响悠久，明代李贽、方泽等都从这部论著入门。

【1】公著昭化院记云：夫华严之为教也，其佛与一乘菩萨之事乎？……华严世界一百一十，而加一，何也？一者，佛之位，万法之因也。五位者，所标之法也。善财者，问法而行之人也。五十三胜友者，五十则五位也。三则文殊、普贤、弥勒也。此经也，以毗卢遮那为根本智体，文殊为妙慧，普贤为万行。方起其信而入五位也，则慧为体，行为用。及其行圆而入法界也，则行为体，慧为用。体用互参，理事相彻；则无依无修，而果成矣。故归之于后佛弥勒，十信以色为因者，未离色尘也。十住以华为因者，理事开敷也。十行以慧为因者，定慧圆明也。十回向以妙为因者，妙用自在也。种种名号者，智体之异名也。……此华严事相表法之大旨也。至于一字含万法，而遍一切，其汪洋浩博，非长者孰能判其教，抉其微乎？①

此处通篇以数字涵义来说明华严世界的内在结构和逻辑蕴涵，即"华严事相表法之大旨"。其中将《华严经》之修行分为两个阶段，起始阶段从起信而修入五位之时，此阶段是以慧为体，行为用；当行圆而入法界之时，则是以行为体，慧为用。显然这里的"行慧"二者是互为体用关系，也即李通玄所谓的"体用互参，理事相彻"，正是华严圆教修行观的根本体现。

【2】今此二人体用因果互相问答。以文殊为法界体，普贤为法界用，二人互为体用。或文殊为因，普贤为果，或二人互为因果。此一部经，常以此二人表体用因果。今古诸佛同然，皆依此迹，以明因果进修之益故。②

文殊和普贤在《华严经》中分别以智慧和愿行见称，李通玄将二人以体用因果结构化，即"以文殊为法界体，普贤为法界用，二人互为体用；或文殊为因，普贤为果，或二人互为因果"。并认为《华严经》正是以二人来表示进修佛道的体用因果法门的真谛，不仅二人如此，古今诸佛都是如此。由此可见李通玄华严诠释的创造性，这也是他在【1】中所阐明的"体用互参，理事相彻"圆融特色的体现。

另外，值得注意的是，此处认为体即是因，果即是用，即是把体用与因果

① 李通玄：《略释新华严经修行次第决疑论》，《大正藏》第36册，第1048页下。
② 李通玄：《新华严经论》卷十，《大正藏》第36册，第770页下。

在逻辑上同构化。这与窥基严格区分体用与因果形成鲜明对比。

七、禅宗与体用

(一) 东山法门:"知果体","起万用"

中国禅宗从初祖达摩到三祖僧璨,其门徒都行头陀行,一衣一钵,随缘而住,并不聚徒定居于一处。到了道信、弘忍(602—675)时代,禅风一变。二人俱住黄梅东山,引接学人,时人故谓其法为东山法门,又称黄梅禅。弘忍之思想以悟彻心性之本源为旨,守心为参学之要。门下甚众,其中以神秀及慧能二师分别形成北宗禅与南宗禅两系统。

弘忍的著作,未见记载。仅《楞伽师资记》及《宗镜录》之中散录其法语。据传有《最上乘论》(一称"修心要论")一书,题为"第五祖弘忍禅师述",朝鲜、日本都有刻本。论中设立问答,阐说守本真心为涅槃根本、入道要门、十二部经之宗和三世诸佛之祖。

【1】夫修道之本体须识。当身心本来清净,不生不灭,无有分别。自性圆满清净之心,此是本师,乃胜念十方诸佛。①

此段明确以"自性圆满清净之心"为修道之"本体",守此本心,胜过常念十方诸佛。这便是道信与弘忍东山一系禅法的精髓所在,即"守一"、"守本真心"、"守本净心"。

【2】若知果体者,但对于万境,起恒沙作用,巧辩若流,应病与药,而能妄念不生,我所心灭者,真是出世丈夫。②

唯有"知果体","起万用",方为"真出世丈夫"。这已经和儒家"内圣外王",以及后来所大力提倡的"明体达用"之学,在逻辑和价值取向上十分接近了。

(二) 牛头法融:虚空为道本,森罗为法用

与东山法门相对应的是发源于南京牛首山的牛头宗。印顺法师在其《中国禅宗史》一书中给予牛头宗很高的评价,称牛头禅为"中华禅的根源",他说:"中华禅的建立者,是牛头,应该说,是'东夏之达摩'——法融。"③他认为:与道信与弘忍努力发扬的从天竺东来的达摩禅,而牛头宗融合中国传统的老庄思想,开创了与东山宗相对立的代表中华精神的禅学新形态。他说:

---

① 弘忍:《最上乘论》,《大藏经》第 48 册,第 377 页上。

② 弘忍:《最上乘论》,《大藏经》第 48 册,第 378 页中。

③ 印顺:《中国禅宗史》,江西人民出版社,2007 年,第 97 页。

"在中国禅宗的发展过程中，牛头禅的兴起，从对立到融合，有极其重要的意义！"①

从现存非常有限的牛头宗史料看来，以《绝观论》与《心铭》等著述为代表的牛头法融的禅学思想是牛头宗禅学思想的重要内容，可以说，其代表着整个牛头宗的基本思想精神。② 概而言之，牛头法融的禅学思想的哲学基础在于他提出的"虚空为道本，森罗为法用"。

永明延寿引用《绝观论》云："融大师问云：'三界四生，以何为道本，以何为法用？'答：'虚空为道本，森罗为法用。'"③从"三界四生"的发问来看，则可以看作法融对于整个世界存在的最基本看法了。法融回答中的"道"即是"法"，因此"虚空为道本，森罗为法用"也可以表述为"虚空为道本，森罗为道用"或"虚空为法本，森罗为法用"，当然也可以表述为"虚空为道体，森罗为道用"④。显然这个表达的主体对象乃是"道"，道即是宇宙整体，即是法界本身，道之本体是"虚空"，"森罗"即是指各种现象存在，从法融的思想体系中来看，包括一切有情、无情，也还包括所谓的佛的境界——涅槃境界。由此可见，"虚空"和"森罗"万象都是"道"或者"法"的表现，前者为道之体，后者为道之用。实际上也即是说：虚空为森罗之本体，森罗为虚空之用，"道"则是二者的体用合一。由此可见，虚空与森罗的关系，实际上乃是理与事的关系，体与用的关系，真如与万法的关系。当宗密评价牛头宗为"一切皆无"⑤之时，并不意味着法融不认为"一切皆有"。倘若以玄学之"有无"来对应法融的虚空与森罗，则可以说是以无为道之体，以有为道之用，因此依然是王弼和僧肇之"体无而用有"的世界逻辑。也就是说，世界即是森罗万象的存在，这些森罗万象的存在的根本即在于其虚空的本性，森罗万象因其虚空的本性才有如此的存在。因此，唯有虚空和森罗的体用相即不二才是世界的存在真相。无论是舍弃森罗而言虚空的真实性，或者是舍弃虚空而言森罗的真实性的说法都是错误的。

从上述分析我们得知，作为牛头禅的核心思想——虚空为道本，森罗为法用，在哲学上坚持的正是"体用不二，空有相即"的逻辑。正是基于这一逻辑，法融进一步提出"道遍无情"与"草木成佛"的主张。

---

① 印顺：《中国禅宗史》，江西人民出版社，2007 年，第 88 页。

② 印顺法师说："'空为道本'、'无心合道'，可作为牛头禅的标帜，代表法融的禅学。"印顺：《中国禅宗史》，第 89 页。

③ 永明延寿：《心赋注》卷三，《续藏经》第 63 卷，第 131 页上。

④ 印顺：《中国禅宗史》，江西人民出版社，2007 年，第 90—93 页。

⑤ 宗密：《中华传心地禅门师资承袭图》卷一，《续藏经》第 63 卷，第 33 页下。《华严经》卷三十九，第三十三《离世间品》，《大正藏》第 9 卷，第 648 页下。

（三）北宗禅与体用

1.《楞伽师资记》：我之道法，总会归"体用"

神秀（606—706）继承了道信、弘忍以心为宗的传统。认为"一切佛法，自心本有"，反对"将心外求"。禅风以"拂尘看净，方便通经"为特点。其门下传有他所做的《大乘五方便》（一作《北宗五方便门》，又作《大乘无生方便门》），晚近在敦煌石窟发现它的写本（巴黎图书馆藏有两本）。另有《观心论》一卷残本，亦于敦煌发现。

> 神秀又云：身灭影不灭，桥流水不流。我之道法，总会归"体用"两字，亦曰重玄门，亦曰转法轮，亦曰道果。[①]

此处有两点值得重视，一是神秀将其道法归总为"体用"两字，二是他将其与"重玄"联系起来。

2.《大乘无生方便门》[②]

> 【1】体用分明：离念名体，见闻觉知是用。寂而常用，用而常寂，即用即寂。离相名寂，寂照照寂。寂照者，因性起相。照寂者，摄相归性。舒则弥沦法界，卷则总在于毛端。吐纳分明，神用自在。[③]

禅修者"体用分明"十分重要。离念名体，见闻觉知是用。但同时又强调体用不离，即"寂而常用，用而常寂"。离相为寂，照相为用。因性起相，故为"寂照"；摄相归性，则为"照寂"。由是"体用"与"性相"对应，寂为体为性，照为相为用。因性起相，即是从体起用；摄相归性，正是摄用归体。就禅宗修行境界而言，若体用分离，则寂而无照，是死寂，照而无寂，是迷乱。唯有体用不二、寂照同时，才是修行圣境。

> 【2】菩提是西国梵语，此地往翻名为知。知见是智慧寂用，菩提是涅槃寂用。知见是用，智慧是体。菩提是用，涅槃是体。[④]

菩提与涅槃，知见与智慧，二者均为体用关系。

---

① 《楞伽师资记》卷1，《大正藏》，第85册，第1290页下。

② 《大乘无生方便门》全一卷，撰者不详，今收于《大正藏》第85册。论述入道之五门为基本内容，应当属于北宗禅的作品。本书有敦煌千佛洞旧藏写本，为大英博物馆所藏（史坦因第二五〇三号）。

③ 《大乘无生方便门》，《大正藏》，第85册，第1274页中。

④ 《大乘无生方便门》，《大正藏》，第85册，第1275页上。

3.《大乘五方便》①

　　【1】问：是没是体？是没是用？答：离念是体，见闻觉知是用；寂是体，照是用。寂而常用，用而常寂。寂而常用，则事则理；用而常寂，则理则事。寂而常用，则空则色；用而常寂，则色则空。寂照照寂，寂照，因性起相；照寂，摄相皈性。寂照，空不异色；照寂，色不异空。寂是展，照是卷。舒则弥沦于法界，卷则惣在于毛端。吐纳分明，神用自在。②

　　此段话与《大乘无生方便门》极为类似。把体用与理事、空色、寂照、卷舒等对应起来，因而使得这些范畴都分有体用不二的结构逻辑。

　　【2】问：是没是定？是没是惠？（答）：心不起是定；识不生是惠；离自性是定，离欲际是惠；真谛是定，俗谛是惠；大智是定，大悲是惠；理是定，事是惠；体是定，用是惠；无为是定，有为是惠；自利是定，利他是惠；涅槃是定，生死是惠；离过是定，存法是惠。③

　　依体用结构规定"定慧"之关系。体定用慧，与此同时，真与俗、理与事、大智与大悲、无为与有为、自利与利他、涅槃与生死、离过与存法等一系列范畴，不仅丰富"定慧"的内涵揭示，同时也都分别有体用结构的逻辑内涵。

　　【3】佛即是菩提路，无住是菩提种。心寂是菩提因，身寂是菩提缘。
　　降魔是菩提力，超能所是菩提进。蓦生死是菩提益，觉是菩提主。
　　等虚空界是菩提体，寂而常用是菩提用，无为实相定是菩提证。
　　若无因，种不发；若无缘，因不长。
　　若无力，缘不成；若无进，力不坚。
　　若无益，进不猛；若无主，益不集。
　　若无道，主不专；若无体，道不通。
　　若无用，体不明；若无证，用不自在。④

---

　　① 全书一卷，收入《大正藏》第85册。相传为神秀以《华严经》为基础所著，另有学者认为该写本是神秀继承人普寂(651—739)的弟子继承和发展而来的。巴黎国立图书馆所藏编号为P2270的写本，标题下有"北宗"二字的细注，卷末则写"亦名北宗五方便门（五更转颂）三界寺道真"。敦煌古写本有S735、S1002、S2503、S7961、S2058、P2270、2836、生字24等八种异本。本书系北宗禅之纲要书。全书依据《大乘起信论》《维摩经》《法华经》《思益经》《华严经》等佛经，以问答形式，分佛性、智慧、不思议法、正性、无异五门，详述北宗禅之要谛。
　　② 《敦煌宝藏》第20卷，第294页。
　　③ 《敦煌宝藏》第20卷，第294页。
　　④ 《敦煌宝藏》第20卷，第294页。

以菩提为中心的修证成佛之路。在种、因、缘、力、进、益、主、觉、体、用、证的系列中，以等虚空界为菩提体，以寂而常用为菩提用。并说明菩提体对于成佛之道的重要性，即所谓"若无体，道不通"，同时说明菩提用对于体的重要作用，即"若无用，体不明"，最后还强调"菩提证"对于"菩提用"的作用，即"若无证，用不自在"。

4.《通一切经要义集》

> 色不动圆满，心不动是智用，是知；色不动是慧用，是见；俱不动，是开佛知见，得大涅槃。大涅槃是不动，知见是正语。①

以心色动不动为知、见二分，也即是智、慧二用。心色俱不动，方为开"佛知见"，方能得"大涅槃"。实际上是以"佛知见"、"大涅槃"为不动之体，以知和见为正语二用。

5.《大乘开心显性顿悟真宗论》②

> 问曰：云何一体三宝？答曰：真心体觉性清净，名为佛宝；圆满义足，具有恒沙功用，名为法宝；功用之义，一体一味，名为僧宝。③

实际上是以"体相用"或"体德用"为内在逻辑，说明"一体三宝"，真心觉性清净为体，名佛宝；圆满义足为德，名法宝；功用为僧宝。

（四）南宗禅与体用

（1）慧能："定是惠体，即惠是定用"

慧能的思想主要集中在《坛经》中，《坛经》的版本有很多，本节重点考察法海本——全称《南宗顿教最上大乘摩诃般若波罗蜜经六祖惠能大师于韶州大梵寺施法坛经》和契嵩本——全称《六祖大师法宝坛经》中的体用思想。首先是《南宗顿教最上大乘摩诃般若波罗蜜经六祖惠能大师于韶州大梵寺施法坛经》，具体如下：

> 【1】善知识。我此法门，以定惠为本第一。勿迷言惠定别，定惠体一不二。即定是惠体，即惠是定用。即惠之时定在惠，即定之时惠在定。④

---

① 《赞禅门诗》卷1，《大正藏》，第85册，第1292页下。

② 全一卷，略称《顿悟真宗论》，唐代慧光集释，收于《大正藏》第85册。内容以问答体论述真性之开显及生死透脱之道，为唐代盛行之禅宗典籍。本书中土久已失传，今巴黎国家图书馆藏有敦煌出土本（伯希和第2162号）。

③ 《大乘开心显性顿悟真宗论》卷1，《大正藏》，第85册，第1278页中。

④ 《南宗顿教最上大乘摩诃般若波罗蜜经六祖惠能大师于韶州大梵寺施法坛经》卷1，《大正藏》，第48册，第338页中。

南宗顿教法门,即在于以"定慧"为本。而定慧关系则是体一不二,也即定慧等。若以体用结构来表述,则为"即定是惠体,即惠是定用"。值得注意的是,这种表述与北宗神秀《大乘五方便》中所说的"体是定,用是惠",其实是有不同之处的。在慧能这里,"定慧"二者相互规定,而非指向另一个更高的概念,如"等虚空界是菩提体,寂而常用是菩提用",类似而常见的是道之体用、心之体用,等等。

【2】善知识,定惠犹如何等? 如灯光,有灯即有光,无灯即无光,灯是光之体,光是灯之用。①

灯光之喻定慧等,以灯为实体,光则为此实体所生发之作用。所以灯是光之体,光是灯之用,"定慧"亦如此。显然此处的体用关系属于"实体—功用型"。

【3】然此教门立无念为宗,世人离见不起于念。若无有念,无念亦不立。无者无何事,念者何物,无者离二相诸尘劳。真如是念之体,念是真如之用。性起念,虽即见闻觉知,不染万境,而常自在。《维摩经》云:外能善分别诸法相,内于第一义而不动。②

所谓"无念为宗",即于念而无念。"无念"意思并非是指离开一切见闻觉知等心念活动而去追求真如本体。而是要能够在念念相续之中无有任何对此念的执着。即所谓"虽即见闻觉知,不染万境,而常自在"。之所以是"于念而无念",其理论根据在于真如与念之间是体用关系:真如是念之体,念是真如之用。因此,体必有用,有真如就必有"念";由用而显体,于"念"才能"无念"。这样就使得"真如"和"念"为相即不二的关系。所以,那种离开或灭除一切"心念",以求所谓禅定的做法,慧能是坚决反对的。而他的"无相为体"和"无住为本",其根本的宗旨和逻辑,都和"无念为宗"一样,在于坚持体用不二的逻辑。

这一逻辑的有效性要充分发挥,还必须有一个基础,即区分心物、内外。慧能在此举《维摩经》中的"外能善分别诸法相,内于第一义而不动",就充分说明此点。物境为外,心念为内。外在的物境既为心念攀缘的对象,同时也构成心念的具体内容。真如为心念的本体,并非心念活动及其内容是真如

---

① 《南宗顿教最上大乘摩诃般若波罗蜜经六祖惠能大师于韶州大梵寺施法坛经》卷1,《大正藏》,第48册,338页上。

② 《南宗顿教最上大乘摩诃般若波罗蜜经六祖惠能大师于韶州大梵寺施法坛经》卷1,《大正藏》,第48册,338页上。

本体所创生,而是表示"心念"活动的最初或最好的存有状态——自由地观照世界和把握世界,这种"自由"即所谓"自性本来清净"。而此本来清净之心念,一旦和外在的物境接触交涉,从而与此物境产生某种"纠缠",这种"纠缠"便会导致丧失心念之清净本性——自由的可能,虽然这种丧失只是表现为暂时的被遮蔽或遗忘。但心念又必定要和物境遭遇,以获得自身的内容即实际存在的。没有以物境对象为内容的心念即是不存在的心念,离开真实的心念活动,其所谓真如即本来清净的自性自然也是没有意义的。

显然,正是这样的心性结构,决定了既要能真实自由地观照物境,又要能够使其在观照物境的过程中,使心念保持其自由观照的本性不被遮蔽或丧失。这也就是《维摩诘经》中说的"外能善分别诸法相,内于第一义而不动",也即是僧肇所最早揭示的"寂即用"的般若智慧与涅槃道果。当然也就是慧能在此昭示的南宗顿教法门宗旨:无念为宗,无相为体,无住为本。

> 【4】对外境无情对有五……语与言对、法与相对有十二对:有为无为……高与下对。自性居起用对有十九对:邪与正对……法身与色身对,化身与报身对,**体与用对**,性与相有清无亲对。言语与法相有十二对,内外境有无五对,三身有三对,都合成三十六对法①也。此三十六对法,解用通一切经,出入即离两边。②

所谓三十六对法,实际上可以看作慧能以之来诠释一切佛教经论的三十六组对待性范畴。"体用"作为"自性其用十九对法"中之一种,与"性相"列为三十六对法中最末。

其次是《六祖大师法宝坛经》,具体如下:

> 【1】六祖复曰:昔达摩大师,初来此土,人未之信,故传此衣,以为信体,代代相承;法则以心传心,皆令自悟自解。自古佛佛惟传本体,师师密付本心;衣为争端,止汝勿传。若传此衣,命如悬丝。汝须速去,恐人害汝。③

所谓"自古佛佛惟传本体,师师密付本心",表明以心传心之"本心"即是佛法之"本体",也才是禅宗传承的真正"信体",而非是所谓"衣钵"。

---

① 即是禅宗六祖惠能嘱咐弟子之三十六种相对性概念。但《六祖大师法宝坛经》中三十六对的内容与《南宗顿教最上大乘摩诃般若波罗蜜经六祖惠能大师于韶州大梵寺施法坛经》是不同的。

② 《南宗顿教最上大乘摩诃般若波罗蜜经六祖惠能大师于韶州大梵寺施法坛经》卷1,《大正藏》,第48册,第342页上。

③ 《六祖大师法宝坛经》,《大正藏》,第48册,第349页上。

【2】师曰:"实无功德,勿疑先圣之言。武帝心邪,不知正法。造寺度僧、布施设斋,名为求福,不可将福便为功德。功德在法身中,不在修福。"师又曰:"见性是功,平等是德。念念无滞,常见本性,真实妙用,名为功德。内心谦下是功,外行于礼是德。自性建立万法是功,心体离念是德。不离自性是功,应用无染是德。若觅功德法身,但依此作,是真功德。"①

这里着重阐述何谓真功德。首先明确功德在法身中,不在福田中。然后将功德分别为二,即"见性是功,平等是德",也即"不离自性是功,应用无染是德"。实际上功德之间为体用关系:功为体,德为用。

【3】僧志道,广州南海人也。请教曰:"学人自出家,览《涅槃经》十载有余,未明大意,愿和尚垂诲。"师曰:"汝何处未明?"曰:"诸行无常,是生灭法;生灭灭已,寂灭为乐。于此疑惑。"师曰:"汝作么生疑?"曰:"一切众生皆有二身,谓色身、法身也。色身无常,有生有灭;法身有常,无知无觉。经云:'生灭灭已,寂灭为乐'者,不审何身寂灭?何身受乐?若色身者,色身灭时,四大分散,全然是苦,苦不可言乐。若法身寂灭,即同草木瓦石,谁当受乐?又法性是生灭之体,五蕴是生灭之用,一体五用,生灭是常。生则从体起用,灭则摄用归体。若听更生,即有情之类,不断不灭;若不听更生,则永归寂灭,同于无情之物。如是,则一切诸法被涅槃之所禁伏,尚不得生,何乐之有?"师曰:"汝是释子,何习外道断常邪见,而议最上乘法?据汝所说,即色身外别有法身,离生灭求于寂灭。又推涅槃常乐,言有身受用。斯乃执恪生死,耽着世乐。汝今当知,佛为一切迷人,认五蕴和合为自体相,分别一切法为外尘相,好生恶死,念念迁流,不知梦幻虚假,枉受轮回。以常乐涅槃翻为苦相,终日驰求。佛愍此故,乃示涅槃真乐。刹那无有生相,刹那无有灭相,更无生灭可灭,是则寂灭现前。当现前时,亦无现前之量,乃谓常乐。此乐无有受者,亦无不受者,岂有一体五用之名?何况更言涅槃禁伏诸法,令永不生。斯乃谤佛毁法。"②

僧人志道对于《大般涅槃经》卷三中如来所说之偈语"诸行无常,是生灭法;生灭灭已,寂灭为乐"③有疑惑,便向慧能请教。他说:"众生有法身和色

① 《六祖大师法宝坛经》,《大正藏》,第48册,第351页下。
② 《六祖大师法宝坛经》,《大正藏》,第48册,第356页下。
③ 《大般涅槃经》卷三:"于是如来即便说偈:诸行无常,是生灭法,生灭灭已,寂灭为乐。"见《大正藏》,第1册,第204页下。

身二种身，既然经云：'生灭灭已，寂灭为乐'者，不知道是哪种身寂灭了，是哪种身在受乐？如果说是色身，那么色身灭时，四大分散，全然是苦，苦不可言乐。如果说是法身寂灭，那么本身就如同草木瓦石，是无知无觉的，那它如何感受此乐呢？又我们知道法性是生灭之体，而五蕴是生灭之用，这样即是一体五用，生灭是常。所谓生即是从体起用，所谓灭即是摄用归体。因此，如果听任其复生，则有情之类，始终是不断不灭；如果是不能复生，则将是永归寂灭，如同于无情之物。倘若果真如此，则表明一切诸法都最终是在涅槃的禁伏之下，既然连生都不可得，那又何乐之有呢？"总的意思是，法身与色身为体用关系，法身无生灭，色身有生灭，色身之生即是从体起用，即是从法身中生出色身，所谓色身灭，即是摄用归体，即色身灭而归于法身。这样，当法身存在时，色身不存在，而法身是无知觉的存在，故不能感受所谓的寂灭之乐；色身之灭，则本身就是大苦，因此根本谈不上所谓的"乐"。所以，无论是生是灭，最终都导致一个结果，即要么无乐可言，要么不能受乐。总之一句话，佛说"生灭灭已，寂灭为乐"是不可能的。

针对这样严重的质疑，慧能首先是直接批评他是以外道习见来妄论佛法，然后指出其思维中的错误：一是错在把色身和法身相分离，即认为法身独立存在于色身之外，从而导致离生灭而求寂灭。二是错在贪恋色身，从而推断涅槃的常乐等同于色身之享乐。接着进一步指出，佛见众生不知世间生灭虚幻的实相，而执着于世间生灭为常，枉受轮回之苦，故悲悯众生，为其说常乐我净涅槃之法。此所谓"常乐"，并非要有什么寂灭，只不过是呈现世间生灭无常的真相而已，得悟此真相，即是常乐。所以所谓"常乐"，不是色身所谓的享乐，因为此种享乐恰恰是虚幻的，是真正的苦。因此，此"常乐"也就根本没有所谓受乐之身存在，当然也就不存在法身与五蕴是所谓一体五用的关系。

细察二人的问答，笔者认为，其中有两个关键问题需要解决。一是慧能为何反对法身与色身的"一体五用"关系，并认为其是典型的外道思想。二是志道既然已经采用了体用结构，为何还会遭到"二身分离"的批评。从理论上说，慧能思想的核心在于，他认为法身与色身不是独立分离的，而是相即不离的。从这个意义上来说，他应该同意法身与色身为体用关系的说法。从志道的质疑论述中，我们可以看到，他虽然认为二身是体用关系，但他的确又是把二身分立而言的。要解决这个貌似的悖论，关键在于明白体用模式的逻辑多样性，也即是说他们二人采用了不同的体用模式，或者说是不同的体用逻辑。就志道而言，他法身是色身之体，色身是法身之用。而色身是五蕴和合而成，因此可以说色身是五用，故是一体五用。

这种说法若到此其实并没有任何问题，关键在于，慧能把色身的产生和消灭直接与体用结构关联起来，他说"生则从体起用，灭则摄用归体"。所谓

"从体起用"，就是说五蕴之色身是从法身中创生出来的；所谓"摄用归体"，则是说五蕴之色身散灭之后回归到法身之中。显然，这从思维形态上来说，属于典型的道家或道教的宇宙创生论思想——即"无中生有，复归于无"。这种"母子型"的体用关系，必然导致体用之间的分离与独立，也自然与慧能所认定的"不二型"体用结构格格不入。

慧能这种"不二型"体用结构的逻辑本质在于，法身并非是色身之外的实体性存在，法身从本质上只是此色身存在的本真状态，而非色身存在的始源或本根。说得更直白点，就是说，法身不是色身的存在论根源，而是色身存在的价值（境界）本体。即是说：色身唯有如此存在才是色身本来的存在，色身本来如此的存在即是法身存在。这一逻辑内在于每一色身存在之中，因此作为色身存在者人的目标或任务，即在于发现或觉悟这一逻辑，并现实地使自身保持这一本真的色身存在，从而实现与法身同体存在。所以在这样的体用逻辑中，体与用二者从存在论的层面是可以且必须同时共存，即所谓的体用不二或体用相即。但二者从价值（境界）论层面上则有可能是分离，且现实中是常常分离的，这恰恰是禅宗修行工夫的理论依据所在——明心见性，顿悟成佛。

（2）神会："所言念者，是真如之用，真如者，即是念之体。"

《菏泽大师显宗记》

【1】无念为宗，无作为本。真空为体，妙有为用。[1]

真空与妙有的体用关系之所以可以成立，关键在于真空与妙有并非同一层次的并置存在，而是一种纵向关系，也就是说，"妙有"是有形质的存在，"真空"是一种无形质的存在。所以真空不碍妙有，二者相即不离，由此符合体用结构的逻辑要求。

《菏泽神会禅师语录》

【2】嗣道王问曰："无念法者，为是凡夫修，为是圣人修？若是圣人修，即何故令劝凡夫修无念法？"答曰：无念者，是圣人法，凡夫若修无念者，即非凡夫也。又问曰："无念者无何法，是念者念何法？"答曰：无者无有二法，念者唯念真如。又问：念者与真如有何差别？答：亦无差别。问："既无差别，何故言念真如？"答曰：所言念者，是真如之用，真如者，即是念之体。以是义故，立无念为宗。若言无念者，虽有见闻觉知，而

---

[1] 《菏泽大师显宗记》。另见《宗镜录》，《大正藏》，第48册，第949页上。

常空寂。(二十)①

"所言念者,是真如之用,真如者,即是念之体。"这是用体用逻辑来阐明"无念"这一禅修工夫的实践本质。"无念"即是"念真如",但从字面上来看,存在着显明的悖论:"念真如"为动宾式结构,即"念"的对象为"真如"。既然"念"有对象"真如"存在,何得"无念"呢?根据神会提出的体用结构来说,真如不是念的对象,而是念之体,念却成了真如之用了。因此表面上"念真如",而实质上是"真如念"。"念真如",只要有对象就不可谓无,无则意味着无对象,而念无对象也就意味着念本身之不存在。如此一来,"念真如"就不能是真"无念",必定是"有念"。但"真如念"则不同,真如即无,所以"真如念"即是"无念"。进一步说,"真如念"是否可能呢?真如即是真空,念即是妙有,真空不碍妙有,真空为体,妙有为用,体用相即不二。显然,真如与念之间的体用是建立在真空与妙有之体用关系基础上的。差别在于真空妙有之体用属于存在论层面,而真如念则属于工夫论层面,也就是说工夫论层面的体用逻辑是以存在论层面的体用逻辑为依据和本体的。

【3】常州司户元思直问曰:何者是空,云何为不空?答曰:真如体不可得,名之空。以能见不可得见体,得见之见恐衍。湛然常寂,而有恒沙之用,故言不空。(二十二)②

真如体空而用不空,即是"湛然常寂,而有恒沙之用"。

【4】若论如来五眼,实不即如是。如来示同凡夫,则说有肉眼。虽然如是,见与凡夫不同。复白和尚,愿垂决示。和尚言:见色清净,名为肉眼,见清净体,名为天眼,见清净体,于诸三昧及八万四千诸波罗蜜门,皆于见上,一时起用,名为慧眼,见清净体,无见无无见,名为法眼,见非寂非照,名为佛眼。(三十九)③

依体用结构的不同状况来分别如来五眼同异。见用不见体为肉眼,见体为天眼,体用皆见为慧眼,体用皆无为法眼,体用如如为佛眼。

(3)慧海:"以清净为体,以智为用"

大珠慧海禅师,唐代高僧,生卒年代不详。出生于建州(福建)朱姓家庭,在越州大云寺智和尚座下剃度出家。后拜马祖为师,侍奉六年。著有

① 《菏泽神会禅师语录》,见于"殆知阁"古代文献数据库"佛藏"部分,www.daizhige.org。
② 《菏泽神会禅师语录》,见于"殆知阁"古代文献数据库"佛藏"部分,www.daizhige.org。
③ 《菏泽神会禅师语录》,见于"殆知阁"古代文献数据库"佛藏"部分,www.daizhige.org。

《顿悟入道要门论》。

> 【1】问:此顿悟门以何为宗? 以何为旨? 以何为体? 以何为用?
> 答:无念为宗,妄心不起为旨,以清净为体,以智为用。①
>
> 【2】问:即言以智为用者,云何为智? 答:知二性空,即是解脱;知二
> 性不空,不得解脱;是名为智,亦名了邪正,亦名识体用。二性空即是
> 体,知二性空即是解脱,更不生疑,即名为用。言二性空者,不生有无、
> 善恶、爱憎,名二性空。②

慧海在【1】中说禅宗顿教是"以清净为体,以智为用"。【2】处又说所谓
"智"即是能见识体用。具体而言,即是以"二性空"为体,"知二性空"为解
脱用。

> 【3】师曰:且破人执情,作如此说;若据经意,只说色心空寂,令见本
> 性;教且伪行入真行,莫向言语纸墨上讨意度,但会"净名"两字便得;净
> 者本体也,名者迹用也;从本体起迹用,从迹用归本体;体用不二,本迹
> 非殊。所以古人道:本迹虽殊、不思议一也,一亦非一;若识"净名"两字
> 假号,更说什么究竟与不究竟? 无前无后,非本非末,非净非名,只示众
> 生本性不思议解脱。若不见性人,终身不见理。③

以"净名"总括修行之道,并以"净"为本体,以"名"为迹用。由此可见,
"净名"之间实是"理事"关系。在此不仅把"本迹"与"体用"合论,且进一步
说明本体迹用之间的结构逻辑:从本体起迹用,从迹用归本体;体用不二,本
迹非殊。

> 【4】问:三学等用,何者是三学? 云何是等用? 答:三学者,戒定慧
> 是也。问:其义云何是戒定慧? 答:清净无染是戒。知心不动,对境寂
> 然是定。知心不动时,不生不动想;知心清净时,不生清净想;乃至善恶
> 皆能分别,于中无染,得自在者,是名为慧也。若知戒定慧体,俱不可得
> 时,即无分别,即同一体,是名三学等用。④

"戒定慧"三学同体等用,又可依"体相用"而分别:以戒为体,定为相,会

---

① 慧海:《顿悟入道要门论》,《续大正藏》,第 63 册,第 18 页下。
② 慧海:《顿悟入道要门论》,《续大正藏》,第 63 册,第 19 页上。
③ 《景德传灯录》,《大正藏》,第 51 册,第 440 页下。
④ 慧海:《顿悟入道要门论》,《续大正藏》,第 63 册,第 19 页下。

為用。

302

【5】问：经云尽无尽法门如何？答：为二性空故。见闻无生是尽。尽者，诸漏尽。无尽者，于无生体中，具恒沙妙用，随事应现，悉皆具足，于本体中亦无损灭，是名无尽。即是尽无尽法门也。问：尽与无尽，为一为别？答：体是一，说即有别。问：体既是一，云何说别？答：一者是说之体，说是体之用。为随事应用，故云体同说别；喻如天上一日，一置种种盆器盛水，一一器中皆有于日，诸器中日悉皆圆满，与天上日亦无差别，故云体同。为随器立名，即有差别，所以有别，故云体同，说即有别。所现诸日悉皆圆满，于上本日，亦无损减，故云无尽也。①

对经中"尽'无尽'"法门的体用诠释。以"无生"为体，以恒沙妙用，随事应现为用。体用具足即是"无尽"，即是"尽'无尽'"法门。尽与无尽，又是"体同说别"，一者是说之体，说是体之用。有意思的是慧海所作譬喻：以日现诸器，悉皆圆满说体同；以为随器立名，即有差别，说用别。问题在于，他认为盆器水中所现之日，"悉皆圆满，与天上日亦无差别"，这并不成立。因为水中所现之日与天上之日，事实上是体用不同。体且不论，就用而言，天上之日有温暖发热杀毒之性用，但水中所现之日不可能有这样的功用，既如此，又怎么能够说是体同呢？所以此种譬喻是不仅不恰当，反而成为一种理解障碍。此与月印万川、理一分殊，何其相似呢？

【6】答：真如之性，亦空亦不空。何以故？真如妙体，无形无相，不可得也，是名亦空；然于空无相体中，具足恒沙之用，即无事不应，是名亦不空。②

所谓"空亦不空"，即是体空用不空。看似矛盾之悖言，实则是体用逻辑之必然。这可以说是佛家所言一切不思议法的奥秘所在。然儒道二家，言其神秘难测之境界，也莫不如是。

【7】僧问：如何是定慧等学？师曰：定是体，慧是用；从定起慧，从慧归定；如水与波，一体更无前后；名定慧等学。③

将水波之喻与定慧体用联系起来。水为波之体，波为水之用。从定起

---

① 慧海：《顿悟入道要门论》，《续大正藏》，第63册，第21页上。
② 慧海：《顿悟入道要门论》，《续大正藏》，第63册，第22页下。
③ 《景德传灯录》，《大正藏》，第51册，第440页下。

慧，从慧归定，体用相资，是谓"定慧等学"。从体用逻辑类型来说，此处的水波之喻当为本体与现象的关系，也就意味着定慧之间也是本体与现象的关系，这与慧能灯光之喻中的实体与功用之体用关系有很大区别。既然这样，也就产生一个问题，即定慧之间的体用结构类型到底是属于"本体—现象型"，还是属于"实体—功用型"？

（4）宗密："心真如是体，心生灭是相用"

【1】依体起行，修而无修。尚不住佛不住心，谁论上界下界（前叙难云：据教须引上界定者，以管窥天，但执权宗之说，见此了教，理应怀惭而退）。然此教中，以一真心性对染净诸法，全拣全收。全拣者，如上所说，俱克体直指灵知，即是心性，余皆虚妄。故云：非识所识，非心境等，乃至非性非相，非佛非众生离四句绝百非也。全收者，染净诸法无不是心，心迷故妄起惑业，乃至四生六道、杂秽国界。心悟故从体起用，四等、六度乃至四辨、十力、妙身净刹，无所不现。既是此心现起诸法，诸法全即真心。如人梦所现事，事事皆人；如金作器，器器皆金。如镜现影，影影皆镜。①

此处重要的是依体用逻辑阐明禅修之真奥：依体起行，修而无修。即以一真心性为体，以染净诸法为用。所谓"依体起行"，即是全拣全收。"全拣"，即是摄用归体；"全收"，则是从体起用。最后自然是体用如如，也即所谓"修而无修"。

【2】不变是性，随缘是相。当知性相皆是一心上义。今性相二宗互相非者，良由不识真心。每闻心字，将谓只是八识，不知八识但是真心上随缘之义。故马鸣菩萨以一心为法，以真如生灭二门为义。论云：依于此心，显示摩诃衍义。心真如是体，心生灭是相用。（禅体、佛体、法体、事体等）②

宗密认为当时性宗与相宗之所以互相排斥，根本原因在于不识"真心"。特别指出相宗以八识为心，乃是不知八识只是真心上的随缘义，而非是不变义。也就是说，相宗八识之心，非即是真心本体，而只是真心之用。为此，宗密根据《大乘起信论》的"体相用"逻辑，以心真如为"体"，以心生灭为"相用"，同时以不变为性，随缘为相。这样就把"性相"二宗纳入真心体用结构，

---

① 宗密：《禅源诸诠集都序》，《大正藏》，第48册，第405页下。
② 宗密：《禅源诸诠集都序》，《大正藏》，第48册，第399页上。

试图以此调和二者之间的矛盾。就体用而言,宗密把"体相用"简化为体与相用之间的关系是值得注意的。同时坚持了以不变为体、变化为用的佛教体用传统。

第二节　隋唐道教哲学与体用思想

一、隋唐道教哲学概说

隋唐时代,国家统一,社会、经济、文化不断进步,加上期间的历朝皇帝都非常扶持和重视道教,于是成为道教发展的黄金时期。教团组织空前庞大,道教徒人数激增,道教宫观遍布全国,道教学者不断涌现,道教理论也得到了创造性的发展。

从哲学上说,道教在隋唐时代发展的最大表现就是义理化,成玄英、李荣、王玄览、司马承祯、吴筠、李筌、杜光庭等著名道教学者为道教的义理化发展做出了各自的贡献。唐代道教的义理化基本上是沿着两条路径实现的,一是由内丹学引发的心性、形神问题而展开的哲学思辨,二是由重玄学派倡导的向老庄思想的回归。[①] 另一方面,隋唐道教在发展自己固有义理的同时,还大量吸收佛教义理——从概念到基本范畴、思想观念和论述模式——都多有借鉴。蒙文通先生曾谓:"隋唐道士所取于佛法者,为罗什以来之般若宗。"[②]接下来,本节将从重玄思想和内丹学说两个方面的发展来讨论其中之体用思想。

二、重玄思想与体用

(一) 成玄英

成玄英(约 601—690),为唐初著名道教学者,字子实,陕州(今河南陕县)人。贞观五年(631),唐太宗李世民召其至京师,加号"西华法师"。高宗永徽(650—655)间,被流放郁州(今江苏云台山)时,曾致力于注疏老、庄之学。他对《道德经》、《庄子》推崇备至,在注疏中着重发挥"重玄之道"的思想,进一步深化了道教的哲理。他又依据"重玄"的观点,阐发其修养长生之道,提倡无欲无为的静养方法。其守静去躁以修炼长生的思想,对后来的司马承祯、吴筠等有一定影响,在道教思想发展史上具有承先启后的作用。

成玄英的著作目前可以确定的有:《老子开题序诀》、《老子义疏》、《周易流演》、《度人经注》、《庄子注疏》、《九天生神章经注》。《周易流演》与《九天

---

① 李大华、李刚、何建明:《隋唐道家与道教》,广东人民出版社,2003 年,第 32 页。

② 蒙文通:《古学甄微》,《蒙文通文集》第 1 卷,巴蜀书社,1987 年,第 365 页。

生神章经注》、《老子义疏》、《开题序诀义疏》均已亡佚。① 近人蒙文通辑其佚
为《道德经义疏》，大体复其旧观。② 在此将重点考察《道德经义疏》和《庄子
注疏》中的体用思想。

1.《道德经义疏》："用即道物，体即物道"

下面将集中考察成玄英老子诠释中所蕴含的体用思想，本节摘引文字
以蒙文通所辑校的《老子成玄英疏》六卷本为底本。③

> 【1】第二，泛明本迹。无名，天地始；始，本也。虚无至道，陶甄万
> 物，二仪三景，何莫由斯，故指此无名，为物之本。道本无名，是知不可
> 言说明矣。有名，万物母。有名，迹也。重玄之道，本自无名，从本降
> 迹，称谓斯起。所以圣人因无名立有名，寄有名诠无名者，方欲子育众
> 生，令其归本，慈悲鞠养，有同母仪。④

此是对流行本老子第一章的疏解。所谓泛明本迹，即重玄之道以无名
为本，万物有名为迹。有无本迹之间，是无中生有，从本降迹的关系。

> 【2】玄者深远之义，亦是不滞之名。有无二心，徼妙两观，源乎一
> 道，同出异名，异名一道，谓之深远。深远之玄，理归无滞，既不滞有，亦
> 不滞无，一一俱不滞，故谓之玄。"玄之又玄，众妙之门。"有欲之人，唯
> 滞于有，无欲之士，又滞于无，故说一玄，以遣双执，又恐行者滞于此玄，
> 今说又玄，更祛后病，既而非但不滞于滞，亦乃不滞于不滞，此则遣之又
> 遣，故曰玄之又玄，众妙之门。⑤

此处集中阐明"重玄"本旨。强调"玄"除了深远之义外，还有"不滞"之
义。"重玄"即是玄之又玄。前一"玄"指既不滞有亦不滞无。后一"玄"乃是
对前一不滞之玄的不滞。前一玄为对"有无"执着的双遣，后一玄则是遣之
又遣，也就是"玄之又玄"。成玄英的重玄之道和佛教般若空观的中道思想
很接近，所以他也常有"一中之玄"之说。

---

① 郑灿山：《唐道士成玄英的重玄思想与道佛融通——以其老子疏为讨论核心》，《台北
大学中文学报》创刊号，2006年，第153页。另参见强昱《从魏晋玄学到初唐重玄学》，上海文化
出版社，2002年，第212—216页。

② 蒙氏且据此与《道德真经玄德纂疏》等所录的成玄英《老子义疏》相校勘，合辑成《老子
成玄英疏》六卷，1946年由四川省立图书馆石印。随后台湾学者严灵峰也辑校成玄疏为《道德经
开题序诀义疏》五卷，收入其《无求备斋老子集成》初编（三），由台湾艺文印书馆印行。

③ 关于成玄英《老子义疏》的版本问题，《中国道教》第二卷（卿希泰主编，知识出版社，
1994年）中有十分详细的说明。

④ 成玄英：《道德经义疏》，载蒙文通《道书辑校十种》，巴蜀书社，2001年，第376页。

⑤ 成玄英：《道德经义疏》，载蒙文通《道书辑校十种》，巴蜀书社，2001年，第377页。

中国哲学体用思想研究

【3】言圣人寂而动、动而寂。寂而动，无为而能涉事；动而寂，处事不废无为；斯乃无为即为，为即无为，岂有市朝山谷之殊、拱默当涂之隔耶？故言处无为之事也。"行不言之教。"妙体真源，绝于言象。虽复虚寂，而施化无方，岂唯真不乖应，抑亦语不妨默，既而出处语默，其致一焉。端拱寂然，而言满天下，岂曰杜口而称不言哉？故庄子云：言而足者则终日言而尽道，言而不足者则终日言而尽物。①

此处是对《道德经》中圣人"处无为之事，行不言之教"的诠释。重在强调圣人语默动静能够同时共存，相即不二，实际上就是对老子所推崇的"无为而无不为"境界的肯定。这与王弼的"体无用有"观和僧肇的"即寂即用"观，在理论旨趣上是内在一致的。

【4】冲，中也。言圣人施化，为用多端，切当而言，莫先中道，故云道冲而用之，此明以中为用也。而言又不盈者，盈，满也。向一中之道，破一一偏之执，一偏既除，一中还遣。今恐执教之人，住于一中，自为满盈，言不盈者，即是遣中之义。②

再明重玄之道，不仅"以中为用"破一偏之执，而且不能"住于一中，自为满盈"，还要破此一中之执。

【5】虽复陶铸万物，亭毒三才，妙体真空，故无苍生之可化。为而不恃，岂有功用之可称。③

大道虽有生养万物之功用，可以说是"体无而用有"；但大道又始终保持其妙体真空，为而不恃，所以也可以说是"体无用亦无"。"有"言其造化万物的功用是实在而恒有，言"无"是指其始终保持虚无之德性。正因为大道这种虚无之德性，方能发挥此恒有之大用。

【6】车是假名，诸缘和合，而成此车，细析推寻，偏体虚幻，况一切诸法亦复如是。④

以车为众缘和合而成，故"车"无实在性，因而只是假名。依此类推，一

①　成玄英：《道德经义疏》，载蒙文通《道书辑校十种》，巴蜀书社，2001年，第380页。
②　成玄英：《道德经义疏》，载蒙文通《道书辑校十种》，巴蜀书社，2001年，第384页。
③　成玄英：《道德经义疏》，载蒙文通《道书辑校十种》，巴蜀书社，2001年，第396页。
④　成玄英：《道德经义疏》，载蒙文通《道书辑校十种》，巴蜀书社，2001年，第397页。

切具体的存在物都是如此。此处可见鲜明的佛教影响。

【7】无赖有以为利，有藉无以为用，二法相假，故成车等也。言学人必须以有资空，以空导有，有无资导，心不偏溺，故成学人之利用也。①

强调有无之间相资为用的关系，这与王弼无为有本的结构逻辑是不一样的。

【8】夷，平也。言至道微妙，体非五色，不可以眼识求，故视之不见。……体非宫商，不可以耳根听，故曰希也。……言体非形质，不可搏触而得，故曰微也。又臧公《三一解》曰：夫言希、夷、微者，谓精、神、气也。精者灵智之名，神者不测之用，气者形相之目。总此三法，为一圣人。不见是精，不闻是神，不得是气，既不见、不闻、不得，即应云无色、无声、无形，何为乃言希、夷、微耶？明至道虽言无色，不遂绝无，若绝无者，遂同太虚，即成断见。今明不色而色、不声而声、不形而形，故云夷、希、微也。所谓三一者也。②

是说既然至道之体，非五色，非宫商，非形质，那为何不直言无色、无声、无形而言希、夷、微？成玄英认为，若直言无色、无声、无形，会让人误会至道是绝无，即绝对的不存在，这样就会堕入佛家所讲的"断见"空。而言希、夷、微，乃在于强调至道虽不能直接被感官到，但并非绝对的虚无，而是"不色而色、不声而声、不形而形"的真实存在。举臧玄靖的《三一解》，说明希、夷、微即是精、气、神之三一。此处虽然没有明言体用，但其实质在于阐明至道的存在具有"体无用有"的实在性。

【9】真而应，即散一以为三，应而真，即混三以归一。一三三一，不一不异，故不可致诘也。③

真言其体，妙体真空；应言其用，妙用无穷。此处把"真应"与"精气神"三一结合起来讨论。真而应，即是从体起用，也即"散一以为三"；应而真，即是摄用归体，也即"混三以归一"。最终，三一一三是不一不异，所谓不一不异则是相即不二，即体即用。

---

① 成玄英：《道德经义疏》，载蒙文通《道书辑校十种》，巴蜀书社，2001年，第397页。
② 成玄英：《道德经义疏》，载蒙文通《道书辑校十种》，巴蜀书社，2001年，第402页。
③ 成玄英：《道德经义疏》，载蒙文通《道书辑校十种》，巴蜀书社，2001年，第403页。

中国哲学体用思想研究

【10】复归于无物。复归者还源也,无物者妙本也。夫应机降迹,即可见可闻,复本归根,即无名无相,故言复归于无物也。①

以无物者为本源,应机降迹,即是从无物到有物,因而可见可闻;复本归根,即是返回到无名无相的无物之本源。"应机降迹",其中的"应"和"降"都给人以人格意味,这也包括前面的"从本降迹"和"息用归体"。

【11】惚恍,不定貌也。妙本非有,应迹非无,非有非无,而无而有,有无不定,故言惚恍。②

这种对"妙本"的形容在逻辑形式上与王弼、僧肇是完全相同的,总之都是强调既有既无,非有非无。

【12】虽复处有欲之中,同事利物,而在染不染,心恒安静闲放而清虚也。前则虽清而能混浊,此则处浊不废清闲。明动而寂也。……虽复安静,即静而动,虽复应物而动,心恒闲放,而生化群品也。明寂而动也。……持此动寂不殊一中道者,不欲住中而盈满也。此遣中也。③

"在染不染",典型的佛教用语,又以天台宗为盛。在此用来形容至道体无而用有的境界。用则生化群品,体则清虚静寂。即体即用,便是即动即寂,即真即应。只有保持体用如此相即不二,才能符合至道玄而又玄的境界。

【13】众生所以不能同于圣人虽动不动、用而无心者,只为芸芸驰竞不息也,若能返本归根,即同于圣照,此劝之也。④

言众生与圣人之别,唯有返本归根,才能同于圣照。

【14】《太上章》所以次前者,前章明至极妙本,劝物起修,故次此章,显应感随时,从本降迹。……《大道章》所以次前者,前章正明从本降迹,应感随机,故次此章,即明应迹既兴,妙本斯隐。⑤

---

① 成玄英:《道德经义疏》,载蒙文通《道书辑校十种》,巴蜀书社,2001年,第403页。
② 成玄英:《道德经义疏》,载蒙文通《道书辑校十种》,巴蜀书社,2001年,第404页。
③ 成玄英:《道德经义疏》,载蒙文通《道书辑校十种》,巴蜀书社,2001年,第406—407页。
④ 成玄英:《道德经义疏》,载蒙文通《道书辑校十种》,巴蜀书社,2001年,第408页。
⑤ 成玄英:《道德经义疏》,载蒙文通《道书辑校十种》,巴蜀书社,2001年,第409,411页。

这里集结的是成氏对太上、大道、绝圣三章内容之间的有关结构脉络的一个说明。三章之间表现为一个本迹显隐的循环，由至极妙本，劝物起修——从本降迹，应感随时——应迹既兴，妙本斯隐。其中本迹关系为：迹降于本内，本隐于迹中，即本即迹。但值得注意的是，在此处的表述中，"迹降于本内"与"本隐于迹中"并非同时的状态，而是似乎区分为由本到迹、由显到隐的两个阶段。这样也就不能叫作真正意义上的"即本即迹"。

【15】言至道之为物也，不有而有，虽有不有，不无而无，虽无不无，有无不定，故言恍惚。所以言物者，欲明道不杂物，物不离道，道外无物，物外无道，用即道物，体即物道。亦明悟即物道，迷即道物。道物不一不异，而异而一，不一而一，而物而道，一而不一，非道非物，非物故一，不一而物，故不一一也。①

此处是对"道之为物，惟恍惟惚"句的疏解，集中谈论道与物的关系。至道本不是具体之物，之所以言为"物"，目的在于阐明道与物的关系：道不杂物，物不离道；道外无物，物外无道；用即道物，体即物道。此中有三层涵义须仔细辨明：其一是"道不杂物，物不离道"，是说道不同于具体之物，具体之物也不分离于道；其二是"道外无物，物外无道"，是说在道之外没有离道之物的存在，也就是说道涵盖统领所有的物，与此同时，离开具体事物之外也没有独立之道的存在；其三是"用即道物，体即物道"，从体用关系中"用"的角度来说是"道本降为迹物"，故说"道物"；若从体的角度来看则是"迹物归于道本"，故说"物道"。接下来他又从工夫修养的角度来说明"道物"关系，即"悟即物道，迷即道物"。最后成玄英再次发挥其重玄思想的方法特点，总结道与物之间关系为"道物不一不异，而异而一；不一而一，而物而道；一而不一，非道非物；非物故一，不一而物，故不一一"。此处讨论道物关系有两点需要注意：一是他强调"道物"之间的是"本体—迹用"关系，二者是相即不离的；二是他在此并没有对万物是否由道所创生这一宇宙本体论之关键问题予以说明。

【16】言真精无杂，实非虚假，于三一之中，偏重举精者，欲明精是气色、神用之本也。②

精气神三一之中，以真精为气色和神用之本。为神用之本，即是神用之

---

①　成玄英：《道德经义疏》，载蒙文通《道书辑校十种》，巴蜀书社，2001 年，第 417—418 页。

②　成玄英：《道德经义疏》，载蒙文通《道书辑校十种》，巴蜀书社，2001 年，第 418 页。

体。由此表明他赞同精气神之中具有一种体用结构：即精为体，神气为用。

【17】自然者，重玄之极道也。①

重玄至道即是"自然"之境。

【18】言至德之人即事即理，即道即物，故随顺世事，而恒自虚通，此犹是"孔德，唯道是从"之义。道得之者，只为即事即理，所以境智两冥、能所相会，道得之，犹得道也。②

这里从修道工夫与修道境界的角度来谈。至德之人即是体道、得道之圣人。得道之后的境界：即事即理，即道即物。所谓"境智两冥、能所相会"则是直接袭用了佛家修养境界论的说法。之所以可以袭用，乃在于二者从逻辑上来说都是表明"即体即用"之境。

【19】道既是常道，德即是上德。体教忘言，为行于上德，上德亦自然符应而相会也。道是德之体，德是道之用，就体言道，就用言德，故有二文也。③

"道是德之体，德是道之用。"应该说，这是哲学史上第一次如此明确主张道德之间为体用关系。

【20】有物者道也。道非有而有，非物而物，混沌不分，而能生成庶品。亦明不混而混，虽混而成，不成而成，虽成而混，即此混成之道，在天地先生，还是不先先、不生生之义也。④

这仍然是形容道的存在及道物关系。他将"混成"分别为混和成两个方面，实际上是以"混"为道体，以"成"为物用，所以"混成"就包含"不混而混，虽混而成，不成而成，虽成而混"两个阶段或说两个层面，由此来说明有物混成之道。

【21】体无涯际，故名为大，不大为大，故称为强。夫名以召体，字以

①　成玄英：《道德经义疏》，载蒙文通《道书辑校十种》，巴蜀书社，2001年，第421页
②　成玄英：《道德经义疏》，载蒙文通《道书辑校十种》，巴蜀书社，2001年，第422页。
③　成玄英：《道德经义疏》，载蒙文通《道书辑校十种》，巴蜀书社，2001年，第422页。
④　成玄英：《道德经义疏》，载蒙文通《道书辑校十种》，巴蜀书社，2001年，第425页。

表德，道即是用，大即是体，故名大而字道也。人皆先名后字，今乃先字后名者，欲表道与俗反也。①

道之所以"名大而字道"，是因为"名以召体，字以表德"，"体"在此既是指形体，当然也指"实体"。所谓"召体"，即通过"名"来昭示指称其实体之存在本身。"德"即是指通过"字"来表现存在之功用。而道之体因其无涯际，所以名为"大"，道因其虚通万物之功用，故字之曰"道"。一般而言，先称其名，后言其字，然而此处之所以违反习俗——先称其字而后言其名，乃是想通过这种方式表明"大道"是与一般之常识俗情相反对的。

【22】既能如道，次须法自然之妙理，所谓重玄之域也。道是迹，自然是本，以本收迹，故义言法也。②

以本迹论道与自然之间的关系：自然为本，道为迹，以本收迹，故说道法自然。成玄英说："自然者，重玄之极道也。"③之所以"道"之上还要法"自然"，目的在于防止修道者以"道"为执。显然这是玄之又玄、遣之又遣的重玄方法的必然要求。如是成玄英就发展出一幅与老庄、王弼等人不同的道家宇宙图式，如图所示：

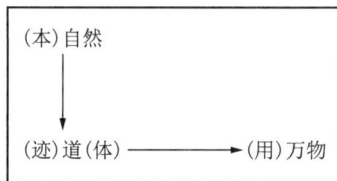

```
┌─────────────────────────────────┐
│  (本)自然                        │
│     │                           │
│     ↓                           │
│  (迹)道(体) ──────→ (用)万物      │
└─────────────────────────────────┘
```

在此宇宙图式中，"自然"为"道"之本体，"道"则为自然之迹用；"道"同时又是"万物"之本体，"万物"为"道"之迹用。但自然与道之本迹逻辑与道与万物之间的体用逻辑是不在一个层面的。前者之"自然"属于非"实体"之本体义，乃是对道与万物关系的超越，即他所谓的"重玄之极道"，实与郭象所言的"万物独化于玄冥之境"中"玄冥"类似。与此不同的是，"道"乃是"实体"义之本体，从体起用，摄用归体，道与万物之间乃是积极建构的关系。

【23】外无可欲之境，内无能欲之心，恣根起用，用而无染，斯则不闭而闭，虽闭不闭，无劳关楗，故不可开也。此明六根解脱。④

————————————

①　成玄英：《道德经义疏》，载蒙文通《道书辑校十种》，巴蜀书社，2001年，第426页。
②　成玄英：《道德经义疏》，载蒙文通《道书辑校十种》，巴蜀书社，2001年，第427页。
③　成玄英：《道德经义疏》，载蒙文通《道书辑校十种》，巴蜀书社，2001年，第421页。
④　成玄英：《道德经义疏》，载蒙文通《道书辑校十种》，巴蜀书社，2001年，第433页。

【24】朴散为器,圣人用为官长。散,布分也。器,用也。官,君主也。长,师宗也。既能反朴还淳,归于妙本,次须从本降迹,以救苍生,布此淳朴,而为化用。①

把"朴散为器"理解为"从本降迹"、"从体起用",把"圣人用为官长"理解为"反朴还淳,归于妙本"。显然存有体用、本迹两个阶段。

【25】道常无为,而无不为。凝常之道,寂尔无为,从体起用,应物施化,故曰而无不为。前句是本,后句是迹,此明本迹迹本、寂动动寂之义也。②

在此明确地把体用与本迹结合起来,即体为本,用为迹,于是构成本体迹用的结构模式。所谓"本迹迹本、寂动动寂"之义,即是体用本迹相即不二之义。就"至道"而言,即是"无为而无不为"。

【26】前以无名遣有,次以不欲遣无。有无既遣,不欲还息,不欲既除,一中斯泯。此则遣之又遣,玄之又玄,探幽索隐、穷理尽性者也。既而一切诸法无非正真,梯稗瓦甓,悉皆至道。③

"一切诸法,无非正真,梯稗瓦甓,悉皆至道"是典型的佛道融合,也是体用本迹不二的现实体现。

【27】以,用也。上德无为,至本凝寂,而无以为,迹用虚妙。此明无为而为、为即无为也。下德为之而有以为。心不忘德,故称为之,迹仍有事,故言有为。④

此处利用体用逻辑来辨明上德与下德之间的同异。上德是无为而无以为,即是本体凝寂,迹用虚妙,也就是体用皆无;而下德是为之而有以为,则是体用皆有。

【28】有,应道也,所谓元一之气也。元一妙本,所谓冥寂之地也。言天地万物,皆从应道有法而生。即此应道,从妙本而起,元乎妙本,即

---

① 成玄英:《道德经义疏》,载蒙文通《道书辑校十种》,巴蜀书社,2001年,第433页。
② 成玄英:《道德经义疏》,载蒙文通《道书辑校十种》,巴蜀书社,2001年,第449页。
③ 成玄英:《道德经义疏》,载蒙文通《道书辑校十种》,巴蜀书社,2001年,第450页。
④ 成玄英:《道德经义疏》,载蒙文通《道书辑校十种》,巴蜀书社,2001年,第452页。

至无也。①

【29】一，元气也。二，阴阳也。三，天地人也。万物，一切有识无情也。言至道妙本，体绝形名，从本降迹，肇生元气。又从元气，变生阴阳。于是阳气清浮升而为天，阴气沉浊降而为地。二气升降，和气为人。口有三才，次生万物，欲明道能善贷，次第列之。②

这两段很重要，由此可以了解成玄英有关宇宙万物生成的思想。第一段文字是对《老子》"天下万物生于有，有生于无"的疏解。在此成玄英把道分成至道和应道，或真道与应道，也即妙本与应迹。以"元气"为"应道"之有，以"妙本"为至无。"应道"从"至道"妙本而生。看所谓自然与道的关系，是否也是如此呢？从【29】来看，显然成玄英所主张的仍属一种创生论模式："至道"肇生"元气"，"元气"变生"阴阳"，次生三才，次生万物，他把这一过程称之为"从本降迹"。

【30】为学之人，执于有欲，为道之士，又滞无为。虽后深浅不同，而二俱有患，今欲祛此两执，故有再损之文，既而前损损有，后损损无，二偏双遣，以至于一中之无为也。无为无所不为。即寂而动，即体而用，故无所不为也。③

此是对"为学日益，为道日损，损之又损，以至于无为，无为不为也"的疏解。成玄英不同意以往学者否定"为学"但肯定"为道"的那种理解，他根据重玄之道的标准来分别为学和为道之士，认为为学之人是执着于有，为道之人则是执着于无，二者虽然有深浅不同，但作为执着滞留则是相同的。所以所谓"损之又损"，就不是为道之损的延续，而是对前面二者的双遣，即为学损有，为道损无，最终达至一中之无为，这才是真正的"无为而无不为"。成玄英对于此"无为而无不为"之境界有进一步的分析"即寂而动，即体而用，故无所不为也"。显然，这是成玄英体用相即逻辑在工夫境界论层面上之必然的理论结果。

【31】天下有始章第五十二"天下有始，以为天下母"。成疏：始，道本也。母，道迹也。夫玄道妙本，大智慧源，超绝名言，离诸色象，天下万物，皆从此生。今泛言天下者，欲令行人识根知本。故上经云：无名天地始也。以为母者，言从本降迹，导引苍生，长之育之，如母爱子。故

---

① 成玄英：《道德经义疏》，载蒙文通《道书辑校十种》，巴蜀书社，2001年，第458页。

② 成玄英：《道德经义疏》，载蒙文通《道书辑校十种》，巴蜀书社，2001年，第462页。

③ 成玄英：《道德经义疏》，载蒙文通《道书辑校十种》，巴蜀书社，2001年，第473页。

上经云:有名万物母。①

以往学者均将始、母作等同义理解。成玄英的解释与众不同,他以"无名"之"始"为道本,以"有名"之"母"为道迹。然后依"从本降迹"的创生论逻辑来解释天下万物的生成。"从本降迹"也即"从体起用",即从"无名之始"创生出"有名之母",而后又由此"有名之母"养育"天下万物"。

【32】"既得其母,以知其子。"成疏:夫本能生迹,迹能生物也。既知道大慈能引接凡庶者,即是我母,即知我身,即是道子,从道而生故也。经云:虚无自然,是真父母。

"既知其子,复守其母,没身不殆。"成疏:既知我是道子,应须归复守其母也。但能归根守母,体道会真,迹虽有没有存,而本无危无殆,何者?夫道能生物,道即是本,物从道生,物即是末,而本能摄末,所以须归,母能生子,所以须守。守母则久视长存,归本则没身不殆,故劝之也。②

这里有提出一个"本生迹、迹生万物"的创生逻辑。其实质与前面【24】中所述是一致的。其以虚无自然为本,是"真父母",而凡庶我等从道而生,故为道子。而道与万物又是本末关系,所以从工夫论角度提出摄末归本、归复守母的方法,依此达至长生久视的目标。

【33】根,本也;蒂,迹也。根能生藉,以譬本能生迹。迹而本曰深根,本而迹曰固蒂。夫根不深则倾危,蒂不固则零落。只为根深所以长生,蒂固所以久视。此明有国圣人本迹俱妙,故结云长生久视之道。③

这是对"是谓深根固蒂者,长生久视之道"句的疏解。成玄英再次用"本迹"来分别根与蒂:以根为本,以蒂为迹,其根据在于根能生蒂,以此表明"本能生迹"。进而从工夫论层面分为深根和固蒂两个方面:从迹归本曰"深根",由本生迹曰"固蒂"。从效应上说,根深则能长生,蒂固则能久视。而所谓有国之圣人,则是"本迹俱妙"的,所以得长生久视之道。

【34】道者,虚通之妙理,众生之正性也。奥,深密也,亦府藏也。言

---

① 成玄英:《道德经义疏》,载蒙文通《道书辑校十种》,巴蜀书社,2001年,第481页。
② 成玄英:《道德经义疏》,载蒙文通《道书辑校十种》,巴蜀书社,2001年,第481页。
③ 成玄英:《道德经义疏》,载蒙文通《道书辑校十种》,巴蜀书社,2001年,第498页。

道能生成万有,囊括百灵,大无不包,故为万物府藏也。①

道为万物的府藏,指道能"生成万有,囊括百灵,大无不包"。如此说是否表明"道"是一个无限大的容器而包纳万物呢? 成玄英在此明确否定了这种可能,因为他说道是理是性,并非一个物质性的存在。这样就有一个问题产生,即作为"虚通之妙理,众生之正性"的"道"又如何为万物之府藏呢? 这个问题可以说一直是道教学者对道进行本体诠释时所必然要遇到的难题:既要保持道创生万物的功能,又要确认道作为万物的本性的地位。一为本源,一为本体。这是成玄英的本迹论和体用论需要解决但最终没有引起重视和解决的问题。

【35】言行人虽舍有无,得非有非无,和二边为中一,而犹是前玄,未体于重玄理也。此虽无待,未能无不待,此是待独,未能独独,故有余对。②

玄而又玄的重玄之道即是遣之又遣的重玄之理。重玄即双遣,但"重玄"重在宇宙境界论的说明,"双遣"则重在工夫修养论的说明。

2.《庄子注疏》:"就有无之用明非有非无之体"

【1】至言其体,神言其用,圣言其名。故就体语至,就用语神,就名语圣,其实一也。诣于灵极,故谓之至;阴阳不测,故谓之神;正名百物,故谓之圣也。一人之上,其有此三,欲显功用名殊,故有三人之别。此三人者,则是前文"乘天地之正、御六气之辩"人也。欲结此人无待之德,彰其体用,乃言"故曰"耳。③

此处成玄英用"体用名"来分别指陈《庄子·逍遥游》中的至人、神人和圣人,即同时又强调三者实质为一。

【2】前从有无之迹入非非有无之本,今从非非有无之体出有无之用。而言俄者,明即体即用,俄尔之间,盖非赊远也。夫玄道窈冥,真宗微妙。故俄而用,则非有无而有无,用而体,则有无非有无也。是以有无不定,体用无恒,谁能决定无耶? 谁能决定有耶? 此又就有无之用明

---

① 成玄英:《道德经义疏》,载蒙文通《道书辑校十种》,巴蜀书社,2001年,第502页。
② 成玄英:《道德经义疏》,载蒙文通《道书辑校十种》,巴蜀书社,2001年,第531页。
③ 成玄英:《庄子注疏·逍遥游》。

非有非无之体者也。①

此处是针对《庄子·齐物论》中一段很著名的文字所作的疏解。其原文为：

> 有始也者，有未始有始也者，有未始有夫未始有始也者。有有也者，有无也者，有未始有无也者，有未始有夫未始有无也者。俄而有无矣，而未知有无之果孰有孰无也。

庄子此处的核心思想在于阐明：人类对于宇宙世界的有或无，是无法获得最终的认识或知识的。因此他强调，与其执着于有无之定见，莫若齐有无之是非。

成玄英在继承郭象的注解的基础上，明确说明此处是庄子采用"遣之又遣"的重玄方法来破除世情迷执的。成玄英说："但群生愚迷，滞是滞非。今论乃欲反彼世情，破兹迷执，故假且说无是无非，则用为真道。是故复言相与为类，此则遣于无是无非也。既而遣之又遣，方至重玄也。"不仅如此，他还逐句对此重玄双遣的具体过程予以说明，先遣"始终"，后遣"无始终"，接着遣"有"，再遣"无"，再遣"非"，最后遣"非非无"。由此他总结说："自浅之深，从粗入妙，始乎有有，终乎非无。是知'离百非超四句'明矣。前言始终，此则明时；今言有无，此则辩法；唯时与法，皆虚静者也。"

在此，成玄英一方面借用佛教所谓"离百非，超四句"的中观方法，认为庄子通过对时与法的观念的不断辩证否定，最终达至其"虚静"乃道之本体的认识。由此可见，成玄英虽然借鉴佛教的思想观念或思维方法，但其根本的理论旨趣仍然归于道教本身。

更为重要的是，成玄英在此基础上，同时运用"本迹"和"体用"范畴，将"有无"与"非非有无"两个相互否定的概念重新建立起正向而非只是否定的关系。即以"有无"为迹用，以"非非有无"为本体。一旦进入本体迹用的结构中，就必定分有此结构之固有逻辑：从本体生迹用，由迹用显本体。所以他在对原文中"俄而有无矣，而未知有无之果孰有孰无也"之"俄而"十分重视，以为"俄而"恰好表明两个阶段或两种存在状态之间的转换和紧密关系。即他说的"前从有无之迹入非非有无之本，今从非非有无之体出有无之用"。"俄而"则表明体而用，用而体，即体即用，就是强调"有无"与"非非有无"之间的相即不二的关系，也即所谓"有无非定，体用无恒"。

分析至此，我们可以发现一个有趣但是十分重要的事实：在庄子那里，

---

① 成玄英：《庄子注疏·齐物论》。

其对"有无"的否定始终是以直线性的方式递进的，即有——无——未始有无——未始有未始有无……显然这条否定直线是没有终点的，庄子的目的在于揭示那种认为我们可以知道宇宙创生的初始或宗极本体的观念是徒劳或荒谬的，从而为他阐释齐是非、一生死的思想作基础。在成玄英这里，除了借鉴佛教的中观方法，揭示庄子否定过程中存在一个重玄双遣的方法之外，更重要的是他诠释的立足点恰恰与庄子不同甚至相反。他的目标在于通过重玄双遣的洗礼，重建对玄奥之道的正面认识和宗极把握。

为此，成玄英必须终止庄子原来那条无穷递归的线性否定之路，从而获得一种稳定的认识和描述的可能。其根本的策略或方法，就是将"有无"与对它重玄双遣而获得的"非非有无"纳入"本体—迹用"的结构之中：以否定者为本体，以被否定者为迹用，二者之间相即不离，体主宰用，用能显体。如图所示：

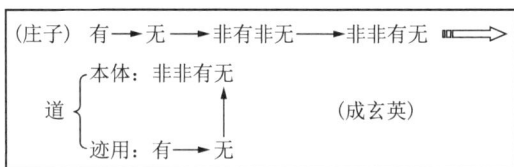

$$
\begin{array}{l}
(庄子)\quad 有\longrightarrow 无\longrightarrow 非有非无\longrightarrow 非非有无\ \blacksquare\!\!\Longrightarrow\\[4pt]
\qquad\qquad\;\;\text{本体：非非有无}\\
道\left\{\qquad\qquad\qquad\qquad\qquad\uparrow\qquad\qquad (成玄英)\right.\\
\qquad\qquad\;\;\text{迹用：有}\longrightarrow 无
\end{array}
$$

如此的结构安排，实际上是把庄子那里的无穷直线式否定，转换为在"本体—迹用"结构中的内部循环式否定。如此转换无疑使成玄英获得极大的理论自由：一方面，他可以保持否定的持续性，从而保证"道"之绝对自由和超越性；另一方面，他又把这种无穷的否定超越控制在一个有序稳定的结构之中，从而能够保障"道"之存在的实在性和肯定性。所以他说"玄道窈冥，真宗微妙"，"就有无之用明非有非无之体者也"。

综上所述，我们可以看到，所谓"重玄"作为一种方法在不同思想者那里是各有不同的，庄子以此来证明对道做一种确定性的真理认知或描述是极其荒谬的，中观四句则在于证明世界的真理是超越分别性认知和言语的。与二者之消极性运用不同，成玄英使用"重玄"方法，最终完成了对道之超越与实在的一种积极建构。毫无疑问的是，这种积极建构之所以可能，其根本因素在于他对"本体—迹用"逻辑结构的运用。

（二）李荣：从体起用，摄迹归本

李荣，生卒年不详，约活动于唐高宗在位期间（650—683），道号任真子，绵州巴西人（今四川绵阳市）。作为唐代道教重玄派的代表人物之一，[①]李荣以用重玄思想解释《老子》而著称。其重玄思想受佛教中观论的影响很大，特别是初唐盛行的三论宗，给其重玄说以许多理论上的启发。当时蜀地三

————————————

① 蒙文通怀疑李荣为成玄英的弟子。参见蒙文通《古族甄微》，巴蜀书社，1987年，第347页。

论宗颇为盛行,入蜀讲"三论"(《中论》、《十二门论》、《百论》)的僧人甚多,讲论之地多离李荣住地不远,对其必有一定影响。因此,他常借助佛教哲学解释《道德经》,提高了道教哲学思想的思辨性。李荣曾注《西升经》,主要著作有《老子注》①。

在《老子注》第一章中,李荣集中描述了道的存在状态,首先他认为:

> 【1】道者,虚极之理也。夫论虚极之理,不可以有无分其象,不可以上下格其真,是则玄玄非前识之所识,至至岂俗知而得知,所谓妙矣难思、深不可识也。②

明确"道"乃虚极之理,自然无形无象。

> 【2】夫名非孤立,必因体来,字不独生,皆由德立。理体运之不壅,包之无极,遂以大道之名,诏于大道之体,令物晓之,故曰名可名也。非常名者,非常俗荣华之虚名也。③

与成玄英一样,李荣把"名、字"与"体、德"对应起来。认为"大道之名"诏于"大道之体"。而"字"所表示的"德"即是指大道之"用"了。

> 【3】道玄德妙,理绝有无,有无既绝,名称斯遣。然则虚通之用,于何不可,是以非无而无,无名为两仪之本始也;非有而有,有名为万物之父母焉;道生德畜,其斯之谓乎!④

道德之本体玄妙,在于理绝有无;但虚通之用,生养万物之功真实不虚。

> 【4】归有为之事迹,岂识无为之理本。⑤

---

① 杜光庭《道德真经广圣义序》存录"任真子李荣注上下二卷";《宋史·艺文志》有"李荣《道德经注》二卷。宋尤袤《遂初堂书目》也存"李荣注老子"。宋高似孙《子略》卷二"老子注"中录《任真子集注》,李荣,道士"。今《正统道藏》残存李荣《老子注》。敦煌曾出李荣《老子注》唐高宗时写本,现藏于法国巴黎国立图书馆。蒙文通于 20 世纪 40 年代末据《道藏》残本、北京图书馆和巴黎图书馆所藏敦煌本辑成李荣《老子注》四卷,据称基本恢复了李荣注的原貌。1947 年由四川省立图书馆石印刊行。以后严灵峰也有辑校本,收入《无求备斋老子集成》初编第三函。
② 李荣:《道德经注》,载蒙文通《道书辑校十种》,巴蜀书社,2001 年,第 564 页。
③ 李荣:《道德经注》,载蒙文通《道书辑校十种》,巴蜀书社,2001 年,第 564 页。
④ 李荣:《道德经注》,载蒙文通《道书辑校十种》,巴蜀书社,2001 年,第 564 页。
⑤ 李荣:《道德经注》,载蒙文通《道书辑校十种》,巴蜀书社,2001 年,第 564 页。

有为与无为是事迹与理本的分别。

【5】"双标道德，故言两者，混沌理一，所以云同。自静之动，从体起用故言出。通生之功著，道也，畜养之义彰，德也，道德殊号，是曰异名也。"①

这是对"同出而异名"句的解释。认为所谓"同出"，指无名、有名，虽有道生德畜之别，然混沌之理为一，同为寂静本体，从体起用，万物由此生出，故曰：同出。所谓"异名"，是指二者生养万物之功用有所差别，即"道"著于通生之功，"德"彰于畜养之用。总而言之，道德之间，乃是体同而用异。

【6】玄牝之道，不生不灭，雌静之理，非存非亡，欲言有也，不见其形，欲言亡也，万物以生，不盛不衰，不常不断，故曰绵绵也。②

"欲言有也，不见其形，欲言亡也，万物以生"，这和王弼的理路是一致的，即以无形言体，故非有；以万物之生言用，故非无。实为体无用有。

【7】超有物而归无物，无物亦无；绝视听而契希夷，希夷还寂。恐迷途之未悟，但执无形，示失路之有归，更开有象。无状之状，此乃从体起用；无物之象，斯为息应还真。息应还真，摄迹归本也；从体起用，自寂之动也。自寂之动，语其无也，俄然而有；摄迹归本，言其有也，忽尔而无。忽尔而无，无非定无；恍然而有，有非定有；有无恍惚，无能名焉。③

此时对十四章中"是谓无状之状，无物之象，是谓惚恍"的诠解。李荣将"无状之状，无物之象"分为两个阶段，一是"从体起用"，一是"息应还真"。所谓"息应还真"，他又说为"摄迹归本"，而其实与成玄英所说的"息用归体"完全一致。从体起用是自寂之动，故非定无；"摄迹归本"或"息用归体"则是自动归寂，故非定有。非定有非定无，于是谓之"惚恍"。其以"忽尔"和"俄然"来表明时间，恰恰说明有无动寂之间不是完全同时共存的，也就说并非真正的体用相即和动寂不二。在这一点上，李荣与成玄英《庄子疏·齐物论》中对"俄而"的理解是一样的。

【8】至道玄寂，真际不动，道常无为也。应物斯动，化被万方，随类见形，于何不有，种种方便，而无不为也。无为而为，则寂不常寂，为而

① 李荣：《道德经注》，载蒙文通《道书辑校十种》，巴蜀书社，2001年，第564页。
② 李荣：《道德经注》，载蒙文通《道书辑校十种》，巴蜀书社，2001年，第564页。
③ 李荣：《道德经注》，载蒙文通《道书辑校十种》，巴蜀书社，2001年，第564页。

不为,则动不常动;动不常动,息动以归寂,寂不常寂,从寂而起动;寂既动也,不成于寂,动复寂焉,不成于动。至理为语,不动不寂,为化众生,能动能寂。须知动与不动,非动非不动,宜识此为非为,非为非不为也。[1]

这仍然是对大道自体用动寂的讨论。

【9】"道生一",虚中动气,故曰道生,元气未分,故言一也。"一生二",清浊分,阴阳著也。"二生三",运二气,构三才。"三生万物",圆天覆于上,方地载于下,人主统于中,何物不生也。[2]

此是对四十二章中"道生一,一生二,二生三,三生万物"的解释。此处言虚中动气,不知是由虚无中创生出元气,还是虚无中本有元气的存在,只是使元气运动而生阴阳二气。但从李荣以道为虚无静极之理来看,虚无之理是无法蕴涵元气的,只能是从虚无中创生出元气来。

【10】道为物本,故云始;德能畜养,故云母也。[3]

和成玄英一样,将始母分别为无名和有名,不过李荣的不同在于他把始与母、无名与有名同道生和德畜对应起来。

【11】"天下之物生于有,有生于无。"有者,天地有形故称有。天覆地载,物得以生,故言生于有。无,道也。道非形相,理本清虚,故曰无。天地从道生,有生于无也,故曰虚者天地之根,无者万物之源。迷者失道,不识本元。圣人垂教,明于祖始,若能道超生死而出有无;必其昏俗,沦有无而系生死。形神合而见相,故言生于有,形神散而无体,故言有生于无。[4]

李荣在此将宇宙生成过程划分为三个阶段:道之虚无,天地之有,天下万物。

(三) 王玄览:"动体将作用,其用全是体,息用以归体,其体全是用"

王玄览(626—697),俗名晖,法名玄览。由于王玄览对佛理做过深入研究,其道教思想中有较浓的佛学味,特别是当时蜀中流传的佛教三论宗中观

---

① 李荣:《道德经注》,载蒙文通《道书辑校十种》,巴蜀书社,2001年,第584页。
② 李荣:《道德经注》,载蒙文通《道书辑校十种》,巴蜀书社,2001年,第622页。
③ 李荣:《道德经注》,载蒙文通《道书辑校十种》,巴蜀书社,2001年,第632页。
④ 李荣:《道德经注》,载蒙文通《道书辑校十种》,巴蜀书社,2001年,第618页。

学说对他的启迪不可低估,观其与佛教大德高僧讨论"空"义,熟练运用中观"四句"范式即可明白。从这一点看,他的哲学思想特色颇与重玄学派的李荣雷同,二人又都是成长于蜀中,表明初唐时蜀中道教深受佛教中观学影响,具有较强的理论思辨性。可以这样说,王玄览是援佛入道、将佛教哲学与道教哲理结合起来运用得较好的道教学者,是当时蜀中道教界远近闻名的有影响的高道。王玄览曾注解《老子》,著述颇丰,可惜已亡佚,只有弟子王太霄据诸人听讲笔记汇集而成的《玄珠录》两卷流传至今,收入《道藏》太玄部,为研究王玄览道教哲学思想的主要材料。

所谓"玄珠",道教又称宝珠、心珠,实际上就是指人心。《元始无量度人上品妙经通义》卷一注解"元始悬一宝珠"说:"宝珠即心也。儒曰太极,释曰圆觉,盖一理也。道亦曰玄珠、心珠、黍珠,即是物也。"准此,则所谓"玄珠录"就是"心录",就是王玄览心路历程的记录。《玄珠录》一书收王玄览的语录约一百二十余则,所涉及的理论问题相当广泛,我们这里主要关注他对"道体"、"道物"、"心性"、"有无"、"坐忘"等问题的论述。

【1】将人以磨镜,镜明非人明,因经得悟道,人悟非经悟。体用不相是。何者?体非用、用非体。谛而观之,动体将作用,其用全是体,息用以归体,其体全是用。①

这是从修养工夫论上谈体用。"体用不相是",即指体用不能等同相混淆。具体而言,"动体将作用",即是从体起用之后"用全是体";"息用以归体"之后则"体全是用"。这一点和李荣是非常相似的。

【2】识体是常是清净,识用是变是众生。众生修变求不变,修用以归体,自是变用识相死,非是清净真体死。②

识即是心,识有体用,清净不变为心体,众生变用是识用。因此,众生的宗极目标就在于"修用以归体"。

(四)《道教义枢》:"体用并为用,非体非用始为体"

《道教义枢》十卷,由唐代孟安排所编集,凡三十七条教义,为剪辑《玄门大义》和集一百零三种道经而成,约成书于武则天时代。每条教义以"义曰"开始,而以"释曰"作解释,收集了当时道教的主要教义,可谓唐代道教教义之大全。

---

① 王玄览:《玄珠录》卷下,《正统道藏·太玄部》。
② 王玄览:《玄珠录》卷上,《正统道藏·太玄部》。

【1】又道德体用义者,道义主无,治物有病,德义主有,治世无惑。陆先生云:虚寂为道体,虚无不通,寂无不应。玄靖法师以智慧为道体,神通为道用。又云:道德一体而其二义,一而不一,二而不二。不可说其有体有用,无体无用,盖是无体为体,体而无体,无用为用,用而无用,然则无一法非其体,无一义非其功也。寻其体也,离空离有,非阴非阳,视听不得,搏触莫辩。寻其用也,能权能实,可左可右,以小容大,大能居小。体即无已,故不可以议;用又无穷,故随方示见。①

此处集中谈道德体用义,认为道义主无,德义主有,各有对治不同。陆修静的"虚寂为道体,虚无不通,寂无不应",说明虚寂为道体,通应为道用,与臧玄靖法师的"智慧为道体,神通为道用"虽有不同,但同样都是以虚无为道体义,以神通应接万物为道用义。根据"道生德畜"的关系,实际上即是以道为德之体,德为道之用。

接下来臧玄靖进一步辨析道德之间的体用关系:道与德是一体而有二义,且一体而二义之间又是相即不二的,即所谓"一而不一,二而不二"。他同时强调不可执着于道德体用之间的关系,因此既不可说不可执说其有体有用,也不可定说无体无用。认为道体是"离空离有,非阴非阳,视听不得,搏触莫辩"。而德用则是"能权能实,可左可右,以小容大,大能居小"。总之,虽然说道体德用,但"体即无已,故不可以议;用又无穷,故随方示见"。显然,作者明显受到重玄派的思想影响。

【2】法是轨仪,身为气象,至人气象可轨,故曰法身。原其应化,身相称号甚多,总括本迹,具为六种,本有三称,迹有三名也。……本三称者:一者道身,二者真身,三者报身。……迹三名者,一者应身,二者分身,三者化身。②

以本迹论法身、真身、报身、化身、应身、分身,显然是受佛教以本迹论三身之观念的直接影响,但也保留了道教自身的特色。

【3】又本迹体义者,馀道教经,究法身正理,通本迹,不异不同。迹之三身,有其别体;本之三称,体一义殊。以其精智淳常曰真身,净虚通曰道,气象酬德是曰报身。就气精神,乃成三义,不可穷诘,惟是一源。既是法身,当有妙体,且言身言体,岂无色无心? 旧云寂地本身,以真一

---

① 孟安排:《道教义枢·道德义第一》,《正统道藏·太平部》。
② 孟安排:《道教义枢·法身义第二》,《正统道藏·太平部》。

妙智为体。①

综合本迹来看，法身理通本迹，不异不同。就迹之三称来说，应身、化身、分身是各有其身其体。就本之三称而言，法身、真身、报身是本体为一，但义涵各有侧重不同。若具体以道教的精气神来说，真身是精，报身是气，法身是神。三一一三，惟是一源。

【4】对本论迹，迹无别体，视是本身，寂用称为体耳。……有说云：迹身无常，本身是常。又云：常应为迹，迹亦言常，今明一往对缘。亦有此说。至论常与无常，并是起用，悉皆是迹，非常非无常，乃可为本。四句渐除，百非斯绝。②

本迹即体用，所以对本论迹，迹无别体，本即是迹之体，迹用一旦静寂即是本之体自身。最后，对于本迹的常与无常，不可执着，正确的认识应该是："常与无常，并是起用，悉皆是迹，非常非无常，乃可为本。"常与无常，都是迹用；唯有"非常非无常"才是真正的"本"。

【5】此三九若望界内入一大乘，其间自论，义开三品，经亦差等。曲辩三乘，上云兼而该之，一乘道也。今释别名者，上者胜上，各居一品之上，就用为名。高者高道，其德尊高，就德为称，大论其体，广大神明，或累已除，天语自然。③

【6】从通制别者，灵秘不杂，故与真名。生天立地，其用不滞，故与玄名。召制鬼神，其功不测，故与神名。……然其教迹本，洞真教主天宝君为迹，本是混沌太无元高上玉皇之炁；洞玄教主灵宝君为迹，本是赤混太无元上玉虚之炁；洞神教主神宝君为迹，本是冥寂玄通无上玉虚之炁。④

三洞之间可有"体用"关系：即洞真为体，洞玄和洞神为用。三洞之内又可以论"本迹"：洞真以"教主天宝君"为迹，以"混沌太无元高上玉皇之炁"为本；洞玄以"教主灵宝君"为迹，以"赤混太无元上玉虚之炁"为本；洞神以"教主神宝君"为迹，以"冥寂玄通无上玉虚之炁"为本。

①　孟安排：《道教义枢·法身义第二》，《正统道藏·太平部》。
②　孟安排：《道教义枢·法身义第二》，《正统道藏·太平部》。
③　孟安排：《道教义枢·位义义第四》，《正统道藏·太平部》。
④　孟安排：《道教义枢·洞义第五》，《正统道藏·太平部》。

【7】故《太上苍元上录经》云：三清者，玉清，上清，太清也。今明玉者无杂，就体为名；上者上登，逐用为称；泰者通泰，体事兼明。①

三清之间体用关系：玉清为体，上清为用，太清是体用兼明。

【8】因有五名，因、缘、行、业、根也。因者，因起，亦是因倚，召果为用，亲而能生。缘者，助业得果，疏而能生。行者，涉行，亦是进趋涉事，行因当体为目，进趋来果，功用为名。业者，义在动作，当体为名，亦是造作来果，功用为称。根者，以能生为义，谓能生来果，亦就用为名。②

以体用明因果：因为体，果为用，体生用，因生果。因有因、缘、行、业、根五名，五者体同用异，即"因"为召果为用，"缘"为助业得果，"行"为进趋来果，"业"为造作来果，"根"能生来果。

【9】今观此释，则以圆智为体、以圆智非本非迹，能本能迹，不质不空，而质而空也。且三一圆者，非直精圆，神炁亦圆。何者？精之绝累，即是神，精之妙体，即是炁。亦神之智照，即是精神之妙体，即是炁。亦气之智照，即是精气之绝累，即是神也。三一既圆，故同以精智为体，三义并圆，而取精者，名未胜也。③

精气神三一以圆智为体，所谓"圆智"，即是"非本非迹，能本能迹，不质不空，而质而空"。依体用而言，若以"精"而言，精之妙体为炁，精之用为绝累之神。

【10】智慧凡有三章，谓本智、观智、生智也。本智寂然不动，空有双观，权实并照，本智之中而有二用，照空为观智，照有为生智。④

智能有本智、观智、生智，其中本智为体，照空之观智与照有之生智为二用。

【11】义曰：动寂者，道应万方，神凝一理，名生于本迹，事出乎假真，爰开动寂之谈，方申体用之义，此其致也。

---

① 孟安排：《道教义枢·洞义第五》，《正统道藏·太平部》。
② 孟安排：《道教义枢·因果义第七》，《正统道藏·太平部》。
③ 孟安排：《道教义枢·三一义第十六》，《正统道藏·太平部》。
④ 孟安排：《道教义枢·境智义第二十七》，《正统道藏·太平部》。

　　释曰：动以应动为义，故无所不动；寂以本寂为义，故无所不寂。无所不寂，寂复寂动；无所不动，动复动寂。由此而言，义通四句。一，动寂句者，即含两义：一者由迹显本，本之言寂，即是动寂。二者摄迹归本，亦名动寂。经云：今当反神，还乎无为湛寂，常恒不动之处。二，寂动句者，亦含二义：一者由本乘迹之言，动即是寂动。二者从本起迹，亦名寂动。三，动动句者，即是动而又动，从迹起迹，分身化身，即是其义。四，寂寂句者，即是寂而又寂，非迹本寂，寂至无宗。又动寂体用者，旧云四绝忘理，众生迷之，故入生死，圣人体之，故与冥一。所冥之理既寂，能冥之智亦寂也。但初发道意，誓度众生，不负宿心，所以化行。行之为用，要在形声，故应入生死，形极物声。本无形声，所以为寂；迹有形声，所以为动。至论尚自无动无寂，岂得有形有声？既以无动无寂而分动寂，亦以无体无用而开体用。故以不寂之寂为体，不动之动为用。若言体用并为用，非体非用，始为体者，亦动寂并为动，非动非寂，始为寂耳。①

　　此章谈动寂义，所谓动寂，即是对大道之存在状态的形容。如何理解和实践这种"即动即寂"的神妙至道，是整个道教理论阐述的重点之一。《义枢》作者一开始就对动寂之间的差别有一个很丰富的辨明，"动"即为"道应万方"，为"迹"，为"假"，为"用"；"寂"则是"神凝一理"，是"本"，是"真"，是"体"。接下来的阐释主要发生在本迹和体用两个方面。

　　首先是以本迹论动寂，可以从四个层面来理解：一，动寂句者，即含两义：一者由迹显本，本之言寂，即是动寂。二者摄迹归本，亦名动寂。二，寂动句者，亦含二义：一者由本乘迹之言，动即是寂动。二者从本起迹，亦名寂动。三，动动句者，即是动而又动，从迹起迹，分身化身，即是其义。四，寂寂句者，即是寂而又寂，非迹本寂，寂至无宗。这四个层面，若进一步分析，可以发现一个很重要的隐涵结构，下面用图示表明这一结构。

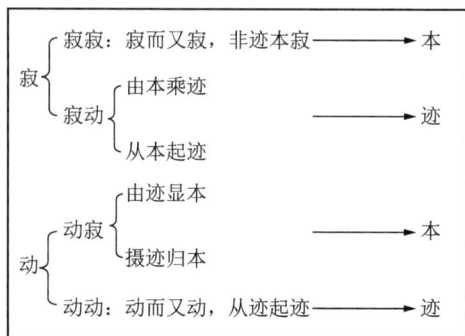

　　接下来是谈动寂体用义。其实也有一个和上面图示相同的结构。如

----

①　孟安排：《道教义枢·动寂义第三十四》，《正统道藏·太平部》。

下图：

```
┌─────────────────────────────────────┐
│  寂(体)    非体非用，非动非寂         │
│                                      │
│              ┌─ 不寂之寂为体         │
│  动(用) ─────┤                       │
│              └─ 不动之动为用         │
└─────────────────────────────────────┘
```

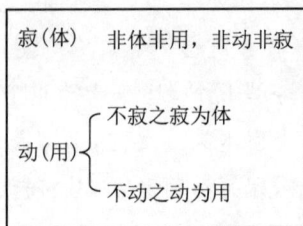

【12】又有无体用者，孟法师云：金刚火热，水湿风轻，若此之徒，以为有体；无为豁然，体不可立，借理显相，以寂然无形为体。玄靖法师释云：有法有用，有体有名，无法无用，无体无名。又云：无无体用，宜应无名，为说教法，假立称谓。体用自有，不可假设，名乃外来，故可假立，所以既往之法，体用斯尽，犹在其名，流传远世。徐法师云：有法有名，有体有用，无法无名，无用无体。今难此解，用附体立，既其无体，何得有用？如诸有相碍，不得行用，凭无得用，用属于有，岂关于无？①

这里谈有无体用。先举南朝孟法师、玄靖法师和徐法师三位法师的观点，而后提出了自己的质疑。

孟法师认为有无各有其体用不同。如金刚火热，水湿风轻等这些事物有具体的存在属性，是以"有形有象"为体；而"无"是一种豁然的虚空，"体"不可以形相而确立，只能借助"理"来显示"无"的形相，所以"无"是以"寂然无形"为体。

玄靖法师则认为：所有的法都有用，但不必有体，若有体则必相应有其名。这里的法即是一切过去现在未来的事物或现象。接下来玄靖法师又认为，"无"没有"体用"可言，所以也不应该有无之"名"，所谓的无之名，只是为了教化而假立的称谓。因为体用必须源于"有"，"无"不可假设有"体用"，但"名"是从事物之外来赋予的，所以可以假立。所以过去的事物已经不存在，其体用也就消失殆尽，唯有其名能流传后世。

徐法师和玄靖法师的观点不同，他认为有法有名，有体有用，无法无名，无用无体。强调体与用不离，法与名相应。

孟安排对这些观点都不认同，他认为，用总是依附于体而有的，既然没有体，又何来有用呢？如诸"有"之间是相互妨碍不通，"用"不可能产生。只有凭借"无"才能得"用"，而"用"则属于"有"，用既属于"有"，怎会与"无"有关呢？强调体用不离，且用皆属于有，但虚通之无是"有用"的凭借和根据。所以孟安排认为是"体无用有"。

───────────────

① 孟安排：《道教义枢·有无义第三十六》，《正统道藏·太平部》。

（五）唐玄宗：体用互陈，递明精要

《御注道德真经》乃唐玄宗（685—762）所著，成书于开元二十年（732）至二十一年（733）之间。此注因唐玄宗留意道家经义而作，以老子自然无为之政理为宗旨。继承并发扬唐初道教重玄家之"妙本"说，大力阐明道德体用、有无之义，以作其无为而无不为的理生治国之道。其体用诠释多有创新，下面将着重分析此种创新。

> 【1】无名者，妙本也。妙本见气，权舆天地，天地资始，故云无名。有名者，应用也。应用匠成，茂养万物，物得其养，故有名也。（道可道章第一）①

玄宗以非常明确的体用结构来阐释道的内涵，以无名为妙本，有名为应用。必须注意的是，"无名"有"见气"肇生天地之作用。"有名"的作用则在于"茂养万物"。这同样是延续了王弼以无名主生、有名主成的诠释模式。

> 【2】有体利无，以无为利。无体用有，以有为用。且形而上者曰道，形而下者曰器，将明至道之用，约形质以彰，故借粗有之利无，以明妙无之用有尔。（三十辐章第十一）
>
> 有之所利利于用，用必资无，故有以无为利也。无之所用用于体，体必资有，故无以有为利。注云形而上者曰道，形而下者曰器，《易》系辞文也。自无则称道，涉有则称器，欲明道用，必约形器，故首唯借喻于三翻，终欲用无于一致尔。（三十辐章第十一）

这里强调，所谓"有之利"是就体用之用方面来说的，所以"用"必须依赖于体即"无"的资助才能发挥作用，这就是"有以无为利"。而所谓"无之用"则是就体用之体方面来说的，"体"必须依赖"用"即有来发挥其作用，故说"无以有为利"。

此为对《道德经》第三十章中"有之以为利，无之以为用"句的诠释。重点有二：一是认为"有无"皆有"体用"，即"有体利无，以无为利。无体用有，以有为用"。二是引入《易传》中的道器说，来表明有无二者非平行并置关系，而是本末体用关系，即以"粗有之利无"为末为用，以"妙无之用有"为本为体。所谓"至道之用，约形质以彰"，正是体由用显。这种诠释的理论意义在于他把"有无"关系明确转换为"道器"关系，也即"道物"关系，并且明确以

---

① 本节引文均引自唐玄宗：《御注道德真经》，载于《正统道藏·洞神部·玉诀类》。接下来无有特殊情况，就不再标明书名，只在引文后面注明章目。

体用结构来规定这种关系。从哲学发展史的角度,可以说是具有里程碑式的意义,其为后来整个宋明理学的宇宙体用论的产生和发展,奠定了理论方向。从体用思想本身来说,"有无皆有体用"的思想也暗含着一个更为复杂的体用结构,如图所示:

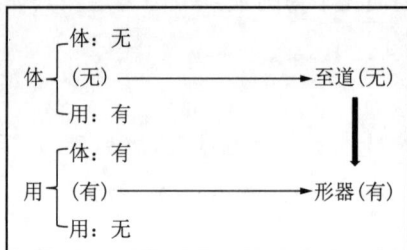

```
        ┌── 体: 无
        │
  体 ── (无)  ─────────→  至道(无)
        │                      │
        └── 用: 有             │
                              │
        ┌── 体: 有             ↓
        │
  用 ── (有)  ─────────→  形器(有)
        │
        └── 用: 无
```

【3】虚极者,妙本也。言人受生皆禀虚极妙本,及形有受纳,则妙本离散。今欲令虚极妙本必致于身,当须绝弃尘境染滞,守此雌静笃厚,则虚极之道自致于身也。(致虚极章第十六)

道教既以虚寂妙本为宇宙存在的本体,同时又以此妙本为修炼工夫的本体。所以修炼工夫之根本在于绝弃"尘境染滞",守此"雌静笃厚",于是"虚极之道自致于身"。必须清楚的是,此种工夫论之可以成立,必须符合两个要求:一是虚无不仅为存在之本体,还必须是价值之本体,即境界的最高形态;二是必须以形质为虚无本体存在之障碍,在价值或境界上为否定的对象。反映在"有无"论上,即是"贵无贱有",在道器论上是"崇道废器",在体用论上则是"弃用以存体"。

【4】德者道用之名,人能体道忘功,则其所施为,同于道用矣。(希言自然章第二十三)

以道为体,德为用。人可以同于道用,而不可与道合体。

【5】有物之体,寂寥虚静,妙本湛然常寂,故独立而不改。应用遍于群有,故周行而不危殆。而万物资以生成,被其茂养之德,故可以为天下母。(有物混成章第二十五)

以道之体用结构来诠解"有物混成,先天地生。寂兮寥兮,独立而不改。周行而不殆,可以为天地母"。

【6】德者道之用也,庄子曰:物得以生谓之德,时有淳漓,故德有上

下。上古淳朴，德用不彰，无德可称，故云不德，而淳德不散，无为化清，故云是以有德。建德下衰，功用稍著，心虽体道，迹涉有为，执德可称，故云不失。迹涉矜有，比上为粗，故云是以无德也。（上德不德章第三十八）

德者，道之用。"淳德"是德用不彰，可以说是"体无用无"；而"建德"是功用稍著，迹涉有为，故是"体无用有"。依此区分上德和下德。

【7】"道生之"，妙本动用降和气。"德畜之"，物得以生养万类。"物形之"，乾知坤作兆形位。"势成之"，寒暑之势各成遂。（道生之章第五十一）

【8】"天下有始，以为天下母。"始者冲气也，言此妙气生成万物，有茂养之德，故可以为天下母。"既得其母，以知其子。"万物既得冲和茂养，以知其身即是冲气之子。"既知其子，复守其母，没身不殆。"既知身是冲气之子，当守此冲和妙气，不令离散，则终没其身长无危殆也。（天下有始章第五十二）

此两段话的中心在于对宇宙生成的诠释，其基本的逻辑为：妙本之道——冲和妙气——万物，妙本为始，妙气为母，万物为子。

【9】庄子又曰：物得以生谓之德，德，得也，言天地万变，旁通品物，皆资妙本而以生成。得生为德，故经曰：道生之，德畜之，则知道者德之体，德者道之用也。（《唐玄宗御制道德真经疏·释题》）

【10】而经分上下者，先明道而德之次也。然体用之名，可散也，体用之实，不可散也，故经曰：同出而异名，同谓之玄，语其出则分而为二，咨其同则混而为一，故曰可散而不可散也。则上经曰：是谓玄德，又曰：孔德之容，又曰：德者同于德，又曰：常德不离，下经曰：失道而后德，又曰：反者道之动，又曰：道生一，又曰：大道甚夷，是知体用互陈，递明精要，不必定名于上下也。（《唐玄宗御制道德真经疏·释题》）

对《道德经》上下经的体例给予体用结构说明，提出体用之间就"名"而言可以分离，若就"实"而言则是不可分离的原则。由此揭示出一个内在于经文的辩证结构，即上经虽言道体，但多处言德用，下经虽主德用，却大谈道体，这就是玄宗所谓的"体用互陈，递明精要"，也可以说是体用无定之义。

【11】此章明妙本之由起，万化之宗源。首标虚极之强名，将明众妙

之归趋。故可道可名者,明体用也。无名有名者,明本迹也。无欲有欲者,明两观也。同出异名者,明朴散而为器也。同谓之玄者,明成器而复朴也。玄之又玄者,辩兼忘也。众妙之门者,示了出也。所谓进修之阶渐,体悟之大方也。摄迹归本,谓之深妙,若住斯妙,其迹复存,与彼异名,等无差别。故寄又玄以遣玄,欲令不滞于玄,本迹两忘,是名无住,无住则了出矣。(道可道章第一)

这是对《道德经》第一章全部内容及意义结构的整体诠释,可以说把玄宗整个《道德经》诠释的基本原则、立场及方法都呈现出来,因此显得格外重要。第一,认为此章的根本主旨在于"明妙本之由起,万化之宗源"。其实这不仅是《道德经》首章的主旨,也可以说是整个中国传统哲学的最高追求。从诠释学的角度来说,中国哲学的首要目标,即在于对此本体的诠释、领悟与体认。第二,首句"道可道,非常道;名可名,非常名",旨在阐明"妙本"与"众妙"之间的体用关系。次句"无名,天地之始;有名,万物之母",旨在阐明"道"与"万物"之间的本迹关系。次句"常有欲,以观其徼;常无欲,以观其妙",则旨在阐明修养工夫上的"有无"两观。最后"同出而异名,同谓之玄,玄之又玄,众妙之门",旨在揭示所谓"进修之阶渐,体悟之大方",即工夫论之修炼的具体方法及过程:摄迹归本,本迹两忘。第三,唐玄宗在此章的诠释中具有非常明确的宇宙论和修养论的区分与关联,在宇宙论上,他认为"道可道"至"有名无名"两句,重在阐明宇宙的结构与生成之根本,即以"常道"与"可道"的体用关系来揭示宇宙的道体结构,以"有名"与"无名"的本迹关系阐明宇宙万物之生成过程。在修养工夫论层面,自"有欲无欲"句至最后,又可以分为两个层次:一是以"有无"两观来说明修养工夫的基本原则和方法,二是以"本迹"逻辑来阐明具体的修养工夫过程、次第和境界。二者之间,又以第一层次的"有无"两观为第二层次的"本迹"逻辑的根本,而以后者为前者的具体展开和实现过程。

【12】此者,指上事也。两者,谓可道、可名,无名、有名,无欲、有欲,各自其两,故云两者。俱禀妙本,故云自本而降,随用立名,则名异矣。玄,深妙也。自出而论则名异,是从本而降迹也。自同而论则深妙,是摄迹以归本也。归本则深妙,故谓之玄。(道可道章第一)

此是对首章中"两者同出而异名,同谓之玄"的具体解释,指出两者包括前面所提到的可道与可名,无名与有名,无欲与有欲等各自有其相对之两者。此相对的两者,都是禀承于同一之妙本。之所以"同出而异名",乃是因为"从本降迹"的宇宙生成过程,随用立名故名异。"同谓之玄",意指"摄迹以归本"的修养工夫过程,归本则深妙,故谓之玄。此处明言本迹,暗言体用。

【13】常无欲者,谓法清静,离于言说,无所思存,则见道之微妙也。常有欲者,谓从本起用,因言立教,应物遂通,化成天下,则见众之所归趋矣。(道可道章第一)

所谓"从本起用",即是从体其用,也是从本降迹之义。常有欲,是"从体其用",常无欲,当为"摄迹归本"了。

【14】冲,虚也,谓道以冲虚为用也。夫和气冲虚,故为道用。用生万物,物被其功。论功则物疑其光大,语冲则道曾不盈满,而妙本深静,常为万物之宗。(道冲章第四)

道既以冲虚为用,同时又以生物为功。其实这里有一个体用的层次问题,即生物之功是以道之冲虚之用为直接依据的,也就是说道冲虚之"用"实乃生物作用的"体"。虽然冲虚之用和生物之功虽都属于道之作用,但二种作用是有层次差别的,第一层次为"冲虚之用",属于道固有的本质属性,第二层次为"生物之功",则是道这种固有属性的向外拓展、运动而呈现出来的具体作用。所以从与道的关系来说,应当呈现如此的逻辑:道体——冲虚之用——生物之功,恰好符合孔颖达所揭示的"体性用"或"体象用"的体用结构。

【15】此章明一从顺至道甚真,则能阅众甫。首标孔德两句,明德人之顺道。次道之为物下十句,畅妙本一之精。自古下五句辩应用之名,结生成之德尔。(孔德之容章第二十一)

【16】又引《西升经》云:虚无生自然,自然生道,则以道为虚无之孙,自然之子。妄生先后之义,以定尊卑之目,塞源拔本,倒置何深? 且尝试论曰:虚无者,妙本之体,体非有物,故曰虚无。自然者,妙本之性,性非造作,故曰自然。道者,妙本之功用,所谓强名,无非通生,故谓之道。幻体用名,即谓之虚无。自然道尔,寻其所以,即一妙本,复何所相仿法乎? 则知惑者之难,不诣夫玄键矣。(有物混成章第二十五)

此处对《西升经》中的"虚无生自然,自然生道"的说法提出批评,认为这样先后尊卑的安排,实际上属于"塞源拔本,妄想倒置"之论。而以虚无为妙本之体,自然为妙本之性,以道为妙本之功用,这样就把虚无、自然和道都统一到"妙本",而不会造成《西升经》中那样的错误。而实现这种统一的关键,即在于他采用了"体—性—用"的逻辑结构。

【17】夫道为德体,德为道用,语其用则云常德乃足,论其体则云复归于朴。归朴则妙本清净,常德则应用无穷,非天下之至通,其孰能与于此者?(知其雄章第二十八)

【18】道者虚极之神宗,一者冲和之精气,生者动出也。言道动出和气,以生于物,然应化之理由自未足,更生阳气,积阳气以就一,故谓之二也。纯阳又不能,更生阴气,积阴就二,故谓之三。生万物者,阴阳交泰,冲和化醇,则遍生庶汇也。此明应道善贷生成之义尔。(道生一章第四十二)

所谓"道生一",道动而生出和气;一生二,即和气生阳气;二生三,和气生阴气;三生万物,阴阳交泰,化生万物。道是物质性实体,还是虚理性实体?此处一方面说道为"虚极之神宗",有言所谓"应化之理",似乎倾向于以道为虚理性实体,若如此,则必然遭遇到"理"如何能生"气"的难题。不过这在玄宗这里似乎不成为问题。

【19】道生之者,言自然冲和之炁,陶冶万物,物得以生,故云道生之。注云妙本动用降和炁者,妙本,道也,至道降炁,为物根本,故称妙本。德畜之者,德,得也,畜,养也。谓万物得道用,而能畜养斯形,则约兹畜养之处,而受德名,故云德畜之。(道生之章第五十一)

这里对"道生之"的阐释,似乎又不具有创生论的色彩,而只说是道为万物生养的根本。但他又说"妙本动用降和气",然后以此和气为万物的根本,似乎又具有创生论的意味。接着说"德畜之"是指万物得到"道之用"即"德"的畜养,则也就意味着"道生之"应该相应地理解为万物由"德之体"即"道"所创生。总之,就道是否创生万物而言,在此是语焉不详的。

【20】"大成若缺,其用不敝。大盈若冲,其用不穷。大直若屈。大巧若拙。大辩若讷。躁胜寒,静胜热,清净,为天下正。"(大成若缺章第四十五)

此章明戒盈若缺,其用所以不穷。次初七句,标立行之楷模。次两句,明静躁之优劣。后清净下,结释清净则可为天下正尔。……前四句兼明体用,此下三句但出其体,不书其用。

（六）杜光庭："体用者,相资之义也"

杜光庭(850—933),字圣宾,号东瀛子,缙云(在今浙江丽水)人。一生著作颇多,有《道德真经广圣义》、《道门科范大全集》、《广成集》、《洞天福地岳渎名山记》、《青城山记》、《武夷山记》、《西湖古迹事实》等。著名传奇小说《虬髯客传》相传也为他所作。

杜光庭对道教的建设有过多方面的贡献,主要表现在他对道教的教理教义、神话传说、斋醮科仪等进行了系统的整理和阐发。他的大批著作,不仅反映了他所处时代的道教面貌,也为道教在北宋的复兴准备了条件,所以他是道教文化史上一位承前启后的重要人物。

【1】疏:则知道者德之体,德者道之用也。义曰:真实凝然之谓体,应变随机之谓用,杳冥之道,变化生成,不见其迹,故谓之体也,言妙体也。庄子曰其来无迹,其去无涯,无门无旁,四达之皇皇是也。因此妙体,展转生死,生化之物,任乎自然,有生可见而不为主,故谓之用。此妙用也。庄子曰昭昭生于冥冥,有伦生于无形是也。（卷四）①

在肯定玄宗"道体德用"说的基础上,杜光庭进一步对体用的内涵和属性予以说明。以"真实凝然之谓体,应变随机之谓用",用而无迹谓之"妙体",生而不有谓之"妙用"。

【2】疏:先明道而德次之。义曰:妙无生妙有,由精以至粗。次者,亚也,先后之谓也。疏:然体用之名可散也,义曰:精粗先后,可两言之。体精而为本,朴也;用粗而为末,器也。故言散尔。疏:体用之实不可散也。义曰:同契乎无,故不可散。散者,分别之谓也。虽因用而有分别,在生化终始、倚伏相须,诣理源实,故不可散。言万形之殊,含妙道也。疏:故经曰:同出而异名,同谓之玄。义曰:妙体妙用生于妙无,是同出也。由精而粗,是异名也。混而为一,是同谓之玄也。疏:语其出则分而为二,咨其同则混而为一。义曰:分而为二者,体与用也。混而为一者,归妙本也。庄子曰:巍巍乎,其终则复始也。疏:故曰可散而不可散也。义曰:体用虽异,是何散也。相资而彰,不可散也。疏:则上经曰是谓玄德,又曰孔德之容,又曰德者同于德,又曰常德不离。义曰:《道经》之中明此德者,则明道资于德也。疏:下经曰失道而后德,又曰反者道之动,又曰道生一,又曰大道甚夷。义曰:《德经》之中明此道者,则明德

---

① 本节引文出自杜光庭《道德真经广圣义》,载于《正统道藏·洞神部·玉诀类》,无有特殊情况,不再注明书名,只标出其中原文卷数或章节数。

宗于道也。疏：是其体用互陈，递明精要，义曰：道资于德，德宗于道，是
互陈也。互者，交也，差也。陈者，布也。互观其理，皆达精微，斯所谓
不可散也。（卷五）

杜光庭对玄宗的体用之名可散、体用之实不可散、体用互陈的观点作进
一步阐明：指出所谓"体用之名可散"，是指用有精粗先后的分别；而"体用之
实不可散"则指体用相资而彰。对于"体用互陈，递明精要"，他认为即是"道
资于德，德宗于道"，体用之间通过互观其理，而最终都能达至精微。

【3】虚极，妙本也。强名，道也。此章先标可道为体，可名为用。末
篇归众妙之门，摄迹归本。趣，向也，复归向于大道之本也。就此门中
分为七别。一曰可道可名者，明体用也。义云：体用者，相资之义也，体
无常体，用无常用，无用则体不彰，无体则用不立。或无或有，或实或
根，或色或空，或名或象；互为体用，转以相明，是知体用是相明之义也。
体者形也，肤也；用者资也，以也。（卷六）

此处值得重视的是，从"可道可名者，明体用也"到"体者形也，肤也；用
者资也，以也"，有一个诠释视角的转换。这种转换的意义就在于杜光庭不
再只是把"体用"结构作为单纯的诠释工具来使用，而是开始把"体用"结构
本身作为独立诠释的对象，从而使体用结构的逻辑形式性得以真正彰显。
具体而言，这段单独诠释"体用"的文字有三个层次：一是以"相资"来阐明体
用的逻辑内涵；二是以"相明"来阐明体用之间的相互关系；三是分别定义体
用二者各自的概念内涵。显然，这是一次极为关键的转换，这也是中国哲学
体用思想发展史上的第一次，可以看作从体用范畴到体用逻辑转化的标志。

【4】义曰：标宗一字，是无为无形，道之体也。可道二字，是有生有
化，道之用也。三字之中自立体用，体则妙不可极，用则广不可量。故
为虚极之妙本也。（卷六）

【5】义曰：名者，正言也。标宗一字，为名之本。可名二字，为名之
迹。迹散在物，称谓万殊，由迹归本，乃合于道。是知道为名之本，名为
道之末。本末相生，以成化也。（卷六）

【6】无为有为，可道常道，体用双举，其理甚明。今于体用门中，分
为五别。一曰以无为体，以有为用。可道为体道，本无也；可名为用名，
涉有也。二曰以有为体，以无为用。室车器以有为体，以无为用。用其
无也。三曰以无为体，以无为用，自然为体，因缘为用。此皆无也。四
曰以有为体，以有为用，天地为体，万物为用，此皆有也。五曰以非有非

无为体,非有非无为用,道为体,德为用也。又于本迹门中,分为二别。以无为本,以有为迹。无名,有名也。以有为本,以无为迹。互相明也。万物自有而终,归于无也。(卷六)

这里对于体用门的五种分别,可以说是中国哲学发展史上第一次对体用思想的系统性反思。如图所示:

> ① 以无为体,以有为用。可道为体道,本无也;可名为用名,涉有也。
> ② 以有为体,以无为用。室车器以有为体,以无为用。用其无也。
> ③ 以无为体,以无为用,自然为体,因缘为用。此皆无也。
> ④ 以有为体,以有为用,天地为体,万物为用,此皆有也。
> ⑤ 以非有非无为体,非有非无为用,道为体,德为用也。

进一步分析,可知第一种体无用有,涉及的是道物关系;第二种体有用无,涉及的是实体与功用关系;第三种体用皆无,阐明的是道之境界;第四种体用皆有,专指天地与万物之关系;第五种体用皆非有非无,揭示的是道德之间的关系。另外,这五种体用类型的陈列也很有特点:其一是其都是先列举体用关系类型,然后再列举具体实例加以说明。这充分表明对体用逻辑形式的构造是优先于对其具体内容的规定的。其二是这五种逻辑类型不仅穷尽了体用有无的四种模式,还加入"非有非无"作为第五种,实际上是重玄学思维在体用逻辑构造上的鲜明体现。

【7】义曰:甘者,水之味也。凉者,水之体也。水为气母,王于北方,以润下为德,其色黑,其性智,其味咸,其数六。北方者,阳德之始,阴气之终也。生数一,与道同也。道亦为一,即无一之一,水亦为一,即有一之一也。无一之一为道之体,有一之一为道之用。则明水者,道之用也。一切物类,皆资润泽而得生成,以能润故耐生万物。(上善若水章第八)

道亦为一,即无一之一,水亦为一,即有一之一也。无一之一为道之体,有一之一为道之用。则明水者,道之用也。一切物类,皆资润泽而得生成,以能润故耐生万物。

【8】疏:注云形而上者曰道,形而下者曰器者,《易·系辞》文也。义曰:形而上者,道之本,清虚无为,故处乎上也。形而下者,道之用,禀质流形,故处乎下也。显道之用,以形于物,物禀有质故谓之器。器者,有形之类也。圣人法道之用,制以为器,画卦观象以制文字,制木为舟,刻木为楫,断木为杵,掘地为臼,弦木为弧,剡木为矢,制以官室,结为网

罟,服牛乘马,负重致远,铸金为兵,揭竿为旗,斲木为耜,揉木为耒。一事以上,以利天下。此皆分道之用以为器物尔。(十一章)

此处继承玄宗以《易》解道的做法,丰富和发展了玄宗的思想。杜光庭不仅接受以形而上下区分道器的观点,还特别强调形而上下的区分原则是道器之间的体用关系:道之本,清虚无为,故处乎上也;道之用,禀质流形,故处乎下也。这是杜光庭将体用范畴逻辑化的又一个十分重要的证明。过去通常只是利用体用范畴来说明事物之存在或事物之间的关系,此种运用仍然是一种外在的类比性解释,而后逐渐成为一种内在结构的揭示。到此处则完全成为形而上下道器区分的逻辑基础,而非可有可无的外在说明。更为重要的是,他把一直二分的“道器”两种存在纳入道之体用这一逻辑结构之中,直接导致道与具体万物的关系必将成为时代哲学的主题,随之而来的宋代理学显然很好地把握住了这一时代脉搏。杜光庭对道器体用关系的具体阐释也十分有特点。在此之前,诠释者通常都是根据器物来说明其之有用,此“用”是指一般实体的功用。而杜光庭则不同,他是根据道之用来说明器物之所以为器物的内在根据,此“根据”则是本体之道的显现和分有。圣人制器之根本在于效法道之用,器物之利用恰源于本体道之用。于是我们在此可以发现两种体用结构,一是道器之体用,其结构逻辑当属于为“本体—显现”类型,二是器物之体用,其逻辑当为“实体—功用”类型。并且这两种类型又是密切关联的。如图所示:

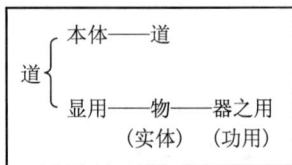

上图表明,两种体用类型关联的本质在于,任何具体事物作为实存都有其实体与功用,但任何具体存在之体用都只是道最高本体的作用显现。

【9】道者,虚无平易,清静柔弱,淳粹素朴,此六者道之形体也。虚无者,道之合也;平易者,道之素也;清静者,道之鉴也;柔弱者,道之用也;淳粹素朴者,道之乾也。行此六者,谓之道。人行与道同,故曰能顺事而不滞,悟言教而同道也。(希言自然第二十三章)

道有形体的提法很新颖,但实质内容与道家学者所公认的关于道的描述并无差异,主要在于它从“虚无、平易,清静、柔弱,淳粹、素朴”六个方面来规定所谓道的形体。此道之形体实际就是指道之体,且此体乃兼体用,因为他之所谓“清静柔弱”即是道之功用。

【10】义曰：在昔三气未分，一元未立，形质犹隐，恍惚莫穷，混然首出者，惟虚极之妙本尔。洎乎孕神布化，天地生焉，万物育焉，生之成之，故为化母。然后定以名实，显其功用，或大或逝，或远或返，包三才而运气，首四大而居尊，递为宪章，以施法度，方复混融不宰，默体自然，宣大道冲用之功，功成复归于道本也。（有物混成章第二十五）

此为其完整的宇宙生成论，虚极妙本——元气——三气——三才——万物。

【11】此明大道以虚无为体，自然为性，道为妙用，散而言之即一为三。合而言之，混三为一。通谓之虚无、自然、大道，归一体耳，非是相生相法之理，互有先后优劣之殊也。非自然无以明道之性，非虚无无以明道之体，非通生无以明道之用。熟详兹妙，可谓诣于深玄之关键也。（有物混成章第二十五）

强调虚无、自然和道三者为妙本之"体—性—用"，三者散而言之一即是三，合而言之混三为一，反对三者是相生相法、互有先后优劣的说法。

【12】太上之君以道为化，其次以德，其次以仁。道德既衰，浇讹时扇，故文武之道用焉。文，训之以礼乐仁义；武，训之以奇正权谋。文经天地，而武定祸乱；文为本，而武为末；文为体，而武为用。（夫佳兵章第三十一）

以"礼乐仁义"为文，以"奇正权谋"为武，文武之道的体用关系，文为本体，武为末用。"文武"又合为道体之用。

【13】寂然不动，无为也。感而遂通，无不为也。无为者，妙本之体也。无不为者，妙本之用也。体用相资，而万化生矣。若扣之不通，感之不应，寂然无象，不能生成。此虽无为，何益于玄化乎？若复循回不息，动用不休，役役为劳，区区无已，此之有为也，何所宁息乎？当在为而无为以制其动，在无为而为以检其静，不离于正道，无滞于回邪，可与言清静之源矣。（道常无为章第三十七）

这里又把《易·系辞》中的"寂然不动，感而遂通"与道家的"无为而无不为"结合起来，建立体用关系，强调"体用相资"，才能生化万物。以为若只是寂然之体，则无益与"玄化"；若只是"动用不休"，则无所"宁息"。

【14】若彼毗耶杜口,自昧于真宗,灵山拂席,竟迷于正见。岂若兹文演畅,体用兼明。语之修身理家,则百关和而六亲睦;奠邦御寓,率土静而九有清。(八十一章)

末章依"体用"判教,批评佛教"昧于真宗,迷于正见",而强调唯有道德之教,不仅"修身理家",更能"奠邦御寓",才是真正的"体用兼明"。

三、钟吕内丹学与体用

唐五代是内丹之道发展的关键时期,李筌、张果等注解《阴符经》,钟离权著《灵宝毕法》,吕洞宾传钟离权丹道,施肩吾撰《钟吕传道集》,崔希范撰《入药镜》,司马承祯作《天隐子》,陈抟著《指玄篇》,作《太极图》、《无极图》,使内丹之道的理论与方法进一步完备。

《钟吕传道集》属钟吕内丹派早期著作。作者施肩吾,唐道士,字希圣,号东斋,世称"华阳真人"。全书以钟离权与吕岩师徒问答的形式,论述内丹术要义,共18卷,分论真仙、大道、天地、日月、四时、五行、水火、龙虎、丹药、铅汞、抽添、河车、还丹、练形、朝元、内观、磨难、征验。全书以天人合一思想为基础,以阴阳五行学说为核心,以炼形炼气炼神为方法,系统完整地论述了气功学说的精华——内丹学说,建立了钟吕派内丹体系,极受后世推崇,在内丹史和道教宗派史上具有不容忽视的地位。

【1】《金诰》曰:大道本无体,寓于气也,其大无外,无物可容;大道本无用,运于物也,其深莫测,其理可究。以体言道,道之始有内外之辨;以用言道,道之始有观见之基。观乎内而不观乎外,外无不究而内得明矣;观乎神而不观乎形,形无不备而神得见矣。①

此处表明道有两个阶段或形态,一是无体无用,二是有体有用。无体而寓于气,无用而运于物。这表明无体用并非不是真实的存在,而只是不可以名言范围或限定其体用。此中道与物的关系实际上为"无"和"有"的关系。无体无用要借助有体有用来显现和言说。

【2】吕曰:"小法旁门,既已知矣,其于大道,可得闻乎?"钟曰:"道本无问,问本无应。及乎真元一判,太朴已散。道生一,一生二,二生三。一为体,二为用,三为造化。体用不出于阴阳,造化皆因于交媾。上、中、下列为三才;天、地、人共得一道。道生二气,气生三才,三才生

---

① 钟离权:《灵宝毕法·内观第九》。

五行,五行生万物。万物之中,最灵、最贵者,人也。惟人也穷万物之
理,尽一己之性。穷理、尽性以至于命,全命、保生以合于道,当与天地
齐其坚固,而同得长久。"①

道的终极或源始状态是无体用可言的,及道之剖判而创生天下万物,其
逻辑过程为道生一,一生二,二生三,三生万物。以体用结构来说,一为体,
二为用,三为造化。"体用"即是阴阳,造化即是阴阳之交媾。应该说,这种
体用观在整个体用思想发展历史中是比较特出的。

第三节　隋唐儒学与体用思想

一、隋唐儒家学术概说

魏晋南北朝的政治分裂,导致两汉居于官学地位的儒家经学长时间处
于潜隐低伏状态,虽然在义理诠解上并非全无贡献,但毕竟是寥若晨星,屈
指可数。随着政治上的全国统一,唐代儒家学术也表现出相当明显的统一
趋势,这种趋势不仅表现在儒家学术南北差异的逐渐消失和弥合,而且充分
表现在儒家学者已开始能够以坦然的心态面对释道二教,既站在儒家立场
批判释道二教的思想异端,也能大度地吸收和融化释道二教的"合理"思想
要素。

唐代儒家学术的主要成就集中在早期的儒家经学和中后期的新儒家之
学:一、唐代早期经学的最大成果是《五经正义》的刊定与颁布,不仅成为当
时的官方教科书,而且对后来儒学发展产生巨大而深远的影响。② 除《五经
正义》外,唐初儒家学者的重要著作还有许多,诸如陆德明的《经典释文》,贾
公彦的《周礼疏》《仪礼疏》,徐彦的《春秋公羊传疏》,杨士勋的《春秋穀梁传
疏》,以及李鼎祚的《周易集解》等,都颇负盛名,价值甚高。二、到唐代中后
期,韩愈、李翱以及柳宗元、刘禹锡等人所倡导的儒家复兴运动,其实质是要
突破传统经学的樊篱,希望通过儒学复兴创造新的时代理性,这一运动以批
判佛教、创立道统为目标。

二、《五经正义》之体用思想

孔颖达(574—648),字冲远(一作仲达、冲澹),冀州衡水(今属河北)人,

---

①　施肩吾:《钟吕传道集·论大道第二》。

②　马宗霍在《中国经学史》中对此评论说:"自《五经》定本出,而后经籍无异文;自《五经正
义》出,而后经义无异说。每年明经,依此考试,天下士民,奉为圭臬。盖自汉以来,经学统一,
未有若斯之专且久也。"上海书店出版社,1984 年,第 94 页。

孔安之子,孔子三十二代孙。《五经正义》,原名《五经义疏》,专指《周易》、《尚书》、《毛诗》、《礼记》、《春秋》五部儒家经书(通称五经)的注解之疏义。由唐太宗诏令孔颖达主持,由诸儒共参议,贞观十六年(642)撰成,续有修正,直到唐高宗永徽四年(653)才颁布。初名"义赞",诏改称"正义"。

《五经正义》的编纂被视为官方统一南学、北学的手段,使六朝以来南、北地区各自发展的经学思想殊途而归一,遂成为后来各朝代相继编纂官方经学解释的滥觞。《五经正义》至高宗时颁行,立即成为科举考试的标准课本。然而朱熹对《周易正义》评价不高,认为孔氏负责编撰的《五经义疏》,《春秋》最好,《诗》、《礼记》次之,《书》、《易》为下。清代《四库全书总目》认为,孔疏不仅"墨守专门",唯王弼注是从,而且"至于诠释文句,多用空言","亦非考证之疏矣"。《五经正义》实为集体劳动的成果,因而其水平也难免参差不齐,内容也或有自相矛盾之处,体例也并非整齐划一。[①]

(一)《周易正义》

《周易正义》又称《周易注疏》,共计十三卷(宋版)。由魏王弼、晋韩康伯作注,唐孔颖达为之正义,定稿于公元653年,是唐代科举取士的标准用书,长期立于学官,也是易学史上的重要典籍。

> 【1】此乾卦本以象天,天乃积诸阳气而成天,故此卦六爻皆阳画成卦也。此既象天,何不谓之天,而谓之"乾"者?天者定体之名,"乾"者体用之称。故《说卦》云:"乾,健也。"言天之体,以健为用。圣人作《易》本以教人,欲使人法天之用,不法天之体,故名"乾",不名天也。[②]

这是对乾卦称名的讨论。所谓"'天'者定体之名,'乾'者体用之称",意思是说"天"乃唯是单独指称其固定形体的名称,而"乾"则是同时指称其体和用的名号。因为"乾"从体来说是天,从用来说是"健"。即"天之体,以健为用"。《易经》本义在于让人效法天之用,而非天之体,所以称为"乾"卦而不称其为"天"卦。

---

① 此次经典整理,起于贞观四年(630),成于永徽四年(653),前后长达二十余年。参加者除颜师古、房玄龄、孔颖达等名儒硕学外,实际撰修者皆为各个门类的专家。皮锡瑞在其《经学历史》中指出:"颖达入唐,年已耄老;岂尽逐条亲阅,不过总揽大纲。诸儒分治一经,各取一书以为底本,名为创定,实属因仍。书成而颖达居其功,论定而颖达尸其过。究之功过非一人所独擅,义疏并非诸儒所能为也。其时同修《正义》者,《周易》则马嘉运、赵乾叶,《尚书》则王德韶、李子云,《毛诗》则王德超、齐威,《春秋》则谷那律、杨士勋,《礼记》则朱子奢、李善信、贾公彦、柳士宣、范义、张权。标题孔颖达一人之名者,以年辈在先,名位独重耳。"皮锡瑞:《经学历史》,中华书局,1959年,第197页。

② 孔颖达:《周易正义·上经乾传》。本节以下所引文字若不特别说明,即引自《周易正义》。

【2】但圣人名卦，体例不同，或则以物象而为卦名者，若否、泰、剥、颐、鼎之属是也，或以象之所用而为卦名者，即乾、坤之属是也。如此之类多矣。虽取物象，乃以人事而为卦名者，即家人、归妹、谦、履之属是也。所以如此不同者，但物有万象，人有万事，若执一事，不可包万物之象；若限局一象，不可总万有之事，故名有隐显，辞有蹉驳，不可一例求之，不可一类取之。

各卦称名的体例不同。具体说有：以物象而为卦名者，以象之所用而为卦名者，以人事而为卦名者。总之是"不可一例求之，不可一类取之"，反对以某种固定的体例来统领一切。这也成为整个《周易正义》的基本诠释原则。

【3】张氏以为阳数有七有九，阴数有八有六，但七为少阳，八为少阴，质而不变，为爻之本体。九为老阳，六为老阴，文而从变，故为爻之别名。

此是以阴阳之数说明卦爻的"本体"与"别名"，即七八之数因其"质而不变"为爻之"本体"，而九六之数因其文而从变为爻之"别名"。关键是文质相对，不变为"本体"，"别名"乃是不变本体之质的变化之文。如此说，质与文，本体与别名，就隐涵一种体用逻辑关系：以实质为本体，以变化为文用。

【4】道体无形，自然使物开通，谓之为"道"。言乾卦之德，自然通物，故云"乾道"也。"变"谓后来改前，以渐移改，谓之变也。"化"谓一有一无，忽然而改，谓之为化。言乾之为道，使物渐变者，使物卒化者，各能正定物之性命。性者天生之质，若刚柔迟速之别；命者人所禀受，若贵贱夭寿之属是也。

"道"这个称谓包含体与用，道之体无形，道之用是使物开通，体无形方能有开通万物的作用。孔氏在此用"自然"一词，正是说明道之用是以道之体为根据为原因的，这恰是体用关系中的基本逻辑要求。

进一步讨论"乾道变化，各正性命"。所谓"乾道"即天道，"变化"即是万物开通的两种状态——渐变与顿化，"性命"，"性"指万物天生自然之属性，"命"特指人的贵贱夭寿等存在属性，万物或人之个体差别正是由其所本有之属性即"性命"来决定的。所谓"正"，即指使万物各个个体存在的固有或本来的质性获得确定与稳定。这正是乾道作用的具体表现，也就是说，通过天道的变化（渐变或顿化），万物各自获得其本有的存在属性（性和命）。

【5】但万物之体，自然各有形象，圣人设卦以写万物之象。今夫子释此卦之所象，故言"《象》曰"。天有纯刚，故有健用。今画纯阳之卦以比拟之，故谓之《象》。

万物各有其体，其体各有不同的形象，卦象只是对此万物之体象的摹拟，于是有《易经》之《象》辞。举《乾》卦说明之，天之为体，有纯刚之象，并有健动之用，易经以六爻纯阳之《乾》卦来比拟此纯刚之象，于是有《易经·乾》卦之《象》。从分析中，我们还能发现一个"体象用"或"体性用"的逻辑。所谓"象"实即是"性"，《易经》卦象即是对此"体象用"或"体性用"中的"性"或者"象"的比拟。

【6】"天"是体名，"乾"则用名，"健"是其训，三者并见，最为详悉，所以尊乾异于他卦。

乾卦之所以成为六十四卦之尊之首，是因为在乾卦中"体用训"三者兼备，即"天"是体名，"乾"则用名，"健"是其训。"健是其训"即是指以"健"为对乾卦体用兼备的具体阐释。若就"乾健"二者而言，乾为体，健又为用。

【7】先儒所云此等象辞，或有实象，或有假象。实象者，若"地上有水，比"也，"地中生木，升"也，皆非虚，故言实也。假象者，若"天在山中"，"风自火出"，如此之类，实无此象，假而为义，故谓之假也。虽有实象、假象，皆以义示人，总谓之"象"也。

言卦"象"之有"实象"与"假象"的分别。"实象"指实际存在或实际可能存在的事物之象，"假象"即指现实中没有或不可能有，但假借为阐明义理之想象之象。"假象"之假重在假借义。他最后强调，不论实象还是假象，其本质都是通过象来阐明义理，因此可以总说为"象"。这也表明，卦象无论虚实，都不是根本性的，只有此"象"所昭示的"义理"才是卦之根本。显然，这可以看作程颐"因象明理"思想的先声，也是对王弼重视卦的义理诠释的易学继承。但不同于王弼的是，孔颖达并不完全消极否定象数的意义，因此不提倡"忘象得意"，而是既肯定卦之象数对于义理阐释的积极意义，又否定象数有像汉代易学那样的根本地位，既强调《易经》卦象的价值性，是对万物之形象即"本性"的描摹比拟，并且说明象之描摹比拟有虚有实；又强调它的非本体性，即最终只是一种呈现揭示"义理"的工具。此种说法与程颐的差别在于，他并没有把卦象所揭示的"义理"上升到宇宙本体的层面，而是仍然局限于易经阐释的范围之内。也就是说仍然是属于经学诠释学，而非宇宙论诠释学。

【8】此第一节论乾之四德也。"元者善之长也",此已下论乾之"四德",但乾之为体,是天之用。凡天地运化,自然而尔,因无而生有也,无为而自为。天本无心,岂造"元亨利贞"之德也?天本无名,岂造"元亨利贞"之名也?但圣人以人事托之,谓此自然之功,为天之四德,垂教于下,使后代圣人法天之所为,故立天"四德"以设教也。

这里出现一个体用层次结构,即"乾"作为天体之用,其本身有可以作为体,即"乾之为体,是天之用"。乾之体为"元亨利贞"四德,此四德即是天之用,即天之自然之功,实乃圣人以人事假托而垂教天下之名称设施。

【9】正义曰:"子曰夫易何为"者,言易之功用,其体何为,是问其功用之意。"夫易开物成务,冒天下之道,如斯而已"者,此夫子还自释易之体用之状,言易能开通万物之志,成就天下之务,有覆冒天下之道。斯,此也,易之体用如此而已。

明确讨论《易经》的体用。用者,功用,即"开通万物之志,成就天下之务,有覆冒天下之道"。

【10】正义曰:"是故形而上者谓之道,形而下者谓之器"者,道是无体之名,形是有质之称。凡有从无而生,形由道而立,是先道而后形,是道在形之上,形在道之下。故自形外已上者谓之道也,自形内而下者谓之器也。形虽处道器两畔之际,形在器,不在道也。既有形质,可为器用,故云"形而下者谓之器"也。

此处,以有形无形来分别形而上之道与形而下之器。形即是体、质。并以先后内外来说明道器之差别。最终认为形属于器,因为必须有形质才能有器用。如图所示:

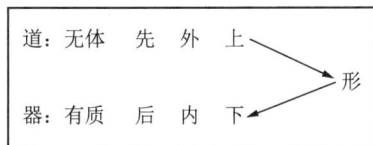

其中要害在于两点,一是道无形体,二是道是形器的根本,因为有从无生。但没有说明"无"如何生"有",及"道"如何生"器"。值得注意的是,晚唐著名道教学者杜光庭在其《道德真经广圣义》中疏解唐玄宗论形而上下与道器时,基本沿用了孔颖达这段话(详见第三章第二节内容)。

【11】正义曰:"王弼云:演天地之数,所赖者五十"者,韩氏亲受业于
王弼,承王弼之旨,故引王弼云以证成其义。"演天地之数,所赖者五
十",谓万物筹策虽万有一千五百二十,若用之推演天地之数,所赖者唯
赖五十,其馀不赖也。但赖五十者,自然如此,不知其所以然。云"则其
一不用"者,《经》既云"五十",又云"其用四十九"也。既称其"用",明知
五十之内,其一是不用者也。言不用而用以之通者,若全不用,理应不
赖。此既当论用,所以并言不用为用。五十者,虽是不用,其有用从不
用而来,以不用而得用也。故云"不用而用以之通"。所用者则四十九
蓍也。蓍所以堪用者,从造化虚无而生也。若无造化之生,此蓍何由得
用也?言"非数而数以之成"者,太一虚无,无形无数,是非可数也。然
有形之数,由非数而得成也。即四十九是有形之数,原从非数而来,故
将非数之一,总为五十。故云"非数而数以之成也"。言"斯易之太极"
者,斯,此也。言此其一不用者,是易之太极之虚无也。无形,即无数
也。凡有皆从无而来,故易从太一为始也。言"夫无不可以无明,必因
于有"者,言虚无之体,处处皆虚,何可以无说之明其虚无也。若欲明虚
无之理,必因于有物之境,可以却本虚无。犹若春生秋杀之事,于虚无
之时,不见生杀之象,是不可以无明也。就有境之中,见其生杀,却推于
无,始知无中有生杀之理,是明无必因于有也。言"故常于有物之极,而
必明其所由之宗"者,言欲明于无,常须因有物至极之处,而明其所由
宗。若易由太,有由于无,变化由于神,皆是所由之宗也。言有且何因
如此,皆由于虚无自然而来也。

"大衍之数"在易经诠释历史中向来是极为重要的一个问题。在《周易
正义》中,孔氏先述录了韩康伯对王弼解释的记载,具体如下:"演天地之数,
所赖者五十也。其用四十有九,则其一不用也。不用而用以之通,非数而数
以之成,斯易之太极也。四十有九,数之极也。夫无不可以无明,必因于有,
故常于有物之极,而必明其所由之宗也。"①随后逐句进行了自己的阐释。其
中的关键有二:其一是对"不用之用"与"不数而数"的理解。他对此的处理
办法是,分别两种用和数,一种是所用者,即四十九蓍数,为有形之数;一种
是此"所用者"赖以生用的不用者,即不用之非数"一"。在此,孔氏明确把握
了王弼"不用而用以之通,非数而数以之成"的理论蕴涵:即分别"有无"并以
"无"为"有"之"所以"。第二是对"无不可以无明,必因于有"的理解,他的处

---

① 楼宇烈:《王弼集校注》,中华书局,1980 年,第 547—548 页。

理办法是把那个不用的"一"或"无"理解为"虚无之理"，唯有"虚无之理"才能是以虚无为体，是处处虚无，因此也无法用"无"来揭示它。所以要揭示此虚无之理，必须借助于"有物之境"。例如，必须借助春生秋杀之事才能阐明春秋有生杀之理，且此理是从事中推理出来的。在此基础上总结说，一切的"有"都是由"虚无自然"而来。如图所示：

综合而论，孔颖达此处的诠释在哲学上有其重要意义：一是他继承王弼的思想，借助大衍之数的分析来讨论"有无"之宇宙论问题；二是坚持王弼的有生于无，认定"无"必须借助"有"而明的认识；更重要的是，他把"有无"的不同层次性进一步明确化，即以"无"为自然之"理"，以"有"为有物之"境"，如此一来，以虚无之理为体，以有形之物为用的"体无用有"结构就呼之欲出了。显然这些都是对王弼理论的一个很大发展或转变，也为宋代易学理学的建立提供了前期的理论启发。

【12】"不性其情，何能久行其正"者，性者天生之质，正而不邪；情者性之欲也。言若不能以性制情，使其情如性，则不能久行其正。

此处以"性"为人天生而来之本质，"情"为此性所生发的欲念，所以是性生情。"性其情"即以性为正而不邪之"本体"，情欲则因为与外物交接而可能为恶，所以必须用正而不邪之"性"来规范控制可能为恶之情欲。这样才能保证"久行其正"。在此，"性"与"质"同义，就人之存在而言，当是指人之为人的本性本体所在，而"情"乃是此本质之性的向外发动或显现。因此从体用论角度看，"性情"之间属于"本质—显现（发动）"型之体用结构。

【13】正义曰："居中得正，极于地质"者，质谓形质，地之形质直方又大，此六二"居中得正"，是尽极地之体质也。所以"直"者，言气至即生物，由是体正直之性。其运动生物之时，又能任其质性，直而且方，故《象》云："六二之动，直以方也。"

"体质"即形质即质性。用"直方大"来形容地之体质。

【14】天地之动，静为其本，动为其末，言静时多也，动时少也。若暂时而动，止息则归静，是静非对动，言静之为本，自然而有，非对动而生

静,故曰"静非对动"者也。"语息则默,默非对语"者,语则声之动,默则口之静,是不语之时,恒常默也。

"静默"为天地万物之根本恒常状态,而"动语"则为暂时状态。静本动末,因此"静非对动""默非对语"。

【15】言"寂然至无是其本矣"者,凡有二义:一者万物虽运动于外,而天地寂然至于其内也。外是其末,内是其本,言天地无心也。二者虽雷动风行,千化万变,若其雷风止息,运化停住之后,亦寂然至无也。

对于"寂然至无"是天地之本这种说法,孔氏认为可以有两种理解:一是万物动之在外,而天地静之在内,是静本动末;一是万物之动乃暂时之动,而寂然之静乃始终根本之静。

【16】正义曰:云:"先明天尊地卑,以定乾坤之体"者,易含万象,天地最大。若天尊地卑,各得其所,则乾坤之义得定矣。若天之不尊,降在滞溺;地之不卑,进在刚盛,则乾坤之体,何由定矣?案乾坤是天地之用,非天地之体,今云乾坤之体者,是所用之体,乾以健为体,坤以顺为体,故云"乾坤之体"。

"乾坤"本天地之"用",所谓乾坤之"体",乃是指天地所用之体,即为健顺之体。说明上一层次的"用"可以成为新一层次的"体"。体用不定或体用层递的雏形于此已经显现。

【17】故神无方,而易无体。(自此以上,皆言神之所为也。方、体者,皆系于形器者也。神则阴阳不测,易则唯变所适,不可以一方、一体明。)【疏】"故神"至"无体"。正义曰:神则寂然虚无,阴阳深远,不可求难,是无一方可明也。易则随物改变,应变而往,无一体可定也。注"自此以上"。正义曰:自此以上,皆言神之所为者,谓从"神无方"以上,至"精气为物"以下,《经》之所云,皆言神所施为。神者,微妙玄通,不可测量,故能知鬼神之情状,与天地相似。知周万物,乐天知命,安土敦仁,范围天地,曲成万物,通乎昼夜,此皆神之功用也。作《易》者因自然之神以垂教,欲使圣人用此神道以被天下,虽是神之所为,亦是圣人所为。云"方体者,皆系于形器"者,方是处所之名,体是形质之称。凡处所形质,非是虚无,皆系着于器物,故云"皆系于形器"也。云"神则阴阳不测"者,既幽微不可测度,不可测,则何有处所,是"神无方"也。云"易则

唯变所适"者,既是变易,唯变之适,不有定往,何可有体,是"易无体"也。云"不可以一方一体明"者,解"无方""无体"也。凡"无方""无体",各有二义。一者神则不见其处所云为,是无方也;二则周游运动,不常在一处,亦是无方也。无体者,一是自然而变,而不知变之所由,是无形体也;二则随变而往,无定在一体,亦是无体也。

有关"神无方"与"易无体"的诠释也同样是历来易学家的重点。孔氏认为"方是处所之名,体是形质之称"。处所形质都系着于实存器物,也就是说凡是器物,必有其方所,必有其形质。而"神"与"易"则是无方无体。所谓无方无体,孔氏认为各有二种含义。"无方"有不知其方所和方所无常二义,"无体"有不知其体和无有定体二义。无论哪种含义,都表明"易"和"神",都并非是空无,而只是由于其方所的无限性而言无体无方。

【18】"寂然无体,不可为象"者,谓寂然幽静而无体,不可以形象求,是不可为象。至如天覆地载,日照月临,冬寒夏暑,春生秋杀,万物运动,皆由道而然,岂见其所营,知其所为? 是"寂然无体,不可为象"也。云"必有之用极而无之功显"者,犹若风雨是有之所用,当用之时,以无为心,风雨既极之后,万物赖此风雨而得生育,是生育之功,由风雨无心而成。是"有之用极,而无之功显",是神之发作动用,以生万物,其功成就,乃在于无形。应机变化,虽有功用,本其用之所以,亦在于无也。故至乎"神无方,而《易》无体",自然无为之道,可显见矣。当其有用之时,道未见也。

此处明道之体用。道体无形无象,但万物运动,皆由"道"而如此。说明道体虽然无形,但道之用是显明实在。道无体之功要通过有物之用才能显现,犹如风雨,风雨有生育万物的功用,但此功能是自然无为的发挥。也就是说风雨之有的功用发挥也必须以无为本,这就是所说的"必有之用极而无之功显"。若就天地之道而言,更是如此,万物生化运动不已,同样必须依赖那个寂然无体之道。但是只有达到无方无体的境界,道才能显现,而在道发挥作用——运动万物——之时,是隐于万物运动之中而未显现的。从道的角度来说,道是体无而用有。若从道与万物的关系来说,道是万物之体,万物是道之用,道隐于万物,万物由于道。这种体用关系从逻辑类型来说,属于"本体—显用",而不是"实体—功用"。同时需要说明的是,道与万物之体用关系在此仍然隐伏于孔颖达的表述之中,并未被孔氏明确把握并清晰阐述。

【19】正义曰:"显诸仁"者,言道之为体,显见仁功,衣被万物,是"显诸仁"也。"藏诸用"者,谓潜藏功用,不使物知,是"藏诸用"也。

这是第一次明确地以体用逻辑来解释"显诸仁"与"藏诸用",认为二者都是针对道体之功用而言的,"显诸仁"是指通过泽被万物的仁功来显现道体,而"藏诸用"则是指不仅道体隐而不显,连其功用也被潜藏起来。

【20】正义曰:云"圣人虽体道以为用"者,言圣人不能无忧之事。道则无心无迹,圣人则亦无心有迹,圣人能体附于道,其迹以有为用。云"未能全无以为体"者,道则心迹俱无,是其全无以为体;圣人则无心有迹,是迹有而心无,是不能全无以为体。云"故顺通天下,则有经营之迹"者,言圣人顺通天下之理,内则虽是无心,外则有经营之迹,则有忧也。道则心迹俱无,无忧无患,故云"不与圣人同忧"也。

孔颖达认为,所谓"体道以为用,而不能全无以为体",是指圣人最终只能达到"体无而用有",而"道"本身则是"体用皆无"。所以虽然说圣人是体道者,但仍然有经营忧患之迹心。这和王弼对道与圣人的关系的讨论十分接近。

（二）《尚书正义》

《尚书正义》是唐初《五经正义》的第二部,孔颖达、王德韶、李子云等奉诏撰。此书凑合《今文尚书》和伪《古文尚书》[①],并采用伪孔安国《尚书传》,将伏胜本《今文尚书》20 篇分为 33 篇,加上所谓的出自孔宅夹壁的《古文尚书》25 篇,定为 58 篇,作为科举考试的必读经书,流传千年,对后世影响巨大。孔颖达等在此书《正义》中较多地谈到了天与人的关系,反复阐明用天道治理民众的道理。他们是以君为师,而不敢像孟子、扬雄那样师以自任,这是汉代以后尤其是当时现实的反映。但是如果君主不好好地治理百姓,就是违背天意,这时,天就会离他而去,也即"天不可信"。这些观点在当时具有相当的现实意义。另外,此书还保存了不少旧说典故,在训诂学上也有较大的价值。

【1】科斗书,古文也,所谓苍颉本体,周所用之,以今所不识,是古人所为,故名"古文"。形多头粗尾细,状腹团圆,似水虫之科斗,故曰"科斗"也。

---

① 最近清华大学研究结论表明,《古文尚书》确定为伪书。详见熊崧策:《清华竹简:颠覆上古史》,《国家人文历史》,2011 年第 6 期,第 40、41 页。

此处提出"本体"概念。认为"科斗（蝌蚪）文"属于仓颉创造的最初字体形态，后来又称为"初文"或"本字"。

【2】古文者，苍颉旧体，周世所用之文字。案班固《汉志》及许氏《说文》，书本有六体：一曰指事，上下；二曰象形，日月；三曰形声，江河；四曰会意，武信；五曰转注，考老；六曰假借，令长。此造字之本也。自苍颉以至今，字体虽变，此本皆同，古今不易也。自苍颉以至周宣，皆苍颉之体，未闻其异。宣王纪其史籀始有大篆十五篇，号曰篆籀，惟篆与苍颉二体而已。卫恒曰："苍颉造书，观于鸟迹，因而遂滋，则谓之字。字有六义，其文至于三代不改。及秦用篆书，焚烧先代典籍，古文绝矣。"许慎《说文》言自秦有八体：一曰大篆，二曰小篆，三曰刻符，四曰虫书，五曰摹印，六曰署书，七曰殳书，八曰隶书。

书有六体，乃"造字之本"，即六种造字的基本方法。而"字体"指文字的书写形式，有苍颉本体（蝌蚪文）、篆籀的八体等差别。

【3】传言"当于治体"，言皋陶用刑，轻重得中，于治体与正相当也。

"治体"当为治理天下的基本原则。

【4】准法谓之"度"，体见谓之"礼"，"礼"、"度"一也。

礼与法度的一致性。"体见谓之'礼'"，是指"礼"即是对法度的具体表现或实现。

【5】五行之体，水最微，为一。火渐著，为二。木形实，为三。金体固，为四。土质大，为五。亦是次之宜。大刘与顾氏皆以为水火木金，得土数而成，故水成数六，火成数七，木成数八，金成数九，土成数十。义亦然也。传"言其自然之常性"。正义曰：《易·文言》云："水流湿，火就燥。"王肃曰："水之性润万物而退下，火之性炎盛而升上。"是"润下"、"炎上"，言其自然之本性。传"木可"至"改更"。正义曰：此亦言其性也，"揉曲直"者，为器有须曲直也。"可改更"者，可销铸以为器也。木可以揉令曲直，金可以从人改更，言其可为人用之意也。由此而观，水则润下，可用以灌溉；火则炎上，可用以炊爨，亦可知也。水既纯阴，故润下趣阴。火是纯阳，故炎上趣阳。木金阴阳相杂，故可曲直改更也。传"种曰"至"以敛"。正义曰：郑玄《周礼注》云："种谷曰稼，若嫁女之有

所生。"然则"穑"是惜也,言聚畜之可惜也。共为治田之事,分为"种"、"敛"二名耳。土上所为,故为土性。上文"润下"、"炎上"、"曲直"、"从革",即是水火木金体有本性。其稼穑以人事为名,非是土之本性,生物是土之本性,其稼穑非土本性也。

在此,提出"自然本性"的概念,以"润下"、"炎上"、"曲直"、"从革"分别作为水、火、木、金等实体的本性。并认为"稼穑"属于人事之用,而非土之本性,"生物"之用才是土之本性。综合起来表明,此处所谓"本性"即是"实体"内在的本质属性,即文中所言"自然之常性",这种属性表现为一种直接的作用或功能,如土之生物;同时,这种本性或直接的功能又可以产生相应的具体利益或作用,如土之稼穑。从此我们可以发现就有一种体用逻辑:实体——本性——作用,简化的表达即为体——性——用。其中"本性"从本质上来说既是实体之属性,必表现为某种潜在的作用或功能,而"作用"虽然一定也是从属于实体并由实体所生发,但不能作为此实体的"本性",因为它是实体的本性所直接产生的作用,此作用必定导致实体与外在世界的现实交往。因此,我们可以说"本性"和"作用"都是"实体"所生发的作用,即体之用。而本性之用和作用之用的差别在于,前者表现为内在的、必然的、潜在的,我们称之为本性作用或内在作用;而后者则相应地表现为外在的、偶然的、现实的,因此可以称之为现实作用或外在作用。也可以分为第一作用和第二作用。这种分别类似于洛克第一性质和第二性质的观念分别。

就体用思想来说,《尚书》中这种对五行的认识是完全建立在直接经验的直观之上的,尽管其中确实蕴涵着所谓"体性用"的逻辑,但直到唐代孔颖达的《尚书正义》才予以揭示出来。也就说,这种隐含体用逻辑的理解与揭示既是必然的,也是孔颖达等学者创造性诠释的结果。而体用思维的成熟运用显然是实现创造性诠释非常关键的一个因素。

【6】《洪范》本体与人主作法,皆据人主为说。貌总身也,口言之,目视之,耳听之,心虑之,人主始于敬身,终通万事,此五事为天下之本也。

此处提出所谓《洪范》"本体"的概念,即指《洪范》的本来内容或根本宗旨在于为人主即君王提供治理天下的根本方法,所以他认为"貌、言、视、听、思"五事乃是统治天下的根本。

【7】卜筮之事,体用难明,故先儒各以意说,未知孰得其本。今之用龟,其兆横者为土,立者为木,斜向径者为金,背径者为火,因兆而细曲者为水,不知与此五者同异如何。

明确提出卜筮之事有"体用"连用,但从其整体的论述中,"体"应当是指用龟占卜时所看到的兆体,即用火烧灼龟甲所产生的不同裂纹。而"用"则可能指根据这些裂纹之不同而做出预测的不同解释。此处的"体用"类型当为"实体—作用"型。

(三)《礼记正义》

《礼记》共有 63 卷,东汉郑玄作注,唐代孔颖达为之正义。

【1】夫礼者,经天地,理人伦,本其所起,在天地未分之前。故《礼运》云:"夫礼必本于大一。"是天地未分之前已有礼也。礼者,理也。其用以治,则与天地俱兴。

突出了"礼"的宇宙本体地位,即所谓"经天地,理人伦,本其所起,在天地未分之前"。"礼"具有普遍性、先在性和本源性,这种本体性的礼即是"理"性的实存。其基本的功用在于协统天地,治理天下。这即是"以理为体,以治为用"。

【2】郑作序云:"礼者,体也,履也。统之于心曰体,践而行之曰履。"郑知然者,《礼器》云:"礼者,体也。"《祭义》云:"礼者,履此者也。"《礼记》既有此释,故郑依而用之。礼虽合训体、履,则《周官》为体,《仪礼》为履,故郑序又云:"然则三百三千虽混同为礼,至于并立俱陈,则曰此经礼也,此曲礼也。或云此经文也,此威仪也。"是《周礼》、《仪礼》有体、履之别也。所以《周礼》为体者,《周礼》是立治之本,统之心体,以齐正于物,故为礼。贺玚云:"其体有二,一是物体,言万物贵贱高下小大文质各有其体;二曰礼体,言圣人制法,体此万物,使高下贵贱各得其宜也。"其《仪礼》但明体之所行践履之事,物虽万体,皆同一履,履无两义也。

此处在郑玄(127—200)和贺玚(452—510)对《周礼》和《仪礼》的诠释的基础上,孔颖达将之提升到本体论的层面。其一,认为《周礼》、《仪礼》有体、履之别,并阐明其理由:因为《周礼》是立治之本,统之心体,以此为实践的标准而能"齐正于物",所以说是礼之本;而《仪礼》的核心内容在于说明依据礼之本体而所行践履之事,故为礼之末,属于礼体的现实运用。从哲学本质上说,即所谓礼之体实际上是以"理"和"心"为根本,而礼之末是以"行"和"事"为根本的。若从体用论的角度来看,则体履之别实际上就是体用之分,即以《周礼》为礼之体,而《仪礼》为礼之用。

其二,孔颖达借贺玚之言,提出"物体"、"礼体"的概念。所谓"物体",贺玚说"万物贵贱高下小大文质各有其体",实质上是指每一个体事物的存在属性及其聚合体。从哲学上说,即是实体及其属性。而"礼体",贺玚认为是"圣人制法,体此万物,使高下贵贱各得其宜",意思是人类(圣人)为了使万物的存在属性及其价值的多样性获得恰当而合理的安排对待,因而创制了使万物能统于一体的法度。综合而言,贺玚所提出"物体"和"礼体"概念非常重要,首先他区分了事物存在的两个层面:一是个体事物的"自然性"存在,此存在各有其多样之属性,并各有其体;二是人类创制的"理"性存在,从本质属于人类理性认识和创造的,尽管这种"理性"本是内在于理性认识对象即万物包括人自身之中的。这种"理性"存在的目的是为了使人类的实践活动获得恰当而完善的价值。其次,不论哪种存在,都有其"体",物体之"体"即是以个体固有属性为体,而礼之"体"则是以法度理性为体。

其三,在此孔颖达还提出一个很重要的概念,即"心体"。此中蕴涵有两个重要信息,一是"心"作为一种现实存在,有其自身之体;二是所谓《周礼》等此类"立治之本"的理性、法度正是统一于心体之上的,这一方面是心体本身功能,也可以说心之体即是以这些贯通天地人之理性法度为本质内容的。

【3】《周礼》为本,则圣人体之;《仪礼》为末,贤人履之。故郑序云"体之谓圣,履之为贤"是也。

此处言本末和体履之分别。就"礼"而言,《周礼》为礼之根本,《仪礼》为礼之枝末。所以能够把握并能身体力行此礼之根本的就是圣人,其次是贤人。

【4】正义曰:恐是他物之声,故云乐器也。但角是扣木之声,但作乐器之体,象此扣木之声。

五声有宫商角徵羽,分属五行,即木(角)、火(徵)、土(宫)、金(商)、水(羽)。以"角"为乐器之体,目的在于象征"扣木之声",此是对《礼记》原文中"其音角,谓乐器之声也"的解释。所谓乐器之"体",其义涵是指音乐产生的物质载体本身,还是指此乐器所发出的声音本身呢?显然在此是指后者,即以声音为乐器之"体"。

【5】云"凡声尊卑取象五行"者,宫主土,土声浊,其数多,故主君。商主金,金声稍重,其数稍多,故为臣。角主木,木声清浊中,其数多少中,故为民。徵主火,火声稍轻,其数稍少,故为事,事谓人之所营事务也。羽为水,水声极轻,其数最少,故为物也,物谓人之所用财物。指其所营谓之事,论其所用之体谓之物。人是万物之灵,事物是人营作,故

卑于人也。

在此将君、臣、民之分别与宫、商、角相应。又将徵、羽对应于事、物之分别。所谓"事"是指有所谋划经营的具体活动本身，而"物"则是"所用之体"，指在此活动中所使用的具体对象。值得关注的是"所用之体"中的体用关系，体在此为用的对象，用即表现为对此体的使用和运用。从这个意义上来说，首先，体用之间具有如此的逻辑要求：有体必有用，有用必有体，体即用之体，用即体之用。其次，事与物是相互关联的，事中必有物，物必涵有事，同时凡事物必有体用。显然这是一种针对具体事物而言的体用逻辑，即"物体—使用"型。

【6】木所以在东者，东是半阴半阳，曲直以阴阳俱有，体质尚柔，故可曲可直也。金所以在西方者，西方亦半阴半阳，但物既成就，体性坚之，虽可改革，犹须火柔之。

此处的体性与体质同义。

【7】"五行以为质"者，质，体也。五行循回不停，周而复始，圣人为教，亦循还复始，是法五行为体也。

明确以质为体。指圣人效法天道五行的循还复始，把它作为教化天下的实质内容。

【8】仁者，义之本也，顺之体也，得之者尊。有人则人仰之也。

此处"本"与"体"显然同义。

【9】礼所以与义合者，礼者，体也。统之于心，行之合道，谓之礼也。义者，宜也，行之于事，各得其宜，谓之义也。是礼据其心，义据其事，但表里之异，意不相违，故礼与义合也。

此中言"礼者，体也"，是为了说明"礼所以与义合"的原因。因为礼的本质在"体"，而义的本质在"宜"。所谓"体"即是在于把天地万物人事之理统一于心，从而使人的行为能够合乎天道，这就是所谓的礼的本质所在。而所谓的"宜"则是指在具体的行事中要能够各得其宜，这是义的本质所在。由此表明，礼的根据在于人心，而义的根据在于事情本身。礼属于内在，义属于外在,礼义虽有表里之差别,但二者本质上是相通而不相违的。正是在这个意义上说"礼与义合"。

以上,并没有明确的体用表述呈现,但就孔氏之说所呈现的逻辑来说,其中礼义之间的体用义涵——礼体义用——是非常显明的。此处的礼"体"实际上是以天地万物人事之理之道作为人心与行为的根据,而所谓义"用"则指在具体行事中能够运用礼之体,从而使事情都能合乎此礼体。所以本质上说,"礼义"之间的体用逻辑仍然是建立在"理事"分别之基础上的。如图所示:

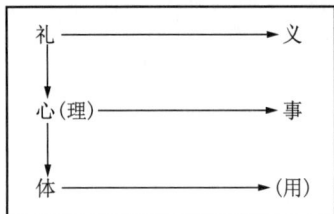

```
礼 ────────────→ 义
│
↓
心(理) ────────→ 事
│
↓
体 ────────────→ (用)
```

【10】大凡神、灵、宝、文、摄,唯五体而已。

占卜之龟有五种种类。"体"在此为种类,意味着"体"有区分事物的界别之义。

【11】崔氏云:"徵属夏,夏时生长万物,皆成形体,事亦有体,故以徵配事也。"

物有形体,事有事体。所谓事之"体",当指事情内在的要素及其结构。

【12】"乐者敦和,率神而从天"者,率,循也。言乐之为体,敦重和同,因循圣人之神气,而从于天也。"礼者别宜,居鬼而从地"者,居,谓居处也。言礼之为体,殊别万物所宜,居处鬼之所为而顺地也。

这是对礼记中"乐者敦和,率神而从天;礼者别宜,居鬼而从地"的解释,提出"乐体"和"礼体"的概念。以"敦重和同"为乐体,以"殊别万物所宜"为礼体。这里"体"的内涵应当是指礼乐的内在精神和本质功能。

【13】"体群臣也"者,体,谓接纳,言接纳群臣与之同体也。

【14】"所以体百姓也"者,此解公所以不干有司正法义也。法无二制,故虽公族之亲犹治之,与百姓为一体,不得独有私也。

【15】公族朝于内朝,内亲也。虽有贵者以齿,明父子也。谓以宗族

事会。外朝以官，体异姓也。体犹连结也。

上述 3 例中之"体"均作动词，表示接纳某物并与之同体。而所谓"接纳"，实际上是指"体"具有聚合各种差别因素以成一统一体的行动或过程。因此，"体百姓"与"体群臣"、"体异姓"的内涵，在此实际上是一样的。

(四)《春秋正义》

《春秋正义》又称《春秋左传正义》，共计 60 卷。旧题春秋左丘明撰，晋杜预(222—284)注，唐孔颖达疏。

> 正义曰：上云"情有五"，此言"五体"者，言其意谓之情，指其状谓之体，体情一也，故互见之。一曰微而显者，是夫子修改旧文以成新意，所修《春秋》以新意为主，故为五例之首。二曰志而晦者，是周公旧凡，经国常制。三曰婉而成章者，夫子因旧史大顺，义存君亲，扬善掩恶，夫子因而不改。四曰尽而不污者，夫子亦因旧史，有正直之士，直言极谏，不掩君恶，欲成其美，夫子因而用之。此婉而成章，尽而不污，虽因旧史，夫子即以为义。总而言之，亦是新意之限，故传或言"书曰"或云"不书"。五曰惩恶而劝善者，与上微而显不异，但劝戒缓者，在微而显之条；贬责切者，在惩恶劝善之例，故微而显居五例之首，惩恶劝善在五例之末。五者《春秋》之要……

所谓"体情"互见，是指《春秋》在文法上做到了内在情意与外在体状的合一，具体而言有五种体例：微而显、志而晦、婉而成章、尽而不污、惩恶而劝善，这五种体例成为孔子修订《春秋》的五种基本规范或特点。

三、《周易集解》之体用思想

(一) 崔憬：器体道用

崔憬，生平不详，生活年代应当在孔颖达之后。崔憬易学在注重玄理的同时，也兼采象数，于荀爽、虞翻、马融、郑玄等人的汉易之学多所借鉴。因此在诠释《周易》经文时，好为新说，为李鼎祚《周易集解》所推崇。后来有学者认为崔憬易学乃是从汉易转向宋易的先驱。本节将重点考察其《易经》诠释中的体用思想。

> "是故形而上者谓之道，形而下者谓之器。"崔憬曰：此结上文，兼明易之形器变通之事业也。凡天地万物，皆有形质。就形质之中，有体有用。体者，即形质也。用者，即形质上之妙用也。言有妙理之用以扶其体，则是道也。其体比用，若器之于物，则是体为形之下，谓之为器也。

假令天地圆盖方轸为体为器，以万物资始资生为用为道；动物以形躯为体为器，以灵识为用为道；植物以枝干为器为体，以生性为道为用。

这应该是中国哲学发展史上极为重要的一段话，尽管历来的哲学史家并未予以足够的重视。之所以重要，就在于这是哲学史上第一次明确地以体用逻辑来诠释道器关系。其中要点有三：首先他认为一切存在即天地万物，都是有形质的存在。一切有形质的存在，都有体有用。所谓体，就是存在的形质实体本身；所谓用，则是形质实体上所生发的妙用。其次，明确以形质之器为体，以道为妙理之用。也就是以形而下之器为体，以形而上之道为用。同时表明"妙理之用"的作用在于"扶其体"。最后，他例举三种存在来说明此体用结构：第一种以天地为例，"圆盖方轸"为天地之体之器，万物的资始资生为天地之用之道，其基本逻辑为"形体生用"。第二种以动物为例，形躯为动物之体之器，灵识为动物之用之道，其基本的逻辑为"形体神用"；以植物为例，枝干为植物之器之体，生性为植物之道之用，其中逻辑为"形体性用"。如图所示：

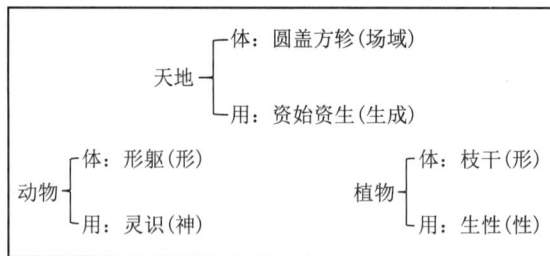

```
                    ┌─ 体：圆盖方轸(场域)
              天地 ─┤
                    └─ 用：资始资生(生成)

      ┌─ 体：形躯(形)              ┌─ 体：枝干(形)
动物 ─┤                     植物 ─┤
      └─ 用：灵识(神)              └─ 用：生性(性)
```

由此可见，崔憬的体用范畴从整体上属于"形体—活用"型。综上，我们可以看到，崔憬的体用思想是非常明晰而完备的。这不仅和王弼以来包括孔颖达在内的义理派以"无形"为"有形"之本体的主张不同，即是在整个中国古代哲学史上，也可以算作极为特出的，独有明末的王夫之与之遥相呼应。

但也必须看到，崔憬的体用思想存在着一些问题：（1）他对体用之间的关系阐述不够清晰明确，虽然他强调用是附属于形质之体的，且"用"之目的在于扶"体"，但他没有说明体是如何生用的。（2）他以形质为体，又将其纳入体用结构之中，这样就必定会出现两个"体"的问题，显然崔憬是把这两个体合而为一了，即形质之体同时也即是体用之体。因为在体用结构中，体是居于主导地位的，用是由体所生发，体是用的本源或根据，用是体的作用或显现。只有满足这样的逻辑，才能算作真正意义上的"体用"结构。（3）问题就出现在这两个"体"之上，他所举的三类实例中，动、植物之间的体用关系，因为其中体为形质，用不属于形质，体用层次不同而又相互关联，这样既符合他以形质为体的设定，又符合"体用"结构的逻辑要求，因此没有问题。

（4）万物与天地的关系，要么天地与万物属于同一层次的有形有限存在，要么是万物从"圆盖方轸"的天地之"体"中产生出来，要么是万物的生成是以"圆盖方轸"的天地之"体"为根据和依凭的。这其中存在不可调和的矛盾，下面做进一步分析：

第一种显然不能满足"体用"结构的逻辑要求。在此之前，后二种一般认为天地是无体的存在，或者说是无定体无定形的，一方面以此区别于有形有限的个别事物，一方面又以此来凸显天地与万物的分属不同层次，这样才可以保证有形之物以无形之天地为生成之根据。但当他以"圆盖方轸"为天地之"体"，以"万物生成"为天地之"用"之时，问题就出现了。因为在崔憬这里，天地和万物都是有形有限存在，故属于同一层次，这样做的结果就是，要么导致体用二元，因为若只是以形质之体为妙用存在的载体——如躯体或枝干，或场域——如"圆盖方轸"的天地；要么无法满足"体用"之间体对用的超越性要求。进一步说，就是使得两个"体"——形质之体与体用之体——的必然分裂。这种分裂必将带来崔憬类似的理论困境，也是后来坚持以"形器"为体用之体的思想家所必然要遭遇的困境。真正比较彻底地解决这个困境，要到宋代的张载，甚至明代的王夫之。

四、刘禹锡：明体以及用，通经以知权

刘禹锡（772—842），字梦得，中唐著名文学家和哲学家。他在《答饶州元使君书》中说："明体以及用，通经以知权。"这应该是最早提出类似"明体适用"的说法。《天论》是刘禹锡的哲学代表作，主要论述了天的物质性、天与人的关系、产生天命论的根源等重大问题。本节重在考察此篇哲学论文中所蕴涵的体用思想。

> 问者曰："天果以有形而不能逃乎数，彼无形者，子安所寓其数邪？"答曰："若所谓无形者，非空乎？空者，形之希微者也。为体也不妨乎物，而为用也恒资乎有，必依于物而后形焉。今为室庐，而高厚之形藏乎内也；为器用，而规矩之形起乎内也。音之作也有大小，而响不能逾；表之立也有曲直，而影不能逾。非空之数欤？夫目之视，非能有光也，必因乎日月火炎而后光存焉。所谓晦而幽者，目有所不能烛耳。彼狸、狌、犬、鼠之目，庸谓晦为幽邪？吾固曰：以目而视，得形之粗者也；以智而视，得形之微者也。乌有天地之内有无形者耶？古所谓无形，盖无常形耳，必因物而后见耳。乌能逃乎数耶？"[①]

刘禹锡在气论自然观上的独特的哲学贡献，不仅在其肯定了宇宙中的

---

① 刘禹锡：《刘禹锡集·天论下》，中华书局，1990年，第71页。

一切物质实体都是由"气"所生成的,更重要的是指出了"空"、"无"也是物质存在的一种基本形态,并批判了以"空"、"无"为世界本体的形形色色的唯心主义,由此彰显出一种彻底的物质一元主义的理论姿态。

此处有两点很重要。第一是刘禹锡不承认有无形、无数的存在,认为若真的无形、无数,其一定不存在。譬如说天是无形之空,但此"空"也还是有形有数的存在,只不过是"形之希微者"。因此,天之希微之"体"却不妨害万物自身的存在,其资生万物的功用也永恒不变,而且天的这种体用之形一定要依赖于万物才能显现。与此同时,有形必有相应的数寓于其间。

第二,所谓无形与有形,一般是建立在人的眼睛等感官基础上的判断,而人的眼睛之所以能看见事物之形,并非眼睛能够发光,而是必须依赖日月火焰所生发的光才能看见事物。因此,所谓"晦而幽"的事物,并非其不存在,只是人的眼睛看不到而已。若是狸、狌、犬、鼠等动物的眼睛,就能够看到人所看不到的事物。事实上,人用眼睛看到的始终只是"形之粗者",而那些"形之微者"必须依靠人的理智才能获得。所以从这个意义上说,天地之间不存在"无形"的事物,一切存在都有其"形",因而也必有其"数"。所谓的"无形",只是形容其没有固定的形体,必须依赖其他事物而显现其形而已。

综合以上两点,我们可以知道,在这里,物和形是不同的范畴。所谓的"体"即是此处的"形",是指事物存在的实在性本身,而非仅仅指我们感官所认知的"形体"。在柳宗元看来,这种感官所把握的"形体",恰恰只是属于粗糙的形体,而那种精微的形体必须通过理智才能把握。

刘禹锡虽然在坚持世界的物质统一性的方面比较彻底,但随之而来也会产生一个难以解决的问题,那就是他认为一切存在都是有形有数的,也是必定能够被人所认识的,他认为"形之粗者"由人的感觉器官来认识,"形之希微者"则由人的理性智能力来把握。这样就使得人的感性认识和理性认识没有根本的差别,因为无论粗微,最终都是有形,而理性认识的本质就在于把握抽象事物的能力。所以当他运用体用范畴对"空有"关系做出说明时——"为体也不妨乎物,而为用也恒资乎有,必依于物而后形焉",这个困难就已经潜伏在其中。如图所示:

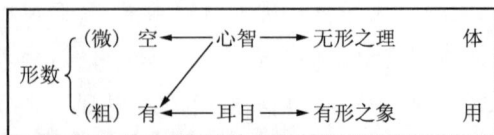

```
        ┌─(微)空 ─────心智─────→ 无形之理    体
形数 ┤              ╱
        └─(粗)有 ←───耳目─────→ 有形之象    用
```

刘禹锡认为认识对象没有无形有形之分,只有形之粗与微之别,所以世界从存在论上就只是"有",之所以形成"空",乃是由认识局限所造成,若使用理智能力就能认识那所谓形微之空无。而事实上,耳目感官认识"形之粗者"得到的是有形之象,"心智"在认识"形之微者"产生却是无形之理。这里的矛盾就在于,第一,耳目的感性认识无论对象和结果都是统一的,而心智认识的对象和结果却完全不一致。并且心智事实上也能认识有形之物,同样产生是无形之理。第二,根据刘禹锡的论述,形之粗细本不是客观存在,只是认识的结果,可是他又说"空无"是"为体也不妨乎物,而为用也恒资乎有,必依于物而后形焉","形微"不仅能够入乎"形粗"之中,而且还能够资助"形粗",且又依赖"形粗"而显现自身。这实际上是在肯定有形之粗细的客观存在。

五、《复性书》:灭情复性与体用相需

> 性与情不相无也。虽然,无性则情无所生矣。是情由性而生,情不自情,因性而情;性不自性,由情以明。性者,天之命也。圣人得之而不惑者也。情者,性之动也,百姓溺之而不能知其本者也。人者岂其无情邪？圣人者寂然不动,不往而到,不言而神,不耀而光,制作参乎天地,变化合乎阴阳;虽有情也,未尝有情也。然则百姓者岂其无性者邪？百姓之性与圣人之性弗差也。虽然,情之所昏,交相攻伐,未始有穷,故虽终身而不自睹其性焉。[1]

李翱的"性情论"在唐代的儒家思想中具有代表性,一般人们以为他受到佛教的影响比较大,而忽视了他的性情论根本仍在儒家。他"性情论"的核心在于"性情相需",其具体内涵有三:一是性乃天之所命,情由性生,乃性之动;二是性必生情,性不自性,性由情明;三是圣人与百姓同性善,百姓之情则可为邪妄,故能惑性,因此需要灭妄情而复本性。

整个《复性论》中,李翱都没有提到"体用",然而他的性情论是典型的"体用"逻辑:性乃情之体,故情由性生;情乃性之用,故性因情明。但若仔细分辨,就会发现在李翱的"体用相需"的性情论之中,蕴含着一个很大的冲突。第一,既然性情是体用相需的关系,那么有体必有用,即善性必有善情,于是情就不应该是邪、妄之恶,若坚持性善情恶,则必然与体用一致的逻辑相冲突。第二,既然肯定"性不自性,由情以明",就必须肯定情对性的积极作用,而不是通过灭除妄情而达到复性的目标,因为情若被灭除,便无从明性。因此,"灭情复性"之性意味着无情之性,也即是无用之体,故与"体用相需"的逻辑要求不合。第三,若坚持体用一致且相需的逻辑,则无法在性情上判定圣人与凡人是性同情异,因为体用一致,故性同则情同。

综合而言,李翱的性情论虽然较好地解决了自先秦以来关于人性问题的困惑,即通过"性善情惑"的"性情相需"逻辑来解释人的善恶根源,具有理

---

① 李翱《复性书上》,《全唐文》卷六三七。

论的先进性和合理性，但仍然没有能够从根本上解决问题，反而使自身陷入更为严重的内在冲突之中。造成冲突的主要原因有二：一是李翱受佛教影响，认定情属于邪妄之恶，同时又坚持"性静情动"的逻辑，使得他必然要选择"灭情复性"；二是他虽然提出了"性情相需"的命题，但因为没有真正上升到"体用"逻辑的层次，最终使他未能很好地自觉到其理论内部的矛盾。

把李翱的复性论与孔颖达的"性情论"相比较，可以看到，在孔颖达那里，性不必然是恶，因此只需要"以性制情"，而不需要"灭情复性"。这也充分表明孔颖达的性情论还没有受到佛教心性论的影响。

第四章

宋元时期:"体用"诠释之泛化与成熟

第一节　两宋易学与道学

一、宋易形成与道学兴起

从哲学史角度看,北宋是宋明道学的形成时期。宋初的儒家学者,继承了唐代韩愈的志向,以复兴周孔之道为己任,大力表扬儒家学说。程颐把复兴的儒家学说称为"道学"。所以"道学"这一学派,实为近人所称之"新儒学"。"道学"作为宋明哲学的一种形态,特点有二:一是视孔孟学说为正统,以排斥佛老二氏之说为己任,大力宣扬超功利主义的道德说教,并建立起一套形而上学的理论体系;二是不同程度上吸收了佛道二教的思想资源和个别观点,用来补充和发展儒家的哲学体系。所以宋明道学也可以说是儒家哲学高度发展的产物。

《周易》经传,从西汉就被奉为儒家的重要典籍。在儒家尊奉的经书中,只有《周易》经传,特别是《易传》和后来的易学为儒家哲学提供了一个较为完整的哲学体系。因此,北宋的道学家都把《周易》经传视为对抗佛道二教的有力武器。如果说同佛道二教相抗衡的新儒家学说始于唐代的韩愈和李翱,而韩李所表彰的经术为《中庸》和《大学》;北宋道学家则继承了唐代易学的传统,继韩李之后大力研究《周易》,从而将新儒家的哲学推向一个新的阶段。易学史上称之为"宋易"时期。其实,"宋易"是就易学的形态说的,并不限于北宋,其解易的学风一直延续到清初,北宋则是宋易形成的时期。[①] 宋易的特点之一,是将《周易》的原理高度哲理化。其易学哲学标志着古代易学哲学发展的高峰,而且成为宋明哲学的主要内容,因而宋明哲学中的五大流派即理学派、数学派、气学派、心学派和功利学派都同易学哲学有密切的关系。

---

① 朱伯崑:《易学哲学史》第 2 册,昆仑出版社,2009 年,第 4 页。

二、北宋易学与道学中的体用思想

宋易的形成,与北宋时期的学术文化和哲学的发展有着密切的联系。宋王朝建立后,为适应全国统一的形势,强化中央集权统治,大力提倡儒学。如宋太宗时规定"进士须通经义,遵周孔之教"①。因此,在思想文化领域掀起了复兴儒家学说的热潮,他们提倡的儒家学说,同秦汉以来的经学相比,有自己的历史特点,可以称之为新儒家。宋代的经学被称为"宋学",特征是对儒家经典的解释,注重探讨和阐发其中的义理,不重视文字训诂方面的考证。"今之学者有三弊,一溺于文章,二牵于训诂,三惑于异端。苟无此三者,则将何归?必趋于道矣。"②程颐的这些言论代表"宋学"的基本倾向,同汉代经师和后来清代汉学家解经的学风是不同的。这种由经穷理或因经明义的学风,对宋易的形成影响很大。程颐说:"古之学者,先由经以识义理,盖始学时,尽是传授。后之学者,却先须识义理,方始看得经。如《易》、《系辞》,所以解易,今人须看了《易》,方始看得《系辞》。"③这种解易的学风,用现代的说法,就是强调研究《周易》经传中的哲理。宋易各派都追求《周易》中哲理的发掘和阐发,进而形成了古代易学哲学的高度繁荣。依据《宋史·艺文志》著录,北宋解易的著作有六十余家。其中有著名的哲学家和思想家,如李觏、胡瑗、周敦颐、邵雍、王安石、张载、程颐和程颢等。二程、张载、邵雍、司马光,再加上周敦颐,被朱熹称为"北宋六先生"④。就整个哲学发展历史而言,周敦颐的体用思想并无多少特殊之处。因此本小节将重点考察胡瑗、邵雍、二程和张载等人的易学及道学思想中的体用思想。

(一)胡瑗:明体达用之学

胡瑗(993—1059)字翼之,北宋学者。理学先驱、思想家和教育家。因世居陕西路安定堡,世称安定先生。胡瑗与孙复(997—1057)、石介(1005—1045)并称宋初三先生,是宋代理学酝酿时期的重要人物。胡瑗精通儒家经术,以"圣贤自期许",讲"明体达用之学"。著有《周易口义》、《洪范口义》,均入《四库全书》;另有《论语说》、《春秋口义》。⑤ 下面重点考察其有关"明体达用"之学的相关说法。

首先必须明确的是,胡瑗所谓"明体达用"的说法是通过其弟子刘彝转述的。摘录如下:

---

① 《资治通鉴》卷十一。
② 《二程全书·粹言一》。
③ 《二程全书·遗书十五》。
④ 朱熹:《六先生画像赞》。
⑤ 参见梁劲泰《胡瑗思想的人文历史背景》,《中外人文精神研究:第四辑》,中国大百科全书出版社,2011年。

在湖学时，福唐刘彝往从之，称为高弟。后熙宁二年，神宗问曰：
"胡瑗与王安石孰优？"对曰："臣师胡瑗以道德仁义教东南诸生时，王安
石方在场屋中修进士业。臣闻圣人之道，有体、有用、有文。君臣父子，
仁义礼乐，历世不可变者，其体也。诗书史传子集，垂法后世者，其文
也。举而措之天下，能润泽斯民，归于皇极者，其用也。国家累朝取士，
不以体用为本，而尚声律浮华之词，是以风俗偷薄。臣师当宝元、明道
之间，尤病其失，遂以明体达用之学授诸生。夙夜勤瘁，二十余年，专切
学校。始于苏、湖，终于太学，出其门者无虑数千余人。故今学者明夫
圣人体用，以为政教之本，皆臣师之功，非安石比也。"①

从其所述来看，所谓"体、用、文"，乃是对儒家圣人之道的总括性诠释：
"君臣父子，仁义礼乐，历世不可变者，其体也。诗书史传子集，垂法后世者，
其文也。举而措之天下，能润泽斯民，归于皇极者，其用也。"显然，所谓"体"
是指君臣父子，仁义礼乐，属于为当时儒家所推崇的社会治理制度和道德人
伦规范；"用"是指运用这些制度和规范之"体"去实现治理国家、和谐社会之
"用"；而所谓"文"实际上属于对这些制度规范（体）和普遍运用（用）的文学
表达或文字记载。

从"体用文"三者的逻辑关系来看，"体"是最根本的，不可变易的；"用"
是对"体"的普遍运用，因而从属于"体"且与"体"紧密相依；而"文"是对此
"体用"的间接表现，是可变的，非永恒的，因而与"体用"是有距离可分离的
关系。正是从这样的逻辑出发，胡瑗认为，朝廷只以声律浮华之文章辞赋
"取士"，而不以"体用为本"，则是本末倒置，与此同时，他提出"明体达用之
学"以救其弊。他认为，从人才教育的角度应该重视圣人"体用"之学，以培
养通经致用的人才；从选拔人才的角度更应该以"明体达用"为"取士"之本。

由上可知，胡瑗的"明体达用"思想反映了儒家一直以来重视通经致用、
经世致用的"实学"传统。这种"体用"观，就胡瑗来说，可以溯源至其对《周
易》精神的继承。如他在其易学名著《周易口义》"系辞"篇中诠释"夫易开物
成务，冒天下之道，如斯而已者也"一句时说：

【1】此夫子自释易之体用也。开者，通也；冒者，覆也。言大易之
道，其功宏博，能开通于万物之志，成就夫天下之务，覆冒夫天下之物
也……如此之类，是皆开通万物之志，成就天下之务，覆冒天下之道。
如斯之道，则大易之体用也。故云如斯而已。②

---

① 黄宗羲：《宋元学案·序》。
② 胡瑗：《周易口义·系辞上》。

显然，胡瑗认为"开通于万物之志，成就夫天下之务，覆冒夫天下之物"之说，蕴涵《大易》之体用于其中。而《易》又为圣人所作，则"开物成务，覆冒天下"也就是圣人之"体用"无疑了。同时，他还说：

【2】惟是圣人得天地之全性，凡所动作，精思远虑，以合于义，以通神妙；及发于外也，可以措天下之用，兴天下之利也。至如网罟取诸离，书契取诸夬，宫室取诸大壮，凡百所为之事，有利用于民者，皆由圣人精义入神，然后能也。①

又说：

【3】圣人既能精义入神以致天下之用，又能宴乐以安其神，饮食以养其体，居富贵而不自充诎，在贫贱而不自隙获，如此则安于身而崇大其德业也。②

这是以"精义入神"、"安身"、"崇德"为圣人之"体"，以"措天下之用，兴天下之利"之利民事业为圣人之"用"的。显然与其"明体达用"的圣人体用观是一脉相承的。正是依此圣人体用观，他十分重视对"明体达用"之才的培养。他认为教育不能只是为了科举考试，获取功名，而是要培养那些既能精通儒学经典，又能在实践中运用的人才。

胡瑗为了贯彻"明体达用"的教育思想，建立了"分斋"教学的制度，为中国教育史的首创。所谓"分斋"制，即设立"经义"和"治事"二斋，依据学生的才能、兴趣志向施教。"经义"主要学习儒家六经；"治事"又分为治民、讲武、堰水（水利）和历算等科。凡入"治事"斋的学生每人选一个主科，同时加选一个副科。另外还附设小学。这样"分斋"教学的目的，即在于使学生既能领悟圣人经典义理，又能学到实际应用的本领，胜任行政、军事、水利等专门性工作。③

事实上，胡瑗这种"明体达用"思想不仅开宋初儒学复兴之新潮，也奠定了后世儒学从体与用两个方向开启深化探索之路的基本格局，或强于"明体"，或重乎"达用"，但无论哪家哪派，又都无不标榜自己为"明体达用"之儒家"实学"正宗。以至后世学者直以"明体达用"为儒家学问宗旨，并以之与

---

① 胡瑗：《周易口义·系辞下》。

② 胡瑗：《周易口义·系辞下》。

③ 实践证明，这种教育内容和教学方法的改革是非常有效和成功的，培养了一批学有专长的人才。如长于经义之学的孙觉、朱临、倪天隐等，长于政事的范纯仁（范仲淹之子）、钱公辅等，长于文艺的钱藻、腾元发等，长于军事的苗授、卢秉等，还有长于水利的刘彝等人。

佛、老相分别。如清代学者徐珂在其《清稗类钞》所录："盖三教之放失久矣，儒之本旨，明体达用而已，文章记诵，非也，谈天说性，亦非也。佛之本旨，无生无灭而已，布施供养，非也；机锋语录，亦非也。道之本旨，清净冲虚而已，章咒符箓，非也；炉火服饵，亦非也。"①

回到体用思想的层面上来说，胡瑗"明体达用"思想是建立在他的圣人体用观的基础之上的，而其圣人体用观又是建立在以《大易》精神为核心的"内圣外王"思想之上的。从纯粹的逻辑类型来说，此体用结构当属于"本体—作用"型，即以儒家圣人之规范为社会和个人行动之本体，以对此规范制度之施用为本体之用。

（二）邵康节：先天为体，后天为用

邵雍（1011—1077），字尧夫，谥号康节，后人称百源先生。创"先天学"，以为万物皆由"太极"演化而成。著有《观物篇》《先天图》《伊川击壤集》《皇极经世》等。邵雍的哲学是以其易学诠释学为主体的，其易学属于典型的象数学派，由此他将"象数"特别是"数"作为宇宙的固有结构，企图从数本身逻辑演化推出宇宙世界的一切存在。同样，其体用思想也主要表现在他有关易学思想的著作中。下面，将通过其著作中的具体表述来分析其体用思想。

【1】天数五，地数五，合而为十数之全也。天以一而变四，地以一而变四。四者有体也，而其一者无体也。是谓有无之极也。天之体数四而用者三，不用者一也。地之体数四，而用者三，不用者一也。是故无体之一，以况自然也；不用之一，以况道也。用之者三，以况天地人也。②

这里值得注意的是，邵雍把天数、地数各五再分为有体无体之数，有体又分为有用、不用之数，如此就形成一个包含不同层次内涵的数字结构，如下图：

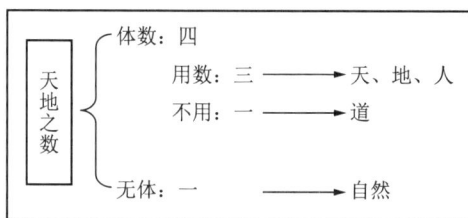

邵雍把这个数字结构称为"倚数"③，是圣人用来模拟天地"正数"的。其中他

---

① 徐珂：《清稗类钞》。

② 邵雍：《皇极经世·观物外篇·河图天地全数第一》，文渊阁《四库全书》本。

③ 见邵雍《皇极经世·观物外篇》。"倚者，拟也。拟天地正数而生也。"

以无体之数"一"拟况"自然",以体数中不用之数"一"来拟况"道",又以体数中之用数"三"来拟况"天地人"三才。显然,透过模拟的数字结构,邵雍为我们建构的是一个关于宇宙的内在结构:即以"有无之极"的"一"为"自然",以"有体"中之"无用"为"道",最后以"有体"中之"有用"为天地人。显然,在邵雍的逻辑中,具体"世界"之上不仅有"道"存在,还有一宗极的"自然"存在。就三者具体关系来看,道是世界(天地人)之为世界的根据,属于体数中那个不用之数"一",实际上就是用数"三"的根本。而无体之数"一"又可以看作有体之数"四"——包括道和天地人万物——的根本。所以,我们从中可以发现一个二层结构,第一层是"有无"结构,第二层是"体用"结构;而且第一层包涵第二层结构,即"有无"涵摄"体用"。值得重视的是,邵雍的最高范畴不是"道",而是在道之上的"自然"。就其在有无体用结构中的位置而言,"道"只是"有"之极,而"自然"才是"有无"之极。从逻辑上看,这种以自然为道之宗极的做法,与唐代道教重玄学的"虚无—自然—道"的宇宙论模式,应该是紧密相关的。由此可见邵雍易学哲学中的道家道教因素。

【2】《易》之大衍何?数也,圣人之倚数也。天数二十有五,合之为五十。地数三十,合之为六十。故曰五位相得而各有合也。五十者,著数也。六十者,卦数也。五者,著之小衍也。故五十为大衍也。八者,卦之小成,则六十四为大成也。著德圆,以况天之数。故七七四十九也。五十者,存一而言之也。卦德方,以况地之数也。故八八六十四也。六十者,去四而言之也。著者用数也。卦者体数也。用以体为基,故存一也。体以用为本,故去四也。圆者本一,方者本四,故著存一而卦去四也。著之用数七,并其余分,亦存一之义也。挂其一,亦去一之义也。[①]

此处是说大衍之数乃是圣人拟况天地的数字结构,其中著数五十,为况天之数;卦数六十,为况地之数。卦数与著数之间为体用关系,即卦数为体数,著数为用数。关键是著数本五十,为何只用四十九数,存一而不用?同样,卦数本六十四,为何只用六十,而去四不用?邵雍采用体用逻辑予以解释:用以体为基,故存一;体以用为本,故去四。具体言之,因天圆地方,故圆数体一,方数体四。"用以体为基,故存一"是就著圆之数也即是天数而言,在天数五十中又分用数四十九和体数为"一"。因为著数本身为用数,在其中以"用以体为基",所以保留体数"一"为不用之数。而"体以用为本,故去四",则是对卦方之数即地数而言,地数之中又可以分为用数六十和体数

---

① 邵雍:《皇极经世·观物外篇》。

"四"，而卦数本身为体数，故以其中之用数六十为本，除去其中体数"四"而不用。结合两个原则，构成一个十分有意思的数字体用结构。如图所示：

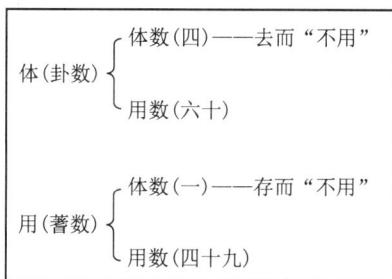

很明显，邵雍为了解决易经筮法中象数的内在逻辑问题，无意间构造出一个体用演绎逻辑，即体中再分体用，用中又分体用，故有体中之体、体中之用、用中之体和用中之用，从而形成一个四重体用结构。更重要的是，其中还引发出一个体用之间相互为本的辩证关系：具体说则是"体中之体"以"体中之用"为本，而"用中之用"则以"用中之体"为基。也就是说，在体中用为本，在用中体为本。这样，无论体用逻辑如何推衍下去，都保证"体用"为内在结构不变的基础逻辑。

【3】阳尊而神，尊故役物，神故藏用。是以道生天地万物，而不自见也。天地万物，亦取法乎道矣。阳者道之用，阴者道之体。阳用阴，阴用阳，以阳为用则尊阴，以阴为用则尊阳也。①

此处的重点在于阐明道与阴阳之体用关系。值得注意的是，邵雍并非把"道"当作"体"，把阴阳作为"用"，而是以为"阳者道之用，阴者道之体"。其中差别在于，前者会造成在"道"和"阴阳"的体用关系之上带来价值上的"主从"差别，而后者则没有这样的问题，把阴阳看作"道"本身的体与用，实际上是表明"道"并非阴阳之外的别有一体，而恰是阴阳之本身。与此同时他又强调阴阳之间存在相互为用的关系，即"阳用阴，阴用阳，以阳为用则尊阴，以阴为用则尊阳"，这样就使得阴阳之间形成一个非静态而是动态的辩证结构。

【4】一役二以生三，三去其一则二也。三先九，九去其一则八也，去其三则六也。故一役三，三复役二也。三役九，九复役八与六也。是以二生四，八生十六，六生十二也。三并一则为四，九并三则为十二，十二又并四则为十六。故四以一为本，三为用。十二以三为本，九为用。十

---
① 邵雍：《皇极经世·观物外篇》。

六以四为本,十二为用。①

这里进一步把各种数字内部区分为体用结构。其中逻辑为:某数分为体数和用数,使得其数为体数与用数之和,并保证"体数"与"用数"之间为三倍的关系。②

【5】性非体不成,体非性不生。阳以阴为本,阴以阳为性。动者性也,静者体也。在天则阳动而阴静,在地则阳静而阴动。性得体而静,体随性而动。是以阳舒而阴疾也。阳不能独立,必得阴而后立,故阳以阴为基;阴不能自见,必待阳而后见,故阴以阳为唱。阳知其始而享其成,阴效其法而终其劳。阳能知而阴不能知,阳能见而阴不能见也。能知能见者为有,故阳性有而阴性无也。阳有所不偏,而阴无所不偏也。阳有去,而阴常居也。无不偏而常居者为实,故阳体虚而阴体实也。③

【6】性情形体,分配四卦。而性则统情,体则合形,乃分性阳而体阴。故性体相须,成之谓性,非体而成于何居? 生之谓体,非性而生于何立,第阳四卦,体在阴,阴四卦,体又从乎阳。盖性主乎动,体主乎静。在天动属阳,静属阴。地则阳反处静,阴反处动。性阳本动也,得体之阴而静。静乃适于性之安,而不以躁动戕性之本然。体阴本静也,随性之阳而动。动亦迪于体之吉,而不失静正居体之因然。是故,体舒而主性之阳,则尊而神者之役物,而不止役于物也,故舒。若主于体之阴,或违与性之阳,反躁而急疾,何有于舒也? 性犹天之日,体犹天之辰,日行轨道,不离辰次,天象亦舒。若辰次虽具,而日阳失度而晦蚀,不其疾乎! 然则性体相须,而主性乃得矣。④

此两则重点讨论"体性相须"逻辑。何谓"性"、"体"呢? 邵雍认为:"性情形体,分配四卦。"是说"性"为"情","情"即是指"实质","体"为"形"。他又说"性则统情,体则合形,乃分性阳而体阴"。一则再次强调"性情性体"的规定,同时将阴阳配属于性体,为"性阳而体阴";从动静上说,则是"性主乎动,体主乎静",是"性体而静,体随性而动";从虚实上来说,"阳体虚而阴体实";从八卦配属来说,则是阴四卦属体,阳四卦属性。

以上都是从内容上说明"性体"各自的所属。那么从二者关系上来说,邵雍认为是"性体相须"。所谓"性体相须"的内涵即是"性非体不成,体非性

---

① 邵雍:《皇极经世·阙疑第十一》。
② "易有真数,三而已。"见邵雍《皇极经世·观物外篇》。
③ 邵雍:《皇极经世·观物外篇》。
④ 邵雍:《皇极经世·阙疑第十一》。

不生"，是说成就体之为体的就是"性"，显然是说"性"乃"体"之本性或本质。同时，"性"之所生即所显示现象化则为"体"。正因为此，才说"非体而成于何居"和"非性而生于何立"，是说若没有"体"则"性"没有居留展现之所，同样，若没有"性"则"体"也就建立该"体"的基础和根据。

结合前面的"性体"的内容规定，"性"乃是存在的本质方面，具有活动性、通贯性，主属阳；而体则指存在的具体形态方面，具有静态性、实体性，主属阴。这实际上还是符合邵雍对道与阴阳的体用逻辑："阳者道之用，阴者道之体。"这也就说明，此处的性与体，其实质仍然是体用，性同于用，体同于体。但需要指出的是，此处表明，在邵雍的体用结构中，体乃是实体性存在本身，而用或性则是存在活动性变化性方面，显然在这里的体用之间，不是以体为主，而是以用为主。当然邵雍反复强调的是天地不同、阴阳互体、性体相续的辩证动态关系。

【7】皇帝王伯者，《易》之体也。虞夏商周者，《书》之体也。文武周召者，《诗》之体也。秦晋齐楚者，《春秋》之体也。意言象数者，《易》之用也。仁义礼智者，《书》之用也。性情形体者，《诗》之用也。圣贤才术者，《春秋》之用也。用也者，心也。体也者，迹也。心迹之间有权存焉者，圣人之事也。①

这里展现的是邵雍的历史退化体用观。其以时代社会政治为体，以人类历史活动为用，以《易》、《书》、《诗》、《春秋》分别代表四个历史时代。最后界定体用的内涵，即"用也者，心也。体也者，迹也"。表明"体"为具体的历史事迹，而"用"则为人心的运行。在这里体用的内涵显然和前述的体用逻辑是一致的，即体用之间，用为主，体从用。

【8】体有三百八十四，而用止于三百六十，何也？以乾、坤、坎、离之不用也。乾、坤、坎、离之不用，所以成三百六十之用也。故物变易，而四者不变也。夫惟不变，是以能变也。②

这里从卦爻数的内在结构，区分出体数、用数和不用数，体数即六十四卦共三百八十四爻，而其中乾、坤、坎、离等四卦为不用，故用数为六十卦共三百六十爻。如此区分的原则在于乾、坤、坎、离等为四个基本卦，属于不变

---

① 邵雍：《皇极经世书·观物篇四》。
② 邵雍：《皇极经世书·观物内篇》。

的本体卦[①]，而其余六十卦为此本体卦衍变而成，故为用卦。最重要的是，邵雍明确把这个数字结构的逻辑原则说出来了，那就是他所说的"夫惟不变，是以能变也"。再次表明邵雍坚持以不用为用之本的原则，也表明他以不变为变的基础。

【9】天圆而地方。圆者之数，起一而积六。方者之数，起一而积八。变之则起四而积十二也。六者常以六变，八者常以八变，而十二者亦以八变，自然之道也。八者，天地之体也。六者，天之用也。十二者，地之用也。天变方为圆，而常存其一。地分一为四，而常执其九。天变其体，而不变其用也。地变其用，而不变其体也。[②]

此处以体用模式来阐明"天圆而地方"的数字关系："八者，天地之体也。六者，天之用也。十二者，地之用也。"同时强调天圆地方并非隔离无关的，而是相互作用或相互转化的，所以有"天变方为圆"和"地变圆为方"。且其各自变化呈现为体用上的差别，那就是"天变其体，而不变其用也。地变其用，而不变其体"。

这样的变化规则之中也暗涵着如下的逻辑：天为动阳，本无体，故以变用为体，"变其体，而不变其用"；而地为静阴，本属体，故以不变为体，"变其用，而不变其体"。

【10】乾坤，天地之本；离坎，天地之用。是以《易》始于乾坤，中于离坎，终于既未济。而否泰为上经之中，咸恒当下经之首，皆言乎其用也。[③]

六十四卦中以乾坤离坎四卦为本体之卦，余卦六十为用卦。而在乾坤离坎四卦中又区分体用，即以"乾坤，天地之本；离坎，天地之用"。

【11】坤统三女于西南，乾统三男于东北。上经起于三，下经终于四，皆交泰之义也。故易者用也：乾用九，坤用六，大衍用四十九，而潜龙勿用也。大哉！用乎。吾于此见圣人之心矣。[④]

---

① "易者，一阴一阳之谓也。震兑始交也，故当朝夕之位；离坎交之极也，故当子午之位；巽艮虽不交而阴阳犹杂也，故当用中之偏位；乾坤纯阴阳也，故当不用之位。"详见邵雍《皇极经世·观物外篇》。

② 邵雍：《皇极经世书·观物内篇·先天方图卦数第四》。

③ 邵雍：《皇极经世·观物外篇》。

④ 邵雍：《皇极经世·观物外篇》。

此处强调易之根本在于"用"，交、变、化方为"用"，虽然乾、坤、大衍之用在数上各有其规定。不仅易之本在于"用"，圣人之心也在于以"用"为根本。可见邵雍十分重视"用"，所以他还说"至哉！文王之作《易》也，其得天地之用乎？"①

【12】兑、离、巽，得阳之多者也。艮、坎、震，得阴之多者也。是以为天地之用。乾极阳，坤极阴，是以不用也。乾坤纵而六子横，《易》之本也。震兑横而六卦纵，《易》之用也。②

八卦为六十四卦之本初，而其中乾坤与其他六卦的关系，在易经诠释学上可以说是一个很重要的问题。在邵雍的体系中，仍以体用结构来区分，即乾坤因为极阴极阳而为不用之体卦，而兑、离、巽和艮、坎、震等六卦，由乾坤所变化而为用卦。同时他又引入纵横变化来说明《易》之体用："乾坤纵而六子横，《易》之本也。震兑横而六卦纵，《易》之用也。"这一体用纵横逻辑被后来的朱熹全面吸收，用以解释六十四卦之内在结构与卦序。

【13】阳得阴而为雨，阴得阳而为风，刚得柔而为云，柔得刚而为雷。无阴则不能为雨，无阳则不能为雷。雨柔也而属阴，阴不能独立，故待阳而后兴；雷刚也而属体，体不能自用，必待阳而后发也。③

此处的关键在于，邵雍十分强调阴阳之间的相互依存和相互作用等关系。在他看来，阴阳分体用，但刚柔不分体用，故雨柔与雷刚既属阴也属体。阴阳之间是"阴不能独立，故待阳而后兴"；所以体用之间则是"体不能自用，必待阳而后发"。也即是说，属阴之体，并不能自己独立生发作用，而必须有阳用的积极参与，才能发挥其功用。这仍然是其一贯重视"阳"、"用"的体现。

【14】太极，动静之根。于天为天心，于人为道心。故云心为太极，而众理万事之所从运也。故人之心不可纷扰汩杂，当如止水澄澈虚涵。则主一而存太极之本体，斯止而有定，定则无物欲外诱，妄念中生，不待强为制之而自静。水止能照，心静乃明，不为物障，常与道会，则观物而皆见矣。④

---

① 邵雍：《皇极经世·观物外篇》。
② 邵雍：《皇极经世·观物外篇·后天象数第五》。
③ 邵雍：《皇极经世·观物外篇》。
④ 邵雍：《皇极经世·观物外篇·心学第十二》。

以太极为天地动静之本体，又以心为太极，人心为道心。故从心性工夫论上，强调心透过静、定而明照万物，最终与太极本体之道融会。这既是邵雍所谓"观物"的"心学"工夫。需要注意的是，邵雍此处以心为太极本体，必然会与他之前所说的"心为用，体为迹"相冲突，真正的问题则是，心到底是属于"体"还是属于"用"？

【15】先天之学，心也，后天之学，迹也，出入有无死生者，道也。夫学《易》，学天也。天何先后之分，学何先后天之异，第就羲图之乾坤定位，六子分布，于不易而函变易之体，于大中而开大用之先。谓之为先天之学，体天极于心，千变万化之所从出可也。文图之乾坤退老，六子当位，于变易而致不易之用，于后起而代先开之终。谓之为后天之学，展天事于迹，四时百物之所由叙可也。夫藏用者心，显仁者迹。迹因乎心，心著于迹。出焉阖而之辟，自无而有，而万物以生。入焉辟而之阖，自有而无，而万物以死。皆是道一动一静之所为，而孰先藏之，孰后显之，天固不言，而学从二图以兼该焉可矣。①

邵雍易学的最大特色之一，即是分别所谓伏羲先天八卦图和文王后天八卦图，而有"先天之学"和"后天之学"。他认为伏羲先天图是"乾坤定位，六子分布，于不易而函变易之体，于大中而开大用之先"，而文王后天图是"乾坤退老，六子当位，于变易而致不易之用，于后起而代先开之终"。实际上他是以先天图为此世界的本体，以后天图为现实的宇宙世界，而现实宇宙世界的一切都是从此而开出，且最终都回归到此先天之中。也就是说以先天为体，后天为用。

同时他又认为唯心能藏用，故先天为"体"又为"心"；把能够显现本体的作为"迹"，故后天为用又为"迹"。在此"体用"即是"心迹"的关系：心为体，用则迹。因此邵雍关于心迹之间的逻辑规定也同样适合于体用之间，他说："迹因乎心，心着于迹。"综合来说，心迹之间也即是体用之间，一方面是心为迹本，用从体生；另一方面是由迹着心，即用显体。先天后天也是如此的逻辑。邵雍还以出入、动静和藏显来说明二者之间的关系。最后他说：先天后天，虽有逻辑上的先后，若就现实宇宙而言，到底是谁"先藏"孰"后显"，天地并没有绝对的规定，但非先天后天二图不能兼赅道之全部。

【16】乾、坤，天地之本，坎、离，天地之用。是以《易》始于乾、坤，中

① 邵雍:《皇极经世·观物外篇·后天象数第五》。

于坎、离，终于既未济。而否、泰为上经之中，咸、恒当下经之首，皆言乎用也。①

【17】乾、坤、坎、离，为上篇之用。兑、艮、震、巽，为下篇之用也。颐、中孚、大小过，为二篇之正也。乾、坤、坎、离，不变，体卦也。而曰上篇之用，则以天道而藏用体矣。兑、艮、震、巽，皆变，用卦也。而曰下篇之用，则以人事而利用于用矣。②

　　此是以体用结构来分析《易》经体例。首先，就上下经而言，上经言体，下经言用；又以乾、坤、坎、离，为上篇之用，以兑、艮、震、巽，为下篇之用。问题是：既然乾、坤、坎、离四卦为不变之体卦，为何是上篇之用？同样，兑、艮、震、巽，本为变易之用卦，又如何成为下篇之用？邵雍的论证逻辑是：前者的根据是"以天道而藏用体"，即是说上篇言天道，天道重"体"，故要隐藏这些"体卦"于其"用"中。而后者的根据是"以人事而利用于用"，是说下篇言人事，人事重"用"，故要利用这些"用卦"以生用，可以说是用卦之用。这样就蕴涵这样一个逻辑：即就"体用"本身的存在方式而言，当是"藏体于用，利用于用"。

【18】天主用，地主体，圣人主用，百姓主体。故曰用而不知。天生于动而主用，地生于静而主体。圣人如天，用与动神。百姓如地，体与静立。故百姓于阴阳仁知之道，非不日有所用，而究不知其由然。盖静为循之，未尝动为察之也。③

　　此处以"天主用，地主体"当是常理之中，但认为"圣人主用，百姓主体"，则属于新奇之论了。其理由主要是，百姓于"阴阳仁知之道"是用而不知，故如体静如地；而圣人则是"用与动神"，故如天主用。再次表明邵雍对天与用的重视。

　　但问题也就随之而来，邵雍"天用地体"的体用结构其实与此前的所有体用结构都有不同，准确地说是完全相反。此前的体用结构有两个根本特点，一是体用之体可以指形体性实在（如崔憬），但更多是指无形之实在，"用"指实在之属性、运动或表现。二是体用之间的基本关系为"体主用从"，而且是不论体的内涵为何，都必然坚持"体主用从"的逻辑（如崔憬），若以天地而言，通常都是以"天体地用"和"天主地从"。对照邵雍的体用结构来看，他以地为体显然是以形体性实在为体，这似乎没有问题，但问题在他在天地

---

①　邵雍：《皇极经世·观物外篇》。
②　邵雍：《皇极经世·观物外篇》。
③　邵雍：《皇极经世·观物外篇·后天〈周易〉理数第六》。

关系上又是以天为主,地为从,于是就必然形成"用主体从"的逻辑。这种矛盾导致邵雍之体用与传统之体用恰恰形成一个颠倒对立关系。

事实上,在前面对邵雍的心迹与心体关系的分析中,这一矛盾就已有提及。在此我们再作集中论述。

【19】用也者,心也。体也者,迹也。

【20】太极,动静之根。于天为天心,于人为道心。故云心为太极,而众理万事之所从运也。

【21】先天之学,心也,后天之学,迹也,出入有无死生者,道也。

从这三例中我们可以看到,邵雍以心为用,体为迹,同时他又以心为太极为动静之本根,因为他说"主一而存太极之本体",而那些"众理万事"都从此太极本体之心中所运化而出,所以"众理万事"也就是所谓"迹"。再者,他以伏羲先天为"心"、文王后天为"迹"的同时,又以先天之心为后天变化之迹的本体和终极。

总起来说,邵雍一方面以心为用,以迹为体,一方面又强调心为本体,迹为从属,为本体所产生或显现。所以问题就在邵雍的论述结构中,"心"既是"用",有居于本体地位,而"迹"虽是"体",却居于从属地位。显然这和前面所分析的"体用"是一样的矛盾。

综合上述分析,我们发现邵雍体用思想具有三个鲜明的特点,因此可以看作体用诠释发展到宋明时代不断泛化和成熟的早期努力和一个实践样本。

(1)在邵雍的整个易学诠释中,体用结构显然具有十分重要的地位,主要表现在他运用的全面性,不仅有对《易经》体例的体用结构分析,还包括对先天后天《易经》图式的体用诠释,更有对《周易》之大衍之数、六十四卦、八卦、四卦、乾坤、阴阳、太极、道等一系列易学最基本也是最核心内容的体用诠释,由此建立了一个富有特色的宇宙论象数模式,并扩展到心性工夫和历史哲学领域。因此可以说,体用思维或体用逻辑是邵雍易学诠释乃至整个思想建立的一个不可缺少的工具与方法。

(2)就体用结构或逻辑本身来说,一是邵雍的"体用"概念或范畴的运用已经十分明确、稳定而丰富,处理直接的体用外,还有性体、心迹、本用等一些相同或相近的结构表达。从范畴内涵来说,不仅论述了体用与阴阳、动静、先后的关系,还涉及体用与虚实、藏显的关系。二是邵雍对于发展体用结构逻辑的辩证内涵,做出了独特贡献。譬如他在讨论《易经》筮法中象数的内在逻辑过程中,构造出一个四重体用结构。如他的"性体相须"思想,以及"体用互藏"思想等,这些都为体用逻辑的深化提供丰富范例,也同时为宋代易学和儒家哲学的发展做出有益的探索。

（3）正如前面所分析的，在邵雍丰富的体用诠释实践中，存在诸多的矛盾或理论困难，如两种"体用"的冲突问题，还有心迹与体用逻辑的关系问题，这些问题都严重影响邵雍体用思想乃至整个哲学思想的内在统一性和严谨性。产生这些问题的根源在于他既特别强调超越性、能动性的主体、本体地位，又坚持以"形体性实在"来规定"体"，同时以"体"为"用"之"迹"，这样就不可避免地导致"体用"逻辑与"体用"表述的错乱或冲突。归根结底是邵雍对体用范畴的内涵界定缺乏完全意义上的自觉，同时也是他理论不够彻底所致。

（三）二程：体用一源，显微无间

程颢（1032—1085）、程颐（1033—1107）二人为嫡亲兄弟，河南洛阳人，均出生于黄州黄陂县（今属湖北省黄冈市红安县）。程颢字伯淳，又称明道先生；程颐字正叔，世称伊川先生。二人都曾就学于周敦颐，同为宋明道学或理学的奠基者，世称二程。由于二程长期在洛阳讲学，他们的学说亦被称为洛学。二人著作在明代后期被合编为《二程全书》。今天有中华书局校点本《二程集》。下面主要以《二程集》为文本对象，主要考察二程特别是程颐的体用思想。

1. 程颢：天地之用，皆我之用

程颢提出"天者理也"的命题。他把理作为宇宙的本原。程颢哲学的主要内容是关于道德修养的学说。虽然二程都以理作为哲学的最高范畴，但程颢是以心解理，开了以后陆王心学一派。程颐一般是把理与气相对来论述，开以后朱学一派。程颢的哲学专门著作不多，代表作有他的学生吕大临所记关于"识仁"的一段语录，后人称《识仁篇》；他与张载讨论"定性"问题的《答横渠先生书》，后人称《定性书》。他的哲学思想多散见于语录、诗文中。关于"体用"，略举二例，如下：

【1】咸恒，体用也。体用无先后。[1]

此处以咸、恒二卦为体用关系，在《周易》六十四卦中，咸卦在恒卦之先，咸卦之后就是恒卦。若以此则可能认为体用有先后，即"体先用后"，基于此，程颢强调"体用无先后"。也就是在强调体用关系不是一种时间性关系，而是一种逻辑性或价值性关系。

【2】学者须先识仁。仁者，浑然与物同体，义、礼、智、信皆仁也。识得此理，以诚敬存之而已，不须防检，不须穷索。若心懈，则有防；心苟

---

① 《二程集·河南程氏遗书卷第十一》，中华书局，1981年，第119页。

不懈,何防之有! 理有未得,故须穷索;存久自明,安待穷索! 此道与物无对,"大"不足以明之。天地之用,皆我之用。孟子言"万物皆备于我",须"反身而诚",乃为大乐。若反身未诚,则犹是二物有对,以己合彼,终未有之,又安得乐!《订顽》意思,乃备言此体,以此意存之,更有何事。"必有事焉而勿正,心勿忘,勿助长",未尝致纤毫之力,此其存之之道。若存得,便合有得。盖良知良能,元不丧失。以昔日习心未除,却须存习此心,久则可夺旧习。此理至约,惟患不能守。既能体之而乐,亦不患不能守也。①

此是程颢最有名也是体现其思想最重要的一段话,他强调为学工夫首要是"识仁"。具体来说就是:"仁者,浑然与物同体,义、礼、智、信皆仁也。识得此理,以诚敬存之而已,不须防检,不须穷索。"这段话中包含两个方面,一是为学工夫之本体,即明白仁乃"浑然与物同体"之理;二是为学工夫本身,即"诚敬存之"而已,因此"不须防检,不须穷索"。显然这里揭示了一个儒家学者的为学实践逻辑,即"本体—工夫"模式。正因为在本体上,程颢认为"仁"之本质在于与万物浑然同"体",这种同体之境无疑是存在之最本真也是最完善状态。因此义、礼、智、信等一切其他的德行实践就都不过是"仁"的表现而已,同时也表明人之本真存在的全部努力就只在于实现此"仁",这就是所谓依于本体之仁的为仁之工夫。

此工夫的具体实行到底是如何的呢? 其实关键还在于搞清楚作为"本体"的"仁"本身。仁者与万物浑然同体,显然不是人的形体与万物的形体一样,也不是说人和万物融合为一个更大的结构性整体。他举孟子的"万物皆备于我"来说明"同体"的义涵。实际上是指我与物"无对",是"天地之用,皆我之用"。后又引张载的《西铭》来说明"同体"之"仁"。总起来说,与物同体即是与物无对,即是体会、体悟、体验一切存在之为其存在,即是"民胞物与"。由此可见,此中之"体"并非形体,而是此存在本身,借用海德格尔的话说,就是指一切存在者之本真存在,那么所谓与物浑然同"体",而就意味着我之存在与万物之存在的沟通和共鸣,这是一种不同存在者之间对"存在"的相互发现和相互成就。这就是真正的"仁",也是最高的"理",是天道之"诚"与人道"诚之"。既然这是最高的"理",那么人之工夫就在于识得此"理",诚敬存守此"理"好了。这显然与程颐以及后来朱熹所主张的"涵养须用敬,进学在致知"以及"格物致知,穷理尽性"之渐修工夫不同,程颢是"不须防检,不须穷索",是他所赞同孟子的"反身而诚"、"勿忘勿助"。根本原因在于程颢的本体之"仁"乃是强调与物无对、与人无间,所以"为仁"之功夫自

---

① 《二程集·河南程氏遗书卷第二上》,中华书局,1981年,第16—17页。

然是本体与工夫之间不容阶级,无有间隙。这种思想对后来陆王心学的形成与发展产生深远的影响。陆王心学从根本上把程颢所谓最高之"理"落实为人之"本心",形成"心理"合一,使得实践工夫之主体与工夫之本体合一,最终实现"本体即工夫,工夫即本体"的实践体用论。

2. 程颐:"体用一源,显微无间"

在哲学上,程颐与程颢一样以"理"为最高范畴,以"理"为世界本原。程颐著作有《遗书》、《文集》、《经说》等,其易学著作有《周易程氏传》。程颐正是通过其易学诠释,提出一些新的概念、命题,对宋明易学和理学产生了很大影响。

【1】子曰:有理则有气,有气则有数。鬼神者,数也。数者,气之用也。①

程颐易学属于典型的义理学派,强调理义对气、象、数的优先性和本根性。即以理为气之体,数为气之用。因此必须因象数以明理。伊川曾答张闳中云:"有理而后有象,有象而后有数。《易》因象以明理,由象以知数,得其义则象数在其中矣。必欲穷象之隐微,尽数之毫忽,乃寻流逐末,术家之所尚,非儒者之所务也,管辂、郭璞之学是也。"②强调易学当以义理为核心为宗旨,反对象数派穷尽象数这种舍本逐末的做法。

【2】易,变易也,随时变易以从道也。其为书也,广大悉备,将以顺性命之理,通幽明之故,尽事物之情,而示开物成务之道也。圣人之忧患后世,可谓至矣。去古虽远,遗经尚存。然而前儒失意以传言,后学诵言而忘味。自秦而下,盖无传矣。予生千载之后,悼斯文之湮晦,将俾后人沿流而求源,此《传》所以作也。③

《易》有圣人之道四焉:"以言者尚其辞,以动者尚其变,以制器者尚其象,以卜筮者尚其占。"吉凶消长之理,进退存亡之道,备于辞。推辞考卦,可以知变,象与占在其中矣。君子居则观其象而玩其辞,动则观其变而玩其占。得于辞,不达其意者有矣;未有不得于辞而能通其意者也。**至微者理也,至著者象也。体用一源,显微无间。**观会通以行其典礼,则辞无所不备。故善学者,求言必自近。易于近者,非知言者也。予所传者辞也,由辞以得其意,则在乎人焉。④

---

① 《二程集·二程粹言·卷六天地篇》,中华书局,1981年,第1227页。
② 《二程集·程氏遗书卷二十一上》,中华书局,1981年,第271页。
③ 《二程集·易传序》,中华书局,1981年,第689页。
④ 《二程集·易传序》,中华书局,1981年,第689页。

"体用一源,显微无间。"出自程颐《易传序》之中,可以说是伊川对后来之哲学影响最深的一句话。其本来意图在于讨论圣人运用《易》道的四种方法即辞、变、象、占之间的关系,特别强调研究卦爻"辞"对于学《易》的重要性。就伊川看来,"吉凶消长之理,进退存亡之道",都完备地存在于卦爻"辞"中。所以只要正确地"推辞考卦",就可以知"变",当然"象"与"占"也同时包含在其中了。以"辞"明"变",所以"象"者变之象,"占"者占其变。实际上是以"辞"之一道来统摄变、象与占之三道。而"体用一源,显微无间"的说法只在于论证"由辞达意"的主张。他的论证逻辑为:辞与意,即象与理的关系。虽然二者存在状态不同,即"理"属于至微的形而上存在,"象"则属于显著形而下的存在;但二者之间具有同源无间的特殊关系,即体用关系。也就是说,隐微无形的存在与显著有形的存在之间是同源关系,不可分离,无有间隙。正因此种关系,就可以通过有形的言辞、象数来探知其中隐微的义理。这就是程颐"体用一源,显微无间"这一主张的初始内涵,所体现的正是其所主张并实践的"因象明理"易学诠释观。

【3】《易》之为书,卦爻象象之义备,而天地万物之情见。……六十四卦,三百八十四爻,皆所以顺性命之理,尽变化之道也。散之在理,则有万殊;统之在道,则无二致。所以"《易》有太极,是生两仪"。太极者道也,两仪者阴阳也。阴阳,一道也。太极,无极也。万物之生,负阴而抱阳,莫不有太极,莫不有两仪,絪缊交感,变化不穷。形一受其生,神一发其智,情伪出焉,万绪起焉。《易》所以定吉凶而生大业。故《易》者阴阳之道也,卦者阴阳之物也,爻者阴阳之动也。卦虽不同,所同者奇耦;爻虽不同,所同者九六。是以六十四卦为其体,三百八十四爻互为其用。……至哉《易》乎!其道至大而无不包,其用至神而无不存。[1]

此处强调《易》本质上是阐明太极之道的经书,此太极之道具体就落实到"阴阳"上,所以他说:"故《易》者阴阳之道也,卦者阴阳之物也,爻者阴阳之动也。"阴阳之道具体又落实到六十四卦和三百八十四爻上,而卦爻之间又构成体用结构,"是以六十四卦为其体,三百八十四爻互为其用"。"体"即所谓"卦者阴阳之物",显然是指其为阴阳之"实体"本身,而用则是"爻者阴阳之动",即是指其为阴阳实体的运动变化。因此,此处的体用结构从逻辑类型上说就属于"实体—动用"。其中还必须说明的是,爻变之用并非是在卦之实体之外而独立发生的,而即是六十四卦之内在的三百八十四爻之间互为变化为用的。显然,这种"卦体爻用"的诠释视角与王弼一脉相承。

① 《二程集·易传序》,中华书局,1981年,第690—691页。

【4】"配义与道"，即是体用。道是体，义是用，配者合也。气尽是有形体，故言合。气者是积义所生者，却言配义，如以金为器，既成则目为金器可也。①

此处之"道义"即是"理义"，也是体用关系，这点与程颢的看法是一致的。如程颢曾说："和顺于道德而理于义者，体用也。""理义，体用也。理义之说我心。"②无论"道体义用"还是"理体义用"，都表明二程坚持"道"或"理"的本体地位，"义"则意味着对这种普遍性之道理的具体的运用或表现，所以这里的体用类型当属于"本体—表现"型。同时程颐又认为"道义"是超越于有形之"气"的，以为道义与气的关系同于金与器之间的关系。

【5】问："忠恕可贯道否？"曰："忠恕固可以贯道，但子思恐人难晓，故复于《中庸》降一等言之，曰：'忠恕违道不远'。忠恕只是体用，须要理会得。"又问："恕字，学者可用功否？"曰："恕字甚大，然恕不可独用，须得忠以为体。不恕，何以能忠？看忠恕两字，自见相为用处。孔子曰：'君子之道四，丘未能一焉。'恕字甚难。孔子曰：'有一言可以终身行之者，其恕乎！'"③

以忠恕为体用关系，旨在表明二者不是独立的两种德性工夫。同时强调"忠恕"是"见相为用"。即"恕不可独用，须得忠以为体。不恕，何以能忠"。由此可见，在此伊川发展出"相为体用"的逻辑内涵。虽然他的诠释目标不在体用本身，而在忠恕之间的不可分离、互相为用的紧密关系。然而这种忠恕"相为体用"与"忠体恕用"是否矛盾呢？程颐并没有认为这是个问题，所以也没有相应的回答可循。但依其整体的思想来看，肯定是不矛盾的。因为，"忠体恕用"始终是"相为体用"的前提，也即是说，即便"见相为用"，也并不能改变"忠体恕用"的本原结构，也就是说即便出现"恕体忠用"，也只是一种过程性的关系。这好比说师生之间，就静态的结构而言，师生的关系是固定的，即老师教而学生学，但这不妨害师生之间的互相学习，互相学习也最终不能破坏师生之原结构。

【6】子曰：圣人一言，即全体用，不期然而然也。④

【7】孟子曰："强恕而行，求仁莫近焉。"有忠矣，而行之以恕，则以无

① 《二程集·河南程氏遗书卷第十五》，中华书局，1981年，第161页。
② 《二程集·河南程氏遗书卷第十一》，中华书局，1981年，第127,133页。
③ 《二程集·河南程氏遗书卷第十八》，中华书局，1981年，第20页。
④ 《二程集·二程粹言·卷十人物篇》，中华书局，1981年，第1272页。

我为体,以恕为用。所谓"强恕而行"者,知以己之所好恶处人而已,未至于无我也。故"己欲立而立人,己欲达而达人",所以"为仁之方"也。①

伊川所谓"有忠矣,而行之以恕,则以无我为体,以恕为用",是对孟子"强恕而行,求仁莫近焉"观点的批评。他认为,必须坚持"忠体恕用"的原则,不然,不以忠为体则必然是"强恕而行",而所谓"强恕而行",只是以自己的好恶来对待他人而已,而没有达到无我之"忠"。表明伊川一方面以"无我"为忠,同时又强调行恕必须以"忠"为体。

【8】子曰:学必先知仁。知之矣,敬以存之而已。存而不失者,心本无懈,何事于防闲也? 理义益明,何事于思索也? 斯道也,与物无对,大不足以明之。天地之用即我之用也,万物之体即我之体也。②

这是对其兄程颢"识仁"思想的阐发。有价值的是,伊川把程颢"仁者浑然与万物同体。天地之用,皆我之用"之说中的"同体"阐述得更为清晰:"天地之用即我之用也,万物之体即我之体也。"以天地之体用为我之体用。显然"体"即指"存在"本身,而非存在之形体。

【9】"人心惟危",人欲也。"道心惟微",天理也。"惟精惟一",所以至之。"允执厥中",所以行之。用也。③

值得注意的是,此处以道心即天理为体,以"至之"、"行之"此"道心"为用,而不是以"人心"为用。显然可见,道心与人心、天理与人欲,在此不是体用关系,而是对立关系,自然只有把"人心"即人欲去尽,方能得天理道心。

【10】仁之道,要之只消道一公字。公只是仁之理,不可将公便唤做仁。公而以人体之,故为仁。只为公,则物我兼照,故仁,所以能恕,所以能爱,恕则仁之施,爱则仁之用也。④

【11】子曰:公者仁之理,恕者仁之施,爱者仁之用。子厚曰:诚,一物也。⑤

---

① 《二程集·河南程氏遗书卷第二十一下》,中华书局,1981年,第275页。
② 《二程集·二程粹言·论学篇》,第1184页。
③ 《二程集·河南程氏遗书卷第十一》,第126页。
④ 《二程集·河南程氏遗书卷第十五》,第153页。
⑤ 《二程集·二程粹言》,第1172页。

所谓仁之道，即以公为仁之理，即仁之体；以爱为仁之用，以恕为仁之施。"施"也是"用"。所以不能把"公"直接当作"仁"，因为无恕、爱等仁之用，公理只是孤悬之理，仍然无从得以实现"仁"。同时，有公之理，才有仁爱的施为。程颐用"所以"来表明体是用的原因和根据。

【12】问："仁与心何异？"曰："仁心是所主处，仁是就事言。"曰："若是，则仁是心之用否？"曰："固是。若说仁者心之用，则不可。心譬如身，四端如四支。四支固是身所用，只可谓身之四支。如四端固具于心，然亦未可便谓之心之用。"或曰："譬如五谷之种，必待阳气而生。"曰："非是。阳气发处，却是情也。心譬如谷种，生之性便是仁也。"①

谈仁与心的关系。伊川以为，可以说"仁是心之用"，但不可说"仁者，心之用"。前者的"是"表达是仁"属于"心之用，而后者表达的是"仁"即"等同"心之用。他认为四端与心的关系，如同四肢与身体，四肢属于身体结构之本身，可以为身体所用，但不能说是身体之用。同理，"四端"本身即是心的本来之性，心可以以此为用——生出喜怒哀乐之情，但不可说"四端"就是心之用。其实质在于，伊川认为四端属于心之性，属于未发；而情才是心之用，属于已发。也就是以恻隐之心为心之体，以喜怒哀乐之情为心之用。虽同是坚持"性体情用"的逻辑，但以何者为性、何者为情，丝毫混淆不得。

综合而言，二程体用思想有两个特点：

（1）首先，二程特别是程颐的体用意识是非常强烈而自觉的，其体用范畴的运用也十分普遍，在易学上不仅以此作为自己诠释的基本原则，同时在许多具体的卦爻辞的诠释中运用体用范畴或结构。在理学上，二程尤其是程颐，在理气、道义、忠恕、仁爱、心性情等一系列理学的重要范畴或理论中，明确使用体用范畴或结构，作为思辨和论述的逻辑基础。

（2）就体用关系或逻辑而言，程颐最大的贡献在于提出了"体用一源，显微无间"的命题。这一命题尽管最初只是程颐为自己"因象明理"的易学观提出的一个诠释原则，但事实上成为后来学者一个普遍的诠释原则，甚至成为一种普遍的思维方法和哲学原则，对后来中国思想发展，包括儒释道各家，产生了巨大而深远的影响。从逻辑类型来说，"体用一源，显微无间"彰显的是"本体—显现"或者说是"理事"型体用逻辑。

综上二点，我们可以说二程的体用思想不仅极大地推动和促进了体用范畴本身的诠释泛化，更重要的是它也极大地推动了宋明儒学的理论发展。

（四）张载：太虚者，气之本体

张载（1020—1077）是北宋时期重要的思想家，关学的创始人，理学的奠

---

① 《二程集·河南程氏遗书卷第十八》，第 183—184 页。

基者之一。其学术思想在中国思想文化发展史上占有重要地位,对以后的思想界特别是明末清初的王夫之产生了较大的影响。"故其学尊礼贵德,乐天安命,以易为宗,以中庸为体,以孔孟为法,黜怪妄,辨鬼神。"①这是他治学的基本依托或主要活动。下面着重分析其思想中的体用运用情况。

> 【1】先分天地之位,乾坤立则方见易,故其事则莫非易也。所以先言天地,乾坤易之门户也。不言高卑而曰卑高者亦有义,高以下为基,亦是人先见卑处,然后见高也,不见两则不见易。物物象天地,不曰天地而曰乾坤者,言其用也。乾坤亦何形?犹言神也。人鲜识天,天竟不可方体,姑指日月星辰处,视以为天。阴阳言其实,乾坤言其用,如言刚柔也。乾坤则所包者广。动静有常,刚柔断矣。②

此处有两个核心观点:一是提出"不见两则不见易"的观点,强调必在对立统一的"两"的关系中,才能显现出"易"来。所以要先分"天地之位",于此"乾坤"立而见"易"。天地之位不言"高卑"而言"卑高",也是突出二者之间"两"的关系。第二点是提出虽然"物物象天地",但不说"天地"而说阴阳、乾坤,在于"天地"不可方体,而只能从其用——乾坤——中把握它。张载明确说"阴阳言其实,乾坤言其用",就是以阴阳为实体,乾坤为实体之变用。

> 【2】太虚者,气之体。气有阴阳,屈伸相感之无穷,故神之应也无穷;其散无数,故神之应也无数。虽无穷,其实湛然;虽无数,其实一而已。阴阳之气,散则万殊,人莫知其一也;合则混然,人不见其殊也。③

此处实际上提出两个气的概念,一是太虚之气,一是阴阳之气,同时以"太虚"为"气"之体,以气之阴阳的屈伸相感和神应为其用。其用是万殊无穷,但其体是湛然为一。实际上就是通过"体用"结构把太虚之气与阴阳之气统一起来,即"太虚之气"为气之"体","阴阳之气"为气之"用",因此他又说太虚即气。与此同时,张载还指出太虚之气与阴阳之气之间,并非先后创生的关系,即并非以太虚之气为元气,然后创生出具体的阴阳之气。而是认为二者既是同时并存但又有分合散聚的不同。这样也就一方面坚持了以宇宙统一于"气"的"气"实在论,同时又超越了汉代以来的元气创生说的宇宙论模式。

---

① 《宋史》卷四百二十七·列传第一百八十六·道学一。
② 张载:《张载集·横渠易说·系辞上》。
③ 张载:《张载集·张子正蒙注卷九》。

【3】凡不形以上者，皆谓之道，惟是有无相接与形不形处知之为难。须知气从此首，盖为气能一有无，无则气自然生，气之生即是道是易。化而裁之存乎变，推而行之存乎通，①

虽然张载以是否有形体为形而上、下之分别。但他也承认在"有无相接与形不形"处要认识清楚是很困难的。他认为"气"是核心，因为"气"能够统一"有无"，这个"有无"即是形体之"有无"，而无论"有无"，都是气之"有无"。气之"自然生"即是气之"无"，气的"变"与"通"则是气之"有"，而气的自然之生即是"道"。如此阐释的结果是，道虽然是形而上，属于"无"，但并不独立于气之外而为气之创生者，所以道与气的关系是"气之道"而非"道之气"。另外，形而上之"道"虽属于"无"，却并非所谓"虚无"，而是具有气的实在性，因为它就是气的生发之道。也即是他所说的"太虚即气"。若从体用结构出发，则实际上他是以无形之道为气之体，以有形之变通为气之用。在此，他把"有无"纳入气之"体用"结构中，从而形成了"气"乃"体无用有"的宇宙存在。

【4】凡可状，皆有也；凡有，皆象也；凡象，皆气也。气之性本虚而神，则神与性乃气所固有，此鬼神所以体物而不可遗也。舍气，有象否？非象，有意否？②

此处是言气之性与神乃是气作为实在所固有的，实际上说的是气之体与用，其性体"虚无"，而其运用则"神妙"。所谓"鬼神"，遍体万物而无有遗失，说的就是如此。世界的存有都是气，气固有其性体神用；象、数、意等都必须依存气而存在。坚持宇宙存在的气一元论。

【5】有无一，内外合，庸圣同。此人心之所自来也。若圣人则不专以闻见为心，故能不专以闻见为用。无所不感者虚也，感即合也，咸也。以万物本一，故一能合异；以其能合异，故谓之感；若非有异则无合。天性，乾坤、阴阳也，二端故有感，本一故能合。天地生万物，所受虽不同，皆无须臾之不感，所谓性即天道也。感者性之神，性者感之体。在天在人，其究一也。惟屈伸、动静、终始之能一也，故所以妙万物而谓之神，通万物而谓之道，体万物而谓之性。③

① 张载：《张载集·横渠易说》。
② 《张载集·正蒙·乾称篇》。
③ 《张载集·正蒙·乾称篇》。

张载强调有无、内外等合于一气之体用。此处进一步阐明此"合一"的内在机制——"感"。正因为存在相互差异的"二端",才有二者交感作用的发生;又正因为它们的本性是根本一致的,才有最终统合的可能。天地万物,千差万别,故无有不感,而又因为它们的本性同为一气所生所化,故又因感而合。这就是所谓的"性即天道"。具体而言,则是"感者性之神,性者感之体",实质就是"感者性之动用,性者感之本体"。他还说:"气本之虚则湛无形,感而生则聚而有象。"①

【6】一物而两体者,其太极之谓欤! 阴阳天道,象之成也;刚柔地道,法之效也;仁义人道,性之立也;三才两之,莫不有乾坤之道也。

【7】一物两体者,气也。一故神,两在故不测。两故化,推行于一。此天之所以参也。两不立则一不可见,一不可见则两之用息。两体者,虚实也,动静也,聚散也,清浊也,其究一而已。有两则有一,是太极也。若一则有两,有两亦一在,无两亦一在。然无两则安用一? 不以太极,空虚而已,非天参也。②

张载的宇宙"气"一元论,在理论上不仅需要解决气与太虚本体的关系,还要解决天地变化之神用的具体机制。由此,他提出"两"与"一"的学说。张载认为就具体的个别事物来说,一物当是只有一体,但就宇宙的最高或终极存在来说,则是一物两体。这个最高存在即是太极或气,显然在张载的体系中,太极即气。所谓一物两体,即太极而言有阴阳、刚柔、仁义,总起为乾坤两体;即气而言则为虚实,动静,聚散,清浊等。此两体之"体"既非独立自为存在的"实体"之体,也非体用之体,而只是宇宙本体"一物"(即太极即气)之内在结构中所固然蕴含的两种对立性因素,所以不能认为张载承认有阴阳等两种实体或本体存在。

太极有阴阳,气有聚散,显然此中一与两的关系,不是一先后二的创生关系,也非并列同层关系。张载在此揭发出一个有关"一"与"两"的辩证逻辑:"一故神,两在故不测。两故化,推行于一。"是说"一"并非静态的单一,而是蕴涵两端对立于其中的"统一",有此相对之"两端",将生发"不测"之神用。"两"也不是绝然分离的两个存在,而是必然相感而变化的,但此推动流行的变化又是立足于二端的统一的。"两不立则一不可见,一不可见则两之用息。"是说若没有这相对的两端,便没有此统一的结构存在。同时,若没有此统一的结构,相对的两端所产生的感化推行之作用也无法产生。也就是

---

① 《张载集·正蒙·太和篇》。
② 《张载集·横渠易说·说卦》。

说，"一"是"两"之用产生实现的前提和根据，因此属于"体"，而"两"之用又是此"一"结构存在的具体存在本身，故属于"用"。因此可以说"一"即是两之用的"体"（注意：不是两用之体），"两体"则是"一"体之"用"（注意：不是两用）。这种"一"和"两"同时但不同层的共在结构，张载以为即是所谓"天参"。而没有如此结构的所谓"一"，便是毫无作用、意义的绝对之虚空。

综上所述，张载在此展现了一个有关宇宙本体——太极或气——的终极存在模式：以蕴涵对立之统一为"体"，以统一中对立之互感为"用"。这样就解决了阴阳与太极的关系，太极既不在阴阳之前，阴阳也不在太极之外，而是太极为阴阳之用的"体"，阴阳之用即为太极之体的"用"。同时也解决了太极、"一"、气与万物的关系，因为"一"必有"两"，故太极之恒体无穷，阴阳之变易亦无穷，如此则天地之间，万物化生而不息。其中奥妙，全在乎其所采用的体用辩证结构，虽然此体用辩证结构与西方哲学传统中的所谓"对立统一"的矛盾逻辑并不完全相同。[1]

【8】太虚无形，气之本体，其聚其散，变化之客形尔；至静无感，性之渊源，有识有知，物交之客感尔。客感客形与无感无形，惟尽性者一之。[2]

对于此处的"本体"一词，学界素有争议。张岱年先生以为，此处的"本体"是"本来状况的意义"[3]。其实不然，此处的"太虚无形，气之本体"，即是他在《横渠易说》中所说的"太虚者，气之体"。因此，所谓"本体"，即是本来之"体"或根本永恒之"体"的意思。而其"聚散变化"恰是这个太虚本体之"客形"。所谓"客形"，即是本体之气的"用"。上面是从宇宙论层面说明"气"之体用结构。接下来所谓"至静无感，性之渊源，有识有知，物交之客感尔"，则是从心性论的角度说明人"心"之中"性"与"知识"的体用关系。无感

---

①　不能简单地以"一"为体，以"两"为用。也不可简单地以"统一"为体，以"对立"为用。但可以说"一者气之体，两者气之用"。这充分表明，任何抽象概念之间的对立统一，必须以现实性存在（即气）为依托才能成立。而脱离这个实体性基础谈所谓的对立统一，那只能得到一种错误的认识。

②　《张载集·正蒙·太和篇》。

③　张岱年先生对此曾有专门的讨论，他说："张载还有一些话比较难懂，更易引起误解。最显著的是下列一段：'太虚无形，气之本体；其聚其散，变化之客形尔。至静无感，性之渊源；有识有知，物交之客感尔。……'（《正蒙·太和》）从表面看来，这段话好像是认为太虚是'本体'，气是'现象'。过去曾经有人作这样的解释，于是认为张载的哲学是客观唯心论，这其实是误解。张载所谓'本体'，不同于西方哲学中所谓'本体'，而只是本来状况的意义。张载所强调的正是'太虚即气'。"见《关于张载的思想和著作》，《张岱年全集》第五卷，河北人民出版社，1997年，第144页。台湾师范大学王开府教授在其《张横渠气论之诠释——争议与解决》一文中对此问题有最为详尽的讨论，载《中国哲学论集》（日本九州岛大学中国哲学研究会印行）26号，第20—41页。

之性为心之体,客感之知为性之用。且这个心性结构恰好是与宇宙结构相对应的,同样遵循"体无用有"的结构逻辑。如图所示:

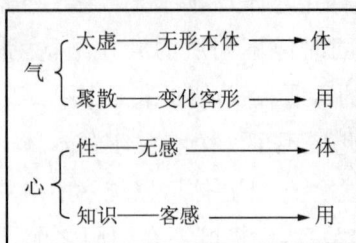

【9】太虚者,气之体。气有阴阳,屈伸相感之无穷,故神之应也无穷;其散无数,故神之应也无数。虽无穷,其实湛然;虽无数,其实一而已。阴阳之气,散则万殊,人莫知其一也;合则混然,人不见其殊也。形聚为物,形溃反原,反原者,其游魂为变与!所谓变者,对聚散存亡为文,非如萤雀之化,指前后身而为说也。①

此处强调"太虚"为气之本体,以气之聚散来表示物之存亡:气聚而有形,形聚则表现为具体个别之物的存在;物亡则意味着形体的溃败,而气则散为"游魂"之变。他说这个所谓"游魂为变",并非如同腐草为萤、雀入水为蛤那样为身体形态的转化,而仅是就气是否凝聚为相对固定的个体之形而言,聚则物存,散者物亡。无论个别之物的存亡与否,其本然之气不变。此本然之气即"太虚即气"。

【10】知虚空即气,则有无、隐显、神化、性命通一无二,顾聚散、出入、形不形,能推本所从来,则深于易者也。若谓虚能生气,则虚无穷,气有限,体用殊绝,入老氏"有生于无"自然之论,不识所谓有无混一之常;若谓万象为太虚中所见之物,则物与虚不相资,形自形,性自性,形性、天人不相待而有,陷于浮屠以山河大地为见病之说。此道不明,正由懵者略知体虚空为性,不知本天道为用,反以人见之小因缘天地。明有不尽,则诬世界乾坤为幻化。幽明不能举其要,遂躐等妄意而然。不悟一阴一阳范围天地、通乎昼夜、三极大中之矩,遂使儒、佛、老、庄混然一涂。语天道性命者,不罔于恍惚梦幻,则定以"有生于无",为穷高极微之论。入德之途,不知择术而求,多见其蔽于诐而陷于淫矣。②

此处进一步提出"虚空即气"的命题。张载指出,只有坚持"虚空即气",

---

① 《张载集·正蒙·太和篇》。
② 《张载集·正蒙·太和篇》。

才能把有无、隐显、神化、性命等相对立的方面统一起来。反之，如果认为"气"是从"虚无"中创生出来的，这样势必要把"气"当作有限的存在，而把"虚空"当作无限的存在，使得"体用"之间完全分离隔绝，最终落入老子"无中生有"的宇宙创生论之中。如果认为万象（即气化之万物）是存在于一个无穷虚空之中的，这样也会导致有形的万物与无形的虚空之间的互不相关，使得"形性"之间以及"天人"之间各自分离独立，从而最终陷入佛教的错误说法之中，佛教认为"山河大地"等一切有形存在，其本身都是没有任何实在性的，不过是如同人的眼睛生病之时所看到的虚幻之相。

如果落入老子的"无中生有"错误思想中，自然会去追求那个所谓创生有限之气的"虚空"本体，却不知道根据这"虚空"本体去探求生化之神用；最终落入佛教以个人感官的有限性去认定宇宙的有限性的思想之中，错误认为天地万物等一切存在都不过是幻化的虚无。

之所以会如此，关键在于它们都不能明白宇宙的真实存在具有"幽明"之分别，不明白"一阴一阳"的变化之道，乃是"范围天地、通乎昼夜"，是天地人三极之根本的"大中之矩"，于是只好随意超越而去妄求所谓虚无高明的本体境界，自然就有"有生于无"或"缘起幻化"等"穷高极微之论"了。

总而言之，张载认为只有坚持"虚空即气"，即以太虚为气之本"体"，以阴阳之气的聚散变化为"用"，才能使有无、隐显、形性、天人等统合于一"气"之体用结构中。于此，"天道性命"也好，"入德之途"也好，才有了正确而实在的基础和根据。由此才是儒家之正统，而非佛老之异端。

【11】释氏妄意天性而不知范围天用，反以六根之微因缘天地。明不能尽，则诬天地日月为幻妄，蔽其用于一身之小，溺其志于虚空之大，所以语大语小，流遁失中。其过于大也，尘芥六合；其蔽于小也，梦幻人世。谓之穷理可乎？不知穷理而谓尽性可乎？谓之无不知可乎？尘芥六合，谓天地为有穷也；梦幻人世，明不能究所从也。①

此处集中批判佛教错误的宇宙观。"妄意天性而不知范围天用"，是说佛教以个人感知的有限来局限、遮蔽天地大用之无限，最终离弃天地之大用而于天地之外妄求所谓真性本体。如此也就从理论上批判它犯了"弃用以求体"的根本错误。所以张载说："释氏元无用，故不取理。彼以有为无，吾儒以参为性，故先穷理而后尽性。"②

①《张载集·正蒙·大心篇》。
②《张载集·横渠易说》。

【12】体物体身，道之本也，身而体道，其为人也大矣。道能物身故大，不能物身而累于身，则藐乎其卑矣。①

此处"物"即万物，身当指人，合指一切现实存在。"道之本"即是说真正的宇宙大"道"，必定是普遍存于一切存在之中的，这是道的本性所规定的。"身而体道，其为人也大"，是说作为存在之一的人，若能使自身"体道"——体认并实践道，则成为"大人"，反之则谓之"小人"。

【13】仁通极其性，故能致养而静以安；义致行其知，故能尽文而动以变。义，仁之动也，流于义者于仁或伤；仁，体之常也，过于仁者于义或害。②

【14】虚者，仁之原，忠恕者与仁俱生，礼义者仁之用。敦厚虚静，仁之本；敬和接物，仁之用。③

以体用结构谈"仁"。就具体内容而言，忠恕乃"仁"之为体，而礼义则为仁的具体运用和表现。若就存在状态而言，则"敦厚虚静，仁之本；敬和接物，仁之用"属于典型的境界体用论。

【15】礼器则藏诸身，用无不利。《礼运》云者，语其达也；《礼器》云者，语其成也。达与成，体与用之道，合体与用，大人之事备矣。礼器不泥于小者，则无非礼之礼，非义之义，盖大者器则出入小者，莫非时中也。子夏谓"大德不逾闲，小德出入可也"，斯之谓尔。④

此是针对《礼记》中"礼运"与"礼器"篇而言的，张载认为此二篇的主旨各有侧重，《礼运》篇侧重于阐明礼之通达，而《礼器》则侧重于阐明礼之成就。而礼之达与成，恰是礼之体与用，唯有合体与用，大人之事才算是真正完备。这一方面可以看作对《礼记》中两篇的主旨结构进行体用诠释，也可说是以体用逻辑来阐明大人之事——君王治理天下之大事——的结构内涵。

通观张载所有的体用运用，我们可以发现其具有鲜明的特色，具体来说：(1) 张载的体用运用的主要阵地有二：一是建立自己的宇宙气一元论，以太虚为气之本体，以阴阳变化为气之用，以此体用结构来把传统的"有无"对

---

① 《张载集·正蒙·大心篇》。

② 《张载集·正蒙·至当篇》。

③ 《张载集·张子语录·语录中》。

④ 《张载集·正蒙·至当篇》。

立转化为气之"体无用有"的统一;二是依托自己建立的气一元论之宇宙论,鲜明而集中地批判佛道二家的宇宙论,认为他们要么是追求脱离具体存在的虚无本体,要么是否定具体现实存在的真实性,因此无论佛道,都犯了"有无对立,体用殊绝"的理论错误。(2)在张载构建其气一元论思想的同时,他发展出一系列深刻的辩证思想,更重要的是,他在阐释这些辩证思想之时,很自觉地采用体用逻辑或范畴,这样也就大大丰富了体用逻辑自身的辩证性。

三、南宋理学与易学中的体用思想

(一)胡宏:"性体心用"与"体同用异"

胡宏(1102—1161),字仁仲,号五峰,人称五峰先生,崇安(今福建崇安)人。胡安国子,湖湘学派创立者。主要著作有《知言》、《皇王大纪》和《易外传》等。胡宏的理学思想虽然基本上是对二程学说的继承,其所探讨的主要范畴仍不出道、理、心、性等内容,然而他对这些范畴的运用和发挥表现了许多独到之处。

> 【1】有情无情,体同而用分。人以其耳目所学习,而不能超乎见闻之表,故昭体用以示之则惑矣。惑则茫然无所底止,而为释氏所引,以心为宗,心生万法,万法皆心,自灭天命,固为己私。小惑难解,大碍方张,不穷理之过也。彼其夸大言辞,颠倒运用,自谓至极矣,然以圣人视之,可谓欲仁而未至,有智而未及者也。夫生于戎夷,亦间世之英也,学之不正,遂为异端小道。惜哉![1]

此处依"体用"谈儒佛分别。所谓"有情无情,体同而用分",是说不论有情众生包括人类,还是无情之万物,都是以天命道理为本体,而有情无情之分别,恰是同一天命本体的不同之用。佛教将万法(有情、无情)生灭之根本归结为"心",必然导致"自灭天命,固为己私",根本错误在于其未能穷极"天理",最后沦为"异端小道"。就体用逻辑而言,胡宏强调"体同用分"的结构关系,也即是说"体一用异",这与程颐所言的"理一分殊"在逻辑上是一致的。类似的表述还有:"天理人欲同体而异用,同行而异情。进修君子宜深别焉。"[2]

> 【2】道者,体用之总名。仁其体,义其用。合体与用,斯为道矣。大

---

① 胡宏:《胡宏集·知言》,中华书局,1987年,第9页。
② 胡宏:《胡宏集·知言》,中华书局,1987年,第329页。

道废,有仁义。老聃非知道者也。①

以为"道"是包括体用的,具体说是"仁体义用",只有合体用才是真正实在的"道",也即是说"道"并非"仁义"之外的独立存在,而只是一个对"仁体义用"结构的总名,也就是说,除了"仁体义用"之外无所谓"道"。因此,他批评老子所谓"大道废,有仁义"的说法,是典型的不了解什么是"道"的表现。

【3】至亲至切者,其仁之义也钦,至通至达者,其义之理也钦!人备万物,贤者能体万物,故万物为我用。物不备我,故物不能体我。应不为万物役而反为万物役者,其不智孰甚焉!②

【4】义有定体,仁无定用。③

前面以"仁体义用"为道之存在结构。此处强调的是"仁"作为道"体"确定不变,而义者,宜也,属于事的层面,应该是随事而制宜。所以,他说"义"作为道之用是不固定的。

【5】法制者,道德之显尔。道德者,法制之隐尔。天地之心,生生不穷者也。必有春秋冬夏之节、风雨霜露之变,然后生物之功遂。有道德结于民心,而无法制者为无用。无用者亡(刘虞之类)。有法制系于民身,而无道德者为无体。执体者灭(暴秦之类)。是故法立制定,苟非其人,亦不可行也。④

这应该是中国古代学者最早也是最明确地讨论道德与法制关系的文字了。胡宏以"隐显"来说道德与法制的关系。依程颐"体用一源,显微无间"的逻辑来说,实际上就是以"道德为体,法制为用"。此当属于人道之"体用",本质上是对天道之体用的继承或发扬。体用兼备,天道方存,人道也同样要求体用兼备。因此,如果只有道德之体,而没有法制之用,最终结果就会像汉代刘虞那样灭亡;如果只是强调用法制来限制人民,而没有道德之体,其结果仍然就像暴秦那样灭亡。所以最终强调君王之理天下,应该道德与法制兼行,体用兼备。

【6】中者,道之体;和者,道之用。中和变化,万物各正性命而纯备

---

① 胡宏:《胡宏集·知言》,中华书局,1987年,第10页。
② 胡宏:《胡宏集·知言》,中华书局,1987年,第22页。
③ 胡宏:《胡宏集·知言》,中华书局,1987年,第5页。
④ 胡宏:《胡宏集·知言》,中华书局,1987年,第6页。

者，人也，性之极也。故观万物之流形，其性则异；察万物之本性，其源则一。圣人执天之机，惇叙五典，庸秩五礼。顺是者，彰之以五服，逆是者，讨之以五刑。调理万物，各得其所。此人之所以为天地也。①

"中和"说，是整个宋明理学中心性哲学和工夫论的重要内容。② 在此，胡宏以中为道体，和为道用。显然是对程颐"性为未发、心为已发"思想的继承。所以他也是以未发之中为性体，已发之和为心用。

> 【7】非性无物，非气无形。性，其气之本乎！③
> 【8】大哉性乎，万理具焉，天地由此而立矣。世儒之言性者，类指一理而言之尔，未有见天命之全体者也。……万物皆性所有也。圣人尽性，故无弃物。④

上引三则都是集中论述"性"的本体地位。【7】指出"性"为气的本性，而气构成物的形质，由此，"性"也即是万物之本性。【8】胡宏在此强调他所说的"性"与一般儒者所说的"性"不同。一般儒者所言之"性"，实为具体事物的个体特性或性理而言，因而未能展现"天命之全体"。他所言之"性"则是具备万理、兼赅万物的宇宙本体之"性"，万物都以此"性"为存在之根本。圣人所谓"尽性"，就是指作为天地万物之根本的那个"性"，所以对于尽性之圣人而言，天下没有遗弃之物。正因为"性"乃天下一切事物的存在根本，那它就必然要体现于任何一种具体事物或现象之中。这种以"性"为天下大本的思想，有学者认为应该属于独立的"性本论"一系，而与理本论、心本论和气本论共同构成宋明理学的四个分系。⑤

> 【9】知言曰：天地，圣人之父母，圣人，天地之子也。有父母则有子矣，有子则有父母矣，此万物之所以著见、道之所以名也。非圣人能名道也，有是道则有是名也。圣人指明其体曰性，指明其用曰心。性不能不动，动则心矣。圣人传心，教人下以仁也。⑥

---

① 胡宏：《胡宏集》，中华书局，1987年，第14页。
② 前有程颐与其弟子的中和之辩。详见蔡世昌：《北宋道学的"中和"说——以程颐与其弟子"中和"之辩为中心》，《中国哲学史》，2004年第1期。
③ 胡宏：《胡宏集》，中华书局，1987年，第22页。
④ 胡宏：《胡宏集》，中华书局，1987年，第28页。
⑤ 向世陵：《理气性心之间——宋明理学的分系与四系》，湖南大学出版社，2006年，第462页。
⑥ 胡宏：《胡宏集》，中华书局，1987年，第336页。

强调天地之道与圣人为父母与子女的关系，就是强调天地之道对于人的优先性和根源性。圣人的作用在于揭示和自觉到本已存在的天地之道，并指明道之体用，即性为体，心为用。"性体心用"可以说是胡宏理学思想的核心所在：

> 【10】气主乎性，性主乎心。心纯，则性定而气正。气正，则动而不差。动而有差者，心未纯也。……曾子、孟子之勇原于心，在身为道，虚物为义，气与道义同流，融合于视听言动之间，可谓尽性者矣。夫性无不体者，心也。[1]

"气主乎性，性主乎心"说明胡宏认为性为气之主宰，气为性之流行，这是谈气与性的关系。性与心的关系，则是心主宰性，所以他说"心纯，则性定而气正。气正，则动而不差"。然后又说"性无不体者，心也"，是说心乃是对性的全部体现，这是符合其"性体心用"的逻辑的。但前面说"性主乎心"，似乎于此不合。胡宏还曾经明确说过："气之流行，性为之主。性之流行，心为之主。"[2]这里再次明确地表明性为气之主宰，心为性之主。如此说来，胡宏的心性关系不就自相矛盾了吗？事实上并非是自相矛盾的，我们来看下面一段文字：

> 【11】知言曰：天命之谓性。性，天下之大本也。尧、舜、禹、汤、文王、仲尼六君子先后相诏，必曰心而不曰性，何也？曰心也者，知天地，宰万物，以成性者也。六君子，尽心者也，故能立天下之大本。人至于今赖焉。不然，异端并作，物从其类而瓜分，孰能一之！[3]

此处认为，尽管"性"为天下万物之大本，但"心"能够知天地宰万物，乃是"成性者"，所以"尽性"的根本在于"尽心"，"尽心"者必能"尽性"。这表明，虽然从宇宙论上讲"性"是"心"之本体，但若从实践工夫论上看，"尽心"反而是"成性"之根本了。在此基础上，我们再来看胡宏的相关说法，如"性之流行，心为之主"，以及"气主乎性，性主乎心。心纯，则性定而气正。气正，则动而不差。动而有差者，心未纯也"，等等。显然这些都是在实践工夫论的层面上来谈心对于性的主体地位和作用。因此与宇宙论层面的"性体心用"并不矛盾，恰恰体现了胡宏心性合一思想的特点。

---

① 胡宏：《胡宏集·知言·仲尼》，中华书局，1987年，第16页。
② 胡宏：《胡宏集·知言疑义》，中华书局，1987年，第328页。
③ 胡宏：《胡宏集·知言疑义》，中华书局，1987年，第328页。

（二）朱震：“体用同源”与“体用相资”

朱震是南宋著名的象数派易学家，撰有《汉上易传》①。在《汉上易传》中，朱震整理和解释了汉易的卦气、纳甲、飞伏、五行、互体和卦变等说，对北宋刘牧的河洛说、李之才的卦变说、周敦颐的太极图和邵雍的先天图都做了较为详细的介绍和评论，推动了象数易学的发展，对后世研究汉易和图书学有很大的影响。

从易学哲学角度而言，朱震的“卦变”说无疑是其最有特色的部分。在其卦变说中，他提出“卦象合一，体用同源”②的说法，并以之为其整个卦变说的基本逻辑。下面将结合其卦变说，来揭示其易学中的体用思想。有学者曾指出：朱震的卦变说，体系庞杂，貌似混乱，其实是有一条主线贯穿于其中的，这就是强调爻象之变。③　我们先来看一段朱震集中论述此卦变说的文字。他说：

> 【1】易之为书，明天地之用，其用不过乎六爻，不可远也，远此而求之，则违道远矣。其道也屡迁，有变有动，不居其所，升降往来，循环流转于六位之中，位谓之虚者，虚其位以待变动也。或自上而降，或自下而升，上下无常也。刚来则柔往，柔来则刚往，刚柔相易也。无常则不可为典，相易则不可为要，流行散从，唯变所适，然亦不过乎六爻。不过者，以不可远也。其出入云者，以一卦内外言之，两体也。出则自内之外，往也，入者自外之内，来也，以是度外内之际而观消息盈虚之变。盖不可远者，易之体也，而有用焉。为道也屡迁者，易之用也，而有体焉。能知卦象合一，体用同源者，斯可以言易之书矣。④

这段话是对《系辞》“变动不居，周流六虚，上下无常，刚柔相易，不可为典要，唯变所适”一句的诠释，集中反映了朱震的易象观。其关键思想有二点：一是朱震认为，《周易》作为本用来阐明天地变化之道的经书，其根本的方法是借助《周易》自身的变化之道，而此变化之道正是通过这六位爻象的变化——一卦之六爻（六位）在卦体内外的升降、出入与往来——而得以体现的。二是六爻之位虽然虚以待变，但六爻始终不能离开一卦之整体，而此卦体又是通过六位爻象的变易呈现出来的，所以朱震认为卦象与爻象之间，

---

① 又名《汉上易集传》，属于宋代集象数易学之大成的解经之作。绍兴六年（1136）秋，朱震将所著《周易集传》及《周易图》、《周易丛说》进献宋高宗，这些书后人合称为《汉上易传》。书前有《进周易表》，论述《周易》的流传、河图洛书的授受及他本人的学术渊源，并称是书起于政和丙申年（1116），终于绍兴甲寅年（1134），共十八年而成。

② 朱震：《汉上易传·系辞下》。

③ 朱伯崑：《易学哲学史》第2册，昆仑出版社，2009年，第369页。

④ 朱震：《汉上易传·系辞下》。

构成一个体用结构："盖不可远者,易之体也,而有用焉。为道也屡迁者,易之用也,而有体焉。"即是说以涵六爻变易之用的卦象即是《易》之本体,而统体于一卦之六爻变易即《易》之用。就卦爻之间而言,则是卦象为爻变之体,爻变为卦体之用。这也就是朱震所说的"卦象合一,体用同源",其目的在于表明,正是在"体用同源"的框架中,不易之卦体与变易之爻象是合而为一的。这种一卦之整体与其内部六爻之变易之间的体用合一关系,恰是《易》经阐明天地变化之道的绝好模型。因此他说:"《易》之为书,明天地之用,其用不过乎六爻。"还说:"能知卦象合一、体用同源者,斯可以言《易》之书矣。"

朱震进而从"体用相资"的角度讨论卦变。他说:

【2】或曰:圣人既重卦矣,又有卦变,何也?曰:因体以明用也。《易》无非用,用无非变。以乾坤为体,则以八卦为用;以八卦为体,则以六十四卦为用;以六十四卦为体,则以卦变为用;以卦变为体,则以六爻相变为用。体用相资,其变无穷。①

在此朱震提出"因体以明用"的原则,依此说明卦变的理论意义。体,即指结构性存在本身;用,则指此一存在中之结构性要素之间的变化。所谓"因体以明用",则是只有先明晰之一整体的内部之结构性关系,之后才能把握此一结构性整体的变化作用。最后提出"体用相资"原则,把乾坤、八卦、六十四卦以及六爻的互为体用的连锁结构揭示出来,以说明《易》之变易大用。具体过程如下:

第一步,"以乾坤为体,则以八卦为用",是以乾坤两卦卦体最根本,一切卦变皆源于此,以乾坤为体,则以八卦为用,此是指乾坤生六子的卦变。第二步,"以八卦为体,则以六十四卦为用",是指八卦相重而为六十四卦。第三步,"以六十四卦为体,则以卦变为用",指六十四卦之间相互变易。最后,"以卦变为体,则以六爻相变为用",则是以爻象在卦体内的升降往来解说卦变。如图所示:

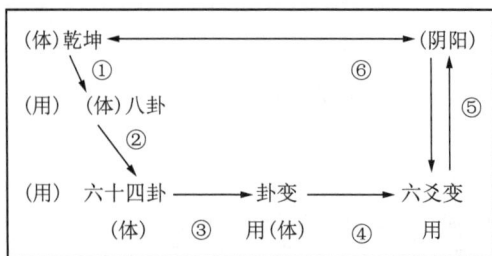

```
┌──────────────────────────────────────────────┐
│ (体)乾坤 ◄──────────────────────► (阴阳)       │
│       │①                    ⑥                 │
│       ▼                                 │⑤     │
│ (用) (体)八卦                           │      │
│       │②                                ▲     │
│       ▼                                        │
│ (用) 六十四卦 ──── 卦变 ──── 六爻变           │
│      (体)    ③   用(体)  ④   用               │
└──────────────────────────────────────────────┘
```

从上图可以发现,在这个循环的体用结构系统中,其实是包涵有两种类

———————————————
① 朱震:《汉上易传》卷一。

型的体用结构。具体说，从乾坤到六十四卦为一类，即图中所标示的①和②，这实际上属于体用逻辑的横向式外在拓展，而从六十四卦到六爻变，即③和④，实际属于体用逻辑的纵向式内在衍化。而⑤即六爻与阴阳又是互为体用的，⑥则表明乾坤即阴阳，阴阳即乾坤，这样就是将纵向与横向的两种体用结构通联起来。朱震此说，其实是以"卦爻变"为核心，以"体用相资"为逻辑，将整个《易经》的变易之道拟构为一个纵横交织、首尾关联、内外同态的有机动态系统，从而能够充分阐明天地变化之大用。

在体用的界定上，朱震继承了周敦颐、程颐、邵雍的观点，认为"变者，易也；不变者，易之祖也"①。也就是以不变者为体，而变者为用。在论太极上，则太极不动为体，阴阳、四象为用；在大衍数上，不用之一为太极之体，四十九则揲蓍而成用；在心性论上，则性为体，喜怒哀乐之情为用。但无论何为体，何为用，体用之间必不能相分离。就此，他在论及大衍数的一与四十九的关系时说：

【3】一者，体也，太极不动之数。四十有九者，用也，两仪四象分太极之数。总之则一，散之则四十有九，非四十有九之外复有一而其一不用也。方其一也，两仪四象未始不具；及其散也，太极未始或亡，体用不相离也。②

此是将大衍数的一与四十九的关系看作是一种体用关系，大衍数同时具有与太极对两仪、四象的取象意义，即太极为不动之一，而四十九则为两仪、四象从太极所分有的数。如图所示：

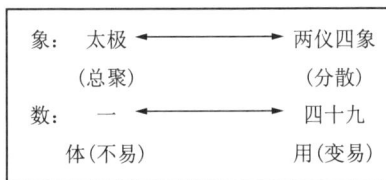

其中值得注意的是，朱震特别强调太极与大衍数"一"，虽为不变易之本体，但此本体并非外在于两仪四象及数"四十九"之变易之用。体用之间只是总分聚散的关系，当其为太极为总一而未分之时，两仪四象和四十九数就已经在本体之中了，而当其分而为两仪四象，散而为数四十九时，此太极与一仍然同时存在于其用中。此所谓的"体用不离"，具体来说即是：当体之时，体中函用；当用之时，用中俱体。这种体用结构或逻辑的关键在于，"体"不仅是本体，还是结构性整体。当其为结构性整体时，其结构性要素的显现

① 朱震：《汉上易传》卷一。
② 朱震：《汉上易传》卷七。

为此整体之用;当其结构性要素变易之用时,此整体依然作为此变易之用的本体而同时存在于此变易之中。

实际上,我们还可以就"隐显"来讨论二者的关系:当其变易之用尚未生发之时,而此用已隐涵于此体之中,当其变易之用生发之时,其体则又隐涵于此用之中。当然朱震本人并没有以如此明确的方式来阐明此点。这即是他常常使用"体用同源",而少用"显微无间"的原因所在。在程颐那里,所谓"显微"、"体用",乃特指理义与象数之间的关系,二者在存在方式上本有"虚实"之差别,即虚理为隐,实象为显。而朱震的易学体系中,无论太极与两仪四象,大衍数一与数四十九,还是卦体与爻变之间,都是"实",而非一虚一实。具体来说,就存在方式而言,自然二者都是实而非虚,不可以太极为"理",而两仪四象为"象",也不可以大衍之不用数"一"为"理",而以用数四十九为"数"。所以他无法取程颐所谓"理微象显"的分别来说"显微无间"。朱震实际上关注的是另一类体用结构,即结构性整体与结构性要素之间的关系。若要论显隐,则必须改变显隐所指之内涵,以"整体"之结构性本身为"隐",以结构性要素之活动为"显",从这个意义上来说,同样是"显微无间,体用一源"。这种体用显微模式,恰恰能够帮助朱震在理气问题上,以气为世界本原,不以道和理为本原。因为太极非理,则必是气了。所以太极与阴阳的体用关系,就能说明气与万物的关系,这样就使得"气"既能保有其作为宇宙万物之全体实在的地位,又能使气不离天地万物而沦为具体之物,从而保有其作为万物之本体的地位。

综上所述,朱震易学中所表现出的体用思想具有如下几个特点:

其一,朱震不只将这个说法看作一个结论性的命题,更将其看作治《易》的指导性原则与方法。

其二,朱震作为程门后学,对《周易》经传的解释,他坚持程颐"以易传为宗"的诠释学原则,认同太极为天地万物的本原,但在理气问题上,以气为世界本原,不以道和理为本原。同时,对程颐的"体用一源"说也有批判的继承。

(三) 杨万里:"极其用而执其体"

杨万里(1127—1206),字廷秀,号诚斋。江西吉州(今江西吉水)人。南宋大诗人,也是著名易学家。

杨万里著《诚斋易传》,发挥王弼以来义理学派的重人事轻象数的传统,极力排斥邵雍等人的先天易学,反对将《易经》诠释神秘化。其体用思想也具有此鲜明的特征,提出君子学易之首要在于明白易之道有体有用。他说:

> 易之道有体有用。其变而无常者用也,其常而不变者体也。君子之学易,能通其变而得其常,极其用而执其体,是可谓善学易之书而深明易之辞,力行易之道者矣。易道之体安在哉?曰敬而已矣。乾曰夕

惕若,敬也。坤曰敬以直内,敬也。易之道千变万化而肆于一敬,大哉敬乎。其入德之快捷方式,作圣之奇勋欤,故曰易道之体存乎常。今也学易而得乎敬之一字,……于是执而有之,躬而行之,故易之道为实用不为虚言矣!①

此处开宗明义:易之道有体有用,其中不变者为体,变者为用。因此,学易之道则在于:能通其变而得其常,极其用而执其体。可见辨明体用既是了解易之道的根本所在,也是学习运用易之道的核心所在。与此同时,杨万里进一步阐明易道之体在于"敬"。从体用思想的角度来说,杨万里的论述有几点值得重视:一是明确"体用"各自的内在规定——不变为体,无常为用;二是体用之间的关系是不变之体寓于变化之用中,所以可以"通其变而得其常,极其用而执其体",其中"通"和"极"很重要。这不只是简单的"从体发用,摄用归体",而是"体寓于用,极用得体"。

四、元代易学发展中的体用思想

元代易学是宋易整个发展过程中的一个重要环节,虽然义理派大多依附程朱易学,理论上少有建树;但象数之学则有颇多创新,其中造诣较深或有独到见解的,有俞琰、雷思齐、张理和萧汉中。② 以下将具体考察张理和萧汉中二人易学中的体用思想。

(一) 张理《易象图说》

张理,字仲纯,元清江(今江西清江)人。据《宋元学案·草庐学案》记载,张理曾举茂才异军,历任泰宁教谕、勉斋书院山长等。元仁宗延祐间(1314—1320)为福建儒学副提举。早年曾从杜本学《易》于武夷山,"尽得其学,以其所得于《易》者,演为十有五图,以发明天道自然之象"。明《正统道藏》洞真部灵图类收录有张理著《易象图说》,分为《易象图说内篇》三卷与《易象图说外篇》三卷两种,均题清江后学张理仲纯述。此书《辽志》、《补辽志》、《元志》皆有著录。自序书于元至正二十四年(1346),时已值元末。③

张理的易学属于图式象数之学,他以传统的河洛系统为根本,还吸收了周敦颐的太极图、邵雍的先天图和后天图,企图将这些图式糅合在一起,提出一个以阴阳五行为间架的世界模式,用来解释自然现象和社会现象的变化过程及其法则。其象数之学同样具有哲学的意义,在体用论上最值得关注的,是他提出了"大衍之数五十"和"其用四十有九"的新解释:

---

① 杨万里:《诚斋易传·系辞下传》。
② 详见朱伯昆:《易学哲学史》第3册,昆仑出版社,2009年,第13页。
③ 章伟文:《试论张理易图学思想与道教的关系》,《中国道教》,2006年第6期。

上位象也,合一、三、五为参天,偶四为两地,积之凡十五,五行之生数也。即前象上五位,上五去四得一,下五去三得二,右五去二得三,左五去一得四,惟中五不动。《序言》天一居上,为道之宗者,此也。按《律历志》云:合二始以定刚柔。一者,阳之始;二者,阴之始。今则此图,其上天者,一之象也;其下地者,二之象也;其中天者,四象五行也;左上一太阳,为火之象;右上一少阴,为金之象;左下一少阳,为木之象;右下一太阴,为水之象。土者冲气居中,以运四方,畅始施生,亦阴亦阳。右旁三,三才之象,卦之所以画三;左旁四,四时之象,蓍之所以揲四,是故上象一、二、三、四者,蓍数卦爻之体也;下位形也,九、八、七、六,金、木、火、水之盛数;中见地十,土之成数也。即前象下五位以中央六分开,置一在上六而成七,置二在左六而成八,置三在右六而成九,惟下六不配而自为六。《序》言六分而成四象,地六不配者,此也。按:七者,蓍之圆,七七而四十有九;八者,卦之方,八八而六十有四;九者,阳之用,阳爻百九十二;六者,阴之用,阴爻亦百九十二;十者,大衍之数,以五乘十,以十乘五,而亦皆得五十焉。是故下形六、七、八、九者,蓍数卦爻之用也。上体而下用,上象而下形,象动形静,体立用行,而造化不可胜概矣。[①]

其意义在于推崇五行之生数,以生数为体,以六七八九十成数为用。陈抟《龙图序》曾说"天一居上为道之宗,地六居下为器之本"。此是以天象之数即五行之生数一二三四五为体,以地形之数即五行之成数六七八九十为用,以体用关系解释陈抟的道器说。天象所以为体,因为其五个数乃蓍数卦爻之主体,有此数方有地形六七八九十之数,即天五之数自身之展开,如一加五为六,二加五为七等,则为地形之数,所以地形之数为用;天象中的五个数,即金木水火土五行之生数和阴阳老少四象之数,此数乃八卦卦象之根源,亦揲蓍画卦之所本,所以说体立而用行。此是阐发刘牧义。[②]

(二) 萧汉中《读易考原》

萧汉中,字景元,元泰和人。著有《读易考原》,但原书已逸,由明代的朱升所采编,后收入《四库全书》。[③] 全书分为三部分:原上下经分卦第一、原上

---

① 张理:《易象图说》,载胡渭《易图明辨》,巴蜀书社,1991年,第98页。
② 朱伯崑:《易学哲学史》第3卷,昆仑出版社,2009年,第50页。
③ 《四库总目提要》说:"汉中书不甚著。明初朱升作《周易旁注》,始采录其文,附于末卷。升自记称谨节缩为上下经二图于右,而录其原文于下,以广其传。则是书经升编辑,不尽汉中之旧。"朱升在其《读易考原序》中说:"《周易》卦序之义,自尊康伯、孔颖达以来,往往欲求之孔圣序卦传之外,程、朱诸儒用意尤笃。至于畴川吴先生卦统之序述,亦可揣求之至矣,而其中周精密比次之故,则犹有未当于人心者。愚求之半生,晚乃得豫章萧氏《读易考原》之书,以为二篇之卦,必先分而后序,宏奥精粹,贯通神圣,诚古今之绝学也。谨节缩为上、下经二图于右,而录其原文于下,以广其传于不朽云。汉中字景元,吉之泰和人,其书成于泰定年间。"见朱升《读易考原序》,见载李修生主编《全元文》第四十六册,凤凰出版社,2004年,第472页。

下经合卦第二、原上下经卦序第三。全书集中讨论周易上下经之卦序问题，核心是《周易》六十四卦排列的程序问题。于此，他提出卦体分主客说，通过八个本体之卦的体用分合，演化出六十四卦分上下经的逻辑结构，由此成为元代易学象数之学发展的一个新方向。

自汉代以来，关于《周易》六十四卦为何分上下经排列，以及整个卦的前后次序问题，一直众说纷纭。其中比较重要的说法有二类：一类是遵循孔子《易传·序卦》中对卦的名义解释来诠释卦序；一类是对孔子《易传·序卦》解释持怀疑态度，并提出各自的新的解释。其以韩康伯、孔颖达、邵雍、程颐、朱熹为代表。

显然，萧汉中是不赞成以《序卦》义来解释六十四卦排列次序的。就《周易》上下二篇而言，赞同程颐的"先分而后序"说，而反对朱熹的"先序而后分"说。[①] 与此同时，他在吸收邵雍理论的基础上，详细阐述了自己的卦序说。下面是其对六十四卦之形成所做的核心论述：

【1】余卦之分若何？六十四卦之体，八卦之体为之也。每卦各具上下二体，则六十四卦凡具一百二十八体。乾之体十有六，坤之体十有六，六子之体各十有六，总为一百二十八体而成六十四卦，皆自八卦本体中分出而生者也。上经乾、坤、坎、离之卦，下经震、巽、艮、兑之卦，所谓八卦之本体也。其体之分出互合而生五十六卦者，八卦本体之用也。（或分出而生上经之卦，或分出而生下经之卦。）尝考其卦体之所以分，八卦各十六体，（或分在上经，或分在下经。）又考其卦体之所以合，（或以此上体合彼下体而成某卦，或以此下体合彼上体而成某卦。）明乎分体之义，而知上经之卦不可移之下经，下经之卦不可移之上经，真不偶然也。何哉？夫八卦之体分于上经者止于六十，分于下经者乃六十有八。所以然者，盖上经以乾、坤、坎、离为主，下经以震、巽、艮、兑为主。乾、坤、坎、离本体之卦，居于上经。其体之分出于上经者，用于内也；分出于下经者，用于外也。震、巽、艮、兑本体之卦，居于下经。其体之分出于下经者，用于内也；分出于上经者，用于外也。用于内为主，用于外为客。是故乾、坤、坎、离之分体在上经为主，在下经为客；震、巽、艮、兑之分体在下经为主，在上经为客。今以分体者详列于后，则知上经之六十体，下经之六十八体，非偶然者矣。

乾之体十有六，见上经者十二，见下经者四；

坤之体十有六，见下经者十二，见上经者四。

右乾、坤之十六体，其分体之布于上下经，或十二或四，何也？康节

① 萧汉中：《读易考原》，《豫章丛书》经部一，江西教育出版社，2006 年，第 160 页。

有曰："天之体四，用者三，不用者一。地之体四，用者三，不用者一。"康节斯言为《皇极经世》体数发，非为《易》上下经体数发也。然用其说推之，义自吻合。乾、坤之体十有六，四四也。用其三，三四也。所以十二体居上经；不用者一，一四也。所以余四体居下经。朱文公《易学启蒙》曰："阴阳之体数常均其用，数则阳三而阴一。"启蒙斯言为揲蓍策数发，非为《易》上下经体数发也。然用其说推之，义亦吻合。盖阴阳之数有体、用。自体而言，其数常均。自用而言，阳主进，阴主退；故其为数也，阳常赢，阴常缩。以四计之，阳能用其三，阴止用其一。以十六计之，则阳用十二，阴用四矣。阳之体数以四计之，用者三，不用者一，其一之不用者为阴所用也。阴之体数以四计之，用者一，不用者三，其三之不用者为阳所用也。是故乾之十六体，其十二体，乾之用体也，其四体，乾不自用为阴所用。坤之十六体，其四体坤之用体也，其十二体，坤不自用，为阳所用。是乾之用体在上经，坤之用体在下经。①

综观上述论说，可以将其分为三个层面：首先是八卦之分。萧汉中取邵雍的四正、四偏之说，以乾、坤、坎、离为四正卦，分居上经，以震、巽、艮、兑为四偏卦，分居下经。他说：

【2】夫卦之始画也，乾南坤北，离东坎西，四方之正卦；震东北巽西南，艮西北兑东南，四隅之偏卦也。周礼曰："其经卦八。"方其画而为八也，总名经卦而已。及重而为六十四，于是《易》分为上下两经。且圣人若何而分之？盖先分八卦，次分余卦附也。八卦之分若何？乾、坤、坎、离四正卦也，当居上经，震、巽、艮、兑四偏卦也，当居下经。八卦既分，余卦以次附焉。此两经所以分之纲领也。②

其次是其余五十六卦的形成与分布。显然，他是以八卦为"本体"之卦来推衍其余五十六卦的。他认为"六十四卦之体，八卦之体为之也"，也就是说，六十四卦每卦都由八卦之体互重，因而每卦各具上下二体，而六十四卦则共具一百二十八体，若分之以八卦，则各有十六体。正是这八卦各具之十六体之间的"分出"与"互合"形成五十六卦，最后和八卦而成六十卦。以"体用"论，则可以说四正四偏之八卦乃为六十四卦中五十六卦之"体"——萧汉中名之为"本体"，而五十六卦则自然为此八卦本体之"用"了。与此同时，他还在对八卦本体区分正偏的基础上，又区分出上下、内外、主客，旨在阐明上

---

① 萧汉中：《读易考原》，《豫章丛书》经部一，江西教育出版社，2006年，第161—163页。
② 萧汉中：《读易考原》，《豫章丛书》经部一，江西教育出版社，2006年，第160页。

经之六十体、下经之六十八体，并非偶然，而是此种分合逻辑的必然。

再次，他以乾、坤为例，乾、坤各有十六体，其分体之布于上经各十二，布于下经各四。为了说明此种的逻辑必然性，他借鉴并发展邵雍及朱熹的体用逻辑，提出阴阳之数有体、用的理论。由此必然得出："乾之十六体，其十二体，乾之用体也，其四体，乾不自用为阴所用。坤之十六体，其四体坤之用体也，其十二体，坤不自用，为阳所用。是乾之用体在上经，坤之用体在下经。"实际上，这等于在阴阳之中再分阴阳，也就是在体用之中再分体用，然后形成一个辩证交合的逻辑。如图：

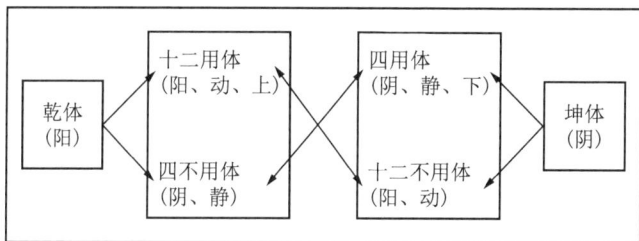

最后，萧汉中将此体用分合逻辑贯彻到其余六卦中，以此形成一个上经三十卦、六十体，下经三十四卦、六十八体次序井然的完整的《周易》六十卦结构。可看其具体的说法：

【3】六十四卦之体自八卦之体分出而生也，八卦之体又自乾、坤之体分出而生也，故六十四卦一乾、坤而已矣。凡阳画皆乾也，凡阴画皆坤也；乾、坤即"易"，"易"即乾、坤；乾、坤二体合之即"易"之一体，"易"之一体分之即乾、坤之二体也。"易"之一体分而为乾、坤二体，故易之一经分而为上下二经。上经取阳升而上之义，下经取阴降而下之义。上经所以明易之阳体，即乾之阳体也；下经所以明易之阴体，即坤之阴体也。自六十四卦之体本于八卦而言之，则乾、坤、坎、离为上篇之主，震、巽、艮、兑为下篇之主，此易之纲领也。自八卦之本体本于乾、坤而言之，则上经乃乾之阳体，下经乃坤之阴体，此又易之大纲领也。惟其如是，此乾之用体十二所以在上经，其不自用之体四为阴所用而在下经；坤之用体四所以在下经，其不自用之体十二为阳所用而在上经也。①

我们可以进一步用图示来简化其中逻辑：

---

① 萧汉中：《读易考原》，《豫章丛书》经部一，江西教育出版社，2006年，第160—162页。

```
                  ┌───────┐      ┌───────┐     ┌───────┐   ┌───────┐
                  │ 阳体  │ ───→ │ 乾之  │ ──→ │ 三十卦 │   │ 上经  │
                  └───────┘      │ 用体  │     └───────┘   └───────┘
          ┌───────┐              └───────┘
          │  易   │──────────────────────────────────────────────→
          └───────┘              ┌───────┐
                  ┌───────┐      │ 坤之  │     ┌───────┐   ┌───────┐
                  │ 阴体  │ ───→ │ 用体  │ ──→ │三十四卦│   │ 下经  │
                  └───────┘      └───────┘     └───────┘   └───────┘
```

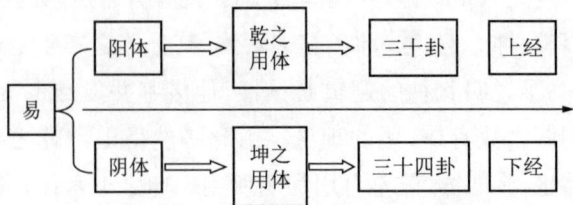

第二节　朱熹体用思想

朱熹(1130—1200)集两宋儒学之大成,此大成不仅表现在思想内容和体系建构上,同样表现在思维逻辑和方法运用上,其体用思想的丰富性和创造性就是一个明证。[①] 因此辟专节对其体用思想予以辨析。

一、体用范畴之界定

对于体用范畴的内涵分析以及体用类型的界定,朱熹可以说是最为自觉、最为全面也是最为深刻的一位。他曾经多次集中地讨论体用的概念本质和不同的表现形式。下面择要予以分析说明。

【1】以下论体、用。问:"前夜说体、用无定所,是随处说如此。若合万事为一大体、用,则如何?"曰:"体、用也定。见在底便是体,后来生底便是用。此身是体,动作处便是用。天是体,'万物资始'处便是用。地是体,'万物资生'处便是用。就阳言,则阳是体,阴是用;就阴言,则阴是体,阳是用。"

体是这个道理,用是他用处。如耳听目视,自然如此,是理也;开眼看物,著耳听声,便是用。江西人说个虚空底体,涉事物便唤做用。〔节〕问:"先生昔曰:'礼是体。'今乃曰:'礼者,天理之节文,人事之仪则。'似非体而是用。"曰:"公江西有般乡谈,才见分段子,便说道是用,不是体。如说尺时,无寸底是体,有寸底不是体,便是用;如秤,无星底是体,有星底不是体,便是用。且如扇子有柄,有骨子,用纸糊,此便是体;人摇之,便是用。"

杨至之问体。曰:"合当底是体。"〔节〕人只是合当做底便是体,人做处便是用,譬如此扇子,有骨,有柄,用纸糊,此则体也;人摇之,则用

① 学界对朱熹体用思想的整体性研究并不多见,最早有钱穆先生于 1969 年编撰《朱子新学案》(最早于 1971 年 9 月由台北三民书局出版)第一册第十二章的《朱子论体用》;有张立文著《论朱熹的"体"与"用"范畴》(《学术月刊》,1984 年第 7 期);有著名朱子学专家陈荣捷先生于 1986 年在其专著《朱子新探索》(最早于 1988 年由台湾学生书局出版)专章《朱子言体用》;此外还有 2000 年北京大学博士论文《朱子体用论研究》(韩,姜真硕,现藏于北京大学图书馆)。

也。如尺与秤相似,上有分寸星铢,则体也;将去秤量物事,则用也。
〔方子〕

> 问:"去岁闻先生曰:'只是一个道理,其分不同。'所谓分者,莫只是理
> 一而其用不同? 如君之仁,臣之敬,子之孝,父之慈,与国人交之信之类是
> 也。"曰:"其体已略不同。君臣、父子、国人是体;仁敬慈孝与信是用。"①

这里所举的几段对话内容很丰富,集中表明了朱熹对体用范畴内涵的
认识和界定。因其十分重要,下面将予以详细讨论。

第一段谈及体用是定还是无定,首先无论有定还是无定,都表明体用范
畴一个虚义性或形式性范畴,而非是实体性范畴②,其作用就在于描述和规
定各种实体性范畴之间的关系。其次,"体用无定所",是指体用概念自身没
有具体固定的对象所指,因此既可以随某具体个别之事物说体用,也可以合
万事言一大体用。但同时体用也有定,是指体用作为一对形式性概念,是有
其自身确定的内涵或逻辑的,因此运用体用范畴说明事物也必须符合体用
自身的内涵要求。但朱熹始终没有说明体用概念的确切内涵。

第二段首句就说"体是这个道理,用是他用处",显然这可以看作对体
用涵义的直接说明:形而上的道理为体,道理的具体应用为用。也就是说,
如果使用体用诠释对象,就必须要符合这个原则。接下来,他又举了几个
例子来说明这个原则。在第三段中他再次明确说明体用的涵义,即"合当
底是体",具体说是"合当做底便是体,人做处便是用",显然这和第二段的
阐述本质上是一致,"合当"是就理而言,属于体,用是就此理的实际应用。
第四段表明朱熹曾经将"理一分殊"与体用联系起来,显然理体为一,而分
殊为用。

综合对上述四段的分析,可知朱熹体用概念主要用来说明或诠释事物
存在之理与事物具体存在之间的关系,可以说是道器之间,也可以说是理事
之间。但这是否就是他对体用概念内涵的全部认定呢? 就他所举实例来
看,又似乎并非如此。下面将他所举实例全部列表如下:

言说对象	体	用	类型
合万事为整体	见(现)在底便是体	后来生底便是用	实体—创生
身	身是体	动作处便是用	实体—动用
天	天是体	"万物资始"处	实体—作用
地	地是体	"万物资生"处	

① 《朱子语类》卷第六,《朱子全书》第十六册,上海古籍出版社、安徽教育出版社,2002
年,第240页。(以下只注明全书页码)
② 关于形式性范畴与实体性范畴的界定和区别,详见本书第八章所论。

续 表

言说对象	体	用	类型
阴阳就阳言	阳是体	阴是用	本体—实现
阴阳就阴言	阴是体	阳是用	实体—动用
尺	无寸底是体	有寸底便是用	载体—作用 本体—功用
秤	无星底是体	有星底便是用	
尺与秤相似	分寸星铢,体也	秤量物事则用	实体—功用
扇子	有柄,有骨子,用纸糊,此便是体	人摇之,便是用	实体—动用
人事	合当做底便是体	人做处便是用	本体—作用
修身	君臣、父子、国人是体	仁敬慈孝与信是用	实体—动用

从朱熹所举之实例可知,他的体用言说的对象既有自然,又有人事;既有具体之尺秤,也有宏观之天地;既有可见之形物,更有抽象之阴阳,可以说是无所不包。但仍然可以分为两类情况:一类是就个体事物而言体用,如"此身是体,动作处便是用"。第二类是针对相对性概念之间说体用,如阴阳之间。若进一步对这些例子的体用类型进行分析,可以发现其实际上表现为两大类型的体用模式:一类是实体—功用(动用),这种模式的体当然是实体性事物本身,而用则表现为此实体存在的实际运动或作用、动用,因此此种类型更多地发生在对个体事物的体用诠释中。第二类是本体—作用(实现),这种模式多是针对相对性事物或关系而言。

【2】问:"伊川曰:'乐,喜好也。知者乐于运动,若水之流通;仁者乐于安静,如山之定止。知者得其乐,仁者安其常也。'……伊川第二说曰:'乐水乐山,与夫动静,皆言其体也。'第三说亦曰:'动静,仁知之体也。''体'字只作形容仁知之体段则可,若作体用之体则不可。仁之体可谓之静,则知之体亦可谓之静。所谓体者,但形容其德耳。吕氏乃以为'山水言其体,动静言其用',此说则显然以为体用之体。既谓之乐山乐水,则不专指体,用亦在其中。动可谓之用,静不可谓之用。仁之用,岂宜以静名之!谢氏曰:'自非圣人,仁知必有所偏,故其趋向各异,则其成功亦不同也。'据此章,乃圣人形容仁知以教人,使人由是而观,亦可以知其所以为仁知也。谢氏以为指知仁之偏,恐非圣人之意。谢氏又曰:'以其成物,是以动;以其成己,是以静。'杨氏曰:'利之,故乐水;安之,故乐山。利,故动;安,故静。'窃谓圣人论德,互有不同。譬如论日,或曰如烛,或曰如铜盘。说虽不同,由其一而观之,皆可以知其为日。然指铜盘而谓之烛,指烛而谓之铜盘,则不可。圣人论仁知,或以为'成己、成物',或以为'安仁、利仁',或以为'乐山、乐水',各有攸主,

合而一之,恐不可也。游氏推说仁寿,尹氏同伊川,故不录。"曰:"所论体、用甚善。谢氏说未有病,但末后句过高不实耳。'成己、成物','安仁、利仁','乐山、乐水',意亦相通。如'学不厌,教不倦'之类,则不可强通耳。"①

此处的关键在于提出了两种"体",一是体段之体,体指事物存在的样态或性状,即此处明确的"所谓体者,但形容其德耳"。② 如以"动静"言仁知之体;一是体用之体,体乃是实体或本体,如以山水为体,动静为其用,而"乐山乐水"则将"体用"都包涵在其中了。

朱熹学生认为程颐言"动静,仁之体"之"体"字只能作形容仁知之体段来看,不可作"体用之体"理解。因为仁知之体都可以说动说静,其所谓"体"只是对其存在的状态或德性的一种形容描摹。而认为吕氏所谓的"山水言其体,动静言其用"乃是基于体用之体。朱熹认为,所谓仁智之乐山乐水,就不专指仁智之体——山水,其喜好之用亦在其中。因此就动静而言,只能说动属于用,静则不可谓之用。所以他质问到:"仁之用,岂宜以静名之。"因此,体段之体相较体用之体而言,莫若是体用之体的属性和样态,与体相用或体性用之"性、相"相当。如图所示:

```
体用之体 ──────→ 体段之体 ──────→ 用
体 ──────────→ 性(相) ──────────→ 用
```

综合【1】【2】两例的分析,我们可以知道,朱熹对于正确清楚分别或界定体用的概念内涵已有相当的自觉。③ 总的来说,在朱熹的诠释实践中,存在着两种体用类型,一类是实体—功用(动用)型,一类是本体—作用(实现)型;但在他的理论认定中,有主要指"本体—作用(实现)型",认为"实体—功用(动用)型"不属于真正的体用范畴。这当然可以归结为他在体用逻辑的认识上不够清晰,而实质上在很大程度上与他在本体论上严格区分形而上和形而下,也就是严格区分道器、理气、理事有关。这在接下来的分析中会得到很好的印证。

---

① 《朱子语类》卷第三十二,《朱子全书》第十五册,第1164页。

② 再如《朱子语类》卷二四:"问:李先生谓颜子'圣人体段已具'。'体段'二字,莫只是言个模样否? 曰:'然。'"再如《朱子语类》卷六二:"'道不可须臾离,可离非道',是言道之体段如此。"再如他在《语类卷》第三十二中如此说:"故知动仁静,是体段模样意思如此也,常以心体之便见。"《朱子语类·论语十四》卷第三十二,《朱子全书》第十五册,第823页。

③ 张立文曾经对朱熹所有的体用范畴的概念内涵作过梳理,他认为朱熹的"体"与"用",是指"本体与作用、主体与表现、原因与结果的范畴"。详见张立文《论朱熹的"体"与"用"范畴》,《学术月刊》,1984年第7期。

二、宇宙论之与体用

(一) 易学之体用

朱熹的易学哲学在宋代易学史和哲学史上都有重要的地位。他站在义理学派的立场,对北宋以来的易学和哲学的发展做了一次总结。他批判地吸收了各家观点,以程氏易学为骨干,融合各家长处,最终建立起一个庞大的易学体系。朱熹哲学体系的核心是本体论,其中的重要命题如理气问题、理事问题、动静问题以及人性问题,都是从其易学命题中引申出来的。朱熹哲学中的最高范畴"太极"也是通过对筮法的解释而提出的。朱熹曾说,脱离卜筮和象数,不会理解《周易》的本义。因此也可以说,脱离朱熹的易学,也不可能理解其哲学体系的核心思想。因此,下面我们将首先重点考察朱熹易学哲学中的体用思想。

【3】易本卜筮之书,后人以为止于卜筮。至王弼用老庄解,后人便只以为理,而不以为卜筮,亦非。想当初伏羲画卦之时,只是阳为吉,阴为凶,无文字。某不敢说,窃意如此。后文王见其不可晓,故为之作彖辞;或占得爻处不可晓,故周公为之作爻辞;又不可晓,故孔子为之作十翼,皆解当初之意。①

从汉朝以来,无论是义理学派还是象数学派,其解易都是经、传分部,以传解经,并且将经文部分逐渐哲理化。到宋代,易学家已将《周易》视为讲哲理的教科书,特别是程颐之《易传》。总起来说,朱熹"易本卜筮之书"这一论断有两层涵义:其一,不赞成以义理注解卦爻辞的文义和名物,要求从卜筮的角度,注明其原意;其二,认为此卜筮之书中存在着天下事物之理,需要后人揭示和阐发。② 因此朱子提出易经卦爻的"当初之意"与"必然之理"的概念。这种说法与现代学者傅伟勋创造的诠释学之"五谓"③中的"意谓"与"实谓"有异曲同工之妙。

【4】敬之问《启蒙》"理定既实,事来尚虚。用应始有,体该本无。稽实待虚,存体应用。执古御今,以静制动"。曰:"圣人作易,只是说一个理,都未曾有许多事,却待他甚么事来凑。所谓'事来尚虚',盖谓事之方来,尚虚而未有;若论其理,则先自定,固已实矣。'用应始有',谓理

---

① 《朱子语类》卷六十六,第 2181 页。

② 朱伯崑:《易学哲学史》第 2 册,昆仑出版社,2009 年,第 480 页。

③ "五谓"是傅伟勋创造的诠释学中所指的五个层次,即意谓、实谓、蕴谓、当谓和创谓。详见傅伟勋《从创造的诠释学到大乘佛学》(台北东大图书公司,1990 年)。

之用实，故有。'体该本无'，谓理之体该万事万物，又初无形迹之可见，故无。下面云，稽考实理，以待事物之来；存此理之体，以应无穷之用。'执古'，古便是易书里面文字言语。'御今'，今便是今日之事。'以静制动'，理便是静底，事便是动底。……某每见前辈说易，止把一事说。某之说易所以异于前辈者，正谓其理人人皆用之，不问君臣上下，大事小事，皆可用。……所以孔子晚年方学易，到得平常教人，亦言'兴于诗，立于礼，成于乐'，却未曾说到易。"又云："易之卦爻，所以该尽天下之理。一爻不止于一事，而天下之理莫不具备，不要拘执着。今学者涉世未广，见理未尽，揍他底不着，所以未得他受用。"①

　　此处朱熹所谈的是对其在《易学启蒙》②中揲法和卜法基本原则的再阐释。他认为每一卦爻之理都具有普遍性、真实性，可以应用到同类的一切事物中。整个易之卦爻则"该尽天下之理。一爻不止于一事，而天下之理莫不具备"。因此就易之"体用"而言，就是"体无而用有"。"体无"指其存在形态上的普遍性，"用有"指其应用上的真实性。就易之占卜而言，就必然是"稽实待虚，存体应用"。

　　此种对筮法的解释，使周易作为占筮的手段，更加逻辑化了；表现在哲学上，便形成了朱熹的"理事"之辨。宋明哲学中对此问题的论述，始于《程氏易传》。它以理为微，以事为显，提出"体用一源，显微无间"，即以事为理的显现，二者为体用关系。朱熹则进一步发展了这一原则，以理为实、事为虚，理为已定，事为方来，理为静，事为动，主张存体应用，以静御动。

　　【5】"至微者，理也；至著者，象也。体用一源，显微无间。'观会通以行其典体'，则辞无所不备。"此是一个理，一个象，一个辞。然欲理会理与象，又须辞上理会。③

朱熹认为：理、象、辞三者的关系，与胡瑗的体、用、文在逻辑上是一致的，即理为体，象为用，辞为文。不同的是，朱熹在这里是就周易之诠释而言。

　　【6】"体用一源"，体虽无迹，中已有用。"显微无间"者，显中便具

　　①　《朱子语类》卷六十七，《朱子全书》第十六册，第2224—2225页。
　　②　《易学启蒙》，南宋朱熹、蔡元定合撰，由蔡氏起稿。蔡元定（1135—1198），字季通，学者称西山先生，建宁府建阳县（今属福建）人，师事朱熹，朱熹以友视之。朱熹以为言《易》不本象数，既支离散漫而无所根著，其本象数者又不知法象之自然，未免牵合附会，"因与同志颇辑旧闻"，作《易学启蒙》。该书与《周易本义》互为表里，成于淳熙十三年（1186）。现收入《朱子全书》第一册。
　　③　《朱子语类》卷六十七，第2220页。

微。天地未有,万物已具,此是体中有用;天地既立,此理亦存,此是显中有微。①

这是朱熹对程颐的"体用一源,显微无间"的进一步阐释。前述分析表明,在程颐那里,主要是为了证明义理乃气、象、数的根本,因此提出"因象以明理"的理论主张,故将理和象分别规定为微和显,并利用"体用一源"的逻辑来强化理与象之间"显微无间"的关系,从而为义理派易学批判象数派建立了坚实的诠释学理论基础。

事实上,程颐并没有就"体用一源"是如何"一源"以及"显微无间"是如何"无间"等更深层次的理论问题做出清楚说明。这个工作是从朱熹自觉开始的。朱熹的贡献在于,他以"体虽无迹,中已有用"来说明"体用一源"中的"一源"之确定内涵。同时又以"显中便具微"来进一步阐释"显微无间"中的"无间"。当然,"一源"和"无间"之中也应该包含"用中有体"和"微中有显"的逻辑,虽然朱熹没有如此直接的表述。

很重要却一直没有引起注意的是,在这个阐述中,潜藏着一个巨大的理论困难:即当朱熹以理为体为微,以天地万物为用为显时,也就意味着"体"是无形的、抽象的存在,而"用"则是有形的、具体的存在。然而他同时又认为"体用一源"即是"体中有用,用中有体","显微无间"即是"微中有显,显中有微"。那么其必然的推论是:有形具象的存在之中必定蕴涵有那无形抽象的理体存在,相应的,无形抽象的理体之中也必定包涵有那具象有形的存在。前者尚有可能,而后者就显然是不可能的。如要可能,则必须将其理解为:无形理体之中具有的只是万物必然如此存在之理,而非实存的有形万物。若这样,其直接的逻辑后果则是,体用之间只是本体之理与万物之理的关系,而不能是理与象、与气、与物的关系了。为进一步揭示这个理论困惑,不妨再来看一段与此相关的话,朱熹说:

【7】若夫所谓体用一源者,程子之言盖已密矣。其曰"体用一源"者,以至微之理言之,则冲漠无朕,而万象昭然已具也。其曰"显微无间"者,以至著之象言之,则即事即物,而此理无乎不在也。言理则先体而后用,盖举体而用之理已具,是所以为一源也。言事则先显而后微,盖即事而理之体可见,是所以为无间也。然则所谓"一源"者,是岂漫无精粗先后之可言哉?况既曰"体立而后用行",则亦不嫌于先有此而后有彼矣。②

---

① 《朱子语类》,第 2221 页。
② 《周子全书》卷二。

首先，朱熹在此认为"体用一源"和"显微无间"是各有侧重的。"体用一源"是侧重于言"理"，在于强调理体象用，理中有象；进一步可以说"言理则先体而后用"，"举体而用之理已具"。而"显微无间"，则是侧重于"象"，在于强调象显理微，象中有理；进一步又可以说"先显而后微"，"即事而理之体可见"。显然这种理事之显微体用说，构成了朱熹理学本体论的核心内容。其中值得关注之处有二：一是所谓"先体而后用"和"先显而后微"，此中的"先后"显然不具有时间义，而是就其逻辑之"先后"而言的；二是文中朱熹说"举体而用之理已具"，也就是明确地表明他之所谓"体中有用"即是理体之中具有的是用之"理"而非一般所以为的与理相对的"气"。而所谓"即事而理之体可见"，则在显微关系中没有类似冲突，因为抽象无形之理可以存在于具体有形的事相之中。这也就是后来王夫之特别强调的可以言"器之道"，而不能言"道之器"的缘故。下面这则能使我们更清楚此一冲突的实质所在。

【8】问："太极不是未有天地之先有个浑成之物，是天地万物之理总名否？"曰："太极只是天地万物之理。在天地言，则天地中有太极；在万物言，则万物中各有太极。未有天地之先，毕竟是先有此理。动而生阳，亦只是理；静而生阴，亦只是理。"问："太极解何以先动而后静，先用而后体，先感而后寂？"曰："在阴阳言，则用在阳而体在阴，然动静无端，阴阳无始，不可分先后。今只就起处言之，毕竟动前又是静，用前又是体，感前又是寂，阳前又是阴，而寂前又是感，静前又是动，将何者为先后？不可只道今日动便为始，而昨日静更不说也。如鼻息，言呼吸则辞顺，不可道吸呼。毕竟呼前又是吸，吸前又是呼。"〔淳〕问："昨谓未有天地之先，毕竟是先有理，如何？"曰："未有天地之先，毕竟也只是理。有此理，便有此天地；若无此理，便亦无天地，无人无物，都无该载了！有理，便有气流行，发育万物。"①

朱熹明确规定："天地生万物之理为体，天地生万物为用。"同时明确说明："体中有用，理在事先。"那么他之所谓"天地未有，万物已具"中的"万物已具"就只能是"万物之理"已具，因为天地为生之时，现实的万物还不存在。所以他不得不承认在没有天地万物存在之前，就只有此"理"本身，但又认为此"理"必定会产生"气"，而后气之流行化育万物。于此，便形成一个完整的宇宙论模式。如图所示：

---

① 《朱子语类》卷第一，《朱子全书》第十四册，第113—114页。

```
┌─────────────────────────┐   ┌─────────────────────────┐
│ (体)理                   │   │ (体)          (用)       │
│   │                     │   │                         │
│   ↓                     │   │ 理 ──→ 气 ──→ 万物       │
│ (用)气 ──────→ 万物      │   │                         │
│        (A)              │   │        (B)              │
└─────────────────────────┘   └─────────────────────────┘
```

显然这里的理、气、万物之间可以形成两种宇宙论模式,图中的(A)模式意味着万物由气化而创生出来,理只是此气化万物的"理",理并不直接创生"气";(B)模式中,理直接创生出气,然后气之流行化育万物。就朱熹的论述来看,当他说"天地生万物之理为体,天地生万物为用"时,似乎倾向于模式(A),当他说"有理,便有气流行,发育万物"时,似乎倾向于模式(B),这样就意味着在朱熹的宇宙论中存在着两种模式的可能性,然而这两种模式是不能兼容的。

在模式(A)中,要么以"气"为第一本源本体,而"理"只能是气之"理";要么"理"创生"气"而成为"理之气",否则,就必然会出现"理"和"气"两个本源的问题,显然这是朱熹所不能赞同的。在模式(B)中,如果"理"直接创生出"气",那么"气"的存在就是多余的,因为理既然可以直接创生出有形的气,为什么不直接创生出有形的万物呢? 显然这也是朱熹所不能接受的。由此看来,无论选择哪种模式,朱熹的理事体用逻辑都不能贯彻到底,都不可避免地带来无法解决的理论冲突。事实上,这一冲突,不仅是朱熹个人的,而且是所有宋明理学思想家试图以"理"为宇宙第一本体,并依此来解释宇宙的本源和本体时所必然遭遇的。

（二）太极之体用

北宋以来的气学派以太极为气,数学派的代表邵雍以太极为心,朱熹则以太极为理。朱熹在《周易本义》中解释"易有太极"说:"易者,阴阳之变。太极者,其理也。"朱熹本于程颐的观点,以一阴一阳之所以然者,即阴阳之理为太极,其关键在如何阐释太极与两仪之间的关系。朱熹的太极说有两层内容:就筮法说,太极指为卦画的根源;就哲学说,太极指为世界的本原。在朱熹这里,这两层含义又是一致的。

【9】周子、康节说太极,和阴阳滚说。易中便抬起说。周子言"太极动而生阳,静而生阴"。如言太极动是阳,动极而静,静便是阴;动时便是阳之太极,静时便是阴之太极,盖太极即在阴阳里。如"易有太极,是生两仪",则先从实理处说。若论其生则俱生,太极依旧在阴阳里。但言其次序,须有这实理,方始有阴阳也。其理则一。虽然,自见在事物而观之,则阴阳函太极;推其本,则太极生阴阳。[1]

---

[1] 《朱子语类》卷七十五,第 2564 页。

太极和阴阳的关系，一直是历代易学家重点讨论的问题。在此，朱熹提出两种说法，一是周敦颐与邵雍的"滚说"，一是《易传》中的"抬起说"。所谓"滚说"，即是指太极不在阴阳之外而生阴阳，而是太极就在阴阳里，因为太极实是与阴阳俱生同在的。所谓"抬起说"，是指《易传》中的"易有太极，是生两仪"之说，即太极在阴阳之先，而阴阳在太极之后。不过朱熹认为这两种说法是一致的，因为从现实的存在来说，是"阴阳函太极"，此即是太极与阴阳俱生共在的"滚说"；但若从实理上，也就是从逻辑之根本上说，必须是"太极生阴阳"，这即是所谓"抬头说"。

显然，若是从体用逻辑的角度来看太极与阴阳的关系，就必定是：太极为体，阴阳为用，体生用，体在用中，用中函体。此处的体生用也和太极生两仪之生一样有"滚说"与"抬头说"两种说法。

【10】圣人谓之太极者，所以指夫天地万物之根也。周子因之而又谓之无极者。所以著夫无声无臭之妙也。然曰无极而太极，太极本无极，则非无极之后别生太极，而太极之上先有无极也。又曰：五行阴阳，阴阳太极，则非太极之后别生二五，而二五之上先有太极也。以至于成男成女化生万物。而无极之妙，盖未始不在是焉。此一图之纲领，大易之遗意，与老子所谓物生于有、有生于无，而以造化为真有始终者，正南北矣。①

"无极而太极"是周敦颐在《太极图说》中提出的一个重要说法，不过周敦颐对于无极和太极的含义及其关系都没有明确解释，引起诸多不同的诠释及争论。朱熹在此明确反对那种以为"无极之后别生太极，而太极之上先有无极"的说法，而他强调太极与无极是相即不离的，绝对不可以分为独立两个实体来说。因为"太极"本就表示天地万物之根本，因此不能在此终极本体之上再建立一个"无极"作为本体了。"无极"其实本就属于太极，本在于表示太极本体本身的那种超越的、无形的、虚静之存在状态——即"所以著夫无声无臭之妙"。由此无极和太极并非两个本体，而是唯一本体的两个方面。以体用逻辑来说，则无极实为太极之体，太极为无极之用，体为无为静，用为有为动。这显然是符合朱熹体无用有、体静用动的总原则的。由此朱熹进一步指出，不仅无极和太极是如此，即使太极与阴阳五行之间的关系也是如此——俱生共在之体用不离。在朱熹看来，这种基于"体用一源"逻辑的共生论模式，显然是与道家老子所主张的"物生于有、有生于无"的创生论模式是根本不同的，因为后者势必导致体用两分。

---

① 《朱子文集·答杨子直》，第 2071 页。

【11】或问太极。曰:"太极只是个极好至善底道理。人人有一太极,物物有一太极。周子所谓太极,是天地人物万善至好底表德。"〔谦〕太极非是别为一物,即阴阳而在阴阳,即五行而在五行,即万物而在万物,只是一个理而已。因其极至,故名曰太极。〔广〕才说太极,便带着阴阳;才说性,便带着气。不带着阴阳与气,太极与性那里收附? 然要得分明,又不可不拆开说。①

【12】问:"'即阴阳而指其本体,不杂于阴阳而言之',是于道有定位处指之。"曰:"然。'一阴一阳之谓道',亦此意。"〔可学〕自太极至万物化生,只是一个道理包括,非是先有此而后有彼。但统是一个大源,由体而达用,从微而至著耳。②

和【9】【10】所分析的一样,朱熹在此反复强调太极虽然为天地万物之根本,虽为阴阳五行之本体,但太极绝不在天地万物或阴阳五行之外而别是一物。但他又反复强调从实存的角度说太极与天地万物或阴阳五行是体用不离,但从认识或诠释的立场上有必要分开来说。这是在把握朱熹思想时要特别注意的,从诠释学的角度来说,这和唐玄宗"体用之实不可散,体用之名可散"的主张是一致的。因而可以说,对体用逻辑作存在层面和诠释层面的区分,既是本体思想深化的必然要求,也是哲学思维水平提升的自然表现。

(三) 体用与动静:"静体而动用,静别而动交"

宋明理学对动静问题的关注始于周敦颐,周敦颐在动静问题上属于主静派,但他在《太极图说》中又强调——太极动而生阳,阳极而静,静而生阴,似乎又是主张主动说的。实际上,这正是周敦颐宇宙动静理论的矛盾之处,一方面他接受佛道在工夫修养以及境界上以虚静为本的思想,一方面他又必须解决宇宙本身运动变化的根源问题,所以就会有既主静又主动的矛盾产生。朱熹的动静思想正是在周敦颐动静思想的基础上形成的。

周敦颐在《通书》中对《易传》系辞上中"易无思也,无为也,寂然不动,感而遂通天下之故。非天下之至神,其孰能与于此"一句诠解时说:

【1】寂然不动者,诚也;感而遂通者,神也;动而未形、有无之间者,几也。本然而未发者,实理之体,善应而不测者,实理之用。动静体用之间,介然有顷之际,实理发见之端,而众事吉凶之兆也。③

---

① 《朱子语类》卷九十四,第3122页。

② 《朱子语类》卷九十四,第3124页。

③ 周敦颐:《通书·圣第四》。

如果把这种诠释与《周易正义》中韩康伯与孔颖达的诠释进行对比，就会发现作为理学集大成者的朱熹诠释中的鲜明特点。先看韩康伯的诠释：

> 夫非忘象者，则无以制象。非遗数者，无以极数。至精者，无筹策而不可乱。至变者，体一而无不周。至神者，寂然而无不应。斯盖功用之母，象数所由立，故曰非至精至变至神，则不得与于斯也。①

再看孔氏所言：

> "易无思也，无为也"者，任运自然，不关心虑，是无思也；任运自动，不须营造，是无为也。"寂然不动，感而遂通天下之故"者，既无思无为，故"寂然不动"。有感必应，万事皆通，是"感而遂通天下之故"也。故谓事故，言通天下万事也。"非天下之至神，其孰能与于此"者，言易理神功不测，非天下万事之中，至极神妙，其孰能与于此也。此《经》明易理神妙不测，故云"非天下之至神"，若非天下之至神，谁能与于此也。②

首先，韩康伯的解释，以易之"寂然感通"为"至精至变至神"者，为"功用之母"，乃是"象数"得以成立的根据。其中暗涵一种体用关系，即以"寂然感通"为易之体，以"象数"为易之用。显然这仍是对王弼"得意忘象"的易学诠释原则的一种继承。与韩康伯相比，孔氏的诠解有两个特点：一是强调以"感应"而不是"有无"言"易理"；二是明确提出"易理"这个概念，认为此句中心在赞叹"易理神功不测"。将朱熹与韩、孔比较，可以发现其有几个鲜明的特点。

第一，朱熹明确提出"实理"之一概念。此一概念在理学发展历史上的意义重大，同样在易学诠释学史上也是意义非凡的。虽然从王弼、韩康伯的纯粹易学诠释学意义上的与象数相对的卦爻之"义理"，到孔颖达的"易理"，存在一个诠释领域的拓展和诠释层次的超越，但仍然都属于对《易经》进行具体诠释的层面。而朱熹的"实理"乃是对他们的再次超越，把"寂然感通"提升到作为整个宇宙之根本的"实理"来诠释的层面。这种超越和提升是根本性也是革命性的转变，唯如此，儒家才从具体诠释的"经学"一跃而为本体诠释的"理学"。如图所示：

---

① 孔颖达：《周易正义·系辞上》。
② 孔颖达：《周易正义·系辞上》。

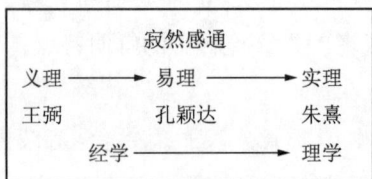

第二，朱熹明确地以"体用"结构来处理"寂然不动"与"感而遂通"之间的关系。最重要的一点，是他第一次把体用与动静联系起来讨论，开后来整个易学及儒学大肆讨论"体用动静"问题之先河。其"体静用动"模式从此深入人心，以至后来除王阳明、王夫之等少数思想家公开反对外，几乎无有不赞同者，可见其影响之深远。具体来说，这种以"体静用动"模式诠释"实理"有两方面的理论意义：一方面，它使得对宇宙本体——"实理"的讨论从此脱离具象、随意的状态，由此进入思辨形而上的哲学层面，并以"体用动静"来作为其思辨逻辑和表述模式。另一方面，以"体用动静"模式来诠释宇宙实理的开端，也使"体用"范畴本身的诠释对象获得相应的层次跃升，最终发展为宇宙本体层面，这是自王弼不自觉地使用体用结构诠释"道"以来，诠释体用与宇宙本体之关系最为明确也是最为丰富的第一次。

第三，朱熹进一步以"本然而未发者"来诠释"寂然不动者"，作为"实理之体"；以"善应而不测者"对应"感而遂通者"，以之为"实理之用"。这种进一步的诠解，使朱熹的"实理"不仅具有宇宙本体意义上的"体静用动"结构，还有着心性工夫意义上的逻辑蕴涵。也就是说，不仅是属于"诚"的，也是属于"诚之"层面的。如此结构的意义在于，透过"体用动静"的逻辑，朱熹第一次把天道本体层面的"体用动静"结构与心性工夫层面的"体用动静"结构对应起来，更为重要的是，他还通过"实理"这个范畴把本体与工夫、天道与性命统合起来，从而继承并在本体层面上复兴了先秦儒家追求"天人合一"这一传统。进而又以"本然而未发者"来诠释"寂然不动者"之诚，以之为"实理之体"；以"善应而不测者"对应"感而遂通者"之神，以之为"实理之用"。如图所示：

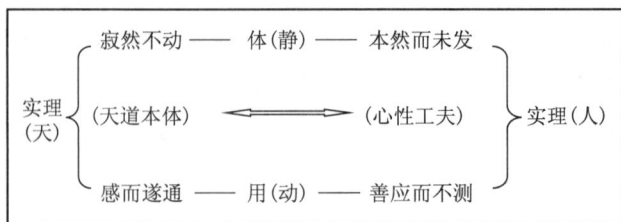

【2】熹向以太极为体，动静为用，其言固有病，后已改之曰：太极者，本然之妙也；动静者，所乘之机也。此则庶几近之。来喻，疑于体用之

云甚当，但所以疑之之说，则与熹之所以改之之意又若不相似然。盖谓太极含动静则可，以本体而言也；谓太极有动静则可，以流行而言也。若谓太极便是动静，则是形而上下者不可分。①

此处表明，朱熹对于太极动静的问题，是很费了一番周折反复的。最早他认为"太极为体，动静为用"，后改为"太极者，本然之妙也；动静者，所乘之机也"，其最后结论改为：太极不可直接说是动或者是静，这样犯了没有正确区分形而上下的错误。显然他是以太极属于理，为形而上者，本身不可以论动静，只可说含有动静之理；而气为形而下者，可论动静，故不可相混淆。但他又认为可以说"太极含动静"和"太极有动静"，并强调前者是以"本体"而言，后者则以"流行"而言。"本体"就结构而言，是说太极"含"动静之理；"流行"就变化言，是说太极"有"动静之象。同时"本体"与"流行"相对，本体为流行之本体，流行为本体之流行。所谓"本体"即体用之体，"流行"即体用之用，依此逻辑，朱熹理当接受太极为体、动静为用的结构安排。

【3】天地之间，对待流行而已。易，体天地之撰者也。故伏羲八卦圆图（天地定位至水火不相射②）以对待而作也，文王八卦圆图（帝出乎震至成言乎艮）以流行而作也。伏羲六十四卦横图（始乾夬大有，终观否剥坤）以流行而作也，文王六十四卦横图（始乾坤屯，终既济未济）以对待而作也。是知主对待者必以流行为用，主流行者必以对待为用，学者不可不察也。③

朱熹在此分别所谓"伏羲八卦圆图"与"文王八卦圆图"，以及"伏羲六十四卦横图"和"文王六十四卦横图"，并以"对待"、"流行"之分别相配合，此说源于邵雍和刘牧。值得关注的是其对"对待、流行"之间的体用关系分析。首先，他指出天地之间，唯有"对待流行"而已，除此无有其他。而后又以体用结构来说明对待与流行的关系。认为学易者，必须明察此体用关系，即"主对待者必以流行为用，主流行者必以对待为用"。

必须指出，此处之关键在于朱熹提出了"主对待者"和"主流行者"两个概念。朱熹在此并非说"对待为流行之体，流行乃对待之用"，而是以"主对待者"为"流行"之体，以"对待"为"主流行者"之用。"对待"就易学言，实际

---

① 《朱子文集·答杨子直》，《朱子全书》第 22 册，上海古籍出版社，2002 年，第 2072 页。（朱熹撰，朱杰人、严佐之、刘永翔主编）

② 《周易·说卦》云："天地定位，山泽通气，雷风相薄，水火不相射，八卦相错。"

③ 沈善洪主编：《黄宗羲全集》第五册，《宋元学案》三，浙江古籍出版社，1992 年，第415 页。

上是指阴阳、乾坤之间既同存共在又相待相对的关系结构体。而所谓"主对待者"即指决定此一关系性结构如此存在的主宰者。所谓"流行"是指此一结构体因其内在的对待性而必然形成的变化运动,因此所谓"主流行者"即指决定此结构体如此变化运动的主宰者。就朱熹的"理"本论之逻辑来看,此对待之主宰者当指对待之理,流行之主宰者当指流行之理。所以就"对待"而言,以对待之理为其体,以对待之流行为其用;就"流行"而言,以主流行之理为其体,以流行之对待为其用,从而形成"对待"与"流行"互为体用的逻辑结构。如图所示:

显然,"对待流行"之中动静分明:对待为静态之结构性存在,流行为动态之变化性存在;而主对待者和主流行者,都是属于朱熹所谓形而上之静。

【4】须看得只此当然之理冲漠无朕,非此理之外别有一物冲漠无朕也。至于形而上下却有分别,须分得此是体,彼是用,方说得一源;分得此是象,彼是理,方说得无间。若只是一物,却不须更说一源无间。①

在朱熹看来,只有严格分别形而上与形而下,也就是严格区别体用显微,才能说得:"体用一源,显微无间。"

【5】乾坤各有动静,于其四德见之。静体而动用,静别而动交也。②

"静体而动用,静别而动交",静为体,动为用,乃宋儒论乾坤阴阳体用的经常之说。朱熹在此进一步阐明动静体用如此安排的根据:所谓"静"是指事物之"体"处于相对稳定固定的状态,唯如此才能与其他之"体"相区别,所以说"静别";同理,"动"则指此事物的运动变化,必然导致事物之体与其他事物之体之间的相互交往和作用,依此而说"动用"。而不是说体只是静而不动,用只是动而不静。所谓体用之动静,乃是从其功能上——别和交——来分别的,而非从其存在本身的状态来说动静。乾坤动静正也是如此。

【6】问:"泛观天地间,'日往月来,寒往暑来','四时行,百物生',这

① 《朱子文集·答吕子约》,第 2227 页。
② 《周易本义·系辞上第五》,《朱子全书》,第 127 页。

是道之用流行发见处。即此而总言之，其往来生化，无一息间断处，便是道体否？"曰："此体、用说得是。但'总'字未当，总，便成兼用说了。只就那骨处便是体。如水之或流、或止、或激成波浪，是用；即这水骨可流，可止，可激成波浪处，便是体。如这身是体；目视，耳听，手足运动处，便是用。如这手是体；指之运动提掇处便是用。"淳举论语集注曰："往者过，来者续，无一息之停，乃道体之本然也。"曰："即是此意。"①

朱熹的弟子以天地之间的无穷变化为"道之用流行发现处"，又说就此"流行发现处"而"总言""往来生化，无一息间断处"为道之体。朱熹肯定他的体用之说，但认为"总"字用得不妥当，认为"总"字有兼含"用"的嫌疑。接下来他举流水、身体耳目为譬，来说明道体与道用的分别与关系。以"流水"为例，水"或流、或止、或激成波浪"，这都是水现实的存在样态，朱子认为这就是"用"；而应该以水骨之"可流，可止，可激成波浪处"为体，显然是以水之现实的存在样态的内在原因或根据为其体。又如就整个身体而言，以身体为体，以身体器官的实际运动作用如目视、耳听、手足运动为用。而单独就手这个器官而言，手是体，手指的运动提掇便是用。显然，不论是流水还是身手的譬喻，都表明他是以"实体存在"本身为体，而以实体的运动变化为用。这与其以天地运行变化之理为道体，以天地运行变化之象为用，分属不同的类型。但其相同处在于，无论哪种体用结构，都满足"体"必须是"用"的原因和根据，而"用"则是"体"的运动变化或现实呈现。

【7】问："仁知动静之说，与阴阳动静之说同否？"曰："莫管他阳动阴静，公看得理又过了。大抵看理只到这处便休，又须得走过那边看，便不是了。然仁主于发生，其用未尝不动，而其体却静。知周流于事物，其体虽动，然其用深潜缜密，则其用未尝不静。其体用动静虽如此，却不须执一而论，须循环观之。盖仁者一身混然全是天理，故静而乐山，且寿，寿是悠久之意；知者周流事物之间，故动而乐水，且乐，乐是处得当理而不扰之意。若必欲以配阴阳，则仁配春，主发生，故配阳动；知配冬，主伏藏，故配阴静。然阴阳动静，又各互为其根，不可一定求之也。此亦在学者默而识之。"②

这里借体用谈仁知动静与阴阳动静的关系。朱熹的看法是：就仁知而言，仁者其体为静，其用为动；知者其体为动，其用为静。但他提醒不可把这

① 《朱子语类》卷第六，第239页。
② 《朱子语类》卷三十二，第1160页。

种体用动静的分别"执一而论",而认为应该"循环观之"。所谓"循环观之",是指仁之体可以言静也可言动,仁之用也可以言动亦言静。相应的,知之体用动静也应当如此。所以如果一定要与阴阳相配而言,则可以仁配阳动,知配阴静,但同样要把握阴阳动静之间也是"互为其根"的道理。这里透露出一个十分重要的消息,即在朱熹看来,体用动静之间的关系既需要分别,有不可执着为定一,而应该循环观之。

(四) 理气之体用

理气观可谓朱熹哲学中最重要的部分之一,因为他的重视,理气关系也成为他之后整个儒家思想的核心问题。下面来看他的相关论述。

【8】问:"理与数,其本也只是一。"曰:"气便是数。有是理,便有是气;有是气,便有是数,物物皆然。"①

程氏说"数,气之用也"。但程氏易学对理气关系没有展开论述。朱熹依据其筮法中的"易有太极"说,通过对周敦颐《太极图说》的解释,以太极为理,以两仪为气,进一步探讨了理气关系,并将理气范畴全面地发展为哲学范畴,用来解释天地万物的由来及其存在的根据,从而完成了理学本体论的体系建构。

【9】"是其然,必有所以然。"治心修身是本,"洒扫应对"是末,皆其然之事也。至於所以然,则理也。理无精粗本末,皆是一贯。②

【10】先生曰:"天下万物当然之则,便是理;所以然底,便是原头处。"③

这是朱熹对什么是"理"的认定,"理"就是万物之所以如此存在的根据和规律,用他的话说是"所以然"和"当然之则",也即是万物之"本体"。

【11】天地之间,有理有气。理也者,形而上之道也,生物之本也。气也者,形而下之器也,生物之具也。是以人物之生,必禀此理,然后有性;必禀此气,然后有形。④

此处涉及四组关键范畴:理与气,道与器,本与具,性与形。朱熹认为,

---

① 《朱子语类》卷六十五,第 2164 页。
② 《朱子语类》卷第四十九,第 1668 页。
③ 《朱子语类》卷第一百一十七,第 3698 页。
④ 《朱子文集·答黄道夫》卷第五十八,第 2755 页。

就理气关系而言,理和气同为天地宇宙之中的两种基本存在:"理"属于形而上之道,是万物生成的根本;"气"属于形而下之器,是万物生成的具体实质。万物和人因禀受此"理"而成为自身的本质之"性",因禀受"气"而后有具体的形"质"。这里只说明了理气与在万物生成中的地位和作用,而未涉及理与气的关系。接下来这则就是具体说明理气关系的:

> 【12】若论本原,即有理然后有气,故理不可以偏全论。若论禀赋,则有是气而后理随以具,故有是气则有是理,无是气则无是理。是气多则是理多,是气少即是理少,又岂不可以偏全论耶?①

显然,朱熹对理气之间关系的说明有两个不同的层面。一是在"本原"层面,"有理然后有气",是"气"依从于"理";并认为在这个层面上"理"是无论偏与全的,因为在先之理必定是全部的整体的,甚或是浑然不分的。二是在"禀赋"层面,则是"有是气则有是理",是"理"依从于"气","气"之多少决定"理"之多少,因此"理"在此又可以论其偏与全,不过其偏全取决于气之偏全。对此分别,目前学界一般把"本原"层面的归为应然或逻辑上的"理先气后",而把"禀赋"层面的归为实然或经验上的"气先理后"。但问题是,朱熹在此仍然没有明确说明理气本身的存在依据问题,即到底是理气二元,还是理生气,抑或是气生理? 在接下来的论述中,虽然他明确说了"理生气",但对于"生"的意义,还需要进一步的分析才能确定。如他所论:

> 【13】太极生阴阳,理生气也。阴阳既生,则太极在其中,理复在气之内也。②

这段话是朱熹在进一步诠释周敦颐的《太极图说》时所说。在此他把"理生气"与"太极生阴阳"联系起来,认为二者的内在逻辑和具体过程是一致的,即首先是太极生阴阳,之后太极又在阴阳之中,理气也是如此。问题在于,"生阴阳"之"太极"与"在阴阳"之"太极","生气"之"理"与"在气"之"理"是否是同一个"太极"和"理"呢?

问题的关键在如何理解这个"生"字。"生"在中国哲学传统中共三义:一是创生或创造的意思,"理生气"则意味着"理"作为实体并从中创生出"气"来,如同母生子;二是展开或显现的意思,"理生气"则是说气是理的显现;三是指存在的根据,即言理为气之所以然,理是气之存在的根据,依此故

说"理生气"。那么到底朱熹所认定的"生"是哪种意义呢？这取决于对三种"生"之含义的逻辑要求的进一步分析。

就"创生"而言，需要满足两个基本条件：一是存在形态上必须是相同的，即要么都是有形质存在，要么都是无形质存在，无形质创生出有形质是不可思议的。二是被创生者在被创生之前必须曾经以某种形式内在于创生者之中，被创生后，必须独立于创生者之外。依此逻辑，若理能"创生"气，就必然要求理气为同一性质的存在，要么理气都是无形的，要么都是有形质的。

就"显现"或"展开"而言，也需要满足两个基本条件：一是存在形态上既可以是一致的，也可以是不一致的，若一致则表明二者实为同一存在，只是存在形态和名称上的有隐显之差别；若不一致，则要求"显现者"为具体之个别存在，而"被显现者"为抽象之整体存在。二是若存在形态一致，"显现"完成之后必定是非此即彼的存在，即被显现者一旦全部展开为显现者之后，就只有显现者存在，而不再以被显现者的方式存在，名称也应该相应地发生变化。若存在形态不一致，则"显现"完成之后必定是彼此同时存在，即抽象在具象之中，整体在个体之中。依此逻辑，若理"显现"为气，如二者一致，则现实世界不可并存，要么以"理"的方式存在，要么以"气"的方式存在；如二者不一致，则只能是理为抽象之整体，气为具象之具体。

就"根据"而言，也同样需要满足两个基本条件：一是存在形态上，"根据"和"被根据者"既可以是一致的，也可以是不一致的，若不一致，则意味着此一"根据"为外在根据，若一致则为内在根据；二是若一致，那么"生"之后，则"生"者和所生者之间必定是独立的，若不一致，则二者必定是蕴涵关系。依此逻辑，理若为气存在之根据，则要么是理气性质一致，存在上独立两分，要么是理气性质不同，存在上或理蕴涵气，或气蕴涵理。

上述是笔者对"生"之涵义所做的哲学分析，自然朱熹还没有如此清晰的认识和反省，但他对此已经有较多的自觉。譬如他在与学生论及《太极图说》中的宇宙生成问题时，曾说：

【14】问太极、两仪、五行。曰："两仪即阴阳，阴阳是气，五行是质。'立天之道，曰阴与阳；立地之道，曰柔与刚'，亦是质。又如人，魂是气，体魄是质。"云："'太极生两仪，两仪生四象'，此如母生子，子在母外之义。若两仪五行，却是子在母内。"曰："是如此。阴阳、五行、万物各有一太极。"[1]

---

① 《朱子语类》卷九十四，《朱子全书》第十七册，第 3130 页。

显然，朱熹在此把"太极生两仪四象"与"两仪生五行"区别为不同的"生"之类型。他把阴阳看作"气"，把五行看作具体的形"质"，太极自然被看作"理"。就天地言，阴阳是"气"，刚柔是"质"。就人而言，魂是"气"，魄是"质"。所以，"太极生两仪四象"实质就是理生气，他认为如同"母生子"，并明确认识到"子在母外"，也就必然赞同理在气外。而所谓"两仪生五行"，即是"气"生"质"，是"子在母内"。最后他总结说："阴阳、五行、万物各有一太极。"太极是"理"，则意味着气、质、物之中都有同一太极之理存在。如图所示：

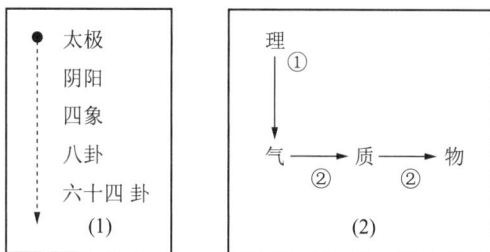

图式(1)表明朱熹就易经筮法而言太极生阴阳、阴阳生四象、四象生八卦，属于一个生成演化的纵贯系统。在这一过程中，朱熹把六十四卦的形成看成是太极之理自身逻辑展开的过程。他以分和散来解释"是生两仪"的"生"字，表明从太极到三百八十四爻是太极之理自身的展开。也就是以"展开"或"显现"诠解"生"之义。

图示(2)是朱熹以实然世界的理、气、质、物来说明宇宙的生成。显然，他悄悄改变了在(1)中所坚持的纵贯体系，而是在其中发生转折。转折的关键处在"气"，(1)为"理生气"，(2)为"气生质与万物"，在朱熹看来(1)和(2)是不同的。(1)为"理生气"，是母生子，子在母外，显然符合"生"为"创生"和"外在根据"之义的逻辑要求。(2)为"气生质"，他似乎也认为是母生子但"子在母中"，这符合"生"为"显现"和"内在根据"之义的逻辑要求。

显然这二者是不能兼容的，但他最后"阴阳、五行、万物各有一太极"的说法，意味着他认为，太极之理既创生阴阳之气、五行之质和万物之形，又内在于此"阴阳之气、五行之质和万物之形"之中成为其内在根据。于是就有一个很大的冲突隐藏在此，这一矛盾在太极与卦爻象之间，依前述朱熹所提出的本原与禀赋的二层分析法似乎可以化解，即太极同卦爻象，类似母子关系，又非母子关系。就其"本原"而言，太极为母，两仪、四象、八卦为子；逻辑上可说"子在母外"，但就"禀赋"而言，两仪、四象和八卦又都涵有太极，子体与母体并未分离，因而是子在母中。化解这个矛盾的根本原因还在于在筮法层面，无论太极还是阴阳、四象八卦等，都是属于抽象的理的层面，不涉及具体的形质问题，所以既外生又可以内涵，内外皆可，"太极"本不是一有形质之实体,作为"理"本身就是任何存在都是"阴阳"之间的对待流行,所以在阴阳而言也必定是这一原"理"的显现,"阳"中又有一太极之理,即也是阴阳之间的对待流行,"阴"当然也是如此,如此一来,阴阳就生四象,以此类推四象生八卦,八卦生三百六十四爻,一直可以无限进行下去。在易之筮学上,朱熹称之为"加一倍法",此说是从邵雍开始揭发而出的;在哲学上,就可以说是"万物一太极,物物各有一太极"。

但需要特别注意的是,此说成立的基本前提是太极、阴阳、五行、万物必须在存在形态上是同一层面:即要么都是无形质的存在,那么"万物一太极,物物各有一太极",也就意味着万物之存在有一个总的根本的理,就是太极之理,同时每一具体的事物又都分有这个根本之太极之理;要么都是有形质的存在,那么此说就意味着万物都是由一个根本的形质要素——太极——构成,每一具体的事物也自然具有这一根本的形质要素——太极。

在他看来,"气"是形质器物的总根源,形质器物都不过是气的展开与显现,正是在这个意义上说气生形质,气化万物。然而朱熹并不认为可以从无形质之理中创生出有形质之气来,事实上他一直坚持认为"气无始终",也即是说气并非是有创生起源的。这样一来,"理生气"之"生",就不是"创生"之生,也不是"显现展开"之生,只能是"根据"之生,且为气之内在根据。由此看来,所谓"万物总一太极,物物各有一太极"之说中就存在两个"太极"。前一"太极"为"气",因为既然为万物之总,就必然和万物同一存在形态,事实上就朱熹而言,万物总起来说就是"气"的展开与显现,总说为气,分说为物。后一"太极"显然是"理",因为理为气本,即是"气之为气"的内在根据,而气必定展开显现为物,所以此理也就必定是"物之为物"的内在根据。如此一来,就存在一个巨大的理论矛盾,即作为朱熹宇宙哲学中的最高范畴,"太极"既是"理"又是"气",而"理"和"气"又是形态完全不同的存在。

在朱熹这里,理为无形质的,气为有形质的,理气显然不在同一存在层面上。所以当朱熹以太极为理,阴阳为气,五行为质,万物为器,总起来说,太极为形而上,阴阳、五行、万物为形而下,最终他又以形而上为道之"体",形而下为道之"用"。如此一来,在朱熹看来,理和气都不能独立存在,并作为宇宙的第一根源,二者分别为宇宙之道的体和用,体生用,用显体,而且"体用一源,显微无间"。这个宇宙之道就是朱熹所说的"太极",显然"太极"同样也是以理为体,气为用的。因此,从严格意义上来说,与其说朱熹是"理本"论,不如说是"太极"本体论,或"道本"论,或"理气体用合一"论。

三、心性论之与体用

(一) 心统性情与道体兼体用

朱熹著《知言疑义》,在批评胡宏的"性体心用"基础上,依据张载的说法提出"心统性情"之说。下面来看朱熹的具体论述：

【15】旧看五峰说，只将心对性说，一个情字都无下落。后来看横渠"心统性情"之说，乃知此话有大功，始寻得个"情"字着落，与孟子说一般。孟子言："恻隐之心，仁之端也。"仁，性也；恻隐，情也，此是情上见得心。又曰"仁义礼智根于心"，此是性上见得心。盖心便是包得那性情，性是体，情是用。"心"字只一个字母，故"性"、"情"字皆从"心"。①

此处朱熹批评胡宏的"性体心用"之说，使得"情"字没有下落。因此赞同张载的"心统性情"之说。结合孟子的四端之说，以仁为性，恻隐为情，仁义礼智为"性"上见心，而四端之心乃"情"上见心。在"心统性情"之中说"性体情用"。特别强调所谓"心"其实只是一个"字母"，即名号，也即是说并没有一个脱离了性情而外在的实体之心，"心"之实在就是"性体情用"结构本身。

【16】问性、情、心、仁。曰："横渠说得最好，言：'心，统性情者也。'孟子言：'恻隐之心，仁之端；羞恶之心，义之端。'极说得性、情、心好。性无不善。心所发为情，或有不善。说不善非是心，亦不得。却是心之本体本无不善，其流为不善者，情之迁于物而然也。性是理之总名，仁义礼智皆性中一理之名。恻隐、羞恶、辞逊、是非是情之所发之名，此情之出于性而善者也。其端所发甚微，皆从此心出，故曰：'心，统性情者也。'性不是别有一物在心里。"②

此处从体用善恶的角度说性、情、心、仁。性为心之本体，无有不善，情迁流于物，为心之用，或有不善。同时又以性为理之总名，包括仁义礼智等。四端为情之所名，从发于心之性体，所以强调不是在心之中有性和情两种存在，而性情实是一体同源的，皆统于心。

【17】问："'上天之载，无声无臭'，其体则谓之易，如何看'体'字？"曰："体，是体质之'体'，犹言骨子也。易者，阴阳错综，交换代易之谓，如寒暑昼夜，阖辟往来。天地之间，阴阳交错，而实理流行，盖与道为体也。寒暑昼夜，阖辟往来，而实理于是流行其间，非此则实理无所顿放。犹君臣父子夫妇长幼朋友，有此五者，而实理寓焉。故曰'其体则谓之易'，言易为此理之体质也。"程子解"逝者如斯，不舍昼夜"，曰："此道体

---

① 《朱子语类》卷第五，第226页。
② 《朱子语类》卷第五，第227页。

也。天运而不已,日往则月来,寒往则暑来,水流而不息,物生而不穷,皆与道为体。"集注曰:"天地之化,往者过,来者续,无一息之停,乃道体之本然也。"即是此意。

"其体则谓之易",在人则心也;"其理则谓之道",在人则性也;"其用则谓之神",在人则情也。所谓易者,变化错综,如阴阳昼夜,雷风水火,反复流转,纵横经纬而不已也。人心则语默动静,变化不测者是也。体,是形体也,贺孙录云:"体,非'体、用'之谓。"言体,则亦是形而下者;其理则形而上者也。故程子曰"易中只是言反复往来上下",亦是意也。〔端蒙〕

"以其体谓之易,以其理谓之道",这正如心、性、情相似。易便是心,道便是性。易,变易也,如奕棋相似。寒了暑,暑了寒,日往而月来,春夏为阳,秋冬为阴,一阴一阳,只管恁地相易。〔贺孙〕①

此三段论述非常重要。针对伊川所谓"上天之载无声无臭,其体则谓之易,其理则谓之道,其用则谓之神",朱熹认为程颐此处所说的体,是"体质之'体',犹言骨子也",并明确地说:"体,非'体、用'之谓。"显然,在此他是把"体"与"理"相对。"体"属于"形而下者",所以他说:"体,是形体也。"而"理"自然属于"形而上者"。依此,所谓"以其体则谓之易,以其理谓之道",即是说"变易"之天地本身为变易之"道"或"理"的"体质"。言"体质"即指其是有形质有著象的具体存在,而正是在这样的"体质性"存在中,才有"实理"的流行。所以从某种意义上说,此体为道或理的"载体",自然不属于"体用"之本体或实体。

他进一步举程颐解"逝者如斯,不舍昼夜"的话,讨论"道体"和"与道为体"的关系。就其所言来看,所谓"道体"即是指道所运行之体,或谓"实理"所流行之体。所谓"与道为体",即是指"天运物化"等这些实在的变易作为"道"或"理"的"载体",也就是他说的"易为此理之体质"。因此"道体"之体在此也不是体用之体,是实理流行之具体所在,而"与道为体"即是"成为道体"。

与此同时,朱熹还把此"体理"关系与心、性、情的关系联系起来,可以用如下图示说明:

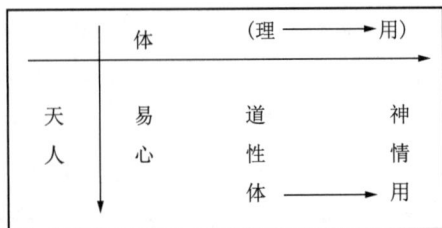

	体	(理 ——→ 用)
天	易	道　　　神
人	心	性　　　情
		体 ——→ 用

---

① 《朱子语类·程子之书一》卷第九十五,第 3186—3187 页。

显然，朱熹在此已把"体—理—用"作为一个固定的逻辑框架来运用，就此逻辑本身而言，"理"即是在体中流行之理，而此体中必有实"理"流行，"用"当是实理于此体中之"流行"本身。其中"体用"并不相应，而恰是"理用"的关系符合朱熹所认定的"体用"义，即以"理"为流行之用的本体，而"用"则为本体之理的流行。就"体—理—用"三者而言，只能说"体"为"理用"之体质，而不可以说"体"是"理用"的流行，也不可说"理用"乃"体"之流行。所以三者之间更为准确的描述应该为：体:(理—用)

将此逻辑运用到具体的天、人层面上，则形成两个层次不同但逻辑相同的结构"易:(道—神)"和"心:(性—情)"。其中"道—神"和"性—情"属于体用（本体—流行）关系，那么易和心作为"体"，分别与"道—神"和"性—情"到底是什么关系呢？仔细考察朱子的全部论述，就会发现他之所谓"道体"有两种情况，一是单以"体质"为道体，二是"道体兼体用"，实指"道体"兼包"道—神"此一体用结构。"心统性情"，则指"心体"统括"性—情"此一体用结构。

（二）礼乐异用而同体

【18】苏氏曰：老子示人以道而薄于器，以为学者惟器之知，则道隐矣，故绝仁义，弃礼乐，以明道。愚谓：道者仁义礼乐之总名，而仁义礼乐皆道之体用也。圣人之修仁义，制礼乐，凡以明道故也。今曰绝仁义弃礼乐以明道，则是舍二五而求十也，岂不悖哉！[1]

朱熹在此反对苏轼对老子的辩护。当时有人批评老子形而上在道器之间，是"示人以道而薄于器"，苏轼认为，老子之所以这样尊道而薄器，是因为他有意针对当时之"为学者""重器而轻道"的弊端，所以才倡导所谓"绝仁义，弃礼乐"，目的仍然是在于阐明"道"本身。

朱熹认为道是仁义礼乐的总名，仁义礼乐则都是道的体或用，即仁义为道之体，礼乐为道之用。这样也就意味着去除仁义礼乐这些内容，根本就不存在什么"道"本身了。所以那种以"绝仁义，弃礼乐"而"明道"的说法根本就不能成立，道之体用不存，道将焉附？这种思想从体用逻辑上也就意味着：一个真实的存在一定有其体和用，一个有体有用的存在一定是一个真实的存在。

【19】伯游问"礼之用，和为贵"，云："礼之体虽截然而严，然自然有个撙节恭敬底道理，故其用从容和缓，所以为贵。苟徒知和而专一用

---

① 《杂学辨·苏黄门老子解》，《晦庵先生朱文公文集》卷第五，《朱子全书》第二十四册，第3470页。

和，必至于流荡而失礼之本体。今人行事，莫是用先王礼之体，而后雍容和缓以行之否？"①

朱熹在此明确地把礼之本体与用联系起来形成一个真正的体用结构，并重视体对用的主宰地位，强调礼之"和"用乃是依据于本体的一种自然作用或结果，因此不能强行为和而和，这样的结果自然是因失去礼之本体而至于流荡。

【20】童问："上蔡云'礼乐异用而同体'，是心为体，敬和为用。集注又云，敬为体，和为用，其不同何也？"曰："自心而言，则心为体，敬和为用；以敬对和而言，则敬为体，和为用。大抵体用无尽时，只管恁地移将去。如自南而视北，则北为北，南为南；移向北立，则北中又自有南北。体用无定，这处体用在这里，那处体用在那里。这道理尽无穷，四方八面无不是，千头万绪相贯串。"以指旋，曰："分明一层了，又一层，横说也如此，竖说也如此。翻来覆去说，都如此。如以两仪言，则太极是太极，两仪是用；以四象言，则两仪是太极，四象是用；以八卦言，则四象又是太极，八卦又是用。"②

此处是朱熹师生之间对二程弟子谢良佐（1050—1103）"礼乐异用而同体"之说的讨论，由此而引发出一个十分重要的体用逻辑思想——体用无定。就礼乐"异用而同体"而言，实际上有两种认识：一种是以心为体，敬和为用，而"礼主于敬，乐主于和，此异用也；皆本之于一心，是同体也"③。第二种是朱熹在《集注》所提出的"敬为体，和为用"，实际上就是以礼为体，乐为用。为此，学生质疑这两种体用之间的不同。对此，朱熹认为，针对同一个对象，之所以会有两种不同的体用说法，乃是因为讨论的视角或立场不同而造成。譬如"礼乐敬和"之间，从心的角度来说，则心为体，敬和都是心之用；但若是从敬与和二者的关系而言，则敬为体，和为用。

朱熹把这种现象称之为"体用无定"。他认为："这处体用在这里，那处体用在那里。这道理尽无穷，四方八面无不是，千头万绪相贯串。"他还以旋转手指做譬如，说明体用"分明一层了，又一层，横说也如此，竖说也如此。翻来覆去说，都如此"。并进一步举《易经》中的太极、两仪、四象、八卦等说明体用逻辑的层递性，他说："如以两仪言，则太极是太极，两仪是用；以四象言，则两仪是太极，四象是用；以八卦言，则四象又是太极，八卦又是用。"

---

① 《朱子语类》卷二十二，第 760 页。
② 《朱子语类》卷二十二，第 766 页。
③ 《朱子语类》卷二十二，第 765 页。

四、体用思想之总结

综合上述分析，我们可以发现朱子体用思想的三个鲜明特点：

第一是体用内涵的明晰性。前述表明，朱熹对于体用概念的涵义和实质已有相当的自觉意识，也做了相当多的理论说明和例证分析，由此使得体用概念的哲学意义和作用获得从未有过的明晰和确定。从类型上来说，朱熹对体与用概念的把握实质上已经涵括了体用发展历史上的两大类型，这些都为后世儒家学者所继承和发扬。

第二是体用逻辑的系统性。关于这一点，著名朱子学专家陈荣捷先生于1986年在其专著《朱子新探索》①有专章《朱子言体用》，其中他指出："朱子未尝著一有统系之体用论。然从其言语文字之间，可以发见下列六种原则。"②这六种原则分别为：(1) 体用有别；(2) 体用不离；(3) 体用一源；(4) 自有体用；(5) 体用无定；(6) 同体异用。事实上，在此基础上还有(7) "体用循环"这一原则。应该说，此七种说明很好地概括了朱熹体用逻辑的丰富内涵。这种丰富而系统的体用逻辑正是他之创造性的经典诠释与理论建构的重要法宝。

第三是体用诠释的普泛性和结构性。在朱熹的"体用无定"论中，包含有一个十分重要的基本前提，即"体用"已经不只是一对具体的概念，而是一种具有高度抽象性和超越性的范畴逻辑，因此这种体用结构或体用逻辑具有全面诠释的适用性和普遍性，不仅适用于对单一对象的结构分析，也适用于两个对象的关系界定，还可以在多个对象层次之间递进分析；不仅发生在本体宇宙论层面，还运用在心性论、修养论和境界论等哲学的各个层面。由此贯串四方八面、千头万绪，把整个宇宙世界编织成一个普遍联系的复杂的"体用"网络。

最后，我们还要看到，朱熹的体用思想和他其他的哲学思想一样，还有许多不完备、不明晰甚至矛盾的地方，这也正是体用思想继朱熹之后仍然有很大发展的根本原因。

第三节　宋元新道教与体用思想

一、宋元新道教发展概说

北宋统治者继承唐代儒道佛兼容和对道教的崇奉扶持政策。真宗和徽

---

① 最早于1988年由台湾学生书局出版，此处据华东师范大学出版社2007年版。
② 深圳大学国学研究所：《中国文化与中国哲学》，东方出版社，1986年，第251页。

宗时期是前后两个高潮,然而这一政策的奠基者,乃是开国君主太祖和太宗两兄弟。由此,两宋之际,中国南方、北方相继诞生了不少新的道教派别,在南方汉族统治区内,主要有内修南宗和净明、清微、天心等新符箓派;北方金统治区则以全真、真大、太一等三大教派为代表。这些新产生的道教派别,具有强大的生命力,很快成为宋元道教的主流,学术界习惯称这些新的派别为"新道教"。[①]

随着蒙元的政治一统,原在北方发展的全真道在元室的支持下迅速发展,向南扩张,引发道教南北二宗的交锋、融合。在这个过程中,产生了一批道兼南北、学贯三教的思想人物,其中以李道纯、陈致虚等最为突出。

二、陈景元:体用相须与体用冥一

陈景元(1024—1094),字太初(一说字太虚),号碧虚子。建昌南城(今属江西)人。为北宋高道,著名道教学者,道教隐宗妙真道宗师,著有《道德真经藏室纂微》[②]。下面将重点考察该书之中所蕴藏的体用思想。

【1】"谷神不死,是谓玄牝。"夫大人以太虚为空谷,以造化为至神,空谷、至神乃道之体用,岂有死乎。[③]

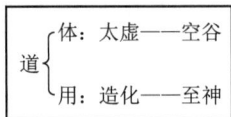

$$\text{道}\begin{cases}\text{体:太虚——空谷}\\\text{用:造化——至神}\end{cases}$$

【2】"吾不知其名,字之曰道,强为之名曰大。"夫大道无形,故纸听莫闻,搏取不得,既无形声端绪,故不知其名。然而前称有物,则有体用,体用既彰,通生万物,就用表德,字之曰道,包含天地,其体极大,故强为之名曰大。[④]

大道无形却真实存在,真实存在(有物),就有体用。无形但包含天地,名之为"大"是言其体,通生万物字之曰"道",是就其用来表明大道之功德。

---

① 学者黄小石在其《略论宋元新道教的主要特征》一文对于所谓新道教之新的特征做了较为详细的论述,他认为相对旧道教而言,新道教的主要特征是下层化、理论融合、注重内丹修炼。详见《略论宋元新道教的主要特征》,《社会科学研究》,1998年第04期。另参见孔令宏:《宋明道教思想研究》,宗教文化出版社,2002年。

② 据《宋史·艺文志》《通志·艺文略》及陈景元《藏室纂微开题》等载,此书原为二卷,《正统道藏》则析为十卷,即《道经》五卷,《德经》五卷,载于洞神部玉诀类。据文中多"今解曰"云云,盖将陈景元之《道德经注》和《藏室纂微》混为一编。

③ 陈景元:《道德真经藏室纂微篇》卷之一,《正统道藏·洞神部·玉诀类》(以下不再具体说明)。

④ 陈景元:《道德真经藏室纂微篇》卷之四。

这一方面再次强调大道的真实存在,有以"体名用字"的结构来描摹无形之道。特别强调称之为"道"乃是从"用"的方面来表明其造化万物的功德。

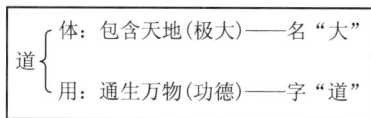

$$道\begin{cases}体:包含天地(极大)——名"大"\\用:通生万物(功德)——字"道"\end{cases}$$

显然这种以名大、字道来言体用的方式,是承继成玄英而来的。

【3】"无名之朴,亦将不欲,不欲以静,天下将自正。"道本无迹,假淳朴以为言,而滞迹之流,执淳朴之有,而为后世之弊,圣人忧其弊之不救,亦将不欲存此无名之朴,则天下晼然自定,入于道常无为而无不为也。陆希声曰:首篇以常道为体,常名为用,而极之以重渊。此篇以无为为体,无不为为用,而统之以兼忘,始末相贯,而尽其体用也。[①]

此处陈景元的诠释很重要的一点是,以"兼忘"来论道之体用。"无名之朴,亦将不欲"中的"不欲"解释为"不欲存此无名之朴"。旨在强调所谓"无名之朴"也只是道假而为言,若执其为固定之有,则将弊之不救。因此提出,既要肯定陆希声的"常道为体,常名为用"体用模式,还要建立"以无为为体,无不为为用"的体用模式,前者落实为"重渊"即"重玄",后者突出其"兼忘"即双遣;二者结合,才算正确全面地把握了道的体用,由此可见唐代重玄学体用思想的影响。如图所示:

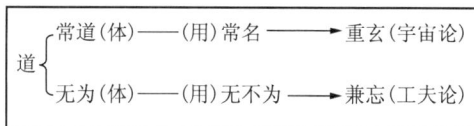

$$道\begin{cases}常道(体)——(用)常名\longrightarrow重玄(宇宙论)\\无为(体)——(用)无不为\longrightarrow兼忘(工夫论)\end{cases}$$

从图可知,"重玄"之道侧重于宇宙论,兼忘之道侧重于工夫论,显然二者之间又实有本体与工夫之体用逻辑,尽管陈景元没有进一步指明这一点。

【4】"天下有始,以为天下母。既得其母,以知其子。"始,道也,本也,无名也。母,养也,有名也。夫道外包乾坤,内满宇宙,万物资之以生,由之以成,所以成者子也,所以生者母也。子者一也,一者冲气,为道之子。道为真精之体,一为妙物之用,既得道体,以知妙用,体用相须,会归虚极也。既知其子,复守其母,没身不殆。既知妙物之用,复守真精之体,体用冥一,应感不穷,然后可以无为无不为,故没身不殆矣。[②]

————————

① 陈景元:《道德真经藏室纂微篇》卷之五。
② 陈景元:《道德真经藏室纂微篇》卷之七。

此处最值得关注的是陈景元对母与子之关系内涵的诠释,这向来是《老子》诠释诸家的必争之地。陈景元诠释最大的特点在于,他完全放弃了《老子》本身或汉唐以来的创生论模式,而采用与王弼类似的体用论模式。具体来说,他先把"母生子"之"生"诠释为"养",又以"所以成者"诠释"子",以"所以生者"为母,似乎又是以"生"来诠释"母"。这里需要仔细分辨此之前,他说"万物资之以生,由之以成",关键在对"资之"与"由之"的理解。显然二者都表明,无论生或成,"道"都是他们的凭借和根据,凭借道而生谓之"母",根据"道"而成谓之"子"。"母""子"之差别只在于万物存在阶段之不同。

接下来他以体用关系来说明"母子"的内涵和关系。具体而言,他以"真精之体"为母,以"冲气之一"为道之子,为妙物之用。并认为"既得道体,以知妙用,体用相须,会归虚极也",提出"体用相须"的观点。又认为"既知妙物之用,复守真精之体,体用冥一,应感不穷,然后可以无为无不为",在此又强调"体用冥一",最终达到或者实现道之体无为而用无不为的境界。

和王弼不同的是,陈景元没有在母子与体用之间安立一个"本末"范畴,而是直接以体用关系来诠释母子内涵。这样做的理论意义是非常明显的,即直接把道和万物的关系纳入体用逻辑之中,以道为母、以物为子,并不意味着"万物"是从"道"这样一个独立于万物之外或之上的实体中创生出来,而恰恰只意味着道是万物生成的根据和依凭。道没有创生万物这一论断并不损害无形之道相对于有形万物的超越性本体地位。陈景元在提出"母体子用"结构的同时,又提出"体用相须"的观点,目的在于解决道物分离的问题,他既强调道对万物的超越性地位,也强调万物对于道存在之真实性、超越性和完美性的实现具有不可或缺的意义和作用。最后,受唐代重玄学派的影响,陈景元在突出"体用双彰"的基础上,又特别强调"体用冥一",也即是所谓"体用兼忘"。

【5】"无遗身殃,是谓袭常。"遗,与也,贻也。若事理双明,体用冥一,不役智外照而守慧内映,复嗜欲之未萌,而归子母之元,故无自与之殃,是谓密用常道也。[①]

这是从工夫修养上讲要达到"体用冥一"的境界,此"冥一"之境具体表现为:即将自己的观照分别从外物转向内心,最终返回到"嗜欲之未萌",回归至"子母之元",即是返回至虚无之道体。由此可见,他所谓"体用冥一",实际上就是"摄用归体",即是将道用复归于道体之上,所以本质上仍然是

① 陈景元:《道德真经藏室纂微篇》卷之七。

"存体弃用"。

【6】右老氏经二篇,统论空洞虚无、自然道德、神明太和、天地阴阳、圣人侯王、士庶动植之类,所谓广大而无不蕴,细微而无不袭也。约而语之,上之首章,明可道常道为教之宗,叔[①]体而合乎妙。上之末章,以无为无不为陈教之旨,叔用而适乎道。故体用兼忘,始末相贯也。下之首章,明有德无德为教之应,因时之浇淳而次乎妙也。下之末章,以信言不信言为教之用,任物之华实而施乎道也。是以因时任物而不逆不争,是有其元德而大顺于造化,复其常道而入于妙门者矣。[②]

显然,此处陈景元重在揭示《道德经》之整体内容与内在结构。如图所示:

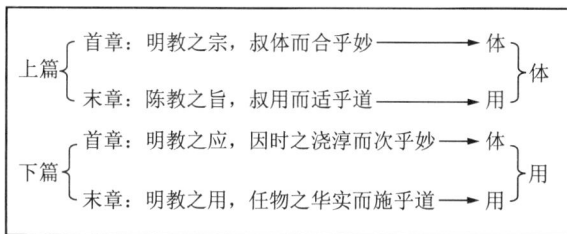

从图可知,上篇首末合起来,显然就是阐明大道教理之宗旨;下篇合起来就是阐明大道教理之应用的。实际上,上篇即是明道教之体,下篇则是明道教之用。而在上篇之中,显然又可以区分为"叔体而合乎妙"之首章和"叔用而适乎道"。所谓"叔体而合乎妙"即是"摄体而合用",而"叔用而适乎道"即是"摄用以归体"。前者依体起用,重在"体";后者由用归体,则重在于用。下篇之中分为"因时之应"与"任物之用"的分别。应、用之义同中有异,显然也可以以体用不同来表明其差别。如此就可以揭示出隐涵在《道德经》结构之中的一个四重体用逻辑。

【7】生数一与道同也,道亦谓之一。道一者,无一之一;水一者,有一之一也。无一之一为道之体,有一之一为道之用,明水者,道之用,故曰几于道也。[③]

道与水,同为数"一",但陈景元在此创造性地分别两种"一":道之为一,无一之一;水之为一,有一之一。同时认为"无一之一"为"体","有一之一"

---

① 东汉许慎《说文解字》:叔,拾也。汝南名收芋为叔。此处即收拾、统摄之义。
② 陈景元:《道德真经藏室纂微篇》卷之十,《正统道藏·洞神部·玉诀类》。
③ 陈景元:《道德真经藏室纂微篇》卷之十,《正统道藏·洞神部·玉诀类》。

为"用"。实际上就是以道为体,水为用,所以他认为这就是老子章以水为喻,旨在以道之用来阐明道之体,这也正是说水"几于道"的依据所在。

【8】"故失道而后德,失德而后仁,失仁而后义,失义而后礼。"夫道德仁义礼,五者之体,不可致诘,故混而为一,一既分矣,五事彰而迹状著,故随世而施设也。道者德之体,德者道之用。离体为用,故失道而后德。

此处虽然是继承唐代道教以"道体德用"说明道与德二者关系的诠释传统,但陈景元的诠解仍有自己的创新之处。即他以"离体为用"来解释"失道而后德"乃至"仁义礼"这样的变化过程。他认为"道德仁义礼"五者之间,以"理体"而言为一,依"事用"而言又可分别为五。五者之差别不在体上而在用上,因此五者"随世而施设"。这种认识与老子及后来的诠释者是有大不同的,他们认为由道至礼乃是一个在存在价值上不断退化的过程。显然陈景元并不如此认为,在他看来,由道而德、仁、义、礼,并不意味着一定是一个退化的过程,而可能只是时世情境变化所形成的道用不同。

【9】"反者道之动。"反者,复也,变也。虚静者,物之本。物之将生,先反复虚静之原。及其变也,出虚静而动之,是先反而后动。故曰《易》复卦曰:刚反动而顺以行,是以出入无疾。此之谓也。"弱者道之用。"既反虚静为道之动,则柔弱雌静,实道之用也。[①]

因为"虚静"为万物之本原,所以万物的产生,必须先反复到虚静本源,然后从虚静本源中变化生出。他把这个过程称为道的变动。同时认为既然返回虚静本源为道之动,那么柔弱雌静也就当然是实道之用了。显然,陈景元在此是把虚静作为道之本,把柔弱作为道之用,而所谓"道之动"即是道之生化万物的过程,也即返回到道之本再到道之用实现的过程。

【10】"天下之物生于有,有生于无。"有,一也。一者,元气也。言天下万物皆生于元气。元气属有光而无象,虽有光景出于虚无。虚无者,道之体也。《列子》曰:有形者生于无形,则天地安从生。又曰:形动不生形,而生影。声动不生声,而生响,无动不生无,而生有。是故物生于有,有生于无,而万物莫不独化也。严君平曰:天地生于太和,太和生于

---

① 陈景元:《道德真经藏室纂微篇》卷之十,《正统道藏·洞神部·玉诀类》。

虚冥,是谓反复虚静之原也。①

以"元气"为万物生成的直接根源,又认为"元气"出于"虚无",最终以"虚无"为道之体。如此就构成一个这样的生成逻辑:虚无——元气——万物。这样看来,陈景元似乎又回到了传统的宇宙创生论模式。但他接下来引用《列子》的话来说明万物生成的具体逻辑,指出万物莫不"独化"。所谓"独化"当意味着万物都是自然生成而非由造物主创生,也就说他又不主张创生论。那么他到底主张什么模式呢? 接下来他通过对严遵的"天地生于太和,太和生于虚冥"的说明来表明他的选择。他认为严遵的"太和生于虚冥"旨在说明由"太和"回复到道之"虚静"本原,也就是返回道之体。再看【9】中陈景元论"反者道之动,弱者道之用"时说:"反者,复也,变也。虚静者,物之本。物之将生,先反复虚静之原,及其变也,出虚静而动之,是先反而后动。"这是说,必须先返回到道之体,而后才生发变动之用;万物之生即是道之动。由此看来,他之所谓"虚无——元气——万物"创生论模式,就必须重新解释,而解释的关键在于如何处理"元气"这一概念。

"元气"本为汉代儒家在谶纬神学中所发明,但直至唐代,道教学者才由重玄学派的学者开始采用"元气"概念来诠释《道德经》中"道生一"和"万物生于有,有生于无"等有关宇宙生成的论述。成玄英以"有生于无"中之"有"为元一之气,此"元气"肇生于"虚无"之道体,而后分阴阳,成天地人三才,乃至万物。李荣认为"虚中动气",即从虚无道体中生出"元气",而后阴阳、三才以及万物。杜光庭也是赞同以虚极妙本而生元气,再由元气生成万物这一宇宙生成模式。

在陈景元看来,既不能把"元气"归于"虚无"道体,也不能直接把"元气"归结为"万物"。但它毕竟是有,万物仍然是出于元气之有。就道之体用来说,则仍然是以"虚无"为道之体,而以"元气生万物"为道之用。而所谓"元气生万物"不过是"先反而后动"的过程而已。从这个意义上来说,万物自然独化,但又非"虚无"创生"元气",再由"元气"创生"万物"。如图所示:

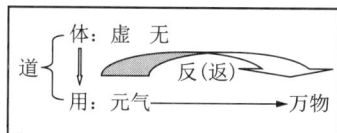

这种宇宙论模式的创新之处有二:一是他引入"元气",以之作为万物生成的直接本源,由此可以解决万物的多样性如何统一的问题。二是他把传统道教诠释中虚无——元气——万物这种线性创生论模式,区分为两个层

---

① 陈景元:《道德真经藏室纂微篇》卷之十,《正统道藏·洞神部·玉诀类》。

次,一是元气到万物的创生模式,二是"虚无"与此创生过程的体用关系。也就是说他巧妙地在"体无用有"的结构中纳入了一个"有创生有"的结构。

从哲学历史的发展来说,此模式不仅能够坚持道家以"虚无"为宇宙终极的本体论传统,又能够解决万有如何创生的问题,同时还能避免历来学者对"无中生有"是如何可能的诘难。因此,此模式可以说是对郭象的独化论——独化于玄冥之境——的一种创造性发展。当郭象否定无中生有之后,又将万物独化根植于玄冥之境上。此玄冥之境实际上就是陈景元所谓的"虚无"之道体。差别在于,他自觉揭示了郭象未能阐明玄冥与独化之间的体用逻辑。

既然"虚无"与"气化万物"之间为体用结构,那么从"气生化万物"又是否可以归属到体用结构之中呢? 实际上元气与万物之间属于不同的体用模式。前者为"本体—作用型"体用结构,后者则属于"实体—显现型"体用模式。如此二者结合起来就构成一个双重体用结构。可以将此双重体用与中国佛教唯识宗的宇宙体用模式进行一个有价值的比较。唯识宗有两种体用,一种是本识与种子之间的依持体用,一是种子与现行之间的缘起体用。依持体用满足宇宙本体论,缘起体用则满足宇宙生成论或创生论。比较可知,陈景元在此发明的双重体用结构,与此异曲同工。如图所示:

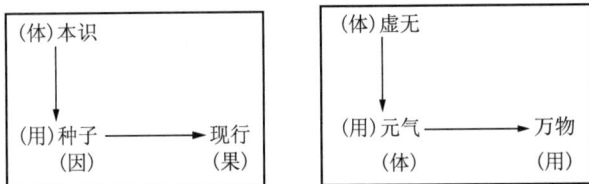

```
┌─────────────────────────┐   ┌─────────────────────────┐
│ (体)本识                 │   │ (体)虚无                 │
│    │                     │   │    │                     │
│    ↓                     │   │    ↓                     │
│ (用)种子 ──→ 现行        │   │ (用)元气 ──→ 万物        │
│    (因)     (果)         │   │    (体)     (用)         │
└─────────────────────────┘   └─────────────────────────┘
```

【11】"道生之,德畜之。"道者,虚无之体。德者,自然之用。道体虚无,运动而生物、物从道受气,故曰生之。德用自然,包含而畜物,物自德养形,故曰畜之。[①]

这里进一步讨论万物之所生的问题。他认为,所谓"道生之",即是指万物乃虚无道体运动的结果。所谓"从道受气",是从道体虚无中"受气",这是否意味着道中含有元气,然后再从元气中产生万物呢? 他说"德用自然",当指德对物的作用在于涵养而非创生,而物则是"自德养形",各物自有德性而自然发展自己,这就是所谓"德畜之"。显然这表明"道生之"从根本上说并非指从道中生气然后生出万物。

---

① 陈景元:《道德真经藏室纂微篇》卷之十,《正统道藏·洞神部·玉诀类》。卷之七。

【12】"用其光,复归其明。"光者,智照也。智生外,外照而常动,动为物之用。明者,慧解也。慧主内,内映而常静,静为己之体。智照出则应事,反则归理,是以用归体,故曰复归其明。此重释见小守柔之义,使息外归内也。①

这里提出"以用归体"。提出体用之间的内在结构,即体主用从。

【13】至于仁、义、礼、智、信,皆道之用。用则谓之可道。可道既彰,即非常道。常道者,自然而然,随感应变核物不穷,不可以言传,不可以智索,但体冥造化,含光藏晖,无为而无不为,默通其极耳。②

把仁义礼智信作为道之用,在体用未彰之时,同归于道一,体用既彰,则"从本降迹",迹名各异。

【14】名,可名,非常名。道者,体也。名者,用也。用因体生,名自道出。既标其名,即可称用。称用既立,故曰可名。可名既著,即非常名。常名者,谓应用无方,支离其德也。

【15】此两者同,出而异名。出谓从本降迹,可道渐分,虽起自一人之心,而五常之用殊别,贤愚有隔有变,万端寿夭存亡,其名各异也。③

此两者谓可道可名,无名有名,无欲有欲也。俱蕴于寂然不动湛尔之源,体用未彰,善恶都泯,故云同也。他总是强调体用未彰与体用既彰两种状态。

【16】言道以冲虚为用,夫和气冲虚,故为通用。王者得冲虚之用,故万乘遗其富。匹夫得冲虚之用,故环堵忘其贫。④

【17】"故有之以为利,无之以为用。"此解上三事,明有无相资俱不可废,故有之以为利,利在乎器也。无之以为用,用在乎空也。夫器之为利也,必存其外,外资空用而成。空之为用也,必虚其内,内藉器利而就。故无藉有以为利,而有藉无以为用也。无则同乎道,有则成乎器。形而上者曰道。道,无形也。道虽无形,必资有,以彰其功。形而下者曰器。器,有体也。器虽有体,必资无,以成其用。故器非道不能应用,

---

① 陈景元:《道德真经藏室纂微篇》卷之十,《正统道藏·洞神部·玉诀类》。
② 陈景元:《道德真经藏室纂微篇》卷之十,《正统道藏·洞神部·玉诀类》。
③ 陈景元:《道德真经藏室纂微篇》卷之十,《正统道藏·洞神部·玉诀类》。
④ 陈景元:《道德真经藏室纂微篇》卷之十,《正统道藏·洞神部·玉诀类》。

道非器不能显功。亦如毂中有辐,器中有物,室中有人,咸因无以利有,因有以用无也。若夫治身,则神为存生之利,虚为致神之用,故无能致用,有能利物,利物在乎有,而致用在乎无,无者虚静之谓,有者神明之谓也。神明则妙有,虚静则至无。妙有之利,在乎存生;至无之用,在乎致神。存生致神之利用,不出乎妙有至无也。[①]

"故有之以为利,无之以为用",这段话是历来《老子》诠释中的重点和难点。陈景元的诠释策略是"有无相资"。更重要的是他把《易传》中的形而上之道与形而下之器分别引入解释中,成功地把"有无"同"道器"关系结合起来,由此形成一个新的逻辑:"无"即是"道","有"同于"器"。"道"无形却必须通过具体的"器"来彰显其功用,"器"有形却必须依靠"道"的资助来彰显其功用。而"道"与"器"即"道"与"万物"的关系,在陈景元的体系中即是道为体,器为用。当"有无"与"道器"相对应时,也即意味着陈景元实是赞同道之"体无用有"的结构模式,同时也意味着"有无相资"即是"道器相资"和"体用相资"的,也即是"道"与"万物"相互为用的。这充分表明,陈景元的《老子》诠释已经完全超越了之前的创生论模式,而是较为自觉地采用了体用论模式。

三、南宗先命后性与体用

南宗作为一个独立的道教宗派,其实源自后人的追加。从张伯端到陈楠,其间并没有确切的教派道统的传法关系,他们之间只是内丹道术及其学说的承接关系。如果说历史上确有南宗的话,那也只是从白玉蟾开始算起。白玉蟾仿造汉天师"二十四治"法,立"靖"为建宗传法的场所,打破张伯端以来单传的历史,建立教团组织,正式创立了南宗。

(一) 张伯端:内丹学理论与体用思想

张伯端(987—1082),字平叔,号紫阳,尊称为"紫阳真人",又称"悟真先生",为北宋著名道士,金丹派南宗五祖(南五祖)之第一祖。在修行上,张伯端反对形式上的出家离俗,隐避山林,而主张"大隐隐于市"。他本人就不是出家的道士。南宗直至五祖白玉蟾,始有云游道士,也组织了南宗自己的教团组织。所以一般认为,白玉蟾为南宗实际建立者。

张伯端自幼博览三教经书,涉猎诸种方术。熙宁二年(1069),称在成都"感真人授金丹药物火候之诀"。熙宁八年(1075)作《悟真篇》,为道教南宗内丹修炼的主要经典之一。又作《玉清金笥青华秘文金宝内炼丹诀》(又名为《青华秘文》)三卷和《金丹四百字》一卷。本小节将结合张伯端的主要著

---

① 陈景元:《道德真经藏室纂微篇》卷之十,《正统道藏·洞神部·玉诀类》。

述,重点考察其中的体用思想。

1.《悟真篇》:"心者道之体,道者心之用"

【1】卷之下西江月十二首(西江月,西者,金之方。江者,水之体。月者,药之用。一十二首以周岁律)。①

可见"体用"已经成为一种基本的诠释逻辑,其使用之广泛连词牌名都成为其诠释对象。此处即是明证。

【2】道自虚无生一气,便从一气产阴阳。阴阳再合成三体,三体重生万物昌。②

此处表明张伯端宇宙论主张的依然是典型的道家创生论:虚无——(元)气——阴阳——万物,显然是对老子"道生一,一生二,二生三,三生万物"之说的继承。

【3】窃以人之生也,皆缘妄情而有其身,有其身则有患。若无其身,患从何有? 夫欲免夫患者,莫若体夫至道。欲体夫至道,莫若明夫本心,故心者道之体也,道者心之用也。人能察心观性,则圆明之体自现,无为之用自成,不假施功,顿超彼岸,此非心镜朗然,神珠廓明,则何以使诸相顿离,纤尘不染,心源自在,决定无生者哉? 然其明心体道之士,身不能累其性,境不能乱其真,则刀兵乌能伤? 虎兕乌能害? 巨焚大浸乌能为虞? 达人心若明镜,鉴而不纳,随机应物,故能胜物而无伤也,此所谓至上至真之妙道也。③

此处的重点在于提出本心与道的体用关系:"心者道之体也,道者心之用。"这应该是最早把心与道(理)之间的关系定位为体用关系的,这对于道教修养论的由外向内发展具有重要意义。理论上把体道工夫明确地归结为"明心",通过"察心观性"的心性修养工夫,便可以获得体用兼备的达人之境,即所谓"圆明之体自现,无为之用自成"。一旦修成达人,自然是无为而无不为。

【4】戒定慧解:夫戒、定、慧者,乃法中之妙用也。佛祖虽尝有言,而

———————

① 张伯端:《悟真篇》卷之下。
② 张伯端:《悟真篇》卷之下。
③ 张伯端:《悟真篇·后序》。

未达者犹有所执,今略而言之,庶资开悟。然其心境两忘,一念不动,曰戒。觉性圆明,内外莹彻,曰定。随缘应物,妙用无穷,曰慧。此三者相须而成,互为体用。或戒之为体者,则定、慧为其用。定为体者,则戒、慧为其用。慧之为体者,则戒、定为其用。三者未尝斯须相离也。犹如日假光而能照,光假照而能明。非光则不能照,非照则不能明。原其戒、定、慧者,本乎一性。光明照者,本乎一日。一尚非一,三复何三。三一俱忘,湛然清净。①

在道教修养工夫的论域中,以互为体用的逻辑来诠释戒定慧三者。张伯端认为佛教对此三者的把握仍未全然通达故有所执着。必须把握三者之间互为体用的关系,才真正发挥此三者之妙用。具体而言,戒之为体者,则定、慧为其用;定为体者,则戒、慧为其用;慧之为体者,则戒、定为其用。由此表明三者始终不能相离,而必须相须而成。

2.《青华秘文》:"水火者,铅汞之体;金木者,铅汞之用"

【1】曰:西方者,巽之用也。中宫者,巽之体也。吾自心生一意,而降于巽位,其象始辟,则吾言实兼体用而训也。②

此是以体用逻辑来说明内丹修炼的具体操作原理。由此说明,体用逻辑的运用的确已经十分泛化了。

【2】心为君者,喻乎人君之在位。一人有庆,兆民赖之。秦皇、汉武为之,则四海疮痍。尧、舜、禹、汤为之,则天下安逸,民歌太平者。何也? 圣人以无为而治天下,则天下安肃。庸人以有为而治天下,则天下扰乱。盖心者君之位也,以无为临之,则其所以动者,元神之性耳。以有为临之,则其所以动者,欲念之性耳。有为者,日用之心;无为者,金丹之用心也。以有为返乎无为,然后以无为而莅正事,金丹之入门也。③

【3】夫神者,有元神焉,有欲神焉。元神者,乃先天以来一点灵光也。欲神者,气质之性也。元神者,先天之性也。形而后有气质之性,善返之,则天地之性存焉。自为气质之性,所蔽之后,如云掩月。气质之性虽定,先天之性则无有。然元性微而质性彰,如人君之不明,而小人用事以蠹国也。且父母媾形,而气质具于我矣。将生之际,而元性始入。父母以情而育我体,故气质之性每逾物而生情焉。今则徐徐铲除。

---

① 张伯端:《悟真篇·拾遗》。
② 张伯端:《青华秘文·火候图论》。
③ 张伯端:《青华秘文·神为主论》。

主于气质尽,而本元始见。本元见,而后可以用事。无他,百姓日用,乃气质之性胜本元之性。善返之,则本元之性胜气质之性。以气质之性而用之,则气亦后天之气也,以本元性而用之,则气乃先天之气也。气质之性本微,自生以来,日长日盛,则日用常行,无非气质。一旦返之矣,自今以往,先天之气纯熟,日月常行,无非本体矣。此得先天制后天,而为之用也。①

以上两段文字共述金丹之入门秘法。前述张伯端以心为道体,道为心用,此处重心在对心性的内在结构做进一步分析。首先,心为君,但有"无为金丹之心"和"有为日用之心"之分别。金丹之心以元神之性为动,日用之心以欲念之性为动。这是从心的角度来分别,若从神的角度来说,则有元神、欲神分别。所谓"元神"即是先天之性,而"欲神"者则属于气质之性。

可见对张伯端而言,神即是性。他曾说:"神者,性之别名也。""先天之性"也名为"天地之性"。而"气"也有先天与后天之分别。后天气质之性应接外物即生日用之情,所以从修养工夫上说,就必然是灭情复性。"灭情"即是"徐徐铲除"父母生我以带来的气质之性所生发之情。"复性",即是由"气质之性"返回"先天之性"。最终使得人的每时每刻都充盈着先天本体之性,后天之性则为其所用。这显然也是以先天之性为本体,后天之性为制用。

【4】先天气,后天气,得之者,如痴如醉,忘寝失寐。吁!元神见,则元气生。盖自太极既分,禀得这一点灵光,乃元性也。元性是何物为之?亦气凝而性灵耳。故元性复而元气生,相感之理也。②

性气即是神气。所谓"气凝而性灵"可以体用逻辑来阐明:性者气之体,气者性之用。因此从本体上论是"元神见则元气生",即是体现而用生;若从工夫上论则是"元性复而元气生",即体复而用生。

【5】精、气、神三者,孰为重?曰,神为重。金丹之道,始然以神而用精、气也。故曰:神为重。神者,性之别名也。至静之余,元气方产之际,神亦欲出,急用定以待之。不然,是散而无体之体也。苟夸出入,必为大道,则难不可为?夫神不疾而速,不行而至。师言曰,神之妙用无方而有限。③

---

① 张伯端:《青华秘文·余见神室图论》。
② 张伯端:《青华秘文·气为用说》
③ 张伯端:《青华秘文·总论金丹之要》。

精气神三者,以精气为其本体,神为妙用,神即是性。何以神为用,张伯端认为,因为没有神智定用,精气之体将会是"散而无体之体"。可见他特别重视神之妙用。但他又认为精气神三者其实是互为体用的关系,譬如他说:"夫金丹之道,贵乎药物。药物在乎精、气、神。神,始用神光,精,始用精华,气即用元气。精非气不盈,神非气不充。精因气融,气凭精用。气因神见,神凭气用。"①

【6】性之全体见,绵绵若存之时,则性反乎命内矣。方其始也,以命而取性;性全矣,又以性安命,此是性命天机括处。所谓性命双修者,此之谓也。②

最早提出"性命双修"的内丹学理论:"方其始也,以命而取性;性全矣,又以性安命。"

【7】或问乾、坤、坎、离之体。曰:"周天火候之时,坎离交矣。坎离交,则乾坤交会矣。夫天道下降,地气上升,乃乾坤之用也。坎者,乾交坤也。离者,坤交乾也。其他卦象,不过设体耳。亦不可泥象寻爻,而火候之法始见。"③

此处正面描述金丹火候之法,以乾坤为坎离之体,坎离为乾坤相交之用。显然这仍是对魏伯阳《周易参同契》之说的继承。

【8】大凡金丹之道,学者寻五行。其末矣,当知夫交会之际,恍惚杳冥,痒生毛窍,金之本情也。逸像和畅,肢体柔顺,木之本性也。铅本火体而金情,汞本水体而木性。无他,水火者,铅汞之体也。金木者,铅汞之用也。铅汞凝结,光华会合者,意也,意属土。五行既全于鼎器之中,物以类聚。五行又环列于鼎器之外,内外相感而丹始成。④

此处着重阐明金丹之道中的五行体用结构,如图所示:

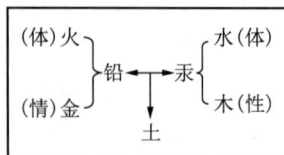

---

① 张伯端:《青华秘文·蟾光论》。
② 张伯端:《青华秘文·气为用说》。
③ 张伯端:《青华秘文·火候图论》。
④ 张伯端:《青华秘文·总论金丹之要》。

即以"水火"为铅汞之体,"金木"为铅汞之用,铅汞体用合一,则为"土"之意。如是,内外五行"体用相感"而金丹始成。

(二) 白玉蟾:"道者一之体,一者道之用"

白玉蟾(1134—1221)为南宋道士。本名葛长庚,字如晦,又字白叟,号海琼子,又号海南翁、琼山道人、武夷散人、神霄散史。祖籍福建闽清,生于琼州(今海南琼山)。师事南宗四祖陈楠,学内丹,并相从浪游各地。陈楠死后,又游历于罗浮、武夷、龙虎、天台诸山。嘉定十年(1217),收彭耜与留元长为弟子。其著作甚多,生前有《玉隆集》、《上清集》、《武夷集》行世。后由彭耜纂辑为《海琼玉蟾先生文集》。一般认为,白玉蟾组织了金丹派南宗的教团组织,为南宗的实际建立者。白玉蟾主张性命双修。他在《无极图说》中谓:"道也,性与命而已。性无生也,命有生也。无者万物之始也,有者万物之母也。一阴一阳之谓道,生生不穷之谓易。易即道也。"

【1】又问曰:老氏所谓金丹,与大道相去几何? 道无形,安得有所谓龙虎? 道无名,安得有所谓铅汞? 如金丹者,术耶? 道耶? 答曰:魏伯阳《参同契》云,金来阳性初,乃得称还丹。夫金丹者,金则性之义,丹者心之义,其体谓之大道,其用谓之大丹,丹即道也,道即丹也。……道生一,一生二,二生三,三生万物。道者一之体,一者道之用,人抱道以生,与天地同其根,与万物同其体。夫道一而已矣,得其一,则后天而死,失其一,与物俱腐。……由一而一,一至于极,谓之脱胎;极其无极,一无所一,与道合真,与天长存,谓之真一。[①]

此处重点讨论金丹与老子大道的关系。首先他以心性来诠释"金丹"的名称内涵,认为"金"指性之义,"丹"是心之义,所以"金丹"即是"心性"之义。同时认为"金丹"之体即是"大道",其用则谓之"大丹",所以从这个体用意义上,可以说丹即道,道即丹。显然,白玉蟾继承了其师父陈楠"道即金丹也,金丹即道也"说法,但他的不同在于以"心性"来说明"金丹"的实质内涵。这就使得金丹学不仅是由外在之术转化为内丹之道,还使其具有鲜明的心性化特点。

与此同时,白玉蟾还对《老子》中的"道生一,一生二,二生三,三生万物"创生论进行改造,他认为"道者一之体,一者道之用",这样就使得"道生一"的创生关系明确为体用关系。既然是一生万物,则道与万物也应该是体用关系。也可以说"道为万物之体,万物为道之用"。这和他在《道德宝章》的说法是一致的。他说:"道在万物,万物即道。"还说:"此道常在万物之中。"

---

① 白玉蟾:《紫清指玄集·鹤林问道篇》。

与此同时,作为万物之灵的人,则是"抱道以生,与天地同其根,与万物同其体"。在此本体论的基础上,人的金丹修道之法,从根本上就是能够遵循、保守此真一之道。

> 【2】性命之在人,如日月之在天也。日与月合则常明,性与命合则长生。命者因形而有,性则寓乎有形之后。五脏之神为命,七情之所系也,莫不有害吾之公道。禀受于天为性,公道之所系焉。故性与天同道,命与人同欲。命合于性,则交感而成丹,丹化为神则不死。日者,擅乾德之光以着乎外;月体坤而用乾,承乎阳尔。晦朔相合,日就月魄,月承日魂,阴阳交育而神明生。[①]

虽然提倡性命双修,白玉蟾则更为重视命功,可以说是先命后性。对于性命的关系,他以日月来比拟性命的关系,强调性命相合的重要。认为命为有形,性则无形,但无形寄寓在有形之中,也即是说性在命中。性同天道,命同人欲。若"命合于性",则会交感而成丹,丹化为神则不死。

此处白玉蟾并没有明确使用体用,不过从其对性命关系的论述来看,他显然会赞同性命之间的体用逻辑,既然性与天同道,那么"性"当为"体",既然命同人欲,那么"命"当为"用"。

四、北宗先性后命与体用

道教内丹学北宗创于南宋时期原北方金人统治地区长安一带,该派尊东华少阳、钟离正阳、吕岩纯阳、刘海蟾、王重阳为"五祖",实际创始人为王重阳。弟子有马钰丹阳(1122—1183)、谭处端长真(1122—1185)、刘处玄长生(1146—1203)、邱处机长春(1147—1227)、王处一玉阳(1142—1207)、郝大通广宁(1140—1203)、孙不二清净(1118—1182),号为"七真",其中邱处机所创的龙门派影响最大。"七真"再传有赵玄悟、尹志平、李志常、于善庆、宋德方、綦志远、李志远、赵道宽,以至于元代的陈致虚,明清时期的伍守阳、柳华阳,乃至刘一明、闵小艮等也属该派支流。

全真教的教义总体继承了钟离权、吕洞宾的内丹思想,同时也提倡三教合一,三教平等,认为儒、释、道的核心都是"道"。其宗教实践的原则是"苦己利人"、"利人利己"。而且实行出家制度,道士不可婚娶。(历史上如正一道者,多不出家,还世袭尊位。所谓全真教南宗也不提倡出家。)全真教除了继承了中国传统道教思想以外,更将符箓、丹药等思想以外的内容重新整理,为今日的道教奠下了根基。

---

① 白玉蟾:《紫清指玄集·性命日月论》。

在修道实践上，南北二宗两派都主张兼修性命，只是在先后、主次以及下手功夫上有所区别而已：南宗"言命者多，方性者少"，北宗则"三分命功，七分性学"；南宗主张以实腹炼命下手，北宗则主张从虚心炼性下手，如明伍守阳《丹道九篇》便把"炼己还虚"作为下手功夫。总之，南北二宗在运用修炼手段促进神气凝结而成仙胎这一关键问题上是一致的。

（一）王重阳："以天心为主，以元神为用"

王重阳（1112—1170），全真道北宗创始人，后被尊为道教的北五祖之一。他有七位出名的弟子，在道教历史上称为北七真。王重阳糅合儒家和道、释的思想，主张三教合一。声称"儒门释户道相通，三教从来一祖风"①。认为"人心常许依清静，便是修行真捷径"②。著作有传道诗词千余首，另有《重阳立教十五论》、《重阳教化集》、《分梨十化集》等，均收入《正统道藏》。其在《五篇灵文注》③一文中，直接采用体用结构来阐明修炼道丹的基本要素和秘诀。他说：

> "以天心为主，以元神为用。"重阳帝君圣注曰：天心者，妙圆之真心也。释氏所谓妙明真心，心本妙明，无染无著，清净之体，稍有染着，即名之妄也。此心是太极之根，虚无之体，阴阳之祖，天地之心，故曰天心也。元神者，乃不生不灭，无朽无坏之真灵，非思虑妄想之心。天心乃元神之主宰，元神乃天心之妙用。故以如如不动，妙圆天心为主，以不坏不灭灵妙元神为用也。④

王重阳在注解"以天心为主，以元神为用"之时，把"天心"类同于佛教的清净"真心"，但又坚持道教的宇宙实在论模式，以此"天心"为"太极之根，虚无之体，阴阳之祖，天地之心"。同时把所谓"元神"看作不坏不灭而有灵妙之用的"真灵"，实际上是以"天心为体，元神为用"。

（二）丹阳派："道以无心为体，忘言为用"

马钰（1123—1183），原名从义，字宜甫，后更名钰，字玄宝，号丹阳子，故亦称马丹阳。山东宁海（今山东牟平）人。家富，号"马半州"。弱冠能诗，擅针灸。金大定七年（1167）七月，王重阳到宁海传道，遂与妻孙不二师事之，后抛弃巨大家业，皈依重阳君出家，励行苦节，专务清静。重阳君临终时授以全真秘诀，托以弘教大业。

---

① 王重阳：《重阳全真集》卷之一，《正统道藏·太平部》。
② 王重阳：《重阳全真集》卷之七，《正统道藏·太平部》。
③ 《五篇灵文注》题名"重阳祖师注、清虚道人录"，被公认为是王重阳北派丹法要诀。考最早刊刻《五篇灵文注》本，当推《道藏辑要》，收在现今存版《重刊道藏辑要》之"胃集二"。
④ 王重阳：《重阳注五篇灵文·序》。

马丹阳继承重阳性命双修理论,以清静无为而定全真修炼风貌,以心合性,以神气释性命而终以静净无为统道。弟子极多,著名者十人,弟子李守宁为元初四大高道之一。著有《神光璨》、《洞玄金玉集》、《丹阳真人语录》等。

【1】夫道以无心为体,忘言为用,以柔弱为本,以清净为基。若施于人,必节饮食,绝思虑,静坐以调息,安寝以养黑。心不驰则性定,形不劳则精全,神不扰则丹结。然后灭情于虚,宁神于极。可谓不出户庭,而妙道得矣。①

此处之道专指心性工夫之道,故以"无心为体,忘言为用,以柔弱为本,以清净为基"。既然有体有用,为什么还要提出所谓的"基、本"呢?

【2】自古学道之人,体到实际真空,得无心真定,才说自然。且道如何是体空处? 夫体空者,心体念灭,绝尽毫思,内无所知,外无所觉,内外俱寂,色空双泯,目视其色,不着于色,耳听其声,非闻于声。故声色不能入者,自然摄性归性,混合杳冥,化为一点灵光,内外圆融,到此处方契自然体空之道也。夫自然体空者,若有所体,即是所不体;若无所体,即无所不体。②

这是从传统道家的"体道"发展到直接"体空"。所谓自然体空,即是体无所体而有无所不体。显然,这是把老子的无为而无不为与佛家虚空无碍的思想融合一体。

(三) 龙门派:"一动一静,互为体用"

龙门派是全真道分衍的支派之一。它承袭全真教法,处于道教衰落的明清时代。由北七真之一邱处机所传。邱处机(1148—1227),字通密,号长春子,栖霞县滨都里人。邱祖自幼失去双亲,尝遍人间辛苦。童年时即向往修炼成"仙"。栖身村北之公山,过着"顶戴松花吃松子,松溪和月饮松风"的生活。大定六年公元1166年,时年十九岁,他悟世空华,弃家学道,潜居昆嵛山,次年,得知王重阳在山东宁海创全真庵,便前往拜师求道,待重阳祖师仙化,又守墓三年后,先到陕西蟠溪苦修六年,后至龙门修道七载,道功日增。邱处机著作有《真仙直指语录》、《长春邱真人寄西州道友书》。

---

① 马钰:《真仙真指语录·丹阳真人语录》,《正统道藏·正一部》。
② 马钰:《真仙真指语录·丹阳真人语录》,《正统道藏·正一部》。

【1】又问内外日用？邱曰：舍己从人，克己复礼，乃外日用。饶人忍辱，绝尽思虑，物物心休，乃内日用。次日又问内外日用？邱曰：先人后己，以己方人，乃外日用。清静做修行，乃内日用。又曰：常令一心澄湛，十二时中时时觉悟，性上不昧，心定气和，乃真内日用。修仁蕴德，苦己利他，乃真外日用。[①]

此处值得注意的是，邱处机提出内外日用的思想。所谓"外日用"是指以社会他人为中心的道德用功，内日用则是以个体内在清净为目标的心性修炼。

尹志平(1169—1251)，字太和，山东掖县人。全真道第六代掌教。年十四遇马钰，弃家入道。又参邱处机于栖霞，尽得邱之"玄妙"。此后，又问《易》于郝大通，受箓法于王处一。随邱处机西行觐成吉思汗于大雪山。邱处机遗命尹志平嗣教。掌教期间，受到蒙古大汗窝阔台支持，全真道发展非常兴盛。1238年将掌教传给李志常，归隐于大房山之清和宫。尹志平著作有《葆光集》，弟子段志坚收其讲论为《北游语录》。其中多勉励弟子忍让谦恭、苦己利人、行善远恶、积行累功之语。告诫弟子于教门兴盛之际，尤须努力修行，不能安享其成而无所作为。

【2】吾少时尝问师父曰：尧舜功德巍巍，恭己治世，有为也。许由竟辞尧让，无意于世，无为也。何以并称圣人？师曰：有为无为一而已，于道同也。修行人全抛世事，心地下功，无为也；接待兴缘，求积功行，有为也。心地下功，上也；其次，莫如积功累行。二者共出一道，人不明此，则不能通乎大同，故各执其一相为是非，殊不知，一动一静，互为体用耳。[②]

尹志平十分强调内在心性的修养与外在的"积功累行"，即是强调有为与无为的结合。他认为二者共出大道，是"互为体用"的关系。这一方面与邱处机所提倡的"内外日用"相一致，也类似于儒家所提倡的明体达用之主张。当然，他认为二者是互为体用的，这是其不同之处。

【3】无为有为，本非二道，但顾其时之所用如何尔。孔子谓颜渊曰：用之则行，舍之则藏。用舍者，时也。行藏者，随时之义也。若不达此，则进退皆失其正，何道之可明？何事之可济信乎？随时之义大矣，国家

---

① 马钰：《真仙真指语录·丹阳真人语录》，《正统道藏·正一部》。

② 《清和真人北游语录》卷之一。

并用文武,未始阙其一,治则文为用,乱则武为用,变应随时互为体用,其道则一也。教门之时用,何独异于此。①

举孔子"用舍行藏"为例,说明无为与有为的统一。认为"用舍"是指行为选择的情境与时机,"行藏"是指跟随时机而变化行为。并认为"随时之义"十分重大,如同国家治理之道,或文或武,取决于运用的实际情境(时机)是治是乱。这说明"时"是"随时"之体,"随时"则为"时"之用。他认为不仅如此,还应该根据情势的变化而随时改变而"互为体用"。这里又依此提出"互为体用"的观念。

(四) 盘山派:"以见性为体,以养命为用"与"体用圆成,是谓全真"

郝大通(1149—1212)名璘,字太古,号恬然子,又号广宁子,自称太古道人,法名大通。郝大通师徒吸收禅宗、理学的心性思想,建立起以心为基点,以本心本性和道三合一为特色的心性论。本心、真心是其心性论重点,二者又称为心之体。同时有性、道、神诸范畴。理论的中心问题是:涤荡邪心、透悟本心。相应的,修炼过程中的所有问题都最终归结为如何明悟本心、磨尽尘心。著作有《三教入易论》、《示教直言》、《心经解》、《救苦经解》、《周易参同契释义》、《太古集》。郝大通弟子多系宁海人。著名者有弟子范圆曦和盘山真人王志瑾。范圆曦,道号玄通子,为全真较为杰出的门人。王志瑾的"心性论"以圆通缜密著称。

【1】教者,道之所以生也。道本无名,强名曰道。教本无形,假言显教。教之精粹,备包有无。故以无言之,存乎道体。以有言之,存乎器用。体之以为无,用之以为利。②

论道与言教的关系,把有言无言与道体器用结合起来。

【2】易之道,以乾为门,以坤为户,以北辰为枢机,以日月为运化,以四时为职宰,以五行为变通,以虚静为体,以应动为用,以刚柔为基,以清净为正,以云雨为利,以万象为法,以品类为一,以吉凶为常,以生死为元,以有无为教。故知教之与化,必在乎人,体之善用,必在乎心,变而又通,必在乎神。以一神总无量之神,以一法包无边之法,以一心统无数之心,自古及今,绵绵若存。是谓《周易参同契》简要释之义也。③

---

① 《清和真人北游语录》卷之二。
② 郝大通:《太古集》卷之一。
③ 《太古集》卷之二。

此处简明阐释《周易参同契》之宗旨，其中指出它"以虚静为体，以应动为用"。

【3】夫吾道以开通为基，以见性为体，以养命为用，以谦和为德，以卑退为行，以守分为功，久久积成，天光内发，真气冲融，形神俱妙，与道合真。①

此处提出"以见性为体，以养命为用"，不仅以为性功先于命功，而且赋予"性命"之间以体用逻辑，即"性体命用"。张广保指出，郝太古这种重视性功的思想在他的后学传人王志谨的思想中得到进一步的展开。王志谨后来开创盘山派，以明心见性为内丹修炼的核心，全面地展开了心性概念的内涵。②

王志谨，又叫王栖云(1177—1263)，法号志谨，又称栖云真人。自幼有道缘，及长至山东拜郝太古为师，口传心授，道法大进。太古仙逝后，韬光晦迹，由是获全于乱世。王志谨认为"金丹"乃是人的本来真性，修行者首先得明自己本分事，次要通教化，尤其要在境上炼心，对境无心，不染不著，顺其自然。又称"人生于世，所为所作，无不报应"。借佛教轮回报应说，屡屡告诫习道之人要常思己过，切忌骄矜，应韬光晦迹，安贫守朴，"苦己利他，暗积功行"。于初学者确有指点迷津之功。

【4】或问曰：如何是真常之道？答云：真常且置一边，汝向二六时中理会自己心地，看念虑未生时是个甚么？念虑既生时，看是邪是正？邪念则便泯灭着，正念则当用着。如何是邪念？凡无事时，一切预先思虑，皆是邪妄。如何是正念？目前有事，合接物利生，敬上安众，种种善心，不为己事，皆是正念也。其静则体安，其动则用正，不纵不拘，无昼无夜，丝毫不昧，常应常静，平平稳稳，便是真常之道也。③

强调修行的关键在于"理会自己心地"，以"念虑未生时"为心之体，以"念虑既生时"为心之用，唯有达到"其静则体安，其动则用正"即"体安用正"的境界，即是"真常之道"。所谓"未生"为心体，"已生"为心用，与宋儒的观点完全一致。

【5】或问曰：视听食息手拈足行心思，此是性否？答云：道性不即此

---

① 《真仙直指语录》卷上《郝太古真人语录》。
② 张广保：《金元全真道内丹心性学》。
③ 王志谨：《盘山栖云王真人语录》，《正统道藏·太玄部》。

是,不离此是。动静语默,是性之用,非性之体也。性之体,则非动非静,非语非默。古人有言:"大道要知宗祖,不离动静语默。"若认动静语默,便是认奴作主。主能使奴,奴岂是主哉? 一切抬手动足,言语视听,千状万态,及良久不动,皆是奴仆,非主人也,主人堂上终不得明示于外,然得其用使者则自承当作主人矣。①

这一段话可以看作王志谨心性思想的核心。他认为人的现实存在即"动静语默",只是性之用,而非性之体。所谓性之体,应该是"非动非静,非语非默"的。所以修道之人切忌把修道的目标和重心错误地放在"语默动静"之上,如此即是"认奴作主",即把"性之用"混同于"性之体"了。强调在性命修炼工夫中认清体用的重要性,这可与朱熹对禅宗后期之"作用是性"的批评相对照。

【6】师示众云:修行之人,乡中便了道也休住,酒肉食了飞升也休用,眷属便是神仙也休恋……返常合道,顺理合人,正道宜行,邪门莫入,通道明德,体用圆成,是谓全真也。②

这是对何谓真正修行"全真"之道的具体说明,最重要的也是最终的,就是要做到"通道明德,体用圆成"。

五、元代道教与体用思想

(一)李道纯:"寂然不动,中之体也。感而遂通,中之用也"

李道纯(1219—1296),湖南都梁(武冈)人,宋末元初著名道士。字符素,号清庵,别号"莹蟾子"。精于内丹学。李道纯博学多才,他的内丹理论兼容并包,系统非常完整。其师王金蟾为道教丹功南宗白玉蟾之弟子。李道纯融合内丹道派南北二宗。其内丹理论以"守中"为要诀。故后人称其为内丹学中的中派。守中要在归根复命,"炼丹者,全天夺天地造化……返本还原,归根复命,功圆神备,凡脱为仙,谓之丹成也"。著作有《太上升玄消灾护命经注》、《太上大通经注》、《全真集玄秘要》、《道德会元》、《中和集》、《三天易髓》等。

【1】"道可道,非常道"开口即错。"名"唤做甚么?"可名,非常名"唤作一物即不中。"无名"道也,"天地之始"先乎覆载。"有名"强名曰

---

① 《栖云真人盘山语录》。
② 《栖云真人盘山语录》。

"道","万物之母"生生不息，"故常无欲以观其妙"，无心运化。"常有欲以观其徼"，徼，音叫。有意操持"此两者"于不见中亲见，于亲见中不见，"同出而异名"一体，一用。"同谓之玄"体用一源。"玄之又玄"形神俱妙，"众妙之门"百千法门，皆从此出。①

此处是李道纯在《道德会元》中对《道德经》首章所做的诠释。以道无名为体，有名为用，有无二者乃"体用一源"，故"同出而异名"。

【2】高上之士，性命兼达，先持戒定慧而虚其心，后炼精气神而保其身，身安泰则命基永固，心虚澄则性本圆明，性圆明则无来无去，命永固则无死无生，至于混成圆顿、直入无为、性命双全、形神俱妙也。虽然，却不可谓性命本二，亦不可做一件说，本一而用则二也。苟或执着偏枯，各立一门而入者，是不明性命者也。不明性命，则支离为二矣。性命既不相守，又焉能登真蹑境者哉？②

高上之士要能"性命兼达"，切不可支离为二。"性命"之间是本一而用二的关系，实际上是以道为本体，性与命而为二用。

【3】夫金丹者，虚无为体，清静为用，无上至真之妙道也。③

【4】上药三品：精炁神，体则一，用则二。何谓体？本来三元之大事也。何谓用？内外两作用也。内药：先天至精，虚无空炁，不坏元神。外药：交感精，呼吸气，思虑神。④

上述两则谈修炼金丹之道。第一则从形而上层面谈金丹妙道之体用：虚无为体，清静为用。第二则从丹药之"精炁神"三者来分别体用：三者合一之本体为体，而三者各有内外二用。这种分别在李道纯的思想中是一贯的。譬如在他语录中还有类似说法："口诀：外阴阳往来则外药也，内坎离辐辏乃内药也。外有作用，内则自然。精气神之用有二，其体则一。"⑤

【5】汝但于二六时中，行住坐卧着工夫，向内求之。语默视听是个什么？若身心静定，方寸湛然，真机妙应处，自然见之也。《易》系云寂

---

① 李道纯：《道德会元》卷上，《李道纯文集》。
② 李道纯：《中和集》卷之四。
③ 李道纯：《中和集》卷之二。
④ 李道纯：《中和集》卷之二。
⑤ 李道纯：《中和集》卷之三。

然不动,即玄关之体也。感而遂通,即玄关之用也。①

李道纯的修炼的法门要害在固守"玄关"。但在解释如何守玄关问题时,他以《易传·系辞》中的"寂然不动"和"感而遂通"来分别玄关工夫之体与用。实际上与禅宗的"定体慧用"非常相似。这也表明儒释道在工夫论上越来越具有理论论述的一致性了。

【6】所谓中者,非中外之中,亦非四维上下之中,不是在中之中。释云:不思善,不思恶,正恁么时,那个是自己本来面目?此禅家之中也。儒曰:喜怒哀乐未发,谓之中。此儒家之中也。道曰:念头不起处,谓之中。此道家之中也。此乃三教所用之中也。易曰:寂然不动,中之体也。感而遂通,中之用也。②

此处集中讨论什么是"中"。先说明此处之"中"非是空间方位之"中"。然后分别说明儒释道三家各自对"中"的认定。最后以"易"说中:寂然不动,中之体。感而遂通,中之用。由此表明,所谓"中"实指天地与人生存在之境界,此境界以虚寂为体,以感通为用。显然此"中"也还是三家共同之追求。

【7】虚为实体,实为虚用,虚实相通,去来无碍,③

此处不仅是把虚实与体用对应起来讨论,更重要的是提出了虚实体用相互转化贯通的认识。

【8】体用第三。常者,易之体;变者,易之用。古今不易,易之体;随时变易,易之用。无思无为,易之体;有感有应,易之用。知其用则能极其体,全其体,则能利其用。圣人仰观俯察,远求近取,得其体也。君子进德修业,作事鼎器,因其用也。至于穷理尽性,乐天知命,修齐治平,纪纲法度,未有外乎易者也。全其易体足以知常,利其易用足以通变。④

此处李道纯通过对先秦以来的易学和老学进行创造性的融合,兼收并蓄宋代理学和佛教的心性之学,提出以"中和"为本的内丹学说。上述这段话,出自他的《中和集》"体用第三",可以说比较集中地体现了他的易学体用

① 李道纯:《中和集》卷之三。
② 李道纯:《中和集》卷之三。
③ 李道纯:《中和集》卷之四。
④ 李道纯:《中和集》卷之一。

观。如图所示：

```
┌────────────────────────────────────────────────┐
│ 常者，      易之体 ←───→ 变者，      易之用      │
│ 古今不易，易之体 ←───→ 随时变易，易之用          │
│ 无思无为，易之体 ←───→ 有感有应，易之用          │
│ 知其用则能极其体 ←───→ 全其体则能利其用          │
└────────────────────────────────────────────────┘
```

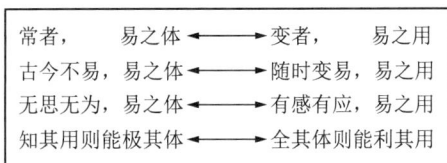

总起来说，他以不易之常、无为虚寂为易之体，以随时变易、因时感应为易之用。最后提出一个总的道学实践原则：知其用则能极其体，全其体则能利其用。此说一方面突出体用并重的精神，同时又体现体用相资互成的逻辑。在此基础上，李道纯又详细阐明圣人、君子等应当如何实践这样的体用哲学，从而达至全体利用、知常通变的境界。此中具有鲜明的儒家内圣外王、明体达用的理论风格。

【9】问：形而上者，谓之道。形而下者，谓之器。如何？曰：形而上者，无形无质；而下者，有体用。无形质者系乎性，汞也。有体用者，系乎命，铅也。总而言之，无出身心也。①

此处提出一个很独特的说法，即认为形而上之道因其无形无质而不可言"体用"，唯有形而下之器才可言其"体用"。进而言之，无体用者属于性，为汞；有体用者属于命，为铅。但二者又都统一于人之身心之上。以形器方有体用来看，李道纯此处的"体用"结构必定属于"实体—功用"类型。

（二）陈致虚："道之体者，自然也；道之用者，虚无也"

陈致虚（1290—？），元代著名内丹家，字观吾，号上阳子，江右庐陵（今江西吉安）人。陈致虚的内丹理论，本于南宋的张伯端、白玉蟾，十分重视精、气、神的作用。他除宗承南宗张伯端、白玉蟾的内丹清修说外，又宗承南宗刘永年、翁葆光一系的阴阳双修丹法。主张第一步男女合炼以成"外药"，进至第二步，方在己身中造化，以成"内药"。"内药只了性，外药兼了命；内药是精，外药是气，精气不离，故为真种，性命双修，方证天仙。"这就是他在《悟真篇三注》中表达的基本思想。

【1】我师曰：道以用言，在人未尝不可行，但非泛常规所行之道。名以体言，在人未尝不可称，但非泛常称之名耳。无名天地之始，有名万物之母，无者待之而后动也，有者已动而将形也。天地始者，雌雄蟠纠而物所自晖；万物母者，阴阳感兆而气所自育。以无而偶有者，犹以天而配地；以母而匹始者，犹以气而合神。是知，有与无，二者峙而天地位

---

① 李道纯：《中和集》卷之三。

焉;始与母,二者出而万物育焉。①

此处指出"道以用言"和"名以体言"。有名无名与始母,实为天地万物生成的不同阶段,特别是其认为所谓天地之"始"实为"物所自晖",而认为万物"母"者,实为"气所自育"。这样就否定了由无生有的可能。其后又把有无、始母看作与天地一样平等对峙的两端。所以他说:"有与无,二者峙而天地位焉;始与母,二者出而万物育焉。"

【2】上阳子曰:有物先天地,眼下甚分明。道之体者,自然也;道之用者,虚无也;虚无者,先天地也。②

这里提出以"自然"为道之体,以"虚无"为道之用。这有些与众不同,因为大部分道教学者都是以虚无为道体,以万物或变化为道用。这是否矛盾呢?实际不然,因为这里并非就道与万物之间,或就形而上与形而下之间论体用,而是就先于万物的形而上之道本身而论其体用。这样就允许在"虚无"之道上还存有"自然"这一层次。这与《老子》在"人法地、地法天、天法道"之后还有"道法自然"是一致的。所以在陈致虚的以"自然"为道体、"虚无"为道用的结构下,仍然可以承续"虚无为体,万物为用"的体用拓展。如图所示:

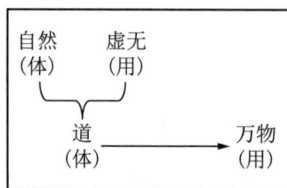

【3】道也者,不可须臾离也,可离非道也。惟是道也,在天地之间,旋转乾坤,昭揭日月,更代四时者也。一切人也,禀大道至圣至灵之体,合大道至精至粹之用,常人顺之是以一生一死,若循环。然至圣神人以此道而逆之,故成仙作佛而出造化之外也。三教大圣皆体此道而用之。儒曰修身,释曰修性,道曰修命者,即殊途而同归也。(《与初阳子王水田》)③

陈致虚先把儒释道三教归宗于老子,称三教皆以老子之道为法。然后又反过来,以老子的金丹之道去会合儒释。他说:"夫金丹之道,先明三纲五

---

① 陈致虚:《上阳子金丹大要》卷之二,《正统道藏·太玄部》(以下不再具体说明)。
② 陈致虚:《上阳子金丹大要》卷之二。
③ 陈致虚:《上阳子金丹大要》卷十一。

常,次则因定生慧。纲常既明,则道自纲常而出,非出纲常之外而别求道也。"①说明三教义理皆归宗于老子之金丹之道,从而将金丹大道作为三教一贯的唯一正宗,强调以道为主的三教融合。

在这里,他首先表明大道之体用,然后说明儒释道三家在具体的教化内容和形式上虽各有不同:在儒曰修身,在释曰修性,在道曰修命,但最终是殊途而同归。因为三者都是共同遵循此同一大道,故所谓"殊途同归"实质上则是"体同用异"。

【4】却授以青城所秘之蕴,曰:道无多门,于天地生物同一致耳。夫易有太极,是生两仪,两仪生四象,四象生八卦,此天地阴阳之道也;道生一,一生二,二生三,三生万物,此人身阴阳之道也。人禀阴阳之炁之正而生而长,至于二八之年,则九三之阳乃纯。当是时也,岂非上德之大人乎? 忽天一朝谋报浑敦之德者,乃至日凿一窍,则九三之阳蹄骤奔蹶而去之于六六之中矣! 由是乾不能纯而破于离,坤有所含而实于坎。若夫至圣神人,能知道体太极之所以判,能知死生根本之所以始,能知乾坤阴阳之所以乘,能知玄牝之所以交,是以乾坤顺则生物,阴阳逆则生丹。圣人体其体,而用其用,法乾坤之体,效坎离之用,握阴阳之柄,过生死之关,积炼己待时之功,得采药半时之事,复全混沌之体,以显真人之身,此其所以为至圣神人也。②

此处谈修仙成丹之法。要求圣人"体其体,而用其用,法乾坤之体,效坎离之用",最终可以达到真人神人之境。所谓"其体"、"其用"之"其",当指本段前面所提到的"天地阴阳之道"与"人身阴阳之道"。后面的"法乾坤之体,效坎离之用",应该是对《周易参同契》中以"乾坤坎离"四卦为炉鼎为阴阳的延续,同时也是对宋初以来的易学理论中以乾坤为体、坎离为用思想的普遍继承。由此可以看出陈致虚的金丹大道修炼理论阐述中,体用结构的运用不仅非常自觉,同时也是根本性的。

【5】从古上圣所受之道,行乎天地之间,万物得以生而长且久者,何也? 道一也。夫道一者,何物也? 炁也。尧之授舜曰:"惟精惟一,允执厥中。"精者万化之所生,道之体也。一者,万化之一炁,道之用也。气非精则不能成人成物,精非气则不能作佛作仙。精属乎阴,炁属乎阳。故易曰:"一阴一阳之谓道。"③

① 陈致虚:《上阳子金丹大要》卷之二。
② 陈致虚:《上阳子金丹大要》卷之五。
③ 陈致虚:《上阳子金丹大要》卷之十。

在此是典型的三教合一式诠释。对于儒家所推崇之圣言"惟精惟一,允执厥中",他把"精"作为"道之体",以之为万化之所生的根本,又把"一"当作"道之用",以之为万化之一炁的根本。同时又以"精一"二者配属阴阳,强调二者的互动和互成。

【6】卦者,像也。有体则必有用,有变则必有合。以艮为体者,则以坤为用;以震为体者,则以兑为用。①

依据"有体必有用"的原则,建立金丹八卦之间的体用关系:以艮为体者,则以坤为用;以震为体者,则以兑为用。

第四节　宋元佛教与体用

一、宋元佛教发展概说

唐末、五代的两次法难,使佛教几乎到了衰萎凋落的地步。直至宋代始现复苏之迹,但终不如隋唐时代弘盛。从宗教型态上来说,宋元时期的佛教有两大特点:一是世俗化。"世俗化是中国佛教的总趋向,流传到宋,则增添了许多新的特点,这就是从泛泛地提倡救度众生,转向实际地忠君爱国;从泛泛地主张三教调和,转到依附儒家的基本观念。"②二是调和化。中国佛教逐渐倾向生活修行与宗派调和的路线。从净土信仰的结社念佛、禅院农林的寺院经济生活,到与儒、道二家的调和及禅、净、教、戒融和的现象,佛教融入了中国文化之中,此即宋元以后中国佛教的特质。"这种融汇不仅表现佛教内部各宗各派之间的相互渗透,而且表现为融摄儒、道二教的思想。到了宋元时期,终于出现了儒、释、道三教思想的大交融,作为产物,则是熔三教于一炉的宋明理学的产生。"③

下面将以宋代士大夫佛教义学、宋代禅宗以及天台宗门的相关著述为基础,考察其中体用思想的运用和发展。

二、宋代士大夫佛教义学与体用

(一)晁迥《法藏碎金录》:三家各有体用

晁迥(948—1031),字明远,澶州青丰(今属河南)人。《宋史》本传称其

---

①　陈致虚:《上阳子金丹大要图》,《正疏道藏·太玄部》。

②　任继愈:《中国佛教史》,团结出版社,2005年,第480页。

③　赖永海:《宋元时期佛儒交融思想探微》,台湾《中华佛学学报》第五期1992年7月,第109页。

"通释老书,以经传傅致,为一家之说"。《法藏碎金录》乃晁迥晚年所作,时年已界 80,即约撰于 1030 年前后。《四库全书总目》评价《法藏碎金录》为"融会禅理,随笔记载,盖亦宗门语录之类"。在此关注的是其中有关儒释道三教关系的体用分别思想。

　　【1】华严法界,其用也,神妙无穷;圆觉道场,其体也,凝虚不动。意及此,谁与我同?①

以"体用"谈华严法界。以"凝虚不动"之"圆觉道场"为体,是以华严法界理论本身的规模与境界而言其圆融广大,无所不备;以"神妙无穷"为用,则是以其理论接引感化众生之神妙无穷。从类型上属于"实体—功用"之体用。

　　【2】晁迥才尝述儒道释三家之得时称:"予读三家之书,各有所得而爱之。读儒家流之书,得大雅之法,爱其所说行之端确而无邪。读道家流之书,得大观之法,爱其所说智之旷达而无滞。读禅家流之书,得大觉之法,爱其所说性之圆融而无碍。是三法者,阙一不可。曷争胜负而分彼我哉?"又称:"予于三家之书,各得一法。儒家之法,用明智以保庆;仙家之法,用静安以永命;禅家之法,用清微以正性。三者并用,卓然殊胜。"②

认为儒释道三家学术各有其体用,具体如图所示:

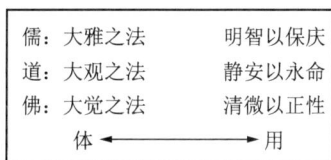

儒:大雅之法	明智以保庆
道:大观之法	静安以永命
佛:大觉之法	清微以正性
体 ←——————→ 用	

虽然三家各有体用,但就其对各家体用的实质内容的确定,可以看出晁迥是有层次分别的:儒家殊胜在于"行之端确而无邪",道家偏胜在于"智之旷达而无滞",而佛家殊胜在于"性之圆融而无碍"。这与后来的所谓"儒家治世、道家治身、佛家治心"③,视角虽有不同,但思维方法几乎一致。最后,晁迥强调三家之学不仅不相违背,且唯有"三者并用"方为"卓然殊胜"。

―――――――――

　① 晁迥:《法藏碎金录》卷九,第 4 页。
　② 晁迥:《法藏碎金录》卷七,第 15 页。
　③ "故孝宗皇帝制原道辩曰:'以佛治心,以道治身,以儒治世。'"详见元代刘谧所撰《三教平心论》卷上,《大正藏》第 52 册,第 781 页上。

就体用结构本身而言，晁迥在此依然采用的是"（思想）实体—（实践）功用"型之体用逻辑。

【3】周孔经制之术，黄老清静之教，释梵熏修之法，历观体用，各无相妨。人多取舍，妄分憎爱。①

这是从工夫论的角度来论三家体用同异。强调"各无相妨"，实可并用。

【4】《高僧传》庐山慧远所著论有语云："冥神绝境，故谓之泥洹。"又东晋孙绰《老子赞》云："李老无为，而无不为；道一尧孔，迹又灵奇。塞关内镜，冥神绝涯；永合元气，契长两仪。"予据此古德之言，言释氏则云冥神绝境；言老氏则云冥神绝涯。详其入理，体用有何差别？而后裔妄分彼我，不亦谬乎予！②

此是从境界论上谈三家体用异同。

【5】道家之言虚无，但得其体；佛教之言寂照，体用兼备，真学之流所宜。具此知见，分其半满。③

这是把道家与佛家从体用论角度进行优劣比较，认为道家得体，佛教体用兼备，因此是道半佛满。

【6】明法身之体者，莫辩于《楞严》；明法身之用者，莫辩于《华严》。④

以"体用"论法身，在唐代就已经是一种惯常的方法。此处的要点在于分别《楞严经》和《华严经》两部经在阐明法身方面各有殊胜：《楞严经》胜在明法身之体，而《华严经》则胜在明法身之用。

【7】水静极则影像明，心静极则智慧生。详此体用，其理备矣。真学不必多，多则惑也。

此处"体用"是对心的工夫和境界而言的。是说心一旦达到"静极"境

① 晁迥：《法藏碎金录》卷九。
② 晁迥：《法藏碎金录》卷九。
③ 晁迥：《法藏碎金录》卷八。
④ 孙猛：《郡斋读书志校证》卷一六，上海古籍出版社，1990年，第786页。

界，就能生出最高的智慧。显然这还是以心的存在状态为实体，从而有生出智慧之作用。

【8】或问予曰：先生于内典之中，盛称《楞严》《圆觉》，何谓也？予对曰：广分性相之差别，布在《楞严》；专明体用之精真，归乎《圆觉》。[①]

体用与性相对出。没有言明体用与性相二者是否可以对应而言。但从其性相差别和体用精真的用词来看，应该有所不同。性相言差别，而体用说精真。

【9】白乐天诗云："识行妄分别，智隐迷是非。若转识为智，菩提其庶几。"予详识之，与智同体而异用耳。识是智之迷者也，常寻妄境而生爱。智是识之悟者也，独辨真理而有归。[②]

提出识与智是"同体而异用"的关系：识是智之迷者，智是识之悟者。所谓"体同"，即是强调"识"并非与"智"不同本体，只是智者之迷；智也并非与智不同体，它本是识之悟者。所谓"异用"，是说二者相同的"本体"在具体的表现上有迷与误的差别。可见，此处的体既不是智，也不是识，而是智、识的本来之体。此本体既不可言智，也不可言识，因为智与识只是本体在用上的分别。

【10】白傅有诗云："摄动是禅禅是动，不禅不动即如如。"此言定体之深者也。予拟之别作二句云："破暗用明明是用，非明非暗即惺惺。"此言慧用之深者也。[③]
【11】定如壁立不动也，慧如珠明圆照也，定慧相合，体用备矣。到此，体用何必多谈。[④]

以"不禅不动"的定体与"非明非暗"的慧用，这是依禅宗以体用言定慧。

【12】会佛法者，当存真体用；如待真花结真果。若立妄能所，如欲假花结真果，其理如此。[⑤]

---

① 晁迥：《法藏碎金录》卷七。
② 晁迥：《法藏碎金录诗话辑录》卷二。
③ 晁迥：《法藏碎金录诗话辑录》卷二。
④ 晁迥：《法藏碎金录诗话辑录》卷二。
⑤ 晁迥：《法藏碎金录》卷七。

此处谈佛法之真假体用。指出"妄立能所",妄图"以假花结真果",然而这是不可能的。

【13】或问道之说,文中子曰:"泯其迹,绝其心,然可以神会,难以事求。吾不知其说,曰:敢问其旨? 子曰:非礼勿言,非礼勿动,非礼勿视,非礼勿听。或曰:此仁者之目也。子曰:道在其中矣。"予详此说,大约古圣之教,名言则异,而体用同也。文中子所陈,虽非内典之文,而其理暗合,故云:吾不知其说,而但引言动视听,必以理者。此如释氏之戒,戒生定,定生慧,其势必然,故曰道在其中矣。①

名言异,体用同。

【14】学道之人,虽曰有心,心常在定,非同猿马之未宁;虽曰无心,心常在慧,非同株块之不动。理性体用,至论如此。②

谈"理性体用"。何谓"理性"? 他曾如此说:"东方之教,以言行为本。言顾行,行顾言,处世之第一义。西方之教,以理性为本,理合性,性合理,出世之第一义。拟象经语,垂文导意,古今之人,一也。勿以荣陋为蔽。"③西方之教即指佛教。理性与言行相对,理当是指佛教最高之真谛,性当指修行者之心性。就理性而言,当是以理为本体,以性为工夫。如此方有所谓"合"的问题。"理性体用"合用,"理性"应该是指佛教或佛法。"理性体用"即是指定慧为佛教工夫之体用,以定为体,以慧为用。

【15】详究禅宗之法,有想妄作,入于邪见也;无想痴定,落于顽空也。若以虚融之体,含微妙之用,乃合中道耳。④

"以虚融之体,含微妙之用,乃合中道",强调定慧工夫必须合乎中道,方能有其真实之体用。

【16】吾尝谛观,上上智人,求大雄正觉之道,其法是:无修之修,无学之学,无作之作,无事之事,无生之生,无住之住,无念之念,无受之受,无得之得,无用之用;其道是:无体之体,无相之相,出世超绝,与在

---

① 晁迥:《法藏碎金录》卷六。
② 晁迥:《法藏碎金录》卷二。
③ 晁迥:《法藏碎金录》卷一。
④ 晁迥:《法藏碎金录》卷三。

世正对背,宜乎世人,不知不见,不信不重,自然之理也。①

这是对佛家工夫之最高成就的体用式描述:"无体之体"为其道体,"无用之用"为其法用。

【17】予尝作《心祷六符》诗云:"恬和端洁及虚明,六妙均融道法成。愿考此祥皆密契,不求知己浪传名。"今复追解其意,意欲己心恬静和畅,端真洁清,虚白明了,妙妙相应。若得心之体用如此毕备,不必广求禅学之法,亦不求众人知己也。②

此处直言心之体用:恬静和畅、端真洁清为心之体,即心之存在状态境界;虚白明了,妙妙相应为心之用,即心之观照应接外物之功能作用。

三、宋代禅宗与体用

(一) 黄龙慧南:体用不离

唐代禅宗五家,至宋代临济门下开衍出黄龙慧南和杨岐方会二家,故有五家七宗之说。

慧南禅师(1002—1069),俗姓章,信州玉山(今江西玉山)人,为临济宗黄龙派初祖。慧南禅师初学云门宗,后承法于临济宗传人石霜楚圆。后因受请至黄龙山(今江西南昌)崇恩院,因此被称为黄龙慧南。有《黄龙慧南禅师语要》、《书尺集》各一卷行世。

【1】古人云:"心随万境转,转处实能幽,随流认得性,无喜亦无忧。"道流如禅宗见解,死活循然,参学之人大须子细。如主客相见,便有言论往来,或应物现形,或全体作用,或把机权喜怒,或现半身,或乘师子,或乘象王。如有真正学人,便喝先拈出一个胶盆子。③

【2】上堂,举智门祚。因僧问如何是般若体,门云:"蚌含明月。"僧云:"如何是般若用。"门云:"兔子怀胎。"师云:"大小智门,却向言语中明体用。黄龙即不然:如何是般若体? 一堆屎。如何是般若用? 一堆屎中虫。"④

问如何是般若体与般若用。弟子智门以"蚌含明月"譬般若体,以"兔子

---

① 晁迥:《法藏碎金录》卷十。
② 晁迥:《法藏碎金录诗话辑录》卷二。
③ 《镇州临济慧照禅师语录》,《大正藏》,第 47 册,第 499 页下。
④ 《黄龙慧南禅师语录续补》,《大正藏》,第 47 册,第 639 页上。

怀胎"譬般若用。所谓"蚌含明月",即是河蚌中含有珍珠;所谓"兔子怀胎",即指母兔孕育小兔。以此譬喻般若体用实在是不当,因为二者结构相同,即都是某物被包蕴在另一物中。结果自然遭到黄龙的批评,说他这是向言语中明体用,意即门之理解只是言语表面上的分别,而未能真正把般若体用之间的差别和联系说清楚。于此,黄龙自己则是以"一堆屎"譬般若体,以"一堆屎中虫"譬般若用。意即般若用是蕴涵在般若体之中,而非其弟子理解的那样是等同分别的,由此强调般若"体用不离"。实际上,黄龙的譬喻本身也未究竟,因为以"屎中虫"譬喻"体中有用,用涵于体",暗示着体用仍然是两个等同性质的存在,其蕴涵关系仍然是外的,所以也就并非真正的"体用不离"。

(二) 永明延寿:体用相寂,体用交彻

永明延寿(904—975),五代宋初僧人,为法眼宗三祖。又被后世净土宗推崇为净土宗六祖。俗姓王,字冲元,浙江余杭人。他认为唐末以来,禅宗颇多流弊,当时的禅师,胸无点墨、邪正不分。因而发愤撰集《宗镜录》,意在扶衰救弊。他的著作有《宗镜录》一百卷、《万善同归集》三卷、《神栖安养赋》一卷等。

> 【1】答:祖意据宗,教文破著。若禅宗顿教,泯相离缘,空有俱亡,体用双寂;若华严圆旨,具德同时,理行齐敷,悲智交济。①
>
> 【2】答:息缘泯事,此是破相宗;直论显理,即是大乘始教。未得有无齐行,体用交彻。若约圆门无阂,性相融通,举一微尘,该罗法界。②
>
> 【3】今达自心,虚通无阂,故行礼佛,随心现量。礼于一佛,即礼一切佛;礼一切佛,即是礼一佛。以佛法身,体用融通故。礼一拜遍通法界;如是香华种种供养,例同于此。③

在以上所举中,永明延寿提出"体用双寂"、"体用相融"、"体用交彻"、"体用融通"的说法,显然这些都是对体用之间关系的逻辑表述。仔细分辨,可知"体用双寂"为一种,延寿用以对禅宗顿悟法门判教;而"体用相融"、"体用交彻"、"体用融通"这三种表述的内在逻辑是一致的,延寿用以说明华严圆教的圆融无碍。

> 【4】问:"所修万善,以何为根本乎?"答:"一切理事,以心为本。约理者,经云:'观一切法,即心自性;成就慧身,不由他悟。'此以真如观、真实心为本。约事者,经云:'心如工画师,能画诸世间;五蕴悉从生,无

① 《万善同归集》,《大正藏》,第48册,第958页下。
② 《万善同归集》,《大正藏》,第48册,第961页中。
③ 《万善同归集》,《大正藏》,第48册,第964页下。

法而不造。'此以心识观、缘虑心为本。真实心为体,缘虑心为用;用即心生灭门,体即心真如门。约体用分二,惟是一心。即体之用,用不离体;即用之体,体不离用。"①

此处明确讨论修行万善的根本依据所在。延寿认为,若从"理"角度说,修行实践当以真如观、真实心为根本;若从"事"的角度来说,则应当以心识观、缘虑心为根本。但理事之间,又以真实心为体,缘虑心为用。如此即理事体用,同体一心。既为体用关系,必有体用逻辑:即体之用,用不离体;即用之体,体不离用。由此表明延寿禅学思想对《大乘起信论》之一心二门逻辑结构的认同与继承。

【5】问:"此集所陈,有何名目?"答:"若问假名,数乃恒沙。今略而言之,总名万善同归;别开十义:一名理事无阂。……五名体用自在。……十名因果无差。"……第五,体用自在者,体即法性之理,用乃智应之事。举体全用,用即非一;举用全体,体即非异。即体之用不阂用,即用之体不失体;所以一味双分,自在无阂。②

所谓"体用",即"体即法性之理,用乃智应之事"。所谓"体用自在",即指举体全用,举用全体,体用不一不异,相融无隔。这是典型的华严体用思维。

(三)圆悟克勤:文字禅与体用

"三教合一"、"禅教一致",是宋代佛教发展的主旋律。在这样的时代背景下,一方面,文人士大夫以儒会禅,形成了别开生面的禅悦之风,既可解脱官场人事的烦恼,又可叩开无相悉地之大门。另一方面,禅师以禅会儒,既可接引文人士大夫,又可扩大佛教的影响。由此,文字禅应运而生。

广泛地运用古公案来启发学人,则始于五代、宋初,随即便有了"代别"之法,譬如临济禅师的四料简、四宾主等,后人给予诸多的代语与别语。北宋汾阳善昭在运用举古、拈古、代别的基础上,新立"颂古"之法。颂古文体的诞生,深得文人士大夫喜爱,从此,禅师便以颂古的形式接引文人士大夫,这标志着"文字禅"的正式成立。后人竞相模仿,以至形成风尚。这时,禅宗便有了"藻饰文辞,标新立异"的现象,但这已经不是"文字禅"的正途,而是其变异了。

圆悟克勤的《碧岩录》的问世,代表"文字禅"发展的顶峰,享誉禅林,一时成为禅宗的主要典籍,推动禅宗继续向前发展。但学人在阅读《碧岩录》

---

① 《万善同归集》,《大正藏》,第48册,第991页上。
② 《万善同归集》,《大正藏》,第48册,第992页上、中。

时,不事参究自心,徒然文字模仿,使得禅宗流于玩弄文字游戏之歧途。鉴于此,遂有"看话禅"和"默照禅"之产生,以救文字禅之流弊。

(四) 大慧宗杲:"看话禅"与"体用皆如"

所谓"看话禅",是与"默照禅"相对而称呼。为临济宗大慧宗杲之宗风。此禅风先慧后定,与默照禅之先定后慧大异其趣。看话禅之起源可追溯至唐代赵州从谂之"狗子无佛性"为始,而于唐末五代,拈提古则公案以摧破知觉情识之风极为兴盛。到宋代,原来一般是把公案看作正面文章来理解的,但宗杲认为,直接从公案上并不能直接看到祖师的真面貌,提出应该把公案的某些语句作为"话头"(即题目)来参究。看,即是参见的意思;话,则是公案之意。此"看话禅"一经大慧宗杲极力主张,遂风行于禅门,后之临济宗皆奉为圭臬。

> 【1】万法归一,一归何处?决能便怎么信去,便怎么疑去。须知疑以信为体,悟以疑为用。信有十分,疑有十分。疑得十分,悟得十分。[①]

此是从功夫论的角度说体用。疑以信为体,悟以疑为用。

> 【2】欲空万法,先净自心。自心清净,诸缘息矣。诸缘既息,体用皆如。体即自心清净之本源,用即自心变化之妙用。入净入秽,无所染着。若大海之无风,如太虚之云散。得到如是田地,方可谓之学佛人。未得如是,请快着精彩。[②]

体用皆如:体即自心清净之本源,用即自心变化之妙用。其中逻辑实际以事物之"存在"本身为"体",而以此"本体"相应的本然"境界"为"用"。因而其实质为境界上的"本体—显现"型体用逻辑。

(五) 宏智正觉:"默照禅"与体用

宏智正觉禅师(1091—1157),俗姓李,法号正觉,谥号宏智禅师,山西隰州人,为曹洞宗门下,开创默照禅法。与临济宗大慧宗杲齐名,时人称他们为二甘露门。又称天童正觉。

为了帮助学人从语言知解的"葛藤"中解放出来,将功夫从文字落到实处,曹洞宗的宏智正觉禅师特地提倡"默照禅",主张"忘情默照"、"照默同时"、"休去歇去"。默就是离心意识,照就是般若观照。正觉禅师的默照禅,注重禅定,注重真修实证,反对从分别思维中寻找出路,在某种程度上是对

---

① 《高峰原妙禅师语录》卷一,《续藏经》第 70 册,第 688 页下。
② 《大慧普觉禅师书卷》卷十九,《大正藏》第 47 册,第 891 页上。

达摩"壁观"禅法的一种回归,对于扭转当时丛林中崇尚文字知解、脚不点地的浮躁习气起了很大的作用。

默照禅就是守默与般若观照相结合的禅法,是基本上以打坐为主的修习方式。默照禅的提倡者曹洞宗人宏智正觉认为临济宗宗杲的看话禅滞于公案功夫,不利解脱。与看话禅相对立,他提倡默照禅的观行方法。"默"指沉默专心坐禅;"照"是以智慧观照原本清净的灵知心性。宏智正觉强调,默与照是禅修不可缺少的两个方面,两者应当结合,统一起来。

> 【1】僧问:"记得沩山摘茶,次问仰山:'终日只闻子声,不见子形。'仰山撼茶树。意旨如何?"师云:"觌面露堂堂,全身活卓卓。"僧云:"仰山复问沩山,沩山良久。意旨如何?"师云:"截断两头路,中间不隔丝。"僧云:"其间还有得失也无?"师云:"一个得体一个得用。"僧云:"只如天童朝说暮说,为复明体明用。"师云:"舌头不出口,尔莫乱针锥。"师乃云:"衲僧家,做得妙,田地自然稳密,受用不妨萧洒。有底如俊鹘打鸠相似,打着打不着,便恁么去。有底如钝猫候鼠相似,候着候不着,只恁么守。直饶打得着,候得出,若体若用,自然有个省发处。所以沩山问仰山:'终日只闻子声,不见子形。'仰山撼茶树。沩山云:'子只得其用。'仰山云:'和尚作么生。'沩山良久。仰山云:'和尚只得其体。兄弟得体底人,生死摇动不得。得用底人,纵横留滞不得。若也在表不被物碍,在里不被寂因。往来宛转,自然成一家去。'方知沩山得体,仰山得用。它家父子有相就底处所。亦有相夺底时节。若也打得彻去。方知沩仰父子。俱不虚弃。在体时体中得用。在用时用中得体。"所以道:"借功明位,用在体处;借位明功,体在用处。"且道:"总不借时如何?偏正不曾离本位,无生那涉语因缘。"①

此是就沩山仰山②师徒二人摘茶之公案来谈工夫之体用。以为沩山得体、仰山得用。因为仰山不言,而以撼动茶树,来表明自己摘茶的实在,就是透过"用"来表明"体"的存在。同时又认为师徒二人是既相就又相夺。若究竟而言,则是"在体时体中得用,在用时用中得体"。强调体用之间是体用相涵之相即不离。最后又把此二者和"借功明位,用在体处;借位明功,体在用处"关联起来。

---

① 《宏智禅师广录》卷五,《大正藏》第48册,第17页上。

② 沩仰宗是五家七宗中最早形成的宗派,它的开创者是灵佑(771—853)及慧寂(814—890)。灵佑在沩山,慧寂在仰山,举扬一家宗风,因此后代称为沩仰宗。沩仰宗创立并兴盛于晚唐五代,在五家中开宗最先,前后传承约一百五十年,入宋后逐渐衰微。沩仰宗的宗风是体用双彰,《五家宗旨纂要》谓:"沩仰家风,父子一莱冬师资唱和,语默不露,明暗交驰,体用双彰。无译员为宗,圆相明之。"

所谓"借功明位"之类的说法，正是宏智正觉把默照之禅修法门与体用逻辑结合起来，提出所谓"四借"之法，以此来启导学人。所谓"四借"之法，具体如下：

【2】上堂问："一点灵然不覆藏，明明老蚌夜吞光。个时拨转机轮也，体用由来总不妨。如何是借功明位，用在体处?"师云："光在体时常湛湛，体含光处却灵灵。"进云："如何是借位明功，体在用处?"师云："纷扰扰时常隐隐，闹嘈嘈处却闲闲。"进云："夜月有辉含古渡，白云无雨裹秋山。"师云："邯郸学唐步。"师乃云："青山不用白云朝，白云不用青山管。云常在山山在云，青山自闲云自缓。诸禅德，若怎么体得方知道。借功明位，用在体处。借位明功，体在用处。体用无私，方乃唱道。且道：作么生是体用无私底时节。水向竹边流出绿，风从华里过来香。"①

"借功明位"，即"用在体处"好比"光在体时常湛湛，体含光处却灵灵"。实是以心之深湛默寂为体，而以灵明觉照之光为用。所谓"借位明功"，就是"体在用处"，实际是"即用见体"之义。除此之外，还有"借借不借借"和"全超不借借"，合而为"四借借"。

宏智几乎都是通过诗句来喻示此"四借"之法的，因此我们需要更清楚的理性阐述。有幸的是，在《续藏经》中录有《中国撰述诸宗著述部禅宗杂著》，其中有清代性统禅师所编纂的《三山来禅师五家宗旨纂要》以及超溟法师所编纂之《万法归心录》，对于此"四借"之法有更明确详细的辑录。列举如下：

【3】借功明位：位是虚位，功是一念万年有作之功；借功明位者，借功勋而明底事也。……借位明功：借位明功者，借本来而显功用也。……借借不借借：正中来，纵横得妙，虽借借而实无借借，体用一如也。……全超不借借：不住于事，不住于理，不住玄妙，不住有无。体用双忘。偏正不立，兼中到也。②

【4】问：如何是借功明位？答曰：波本是水。问：如何是借位明功？答曰：水能起波。问：如何是借借不借借？答曰：波水不二。问：如何是全超不借借。答曰：波水俱湛。③

① 《宏智禅师广录》卷四，《大正藏》第48册，第41页上。
② 性统：《三山来禅师五家宗旨纂要》卷中，《中国撰述诸宗著述部禅宗杂著》，《续藏经》第466部。
③ 超溟：《万法归心录》卷下，《中国撰述诸宗著述部禅宗杂著》，《续藏经》第459部。

结合上面两段引文，我们可以很清楚地说明"四借"之法的逻辑结构。如图所示：

四借之法	体用逻辑
借功明位	以用明体
借位明功	从体起用
借借不借借	体用一如
全超不借借	体用双泯

（六）佛日契嵩：佛体儒用

契嵩禅师（1007—1072），俗姓李，字仲灵，自号潜子，出生于藤津（今广西藤县）。生于宋真宗景德四年，卒于神宗熙宁五年，年六十六岁。契嵩九岁出家，十九岁开始四处寻访明师，得法于洞山晓聪禅师。契嵩作《原教篇》、《孝论》等，主张儒佛一贯，以对抗当时理学家排佛的风气。皇祐中，著《禅宗定祖图》、《传法正宗记》，抱其书游京师，上奏朝廷。宋仁宗对他极为赏识，诏付传法院，收集他的著作，编成《嘉祐集》，赐号明教大师。有《镡津集二十二卷》传于世。

【1】以儒校之，则与其所谓五常仁义者，异号而一体耳。夫仁义者，先王一世之治迹也。以迹议之，而未始不异也。以理推之，而未始不同也。迹出于理，而理祖乎迹。迹末也，理本也。君子求本而措末可也。①

【2】夫佛道大至，推而行之无所不可。以之穷理尽性，则能使人全神乎死生变化之外。……其五戒十善之教与夫五常仁义者，一体而异名。此又有为者之所宜守也，古今之儒辩之者多矣。皆不揣其本以齐其末，徒以佛为者谓过与不及，而因之云云其相訾百端。②

此处把儒家仁义礼智信"五常"与佛家的"五戒"对应，认为二者是名号不同但实理为一体。他认为，如果从迹的角度来说，儒家"五常"是治世之"迹"，与佛家"五戒"之"迹"确有不同。但如果从"理"的角度来推论，则它们的根据和目标都是一致的，所以说"理"未尝不同。在此基础上，他进一步揭示出理迹本末关系，认为"迹出于理，而理祖乎迹。"实际上这是一种体用关系。即以"理"为众迹之本体，而以"众迹"为末用。众迹之用各异，但不碍理之同一体。所以这"理一迹异"的结构即蕴涵着"体一用异"的逻辑。

---

① 《镡津文集·辅教篇上》，《大正藏》第 52 册，第 648 页下。
② 《镡津文集·答茹秘校书》，《大正藏》第 52 册，第 697 页下。

【3】况其有妙道冥权,又至于人事者邪!夫妙道也者,清净寂灭之谓也。谓其灭尽众累,纯其清净本然者也。非谓死其生,取乎空荒灭绝之谓也。以此至之则成乎圣,神以超出其世。冥权也者,以道起乎不用之用之谓也。谓其拯拔群生,而出乎情溺者也。考其化物,自化则皇道几之。考其权用,应世则无所不至。言其化也,固后世不能臻之。言其权也,默而体之则无世不得。①

此可谓佛教版的"明体达用"之说。指修道之人应该体用兼备——妙道之冥为体,妙道之权为用。言体则"清净寂灭",但非"空荒灭绝",而必有其权用。论用则"拯拔群生",又必须能够超出于世而终居于冥寂。最终达至如他说之境界:"言其化也,固后世不能臻之。言其权也,默而体之则无世不得。"

【4】曰彼孔氏者,以迹其教化而目之也,吾本其道真而言之也。教化迹也,道本体也。窥迹则宜其有大有常,极本则皇与帝者宜一。②

谈儒家教化与佛家之道的关系:教化为迹用,常道为本体。但从迹用之中可以窥得大道常道,从本体中可以统一皇、帝教化之异迹。虽然体用相即不离,但他最终是以儒家教化为迹用,以佛教之道为本体。实际上是"佛体儒用"。

【5】使陛下尧舜之道德益明益奋,则佛氏之道果在陛下之治体矣。经曰:"治世语言,资生业等,皆顺正法。"此之谓也。此推圣人之远体,不止论其近迹耳。然远体者人多不见,近迹者僧多束执。惟陛下圣人,远近皆察。幸陛下发其远体,使儒者知之;谕其近迹,使僧者通之。夫迹者属教,而体者属道。非道则其教无本。非教则其道不显,故教与道相须也。③

不言体用而言体迹,而体迹实是体用。以佛教之道为圣人治世的远体,儒家之教为圣人治世的近迹,所以希望"陛下发其远体,使儒者知之;谕其近迹,使僧者通之"。虽然强调体用兼备,教道相须,会通儒佛,但其根本逻辑仍为"佛体儒用"。

---

① 《镡津文集·辅教篇上·原教》,《大正藏》第52册,第648页下。
② 《镡津文集·皇问》,《大正藏》第52册,第672页上。
③ 《镡津文集·万言书上仁宗皇帝》,《大正藏》第52册,第687页上。

四、宋代天台与体用

在经历晚唐五代的衰微后，宋初天台宗迎来一个复兴。宋代天台宗的发展主要表现在：由山家山外之争而展开的天台教学开辟了新的义学议题，确立了以四明知礼之学为天台宗正义之所在。

（一）山家山外之争

山家山外之争看似宋代天台宗内部的宗义辨析、抉择，实是宋代天台宗与禅宗、华严诸宗的竞争在自宗内部的反映。从辩论的主题上看，我们可以把山家山外之争大致分为两个阶段：真妄观心之争和理毒性恶之争，前者是四明知礼与钱塘派梵天庆昭之间展开，后者则是知礼与孤山智圆的论辩。

关于山家、山外两派论争，将其根本论点综合起来，可以说是"唯心论"与"实相论"的论争。天台宗山家派称佛、心、众生三法为同一之三千法，故非仅心是能造、能具，佛、众生亦是能造、能具；非唯佛、众生是所造、所具，心亦是所造、所具。而天台宗山外派则主张心为能造，佛与众生为所造。

以上之论争，自哲学观点言之，可谓山家"实相论"与山外"唯心论"之争。山外派唯心论从天台"性具说"脱离出来，趋近华严，作为此媒介者，为《大乘起信论》，以心为万物之本体，真如随缘作诸法之义，而一切法本离言说相，乃毕竟平等，不变不异，"唯心论"乃依真常唯心的金字塔模式而建立诸法。山家派实相论之性恶说，乃指诸法相互依存的缘起关系而言，其基本模式是诸法缘起穷穷无尽的网络上说。

（二）四明知礼："性具三千，若体若用，本空假中，常自相摄"

四明知礼（960—1028），俗姓金，字约言，又称法智大师、四明尊者、四明大师，四明（今浙江鄞县）人，天台宗祖师。知礼继承天台宗智𫖮、湛然的学说，并有所发挥。他认为只讲"别理随缘"（亦称"真如随缘"）还不行，只有"理具随缘"才是真正的圆教。其目的在于捍卫天台宗的学说，贬低华严宗关于性起说的价值。

在其《十不二门指要钞》中，有一段话可谓天台山家一派与山外一派争论的理论核心所在。就佛教义学而言，其辩论的中心在于，何谓真正的圆教？或者说圆教与别教在宇宙论上的根本差别是什么？若就体用逻辑而言，则重点在于讨论何谓真正的体用相即不二之义，或者说性具缘起说与性起缘起说在体用分别上有何差别？为便于说明，摘录并分析如下：

【1】大乘因果，皆是实相。三千皆实，相相宛然，实相在理，为染作因，纵具佛法，以未显故同名无明。三千离障、八倒不生，一一法门，皆成四德，故咸常乐。三千实相，皆不变性，迷悟理一，如演若多，失头得头，头未尝异，故云无明即明。

三千世间，一一常住。理具三千，俱名为体。变造三千，俱名为用。故云俱体俱用。此四句中，初、二明因果各具三千，三明因果三千只一三千，以无改故，四明因果三千之体俱能起用，则因中三千起于染用，果上三千起于净用，此第四句明圆最显。何者？夫体用之名本相即之义，故凡言诸法即理者，全用即体方可言即。《辅行》云："即者，《广雅》云合也。若依此释，仍似二物相合，其理犹疏。今以义求，体不二故，故名为即。"①（上皆《辅行》文也）今谓全体之用方名不二。

他宗明一理随缘作差别法，差别是无明之相，淳一是真如之相，随缘时则有差别，不随缘时则无差别，故知一性与无明合方有差别，正是合义，非体不二，以除无明无差别故。

今家明三千之体随缘起三千之用，不随缘时三千宛尔，故差别法与体不二，以除无明有差别故。验他宗明即，即义不成，以彼佛果唯一真如，须破九界差别归佛界一性故。

今家以"即离"分于"圆别"，不易研详。应知不谈理具、单说真如随缘，仍是离义。故第一记云，以别教中无性德九，故自他俱断九也。若三千世间是性德者，九界无所破，即佛法故，即义方成、圆理始显。故《金刚碑》云"变义唯二，即是唯圆"②，故知具变双明，方名即是，若随阙一皆非圆极。荆溪云："他家不明修、性。"若以真如一理名性，随缘差别为修，则荆溪出时，甚有人说也。

故知他宗极圆，只云性起，不云性具，深可思量。又不谈性具百界，但论变造诸法，何名无作邪？世人见予立别教理有随缘③义，惑耳惊心，盖由不能深究荆溪之意也。且如《记》文释阿若文中云，别教亦得云从无住本立一切法，无明覆理，能覆所覆俱名无住，但即不即异而分教殊。既许所覆无住，真如安不随缘，随缘仍未即者，为非理具随缘故也。又云，真如在迷能生九界。若不随缘，何能生九？又《辅行》释别教根尘一念为迷解本，引《楞伽》云："如来为善不善因。"自释云，即理性如来也。《楞伽》此句，乃他宗随缘之所据也。《辅行》为释此义，引大论云，如大池水，象入则浊，珠入则清。当知水为清浊本，珠象为清浊之缘，据此诸文别理岂不随缘邪？故知若不谈体具者，随缘与不随缘皆属别教。何

---

① 湛然《止观辅行传弘决》卷一，《大正藏》第46册，第149页下。

② 经查，湛然《金刚碑》卷一中原文为"变义唯二，即具唯圆"。《大正藏》第46册，785页中。

③ 别理随缘，又称但理随缘，或一理随缘，是阐释天台四教中别教所显的真如也有随缘义，属于天台宗山家一派的学说。随缘义本出自贤首宗法藏的《大乘起信论疏》，但是在天台宗唐代湛然的著述中也曾多次引用过。如他在《止观大意》中说："随缘不变故为性，不变随缘故为心。"又《金刚碑》中也说："万法是真如，由不变故；真如是万法，由随缘故。"详见《佛学大词典》。

者？如云梨邪生一切法，或云法性生一切法，岂非别教有二义邪？①

细察整段文字，我们可以发现其论述的核心就在于"体用相即"之上。在知礼看来，"体用之名本相即之义"。此说的必然推论为：真正的体用必定是相即的，也唯有是真正之相即才能言其体用。正是在此理解上，知礼展开了自己对天台圆教之理的阐发，也同时展开了他对外宗（主要是华严宗和禅宗）和外家（天台山外一派）思想的批判。具体可分为以下几个方面：

（1）说明什么是体用相即？知礼认为"凡言诸法即理者，全用即体方可言即"，强调体用相即，实为诸法之用与理体之间的关系。对于什么是真正的"即"义，他例举湛然在《止观辅行传弘决》中对释"即"为"合"的批评，认为这种解释仍然有把"体用相即"看作"二物相合"的问题，同时赞同湛然以"不二"名"即"的观点，并强调唯有"全体之用"才能算作真正的"不二"之"即"。

（2）批判他宗（华严宗）"即"义不成。知礼认为，华严宗强调"一理随缘作差别法"，实际是以"差别法"为"无明"，以"一理"为真如之"明"。"明"与"无明"的关系为：随缘时则有差别，不随缘时则无差别。这也就表明，"明"与"无明"必须相"合"才有差别，而（1）中已经表明——真正的相"即"之义不是相"合"之义。所以正是"明合无明"，使得"即"（体不二）义不成。更进一步说，他宗之所以"即"义不成，乃在于其认为十界之中唯佛界为真如之体，也就意味着唯有破除九界差别之用才能证得真如之体。由此可知，体用最终乃是分离而非不二的。

（3）阐明天台之体用相即不二之义。知礼认为，天台宗是"三千世间，一一常住。理具三千，俱名为体。变造三千，俱名为用。故云俱体俱用"，在此，一一差别法中实相宛然，与此同时，三千之体又能随缘起三千之用。如此才使"无明即明"之"即"义得成。

（4）比较性具与性起之圆别义。首先认定体用之"即"与"离"是分辨圆教与别教的关键，接着认定不谈性具只谈真如随缘的性起说，仍然是"离"而非"即"，因而只能是"别教"而非真正的"圆教"。最后强调，"不谈体具者，随缘与不随缘皆属别教"，认为法相宗以阿赖耶识生一切法，以及法性宗以真如法性生一切法，恰是别教之二义。而若坚持"性具"，则"别理随缘"正是体用相即不二之义。

【2】初明染净体者，三千寂体即寂而照，既无能照亦无所照，名为法性，以本愚故妄谓自他，三千静明全体暗动，即翻作无明，本来不觉，故名无始。若识此者，即照无明体本明静，即翻为法性。二法性下，明染

①　《十不二门指要钞》卷二，《大正藏》第46册，第715页上。

净用者,体既全转、用亦敌翻,法性既作无明,全起无明之用,用既缚著,名之为染;无明若为法性,全起法性之用,用既自在,名之为净。①

【3】初、约性德直示者,迷悟缘起皆三千之体起于妙用,体既不出刹那,妙用岂应离体? 故使缘起咸趣刹那。三千既其不变,刹那之性本常,以体收用缘起理一,不分而分十界百界,约十界则六秽四净,约百界则十通净秽,十中一一各六四故。②

阐明染净之体用。"染净体"即是法性,而此"法性"是静明与无明之对翻。"染净用"即是此法性本体与无明对翻所起之染、净二种作用。所谓"染"用,即是法性翻作无明之时所生无明之用。所谓"净"用是无明翻为法性时所起法性之用。从逻辑上看,这有些类似于儒家关于太极与阴阳的关系:太极即阴阳,阴阳即太极。太极本体之用即是太极内涵之阴阳互动之用。如图所示:

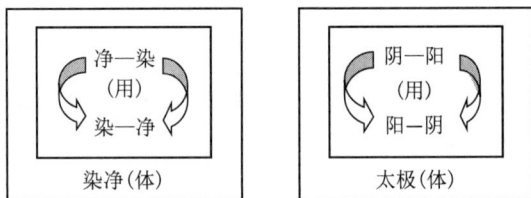

净—染 (用) 染—净	阴—阳 (用) 阳—阴
染净(体)	太极(体)

【4】法性无明既互翻转成于两用,互有借力助成之义,而劣者借力助于强者,若法性内熏无力、无明染用强者,则法性与无明力造诸染法。若无明执情无力、法性内熏有力,则无明与法性力起诸净应。以由无明虽有成事之用,以体空故自不能变造,须假法性借力助之方成染法。法性虽具三千净用,显发由修,真修纵不藉无明,缘修宁无欣厌? 故下文云,必藉缘了为利他功,无明与力助于法性方成净用。荆溪既许随缘之义,必许法性无明互为因缘,但约体具明随,自异权教。③

在此进一步说明法性无明"互翻转成"于两用的逻辑。二者"互有借力助成"的原理是"劣者借力助于强者"。并依此阐明:虽然法性本具三千净用,但只有"藉缘了为利他功,无明与力助于法性方成净用"。也就是从工夫实践的角度说,因"法性"与"无明"互为因缘,故修真也须借"无明"之助力而成净用。

---

① 《十不二门指要钞》卷二,《大正藏》第46册,第716页上。
② 《十不二门指要钞》卷二,《大正藏》第46册,第717页上。
③ 《十不二门指要钞》卷二,《大正藏》第46册,第716页中。

【5】初、明理事。心之色心者，即事明理具也。初言心者，趣举刹那也。之者，语助也。色心者，性德三千也。圆家明性既非但理，乃具三千之性也，此性圆融遍入同居刹那心中，此心之色心乃只心是三千色心，如物之八相更无前后，即同《止观》心具之义，亦向心性之义。三千色心一不可改，故名为性，此一句约理明总别，本具三千为别，刹那一念为总，以三千同一性故，故总在一念也。即心名变等者，即上具三千之心，随染净缘不变而变、非造而造，能成修中三千事相，变虽兼别、造虽通四，今即具心名变、此变名造，则唯属圆不通三教。此二句则事中总别，变造三千为别，刹那一念为总，亦以三千同一性故，故咸趣一念也。造谓体用者，指上变造即全体起用，故因前心具色心随缘变造，修中色心乃以性中三千为体，修起三千为用，则全理体起于事用，方是圆教随缘之义。故《辅行》云，心造有二种：一者约理，造即是具；二者约事，乃明三世凡圣变造。即结云，皆由理具方有事用。①

此处从理与事的角度谈"一念三千"之体用总别。"一念三千"，即以"刹那心"为"一念"，此一刹那心即具三千之性。所谓"具"即是"圆融遍入同居"之义。三千之性又可以从理、事上分说总、别，此中"理"即是不改之性，"事"即是随缘变、造。从理上说，则是"本具三千为别，刹那一念为总"。从事上说，则是"变造三千为别，刹那一念为总"。其根据都是一样的，即"以三千同一性故"。又可从性修上说体用。因为一刹那心本具色心即三千之性德，故其随缘变造之时，变造即是"全体起用"，即此一念之性体同时变造三千之事用。若从修上说，则以性中三千为体，修起三千为用，则属于"全理体起于事用"。因此总起来说，是从"性"上说，是"全理体起事用"；从修上说，是"全理体起于事用"，如此才是真正之圆教随缘义。

依上分析，可见知礼反复辨析理事、总别与体用，实在于强化其圆教之"理具随缘"之义，而非别教之"但理随缘"。此"圆教随缘之义"，即事而明理具。虽"别"有理具三千和事具三千，但其"总"为一念。虽分为"性"中三千和"修"中三千，但体用不二，全体起用，即用是体。总之是"理具方有事用"。这即是知礼"性具说"的体用论、理事论、性修论和总别论。

【6】初、克彰观行之功。性具三千，若体若用，本空假中，常自相摄。微尘本含法界，芥子常纳须弥，无始无明琼森隔碍，顺性修观即空假中，则自在体用显现成就。性本空假中，性净解脱也；修成空假中，实慧解

---

① 《十不二门指要钞》卷二，《大正藏》第46册，第710页中。

脱也；起用空假中，方便净解脱也。虽是修二性一，以皆空假中故则成合义。①

依"修二性一"说体用与空假中。"性一"即性本"空假中"，性净解脱。此"性"即是本具之体。"修二"，即是起修之"用"，分别为"修成空假中，实慧解脱"与"起用空假中，方便净解脱"。修成与起用的差别在于，前者是言其实修所成之慧用，而后者是言其方便化用。若以三身论此，则性一，法身之谓；修成，报身之谓；起用，化身之谓。所谓"修二性一"，便是体一而用二。因为皆是"空假中"故"体用不二"。其中分别，如图所示：

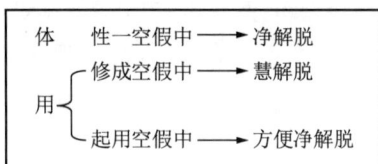

```
体    性一空假中 ——→ 净解脱
       ┌ 修成空假中 ——→ 慧解脱
用 ┤
       └ 起用空假中 ——→ 方便净解脱
```

【7】二、如是下，结示生佛一致。既解修成全是本具，即知迷悟体用不二，波湿无殊之譬于兹更明。我心为此，生佛为彼，缘起为事，性具为理，彼此三千理同不隔，遂令缘起互入无妨，依正不二斯之谓欤。②

此处集中了知礼许多重要的佛学观念：如"生佛一致"，指出其根据在于众生本具一切佛性，故"修成全是本具"。所以众生是迷时佛，佛是悟时众生。迷悟之"体用不二"，如同水之波有波无，但其湿性不变。如以"缘起为事，性具为理"，虽然我心与众生、佛子缘起各有不同，但各具三千世界之理相同，所以心、佛、众生三者之缘起可以"互入"而无妨害，这正是"依正不二"所言及的。以缘起之事为用，以性具之理为体，则举体全是用，即用全是体，即是"体用相即不二"。

---

① 《十不二门指要钞》卷二，《大正藏》第 46 册，第 716 页中。
② 《十不二门指要钞》卷二，《大正藏》第 46 册，第 716 页中。

第五章

明清时期:"体用"范式之圆融与固化

第一节　明代心学发展与体用思想

一、明代心学发展概说

作为官学,明代程朱理学仍然占统治地位,但其思想体系本身的局限性,尤其是格物致知、格物穷理思想方法的支离破碎,使得许多士人自觉或不自觉地抛弃程朱理学。由此而来的即是心学的崛起。

从哲学史的角度看,明代心学的先驱者非陈献章莫属。陈献章的心学强调以心为本体,以"静养见心之端倪"为其基本工夫。陈献章心学思想的直接传承者是其及门弟子湛若水。湛若水的思想整体上是承袭陈献章的,他把陈献章的自然自得之道,演化为随处体认天理的修养,但他并不同意陈献章"舍书册,弃人事"而单纯习静的修养功夫,以为此种方法必将流于禅学。他认为,体认天理必须是动静合一、体用一致的。与湛若水同时讲学的王阳明,更为强调知行合一,尤其是后期倡导"致良知"之说,将心学发展至即本体即工夫的顶峰。阳明后学逐渐分化,大多不免流入虚诞狂妄之境地,这也就导致了心学的衰败。

本节主要以湛若水、王阳明和刘宗周三人的思想为代表,来考察明代心学发展中的体用思想。

二、湛若水:"心事合一,体用同原"

湛若水(1466—1560),明代哲学家、教育家、书法家,字元明,号甘泉,增城(今广东增城)人。弘治间进士,选庶吉士,擢编修。嘉靖初,官南京祭酒、礼部侍郎,后历南京礼、吏、兵三部尚书。少师事陈献章,后与王守仁同时讲学,各立门户。王主讲"致良知",湛主讲"随处体认天理"。著有《湛甘泉集》。

(一)心学之"体用一原"论

朱伯昆曾说:"明代的哲学家,无论哪一派,其谈本体论时,大都阐发程氏易学哲学提出的'体用一原,显微无间'说。湛氏亦以'体用一原'这一命题,阐发其心学的理论。"①接下来,我们将通过具体的文例来详细分析湛甘泉体用思想的特点所在。

【1】此一章凡六节,首言大学之道。大学即是国学,人生十五入大学,教以大人之学。何谓大人? 个大人,即易"大人者与天地合其德"的大人。大人浑然与天地万物为一体,物我体用全具的人,故大人之学,为说明德不足,又说亲民。说明德亲民而不足,故又说止于至善。明德即吾心中正之本体,本体未尝昧,人自昧之尔。常存此昧爽丕显,使无一毫私蔽,这便是明明德,明明德则体具矣。未及言用,故又言亲民。这亲字即百姓不亲之亲,亲则见得与物同体,便痛痒相关,养之教之之心自不能已。便视之如伤,便痌? 乃身,是谓在亲民。明德,亲民,体用具矣,的于何处下手? 故又言在止于至善。至善即天理纯粹,便是明德亲民,体用一原,皆在于此。此三言者皆是一事,非有三事,言之不足,又从而言之之意。②

此处以《大学》为"大人"之学,而大人乃物我体用俱全之人。所谓体用俱全,就《大学》之道而言,即以"明德"为本体,"明明德"即是"明体"。以"亲民"为用,如此明德与亲民则体用具,所谓"至善"无他,只是明德亲民之"体用一原"。最后指出所谓"明明德,在亲民,止于至善"三者乃合为一事。

【2】潘洋问:"中庸训测云:'自人言之谓之性,自发于事而言之谓之道。'则性者道之体,道者性之用,性者理之一,道者分之殊,亦已明矣。而于不可须臾离,则曰'道兼体用、理一分殊而言'何也? 然则上焉者,其偏言者与? 下焉者,其专言者与?"先生曰:"以性对道言则有体用,专言道则兼体用,故其言各有攸当矣。"③

此处针对潘洋所问,甘泉认为:"以性对道言则有体用,专言道则兼体用。"这里实际上表明了体用表达在使用语境上的两种分别:一是所谓"偏言",即就两个对象或概念之间而分别言之;一是所谓"专言",即合言或兼言之义,是将两个对象或概念之间的关系统合到其中一个对象或概念来说。具体来说,偏言则"性者道之体,道者性之用,性者理之一,道者分之殊";专言则"道兼体用、理一分殊"。其中值得注意的是,性与道之间虽为体用关

---

① 朱伯崑:《易学哲学史》第 3 卷,昆仑出版社,2009 年,第 239 页。

② 《泗州两学讲章》,《泉翁大全集》卷之十二。

③ 《天关精舍语录》,《泉翁大全集》卷之十三。

系,但为体之"性"不可兼体用,唯有用之"道"可以兼体用。其理由在于:"体"虽能生"用",但体不是"用",故"体"不能兼体用。"用"不同,"用"依体生,用必有"体",故"用"方能兼体用。

另外还需要注意的是,此处湛氏说言之性与道,皆就《中庸》首章中之"天命之谓性,率性之谓道,修道之谓教"而有"性体道用"之说的。性为天命之性,故为理一之本体;道乃率性而为之道,故为分殊之用。

【3】盖心事合一,体用同原,虽殊涂而同归,实一致而百虑,有天德则有王道,具内圣则具外王。①

【4】杨少默游烟霞一载,将归潮,诣于甘泉子。甘泉子曰:"呜呼!杨子,一尔心,毋支离尔学矣。""曷谓支离?"曰:"或偏则外,或偏则内,二之皆支离也。人知偏外者之支离矣,而未知偏内者之为支离。偏外故忘本,忘本则迹;偏内故恶物,恶物则寂。二者皆支离之疚也。离也者,离也,贰而贰之也,是故致一则一矣。君子之学,内外合一,动静合几,体用合原,物我合体。内外合一者德,动静合几者神,体用合原者道,物我合体者性。……呜呼!一之者其谁乎?是故内外分而动静判,动静判而体用离,体用离而物我间。夫天之生物,一本也。夫道,一本者也,知不二本。又何有于内外?故一之而后可以入道,道无二也。"或曰:"杨子于子之言契矣,闻内外体用物我之合一矣,执事斯敬矣,骎骎乎而之道矣。吾子犹谆谆乎支离之戒,何居?"甘泉子曰:"……夫适道者,不贰其途,虽万里可至焉;中道而贰之,则虽十里其能至之哉?呜呼!杨子,一尔心,无贰尔途矣。"②

此处全面展现了甘泉的体用合一之"为学工夫"论。在此他特别强调"支离"乃是为学工夫之最大障碍,所谓"支离",即是不"一"之"贰",即是内外、动静、体用和物我之间本来如一的状态的被破坏,即他所说的"内外分而动静判,动静判而体用离,体用离而物我间"。既然如此,那么为学之本就在于恢复或保持这种本有的合一状态。就为学对象目标而言,即"一尔心,毋支离尔学";就为学工夫之过程而言,即"一尔心,无贰尔途"。整体而言,即是以"内外合一,动静合几,体用合原,物我合体"为"君子之学"。

【5】或问曰:"德性举业,内外之事也,于何事内?于何事外?"甘泉子曰:"噫!若子所谓支离之说也。"曰:"曷为支离?"曰:"夫所谓支离

---

① 《进圣学格物通表》,《泉翁大全集》卷之三十六。
② 《送杨少默序》,《泉翁大全集》卷之十六。

者,二之之谓也,非徒逐外而忘内,谓之支离也;是内而非外者,亦谓之支离也,过犹不及耳。必体用一原,显微无间,一以贯之,斯可以免也夫。故率天下于支离之归,必自子之言矣。"①

此处强调对"支离"的界定:不仅"逐外而忘内"属于之支离,而偏于内而遗于外者,也同属支离之病。所以不可将德性与举业作内外分别,而应该"体用一原,显微无间,一以贯之"。

【6】明道得孔、孟、濂溪之传者也。故其语学语道,上下体用一贯,大中至正而无弊。朱、陆各得其一体者也。朱语下而陆语上,虽未必截然如此,而宗旨则各有所重矣。②

此是依"体用合一"来判教,肯定程明道为上达与下学之间体用一贯,而朱熹和陆九渊则是"各得其一体",以为朱熹侧重于"下学"一途,陆九渊侧重于"上达"一途。

【7】程子所谓"体用一原,显微无间",格物是也,更无内外。静言思之,吾与阳明之说不合者,有其故矣。盖阳明与吾看心不同,吾之所谓心者,体万物而不遗者也,故无内外。阳明之所谓心者,指腔子里而为言者也,故以吾之说为外。阳明格物之说谓正念头,既与下文正心之言为重复,又自古圣贤"学于古训","学、问、思、辨、笃行"之教,"博文约礼"之教,"修德讲学","尊德性道问学"之语,又何故耶?③

此处甘泉分析其格物说与阳明之说不相合的原因。其一,就本体之心而言,甘泉以为,他说的心是"体万物而不遗者",所以无内外之分,而阳明的心专指"腔子里而为言者",乃是个人身体之中那思虑意念之心;相对来说,甘泉认为他之心为内,阳明之心则为外。其二,就格物工夫而言,甘泉以为,阳明的"格物"说专指"正念头",这样不仅与"正心"之说重复,而且导致为学一途专于德性而将缺失学问一途,这样就与自古圣贤所提倡的"尊德性道问学"之说法相违背。而甘泉对"格物"的诠解则强调要遵循程颐所谓"体用一原,显微无间"原则,"格物"当无分内外,既然物我体用合一,心物也应该合一不二,即所谓"心者,体万物而不遗者"。所以"格物"即是"格心",此"格心"既包括格个体身心之外的万物,也包括格个体身心之内的意念之心。显

---

① 《泉翁二业合一训》,《泉翁大全集》卷之四。
② 《答太常博士陈惟浚六条》,《泉翁大全集》卷之八。
③ 《答杨少默》,《泉翁大全集·书》卷之九。

然,此处甘泉分别与阳明异同,正是依据其"体用合一"之论,尽管他对阳明的"心"本体论和"致良知"工夫论存在很多的误解。

【8】明道看喜怒哀乐未发前作何气象,延平默坐澄心体认天理,象山在人情事变上用工夫,三先生之言,各有所为而发,合而观之,合一用功乃尽也。吾所谓体认者,非分未发已发,非分动静。所谓随处体认天理者,随未发已发,随动随静。盖动静皆吾心之本体,体用一原故也。如彼明镜然,其明莹光照者,其本体也。其照物与不照,任物之来去,而本体自若。心之本体,其于未发已发,或动或静,亦若是而已矣。若谓静未发为本体,而外已发而动以为言,恐亦有歧而二之之弊也。前辈多坐此弊,偏内偏外皆支离,而非合内外之道矣。吾心性图备言此意,幸深体之。①

在甘泉看来,程明道、李延平和陆象山的工夫论虽"各有所为而发",但需"合一用功"才算完备。依图说明如下:

```
┌ 明道：看未发前作何气象(有无)——本体境界
│
├ 延平：默坐澄心体认天理(动静)——工夫主体
│
└ 象山：人情事变上用工夫(内外)——工夫过程
                                          →
  甘泉：内外动静体用合一(不二)——本体工夫
```

仔细分析甘泉所举三人工夫论,可以说确实如甘泉所言是"各有所为而发":明道侧重于工夫所达至的本体境界,"未发/已发"属于"有/无"范畴;延平侧重于工夫主体本身的状态,"默坐澄心"属于"动/静"范畴;而象山则侧重于工夫过程中的现实情境,"人情事变"属于"内/外"范畴。这在甘泉看来,都不足取,因此他说:吾所谓体认者,非分未发已发,非分动静。所谓随处体认天理者,随未发已发,随动随静。盖动静皆吾心之本体,体用一原故也。也就是说,无论有无动静和内外,心之本体是体用一源的,所以从工夫论上来说,应当是在本体境界目标上"随未发已发",在工夫主体状态上"随动随静",在主体工夫过程中"无内无外",这就是所谓"随处体认天理"。若一旦存有有无动静内外之分别,必定歧为二途,当然无从得道。

另外,我们必须看到,湛氏此种随动静未发已发皆可体认天理的思想,一方面可以看作他对程朱以未发之中为体,以已发之和为用的观点的反动,也可以说是对其老师陈白沙所提出的"须从静中养出个端倪来"(《白沙子

---

① 《答孟生津》,《泉翁大全集·书》卷之九。

集·与贺克恭黄门》)的修养方法的一种修正。

【9】仲尼曰:"易有太极,是生两仪。"岂非以道生天地乎? 两仪生四象,岂非以既有天地,即有阴阳刚柔乎? 四象生八卦,岂不以阴阳之往来,刚柔之错综,斯八卦之所由出乎?

[若如此生,是有二物相生也,道一而已矣。天地阴阳道,一物也,岂有如此相生之理? 此一节只是说卦画之生,由一而分为二,二分为四,四分为八而][八卦成矣。一是太极。]①

他反对以创生关系来说明天地、阴阳、道之间的关系,认为所谓一二四八之说只是为了说明卦画产生的过程而已,而非以道一生出天地阴阳为二。因而强调道即是天地、阴阳本身,所以说"天地阴阳道,一物也"。

【10】故阴阳犹体也,动静犹用也,闻体立而用行矣,未闻用先于体者也。[阴阳动静岂可将来分体用?]②

此处反对将"阴阳动静"分为体用。他认为阴阳动静之间是不可分先后的,而若以阴阳为体,动静为用,则体用间必有先后,因为,只能说"体立而用行",不可说"用先于体",这就意味着在逻辑上是体先而用后。如此一来,若将阴阳动静分体用,必将与二者之间不可分先后相矛盾。

其实,湛甘泉这种思考是有问题的,因为他把体用之间的逻辑理论上的先后与经验事实的先后相混淆了。事实上,体用结构本就既要求在经验上二者必须同时共在,同时又强调逻辑上体对用的主导在先的地位。更何况,阴阳动静之间不可分先后,是在经验事实上所说的,其在逻辑上仍然是有先后之分别的。

【11】甘泉子曰:"夫道,体用一原者也。昔者,孟子称伯夷、伊尹、柳下惠、孔子之圣,于伯夷曰'治则进,乱则退';于伊尹曰'治亦进,乱亦进';于柳下惠曰'不羞污君,不辞小官';于孔子则曰'可以速则速,可以久则久,可以处则处,可以仕则仕'。夫圣之为德亦大矣,而直于进退仕处久速之间言之,何耶? 明体用之一原而变化不居也。故即用可以观体矣,即体可以观用矣,即体用之全可以观人矣。"③

————————————

① 《答行太仆卿王德征问》,《泉翁大全集·文集》卷之十一。原编注:此篇问答语相混,兹参考康熙二十年本,用[]表示答语。

② 《答行太仆卿王德征问》,《泉翁大全集·文集》卷之十一。

③ 《新泉问辩录》,《泉翁大全集》卷之六十七。

此处提出"即用可以观体矣,即体可以观用矣,即体用之全可以观人"的主张。

【12】在心为理,处物为义,体用之谓也。若如道通所云:"有感为事为物,有条理以处之即是义也。"如此当时更不须说理字。以理义并言,便有体用,理乃是浑然一点至公的心,义便是粲然一点制宜的心,只是一心,但有体用耳。

此处以一心之体用言"理义",关键在于把"理义"统合到"一心"上。即认为"理"乃是"浑然一点至公的心",为心之体;"义"便是"粲然一点制宜的心",为心之用。但他又说"在心为理,处物为义,体用之谓也",也就表明"理体义用"的结构是以"心体物用"之逻辑为基础的。

【13】经哲读《中庸》,难语首章曰"莫见乎隐者,道体之大也;莫显乎微者,道体之小也。"读《费隐章》难语曰:"费即上章之莫显乎微也,即下章之小德川流也;隐即上章之莫见乎隐也,即下章之大德敦化也。隐则体用皆隐也,费则隐显皆费也。"读《仲尼章》难语曰:"大德者,隐之谓也;小德者,费之谓也,大德小德,其德惟一也。"读《其测》曰:"大德一理也,即首章之中,大本也,道之体也;小德者,万殊也,即首章之和,达道也,道之用也。"费隐不分体用,而大德小德,亦宜各有体用,却分言之,与首章莫见莫显为道之用,隐微为道之体,参看不[合],不能无疑。

大略分配如此,不可执泥。体用二字,随在皆有,隐费与首章隐微言道之大、道之小,或在人物、或在天地,皆有体用。若《仲尼祖述章》,则皆以天地之道明圣人之道,大德小德皆以天地言,故大段以大德为体,小德为用。然由是推之,则体中又自有体用,用中又自有体用。如并育并行,大德也,其间充塞流行,是亦体用也;不害不悖,小德也,其间物物各正性命,充满发生,是亦体用也。愈推而愈无穷,但不可分析太繁,恐伤支离耳,更于浑然处体认涵养,他日自当分明,不假于言矣。①

甘泉针对其学生经哲读《中庸》分别体用时所产生的困惑,指出无论大道小道、天地、人物,凡一切之存在,都有其体用,故说"体用二字,随在皆有"。

最为重要的是,他第一次明确地提出了"体中又自有体用,用中又自有体用"之说。他举《中庸》中"万物并育而不相害,道并行而不相悖"之言为例

---

① 《新泉问辩录》,《泉翁大全集》卷之六十九。

加以阐明：若以"并育并行"为"大德"，"大德"为隐为体；"不害不悖"为小德，为显为用。大德之体中又可以再分体用，即以道之充塞天地为体，以万物流行为用。小德之用也可以再分体用，即以"物物各正性命"为体，以各自性命"充满发生"为用。不仅如此，甘泉还认为这种体用分别还可以推至无穷。但从心性修养工夫的角度，应当"于浑然处体认涵养"，因此不宜分析太繁，以免支离。如图所示：

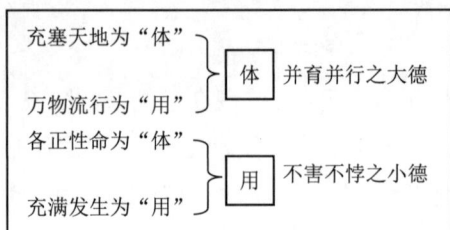

顺着甘泉的思路，如果从宇宙、天地、大道开始，依着"体中又自有体用，用中又自有体用"的逻辑推演，就可以发展出一个层次复杂且又层层联结的体用结构之网；同时通过这张体用逻辑之网，宇宙世界的一切存在都可以获得自身的明确位置和丰富联结。

【14】政学为一，如在家要事变上磨炼，在官亦要事变上磨炼，无事非学也。又如心存省即施为不苟且，神心久即施为不虚伪，作辄无非学政也。后世心迹判、体用离，所以无善学善治，横渠谓："道学政术为二，此自古可忧者。"正以此也。……须使穷居政学为一，既有其具，然后可作官治民，此常理也。故有位者便须即政即学，穷居者孝友兄弟，亦是即学即政，非必民人社稷，然后有学政之可理会，所谓"一以贯之"也，其可以仕、可以未仕者，所得有浅深故耳。①

不仅强调心性合一、心事合一，还认为道学与政术为体用关系，强调政学应当为一。如此，为政在位者就应当"即政即学"，而在野穷居者之孝友兄弟，也可以看作"即学即政"。总之一句话，在位或不在位，政学体用合一之理不变，但又深浅差别耳。

【15】所谓"一本万殊"与"理一分殊"不同。一本是浑沦大体处，如发育峻极一节；万殊是支分处，如三千三百一节。至于所谓理一分殊，则就吾心体用处说，故有理事之别。②

① 《新泉问辩录》，《泉翁大全集》卷之七十。
② 《新泉问辩录》，《泉翁大全集》卷之七十。

这里分别"一本万殊"与"理一分殊"之不同：所谓"一本万殊"实际上是指整体与部分而言，而"理一分殊"则属于体用、理事的关系。显然，这表明甘泉已经意识到体用关系不同于整体与部分之关系。"一本万殊"之中，一和万乃是同一层面的存在，一散为万，合万为一，乃是整体与部分之间纯数量关系，部分只是整体的一部分；而在"理一分殊"之中，虽然也属于一与多的关系，但一为多中之一，既非多之合而为一，也非多中之单一，而是多中之全一。也就是说，万殊之用中均涵有一完整之理体。显然这种关系必须建立在不同层面上，所以湛甘泉说"就吾心体用处说，故有理事之别"。

【16】吾道一贯章。一贯也者，道体也、一本也、无二也，[四方]上下之宇，古今往来之宙，充塞平铺，无间于人我，无分于体用，无偏于动静，何烦人力之为？本体自然，故程子谓之天理也。察识操存之法，唯勿忘勿助，未尝致纤毫之力，则何莫而非此理之流行矣！①

体用在思想概念上可分，在本体工夫之实际上则不可分。

【17】但心不忘助时，天理自见，不必又加看取，勿忘勿助即看取也。体用犹形影，不可离。②

以形影关系喻体用之间相即不离，但暗含体对用的绝对决定关系，而用始终处于被动地位。

【18】引孔子闲居一段，亦从他说。只内中以天地万物皆吾之体，纯然宫商节奏皆吾之用，以体用二字对说，便不是。谓天地万物同体，可也。而以为体用之体，则天地万物独无用乎？宫商节奏独无体乎？③

此处区别体用之"体"与天地万物同体之"体"，认为体用之间，"体"必有"用"，而天地万物同体之"体"则不必有"用"。所以他反对"以天地万物皆吾之体，纯然宫商节奏皆吾之用"，只赞同说"吾与天地万物同体"。理由是他认为"天地万物"若是体用之"体"，则必有其相应之"用"；同理，若"宫商节奏"为体用之"用"，那它必有其相应之体。如此一来，"天地万物"与"宫商节奏"同为相对独立性存在，因此各有其体用，与"吾"之体用必不相应。若言"吾"与"天地万物"同"体"，此"体"非体用相对之"体"，而是指"吾"与"天地

① 《新泉问辩续录》，《泉翁大全集》卷之七十一。
② 《新泉问辩续录》，《泉翁大全集》卷之七十一。
③ 《杨子折衷》，《泉翁大全集》卷之八十一下。

万物"是一种有机联系的整体性的共同存在。所以他极力反对这种体用范畴的滥用和误用。用现代语言哲学的话说,这是一种范畴错置①。即把表示整体与部分之间的"体"领域,错用了体用之"体"范畴。

> 【19】绎问:子思曰:"成己,仁也;成物,知也。"孟子曰:"学不厌,知也;教不倦,仁也。"由此而观,是子思以成己为仁,而孟子以成物为仁矣。不知先贤之见各因事而有言? 抑亦仁知之相为贯通者也? 子思以德性言,故先仁而后知,体立而用行也。孟子以造道言,故先智而后仁,知先而行后也。然而仁知一贯,体用一原,知行并进,非有二理也。②

此处以仁为体、知为用,依"体立而用行"的原则而仁先而知后,若依"知先行后"的原则而先知而后仁。而实际上是"仁知一贯,体用一原,知行并进,非有二理"。由此表明体用先后区分的相对性。

> 【20】以言其人伦日用之常,故谓之费;以言其道体无穷,圣人所不能尽,故谓之隐;分殊而理一也。语曰:"夫子之文章,可得而闻也;夫子之言性与天道,不可得而闻也。"费隐之谓也。
>
> 体用一原,显微无间,费则显微皆费,隐则体用皆隐也,故一也,不可两言之也。其曰"造端夫妇",则显微皆造也。其曰"察乎天地",则体用皆察也。如曰"吾求其费而隐在其中",则造夫妇之用,察天地之用,斯为百姓日用而不知也,亦可谓之造与察乎?③

此处谈体用与隐显。认为"体用一原,显微无间,费则显微皆费,隐则体用皆隐也",因此不赞同所谓"体隐而用显"以及"求其费而隐在其中"的说法。这正是他强调体用一源的逻辑必然。

> 【21】中即静,和即动,体用一原,显微无间。但静时中处不可着力,才着力即为动矣,故慎独、慎动,都是一理。且谓"戒慎恐惧"四字,何者

---

① 范畴错置,即范畴错误(category mistake)、范畴失误、范畴谬误,是指将既有的属性归属到不可能拥有该属性的对象上,为语义学或存在论的错误。吉尔伯特·赖尔(Gilbert Ryle)在著作《心的概念》(1949年)中,为了去除笛卡儿主义形而上学所造成关于心的本质的混乱,而引入此用语。依照赖尔的主张,将心视为灵性实体所形成的对象,是错误的。理由是为了表示倾向性或能力的集合,使用术语"实体"是没有意义的。许多采用赖尔范畴错误概念的哲学者,对何者该是范畴错误何者不是见解各有出入。

② 《答问》,《甘泉先生续编大全》卷之二十七。

③ 《湛子约言·下》,《甘泉先生续编大全》卷之三十。

为静？皆是动时着力功夫，而养静养中之要在其中矣。①

在工夫论上，以中为静体，和为动用，强调"体用一原，显微无间"，其结果就是动静随时体认天理。

【22】知觉者，心之体也；思虑者，心之用也。灵而应，明而照，通乎万变而不泪。夫然后能尽心之神，明照而灭遗，灵应而无方。②

此以心为人的知觉灵明，发挥孟子的"心之官则思"说。以知觉为心体，思虑为心体之用，即由知觉而有思虑。知觉以"灵明"为本体功能，而思虑为此功能之实际运用，实际运用则必有事物对象之变化于其中。

（二）三教之"体同用异"论

1. 儒佛体用同异

【23】张子将归省，求赠言。明子谓王子曰："夫赠言者，莫大乎讲学矣。"张子曰："学孰为大？"对曰："辨为大。"曰："辨孰为大？"对曰："儒释为大。"曰："孰为儒？"曰："知释之所以为释矣。"曰："请问所以。"曰："儒有动静，释亦有动静。夫儒之静也体天，其动也以天，是故寂感一矣。夫释之静也灭天，其动也违天，是故体用二矣。故圣人体天地万物而无我，释者外四体六根而自私。是故公私大小判矣。"③

以体用是否不二合一辨儒佛之别。儒家之工夫"体天"即与天同体，"以天"即用天之用，动静寂感皆不离天，如此故体用不二。佛家之功夫是静时灭天，动时违天，故体用二分。儒之体用合一，故与物同体而无我，无我故无私而公；佛乃体用二分，故分天人物我而自私。如此是为儒佛之大辨。

值得注意的是，湛甘泉此处把佛教和儒教放置在天人关系的基础上，同时进行体用逻辑的比较。如此也就表明，"天人"与"体用"成为儒佛两家（自然包括道家道教）的共同的最基本的理论范畴。此二范畴之中，"天人"为内容性或实质性范畴，"体用"为形式性或逻辑性范畴。也即是说，从实质内容上说，"天人"范畴可以统摄儒道佛思想的全部内容，或者说，儒佛道三家思想最终都可以归结到"天人"以及"天人关系"之上。从形式上或逻辑上说，"体用"范畴可以统摄三家思想之根本逻辑。或者说，三家思想最终可以归结到"天人"及"体用"关系之上。

---

① 《新泉问辩续录》，《泉翁大全集》卷之七十三。
② 《新泉问辩续录》，《泉翁大全集》卷之七十。
③ 《文集·太史张秀卿归省赠别》，《泉翁大全集》卷之十四。

不仅如此,从甘泉的论述中,我们还可发现,他认为"天人"与"体用"之间恰好是同构关系,天人之间即是体用之间,即天为体,人为用。所以他认为,儒佛二家之根本区别在于对待天人的差别,而对待天人的不同最终反映为体用逻辑上的差别,具体说,儒家体天用天,动静寂感均不离天,所以既为天人合一,也是体用不二;佛家静以灭天,动以违天,故动静皆与天相离,故最终是天人相违,体用二分。

> 【24】仁问:"先生曰:'性者,天地万物一体者也,惟能尽其性,则能尽物之性者。'今谓释氏明心见性而不能尽人物之性者,果释氏未能见性乎?抑性非一体乎?石翁云:'吾儒与释者,其无累一也。'程子曰:'体用一原。'盖有体必有用矣,今谓释氏无所累,则本体全矣,而无用者,果释氏有所累乎?抑石翁之论,别有所谓乎?"无累同而本体异,性其所性而非吾所谓性也。圣人天地万物一体,释者务去六根。①

此处严辨儒、释异同。仁问的主要内容有二:一是从本体上看,佛家所谓"明心见性"是否真见"性"?二是从工夫境界上看,如何理解石翁所说的"吾儒与释者,其无累一也"的说法。前者为本体问题,后者为功夫境界问题。

对此,甘泉认为:儒家和佛家在追求生命的无累境界上是相同的,但各自依据的本体根源不同。具体来说,佛教是以在人的"六根"——即认识主体——之外的所谓清净之性为本体依据的,而儒家则是以"圣人天地万物一体"之性为本体根据的。

细察之,在此甘泉似乎没有完全理解仁问的要害所在。其一,既然甘泉认为"性"为"天地万物一体",所以真正的"见性"就必须是能同时尽"人物之性";基于此,当我们认为佛家已经"明心见性"却又没能尽人物之性时,就要么认为佛家没有真正"见性",要么认为真正的"性"本身就不是一体的,也即意味着存有不同的"性"。显然甘泉此处是认为儒佛两家各有其"性"。其二,既然各有其本体之不同,根据甘泉所认同的"体用一源"原则,就应该为不同的本体产生不同的作用(工夫),并最后达至不同的境界。由此,要么石翁所云"吾儒与释者,其无累一也"不成立,要么他的话别有所指。然而甘泉又认为儒佛两家虽本体不同,但可同至"无累"之境。

此中矛盾,若结合接下来一段来看,将豁然解除。他说:

> 【25】江门夫子谓:"儒与释,其无累一也。"心尝绎之。[释]之无累,外天地万物而空其心者也;儒者胸中虽无一物,却无物不体;虽全放

---

① 《新泉问辩续录》,《泉翁大全集》卷之七十三。

下，却以无一事而非性之所固有而存之，是谓万物皆备也。又如释氏恶死则求偷生之术，恶物欲乱心则绝灭人伦。儒者义重生轻，不外人伦日用，而自有洒然境界，其无累盖不同也。近来有为儒释辨者，却有三间说，谓儒居其中，而异端亦得窃其左右间而处之，其亦以无累相同，而未论其同而异者乎？其儒释无累，亦已自有不同，何得在三间之内？是皆讲学不精之故也。①

此处，甘泉着重分别了儒释二家无累之境界之同异，结论为：二家都以达至无累境界为工夫之目标，此为同；但二家对无累境界的认定上是有实质不同的，他认为佛家是一切皆空，儒家则是虽然心无一物，却万物皆备。以体用论，可以说佛家之无累属于"体用皆空"，而儒家之无累则是"体无而用有"。所以他坚决反对王阳明所谓的"三间说"，此说认为好比一栋房屋有三间房子，儒释道各居一间，不过是儒家居中，而佛道分列其左右。指出他的错误恰在于其未能明了各家之无累境界已有不同。

回到前面所提出的所谓矛盾，我们就可以知道，前者说儒佛之间是"无累同而本体异"，是说佛儒二家都同以追求无累境界为目标，故是基于本体与工夫目标的结构而言同。后者则是基于工夫境界本身的内容上，说二家又各种不同。以体用逻辑来说，儒佛二家在本体之性与无累之境界之上可以说是用同而体异，而境界之用又可以分体用，则儒佛两家则是体同而用异。如此一来，前述之矛盾就自然消除了。如图所示：

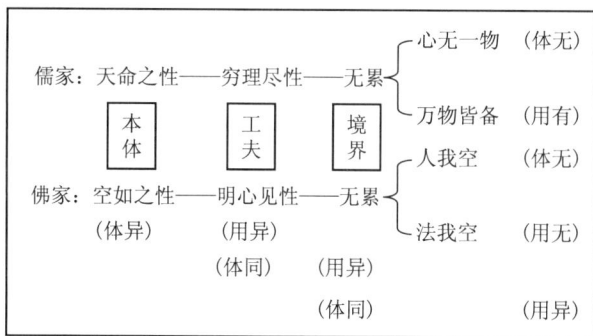

2. 儒道体用异同

【26】"谷神不死，是谓玄牝。玄牝之门，是谓天地根。绵绵若存，用之不勤。"非曰：儒道亦言虚，然虚实同体，虚中有实，实中有虚。而独言虚者，虚无之弊也。况以谷言虚，则谷有限而虚无穷。如天之太虚，虚中流行运化，无非实理，何尝独虚？而生生化化，不舍昼夜，此生意何尝

① 《新泉问辩录》，《泉翁大全集》卷之七十。

有门？若言绵绵若存，用之不勤，颇似孟子"勿忘勿助之间"矣，而孟子则先曰"必有事焉"。本说理，而老子此言则说气，所谓"句句合，然而不同，看得破，许汝具一只眼者"，真知言也，达者信之，而世儒惑焉。①

此处辨明儒道同异，指出儒家和道家虽然都谈论所谓虚与实，但儒家是虚实同体，虚无中充满流行生化之实理；而道家则是孤谈虚无为天道根本之门户。所以甘泉从本质上是批评道家犯了离用谈体、有体而无用，即体用为二的错误。

【27】"道生一，一生二，二生三，三生万物。万物负阴而抱阳，冲气以为和。"非曰：一即道也，道即一也。万物阴阳莫非道之流行也，而云道生一云云，岂知道之言乎？此书断非老聃所为矣。②

此处虽没有言体用，但其强调"万物阴阳莫非道之流行"，实则是以道为本体，天地万物阴阳为本体之流行，故道即是一，一即是道，体用不二。所以道生一，一生二之类的说法不是明道之言，《老子》之书亦非那个真正明道的老子所作。

【28】"天下有始，以为天下母。既得其母，以知其子。既知其子，复守其母，没身不殆。"非曰：彼只以母子喻体用，不知母子虽同气而二体，是二物，体用为一原而无二也，岂足以知道乎？③

指出道与天地万物之间本为"体用"关系，而《老子》中规定为"母子"关系，又是属于范畴错置。他认为，"母子"范畴的内在逻辑是母子虽然同为气化之存在，但毕竟为两个独立分离的存在实体，故不能满足体用一源的逻辑要求。而将此二分的关系范畴来诠释本是不可分之道与天地万物之间的关系，因而属于范畴错置。如此，势必把"道"实体化为独立于天地万物之外的有限存在，从而导致"道"之本体性地位的丧失。显然，对于这种范畴错置及其理论后果，甘泉具有非常强的自觉意识。在这一点上与王弼等人形成鲜明的对比。

三、王阳明：致良知与体用合一

王守仁（1472—1529），字伯安，号阳明，谥文成，人称王阳明，被视为宋

---

① 湛若水：《非老子·右第五章》，《甘泉先生续编大全》卷之三十二。
② 湛若水：《非老子·右第四十一章》，同上。
③ 湛若水：《非老子·右第五十一章》，同上。

明心学思想的集大成者。王阳明一生学有三变，最后以"致良知"为学问宗旨。①关于阳明的良知学的形成、发展，以及良知学的哲学内涵和学术特色，学界已有大量的研究成果，在此不再赘述。

必须了解的是，在阳明的时代，"体用"早已不是一般概念、范畴，或是一般之思想，而是成为整个儒家理论学问或人格修养的最高目标或理想标志，时人称之为"体用之学"。显然，阳明也是十分认同这一时代精神之新趋向的，譬如他曾在与汪玉的书信中直接说明此点："今照接管副使汪玉，久负体用之学，素有爱民之心，据所呈报，既已深明事机，洞知缓急，遂使举而行之，固当易于反掌，合再督催，以速成绩。"②在此以他成熟时期的良知学说为根本，来考察阳明良知学与体用思想的关系。

首先，要把握阳明是如何使用体用范畴，如何界定体用关系的。先看他是如何运用体用范畴的，他曾说：

> 【1】心者身之主也，而心之虚灵明觉，即所谓本然之良知也。其虚灵明觉之良知，应感而动者谓之意；有知而后有意，无知则无意矣。知非意之体乎？意之所用，必有其物，物即事也。如意用于事亲，即事亲为一物；意用于治民，即治民为一物；意用于读书，即读书为一物；意用于听讼，即听讼为一物：凡意之所用，无有无物者，有是意即有是物，无是意即无是物矣。物非意之用乎？③

由此可以了解到，在阳明看来，心为身之主，良知为心之主；而良知必然应感发动为意，所以良知为意之主；而良知之意必有其意向内容，即为物事，所以意乃为物事之主。阳明正是在此基础上认为：良知为意之体，意者则为良知之用；同时，意又为物事之体，物事则为意之用。于是构成了这样一个体用层递结构：

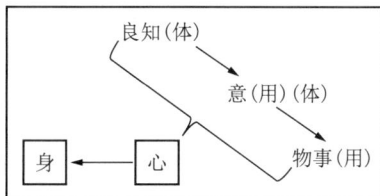

此处有两个要点，一是"体"产生、决定、主宰"用"，而"用"则是受成、依归"体"；二是体用层递结构表明体用关系的内涵所指是不固定的，体用关系

---

① 胡勇：《略论阳明心学视域中的静坐功夫》，《孔子研究》，2012 年第 2 期。
② 王阳明：《王阳明全集·阳明先生别录卷之十一》。
③ 王阳明：《传习录中》，《王阳明全集·阳明先生文录卷之二》。

是可以有层次传递的。就体用关系而言,他特别肯定程颐所提出的"体用一源,显微无间"之说,强力批判各种将体用分别为二的错误理论。

总之,阳明在论述其致良知学说时,一方面自觉地运用体用模式描述、揭示良知本体工夫的特征、属性和作用;一方面又充分使用体用逻辑来简别其与程朱、佛老思想的差异。二者结合起来也可以说是一种广义的判教活动,一为明己,二为别他。但无论"明己"还是"别他",就其判教所关注的内容来说,主要集中在以下几个方面:

(一) 良知体用与中和

无疑,阳明的致良知说,仍然是奠基于他"心外无理"和"心外无物"的形而上观念之上的。由此他建立心(本心)对于宇宙万物的价值优先性,即存在主体性,而最后又以"良知"为"心之本体"。对于此"心之本体"本身有什么特点,以及透过怎么样的"工夫"抵达这样的"本体"境界,是整个宋明心性儒学特别是阳明心学中最重要的问题之一。这个问题在以程朱为代表的宋代儒学那里,表现为已发、未发或者是"中和"的问题。就《中庸》而言,喜怒哀乐之未发是"中",是"大本","发而皆中节"是"和",是本体之"中"的用。"未发"之"中"是"已发"之"和"的源始阶段,而"已发"之"和"又是"未发"之"中"的流行过程。用体用逻辑来说,则可以说未发为体,已发为用。程朱提出"心统性情",又以"性"为"天理",属心之本体,"情"则为此性体之"用"。虽然"心统性情",但"凡言心者皆指已发","性"作为心之体乃是"未发"。这是就心性结构来说。如果从实践工夫来说,就必然存在两个阶段:一是"未发",即是思虑未起、情绪未发时的内心状态,属于性之"静",其工夫即在于"涵养用敬";一是"已发",觉知发动,情绪波澜时的内心状态,属于情之"动"。其工夫则在于"穷理致知",以期达至未发时的状态。

上述是朱熹的有关已发、未发之体用关系的思想,就此我们来看阳明的观点,他说:

> 【2】不可谓未发之中常人俱有。盖体用一源,有是体即有是用,有未发之中,即有发而皆中节之和。今人未能有发而皆中节之和,须知是他未发之中亦未能全得。①

阳明在此肯定"未发之中"与"发而皆中节之和"之间属于体用关系,也即"未发"与"已发"是体用关系。同时他也认同程朱"体用一源"的逻辑,"有是体即有是用",所以不能说一个人"体"上有"未发之中",而在"用"上却没有"发而皆中节之和"。"未发之中"表现在"已发"之时一定是"中节之和"。

---

① 王阳明:《传习录上》,《王阳明全集·知行录之一》。

阳明的学生陆原静曾经问他说：

> 【3】良知，心之本体，即所谓性善也，未发之中也，寂然不动之体也，
> 廓然大公也。何常人皆不能而必待于学邪？中也，寂也，公也，既以属
> 心之体，则良知是矣。今验之于心，知无不良，而中寂大公实未有也。
> 岂良知复超然于体用之外乎？①

陆原静认为，良知作为心之本体，自然具有"良善"、"未发之中"、"寂然
不动"、"廓然大公"的特性。但问题是(1)既然"良知"为人人本有，为何常人
不能现实地拥有这些特性而必须通过学习修养才能获得呢？（2）既然所谓
"中、寂、公"都属于良知之体的特性，为什么在现实中只能体验到人心的"良
善"，却不能同时体达"中寂公"呢？难道说有超出于心之体用之外的所谓
"中寂公"的良知吗？从哲学上说，陆原静问题的根本在于，良知作为完善、
超越的本体心与不完善、现实的经验心之间是怎样的关系？为学工夫在此
心之间有什么意义和价值？

针对这个的问题，阳明的回答非常重要。他说：

> 【4】性无不善，故知无不良，良知即是未发之中，即是廓然大公，寂
> 然不动之本体，人人之所同具者也。但不能不昏蔽于物欲，故须学以去
> 其昏蔽，然于良知之本体，初不能有加损于毫末也。知无不良，而中寂
> 大公未能全者，是昏蔽之未尽去，而存之未纯耳。体即良知之体，用即
> 良知之用，宁复有超然于体用之外者乎？②

显然，在阳明看来，良知作为心之本体，既是良善的，也是"中寂大公"，
且是"人人之所同具"。但从现实性来说，因被物欲所昏蔽之程度不同，为学
的目的在于去其"昏弊"而复其本体，并非在本体上有任何的损益加减。而
所谓良知之"良善"与"中寂大公"之所以不能同时完全体证得到，只在于昏
弊未能去尽，所以并非有什么超出于心之体用之外的"良知"存在。也就是
说，阳明认为，本体心与经验心并非两种心，而只是一个心即良知的体和用
两个方面，所谓未能"中寂大公"的现实心，其实只是良知之本体为物欲所蔽
的表现之用。

如此说来，心之体用即是未发之中与已发之和的统一，这是就理性本体
而言的；如从现实性工夫层面来看，则此种体用之统一却有"显隐"之不同，
其程度差别取决于昏蔽私欲的影响大小。

---

① 王阳明：《传习录中·答陆原静书》，《王阳明全集·知行录之二》。
② 王阳明：《传习录中·答陆原静书》，《王阳明全集·知行录之二》。

（二）良知体用与动静

【5】侃问："先儒以心之静为体，心之动为用，如何？"先生曰："心不可以动静为体用。动静时也，即体而言用在体，即用而言体在用，是谓体用一源。若说静可以见其体，动可以见其用，却不妨。"①

此处认为不可以动静来区分心的体与用，也就是说不能固定地说心体是静，心用是动。"动静"只是心活动时的两种不同状态，动时不能静，静时不能动，所谓"动静时也"。但"体用"不同，二者是不能这样隔然二分的，说体时用已经蕴涵在体之中了，说用时体也已在用中显现出来了，这就是所谓的"体用一源"。所以，以心之"静动"为"体用"是不可以的，因为心之动静不可同时存在，而心之体用却必须同时共存。充其量只能说在静时易于发现其体，在动时易于把握其用；但绝不可说静时没有用，动时没有体。

对于此种说法，陆原静曾表示不可理解，所以他问阳明说：

> 周子曰"主静"，程子曰"动亦定，静亦定"，先生曰："定者心之本体，是静定也，决非不睹不闻、无思无为之谓也，必常知、常存、常主于理之谓也。"夫常知、常存、常主于理，明是动也，已发也，何以谓之静？何以谓之本体？岂是静定也，又有以贯乎心之动静者邪？②

陆原静以为，既然你讲"定"为心之本体，又说此"定"非"不睹不闻、无思无为"，是"常知、常存、常主于理"，而"常知、常存、常主于理"本就表明心是已发，是动，那就和先前所说的"定为心之本体"的说法相矛盾啊？显然，陆原静的困惑在于：静和定是什么关系？"动"如何也可以是心之本体状态？

且看阳明的回答：

> 【6】理无动者也。"常知常存常主于理"，即"不睹不闻、无思无为"之谓也。不睹不闻、无思无为非槁木死灰之谓也，睹闻思为一于理，而未尝有所睹闻思为，即是动而未尝动也；所谓"动亦定，静亦定，体用一源"者也。③

显然，阳明不以"动静"言心之体用，以贯乎动静之"定"为心的本体状态，而动静都只是此定制本体状态的作用而已，所以说"动亦定，静亦定"，这

---

① 王阳明：《传习录中·答陆原静书》，《王阳明全集·知行录之二》。
② 王阳明：《传习录中·答陆原静书》，《王阳明全集·知行录之二》。
③ 王阳明：《传习录中·答陆原静书》，《王阳明全集·知行录之二》。

也即是动静之用与定之本体之间的体用一源关系。

黄宗羲在《文成王阳明先生守仁传》中有一段阳明语录的记载，把良知的体用、已发未发、动静、寂感、知行统合而言，他说：

> 【7】有未发之中，始能有发而中节之和，此知之后更无已发。此知自能收敛，不须更主于收敛；此知自能发散，不须更期于发散。收敛者，感之体，静而动也；发散者，寂之用，动而静也。知之真切笃实处即是行，行之明觉精察处即是知，无有二也。①

总起来说，阳明以为，"未发之中"为心之本体，"已发之和"乃心体之用，未发本体即在已发之用中，是体用一源；良知本自能收敛，自能发散，是寂感不二，当然也是知行合一的。如图所示：

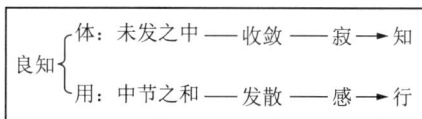

（三）良知体用与有无

在宋明新儒学的心性哲学中，有一个问题与"未发已发"紧密相关，即心之本体到底是"有"还是"无"？所谓"有无"，在此显然不是存有论意义上的"有无"，而是工夫论、境界论意义上的有与无。从周敦颐、张载、二程到朱熹，对这个问题的讨论都是以《易传·系辞》中的"天下何思何虑？天下同归而殊途，一致而百虑"，以及《易》无思也，无为也，寂然不动，感而遂通天下之故"为经典依据的。所以在"何思何虑"和"无思无为"的真义为何的理解上，各家都会有符合自己立场的诠释，阳明当然也不例外。他在《答顾东桥书》时说：

> 【8】来书云："上蔡尝问：'天下何思何虑？'伊川云：'有此理，只是发得太早。'在学者工夫，固是'必有事焉而勿忘'，然亦须识得何思何虑底气象，一并看为是。若不识得这气象，便有'正'与'助长'之病。若认得何思何虑而忘'必有事焉'工夫，恐又堕于无也。须是不滞于有，不堕于无。然乎否也？"
>
> 　　所论亦相去不远矣，只是契悟未尽。上蔡之问与伊川之答，亦只是上蔡、伊川之意，与孔子《系辞》原旨稍有不同。《系》言"何思何虑"，是言所思所虑只是一个天理，更无别思别虑耳，非谓无思无虑也：故曰"同归而殊途，一致而百虑，天下何思何虑"。云"殊途"，云"百虑"，则岂谓

---

①　黄宗羲：《文成王阳明先生守仁传》，《王阳明全集·静心录之九》。

无思无虑岂邪？心这本体即是天理，天理只是一个，更有何可思虑得？天理原自寂然不动，原自感而遂通，学者用功虽千思万虑，只是要复他本来体用而已，不是以私意去安排思索出来；故明道云："君子之学莫若廓然而大公，物来而顺应。"若以私意去安排思索，便是用智自私矣。何思何虑正是工夫，在圣人分上便是自然的，在学者分上便是勉然的。伊川欲是把作效验看了，所以有"发得太早"之说。既而云"欲好用功"，则已自觉其前言之有未尽矣。濂溪"主静"之论，亦是此意。今道通之言虽已不为无见，然亦未免尚有两事也。①

这里很关键的一点是，阳明认为"何思何虑"并非"无思无虑"，只是不以"私意去安排思索"，不过是随时在日用事上体认天理，致良知于事事物物、时时刻刻而已。所以他以"何思何虑"为"正是工夫"，但有圣人分上的"自然"与学者分上的"勉然"之分别。由此阳明批评程颐，把"何思何虑"看作工夫之后的"效验"了，所以才有"发得太早"之说。他认为程颐此见与周敦颐的"主静"说一样，都是把"有"和"无"——"涵养用敬、格物致知"与"何思何虑、寂然不动"，分作前后不同时段的两件事情来看。这恰是阳明所坚决反对的，因为他认为，有与无的关系既不是"有"生于"无"，也不是"有"归于"无"，而是以"有无"为心之体用，也即是良知之体用，无为体，有为用，体必有用，用必有体，体用一源，体在用中。如此，"有无"自然是同时共存而非先后了。

(四) 良知本体与工夫

上述的"有无"还可以从本体与工夫上来分别讨论，具体说，从本体层面来说，所谓"无"是未发之中，是寂然不动，即是心之"本体"；所谓"有"就是已发之和，是省察克治，即是心之"工夫"之用。若从功夫层面来说，"省察克治"即是工夫本体之"有"，而所谓"何思何虑"则为工夫之"效验"之"无"。从程朱的立场来看，其中逻辑当为：本体——工夫——效验，而阳明心学与程朱理学之最大不同，就在于他坚持"心即理"的本体立场，坚持"致良知"即是本体之工夫，此工夫即是工夫之本体效验。也就是说他坚持这样的逻辑：即本体即工夫，并非在工夫之先有所谓的本体独存，也并非在工夫之后有所谓效验实在。从体用关系来说，是即体即用。所以他说：

【9】"戒慎恐惧是功夫，不睹不闻是本体。"又曰："不睹不闻是功夫，戒慎恐惧是本体。"曰："合得本体是功夫，做得功夫是本体。"恍然曰："功夫即本体，本体即功夫，离本体而言功夫者，是妄凿垣墙而殖蓬蒿。"②

---

① 王阳明：《传习录中·答顾东桥书》，《王阳明全集·知行录之二》。

② 邹元标：《重修阳明先生祠记》，《王阳明全集·静心录之九》。

综合而言,王阳明的体用思想有以下几个方面的特色和贡献。

第一,王阳明在阐明自己"致良知"之学时始终坚持"体用一源"的基本逻辑。他把"身—心"关系看作其心学理论的逻辑起点,其中又以心为身之主体,然后以"心"来统摄物、事和知、意,进而统摄家国天下;从工夫论的角度来看即是以"正心"为"修身"之本体工夫,并以此统摄"齐家治国平天下"。

第二,王阳明在以心统摄的同时,重视对心之内在结构的分析和把握,关键在于把心、良知、意与物事之间建立起一个体用层递结构:良知为意之体,意则为良知之用;同时,意又为物事之体,物事则为意之用。所以就工夫而言,正心即致良知,即诚意;致良知即格物,即是致良知与事事物物;当然也即"修齐治平"。于此则是即本体即工夫,即体即用了。

第三,阳明认为,在现实层面,心有本体心与经验心之区分,但在本体层面并非实际存在两种心,而只是一个心(即良知)的体和用,所谓未能"中寂大公"的现实心,其实只是良知之本体为物欲所蔽的表现之用。就此而言,心之内在又可以为体用分别,无论是心之已发未发、心之动静,还是心之有无,此种体用仍然是建立在"体用一源、即体即用"基础上的。这样就保证了阳明心学在才体论、心性论、工夫论、境界论等各个层面的内在一致性和统一性。

四、刘宗周:"意是心之体,而流行其用也"

刘宗周(1578—1645),字起东,别号念台,绍兴山阴(今浙江绍兴)人,因讲学于山阴蕺山,学者称蕺山先生,明代最后一位儒学大师,也是宋明理学(心学)的殿军。他著作甚多,有《刘蕺山集》十七卷,及《刘子全书》、《周易古文钞》、《论语学案》、《圣学宗要》等并传于世。他开创的蕺山学派,以"慎独"说为其学说之宗旨,在中国思想史特别是儒学史上影响巨大。清初大儒黄宗羲、陈确、张履祥等都是这一学派的传人。

【1】心无体,以意为体;意无体,以知为体;知无体,以物为体。物无用,以知为用;知无用,以意为用;意无用,以心为用。此之谓"体用一源",此之谓"显微无间"。①

此处值得注意的是,蕺山在"体用一源,显微无间"的总体逻辑下,将物、知、意、心四者串联成层递式的体用结构:

```
体: 物——知——意——心
用: 心——意——知——物
```

① 刘宗周:《蕺山先生刘宗周文集·刘子遗书·学言一》。

不仅如此,蕺山还把《大学》八条目功夫之间依据彼此体用对待关系来构成一首尾相应的体用循环结构。正如蕺山所言:"合心意知物乃见此心之全体,更合身与家国天下乃见此心之全量。"蕺山把大学之工夫归总到心之一体之中。以"心"统"意知物",以"心"合"身家国天下"。心之"全体"言其内在的结构性,"全量"言其外在的涵摄性。

> 【2】身者天下国家之统体,而心又其体也,意则心之所以为心也,知则意之所以为意也,物则知之所以为知也,体而体者也,物无体又即天下国家身心意知以为体,是之谓"体用一原,显微无间",又云大学八条目,如常山之蛇,击其首则尾应,击其尾则首应,击其中则首尾皆应。①

此处,刘宗周以"身"为天下、国、家之"统体",而又以"心"为"身"之体,此处"体"的义涵与后面的意、知、物递相为"体"当有不同。后之"体"义重在"之所以",突出其为发生之原因、根据和内容。而后又言"物无体又即天下国家身心意知以为体",此"体"当只是表明"天下国家身心意知"等即是"物"的主体内容义。从而表明,格物之对象即是此"天下国家身心意知",除此之外,并无物可格。而心为身之体,不可说"心"乃"身"之所以为身的原因或根据乃至内容;以"身"为"天下国家"之"统体",亦不可说"身"为天下、国、家之所以为"天下国家"的原因、根据及内容。那此"体"之义涵为何呢? 细察不难得之:所谓"心"为"身"之体,乃突出心对身的主宰统摄作用;所谓"身者天下国家之统体",实指"身"(此身乃合身心而言)乃天下、国、家等人类社会组织结构中的主体。由此可见,刘宗周在以"心"统"意知物"言其内在的结构性时,"体"乃根源本体之义;以"心"合"身家国天下"言其外在的涵摄性时,体乃主宰主体之义;以"物"统体"天下国家身心意知"时,则"体"乃表载体内容之义。此种分别,可以图示之。

天下、国、家——**身**——**心**——意、知、物——家、国、天下

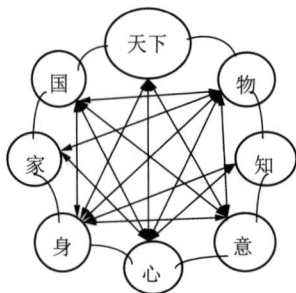

由上图可知,宗周之工夫论之枢纽在于"心",而又以"意"为"心"之体。

① 《学言上》,《刘宗周全集》,浙江古籍出版社,2012年,第388—389页。

故其"诚意慎独"说不仅是其工夫论哲学的关键所在，更是其与阳明良知学的分歧所在。而其中之要害，则在于心与意的体用关系。我们来看他是如何分别心意体用的。如他在回答董生"意与心，分本体、流行否"之问时说：

> 【3】来教似疑心为体、意为流行。愚则以为意是心之体，而流行其用也，但不可以意为体、心为用耳。程子曰："凡言心者，皆指已发而言。"既而自谓不然。愚谓此说虽非通论，实亦有见。盖心虽不可以已发言，而《大学》之言心也，则多从已发。不观"正心"章专以忿懥好乐、恐惧忧患言乎？分明从发见处指点。且"正"之为义，如云方方正正，有伦有脊之谓，《易》所谓"效法之谓坤"也，与"诚意"字不同。诚以体言，正以用言，故正心先诚意，由末以之本也。《中庸》言中和，中即诚，和即正，中为天下之大本，诚为正本也。凡书之言心也，皆合意知而言者也。独《大学》分意知而言之，一节推进一节，故即谓心为用、意为体，亦得。①

显然，蕺山不同意董生的"心为本体、意为流行"的说法，认为应当以"意"为心的本体，而此本体之用才是"意"的流行，其理由有二：其一，《大学》之言心也，则多从已发，故不可以未发和已发来区分心与意；其二，《大学》分别"正心"与"诚意"之不同，"诚意"为体，"正心"是用，是故"心无体，以意为体"，即认为"意"者乃"心之所以为心"。因此，虽然不赞同坐实了说"意为体、心为用"，但就《大学》中八条目之节节推进而言，则可以暂时性地说"心为用，意为体"——即意为心之本体，流行为之用。

既然在心性本体层面而言是"心为用，意为体"，那么就工夫论而言，八条目的工夫当以"诚意"为核心为枢纽了。而"诚意"的实际工夫则为"慎独"。他在称赞《大学》时说：

> 【4】大学之道，诚意而已矣，诚意之功，慎独而已矣。意也者至善归宿之地，其为物不贰，故曰独，其为物不贰，而生物也不测，所谓物有本末也。格此之谓格物，致此之谓知本，知此之谓知至，故格物致知为诚意而设，非诚意之先又有所谓致知之功也。必言诚意先致知，正示人以知止之法，欲其止于至善也。意外无善，独外无善也，故诚意者大学之专义也。前此不必在致知，后此不必在正心，亦大学之了义也。后此无正心之功，并无修齐治平之功也，又曰慎独乃诚意之功，诚无为敬则所以诚之也，诚由敬入，孔门心法也。②

---

① 《明儒学案》卷六十二，《来学问答·答董生心意十问》。
② 《学言下》，《刘宗周全集》，浙江古籍出版社，2012年，第398—399页。

此是说"诚意"之前所设的"格物致知",但只是"欲其止于至善"而已。而非是说在诚意之先存在一个独立的"格物致知"功夫。同样,在"诚意"之后,也并不存在什么独立于"诚意"之外的所谓"正心"乃至"平天下"之功夫。因此所谓的八条目工夫其实不过就是一个工夫即"诚意"而已,其他的所谓工夫并不能独立于更不能并列于"诚意"工夫,而只能在此工夫上起作用。即以"诚意"已经含摄"正心"及"修齐治平"诸事于"诚意"一事之中,故说为功夫之专义、了义。

如以体用关系来论,则可以说:诚意是工夫之本体,而其他如致知、正心以至平天下之诸事为其末用,为其流行。所以蕺山又言:"物有本末,惟意该之;事有终始,惟诚意一关该之。物有本末,然不可分贰;终始虽两事,只是一事;故曰诚者物之终始。"[①]在此"诚意"工夫,就具体操作活动而言,即是"慎独"工夫。蕺山以慎独为诚意之功,即是以诚意为本体,慎独为流行之用,实际上是即诚意为慎独、即慎独为诚意。

综上所言,蕺山以诚意(慎独)功夫该摄综贯《大学》之八目功夫于一事中,可以说是儒家心性哲学在工夫论上的最后完成。一方面他把儒家所谓本体功夫全落实在现实世界和人伦事业的全幅事迹之中,所谓"格致正诚修齐治平"。在现实的实际完成上,或许容有先后差别,但就儒者安身立命、实现生命价值和人格完善而言,则必定要以"天下国家身心意知物"为"心之全量",方能得"心之全体"。另一方面,蕺山把儒家工夫统摄为诚意(慎独)一事,既避免了向外的偏离与支离,又有效地防止了向内离言弃事、喜静求寂的虚无与荒诞。因而就儒家学统而言,他不仅融合朱学与王学在工夫论上的差异,更重要的是他始终坚持了陆王心学以来重视人作为道德实践的主体性和价值完成的切己性。

最后,若从哲学思维的角度来说,蕺山诚意(慎独)心性哲学的创立,无疑是建立在其体用思维的基础之上的。虽然他的体用逻辑的主要基调仍然是继承程颐所倡导的"体用一源"说,但他在此基础上所建构的八条目"层递回环式"体用结构,不仅为其重新确定"心意"之体用关系,也为其提出诚意(慎独)新说奠定了逻辑基础。更重要的是,这种具体的体用运用实践,本身也创新和丰富了体用范畴的辩证内容和诠释视域。

第二节　明清实学与船山体用思想

一、明清实学概说

所谓"明清实学",是明清之际形成的一种含有特定历史内容的学术思

---

① 《刘子遗书·学言三》卷四。

想形态。它既包括宋以后儒家针对佛、老"虚无寂灭之教"所提倡的"实体达用"之学,也包括对明末清初之际针对理学的日趋空疏衰败尤其是"心学"禅化之末流而提出的"经世致用"之学。此思潮遍及哲学、政治、经济、科学和文化艺术等各个领域,大力批判传统,闪烁着早期启蒙思想的光彩。

学界一般认为,这一学术思潮从明末东林学派开端至清朝道光、咸丰年间(1821—1861)近代的"新学"兴起之前为止,历经二百多年,可以划分为三个阶段:一是明清之际以"经世致用"为中心的"实学"时期;二是乾嘉时期以"实证"为核心的朴学时期;三是道咸时期实学思潮的再度高涨。

本节以第一阶段的实学思想,尤其是明清易学以及方以智、王夫之和李颙等人的哲学思想为中心,详细探讨体用思想的发展以及它与实学之间的相互影响。

二、方以智:体用辩证逻辑

方以智(1611—1671),明清之际思想家、科学家,字密之,号曼公,安徽桐城人。方以智的哲学思想广博复杂,前期以继承发扬其家学易学为主,以实学反对佛道两家和儒家道学中的空虚之学,后期则融西学质测于通几[①],统三教(儒释道)于大易。前期哲学主要表现在参与其父方孔炤所著的《周易时论合编》之中,后期的则以《东西均》和《易余》为代表。下面将结合这三部著作来讨论方以智(易学上包括他的祖父方大镇、父亲方孔炤)独特的体用思想。

(一)《周易时论合编》中的易学体用思想

就易学传统而言,方氏易学属于象数派,继承和发扬宋代以来河洛图书之学和邵雍先后天易学的传统,但对宋明以来义理学派——程朱易学和张载易学多有吸收、采纳,以为所用。譬如其在理象关系上,以太极为理,主体用一源,即本于程朱说。其"两间皆气"说,则出于张载,同时又以阴阳五行说发展了张载以来的气论哲学。由于受自然科学知识影响较大,他们创造性地提出"太极在有极中"的命题,主张理寓于气、道寓于器、理寓于象数、有极之上无太极,以象数之学的体系,论证本体即在现象中,从而在易学哲学

---

① 学术界一般认为,我国最早提出向西方学习的人,是林则徐或魏源。然而事实上,方以智才是最早提出向西方学习的人,比林则徐、魏源早两百多年。他曾说:"借远西为剡子,伸禹周之短积。"当时西方尚未区分哲学和科学,方以智已经明确提出两者概念的区分和关系的论述。他把学术分为三类,说:"考测天地之家,象数、律历、音声、医药之说,皆质之通者也,皆物理也。专言治教,则宰理也。专言通几,则所以为物之至理也。"(《通雅·文章薪火》)所谓通几,是对事物发生根本原因的探讨,而质测则要求脚踏实地考察事物变化原因,按特性予以整理分类,总结验证已知规律,预测未来发展变化。显然,通几与质测是从研究目的和研究方法着眼对学术活动所做的分类。在中国,这种分类是方以智的独创。

史上做出了新的贡献。[①]

1. 易贵时用,用即是体

所谓先天后天,乃邵氏易学中提出的一个两类八卦次序的同异及关系问题,而在哲学上则是一个具有宇宙论性质的问题,即是否存在一个不同且先于此现实宇宙秩序的另一个宇宙秩序的问题。邵雍采用了体用结构来说明此关系,他说:"乾坤纵而六子横,易之本也。震兑横而六子纵,易之用也。先天之学,心也,后天之学,迹也。"(《观物外篇》八)显然,邵雍是更看重先天之体的,因为他以先天之学为天地之"心",而后天之学为"迹"。[②]

方氏关于先后天问题的辩论,一方面继承了邵雍以体用论先天后天的方式,亦以"先天为体,后天为用",但不同的是,方氏更加强调"后天之用",他们坚持"两间皆气"的宇宙论,提出"虚空皆象数"观点,肯定象数是对《周易》的阐发,当为《周易》的根本。而象数属于后天范畴,不能脱离象数而言易,也不能脱离后天来谈先天,所以他们认为邵雍所说的画前之易——先天易学,即在后天诸图式中,由此来论证先天不能脱离后天,可以看作对邵雍说的一种修正式发展。

从体用逻辑来说,方氏坚持以用为体,提出舍用无体。如方大镇所说:

【1】易贵时用,用即是体。[③]

又如方孔炤所说:

【2】天地至广大,莫易简于道义之门矣。即用是体,莫易简于物宜典礼矣。[④]

又如方以智所说:

【3】专论至体,非真妄所可言也。必无离日用之体,惟正用之,乃无眚耳。[⑤]

望君子悟不住之一,故舍体而言用。[⑥]

①　详见朱伯昆:《易学哲学史》第3卷,昆仑出版社,2009年,第387页。

②　朱伯昆指出,邵雍的观点前后存在不一致,他说:"与此同时,关于天地的关系,他(邵雍)主张以天为用,以地为体,因为他认为天为圆,主变通,地为方,主定位,这样天之用即寓于地之体中。"详见朱伯昆:《易学哲学史》卷3,昆仑出版社,2009年,第425页。

③　《时论合编·塞》,《续修四库全书·经部》第15册。

④　《时论合编·系辞上》,《续修四库全书·经部》第15册。

⑤　《时论合编·无妄》,《续修四库全书·经部》第15册。

⑥　《时论合编·系辞上》,《续修四库全书·经部》第15册。

所谓"用即是体"以及"即用是体"，非以往之"即用显体"或"即用见体"，更非"摄用归体"之说，而是更加强调用对体的基础性和重要性——离用则无体。由此，方氏解释先天后天之关系，则认为先天之体即在后天之用中，由此将先天易学纳入了后天时用的道路。朱伯昆认为这在易学史上是一大创见。[1]

2. 河图为体，以洛书为用，体用互藏

关于河图、洛书的关系，也是宋明以来易学各派十分关注且争辩很多的一个问题。方以智说："以此河洛象数为一切生成之公证。"[2]即是以河洛之学为象数学的枢纽，认为可以把"河洛象数"和《易传·系辞》中的"天地之数"、"大衍之数"、"参伍错综"说以及《易传·说卦》中的"参两"说贯通起来，形成一套逻辑的体系，以此作为说明世界变化的基本模式。就河洛关系而言，他们一方面坚持传统立场，即以河图为体，以洛书为用。其依据在于：河图总数为五十五，去掉天地之数即十，则为四十五，为洛书之总数；此洛书之数即存于河图之数中，故以河图为体、洛书为用。他们说：

【4】河源远，故为图之体。洛源近，故为书之用。龙寓于马，以天行托地行也。……系辞传举五十有五，人以为河一图也。岂知除十为洛书，何尝不具洛书之用乎！乘除圆方，不出一二三四五六七八九十而已矣。[3]

但方氏更为强调二者之间互相效法、相互依存的关系，并提出"体用互藏"的说法。所谓"体用互藏"，即认为，虽然就河洛而言，河图为体，洛书为用，但若以天地五行与此相配，则"图法天，故五行顺序；书法地，故五行逆施"。是说以河图之数表"天"之数，配五行，五行次序为顺时针右旋，表示相生；则洛书之数表"地"之数，配五行，左旋则相克。但与此同时又认为"实则天因地偶以立体，而地以天奇而致用。图又法地，书又法天也"[4]。也就是说，天无体而以地为体，地虽有体而以天为用，在这个意义上说，河图又效法地体，洛书又效法天用。这就意味着，河图洛书，就它们本身之数的逻辑关系而言，是河图为体，洛书为用，但另一方面，就进入现实的天地五行的运行关系而言，则是河图为用，洛书为体。于是形成"体用互藏"，即河图之体藏用，洛书之用藏体，最终是河图之体即藏于洛书之用中。

就天地之数而言，方以智说：

① 朱伯昆：《易学哲学史》卷3，昆仑出版社，2009年，第425页。

② 《时论合编·图象几表·太极图说》，《续修四库全书·经部》第15册。

③ 《时论合编·图象几表·河图洛书旧说》，《续修四库全书·经部》第15册。

④ 《时论合编·图象几表·河图洛书旧说》，《续修四库全书·经部》第15册。

【5】言一必有二,此两也,言二必有三,此参也。两必有四,四必藏中五,而合参两即为五,此伍也。①

此是以二中藏三为"参",二之倍数为四,四中又藏五,又以此五为三和二之合,故为"伍"。而"伍"又为天地十数之"中",所以为"中五"。以此"中五"为中心,依"体用互藏"的逻辑就可以完整推衍出河图洛书之数了。

3. 阴阳互体互用

方氏还着重研究了阴阳以及五行之间的涵蕴关系。关于阴阳二气,阐述了阴阳体用互藏说。方孔炤解《坎》、《离》两卦义说:

【6】阴阳互体互用,而又自为体用,遂自为阴阳。实则全阴之一,即全阳之一也。物物有水火,物物是坎离。如心火肾水,而水正是丙火,心乃丁火也。火乃阳性用阴,故炎上。水阴性藏阳,故润下。此知阳无体,成体为阴,实阳凝之。故体用皆阳主也。②

此处明确提出阴阳之间"互体互用",但又强调各有其体用。表明阴阳之间并非绝对分离,而是阴阳不仅互相作用,而且可以互相转化。此即"全阴之一即全阳之一"。如图所示:

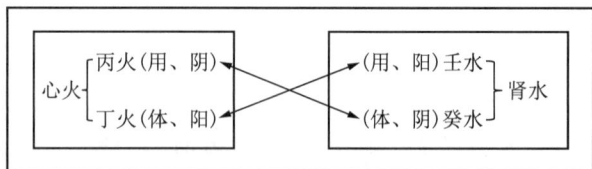

此处核心的观念有二:一是阴阳虽为太极之体所生之而为"用",但阴阳二者之间也属于体用关系,即阳为体,阴为用;二是阴阳同时各自内部实又有体用或阴阳的区分,即阳无形体以阴为用,故能凝为体;而阴本有体即以阳为用,故能动为用。也就是说,阳需要利用阳中之阴方能成就其阳之体,阴需要利用阴中之阳方能实现其阴之用。若纯粹就体用而言,则是"体"中可分"体用","用"中又可分"体用","体"中之体则需体中之用成就其体,而"用"中之体也需用中之用实现其用;与此同时,体中之用即是用中之体,用中之用即为体中之体。所以,就阴阳而言,"体用皆阳主",即阳总是藏于阴中,为阴之主;就体用而言,互体互用,用即是体。

与此同时,方孔炤进一步把阴阳"体用互藏"思想与《系辞》中的"一阴一阳之谓道"观念结合起来。他说:

---

① 《时论合编·系辞上》,《续修四库全书·经部》第15册。
② 《时论合编·坎》,《续修四库全书·经部》第15册。

【7】天阳本无，而转以可见之有为阳实；地阴本有，而转以不可见之无为阴虚。体本无而入用立体，反有定位；用本有而正用之时，反无形拘。所可决者，无在有中，无在非极而有北极之居所，不落阴阳而止有一阴一阳之谓道耳。①

对此，朱伯崑敏锐地指出："方氏此说，本于邵雍的'天无体而以地为体'说，但又据朱熹的阴阳互根说将其解释为相互涵蕴的关系，认为此种关系即是'一阴一阳之谓道'。此种解释，不仅表示阴阳相互依存，不容分割，又突出阳的主导作用。其以实体为阴，功能为阳，以功能和实体相互渗透和转化的观点，说明任何物体皆有两重性，此是发前人之所未发。"②

在此基础上，方以智进一步提出阴阳"自轮为主客体用"，对其父方孔炤的"体用互藏"说做一种更高的概括。他将阴阳关系规定为主客体用，并纳入其描述宇宙运动变化的"交、轮、几"③逻辑之中。譬如，他在解释《坤卦·文言》"阴疑于阳，必战"时说：

【8】阴阳本交汁也，亦自轮为主客体用，不以交而坏其轮也。……玄黄之血，纯粹之精，杂二为一，类自合离。阴能凝阳，阳即用阴，皆消息也。④

在这里，"阴阳"作为对待的双方不可独立自存，必定相互交往作用，且必定相互轮转为主客体用，正是这种对待双方的交、轮之运动，构成宇宙生成变化之几，即"消息"也。

值得重视的是，方以智还在《周易时论合编·系辞上》中提出"统细"说，他说：

【9】有质者皆地，而所以然者皆天，同时皆备，同时浑沦，此统本末也，幽明大小皆交汁为一者也。五行七曜，五方六矩，两端交摄，相制相生，定盘推盘，有几可研，此细本末也。统在细中，有统统，有细统，有细统，有细细，差别不明，则无以开物成务，而释疑辨惑者无从征焉。⑤

---

① 《时论合编·图象几表·三轮六合八抵图》，《续修四库全书·经部》第15册。
② 朱伯崑：《易学哲学史》卷三，昆仑出版社，2009年，第462页。
③ "明天地而立一切法，贵使人随；暗天地而泯一切法，贵使人深；合明暗之天地而统一切法，贵使人贯。以此三因，通三知、三唯、三谓之符，核之曰交、曰轮、曰几，所以征也。交以虚实；轮续前后；而通虚实前后者曰贯，贯难状而言其几。暗随明泯，暗偶明奇，究竟统在泯、随中，泯在随中。三即一，一即三，非一非三，恒三恒一。"详见方以智著《东西均·三征》。
④ 《时论合编·坤》，《续修四库全书·经部》第15册。
⑤ 《时论合编·系辞上》，《续修四库全书·经部》第15册。

这是对《系辞》中"天地之数五十有五"之章的解释,这里提出一个"统本末"和"细本末"的分别。实际上,方以智在此揭示了一种特有的系统体用论。所谓"统",乃是统合各种要素、结构原则以及活动原理于一体的"统一体"。此"统一体"不仅包涵有各要素及其结构之为"质",名之为"地";还同时涵有"统一体"如此之结构和活动的一切所以然之"理",名之为"天"。此处的天地都不是具体的事物,而是宇宙构成和运动变化的两种根本性要素,"地"表示一切形而下之形质要素,"天"表示一切形而上之理性要素。二者之统合于是有宇宙中一切之具体事物之产生、形成与变化。由此"天地合"而为"统本末",即整个宇宙。与此同时,宇宙间一切具体事物之存在,一方面是各个具体事物之间的相互交往联系,相互作用制约,同时又无不是此天地二种要素的同时作用的显现。因此而构成所谓"细本末",仍然还是那个宇宙。

以《易》而言,此处"天地"即是"阴阳",也即是"体用"。这在方以智接下来的论述中得以表明。他说:

【10】冒言天地犹阴阳也。言一二,犹奇偶体用也,言参两,言五六,言五十,犹言一二也。言中五,犹言天在地中也。言土犹言中和也,冲气也。要之,河洛象数,原自确然不易,原自变化不测。①

由此可见,方以智所谓的"统细"说,实质上是其"太极"说的另一种说法,说到底不过是"体用"说。天地即阴阳,二者互为体用,一阴一阳之统合而有太极,而太极即涵阴阳,此一原则(道)既是万物生成、相互作用变化的现象本身,同时又是生成变化作用之根本依据。即是方氏所谓的"统在细中",即认为统体不在细用之外独立存在,而就是寓托于"细本末"之中,自然一切之"细本末"中都是其"统本末"所在。也就是说统细之间不是绝然分离的,而是相互作用的。由此他又进一步演化出"统统、细统、统细、细细"的"统细"结构。方以智认为,唯有遵循此统细之道,天地才能实现其开物成务之功,人类唯有辨明此种统细之差别,才能释疑辨惑。

上述分析表明,方以智此说实质上是全面继承了朱熹所倡的太极说而又有所发展。以体用论而言,他以统为体,以细为用,统细之间必定具有体用之逻辑:体在用中,用即是体,互为体用,体用互藏。更为重要的是,方以智通过"统细"宇宙论分析揭示出一个更为复杂的统细体用结构,即他所谓"统统、细统、统细、细细",以体用结构来说,即是"体体、用体、用体、用用"。这无疑又是对体用逻辑发展的一个贡献。

---

① 《时论合编·系辞上》,《续修四库全书·经部》第15册。

另外必须辨明的是,此种"统细"并非今日所谓之整体与部分,因为今天所谓之整体与部分,虽然整体是由各部分组成,各部分必须依赖整体而成为其部分,但这种整体与部分之联系是属于一种机械平面式的总分关系,并不具有上述之体用逻辑。

(二)《易余》中的体用思想

1. 体用权变

【11】深观《观物》之故,曰:"体无定用,惟变是用;用无定体,惟化是体。体用交而人物之道备矣。""体用之间,有变存焉;心迹之间,有权存焉。权也者,圣人生物之谓也。"①

方以智一贯认为宇宙万物之间的体用无定,实际上是以"变化"为宇宙之体用之道,所以他特别强调体用唯有交合,才能展现人物生成变化之道;与此同时,圣人也唯有效法此权变体用方能造化天下。

2. 体用互本

【12】太极寓于中五,而四围莫非中五。故曰先统后、后皆先,即曰无先后。君统臣,臣奉君,即曰无君臣。体为用之本,用又为体之本,即曰无体用。统者,言乎并也。……然不对之、绝之而并之,孰得而丹青其一贯哉?内与外,相待也;并内外则无内外矣。然无内外者,不碍内内而外外也。首与足,相待也。触首首应,触足足应,首足二而所以应者一也,一则无首足。虽无首足,而首何尝不尊于足,足何尝不奉首乎?此泯在存中(按:所以在可以中。一在二中。二为一之用,故无二。虽无二,犹有分;非二非非二也),绝待在相待中之说也。②

此处辨明"体为用之本,用又为体之本,即曰无体用",实际上是表明互为体用,故体用无定,在此意义上说"无体用"。其最终目的在于说明绝待在相待之中,绝待为体,相待为用,依然是强调体在用中、即用是体的逻辑。对于此,方以智还有更为明确的说明,他说:

究竟绝待在对待中,即用是体,岂有离二之一乎?所谓绝者,因世俗之相待,而进一层耳(同上绝待)③(按:一用于二,二是一之用;离二无一,故二亦是一之体,即用是体)。

---

① 方以智:《易余》,《方以智全书》第 1 册,黄山书社,2019 年,第 123 页。
② 方以智:《易余》,《方以智全书》第 1 册,黄山书社,2019 年,第 128 页。
③ 方以智:《易余》,《方以智全书》第 1 册,黄山书社,2019 年,第 25 页。

二为对待，为用；一为绝待，为体。绝待即是对世俗之相待的一种超越和统合，而非与相待分离的一种独立存在。所以绝待在对待中，即用是体。由此强调体用互本，故体用相即。

【13】世以体为本、用为末，故言道者因其称而称之；统体用之所以然，则冒之曰至体。其实体之为言骨也，因其质也，于穆不已之天，无奈何之白描耳。以为至体，实至用也。天不得不借地以为体，而天自用之。故邵子曰"天主用，地主体，圣人主用，百姓主体"。著之德圆而神，天也；卦之德方以智，地也。六爻之义，易以贡六虚之天用也。一生二为两体，而以参用之。两旋为四体，而以五用之。故有体数，有体数之用，有用数之用。核而言之，凡象数皆表法之用也，实以表法之体，而以义理为用也。综上而言之，义理与象数，皆大一之用也。入神而言之，所立之象数、义理，皆体也，所以用其象数、义理者，乃神用也。①

此处的体用逻辑较为复杂，一方面以体用为本末，故道为体，然后又以统合之体用为"至体"，不过方以智指出，此所谓"至体"之体乃是实体之骨与质，这与朱熹"与道为体"的说法相同。关键在他进一步以为"至体"即是"至用"。因为天无体，而不得不借地以为体；借地为体，则天反而为地之"用"了。若从易学之象数与义理的关系来说，二者都是"大一"太极之用；若就象数和义理本身而言，象数和义理都是易经筮法之体，其用也不过是对此象数和义理之体的运用而已。总而言之，这里表述的中心仍在于：体用互本，至体即至用。

【14】张子曰："德为体，道为用。"又当知道以其用为体，而德以其体为用。②

引用张载的德体道用，这种道德体用关系与唐代重玄道教的道体德用说形成鲜明的对照。此处的重点在于方以智进一步阐明此种"道德"体用之间内在又有互为体用的结构逻辑在内，即"道以其用为体，德以其体为用"。因此既可以说"道体德用"，也可以说是"德体道用"，这样就可以把张载和道教重玄学的主张统合起来。

---

① 方以智：《易余》，《方以智全书》第 1 册，黄山书社，2019 年，第 137—138 页。
② 方以智：《易余》，《方以智全书》第 1 册，黄山书社，2019 年，第 139 页。

3. 体用以时

【15】荄为树本,核为荄本,树生华而为核之本矣。芽滋干而上,既生枝,下且复生本矣。核中之仁,天地人之亥子也,全枝全干全根之体也。苗茂之后,仁弃其体,而为此树之用矣。由此言之,仁亦时寓于核中,而仁乃用也。天地之心,时于亥子复见之,而非以亥子为天地之心也,有所以生者焉。此全根全枝全干全仁之大体大用也。人畏其难明也,一言以倏忽之,曰:本无体用而已。时此中者,安得不因此时之用,知此时之体,因知无体之体,即天地未分前之体,因知天地未分前之体,即在此时之用中。安得不指其不可名不可见之所以然,以可名可见者文而理之乎?①

此处以树的根、干、华、核仁、芽、枝叶来说明事物之体用与时间的关系。其中核仁之中包含有树木将来的一切根干枝叶花果,所以此"仁"当为天地人之亥子,也即树木"全枝全干全根之体"。但是,当核仁发芽长成树木之后,则是"仁弃其体,而为此树之用矣。由此言之,仁亦时寓于核中,而仁乃用也"。这也就是说,就"仁"而言,树木之根干枝叶花果既是仁之体,同时也是仁之用,二者是互为体用。因为"核仁"能够生发的缘故,所以只能说"天地之心",在亥子之时才能充分显现出来,而不能说亥子就是天地之心。

方以智在此强调,既不能因为"体用不定"就说没有体用,而应该看到就树木而言,树木生长的每一个环节或时段,都有其体用,唯有把握前面仁与树之根干互为体用的关系,才能把握此"全根全枝全干全仁之大体大用"。因此与其说体用不定,实不如说是"体用以时"。由此,充分展现了体用逻辑的时间性和辩证性。

4. 体用"层楼而一屋"

【16】善与恶相错,而以"无善恶之名象者"综而泯之,善之至矣。又以有善恶与无善恶相错,而以"一善"综而统之。②

【17】强以无体谓之至体,而至体实在大用中。此无子午而必明子午之夜气,无卯酉而必用卯酉之平旦也。层楼而一屋也。③

此处强调"体用"在结构上存在一不断超越统合的可能,也就是小体用可以合为一大体用,此一大体用又会有以更大的体用结构所统合。但不管

---

① 方以智:《易余》,《方以智全书》第1册,黄山书社,2019年,第139页。
② 方以智:《易余》,《方以智全书》第1册,黄山书社,2019年,第25页。
③ 方以智:《易余》,《方以智全书》第1册,黄山书社,2019年,第25页。

多么超越统合,这又都最终统合为一体,好比楼房有层次差别,每层有不同的房屋,但整个楼房合为一屋,这就是他所说的"层楼而一屋"。由此体现的正是体用逻辑的空间延展性或结构性。

(三)《东西均》中的体用辩证

1. 体善而用恶,体在用中

> 【18】有先天之善恶,有后天之善恶;有未生前之善恶,有已生后之善恶。圣人尊阳尊善,故一以阳为主。其未分也,阳主藏于阴而不用;其既分也,阳为主而阴为臣,阳浑于阴,使阴用事。故知天地间七曜、五行皆地所成结,则用皆地也,地有为以承天。阴者,阳之臣、阳之馀、阳之用也;恶者,善之臣、善之馀、善之用也。用即属恶,故曰天善地恶。圣人体善而用恶,地皆天,用皆体,则恶皆善也,故谓之妙善妙恶。水以浪得恶名,浪何尝非水乎?人生以后,无善恶在有善恶中,善在恶中,体在用中,遂有善中之善,善中之恶、恶中之善、恶中之恶,从此万析,难可觏(覯)缕。①

此处谈阴阳善恶之体用。首先方以智认为善恶有先天后天之分别,就善恶之间而言,阴为阳之用,恶为善之用。因此从体用说善恶则是体善用恶,天善地恶。又因为用即是体,所以恶皆是善,他称之为"妙善妙恶"。因此后天之善恶,则是体在用中,也即是"无善恶在有善恶之中",即"善在恶中",由此形成"善中之善,善中之恶、恶中之善、恶中之恶"的分别,且这种分别是不可穷尽的。所谓"善中之善,善中之恶、恶中之善、恶中之恶",若从体用来说,实则是"体中之体,体中之用,用中之体,用中之用"的体用逻辑的内在衍化。

2. 体统用与统体用

> 【19】由此论之,于变异无定之权,而有一定不易之权,则此天统地、阳统阴、夫统妻、君统臣、体统用、善统恶之权也;谓之统天地、统阴阳、统君臣、统夫妻、统体用、统善恶,亦此权也。重体贱用,而无不用之体;重阳贱阴,而必用阴;君尊臣卑,而必使臣;重善贱恶,而必用恶,犹重君子贱小人,而必用小人。不统而用之,则恶既为恶,而善亦为恶,以用救用,道岂可少哉?②

---

① 方以智:《东西均·颠倒》,《方以智全书》第1册,黄山书社,2019年,第291页。
② 方以智:《东西均·颠倒》,《方以智全书》第1册,黄山书社,2019年,第292页。

方以智曾提出"随、泯、统"的独特思辨逻辑,表明他十分重视对概念辩证运动的把握。虽然前述阐明宇宙之体用乃生化之权变的本质,但此处他强调"变异无定之权,而有一定不易之权",实际上是发扬"于变易中有不易"的易学观。所谓"天地阴阳夫妻君臣"实质就是"体用",就体用之间而言,一方面是"体统用",一方面是"统体用"。无论为何,二者都最终只是一"权",但"体统用"为"变异无定之权",而"统体用"则为"一定不易之权"。根据方以智"体在用中,用即是体"的体用逻辑,他必定强调"体统用"之上还要有"统体用",就好比前面他说的"无善恶在有善恶中"。

从实践逻辑上,他强调要重视"统体用"与"体统用"的结合,认为如果只注重"体统用",就势必会"重体贱用",则会导致有不用之体,而无用之体是不能真实存在的。相反,若不统而用之,则会导致只有用而无体,结果将是善恶皆为恶。为此表明,"统体用"恰好是对体用相待的一种超越或更高层次的统一。这就是他常说的绝待之于相待的关系。

3. 体用、因果与性相

【20】因之果之,性之相之,理之事之,即体用也。体用明而无体、无无体,无用、无无用矣。[①]

此处重点有二:一是将因果、性相、理事等佛教中最根本的三组相对性范畴与体用范畴等同起来。二是相对于"体中之体,体中之用,用中之体,用中之用"这种体用之建构(肯定)逻辑,他在此又提出一种体用之超越(否定)逻辑,即所谓"无体、无无体,无用、无无用",此种逻辑的演化实质为"体用——无体用——无无体用"。若将此逻辑演化进程与他的"随泯统"相联系,则可以看到他所谓"随"即可对应"体用","泯"可对应"无体用",而"无无体用"则可对应"统"。"统"即是贯通为一,所以他又说:

【21】一不可言,而因二以济;二即一、一即二也。自有阴阳、动静、体用、理事,而因果、善恶、染静、性相、真妄,皆二也;贯之则一也:谓之超可也,谓之化可也,谓之无可也。[②]

此处不仅把佛教之理事、因果、染静、性相、真妄,与儒道之阴阳、动静相对应,实则都可统属于"体用"。在此基础上论述二与一的辩证关系:一不可言,而因二以济;二即一、一即二也。并反复强调,一和二都不是单纯

---

① 方以智:《东西均·颠倒》,《方以智全书》第 1 册,黄山书社,2019 年,第 292 页。
② 方以智:《东西均·容遁》,《方以智全书》第 1 册,黄山书社,2019 年,第 355 页。

的数字,二表示的是概念范畴之间的对待关系,而"一"则是对此对待关系的超越、融摄和否定。同时,此统合之"一"必须依靠相待性之"二"来实现其存在。所以最终即是二即一一即二。就体用言,"体用"本身为"二",所以"体用"还存在一个"统体用"之"一",此"统体用"即是无体用、无无体用。

由此可见晚年的方以智对佛教逻辑用功之深,正是这种对儒释道三家思想精髓的创造性融摄,使其体用逻辑之辩证性与深刻性达到了前所未有的水平。

【22】七情五欲,非人间教者之所谓恶乎?圣人节而化之,即统而用之矣。或欲从治医病,善因而革;或用对治医病,善革而因;或以生用杀,或以杀得生;或以顺用逆,或以逆用顺;或以善气迎人,或以恶气迎人;或俱用,或俱不用。互夺双融,俱有交互,此其概耳。知《易》之"惟变所适","代明错行",则分合交互,无不可矣。吾尝曰:圣人忧人之近禽兽,而至人则忧己之不能如禽兽,盖欲全泯于无善、无恶也。至人纥之吞之,圣人蒸之炊之。体其妙善,善即无善,用其妙恶,恶即无恶。岂非不落有无之妙无妙有乎?①

方以智指出,对于人间情欲之恶,圣人应当统而用之,或因或革,或生或杀,或俱用或俱不用,总而言之是"惟变所适"。这就是所谓"圣人是体善而用恶"。但他则认为,在此之上还应该有"至人"之境界,即所谓"全泯于无善、无恶",即是"体无善之妙善,用无恶之秒恶"。此处可见佛教和重玄道教之超越思维对方以智的深刻影响。

【23】出世者泯也,入世者存也,超阴阳、动静、体用越二者统矣。泯自扫一切法以尊体,存自立一切法以前用;究竟执法身亦死佛也。立处即真,现在为政,无亲疏之体在有亲疏之用中,主理臣气而天其心,乃正示也。存泯同时,舍(捨)存岂有泯乎?而儱侗(笼统)首上首者,且执其䜰(隐)语名字之坏瓶而不知归实,岂不大可悲耶?②

此处从人生论的角度来谈"随泯统"及体用之关系。入世为"随"为"存","随"立足在"用";出世为"泯",泯之重心在"体","统"即是泯随同时共存,故"统"超越动静、阴阳和体用。方以智在此把儒佛道在更高的体用辩证逻辑上统一起来,彰显出极高的理论智慧。

① 方以智:《东西均·颠倒》,《方以智全书》第1册,黄山书社,2019年,第293页。
② 方以智:《东西均·所以》,《方以智全书》第1册,黄山书社,2019年,第344—345页。

【24】气凝为形，畜为光，发为声。声为气之用，出入相生，器世色笼，时时轮转。其曰总不坏者，通论也；质核凡物皆坏，惟声、气不坏，以虚不坏也。天地之生死也，地死而天不死。气且不死，而况所以为气者乎？①

此处重要的是提出了一种特有的宇宙论——宇宙存在的不同形态及其相互关系。方氏认为"无始、两间皆气"②，气自然成为宇宙最重要的存在，在"气"之中还有"所以为气者"，"气"之凝聚而为形体，为光声。如此就构成一幅完整的宇宙图景，在这图景中，有"气"这一层次的存在，其中包括一个体用结构，气为体，形、声、光等为气体之用，同时还有气与所以为气这一存在结构，二者实则属于体用结构。以方以智的认定，气依然是体，所以为气是用。但两层体用结构是前一层次为横向的结构，后一层次为纵向结构，从体用类型上说，横向的为实体生成型体用结构，而纵向的为本体蕴涵型体用结构。如图所示：

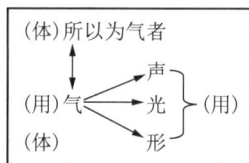

就宇宙的生灭而言，方以智认为，总而言之宇宙是不灭，因为一切变化都是相互轮转的。形声光等一切现象都是由气本体所形成或产生，属于气之用。所以所谓的生灭变化都只是气之用而已。若就此生灭变化分别而论，则在用之中，有形质之实性的存在物会败坏，声光之用与气之体也不会败坏，因为它们是虚性的存在。依此逻辑，"所以气者"也不会败坏消灭。

如此一来，方以智的宇宙观就昭然若揭：两间皆气，气有体用。气之为体永恒不灭，其用既有理性之用，也有现象之用，其用之用，理性之用和声光等虚性之用随体不灭，而唯有气聚之形物有败坏出入生死，但其体不坏。如此的宇宙观，不仅很好地坚持了宇宙的统一性，而且很好地解决了世界的运动变化等现象。其奥妙在于，方以智以两种体用结构把宇宙本体论和生成论都统一到了"气"之一元存在之上。

【25】佛好言统，老好言泯，大成摄泯于随、贯而统自覆之，何为？以天地未分前之玄览，折中于天地已分后之黄理；圜裁方成，道常统变，是知无常变之大常；以虚用实，是谓无虚实之公全。而尽用、不用者，皆专

---

① 方以智：《东西均·声气不坏说》，《方以智全书》第 1 册，黄山书社，2019 年，第 346 页。
② 方以智：《东西均·声气不坏说》，《方以智全书》第 1 册，黄山书社，2019 年，第 346 页。

明无所不可用之体,而实略言实用之具,乃反因之畸用,而无用之诔用也。要在知无对待之真一,以贯对待中。天覆性教,而率赖修明。贯因、泯因,切在随因。直下即权,何远之有?知有华即无华,即贯四时而不改柯易叶矣。庭柏之法身,犹唐棣之法身也。画蕤姑于尧孔之胎,则莲花之法身显矣;画药王于须弥之顶,则杏树之法身显,而报化之形知所以践矣。①

此处依"体用"与"随泯统"之逻辑来折衷三教。佛好言"统",老好言"泯",而大成至圣孔子则是"摄泯于随、贯而统自覆之"。由此可见方以智鲜明的儒家立场。重要的是他对此立场之中所蕴涵的体用逻辑:于"体"而言,儒家不仅有天地未分前之"玄览"(老),亦有天地已分后之黄理(儒),更是"道常统变,是知无常变之大常;以虚用实,是谓无虚实之公全"(佛),可说是三教一统于儒。于"用"而言,则是穷尽用和不用,乃至实用、畸用、诔用②。总而言之,三教之中,儒教体用最为全备,因其真正做到了"无对待之真一,以贯对待中",当然也做到了"贯因、泯因,切在随因"。

(四)《一贯问答》:"一多相离,体用两橛"

【26】一多相即,便是两端用中;举一明三,便是统体相用。若一多相离,体用两橛;则离一贯之多识,多固是病;离多识之一贯,一亦是病。最捷之法,只从绝待处便是。两间无非相待者,绝待亦在待中。但于两不得处,即得贯几;以先统后,即无先后;二即是一,则无二无一。孟子塞字,最为得神。子思剔出至字,《易经》标出太字、统字、化字,俱是一样。③

"一多相即",佛教华严哲学的核心逻辑之一,方以智对应于儒家之"两端用中"的中庸之道;"举一明三",乃道家"三一一三"重玄思想之核心,方以智贯之以"统体相用"儒佛体用结构。他指出如果"一多相离",则会导致"体用两橛"的错误。反之,则必须坚持"绝待在相待之中"的体用逻辑,多即是相待,一则是绝待,一在二中,二即是一。最后举孟子之浩然正气充塞天地之"塞"字,子思《大学》中止于至善之"至"字,以及《易经》中之太字、统字、化字等为例,说明儒家的一多相即、体用皆备之根本精神。

综合而言,方以智的哲学思想极具时代和个人特色。

————————

① 方以智:《东西均·全偏》,《方以智全书》第1册,黄山书社,2019年,第306页。
② 诔用,误用之义。诔者,音"跌",遗忘,误也。
③ 方以智:《一贯问答》,《方以智全书》第3册,黄山书社,2019年,第34页。

三、王夫之:"体用胥有"与"体用相涵"

王夫之(1619—1692),湖南衡阳人,字而农,号姜斋,与黄宗羲、顾炎武并称为明末清初三大思想家。晚年居南岳衡山下的石船山,著书立说,故世称"船山先生"。王夫之学识极其渊博,举凡经学、小学、子学、史学、文学、政法、伦理等各门学术,造诣无不精深,天文、历数、医理、兵法乃至卜筮、星象,亦旁涉兼通,且留心当时传入的"西学"。

王夫之的学术思想可谓体大思精,可以说是中国古代哲学发展的最后一座高峰,其丰富性、深刻性和辩证性都是中国哲学发展中重要成就的代表,其体用思想也是中国古代体用思想的集大成者。正如赖永海先生所言:"'体与用'与中国古代许多哲学范畴一样,走着一条'正—反—合'的道路。"从王弼以无为本的体用一原说——宋儒严分体用——王夫之以气为本的体用一原论,这是中国古代辩证法发展过程中的一个圆圈。"[1]下文将立足于此,对王夫之的体用思想做出更为详细的分析和探讨。

(一) 体用范畴之概念内涵:体用胥有

1. 体与用

与传统的哲人一样,王夫之也从未对体用范畴的概念内涵做过明确而集中的论述,而是在多样的使用中显现其自身,所以我们只能通过全面考察其体用范畴运用的实际,才能真正明晰准确地把握其内涵。

整体上讲,王夫之对体用范畴的内涵确定与宋儒以来的学者没有很大的差异,虽在体用所指称的内容及使用范围方面存有不同。张岱年先生曾言:"在船山著作中,所谓体用也有两层涵义,一指实体和作用,二指本质和现象。"[2]应该说,张岱年先生的体认是非常精到的,但还不够准确贴切,当有所取舍和修正。具体来说是:接受第一种涵义,修正第二种涵义。

第一,所谓"实体和作用"必定是针对某具体的个别存在来说的。关键在于,在船山那里,其所谓"实体"的指称范围是怎样的。

首先,船山认为任何具体的器物都是必有其体用可言的,这种体用本质上是以其具体有形的存在为体,而用则是此有形的存在体自身所蕴含的功能和实际产生的作用。譬如,他说:

> 【1】是故性情相需者也,始终相成者也,体用相函者也。性以发情,情以充性;始以肇终,终以集始;体以致用,用以备体。……无车何乘?无器何贮? 故曰体以致用。不贮非器,不乘非车,故曰用以备体。所自

---

① 赖永海:《王夫之辩证法网上的纽结》,《求索》,1982 年第 2 期,第 25 页。
② 张岱年:《张岱年文集》第六卷,清华大学出版社,1995 年,第 319 页。

生者肇生,所已生者成所生。无子之叟,不名为父也。①

此处以车器为体,以其功用即乘贮为用。显然车器为个体实在,而乘贮则为此个体实在所蕴含的功用。二者之间的关系王夫之表述为"体以致用,用以备体",并进一步阐述为:体是为用而存在,用是为了充分实现体的存在。也即是"所自生者肇生,所已生者成所生",是说体为"所自生者",它能够"肇生",即生发出用来;而用为"所已生者",旨在完成实现那个"肇生"其用的"所自生者"。这也就是船山所说的"体用相函"。

这种以个体实在为对象而言体用的例子有很多,譬如"夫手足,体也;持行,用也"②。手与足都是身体的身体器官,具有相对独立性,也属于个体性存在,而持与行则分别为手足器官之体的功用。王夫之认为,不仅这种日常所见的事物有体有用,即便是最大的实在——天地宇宙——也同样有体有用。船山说:"天地有天地之体焉,天地有天地之用焉。"

其次,船山以为,不仅具体的有形事物各自有其体用而言,那些无形的、抽象的存在也同样有其体用。他说:

【2】但言体,其为必有用者可知;言未发则必有发。而但言用,则不足以见体。"时中"之中,何者为体耶?"时中"之中,非但用也。中,体也;时而措之,然后其为用也。喜怒哀乐之未发,体也;发而皆中节,亦不得谓之非体也。所以然者,喜自有喜之体,怒自有怒之体,哀乐自有哀乐之体。喜而赏,怒而刑,哀而丧,乐而乐(音岳),则用也。虽然,赏亦自有赏之体,刑亦自有刑之体,丧亦自有丧之体,乐(音岳)亦自有乐之体,是亦终不离乎体也。③

喜怒哀乐属于情感范畴,船山以为,它们各有其体用,其用则为赏刑丧乐(音岳)。"赏刑丧乐"虽然属于社会事物,但其本身又有体用可言。即便是最抽象的如《易经》中所谓太极、八卦、六爻等,也各有其体用。他说"乾自有其体用焉"④,坤亦自有其体用,乃各"以其性情,成其功效"⑤。

总之,在船山看来,万物各自均有体用。那什么是王夫之所谓的"万物"呢?他曾说:"盈天地之间皆器矣。"⑥他还说:

---

① 王夫之:《周易外传》卷五,《船山全书》第一册,第1023—1024页。本节所引王夫之文字均引自岳麓书社1988年版《船山全书》,简称《全书》。

② 《读四书大全说·中庸》,《全书》第六册,第452页。

③ 《读四书大全说·中庸》,《全书》第六册,第450页。

④ 《周易内传》卷一上,《全书》第一册,第43页。

⑤ 《周易内传》卷一上,《全书》第一册,第53页。

⑥ 《周易外传》,《全书》第一册,第1026页。

【3】天之风霆雨露亦物也,地之山陵原隰亦物也,则其为阴阳、为柔刚者皆物也。物之飞潜动植亦物也,民之厚生利用亦物也,则其为得失、为善恶者皆物也。凡民之父子兄弟亦物也,往圣之嘉言懿行亦物也,则其为仁义礼乐者皆物也。①

可见,在船山的思想体系中,"器""物"包涵至广,既包括可见可闻的形而下之物——器,大至天地,中至各类飞潜动植,小至微尘芥蒂,凡可被感知之实有,则必有其体用可言。还包括那些不可见不可闻的形而上之物,道、理、象、数、心、性、情、意、欲等,甚至还包括善恶、得失等价值性存在,总之,凡可被名言之对象,也同样可言其体用。

显然,船山所谓的"实体"就是宇宙天地之间的一切存在,尽管可以区分为不同的存在层次。"实体"即是实际存在本身,而某一实际的存在本身,必定蕴涵有或生发出与此存在本身相应的功能或作用。反过来说,任何具有实际体用的存在必定为实际的存在即"实体"。所以就此实体与作用的层面而言,"体用"与"存在"的关系为:凡存在必有体用,有体用者必定存在。

在船山这里,这个层面的"体用"还可以用"德"与"功"的范畴来表述,譬如:

【4】德为体,功为用。天下无无用之体,无无体之用。②

【5】乾自有其体用焉:元亨利贞者,乾固有之德,而功即于此遂者也。③

【6】性情者,其所自据之德;功效者,见德于物也。④

【7】用有以为功效,体有以为性情。⑤

上述表明,船山不仅把体用与德功对应起来,还把性情功效与体用、德功相关联。显然,在他看来,所谓"体",就是某存在者之"德",即是其"性情";所谓"用"则是此德与性情的功效、作用。所以,某事物之"体"就是它的存在本身,也即此存在的本质属性;而其"用"则是此存在体或本质属性所显现、生发出的对其他存在之体的作用或功效。在这种意义上,体用可以内外言,即体属于实体之内在自身,而用则指向该实体之外在。而指向外在,就必然意味着该实体与其他实体发生联系、交往并产生作用,因此,所谓"用"

---

① 《尚书引义》,《全书》第二册,第 241 页。
② 《读四书大全说》,《全书》第六册,第 804 页。
③ 《周易内传》,《全书》第一册,第 43 页。
④ 《正蒙注》,《全书》第十二册,第 56 页。
⑤ 《周易外传》,《全书》第一册,第 861 页。

无非就是用此"体"作用于其他"实体",由此必然导致所有个体实存之间的普遍联系。相应的,所谓实体的内在自身之"体",就是必然能够生发作用于其他实体的那个存在。

因此,就宇宙论而言,一方面,确立个体事物之"体用"——实体与功用——的实在性与普遍性,就必然要建立事物间的普遍联系,也就必然要建立实体与实体之间的普遍作用,从而构成复杂的网络式"互为体用"宇宙结构。另一方面,也就必须彻底否定有某个孤立自在之实体的存在可能性,因为如果这样,就意味着此存在是只有体而没有用的存在,而这样存在是不可能实际存在的。

> 【8】天下唯无性之物,人所造作者,如弓剑笔砚等。便方其有体,用故不成,待乎用之而后用著。仁义,性之德也。性之德者,天德也,其有可析言之体用乎? 当其有体,用已现;及其用之,无非体。[①]

第二,张岱年把体用内涵第二个方面归结为本质与现象。本质与现象本是西方传统哲学中的一对基本范畴,因此我们在运用这对范畴时,必须意识到它是基于西方主客二分的认识论传统的。西方传统哲学认为,现象是相对于认识主体而言的,是认识者对存在者的认识结果,而非事物存在本身,这个存在本身即是事物存在之所以如此存在的原因,也就是所谓的"本质"。而现象是具体的、可感知的,本质是抽象的,必须以理性才能认识,甚至永远无法认识,譬如康德的"物自体"。那么王夫之的所谓体用关系是否可以袭用此范畴来规定其内涵呢? 如此简单袭用有违船山体用范畴运用之实际,下面展开具体的论述。

张岱年举船山在《张子正蒙注》中解释《正蒙》"中涵浮沉升降动静相感之性,是生絪缊相荡胜负屈申之始"时所云"中涵者其体,是生者其用也"为例,认为其中所谓"体"当指"本质","用"则当为"本质的表现的现象"。[②] 也就是说王夫之把气之"浮沉升降动静相感之性"与"絪缊相荡胜负屈申"看作本质与表现的关系,而非实体与作用的关系。显然二者是生与被生的关系,因为有"浮沉升降动静相感"的本性存在,才有"絪缊相荡胜负屈申"现象的发生。但必须注意的是,此处的所谓本质或现象都是具体可感的"絪缊相荡胜负屈申"是如此,"浮沉升降动静相感"同样也是可以感知的。也就是说,二者都是显,而非隐。

就体是用的本性根据而用则为体的表现而言,体用在此具有因果式的关系。于此,船山有许多类似表达,譬如他说:

① 《读四书大全说·孟子》,《全书》第六册,第 894 页。
② 《张岱年文集》第六卷,清华大学出版社,1995 年,第 319、340 页。

【9】孩提爱亲，长而敬兄，天高地下，迪吉逆凶，皆人以为自然者也。自然者，絪缊之体，健顺之诚，为其然之所自，识之者鲜矣。①

　　此处以事物现有之实存为"自然"，而以"絪缊之体，健顺之诚"为"自然"之"所自"，也就是说，"自然"之所以为"自然"，在于天地有"絪缊之体，健顺之诚"。实际上是以"必然"为体，"自然"为用。"自然"即日常所见之现象，而"必然"则为"自然"之所以如此的根据本体。相应于前，"自然"为具体可感知的，而"必然"则为难以具体感知，正所谓"识之者鲜矣"。显然，"自然"作为"现象"为显，而"必然"作为"本质"为隐。对于此种类型，船山和宋儒一样以形而上、下来区分，尽管他对形而上、下的实指与他们完全不同。譬如，他说：

【10】形而下者只是物，体物则是形而上。形而下者，可见可闻者也；形而上者，弗见弗闻者也。如一株柳，其为枝、为叶可见矣，其生而非死，亦可见矣。所以体之而使枝为枝、叶为叶，如此而生，如彼而死者，夫岂可得而见闻者哉？②

　　他把具体可感知的存在看作"物"，属于形而下；把不可感知的存在看作"体物"者，归于形而上。所谓"体物"者，体在此为主动词，表明正是因为此"体物者"的存在，才使得此"物"如此。显然"体物"者是"物"之所以为此"物"的原因、根据，即本体，而"物"则为"体物"者之用，即此"本体"的具体化、物化、显现化。用王夫之的话说，就是"本体之流行"。以他举柳树为例，能更清楚地表明此点：一株柳树，从种子到树苗，到枝叶花果，到死亡，此为一可见的生命过程，当属于具体的生命现象；而其中必有使其生命过程如此展现的根据、原因，即本体，显然它不是可以感知的具体存在。

　　就船山运用体用概念的实际来看，存在着两种不同的情况：一种是体用均为显现的具体存在。一种是体为抽象的形而上，为隐；而用为具体的形而下，为显。显然，前一种情况不能归属为所谓的本质与现象之类型。而即使是第二种情况，也和西方传统的本质与现象二分（本质在现象之后之外）有非常大的差别。第一，船山绝不认为所谓的"现象"是非实存的，尽管其是变动不息的；第二，船山绝不认为所谓的"本质"能够离开"现象"独存，乃至在现象之后或之外。他以形而上为"体物"者，并非指其超越③于物形之上，而仅以其为物之为物的根据本体而言：它本身没有独立于形物的存在，它的存

———————————————

① 《正蒙注》，《全书》第十二册，第 74—75 页。
② 《读四书大全说》，《全书》第六册，第 504—505 页。
③ 此处"超越"取西方传统"transcend"高于或独立于（宇宙）而生存之意，即指外在超越。

在就表现为形而下之"物"的现象性过程本身。与此同时,所谓"物"——现象性存在,也不是本体之外的独立存在,它就是本体的直接显发。

很显然,无论是"体显用显"型,还是"体隐用显"型,其体用都指向同一个存在,只不过各自的侧重面向不同而已。所谓"体"即指该事物的存在"本体",侧重该事物的实在性,凸显其结构义;所谓"用"则是该本体的显发与流行,侧重该事物的存在过程,凸显其活动义。由此,与船山此种体用使用之实际更为准确贴切的表述,应当为"本体—显发(流行)"型,而此类型又可区分为"体用皆显"型和"体隐用显"型两种。

综上所述,我们可以把船山"体用"概念的运用归结为两种基本类型,一种是"实体—作用(或功效)"型,一种是"本体—显发(流行)"型。但其中有个问题很重要,一直没有引起重视,即这两种不同类型的概念内涵是如何统一到同一个体用范畴之中的? 两种类型是否具有某种更深刻的内在联系? 这个问题将在后文进行专门讨论。

2. 体用胥有而相需以实

前述王夫之体用范畴的概念内涵与宋明前儒无大差别,但并不表明其体用概念内涵没有特性。这个特性可以用"体用胥有"来概括。"体用胥有"是其在诠释《周易》"大有"卦时提出的命题,他说:

> 【11】天下之用,皆其有者也。吾从其用,而知其体之有,岂待凝哉! 用有以为功效,体有以为性情。体用胥有而相需以实,故盈天下而皆持循之道。故曰诚者物之终始,不诚无物。①

"有",指实有,即客观存在物。此是说,一切客观存在的东西,皆具有实在之用的方面。一物之体虽然无形可见,但会通过其功用显现出来,人类可以通过其"用"的客观实在性,来获得其"体"的客观实在性。此即"从其用,而知其体之有"。因此,体与用的客观实在性是毋庸置疑的。实在之"体"是事物的真"性情",实在之"用"规定的是事物的"功效"。所谓"体用胥有而相需以实",实际上蕴涵三个方面的内涵:其一,任何客观存在,其体其用都必定是客观实在的;其二,体用之间是相互需要或相互规定的,不同之体需要或规定着相应的用,反之亦然;第三,这种相互需要或相互规定本身必定是真实的。正因为此,才说充满天下的都是可"持"可"循"的真实之"道"。总之,天下事物皆有其真实的规定性——体和用,并非虚幻,此即"不诚无物"。

在此基础上,王船山批判佛道唯心论者关于本体的虚构之论,他说:

---

① 《周易外传·大有》,《全书》第一册,第861页。

【12】故善言道者由用以得体,不善言道者妄立一体而消用以从之。人生而静以上,既非彼所得见矣,偶乘其聪明之变,施丹垩于空虚,而强命之曰体。聪明给于所求,测万物而得其影响,则亦可以消归其用而无余,其邪说自此逞矣。则何如求之感而遂用者,日观化而渐得其原也?①

这是在指斥道家和佛教唯心论者是"妄立一体而消用以从之",最终否定了世界的客观实在性。在《周易外传·无妄》中,船山有更为细致的论证和批评,他说:

【13】夫可依者有也,至常者生也,皆无妄而不可谓之妄也。奚以明其然也?既已为人矣,非蚁之仰行,别依地住,非蟥之穴壤,则依空住……以至依粟已饥,依浆已渴。其不然而已于饥渴者,则非人也,粟依土长,浆依水成。依种而生,依器而挹。以荑种粟粟不长,以块取水水不抵。相待而有,无待而无。……物物相依,所依者之足依,无毫发疑似之或欺。而曰此妄也,然则彼之所谓真空者,将有一成不易之型,何不取两间灵、蠢、姣、丑之生,加一印之文,均无差别也哉!②

此是说,万有是相依而存在的,即所谓"相待而有","物物相依",而且"所依者之足依",是说其所依者,真实不假,有其特有的客观规律所在。然而,佛道两家因为个体之间的相互依存而认为事物本性为"真空",进而抹煞万物的差异。其结果,要么以生为妄,要么以有为妄,最终都走向对人类现实生活的否定。而事实上,"其常而可依者,皆其生而有;其生而有者,非妄而必真"③。

总而言之,"体用胥有"这一命题,一方面揭示体用本身的客观实在性,无论是"实体—作用"型,还是"本体—流行"型,有体必有用,用必依体,体用"相需以实"。另一方面,正因为"体用胥有而相需以实",无论"实体—作用"型,还是"本体—流行"型,都必然指向一个"物物相依"、"相待而有"、相依以实的客观真实而又生生不息的宇宙或世界。

(二)体用逻辑之辩证本性:体用相函

前面所论重在王夫之体用范畴的概念内涵,本节将重点讨论其对体用关系的界定,可以肯定的是,王夫之对于体用关系的逻辑把握已经具有很高的辩证性。

---

① 《周易外传·大有》,《全书》第一册,第862页。
② 《周易外传·无妄》,《全书》第一册,第887页。
③ 《周易外传·无妄》,《全书》第一册,第888页。

1. 体用与隐显

体用范畴从王弼时代开始,就和其他许多范畴有着或紧密或疏远的关联,有的甚至在某个时期或在某个思想家那里,达至互相替代的紧密程度,譬如魏晋至隋唐时期的体用与本末、体用与本迹,等等。然而自宋儒发明新儒学以来,体用与虚实、隐显、动静、有无等范畴产生了十分紧密的联系,这些儒家学者在运用体用来把握宇宙人生、阐释经典、建构理论时,大都会利用虚实、隐显、动静、有无等范畴来互相规定,形成较为复杂而又明确的范畴关系网络,由此增强思维的张力和阐释的深度,使得这些范畴自身的内涵和关系也不同程度地相互影响。所以要清楚地把握王夫之对体用关系的逻辑界定,就必须深入地考察体用与这些范畴之间的相互关系。

如第二章所述,体用作为范畴初登哲学舞台时,是和有无、本末紧密相连的,旨在通过体用关系来界定有无之间的关系。显然,王弼在道和圣人层面建立的是"体无用无"结构,而在物的层面则是"体有用有",并试图在道与物之间建立"体无用有"的模式,但鉴于与本末之间存在不可调和的矛盾,最终未能成功。直至宋儒才开始重点关注道物关系,他们以《周易》诠释为基点,展开易、太极、阴阳、卦、爻、象、数、辞,以及形而上下、道、器、理、气等概念范畴之间关系的大讨论,进一步沿着《周易》诠释或象数派或义理派展开大讨论,最终,程颐所提出的"体用一源,显微无间"命题获得理学家们的一致认同。就周易卦爻系统而言,他以理为至微,以象为至著;就宇宙世界而言,以形而上之道为体,以气、物为用。实际上是以"体隐用显"为结构模式。这一模式的思想史价值极为重要,可以说是第一次在哲学上用简洁明确的语言把"道物"(或理气)关系用"体用隐显"的范畴逻辑关联起来,彻底建立起儒家的宇宙本体论论述。

关于何谓"隐显",王夫之有很多的论述,下面略举几例:

【14】凡言隐者,必实有之而特未发现耳。[1]

【15】形而上者隐也,以形而下者显也。才说个形而上,早已有一"形"字为可按之迹、可指求之主名。[2]

【16】形而上者,亦有形之词,而非无形之谓。[3]

【17】形而上者,非无形之谓。既有形矣,有形而后有形而上。无形之上,亘古今,通万变,穷天穷地,穷人穷物,皆所未有者也。[4]

---

① 《读四书大全说》,《全书》第六册,页490。
② 《读四书大全说》,《全书》第六册,第490页。
③ 《读四书大全说》,《全书》第六册,第505页。
④ 《周易外传》,《全书》第一册,第1028页。

【18】器而后有形，形而后有上。①

【19】见者为明，而非忽有；隐者为幽，而非竟无；天道人事，无不皆然。②

【20】吾目之所不见，不可谓之无色；吾耳之所不闻，不可谓之无声；吾心之所未思，不可谓之无理。以其不见不闻不思也而谓之隐，而天下之色有定形、声有定响、理有定则也，何尝以吾见闻思虑之不至，为之藏匿于无何有之乡哉？③

从上面所举七则文句来看，船山显然是以形而上之道为隐，以形而下之器为显，区分"隐显"的标准为是否可以被感知，但无论形上形下，都必须依"形"而立。④ 或隐或显，都是有形的实有，是否被感知并不影响其客观实在。所以，隐显并非指向客观世界存在之"有无"，而只是世界存在方式的不同，或被感知状态的不同而已。所以对于存在之有无和隐显，船山特别推重张载，他说："言幽明而不言有无，张子至矣！"⑤所谓幽明即隐显。以"幽明"或"隐显"替代"有无"来诠释存在，其最大的作用在于取消了道家"有无"之间纵向创生式或本体式绝对性关系，同时也否定了佛家所谓非有非无之"真空"存在的可能性，而只以"有无"为一横向平列的相对性关系。船山在《思问录·内篇》中曾经指出：

【21】言无者激于言有者而破除之也，就言有者之所谓有而谓无其有也。天下果何者而可谓之无哉？言龟无毛，言犬也，非言龟也；言兔无角，言麋也，非言兔也。言者必有所立，而后其说成。今使言者立一无于前，博求之上下四维、古今存亡而不可得穷矣。⑥

此即认为"无"是相对于"有"而言的，谈及"无"就意味着以"有"为前提，无只能是有之无，而有不必是无之有。正如船山所说："既可曰无矣，则是有而无之也。"⑦在《正蒙注》中他还直言"无之本有"⑧。可见在船山的思想体系

---

①《周易外传》，《全书》第一册，第 1029 页。

②《周易内传》，《全书》第一册，第 255 页。

③《船山经义》，《全书》第十三册，第 666 页。

④ 关于船山论著中对"无形"论述上的矛盾的实质，台湾学者周芳敏有十分精辟的说明。详见其《王船山"体用相涵"思想之义蕴及其开展》（《中国学术思想研究辑刊》六编第二十四册，台北：花木兰文化出版社，2009 年），第 16—18 页。

⑤《思问录》，《全书》第十二册，第 410 页。

⑥《思问录》，《全书》第十二册，第 411 页。

⑦《正蒙注》，《全书》第十二册，第 415 页。

⑧ "流俗以逐闻见为用，释、老以灭闻见为用，皆以闻见为心故也。昧其有无通一之性，则不知无之本有，而有者正所以载太虚之理。此尽心存神之功，唯圣人能纯体之，超乎闻见，而闻见皆资以备道也。"《正蒙注》，《全书》第十二册，第 364 页。

中，佛道两家所谓的绝对之"虚无"与"真空"是没有立足之地的，若"无"是不存在，那么"不存在的存在"就是不可理喻的，而"不存在"之"无"只是"存在"之"有"的一个相对的状态，更不可能成为存在之有的创生之源或存在根据。

综上所述，坚持"天下唯器"的船山当然不能承认在现实世界之"有"之外还有什么超越性绝对性之"无"的存在，而只是相对于事物存有之状态和人类认识之有无而有隐显幽明之分。所以就体用而言，无论体用是隐是显，体用始终"胥有"。那么体用是否只能是体隐用显呢？甚或体用是否可以再言体用呢？

从前面一节对船山体用范畴之概念内涵的分析来看，显然，船山思想体系中的体用与隐显之关系并非只有"体隐用显"一种，也就是说体未必隐，用未必显。下面举例说明。

【22】夫手足，体也；持行，用也。[1]

【23】"黄垆青天，用隐而体不隐。"[2]

【24】者所尽之己，（即前述之"忠"）虽在事物应接处现前应用，却于物感未交时，也分明在。和非未发时所有，中则直到已发后依旧在中，不随所发而散。[3]

【25】忠亦在应事接物上见。无所应接时，不特忠之用不著，而忠之体亦隐。[4]

【26】"与道为体"一"与"字，有相与之义。凡言"体"，皆函一"用"字在。体可见，用不可见；川流可见，道不可见；则川流为道之体，而道以善川流之用。此一义也。必有体而后有用，唯有道而后有川流，非有川流而后有道，则道为川流之体，而川流以显道之用。此亦一义也。[5]

通观上面五则文句，可以发现，在船山的体用表述中，既有"体用俱显"，如【22】；有"体显用隐"，如【23】；又有"体隐用显"，如【24】；还有"体用俱隐"，如【25】；更有"体用迭为隐显"，如【25】。显然这已经不是程颐原初的那个"体隐用显"所能涵括得了的。

如此丰富的体用隐显组合似乎显得难以把握。若能结合前述对王夫之体用范畴概念类型的分析，深入其各类组合的实际所指，就能发现之所以如此丰富的奥秘所在。依前所述，船山"体用"概念的运用归结为两种基本类

① 《读四书大全说》，《全书》第六册，第 452 页。
② 《周易外传》，《全书》第一册，947 页。
③ 《读四书大全说》，《全书》第六册，第 640 页。
④ 《读四书大全说》，《全书》第六册，第 636 页。
⑤ 《读四书大全说》，《全书》第六册，第 734 页。

型，一种是"实体—作用（或功效）"型，一种是"本体—显发（流行）"型。

就"实体—作用（或功效）"型而言，如"夫手足，体也；持行，用也"，手足本身作为个体性实体，自然是可见为显的，"操持行走"在其实际发生时也必定是可见为显的，若不实际发生则作为功能潜藏于体之中而为隐。在第一种类型中，体必定是显的，而用之显隐取决于实体之作用功效是否为实际发生。因此，在此类型中，体用隐显的关系必然呈现为两种状态，即"体用俱显"和"体显用隐"，而不会出现"体用俱隐"和"体隐用显"的情况。

若就第二种类型而言，又可以区分为两种情况：一则体用俱为可见之具体存在，二则为体不可见而用为具体存在。第一种因为"本体"与"流行"既然同为可见之具体存在，故只能是"体用俱显"，而在第二种情况，因"本体"为不可见之道理或性德，故体只可能是隐。用之隐显取决于是否实际发生，因而会出现"体隐用显"和"体用俱隐"的不同状态。

至于【26】中所谓"体用迭为隐显"，则只能存在于"本体—显发（流行）"型中第二种情况之中，因为，"迭为隐显"的前提是"互为体用"，而在"实体—作用（或功效）"型之中，是不可能发生"互为体用"的。虽然说"体以致用，用以备体"而体用相涵，但逻辑上毕竟是体先而用后和从体生用，而不能是相反；因此，实体与作用之间的决定关系只能是单向的。而只有在形而上之道与形而下之物，即【26】中所谓"道"与"川流"之间，可发生"互为体用"，当然也就可以出现"迭为隐显"了。尽管可以"互为体用"并"迭为隐显"，船山在此也还是采用了不同的逻辑原则：当他以"川流为道之体，而道以善川流之用"，是以"体可见，用不可见"为前提的；而当他以"道为川流之体，而川流以显道之用"时，则是以"有体而后有用，唯有道而后有川流，非有川流而后有道"为前提。尽管船山没有说明这种逻辑原则转换的根据所在，却是值得引起重视的。

其实质在于道与川流相与为体是为两种体用逻辑：当船山把"体用"之存在论述从"有无"彻底转向"隐显"之后，"隐显"就不再主要是存在层面的问题，而更多的转为认识论、实践论问题，即非本体层面而乃工夫层面问题。因为宇宙天地万物及其所以然之道，无论隐显，都不妨害其客观实在，从这个存在本身来说就无所谓隐与显，而隐显一方面取决于事物存在之发展过程中之阶段性，更重要的方面是取决于作为认识和实践主体的人类对此存在和发展的认识阶段和实践程度。于此，船山在《船山经义》中对此有十分深透的论述：

　　【27】道之隐者皆其至显者也。夫鸢之飞，鱼之跃，昭著乎上下，何隐乎哉？所谓隐者，此尔且夫道何隐乎？隐于不能行不能知者耳。惊于费而遗其全，目由其一端而已困，将谓子臣弟友，鬼神礼乐之四达也，

必有变通之密用出于形器之表。离乎费以索其真，欲遇其全体而不得，将谓喜怒不形，睹闻不及之至无也，自有恍忽之真宰立乎象数之先。道其隐矣乎？夫道非不隐也，特非费之外有隐，而圣人几几遇之，夫妇之必不能与者也。

今夫君子之道，天之道也，天则在吾上下之间矣。仰而观之，天者具在矣；俯而察之，渊者具在矣。从天而观之，鸢有时而飞矣；从渊而察之，鱼有时而跃矣。未仰以观，则忘乎天；未俯以察，则忘乎渊。鸢固飞也，有时而见其飞焉，有时而不见焉；鱼固跃也，有时而知其跃焉，有时而不知焉。然则子臣弟友、鬼神礼乐日相需相给于宇宙，而未尝备察焉者多矣；然则可喜可怒，可睹可闻日相感相成于伦物，而未能详察也又多矣。如是而谓之隐，诚隐也，而果隐也乎哉？不能知不能行者之杳芒而无可亲，知之行之者历然而可据者也。①

船山此论是针对《中庸》中的一段文句而发的。此段文句为："君子之道费而隐，夫妇之愚，可以与知焉，及其至也，虽圣人亦有所不知焉；夫妇之不肖，可以能行焉，及其至也，虽圣人亦有所不能焉。天地之大也，人犹有所憾，故君子语大，天下莫能载焉，语小，天下莫能破焉。诗云：鸢飞戾天，鱼跃于渊。言其上下察也。君子之道，造端乎夫妇，及其至也，察乎天地。"船山正是发挥此中"极高明而道中庸"之义，提出"道之隐者皆其至显者"的观点，强调就天道言，所谓隐即是其显，所以并非"有恍忽之真宰立乎象数之先"，而其所谓隐无非是"隐于不能行不能知者"。无论天地之道，还是人伦之道，对于那些"不能知不能行者"自然是"杳芒而无可亲"，而对那些"知之行之者"却是"历然而可据"。由此可见，就本体之道而言，是无所谓绝对性的隐与显，或者说隐即是显。所谓"隐显"乃是相对于不同的认识主体或实践主体，即工夫主体而言。如他说：

【28】言有无，则可谓夜无日而晦无月乎？春无昴、毕，而秋无氐、房乎？时隐而时见者，天也，太极之体不滞也。知明而知幽者，人也，太极之用无时而息也。屈伸相感，体用相资，则道义之门出入而不穷。②

在此，船山以"天"为"体"，是"时隐时见"，是生生不息太极之体；以"人"为"用"，是"知明知幽"，是生生不息太极之用。就"天人"而言，是"幽明者"之天与"知明知幽者"之人之间的"屈伸相感，体用相资"，由此则"道义之门

---

① 《船山经义》,《全书》第十三册,665 页。

② 《周易内传·发例》,《全书》第一册,第 659 页。

出入而不穷"。如此一来,船山之天人体用隐显论述中的"本体—工夫"论的面向也就明白了。

2. 体用与动静

【29】况心之与意,动之与静,相为体用,而无分于主辅,故曰"动静无端"。①

此处提出"动静无端"的说法,强调动与静互为体用,实际上就是肯定了"体静用动"与"体动用静"两种状态,而且二者是相互转化的。

【30】其谓动属阳、静属阴者,以其性之所利而用之著者言之尔,非动之外无阳之实体,静之外无阴之实体,因动静而始有阴阳也。②

此处否定"因动静而始有阴阳",反对把动固定地属于阳,把静固定地属于阴,认为只是针对阴阳实体之"性之所利而用之著者"而言所谓"阳动阴静"的。事实上应该以阴阳为实体,而以动静为用。也即是说阴有动静之显现,阳亦有其动静之显现。

【31】静而阴之体见焉,非无阳也;动而阳之用章焉,非无阴也。……非动之谓阳,静之谓阴也。③

再次强调不可以绝对地以动为阳、以静为阴。事实上,静乃阴之体,而以阳为用,所以说"静而阴之体见焉,非无阳也";动为阳之用,而以阴为体,即是说"动而阳之用章焉,非无阴也"。在此暗含一个更复杂的结构即阴阳一方面各有体用,一方面又互为体用,则自然形成如此结构:

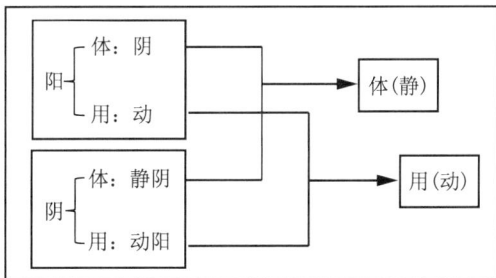

---

① 《读四书大全说》,《全书》第六册,第 423 页。
② 《周易内传》,《全书》第一册,第 525 页。
③ 《周易内传》,《全书》第一册,第 79 页。

中
国
哲
学
体
用
思
想
研
究

【32】阳有动有静，阴亦有静有动，则阳虽喜动而必静，阴虽喜静而必动，故卦无动静，而筮有动静。……阴非徒静，静亦未即为阴；阳非徒动，动亦未必为阳，明矣。《易》故代阴阳之辞曰刚柔，而不曰动静。阴阳刚柔，不倚动静，而动静非有恒也，周子曰："动而生阳，静而生阴。"

生者，其功效发见之谓，动则阳之化行，静则阴之体定尔，非初无阴阳，因动静而始有也。今有物于此，运而用之则曰动，置而安之则曰静。然必有物也，以效乎动静。太极无阴阳之实体，则抑何所运而何所置邪？……阴阳必动必静，而动静者，阴阳之动静也。体有用而用其体，岂待可用而始有体乎？①

上面一段文字集中讨论阴阳之体用与动静的关系。其中要害有三：(1)再次强调"阳有动有静，阴亦有静有动"，实际上也包含阳中又有阴阳，阴中又有阴阳的结构演化。同时强调阴阳不倚靠动静，因为动静无恒。(2)以"功效发见"来诠释周敦颐的"动而生阳，静而生阴"之"生"，所以"动而生阳"则并非"太极"实体之动产生"阳"之实体，"静而生阴"也非太极之静而凝成"阴"之实体；而是以太极为阴阳太和之实体，其阳气以其动而流行来表现其"用"，此即"动而生阳"；其阴气则表现为静而成"体"，此即"静而生阴"。所以这里凸显的是以阴阳为实体而动静为作用表现。(3)既然以阴阳为体而动静为用，则"体以致用"，故"阴阳必动必静，而动静者，阴阳之动静"。与此同时，用则是用其体，故不能等待用之时方才有体，实际上是强调体对用的优先性，也就是强调阴阳对动静的优先性。

【33】动其用……静其体。②

【34】乾、坤有体则必生用，用而还成其体。体静而用动，故曰"静极而动，动极而静"，动静无端。③

此处在"体静而用动"的前提下，提出"动静无端"。

【35】夫天清地宁，恒静处其域而不动，人所目视耳听而谓其固然者也。若其忽然而感，忽然而合，神非形而使有形，形非神而使有神，其灵警应机，鼓之荡之于无声无臭之中，人不得而见也。乃因其耳目之官有所窒塞，遂不信其妙用之所自生，异端之愚，莫甚于此。④

① 《周易内传·发例》，《全书》第一册，第660页。
② 《尚书引义》，《全书》第二册，第263页。
③ 《正蒙注》，《全书》第十二册，第16页。
④ 《周易内传·复》，《全书》第一册，第228页。

此处强调天地既静既动,但人之耳目易得其恒静而难得其妙用之动。

【36】程子曰:"先儒皆以静为见天地之心,不知动之端乃天地之心。"非知道孰能识之。卓哉,其言之乎!①

此处船山赞同程颐以"动之端"为天地之心的观点,以此为知道之卓见。而妙处在于动静与天地之心的关系,"静"并不是天地之心的根本,而只是在静中才更容易发现此天地之心,而天地之心真正本体上是动之端,此"动之端",非恒是动,亦非恒是静。而是动静之几,从本质上讲仍然是"动",但是属于导致相对之动静形成的绝对之动。

【37】太极动而生阳,动之动也;静而生阴,动之静也。废然无动而静,阴恶从生哉! 一动一静,阖辟之谓也。由阖而辟,由辟而阖,皆动也。废然之静,则是息矣。"至诚无息",况天地乎!"维天之命,于穆不已",何静之有?

时习而说,朋来而乐,动也。人不知而不愠,静也,动之静也。凝存植立即其动。嗒然若丧其耦,静也,废然之静也。天地自生,而吾无所不生。动不能生阳,静不能生阴,委其身心如山林之畏佳、大木之穴窍,而心死矣。人莫悲于心死,庄生其自道矣乎!②

在此,船山提出"动之动"、"动之静",鲜明地强调绝对之动统摄相对之动静,他论证到:所谓一动一静,即一阖一辟,但此阖辟属相对动静。因为由阖而辟,由辟而阖,其本身就属于动,所以世界上根本就不存在什么无动的绝对之静。如果真有"废然无动之静"的存在,那世界不息的生成变化就变得不可能。在此基础上,他进而肯定儒家的绝对之动涵相对之静的观点,从而批评道家的废然之静。

综合以上分析,我们可以发现,王夫之的体用动静观有如下几个特点:

第一,就动静观而言,他强调以绝对之动统摄相对之动静,提出动之动、动之静的模式,并强调"动静无端",动静相涵且动静之间相互转化,即动即静。由此,他一方面强烈反佛老之所追求的虚无之静和真空之寂,认为他们这些都属于废然无动之静,既不可有,也不当求;一方面又反对所谓抽象的无条件的"动极而静,静极而动",显然,此动静观具有极强的辩证特色。

第二,就体用与动静关系而言,王夫之虽然从整体上仍然坚持自王弼以

---

① 《周易内传·复》,《全书》第一册,第228页。
② 《思问录》,《全书》第十二册,第402—403页。

来的"体静用动"的结构逻辑。但他对"体静用动"的内涵和逻辑有很大的独特发展:(1) 体用之中都各涵有动静,所谓"体静动用",只不过是在其中谁居主导地位而呈现不同的功用,即"静"更多的呈现事物的存在性和结构性,而"动"则更多的呈现此结构性存在的活动性和过程性。(2) 因体用的类型不同,其体用动静的结构模式有差别:就"实体—功用"型而言,其"实体"更多的要求其结构性、稳定性,故"静"的一面会更突出,而其功用本身更多的指向外在的作用面,故"动"的形质更为显著。所以整体上来说,其"体静用动"的特征更为鲜明。就"本体—显发(流行)"型来说,因体用相涵,本体即在显发流行之中,其动静也无端,故体用动静之间的关系也为相涵无端。因此,即体即用也就是"即动即静","体静用动",最终是"体动用动",一切皆动,动即是静。此时的体用动静呈现出丰富的辩证性质。

第三,除了以"体用"来涵摄"动静"之外,其实在船山的思想中,还蕴涵一种理论的可能性——以"动静"来涵摄"体用",即动静皆有体用:动有动之体用,而动之体即是动中之静;静亦有静之体用,而静之用则又是静中之动。如此就会形成一个更为复杂立体的体用动静辩证结构,不仅极大地拓展和丰富了体用范畴的概念内涵和结构逻辑,也增强了此逻辑结构理解世界的诠释功能。

3. 体用辩证

在前面关于体用范畴的概念内涵,以及体用与隐显、动静等范畴之间的探讨中,王夫之体用运用的丰富性已经有所呈现。接下来,笔者将立足于体用之间的关系,从三个方面来着力分析其体用关系的多维面向,力图完整地把握其体用辩证逻辑的全部内涵。

3.1 由体生用与随体发用

体与用的相互关系,历来为使用体用范畴的学者所重视。而在此前对二者之关系的论述中,"依体起用"与"由体生用"是最为常见的,足以见出其已成为一般学者之共识。然而各家体用逻辑之所以有差异,很重要的一点则在于对"体生用"之"生"的内涵界定不同。

考察王夫之著作,可知其除了使用"由体生用","体生用"之类的表达,还经常使用"发用"或"随体发用"①的说法。所以要真切把握"体生用"的内涵,必须先了解船山对于"生"、"发"概念是如何界定的。

【38】易有太极,固有之也,同有之也。太极生两仪,两仪生四象,四象生八卦,固有之则生,同有之则俱生矣,故曰"是生"。"是生"者,立于此而生,非待推于彼而生之,则明魄同轮,而源流一水也。……所自生

---

① 《读四书大全说·孟子》,《全书》第六册,第 1090 页。

者肇生，所已生者成所生。①

此中以"固有"、"同有"解"生"字，即此"生"是"同时俱在"之义。他进而具体解释所谓"是生"者，所谓"非待推于彼而生之"，意思是这个"生"不是从甲物生出乙物之"生"，而是所谓"立于此而生"，即事物的出现、显现就是"生"，"生"即"存在"本身。所以他举"明魄同轮，源流一水"为喻，来说明"体生用"即是体用同时共存不相舍离之义。而"创生"则不同，既有时间的先后，并可各自分离独立。如父生子之后父子各自独立分离，父逝而子存。

【39】生者，其功用发见之谓。②

船山在此明确地界定了"生"的另一内涵："体生用"即是体的功用得以发生和显现之谓。

【40】乃此发字，要如发生之发，有由体生用之意；亦如发粟之发，有散所藏以行于众之意。③

在船山，生与发意义相当。这里他对"发"之义有更细微的辨析：发有二义，一是发生，并指明其意同"由体生用"之"生"，二是现实存有的向外散发，取显现、明示之义。

【41】思乃心官之特用，当其未睹未闻，不假立色立声以致其思；而迨其发用，则思抑行乎所睹所闻而以尽耳目之用。④

此则是船山讨论心官之体用与耳目之体用的关系。值得注意的，是船山把心之思用分为两种状态，即"未睹未闻"之时与"迨其发用"之时。所谓"未睹未闻"之时，并非指思维活动的停止，而是指没有现实的感官对象参与的独立活动状态，而所谓"发用"则指心之思维与耳目等感官同时活动并始终参与其中的状态。显然，"未睹未闻"与"已闻已睹"两种状态都属于心官之用，而独以后者为"发用"，则意味着此处的"发用"之"发"实同于【40】中所说的第二种涵义，即"现实存有的向外散发"，表现为对不同的外在对象之作用。而"未睹未闻"之用则更侧重于其与心官之体的"固有"和"具有"之

① 《周易外传·系辞上》，《全书》第一册，第 1023—1024 页。
② 《周易内传》，《全书》第一册，第 659 页。
③ 《读四书大全说·大学》，《全书》第六册，第 445 页。
④ 《读四书大全说·孟子》，《全书》第六册，第 1094 页。

"生"。

综合而言,"生"与"发"都有二层义涵,"生"有"固有俱有"与"功用发见"二义,"发"则有"发生之发"和"发粟之发",而"发生之发"即"由体生用"之"生"。所以,"生"与"发"之间的义涵就构成一个递进式的包含关系。如图所示:

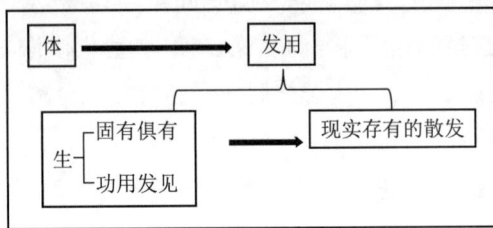

如图所示,"随体发用"在内涵上要包括"由体生用",其中的"由体生用"可以看作第一序的"发用",而"现实存有的散发"自然为第二序的"发用"。尽管它们都从体而发,但逻辑上还是有远近、隐显之差别。

事实上,就体用两种类型的区分来说,其"生"、"发"的义涵则各有分属,不容混淆。若以"实体—作用(功效)"型而言,其第一序的生发之义侧重于"功用发现",相应的,"本体—显发(流行)"型侧重于"固有俱有"之义。第二序的"发用"之义,虽然为两种体用类型共享,但仍然是在其第一序义的轨道上的自然延伸,因此,"实体—作用(功效)"型则会凸显其实体"作用"之具体"功效",而"本体—显发(流行)"型则会彰显其本体"显发"之普遍"流行"。所以"由体生用"属于第一序的体用关系,而"随体发用"更强调跟随"体"之实际运动而即时性、随机性地生发、显发、散发其体之"用",属于第二序的体用关系。第一序侧重其内在性、结构性和静态性,第二序则凸显其外在性、对象性和活动性。第二序必然包含第一序,第一序必然趋向第二序。

3.2　体用相涵

上述所论,重在考察"体"对"用"的生发逻辑。然船山更为重视的是体用之间的互动辩证关系,对于这种关系,我们借用船山自己的命题表述——"体用相涵"——来予以综合概括。接下来,从三个层面来展开"体用相涵"的全部逻辑内涵。

第一,体以致用,用以备体

首先,我们来看船山对于命题"体用相涵"的具体论述。他说:

【42】是故性情相需者也,始终相成者也,体用相涵者也。性以发情,情以充性;始以肇终,终以集始;体以致用,用以备体。……无车何乘？无器何贮？故曰体以致用。不贮非器,不乘非车,故曰用以备

体。……所自生者肇生，所已生者成所生。无子之叟，不名为父也。①

此处"体用相涵"与"性情相需"与"始终相成"并列，表明它们三者在此是处于同一意义结构的。接下来，他进一步为"性以发情，情以充性"来诠释"性情相需"，以"始以肇终，终以集始"诠释"始终相成"，以"体以致用，用以备体"来诠释"体用相涵"。其中"发"、"肇"、"致"三词同义，皆为"引发"、"肇生"、"致令"之义，而"充"、"集"、"备"三词同样义涵相近，皆有"充实"、"聚集"、"完备"之义。由此可见，在船山的思想视野中，一方面所谓"相需"即是"相成"，也即是"相涵"；另一方面虽说为相互需要、相互成就、相互涵蕴，其实其中仍然存有角色、地位之差异性：性情以内外分、始终以先后分、体用以本末分。在此十分重要的一点，也是发前人之未发的一点，即船山十分强调情对性、终对始与用对体的不可或缺的意义和价值。也就是说虽然情、终与用此三者皆为前三者所引发、产生或导致，固然从存有和价值上从属于前者，但此三者并非完全处于被动和从属的地位。在王夫之看来，性无情不能得到充实，始无终不能获得收拢聚集，体无用则不能达至自身的实现与完备。所以他接下来总结三者的关系为"所自生者肇生，所已生者成所生"，一方面是"肇生"，一方面是"成所生"。就体用而言则是"体以致用，用以备体"，事实上它还包含相需与相成的内涵。

第二，体者所以用，用者用其体

【43】"德其体，道其用。"体者所以用，用者即用其体。"一于气而已。"敔按：此言德者健顺之体，道者阴阳之用，健顺阴阳，一太和之气也。②

此处言太和之气的体与用，德为"健顺之体"，道为"阴阳之用"。"健顺"本乾坤之德，乾坤即阴阳，王夫之以"阴阳"为实体，以"一阴一阳之道"为用。而体与用不仅统一于气，重要的是体用之间还有更丰富的关联：体者所以用，用者即用其体。是说乾坤健顺之体乃是阴阳之道用发生的原因和根据，即"体者所以用"；阴阳之道用并非以此"阴阳实体"之外的某种事物为运用对象和活动内容，恰只是以此乾坤"健顺之德"和"阴阳实体"本身为运用对象和活动内容而已，此即"用者用其体"。显然是在表明，所谓"盈天地一气"，此气乃以阴阳之气为"实体"，而此"实体"必有其作用和功效，是此"实体"之内蕴的健顺之德本身所必然形成的一阴一阳之辩证互动，即"道"用。

①　《周易外传》，《全书》第一册，第1023—1024页。
②　《正蒙注》，《全书》第十二册，第76页。

天地由此一气,必有其体与用,其体用之展开即是天地之所以为此天地之本体,而天地之间一切存在也就无非是此本体之流行而已。从此我们看到的不仅是体用之间的这种互相涵蕴的关系,即"体者所以用,用者即用其体";更重要的是,我们还发现其中更为奇妙而又十分关键的一点,体用两种类型——即"实体—作用(功效)"与"本体—显发(流行)"——在宇宙论层面的统一与融合。

【44】天下唯无性之物,人所造作者,如弓剑笔砚等。便方其有体,用故不成,待乎用之而后用著。仁义,性之德也。性之德者,天德也,其有可析言之体用乎? 当其有体,用已现;及其用之,无非体。盖用者用其体,而即以此体为用也。故曰"天地絪缊,万物化生",天地之絪缊,而万物之化生即于此也。学者须如此穷理,乃可于性命道德上体认本色风光,一切俗情妄见,将作比拟不得。①

此处的关键在于把天下之物作"无性"和"有性"二分,无性之物为弓剑笔砚等人所造作之物,而以天地性命仁义道德等为有性之物。所谓"性"在此当指是存在的能动性或主体性。正因为有无此"能动性"或"主体性",其体用关系也有所不同:无性之物,体用之间具有相对的分离性,即先有其体,其作用或功效并不能立即自动产生或实现,而必须等待实际的使用或运用活动发生,其用才能由隐藏的状态转为显著;因此其体用有一个由"体显用隐"到"体显用显"的转化过程。而有性之体则不同,因其本身内蕴着主体性或能动性,所以当其体显之时用必同时而显,所谓"用",无非是运用"体"本身,或可谓是"体"自身内蕴的能动性或主体性的直接显现或实现而已。因此所谓"用者用其体",本质上就是"以此体为用"。所以船山说体用之间是不容分析,无有间隙的。

由上可见,天下一切物皆有其体用,但物有无性和有性之分,其体用也有分别,无性之物需要外在事物的参与,才能充分实现或显现其体用,故体用有隐显先后之分别;而有性之物则因其自身内蕴的能动性或主体性,无须外在之物的参与而自能实现其体用,故能即体即用,以体为用。

在有性之物之中,王夫之特重天地之造化和人之性命道德。所以他说:"天地之絪缊,而万物之化生即于此也。"以"絪缊"(阴阳太和之气)为天地化生之本体,以"万物"为其用,而"用者用其体",即"万物之化生"就是天地絪缊本体之自我展开、活动的过程或结果,而非在天地万物之外,还独存某一造物之主宰。此即"本体—显发(流行)型"之体用结构的最佳实例。与此同

---

① 《读四书大全说》,《全书》第六册,第 894—895 页。

时，就天地造化为最高之存在而言，这也是"实体—作用（功效）型"体用结构。所以他还说：

> 【45】"天以阴阳五行化生万物"，以者，用也，即用此阴阳五行之体也。犹言人以目视、以耳听、以手持、以足行、以心思也。若夫以规矩成方员，以六律正五音，体不费而用别成也。天运而不息，只此是体，只此是用。北溪……又云："藉阴阳五行之气"；藉者，借也，则天外有阴阳五行而借用之矣。①

而人之性命道德，同此天地造化之体用，也是即体即用，以体为用的，故所谓"穷理尽性"，一切只在于从"性命道德"的实际践行中体认"本色风光"，无须如佛老一般，在此之外求所谓"虚寂本体"或"本来面目"。

> 【46】成而不倾，败而不亡，存乎其量之所持而已，智非所及也。量者心之体，智者心之用。用者用其体，体不定，则用不足以行；体不定而用或有所当，惟其机也。机者发而可中，而不足以持久，虽成必败，苟败必亡。故曰非智所及也。项羽、李存勖战而必胜，犯大敌而不挠，非徒其勇也，知机之捷亦智矣，然而卒以倾亡者，岂智之遽穷乎？智则未有不穷者也。②

此处旨在论史，强调人作为历史实践之主体，若没有广大心量之体，虽能依靠聪敏机智可获得一时之成功，而最后仍将以失败告终。事实上船山以量和智为心之体用，进一步阐明了体用之间更为细腻而辩证的关系。他说："用者用其体，体不定，则用不足以行；体不定而用或有所当，惟其机也。"是说，正因为用者就是对体之本身的运用，所以体本身的状态（定与不定）就决定了用的状态（足与不足）。虽然"体"不定之时仍然有其契机之用，但此"用"只能是偶然性、暂时性的，不可持久，即使暂时能够成功终将失败。而且"用"一旦失败必会走向"体"的彻底消亡。前述"用者用其体"，突出的是用对体的实现作用，这里强调的是体对用的限制作用，凸显出体在终极意义上的绝对性和决定性地位。

第三，相为体用与交与体用

所谓"相为体用"，即体用之间的关系并非只是单向而是可以双向的，如在 A 存在与 B 存在之间，既可以是 A 为 B 之"体"，B 为 A 之"用"，也可以是

---

① 《读四书大全说·中庸》，《全书》第六册，第 459 页。

② 《读资治通鉴》，《全书》第十册，第 1105 页。

A 为 B 之"用",B 为 A 之"体"。

前述所举船山论朱子之"与道为体"时,指出此处的"与"字有"相与"之义。即认为川流与道互为体用:以显隐而言,川流为体,道为用;以因果而言,则道为川流之体,川流为道之用。不仅如此,船山论及道与阴阳的关系时,其互为体用的思想更为明确,他说:

【47】道以阴阳为体,阴阳以道为体,交与为体,终无有虚悬孤致之道。①

自宋儒以来,大凡言及道与阴阳之关系时,皆以道为体、阴阳为用。但明确以阴阳为体、道为用的,确属船山独见。就船山来说,若以道为体,以阴阳为用,凸显道为阴阳之所以然,属于形而上;阴阳则是道体自身的现实、具体之展现,属于形而下。若以阴阳为体、道为用,凸显的是阴阳二气之可见可形的静存性和现象性,属于显,而道则表现为阴阳之体的流动性、内在性,属于隐。

由上面两则可知,所谓"相为体用"或"交与体用",其本质上是一种本体诠释视角的变换,即从显隐到因果(形而上、下)的变换。但值得注意的是,这种互为体用的结构逻辑并非没有限制条件,即唯有第二类型的体用模式——"本体—显发(流行)"型才能适用。就船山具体的诠释实际来看,其"相为体用"的双向逻辑不仅用来诠释道器关系,如"群有之器,皆与道为体者矣",②"礼,器也,义,器与道相为体用之实也",③还经常在诠释心性结构之时使用。譬如:

【48】心之与意,动之与静,相为体用,而无分于主辅,互相为因,互相为用,互相为功,互相为效。④

就其互为体用的实现方式或现实状态而言,船山认为它们是"互藏其宅,交发其用"的,具体来看:

【49】喜怒哀乐,兼未发,人心也;恻隐、羞恶、恭敬、是非,兼扩充,道心也。斯二者互藏其宅而交发其用。虽然,则不可不谓之有别已。于恻隐而有其喜,于恻隐而有其怒,于恻隐而有其哀,于恻隐而有其乐;羞

---

① 《周易外传》,《全书》第一册,第903页。
② 《周易外传》,《全书》第一册,第903页。
③ 《正蒙注》,《全书》第十二册,第97页。
④ 《读四书大全说》,《全书》第六册,第423—424页。

恶、恭敬、是非之交有四情也。于喜而有其恻隐，于喜而有其羞恶，于喜而有其恭敬，于喜而有其是非，怒、哀、乐之交有四端也，故曰互藏其宅。以恻隐而行其喜，以喜而行其恻隐；羞恶、恭敬、是非，怒、哀、乐之交待以行也，故曰交发其用。①

此处王夫之以"四端"为道德之心，属于"性"，以"四情"为自然之心，属于"情"，二者相为体用，而其具体表现则为"互藏其宅，交发其用"。以图示之将更为明白：

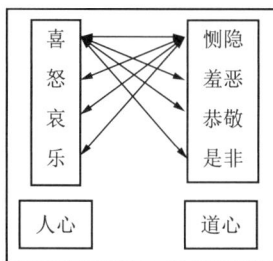

需要说明的是，船山虽然以四情与四相为体用，但他仍然强调二者是有差别的："虽然，则不可不谓之有别已。"在《读四书大全说·孟子》中，他有更为具体的阐发：

【50】盖恻隐、羞恶、恭敬、是非之心，其体微而其力亦微，故必乘之于喜怒哀乐以导其所发，然后能鼓舞其才以成大用。喜怒哀乐之情虽无自质，而其几甚速亦甚盛。故非性授以节，则才本形而下之器，蠢不敌灵，静不胜动，且听命于情以为作为辍，为攻为取，而大爽乎其受型于性之良能。②

不只"心意"、"动静"、"四端四情"之间存在着相为体用的结构样式，形神、理气、性气、仁礼、存神过化、诗乐乃至元亨利贞等，莫不可以"相为体用"逻辑来诠释其间的依存结构。诠释视角的不同必然带来体用所指的变化，譬如他说："缘仁制礼，则仁体也，礼用也；仁以行礼，则礼体也，仁用也。"③

综合上述三个层面的分析，我们可以对船山"体用相涵"的逻辑内涵做一总结。台湾学者周芳敏曾对船山"体用相涵"之具体意涵从五个诠释面向来总结：其一，逻辑结构的相涵；其二，存在时间的相涵；其三，存在位置的相涵；其四，存在内容的相涵；其五，完成意义的相涵。④ 对此，笔者完全认同。

---

① 《尚书引义》，《全书》第二册，第 266 页。
② 《读四书大全说·孟子》，《全书》第六册，第 1067 页。
③ 《礼记章句》，《全书》第一册，第 9 页。
④ 周芳敏：《王船山"体用相涵"思想之义蕴及其开展》，第 61—66 页。

（三）体用诠释之实践维度：全体大用

前面两个部分重在集中分析王夫之体用思想的一般情况，力争对体用范畴的概念内涵和逻辑内涵有一个全面、细致、抽象的把握。下面将重点考察上述体用思维在其经典诠释和思想建构中的具体展现，以其本体宇宙论和本体心性论为例来考察其体用诠释的实际应用并作简要说明。

1. 本体宇宙论：理与气互相为体

儒学进入宋代之后，作为本体宇宙论的道物、理气关系就成为各家各派学者的理论焦点，自朱熹以来，理气问题几乎成为当时及之后学者的首要论题。朱熹的理气观——理体气用，理先气后——也笼罩一时。而王夫之作为明末清初启蒙思想的领军人物，极力涤荡佛老之虚诞和晚明心学之流毒，对程朱理学的批评也是不遗余力，程朱理气论便是其中一个重要对象。下面先看王夫之对于理气关系的代表论述：

【51】天地间只是理与气。①

【52】气凝为形，其所以成形而非有形者为理。②

【53】乾之以其性情成其功效，统天始物，纯一清刚，善动而不息，岂徒其气为之哉？理为之也。合终始于一贯，理不息于气之中也。③

【51】表明王夫之认为，理和气是宇宙构成的终极要素。【52】重点在说明理气的各自角色和功能："气"是构成事物的形质部分，属于可见有象的存在；理则是气之所以形成事物形质的根据、法则，相对于气而言，理是无形不可见的存在。【53】说明乾元以其体而生其用而能统天始物，但此乾元并非前儒所认为的只是气，而是同时含蕴理于其中，所以他说"合终始于一贯，理不息于气之中"。这就涉及理气之间的关系了。这样也就自然反对了朱熹的"理先气后"之说。

就理气关系来说，王夫之有更多突破性的思想，其中最核心的为：

【54】理与气互相为体，而气外无理，理外亦不能成其气。善言理气者，必不判然离析之。④

【55】夫理以充气，而气以充理，理气交充而互相持，和而相守以为之精。⑤

---

① 《读四书大全说》，《全书》第六册，第 549 页。
② 《读四书大全说》，《全书》第六册，第 760 页。
③ 《周易内传》，《全书》第六册，第 53—54 页。
④ 《读四书大全说》，《全书》第六册，第 1115 页。
⑤ 《周易外传》，《全书》第一册，第 947 页。

在这里，王夫之强调理气不能判然离析，也就是说"气外无理，理外亦不能成其气"。这似乎和朱熹的观点相同，然而真正的突破就在于他所说的"理与气互相为体"。何谓理气相与为体？即是意味着，不仅是传统的"理体气用"，而且是"气体理用"，更是"理气交充而互相持"。

理气相与为体，所以一方面是"理之气"，即理为气主宰。所以王夫之说："凡言理气者，谓理之气也。"①然而王夫之所谓"理之气"与朱熹所谓的"人跨马背"②式的"理之气"说又有根本的不同。在王夫之这里，理与气的关系是内在的而非外在。他说：

【56】理以治气，气所受成，斯谓之天。理与气元不可分作两截。③

【57】理只在气上见，其一阴一阳、多少分合、主持调剂者即理也。凡气皆有理在，则亦凡命皆气，而凡命皆理矣。④

与朱熹之理静气动不同的是，【56】强调理治气，是理使气的运行有条理有规律，气因为接受理的调控方能有所成就，这正是天道的表现，这自然说明理气不仅是缺一不可，还必须是综贯一体的。【57】更是明确说明理即是一阴一阳，即是对气之多少分合起"主持调剂"作用的主体。二则中的"理"都是动词用法，"理体气用"中的理并非是静态的、外在于气之外的主体，而是动态地参与到气之运行内在的主持调剂者，有气之所在，无论多少分合，都有此理的作用存在。所以理在此既是条理、法则之体，又是主持调剂之体。这即是王夫之"理之气"或"理体气用"的创造性所在。

与"理之气"相对应的"气之理"，"气之理"一词并非船山始创，最早出现于罗钦顺的《困知记》。如他说："理只是气之理，当于气之转折处视之；往而来，来而往，便是转折处也。"⑤下面来看王夫之的相关说法：

【58】理者，原以理夫气者也。理治夫气，为气之条理。则理以治气，而固托乎气以有其理。是故舍气以言理，而不得理。⑥

【59】夫性即理也，理者理乎气而为气之理也，是岂于气之外别有一

① 《读四书大全说》，《全书》第六册，第 992 页。
② 朱熹曾说："太极理也，动静气也。气行则理亦行，二者常相依而未尝相离也。太极犹人，动静犹马；马所以载人，人所以乘马。马之一出一入，人亦与之一出一入。"详见《朱子语类》卷第九十四，第 3128 页。
③ 《读四书大全说》，《全书》第六册，第 99 页。
④ 《读四书大全说》，《全书》第六册，第 727 页。
⑤ 罗钦顺：《困知记·续卷上》，中华书局，1990 年，第 68 页。
⑥ 《读四书大全说》，《全书》第六册，第 923 页。

理以游行于气中者乎？①

【60】理即是气之理，气当得如此便是理。理不先而气不后。②

【58】中表明，理何以能够治气，是建立在理本是气之所固有的条理的基础上的。也即是他所说的"固托乎气以有其理"。所以舍气而言理，此理不可得。事实上，即便有这样一个外在于气的孤悬之理，此理也无法实现其治气、理气的目的，自然属于与气无关的存在。所以"理"必须是"气之理"。【59】明确批判"气之外别有一理以游行于气中"的观点，完整论述了理之气与气之理的统一联系"理者理乎气而为气之理"，此与【60】中的"理即是气之理，气当得如此便是理"的精神完全一致。

综上所述，我们可以清楚地看到王夫之理气观是如何在继承中实现创新的。此一创新使他彻底突破了程朱以来早已僵化了的理气观，也唯有如此，才能真正通过理气的相互作用解决宇宙的结构和动力问题，解决宇宙的统一性和多样性问题。

必须注意的是，这种互为体用的理气观显然是与他互为体用的道器观相一致的，同时也与他"易有太极、太极即易，太极生阴阳、阴阳即太极"的易学观相统一的。当他说"器"（万物）既与"道"相为体用，即是强调不仅物依于道，道亦有依于物；实际上是在强调"万物"之存在与形而上之"道"所同样具有的价值之主体性和意义之根源性，这与那种崇道弃物而最终沦为虚寂的理论必不相容。船山以为，若一味认为"道为体、阴阳为用"，最终会导致强化作为"体"之道的决定性和绝对性，从而诱人弃阴阳之实"用"而去追求那"虚悬孤致"之道"体"，由此陷入佛老异端而不知。

因此，无论是太极阴阳、道器，还是理气之间，统贯其中的基本逻辑是一致的，即都是"体用相涵"的体用逻辑的具体展现。若就体用诠释而言，一方面来说这正是"体用相涵"在宇宙存有层面的具体运用的结果，另一方面来说王夫之正是基于对宇宙（理气）存在运行之道的深刻洞察，才有如此深刻的体用逻辑的独特发现。

2. 本体心性论：心之与意，相为体用

"心意"问题本来自于《大学》中"正心诚意"之纲目，关乎儒家修身工夫具体次第之安排，不可谓不关键。加之有所谓《大学》版本不同的因素，自朱熹以来，这一问题为历代儒家学者所重视，同时也为此次第安排聚讼不已。其中关键问题在于：到底是正心在先，还是诚意为本？而此问题的根本又在于如何看待心意之间的关系。且先看王船山的说法：

---

① 《读四书大全说》，《全书》第六册，第1076页。
② 《读四书大全说》，《全书》第六册，第1052页。

【61】切须知以何者为心，不可将他处言心者混看。抑且须知忿懥、恐惧、好乐、忧患之属心与否。以无忿懥等为心之本体，是"心如太虚"之说也，不可施正，而亦无待正矣。又将以忿懥等为心之用，则体无而用有，既不相应。如镜既空，则但有影而终无光。且人之释心意之分，必曰心静而意动，今使有忿懥等以为用，则心亦乘于动矣。只此处从来不得分明。

　　不知大学工夫次第，固云"欲正其心者先诚其意"，然煞认此作先后，则又不得。且如身不修，固能令家不齐；乃不能齐其家，而过用其好恶，则亦身之不修也。况心之与意，动之与静，相为体用，而无分于主辅，故曰"动静无端"。故欲正其心者必诚其意，而心苟不正，则其害亦必达于意，而无所施其诚。

　　凡忿懥、恐惧、好乐、忧患，皆意也。不能正其心，意一发而即向于邪，以成乎身之不修。此意既随心不正，则不复问其欺不欺、慊不慊矣。若使快足，入邪愈深。故愚谓意居身心之交，八条目自天下至心，是步步向内说；自心而意而知而物，是步步向外说。而中庸末章，先动察而后静存，与大学之序并行不悖。则以心之与意，互相为因，互相为用，互相为功，互相为效，可云由诚而正而修，不可云自意而心而身也。心之为功过于身者，必以意为之传送。①

　　上引是王夫之在《读四书大全说·大学》中一段针对"正心诚意"的评论，其中有三个方面值得重视。

　　第一，首先要明白心意之间的分别，他认为关键在确定"忿懥、恐惧、好乐、忧患"等心理活动是否属于"心"的范畴。对此，历来有两种态度，一种是"以无忿懥等为心之本体"，他指出这实际上是同于道家之"心如太虚"说，由此则必定以"忿懥、恐惧、好乐、忧患"等为"非心"，成为人之所欲去除的对象。另一种是"以忿懥等为心之用"，他指出，若是如此的话，则结果就等于说"忿懥"等本非于心体上所有，而只是其心体之用时所有，如此则是"体无而用有"，自然是不符合"有其体必有其用"体用相应的原则。同时也不符合通常学者所认定的"心静而意动"的原则。总而言之，他认为，前者实际是以忿懥等为相对于"太虚之心"的"人心"的内容，后者则以之为心体之发用。

　　第二，他明确认为，忿懥、恐惧、好乐、忧患等都属于"意"的内容。就身心意物四者的关系而言，心为身之主，身为外，心为内，而意则是居身心之交。也就是说"意"一方面是心之与外物感发而有，其具体的意欲内容和意志方向由心体所绝定；一方面心对身的主宰又必须通过"意"才能实现，也就

① 《读四书大全说·大学》，《全书》第六册，第422—423页。

是说具体的意欲内容和意志方向必定导致相应的身之外在行为活动。而心意之间关系的正确表达,他认为应当是"心之与意,动之与静,相为体用,而无分于主辅"。也即是他所说的"心之与意,互相为因,互相为用,互相为功,互相为效",是说心意之间的关系如同动静之间一样是"相为体用"无分主辅先后的。此间关系可以如图所示:

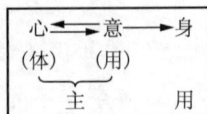

```
心 ←——→ 意 ——→ 身
(体)    (用)
  └────────┘
   主       用
```

第三,正是根据心意之间互为体用的关系认定,王夫之认为,就工夫次第而言,固然可以说"欲正其心者先诚其意",但还要知道诚其意也要以正心为前提。因为"心苟不正,则其害亦必达于意,而无所施其诚"。"意"乃心之所发,因而意之正邪便根本性地由心之正邪所决定,正是正心对于诚意工夫的重要,心体决定意用的价值性质和发展方向。正是以心为体,意为用为前提的。显然本体论上的心意互为体用关系,决定了工夫论上正心与诚意之间也是互为体用的。

综上所述,可知王夫之心意互为体用关系的确立,正是其体用相涵辩证逻辑在心性论方面的具体应用。正是这种体用关系的把握,使得王夫之超越了以往儒家学者关于正心诚意工夫次第的诸多争论,使得儒家传统心性工夫理论的内在逻辑和机理更为明晰、深刻和圆融。

(四) 王夫之体用思想之总结

以上从体用范畴的概念内涵、体用逻辑的辩证本性以及体用诠释的实践维度三个层面,对王夫之的体用思想做了较为细致深入的考察,由此我们发现,王夫之的体用思想极为丰富和深刻,总起来说表现为三个方面的特点:

一是体用结构之绝对实在性。王夫之坚持世界的实在性或诚有性,强调"体用胥有","体用一依其实",坚决反对包括佛老及前儒学者所提倡的种种"体无用有"、"体虚用实"等虚诞之论。

二是体用逻辑的深刻辩证性。王夫之深入洞察体用关系的细微之处,在继承、融摄以往体用辩证思想的同时,创造性发明"体用相涵"的逻辑,将体用逻辑的辩证性认识提高到前所未有的水平。

第三是体用诠释的普遍性和实践性。在王夫之的哲学活动中,经典诠释与哲学重建是相互统一、互为表里的,其体用逻辑的建构和体用诠释的实践也是如此。从文本的角度来看,在船山的著作中体用思维的运用和表达极为普遍,可以说是无处不在。从哲学思想的层面来看,不管是宇宙天道论,还是本体心性论,还是工夫认识论和实践论,都是充分运用体用逻辑的主阵地。这种体用诠释的普遍性和全面性同时也是王夫之哲学思想尤其是体用思想的深刻性和系统性的必然反映。

总而言之，就王夫之个人而言，他的体用思想既是他整个思想的重要内容，又是其整个哲学体系的重要基础。就整个中国古代哲学而言，王夫之的体用思想乃是中国古代体用思想的集大成者和最高峰，对于今天之世界哲学的发展和建设来说，仍然具有十分重要的借鉴意义和参照价值。

四、李二曲："明体适用"之体用思想

李颙（1627—1705），明清之际哲学家，字中孚，号二曲，陕西周至人。家贫，借书苦学，遍读经史诸子以及释道之书。曾讲学江南，门徒甚众，后主讲关中书院。与孙奇逢、黄宗羲并称三大儒。清廷屡以博学鸿词征召，以绝食坚拒得免。为学兼采朱熹、陆九渊两派，以为"朱之教人，循循有序"，"中正平实，极便初学"；"陆之教人，一洗支离锢蔽之陋，在儒者中最为儆切"（《二曲集》卷四），主张兼取其长。重视实学，提倡"明体适用"。同顾炎武反复辩论"体用"问题，提出"明道存心以为体，经世宰物以为用"的见解，将"格物致知"的"物"扩充到"礼乐兵刑、赋役农屯"，以至"泰西水法"等实用学问。力主自由讲学，与清廷钳制思想政策对立。所著有《四书反身录》、《二曲集》等。

（一）"体用"概念的内涵界定

李颙的体用思想主要体现在其对"明体达用"或"明体适用"命题的肯定和展开上面。

首先，我们来看二曲对于体用范畴的具体规定或界定是如何的。对于"体用"，他晚年在《四书反身录》中说：

【1】吾人自读《大学》以来，亦知《大学》一书为明体适用之书，《大学》之学乃明体适用之学。当其读时，非不终日讲体讲用，然口讲而衷离。初曷尝实期明体，实期适用，不过藉以进取而已矣，是以体终不明，用终不适。无惑乎茫昧一生，学鲜实际。明体适用乃吾人性分之所不容已，学而不如此，则失去其所以为学，便失其所以为人矣。……明体而不适于用，便是腐儒；适用而不本于明体，便是霸儒；既不明体又不适用，徒汩没于辞章记诵之末，便是俗儒。皆非所语于《大学》也。吾人既往，溺于习俗，虽读大学，徒资口耳；今须勇猛振奋，自拔习俗，务为体用之学。澄心返观、深造默成以立体；通达治理、酌古准今以致用。体用兼赅，斯不愧须眉。①

此处批评当时学人为学之陋习，要么"溺于习俗"，即沉湎于俗务；要么"徒资口耳"，即是空谈心性，如此则于体于用都不能落实。所以他强调，今

---

① 李颙：《二曲集》，陈俊明点校，中华书局，1996 年，第 401 页。

日学者应该超拔习俗,落实体用之学。以"澄心返观、深造默成"立"体",以"通达治理、酌古准今"致"用"。所谓"体用兼赅",实则是儒家一直所追求的成己成物、内圣外王之终极理想的概括。因此,李二曲"体用之学",实即是内圣外王之学的哲学式表达。其中,"体"侧重于道德心性等内圣修养方面,"用"则侧重于古今治理日常事功等外王事业方面。若以"德业"来概括其间关系,则可谓以"德"为体,以"业"为用了。

以上是二曲对"体用"的界定,接下来看二曲是如何界定"明体适用"的呢? 他说:

【2】问体用。曰明德是体,明明德是明体;亲民是用,明明德于天下作新民是适用。格致诚正修乃明之之实,齐治均平乃新之之实,纯乎天理而弗杂方是止于至善。①

具体来说,二曲以"明德是体,明明德是明体;亲民是用,明明德于天下作新民是适用"。其逻辑似乎十分浅近明白,仔细分析其实不然。为更清晰地呈现其中关系,图示如下:

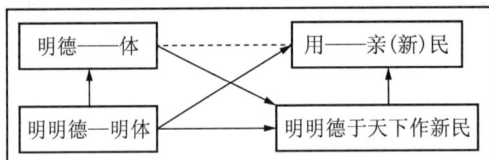

如图所示,此体用结构中有两点值得注意:

其一,二曲以"明德"为体,若从"体用"的传统来讲,当以"明明德"为用,但他以"亲(新)民"为用,以"明明德"为"明体"。他以"明明德于天下作新民"为"适用",其"适用"中不仅包涵"亲(新)民"之用,还包涵"明明德"之体。也就是说,所谓"适用",即是通过"明体"以达至"用"之过程,也即是在"用"中明"体"。结果是四者之间,"体"可以直接引发"明体","明体"作用于"用"而联合达成"适用","体"则透过"明体"参与到"适用"之中。因这些关系都是实际直接发生的,故在图中以实线标示。有意思的是,图中唯一用虚线标示的却是体与用之间。就传统的体用逻辑而言,体用之间的关系无论是从体起用还是摄用归体,无论是即体即用还是体用一源,无疑都表明体用之间存在一种原生且实在的主从关系,一方面体能生用,一方面用能显体。很显然,李二曲所论的体用关系与此明显不同,他的体用之间是并置平列关系,存有很强的独立性,倒是其"明体"和"适用"似乎更适合传统的体用逻辑。既如此,这种体用结构之根源在何处? 其合理性在哪里?

_____

① 李颙:《二曲集》,陈俊民点校,中华书局,1996年,第401—402页。

其实结合前面李二曲对体用范畴的界定，不难回答上述两个问题。前面的分析业已表明：李二曲体用之学以道德心性等内圣修养，即以"德"为"体"；以古今治理日常事功等外王事业，即以"业"为"用"。表层来看，"德业"之间，一内一外，本具有相对强的独立性和平等性。虽然内在"明德"之体即是"新民"之用的内在本质和实现根据，但其本身并不能直接生发为外在"新民"之用，所以需要一个"明体"即"明明德"的过程。事实上，就个体而言，"明明德"即是"作新民"，这即是"立体"；但就社会全体而言，还需要将此明明德作新民的工夫推广拓展到全天下，即是把"新民"之用普适化，这才是"适用"。所以，实际上是透过"明体"与"适用"的工夫，把"德业"之间隐性的体用逻辑现实化和显明化了。

其二，此处表面上是就《大学》三纲而言体用之学，实际上却是用"体用"这一对哲学范畴来诠释《大学》之道的思想内容。就思维的层面而言，"三纲"属于《大学》的表层结构，为显；而"明体适用"则为其深层结构，当属于隐。

由前面已经分析得知，所谓"明体"其实就是使"明德之体"得以明之功夫，所谓"适用"即是使"新民之用"得以普适化的功夫。因此，"明德"与"明明德"之间构成"本体—工夫"的关系，同样"新民之用"与"适用之间"也构成"本体—工夫"之关系。"本体—工夫"无疑也可以归属于体用逻辑，即本体与工夫之用。这样就会形成一个很有意思的结构，如下图所示：

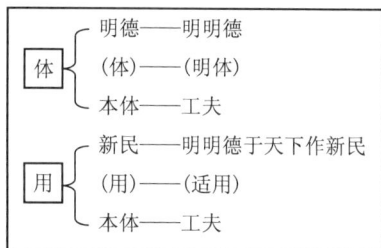

```
    ┌ 明德——明明德
体 ┤ （体）——（明体）
    └ 本体——工夫
    ┌ 新民——明明德于天下作新民
用 ┤ （用）——（适用）
    └ 本体——工夫
```

所以，李二曲的"明体适用"，从体用逻辑的本质上说，实属于"本体—工夫"类型的体用结构。其内核仍然是以"德业"为"体用"的儒家内圣外王思想。

（二）《体用全学》中的体用全学

【3】儒者之学，明体适用之学也。欲为明体适用之学，须读明体适用之书。未有不读明体适用之书而可以明体适用者也。[1]

康熙八年己酉(1699)，李二曲应门人张珥之请，开列了"体用全学的书

---

[1]　李颙：《二曲集》，陈俊明点校，中华书局，1996年，第48页。

单",分为"明体"与"适用"两类,其中"明体"又分为"明体中之明体"和"明体中的功夫"两类,"适用"则属经济事功方面。

明体类:

一为"明体中之明体":《象山集》、《阳明集》、《龙溪集》、《近溪集》、《慈湖集》、《白沙集》。二是"明体中之功夫":《二程全书》、《朱子语类大全》、《朱子文集大全》、《吴康斋集》、《薛敬轩读书录》、《胡敬斋集》、《罗整庵困知记》、《吕泾野语录》、《冯少墟集》。

【4】自象山以至慈湖之书,阐明心性,和盘倾出,熟读之,则可以洞斯道之大源。夫然后日阅程、朱诸录及康斋、敬轩等集。以尽下学之功,收摄保任,由工夫以合本体,由现在以全源头。下学上达,内外本末,一以贯之,始成实际。[1]

《邹东郭集》、《王心斋集》、《钱绪山集》、《薛中离集》、《耿天台集》、《吕氏呻吟语》、《辛复元集》、《魏庄渠集》、《周海门集》。

以上诸集,纯驳相间,舍短取长,以备参考。

适用类:

《大学衍义》、《衍义补》、《文献通考》、《吕氏实政录》、《衡门芹》、《经世石画》、《经世挈要》、《武备志》、《经世八编》、《资治通鉴纲目大全》、《大明会典》、《历代名臣奏议》。

右自"衍义"以至"奏议"等书,皆适用之书也。噫!道不虚谈,学贵实效,学而不足以开物成务、康济时艰,真拥衾之妇女耳,亦可羞已。

《律令》。

律令最为知今之要,而今之学者,至有终其身未之闻者。读书万卷不读律,致君尧、舜终无术。夫岂无谓而云然乎?

《农政全书》、《水利全书》、《泰西水法》、《地理险要》。

以上数种,咸经济所关,宜一一潜心。然读书易,变通难。赵括能

---

① 李颙:《二曲集》,陈俊明点校,中华书局,1996 年,第 52 页。

读父书,究竟何补实际。神而明之,存乎其人。识时务者在于俊杰,夫岂古板书生所能辨乎? 噫!①

这里将其全部录出,旨在使读者对二曲的"体用全学"有通盘之了解。其中值得关注的有二:第一,他根据其"体用"逻辑将学术分为明体类与适用类,而不是体类和用类,显见其工夫论的逻辑立场。第二,他还进一步对明体类和适用类作了区分,下面通过图示来简化其中逻辑。

大类	小类	书籍	评述
明体类	明体中之明体(上达本体)	《象山集》、《阳明集》、《龙溪集》、《近溪集》、《慈湖集》、《白沙集》	自象山以至慈湖之书,阐明心性,和盘倾出,熟读之,则可以洞斯道之大源。
	明体中之功夫(下学工夫)	《二程全书》、《朱子语类大全》、《朱子文集大全》、《吴康斋集》、《薛敬轩读书录》、《胡敬斋集》、《罗整庵困知记》、《吕泾野语录》、《冯少墟集》	夫然后日阅程、朱诸录及康斋、敬轩等集。以尽下学之功,收摄保任,由工夫以合本体,由现在以全源头。下学上达,内外本末,一以贯之,始成实际。
适用类	政法	《大学衍义》、《衍义补》、《文献通考》、《吕氏实政录》、《衡门芹》、《经世石画》、《经世挈要》、《武备志》、《经世八编》、《资治通鉴纲目大全》、《大明会典》、《历代名臣奏议》、《律令》	右自"衍义"以至"奏议"等书,皆适用之书也。噫! 道不虚谈,学贵实效,学而不足以开物成务、康济时艰,真拥衾之妇女耳,亦可羞已。
	经济	《农政全书》、《水利全书》、《泰西水法》、《地理险要》	咸经济所关,宜一一潜心

细察上表,二曲把明体类进一步分为"明体中之明体"和"明体中之功夫",从学术源流来讲,诚如诸多学者所指出的,即他试图在工夫论的层面上和会朱子学和阳明学,但从根本上说是"上达与下学"、"本体与工夫"的分别。这从他对明体类和功夫类的总结评述中可以清楚地看出。他以为"自象山以至慈湖之书",根本在于"阐明心性",读此书则可以"洞斯道之大源"。之所以为"明体中之明体",乃在于其能"上达"道之本源。而"程、朱诸录及康斋、敬轩等集",其根本在于尽"下学"之功,收摄保任,最终目的在于"由工夫以合本体,由现在以全源头"。所以二者结合起来,则可"下学上达,内外本末,一以贯之,始成实际"。

二曲于适用类虽然没有像明体类那样做出明确的分类和说明,但就其所列和评述来看,仍然存在一个进一步二分的逻辑结构。如上表所示,实际

---

① 李颙:《二曲集》,陈俊明点校,中华书局,1996 年,第 52—54 页。

上可以看到其中《大学衍义》、《衍义补》、《文献通考》、《吕氏实政录》、《衡门芹》、《经世石画》、《经世挈要》、《武备志》、《经世八编》、《资治通鉴纲目大全》、《大明会典》、《历代名臣奏议》、《律令》等书,与《农政全书》、《水利全书》、《泰西水法》、《地理险要》等有一个根本的区别:即前者更侧重于国家和社会的治理理论方面,包含意识形态、政治军事理论、法律制度等,实可归为"政法"类;而后者属于纯粹的实用性的实践方面,包括农业管理、水利工程即地理科技等,二曲将此归为"经济"类。因此"适用类"又可以分为两类:即政法类和经济类。就二曲其对此二类的态度来看,二类之间实际上也属于本体与工夫的关系,即偏于理论的政法类属于"适用中之理论本体",而偏于实用的经济类则属于"适用中的实用工夫"。

至此,若结合前面的体用分析,我们可以发现在二曲体用全学之中,存在一个复杂而完备的逻辑结构。图示如下:

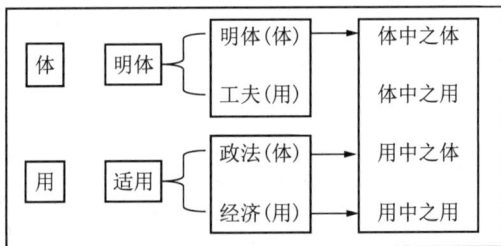

从上述所列的学术著作来看,《二曲集》所主张的"明体适用"之学,其所谓"体"即指道德心性的修养,而"用"则指治国平天下及其有关的政治、军事、律令、农田、水利、地理等的应用。在每部书之后,李颙都写了按语,指出每部书的性质和意义,在"明体"或"适用"方面占有怎样的地位。这些按语都充分反映了李颙的学术价值取向,其中最为明显的是,他把陆九渊、王守仁等人的著作看成"明体中之明体",而把二程、朱熹等人的著作,只看成"明体中之功夫",反映了他在学术上仍然倾心于"心学"。在《答顾宁人先生》论学书中,李颙指出:"明道存心以为体,经世宰物以为用,则体为真体,用为实用。"既要明道存心,又要经世宰物,则只辨古今疑误字句,考据训诂,或求于口耳见闻之间,就必然只是舍本求末了。由此可见,李颙虽大谈道学心性修养,但他是以实用为旨归的。尤其在"适用类"方面,他把《经世挈要》、《武备志》、《农政全书》、《水利全书》、《泰西水法》、《地理险要》等书列入教材范围,这表明他对实际学问的确实关心。如《经世挈要》一书,其内容涉及屯田、水利、盐政以及国计、选将、练兵、车制、火攻等。《武备志》的内容包括古今战阵以及用兵之法,其中《孙子》、《吴子》、《纪效新书》、《练兵实纪》都是古代兵家的经典著作。而《农政全书》、《泰西水法》等都是当时的科技新书,他把这些列入教材,表明他的"适用"之学的确是以"经世致用"为目标的。

对此,林继平恰当地指出:"明体类,以陆王派学者的著作为明体中之明体,复以程朱派学者的著作为明体中之功夫,兼摄程朱陆王之长,而去其短。"①

第三节　明末佛教中兴与体用思想

明朝建立之初,推崇理学,强化理学专制思想统治。朱元璋说:"天下甫定,朕愿与诸儒讲明治道。"对佛教控制相当严格。从总体上看,明代佛教仍然以禅宗和净土宗为最流行,思想理论上则甚少创新。明代官僚士大夫受佛教影响依然很深,中后期参禅学佛也有所抬头。王阳明(1472—1528)继宋代陆九渊"心即理"的命题,提倡"心外无物"、"知行合一",发展理学新领域,只有在佛教哲学大气氛的熏陶中才能形成。至于李贽(1527—1602)对道学的激烈批判,也公开打出佛学旗号,采用佛学的思想语言。他用《大乘起信论》等讲的"真心"解说他的"童心",用般若的"真空"否定"伦物"的神圣,他也像南宗禅僧那样自在不羁。李贽开辟了居士佛教同宋明理学对立的一途,至清代而形成一大社会思潮。颇受李贽影响的袁宏道(1568—1610),中年参禅,文学创作上抒发"性灵",与晋宋之际谢灵运等以佛经求"灵性"相呼应;后入净土,撰《西方合论》十卷,提倡禅净合一、归宗净土,认为,"禅宗密修,不离净土,初心顿悟,未出童真。入此门者,方为坚固不退之门"。袁氏兄弟三人皆好佛,主张类似。其兄袁宗道(1560—1600)称颂《西方合论》,谓"念佛一门,于居士尤为吃紧,业力虽重,仰借佛力,免于沉沦"。明清居士多修净土念佛,包括一些大文豪,其影响直至民国初年。神宗万历(1573—1620)时期,佛教义学有一定发展,其中学识广博、在士大夫层中影响较大,对促进居士佛教起过重要作用的有云栖祩宏、紫柏真可、憨山德清、蕅益智旭,后世称为"四大高僧"。接下来,将以紫柏真可、憨山德清为主要考察对象,说明明代佛教思想中的体用发展。

一、紫柏真可:体用相与体用互称

紫柏真可(1543—1603),俗姓沈,江苏吴江人。他的思想与祩宏大致相同。时人顾仲恭指出,真可可贵之处,在于他"不以释迦压孔老,不以内典废子史。于佛法中,不以宗压教,不以性废相,不以贤首废天台。盖其见地融朗,圆摄万法,故横口所说,无挂碍,无偏党"。他以为禅家只讲机缘,佛徒只知念佛求生净土,各是一种片面,只有文字经教才是学佛的根柢。因为般若学者历来认为,不通文字般若,即不得观照般若,更不能契会实相般若。

---

① 林继平:《李二曲研究》,陕西师范大学出版社,2006 年,第 243 页。

真可曾发起雕刻《大藏经》，此即《嘉兴藏》（或名《径山藏》）。《嘉兴藏》屏弃了一向沿用的折叠式装帧（梵式），而采用线装书册式装帧（即方册式），为佛籍的传播带来许多方便。

下面将以《紫柏尊者全集》为对象，重点考察其体用思想。

> 【1】性有性之体，性有性之用，性有性之相。何谓体，用所从出也。何谓用，相所从出也。何谓相，昭然而可接者也。如善恶苦乐之情，此相也。苦乐之情未接，灵然而不昧者，此用也。外相与用，而昭然与灵然者，皆无所自矣，此体也。昔人以性无善恶，情有善恶。殊不知性无性，而具善恶之用。用无性，而著善恶之相。若赤子堕井，而不忍之心生，此善之情也。此情将生未生之间，非吉凶有无可能仿佛者，乃不知其为心，而遂认心以为性。所以性命之学，于是乎晦而不明也。①

此处重点在辨明心性差别，反对"认心以为性"的错误做法。认为正确分辨心性差别，关键在于辨明性之"体用相"及其关系。首先他从体用相三者逻辑关系来分别界定何谓用相。他认为，所谓"体"是相对于用而言的，是用之所从出的根源或依据；而"用"则是"相"所从出的根源或依据；所谓"相"则是直接表现为"昭然而可接"之形象或现象。由此可见一条逻辑链条：体生用，用生相（形象或现象）。接着，他通过举例来具体说明体用相之差别，他以儒家常说的"善恶苦乐之情"为性之"相"，以"苦乐之情未接，灵然而不昧者"为性之"用"，实为新儒家所谓之"心"；以"昭然与灵然者，皆无所自"为性之"体"，强调性"体"是"外相与用"的独立之体，并且认为性之体乃是"无所自"的，即意味着"体"具有宗极本根之义，它是性之用和相的根据，但他自己是自在而无所依赖的，因而表示"性"之"体"乃是自在而实在。

仔细考察紫柏之论述逻辑，可以发现，其儒家心性论中的所谓善恶之"情"，在此属于性之"相"的范畴，而所谓性之用则相当于儒家心性论之中的"心"。如此就形成一个与程朱理学"心统性情"不同的心性论结构，如图所示：

$$
\text{性}\left\{\begin{array}{l}\text{体}\\\text{用：心}\longrightarrow\text{相：情}\end{array}\right. \qquad \text{心}\left\{\begin{array}{l}\text{(未发)善}\\\text{用：情(已发)善恶}\end{array}\right.
$$

性　真可　　　　　　　心　儒家

在此基础上，紫柏真可认为：性本身无善恶可言，而有用之善恶和相之善恶。

---

① 《紫柏尊者全集》卷六，《续大藏经》，第73册，第194页下。

必须引起注意的是，此处的"体用相"结构，实与《大乘起信论》中的"体相用"是完全不同的逻辑。其根本差别在"相"的逻辑内涵和位置上，《起信论》中所言之"相"实为法界真如之内在无穷性德之"性"，而此处所言之"相"是表现在外可以感知觉察的现象性存在。真可的"体用相"实为一体用层递结构：体用之体用与用相之体用。因此"体用相"从逻辑上说，更接近与孔颖达所谓的"体象用"。

【2】毗舍浮佛，此言自在觉。觉与自在，体用互称耳。盖觉则自在，自在则觉。故圣人体用圆融，无粗不精。精则一，一则无待。无待则无外。无外则物我同根，天地一体。所以大不废小，体不废用。①

毗舍浮佛即报身佛，象征"自在觉"之境界。真可在此以体用结构说明此"自在觉"的内在逻辑，认为觉与自在之间"体用互称"，即互为体用，体用双融之义。由此而达至"物我同根，天地一体"之道家境界，以及"大不废小，体不废用"之体用皆备的儒家境界。在此，真可依"体用"融通三教的苦心可见一斑。

【3】《跋五慈观阁记》：枣柏有言曰：十世古今，始终不离于当念；无边刹海，自他不隔于毫端。由是观之，则一念未生之时，谓之宗。一念既生之后，谓之用。故宗之与用，如一指之屈伸耳。指未屈伸时，指在而不可以见闻得。指正屈伸时，指隐而不可以动静识。谓其动乎，屈不是伸。谓其静乎，伸不是屈。屈之伸之，各各独立。故正伸时，屈不可得。正屈时，伸亦不可得。正屈伸时，指体不可得。未屈伸时，屈伸亦不可得。惟知宗者，可以用用。宗辟指体，用辟屈伸。又知宗者，则情出古今。用用者，则自他不隔。然后将此爱人谓之仁，将此处事得宜谓之义。将此施之于上下、品节有条谓之礼。将此变通一切而不滞，谓之智。将此确然固守，临死生交易之际，无毫发苟且，谓之信。此五者，古人用不尽，今人故得用之。知此则五慈之旨，思过半矣。虽然爱见之慈，忍力之慈，与夫等慈大慈，皆可以义理得也。唯真慈一着子，苟非明悟自心，不缠知见，辟如叶公画龙，真龙现前，未必不投笔怖走也。②

在此，真可提出"宗用"之说，以"一念未生之时"为宗，"一念既生之后"为用。又将宗与用，譬喻为一指之屈伸。指为宗，屈伸为用。惟知宗者，可

---

① 《紫柏尊者全集》卷十二，《续大藏经》第 73 册，第 246 页上。
② 《紫柏尊者全集》卷十五，《续大藏经》第 73 册，第 279 页上。

以用用。宗辟指体,用辟屈伸。又知宗者,则情出古今。用用者,则自他不隔。

二、憨山德清:三教体用

憨山德清(1546—1623),俗姓蔡,安徽全椒人。德清少年时攻读儒书,19岁出家,初从摄山栖霞寺法会学禅,再从明信学华严,后来北游参学,听讲天台、法相。万历十一年(1583),赴今青岛崂山结庐安居,得到皇太后资助,多用于施救孤苦和建立寺院,二十三年(1595),以私创寺院罪充军雷州,常在广州着罪服为众说法。遇赦后,辗转于衡阳、九江、庐山、径山、杭州、苏州、常熟等地,终老于曹溪。他的论疏亦富,后人集为《憨山老人梦游集》。

德清一生受法会禅师影响最深。法会力主禅净兼修且通达华严。故德清虽为临济宗下禅僧,思想上却提倡诸宗融合。时人吴应宾说他,"纵其乐说无碍之辩,曲示单传,而熔入一尘法界,似圭峰(宗密);解说文字般若,而多得世间障难,似觉范(慧洪);森罗万行以宗一心,而无生往生之土,又似永明(延寿)"。对于"禅",德清有自己的特殊见解,以为"禅乃心之异名,若了心体寂灭,本自不动",完全可以不拘是坐是行,是"入"是"出"。但在教人上,他仍然重视念佛净土法门,以为修念佛三昧,足以统摄三根,圆收顿渐,一生取办,无越此者。

德清对于三教合一的主张,既不限于宗派上的宽容,也不限于思想上的相互融会,而是要求对三者均有专门的探究。他说:"为学有三要,所谓不知《春秋》不能涉世,不精老庄不能忘世,不参禅不能出世。此三者,经世、出世之学备矣,缺一则偏,缺二则隘,三者无一而称人者,则肖之而已。"他还强调此"三者之要在一心",得此一心,则"天下之理得矣"。三教之所以一致,也是因为三教同此一心,故曰:"三教圣人,所同者心,所异者迹也。"这与明代道学家的思想是十分吻合的。

《憨山老人梦游集》卷第四十五,《观老庄影响论》:

> 发明体用:或曰,三教圣人教人,俱要先破我执,是则无我之体同矣。奈何其用有经世、忘世、出世之不同耶?答曰:体用皆同,但有浅深小大之不同耳。假若孔子果有我,是但为一己之私,何以经世。佛老果绝世,是为自度,又何以利生。是知由无我,方能经世;由利生,方见无我。其实一也。若孔子曰"寂然不动,感而遂通天下之故",用也。"明则诚",体也。"诚则形",用也。心正意诚,体也。身修家齐国治天下平,用也。老子无名,体也。无为而为,用也。孔子曰:"唯天唯大,唯尧则之。荡荡乎,民无能名焉。"又曰:"无为而治者,其舜也欤。"且经世以

尧舜为祖，此岂有名有为者耶？由无我，方视天下皆我。故曰：尧舜与人同耳。以人皆同体，所不同者，但有我私为障碍耳。由人心同此心，心同则无形碍，故汲汲为之教化，以经济之。此所以由无我而经世也。老子则曰："常善教人，故无弃人。"无弃人，则人皆可以为尧舜。是由无我，方能利生也。若夫一书所言"为而不宰，功成不居"等语，皆以无为为经世之大用，又何尝忘世哉！至若佛则体包虚空，用周沙界，随类现身。乃曰：我于一切众生身中，成等正觉。又曰：度尽众生，方成佛道。又曰：若能使一众生发菩提心，宁使我身受地狱苦，亦不疲厌，然所化众生，岂不在世间耶？既涉世度生，非经世而何？且为一人而不厌地狱之苦，岂非汲汲耶？若无一类，而不现身，岂有一定之名耶？列子尝云"西方有大圣人，不言而信，无为而化"，是岂有心要为耶？是知三圣，无我之体，利生之用，皆同，但用处大小不同耳。以孔子匡持世道，姑从一身，以及家国，后及天下，故化止于中国；且要人人皆做尧舜，以所祖者尧舜也。老子因见当时人心浇薄，故思复太古，以所祖者轩黄也；故件件说话，不同寻常；因见得道大难容，故远去流沙。若佛则教被三千世界，至广至大，无所拣择矣。若子思所赞圣人，乃曰：凡有血气者。莫不尊亲。是知孔子体用未尝不大，但局于时势耳，正是随机之法，故切近人情。此体用之辩也。惜乎后世学者，各束于教，习儒者拘，习老者狂，学佛者隘。此学者之弊，皆执我之害也。果能力破我执，则剖破藩篱，即大家矣。①

此处所引长文来自德清《憨山老人梦游集》卷第四十五《观老庄影响论》，其中心思想是有关儒释道三教的体用之辩。众所周知，宋代以来，三教逐渐走向融合，但各家自又都强调自己本教之优势，故当时流行有各种三教同异论，其中最为典型的一种，即认为三教之体相同，但其用有经世、忘世、出世之不同。对此，德清提出自己的观点，他认为三教之体均为无我之体，用都是利生之用，故"体用皆同，但有浅深小大之不同"。所谓"用处大小不同"，分别而言，儒家孔教虽入世但"化止于中国"，道教老子则是"思复太古"而语涉虚无，唯有佛教是"教被三千世界，至广至大，无所拣择"。从德清所述来看，显然他认为儒家之用不及道家之用，而道家之用又不及佛教。不过随后他又解释说，孔子体用不是不广大，只是局于时势，而必须随机择法，所以显得更为切近人情而已。

---

① 憨山德清：《憨山老人梦游集》卷第四十五《观老庄影响论》，《续大正藏》第73册，第772页上。

由上所述,可知德清对于三教融通的思想更为激进,他不仅认为三家本体相同,而且还坚持认为三家之用也是相同的,因而坚决反对所谓儒家经世、道家忘世、佛家出世的说法,认为三家无不同时具有经世、忘世、出世之利生之用。他也承认三家在用之深浅大小上有差别,且最终还是站在佛教本位之上来分别三家,尽管他最后又对儒家做了一个平衡性补充说明。

从"体用"范畴来说,显然,此处之"体"乃是指终极境界之心灵本体,而"用"则是这种本体对于宇宙社会之众生的作用和影响。所以从根本上说,这也是传统的内圣外王或明体适用的体用逻辑表达。

第四节 明末清初伊斯兰教哲学中国化与体用思想

伊斯兰教在中国的传播起源于公元 7 世纪,整体经历了三个时期:一是唐宋时期,二是元朝时期,三是明清时期。唐宋时期,前来中国的阿拉伯、波斯贡使和商人等通过海上香瓷之路、陆上丝绸之路两线,将伊斯兰教和平传入中国,此时的伊斯兰教同中国传统文化尚处在早期的磨合阶段。到元朝时期,由于蒙古统治者的极力推崇,"元时回回遍天下",使伊斯兰教成为与佛教、道教、基督教、犹太教并列的"清教"、"真教"。到了明清时期,伊斯兰教开始了真正意义的本土化,一方面是穆斯林开始融入中国政治生活,明朝钦天监还设有回回历专科;与此同时,《明律》要求色目人必须与中国居民通婚,禁胡服、胡语、胡姓,这就促成明清时代回族、撒拉族、东乡族等民族的诞生。另一方面也是最为重要的是伊斯兰教教义的中国化。[①]

明末清初,活跃在江南(南京和云南)一带的王岱舆(约 1570—1660)、马注(1640—1720)、刘智(1669—1764)与马德新(1794—1874)等中国伊斯兰教学者,掀起了一场蓬勃的汉文译著活动,主要是用汉文翻译或撰写伊斯兰教经典和著作,形成所谓"金陵学派"。他们立足于伊斯兰的原典和经训典籍的权威诠释,创造性地运用中国哲学思想体系中的相关范畴和概念,特别是以当时在中国占主导地位的宋明理学的架构来阐述伊斯兰教教义的体系——本体论、宇宙论、认识论和性命论。正是通过这种"以儒诠经",伊斯兰教具有了明显的中国风格、本土气派,为中国穆斯林建构了汉语话语体系中的一套伊斯兰的价值体系和意义体系,也为伊斯兰教的中国化发展提供了理论支撑。在这些翻译和阐释过程中,他们都十分自觉地运用了"体用"范畴和逻辑。下面将重点考察刘智在《真境昭微》的翻译与《天方性理》的创作中体现的体用思想。

---

① 参见沈桂萍:《伊斯兰教中国化:历史与现实》,中央社会主义学院网站(http://www.zysy.org.cn/a1/a-XCW845C4EB95E8A1215C48),2017 年 4 月 27 日。

一、《真境昭微》与《天方性理》

刘智（1669—1764），字介廉，号一斋，清上元（南京）人，为清初回族伊斯兰教著名学者、著作家。他一生著译数百卷，刊行仅十数种，传世尚有《五功释义》、《真境昭微》、《天方三字经》、《天方字母解义》等。刘智的著作反映了公元 17 世纪中国伊斯兰教哲学思想的最高成就，成为当时中国哲学思想的重要部分。

（一）《真境昭微》的翻译与体用

《真境昭微》是刘智对贾米①的波斯文伊斯兰苏菲主义著作《勒瓦伊合》的汉文译作。刘智在保持伊斯兰思想特色如强调本体论、宇宙论与人的主体状态的密切关联，重视宗教与哲学、理性主义与神秘主义互补关系的同时，大量吸收中国哲学的概念和范畴并使伊斯兰教与中国文化有机融合。贾米的原著中是没有标题的，只是每章冠以 xxGleams（隐现之光）字样，但刘智的《真境昭微》却别出心裁，为每章冠以精当的题目：如第 1 章一心、第 2 章聚分、第 3 章见道、第 4 章变灭、第 5 章全美、第 6 章研究、第 7 章蕴积、第 8 章克己、第 9 章克克、第 10 章归一、第 11 章提觉、第 12 章慎守、第 13 章真有、第 14 章有、第 15 章体用、第 16 章名拟、第 17 章化原、第 18 章统序、第 19 章妙蕴、第 20 章更变、第 21 章通碍（上）、第 22 章通碍（下）、第 23 章理象、第 24 章名分、第 25 章真品、第 26 章实物、第 27 章世界、第 28 章象拟、第 29 章显、第 30 章理、第 31 章能为、第 32 章善恶、第 33 章知能、第 34 章实物合、第 35 章体用合、第 36 章辨义。

刘智在对原著的理解上，将每一章的大义进行高度概括，然后以意蕴之词命名，这个过程是刘智运用心智的创造性转化过程，是对原著在汉语语境中的再创作。刘智在仔细推敲的过程中，运用当时占时代主流的儒家宋明理学和王阳明的心学思想和哲学概念进行对应转换，同时也折射出刘智除了对主流思想的把握之外，还对道教、佛教等其他宗教有相当的理解和认

---

① 贾米（al-Jami，1414—1492），中世纪波斯伊斯兰教苏菲派著名学者、诗人。一译"加米"、"查密"。全名努尔丁·阿卜杜·拉赫曼·本·艾哈迈德·本·穆罕默德·贾米。塔吉克人。祖籍伊朗法罕，生于赫拉特附近的贾姆村，故以出生地取名。贾米是一个多产作家，据载，他有 54 部重要著作，内容涉及经训注释、教义、伦理、人物传记、历史、阿拉伯文法、韵律学、诗歌、散文、音乐等。贾米还对伊本·阿拉比的《智慧珍宝》作过注释，称为《勒瓦伊合》，汉译本名为《真境昭微》，对法赫尔丁·阿拉格的《神圣闪光》所作的注释本称《额慎晒哼》，汉译本名为《昭元秘诀》。在宗教思想上，贾米继承了纳格什班迪（1314—1389）苏菲主义的学说，提倡入世主义，注重现实生活，主张在教乘修持的基础上进行道乘修持，严格遵奉经训。在纳格什班迪提出的"修道于众，巡游于世，谨慎于行，享乐于时"的原则下，进行精神修炼。他以苏菲主义观点对《古兰经》作了注释，选编了《四十段圣训集》。在《人类的馨香》一书中，以散文传记体的形式描述了 582 名苏菲派长老和 34 名寻道者的生平事迹和思想观点，并给予了评价。详见 http://baike.baidu.com/view/111782.htm

识,而且还包括刘智的求学背景、人生阅历和思想发展的轨迹。刘智的译著都深层地反映着他的这种综合的创造性心智过程和精神探险之旅。①

(二)《天方性理》的创作与体用

《天方性理》是刘智所著的一部体系宏大、思维严密的哲学著作。该著作最能体现东西方文化融合的特色,也是伊斯兰教义中国化的一个典范。《天方性理》共分《本经》和《图传》两部分,《图传》部分有图六十幅,传六十篇,分为五卷。《本经》部分又称《性理本经》,共分五章:第一章总述大世界造化流行之次第,第二章分述天地人物各具之功能,第三章总述小世界身性显著之由;第四章分述小世界身心性命所藏之用,第五章总述大小两世界分合之妙义与天人浑化之极致。《性理本经》文字虽然不多,略计一千九百多字,但它是《天方性理》图说的主体部分,而《图传》只是为了让人们能理解《本经》的内在含义而增设。刘智在《天方性理》自序中写道:"因于数大部经中,择其理同而义合者纂为一书,即汉译《性理本经》也……其文约,其旨该,《天方性理》之奥蕴,亦见端于此矣!智犹恐初学之有疑也,复因经立图,以著经之理,因图立说,以传图之义。说凡六十,厘为五卷,窃欲学天方之学者,观图以会意,观文以释经,不滞方隅之见,而悟心理之同,不涉异端之流,而秉大公之教,庶不负先圣著经之意,以成先君子素志而已。"②

《本经》主要内容论述了伊斯兰教关于宇宙起源、"大世界"(天)与"小世界"(人)、性与理之间的关系。其理论基础是以伊斯兰教"凯拉姆学"(即认主学)为主,融合了苏菲派哲学思想的"神智论"、"人主合一论"、中国宋明理学的性理论与传统儒学的社会伦理思想,其理论核心是"三一论",即"真一"独一无偶,造化天地万物、主宰天地万物。"数一"是由"真一"经过"先天理化"而产生的元气、阴阳、四元(气、火、水、土)三子(金、木、活类)、天星、地海、金石、草木及人类。"体一"是人通过认识自身,认识客观世界而达到认识"真一"。在论述中,作者以"真一"比附理学的"理",以"数一"和"体一"比附理学的"性"。理学认为"理"或"天理"是最高范畴,系宇宙万物的本原,而作者则认为理之上犹有"真一"。"数一"、"体一"都来自"真一"。在谈到天人关系时,提出"三一通义"的观点。认为真主独一无偶,主宰天地万物,这是"真一";"真一"是种子,由此产生了天地万物,这是"数一";人通过认识自己,认识了世界和造化万物的真主,这是"体一"。最后,天人浑化,复归于"真"。突出了伊斯兰教的"认主独一论",从而构建了中国伊斯兰教的宗教哲学体系,也扩大了性理学说研究的内容和范围。下面集中关注他在翻译和创作中对体用范畴的广泛运用。

---

① 丁克家:《汉语语境中的文化表述与中伊哲学的交流——论〈勒瓦一合〉和〈真境昭微〉的中伊哲学思想的融通》,《回族研究》,2005 年第 3 期。

② 马德新撰:《四典要会》,青海人民出版社,1988 年,第 5 页。

1. 宇宙论与体用

卷一历叙大世界所以显著之由：

【概说】造化有初，而必有其最初。象数未形，众理已具，此造化之初也。当其无理可名，是为最初。其造化之本然，不可以名称，诸家以其无称，而遂谓之为无，奚可哉？曰谓之为无者，非虚无之谓也，谓其有真而无幻也，有体而无用也。虽然，既有真矣，真即有也，又何以谓之无？既有体矣，体既有也，又何以谓之无？圣人于此不曰无，而曰元称。性理家于此不仅谓之为有，而谓之曰实有。实有者，无对待而自立者也。真幻不分，体用无别，一无所有，而实无所不有也。①

此处为刘智集中论述宇宙大世界的起源，他旗帜鲜明地认为，宇宙有其终极根源，即所谓"造化有初，而必有其最初"。具体而言，造化之初虽然是"象数未形，众理已具"，故常人谓之"无"，但不可等同于不存在之"虚无"。实际上它是真实的存在，用体用论来说，造化之初实乃是"有体而无用"。所以儒家圣人不称为"无"而称之为"元"，性理家即伊斯兰教学者也不称其为"无"，相反是称之为"实有"。所谓"实有"，乃是指这种最初之存在是唯一的、无对待的，也是自在自为而不依赖其他存在的真实存在。此种真实的存在一方面是一无所有，即不是任何一个具体的存在之"有"，但又是"无所不有"的，所以说它是"真幻不分，体用无别"的。

【概说】曰最初之境，毫无虚幻，则称之为真可也。毫无作用，则称之为体，可也。而何以言无称？盖才言真，即拘于其真之品，而遂与幻分矣；才言体，即落于其体之位，而遂与用判矣，非此图之义也。此图之义，即真即幻，即体即用，一本万殊，表里精粗，始终理气，一以贯之。而其称名不落于一边，故曰无称。及其动而显也，分为数品：一、不动品，体也；二、初动品，用也；三、主宰品，体用分也；四、初命品，真理现也；五、性命品，万理分也；六、形气品，气象著也。六品备，而造化全矣。

此处进一步通过名称辨析来阐明造化最初之境的真实特性。有人疑惑：既然他是真实无幻，体有而用无，为何不直接称之为"真"或"体"，而说其是"无称"的呢？刘智认为，称之为"真"和"体"，则必有"幻"和"用"与之相对，问题是，造化最初之境虽然真实存在，却是"真幻不分，体用无别"的，也

① 刘智：《天方性理》，乾隆考城金氏安愚堂藏板（北京大学图书馆藏）。如无特殊说明，自此以下文字均取自该书，故不再标注。

即他说的"即真即幻,即体即用,一本万殊,表里精粗,始终理气,一以贯之"的存在。所以唯有"无称"才不落两边,才符合此最初存在之实际。

但此最初之源始存在发动而显现为现象世界时,也即从"理世"进入到"象世"时,则根据其过程可分为六品:前三品依"体用"立,即从"不动品"之纯"体"到"初动品"之"用"生,再到"主宰品"之体用分别;后三品依"理气"立,从"初命品"之"真理现"到"性命品"之"万理分",再到"形气品"之"气象著"。由此六品之后,则成为一体用分别、理气粲然之宇宙大世界,造化之功也就全部实现了。

【真体无著图说】此初图分品之第一品也。体也,不动品也。说者曰:"有体则有动,何言不动?"曰:"其体也,粹精之至;而不落于方所。凡有气者则动,而此体不属于气;凡有象者则动,而此体不属于象;凡充周有所及,而有所不能遍及者则动,而此体则非虚非实,而毫无所用其充周,夫是以谓之曰:不动品也。"

此处解说第一之"不动品",强调真体不动,乃是因为此体不属于"气",当然也不属于"象",同时也是本来周遍,故曰"不动"。

【大用浑然图说】此初图分品之第二品也。当斯之际,空空洞洞之本体,毫未有动,而已寓乎其动之机,不得已而名之曰初动,初动之品,即全体大用也。大用毫无发露,不过即其本体所含自然之妙,而姑以用名之。夫自然之妙,岂即是用?但既有自然之妙,必绪兖乎有欲动之机,于是乎以用名之也。大用不过知、能二者,自然之妙,尚未有知,而已具有无所不知之妙;自然之妙,尚未有能,而已具有无所不能之妙。知者,言乎其觉照也。能者,言乎其安排也。觉照未显,而后此万种之觉照,皆于此裕其端。安排无迹,而后此万种之安排,皆于此藏其义。知无所知,能无所能,盖用而未离其体之候也。……清源黑氏曰,"体静用动,体知用能,静体将著,动用几生;觉照未显,无所觉照也,安排无迹,无所安排也;当此之际,如火在炭"。

在此解说"初动品",指出言"初动"并非指其本体有实际之发动,而是说本体之中已经蕴藏运动之机理。言"初动"为"用",实际上是指其"全体大用",但此"大用"本身毫无发露,不过是其"本体所含自然之妙",所以暂且以"用"名之。此"大用"包含"知"与"能","智"指觉照认识之用,"能"指安排实践之用。此知能大用并未离开本体,但包藏着此后之万种觉照和安排。在此之后,又假借清源黑氏之口予以总结,所谓宇宙"初动"之际,犹如火在炭,但火未见之际。以"体用"逻辑而言，则是"体静用动，体知用能，静体将著，动用几生"之时。

> 【体用始分图说】此初图分品之第三品也。用含于体，而当此之际，稍稍有发露之机，是为次动品，一无所为而已。裕能为之具，总言之曰知能，析言之，则生、化、予、夺及一切安排、布置之类也。用与体未分之时，曰首显。用与体始分之时，曰次显。首显如火之本明，明与火一，而未及于远。次显如火之外光，光虽不离于火，而却能无所不照。当此之际，主宰之品显焉。……清源黑氏曰："静境溶溶，动机勃勃，体即真也，用即宰也。唯有真宰，乃有造化，由里达表，如火焰，万灯可分。前定之称，墨池之喻，精乎美矣！"

此是第三品体用始分，当此之际，是"用含于体"，但此用稍有发露之机，所以称为"次动品"。其中又可细分为两个阶段：一是首显，用与体未分之时；二是次显，用与体始分之时。总之，是以体即真，用即宰，体用始分。所以又称"主宰品"。

> 【真理流行图说】此初图分品之第四品也。命者于穆流行之义，乃真宰发现之首品也，非体也，非用也，亦非为也。……首品为真宰之首品。而但不得以真宰称之。首品之所有，一皆真宰之所有。首品所含之现象，一皆真宰所含之现象。后此造化之事，皆首品之事，而真宰若不与其事矣！故于此名之曰："代理。"即其流行中之所有者，而两分之：一为性，一为智。性，即大用中所谓知之所化也。智，即大用中所谓能之所化也。性、智，即真宰之知能也。此性为千古一切灵觉之首，此智开千古一切作用之端。性、智二者，代行造化之本领也。后此凡属有灵之物，皆根此性而始，人、神、鸟、兽之类是也。后此凡属有为之物，皆根此智而始，天、地、万物之类是也。

此处为阐明第四之"初命品"。所谓"命"即是指主宰之真理本体流行发现之活动。此品为主宰品之首品，其"非体也，非用也，亦非为"。因为它虽然归属于"真宰"又不能称之为"真宰"，它所包含的一切存在即一切现象都是真宰本体所赋予它或包含的。由此品开始，"真宰"本体将不再参与后来具体的世界之构成与运动变化了，而是造化之事由此品"代理"。也就是说在此品之后，世界真是从真理世界进入现象世界，包括天地万物人兽将逐渐形成产生，其中流行之"性智"则都是根源于真理本体世界的"知能"。所谓性、智二者，即是它代行造化之本领的工具。

【性理始分图说】此初图分品之第五品也。自首显大命中,灼灼乎有分析之兆者也。色象未形,而其理森然已具。凡为人为物、为圣为凡、为上为下,及象世所有一切之理气,靡不于此境若见一浑然之迹焉。首显大命中之本然,曰性、曰智。此之所谓性者,根于大命中之性而起,人之所以然也。此之所谓理者,根于大命中之智而起,物之所以然也。人与物之所以然,皆同出于一原无有别也。……由是而总一切流行分析之,所余者为溟渣焉,则所谓气者是也。气则万有形象之本也。

此是第五之性命品,此品乃"性理"始分之际,指各种具体事物的色象还没有完全成形,但其人物各自为人物之理"森然已具"。一切流行现象都由理与气构成,就理气而言,理为具体事物之所以然,也即是指具体存在之本质。分别而言,人之所以然谓之"性",物之所以然谓之"理",此"性理"又分别根源于"初命品"中之"性智"。与本质之理相比,气可谓是"渣滓",是一切现象事物之形象的来源。总之,此品之际,虽性理始分,但气未能显著。

【气著理隐图说】此初图分品之第六品也。先天精粹之品流行至此,始觉其有浑沦之象,则所谓元气也。先天无色无象之妙,至此而终。后天有色有象之迹,于此而始。此其境殆承流宣化之一大机柱也,元气虽于穆流行之表,而其为物也,却不在性理之外,并亦不在首显大命之外,并亦不在全体大用之外。

至第六之形气品之际,浑沦元气始出,此时正是"先天无色无象之妙"终止,"后天有色有象之迹"开始之际。"元气"虽然作为万物形象之本,故使万物各自独立成形,但它不在"性理"(性命品)之外,不在"首显大命"(主宰品)之外,也不在"全体大用"(初动品)之外。

至此,我们详细地考察了刘智关于宇宙大世界产生所分别的六品。总起来说,刘智将其大世界的创生发展区分为两个世界或两大阶段,一是理世界的创生或发生,二是象世界的产生或形成。依其三一之理论,"理世界"实际为真一之本体界,而"象世界"即是数一的现象界。大世界的产生和发展即是从"本体界"进入"现象界"的过程。

具体到全部六品而言,前三品属于先天"理世界",此本体世界既没有有形之个体事物,也没有事物之理气所显著,但这些都隐藏在其全体大用之中。从"纯体"到"全体大用"到"体用始分",可以说是一个从体用不分到体用始分的过程,也由至静到动的过程。后三品属于后天"象世界",此现象世界开始产生性理和元气,而后由理气构成具体有形象之个别事物,包括天地日月人物动植虫兽。

由理世界进入象世界，其中存在一个根本性的问题，即理世界是如何过渡到象世界的？由此衍生的问题还有，理世界进入象世界之后是否还存在，如何存在？

回答这个问题，关键要抓住刘智六品描述中的一个很重要的环节，即是第三之主宰品与第四之初命品。第三品为本体界的最后一个环节，当此之际，体用始分，但理气为著，故不可形成现象世界。而第四品为现象界的首品，当此之际，真理本体开始"流行"为现象世界。这样就解决了第一个问题，答案是"理世界"进入到"象世界"，是真理本体流行而为现象之自然过程。对于第二个问题，刘智的处理十分特别，他在本体与现象之间安排了一个"代理"，即第四"初命品"。所谓"代理"就是"代行造化之本领"，也就意味着，由此品开始，"真宰"本体将不再直接参与后来具体的世界之构成与运动变化了，而后之现象事物的产生和变化将直接源于此造化之"代理"。其代理之奥秘在于，它以根源于本体世界之大用——知与能——的性与智为工具，在发展出理和气，从而构成世界万象。如图所示：

```
        ┌ 知：觉照 ──→ 灵觉：性 ┐        ┌ 人性 ┐
   本体 ┤                       ├ 现象    ┤      ├ 性理/气
        └ 能：安排 ──→ 有为：智 ┘        └ 物理 ┘

   主宰品(理世)初命名 ──→ (代理)(象世) ──→ 性命品/形气品
        体                   用                   为
```

由上图可知，"代理"虽为现象造化之根源，但代理本身之一切又都是根源于真宰本体，具体来说是根源于真宰之全体大用中之"大用"，而非直接根源于其"本体"。所谓"现象界"乃是本体大用之流行，也就是说现象界从理世界一旦产生，真宰之本体就不再直接进入现象界，但其用仍然参与想象世界的发生发展。反之也意味着，现象界的一切现象也不能作用于真宰之本体本身，至多能够达到或影响到真宰本体之用。

至此，我们可以看到刘智次序井然的宇宙生成论。在此论述中，刘智一方面解决了世界的起源问题，认为有一真实无幻体用浑沦的实在作为宇宙起源的最初之境，同时又通过六品之体用理气分别的先后过程，来逐步阐明现实世界的产生和形成，应该说具有很强的形而上描述能力。但其中有一个很重要的问题是，虽然他很好地说明了构成现象本质之"理"的来源和产生，但未能很好地说明构成现象形质之"气"的来源和产生。因为他认为人性和物理分别根源于首显大命——即"代理"之中的性与智，而"气"只是为大用流行之余物和渣滓。

【形器功用图说】形器十四层，每一层有一层之功用。万物之纷错，人事之不同，莫非此十四层功用，有以照映而关合之也。……上界下界之功用全,而形器之能事毕矣。功用者,真宰妙用之迹也。妙用者,全体之活泼流行而不胶于一定者也。因形器以识形器之功用,复因十四层之功用,以悟真宰之全体大用,则谓形器为形器可也,即谓形器为非形器可也。清源黑氏曰:"人曰知能,物曰功用,总一真宰之妙用流行,而发现于万物也。妙用同而功用异著,若心运一笔而书分万字也。知此,乃悟真宰之全体大用,无不周通贯洽,物物皆真宰之本然显现也。顾可以形器拘乎哉?"

此是阐明后天形器包括人物的功用,指出就人而言知能,就物而说功用,其实为一,都是"总一真宰之妙用流行"。值得注意的是,他所说之功用并非其体用结构体系中之"用",而是真宰妙用之"迹"。"妙用"才是全体之活泼流行之"用"。于是,在此则有"体用迹"三重结构,"体"为先天真宰本体,"用"为真宰之流行,"迹"则为后天器物之功用。于是他进一步认为,十四层形器之功用可以是千差万别,但其所根源之妙用则相同,都是真宰本体之流行。因此,他认为真宰之全体大用无不周洽,与此同时,则任一形物都是真宰的本然显现。如图所示:

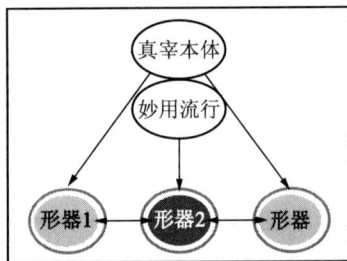

【理象相属图说】性理,先天也。形器,后天也。先天之性理,为后天形器之所从出;后天之形器,为先天性理之所藏寓。故理与象,本相属也。

以性理为先天,形器为后天,同时又规定二者为体用不二的关系,先天性理生出后天形器,后天形器藏寓先天性理。

2. 心性论与体用

【灵活显用图说】此体窍既全以后之象也。体窍既全,灵活生焉。灵活者,人之所以为人之性也。其性一本,而该含六品:一、继性,二、人性,三、气性,四、活性,五、长性,六、坚定。

认为人之躯体器官结构完全之后而有灵活之性发生,而此灵活之性即是人之为人之本质之性。似乎表明人之本性乃是形体所生。同时此性总说为一,分说有六种差别。

> 【继性显著图说】继性者,真宰首显之元性也。……本性者,人所各具之性也。各具者显,则公共者亦显。……各具之显,归人于公共之显,则公共之显,遂若独显于我,而继性遂得为我之继性矣,此继性之所以显著也,显则继性之本体,即我之本体,而何况于知能,何况于作用?则我之本体,忘其为继性之本体,而又何屑屑于知能? 何屑屑于作用?则我之命,即千古群命之一总命也。我之景况,即起始归宿之一大部会也。而真宰与我,岂不成其为异名同实者哉!

在此讨论人之本性之首的"继性"。继性为真宰首显之元性,因此表现为人人都有的公共之性,又显现为各各具有的"我"性。因此他认为继性之本体即是我之本体,从此本体所生发出各自的知能和作用。于是,真宰与我就成了异名同实的本体之性。由此就把每一个体之本性与宇宙总一之真宰建立起根本性的联系。这既是他宇宙论的理论必然,也是他后来认主修养论的实践必需。

> 【心性会合图说】心之妙体,为性之先天,心之方寸,为性之寄属,方寸其后天也。先天之心,为性所分析之源;方寸之位,为性所显露之助。
> 后天之气,何以有尽性之能? 盖气性者,顺承本性之用,而以为用者也,驾本性之马也。
> 盖心与性互相为用,而先、后天,各以其本领照映于其间也。
> 借方寸之位以为寓,因方寸之明以为用,追至心之才力既尽,而六品性体统会于一,则方寸之位无所用之,而依然成其为妙体之心,而不落于方所也。然后谓心即性也可,谓性即心也可。

此处集中表明他的心性论。首先他将心分为先天与后天,心有妙体为先天之性,亦是先天之心;心之方寸,当是指后天气质之心,为先天之性所寄寓之场所。后天气质之心与先天之性乃是体用关系,气质之心能够顺承本性之用,故而能尽性之能。同时他又指出,心与性之间是互相为用的。首先以方寸之心明性体之"用",而后达至心之妙"体",于是可谓心即性,性即心,至此心性合一。心性合一,实际上就是天人合一。

3. 实践论与体用

【本然流行图说】自有天地物我以来,幻境多矣。然而莫非本然之流行也！或自至外而流行于至内,或自至内而流行于至外。自至外面流行于至内者,专属造化之事,此自然而然之流行也。夫是以自本然无外之流行,而有公共之大性焉、有天地焉、万物焉、有人之身焉、心焉、性焉,而人复各具一流行之本然焉,此自然而然之流行也。自至内而流行于至外者,兼属人为之事也,不皆出于自然而然之流行也。自至内本然之发现,而人因得以尽其各具之性焉。

此处讨论的重点在于现象界与本体界的相互关系,刘智在此概括为两种本然流行,一种是"自至外而流行于至内",一种"自至内而流行于至外"。前者由外至内,专属造化之事,实即是由本体界之"流行"而生成现象界的过程。而后者则由内至外,除了包括造化之事外,还兼属人为之事,所以不都是自然而然之流行。此所谓人为之事,实际是指人之修真合一的认主实践之事,也即是前面所述的以心合性之事。相对于自然而然之流行,此种当属自觉而为之流行。由此凸显出宗教实践的主体性和主动性。

【圣功实践图说】天地,上下,人物、表里,皆本然之所流行也,而唯圣人能实践以趁其境。圣人,以继性为性者也。继性者,浑同于真宰之本然。唯浑同,故能实践之也。说者曰:"既浑同矣,又何事实践?"曰:"实践者,谓其与真宰本然流行周遍,而无所不到也。"唯无所不到,而后尽乎浑同之体用也。尽乎浑同之体用,而后可以云浑同也。先天之浑同,浑同于虚寂:后天之浑同,浑同于实践,实践与虚寂非两境也。……清源黑氏曰:"造化自无化有,而其浑同,终归于虚;人事自有化无,但其浑同,必践于实。一有不实,体即未浑;一有不践,用即未同。浑同、实践,只在日用寻常之间,而人以为远渺者,非也。"

此处重在阐明伊斯兰教之所谓圣功实践。认为宇宙各现象存在都是真宰本体自然而然之流行的结构,在某种意义上说,它们之存在自然而被动。但人不同,尤其圣人不同,他能够自觉主动地实践真理以期达到真一之圣境。所以,圣人是以"继性"为其本性的。而所谓"继性",因其浑同于真宰之本然,是能够自觉主动实践之性。

对此,有人质疑:"既浑同矣,又何事实践?"刘智的解决是分别为先天和后天两种"浑同"。一是先天之浑同,浑同于"虚寂";二是后天之浑同,浑同于"实践"。"实践"与"虚寂"虽然并非两种根本不同之境,但二者确有差异。

刘智以清源黑氏之口进一步解释：浑同于"虚寂"本质上是浑同于先天"造化"之境，而造化自无化有，所以其浑同终归于虚；浑同于"实践"却是属于后天"人事"之境，是自有化无，所以其浑同，必定要践行于真实遍在，一有不实，本然之体即未浑；一有不践，本然大用即未同。所以圣人即是与真宰之体用浑同，仍然要不断从事实践之圣功。并且，此浑同之实践，只是在日用寻常之间，若以为要脱离日常事用而孤寻所谓远渺之本体而浑同，则纯属南辕北辙之举了。

4. 三一说与体用为

刘智最著名的学说是三一之说。所谓三一，即是真一、数一和体一。他不仅采用体用逻辑来阐述此三一中之各一的内涵，还以体用结构来描述三一之间的关系。下面将结合刘智《天方性理》卷五中的相关文字，对此体用运用进行详细考察。

【真一三品图说】冥冥不可得而见之中，有真一焉，万有之主宰也。其寂然无著者，谓之曰体；其觉照无遗者，谓之曰用；其分数不爽者，谓之曰为。故称三品焉。用起于体，为起于用，是为由内而达外之叙；为不离用，用不离体，是为异名而同实之精。后此，万有不齐之物，皆此异名而同实者之所显著也。……清源黑氏曰："真，实有而无称。一，无对而自立也。其三品，则实有而已。"

"真一"乃是宇宙一切的主宰，是现象界的本体。所谓"真一"，即"真"指其"实有而无称"；"一"指其"无对而自立"。具体可从"体用为"三个方面来描述它，即"寂然无著者，谓之曰体；其觉照无遗者，谓之曰用；其分数不爽者，谓之曰为"。体用为三者之间，又具有特别密切的关系，即"用起于体，为起于用，是为由内而达外之叙；为不离用，用不离体，是为异名而同实之精"。显然这种从体起用，由用生为，三者相即不离的逻辑与体用不二之逻辑是完全一致的。其体用之间与僧肇以来的"寂照不二"之内涵也是完全相同的；其所谓"为"，乃是用之用，是直接与现象界万有发生作用的，本质上讲仍然属于"用"的范畴。

【数一三品图说】数一之一，数之所自始也。万理之数，自此一起。万物之数，自此一推。其有也，起于真一，一念之动，而显焉者也。其与真对，则真一为真，数一为幻。其与尊对，则真一为主，数一为仆。其与大对，则真一为海，数一为沤。同以一称，而其不同。盖著此，夫比而较之：数一固不敢妄拟于真一，而若自数一之本量言之。理世象世，皆自此数一而分派以出。即真一之从理世，而之于象世，亦须从此出，一而

乃得任意以为显著也,数一之本量又如此。原其始终本来,亦三品焉:
曰初命,曰代理,曰为圣。

……清源黑氏曰:"数一三品,即真一三品之显也。初命为体,代理
为用,为圣为为。显焉,而不自知其显者,无二知也。二知必二体,故
曰:数一,即真一之所妙。"

所谓"数一",实指现象界之本质和直接根源,如从体用为三者来说,初
命为"体",代理为"用",为圣为"为"。究实而论,此"数一"又是"真一"本体
之妙用。

【体一三品图说】人之生也,其体有三:身体、心体、性体是也。以体
而体夫真一也,亦有三,即以此三体而体之也。以身体而体夫真一者,
其功在于遵循。遵循者,知其所当然,而不能知其所以然,此一品者,知
其名矣,未知其实。以心体而体夫真一者,其功在于解误。解误者,见
其所以然,而不能得其所以然。此一品者,见其分矣,未见其合。以性
体而体夫真一者,其功在于无间。无间者,本其所以然,而浑乎其所以
然,至矣。此三品者、古今修真者之总义也。……清源黑氏曰:"真一、
数一,不可得而见也,而于体一见之。见其身,即见其为;见其心,即见
其用;见其性,即见其体。身易见而心性难见。故但知其然,而不知其
所以然也。能以我之三者而体之,则彼之三者,不外我而俱见之。能忘
乎我之三者,而并忘乎彼之三者,则化乎其体,并化乎其一。体一归数
一,数一归真一,真一亦无自而名真一矣,故曰化矣。"

此处谈"体一",首先指出人之体有三,身体、心体和性体。所谓的"体
一"实际上是指人以此三体去体合"真一"。因此也有三种"体一",身体体
之,功在于遵循;心体体之,功在于解误;性体体之,功在于无间。其实,三者
表明的是三种由低到高的人生境界,或者说三者表明的是人与真一和数一
的距离或关系。依"体用为"的逻辑来说:身体体之,乃见真一之"为";心体
体之,乃见真一之"用";性体体之,乃见真一之体,由此"忘乎我之三者,而并
忘乎彼之三者,则化乎其体,并化乎其一"。

【三一通义图说】通者,三而一之之谓也。……真一者,真而真也。
数一者,真而幻也。体一者,幻而真也。……真一显而为数一,数一即
真一之通也,非真一之外另有数一也。数一显而为体一,体一即数一之
通也,非数一之外另有体一也。

此处重点讨论三一之间的关系，一言以蔽之，刘智认为三一之间的关系可以用一个词表明，即"通"字。此一"通"字表明，无论真一、数一还是体一，都并非外在于独立于彼此的一种存在，而是相互贯通和转化、流行的同体性存在。如此一来，就把本体界和现象界以及人的主体性实践性三者的关系贯通起来，使人的存在既有坚实的本体基础，也是外在现象的变化有终极的根源，更重要的是给人提供不断趋向于真实、完善和永恒之存在的目标、动力和方法。这从逻辑本质上，与儒家的天人合一是一脉相承的。

【名相相依图说】两物相附曰依。未见一物焉，而自相为依者，若一物则只可谓之独立，不可谓之相依。此之所谓依者，非一物与一物相依之谓也。自之名与自之相相依。自之相与自之体相依，自体之体与自之名相相依。相者，体之显也，因其为何如之体，而其相斯为何如之相。相与体依，而相与体，非二物也。名者，相之称也。因其相为何如之相，而其名斯为何如之名，名与相依，而名与相非二物也。名不二于相，相不二于体。一焉而已矣。但名之为物也，虚相之为物也。虚与幻，似乎不近于真也。然非名，则相无称。非相，则真不显。虚与幻，实真一之所以自为变化，而自为称名也。所可异者，体也。而其相不同，不同亦无足异也。而每一不同之相，皆真一一同之全体。真一之相，无量无数，则真一一同之全体，亦无量无数矣。全体顾若是多乎哉？一相起，则真一一同之全体现。一相灭，岂真一一同之全体亦灭乎哉？未尝多也，亦未尝灭也，只此一全体耳。现之于此，则此即真一一同之全体；现之于彼，则彼即真一一同之全体。现一现二，或一无所现，真一一同之全体不加少，现百现千现无量，真一一同之全体不加多。相者，现也，现者，隐而显也。相即真也。相依于体者，于无所依之中，而强名之曰依也。名者，所以道其相之实也。盖每一相，必有一相之义，必有一相相宜之用。相显，则全体现。而此一相所当然之义，与其所相宜之用，相固未能自道其详也。名起，则其所当然之义，与其所相宜之用，俱于其名焉尽之。不知其相之义与其用者，详其名可以得其义知其用矣。是故，此一相之名，即此一相之谱也，彼一相之名，即彼一相之谱也。谱者，所以道其本相之实也。是故名也者，相之相也。名立而相彰，相彰则真一之全体显而愈显矣。名无相，则名为何名？相无名，则相为何相？名与相，二而一者也，非依也。名依于相者，亦于无所依之中，而强名之曰依也。于相见之全体，于名见相之分数，全体与分数，非二也，真一之外，无一物也。

清源黑氏曰："最初无称，何有于名？最初无形，何有于相？自一念动，有一可名。理相象相，名始纷著。究而言之，必无无名之相，必无无相之名,必无无体之名相。故曰,无量无量之名相,即真宰无量之妙用。不明乎此,而谓既有名相,不应是体,遂判名相与体为二,则失之矣。"

此处提出一个"体名相"的结构逻辑。此段文字有三层内涵,具体而言,第一,"体名相"三者都是就某一种具体存在自身而言,并不涉及与其他存在之物的关系问题,因此可以说自之体、自之名和自之相。三者之间的关系是相依关系,即"自之相与自之体相依,自体之体与自之名相相依"。三者各自的内涵不同,相依的内涵也是不同的。具体来说,"相"就是"体"的外在显现,有怎样的"体"就必有相应的"相"显现。所以相与体依,表明相与体非是二物。而"名",则是对"相"一种称谓,属于一种符号标记,有怎样的"相"就有怎样的"名"与之相应。因此名与相依,而名与相也非二物。既然名不二于相,相不二于体,所以体相名三者实质为"一"。

第二,就具体事物而言,其实都是真一所化生,所以各事物之"体相名"从根本上来说,就是"真一之所以自为变化,而自为称名"。不同的是,各个事物之体相同,他们各自的"相"却不同,名也相应不同,但这不能算作根本性的差别。因为每一不同之相,都是"真一一同之全体"的显现,所以"真一之相,无量无数,则真一一同之全体,亦无量无数"。由此可知,"真一一同之全体"是不增不减,不多不灭,只是一全体而已,但可显现为无量之相,同时无量之相又无不显现为此全体。所以在这个意义上相即真,所谓"相依于体"最终是"于无所依之中,而强名之曰依"。

第三,在此基础上再来重新审视体相名三者之间的关系,首先相显体,相显,则全体现。其次是每一相,必有一相所当然之义,必有一相相宜之用。其次,"相"自身不能自道其义与用,所以需要"名"来表明"相"之当然之义和相宜之用。所以在这个意义上说,名就是指明本相真实的"谱",甚至可以说"名"乃是相之相。由此,"名立而相彰,相彰则真一之全体显而愈显矣"。因此,"名与相,二而一者也,非依也。名依于相者,亦于无所依之中,而强名之曰依也"。刘智在此还指出,于"相"能见"全体",于"名"能见相之"分数",全体与分数,即是一与多,然二者非二也,最终表明真一之外无一物。

最后,他借清源黑氏之口总结说:体相名三者,必无无名之相,必无无相之名,必无无体之名相。因此说"无量无量之名相,即真宰无量之妙用"。从体用论来说,真宰即"体",而"名相"都是此体之妙用而已。因为体用结构之逻辑必然是体用不离,体用不二,所以体名相之间也必然是如此之关系。

至此,我们看到的实际上是一个认识论的根本性问题,即认识何以可能?刘智在此,通过对"体相名"这一结构逻辑的分析,建立起一种由体起相、由相起名,同时又由名显相、由相显体的认识之路。其本质在于,说明人类可以通过概念符号来认识事物的现象性存在,即所谓当然之义与相宜之用，还能透过任一事物的现象性存在，到达对宇宙宗极本体的认识。这样也就不仅肯定了人类理性思维的能力和价值，同时还将此理性能力与人之宗极超越贯通起来，从而使理性认识与宗教实践统一起来。实现这一统一的关键，从范畴上来说，是其创立了"体相名"这一结构范畴，然而从逻辑上来说，则仍然是传统的体用不二逻辑的运用。

> 【万物全美图说】盈天地间，皆物也，即天地亦物也。物皆真一之所化，因无一物之不全美也。自其内体观之，莫不有先天之理，自其外体观之，莫不有后天之气，自其内外相合之体观之，莫不有当然之用。理无不全之理，气无不全之气。则其用，自无不全之用。物有大小，而其全美处无大小。物有精粗，而其全美处无精粗。

当刘智说"盈天地间，皆物也，即天地亦物也"时，似乎他就是一个彻底的唯物论者。但他接下来有强调所有之物都是一个独立的真一所创化，并以为，因其为完美之真一所化生，所以没有不全美的物，自内体上说都有先天之理，自外体上说都有后天之气，内外体合观则都有当然之"用"。总而言之，理气内外合为事物之"体"，体必有其用，"体"全美必"用"全美，每一事物都有全美之体用，所以说："物有大小，而其全美处无大小。物有精粗，而其全美处无精粗。"显然此种说法与郭象的独化论和性分说有很大的理论相似性。

> 【真一还真图说】真一，一念未动之先，寂然无称，并真一之名，亦无自而立，而何有真之可还？还者，近乎其初之谓也。……且夫，所谓起则幻成，化已成真者，为修真者言之则可。为真一之本体言之则不可，盖修者之思也，为也。化人于真一焉，尽之矣。即有不净，亦付之真一焉，而听其自然已矣。修者可听之于真一，而真一则更将安所听乎？

此处从实践工夫论的角度来说明修真还真之实质。刘智指出，真一本不可谓之"修"或"还"，所谓"修"或"还"，只是无限接近真一本体的说法。所以他说："修者可听之于真一，而真一则更将安所听乎？"这是想表明，"真一"作为本体的根源性和绝对性，数一和体一可以有真一"起而幻成"，人也可以通过实践修真之道而"化已成真"，但毕竟数一只是本体之"用"，而体一则是有作为之"为"，所以只能无限地接近真一本体，而不可说最后直接成为本体。究其实，这种说法，与前面的初命代理说以及两种浑同说，在逻辑上是完全吻合的。

第六章

近现代时期："体用"哲学之挫折与开新

一百七十多年前,古老之中国正经历"三千年未有之大变局"①,面对这样的历史危机,无数仁人志士和民族觉醒者纷纷投入到"救亡与启蒙"②的思想与实践的探险中,开启了中华民族历史上最为悲壮的自强之路。③ 这种种的思想探险,我们可以归结为三个基本的类型:一是以现代新儒家、新佛学为代表的中国本位主义类型,一是以"全盘西化"为核心理念的自由主义西化类型,一是以社会革命、文化创造为核心的马克思主义类型。纵观百年历史,这三种思想类型,可谓相伴相生、相互竞争,此起彼伏,构成了近代中国最为壮丽的思想文化景观,不仅极大地影响了中国近代以来的历史进程,也将对中国未来的社会进步和文化发展发挥长久的作用。

毋庸置疑,"体用"仍然是近一百年来中国思想界最热门的一个词语。它始终伴随着中国这一百多年来的民族危机、革命风云和思想激荡,其核心始终围绕着"中国向何处去"的时代拷问。从体用思想的角度考察,我们发现,其中现代新儒家、新佛学为代表的中国文化本位主义对体用范畴的使用最为积极,他们不仅运用这对范畴来表述自己的文化主张,而且还偏爱使用"体用"来构建自己的哲学体系,其中熊十力、太虚、欧阳竟无等最能体现这一点。而自由主义西化派和马克思主义学派虽然在自身理论建构中很少正面使用"体用"范畴,但在与中国文化本位主义学派相互批判和论争中,他们也会集中批评本位主义学派的体用思想,并相应提出自己对体用范畴的理解。

---

① 语出李鸿章同治十一年(1873)五月《复议制造轮船未裁撤折》,见《李文忠公全书·奏稿十九》,光绪三十四年金陵刻本,第44页。

② 语出李泽厚《启蒙与救亡的双重变奏》,《走向未来》1986年创刊号。另可参考刘悦笛:《"启蒙与救亡"的发明权:归李泽厚,还是舒衡哲?》,《中华读书报》,2009年9月16日。

③ 实际上,每当中国发生重大的历史变迁与社会转型,对"文化自主性"的关切就会凸现出来。从晚清"西学东渐"之后的"体用之辩"以及"科玄论战",到1980年代的"文化热",诸如此类的问题已经困扰了中国人(尤其是知识分子)长达一个世纪之久。

第一节 西学冲击下的文化论争与中体西用

"中体西用"是近代中国面对西方文化的冲击时,为了一面维持和保护自身文化的主体性,一面借用西方先进文明而提出的一个口号。有关"中体西用"产生的背景及其曲折的过程,包括最终的成效,学界已经有了很多研究,在此不再赘述。本节的重点在于考察"中体西用"这种文化选择模式的内在逻辑和其作为体用逻辑的哲学本质。

一、近代文化论争的历史叙述

为了更清晰、简洁地展现近代①中国在文化选择上的思想进程,此处采用表格的方式来呈现这段历史,对其中诸多细节则不予过多关注。列表如下:

时间	作者	例证	出处
1861	冯桂芬	以中国之伦常名教为原本,辅以诸国富强之术。	《校邠庐抗议》
1865	李鸿章	顾经国之略,有全体,有偏端,有本有末,如病方亟,不得不治标,非谓培补修养之方,即在是也。	同治四年八月初一日奏折
1872	李鸿章	考查中学西学,分别教导。将来出洋后,肄习西学,兼讲中学。	"派遣学童出洋应办事宜"的奏折
1873	吴廷栋	尝谓世无无体之用,亦无无用之体。有用而无体,其用只是诈伪;有体而无用,其体必多缺陷。知体用一源,所当致力者,宜知所先后矣。	《拙修集》卷八,页32
1874	朱采	今之天下,欲弭外患,非自强不可,人能知之;而自强之本,人固不能尽知也。简器、造船、防陆、防海、末也;练兵、选将、丰财、和众,方为末中之本。修政事、革弊法、用才能、崇朴实,本也;正人心、移风俗、新民德、精爱立,方为本中之本。……人心何以正? 躬教化、尊名教,其大纲也。风俗何以变? 崇师儒、辨学术,其大要也。	《复许竹篔书(甲戌冬)》,《清芬阁集·卷四》,页302
1875	郭嵩焘	西洋立国,有本有末,其本在朝廷政教,其末在商贾,造船、制器,相辅以益其强,又末中之一节也。	《条陈海防事宜折》
1876	王韬	形而上者中国也,以道胜;形而下者西人也,以器胜,如徒颂西人而贬己所守,未窥为治之本原者也。	《弢园尺牍》

① 此处的"近代"指1840年鸦片战争至1912年建立中华民国这段时间。

中国哲学体用思想研究

时间	作者	例证	出处
1877	马建忠	学校建而志士日多,议院立而下情可达,其制造、军旅、水师诸大端,皆其末焉者也。	《上李伯相言出洋工课书》
1879	薛福成	今诚取西人气数之学,以卫吾尧、舜、禹、汤、文、武、周公之道。	《筹洋刍议·变法》
1882	王韬	器则取诸西国,道则备自当躬。道不能即通,则假器以通之,火轮舟车皆所以载道以行者也。求形下之器,以卫形上之道。	《弢园文录外编·杞忧生易言跋》
1884	张树声	近岁以来,士大夫渐明外交,言洋务,筹海防,中外同声矣。夫西人立国,自有本末,虽教育文化远逊中华,然驯至富强,具有体用,育才于学堂,论政于议院,君民一体,上下一心,务实而戒虚,谋定而后动,此其体也,大炮、洋枪、水雷、铁路、电线,此其用也。中国遗其体而求其用,无论竭蹶步趋,常不相及,就令铁舰成行,铁路四达,果足恃欤?	《张靖达公奏议》卷八(遗折)
1884	郑观应	余平日历查西人立国之本,体用兼备,育才于书院,论政于议院,君民一体,上下同心,此其体;练兵、制器械、铁路,电线等事,此其用。中国遗其体而求其用,所以事多扞格,难臻富强。	《南游日记》
1889	沈毓桂	夫中西学问,本自互有得失,为华人计,宜以中学为体,西学为用。	《匡时策》
1894	邵作舟	夫泰西者独器数工艺耳。然则今日译泰西政教义理之书最急,而器数工艺之书可以稍缓。	《邵氏危言》(《纲纪》、《译书》)
1895 甲午战败	严复	彼以自由为体,民主为用。	天津《直报》连载的《原强》
1895	沈毓桂	夫中西学问,本自互有得失,为华人计,宜以中学为体,西学为用。	《万国公报》上发表《匡时策》
1895 年 7、8 月间	谭嗣同	圣人之道,果非空言而已,必有所丽而后见。故道,用也;器,体也。体立而后行,器存而道不亡。自学者不审,误以道为体,道始迷离惝恍,若一幻物,虚悬于空漠无朕之际,而果何物也邪?将非所谓惑世诬民异端者耶?夫苟辨道之离乎器,则天下之为器亦大矣。器既变,道安得独不变?变而为器,亦仍不离乎道,人自不能弃器,又何以弃道哉!且道非圣人所独有也,尤非中国所私有也……彼外洋莫不有之。	《报贝元征书》
1896	孙家鼐	今中国创立京师大学堂,自应以中学为主,西学为辅;中学为体,西学为用,中学有未备者,以西学补之,中学有失传者,以西学还之;以中学包罗西学,不能以西学凌驾中学。	《议复开办京师大学堂折》
1897 年 9 月	维新派	查泰西各学,均有精微,而取彼之长,辅我之短,必以中学为根本。	《湘学报》

续　表

时间	作者	例证	出处
1898 年5 月	张之洞	新旧兼学,四书五经、中国史事、政书、地图为旧学;西政、西艺、西史为新学。旧学为体,新学为用。中学为内学,西学为外学;中学治身心,西学应世事。不可变者,伦纪也,非法制也;圣道也,非器械也;心术也,非工艺也。……法者,所以适变也,不可尽同;道者,所以立本也,不可不一。……夫所谓道者,本者,三纲四维是也……若守此不失,虽孔孟复生,岂有议变法之非者哉?	《劝学篇·设学》《劝学篇·会通》《劝学篇·变法》
1898 6 月	光绪帝	中外大小臣工,自王公至于士庶,各宜发愤为雄,以圣贤之学植其根本,兼博采西学之切时务者,实力讲求,以成通达济变之才。	《诏定国是》
1898	康有为	以孔学佛学宋明理学为体,以史学西学为用。	梁启超(述)
1898	梁启超	夫中学体也,西学用也,二者相需,缺一不可。	《奏拟京师大学堂章程》
1902	严复	体用者,即一物而言之也。有牛之体则有负重之用,有马之体则有致远之用,未闻以牛为体以马为用者。中学有中学之体用,西学有西学之体用。	《与外交报主人论教育书》

　　如表所示,从时间的维度来说,1861 年冯桂芬在其《校邠庐抗议》中所表述的"以中国之伦常名教为原本,辅以诸国富强之术",可以看作"中体西用"之肇始,而完整正式的表述要算 1895 年沈毓桂在《万国公报》上发表《匡时策》时所说的"夫中西学问,本自互有得失,为华人计,宜以中学为体,西学为用",但最为人所乐道的是 1898 年 5 月张之洞说发表《劝学篇》中的"旧学为体,新学为用"。由此可见,"中体西用"思想发端于第二次鸦片战争,成熟于甲午战败之后,而在维新运动中谈论得最为普遍。其历程贯穿整个洋务运动,大盛于维新运动。所以从政治立场和价值选择上,无论是顽固派、改良派、维新派,都充分利用"中体西用"这一表述模式来表明自己的文化观点和政治选择,或攻讦,或表扬,或批评,使其成为当时学术思想活动的基本范式之一。

　　二、"中体西用"模式的哲学本质

　　虽然"中体西用"成为当时人思想表述的基本范式,但并不意味着他们之间不存在差异。事实上,各种体用论说中的内涵差异和逻辑差异都十分关键,尽管对此一直缺乏深入的考察和分析。本节的关键就在于对此期间的种种体用论述的哲学或逻辑的本质做出深入分析,而不仅是做政治史或观念史的一般描述。

（一）"中体西用"的内涵辨析

为了更清晰地表明众多论述中的同异,需要对其主要论述中各自所指涉的"体"、"用"以及"中学"、"西学"的内涵做一个分辨,故列表如下:

学者	体	用
冯桂芬	伦常名教（本）	富强之术（辅）
朱采	本中之本：正人心、移风俗、新民德、精爱立 自强之本：修政事、革弊法、用才能、崇朴实	自强之末：简器、造船、防陆、防海 末中之本：练兵、选将、丰财、和众
王韬	形而上者中国也,以道胜	形而下者西人也,以器胜
薛福成	（卫）吾尧、舜、禹、汤、文、武、周公之道	（取）西人气数之学 议院
马建忠	中学有中学之体用	西本：学校、议院 西末：制造、军旅、水师
张树声	西方教育文化远逊中华	西体：学堂育才、议院论政 西用：大炮、洋枪、水雷、铁路、电线
郑观应	中国遗其体而求其用	西体：育才于书院,论政于议院 西用：练兵、制器械,铁路,电线
康有为	体：以孔学佛学宋明理学	用：史学西学
邵作舟		西学之体：政教义理之书最急 西学之用：器数工艺之书可缓
光绪帝	体：圣贤之学	用：西学之切时务者
张之洞	不可变者：伦纪、圣道、心术 道本：三纲四维、圣人之徒 中学：内学（治身心） 旧学：四书五经、中国史事、政书、地图	可变者：法制、器械、工艺 器用：朝运汽机、夕驰铁路 西学：外学（应世事） 新学：西政、西艺、西史 西政：学校、地理、度支、赋税、武备、律例、劝工、通商 西艺：算、绘、矿、医、声、光、化、电
严复		西体：自由 西用：民主

先看"中学为体",有比较笼统的,如王韬的"形而上之道"、薛福成的"尧、舜、禹、汤、文、武、周公之道",还有光绪帝的"圣贤之学";有比较具体的,如冯桂芬的"伦常名教"、张树声的"教育文化"、康有为的"孔学佛学宋明理学",最为详细丰富的表述当为张之洞:有"不可变"者如"伦纪、圣道、心术",有"治身心"之"内学",有为"道本"的"三纲四维",有以"四书五经、中国史事、政书、地图"为内核的中国"旧学"。

总括来看,无论诸多论者对"中体"的说法有多么不同,但有一点是相同的,即他们几乎都认为中国固有的"伦常名教"是不可改变移易的根本之道,与此相关联的是"圣贤之道"和"心性之学"。

再看"西体为用",同样有比较总括的说法,如冯桂芬的"富强之术"、光绪帝之"西学之切时务者",还有王韬的"形而下之器",薛福成的"西人气数之学"和"议院"乃至康有为的"史学西学"。但相比而言,各家对"西学为用"的说明要具体得多,而且对于西学大都进行了体用本末两个层面的区分,如马建忠的本末区分——以学校、议院为西学之本,以制造、军旅、水师为西学之末,张树声的体用区分——以育才之学堂、论政之议院为西学之体,以大炮、洋枪、水雷、铁路、电线等为西学之用,还有邵作舟的缓急区分——以政教义理之书为西学翻译之急,以器数工艺之书为西学翻译之缓。如下表所示:

论者	体(本)(主)(急)	用(末)(辅)(缓)
马建忠	学校、议院	制造、军旅、水师
郑观应	书院、议院	练兵,制器械,铁路,电线
张树声	学堂、议院	大炮、洋枪、水雷、铁路、电线
邵作舟	义理、政教	器数、工艺
冯桂芬	富强之术	
王韬	形而下之器	
薛福成	议院、西人气数之学	
光绪帝	西学之切时务者	
康有为	史学、西学	

虽然冯桂芬、王韬、薛福成、光绪帝和康有为并未如马建忠、张树声、邵作舟等人一样对西学做出进一步的区分,但可以肯定的是,他们应当是赞同做这样的区分的。

最详细也最值得深入讨论的是朱采和张之洞的本末体用区分。以朱采而言,他将中国自强之本末做了四重区分:在"自强之本"上再立一"本中之本",又在"自强之末"中分立一"末中之本"。其"本中之本"是道德教化方面的,"自强之本"是政治治理方面的,二者合而为"政教",实为国家发展、民族自强之道之本;所谓"末中之本"则是强国的经济保障以及军事实力方面,而所谓"自强之末"则是强国的技术保障和物质基础方面,二者同为强国之器之末。按照中国传统重本的思想来说,中国的自强之路,首要是分清楚"本末",然后才能决定如何向西方学习。因此总的来说,朱采似乎认为中西各有本末,一方面,又强调中国的政教之本不需要向西方学习,但需要自行革新,而强国之末则必须向西方学习。如图所示:

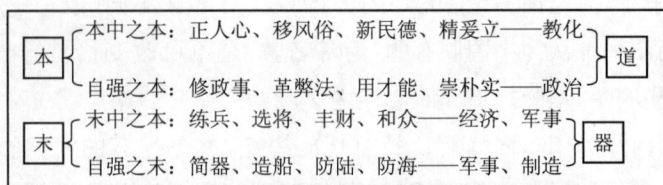

张之洞的体用区分与此有同有异,他将西学,又称新学、外学,区分为西政、西艺和西史三个部分,强调要"政艺兼学"。实际上,他的"西政"相当于教育与经济等社会治理,所谓"西艺"则相当于科学技术之类的学术,而"西史"则相当于西方的历史人文之类的学术。如图所示:

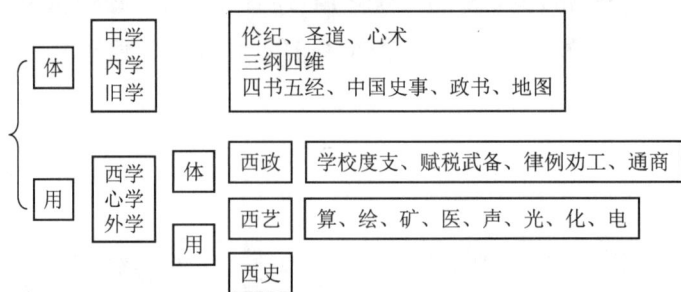

综合上述分析,我们可以发现这场浩大而持久的"中西体用"之辩,从体用各自内涵上来说,有如下几个特点:

其一,在"中学为体,西学为用"的区分中,"中学为体"的内涵表述相对固定和简单,主要集中在中国固有的"伦常名教",与此相关联的是"圣贤之道"和"心性之学",并强调其价值上的优先性和不可变易性。

其二,相比之下,"西学为用"的内涵表述则表现为"明确"和"不确定"的矛盾性:"明确"表现为,论者大多集中于政治、教育、经济、军事等如何实现强国的具体手段方面,而"不确定"主要表现在不同时期的论者,以及同一时期的不同论者,对于作为器末之用的"西学"内涵的理解是不一样的,有的甚至形成严重的对立。

其三,总的来说,时人对于西学内涵的认识范围是逐步扩大的,整体上呈现出一个从器物到制度的发展轨迹,其中最为关键的是对待西方列强的政体——即议院的态度。改良派的王韬、郑观应、马建忠、张树声、邵作舟、薛福成等人,乃至洋务派郭嵩焘、曾纪泽等人,都已经认识到西方富强之本不仅在军事、经济,更重要的是在其政治体制方面,所以在他们的"西学之用"中必然包括"议院",而后来的维新派等人则更加旗帜鲜明地提倡政体的变革,特别是甲午战败之后,此种呼声更为高涨。而作为在甲午战后写《劝学篇》的张之洞,虽然对西学的认识和学习规划得最为清晰,但没有把"议院"纳入西学之体——"西政"——的体系中,这恰与其一方面要反对宫廷顽固派，一方面又要或者更主要的是反对维新派的矛盾立场是完全吻合的。①

（二）"中体西用"的逻辑批判

我们知道，所谓"中体西用"是"中学为体，西学为用"的省称。如前所示，表述二者的关系除了采用"体用"之外，还有道器、本末、主辅等。也就是说，中学或旧学，西学或新学，一方是"道"、"体"、"本"、"主"，一方是"器""用"、"末"、"辅"。但无论何种关系表达，最后都将统归为体用关系②，也就是说，道器、本末、主辅等都是归依于体用这对范畴的。显明的是，一般持"中体西用"说的论者都认同"道体器用"的结构模式，同时也坚持以传统的纲常体制为不可移易之道体的立场。唯有谭嗣同虽然也赞同"体用"的逻辑，却反对"道体器用"说，坚持其所推重的王船山的"器体道用"观。显然，谭嗣同对于所谓"中体西用"的逻辑是持批判立场的。他在 1895 年七八月间写作的《报贝元征书》中，把长期被颠倒了的道器、体用关系重新颠倒过来，论证了器为体而道为用，他说"体立而用行，器存而道不亡"，认为道器不可分离，但器决定道，所以器变道亦不能不变；中国有道外国亦有道，自然就没有什么不可变的中体和可变的西用之说了。

试图从逻辑上对"中体西用"进行批判的还有当时的自由主义思想家严复，他在 1902 年的《与〈外交报〉主人论教育书》一文中，专门批判"中体西用"论：

> 体用者，即一物而言之也。有牛之体，则有负重之用；有马之体，则有致远之用。未闻以牛为体，以马为用者也。中西学之为异也，如其种人之面目然，不可强谓似也。故中学有中学之体用，西学有西学之体

---

① 关于此点，学者张灏有过十分详细的分析，他说："甲午以后，思想上的变化不但是'量'的，而且是'质'的；不仅只是西学的散播，更重要的是，思想内容上起了激烈的变化。个中情形，张之洞的《劝学篇》透露得最清楚。这本书最初是在 1897 年以分期连载的方式在《湘学报》上发表。表面上，它提出'中学为体，西学为用'这个观念，在理论上对'自强运动'式的改良主义加以总结并肯定，实际上张之洞是针对当时思想界的一场大论战而写的。这一场论战的开始是由于甲午以后维新思想日趋激烈，特别是以康梁为首的一群改良主义者在当时公开宣扬西方民治思想，直接间接地攻击君主制度，否定传统政治秩序。张之洞立刻看出这一攻击的危险性，知道当时的激进思想已威胁到儒家官学的中心意识——纲常名教。于是他联络他左右的一批名士如梁鼎芬、屠仁守等揭起卫道的大旗，对维新的激进派在思想上进行围剿。当时和张之洞呼应的尚有在上海办《实学报》的王仁骏和湖南的一批乡绅如王光谦、叶德辉等，以及京中的一些反对变法的御史。但卫道阵营的思想主力毫无疑问的是张之洞的《劝学篇》。"详见其《思想与时代》，上海文艺出版社，2002 年，第 160 页。另外，学者陈旭麓也对此有过很好的讨论，他说："议院在中国作为一种政治主张提出，是认识西学、学习西方的突破点。尽管他们并没有修改'中体西用'的宗旨，或者仍是把议院当作'西用'来接纳，但议院是与民权相联系的，它的实行必然是对君权的限制和削弱，是对'君臣之义'的中体的改造。事实上他们也已隐约地把它看作'西体'了。历来以此作为改良派和洋务派的分界线，这个分界线不是完全乌有。"详见其《论"中体西用"》，《历史研究》，1982 年第 5 期。

② 这一方面是当时思想界的共同风气所决定，同时也是体用范畴在历史竞争中必然胜出所致。

用,分之则并立,合之则两亡。议者必欲合之而以为一物。且一体而一用之,斯其文义违舛,固已名之不可言矣,乌望言之而可行乎?①

此处严复的批评重点有二:一是强调"体用"只能就具体的"一物"而言,如果二物不同,则此二物之"体用"俱不同,所以,中学和西学各有其独立之体用。二是认为既然"一物"是"一体而一用",如若强行把此物之体与彼物之用结合在一起,其结果只能是"合之则两亡",所以他认为"中体西用"就好比"牛体马用"之不伦不类。

严复批评的针对性是显明的,问题是如何看待其批评的合理性和有效性。

其一,从逻辑上说,既可以就某一具体事物或对象来谈论其体与用,也可以就两种不同的事物或对象的关系来说体用,这在唐宋元明以来是极为普遍的。所以尽管中、西文化或文明各有其体用,但并不妨碍采用"体用"范畴来讨论中西两种文明之间的关系,问题只在于此种探讨的准确性和全面性。事实上,在严复之前的诸多"中体西用"论者,也早已意识到中西之学各有体用,并对西学之体用有了较为明晰的分别,如马建忠、郑观应、张树声、朱采、邵作舟、张之洞等。

其二,从现实性来看,任何事物之间都有发生联系的可能,这种联系本质上也就是事物之间的"体"和"用"在发生联系,而一旦发生联系,就必然有一个重新建立关系或联系的机制或者说结构产生,一旦一种新的结构产生,这种结构又可以采用体用模式来分析和表达。所以关键不在于能不能采用"体用"逻辑,而在于是否是正确的使用。从这个意义上来说,虽然整体上中国文化与西方文化各有体用,当并不妨碍它们之间有结合的多种可能性。这也就是"中体西用"论具有一定逻辑合理性的缘由所在。

(三)"中体西用"的哲学本质

探讨所谓"中体西用"的哲学本质,旨在揭示这种"体用"论述中所蕴含的那个特定时代的中国思想者对于文化的价值主体性和人性结构的一种深层认识乃至信仰。

前述已经表明,大多数学者都习惯于把此处的"体用"逻辑简单地等同于本末、主次关系,因此认为"中体西用"不过是把中国精神文化作为国家民族文化的主体,而把西方物质文化作为文化的次要或者补充部分,这从各家的表层论述中可以被清楚地发现。但事实上,"体用"并不能简单地等同于本末、主辅,因为"体用"自从唐宋时代成为常用的哲学范畴开始,就不仅仅担负诠释具体事物之存在状态与功用的作用,还被发展成为一种架构整个

---

① 严复:《与〈外交报〉主人论教育书》,原载一九○二年《外交报》第九、十期。此处引自《严复集》,中华书局,1986年,第558—559页。

文化和学术追求的方向及层次的核心范畴。从宋代胡瑗的"明体达用"到清代李二曲的"明体适用",中国学人的所谓"内圣外王"的圣贤之学最终被表达为"体用之学"就是很好的明证。但宋明以来坚持心性之学的思想者们骨子里推崇的是人之存在的精神性或生命的主体性,对人的物质性、物欲性存在是极力贬低和排斥的。这与近代西方资本主义发展以来的以物质文明为本位的文化旨趣是完全不同的,从体用结构的角度上来说,在当时中国被尊为主体的精神、道德等,在西方的价值体系中恰恰属于"体"之"用";反过来,西方文明之体——物质文化——恰好就处在中国文化之"用"的位置上。

问题的关键还在于,当时的中国文化精英们仍然坚守千年以来体用关系的两个逻辑:一是体决定用,用表现体;二是"体"不变而"用"可变。当中西文化发生碰撞并与这两个逻辑结合起来的时候,就会产生一个奇妙的中西体用新结构,如图所示:

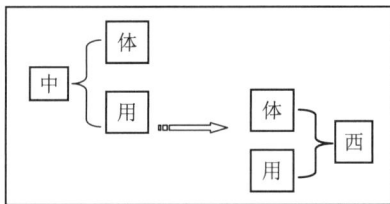

由上图我们可以看到,"中体西用"论者并非不知道中西各有体用,而实际上是他们一开始就没有把这两种体用放在同一个层面上进行比较和认识。他们认为当时整个西方文化因其对物质文明的推崇,只能居于中国文化价值体系中"用"的层面,而"用"则是可以变化改换的,且"用"中又可以再区分出"体"和"用"来。如果仔细比照一下前面对张之洞论述的分析,就可以发现二者的逻辑结构是完全一致的。

上述讨论充分表明,在"中体西用"的看似牵强的表述中,除了一种不言而喻的文化本位主义的立场之外,更多的是对中华文化二千年来一直推崇的内圣外王之思想和价值体系的本能维护,是对重视心灵超越与道德完善之心性哲学传统的一种顽强坚守。在文化态度上,与其说是一种遭遇挑战之后的保守或退缩,不如说是一种对自身文化的根本自信和强力坚持。有趣的是这一切都发生在"体用"这一传统的结构范畴之中。

第二节　现代新儒家崛起与体用思想

所谓现代新儒家[①],指新文化运动以来,全盘西化的思潮在中国的影响力扩大,一批学者坚信中国传统文化尤其是本土固有的儒家文化和人文思

---

① 也有不少学者称为"当代新儒家",如维基百科就列有"当代新儒家"词条。在此依中国大陆学术界习惯而仍然称之为"现代新儒家"。

想存在永恒的价值,因而力图在此基础上谋求中国文化和社会现代化的一个学术思想流派。李泽厚在其《中国现代思想史论》一文中指出:除马列哲学的中国化之外,在现代中国思想史、哲学史,比较具有传承性特色和具有一定创造性的,就只能数"现代新儒家"了。并指出,在现代新儒家诸多的学者中,在哲学上有系统创造的当属熊十力、梁漱溟、冯友兰、牟宗三四人。[①]

按学术界的一般共识,把现代新儒家分为三代,第一代是 1921 年至 1949 年,代表哲学家为熊十力、梁漱溟、马一浮、张君劢、冯友兰;1950 年至 1979 年为第二代,代表哲学家主要在台湾,有方东美、唐君毅、牟宗三、徐复观等;第三代是 1980 年至今,代表哲学家有成中英、刘述先、杜维明、霍韬晦、姚新中等。接下来将按照三代的次序分别考察其中代表学者的体用思想。

一、现代新儒家之体用思想(第一代)

(一) 马一浮:从体起用与摄用归体

马一浮(1883—1967),原名浮,近代新儒家学派的代表人物之一,与梁漱溟、熊十力齐名,是"新儒学三圣人"之一,有"一代儒宗"之称。在哲学上,马一浮充分发挥华严宗体用融摄的特点,努力实现儒佛会通,尤其是儒家经学内部的融摄贯通。下面将结合他的著作就其体用思想予以分析说明。

1. 理气与体用

【1】《易》为六艺之原,《十翼》是孔子所作,一切义理之所从出,亦为一切义理之所宗归。今说义理名相,先求诸《易》。易有三义,一变易,二不易,三简易。学者当知气是变易,理是不易。全气是理,全理是气,即是简易。只明变易,易堕断见;只明不易,易堕常见。须知变易元是不易,不易即在变易,双离断常二见,名为正见,此即简易也。[②]

这里有三点值得重视,一是马一浮把《易》作为六艺之本原,同时也作为一切义理的根源和宗归;二是他对易的三义所做的理气宇宙论诠释,即以"气是变易,理是不易。全气是理,全理是气,即是简易",强调不易在变易中,二者相即不二为关系;三是他以佛教的断见、常见与正见来说明三易之间的正确关系。不仅如此,他还直接与体相用结构联系起来,以不易为"体",变易为"相",而简易则为"用"。但他最终把体相用归结为体用逻辑,正如他说:

---

① 李泽厚:《中国现代思想史论》,生活·读书·新知三联书店,2008 年,第 281—282 页。
② 《泰和会语》,《马一浮集》第一册,浙江古籍出版社、浙江教育出版社,1996 年,第 38 页。

【2】"体用双离",则绝对不可说。不易者只是此体,简易者只是此用,变易者只是此相。离体无用,离性无相,但可会相归性、摄用归体,何能并体而离之?①

在此,他最终将理气与体用逻辑结合起来,建立不易之理为体,变易之气为用,理气之间即体用之间,强调二者是体用不离,从体起用,摄用归体。

【3】邵康节云"流行是气,主宰是理,不善会者,每以理气为二,元不知动静无端,阴阳无始,理气同时而具,本无先后,因言说乃有先后"(小注:两字不能同时并说)。就其流行之用而言谓之气,就其所以为流行之体而言谓之理。用显而体微,言说可分,实际不可分也。②

在此,马一浮把自己的理气观与宋儒的理气论关联起来,强调理气不是二元的实体存在,而是理体气用同时而具,用显而体微。因此只能有言说或逻辑上的先后,而没有实存上的始终二分。这种体用理气不二观点,显然是对程朱体用一源、显微无间的思想的继承,同时也是对唐玄宗所谓的"体用之名可散,体用之实不可散"思想的认同。

【4】或问:既曰气始于动,何以又言动静无端、阴阳无始? 答:一以从体起用言之,故曰有始;一以摄用归体言之,故曰无始。此须看《太极图说》朱子注可明。③

这里突出的是马氏一方面强调宇宙从发生论上似乎具有时间性,即所谓"气始于动",同时又强调这种阶段性的非时间性,即所谓的"动静无端、阴阳无始",显然二者是有冲突的,马氏的解决办法即是利用体用之间的互动关系来说明这种时间性与无时间性的辩证关系。就理气体用关系而言,一方面理体是根源性的,因此从理具气,从体起用,由此可以说是有始;但事实上此时并非只有理而没有气,只是体显而用隐。另一方面,是摄用归体,会相归性,也即是说理在气中,由用显体,此时仍然是理气同时俱在,只不过是体隐用显而已。从有无之存在上来说,理气同时共存,无有先后,故可以说没有时间性;若从体用之显隐上来说,则理气有从体起用和摄用归体两个阶段,故可表现出所谓的时间性或阶段性来。这种逻辑在下面两例中更为鲜

---

① 《尔雅台答问续编·示张立民》,《马一浮集》第一册,浙江古籍出版社、浙江教育出版社,1996 年,第 562 页。
② 《泰和会语》,《马一浮集》第一册,浙江古籍出版社、浙江教育出版社,1996 年,第39 页。
③ 《泰和会语》,《马一浮集》第一册,浙江古籍出版社、浙江教育出版社,1996 年,第40 页。

明。如：

【5】"显诸仁"，从体起用也；"藏诸用"，摄用归体也。显是于用中见体，藏是于体中见用。①

【6】不贰正是显，不测乃是藏。无微不显，方识得体；无显不藏，方识得用。显微无间，体用一源，所以为不贰不测也。②

总之，这种理气宇宙观在思维框架和表述方式上，是对程朱体用一源显微无间的易学体用逻辑的继承，也是对佛教华严宗理事体用论尤其是《大乘起信论》的体相用三大论的借鉴。在这种理气体用论中，他强调理气与体用不是相互独立、互不决定、互不作用的对立二元，而是具有相互作用、密切关联、不可分割的一体两面。

2. 六艺与体用

有学者明确指出：六艺论是马一浮的核心思想。从中，既可了解他对中国学术与西方学术的关系的独特认识，又可看到他完整而系统的学术观。其六艺论思想主要有三大命题构成，即"六艺统摄一切学术"、"六艺统摄于一心"、"六艺互相统摄"。③

若从体用逻辑的角度来说，马一浮一方面区分六经之"本迹"，如他曾说："有六经之迹，有六经之本。六经之本是心性，六经之迹是文字，然文字亦全是心性的流露，不是臆造出来。"④显然这是用"本迹"这对范畴来分别六艺之道（心性）与六艺之书（文字）的关系。同时他又从内容上把六艺分为体和用两个层面，《书》、《诗》、《春秋》三者为用，《礼》、《乐》、《易》三者为体。然后又以内圣为体，外王为用，由此构成一"全体大用"结构，对应的正是中国文化价值中的"内圣外王"结构。下面略举几例予以说明。

【7】已知六艺为博，孝经为约。亦当略判教相，举要而言。至德，诗乐之实也。要道，书礼之实也。三才，大易之旨也。五孝，春秋之义也。言其教不肃而成，是诗乐之会也。始于诗，而终于乐。言其政不严而治，是书礼之会也。礼为体，而书为用。又政教，皆礼之施也。不肃而成，不严而治，则乐之效也。乐主德，而礼主行。易显性，而春秋显道。父子天性，准乎易也。君臣之义，准乎春秋也。明堂四学则乐正，四教

① 《尔雅台答问续编·示张仲明》，《马一浮集》第一册，浙江古籍出版社、浙江教育出版社，1996年，第660页。

② 《尔雅台答问续编·示张伯衡》，《马一浮集》第一册，浙江古籍出版社、浙江教育出版社，1996年，第610页。

③ 刘炜：《六艺与诗——马一浮思想论衡》，中国社会科学出版社，2010年，第9页。

④ 《马一浮集》第三册，浙江古籍出版社，1996年，第1158页。

所由制也。配天飨帝，则圣人盛德之极致也。言德，则是易之尽性也。言刑，则是春秋之正名也。由是推之，交参互入，重重无尽。须知六艺，皆为德教所作。而孝经实为之本。六艺皆为显性之书，而孝经特明其要。故曰，一言而可以该性德之全者，曰仁。一言而可以该行仁之道者，曰孝。此所以为六艺之根本，亦为六艺之总会也。①

在此他将六艺之学归结为三个重要方面，一是社会文化教化方面的"诗乐之会"，二是政治治理方面的"书礼之实"，三是宇宙人伦本体方面的大易、春秋之义，三者之间显然又有体用关系，即以大易春秋为性道之体，礼书、诗乐则为德行之用。与此同时三者内部也可以有体用之分别，即诗乐之间，乐为体，诗为用；书礼之间，礼为体，书为用；春秋大易之间，大易为体，春秋为用。不仅如此，马一浮还强调六者之间的体用实是"交参互入，重重无尽"。最终他又认为"六艺皆为显性之书，而《孝经》特明其要"，也就是说以孝经为六艺之"根本"、"总会"。

事实上这仍然只是从工夫实践的角度，以孝悌之道来统摄六艺，如若从性德根源本体的角度，则必然要以大易来统摄六艺了。如在【1】中他已经明确说道："《易》为六艺之原，《十翼》是孔子所作，一切义理之所从出，亦为一切义理之所宗归。"

【8】当知体用全该，内外交彻，志气合一，乃是其验。无远非近，无微非显，乃为至也。此之德相，前后相望，示有诸名。总显一心之妙，约之则为礼乐之原，散之则为六艺之用。当以内圣外王合释，二者互为其根。前至为圣，后至为王。如志至即内圣，诗至即外王；诗至即内圣，礼至即外王；礼至即内圣，乐至即外王；乐至即内圣，哀至即外王。此以礼乐并摄于诗，则诗是内圣，礼乐是外王。又原即是体为圣，达即是用为王。更以六艺分释，则《诗》是内圣，《书》是外王；《乐》是内圣，《礼》是外王；《易》是内圣，《春秋》是外王。《诗》既摄《书》《礼》亦摄《乐》。合《礼》与《乐》是《易》，合《诗》与《书》是《春秋》。又《春秋》为礼义大宗，《春秋》即《礼》也。《诗》今以"动天地，感鬼神"，《诗》即《易》也。交相融摄，不离一心，塞于天地，亘乎古今。易言之，则《诗》之所至，《书》亦至焉。《书》之所至，《礼》亦至焉。《礼》之所至，《乐》亦至焉；《乐》之所至，《易》亦至焉；《易》之所至，《春秋》亦至焉。五至之相，亦即六艺之所由兴也。五至始于志，故六艺莫先于《诗》。言《礼》《乐》而不及《书》者，明原以知委，举本以该迹。言《诗》，而《书》在其中，言《礼》《乐》，而《易》与《春秋》

---

① 《马一浮集》第一册，浙江古籍出版社，1996年，第263—264页。

在其中也。"哀乐相生"者,屈伸变化之相也;"志气塞乎天地"者,充周溥博之相也。就其真实无妄则谓之体,就其神应无方则谓之用。体无乎不在,则用无乎不周。全其体则谓之圣,尽其用则谓之王,摄于志而主乎仁则谓之诗,被于物而措诸万事则谓之六艺。致者,推致其极之谓。"穷理尽性以至于命",斯能致"五至"矣。礼乐之原即性命也。推此性命之德,致乎其极,即五至也,亦即六艺之道也。圣是体大,王是用大,五至是相大……①

在此处所引长文中,马一浮阐明了六艺之间是如何互为体用,交相融摄,最后而成全体大用的儒家六艺圣王之道的。最后他又将此归结为"体相用"三大,即"圣是体大,王是用大,五至是相大",足见马氏融摄儒佛的深层思维特点。

【9】学者诚欲达于礼乐之原,必先致五至,而后能行三无。乃可以言体仁,乃可由诗以通六艺。须知体仁,亦有三义。体之于仁,以仁为体,全体是仁,如是三种次第。其初,体之于仁,是求仁知仁之事也。以仁为体,则动必依仁,由仁而不违仁者也。全体是仁,乃是安仁,方为究竟。致五至者,智之事也。行三无者,圣之事也。道远乎哉。触事而真。圣远乎哉,体之即神。内圣外王之学,穷神知化之功,咸在于是。②

此处是从工夫实践的层面来讨论六艺之道,马一浮将其归结为"体仁"之道。值得重视的是,他在此提出"体仁"三层次或三阶段的理论。具体来说,第一层次为"体之于仁",第二层次为"以仁为体",第三层次为"全体是仁"。从马氏的进一步阐述中,我们可以知道,这三层次恰好和其对易之三义,特别与他之体用逻辑三阶段的理论相一致。如图所示:

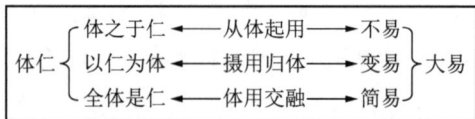

$$
\text{体仁}
\begin{cases}
\text{体之于仁} \longleftarrow \text{从体起用} \longrightarrow \text{不易} \\
\text{以仁为体} \longleftarrow \text{摄用归体} \longrightarrow \text{变易} \\
\text{全体是仁} \longleftarrow \text{体用交融} \longrightarrow \text{简易}
\end{cases}
\Big\} \text{大易}
$$

从上图所示来看,我们可以发现华严宗之体用逻辑或思维在马一浮本体宇宙论和工夫实践论上所起到的基础作用。与此同时也可以发现,马一浮还特别重视体用之间的交彻融摄,这种思维模式深刻地影响了他对六艺经典的具体诠释。下面举其对《尚书》洪范九畴的诠释加以说明。

---

① 《马一浮集》第一册,浙江古籍出版社,1996年,第278—279页。
② 《复性书院讲录·孔子闲居释义》,浙江古籍出版社,1996年,第280—281页。

【10】九畴总摄于皇极，而寄位于五者。前四后四诸言用者，皆皇极之用也。其体本寂，而妙应无方。大用繁兴，而虚中无我。离体无以成用，即用而不离体。体用一源，显微无间。故皇极亦言用也。①

《尚书》洪范九畴，有初一曰五行，次二曰敬用五事，次三曰农用八政，次四曰协用五纪，次五曰建用皇极，次六曰乂用三德，次七曰明用稽疑，次八曰念用庶徵，次九曰向用五福，威用六极。马一浮在此将其九畴体用结构化，以第五建用皇极为体，其余八筹为用，同时又强调体用一源、显微无间，所以"建用皇极"也可以是用。

【11】"皇建其有极。"此明建用之旨也。皇极之极与太极之极，俱是表此理之极至。然太极不可言建，皇极则言建者。太极唯是表理，皇极则兼表人位也。太极不可言用，皇极则言用者。太极唯是显体，皇极则即体以明用也。此极是人之所同具。不能建而用之，则隐而不显。能建而用之者人也。唯其能建而用之，斯为人中之最胜，可以处于君位，故名之曰皇。极是所建，皇是能建。能所不二。极是所证，皇是证者。人与理一，故称皇极。唯皇之极，是依主释。皇即是极，是持业释。前标名，是合言。此明建，故分言。其非助词，指其不离当人，不假外求也。有者，谓其本有也。建则有，不建则无。皇如君人五号，位以表德。虽无其位，亦谓圣人。故周子变称为人极。今以洪范为箕子所陈，舜禹授受之道，故宜称皇极也。又建即是用。中庸所谓"唯天下至诚为能经纶天下之大经。立天下之大本。建诸天地而不悖，考诸三王而不缪，质诸鬼神而无疑。百世以俟圣人，而不惑"者，是建义也。洪范诸门凡言用者，皆此建用所摄。又建是修德，极是性德。虽圣人不能执性废修，必因修以显性。故曰皇建其有极也。②

此是就"建用皇极"本身而言，其中亦有体用能所之分别。首先申明太极与皇极的同异，关键在于太极唯是理体，而皇极则是"即体以明用"，唯"建"而用显。又说："极是所建，皇是能建。能所不二。极是所证，皇是证者。人与理一，故称皇极。"所以皇极就既是"即体以明用"，又是"因修以显性"，总之是能所不二、本体工夫合一、性修合一，也就是体用不二。由此可见马一浮不仅十分重视本体建构，也十分重视工夫实践，即重视由用显体，由用达体，最终是体用融摄不二。

---

① 《复性书院讲录·洪范约义》，《马一浮集》第一册，浙江古籍出版社，1996年，第370页。
② 《复性书院讲录·洪范约义》，《马一浮集》第一册，浙江古籍出版社，1996年，第370—371页。

不仅如此,他还认为《洪范》九畴可以总摄六艺,因而最后又都可以统摄到"建用皇极"之上。譬如他说:"六艺之旨,交参互入,周遍含容,故九畴之义,亦遍摄六艺而无余。"又说:"皇极总摄六艺之归一于性德。"最后他说:"六艺之道,亦建用皇极而已矣。离极而言用,是离性而言道,则其所谓道者,私智之凿也。……学者明乎此,则体用、隐显、本末、内外,无乎不该,亦可以知所择矣。"[①]

综上所述,我们可以看到马一浮先生的体用思想具有如下几个特点:第一,对马一浮来说,体用思维或体用逻辑已经成为他经典诠释和理论构造的基本方式,不仅是阐释存在的分析模式,同时也是阐明实践的基本方法;第二,他的体用逻辑一方面继承程朱易学所提倡的体用一源、显微无间之说,同时又始终借用华严宗的体相用结构,尤其注重从体起用、依性说相,和摄用归体、会相归性,以及最后体用交彻、体用双融的三层次或三阶段的体用境界演化模式。

(二) 熊十力:体用哲学

熊十力先生(1885—1968),湖北黄冈人,现代哲学家。他的思想在近现代中国哲学中占有较为重要的地位。其最为著名但也饱受批评的是他的"本迹"、"体用不二"的宇宙论哲学,主要表现在早期的《新唯识论》和后期的《体用论》等著作中。本节将以其晚年所著的《体用论》为主[②],来着重讨论其体用哲学思想。

1. 熊十力之"体用"哲学

首先,要关注熊氏对体用概念本身的分析。他在《破破新唯识论》一书中,总结中国哲学史上的"体用"学说,将其划分为两类三种:一类是玄学(哲学)意义上的体用,是就宇宙人生之基源、大化之本始处立言;另一类是"一般通用者",随机而设,凡主次、轻重、本末、先后、缓急等不同,都可用之表达。后一类又可分为两种:一种是"随举一法而斥其自相"、"随举一法而言其作用"的体用,即具体事物之实体与功能的关系;另一种是"如思想所构种种分剂义相,亦得依其分剂义相而设为体用之目"。[③] 我们可以列表明示之:

---

① 《复性书院讲录·洪范约义》,《马一浮集》第一册,浙江古籍出版社,1996年,第412—413页。

② 就熊十力思想发展的历程而言,早年其"从大乘空有二宗入手",借由投契佛法发明"体用不二"之论。中年之后,熊十力舍佛归《易》,晚年撰成新著《体用论》,他在书中声明"今得成此小册,《新论》宜废","与佛氏唯识论根本无相近处,《新论》不须存"。表明《体用论》是他用以取代早年《新唯识论》的晚年定论,也宣告了他在晚年完成了对自己的哲学体系的一次重新建构。因此,关于体用的讨论对其早期的《新唯识论》不予讨论。具体参考陈来《现代中国哲学的追寻:新理学与新心学》,人民出版社,2001年,第129、195页。

③ 熊十力:《破破新唯识论》,北京大学出版社1933年印本,第56—60页。

```
        ┌─哲学之体用：本体与流行
    体 ┤
    用 │               ┌─实体与功能
        └─一般之体用：┤
                        └─实体与实体
```

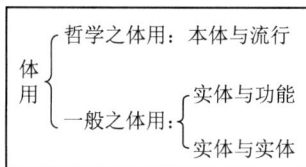

其次,要看熊氏"体用"哲学的具体内涵。对此,熊氏在《体用论》中已有十分明确的说明,照兹全录如下:

余谈至此,当将体用大义酌为提示,作一总结。

一、实体具有物质、生命、心灵等复杂性,非单纯性。

二、实体不是静止的,而是变动不居的。(不居者,言其变动刹那刹那舍故生新,无有一刹顷暂停也。刹那,亦省言刹。)

三、功用者,即依实体的变动不居,现作万行,而名之为功用,(现者,变现。心与物诸现象,通称万行。行字有二义:一、迁流不住义;二、有象义。问:"心非有象。"答:心可自觉,何云无象? 但不同于物象耳。万行,即是贵体的变动现作如此。确不是从实体的变动又另外生出东西来,叫作万行也。切忌误会。)所以说体用不二。实体变动即成了功用,而功用以外无有独存的实体。譬如大海水腾跃即成了众沤,而众沤以外无有独存的大海水。

四、实体本有物质、心灵等复杂性,(生命、心灵是同性故,随举其一使得。)是其内部有两性相反,所以起变动而成功用。(物质性是凝结、沉坠,心灵性是健动、升进、照明,两相反也。相反,故起变动。)功用有心灵、物质两方面,因实体有此两性故也。(实体元有物质、心灵两种性质,故其变动,成为功用,便分心、物两方面。)

五、功用的心、物两方,一名为辟(辟有刚健、开发、升进、照明等等德性),《易》之所谓乾也。一名为翕(翕有固闭和下坠等性,《易》之所谓坤也)。翕是化成物,不守其本体。(化,犹变也。《易》曰:"坤化成物。")辟是不化为物,保任其本体的刚健、照明、纯粹诸德。(纯有二义:一、无有杂染;二、纯一而不可破析,无在无不在。粹,犹美也。可详玩《乾卦》。)一翕一辟,是功用的两方面,心、物相反甚明。(辟,即心也。翕,即物也。)

六、翕辟虽相反,而心实统御乎物,遂能转物而归合一。(转者,转化之也。故相反所以相成。)①

---

① 熊十力:《体用论》,中国人民大学出版社,2006年,第135页。

通览上述六义,体用哲学的大旨可以说是昭明显著了,其中有三点值得仔细体味。

第一,其中所谓"实体"即是体用之体,内涵翕辟功能也即心物之性用。本体(实体)必是变动不居的,现象(心、物)即是此本体变动现作如此。在此意义上即是本体与现象不二,也即"体用不二"。

第二,体用不二的关键在于以变动不居为本体,由此证成"本体"即是"功用",其具体机制有二:一是取消心或物任何一方的本体性地位,而将二者都降格为现象,均为本体之功用,这样就可以超越西方唯心唯物的本体论之争,因为心物都不可以是本体,而真正的本体则是涵心涵物之真正实体。二是本体之所以为变动而成功用,乃是因其内部本就具有两种相反的功能,即一翕一辟,也即是易经中所谓之一阴一阳。也即是王夫之的"乾坤并建"。正是这两种相反相成之功能的同时并存,导致本体必定是变动不居而与现象是相即不二的。这样就不必在变动之外再去建立所谓不动的本体,或如亚里士多德一般,或如佛老一般,或如程朱"体静用动"之一般。

第三,很重要的一点是,虽然心物翕辟同为本体之功用,也即是本体之现象,但二者之间又有体用区别,即心为体,物为用,辟为体,翕为用,当然此体用也是相即不二,相互转化的。这也就表明,在熊十力的体用哲学中,实际上存在着两个层次的体用结构。如图所示:

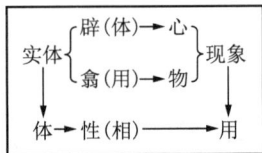

显然这和朱熹的太极易学本体论在逻辑上是极为相近的。在朱熹那里,也存在着一个二重体用体系,即太极为最高本体,天地万物都从太极流出,就此而言是太极为体,万物为用。但太极生阴阳,非在阴阳之外有所谓孤立之太极,而本即是阴阳之对待结构本身,此对待之阴阳本是相互转化,互为体用,是动静无端阴阳无始的,故有对待之流行而为四象、八卦、六十四卦。如图所示:

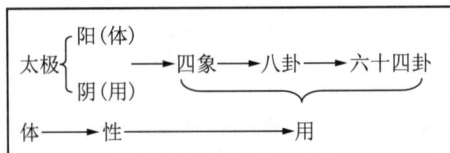

显然,此二重体用又与《大乘起信论》中体性用或孔颖达之体性用、体德用是完全相通的。在某种意义上来说,体性或体德既可合而为体,显现之用正是此性德所产生。而依照此前述所分析可知,体性用或体相用之间实有一二重体用之结构,即首先是体性或体相合为本体与现象之用形成第一重的体用关系,而体性或体相之间又具有第二重的体用关系。所谓心物之体用关系只是在第二重体用逻辑中才能成立,在第一重体用结构中只能属于现象之用,不能成为宗极的体或用。

最后熊氏根据其体用不二哲学对中西各家哲学予以判教式分析。他说:

> 功用与其本体应有辨。(譬如大海水变成无数的众沤,则众沤与大海水不得无辨)西洋唯心论以心为万有之元,(元,犹原也,即本体之谓)是体用无辨也。中国先哲有养心之学,本无唯心之论。但道家守静存神,(神即心,心静定而不散乱,明觉湛然。禅师谓之灵光独耀)亦近于以心为绝对,有不辨体用之嫌。道家称谷神为天地之根,故云近于以心为绝对。(参考《老子》上篇第六章)宋、明诸儒染于道与禅,其过同二氏也。(二氏,谓道、禅)孔子作《大易》,创明体用不二。道家起而首离其宗,(老聃后于孔子,其学出于《易》而复反《易》)后儒(宋明诸师),名宗孔而实非其嫡嗣也。道家在晚周几夺孔子之席,汉以后犹与儒、佛鼎立,称三大学派。佛家大乘学,如罗什门下诸贤,皆深于玄义也。(玄义,谓道家要旨)华严在佛法中自开学统,其得力于玄者不可掩。禅有与玄合流之派,亦足珍怪。①

熊氏认为,就西学而言,其无论唯心唯物,都不过是以心或物为宇宙之本体,但这都犯了体用不辨之过,即错把现象之用的心物看作本体本身。就中学而言,儒释道三家,佛道二家最终同于西方唯心之论,都是以心为绝对之本体,故同样难脱体用不辨之嫌。如此看来,在熊十力之中西判教中,唯有孔子作《大易》,能真正创明此"体用不二"之学。那么有一个问题是,熊十力如何判定宋明儒学之性质。且看他说:

> 世士疑理学之儒杂禅,不必本于道,实则濂溪、明道皆从柱下转手,而上托孔孟以开宗耳。(古史称老子为周柱下史。)此意将于篇下略说。自秦汉以来,小康之儒伪造一套尊君理论,托于孔子,而儒学失其真。二千数百年间,聪明人士鲜不归心老庄及外来之出世法。佛教的哲学思想自昔称为出世法。佛法虽富于吸引力,亦以柱下、南华为通家耳。(庄子之书,古称《南华经》。)佛、道不同,人皆知之。然道学妙极虚无,佛法高趣寂灭,两家根本义趣有相通也。(佛法东来,道家首纳受之,岂偶然乎?)理学开宗自周程,周程皆杂于道。至晚明,王船山奋起而振理

---

① 熊十力:《体用论》,中国人民大学出版社,2006 年,第 136 页。

学之绪,其宏廓则过宋贤矣。船山衍《老》、解《庄》,犹于道家多所取法。(船山有《老子衍》、《庄子解》。)道家短处,余已略发之于《原儒》一书,其长处则犹未及论。(庄子于道体多造微之谈,老聃未之逮也,然亦有病在,此不及详。老庄同深观群变,绝圣弃智之旨,辅嗣、子玄都无实悟,况其余乎!)余今特举道家,未免牵涉到旁处。然明知蔓延之过而不避者,诚以前贤养心之学只知有事于心而无事于物,遂至失去心物浑沦为一之本然。①

在他看来,儒学自秦汉以来便已经失去其真义,之后两千年的儒学无不受老庄玄学或出世佛学的影响,而佛家最终也与老庄旨趣相通。宋明儒学不仅杂禅,实则皆杂于道。如他所说"理学开宗自周程,周程皆杂于道",至晚明的王船山"奋起而振理学之绪,其宏廓则过宋贤",但船山"衍《老》、解《庄》,犹于道家多所取法"。他认为,老庄之道既有长处,也有短处,导致前贤之学只知"有事于心而无事于物,遂至失去心物浑沦为一之本然"。依体用逻辑来说则是:

用失而体自废,终非立本之道也。(心、物是用,用由体成,譬如众沤由大海水成。用失即体废,譬若众沤枯竭,即是无有大海水也。)故只知有心而不知有物者,其弊至此。反乎是者,只知有物而不知有心,其失亦可知也。②

在他看来,无论西方唯心唯物之学,还是佛老之学、秦汉之儒学,还是宋明理学,除船山之外,无不犯有体用不辨之过,因不知"心、物是用,用由体成",最终造成"用失即体废",唯心者如此,唯物者亦是如此。

总而言之,熊十力的体用哲学乃是"宗主《易经》,以体用不二立宗"③。其一方面乃是强调:"本论以体用不二为宗,本原、现象不许离而为二,真实、变异不许离而为二,绝对、相对不许离而为二,质、力不许离而为二,天、人不许离而为二。"④与此同时他又强调"本体现象不二,道器不二,天人不二,心物不二,理欲不二,动静不二,知行不二,德慧知识不二,成己成物不二"⑤,显然前者更多是纯粹宇宙本体论层面的体用不二,而后者则强调本体与工夫之间、天人之间和心物之间的体用不二。

---

① 熊十力:《体用论》,中国人民大学出版社,2006年,第136页。
② 熊十力:《体用论》,中国人民大学出版社,2006年,第137页。
③ 熊十力:《体用论》,中国人民大学出版社,2006年,第68页。
④ 熊十力:《体用论》,中国人民大学出版社,2006年,第415页。
⑤ 《原儒·序》,黄克剑、王欣、万承厚:《熊十力集》,群言出版社,1993年,第65—66页。

2. 熊十力与马一浮体用论之异同

马一浮与熊十力的关系较为复杂，虽然在学问和人格上，二人可谓惺惺相惜，但在学术上有同有异，最大之同在于二人最终都推重中华儒学为学问之正统和究竟，最大的不同则反映在二人的本体论实质内涵之差异中。究其实，二人学术之间的同异深层表现为二人体用观的同异。下面就此予以简略分析。

首先，虽然马一浮对熊十力二人都十分推崇大易之体用不二的思想，并依此来判别中西，衡定三家；但在哲学价值取向和基本思维模式上，马一浮更加强调体用融通，熊十力则更强调体用有分前提下的体用不二。由此造成马一浮更加注重儒佛会通，熊氏则更为注重平章儒佛（老），实际上马氏同情并借用佛学较多，而熊氏则更多的是批评佛道和西方哲学。

其次，二人学术差异表现最为明确的，还是在对本体之常变、动静的认定上。也就是说，在本体为常还是为变这一问题上，二人存在着根本分歧。首先熊十力创造性地提出"以变易为体"，由此实现本体即功用，即本体即现象。而马一浮对此"以变易为体"的本体论思路从一开始就不赞同。邬以风在《问学私记》中对此有清楚的记载：

> （肇安法师）又曰："世人以恒转为体，以变易为体，不出生灭法门，仍非性边事。我说刹那不息，如如不动，所以从迁流中见不迁，与世人以变为体者不同。"少顷又言："学须证得悟得，则见、相二分亦非枝节。否则徒托空言，巧立名目，如后人之言唯识，类习八股者之学圣人言，即使说得动人，亦与自己漠不相关，又何益耶？"（马）先生闻之，为赞叹不已。[1]
>
> 近人著书有以变易为本体者。（马）先生曰：此说在哲学上可以自成一家言，然非究竟了义。变易即是不易，于变易中见不易，换言之，于迁流中见不迁流，于生灭中见不生灭，方是究竟之谈。说到本体分上，则一切知见言语皆用不着。种种言语，皆是由那分别、生灭的显那无分别、无生灭的，以有言的显那无言的。若以变易为体，正是颠倒见，其过非小。[2]

上述文字具体时间不限，但据邬以风的记叙时间来看，当在 1929 至 1933 年之间。除此之外，1930 年农历九月 8 日，马一浮在回复熊十力的书信中特别指出：

---

[1]　邬以风辑录：《问学私记》，《马一浮集》第三册，浙江古籍出版社，1996 年，第 1137—1138 页。

[2]　邬以风辑录：《问学私记》，《马一浮集》第三册，浙江古籍出版社，1996 年，第 1143 页。

弟意体上不能说变易,儒佛皆然。流行者乃是其德,主宰正是以体言。于变易中见不易,是以德显体。欲翻尊语"此变动不居之体,有其不变不易之德"为"变动不居之德,有其不变不易之体",二字互易,亦颇分晓。此说与兄恰恰相反,兄或目为故作矫辞,然弟所见实如此,不能仰同尊说。宁受诃斥,不能附和。"①

同年农历十一月 12 日,马一浮在回复熊十力的书信中又说:

本体之说,兄似以弟言未契为憾。流行之妙,何莫非体? 弟于此非有异也。但谓当体即寂,即流行是不迁,即变易是不易,不必以不易言德而定以变易言体耳。兄言如理思维,各舍主观。弟则谓一理齐平,虑忘词丧,更无主观可舍也。②

可见对这个"本体是常是变"的问题,双方的讨论非常激烈。这足以说明马一浮之所以反对熊十力《新论》初稿"以变易为体"的主张,关键就在于他们对于本体的理解有着根本分歧。具体来说,熊十力"主变"而"以变易为体",其所谓本体不仅有生生不息的作用流行,而且自身也生生不息、由微肇著地发展,是一种非现成性本体。马一浮则"主变中见常"而认定本体恒常具足,因此凡说本体必是无变化无亏欠的,有变化有亏欠的只是本体之作用,这显然是一种现成性本体。所以马一浮则"宁受诃斥,不能附和",坚决主张"体上不能说变易","变易"非"体"而只是"用"。③

显然,这是两种根本不同的本体论思路。从体用哲学的根本上说,其分歧之关键在于:马一浮的体用认识仍然停留在传统理学和华严宗哲学之体用思想上,因此他始终坚持理气和理事之间体用合一,而未能注意到理气之体用关系即使在朱熹那里也是属于第二层次的。其第一层次是太极与万物的体用关系,太极即理,同时太极即气,而理气同属太极内在之性德,由此性德方有天地万物之生。所以朱熹万物总一太极,而同时又说物物各一太极。前者乃是就太极之用即气而言太极与万物的关系;后者则就太极之体即而言太极与万物的关系。显然熊十力准确地把握这一体用逻辑,不过与朱熹不同的是,在太极内部的体用结构而言,他不言理气,而言翕辟之功用,由此翕辟之相反相成而有心物之现象之用。马一浮恰是未能真正理解这一点,所以才会坚决反对熊十力的主变的本体论。

---

① 马一浮:《马一浮先生遗稿三编》,台北广文书局,2002 年,第 161 页。

② 马一浮:《马一浮集》第二册,浙江古籍出版社,1996 年,第 523 页。

③ 以上举例主要参考李清良《马一浮对熊十力〈新唯识论〉前半部之影响》,《湖南师范大学社会科学学报》,2009 年第 6 期。

最后可以说,马熊二人虽然在学术价值取向上以及体用不二关系的推崇上有相当的共同之处,但在体用思想的逻辑层面,尤其是体用哲学的自觉层面,熊十力无疑是要超过马一浮的。

(三) 冯友兰:"经济基础是体,上层建筑是用"

冯友兰(1895—1990),字芝生,中国当代著名哲学家、教育家。他是中国近代以来少数能够建立完整哲学体系的哲学家之一,代表作有《中国哲学史》、《中国哲学简史》、《中国哲学史新编》、《贞元六书》。冯友兰的新儒家哲学是以其"新理学"的创造为标志的。[①] 本节集中讨论冯友兰"新理学"以及其有关文化论说中的体用思想。

1. 新理学与体用两橛

在《新理学》一书中,冯友兰首先提出三个基本概念,即"实际底事物"、"实际"、"真际"。"实际底事物"指一个事实存在的"个别"事物本身,而"实际"相对于个别的某物,是一个类名,即普遍概念,指"事世界",近于"实存"的概念。"真际"则是"不着实际"的,是我们对事实世界作逻辑的分析、总括的解释所得的观念世界。相对于"实存"的"实际"来说,"真际"是超时空的"潜存"。他曾说"新理学谓之实际底有,是于时空中存在者。'有某种事物之所以为某种事物者'之有,新理学谓之真际底有,是虽不存在于时空而又不能说是无者。前者之有,是现代西洋哲学所谓存在。后者之有,是现代西洋哲学所谓潜存。"[②]

对于此三者之间的关系,他在《新理学》中说:"真际是指凡可称为有者,亦可名为本然;实际是指有事实底存在者,亦可名为自然。"[③]又可以表述为两个命题,即"实际底物蕴涵实际"和"实际蕴涵真际"。如图所示:

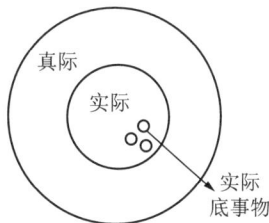

事实上,冯友兰新理学的形上学体系是建立在"理"、"气"、"道体"与"大全"四个纯形式的范畴之上的。这四个概念虽然是宋明理学哲学中常见的概念,但冯友兰运用逻辑分析的方法赋予它们以全新的内涵,由此表明他的新理学之新。这四个基本范畴是他通过分析四组形式命题所得到的。具体

① 冯友兰的代表著作是他在抗日战争时期所写的《贞元六书》,包括《新理学》、《新事论》、《新世训》、《新原人》、《新原道》、《新知言》,这六部书构成了他哲学思想的完整体系,他也把这整个体系称作"新理学"。

② 冯友兰:《三松堂全集 · 新原道》第5卷,河南人民出版社,2001年,第128页。

③ 冯友兰:《三松堂全集 · 新理学》第4卷,河南人民出版社,2001年,第9—10页。

来看：

> 第一组主要命题是："凡事物必都是什么事物，是什么事物，必都是某种事物。有某种事物，必有某种事物之所以为某种事物者。借用旧日中国哲学家底话说：'有物必有则。'"

> 第二组主要命题是："事物必都存在。存在底事物必都能存在。能存在底事物必都有其所有以能存在者。借用中国旧日哲学家的话说，有理必有气。"

> 第三组主要命题是："存在是一流行。凡存在都是事物的存在。事物的存在，是其气实现某理或某某理的流行。实际的存在是无极实现太极的流行。总所有底流行，谓之道体。一切流行蕴涵动。一切流行所蕴涵底动，谓之乾元。借用中国旧日哲学家的话说：'无极而太极。'又曰：'乾道变化，各正性命。'"

> 第四组主要命题是："总一切底有，谓之大全。大全就是一切底有。借用中国旧日哲学家的话说：'一即一切，一切即一。'"①

依据上述四组命题，冯友兰认为，所谓"理"，即是在第一组命题中"有某种事物之所以为某种事物者"。而总所有的"理"，即是《新理学》中所说的"太极"，亦即是"理世界"。所以"气"即是第二组命题中"能存在底事物必都有其所有以能存在者"。气有相对的气和绝对的气，"绝对的气"相当于亚里士多德所谓的事物存在的纯粹"质料"，因而与程朱理学的气是不同的。所谓"道体"即是全部事物的存在，因为存在就是一流行，所以总所有的流行，就谓之"道体"。而存在之流行过程即是"其气实现某理或某某理的流行"。这也说明理气相合而方有存在之流行。所谓"大全"，即是一切的有，包括真际的有与实际的有。又可以说是"宇宙"，在中国传统哲学中又称为"天地"、"一"。究其实，冯友兰"理"、"气"、"道体"与"大全"中都是紧密围绕存在而有的形而上概念。"理"是事物存在的形式依据，"气"是事物存在的质料来源，"道体"则是全部事物因理气相合而有的实际存在，"大全"则是一切的实存和潜存存在。

显然在四个概念中，最重要的也是最能体现冯先生新实在论特色和矛盾的是理和气的内涵及其关系，其中最困难的是"气"的定位。首先，他认为"理世界在逻辑上先于实际底世界"，这意味着"理"在逻辑上先于"事"。同时，冯友兰把理世界等同于朱熹所谓的太极或理，显然他了解朱熹的确有说

---

① 以上分别引自冯友兰《三松堂全集·新原道》第5卷，河南人民出版社，2001年，第127—130页。

"太极即理",但似乎不知道朱熹同样也说"太极即气"。在朱熹那里"太极"是以"理体气用"为结构,太极既是理又是气,更是包罗一切的"大全"。

其次,他在《新理学》中说:"在我们的系统中,气完全是一逻辑底观念,其所指既不是理,亦不是一种实际底事物。一种实际底事物,是我们所谓气依照理而成者。"①在这里,理气关系无法确定,因为"理"也是逻辑的观念,是事物可能的存在,然而他又明确规定气不是理。气当然不是实际的个别事物,而是构成事物存在的"料",但它仍然应该具有具体的内容规定,而不能是纯粹逻辑的规定,因为纯粹无内容的"气"即使与理结合仍然无法形成有形质的具体事物。所以他说"一种实际底事物,是我们所谓气依照理而成者",却无法说清楚一个逻辑观念的气如何依照一个纯形式的理就产生了一个有形质的事物。因此就他的分析来看,不仅理气的内涵无法厘清,同时理气之间也没有任何必然的联系,更重要的是,"气"和具体的事物之间的关系也无法得到说明。

以上所述即是冯友兰"新理学"的基本内容,对于其基本哲学立场、建构方法以及哲学价值,陈来有一个十分中肯的评价。他说:"以逻辑分析为基本方法,以新实在论为基本立场,又借鉴了新逻辑对形上学的批评,它对哲学问题的明确意识,对方法的深度自觉,概念、结构的清晰严整,使它获得了无可争辩的现代性格。"②与此同时,他也指出,一方面,新理学把认识问题混同于存在问题,导致了把逻辑上的语法上在先的当作存在上在先的、独立的;一方面,新理学与传统理学的形上学的差异主要体现在"体用一源"还是"体用分离"的问题。③ 因为传统理学承认理在气中,理在事中,冯先生的理只在真际,不在实际,是超越时空的潜存,而不是实际在时空中的存在的物,这与理学强调理是与气"不离不杂"而又为气之流行之所以然的思想不同,这个立场在传统理学看来就是典型的"体用两橛"。④

2. 中西文化的"体"与"用"

冯友兰在《新事论》⑤中着重讨论了从五四新文化运动到 20 世纪 30 年代文化论争,再到 80 年代文化讨论的中心课题——"文化"问题,其中对中西

---

① 冯友兰:《三松堂全集·新理学》第 4 卷,河南人民出版社,2001 年,第 49 页。
② 陈来:《现代中国哲学的追寻:新理学与新心学》,人民出版社,2001 年,第 191 页。
③ 冯先生晚年对此所反思,譬如他说:"理和事,内涵和外延,本来就是合在一起的,只是人的思维对它们加以分析,才显出它们的分别和对立。这是一个关于认识的问题,并不是一个关于存在的问题。就存在说,本来没有谁先谁后、谁上谁下的问题。其所以有这些问题,就是因为把关于认识的问题与关于存在的问题混淆了。"详见《三松堂自序》,第 215 页。
④ 陈来:《现代中国哲学的追寻:新理学与新心学》,人民出版社,2001 年,第 192 页。
⑤ 在《三松堂自序》中,冯友兰说:"我到了昆明以后,当时有一个刊物叫《新动向》,其负责人约我写稿在刊物上连载。不知不觉就写了十二篇。但合起来也有一个中心思想。我把它们合为一书,题名为《新事论》。所谓'事',就是'理在事中'那个'事'。'事论'是对于'理学'而言。"(《三松堂全集》第 1 卷,第 218 页。)

文化冲突及其解决的论点是我们把握其文化体用观的主要依据。

关于东西方文化,20 年代的冯友兰不看作"东西"问题,而是"古今"问题,认为所谓西化实际是近代化。① 30 年代,他接触了一些马克思主义之后,认识到,"所谓古今之分,其实就是社会各种类型的不同","更广泛一点说是共相和殊相的关系的问题"。因此他反对简单地说"全盘西化"以及"中国文化为本位",而正确的方法是认识人类文化的共相——社会性质。他说:

> 当时西方的社会是"以社会为本位的社会",当时的中国是"以家为本位的社会"。它们(西方)原来也是"以家为本位的社会",后来先进入了"以社会为本位的社会",因为有了产业革命。产业革命就是工业化。我用了马克思在《共产党宣言》中说过的一句话:产业革命的结果是乡下靠城里,东方靠西方。我说:这是一句最精辟的话。所谓东方和西方的差别,实际上就是乡下与城里的差别。②

于是,冯友兰不仅坚持了早期的古今说,又明确了古今的内涵,即从古代的家本位到近代的社会本位,核心是产业革命,即工业化。至此,东西方文化问题,就被归结为纵向上的古今问题、横向上的城乡问题,贯穿其中的仍然是共相与殊相的哲学逻辑。

对于清末洋务派的"中学为体,西学为用"的主张,尤其是对于清末人注重实业(即工业)的主张,他说他是有"同情"③的。但是在晚年他特别强调其实并不是如此。他认为,清末洋务派虽然也提倡发展实业,但这只是"误打误撞地猜着了所谓西方之所以为西方的要点"(详《新事论》49—51 页),靠洋务派是不能使中国工业化的。他说:

> 帝国主义和封建主义是中国工业化的阻碍,这就要反帝、反封建,扫清道路。……用《新事论》的说法说,资本主义还不是彻底的以社会为本位的社会,因为生产资料还是掌握在资本家私人手里,为私人所有。在所有制这方面说,那还是以家为本位的。中国现在是以社会为本位的所有制为前提,进行工业化,这样的工业化成功了,以社会为本位的制度就更加健全,中国的社会主义社会的基础就更加巩固。这就不仅是"中国到自由之路"而已。④

---

① 《三松堂全集·自序》第 1 卷,第 218 页。
② 《三松堂全集·自序》第 1 卷,第 220 页。
③ 《三松堂全集·自序》第 1 卷,第 220 页。
④ 《三松堂全集·自序》第 1 卷,第 220—221 页。

不仅如此,他还从思维方式和逻辑上批评中体西用论,他说:

> 我是主张体用不可分的,有什么体就有什么用,有什么用就可以知道它有什么体。如果要用中国哲学中所谓体、用那一对范畴说,我认为,在一个社会类型中,生产力等经济基础是体,政治、文化等上层建筑是用。体要改了,用会跟着改的。所谓跟着改,并不是说不需要人的努力,人的努力是需要的,不过人会跟着努力。①

显然,根据体用不二的逻辑要求,洋务派及"文化本位论"者属于"体用两橛"②,因为它只要近代化的物质文明,不要近代化的精神文明;而五四西化论则属于"体用倒置"③,因为它们以精神文明为基本,先要精神文明。

从体用结构的内涵来看,冯友兰的体用观与李泽厚的"西体中用"论十分类似。40年前,冯友兰先生在《新事论》中已提出过与李泽厚类似的观点。他说:"从学术的观点说,纯粹科学等是体,实用科学、技艺等是用。但自社会改革之观点说,则用机器、兴实业等是体,社会之别方面底改革是用。"④但40年后,冯先生在《三松堂自序》中为此强调指出:"我认为,在一个社会类型中,生产力等经济基础是体,政治、文化等上层建筑是用。"⑤

比较他前后之体用论述,我们似乎会认为他在思维逻辑和价值取向上有些游移不定,实际上是没有明白这是从不同层面作体用分辨的缘故。但这并不意味着冯友兰在文化体用论述上没有矛盾。因为,既然生产力等经济基础为体,政治、文化等上层建筑为用,根据体决定用、用表现体的要求,一则必然会陷入"纯技术决定论"或"纯经济决定论",二则必然导致中西文化最终趋同只有共相而没有殊相。如此一来,中国古代传统文化也就没有任何存在的价值了,这显然与冯友兰"继绝学"、"承道统"的思想宗旨是相背离的。为了避免此类困境的发生,他在《新事论》的最后,又提出了"变中有不变"的观点,以及所谓"抽象继承"⑥的说法,以此来弥补上述机械决定论的不足。

综合以上对冯友兰在新理学和文化论的论述分析,可以看到其体用思想具有以下特点:一是冯友兰始终没有很集中地专门分析体用范畴的内涵和结构逻辑。有关的分析都是在具体的思想论述中随机发生了的。这导致

---

① 《三松堂全集·自序》第1卷,第220页。
② 《三松堂全集·新事论》第4卷,第364页。
③ 《三松堂全集·新事论》第4卷,第364页。
④ 《三松堂全集·新事论》第4卷,第364页。
⑤ 《三松堂全集·新事论》第4卷,第364页。
⑥ 此观点由冯友兰在1957年1月8日《光明日报》上发表的《中国哲学遗产底继承问题》一文中正式提出,在1957年《哲学研究》第5期发表的《再论中国哲学遗产底继承问题》中,对这个观点作了一些修正。

他对体用思想的认识得不够全面深入。二是就其现有的论述来看,在其新理学的形而上建构中,虽然没有明确使用体用范畴,但可知其理论本身实际造成体用两分的情况,这与传统中国哲学追求体用不二的原则是完全不同的,这是他重视并借鉴西方哲学观念和形式分析方法的必然结果。在其有关中西文化发展的论述中,他又是强调体用一致的。尽管他在体用的内涵认定上有前后的变化,但最终又因为其机械的决定论思维而导致未能真正做到体用一致。

(四) 贺麟:文化体用论

贺麟(1902—1992),现代新儒家的重要代表人物,也是黑格尔翻译和研究的一代大家。他从中西会通的文化立场出发,提出把陆王心学与新黑格尔主义融合的主张,从而创立现代新儒家"新心学"的思想体系。贺麟的体用思想主要体现在其《文化与人生》一书中,特别是他1938年5月发表在《新动向》杂志上的《文化的体与用》一文。在此文中,他首先明确而集中地从逻辑上分析了体用这对范畴,接着在此基础上讨论文化的体与用,最后落实于对中国文化建设的正确方向和方法的探讨上。《文化与人生》不仅是贺麟文化哲学的重要著作,从体用思想研究的角度来说,也是现代新儒家思想家对此最为专注也当是最为重要的著作之一。本节将依据《文化的体与用》分三个层面集中讨论贺麟的体用思想。

1. 体用逻辑辨析

首先,在《文化的体与用》一文中,贺麟由文化批评引发对体用范畴的逻辑意义的关注。他认为此前由批评文化所提出的几种较流行的口号如"中学为体西学为用"、"中国本位文化"、"全盘西化"等,大多是基于"以实用为目的的武断",因此相应的缺乏"逻辑批评的功夫"。所以他希望对于文化的体和用加以批评的研讨,以此为文化批评提供新方向,并引起"对付西洋文化的新态度"[①]。

接着,他认为体用这组概念的意义"欠明晰而且有点玄学意味"[②],因此有必要做一意义层次的分疏,即区分为——常识意义的体用与哲学意义的体用。他认为常识上所谓体与用大都是主与辅的意思。而且常识中所谓之体用都是相对的,是以个人的需要为准而方便抉择的,是"无逻辑的必然性的"[③]。与此同时,贺麟把哲学意义的体用分为两层:一为绝对的体用观。即以"形而上之本体或本质(essence)"为"体",以"形而下之现象(aearance)"为"用"。体与用即本体与现象的关系,即中国传统哲学中理与事、道与器的关系。体用之间,则是体一用多,用有动静变化、体则超动静变化,总之,这是

---

① 《贺麟选集》,吉林人民出版社,2005年,第116页。

② 《贺麟选集》,吉林人民出版社,2005年,第116页。

③ 《贺麟选集》,吉林人民出版社,2005年,第117页。

把体用严格区分为绝对的部分与变化的部分。贺麟就此认为"此意义的体用约相当于柏拉图的范型世界与现象世界的分别",所以说也可称为"柏拉图式的体用观"。[①] 一为相对性或等级性的体用观。所谓等级性,贺麟认为即是"将许多不同等级的事物,以价值为准,依逻辑次序排列成宝塔式的层级(hierarchy)。最上层为真实无妄之纯体或纯范型,最下层为具可能性可塑性之纯用或纯物质。中间各层则较上层以较下层为用,较下层以较上层为体"[②],因此体与用的关系相当于亚里士多德中"范型(form)与材料(Matter)"的关系。由最低级的用,材料,到最高级的体,本体或纯范型,中间有一依序发展的层级的过程。所以他又把这种体用结构称为"亚里士多德的体用观"。

最后,两种体用观之间是包含关系,即"亚里士多德的体用观"包括柏拉图式的体用说,认纯理念或纯范型为体,认现象界之个体事物为用。但同时"亚里士多德的体用观"又以纯范型作为判别现象界个体事物价值的标准,而将现象界事物排列成层级而指出其体用关系。

下面就贺麟提到的两个例子,用具体的图表来呈现其中的逻辑联系,如图所示。

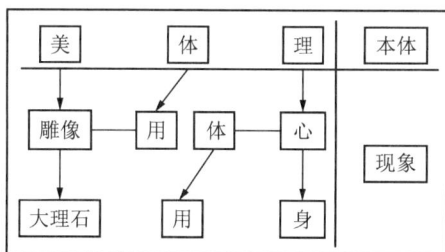

依图示来看,显然所谓"绝对的柏拉图式的体用观"就是唯以本体与现象来区分体用,因此这种区分是绝对的。而"亚里士多德的体用观",则除以本体现象言体用外,又以"本体界的纯范性作标准,去分别现象界个体事物间之体用关系。以事物表现纯范型之多或寡,距离纯范型之近或远,而辨别其为体或用"。[③] 所以,就二种体用观的关系而言,与其说是等级性体用包含绝对型体用,不如说是本体现象的柏拉图式体用观涵摄亚里士多德式的体用观。但差别在于,在等级性体用观中,可以纯就现象界内部建立体用关系。

前述可以说是贺麟对体用关系从内涵上所作的区分,那么从逻辑上体用之间的又应该是什么关系呢? 对此,贺麟阐述为三个原则,即:

---

① 《贺麟选集》,吉林人民出版社,2005 年,第 117 页。

② 《贺麟选集》,吉林人民出版社,2005 年,第 117 页。

③ 《贺麟选集》,吉林人民出版社,2005 年,第 118 页。

一为"体用不可分离"原则。此原则强调：体用必然合一，而不可分。凡用必包含其体，凡体必包含其用，无用即无体，无体即无用。没有无用之体，亦没有无体之用。无论事实上，理论上，体用都是不可分离的。[①]

二为"体用不可颠倒"原则。此原则规定：体是本质，用是表现，体是规范，用是材料，所以不能以用为体，也不能以体为用。他说："持体用颠倒说，认形而下之用为本体，认形而上之体为虚幻，便陷于唯物论，持体用分离说，认为有离用而独立存在之体，有离体而独立存在之用，便陷于孤立的武断论。"[②]

三为"体用有机统一"原则。此原则，贺麟表述为："为各部门文化皆有其有机统一性。"[③]他认为各部门的文化皆同是一个道或精神的表现，故彼此间有其共通性。这实际上是在表明：体用之间，本体或本质为一，而其现象或表现或材料之用可以是多，虽然体一用多，但各用之间有各因与一体的关系而互相关联，而最终一体与多用之间形成一个有机统一体。所以，就纯粹体用逻辑而言，可以称为"体用有机统一原则"。

显然这三条原则中，第一原则是中国自古以来的传统；第二原则并非是传统学者全部赞同的，只有贺麟这种坚持以抽象的道、理为体的学者才会赞同这一原则；第三原则虽然是所有学者都会赞同，却是由贺麟第一次明确表述出来的。

2. 文化的体与用

在对体用观的哲学意义和逻辑内涵做出清楚的分析后，贺麟将重点转向了对文化的体与用的探讨。

首先，他提出与文化体用有关的四个核心概念，即：（一）道德观念，文化之体；（二）文化的观念，道之自觉的显现；（三）自然的观念，道之昧觉的显现；（四）精神的观念，道之显现或实现为文化之凭藉，亦即文化之所以为文化所必依据的精神条件，亦即是划分文化与自然的分水界。[④] 与此同时，他把这四个概念对应于现代价值哲学的名词加以解释，即：（一）道即相当于价值理念，（二）精神约相当于价值体验，或精神生活，（三）文化即相当于价值物，（四）自然即是与价值对立的一个观念。[⑤]

其次，若按照前面所阐述的体用逻辑，则可以将这四个概念纳入一个立体的体用结构之中。如图所示：

① 《贺麟选集》，吉林人民出版社，2005年，第121页。
② 《贺麟选集》，吉林人民出版社，2005年，第121页。
③ 《贺麟选集》，吉林人民出版社，2005年，第122页。
④ 《贺麟选集》，吉林人民出版社，2005年，第119页。
⑤ 《贺麟选集》，吉林人民出版社，2005年，第119页。

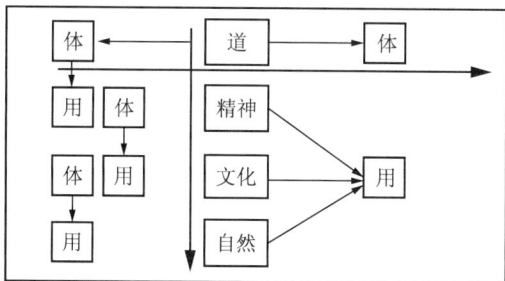

表中横轴表示从柏拉图式绝对的体用区分：道是体，而精神，文化，自然，都是道之显现，即道之用；纵轴表示从亚里士多德式相对的体用区分，其中包括三组体用结构，即自然为文化之用，文化为自然之体；文化为精神之用，精神为文化之体；精神为道之用，道为精神之体。

贺麟认为，在这四个概念中，"精神"是其中最关键也是最难理解的。他认为，所谓"精神"，若从体用的观点来说，精神是"用道为体而以自然和文化为用的意识活动"[1]。精神在文化哲学中居于主要、主动、主宰的地位，自然则是"精神活动或实现的材料"，而文化就是经过"人类精神陶铸过的自然"。[2] 精神之所以最关键，是因为如果没有"精神"，则"道"只能是纯粹的、潜伏的、无用之本体；没有"精神"，"自然"就只是纯材料的无体之用；而"惟有精神才是体用合一，亦体亦用的真实"。精神之所以难以理解，在于精神不只是心灵，而是本体之道与心灵的结合，是创造文化的主体，所以"精神"才是文化直接的、真正的"体"。[3]

最后，贺麟认为，既然精神是文化的体，就可以根据精神中所含蕴的道（价值理念）的内容的不同方面（真善美），以及其中精神表现的方式，来考察各个不同文化部门的相对性关系和整体联系。如图所示：

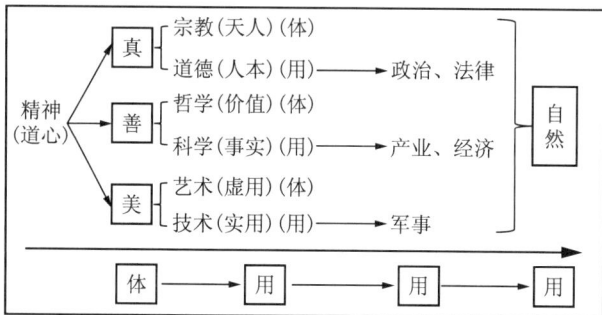

3. 中国文化的建设方向

确立了文化的体与用，加上前述体用的普遍逻辑（三原则），贺麟正式阐

---

[1] 《贺麟选集》，吉林人民出版社，2005年，第119页。
[2] 《贺麟选集》，吉林人民出版社，2005年，第120页。
[3] 《贺麟选集》，吉林人民出版社，2005年，第120—121页。

述自己对中国文化建设的认识,尤其是对待西洋文化的态度。他表述为三个指针①,即:第一,提倡在研究、介绍、采取任何部门的西洋文化时,必须"得其体用之全,须见其集大成之处"。第二,根据文化上体用合一的原则,提出应当"以体充实体,以用补助用,使体用合一发展,使体用平行并进"。第三,根据"精神"为文化之体的原则,提出"以精神或理性为体,而以古今中外的文化为用"的说法。强调"以自由自主的精神或理性为主体,去吸收融化,超出扬弃那外来的文化和已往的文化"。尽量取精用宏,含英咀华,不仅要承受中国文化的遗产,且须承受西洋文化的遗产,使之内在化,变成自己的活动的产业。特别对于西洋文化,不要视之为外来的异族的文化,而须视之为发挥自己的精神,扩充自己的理性的材料。

依着这样的文化体用合一论,贺麟不仅大力批评时髦的"中体西用"论,更反对所谓的"全盘西化"论,自然也不赞成"中国本土文化"的说法。他特别强调:

> 应该以文化之体作为文化的本位。不管时间之或古或今,不管地域之或中或西,只要一种文化能够启发我们的性灵,扩充我们的人格,发扬民族精神,就是我们需要的文化。我们不需狭义的西洋文化,亦不要狭义的中国文化。我们需要文化的自身。我们需要真实无妄有体有用的活文化真文化。……我们真正需要的乃是有体有用的典型文化,能够载道显真,能够明心见性,使我们与永恒的精神价值愈益接近的文化。凡在文化领域里努力的人,他的工作和使命,应不是全盘接受西化,亦不在残阙地保守固有文化,应该力求直接贡献于人类文化,也就是直接贡献于文化本身。②

综上所述,可知贺麟事实上为我们在哲学层面展现了一多层次、有机统一的体用结构或体用逻辑,对于中国哲学体用思想现代化是有其特殊价值的。其一,贺麟采用西方逻辑分析的方法,对体用模式的概念内涵和结构类型,以及逻辑原则,做出迄今为止最为系统(并非最完善)也最为明晰的理论分析。其二,他对体用逻辑类型的分析是建立在与西方古典哲学的比照之上的,这在中西对话的背景下意义非凡,实际开启了中西哲学互释的先河。其三,他运用体用逻辑对文化中的体与用进行较为清楚深刻的分析,为探讨中国文化的发展方向和模式选择提供了有益的理论借鉴。总之,贺麟先生有关体用的创造性论述是中国哲学体用思想现代化过程中一次十分重要的实验和创新。

---

① 《贺麟选集》,吉林人民出版社,2005 年,第 122—124 页。
② 《贺麟选集》,吉林人民出版社,2005 年,第 124 页。

二、现代新儒家体用思想(第二代)

(一) 牟宗三：道德形而上之体用论

牟宗三(1909—1995)，是现代新儒家代表人物之一。牟宗三继承并发展了熊十力的哲学思想，着力于哲学理论的创新，谋求儒家哲学与康德哲学的融通，力图重建儒家的"道德的形上学"。代表作有《心体与性体》《现象与物自身》《佛性与般若》等。

1. 佛家体用义之衡定

牟宗三在《心体与性体》第一册中附录《佛家体用义之衡定》一文，此文不仅是他对佛教哲学在本体论上的根本诠解，也是他在对儒佛判定的重要表达，更是他体用思想的最为全面深入的一次阐述。接下来就以此为重点考察对象。

(1) 体用概念的虚与实

在该文中，牟宗三首先在语文学上分别了两种不同的体用概念表达，一种是抒意型的体用，一种是指实型的体用。抒意型中的体和用，都只是虚的抒意词，所谓的"体"并不意味着是实在的能够创生的实存之体，"用"也不是由此实体之因所真实生发的妙用之果。因此体和用之间也不是真实的因果创生关系，而只是一种逻辑上对"因为所以"的形容。与此不同的是指实型，其体和用都必定是实在的存有，创生的实体能够存在的生起缘起作用，体用之间也是真实的相资相待关系。

在这样的区分之下，他确定了儒佛两家的体用类型。他认为儒家属于指实型体用，而佛家体用义比较复杂，一般而言属于抒意型体用。在儒家他以宋代的张载"太虚即气说"为代表。他说：

> 【1】横渠所言之虚或太虚(儒家义)是气之超越体，虚所妙运之气是其用，因虚之妙运始能有气化之用，此是创生的"意志因果"之体用，创生的性体、心体、神体、诚体。因果之体用，自不能谓"万象为太虚中所见之物"，而物与虚，形与性，自是相资而相待，且不只相资而相待，且是立体之直贯。①
>
> 【2】横渠之所以如此设拟，盖重在佛家体用之不相资不相待，明其体用义根本非圣人三极大中之道而已。实则佛家之"空"，固有时可谓万象为"空"中所见之物，有时亦不能如此说，且甚至有时(其原初根本义)亦根本不能以体用论。即发展至某境，可以说体用，其体用究是否不相资不相待，即使可相资可相待，其相资相待究是何种意义之相资与

---

① 《心体与性体》第一册，《牟宗三先生全集》第 5 卷，台湾联经出版事业股份有限公司，2003 年，第 599 页。

相待,此则须有待于详察者。①

显然,他认为,儒家的体用是创生的"意志因果"之体用,不仅要求相资相待,而且追求体用"立体之直贯"。而佛家重视"空",空与物的关系较为复杂,他承认在某种情况下,的确可以如张载那样说万象为"空"中所见之物,但认为从根本义上不能言其体用,只能在境界的某种阶段说其体用,体用之关系如何不可一概而论。

(2) 佛教体用义之衡定

对于中国佛教之体系,牟宗三有一个基本判断,他认为:"华严宗之如来藏系统是由唯识宗向超越方面进一步而转出,天台宗之理具系统是由空宗向里收进一步而转出。在印度,空有平行。在中国,天台华严平行。至禅宗,则是天台华严之简化,亦是更为作用化。"②接下来,将以此为基本脉络来对牟先生的中国佛教体用分析做进一步梳理。

1) 就唯识系统而言,他认为唯识三性——遍计所执性、依他起性、圆成实性——之中,圆成实(真如空性)与依他起(缘生)之关系不是"存在上体用因果之关系",因为他认为"真如空性"不是使"依他起"者所以能起之"体",也即是说真如空性之体并非能创生的"体","依他起"亦自然不是真如空性所真正生起之"用"。虽然可在"阿赖耶识"中说"种子"与"现行"的体用因果关系,但此"种子现行"又只是识之流变的潜伏与现行,因而说不上真正的体用关系。所以最后他说:

【3】究极之体用只当就真如空性与依他起之关系说,而此关系却正好不可以体用说。在此亦不能说万象为真如空性中所见之物。唯识宗虽将万法统于识心,然毕竟仍不失缘起性空之义理规范。③

2) 就如来藏系统而言,"以超越真心,理与心一,为佛性",此本有之佛性不但是心理不二(智如不二),而且是"色心不二"。所以牟宗三认为在此系统下,似乎可以说体用:即以"佛性真心为体,由此而生起一切法为用"。这种如来藏清净心或真如心真能缘起生灭法,与普通所谓如来藏缘起或真如缘起实有不同。因为所谓"如来藏缘起乃只是无明识念之由凭依如来藏而

① 《心体与性体》第一册,《牟宗三先生全集》第5卷,台湾联经出版事业股份有限公司,2003年,第600页。

② 《心体与性体》第一册,《牟宗三先生全集》第5卷,台湾联经出版事业股份有限公司,2003年,第662页。

③ 《心体与性体》第一册,《牟宗三先生全集》第5卷,台湾联经出版事业股份有限公司,2003年,第604页。

统于如来藏，故说如来藏缘起，其实真缘起者仍是阿赖耶识"。而真如心缘起中，"生灭心念不离真心"，故染法以无明为直接生起因，以真心为间接凭依因，净法则是真心之称性功德，而以无明为间接依凭。如此一来，就可以成立体用义。

3）就华严宗性起缘起说而言，唯就佛果言性起而有真实体用义，依三身而说，法身为体，应、报身为用。但同时他又强调：

> 佛之应化身及报身之用亦只是幻相，不唯应化身是幻相示现，即佛之正报依报（自受用身）亦是幻相，凡依识而见者皆是幻相。因是幻相，故可离可灭。离业识，则当下即寂，无相可见。分解地称理而谈，用既幻，则用亦可息。消用入体，则无用可说。是则体用不离亦可离。盖佛教以"流转还灭"为主纲。流转依识现，化识还心，则还灭。还灭无相，自亦无识。此是"缘起性空，流转还灭，染净对翻，生灭不生灭对翻"纲领下体用不离而可离之体用义。①

他的意思是说，无论三身之体之用，最终都是依识而见的幻相，因而仍然不属于儒家指实型体用，所以其体用是"不离亦可离"。

4）就《起信论》之如来藏真心系统来说，虽然其依"从本已来色心不二"而有客观的真实圆满之法身，并依此为真如心之体用义的基础，但牟先生认为：

① 就如来藏与生灭法而言，识念之生灭流转并非是心真如体之用。因为识念只是以心真如体为其凭依因，实却是以无明为其生因，所以非是儒家所说之实事，而仍是虚妄不实之幻事，此幻事不能为如来藏之用。因此，他认为"如来藏既非生灭法之体，而生灭法亦非如来藏之用，则两者实亦可说不相资不相待。如真可相资而相待，则妄者从真者出，其真者必不真。"②

② 若就佛法身之自在用而言，虽然此"真如之自在用"，是既离色相而又能现色相的一"超越的存有论的陈述"；但严格说，"亦不是如来藏心真如体自身之所创生起现，而只是顺应那众生无始已来原有的缘起色相融化之而使之与己相应，遂成为其自己之自在用"。因此他说："是以虽云'性起'，而实不起。"进而认为此体用之说实有点"假托的意味"，仍是"佛教灭度教义下特别形态之体用"③。

③ 依此"佛教灭度教义下特别形态"而有"体相用"之分别，其中"相"和

---

① 《心体与性体》第一册，《牟宗三先生全集》第 5 卷，台湾联经出版事业股份有限公司，2003 年，第 640 页。

② 牟宗三：《心体与性体》第一册，台北学生书局，1976 年，第 642 页。

③ 牟宗三：《心体与性体》第一册，台北学生书局，1976 年，第 646 页。

"用"与就"众生缘起色相而执为实有差别之相"者不同,此乃是就众生缘起色相而不执实,而当体寂灭的因而实则是"相而非相,无相之相;用而非用,无用之用",进一步说,是意义之相,不是材质的相;是意义的用,不是材质的用,故终究是一实体所映现的虚说。

5)就天台性具系统而言,牟先生认为:① 与华严宗之"顺如来藏系统分解地明圆教"不同,天台倡"介尔有心,即具三千世间"。此心是指无明一念心,而非偏指清净真如心,但是即在一念三千中"作用地显示"此清净真如心。依此而有体用义,真如心为体,般若为用。即体即用,即用即体,总在"无明一念心,此心具三谛;体达一观,此观具三观"中显示。② 就天台宗说体用,即以实相是体,三千是用;此种体用也是虚说的,因为在这里"实相"也是抒意字,非实体字。"实相"即空即假即中,他认为"一念三千之不思议境不是因著有一个'体'而要去积极地肯定的,乃是只顺着烦恼心遍而实然地如此说,其当然而必然之理想地说者仍是在就此不思议境而当下寂灭之"①。

6)最后就天台与华严之间而言,他认为,天台是《中论》般若学系统,是"作用地、诡谲地、遮证地"②以明圆教,故是同教一乘;而华严是《起信论》真常心系统,是分解地明圆教,故为别教一乘。就体用言,华严宗之"不变随缘,随缘不变",既不能实然地说"如来藏心是体,而随缘流转是其用",也不能说此真心为一创生的实体能创生此缘起事之大用。故只能说是"'缘起性空,流转还灭,染净对翻,生灭不生灭对翻'下之静态的虚系无碍之体用"③。

(3) 佛家体用义衡定之再衡定

通过对牟宗三"体用义衡定"的观点梳理,我们可以在此基础上做一个"再衡定",下面将从三方面来说明:

第一,牟宗三认为,要成立所谓真实的体用关系,必须具备两个条件:一是必须建立在本体与现象之间,而非本体或现象内部,如唯识系统在种子现行之间有体用因果,或如华严性起佛果之自在用。二是必须是真实本体实际创生现象之用,也就是说体必须是用的"生起因",而非仅是"凭依因"。正是根据上述规定,牟宗三认为,从整体上,或从根本上来说,佛教并无所谓真正意义上的体用结构或体用关系,但不妨碍在特殊形态下可以有虚说的抒意型体用关系。因此与儒家指实型的体用逻辑有着根本的区别。

第二,从上我们了解到,牟宗三对体用义的规定是相当严格的,但是,这种严格从某种意义上说会导致某种偏失,从而与中国佛教诸宗派自身对"体用"范畴或逻辑运用的实际不相符合。譬如针对前述中的第一个条件——

① 牟宗三:《心体与性体》第一册,台北学生书局,1976 年,第 672 页。
② 牟宗三:《心体与性体》第一册,台北学生书局,1976 年,第 665 页。所谓"诡谲地"即是辩证地、矛盾地或悖论式地。
③ 牟宗三:《心体与性体》第一册,台北学生书局,1976 年,第 673 页。

真实体用必须建立在终极本体与生灭现象之间,事实上各宗派学者最终都会发展出一个四重体用结构,即由"体用"演化为体中之体、体中之用、用中之体、用中之用。演化的实质就是要在本体和现象内部再行区分体用,如此而形成两种体用逻辑,同时又要把这两种逻辑统一在一个更大的体用结构之中。而第二条件,就更加不符合佛教哲学发展的实际,地论学者慧远就明确简别"依持用"和"缘起用";到唯识宗之窥基依照"依持用"和"因缘用"分别二种体用关系:本识与种子之体用关系,种子与现行之因果关系;而近代欧阳竟如更是直接鲜明地将唯识体系归纳为四重体用;更不必说,贤首宗与天台宗对于本宗核心理论的大量而有十分确切的体用论述,在这些论述中,都基本依照依持用和缘起用的分别而有两种体用类型的建构。

第三,从纯粹的体用逻辑来说,牟宗三所认定的指实创生型体用逻辑,只是中国传统哲学体用思想发展中的一种类型,实际情况要比这复杂得多。与此同时,即便是这种类型的体用逻辑也存在实际成立的困难,倘若不引入"凭依型"体用,即便是儒家道家的宇宙存有论也无法合理地建立起来。因此从这个意义上说,所谓儒道佛三家体用论,在形式或逻辑的根本上没有不同,这在前面各章的具体分析中已有充分的呈现。三家体用义之所以有差别,关键在于各自在对宗极本体的存有内涵和价值内涵的认定上存在根本不同,包括三家内部各学派之差异也多在于此。

2. 两层存有论与体用纵横

对于牟先生的哲学成就,罗义俊在《圆善论》一书出版序言中曾有十分精到的总结。他说:"牟先生哲学的创造,集中到一点,亦就是创造性重建'道德的形上学'之创造,就是充实和完成了'道德的形上学'的大构架大体系,通过分判与会通圆融儒道佛康德而建构的'一心开二门'的两层存有论体系。"[①]然而何谓"两层存有论"? 以及何谓"道德的形上学"?[②] 牟先生在其《圆善论》中的附录——《存有论的附注》一文有较为明确的说明。现将其主要观点摘引如下:

> 西方的存有论大体是从动字"是"或"在"入手,环绕这个动字讲出一套道理来即名曰存有论。一物存在,存在是虚意字,其本身不是一物,如是,道理不能在动字存在处讲,但只能从存在着的"物"讲。一个存在着的物是如何构成的呢? 有些什么特性,样相或征象呢? 这样追究,如是遂标举一些基本断词,出之以知一物之何所是,亚里士多德名之曰范畴。范畴者标识存在了的物之存在性之基本概念之谓也。存在

---

① 牟宗三:《圆善论·序》,吉林出版集团出版,2010年,第13页。

② "道德的形上学"(moral metaphysics)一词是牟先生自己创立的,它的意义可对照康德所说的"思辨的形上学"(speculative metaphysics)。

了的物之存在性亦曰存有性或实有性。讲此存有性者即名曰存有论。因此,范畴亦曰存有论的概念。范畴学即是存有论也。此种存有论,吾名之曰"内在的存有论",即内在于一物之存在而分析其存有性也,康德把它转为知性之分解,因此,这内在的存有论便只限于现象,言现象之存有性也,即就现象之存在而言其可能性之条件也;吾依佛家词语亦名之曰"执的存有论"。

但依中国的传统,重点不在此内在的存有论。中国的慧解传统亦有其存有论,但其存有论不是就存在的物内在地(内指地)分析其存有性,分析其可能性之条件,而是就存在着的物而超越地(外指地)明其所以存在之理。兴趣单在就一物之存在而明其如何有其存在,不在就存在的物而明其如何构造成。有人说这是因为中文无动字"是"(在)之故。这当然是一很自然的想法。中文说一物之存在不以动字"是"来表示,而是以"生"字来表示。"生"就是一物之存在。但是从"是"字入手,是静态的,故容易着于物而明其如何构造成;而从"生"字入手却是动态的,故容易就生向后返以明其所以生,至若生了以后它有些什么样相,这不在追求之内,因为这本是知识问题,中国先贤不曾在此着力。故中国无静态的内在的存有论,而有动态的超越的存有论。此种存有论必须见本源,如文中所说儒家的存有论(纵贯纵讲者)及道家式与佛家式的存有论(纵贯横讲者)即是这种存有论,吾亦曾名之曰"无执的存在论",因为这必须依智不依识故。这种存有论即在说明天地万物之存在,就佛家言,即在如何能保住一切法之存在之必然性,不在明万物之构造。此种存有论亦函着宇宙生生不息之动源之宇宙论,故吾常亦合言而曰本体宇宙论。①

在这里,牟先生的分析有两个方面值得注意:一是他从哲学语言诠释学层面来分析中西存有论之异同,西方从动字"是"或"在"入手,中国从"生"字入手。因为这种入手的方式根本不同,最终导致实际的哲学洞察方式不同,形成不同的存有论。二是具体来说,因为西方之存有论乃是基于存在之物即存在者而产生的对其存有性的知行了解,具体的做法是利用一些表示存有的基本概念——范畴来说明存在者的存有性。他把这种称作"内在的存有论",此处的内在是指内在(内指)于存在之物而言的,同时也即基于现象的存有论,只不过依佛教的立场名之为"执的存有论"。中国的传统则是"就存在着的物而超越地(外指地)明其所以存在之理",因而形成一动态的超越

① 牟宗三:《圆善论》,《牟宗三全集》第 22 册,第 327—328 页。

的存有论。虽然有儒家的存有论(纵贯纵讲者)及道家式与佛家式的存有论(纵贯横讲者)的分别,但都是要力图超越现象本身而返回、证入那存在者之所以如此存在的境界的,因此可以称之为"无执的存在论",因为从认识把握的途径来说是必须"依智不依识"的。

在这样的标准下,他认为西方存有论(ontology)无论是早期亚里士多德的范畴存有论,是近代康德的知性存有论,还是现代海德格尔的根源存有论,都没有跳出静态的内指的现象存有论,即执的存有论。进而他认为,其他无论是柏拉图的理型,还是莱布尼茨的心子(即单子),以及罗素的逻辑原子,它们都无创造性——只是说明存在之物的如何存在即本质构成,而未能说明为何能存在即生之如何,所以仍然是属于内在的存有论,或说是内在存有论之变形;胡塞尔的现象学也未能超越康德。

牟宗三先生还指出,与西方把超越的存有论归于信仰的神学不同的是,中国把神学返还给"超越的存有论"。这种"超越的存有论"即"无执的存有论",乃是依据一真实地、普遍地、超越而内在地存在于宇宙之中的"无限智心"而建立。所谓"超越而内在",是因为这种"无限智心"超越在每一人每一物之上,而又非感性经验所能及,所以是超越的;又因它是为一切人物之本体,并可由人或一切理性存有而体现,又是内在的。这种无限智心,即是宇宙的道德性本体,因此"无执的存有论"也即是"道德的形上学"。

与此同时,牟先生还指出,中国传统虽有内在的存有论萌芽,如佛教之不相应行法,儒家的格致之学等,但毕竟只是萌芽,最终未能构造出完整而系统的"内在存有论",因此应该也可以"随时代之需要,文化心灵之开展"而补充或吸纳西方式的内在的存有论,由此发展出自己的科学或知识学。如此一来,这就涉及如何沟通"执的存有论"与"无执的存有论"的问题。为解决此问题,牟先生创立了有关良知的自我坎陷(牟先生亦称辩证开显)的学说。

此学说认为,依据儒家所讲的本心(道德主体)即"无限智心"的直觉,它既能够直接开出本体界,也能开出现象界。但它要开出现象界,必须多一层曲折——须自觉地自我否定(坎陷),使自己转而成为知性(认知主体)。这种"良知"的自我否定,是采取黑格尔辩证法的意义,即依正、反、合的方式不断发展。首先,道德主体需要开展,必须先形成与其有矛盾的认知主体;其次,认知主体一旦形成,便会有所执持,形成主、客对立的局面。这时候,原本圆融为一的价值世界就变成了千差万异的经验世界。对于经验世界的事物的最终说明,便是所谓的"执的存有论",由此而能形成科学知识。

根据两层存有论及其关系的认识,牟先生由此而对中西文化和哲学做出价值上的判定。他认为,西方文化中的两层存有论是截然二分的,即"无执的存有论"属于神学,上帝具有智的直觉,因而只有本体的知识但没有现象的知识,他称为"无者不能有"。"执的存有论"属于人类,因为不具有智的自觉,所以只有现象的知识而没有本体的知识,称为"有者不能无"。但在中国哲学(以儒家哲学为主)中两层存有论是圆融为一的,圣人与凡人在实践上相即不离,故就人作为圣人来说,他有本心,即智的直觉,他可以有本体的知识,但就人作为凡人来说,他亦有感性、知性和理性的识心,他也可以有现象的知识,两种知识并不相碍,因而是"无而能有,有而能无"①。

以上所述,即牟宗三哲学形上学的基本内容,也是其最具创造性的部分。从哲学思维的角度来看,其两层存有论实质上建立在中国哲学体用逻辑之上的。即他内在的(因为他并未有明确说明)以"无执的存有论"为哲学形上学的本体部分,"无执的存有论"本是以创生的道德本体——即为中国哲学所发明的道德无限心为本体,因而能够自主自动地辩证开显出一"执的存有论"部分。这一部分恰是道德本体所创生的现象知识之用。而此体用之间不仅不是抒意型的体用关系,而是属于指实型体用之相资相待,符合传统体用不二的逻辑要求——从体起用,摄用归体,即用显体,即体即用。

若我们把这种对两层存有论的体用分析,与牟宗三对中西哲学存有论的比较结合起来,就可以发现一个有趣而又非常有价值的情景。如图所示:

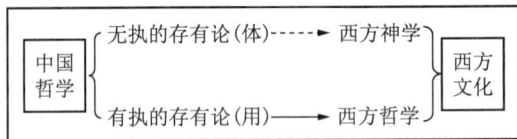

从图中可知,就两层存有论来说,中国文化的两层存有论是"体用合一",二者可以圆融于中国哲学之中,是与中国哲学"体无用有"之传统相一致的;而西方文化则是"体用两分"的,若以神学为体,哲学(蕴涵科学)为用,显然在西方神学与科学长期是水火不容的。倘若就中西文化来看,尤其是就中西哲学来看,西方哲学的执的存有论恰是相应于中国哲学体用结构中的"用"的部分,而无执的存有论即"体"的部分,则是西方哲学之所无。牟宗三最终强调中国发展的方向应当为坚持并发扬中国固有的无执的存有论,吸纳或补充西方所长之有执的存有论。此若从体用结构的角度,即是以中国哲学为体,以西方哲学为用,合而言之,岂不就是哲学版的"中体西用"论吗? 显然这一点已为后来的新儒家学者所勘破。② 这恐怕也是牟先生始料未及的。

---

① 牟宗三:《现象与物自身》,《牟宗三先生全集》第 21 册,第 125 页。

② 傅伟勋曾经批评其仍然没有彻底突破"中体西用论"这传统的格套。详见其《中国文化重建课题的哲学省察——从生命的十大层面与价值取向谈起》,《从西方哲学到禅佛教》,生活·读书·新知三联书店,1992 年版,第 490 页。

三、现代新儒家体用思想（第三代）

（一）成中英的"本体诠释学"："以本体为本，以诠释为用"

成中英（1935—　）是美籍华人学者，被认为是"第三代新儒家"的代表人物之一。作为海外儒学研究代表人物的成中英，长期致力于中西哲学比较、儒家哲学及本体诠释学的创造性研究，在深入西方哲学的核心，弘扬中国哲学的精华，推动融合中国哲学的世界哲学的创立等方面贡献良多。就哲学创造而言，最为重要者当推其所创立的"本体诠释学"（ontohermeneutics）。[①] 下面将以其"本体诠释学"为分析对象，探求其中之体用思想。

1. 什么是本体诠释学？

关于什么是本体诠释学，成中英曾经撰有专文——《本体诠释学体系的建立：本体诠释与诠释本体》——予以详细说明。下面从三个方面来概述对其核心内容。

第一，本体诠释学的基本内容。包括：一是本体诠释与诠释本体的差异；二是本体诠释与诠释本体形成的本体诠释圆环（onto-hermeneutical circle）的建立。

所谓"本体诠释"就是"自本体的诠释"，即以"本体"为思想的泉源。在此之中，本体已实现于主体之中。"本体作为主体并不在意与主体相应的对象在形式上如何被主体掌握，重点在主体如何自我掌握以掌握本体，掌握主体即掌握本体，掌握本体即掌握主体。"因此主体与客体之间的感应关系，奠基于一种内在的"信任"逻辑。这种信任逻辑的本质在于是一体两面的对应与互动，有如道之阴阳，你中有我，我中有你。正是这种信任的逻辑，使得主体有可能在自我的情境中真实地把握到客体即本体，相应地会减弱如何描摹和表达本体的迫切感。所以从外在对本体做语言或知识性的诠释就从来不是关注的重点或必需，这样的诠释活动本身也就更多地表现为内在体验和实践。

所谓"诠释本体"则是"对本体的诠释"，即是以"本体"为思想的对象，此思想即是以语言与文本为资源与媒体的对象的诠释活动。也是就主体的对象而言，是以客体为对象。此种诠释中的主客关系乃是奠基于一种外在的"质疑"逻辑。这种"质疑"的本质在于主客之间处在相反相对之面，处在一个对立紧张的状态，因而主体无法与客体建立任何沟通含涉的关系。这种

---

① 据赖贤宗考证，1982 年，在为当代西方哲学诠释学的创始人伽达默尔的代表作《真理与方法》一书所写的一篇书评中，成中英首次提出了"本体诠释学"的有关思想。详见赖贤宗《成中英的本体诠释学和易学体用论》一文，《哲学门》总第十五期，第八卷第一册，北京大学出版社，2007 年，第 277 页。

"质疑"导致两种可能性：一是如果主体"无法自我体现的掌握本体"，就会导致主体在价值与知识上漠视或否认客体的存在，而在主体的心灵上只求安泰平和，不作知识的投射，不作想象的冒险，此即西方古典怀疑主义的精神所在。另一种可能性是主体也可以"因意志与欲望的理由激起化解质疑为对客体积极追寻与探讨，并以之为本体的所在"。由此导致求实的积极性，要求掌握此客体化的本体，"对客观化的本体的追求就成了对真理与真实的追求，也就是对普遍性的、律则性的知识的追求。但在实质上是以主体相对的压抑来换取主体对客体的长远的统制"。同时为了追求客体化的本体，主体性要放在一边，主体要完全自我超越。但因为主体与客体始终不能达成最终的一致，所以主体对本体化的客体或本体化的客体将是一个永无休止的过程，这充分地体现在西方对科学知识的追求上面。

第二，中西本体哲学的根本差异。本体诠释是传统的中国哲学的思想特征，而诠释本体却是传统的西方哲学的思想特征。

西方本体哲学的发展有五个阶段。第一阶段是从前苏格拉底（6th Century BCE）经苏格拉底与柏拉图到亚里士多德（384—322 BCE），此阶段一个圆熟的本体概念已然形成，其特征为理性的抽象的思考及分析的一个超越的静态的具有终极目的性的永恒存有，并名之为"不动的动力来源者"（unmoved mover）。第二阶段是从纪元前第一世纪基督教的《新约》的形成算起，经奥古斯丁（354—430）到托马斯·阿奎那（1225—1274），一直到马丁路德（1483—1546）。此阶段形成了超越体的创造主或上帝或神（人格化、价值化的神），上帝为超越抽象与不可知的他者，人只能在信中求知。第三阶段是在康德（1724—1804）之后，历经 18 世纪与 19 世纪。此阶段本体概念的发展出现两个转向：一是向主体性的精神理念发展，构成了德国唯心主义的潮流，从施莱尔·马赫（1768—1834）、谢林（1775—1854）、费希特（1762—1814）到黑格尔（1770—1831）而达到高潮。一是施莱尔·马赫因探求神学文本（基督教圣经）与法律文本的意义而觉悟到从外在的文字与语言进入到内在的理解作者意向的需要，由此开创了哲学诠释学的第一步。第四阶段的发展为 19 世纪后期到 20 世纪上半期，此一阶段，理性的科学知识有了系统的建立，科学方法更得以广泛的应用，发展至 1930 年代实证科学的成就导向哲学走向科学实证主义与语言与逻辑的分析主义，最终导致本体哲学被视为无意义的语言游戏。第五阶段是西方现代性（非超越的外在性与理性）的遭受批判、质疑而转向人的内在性的建立与探索。首开其端是胡塞尔（1859—1938），其弟子海德格尔（1889—1976）创立的基本本体论或"此在诠释学"，特别是其弟子伽达默尔所发展的"哲学诠释学"，开启了西方哲学由"诠释本体"转向"本体诠释"的道路。总而言之，西方哲学中的本体哲学，基于"对本体诠释"，而普遍地导致本体的客体化、外在化、超越化，但在 20 世纪西方的本体哲学有新的发展与转向,此即向内在化的本体思想进行,然后再向"自本体诠释"的方向发展。

中国本体哲学发展可以区分为五种形态。第一种也是中国本体哲学的原创形态是周易本体宇宙论(onto-cosmology),即是从本体以见宇宙、从宇宙以见本体之学。第二、三、四种形态分为由易传本体诠释模型所衍生出三种自本体诠释的形态:儒家的超越内在天命观、道家的内外一统的天道观以及墨家以内为外的天志观。第五种则是中国隋唐佛学开展出来的一个本体诠释系统。总而言之,这五种形态,都无外乎是外观生命内省心性合外内之道而获得的本体之境与智,是明显地体现了"自本体"以诠释生命与宇宙万象的成果。

第三,本体诠释学体系的建立。成中英认为:中国哲学在源头上就重视综合直观、知觉与体验的本体思想,远超于方法思想之上。这是一种纳方法于本体认知之中的思考方式。与之相反,西方人自希腊开始就追求理路分明独立经验之外或经验之上的实体对象,故视理性方法与规则为达致真理与真实之路。因之,它是一种纳本体于方法认知之中的思考方式。中国式思考是本体境界体验性的。西方式思考是方法所指求证性的。两者的出发点绝然不同,所营造出来的理解与诠释传统就大不相同。

本体诠释学就是基于对中西哲学中的理解及诠释传统发展出来的,最终目的在于中西哲学与文化的沟通与融合,并致力于一超越现有中西哲学的、面向未来的世界哲学的建立。他认为:"只有在一个更深沉及更高远的人与世界的本体思考中,东西方或能找到一条通向人之所同本及人之所同体的本体宇宙与本体真理。这就是沟通中西、借诠释以求同释异的本体致用的意涵,也就是本体诠释学兼具诠释本体与本体诠释的双重思考的功能的所在。必须说,中西诠释学的主流同隶属于一个一般性的本体诠释的网状体系之中。"①

2. 本体诠释学与"(本—体)—用"

台湾学者赖贤宗曾指出,成中英的本体诠释学乃是基于《易经》的本体体验而展开的当代诠释。具体展现为形上学、认识论和价值论三方面的三项基本论题:在道论形上学具有"整合创生与多元开放"的涵义;在知识论上具有"非方法论的方法论"的涵义;在价值论上具有"价值与知识的融合"的涵义。无疑这些认识都是深入肯綮的。本节在此关注的是,他在本体诠释学建构过程中对体用逻辑的创新性运用。

成中英本体诠释学中的"本体"一词,并非等同西方哲学中的 ontology,

---

① 成中英:《本体诠释学体系的建立:本体诠释与诠释本体》,《安徽师范大学学报》(人文社会科学版),2002 年 5 月,第 30 卷第 3 期。以上所引文字均出自该文,故一并说明。

而是直接源自中国哲学传统尤其是周易哲学。对此他曾说:本体的概念从最早的阶段到近代一直处于中心地位。所谓立本达道、持体致用的思想一直支配着中国本体学的发展。① 更重要的是,他创造性地把"本体"一词分为"本"和"体"两个方面。他说:

> 什么是本体? 它是实体的体系,即体,它来源于实体的本源或根本,即本。本和体是密切相关的,因为本不仅产生体,而且不断地产生体,这可以根据本来解释体的变化。同样体可能遮蔽和扭曲本,从而应返回本或再生或重构以获得更开放的空间和更自由的发展。②

显然,本和体之间的关系一方面是本源产生体,这种产生持续不断,因此可以成为解释体之变化。就体而言,虽然由本所创生,是对本的一种认识、表达或体现;但体对本也是有其特有作用的,即既可能遮蔽和扭曲本,也可以返回到本已生成的新体。显然这种本体之间的关系仍然遵循中国哲学传统的体用逻辑。不同的是,他特别强调本可以持续不断地产生体,同时体又可以返回到本中得以再生或重构。如此一来就使"本体"不是西方哲学中那个立于现象背后的绝对不变的实体的本体,而是"生动活泼,生生不息的整体"。诚如他在《不息斋答客问》所阐明的:

> 有客来问我本体诠释学作何解? 我答曰:本体是本而后体,本是根源,体是体系,本体是指宇宙呈显的生动活泼,生生不息的整体。具有时间性、空间性、生命性与创造性,但如何用人类的心灵与理性来表达及说明这一个活生生的宇宙本体,就是诠释的根本问题,故本体诠释学是以本体为本,以诠释为用的根本学问。……本体诠释学兼具创造的理解与和谐的创造两重胜义。③

在此,他进一步指出了本与体之间的丰富的内在关系,还提出了"用"的概念,即"用人类的心灵与理性来表达及说明这一个活生生的宇宙本体",如是就形成一个(本—体)—用的结构,即以(本—体)为本为体,以对本体的诠释为用。显然,这个双重的体用结构即是本体诠释学的内在逻辑。

从体用逻辑的角度来看,成中英的"(本—体)—用"结构与传统的"体相

① 成中英:《本体诠释学体系的建立:本体诠释与诠释本体》,《安徽师范大学学报》(人文社会科学版),2002 年 5 月,第 30 卷第 3 期。以上所引文字均出自该文,故一并说明。第258 页。

② 成中英主编:《本体诠释学·世纪会面》(第 2 辑),北京大学出版社,2002 年,第 8 页。

③ 成中英主编:《创造和谐》扉页,上海文艺出版社,2002 年。

用"或"体性用"结构是一致的,因为三者之间都能构成一个双重体用结构,其中本和体即分别为体中之体和体中之用。如此一来,本体诠释学也就可以用这一双重体用结构来表现了。如图所示：

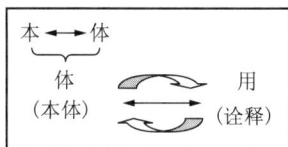

成中英这种"(本—体)—用"是对周易哲学为代表的中国哲学体用思维的必然继承,其将"本体"再分为本和体,是与中国哲学强调体用结构可以无限演化的分析逻辑相一致的。目的在于从发生论上突出宇宙"本体"既是创生基础,也是诠释活动的根本依据。这就为"自本体的诠释"的必然性奠基。与此同时,"本—体"结构分析,也为"对本体的诠释"提供了相应的理论支持。更重要的是,他以"本体为体,诠释为用"来把握本体诠释学,就为他所期待的本体诠释与诠释本体之圆环的建立提供了逻辑保障。至此,体用逻辑对于成中英的本体诠释学的创立的重要性也就可见一斑了。

当然"(本—体)—用"逻辑不只是表现在本体诠释学的理论建构中,还卓有成效地体现在成中英的诸多理论分析中。譬如他在论述现代与后现代之间的关系时说：

> 我说的后现代是建立在现代性基础之上的,要求的是现代性的开放,但并不影响现代性,在现代性的基础上自由地实现自己的个性自由。……这种后现代也是"体"所允许的"用"。"体"有"本"的基础,这个体不应该是个死板的闭塞的体,而是一个开放的体。宇宙这个"本"来说,宇宙就是不断变化创新的过程,"体"不可能永远在一个平衡状态,必须要有一种表达,这种表达使之持续增长。在这个意义上,后现代也是开放现代性的一种"用",一种必然的结果。……从这个角度看,从现代性到后现代性也是必然的,现代性必然要适应新的情况,然后产生新的"体",再产生新的"用",这样交互作用,后现代就有了合理性。从"本"、"体"到"用"的角度理解后现代,就可以解释后现代性与现代性的关系问题。……一定强调"本"会开出新的"体",新的"体"会不断开出新的"用",继而又变成新的"体",又变成新的"用"。

此处论述二者关系的逻辑重点在于,把现代性和后现代性都看作"用",即看作对本体的一种诠释性活动。因此,基于本体的创新开放的本性,其对本体的诠释发生变化,显然是一个合理的历史过程。并且这一过程并不会终结,而会沿着"产生新的'体',再产生新的'用',这样交互作用"的辩证轨迹而继续发展下去。如此一来,后现代性与现代性的关系问题就获得了一个全新的理解,其中体用逻辑的运用是非常关键的。

成中英的本体诠释学不仅重视本、体、用三者之间的结构关系,还提出"行"的概念,依此突出人之实践的本体论基础。他说:"从'体'到'用'还有个'行'的问题。"①这个"行"就是指人的实践行为的道德行为。他认为,宇宙中的物质世界的发展产生生命,形成心灵世界。但心灵世界并不外在于宇宙,心灵世界通过认知认识具体事物的现象,但还是在宇宙的本体之中;与此同时,宇宙本体也在认识之中,是一个动态过程。由此,主客统一本身在认识上也就有了现实的基础。与此同时就要求在行为上把握和实现这种主客统一,这就是实践的原则,即他所谓的"行"。

如此一来,在成中英的本体诠释学中就实际存在着本、体、用、行四个关键范畴。若仔细分析可知这四者之间的关系恰好可以归结为一个四重体用结构。如图所示:

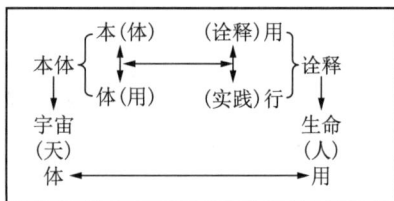

从上图可知,其所谓"行",即是基于人类个体或群体基于"本体"而发生的道德行为和社会实践。相对于理论性的诠释之用而言,其实属于实践性的诠释之用,也就是说前者所谓"用"实为用中之体,而"行"则是用中之用。结合前面分析到的本体结构,如是就有体中之体、体中之用、用中之体和用中之用的四重体用逻辑的展现。分而言之为四重,和而言之则是两重,即宇宙本体为体,生命诠释为用。此处的关键是要扩展"生命诠释"的内涵,它既包括理论性、方法性的"诠释",还必须包括活动性、体验性的"实践"。前者侧重于"诠释本体",后者侧重于"本体诠释";二者之间又是互为体用的关系。唯如此才能体现"本体相生、一体二元、体用互须"②的思维结构,真正实现所谓本体诠释学圆环。

必须说明的是,上述构图和分析并非成中英全部明确表达的简单归纳,而是在其思想的基础上做了较多的逻辑完善。事实上,成中英对上图所蕴含的结构尚存在着一些认识上或体察上的不足。具体来说,他显然没有充分意识到这个四重结构及其功能,而只是提出了四个核心要素。同时他对用

---

① 王治东、成中英:《"本体诠释学"之本、体、用——成中英教授访谈录》,《南京林业大学学报》(人文社会科学版),2011年,第2期。

② 成中英:《21世纪与中国哲学走向:诠释、整合与创新》,载于方克立主编《21世纪中国哲学走向》(商务印书馆,2003年),第13页。

和行的认识或界定在概念上也存在着严重的含混不清,导致他在以诠释为本体之用的同时,无法处理实践之行与本体以及与诠释之用的关系。

(二) 杜维明:动态体用论

杜维明[①]曾经有一篇一千多字的短文——《体用论的动态体系及心学非主观主义》[②]。在这篇短文中,他针对中国传统哲学范畴,尤其是"体用"范畴,提出了一个非常重要的问题,并简要阐述了自己的答案。在此,不妨把这篇短文全文引录出来,以便我们一窥其体用思想之全貌。全文如下:

> 让我针对中国传统哲学范畴在今天还有没有生命力这个问题提两点不成熟意见。首先我想借用社会学里"结构—功能"的提法,用"认同"(identify)和"适应"(adaptation)这组观念来考察一下中国传统中的体用论。中国思想家,特别是宋明大儒,提出"体用一源","承体起用","即用显体"等命题,不仅是要建立认同的结构(明体),而且是要发挥适应的功能(达用)。这是对主体的自觉和对客体的认识都同时顾到的一种辨析层次相当高的哲思。张之洞提出"中学为体,西学为用"的口号,把"体"抽离为无用之体,把"用"割裂为无体之用,显然是一厢情愿的权宜之计,在理论上站不住脚,在实践上也行不通。熊十力的体用论把体用关系比喻为大海与众沤的动态和整合的关系,是中国传统哲学"体用"范畴的现代阐释,很有启发新思的作用。
>
> 究竟体用范畴所显示的系统是开放的还是封闭的? 这个问题和我们对"体"观念的理解有密切的联系。如果体只是现象背后那个一成不变的"空理",而理又只是毫无创造性和生命力可说的抽象观念,那么体用系统便成为静态的封闭系统。反之,如果我们从生生不息的宇宙演化的泉源活水来掌握"体"的实义,那么体用系统应是动态的开放系统。相对大海而说的众沤,不应理解为幻相而应理解为天地万物的具体表现。天地万物是永远发展的,因此它的具体表现也是无穷无尽的。这是第一点意见。
>
> 中国古代哲人,特别是体现大易传统的哲人,都强调自强不息地体认、体察、体味、体会和体证天道的内在经验。这种通过道德修养和社会实践所认识、察觉、品味、会通和证验的人生价值,既非主观主义,也和西方典型的唯心主义大不相同。笛卡尔"我思故我在"的观点以及巴

---

① 杜维明(1940—),祖籍广东南海,出生于云南昆明。现在为哈佛大学荣休教授,被学界视为第三代新儒家的代表人物。著作主要有:《今日儒家伦理》、《现代精神与儒家传统》、《人性与自我修养》、《儒家思想:创造转化的人格》、《新加坡的挑战》等。目前有由郭齐勇等编辑、武汉出版社出版的《杜维明文集》(五卷本)。

② 此文最早发表在《求索》1984 年第 2 期。

克莱"思维决定存在"的提法就和中国古代重视主体性的心学传统了无关涉。

心学传统是以如何成圣成贤的问题为起点，以开展孔子所揭橥的"为己"之学的精义为目标的生命的学问。"为己"绝非个人主义，当然也不是主观主义，而是强调人格独立、人格自主和人格尊严的"身心性命之学"。《论语》所谓"三军可夺帅也，匹夫不可夺志也"，《孟子》所谓"富贵不能淫，贫贱不能移，威武不能屈"的大丈夫精神正是"身心性命之学"的体证。把这套学问笼统地加以否定，既不能言之成理，也不能持之有故。因为以建立、陶冶、发展和完成人格教育为主导思想的"为己"之学或"身心性命之学"，并不以思维决定存在的模式标出，更不可能导致怀疑"其他心灵是否存在"，"外物是否真实"之类极荒谬的论调。

中国心学的传统，从孟子到王阳明，都重视人与人之间的关系，重视客观环境，重视从具体生活的实践经验出发。他们提出"深造自得"和"知行合一"的功夫进路都是立基于自己的身体力行。这种以体验为核心的学问和一般所认为的以凭空构造毫无客观根据的唯心论根本是两回事。固然，孟子"万物皆备于我"和王阳明"大人以天地万物为一体"的提法都可能导致心理学上所称无限扩大"自我"的谬误，但是孟子的"我"和阳明的"大人"，都不是心理学上所称的"自我"（ego），而是中国哲学特别强调的"主体性"（subjective）。把主体性与主观主义（subjectivism）混为一谈是曲解心学的主要原因。强调主体性是要为"人人皆可为尧舜"的命题建立本体学上的根据。在道德实践的层次，主体性的呈现即意味着对"自我"的否定，如果用普通语言来解释，真正独立和自主的人格是要在破除"自私"和"超越主观"的基础上建立起来的。

我的这两点意见很不成熟，又没有加以发挥，容易造成武断的印象，引起误会，但是我觉得它们对深化中国传统哲学的范畴体系有些方法学上的意义，也就大胆地提出来了。我个人认为，"体用"，乃至心学传统中的许多范畴，如身心、性命、知行、天理人欲、善恶、诚伪、中和、已发未发、心理和公私都是生命力极强的基本概念。借用程颐的话，这些都可以说是体现"实学"（能够体诸身而有所用的学问）所不能缺少的思维工具。①

在这篇短文中，杜维明提出了一个十分重要却又一直重视不够的问题，即"中国传统哲学范畴在今天还有没有生命力？"针对这个问题，他自己说是提出两点意见，而实际上应该说是两个重要的观念。一是动态的开放的体

---

① 郭齐勇、郑文龙编：《杜维明文集》第五卷，武汉出版社，第81—83页。

用系统，一个是心学的非主观主义。对此，我们分别做一个简单梳理和分析。

第一个是关于"动态的开放的体用系统"的分析。

他首先强调了自己的考察方法，即借用社会学里"结构—功能"的提法，用"认同"（identify）和"适应"（adaptation）这组观念来考察中国传统的体用论思想。具体来说，他对中国传统特别是宋明儒学的体用思想，给予了很高的评价。认为他们"不仅是要建立认同的结构（明体），而且是要发挥适应的功能（达用）"，充分说明这种体用思维是一种"对主体的自觉和对客体的认识都同时顾到的一种辨析层次相当高的哲思"。对于近代以来的体用思想，他批评张之洞提出"中学为体，西学为用"的口号，最终是把"体"抽离为无用之体，把"用"割裂为无体之用，在理论上站不住脚，在实践上也行不通。与此同时，他充分肯定熊十力的体用论思想，说他"把体用关系比喻为大海与众沤的动态和整合的关系"，是对中国传统哲学"体用"范畴的一种现代诠释。

在此基础上，他提出了一个极为重要的问题：体用范畴所显示的系统究竟是开放的还是封闭的？这个问题的本质在于，它意味着存在两种不同的体用系统类型，即一种是静态的封闭的体用系统，一种是动态的开放的体用系统。区分二者的关键在于对"体"的理解。他认为，如果体只是"现象背后那个一成不变的'空理'，而理又只是毫无创造性和生命力可说的抽象观念"，那么就必定属于"静态的封闭的体用系统"；反之，如果我们"从生生不息的宇宙演化的泉源活水来掌握'体'的实义，那么就应该属于"动态的开放的体用系统"。显然这和成中英对（本—体）—用结构的动态阐述是完全一致的。

第二个是有关"心学非主观主义"的说明。

首先，他认为，中国古代的心学传统，强调"自强不息地体认、体察、体味、体会和体证天道的内在经验。这种通过道德修养和社会实践所认识、察觉、品味、会通和证验的人生价值，既非主观主义，也和西方典型的唯心主义大不相同"。

其次，他集中揭示心学传统的两大核心要素。第一个核心要素是，心学传统是以如何成圣成贤的问题为起点，以开展孔子所揭橥的"为己"之学的精义为目标的生命的学问。所以他认为这种"为己"之学或"身心性命之学"，"并不以思维决定存在的模式标出，更不可能导致怀疑'其他心灵是否存在'、'外物是否真实'之类极荒谬的论调"。这也就意味着，以西方传统的唯物唯心框架来认知心学传统是极不合适的。第二核心要素是，中国心学的传统，重视实践，重视身体力行，重视"知行合一"，总之是一种以"体验"、"体认"、"体证"为核心的学问。这和一般所认为的凭空构造毫无客观根据的唯心论根本是两回事。虽然这种中国哲学传统特别强调"主体性"（subjective），但绝非所谓的自私的唯我的主观主义（subjectivism），而这种主体性恰恰呈现的是对"自我"的否定,是破除"自私"和超越"主观",从而建立起真正独立和自主的人格。

最后也是很重要的,他强调心学这种"主体性"是有"本体学上的根据"的,虽然他没有进一步阐明这种"本体学的根据"。

在文章最后的总结部分,他一是强调自己所谓两点意见在深化认识中国传统范畴体系上的方法论意义。二是再次肯定"体用"乃至心学传统中的许多范畴都是"生命力极强的基本概念",都是体现"实学"所不能缺少的"思维工具"。

(三) 傅伟勋:中西互为体用论

傅伟勋(1933—1996)是一位具有原创性的哲学家,他会通中西哲学与佛学,以批评的精神和创造性智慧,转化、发展儒释道思想资源,在与西方、日本学者直接对话的过程中,促进了中国哲学与世界哲学的交流互动。[①] 他首次提出了"中国本位的中西互为体用"的学说,强调要平等对待中西文化,中学首先要有深刻自我反省与批判,同时又要以平等开放的心态来吸纳西学,力求在一个更为全面的文化—生命的架构下谋求传统与现代、东方与西方文化之间的创造性综合。下面将从三个方面来具体分析这种学说的主要内容及其中所涉的体用思想。

第一,中国文化重建的历史反思。首先,他认为虽然中华民族是吸收外来文化的民族,不是拒绝外来文化的民族,也曾吸收过不少外来文化,但对于吸收的成果并不看好与乐观,并指出传统以来过度的华夏优越感常构成我们拒却外来文化的一大因素。[②]

其次,就近代西方思想与文化的吸收方式与成果而言,他认为我们学到西方的长处都是西方之"用"(从衣食住行到科技医药等与现实生活息息相关的方面),但对此类所由形成发展的原先根基即西方之"体"(包括自由民主的法治观念、人权思想、伦理道德,心性看法、科学哲学的知性探求乃至宗教思想与文化等在内)始终是一知半解,摸索不清,当然更谈不上积极的"吸纳融合"了。而阻碍着我们虚心探讨"西学之体"并摸通西学的真髓所在的恰是清末以来基于过度华夏优越感的"中学为体,西学为用"老论调。[③] 即便后来的西化论和科玄论战也是围绕"中体西用"而展开,作为中国近现代以来哲学成就最高的新儒家代表人物牟宗三也仍然没有彻底突破"中体西用

---

① 郭齐勇:《深情怀念傅伟勋先生——兼论傅先生的学术贡献及傅先生与武汉大学》,《守先待后——文化与人生随笔》,北京师范大学出版社,第 217 页。

② 傅伟勋:《中国文化重建课题的哲学省察——从生命的十大层面与价值取向谈起》,《从西方哲学到禅佛教》,生活·读书·新知三联书店,1992 年,第 472 页。

③ 傅伟勋:《中国文化重建课题的哲学省察——从生命的十大层面与价值取向谈起》,《从西方哲学到禅佛教》,生活·读书·新知三联书店,1992 年,第 473 页。

论"这传统的格套。①

最后，基于中国文化重建，他认为我们必须建立"中国本位的（即为了创造地转化中国传统思想与文化着想的）中西互为体用论"这新时代的立场，以便充分培养多元开放的文化胸襟，进而批判地继承并创造地发展祖国的思想文化传统。②

第二，中国文化重建的基础建设。基于中国文化重建，他提出"生命的十大层面与价值取向"这个模型，依照他所了解的生命存在的诸般意义高低层序与自下往上的价值取向，他认为作为万物之灵的人的生命应该具有下列十大层面：（1）身体活动层面，（2）心理活动层面，（3）政治社会层面，（4）历史文化层面，（5）知性探求层面，（6）美感经验层面，（7）人伦道德层面，（8）实存主体层面，（9）生死解脱层面，以及（10）终极存在层面。③ 这个模型乃是作为"生命—文化"存在的人类所共同面对和必然具有的，正是这种超越中西文化的价值模型为中西互为体用提供理论基础。

第三，"中国本位的中西互为体用论"的具体实现。他强调把与"生命的十大层面与价值取向"这两点结合起来，探寻有助于顺利进行文化重建的一些具体方案。也就是说以"中国本位的中西互为体用论"为指导原理，在十大层面各个层面寻求中西之间的互通，或中体西用，或西体中用，完全视各个不同层面的中西优劣而定。具体来说有以下几点：

首先，他把第四层面"历史文化"作为核心层面来统合其他上下九个层面。强调在此一层面，"一方面批判地继承祖国传统的思想文化，另一方面培养多元开放的文化胸襟，尽量吸取欧美日等先进国家的种种优点（不论体用），借以创造地发展未来的祖国思想与文化出来"④。

其次，认为"历史文化"层面的创造的转化亦有赖于其他九个层面，所以应当分别依循"中西互为体用论"的指导原理获得现代化的丰富内涵。

（1）在身心活动二层次，从衣食住行到身心保健，一方面要把传统固有的国粹——譬如针灸、气功、坐禅，太极拳、（道教的）养生寿老术等与西方医药的适当结合，另一方面要摆脱传统中强烈的泛道德主义，努力消化与吸纳弗洛伊德以来新旧派的心理分析理论，最终把中西心理疗法与精神医学熔

① 傅伟勋：《中国文化重建课题的哲学省察——从生命的十大层面与价值取向谈起》，《从西方哲学到禅佛教》，生活·读书·新知三联书店，1992 年版，第 490 页。

② 傅伟勋：《中国文化重建课题的哲学省察——从生命的十大层面与价值取向谈起》，《从西方哲学到禅佛教》，生活·读书·新知三联书店，1992 年版，第 474 页。

③ 傅伟勋：《中国文化重建课题的哲学省察——从生命的十大层面与价值取向谈起》，《从西方哲学到禅佛教》，生活·读书·新知三联书店，1992 年版，第 477 页。

④ 傅伟勋：《中国文化重建课题的哲学省察——从生命的十大层面与价值取向谈起》，《从西方哲学到禅佛教》，生活·读书·新知三联书店，1992 年版，第 490 页。

为一炉。在这层面总体来说是"中体西用"或"中西结合"。①

（2）在"政治社会"层面,要超越儒家内圣外王之道的理想主义影响,彻底克服德治或人治的传统观念,而完全接受合乎现代政治社会实况的民主法治、人权保障、自由平等现代观念。显然在这一层面上更重要的是"西体中用"而非"中体西用"。②

（3）在"知性探求"层面,强调应该站在新时代的"中西互为体用"观点,重新评估传统儒家的"德性之知"优位主张,以及牟先生所倡"良知（道德主体的无限心）自我坎陷而为认知心,由是推出知性探求之路"的新儒家思想,一方面尽量避免道德问题（属于生命第七层面）与纯粹知识问题（属于第五层面）之间的混淆不清,另一方面大大推进现代化的"闻见之知",而平等对待"闻见之知"与"德性之知"的个别功能。③

（4）在"美感经验"层面,强调"中体西用"。一方面要借鉴西方美学重视审美纯粹性的传统,保持美感创造与鉴赏有其独立性,不应与人伦道德混同,亦不应受泛道德主义甚或伪善的寡欲主义钳制。另一方面强调我们应该多所关注传统美的再发现课题,重新探讨中国美学理念,摸索一条现代化的中国美学之路。④

（5）在"人伦道德"层面,认为我们需要大大修正传统儒家"道德的理想主义",以此配合"政治社会"层面的现代化,一方面可以在内圣之道上倡导"最高限度的伦理道德",同时又要在外王之道层面强调"最低限度的伦理道德",重视中西伦理的辩证的综合。⑤

（6）在"实存主体"层面上,我们要"好好学习一向注重个性发展与独立人格的西方之'体',打破'大传统'（少数精英）与'小传统'（'可使由之而不可使知之'的人民大众）之分,而通过新时代的启蒙教育提醒人人体认'实存主体'层面的重要和可贵"⑥。

（7）在生命的最高两层,我们要重视中国之体,"重新探讨中国文化之中哲学（形上学）与宗教的真正分合所在",同时又要与西方之体进行对话交

① 傅伟勋:《中国文化重建课题的哲学省察——从生命的十大层面与价值取向谈起》,《从西方哲学到禅佛教》,生活·读书·新知三联书店,1992年版,第490页。
② 傅伟勋:《中国文化重建课题的哲学省察——从生命的十大层面与价值取向谈起》,《从西方哲学到禅佛教》,生活·读书·新知三联书店,1992年版,第491页。
③ 傅伟勋:《中国文化重建课题的哲学省察——从生命的十大层面与价值取向谈起》,《从西方哲学到禅佛教》,生活·读书·新知三联书店,1992年版,第491页。
④ 傅伟勋:《中国文化重建课题的哲学省察——从生命的十大层面与价值取向谈起》,《从西方哲学到禅佛教》,生活·读书·新知三联书店,1992年版,第492页。
⑤ 傅伟勋:《中国文化重建课题的哲学省察——从生命的十大层面与价值取向谈起》,《从西方哲学到禅佛教》,生活·读书·新知三联书店,1992年版,第493页。
⑥ 傅伟勋:《中国文化重建课题的哲学省察——从生命的十大层面与价值取向谈起》,《从西方哲学到禅佛教》,生活·读书·新知三联书店,1992年版,第493页。

流，以期达到自身进一步的丰富与深化。并认为"就这一点说，以儒道佛三家为主的中国传统思想与文化仍有无尽的宝藏，有待我们重新发掘"。①

综上所述，我们可以看到，傅伟勋在中国文化重建的问题上，试图突破两点，一是既要改变"中体西用论"中盲目的优越感，又要摆脱"全盘西化论"的西方中心主义。无疑他的"中西文化互为体用论"很好地实现了这个目标。第二是要获得有关文化重建更为具体更具有操作性的理论分析。对此目标，他的"生命的十大层面与价值取向"模型无疑是最重要的武器。

倘若从体用逻辑的角度来看，我们仍然必须承认，中西文化之所以可以互为体用，关键在于傅伟勋的十大层面价值模型。其中值得分析的有三点。

第一，就中西文化而言，他实际上是以超越于中西文化之上而又内在于其中的十大模型作为中西文化共有的内在本体，而中西文化则分别为本体不同之变现，故为体之用。显然正是这十分重要的变化，才使中西双方从竞争本体地位的恶战中回归各自的本位，中西文化都不是真正的体，而只是此体之用。真正的本体必定是既超越又能涵括中西的，能够反映人类生命存在的本体。尽管傅伟勋没有明确提出这一思想，但他之用意的确就在于此。

第二，既然中西文化同为本体之用，那又如何谈及互为体用呢？显然这种互为体用，已经是在说第二层次的体用了，即用中之体用。根据傅伟勋的十大层面的具体分析，可知他的确是在每一个层面就中西文化而言体用，故其所谓中西互为体用在不同层面的情况是不同的，有些层面是中体西用，有些层面是西体中用，有些层面则中西融合。

第三，在这个"生命的十大层面与价值取向"模型中，傅伟勋又区分出一个体用结构，即他把第四层面"历史文化"作为核心层面来统合其他上下九个层面。实际上就是以"历史文化"为"体"，其余九个层面的内涵为"用"。显然这个体用也属于第二层次的体用，只不过是体中之体用而已。

综合上述三点，我们可以清楚地发现，在傅伟勋看似平淡无奇的中西互为体用论中实际上存在着一个经典传统四重体用网络结构。如图所示：

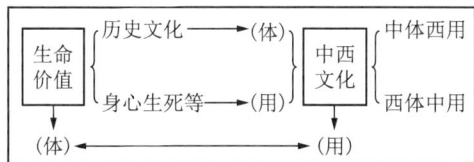

最后需要说明的是，这一个体用结构并未被傅先生所明确体察，当然也就没有获得相应明晰的表达。不过这一逻辑的确是他创立"中西互为体用之体用论"所必须蕴涵的。

---

① 傅伟勋：《中国文化重建课题的哲学省察——从生命的十大层面与价值取向谈起》，《从西方哲学到禅佛教》，生活·读书·新知三联书店，1992年版，第493页。

第三节　近代佛学革故与体用诠释的创新

梁启超在《清代学术概论》一书中说："晚清所谓新学家者,殆无一不与佛学有关系。"在《治国的两条大路》演讲中他还曾说："我们国学的第二源泉就是佛教。"①显然,佛学与近代中国哲学的关系极为密切而重要,要想了解近代中国哲学的全貌和特征,就必须深入研究佛学的近代变革,以及它与中国传统学术和西方学术的整理联系和互动。

中国近代佛学的开展,一方面受到当时西方学术研究的内容和方法的影响,特别追求与"西学"尤其是实证知识论的某种理论上的联接点。他们或认为西学的某些理论内容和方法,包含在中国的佛学传统中,与佛学相一致,又或认为,佛学的某些理论和方法比之西学更为丰富和深刻,因而可用于改造和发展中国的传统哲学思想。②另一方面,近代佛学的开展又始终伴随着佛教整体对于国家民族命运的强烈关注所引发的思想和实践两个层面的自我革新。下面重点考察太虚、欧阳竟无和印顺三人在佛学新思想的构建中的体用运用和发展。

一、太虚佛学思想与体用

(一) 佛法总学中的体用观

太虚(1889—1947),无疑是近代中国佛教发展史上最为重要的人物之一。首先他十分重视修习佛法者要对佛法有一个全体系统的认识,认为学习佛法的关键在于"究其源委,明其旨趣,辨其体用"。他说:

【1】"系统观者,吾人对于佛法应究其源委,明其旨趣,辨其体用,而得其全系统之观念,不使佛法二字模糊于心也。"③

【2】"故佛法有适化时机之必要! 夫契应常理者佛法之正体,适化时机者佛法之妙用,综斯二义以为原则,佛法之体用斯备。若应常理而不适化时机,则失佛法之妙用;适化时机而不契应常理,则失佛法之正体。皆非所以明佛法也。"④

但到底何谓佛法的"体用"呢? 太虚认为,当以"契应常理者"为佛法之

---

①　梁启超:《清代学术概论》,上海古籍出版社,1998年,第99页。

②　参见楼宇烈:《佛学与中国近代哲学》,《世界宗教研究》1986年第1期。

③　《佛法总学》,《太虚大师全书·第一编》第一册,台北印顺文教基金会电子版,第119页。

④　《佛法总学》,《太虚大师全书·第一编》第一册,台北印顺文教基金会电子版,第137页。

"正体"，以"适化时机者"为佛法之"妙用"，只有综合发挥佛法之"正体"与"妙用"，才能使佛法之"体用"完备。太虚还进一步对正体与妙用之间关系予以辩证分析，他认为"体用"要相即而不能隔离，相即才能相成，隔离则会导致两失。因此特别强调体用兼备、体用相即、体用全彰的重要性。

从体用逻辑来说，太虚强调以佛教正法为"体"，以应化众生为"用"，综合而言为佛教或佛法之"体用"，认为学习佛法的枢要或关键就在于辨明此体用。这本质上仍然继承了传统佛教的以法身为体、报身和化身为用的体用观。显然，这种佛法总学中的体用观，与儒家"明体达用"、"体用兼备"的为学体用观在逻辑上是完全一致的。

（二）判教的体用思想

众所周知，"判教"对于任何中国佛教学者来说都是极为重要的内容，也是其佛学思想集中展示的领域之一。这对于太虚来说同样也是极为重要的一环。因为他必须通过判教来为自己的佛教革新主张奠定坚实的理论基础。同样的，太虚的判教思想与体用逻辑的运用有着非常密切的关系。下面，我们将重点考察这一联系的实际情况。

> 【3】究之法性、法相二名，义诠虽二，法实唯一。何者？性有体性之性，相用之性；相有形相之相，体用之相。相用之性乃是即相之性，故法华谓之实相，而涅槃谓之佛性，实无欠余。体用之相，乃是即性之相，故楞伽谓之识海，而华严谓之法界，亦无欠余。三论显性，侧重体性之性，唯以遮诠空一切法，殆同有主无宾，劣者未能入于具显相用之不空性，然固当名之为法性宗也。唯识彰相，深探体用之相，虽以表诠立一切法，未尝取貌弃神，悟者皆能证于全彰体用之如幻相，固可名之为法相宗，尤当与即相之性法华等，即性之相华严等，同名为中实宗也。乃圭峰于三论遗其法实，但名破相，于唯识似指其得假遗真，但彰形相，于相性之法华等及性相之华严等，又遗法相，单言法性而不彰性相不二之中实，似乎皆有未当！①

此处是太虚不满圭峰宗密之三宗判教，批评他判"三论"为破相宗，判唯识为法相宗，判法华、华严为法性宗，虽有所得但亦有所失。具体而言：对于"三论"是"遗其法实，但名破相"；对于"唯识"是"似指其得假遗真，但彰形相"；而对于《法华》、《华严》等，是"又遗法相，单言法性而不彰性相不二之中实"，总而言之是"皆有未当"。在太虚看来，圭峰等人之所以判教不够周严，关键在于其未能明白法相、法性二者之间的内在关系。他认为法性、法相二者，虽然从名义上可以看作是对"法"之两个方面的不同诠释或分别，但实际

---

① 《对辨唯识圆觉宗》，《太虚大师全书·法相唯识学》第9册，第1398页。

上二者指示的是同一个法之实相。也就是说，就"法实"——法之实相而言，所谓法性与法相是非一非异的，即是"性相不二"。何以"性相不二"呢？太虚在此采用"体相用"也即"体用"结构模式，对"性相"二者之内涵及其关系做了更细致入微的分析。

首先，他将"法性"分别为"体性之性"和"相用之性"，将"法相"分别为"形相之相"和"体用之相"。与此同时，又认为所谓"相用之性"乃是"即相之性"，配之以《法华》之"实相"和《涅槃》谓之"佛性"相；将"体用之相"看作"即性之相"，配之以《楞伽》之"识海"与《华严》之"法界"。

接着在此基础上评判诸宗，他认为，三论宗破相显性，只是以"遮诠"的方法来揭示一切法的空性，这样就会侧重法之"体性之性"，类同于"有主无宾"，致使其末流堕入顽空断灭空之境地。因而不能"具显相用之不空性"，也就是说三论宗虽然得"体性之性"，却未能得"相用之性"或者说"即相之性"，应当名其为"法性宗"。而唯识一派，则是以彰显法相为宗，能够深探"体用之相"，也就是"即性之相"。其以"表诠"的方法来建立一切法，虽然觉悟之人能够实证此"体用之相"皆如幻相，但其末流亦容易堕入此幻想执着之中，因其侧重于法相所以应当称为"法相宗"。由此可见，无论三论还是唯识，一侧重于"法性"，一侧重于"法相"，因而都未能很好地达到性相圆融不二，最终犯有体用相隔，不能全彰之过失。职是之故，唯有以"即相之性"为宗旨的《法华》等经，还有以"即性之相"为宗旨的《华严》等经类，因其不堕二边，故能抵法之中道，因其性相相即，体用兼备，故能达法之实相，可以同名之为"中实宗"。太虚判教可以图示如下：

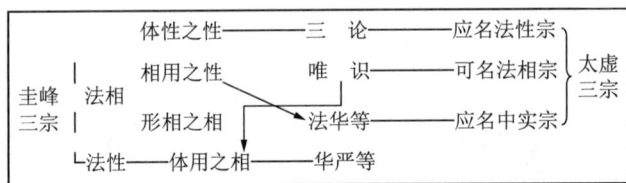

深究太虚此处判教之内在逻辑，可知其中有三个关键之处：一是将"体相用"三分为二，或"体—相用"，或"体用—相"；二是以"性相"和前述二分之"体用"为纲目，将佛法之全体一判为二；三是以"体"同于"性"，以"用"同于"相"。同时以"体用"二维对"性相"作内部的分别，使"性相"获得"体用"逻辑的展开，形成"体用性相"之多维立体结构，实际上是极大扩展了"性相"结构的诠释空间，为各宗各派寻求恰如其分的定位。如图所示：

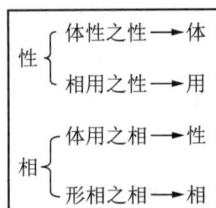

（三）《真现实论》与体用

《真现实论》可以说是标志太虚佛教复兴理想的一部巨著，也是构建其"人生佛教"理论基础的最重要著作。可惜未能如愿完成。下面是王雷泉先生对此书所做的一个提要，从这个提要中，我们可以体察到太虚的宏伟理想以及佛学运思精髓之所在。

> 太虚痛感早期佛教改革运动之失败，并为反击社会上认佛教为消极厌世的偏见，乃著此书，以建立实行"人乘正法"的理论体系。为与当时所流行的人本主义、实验主义等世俗哲学相区分，标举佛法才是真正的现实主义，乃命名为《真现实论》①。"现实"具有四义：1. 现实即宇宙；2. 现实即法界；3. 现实即现实；4. 现实乃佛陀无主义之主义。全书分为《宗依论》、《宗体论》、《宗用论》三编。"宗"，依因明用法，为"主张"之意，通过能知的方法和所知的境事，为"真现实"这一主张提供依据和凭藉，此为《宗依论》；通过"宗依"以知存在之理，对"现实"作存在上的说明，开拓现观境界，此为《宗体论》；再以此现观经验为根据，回应并解决现实问题，此为《宗用论》。②

由上可知，《真现实论》全书一共分为三编，即《宗依论》、《宗体论》和《宗用论》。"宗"，即是"主张"之意，指通过能知的方法和所知的境事，为"真现实"这一主张提供依据和凭藉，这就是所谓《宗依论》；而通过"宗依"为基础来认识一切"存在"之理，从而对"现实"作存在上的说明，依此而开拓"现观"境界，这就是所谓的《宗体论》；再以此"现观"经验为根据，回应并解决现实问题，这就是所谓的《宗用论》。此三论写作时间跨度较大，特别是最后的《宗用论》并未亲自完成。而是由印顺法师在编《太虚全书》时，将太虚平日论及世学之184篇文章，按文化、宗教、国学、哲学、道德、心理学、科学、人生观、社会、教育、健康、文艺等问题，最后统一辑为《宗用论》，由此构成完整的《真现实论》。

《真现实论》可以说是太虚法师人生佛教思想的集大成，他在写《宗体论》之前有一首述怀式的诗偈："仰止唯佛陀，完成在人格，人圆即佛成，是名真现实。"是说由人至佛的升进，在于用智慧超越凡俗层次，达到对现实存在的真正把握。故菩萨的理想境界并不在他界彼岸，而必须在当下完成。这也正是《宗体论》中结语所说："发达人身即证佛身，淑善人间即严佛土。"

---

① 太虚始撰于1927年，中华书局初刊于1940年，后与未完成稿一起由门人编入《太虚大师全书·论藏》中。

② 王雷泉：《太虚大师的真现实论及法相唯识学》，http://www.jcedu.org/fxzd/fxsxyj/17.htm。

值得关注的是,太虚在这种新佛学的建构中,不仅总体上采用体用模式,在许多的局部论述中也大量使用体用结构。下面仅就《宗依论》中对"声明"的体用说明来看他对这种体用逻辑的自觉认识。他说:

> 【4】文言有二:一者、显义文言,色、声、法等为体;二者、显境文言,诸识心等为体。且色声等即为识心之所显境,境含现量、比量一切所知事义,将所显为能显,故唯以"识"为体。或曰:穷究其本,诸识分别及所分别,皆以无分别之"现量实相"为依,故皆应以现实——真如——为体。或曰:体用重重,可别论之:真如为体,识等为用;诸识为体,色等为用;色、声等事为体,名等假位为用。不至真如,显体不尽;不至假名,明用不周。以用显体,依体明用,体用重重,乃能周尽,圆满融彻,如前相对绝对到之算学观,乃为现实主义之声明也。语言文字如此,借观余法亦无不然。要之,皆为现变实事,皆为现事实性,皆为现性实觉,皆为现觉实变。能知现实所用工具,还即现实而已。①

在这里可以看到太虚对于体用逻辑的认识深度,第一他把体用概念完全作为一个诠释性的逻辑系统,与此相应的是从"真如"到"八识"到"色""声"事等,最后到"假名"的一个实在性的存在系统。第二是他对于这个诠释逻辑结构的把握非常自觉,即所谓的"体用重重"的层级递进结构,层级之间又遵循"以用显体,依体明用"的原则,最终使得整个世界存在各种现象之间成为一个"圆满融彻"的统一体。其结构可以如图所示:

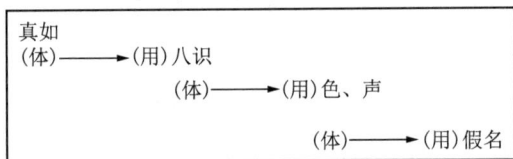

```
真如
(体) ——→ (用) 八识
         (体) ——→ (用) 色、声
                  (体) ——→ (用) 假名
```

二、欧阳竟无佛学思想与体用

对于欧阳竟无的佛学思想,程恭让先生曾经做过很好的说明,他说:

> 欧阳佛教思想体系的核心理念,乃是简别体用之理念,或强调辨别本体与现象具有不同存有属性的理念。欧阳一生佛教思想的发展中,曾经历由中年未定之学到晚年论定学说的重大变化,不过这一简别本体与现象存有属性的理念则首尾一贯。……尽管欧阳佛教思想的核心理念一直贯通在他中年及晚年的佛教学说中,但是这一核心理念所依

---

① 《真现实论·宗依论上》,《太虚大师全书·第十一编》,第98页。

托的整体思想格局则发生了重大的转换。这一个转换可以概括为是从法相学的思想格局转换到了转依学的思想格局。①

应该说，这些论述是基本符合欧阳竟无的佛学思想发展实际的。其中有二点值得重视：一是他认为，欧阳一生之中，佛教思想的整体格局有一个重大转换，即从中年时期的"法相学的思想格局"转换到了晚年的"转依学的思想格局"；二是他认为，无论是在中年未定之学还是在晚年论定之学中，"简别体用"的理念，都是欧阳一生佛学研究即佛理思考中的核心理念。

接下来将在此二点认识的基础上，重点聚焦欧阳佛学思想中体用范畴或逻辑的运用情况。

（一）唯识抉择与体用

第一时期，以欧阳 1922 年所发表的《唯识抉择谈》为中心。

1. 抉择体用谈用义

在第一节我们首先通过一个列表来看其对唯识体用的具体抉择。列表如下：

一切法	体用	唯识	抉择
无为法（体）	体中之体	一真法界	以其周遍一切故，诸行所依故。
	体中之用	二空所显真如	以其证得故，为所缘缘故。
有为法（用）	用中之体	种子	以种子眠伏藏识，一切有为所依生故。
	用中之用	现行	以现行有强盛势用，依种子而起故。

细察此表，可知表中第一列为粗言体用，第二、三列为细分体用，第四列为其如此细分体用之理由。在粗言体用中，欧阳把一切法分为有为法和无为法，并以"无为法"为"体"，以"有为法"为"用"，这样区分的依据是"无为法不待造作，无有作用，故为诸法之体。反之由造作生，有作用法，即是有为，故有为是用"②。显然，他在此区分体用的逻辑为是否造作和是否产生所用，有造作活动且产生作用的为"用"，无造作活动也不产生作用的为"体"。

与此同时，他进一步从"相"的角度来阐明"体用"的内涵，即："非生灭是体，生灭是用；常一是体，因果转变是用。"③就体用关系而言，欧阳竟无强调，虽然说非生灭无为法之为体，但以"寂灭为乐"并不意味其是"幻有可无、大用可绝、灭尽生灭"而别得"寂灭"，那不过是断灭之见的死法而已，真正的

---

① 赖永海主编：《中国佛教通史》第 15 卷，程恭让撰写部分，江苏人民出版社，2010 年，第 164 页。

② 欧阳竟无：《悲愤而后有学——欧阳竟无文集》（王雷泉编），上海远东出版社，1996 年，第 26 页。

③ 欧阳竟无：《悲愤而后有学——欧阳竟无文集》（王雷泉编），上海远东出版社，1996 年，第 26 页。

"寂灭之乐"应是"了知幻相,无所执著,不起惑苦,遂能生灭不绝而相寂然",所以他说"是故须知有为不可歇,生灭不可灭,而拨无因果之罪大"。这实际上是就"用"而言"体用",即认为寂灭之体不碍生灭之用。若就"体"而言"体用",则一真法界之"体"是不可说的,是"不可思议","绝诸戏论",故只能"即用以显体"。因此,即便是全部佛之说法十二分教,亦只是就"用"而言的,仍属于俗谛。显然这是从存有角度来说体用,若从实践修证的角度来看,则是"体则性同,心佛众生三无差别;用则修异,流转还灭语不同年",即是以"体用"来说"性修"。

2. 抉择涅槃谈无住

在此节中,欧阳竟无同样结合"体用"来抉择四涅槃,即自性涅槃、有余依涅槃、无余依涅槃、无住涅槃,抉择的结果是侧重"无住涅槃"。缘由何在?

首先他认为,对于"涅槃"一名,向来皆以"不生不灭"解释是一大错误。因为"不生不灭"只能诠释其"体",而不能够诠释其"用"。事实上,"涅槃"实具"全体大用"而无所欠缺;其"体"固然是"不生不灭",其"用"却仍然是"生灭"的。只不过此"生灭之用"不同于世间之生灭用,因其是解除一切烦恼、障缚后所生的"妙智之用"。正是在此涅槃全体大用之基础上,他在抉择四涅槃时选择无住涅槃。且看他所说:

> "无住涅槃者,就大用方面以诠,诸佛如来不住涅槃,不住生死,而住菩提;菩提者即因涅槃体而显之用,非可离涅槃而言之也。体则无为,如如不动;用则生灭,备诸功德;曰无住涅槃,即具此二义。此唯大乘独有,非二乘之所得共。今本宗之所侧重,则在是也。"①

显而易见的是,竟无选择无住涅槃的根本标准,正在于其体无为而用无不为的特征。

3. 抉择二智谈后得

在此节中,欧阳竟无在根本智与后得智中抉择后得智,其根据仍然是"体用"分别。关键在于"根本智"入"无分别"之"见道",因而"此时戏论既除,思议不及",故不能"起言说以利他"。而"后得智"属"大乘相见道",若入果位,唯其独摄"成所作智",所以,无论是前五识之"带相而观空",还是后六、七识的断惑之后得智,都是功用极大。正如他说:

> 虽无根本智,不可证真,然其妙用,即依后得而不穷,并非以其不诠

① 欧阳竟无:《悲愤而后有学——欧阳竟无文集》(王雷泉编),上海远东出版社,1996年,第28页。

真即有所未至也。①

4. 抉择二谛谈俗谛

此节首先依"体用"而分别"性相"二宗。他说：

> 性相二宗俱谈空义，但性宗之谈系以遮为表，相宗之谈系即用显体。以遮为表故一切诸法自性皆无，"即用显体"故依他因缘宛然幻有，此两宗之大较也。②

此是认为性宗之本在"以遮为表"，而相宗之要在于"即用显体"，二者本来殊途同归，但因为空宗龙树之后的清辨之徒等"意存偏执，但遮无表"，最终导致"所谈空义，遂踏恶取"，所以他认为"相宗破之不遗余力，未为过也"。显然欧阳竟无认为唯识学在破斥空宗末流方面有其特胜之处，即他所谓的"即用显体"，故能体用兼备，而空宗末流"但遮无表"，结果自然是"有体无用"。

5. 抉择三性谈依他

在此第六节中，欧阳竟无仍然依"体用"分别"空有"二宗。他认为唯识有宗，安立三性，理兼空有；"以因缘幻有之依他起为染净枢纽，包括全体大用于无余"，所以其抉择在此宗。与此同时，他批评空宗之龙树"虽知有赖耶，而不谈其持种受熏，于因缘生法之实际略焉不详"，到了清辨则是"变本加厉，并赖耶亦遮拨之，缘起道理遂不能彻底了解"。是说空宗龙树虽然知道阿赖耶识的存在，但未能明了其"持种、受熏"的功能，所以不能很好地说明因缘生灭有为法的为何而建立、为何为转化的实际情况。到了其徒清辨之时，则连阿赖耶识也当作空无被遮拨掉了，于是缘起生灭的道理就彻底无从知晓了。唯有唯识宗，安立三性，故既能很好地说明生灭有法的缘起道理，又能为染净转依提供终极根据。以"体用"言即是全体大用之体用皆备。

6. 抉择五法谈正智

所谓五法，即相、名、分别、正智、真如。竟无以为，前四法均属于"依他起性"，唯有最后的真如法属于"圆成实性"。以能所言，则相、名但为"所缘"；"分别"通能所缘，惟缘相、名；"正智"自缘其智，亦缘"分别"，以成"一切智智"，将"能"作"所"；而真如为一切法之"所缘"。那欧阳竟无为什么在五法之中抉择的是"正智"而非"真如"呢？其依据仍然是唯识宗的"即用显

---

① 欧阳竟无：《悲愤而后有学——欧阳竟无文集》（王雷泉编），上海远东出版社，1996年，第32页。

② 欧阳竟无：《悲愤而后有学——欧阳竟无文集》（王雷泉编），上海远东出版社，1996年，第33页。

体"。他说：

> 就无漏言,【真如是所缘,正智是能缘。能是其用,所是其体。诠法
> 宗用,故主正智。】用从熏习而起,【熏习能生,无漏亦然。真如体义,不
> 可说种,能熏、所熏,都无其事。漏种法尔,无漏法尔,有种有因,斯乃无
> 过。】是故种子是熏习势分义,是用义,是能义。正智有种,真如无种,不
> 可相混。真如超绝言,本不可名,强名之为真如,而亦但是简别。真简
> 有漏虚妄,又简遍计所执。如简无漏变异,又简依他生灭。此之所简,
> 意即有遮。盖恐行者于二空所显圣智所行境界不如理思,犹作种种有
> 漏虚妄遍计所执或无漏变异依他生灭之想,故以真义如义遮之。是故
> 真如之言并非表白有其别用(如谓以遮作表,亦但有表体之义。本宗即
> 用显体,以正智表真如净用,即但视真如之义为遮)。古今人多昧此解,
> 直视真如二字为表,益以真如受熏缘起万法之说,遂至颠倒支离莫辨所
> 以,吁可哀也![1]

欧阳在此认为,"正智"是能缘,属于体用之用,有能熏所熏的种子义;而真如是所缘,属于体用之体,此体"不可说种,能熏、所熏,都无其事",所以真如"超绝言思本不可名,强名之为真如,而亦但是简别","简别"之本质在于"遮","遮"即否定、超越之义。所以千万不可"以遮作表",更不可"益以真如受熏缘起万法之说"。真如之体不可说,唯以"正智"表"真如"之净用,也就是"即用显体"。正是在此认识下,欧阳竟无坚决反对清辨的"以遮为表"以及《起信论》一系的"真如受熏缘起"说。

接下来,欧阳竟无依"体用"进一步简别大小乘各宗派。首先,他将诸部异执以浅深列成次第六宗,分别为第一犊子部"我法俱有宗",第二说一切有部等"我无法有宗",第三大众部"法无去来宗",第四说假部"现通假实宗",第五说出世部"俗妄真实宗",第六一说部"诸法但名宗"。对此六宗,竟无又根据其对"蕴处界"三科特别是"界"之是否实有的主张,分别为"重体"和"重用"说二系,如他说：

> 所谓界则是因义种子义也,故小宗视界为实法者、自然意许有种,
> 而其立说侧重用边,与大乘法相宗立种子义以界处摄无为而阐明依他
> 者颇相接近。又小宗视界为假法者,自然不许有种,而其立说侧重体

---

① 欧阳竟无:《悲愤而后有学——欧阳竟无文集》(王雷泉编),上海远东出版社,1996年,第39页。

边,与大乘法性宗遮拨种子惟谈圆成者亦甚接近。①

如图所示:

```
         ┌ 一经量部(计界实)   俱舍识 ┌(计界处实)法相宗(立种子义)(用)┐
    小乘 ┤                            │                                │  大乘
         │                            └成实识(计界处假)                │ (体)
         └ 大众部——分别论——说假部(计界处假)   法性宗(不立种子义)      ┘
```

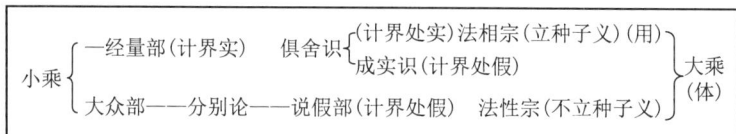

在此基础上,欧阳竟无着重批评马鸣《大乘起信论》与小乘分别论者之缺失。他认为从体用关系的角度来看,分别论者主张"无法尔种,心性本净,离烦恼时即体清净为无漏因,如乳变酪,乳有酪性",实际上是"以体为用",这样的结果则是"体性既淆,用性亦失"。其中关键在于"体为其因,因是生义,岂是不生? 自不能立,须待他体以为其因,故用性失"。

对于《大乘起信论》,欧阳竟无认为其最重要的缺失有二:一是"不立染净种子,而言熏习起用",但此种熏习义最终不能成立②;二是其不立正智无漏种子,而言真如"自能离染成净",实是把"正智"与"真如"合二为一,如此同样会导致"体用俱失"。所以他最后说:

> 从史实与理论观之,《起信》与分别论大体相同也如彼;以至教正理勘之,《起信》立说之不尽当也又如此;凡善求佛法者自宜慎加拣择,明其是非。然而千余年来、奉为至宝,末流议论,鱼目混珠,惑人已久,此诚不可不一辨也。③

7. 抉择八识谈第八

欧阳竟无在第九节中指出,大乘法相宗立义最精之处,即在于立第八识而能使一切染净起灭皆有依据,而非凭空来去。其关键在于以种子、现行为生灭有为法之体与用,强调所谓"生灭"本质上只是其功用隐现,而非法体之有无。犹如熟睡时,虽然不起五识,但其功能并非断灭,只是睡眠种子现行,前五识种子隐而不现而已。所以在欧阳竟无看来,安立第八识乃是佛法体用逻辑之必需和必然。

---

① 欧阳竟无:《悲愤而后有学——欧阳竟无文集》(王雷泉编),上海远东出版社,1996 年,第 41 页。

② 欧阳竟无认为:"熏习义者,如世间衣服实无于香,以香熏习则有香气。世间衣香,同时同处而说熏习;净染不相容,正智无明、实不并立,即不得熏。若别说不思议熏者,则世间香熏非其同喻。又两物相离,使之相合则有熏义,彼蕴此中,一则不能。如遍三性,已遍无明,刀不割刀,指不指指,纵不思议,从何安立?"

③ 欧阳竟无:《悲愤而后有学——欧阳竟无文集》(王雷泉编),上海远东出版社,1996 年,第 43 页。

8. 真如生灭之关系

通观欧阳竟无有关"唯识抉择"的十个方面,可以发现,他之根本目标在于解决无为真如法与有为生灭法之间的关系问题。此问题又可以展开为两个层面的问题:一是有为法之建立的依据是什么? 即是诸法从何而有的问题,哲学上属于宇宙生成论的领域。二是无为法之存在的依据是什么? 即真理如何可得的问题,哲学上属于实践解脱论的领域。由此可知,前述欧阳竟无的建立四重体用分别之苦心即在于此问题的解决,即解决如何说明生灭诸法与不生灭真如二者之间的关系。因此有必要做更深入的分析和说明。且看他在《释教训》第三中所说:

> 诸法虽生,真如不动,真如虽生诸法,而真如不生,是名法身。其言真如虽生诸法者,依于真如而有一切法生,非真如生一切法也,法若即如,法尚不生,何况真如而有生法? 如智既分,明与无明,义自相对。《密严》云:法理相应,明了能见,说为正智。《般若》云:于无所有不能了达,说为无明是也。若无明对如,则体用不分,法相淆乱,不可为教。[1]

此处有两点需要分别:其一是从存有论角度谈诸法与真如的关系,竟无认为真如与诸法的关系是真如"生"诸法,即体"生"用的关系,但他强调,此"生"非创生、产生之意,而是指"依于真如而有一切法生,非真如生一切法"。于此可见,真如并非诸法生灭之根源,而只是其生灭之凭借和归依,诸法之生灭则归于"种子"与"现行"。正是在这个意义上,他说"无为法(即真如)不待造作,无有作用,故为诸法之体。反之由造作生,有作用法,即是有为,故有为是用"。

其二从认识论角度谈无明、正智与真如的关系。既然真如不动不生,唯有无分别正智能缘真如,则无明就不能了达真如之体,无明对应的所缘则只能是生灭之用,否则就会"体用不分,法相淆乱,不可为教"了。如图所示:

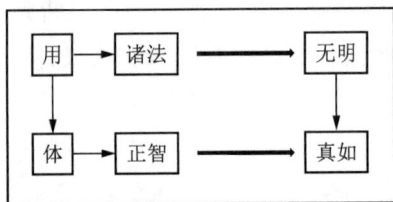

综合以上两点,并回到最初欧阳竟无所建构的"四重唯识体用"之结构,我们就会发现其中含藏着一个十分重要的体用逻辑问题。为了讨论的方

---

① 欧阳竟无:《悲愤而后有学——欧阳竟无文集》(王雷泉编),上海远东出版社,1996年,《谈内学研究》,第154页。

便,不妨将上表再列于此处。

一切法	体用	唯识	抉择
无为法 （体）	体中之体	一真法界	以其周遍一切故,诸行所依故。
	体中之用	二空所显真如	以其证得故,为所缘缘故。
有为法 （用）	用中之体	种子	以种子眠伏藏识,一切有为所依生故。
	用中之用	现行	以现行有强盛势用,依种子而起故。

　　粗分体用中,无为法为体,有为法为用。进一步细分体用,在真如之体中再分"体中之体"和"体中之用",以一真法界为无为法之体,以二空所显真如为无为法之用;而后又在诸法之用中再分"用中之体"和"用中之用",以种子为有为法之体,以现行为有为法之用。在此就形成第二层次的两重体用,第一重为一真法界与二空所显真如之间的体用关系,二者也即是能所关系,即一真法界为所缘,二空真如为能缘,能缘为用,所缘为体,二者是即体生用,即用显体。第二重为种子与现行之前的体用关系,二者也是生成关系,种子生现行而有诸法生灭,现行熏种子,故有生灭相续不断,同时也有流转还灭或转依。

　　显然,欧阳竟无设立四重体用的根本目的,就在于解决前述有关佛教形而上学的两个根本问题。他通过种子与现行的体用之创生关系,一是解决缘起诸法建立的宇宙论问题,二是保持了"一真法界"作为无为法的绝对超越性,即不生亦不灭,因为在此体用结构中,一真法界并不直接缘起生成生灭诸法。而只是作为一切诸法建立的所依——是根本依据而非创生之本源。同时,他又通过体中之体用分别,建立无分别二空之真如,以"能观"正智而缘"所观"之真如,一方面通过"后得智"而入"根本智"来解决修行解脱之实践论问题,另一方面通过涅槃境界抉择无住涅槃来解决"体无而用无"的问题。这四个问题的解决,既是欧阳竟无抉择唯识的依据所在,也是其简别他宗的根据所在。从体用逻辑上来说,他的根本目标在于,一要避免体用分离,从而坚持体用相即不二的结构关系。二要保证体用皆备,实现全体大用的宗极之境。

　　接下来的问题是,欧阳竟无的体用简别和唯识抉择,是否真正如他所愿解决了问题呢? 事实上,欧阳竟无此说一经问世,便遭到来自教内外的各种批评,其中教内以太虚及其弟子最为积极,而教外对此批评最为直接且激烈,莫过于曾经是竟无学生的熊十力了。熊十力旗帜鲜明地反对欧阳所谓的四重体用说,认为他犯了"二重体用"之过。这将在后面熊十力相关章节予以详细论述。

　　（二）儒佛会通与"用满之体"

　　事实上,欧阳竟无不仅以体用来简别佛法,更强调人生的发展和人格的完善与应该以体用赅备为依归。而且他认为,为人必须先言体,后方可谈体之用,不然无非乡愿阿世之人而已。他在《与陶闿士书》中说:"立志办道,其体也;多才多艺,其用也。"还说:

> 先不言体,遽谈无体之用,且以致用之用作谋生之用,盗明堂之器,咽卖饧之箫,何教不摧,何法可益? 为之斗斛权衡以信之,则并此斗斛权衡而窃之,亦穷于术哉! 呜呼! 世之败坏,至是极矣。观国是者,莫不归过于贪污之官吏,豪劣之士绅,苟且偷堕之社会,此固然矣。然亦知病本之由来乎? 二千余年,孔子之道废,乡愿之教行。孔子谋道不谋食,乡愿则同流而合污;孟子舍生而取义,乡愿则曲学以阿世。[①]

由此可见欧阳竟无以体用之学救世的恳切与急迫。

考察欧阳竟无一生学术思想的发展历程,可以分为两个阶段,其中年阶段专研佛教唯识学,到晚年由法相学转向转依学,并大力会通孔学与儒学。虽然其为学的视野与规模逐渐扩大,但"体用"结构仍然是其内外判教即融通儒佛的主要逻辑和方法。

要会通儒佛,就必须先把儒佛各自的特点、价值以及异同弄清楚。事实上,欧阳竟无正是利用体用结构来实现这一目标的。

首先他对体用结构特别是体用关系做了更细致的梳理。他认为:抽象地说,凡存在,必有其体,也必有其用。体用之间,就"体"而言,不仅有"大寂之体",还有"用满之体";就"用"而言,不仅有"依体之用",更高的是"应体之用",;所以从完满境界上来说,无论体用,后者是要超出前者的。若将此体用逻辑落实宇宙万有于一心,则"寂"为心体,"智"为体之用。智与寂,须臾不离,"寂则有全体大寂,智则有一切智智"。但"全体大寂"是尽人所有、凡圣不二的,"一切智智"却非尽人所有,常人只有其种,此种必须发生,并不断扩充其量然后才能说有的。所以他说:

> 寂以智生而显,智以障去而生,障以修积而净。净一分障,生一分智,显一分寂。净纤悉细障,生一切智智,显全体大寂。寂固无为也,不生也,仗智之有为、智之发生以为显也。[②]

显然,这无异于在说,人格的差别就是表现为"体同而用异"——即在于

① 欧阳竟无:《悲愤而后有学——欧阳竟无文集》(王雷泉编),上海远东出版社,1996年,《谈内学研究》,第414页。
② 欧阳竟无:《悲愤而后有学——欧阳竟无文集》(王雷泉编),上海远东出版社,1996年,《谈内学研究》,第360页。

"有体无用"之"凡"与"体用赅备"之"圣"了。

那么就孔道与佛法而言,二者无非都是完善人格之道。所以欧阳竟无认为,就体用论,"孔道"可以说是"依体之用",而"佛法"则既是"依体之用",又是"用满之体";就转依之实践而言,"孔道"只是"行",佛法则是"行而果"。这显然是典型的以佛为本之儒佛会通:一方面,他认为孔学佛学虽都是体用兼备之学,一方面又认为佛法较孔道更为完满深广①。

三、印顺佛学思想与体用

(一)《无诤之辩》之"评熊十力的新唯识论"

《无诤之辩》所辑录的是印顺与同时代的学者和法师就佛教思想的部分辩论文章,其中包括:"评熊十力的新唯识论"、"神会与坛经"(对胡适)、"空有之间"(对王恩洋)、"敬答'议印度佛教史'"(对太虚大师)、"大乘三系的商榷"(对默如法师)、"与巴利文系学者论大乘"(对法舫法师)、"入世与佛学"(对澹思居士)等。通过这些辩论文章,一方面可以对照出印顺与同时代法师、学者佛学思想的不同,也可以更全面了解那个时期印顺佛学思想的特色。

就体用思想而言,我们在此关注的是其中第一篇《评熊十力的新唯识论》。《评熊十力的新唯识论》集中批评熊十力的"新唯识论"思想,认为它违背了真正的唯识思想,不是纯正的佛学,而是一种的"援佛入儒"的玄学。值得关注的是,印顺把批评的理论重心放在指出熊十力对佛教体用逻辑的错误认识上。

首先,他指出熊十力的《新唯识论》本质上属于玄学的唯心论,发挥的是"即寂即仁"的"体用无碍"说,由此诱导学者去反求自证,自识本心。认为《新论》是以"即用显体"为宗,其"体用说"的假定根本上是为了宇宙寻求一个万化的根源或本体。这正是玄学的主要理论目标,虽然在玄学的领域里,"自有他的独到处";但佛法并非以此为宗旨,而是以众生解脱超越苦难为根本目标的,所以佛学不是玄学。

其次,印顺认为佛法本没有以"体"为真如实性,以体用之体为真如实性,起于南北朝的中国佛学者。认为佛法所说体用的体,与《新论》的"自体"相近,他说:

【1】佛法以为存在的即流行的、力用的、关系的、生灭的。从存在的自性——有部主张有恒住不变的自性,唯识者在种现熏生中有自类决

---

① 熊十力认为欧阳先生此观点本自玄奘。他说:"宜黄大师谓儒家只谈用,其说实本之奘师。"详见其《体用论》,中国人民大学出版社,2006年,第44页。

定的自性,中观者仅认有相对特性的自性——说为体;从存在的关系业用说为用。体用是不一不异的,是如幻相现而本性空寂的。佛法以此不一不异的体用——如幻因果为本,确立实践的宗教,直从当前的因果入手,从杂染因果到清净因果,从缘起到空寂。所以,佛法于幻化的因果相,在世俗谛中承认他的相对真实性;在究竟实相中——第一义谛,也是不容破坏的。佛法的不坏假名而说实相,不坏世俗而显胜义,与《新论》不同。《新论》不知幻相宛然的不可遮拨,想像那"至神至怪",称为"神化"的一辟一翕之用,大谈"即用显体",不知道佛法不是玄学,不是遮拨现象而谈"即用显体",是不拨现象的"即俗而真"。①

此处重点有二:一是表明佛法之中也有"体用"之说,但其结构的本质不是玄学式的"本体—现象"的体用逻辑,而是一种"自体—作用"型的体用结构。在佛教中持这种"自体—作用"型的体用结构的,有小乘的有部和大乘的唯识宗——有部主张有恒住不变的自性,唯识宗主张在种现熏生中有自类决定的自性。但大乘中观派仅认有相对特性的自性,他们将此假说为"体";以存在的关系业用为"用"。同时认为体用之间是"不一不异"的,佛法正是以此"不一不异"的"体用"来确立实践的宗教。二是强调佛法是"不坏假名而说实相,不坏世俗而显胜义",因此他就不需要像玄学那样遮拨现象之用而谈"即用显体"和"即俗而真"。

熊十力《新唯识论》中对佛教空有二宗有许多尖锐的批评,如"佛家语性体,绝不涉及生化之用";"不识性体之全";"万不可说空空寂寂的即是生生化化的";"不肯道真如是无为而无不为,只说个无为"。总之是批评佛法的根本错误在于"离用言体",即所谓"有体而无用"。印顺针对这种批评,指出佛家中,大乘佛法,尤其是空宗,决不如《新论》所说的是"离用言体"。他说:

【2】佛家多说泯相证性——决不是离用言体。经中说"依无住本,立一切法";"不动真际建立诸法"。论中说:"以有空义故,一切法得成。"谁说佛家只能说生生化化即是空寂,而不能说空空寂寂的即是生化?《般若经》的"色即是空,空即是色";《中论》的"即空即假即中";《回诤论》的"我说空、缘起、中道为一义";《智论》的"生灭与不生灭,其实无异":谁又能说佛法是离用言体?②

---

① 印顺:《无诤之辩·评熊十力的新唯识论》,《印顺法师佛学著作集》第 20 册,台北印顺文教基金会电子版,第 34 页。

② 印顺:《无诤之辩·评熊十力的新唯识论》,《印顺法师佛学著作集》第 20 册,台北印顺文教基金会电子版,第 37 页。

　　他强调佛家的"泯相证性"不是"离用言体"，批评熊十力的《新论》是玄学式的"用依体现，体待用存"，并非纯正的佛学，是把佛法作"道"理会。

　　接下来，他进一步从空有之间的关系来说明佛法不是所谓的"离用言体"。他说：

　　【3】说真说俗，说性说相，说体说用，说离说即，一切是依言施设，如指月指。由于众生无始来的自性——实有执为错乱根本，佛法对治此自性执，所以多明空寂；对治众生的"实体"执，所以多说法性如虚空。适应实际的需要，所以每先证入毕竟空性。①

　　印顺强调佛法之所以多言空寂，乃正是因为要对治众生的"实体"执，纯正的佛法当坚持"凡一切相，皆是虚妄"的中观理念，所谓的真俗、性相、体用等，都不过是指月之指，为说法之方便设施而已。倘若如熊十力那样定执于体用，反而会堕入玄学神化之"体用"。总之，佛法的"泯相契性"，绝非"离用言体"；"融相即性"，也不应偏执为"即用显体"；此"用"，也并非《新论》的神化之"用"。

　　在这里，暂且不论印顺与熊十力二人在辩论上的得失，笔者感兴趣的是他们二人各自所强调的体用逻辑之异同。第一，显然他们都同时把体用逻辑作为论证自己主张和批评他人思想的一种重要手段或工具。第二，实际上二人对体用逻辑的认识不一致，或者说，二人所依据的体用逻辑类型是并不同的。第三，就体用之间的逻辑关系而言，二人似乎都无例外地赞同"体用不二"，反对"离用言体"。

　　就熊十力言，他之"体用"严格地确定为"本体—现象"型，他不满意传统的"本体—（流行）现象"型的体用论，认为它们不能很好地说明现象世界的生成与变化，尤其是心物之间的关系。对于佛家空有二宗：一方面他批评唯识犯有"二重本体"之过，另一方面，他批评空宗犯有沦于空寂而无从建立诸法即"离用言体"之过。与此同时，他又十分明确地反对西方式的或唯心或唯物主义，认为它们无例外地将本体与现象割裂为二。因此他提出"即用显体"的体用观：宇宙本体并非在流变现象之外而独存一物，而只是一翕一辟之功能本身，此功能既是此变化现象世界的创生本源，又是此世界的本质本身，所以除此现象世界之外并无本体，而本体必定变现为此现象世界。所以依此"体用"论，即是从体生用，摄用归体；进而是体在用中，用中有体；进而是举体是用，全用是体，最终达至体即用，用即体，体用不二。

　　①　印顺：《无诤之辩·评熊十力的新唯识论》，《印顺法师佛学著作集》第20册，台北印顺文教基金会电子版，第39页。

就印顺而言,他之"体用"与熊十力根本不同处在于,他并不承认佛家有所谓的"本体—现象"式的体用逻辑,但他承认佛教在两种意义上使用体用结构,一是小乘有部和大乘唯识宗的"实体(自性)—作用"式的,一种是大乘空宗所方便设施的缘起性空之体用论。前者本为印顺所破斥,后者他反复强调这种"体用"结构运用的对治性和权宜性。所以极力反对那种定执某"存在"为终极本体的玄学式的体用论,这是他对熊十力《新唯识论》最大的不满,也是他对所谓真常唯心论最大的批评。

(二)《唯识学探源》之"体用一异"

【1】法体与作用的异同,有部学者,就会答复你不一不异。有时,法只有体而没有用(过未),所以不能说一;可是引生自果的作用,是依法体而现起的,所以也不能说异。有部学者,也不得不走上这双非的论法。《顺正理论》(卷五二),对体用的一异,有详细的叙述:"我许作用是法差别,而不可言与法体异。……法体虽住,而遇别缘或法尔力,于法体上差别用起;本无今有,有已还无,法体如前自相恒住。……体相无异,诸法性类非无差别。体相、性类,非异非一,故有为法自相恒存,而胜功能有起有息。……现在差别作用,非异于法,无别体故。亦非即法,有有体时作用无故。""作用与体,虽无别体而有差别;谓众缘合,能令法体有异分位差别而生。此差别生非异法体,故彼法体假说生义。依如是义,故有颂言:从众缘方有,此有是世俗;虽生体无别,此有是胜义。"①

对于有部的体用思想,印顺有一个自己的诠释,他说:"论文(《顺正理论》)明显地说,法体与作用非一非异。但它虽说非一非异,实际上是偏重于不一的。它在谈到法有三世的时候,总觉得三世要在法的作用上说;依作用的起灭,虽说法有三世差别,但法体终归是恒住自性。"②

与此同时,印顺还进一步分析了犊子部③与说一切有部在"体用一异"上的差别对立,他说:

【2】他们都谈不一不异,但有部终归是偏重在不一。……有部偏重在不一,在从体起用的思想上,建立假我。犊子部偏重在不异,在摄用

① 印顺:《唯识学探源》,《印顺法师佛学著作集》,第十册,台北印顺文教基金会电子版,第64页。
② 印顺:《唯识学探源》,《印顺法师佛学著作集》,第十册,台北印顺文教基金会电子版,第64页。
③ 梵名 Vātsī-putrīyā,巴利名 Vajji-puttaka。为小乘二十部之一。

归体的立场上,建立不可说我。有部的假立,但从作用上着眼,所以不许有体。犊子部的假立,在即用之体上着眼,自然可说有体。就像犊子部的不可说我,是六识的境界(见《俱舍论》),也就是依六识所认识的对象,在不离起灭的五蕴上,觉了那遍通三世的不可说我。摄用归体,所以不是无常。即体起用,也就不是常住。二家思想的异同,可以这样去理解他。①

在此可以通过印顺自制的图表②来揭示其中同异:

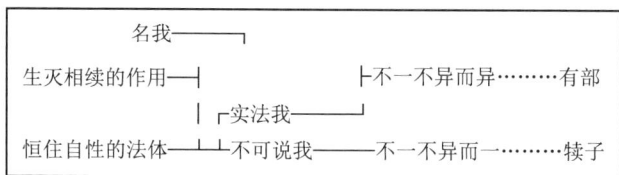

```
         名我 ─────┐
生灭相续的作用 ──┤            ├ 不一不异而异 ……… 有部
            │ 实法我 ────┘
恒住自性的法体 ──┤ 不可说我 ──── 不一不异而一 ……… 犊子
```

(三)《性空学探源》之"体用综贯"

在《性空学探源》中,印顺进一步从体用关系的层面分析了大乘空宗与小乘有部及犊子部之间的差别。认为在体用关系上,有部是"体用截然割裂为二",造成的问题是导致"缘生的意义隐昧",同时认为,犊子部与大乘虽然都把体用综贯起来,解决了有部的难题,但二者又有根本的差别:一是犊子部虽然也是把体用综合起来——即不一不异而不可说,但这"不可说"是实在性的,也就是说犊子部是"体用皆实";大乘则是从空义上出发以综贯之,认为"法法皆假名,没有实在性"。虽然"法现起的时候,其作用与此彼关系,都可安立,在时间上的相续也可安立",但"安立下的相续固然是假,一一法本身也是假;虽假,却并不是无,还是有其作用;蕴法固然有蕴法的作用,补特伽罗我还是有补特伽罗我的作用"。最后印顺终结二者同异时说:

> 分别体用,把体用打成两截,再摄用归体,以体为中心,成犊子的不可说我,连假用也是实有。否认了实体的存在,扩充了假名,于是大用流行,成为法法皆假名、法法无自性的大乘空义。③

在此,我们可以用一个图表把三者的体用分别更加清晰化地呈现出来,

---

① 印顺:《唯识学探源》,《印顺法师佛学著作集》,第十册,台北印顺文教基金会电子版,第67页。

② 印顺:《唯识学探源》,《印顺法师佛学著作集》,第十册,台北印顺文教基金会电子版,第67—68页。

③ 印顺:《性空学探源》,《印顺法师佛学著作集》,第十一册,台北印顺文教基金会电子版,第182页。

如图所示：

部系	存有论	体	用	体用关系
小乘有部	三世实有	实体——实法我	假用——假名我	从体起用
小乘犊子	三世实有	实体——不可说我	实用	摄用归体
大乘空宗	缘起性空	假名无体	假用流行	体用综贯

（四）《印度之佛教》之"体用种现"

在《印度之佛教》中，印顺同样从体用的角度对部派佛教各学派之间进行比较，使各派教义昭然，对比鲜明，充分显现了体用结构在佛教教义诠释中的方法论优越性。下面结合印顺的分析①，用三个图表来揭示其中同异。

表一

部派	立义	体（理、种）	用（事、现）
说一切有及犊子系	立体用义（三世实有）	法体本然恒尔，约即体之用，未生、正住、已灭而说为三世	生灭约法体所起之引生自果作用言，非谓诸法先无后有，先有后无
大众及分别说系	立理事义（唯现世有）	染则缘起，净者道支，理性无为，超三世而恒在。以事缘之引发，乃据理成事	事唯现在，论其曾有、当有而说为过、未，非离现在而有过、未之别体
上座部说经部	立种现义（同二世无）	不离现在诸行而有能生自果之功能性，名曰种子	种子不离现在之诸行，约酬前、引后，乃说为过、未

表二

部派	五蕴	十二处	十八界	现有之军林等
说一切有及犊子系	实有	实有	实有	假名无实
大众系说假部	实有	假有	实有	假名无实
上座部说经部	假有	假有	实有	假名无实

表三

部派	色聚（四大及四大造）	心聚（心心所）	非色非心（非相应行）
说一切有及犊子系	四大及所造之根、尘为各别实有	与心王俱时相应，别有心所法	实有实体
大众系说假部	同上	同上	不即不离色心之功能，无别实体。
上座部说经部	唯大无造	心所即是心之差别。	同上

---

① 印顺：《印度之佛教》，《印顺法师佛学著作集》，第 33 册，第 152—154 页。

印顺在对经典的分析中经常使用体用结构作为工具,往往能都收到很好的诠释效果,例如他在《说一切有部为主的论书与论师之研究》中对《阿毗昙甘露味论》全论的组织内容进行梳理时,就全面采用体用结构。下表是印顺自己对本论纲目的一个整理:

其中值得注意的是,他采用"体用"结构来诠释"一切法之实相",以"一切法的自相共相"为"体",而将"一切法的力用"进一步细分为四种类型来说明与诸法相关的力用,即:有为的依待用,心法的相应用,众生的缘起用,染净的增上用。[①] 如图所示:

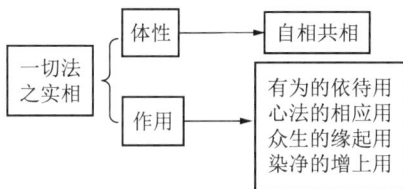

(五)《中观今论》之体、作、力

在《中观今论》第八章之《中观之诸法实相》中,印顺针对《大智度论》中的十如是——性、相、体、作、力、因、缘、果、报、本末究竟等——分别做了四个层次的细致分析。其中,他以"性、相"为一个层次,"体、作、用"为一个层次,"因、缘、果、报"为一个层次,"本末究竟等"为总论。不仅如此,他还在第三节中详细讨论了"体、作、力",从而比较完整地展现了其中观之体用思想。

首先,他仔细辨析了佛法中体与性的同异,认为"体,对用而说。体与性,中国学者向来看作同一的,但佛法中不尽如此"。具体来说,(1) 体与性不同义。"性"可以作"性质"等说,如说无常性、无我性等,这是与"法体"之义不同的。(2) 体与性也可以是同义。如萨婆多部(即说一切有部)说诸法各住自性,自体即是自性的异名。还有如说宇宙大全的实体——即佛法中所谓的真如法性本体。(3) 佛法说"体","指一一法的自体说,不作真如法性等说",理由是在真如十二名中,没有称为"体"的;且在现存的龙树论中,也没有以"体"为本体、本性的。

与此同时,印顺也指出,虽然在其他经论里没有见到这种把"体、作、力"三者合起来说的,但相类似的说法存在于不同的经论之中,特别是在《中论·观作作者品》中已有很相似的说法——"现有作,有作者,有所有作法"。所谓"作"即运动,可以或译为力、用、作用等,即佛典中常用的"羯磨"karma,表示"业"用;而"作者"为 kāraṇa,是指能起作用的假我或法;而所谓"作法",其原语为 kriyā,指所有的作用或力用言。于是就可以把《中论》中的"作

———————
① 印顺:《说一切有部为主的论书与论师之研究·阿毗昙甘露味论》,《印顺法师佛学著作集》第 36 册,第 477 页。

（业）、作者、作法"，和《大智度论》中的"体、作、用"相对应，即：体——作者，作——作（业），力——作法。不仅如此，还可以进一步把"作"与"作法"合名为"用"，三者合而为二，即"体"与"用"。最终完成了以"体用"结构来统摄"体作力"的目标。如图所示：

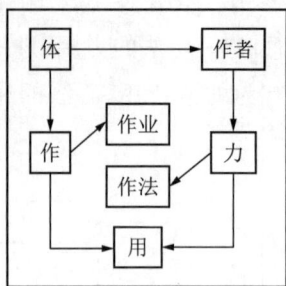

接下来，印顺在把"体、作、力"纳入"体用"结构之后，便集中讨论此"体用"结构在佛法中的作用。具体可以分为三个方面，一是体用与性相，二是体用与因果，三是体与用之关系。

先看体用与性相。他认为体用与性相不同，理由是"相"是"形他以显自"的。也就是说，"性相"是从认识论方向而安立的，即"凡所认识的，必有与他不同的特殊形态，依不同他法而知是此法而不是彼法，即因此相而知某法体性：这是性与相的主要意义"。而体与用则不同，"用"是指"法体"的活动，也与他法有关，但不同的相以特殊形态而显出自己，用是从此法可与他法以影响，从影响于他而显出此法的作用。所以他说："相是静态，用是动态。"当然他也认为"相"和"用"有紧密关系，他说："此用不同于彼用，也可以称为相的，相广而用狭。"显然他在此处所说的"体用"从类型上来说，属于典型的"实体——作用（活动）"，因为，在印顺的观念里，佛教中的"体"不能作为"本体"之体，而是指"自体"。

其次是体用与因果。印顺举《中论》之"现有作、有作者、有所有作法，三事和合故有果报"为证，说明体用与因果的关系。他认为"依法的作用而知有因果"。因为，凡是存在的即是法体，法体则必有作用，而由作用关系就必然影响到他法的存在，于是就一定会构成"因果"。本质上这是从横向的缘起法说明体用。

最后，关于体用之间的关系。印顺认为，就佛法来说，所谓"体"，即是从众缘和合而成的，即指"缘起和合性的总体"；而"用"，即是"和合性上所起的种种作用"。就"体"、"用"关系而言，印顺说"体与用，依佛法说，是不一不异的"。所谓"不一不异"，即是指体与用二者既是不可以相分离的，但也不是同一的关系。为此，印顺还通过经论举证来进一步阐释此中关系。如《中论·观作作者品》说："因业有作者，因作者有业，成业义如是，更无有余事。"依此表明作者与作业，即体与用的关系，作者的动作，即指事业。凡是作者即有业,有业必有作者,作者与业是不一不异的。对于作用,他举《顺正理论》卷五二来说明对作用的两种解释,说明作用和功能的差别在于是否具有现实性。即"一、约正现在的名为作用,二、约过去未来——不现在前所有力用即名为功能"。

最后,回到体、作、力三者,印顺认为作、力虽然可以总名为"用",但作与力又不是没有差别的。他说:

> 约法的现在作用说,二者是无差别的。因为法必有用,用即是力,也即是活动,活动即是业。但作用,专在当前的动作说;业却动词而名词化,即通于过去未来。如眼见的见,是一种动作,然见也可能作为一件事情。如说人作善业、恶业,此即依人的身心活动而显业相,业即动作之义。然依动作名业,业作了,刹那灭后即应没有,然法法不失,势用仍在。刹那灭入过去,不像现在那样有明显的活动,即动作的潜在——过去化。在名言上,即动词的名词化。所以依作用和业的字义去解说,事业的业与作用的用可以作如是观:对现在当前的法体,名为用或作用,亦可名业;对刹那灭后的法——作者,即特名之为业了。《顺正理论》作用与功能的分别,意义也大概相同。[①]

此处的核心,乃是以"作"和"力"分别为现实的"作用"和潜在的"功能",现实存在的"作用"直指当前,即是作和用,也可名"业",但潜在的"功能"能够通于三世,也就是力和业用。由是便形成如下一个结构:

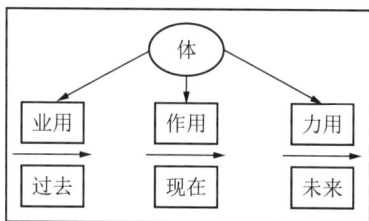

最后必须指出,最重要的也是印顺自己反复要强调的一点是所谓的"体、用、业,无不如幻,约世俗名言说",才可有这样的相对差别。所以他说:"依中观说,离众缘和合,无有别存的作者,即别存的作用也没有;作者与作用,皆不过依缘和合的假有。如《华严经》说:'诸法无作用,亦无有体性'。由此,体——作者与作用,都约缘起假名说。"[②]于此,才能完整了解印顺体用论的全部真义所在。

---

① 印顺:《说一切有部为主的论书与论师之研究·阿毗昙甘露味论》,《印顺法师佛学著作集》第 9 册,第 162—163 页。

② 印顺《中观今论》,《印顺法师佛学著作集》第 9 册,第 164 页。

第四节 马克思主义哲学中国化与"体用"批判

马克思主义哲学中国化是一个过程,这个过程可以区分两个层面:一是作为社会发展与革命理论的马克思主义如何逐步与中国近百年来的社会发展和革命历程相结合的过程,正是在这个社会变化和革命实践的过程中,作为西方思想的马克思主义才不断展开其深入而全面的中国化进程——从"选用"到"照用"再到"智用"最后到"创用"。第二个层面是作为根源于西方哲学理论形态的马克思主义哲学如何与中国传统文化精神以及同时代本土的各派思想相互交涉、相互斗争的过程,正是在这个相互交涉和相互斗争的过程中,马克思主义哲学才逐步获得其在中国文化现代发展中的主导地位,其自身的理论形态也逐步获得鲜明的中国品格,最终成为中国马克思主义哲学。显然,这两个层面是不可截然分开的,因为它们始终是作为马克思主义哲学的理论和实践的两个层面同时存在,相互作用、相互影响的。

马克思主义学派的体用思想主要体现在其与中国文化本位主义学派(特别是现代新儒家)的理论互动之中的。相应的,这种互动一直伴随马克思主义中国化的整个历程。下面将分两个阶段来考察这一进程。

一、早期马克思主义对文化本位主义之体用批评

(一)瞿秋白对东方文化派体用思想的批判

近代西方文明的输入,引起中国社会尤其是思想学术界的强烈震荡。如何看待西方文化,进而又当如何看待自身文化,成为当时人们普遍关注的问题。于是在"五四"运动前后,中国知识界展开了一场延续十余年(1915—1927)[①]的思想大论战,主要是由极力宣扬中国固有文明,鼓吹东方文化救中国、救世界的东方文化派,同以陈独秀为代表的"新青年派"形成了这场东西文化的新论战。[②] 这场论战不仅是一场关于东方文化与西方文化特点、性质及相互关系问题的思想学术论争,也是"五四"新文化运动的一个重要组成部分。尽管具体内容不同、论题不同、观点各异,但本质上都是围绕着中国现代化需要什么样的哲学和世界观这一总问题展开的。从论战的开始到结束,马克思主义学者都是其中的主力军,一方面深化了对中国传统文化的理解和批判,更重要的是客观上强化了马克思主义思想的传播。马

---

① 东西方文化论战以 1915 年《新青年》创刊为起点,东西方文化论战尖锐化以 1918 年 9 月陈独秀写《质问〈东方杂志〉记者》为标志。在这以前,东西文化两派只有"论",而没有"战"。

② 东方文化派早期以辜鸿铭、杜亚泉为代表,中期以张东荪、陈嘉异、章士钊、蒋梦麟为代表,后期以梁启超、梁漱溟、冯友兰、张东荪为代表。新青年派则以陈独秀、李大钊、蔡元培、毛子水为早期和中期代表,而以胡适、瞿秋白、郭沫若、邓中夏等为后期代表。

克思主义学者参与论战的理论立场和切入方法各有不同,其中,瞿秋白侧重于从辩证唯物主义的立场,以分析思维方式缺陷为方法,来展开对东方文化派的批判。

瞿秋白自 1923 年从苏联回国,恰逢"东西文化论战"进入第三阶段(1921—1927 年)。这一时期,梁启超、梁漱溟相继发表《欧游心影录》(1920年)和《东西文化及其哲学》(1921 年),使东西文化之争进入一个新高潮。梁启超认为西方的物质文明已经破产,而中国文化有许多优点,应该用中国文化去拯救西方文化的危机。梁漱溟在系统的比较中、西、印三大文化系统之后,得出的结论是"世界未来文化就是中国文化的复兴",因而主张"复兴"以孔子思想为主干的中国传统文化。虽然从表面看这一时期的争论重点重又回到东西文化优劣比较的老问题上,但论战的深度已大大前进了一步,涉及面也大大超过了从前,并且开始关注东西文化如何结合的实践问题。

当时,参加这场讨论的东方文化派和西方文化派都使用"体用"范畴来说明东西方文化的关系,思考中国文化的未来发展。东方派强调中国传统文化的本根性,主张"中体西用",而西方文化派则强调西方文化的先进性,主张"西体中用"。瞿秋白于 1923 年 3 月发表《东方文化与世界革命》一文,认为文化没有中西之分,而只有古今差异。他既反对东方文化派盲目颂扬封建传统文化,"也决不歌颂西方文化"[1]。他反对用"体用"范畴来说明东西方文化的关系,主张用辩证唯物主义的一般与个别的范畴,用历史辩证法来说明。他认为,二者虽然在体用上各执一端,但思维方法上则是统一的,都是从民族文化的性格和特点来理解文化,把东西方文化当作因它们各自的性质不同而截然有别的东西,以为人们只能在它们之间选择,而不能进行创造。其缺陷在于,混同了文化和自然的关系,以自然的特性来说明文化,视文化为静止的、固定不变的东西,因而只强调东西方文化的差异,却看不到它们之间的同一性,这还是一种形而上学的思维方式。[2]

(二)对新儒家的理论批判与体用思想

一般认为,现代新儒学产生于 20 世纪 20 年代初,梁漱溟开启现代先儒学之山林,其 1921 年发表的《东西文化及其哲学》一书,第一次把中国文化纳入世界文化架构中来加以讨论,肯定了中国文化和东方文化的价值,特别是肯定了孔子及儒家学说,"开启了宋明儒学复兴之门"[3]并遥契孔孟先秦儒学,从而确定了现代新儒家尊孔崇儒的精神方向。新儒学发展到 20 世纪三

---

① 陈崧:《"五四"前后东西文化问题论战文选》,中国社会科学出版社,1989 年,第599 页。

② 参见托德麟、何萍:《马克思主义哲学中国化:历史与反思》,北京师范大学出版社,2007年,第 170—171 页。

③ 牟宗三:《生命的学问》,三民书局 1970 版,第 112 页。

四十年代,进入成熟阶段,其主要标志是产生了一批体系化的现代新儒家的哲学思想,其中以熊十力的新唯识论、冯友兰的新理学和贺麟的新心学最为突出。这些体系化的哲学一方面自觉致力于探讨中西文化融合的途径、方法,为寻求中西哲学、文化的结合做出艰苦的努力,试图从本体论层面论证儒家形而上的哲学意义,由此确立以儒家思想为核心的中国文化的本体地位;一方面又与进入体系化和成熟阶段的中国马克思主义思想产生激烈的碰撞,其惯用的体用范畴和逻辑也遭到马克思主义学者的大力批判。下面以冯友兰和熊十力为例来说明这种批评的过程和特点。

1. 对冯友兰文化体用论的批判

冯友兰的"新理学"①一出台,立即引起理论界的极大关注。它以共相和殊相分离的框架,认为"最哲学的哲学"(即形而上学)是脱离"实际"的"真际",不着"实际",才能统摄"实际","实际"因"真际"而有,"事"依"理"而存。马克思主义学者赵纪彬(1905—1982)、陈家康(1913—1970)、周谷城(1898—1996)、杜国庠(1889—1961)、胡绳(1918—2000)等人相继著文,针对冯友兰"新理学"中的哲学观、历史观和文化观予以评价和批判。② 就体用思想而言,批评主要集中在他的历史观和文化观方面。

针对"新理学"的历史观和文化观,胡绳写下了《评冯友兰〈新事论〉》(1943)和《评冯友兰著〈新世训〉》以及《思想的漫步》等文,一方面肯定冯友兰接近或符合唯物史观的一些立场的观点,譬如:冯友兰认为,要从文化类型的观点来看西洋文化与中国文化,这样才能辨别哪些是主要性质,哪些是偶然性质。主张对于西洋文化中诸种性质,"其主要底是我们所必取者,其偶然底是我们所不必取者";对于中国文化中诸种性质,"其主要底是我们所当去者,其偶然底是我们所当存者,至少是所不必去者"。胡绳认为,这种观点当然比复古论和中国本位论要好得多,因为复古论与中国本位论主张要保存中国旧文化的主要部分,充其量也只是舍弃一些偶然的部分,从而阻塞了中国文化的进步发展之路。他还认为这种观点也比全盘西化论高明得多,因为全盘西化论连欧洲中世纪文化与近代文化都不加以区别,主张只要西化的都可以搬进来。另一方面又指出其历史观和文化观在根本上是错误的,认为冯友兰历史观的思想核心仍然属于"中体西用"论,在其"共殊分离"的思想方法的支配下,最终必然陷入"体用两橛"的老路。在此基础上,胡绳针对冯友兰中体西用的思维模式进行了批判。

---

① 《新理学》于1939年5月,在长沙商务印书馆正式出版。事实上,"新理学"应该包括《贞元六书》——《新理学》(1937)、《新世训》(1940)、《新事论》(1940)、《新原人》(1942)、《新原道》(1945)、《新知言》(1946),《新理学》是《贞元六书》的第一本,也是新理学体系的哲学基础。

② 具体的批判文章可以参见李毅所著《中国马克思主义与现代新儒学》中第四章第二节"马克思主义者对新儒家形而上的批判"(天津教育出版社,2007年,第157—161页)。

胡绳强调，体用范畴并不是固定不变的，事实上我们只能就矛盾的辩证关系来讲体用。其一，用机器兴实业等是"体"，社会别的方面底改革是"用"，但此只是一方面，从社会整个发展过程看，没有相当程度的物质基础，政治与文化上的民主改革是不可能的；另一方面，从社会改革过程看，往往作为改革中心的却是政治变革。这正是政治是经济集中表现的缘故，不改变与旧的生产力相结合的旧的生产关系以及与之相适应的旧的政治保障，生产力就不能发展。从这意义上说，政治变革是"体"，而社会别的方面的改革是"用"。经过这样的分析，胡绳认为，冯友兰对清末人、民初人的批评是错误的。在冯友兰看来，辛亥革命的意义可以归结为使中国的进步多了一番迟滞，而"五四"运动则"使清末人的实业计划，晚行了二十年，此即是说，使中国的工业化，延迟了二十年"①。对此，胡绳从历史的经济、政治状况的分析出发，说明了辛亥革命、"五四"运动爆发的必然性与必要性。他指出：冯友兰认为满意的清朝政权为抵销当时革命运动而施行的一点最低限度的在政治经济文化上的改良政策，这不能证明它是一个值得维护的国家组织中心，革命者起来推翻它乃是历史的必然。至于"五四"运动，胡绳毫不回避它的缺点，即"'五四'运动者不了解礼教产生的客观根据，而必乎完全归因于人的愚蠢上"②。但他们批判"吃人的礼教"的反封建方向是完全正确的。实际上"五四"的思想变革运动，"正是截至当时经济政治上变革的反映"③。

从此出发，胡绳论证了中国革命的必然性。他肯定地说，从洋务运动、戊戌变法、辛亥革命、"五四"运动到"五卅"运动、北伐革命一直到今天的抗战，是向着"中国的现代化"，"向着自由的中国"的目标前进的过程。这是中国唯一现实的道路。所谓"中学为体，西学为用"的实业救国道路，只能是幻想。在对冯友兰思想分析批判的同时，胡绳阐述了坚持唯物论与辩证法的有机统一，全面理解唯物史观思想的意义。

胡绳指出，改造社会是全面的工作，从纷繁的社会现象中分辨出生产方法、生产制度的决定意义，这是合乎科学方法的。而生产方法是生产力与生产关系的统一体，生产力也不仅仅是生产工具。它不仅有劳动对象，而且更重要的是还包括生产工具的承担者——劳动者。所以生产方法的改变绝不单纯是生产工具的改造，它包含着改造人与人之间的生产关系的意义。

因而，社会变革的事实不可能完全符合于冯先生那样机械地了解的图式，即生产方法随着生产工具而定，社会组织随着生产方法而定，道德等随

---

① 见《三松堂全集》第4卷273页。需要说明的是，在胡绳同志的文章中，被引为"三十年"。见《胡绳文集》，社会科学出版社，1994年，146—147页。

② 《胡绳文集》，中国社会科学出版社，1994年，第151页。

③ 《胡绳文集》，中国社会科学出版社，1994年，第146页。

着社会组织而定。相反的,在一定条件下,不改变生产关系和社会组织,则生产技术就不能发挥作用。而且在一定意义上,"政治改革倒是生产技术的充分发展的必要前提"①。这说明上层建筑对于经济基础、社会思想意识对于社会物质生活,并不是被动的。事实上,"常常在新的物质生活尚未充分实现之前,新的思想意识已经开始和旧的思想意识搏斗,而促起旧的物质生活与旧的思想意识的崩溃;也常常在新的物质生活已经实现的时候,旧的思想意识依旧顽固地残存着,成为新的物质生活与新的思想意识向前发展的障碍"。正因为社会物质生活与思想意识之间具有这样一种辩证关系,所以冯先生以为生产技术的改造,必然而然带来社会改造的观点,放弃了思想意识斗争一面的战斗,也就是根本否定了在政治上思想意识上求改进的必要,"实际上就无异于维护旧的思想意识道德的存在"②。于是所谓社会革新不过是把原来已有的旧式工业在规模上扩大一些,在技术上改造一些,至于一切政治制度、社会制度、思想意识都照旧。所谓一条"自由之路","原来这是五十年前张之洞的道路"。

从体用逻辑的角度来看,胡绳对冯友兰的批评是有道理的。虽然冯友兰以生产实业为社会发展之"体",以社会其他方面的同步发展为"用",并因此肯定洋务运动而否定"五四"运动,但他没有明白所谓社会文化的体用结构的内在辩证性,因而不知道思想意识和政治制度在一定条件下又可以是社会发展的"体",而其他方面的发展则相应的属于"用"。也就是说,经济基础和社会生产当然是历史进程和社会发展的根本动力之一,但它们不是机械的决定精神文化和政治意识的,逻辑上二者是互为体用的,到底谁决定谁,必须取决于具体的客观历史条件和主体实践需要。

显然,胡绳对冯友兰的体用论的批评,完全是建立在其对体用逻辑的辩证本性的把握和洞察之上的,这一方面是马克思主义唯物辩证法在中国文化论争中的一次实践,同时也是对传统的体用辩证逻辑的一次深刻结合。

2. 对熊十力"体用不二"方法的逻辑批判

中华人民共和国成立前,熊十力的新唯识论思想基本上是在孤独中度过的,"这派哲学,在现代中国哲学的势力最小,地位最低,而知道它的人亦最少"③。尽管如此,《新唯识论》的出版,尤其是它的有关"体用不二"的本体论和宇宙观,依然引起了马克思主义学者的关注。1947 年,杜国庠、周谷城分别写下了《略论新唯识论的本体论》和《评熊十力的〈新唯识论〉》两篇长文,对其进行批判。这里重点介绍周谷城先生的评论。

---

① 《胡绳文集》,中国社会科学出版社,1994 年,第 150 页。

② 《胡绳文集》,中国社会科学出版社,1994 年,第 151 页。

③ 孙道升:《现代中国哲学界之解剖》,《国闻周刊》12 卷 45 期,1935 年 11 月。

在《评熊十力〈新唯识论〉》①一文中,周谷城共分五个部分对熊十力《新唯识论》予以评论。

第一部分主要在于说明熊氏《新唯识论》的中心要旨,指出其根本内容有二,一是旨在说明纯一寂净的本体,二是旨在说明生化不已的妙用。其根本的理论目标在于"为使学理圆满"而"汇通儒佛"。基本的方法则是在佛家寂净之体上加以儒家生化之用,最终实现"体用合一":即"体外无用,用外无体,即体即用,即用即体,体是用之体,用是体之用"。同时周谷城也指出,该论还有很重要的一点,即在"生化的妙用上,施设一个物理世界,或外在世界,以为科学知识的安足处,于是西方的科学在东方的哲学中似乎也有地位了"。但周谷城又认为熊十力始终认为物理世界或外在世界是假的,不是实有的,唯有通过遮拨这个世界才能见到真正的本体,这一点是绝对错误的。因为他最终导致科学世界没有安放之处了。

接下来的第二部分,周谷城从空无的关系入手,通过五点来论证熊十力所要遮拨的、科学上所施设的宇宙万有,或物理世界,或外在世界,应该是"实有而非空无,亦只能是实有而不能是空无"。接下来的第三部分中,周谷城把重点放在反驳熊先生认为"证会寂净的本体,则非遮拨科学不可"的观点,他通过六个方面的辨析阐明"熊先生谓寂净的本体是实有而非空无,但从事实与理论两方面寻证,始终只能证明寂净的本体是空无而非实有"。他说:

> 不过我们于此,乃有非批评不可者在。既曰体外无用,用外无体,则求本体之方法,当在综合森罗的万有,不在遮拨森罗的万有,遮拨倘能至于极端,亦不过复活印度空宗的旧说而已,倘不能至于极端,则纯一寂净的本体,且终不可得。②

在第四部分,周谷城着重批评《新唯识论》中最为重要的"体用"。首先,他把熊先生所持的"体用不二"称为"体用同在"。他认为这种"体用同在"在逻辑上应该是圆满无缺、可以接受的,但又认为,如果依照熊十力自己对"体用同在"的解说来看,最终不能有"同在之体用"。为此,周谷城从四个层次来论证自己的观点。在此把他的论证逻辑简要呈现如下:

1) 宇宙万有即外在世界属于本体变化之现象,属于"用",体在用中,体用不二,也即"体用同在"。但现象之用是生灭无常,唯有宇宙本体是永恒不灭的,"即用显体"也只有把外在世界或宇宙万有遮拨尽净才能得到宇宙本

---

① 周谷城:《周谷城史学论文选集》,人民出版社,1983年,第235—245页。
② 周谷城:《周谷城史学论文选集》,人民出版社,1983年,第242页。

体。如果熊先生是如此所主张"体用同在"的,那么,无论本体能否得到,"体用同在"最终都不可得。

2)如果有人为熊先生辩护,说他所遮拨的只是现象世界,并不是本体的妙用,所以遮拨并不妨碍"体用同在"之说。那么问题是,如果没有了现象世界,本体之生化妙用就完全成了空洞抽象的用,这种抽象的用与出于证会所得的抽象之体,则变成一种没有实质分别的"体用混同"。所以"体用同在"之说,也不能成立。

3)如果还有人如此辩护,即以熊十力的本体之用为翕之动势为凝聚,凝聚则有形相出现而成现象世界,由此"体用同在"仍然成立。但这种辩护也不成立,因为熊先生又以为此现象世界乃是替科学施设的安足处,并非实有的,非遮拨尽净不可,所以"体用同在"最终不可得。

4)如果依照熊先生的主张,将现象世界遮拨净尽之后,见到真实的恒转本体与翕辟妙用,最终实现所谓的"体用同在",那么所谓的物理世界或外在世界,就转成赘疣,成为体用之外多余的一块。因此,所谓"体用同在"仍然是不能完成的。

在做了上述辨析和破斥之后,周谷城提出了自己对所谓真正的"体用同在"关系的理解。要点有三,即:

> 一则体之为体,只能综摄万有而构成,不能遮拨万有而另行寻觅,万有不是掩蔽本体的,而是表现本体的,故我们只能综摄万有以成体,不能遮拨万有以寻体。二则用之为用,是包括森罗万有的物理世界而言的,并非只是空洞抽象的生化之妙用;故体虽是抽象的,用则是具体的。三则抽象的体是全体,具体的用是部分,体与用之同在,无异于全体与部分之同在,体与用之有区别而不可分离,无异于全体与部分之有区别而不可分离。[①]

最后,回到他的整个论述主题上,如果坚持真正的体用关系,那么宇宙现象之万有就是不能被遮拨的,同样,依此物理世界的科学也是不能被遮拨的。

在最后的第五部分中,周谷城进一步批评熊先生所提出的明心见性的反本工夫,他不赞同熊先生的"所谓本体是遮拨万有而觅取的,如要反本,则必遮拨科学,使我们的行为赶快退到纯一寂净的空无"的观点。他指出熊先生的错误就在于,只看到了现象世界的对人完善的消极影响,没有看到科学促进人类完善的积极作用。他说:

---

① 周谷城:《周谷城史学论文选集》,人民出版社,1983年,第244页。

科学之用只能用于逐物之中。不过逐物并非罪过，罪过在公私不分。何谓私？我的生活建在他人的牺牲上，或一部分人的生活建在另一部分人的牺牲上，这虽不是私的全部意义，但是一个最重要的意义。何谓公？我的生活建在自然物的效用上，或全人类的生活建在自然物的一切效用上，这虽不是公的全部意义，但是一个最重要的意义。行为而果徇私，或倾向于徇私，虽反本也是逐物，行为而果为公，或倾向于为公，虽逐物也是反本。因此之故，我们能利用科学，不必遮拨科学。①

综合上述五个部分的分析，我们可以看到，周谷城始终抓住三个问题，一是熊十力新论中的现象世界即周谷城强调的科学世界的真实性和价值地位问题，二是熊先生所主张的"体用不二"即周谷城所强调的"体用同在"的逻辑是否真实可能的问题，三是在实践论上通过遮拨现象世界即科学世界能否"反本"的为体，也就是即用显体是否可能的问题。而实际上，这三个问题都可以归结为一个问题，即什么是在宇宙本体论和实践工夫论上真正的"体用"结构和逻辑？

二、当代马克思主义学者的文化体用观

20 世纪 80 年代，中国追求现代化的改革开放大幕拉起，随着经济社会的发展，学术界形成一股特有的"文化热"。作为文化和哲学前沿的马克思主义和现代新儒学又一次走到历史的交汇处。一方面是港台新儒家学者在国际上十分活跃，大肆传播儒学复兴和国际化的理念，一方面是大陆掀起一股现代新儒学研究的热潮，伴随而起的是持续较长时间的全国性的文化论争。20 世纪 80 年代中期文化讨论的中心是传统文化与现代化的关系问题，在这个问题上，中国思想文化发展中的三大思潮即中国马克思主义、自由主义的西化派和以现代新儒家为主要代表的文化保守主义。他们在立场、观点和方法上存在着很多的不同，有些甚至是截然对立的。而事实上，传统文化的现代化，在当时的中国已经不只是一个理论问题，更重要的是一个现实问题。为此，上述三者思潮就必然要在这个生死攸关的问题上展开理论的互动，包括相互批判和斗争，当然也包括相互吸收和借鉴。

正是在这样一个前提和背景下，中国马克思主义学者纷纷自觉加入到这个理论的互动之中。其与现代新儒家思想交锋或说斗争的焦点集中在三个方面：一是思想基础上的唯心论与唯物论的对立，二是"中体西用"的文化观与"综合创新"文化观的对立，三是中国特色社会主义与"儒家资本主义"

---

① 周谷城：《周谷城史学论文选集》，人民出版社，1983 年，第 245 页。

的对立。① 第二点显然表明，"体用"问题又再一次走向历史的前台。接下来，我们选取这一时期在文化体用问题上卓有建树的三位中国马克思主义学者，即张岱年、李泽厚和方克立，对他们的文化体用论做一简要的说明和分析。

（一）张岱年：今中为体，古洋为用

对"中学为体，西学为用"，张岱年一针见血地指出其理论上的谬误在于将"体用"二元化：

> 中学为体，西学为用论有一个大的谬误，即妄以中学与西学对立。其所谓西学指科学，而中学则指经学与理学。假如以我们经学、理学为"体"，西方科学是再也学不来的，又如何能作为"用"呢？我们决不妄以中学与西学对待，我们也不妄谈什么体用。②

事实上，张先生既批判"中体西用"之说，也强调"不妄谈什么体用"，但提出了不少有关文化哲学的体用命题。如"民主为体，科学为用"③，"社会主义文化以社会主义基本原则为体"④，"今中为体，古洋为用"⑤等命题。正是这些命题构成了他的"文化综合创论"的主要逻辑基础和思想内容。

在《现代中国文化的体与用》一文中，他首先概括性阐释了传统所谓体用的含义。他说：

> 在中国古代哲学中，所谓体用，基本上具有两种不同的含义。第一种含义是，体指实体，用指作用。体用是实体与作用的关系。第二种含义是，体指原则，用指应用（原则的运用）。体用是原则与应用的关系。
>
> 关于体用的第一含义，唐代经学家崔憬讲得最明确。《周易集解》引崔憬《周易探玄》云："凡天地万物皆有形质，就形质之中有体有用。体者即形质也，用者即形质上之妙用也。"崔氏并举例云：天地圆盖方轸为体，以万物资始资生为用；动物以形躯为体，以灵识为用；植物以枝干为体，以生性为用。体是物质性的存在，用是这体所具有的作用。
>
> 体用的第二含义，可以北宋教育家胡瑗所谓"明体达用之学"为例。《宋元学案·安定学案》述胡氏"明体达用之学"的内容说："君臣父子仁

① 上述三点采用了李毅的观点，详见其《中国马克思主义与现代新儒家》，天津教育出版社，2007年，第296—300页。

② 张岱年：《西化与创造》，《张岱年文集》第1卷，清华大学出版社，1989年，第268页。

③ 《张岱年文集》第6卷，清华大学出版社，1989年，第170—171页

④ 《张岱年文集》第6卷，清华大学出版社，1989年，第203页。

⑤ 张岱年：《试谈文化的体用问题》，收入《文化与哲学》一书，教育科学出版社，第79页。

必礼乐历世不可变者,其体也;《诗》、《书》史传子集垂法后世者,其文也;举而措之天下,能润泽斯民、归于皇极者。其用也。"体指人际关系的基本原则,用指对原则的具体运用。①

接下来,他针对"体用"的两种含义,来说明如何理解文化的体用问题。首先,他认为文化是某一民族的文化,所以民族存在是体,文化的内容为用。其次,在人类社会生活之中,社会存在是体,社会意识是用。也就意味着每一时代的文化应以当时的生产方式为体。正是在这个意义上说,有封建主义的文化、资本主义的文化以及社会主义的文化。

但他同时指出,一般所谓文化的体用,其所谓体用不是体用的第一含义。清末洋务派提出的"中体西用",其体用都属于"学"的范围,应是体用的第二含义。所谓体指文化的最高指导原则,所谓用指实现原则的具体措施。"中体西用"实质上是企图采纳西方资本主义的科学技术来维护封建主义的伦理原则,当然是行不通的。

在对文化的层次区分为广义、次广义和狭义的基础上,强调他所谓的文化是次广义的文化,即包括与经济、政治有别的全部精神成果。在这样一个文化实体中,又可以区分三个层次,其间关系可以为体用关系,他说:

> 我认为,哲学所倡导的理论原则,或宗教所宣扬的神学信仰,在民族发展的一定时期中,具有一定的主导作用。可称之为文化发展的"体",而文化所包括的科学艺术等等可称为文化发展中的"用"。"体"即文化中所包含的指导思想或最高原则,用即是这指导思想或最高原则的具体运用。②

与此同时,张岱年还从文化的发展来分析文化的时代性与民族的主体性。在文化发展的时代性分析中,他采用了体用的第一含义,社会存在为体,社会意识为用,即生产方式为体,精神文化为用。所以他强调一定时期的精神思想文化要符合相应的生产方式,资本主义的文化要符合资本主义的生产方式,而社会主义的精神文化自然要与社会主义的生产方式相适应。这也就是"体用合一"的要求。在说明文化发展的民族主体性时,他强调文化发展过程中一定要坚持民族的主体性,但他同时也强调,坚持文化发展的民族主体性,并不意味着否定文化的客观性,也不意味着要拒绝外来文化,而是善于吸收和借鉴不同民族的优秀文化。显然这意味着在文化发展的因

① 张岱年:《现代中国文化的体与用》,《社会科学家》,1987年第1期。
② 张岱年:《文化与哲学》,中国人民大学出版社,2006年,第84页。

素中,以民族主体性为文化发展之"体",以世界其他优秀文化为"用"。

基于以上对文化及文化发展的体用分析,张岱年在文章的最后,重点论述了"社会主义新文化的体与用"。

首先,他认为不同时代的文化具有不同的体与用。接着他分别说明了封建社会和资本主义社会的不同之体用。他以超越西方民主的真正自由、平等、友爱的社会主义人际交往的基本原则为社会主义文化之"体",以社会主义繁荣兴盛的科学艺术为其"用"。最后,他认为,社会主义制度是在马克思主义的指导下建立起来的,既然社会主义文化以社会主义的基本原则为"体",也就应当以马克思主义的理论原则为"体"。虽然马克思主义来自西方,但不能说是"西学为体"。因为马克思主义是西方先进思想的精粹,而在中国起作用的是与中国实际相结合的马克思主义,已经不是简单的"西学"了。所以指导中国社会主义文化方向的应该是与中国优秀传统相结合的马克思主义,也不能笼统地称之为"西学"。他说:

> 社会主义文化以社会主义的基本原则为"体",亦即以马克思主义的理论原则为体。马克思主义来自西方,这样,是否可以说是"西学为体",以区别于清末洋务派所谓"中学为体"呢?我认为不然。马克思主义是西方的先进思想的精粹。而在中国起作用的是与中国实际相结合的马克思主义,这就不能简单地称为"西学"了。指导中国革命达到成功的是与中国革命实际相结合的马克思主义;指导中国社会主义文化发展的应是与中国优秀传统相结合的马克思主义,更不能简单地称之为西学。而且,现代的西方学术,在马克思主义之外,还有很多流派。泛泛标举"西学为体",究竟以哪种思想为体呢?①

但张岱年同时认为,马克思主义哲学之外的西学,也有很多值得学习借鉴的地方,也不能忽视民族文化中优秀传统文化,始终要坚持文化发展的民族主体。正是在这样的体用认识下,他批评传统的"中体西用"说忽视了文化发展的时代性,而"西体中用"论又忽视了文化发展的民族主体性。唯有坚持以中国化的马克思主义为指导原则,以社会主义民主为新文化之"体",以社会主义先进科学艺术为新文化之"用",由此才能创造中国文化的新传统。

在《试谈文化的体用问题》一文中他指出"古为今用,洋为中用"是常用说法,虽然这里的用不是体用之用,但与体用还是有一定的联系。所以他进一步说:"文化的体用问题,是否可以讲'今中为体,古洋为用'呢?"所谓"今

---

① 张岱年:《文化与哲学》,中国人民大学出版社,2006年,第86页。

中为体"，就是以社会主义思想体系为体，其中包含对于中国固有的优秀传统的批判继承的问题；"古洋为用"，就是在科学技术方面尽力学习西方，同时在艺术方面兼采民族形式。①

（二）李泽厚："西体中用"论

李泽厚在 20 世纪 80 年代提出"西体中用"，与"中体西用"论相对立，也以此区别"全盘西化"论。其完整的表述是认为"未来的道路应是社会存在的本体（生产方式、上层建筑和日常现实生活）和本体意识（科技思想、意识形态）的现代化（它源自西方，如马克思主义）和中国的实际（包括儒家作为中国文化心理的客观存在这个实际）相结合"。具体分析如下。

1.《漫说"体用"》（1987 年）

在《漫说"体用"》一文中，李泽厚主要解决了有关体用的三个问题。

首先，明确了他所理解的"体"、"用"范畴的含义。他说：

> 今天使用"体"、"用"范畴，要加以明确的规定。我用的"体"一词与别人不同，它包括了物质生产和精神生产（这里所谓"精神生产"指的是"心理本体"或称"本体意识"），我一再强调社会存在是社会本体。把"体"说成是社会存在，这就不只包括了意识形态，不只是"学"。社会存在是社会生产方式和日常生活。这是从唯物史观来看的真正的本体，是人存在的本身。现代化首先是这个"体"的变化。在这个变化中，科学技术扮演了非常重要的角色，科学技术是社会本体存在的基石。因为由它导致的生产力的发展，确实是整个社会存在和日常生活发生变化的最根本的动力和因素。就是在这个意义上，我来规定这个"体"，所以科技不是"用"，恰好相反，它们属于"体"的范畴。……可见，我讲的"体"与张之洞讲的"体"正好对立。一个（张）是以观念形态、政治体制、三纲五伦为"体"，一个（我）首先是以社会生产力和生产方式为"体"。②

从李泽厚的这段话中我们可以了解几点：一是他的体用内涵与洋务派的"中体西用"说，恰好相反，如他所说，"一个（张之洞）是以观念形态、政治体制、三纲五伦为'体'，一个（我）首先是以社会生产力和生产方式为'体'"。这种对立的原因在于二者体用讨论的立足点和对象本不一致，李泽厚是从唯物史观来看什么是社会的真正本体，结论自然是人的社会存在为社会本体，而社会存在的基础即是社会生产力和生产方式，在今天现代化的时代，

---

① 张岱年：《文化与哲学》，中国人民大学出版社，2006 年，第 80 页。

② 李泽厚：《中国现代思想史论》，生活·读书·新知三联书店，2008 年，第 355 页。

科学技术又是社会生产力和生产方式变革的最根本动力和因素。由此导致,他把在洋务派那里属于"西用"的科学技术作为人类社会存在的最根本之"体"。洋务派表面上看,讨论的是文化发展的问题,或说是国家治理富强的问题,其实其"中学为体、西学为用"的主张,是建立在传统的"明体适用"或"明体达用"的观念之上的,而此观念的深层逻辑则是"心—物"之间的体用关系,是"本体—工夫"之间的体用关系。这一点在前面有关的章节中已经有较为明确的辨析和说明。

接着,他重点辨析了所谓的"中学"、"西学"之"学"。他的观点可以概括为如下几点:(1)"学"——不管是"中学"、"西学",不管是孔夫子的"中学"还是马克思的"西学",如果追根究底,便都不是"体",都不能作为最后的"体"。它们只是"心理本体"或"本体意识",即一种理论形态和思想体系。(2)如果承认根本的"体"是社会存在、生产方式、现实生活,承认现代大工业和科技也是现代社会存在的"本体"和"实质",那么生长在这个"体"上的自我意识或"本体意识"(或"心理本体")的理论形态,即产生、维系、推动这个"体"的存在的"学",它就应该为"主",为"本",为"体"。这当然是近现代的"西学",而非传统的"中学"。所以,在这个意义上,仍然可说"西学为体,中学为用"。(3)这个"西学"当然包括马克思主义,马克思主义是近代大工业基础上产生出来的革命理论和建设理论。但马克思主义也必须随着世界社会存在本体的发展而变化。同时,"西学"也不只是马克思主义,还有好些别的思想、理论、学说、学派,如科技工艺理论、政经管理理论、文化理论、心理理论,等等。

接着,他把重点放在如何把西学之体产生"中用"的讨论上。对此也可以概括为如下几点:(1)现代的"西学"是多元化和多样化的,"实体"(substance)与功能即"用"(Function)本不可分,所以"如何把'西体''用'到中国,是一个非常艰难的创造性的历史进程"。(2)不要使"西学"被中国本有的顽强的"体"和"学"——从封建小生产方式、农民革命战争到上层孔孟之道和种种国粹——俘虏、改造或同化掉。相反,要用现代化的"西体"——从科技、生产力、经营管理制度到本体意识(包括马克思主义和各种其他重要思想、理论、学说、观念)——来努力改造"中学",转换中国传统的文化心理结构并有意识地改变这个积淀。(3)改变、转换既不是全盘继承传统,也不是全盘抛弃。而是在新的社会存在的本体基础上,用新的本体意识来对传统积淀或文化心理结构进行渗透,从而造成遗传基因的改换。(4)这个"中用"既包括"西体"运用于中国,又包括中国传统文化和"中学"应作为实现"西体"(现代化)的途径和方式;在这个"用"中,原来的"中学"就被更新了,改换了,变化了。在这种"用"中,"西体"才真正正确地"中国化"了,而不再是在"中国化"的旗帜下变成了"中体西用"。

最后他强调,"西体中用"的新解释是为对近代以来"中体西用"的驳难而提出的。因为自"五四"以来,西化派从康有为、严复到胡适、陈独秀强调的是普遍性,国粹派从章太炎到梁漱溟强调的是特殊性。一派追求"全盘西化",一派强调"中体西用"。只有去掉两者各自的片面性,真理才能显露,这也就是"西体中用"。

2.《再说"西体中用"》(1995 年春)

此文为李泽厚 1995 年春在广州中山大学、香港中文大学的演讲。此次演讲分为五个部分,在第二部分中,他首先对"体用"即"西体中用"的内涵进行辨析。他说:

> "西体中用"。首先,什么叫"体"? 什么叫"用"? "体"指本体、实质、原则(body,substance,principle),"用"指运用、功能、使用(use,function,application)。[①]

针对批评"中西体用"等概念已经过时的说法,他认为:(1)"中体西用"、"全盘西化"这两个词组和观念、思想既然至今仍在使用、流行,仍有广大市场、基础和力量,那为什么我不可以坚持使用"西体中用"呢? (2)这种表述上的矛盾,"深刻地反映了一个重要的现实问题,即现代化与传统的尖锐矛盾"。(3)现代化不等于"西化",为什么要用"西"体"中"用呢? 的确,现代化并不就是西化。但无可讳言,现代化的基本观念、思想特别是物质方面的因素、基础,如近代的生产工具、科学技术以及生产关系、经营管理都来自西方,是从西方资本主义世界学习得来的。鉴于此,最后他说:

> 总之,我维护"西体中用"这个词语的合理性,认为它是有现实意义、有生命力的词语。它凸现了现代化与传统的关系这个重要问题。[②]

在简要地回顾了百年来三派文化争论的历史之后的第四部分中,他重点对其所谓的"西体中用"中的"体"新解,提出以"衣食住行"为根本。(1)"学"(学问、知识、文化、意识形态)不能够作为"体";"体"应该指"社会存在的本体",即人民大众的衣食住行、日常生活。"学"不过是在这个根本基础上生长出来的思想、学说或意识形态。所以,以现代化为"体"也好,名之曰"西体"也好,首要便是指这个社会存在的基础、本体亦即人民大众的日常生活、衣食住行在现代工业生产基础上的变化。(2)强调这种思想是既不同于现代西方马克思主义,也不同于现代港台的新儒家和大陆的新国学。表明

---

① 李泽厚:《中国现代思想史论》,生活·读书·新知三联书店,2008 年,第 370 页。
② 李泽厚:《中国现代思想史论》,生活·读书·新知三联书店,2008 年,第 371—372 页。

"为了对抗它们,我提出'回到原典',即回到经典的马克思主义和经典的儒学,即回到马克思和孔子本人"。反对自孟子发源的宋明理学或现代宋明理学即现代新儒学,他们以"道德"、"心性"作为社会的本体为社会的本体,而张之洞的中体西用的本质就在那一套。(3)强调回到经典的马克思主义,回到唯物史观,开发出一种"建设性的马克思主义",即他所说的"吃饭哲学"。认为"吃饭哲学"强调的正是这个人类所特有的科技工艺生产力的活动,这也就是他一再强调的社会存在的"工具本体"。以此为人类生活、生存、生命的基础、本源,即"体"。

在第五部分之中,李泽厚特别突出"西体中用",关键在"用",即所谓"转化性的创造"。"转化性的创造"是对林毓生提出的"创造性的转化"在语词形式上的改造,目的是强调要"建设性地创造出现代化在中国各种必需的形式",而不仅是"以某种西方既定的形式、模态、标准、准绳来作为中国现代化前进的方向和所要达到的目的,即中国应'创造性地''转化'到某种既定或已知的形式、模态中去"。具体可分为经济、政治、文化三个层面的"转化性创造"。最后李泽厚把这种"西体中用"理解为马克思主义的中国化。他说:"西体者,社会主义现代化是也。而所谓'中用',就是怎样结合实际运用于中国,这也就是马克思主义的中国化。"①

(三) 方克立:"马魂中体西用"论

1. 哲学中体用范畴的历史考察

方克立是现代最为关注体用并做过系统研究和论述的学者之一。他在《论中国哲学中的体用范畴》②一文中提出一个重要的观点,他说:"'体'和'用'是中国哲学特有的一对范畴,是最能表现中国哲学思维方式特点的范畴之一。"因此他在此文中较为详细地从体用范畴的由来、涵义以及体用观上的哲学斗争等方面提出自己的看法。下面将对文章的基本内容作进一步的梳理。

第一,体用观念是本土的还是外来的?这个问题最早在宋代后期发生,关注的焦点在儒家的体用观念是否是由佛教所输入。到明清两代也多有学者讨论体用观念的源流问题。对此问题,方克立先生的观点非常鲜明,他说:

> 这就容易给人造成一种印象,似乎体用观念是外来的。事实决非如此。印度佛教中本无体用观念,中国佛教学者由于受到魏晋玄学的影响,才喜谈体用,如僧肇、梁武帝萧衍谈体用都在菩提达摩之前。有无

---

① 李泽厚:《中国思想史杂谈》,《复旦学报》,1985 年第 5 期。
② 方克立:《论中国哲学中的体用范畴》,《中国社会科学》,1984 年第 5 期,第 185—202 页。

体用观念甚至成为区分中国佛教著作和传译印度佛经的一个重要标志。①

显然他认为,体用观念是一种固有的中国思维传统,因此根本不可能从本没有体用观念的印度佛教中输入,中国佛教后来大盛的体用观念恰恰是受到中国本有体用观念的影响才形成的。同时他也指出:"宋明理学'体用一源,显微无间'的思想与佛教体用观有一定的渊源关系,并非毫无道理;但是,要说佛教体用观就是整个中国哲学史中体用观念的源头,那是远远地违背了历史实际的。"②

第二,在中国哲学中,体用观念到底产生于什么时代,到何时才成为一对有确定涵义的哲学范畴? 针对这个问题,方先生在整个中国哲学史的角度,对体用观念的最初萌芽、正式形成与后期发展,进行一个较为详细的回溯和梳理。要点如下:(1) 在中国哲学中,体用观念的萌芽,早就见于先秦诸子的书中。从体用观念的表述形式来看,并不限于使用"体"、"用"二字者,有以"本"、"物"并举,或以"本"、"用"相对,实质上"都以萌芽形态表达了后来体用范畴的基本涵义或部分涵义"。同时,在先秦也已有"体用"并举的提法(如《荀子》),但还是"个别的、偶然的,尚未形成一对有确定涵义的哲学范畴"。到两汉时期,"有体有用"的观念已经运用到较为广泛的领域,但并没有成为那个时代的思维特征,也没有形成稳定的哲学范畴表达。直到魏晋时期,"体"和"用"才成为一对重要范畴,有了明确的哲学涵义。(2) 王弼最先赋予体用范畴以哲学本体论的重要意义,不仅使体用、本末之辨成为魏晋玄学的主要理论问题之一,也使其成为带有时代特征的一种理论思维方式,对后来的佛教哲学和宋明理学都产生了极其深刻的影响。

在此基础上,他认为:"按照思想发展的历史和逻辑相统一的观点,在我国传统哲学的范畴体系中,体用范畴理所当然地属于魏晋时代,把它提前到先秦、两汉,或推后到唐宋时期,都是不恰当的。"③

第三,关于体用的概念内涵,方先生也有自己独特的认识。(1) 他认为,本体和现象的关系虽然是体用范畴的重要涵义之一,但不是它的本义。因为除此之外还有就具体事物(天地万物、政治人伦)而言的实体与属性之间的关系。(2) 体用范畴的本来涵义,即如"体"、"用"二字之本义,体是指主体、本体或实体,用是指作用、功用或用处。主体、本体、实体是本然存在或独立自存的东西,而作用、功用、用处则必须依赖于它,不能离开本体而独立存在。(3) 体用之间的关系是用从属于体,用不能离开体而独存。这种关

---

① 方克立:《论中国哲学中的体用范畴》,《中国社会科学》,1984 年第 5 期,第 187 页。
② 方克立:《论中国哲学中的体用范畴》,《中国社会科学》,1984 年第 5 期,第 187 页。
③ 方克立:《论中国哲学中的体用范畴》,《中国社会科学》,1984 年第 5 期,第 188 页。

系,实质上相当于亚里士多德所说的本体和属性(包括数量、性质、关系等九范畴)的关系。但中国哲学的"用"范畴涵义十分宽广,因此显得相当笼统。它没有区分本体的性质、作用、关系、状况等不同方面的特性,也不区分属性和偶性、本质属性和非本质属性。(4)体用范畴的基本涵义最初是具体的实体及其作用、功能、属性的关系,而后演变为本体和现象的关系。二者间有一定的内在根据和逻辑联系,但绝不是互相等同的,不能把它们混为一谈。(5)除了两种最基本的涵义之外,还有其他多种涵义,如本质和现象、原因和结果、内容和形式、全体和部分、主要和次要、必然和偶然、未发和已发、常住性和变动性、第一性和第二性,等等。(6)从使用领域或范围来说,不仅在宇宙自然观和本体论中使用,它还被广泛地运用到认识论、人性论、历史观、政治伦理等各个领域,成为一对"涵义最丰富、使用最普遍的范畴"。

第四,他认为,体用观上的哲学斗争主要表现在两个方面:一方面是围绕什么是体、什么是用的问题而展开的唯物主义与唯心主义的斗争,一方面是在体用关系问题上展开"体用统一的辩证观点和割裂体用的形而上学观点"之间的斗争。

第五,在文章的最后,方先生有个很好的总结,也可以看作对方先生自己体用观的表达。他说:

一、体用范畴是中国哲学发展的产物,从"体"、"用"二字的出现,到形成为一对有确定涵义的哲学范畴,有一个历史发展的过程。二、体用范畴产生和发展的根源在于社会实践。三、体用范畴鲜明地表现了中华民族理论思维方式的特点。它包括了西方哲学中的实体和属性范畴的涵义,但又不同于西方哲学摆在纯粹客观因果联系中的实体和属性范畴。中国哲学重用、重实践、重事功的特点,既表现在"天人合一"、"知行合一"的观念中,也表现在"体用合一"的思维模式中。四、有体有用、体用统一是对客观世界的某种真实关系,即实体和作用(属性)、本质和现象的关系的反映。①

2. 近现代文化体用论争的批评

方克立在《评"中体西用"和"西体中用"》②一文中对近现代文化体用论争中的各种思想予以批评,其主要观点有如下几点:

第一,"中体西用"和"西体中用"的争论涉及两对最基本的范畴,一是

① 方克立:《论中国哲学中的体用范畴》,《中国社会科学》,1984年第5期,第201—202页。
② 方克立:《评"中体西用"和"西体中用"》,《哲学研究》,1987年第9期,第29—35页。

"中"与"西"，一是"体"与"用"。"中"与"西"的涵义本来是明确的，即"中学"与"西学"，或者说"中国文化"与"西方文化"。作为传统的文化体用观——"中体西用"，本质上"以'治心'的内学为体、以'治事'的外学为用，或谓以精神文明为体、以物质文明为用"。

第二，针对李泽厚所提出的"西体中用"论，方先生提出如下几个方面的批评：(1)认为李泽厚所讲的"西体中用"实际上并不是"中学为体，西学为用"的反对命题。所讲的"西体"，不仅是指"西学"或西方文化，如马克思主义、现代科技思想等，而且首先是指"以西方为先驱的大工业生产的社会存在"，这是一种所谓"人类学本体论"的本体概念，反而使传统的"中体西用"的涵义变得有点"模糊和混淆不清"了。(2)在用词上，也有把"科技"(生产力)和"科技理论"(他所谓的"本体意识")混淆在一起的可能。(3)虽然提出了关于"体"的新概念，但失之笼统。譬如"主张以西方的生产方式、生活方式、上层建筑、科技思想、意识形态等等为'体'，而不区别是社会主义的生产方式、上层建筑和意识形态，还是资本主义的生产方式、上层建筑和意识形态；有时讲'西体'包括作为'本体意识'的马克思主义，有时又否定马克思主义是'体'，这种理论至少是矛盾混乱的，缺少概念的明确性和前后逻辑一贯性的"。

最后他认为，无论"中体西用"还是"西体中用"，二者在思维结构上并无二致，都没有超出中西对立、体用二元的思维模式。在实践效应上，二者也都不能正确解决古今、中西文化的关系问题，都不能作为中国社会主义新文化建设的指导方针。因此他认为，今天我们要坚持一种新的古今中西文化观，他说：

> 经过讨论，多数人的认识大概可以统一到这样一种看法上来，即在今天，必须抛弃中西对立、体用二元的僵固思维模式，排除盲目的华夏优越感和崇洋媚外等狭隘感情因素，以开放的胸襟，从中国社会主义现代化建设的实际需要出发，批判地借鉴和吸取古今中外一切有价值的文化成果，经过辩证的综合和扬弃，努力创造出一种"以马克思主义为指导的，批判继承历史传统而又充分体现时代精神的，立足本国而又面向世界的"高度发达的社会主义新文化。这就是我们的古今中西文化观。①

3. 文化的综合创新："马魂中体西用"

关于所谓文化的"综合创新论"，有一个酝酿提出和发展完善的过程。最早在20世纪80年代由张岱年先生提出，其理论核心是强调马克思主义和

---

① 方克立：《评"中体西用"和"西体中用"》，《哲学研究》，1987年第9期，第34页。

中国文化优秀传统的综合。随后在 90 年代初,方克立把这一理论概括为"古为今用,洋为中用,批判继承,综合创新",于是成为"综合创新"说最为经典的概括。其后在 2006 年方克立提出了"马学为魂,中学为体,西学为用,三流合一,综合创新"的新表述。随后 2012 年又出版论文集——《中国文化的综合创新之路》,其中大量的文章从各个不同角度系统阐述以"马魂中体西用"为核心的文化综合创新论。下面将从三个方面来看方克立文化的综合创新论以及其中所展现的体用思想。

第一,关于"综合创新"说和"马魂、中体、西用"论的关系。

方克立认为二者既有差别,又有共通性。他说:"这两个提法都是在思考中国的新文化建设方针时提出来的,但它们针对的是不同的具体问题,回答也不可能完全一致;但就其精神实质来说应该是相通的,或许还能互相补充。"①首先,"综合创新"说处理的是古今中外文化的关系,"马魂、中体、西用"论处理的是中、西、马三大学术潮流之间的关系。方克立同时认为这两种表述的共通性就在于"综合创新"四个字,因此后者可以看作对前者的具体化和深化。

第二,关于"马魂、中体、西用"论中的"中体西用"与晚清"中体西用"论。

对于"马魂、中体、西用"论中的"中体西用"与晚清"中体西用"论之间的关系,方克立坚持批判继承的立场,他认为晚清洋务派所提倡的"中体西用"论,"本意是要用西方的科学技术来维护中国的封建旧文化,但是它作为一个处理中西(外)文化关系的思想模式提出来,除了这种特定意涵之外,还包含着肯定中国文化主体地位的意义。就作为生命主体、创造主体和接受主体的中国文化与被接受的外来文化的关系来说,这个命题是可以成立的"②。显然,他正是在批判晚清"中体西用"论犯了体用二元分立错误的基础上,肯定其对民族文化主体性的坚持。坚持以马克思主义思想为中国文化综合创新之魂,显然也是对李泽厚"西体中用"论的一个合理继承。

第三,关于魂、体、用三者的关系。首先,他具体阐述了三者各自的具体内涵,他说:

> 我认为,所谓"马学为魂"就是以马克思主义的科学世界观和方法论为指导,坚持中国新文化建设的社会主义方向。所谓"中学为体"就是以有着数千年历史积淀的自强不息、变化日新、厚德载物、有容乃大的中国文化为运作主体、生命主体、创造主体和接受主体,坚持民族文化主体性的原则。所谓"西学为用"就是以西方文化和其他民族文化中

---

① 方克立:《中国文化的综合创新之路》,中国社会科学出版社,2012 年,第 255 页。
② 方克立:《中国文化的综合创新之路》,中国社会科学出版社,2012 年,第 316 页。

一切对主体文化有学习、借鉴价值的东西为"他山之石",为我所用,坚持对外开放的方针。①

"马魂、中体、西用"论既肯定了马克思主义在中国新文化建设中的指导思想地位,又突出地强调了民族文化的主体性,同时坚持面向世界、对外开放的方针,我认为是一种比较符合今天中国实际的文化发展方针和理论模式。②

在此,"魂"是指文化发展的基本原则和根本方向之义;"体"是指文化发展的主体性:运作主体、生命主体、创造主体和接受主体;"用"是指文化发展的辅助作用的发挥。

其次,方克立阐述了对"魂"、"体"、"用"三元模式内在逻辑的自我认识。

(1) 该模式的学理的和现实的根据来源于王船山讲"形而上者谓之道,形而下者谓之器,统之乎一形"(《周易外传》卷五)的启发。以马克思主义为"形而上之道",以科技等现代西学为"形而下之器",最后以作为主体文化的中国文化,统一道和器的那个"形"。

(2) 需要区分两种不同含义的"体",一是表示主体性的"体",另一个用"魂"来表示作为精神指导原则的"体",这个"魂"类似日本"和魂洋才"思想中"魂"的概念。由此通过概念上的这一区分和变通,最终将体用范畴的两种含义在"魂、体、用"三元模式中结合在一起。

(3) 认为"魂、体、用"三元模式确实比"体、用"二元模式有更强的解释力,同时也比"中体西用"或"西体中用"更准确地揭示了当代中国文化发展的实质内容。同时也有其有限性,一是"还没有形成为一个有很强的解释力、有相当的普适性、为大家所认可的经典模式"③。二是它和体用二元模式一样只能"有条件地说明一定的事物、现象和关系,而不能夸大其适用范围和解释效力",因而还是一种"需要发展、完善和在实践中检验的理论"。④

综上所述,我们看到方克立先生继承张岱年先生所倡导并坚持的马克思主义哲学史观,采用历史与逻辑相结合的方法,全面而深入地考察体用范畴的发展历史,辨析阐明体用概念的哲学内涵;并在此基础上,批评、折中近现代以来各种文化体用论思想,进而创造性地提出中华文化综合创新之"马魂、中体、西用"三元模式。

从体用思想发展的角度来说,方克立和张岱年二人所做的工作具有很

---

① 方克立:《关于文化的体用问题》,《社会科学战线》,2006 年第 4 期。
② 方克立:《中国文化的综合创新之路》,中国社会科学出版社,2012 年,第 315 页。
③ 方克立:《中国文化的综合创新之路》,中国社会科学出版社,2012 年,第 254 页。
④ 方克立:《中国文化的综合创新之路》,中国社会科学出版社,2012 年,第 317 页。

大意义和价值,但有意义和价值并不能代表真理,因此对其体用思想,尤其是"魂体用"这个新的三元模式进行更深入的哲学分析也是非常必要的。具体来说有如下三个方面值得进一步探讨:

第一,就魂和体的关系而言。按照方克立的说法,"魂"是借鉴了日本"和魂洋才"说中的"魂",然后又说"魂"是指主导性之"体","体"为主体性之"体",也就是说,"魂"和"体"本质上是属于"体",从"体"范畴中分化出来的,这样就会产生两个问题:一是,我们知道"和魂洋才"由日本明治维新时期的思想家福泽谕吉提出,其中"和魂"是指大和民族的精神,而"洋才"是指西洋的科技。显然"和魂洋才"和晚清洋务派的"中体西用"在逻辑和精神上是一致的,在鼓励学习西方科技等物质实用文化,同时也要求国民保留本国的传统精神文化。"魂"在这里既指文化的主体内容,也指文化的根本精神或基本原则。也就说,"和魂洋才"之"魂"即是传统"中体西用"之"体"。如此一来就与方克立所言之"魂"存在着比喻不一致。第二,更重要的不一致还在于,既然"魂"和"体"都是从体用之"体"说分别出来,但问题是分化出来之后又与"体"并置成为平列的范畴,这就使得"魂"和"体"之间在逻辑上犯有分层并置的错误。因此为了避免这个问题,就必须既要说明"魂"之所指,也需要同时说明"体"之所指。如此一来,就使本来以追求简洁为目标的模式失去了简洁。

第二,就"魂体用"模式的内在逻辑而言。"魂"为主导性之"体","体"为主体性之"体",二体必然要有相应的"用"存在,按照体用一致的原则,此处的用也必须具有两种内涵:一种与主导性之体即魂相对应,一种与主体性之体相对应。如此就形成"魂—用"和"体—用"的结构,最终发展为"魂—体用"和"体—魂用"的模式。显然方克立对于"用"概念并没有分别为两种用,而是只有一种他山之石式的辅助之"用",此种"用"显然只能和主导性的"魂"相对应,最终形成"体—魂用"的模式,也就是在主体性之"体"的基础上统摄"魂"和"用"。也就是说以中华文化为文化发展的主"体",魂和用共同构成此主体文化发展的实际过程,即是此主体之"用"。"魂—用"中的"魂"和"用"实际归属于更高层次的体用结构中之"用",因此魂和用分别为用中之体和用中之用。由此,原有的魂体用三元结构就形成以立体二重体用结构。如图所示:

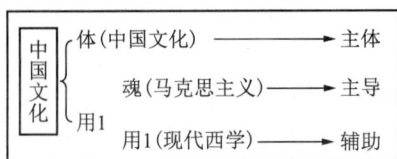

```
          ┌ 体(中国文化) ──────→ 主体
┌──┐  ┌─┤
│中│  │ │   魂(马克思主义) ──────→ 主导
│国│──┤ │
│文│  │ │
│化│  └─┤用1
└──┘      └ 用1(现代西学) ──────→ 辅助
```

从图示来看,"魂、体、用"三者显然并不在同一个层次上,魂之用属于第二层次的体用,而在方先生那里不仅是与第一层次的体并列,而且为了把第二层次的"魂"放置在第一层次"体"之前,同时也造成了"魂"与"用"的分离。另外,即便这个结构成立,从逻辑来说,最终此"体—魂—用"实际又可归结为"中体西用"模式,只是在西用之中再分体和用而已。

当方克立以王夫之的"道器统一于形"的逻辑来说明他的魂体用模式时,是以"魂"等同于"道",以"用"等同于"器",与"形"为道器的"载体"一样,"体"则为"形",也必是魂与用的"载体"。其结构比较如图所示:

$$
形\begin{cases}道(用)\\形而下之器(体)\end{cases}\qquad 体\begin{cases}魂(马克思主义)\\用(现代西学)\end{cases}
$$

上图所示,王夫之的"道器统一于形"的模式中有两点很重要。一是"形"与"器"实际上属于同一层次的存在,所谓"道器"统一于"形",其根本出发点在于强调"道"不离器而独立存在,一切都可以统摄于"器","形"即是"器"之全部普遍的存在。二是对于道器之间的关系,王夫之规定为"器体道用"的关系,同时也认为道器之间可以互为体用,但始终强调"形器"实有的存在优先性和决定性。所以从根本上来说,王夫之模式仍然是体用二元结构,而非"形体用"三元结构。再看方克立的"魂体用"模式,显然与王夫之模式存在着根本不同。一是中国文化为主体之"体"与作为"用"的现代西学是异质性存在,二者之间的关系完全不同于形器之间的关系。第二同时更重要的是,魂用之间的关系与道器之间的关系则更是完全相反,"魂用"中魂是体,"道器"中道是用。

由此来看,方克立先生自认为受王夫之启发并以此为魂体用模式的内在理据,从逻辑上说是不成立的。与此同时,他举《论语》中的"礼之用,和为贵"为例来说明魂体用模式的诠释效力,其实也是不能成立的。他以仁为魂,以礼为体,以和为用。

第三,就"魂体用"模式的具体内容来说。方克立自认为"魂体用"模式较好地把两种体用结构的基本涵义——"本体与现象"、"实体与属性"——统一在一个三元结构之中。但若从该模式的实际内容来看,根据前面的图示及分析,他所认为的这一点并没有真正实现,不仅没有实现,反而增加了更多的逻辑混乱。因为他所规定的"用",内容上是科技等现代西学,逻辑上是相对于主体或主导的辅助性作用,这个作用既不是由中国文化所直接生发的现象之用,也不必然是中国文化的必然属性。与此同时,此"用"也不是马克思主义之"魂"的必然属性或生发现象,事实上,马克思主义从整体上是建立在科技等现代西学基础之上的。再者，中国文化之"体"与马克思主义之"魂"也无法必然地归属为"本体与现象"或"实体与属性"的关系。如图所示：

传统文化 （中国文化）	精神文化	心性道德
	物质文化	自然、政治礼教
现代文化 （现代西学）	精神文化	马克思主义
	物质文化	科技、社会组织

下编　"体用"哲学

或因枝以振叶,或沿波而讨源。

——晋·陆机《文赋》

在真正的哲学中,概念秩序应该与事物的实际秩序相同。①

——文德尔班《哲学史教程》

---

① [德]文德尔班:《哲学史教程》下卷,罗达仁译,商务印书馆,1993年,第544页。

第七章

"体用概念"的语源学诠释

一、什么是哲学概念的语言学诠释

（一）哲学概念的语言学考察

语言是思维的形式和工具，从有哲学开始，语言问题就与哲学问题紧密相关，有时候甚至有点纠缠不清。西方解释学一个重要来源就是语文学、诠释学，它最早出现于古希腊罗马时代。当时以语言学为工具的考据法就是一种简单的语文学诠释学。而传统训诂考据方法也一直是中国古典学术最基础的研究方法之一，被视为中国解释学现代重构的直接来源。[1]

中国传统语言学，也称"小学"，具体包括文字学、音韵学和训诂学。通过对文字的音、形、义的综合考察，以及对经典文本的整体诠释，力图获得文本或文字的"本原意义"，从而为经典文献的理解和解释提供学术上、语言上的证据，最终的目的在于支持或证明某种思想、观念或理论主张。这种具有中国特色的语言学，发轫于先秦时期，正式形成于两汉，历经晋唐、宋明，直至清代"朴学"之繁盛。虽然主要依附于儒家经学，而实际上早已为佛、道两家所借用乃至改造，最终成为整个中国思想——儒释道三家学术发展和思想创造的基本工具和方法。

任何一种思想体系的形成和发展，都必须依靠一批核心的思想概念之间的相互联系和作用。因此，尽管中国哲学始终未能形成如西方哲学那样呈现为概念清晰、逻辑严明的体系化理论形态，但必须承认，它也有相对稳定的概念系统，只是这种系统不呈现为显性的体系化形态。

相比于西方哲学对概念定义的绝对立场，中国哲学的思想生产，基本上是建立在对上古经典的不断诠释以及对诠释的再诠释之上的，所以从哲学文本的形态来说，哲学思想大多是散见于各种经、传、注、疏之中，即便是个人独立之"论"，思想表述相对要系统化一些，但也仍然很难不与这些经典及其诠释紧密关联。就三家而言，在儒家思想或哲学的发展中，经学传统尤为

---

① 刘毅青:《重建中国解释学的起点:走出考据学的局限》,《文艺理论研究》,2008 年第 4 期。

悠久而强大。道家自西汉代黄老学派再到魏晋神仙道教,乃至唐宋重玄道教思想,其核心理论的建立和展开,无不是建立在先秦道家基本经典的诠释之上。事实上中国佛教义学的发展也是建立在其庞大而持久的对佛教经典的反复诠释基础之上的。

正是在这样持久而不断的经典诠释中,不同时代的思想者得以确立各自学说流派的核心概念群,在各自不同的疏解、诠释中,可能是丰富概念的内涵,发展概念之间的关系,甚至创造新的核心概念,从而变革固有的思想体系。因此,我们可以说,中国古典哲学的发展历史,就是各种哲学概念在经典诠释中被发现、建构、丰富甚至变革的过程。反之亦然,对中国哲学概念的语言学(中国传统语言学)考察,本质上就是对中国哲学思想发展内在隐秘的一种探索。

因此,暂且不论西方哲学发展中对于概念的语言学考察的整体情况如何,至少中国哲学的研究,尤其是古典哲学研究,不能脱离对哲学概念,特别是对核心概念的语言学诠释的考察,虽然这并不能代替思想史本身的考察。然而中国古代并没有西方式的语言学,而是以文字学、训诂学、考据学等为核心的所谓"小学"。此种学问的根本目的在于从语言文字的层面既对语言文字本身,也同时对宇宙存在展开探本溯源、正本清源、寻根究底的工作。其中一个很重要的方面就是考察字词的源流,探寻事物的本义。这已经发展为今天中国语言学中一个重要分支,即文献词源学或文献语言学研究。

因此,接下来,本章将对"体"和"用"这两个哲学概念做一个较为深入的语言学诠释,目的在于追溯其在文献词源学上的"本原"意义,及其义涵变迁的内在机制。

(二) 词源意义与词汇意义

通常我们所指的词义其实是它的词汇意义,而词源意义及其意义系统,与词汇意义及其意义系统,处于意义系统的不同层次,是性质不同的两套意义体系。词源意义首先是从同源词总归纳得到的,这就说明,词源意义及其系统处于意义系统的深层,并不直观表现出来,也不直接进入表达和交流层面。但我们不得不用交流层面的词语来指称和说明居于深层的、不进入交流层面的词源意义及其系统,即用有具体所指的词汇意义来表示没有具体所指的、抽象的词源意义。这一方面限制了我们对词源意义实质的认识,另一方面产生了词义训释表述的概括性(模糊性)、表述出来的词源意义的类似性等相关问题,这进一步要涉及的是意义系统的个性与共性的问题。①

由此看来,词源意义与词汇意义之间实际就是一种体用关系,即以词源意义为词义之体,以词汇意义为用,二者一隐一显,共同构成词语的意义系

---

① 黄易青:《上古汉语同源词意义系统研究》,商务印书馆,2007年,第40—41页。

统。如图所示：

$$
词义
\begin{cases}
词源意义（体）（隐）\\
词汇意义（用）（显）
\end{cases}
$$

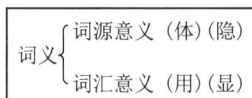

词源意义是蕴含在经典文献中的语言文字材料以及古人的训诂之深处，首先要发现其所在，然后对其进行科学的归纳整理。因此，词源意义在语言中并不能独立存在，而是蕴涵于具体词义中，在表现上却是呈现为它所寄存的词的义位。同时从工具上看，词源意义及其关系也都必须通过词汇意义及其关系来表现。

鉴于上述分析，我们采取先分析二者词汇意义，然后分析其词源意义的方法，旨在更好地把握"体用"概念的深层词义，为体用概念的形成和哲学内涵的阐释提供语言学上的支持。

二、释"体"

（一）"體"①之词源学考察

考察"體"的词源意义，首先要对它的词汇意义进行梳理。一个词的词汇意义包括本义，即造字之时的初始意义，其次是引申义，其次是假借义。下面我们将借助《说文解字》以及段玉裁的《说文解字注》，还有《汉字大字典》和《故训汇纂》等大型辞典工具书，来全面梳理"體"之词汇意义系统。然后再在此基础上，考察"體"的最本源也是最深层的词源意义，借以了解或把握体用范畴及其结构逻辑的中国文化底蕴。

1. "體"之词汇意义

序号	具体义项	文献举例
1	身体。	《礼记·大学》："心广体胖。"
2	身体的一部分。	《国语·郑语》："和六律以聪耳，正七体以役心。"韦昭注："七体，七窍也。"
3	肢体。特指手足。	《诗·墉风·相鼠》："相鼠有体，人而无礼。"毛传："体，支体也。"
4	古代用于祭祀或宴飨的牛羊猪的躯体或其切块。	《周礼·天官·内饔》："辨体名肉物。"郑玄注："体名，脊、胁、肩、臂、臑之属。"《仪礼·公食大夫礼》："载体进奏。"郑玄注："体，谓牲与腊也。"
5	草木的茎干。	《诗·邶风·谷风》："采葑采菲，无以下体。"毛传："下体，根茎也。"

① 古代汉语中"体"和"體"是两个不同的词，"体"的本字读作"笨"，"劣"义，又指粗笨。后来"體"简化合并成一个字形，而体之"笨"义逐渐失落。

续　表

序号	具体义项	文献举例
6	形体;物体。	《易·系辞下》:"阴阳合德,而刚柔有体。"孔颖达疏:"若阴阳不合,则刚柔之体无从而生。以阴阳相合,乃生万物,或刚或柔,各有其体。"《墨子·经上》:"端,体之无序而最前者也。"
7	生长成形。	《诗·大雅·行苇》:"方苞方体,维叶泥泥。"郑玄笺:"体,成形也。"马瑞辰通释:"体当读如'无以下体'之体,谓成茎也。"《礼记·中庸》:"体物而不可遗。"郑玄注:"体,犹生也。"孔颖达疏:"言万物生而有形体,故云'体物而不可遗'。"
8	形势。	《三国志·蜀志·诸葛亮传》:"众寡不侔,攻守异体。"
9	指字体;字的形状结构。	《汉书》:"八体六技。"韦昭曰:"一曰大篆,二曰小篆……八曰隶书。"
10	体裁;诗文风格。	三国魏曹丕《典论·论文》:"夫人善于自见,而文非一体,鲜能备善,是以各以所长相轻所短。"
11	兆象;卦象。	《书·金縢》:"公曰:'体,王其罔害。'"孔传:"如此兆体,王其无害。"《诗·卫风·氓》:"尔卜尔筮,体无咎言。"毛传:"体,兆卦之体。"
12	整体;总体。	《仪礼·丧服》:"父子一体也,夫妻一体也,昆弟一体也。"
13	部分。	《墨子·经上》:"体,分于兼也。"孙诒让闲诂:"盖并众体则为兼,分之则为体。"《孟子·公孙丑上》:"子夏、子游皆有圣人之一体。"
14	区分;分别开来。	《周礼·天官·序官》:"惟王建国,辨方正位,体国经野,设官分职。"郑玄注:"体,分也。"又为分解、支解。
15	事物的主要部分;主体。	《易·坤》:"君子黄中通理,正位居体。"孔颖达疏:"居体者,居中得正,是正位也。"《庄子·大宗师》:"以刑为体,以礼为翼。"
16	指内容。	《左传·闵公元年》:"震为土,车从马,足居之,兄长之,母覆之,众归之,六体不易,合而能固,安而能杀,公侯之卦也。"杜预注:"初一爻变,有此六义,不可易也。"《管子·五辅》:"义有七体。七体者何? 曰:孝悌慈惠,以养亲戚……和协辑睦,以备寇戎。凡此七者,义之体也。"
17	心田;心神。	《楚辞·天问》:"舜服厥弟,终然为害;何肆犬体,而厥身不危败?"王逸注:"言象无道,肆其犬豕之心,烧廪,窴井,欲以杀舜,然终不能危败舜身也。"
18	指心胸。	《文选·扬雄〈长杨赋〉》:"大哉体乎,允非小人之所能及也。"吕向注:"体者,为国之体也。"
19	禀性;德性。	汉杨修《答临淄侯笺》:"非夫体通性达,受之自然,其孰能至于此乎?"
20	承宗继祖的系统;血统。	《仪礼·丧服》:"正体于上。"胡培翚正义:"雷氏次宗云:父子一体也,而长嫡独正,故曰体。"
21	体统;体制。	《左传·定公十五年》:"夫礼,死生存亡之体也。"洪亮吉诂:"《礼器》:'礼也者,犹体也。'《广雅》:'礼,体也。'"

续 表

序号	具体义项	文献举例
22	泛指言行举措应遵守的规范道理。	唐赵璘《因话录·商上》："郭汾阳在汾州,尝奏一州县官,而敕不下。判官张昙言于同列:'以令公勋德,而请一吏致阻,是宰相之不知体甚也。'"
23	指身份。	宋程大昌《演繁露续集·摄官奉使》："本朝遣使而适外国,多越班摄官,加庶官、借从官之类,虑其体轻,而假借使重也。"
24	指政体;政事。	《后汉书·梁统传》："谨表其尤害于体者,傅奏于左。"李贤注:"体,政体也。"
25	格局;规模。	金王若虚《赵州齐参谋新修悟真庵记》："虽宏丽未及,而体则具矣。"如:体大思精。
26	准则;法则。	《北史·薛辩传》："为国之体,在于任寄。"
27	体例。	南朝梁萧统《〈文选〉序》："凡次文之体,各以汇集。"
29	包含;容纳。	汉祢衡《鹦鹉赋》："体金精之妙质,含火德之明辉。"
30	体现;摹状。	《易·系辞下》:"〔阴阳合德,刚柔有体,〕以体天地之撰。"孔颖达疏:"或以刚柔体象天地之数也。"
31	取法;效法。	《礼记·丧服四制》:"〔礼之大体,〕体天地,法四时,则阴阳,顺人情。"《淮南子·本经训》:"帝者体太一,王者法阴阳。"高诱注:"体,法也。"
32	依据;根据。	《管子·君臣上》:"衣服綡绁,尽有法度,则君体法而立矣。"尹知章注:"体,犹依也。"
33	承继;沿袭。	晋陆机《皇太子宴玄圃宣猷堂有令赋诗》:"体辉重光,承规景数。"
34	亲近;贴近。	《逸周书·本典》:"古之圣王,乐体其政。"
35	亲自。	宋苏轼《奏为法外刺配罪人待罪状》:"臣寻体访得颜章颜益系第一等豪户颜巽之子。"
36	切实。	唐封演《封氏闻见记·露布》:"近代诸露布,大抵皆张皇国威,广谈帝德,动逾数千字,其能体要不烦者,鲜矣。"
37	施行;实行。	《荀子·修身》:"好法而行,士也;笃志而体,君子也。"《淮南子·泛论训》:"故圣人以身体之。"高诱注:"体,行。"
38	治理。	《逸周书·程典》:"助余体民,无小不敬。"
39	体会;体察。	《庄子·应帝王》:"体尽无穷,而游无朕。"成玄英疏:"体悟真源,故能以智境冥会,故曰皆无穷也。"
40	体念;体贴。	《礼记·中庸》:"体群臣则士之报礼重。"
41	特指几何学上具有长、宽、厚三度的形体。	如:立方体;圆锥体。
42	特指声母。	章炳麟《国故论衡》:"收声称势,发声称体,远起齐梁间矣。"

续　表

序号	具体义项	文献举例
43	发声,指一个字的开头辅音。	
44	语法范畴,表示动词所指动作进行的情况。	如:进行体;完成体。

在上述共 44 个义项中,我们可以进一步归为实词类和虚词类:虚词类包括第㊹项的"语法范畴,表示动词所指动作进行的情况";实词类又可以进一步区分为名词和动词两类。

名词类中又可以分为三个方面:一是指称人或物之具体的身体、形体,包括:① 身体。② 身体的一部分。③ 肢体。特指手足。④ 古代用于祭祀或宴飨的牛羊猪的躯体或其切块。⑤ 草木的茎干。⑥ 形体;物体。㊶特指几何学上具有长、宽、厚三度的形体。⑨指字体;字的形状结构。⑪兆象;卦象。

从逻辑上看,这一类型中⑥"形体;物体"为最高义项,其他的义项为其在不同领域的具体化。可以用图示说明这一关系。

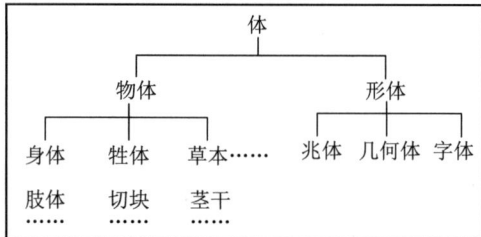

二是指称比较抽象的事物方面,包括:⑧形势。⑮事物的主要部分;主体。⑯指内容。⑰心田;心神。⑱指心胸。⑲禀性;德性。⑳承宗继祖的系统;血统。㉓指身份。㉑体统;体制。㉔指政体;政事。⑩体裁;诗文风格。㉗体例。㉕格局;规模。㉖准则;法则。

三是属于抽象概念范畴,包括:⑫整体;总体。⑬部分。

四是语言学上的特指:㊷特指声母。㊸发声,指一个字的开头辅音。

从逻辑上看,这些事物之体主要表示各种事物的主要内容或存在状态,以及由此产生的原则、法则。下面也通过图示来说明其间的逻辑关系,如下:

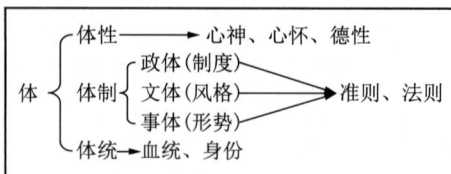

动词类中又可以分为两个方面：

一是以"分"为主的，包括：⑭区分，分别开来；㊳治理；㊲施行，实行。从本质上来说也可以属于"以分为主"的运动。

二是以"合"为主的，包括：㉒泛指言行举措应遵守的规范道理。㉙包含；容纳。㉚体现；摹状。㉛取法；效法。㉜依据；根据。㉝承继；沿袭。㉞亲近。贴近。㊴体会；体察。㊵体念；体贴。㉟亲自。㊱切实。⑦生长成形。从本质上也可以归属于"以合为主"的运动。

如进一步来看，其实所谓以"分"为主也可以归入以"合"为主的部分，因为"分"也还是在整体或总体中的区分，具体逻辑结构如下图所示：

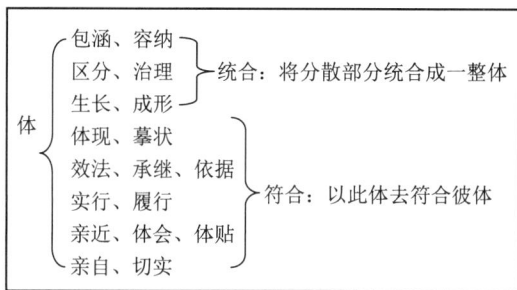

如图所示，"体"之动词类义项最终都可以归属到"合"这一层面，具体来说又分为两种情况：第一种是"统合"，即把分散的不同个别部分统合成为一个整体性的存在，包括它的对立活动——"区分和治理"，因此本质上表现的是一个整体或总体与其内在部分或要素之间的互动关系。第二种是"符合"或者说是"联合"，即以此体去符合彼体，或以彼体去联合此体，由此而获得一个更大的一体性存在，本质上表现的是一个整体或总体与外在的另一个整体或总体之间的互动关系。

由此，我们也可以说，"体"的动词性意义即在于以"体"之存在为中心所展开的内在和外在的统合、联合或符合。

2."體"之词源意义

我们先来看《说文解字》①中对"體"字的解释：

"體，总十二属也。从骨，豊声，他礼切。"

"总十二属"是对其本义的阐述；"从骨，豊声"，表明它是形声字，"从骨"表明它的义类归属于"骨"，"豊声"表声兼表意。"他礼切"表明它的实际读音。段玉裁在其《说文解字注》中对"总十二属"的具体内涵有更详细的解说：

---

① 宋永培认为："上古的道，在周秦之际主要记载于'五经'之中，到汉代则系统地记载于《说文》中。……在语言表述的方式上却存在着明显的区别。其区别主要表现为：《说文》更多的是记载上古词语的本义及其相互联系，五经更多的是记载上古的随文释义、引申义、假借义。"详见宋永培：《〈说文〉与上古汉语词义研究》，巴蜀书社，2001年，第481页。

> 十二属许未详言,今以人体及许书核之。首之属有三,曰顶,曰面,曰颐。身之属三,曰肩,曰脊,曰臀。手之属三,曰厷,曰臂,曰手。足之属三,曰股,曰胫,曰足。合《说文》全书求之,以十二者统之,皆此十二者所分属也。

段玉裁认为许慎没有详细说明何谓"十二属",他以人之身体结合《说文》全书对此的说明为根据,给出了自己对"十二属"的具体解释:首先把人之身体归属于四个部位——首、身、手、足,四个部位又各有三个部分,合起来为"十二属"。然后他说"以十二者统之,皆此十二者所分属",强调"体"是对十二属的"统合",而此十二属相对于"体"则为其"分属"。由此可见,体的本义就是"总十二属"而成一完整的身体。

为更深入地把握"體"之本义,我们还有必要考察与其紧密相关的几个词的本义。首先它"从骨,豊声",表明"骨"和"豊"都是其内涵的实际构成要素,所以有必要考察此二者的义涵。其次是"总十二属"中的"总"和"属",唯有正确完整地把握二者的义涵,才能全面而准确地把握"总十二属"之义。其次还有与"體"同源词:軀和禮。为便于参照分析,下面就将对这些词的考察列表如下:

	《说文解字》	《说文解字注》
骨	肉之核也。从冎,有肉。	核,实也。肉中骨曰核。
豊	艸盛,也。从生,上下达也。	艸盛,丰丰也。引申为凡丰盛之称。……上下达也。上盛者根必深。
軀	体也。从身区声。	体也。体者,十二属之总名也。可区而别之,故曰躯。从身,区声。
禮	履也。所以事神致福也。从示从豊,豊亦声。	也。见《礼记·祭义》,《周易·序卦传》。足所依也。引申之凡所依皆曰。此假借之法。履,也。礼,也。同而义不同。所以事神致福也。从示,从丰。礼有五经,莫重于祭,故礼字从示。丰者行礼之器,丰亦声。
总(總)	聚束也。从糸,悤声。	聚束也。谓聚而缚之也。悤有散意。糸以束之。《礼经》之总,束发也。《禹贡》之总,禾束也。引申之为凡兼综之称。
属(屬)	连也。从尾,蜀声。	连也。连者,负车也。今字以为联字。属,今韵分之欲市玉二切。其义实通也。凡异而同者曰属。……凡言属而别在其中。如秔曰稻属,秏曰稻属是也。言别而属在其中。如稗曰禾别是也。从尾,取尾之连于体也。蜀声。

依上图来看,体之所从"骨",《说文》解为"肉中核",段玉裁进一步说明"核"之义为"实",因此所谓"肉中核",即是指"肉中之实"。另引《故训汇纂》中两则文例②⑤说明:

②骨，体之质也，肉之核也。《太平御览》卷三百七十五引《说文》曰。

⑤骨，干也。《太玄·剧》"骨累其肉"范望注。①

所引②表明，"骨"之为肉中之实，即是躯体之实质。所引⑤表明，骨为"主干"。何谓"主干"？晋之范望以"骨累其肉"为之注解。"累"者，段玉裁《说文解字注》中曰："缀得理也。缀者，合箸也。合箸得其理，则有条不紊。是曰累。"这说明，骨之"累其肉"，在于能使肉合乎条理地系箸于骨之上，这也就是骨作为肉中之主干的深层涵义。因此"骨"之作为肉中之实、质，不仅是其作为主要内容或组织结构，更重要的是它是此结构之中的核心要素，起着主导、主干的作用，甚至决定整个结构的基本性质。正是这种深层意义的存在，我们才会有"骨干"或"主心骨"之类的说法。因此，体之从骨，也就意味着"体"必定分享"骨"的这种深层意义：言某某之体，也就意味着言其为主要内容、实质或主干。

"体"为形声，从骨，豊声。声符之"豊"是否表意呢？《说文解字》："豊，艸盛，也。从生，上下达也。"表明其取象于草木生长之丰盛。其能上下贯通，故曰从"生"。段氏在《说文解字注》中进一步阐说："艸盛，丰丰也。引申为凡丰盛之称。……上下达也，上盛者根必深。"指明其是以"豆之丰满"的具象而为"丰盛"之抽象之称。之所以能贯通上下，关键在于"上盛者根必深"的生命逻辑。"上盛"为显著，"根深"则为隐微。由此可知，"豊"的深层义涵为：因其根深而有生长之丰盛，即因通达而丰盛。如若"豊"在"体"中乃是声兼表意，则"体"必分享"豊"表"生"之义，乃至"通达、丰盛"等深层义涵。②

问题在于有什么证据支持"豊"是既表声又兼表意的呢？一个重要的依据就在于"體"与"禮"的关系。先看《说文》对"礼"字的解说：

《说文》曰："礼，履也。所以事神致福也。从示从豊，豊亦声。"

《说文解字注》曰："履也，见《礼记·祭义》《周易·序卦传》。履，足所依也。引申之凡所依皆曰履。此假借之法。屦，履也。礼，履也。履同而义不同。所以事神致福也。从示，从豊。礼有五经，莫重于祭，故礼字从示。豊者行礼之器。豊亦声。"

---

① 宗福邦、陈世铙、萧海波主编：《故训汇纂》，商务印书馆，2003 年，第 2556 页。

② 体者，达也，通也，通达事物之理而无壅塞，谓之体达。《金光明玄义》卷下曰："体是达义。得此体意。通达无壅。如风行空中。自在无障碍。"《唯识述记》九末曰："体者通也。"《止观义例纂要》卷第五曰："体达既成，不得妄想，亦不得法性。还源反本，法界俱寂，是名为止。如此止时上来，一切流动皆止。"详见《丁福保佛学大词典》中"体达"条。另，《弘明集》之《范泰论沙门踞食表三首》有言"体达佛理"。

其中有两点值得注意：一是礼之本义是指"所以事神致福"的"践履"活动，而引申为"所践之具"——"履"。所以段玉裁认为："履，履也。礼，履也。履同而义不同"。二是在造字法上，属于形声，且声兼表意。从"示"是因为上古之时祭祀之礼为最重，从"豊"，在于"豊"为行礼之"器"。所以从造字法上说，以最重之祭礼以及礼器来共同表示上古人民最重要的活动——事神致福，即"礼"。

显然，"體"和"禮"都是以"豊"表声，根据"声近义通"的训诂原则，"體"和"禮"无疑是同源词。下面再举几则训诂材料为其佐证：

㊼ 礼者，体也，履也。统之于心曰体，践而行之曰履。(《礼记疏》引郑序。)

⑥⑥ 体读为履。(《读书杂志·荀子第一·修身》"笃志而体"王念孙按。)

⑥⑦ 当读为履。(《群经平议·周官一》"体国经野"俞樾按。)

⑥⑧ 履、体转相训，义通。(《诗·卫风·氓》"体无咎言"李富孙《异文释》。)

⑥⑨ 履、体古字通。(《荀子·修身》"笃志而体"王先谦《集解》。)①

⑱ 礼者，体也，履也。(《周礼·春官·序官》"使帅其属而掌邦礼"贾公彦疏引《礼序》云。)

⑲ 礼，体也。(《法言·问道》、《广雅·释言》、《玉篇·示部》、《集韵·止韵》。)

㉑ 礼者，体也，统之于心，行之合道，谓之礼也。(《礼记·礼运》"礼也者，义之实也"孔颖达疏。)

㉓ 礼也者，犹体也。(《礼记·礼器》)

㉛ 分布于事各有条理之谓体，故礼者，体也。(《大戴礼记·曾子大孝》"礼者，体此者也"孔广森补注。)②

除此之外，礼与体之同源，还有一条很重要的证据，即在《释名》中有释"體"之说："第也。骨肉毛血表里大小相次第也。"显然是指"体"不仅表示身体各部分的总合，而且还指各部分之间具有内在的结构性和次序性。事实上，"礼"也有条理、次序、节度之义。略举几例：

① 礼者，谓有理也。(《管子·心术》)

① 以上5例均引自《故训汇纂》，第2560页。所标序号为原序号。
② 以上5例均引自《故训汇纂》，第1612页。所标序号为原序号。

② 昭明物则,礼也。(《国语·周语上》)

③ 从其等,礼也。(《国语·晋语八》)

④ 礼也者,理之不可易者也。(《礼记·乐记》)

⑤ 礼者,法之大分,类之纲纪也。(《荀子·劝学》)

⑥ 礼者,节之准也。(《荀子·致士》)

上面所引 6 则均来自先秦文献,充分说明"礼"在先秦之际就有分别条理和统贯纲领之义,而在梁代所编的字典《玉篇·示部》中就直接说:"礼,理也。"显然,上述这些例证和分析都足以表明体和礼之间具有同源而义通的关系。

回到"体,总十二属"上来,还有必要考察"总"和"属"二字的深层义涵。先看"总"之本义与引申义,如下:

> 《说文》:总,聚束也。从糸,悤声。《说文解字注》:总,聚束也。谓聚而缚之也。悤有散意。糸以束之。《礼经》之总,束发也。《禹贡》之总,禾束也。引申之为凡兼综之称。

"总"之本义为"聚束",表示把分散的事物聚拢并束缚在一起的行为,例如束发、束禾之类。引申为"兼综",即兼并综合之义。

再看"属"之本义与引申义,如下:

> 《说文》:属,连也。从尾,蜀声。《说文解字注》:属,连也。连者,负车也。今字以为联字。属,今韵分之欲市玉二切。其义实通也。凡异而同者曰属。……凡言属而别在其中。如秫曰稻属,秏曰稻属是也。言别而属在其中。如稗曰禾别是也。从尾,取尾之连于体也。蜀声。

"属"之本义为"连"或"联"。段玉裁强调"凡异而同者曰属",是说"属"是把有分别、不同之事物通过"连接"或"联合"而成为同体之物。此在强调属中有别,别中有属。由此表明"属"既表示"总属"之义,又有"分属"之义。从"尾",就是取象于动物之尾巴与躯体这种既有区别又相连一体的关系。

由上可知,"总"和"属"二者之词源义也是非常接近的,都有"聚合"之义。但"总"强调把不同之事物聚拢综合在一起,而"属"则强调不同事物之间本有一种连续性、整体性或同类性。基于这样的理解,所谓"体,总十二属",其所兼综之实为十二"分属",分而为人之十二个不同身体部位或部分,合而为人之全体。所以言人体,必有其十二"分属"存在,言十二分属,则必有一"全体"存在。这也就表明,"体"之深层义涵中本就兼有合与分、总与别之相对立的统一,虽然是以"统合"为终极目标或前提。

分析至此,我们可以对"体"的词源意义做一个总结性说明了:

1. "体"的核心义素是分与合,这种分合既是对内也是对外。对内之合是指各种要素基于某种核心实质的统合,这种统合的结果是形成具有某种秩序、条理的结构性总体,这种条理秩序贯通于结构性总体的各个要素之中。对内之分则是指"体"之内部又可以区分为不同的结构性总体,原则上这种划分是不可穷尽的。与此同时,这种结构性总"体"对外而言本身就是"分",是一种与不同"体"之间的区分和分别,所以任何统合的同时就是与它总体区分的开始。对外而言的"合",则是此体与彼体之间基于某种核心基质和贯通性原理的更高层次的统合,这种统合形成新的结构性总体。基于这种分合内外,任何"体"都处在复杂联系之中,因为它既可以统合"它体",也可以同时为"它体"所统合。

2. 基于分与合而来的是通与达。通指贯通,达指显达,前者对内,后者对外。无论贯通还是显达,都蕴含着一种实践行动的指向,即履行、体现。基于分合和通达而有的乃是名词性的"体"义素:总体、主体、形质、本性、纲领和原理。

(二)"体"概念之哲学蕴涵

文化人类学的研究表明,在上古时代,人类几乎所有的认识活动,无论是对宇宙天地,还是周遭各种事物和生活事件,要么是从自己的身体开始的,要么是以自己的身体作比附或象征的。中国源远流长的"天—人—地"宇宙观,正是这种思维模式的典型代表。所以"体,总十二属"也必定是指人的身体或躯体,在这样的概念认识中,不仅蕴涵着华夏民族早期对自身身体的认识,以及对生命的认识,同时也蕴涵着对宇宙存在的认识。

在"天—人—地"结构中,人体居于中间,同时也是中心。虽然以人为天地之心这一观念萌发很早,但直至宋明理学时期才被旗帜鲜明地揭示出来。在天人同构的宇宙意识中,很自然地由人体发展到天地之体、万物之体,由人体而扩展到一切存在。于是"体"就意味着"存在"本身,一物之有"存在"即指其有其自身本质之"体",相应的,一物之有"体"方才意味此物之"存在"。因此可以说某种存在之体为"无",但不可说某种存在无"体",除非此体在此专指"形体"。

此"存在"为一结构性总体,有其实质和骨干,有各种要素合条理的统合,这是存在之体静态性的一面。基于中国人一切皆变的变化观,"体"一方面作为变化的主体,同时又能包涵变化的结构性存在。这种变化,既包涵"体"自身结构要素的内在变化,又包含在"体"与其他之"体"相互关联——分与合——之中,这是存在之体动态性的一面。

分析至此,我们可以明确指出"体"概念的哲学蕴涵:"体"就是"存在",此种"存在"既可以是任一层次的个别性存在,也可以是任一层次的统合性存在,也可以是一切层次和形式的最高性存在。既可以是有形的具体的存在,也可以是无形的抽象的存在,即所谓"本体"是本始、本根或本真之存在。事实上,这种哲学蕴涵不仅出现于"体"概念形成的早期,也一直贯穿于体用思想的发展之中。

三、释"用"

(一)"用"概念之词源学考察
1."用"的词汇意义
首先我们来看《汉语大词典》中"用"字的解释:

1. 使用;任用。《诗・大雅・公刘》:"执豕于牢,酌之用匏。"《孟子・梁惠王下》:"见贤焉,然后用之。"

2. 施行;实行。《易・乾》:"初九,潜龙,勿用。"王引之《经义述闻・周易上》:"用者,施行也。勿用者,无所施行也。"

3. 采用;听从。《书・牧誓》:"今商王受,惟妇言是用。"

4. 指被采用。《明史・张芥汪应轸等传赞》:"张芥等怀抱悃忱,激昂论事。其言虽不尽用,要与缄默者异矣。"

5. 出力;效命。《商君书・农战》:"国有事,则学民恶法,商民善化,技艺之民不用,故其国易破也。"《汉书・陈胜传》:"胜、广素爱人,士卒多为用。"

6. 治理;管理。《管子・八观》:"审度量,节衣服……为国之急也。不通于若计者,不可使用国。"

7. 执政;当权。《史记・孔子世家》:"孔子用于楚,则陈蔡用事大夫危矣。"

8. 行事;行动。《诗・邶风・雄雉》:"不忮不求,何用不臧。"高亨注:"用,犹行也。"

9. 古代特指杀人以祭或杀牲以祭。《左传・僖公十九年》:"夏,宋公使邾文公用鄫子于次睢之社,欲以属东夷。"杜预注:"盖杀人而用祭。"杨伯峻注:"昭十一年《传》云:'楚子灭蔡,用隐太子于冈山。'《论语・雍也篇》云:'犁牛之子骍且角,虽欲勿用,山川其舍诸?'杀人以祭,杀牲以祭,皆谓之用。"

10. 适用;适宜。《韩非子・五蠹》:"故文王行仁义而王天下,偃王行仁义而丧其国。是仁义用于古,不用于今也。"

11. 功用;作用。《易・系辞上》:"显诸仁,藏诸用。"孔颖达疏:"藏诸用者,谓潜藏功用不使物知。"

12. 财用;费用。《论语·学而》:"节用而爱人,使民以时。"邢昺疏:"省节财用不奢侈而爱养人民。"

13. 器具;器物。《左传·昭公十二年》:"及游氏之庙,将毁焉,子大叔使其除徒执用以立,而无庸毁。"杜预注:"用,毁庙具。"

14. 才具。晋袁宏《后汉纪·献帝纪》:"〔贾逵〕能诵'五经'、《左传》,兼通《穀梁》诸家之说,沈深有用。"

15. 须,需要。《易·系辞下》:"介如石焉,宁用终日,断可识矣。"

16. 使,让。《韩非子·外储说右下》:"令发五苑之蔬蔬枣栗足以活民,是用民有功与无功争取也。"陈奇猷集释引《广韵》:"用,使也。"

17. 指吃、喝。《韩非子·外储说左下》:"孔子御坐于鲁哀公,哀公赐之桃与黍。哀公请用。仲尼先饭黍而后啖桃。"

18. 犹做。《红楼梦》第七十回:"那黛玉更怕贾政回来宝玉受气,每每推睡,不大兜揽他。宝玉也只得在自己屋里,随便用些工课。"

19. 犹有。《楚辞·离骚》:"夫维圣哲以茂行兮,苟得用此下土。"

20. 信赖。《汉书·张耳陈余传赞》:"耳,余始居约时,相然信死,岂顾问哉!及据国争权,卒相灭亡。何乡者慕用之诚,后相背之戾也!"

21. 副词。犹才。方才。《礼记·月令》:"〔孟秋之月〕凉风至,白露降,寒蝉鸣,鹰乃祭鸟,用始行戮。"

22. 副词。犹唯。只有。《后汉书·张衡传》:"彼天监之孔明兮,用棐忱而佑仁。"李贤注:"言天之视人甚明,唯辅诚信而助仁德也。"

23. 介词。犹言以。表示凭借或者原因。《书·顾命》:"命汝嗣训,临君周邦,率循大卞,燮和天下,用答扬文武之光训。"《史记·佞幸列传》:"卫青、霍去病亦以外戚贵幸,然颇用材能自进。"《明史·何鉴马中锡等传赞》:"马中锡雅负时望,而军旅非其所长,适用取败。"清黄宗羲《亡儿阿寿圹志》:"儿之所以夭者,用早慧也。"

24. 介词。犹由。表示处所。《公羊传·桓公八年》:"使我为媒,可,则因用是往逆矣。"何休注:"可,则因用鲁往迎之。"

25. 介词。犹于。表示时间。唐韩愈《平淮西碑》:"自文城因天大雪,疾驰百二十里,用夜半到蔡,破其门,取元济以献。"

26. 连词。因而;因此。《书·甘誓》:"有扈氏威侮五行,怠弃三正,天用剿绝其命。"

27. 疑问代词。犹何。表示反问。汉王符《潜夫论·贤难》:"齐侯之以夺国,鲁公之以放逐,皆败绩厌覆于不暇,而用及治乎?"彭铎校正:"'用'读为'庸'。'庸'犹'何'也。"

28. 姓。晋有用绍世。见《希古楼金石萃编》九。

在全部 28 个义项中,动词义类有 16 项,名词义类有 4 项,副词义类 2 项,虚词义类 6 项。下面将把重点放在对"用"字的动词义类和名词义类的考察上。

首先,动词义项明显多于名词义项,在动词性义项中又可以分为三类,如图所示:

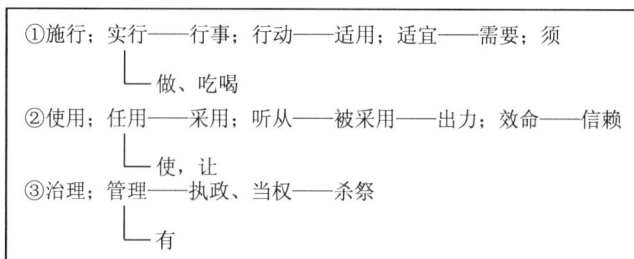

```
①施行;实行——行事;行动——适用;适宜——需要;须
        └─ 做、吃喝
②使用;任用——采用;听从——被采用——出力;效命——信赖
        └─ 使,让
③治理;管理——执政、当权——杀祭
        └─ 有
```

在上图中,我们看到"用"三组动词性意义的内在运动。接下来,我们来看其名词性义项,包括功用、作用、财用、费用、器具、器物、才具。显然这些义项都是与其动词义项直接相关的,主要表示施行或使用的对象、工具或结果。

2. "用"的词源意义

《说文·用部》:"用,可施行也。从卜,从中。卫宏说。凡用之属皆从用。"

《说文解字注》:"卜中则可施行。故取以会意。"

从《说文》和段氏《注》来看,"用"字本义与上古时代的巫术,特别是占卜活动是密切相关的。段玉裁更是明确说明"用"乃是一个会意字,因为"卜中"而有"可施行"之意。何谓"卜中"呢? 所谓"卜",依《说文》为:"灼剥龟也,象灸龟之形。一曰象龟兆之从横也。"显然是指先通过灼剥龟壳而产生裂纹形状,而后依此裂纹情况进行占验预测活动,又指龟壳上裂纹的纵横之象。所谓"中",《说文》曰:"内也。从口。丨,上下通。"《说文注》:"人部曰:内者,入也。入者,内也。然则中者,别于外之辞也,别于偏之辞也,亦合宜之辞也。"可见"中"之本义为入内无外,不偏不倚、合宜之义。由此综合而言,"卜中"即是指在利用龟壳占卜之时获得"恰当合宜"的龟兆,由此确定某一行动或行为是"可施行"的。

值得注意的是,《说文》强调的是"可施行",也就是说强调"用"更多的是指一种合理有利的状态,其预示着一种实际行为的发生,而不是现实的"施行"。同时"可施行"中也蕴涵着因施行合宜而必产生相应的效应或利益。这种前后的延伸,以结构图表示就是:卜中——合宜——可施行——施行——效用、利益,显然这一图式反映正是"用"字的意义引申的逻辑路线。

这一路线在一般意义上即是"可施行",若落实到具体对象时,就成为"可使用",从而形成相应的意义引申逻辑:器用、材用、才用——可使用——使用、任用——效命、出力。如果进一步落实到政治层面,则有:才干、德性——治理、管理——执政、当权。如图所示:

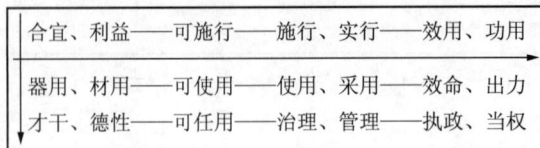

```
合宜、利益——可施行——施行、实行——效用、功用

器用、材用——可使用——使用、采用——效命、出力

才干、德性——可任用——治理、管理——执政、当权
```

综合上述分析,我们发现,由"用"字的本义,也就是所谓核心义素或源义素——"合宜而可行",不仅可以解释其所有词汇意义的合理性,还能合理地拟构出"用"词义引申发展的内在逻辑或路线。

接下来,我们还要考察和"用"概念密切相关的几个词——功、利、能的义涵。

在周代甚至更早的时候,功利观念就已经有了基本的雏形。在周代,"功"的含义已经包括有个人的功勋以及国家的武功或事功等内容。"利"则多指与"有害"对立的"有益"或"有利"含义。春秋时期,反映"功利"问题及其观念的一些主要语词诸如"功"、"利"、"用"等已经相当成熟,到诸子百家时期,"功利"问题已经成为当时各家各派积极讨论的一个重要问题。儒家、墨家、法家甚至道家都不同程度地关注过这一问题。和"用"一样,功、利观念最早可以追溯到《尚书》、《易经》这样一些文本之中的"功"、"利"语词。

例如《尚书》中的"功"语词:

【1】五载一巡守,群后四朝。敷奏以言,明试以功,车服以庸。(《尧典》)

【2】惟帝时举,敷纳以言,明庶以功,车服以庸。谁敢不让,敢不敬应?帝不时,敷同日奏,罔功。(《皋陶谟》)

【3】古我先王将多于前功,适于山。用降我凶,德嘉绩于朕邦。(《盘庚下》)

【4】敷贲,敷前人受命,兹不忘大功!(《大诰》)

【5】呜呼!笃棐时二人,我式克至于今日休。我咸成文王功于不怠。(《君奭》)

【6】今蠢今翼,日民献有十夫予翼,以于敉文、武图功。(《大诰》)
天闷毖我成功所,予不敢不极卒文王图事。(《大诰》)

【7】其惟王勿以小民淫用非彝,亦敢殄戮,用乂民若有功。(《召诰》)

以上第一至第五例是指功绩、功业,也含有功德、功劳的意思。第六例是指武功。第七例则是指成功。

再看《易经》中的"利"之语词:

【1】乾:元亨利贞。(《乾》)

【2】坤:元,亨。利牝马之贞。君子有攸往,先迷后得主。利。西南得朋,东北丧朋。安贞吉。(《坤》)

【3】六四,乘马班如,求婚媾。往吉无不利。(《屯》)

【4】讼:有孚窒惕,中吉终凶。利见大人,不利涉大川。(《讼》)

【5】恒:亨。无咎,利贞。利有攸往。(《恒》)

【6】蹇:利西南,不利东北。利见大人,贞吉。(《蹇》)

【7】萃:亨。王假有庙。利见大人,亨利贞。用大牲吉利有攸往。(《萃》)

【8】上六,女承筐,无实。士刲羊,无血。无攸利。(《归妹》)

以上大多"利"即指有利、有益。由于与占卜相关,也有吉利的含义。同时,利与不利也构成了利害的早期含义。

这可以说是周代"功"或"利"观念的基本状况。总的来说,在这一时期,"功利"观念还相对比较拙朴和单一。随后由"有利"、"有利于"和"不利"、"不利于"这样一种含义使用发展而来的就是利害、利弊的含义或观念。与此同时,利益这一含义也愈加清晰起来,并且最终成为"利"语词和概念的最主要内容。例如《左传》:"余惧不获其利而离其难,是以去之。"(《文公五年》)"余虽与晋出入,余唯利是视。"(《成公十三年》)除此之外,作为基本的含义,春秋时期的"利"语词和概念还包含有便利的意思。例如《左传·昭公三年》记载:景公欲更晏子之宅,说:"子之宅近市,湫隘嚣尘,不可以居,请更诸爽垲者。"晏婴辞道:"君之先臣容焉,臣不足以嗣之,于臣侈矣。且小人近市,朝夕得所求,小人之利也,敢烦里旅?"齐景公觉得晏子住所过于靠近集市,局促且喧闹,欲为其重新选址建造新居。晏婴却以近市便利为由婉言谢绝。同样意义的使用又如"唯子所利,何必卜?"(《国语·鲁语下》)"今有司来命易臣之署与其车服,而曰:'将易而次,为宽利也。'"(《国语·鲁语上》)这些使用都有便利义或随便义。以上可以说是春秋时期"利"这一语词或概念所具有的基本含义。

如前所见,"功"语词及观念是周代与"利"语词及观念几乎同时产生的语词与观念。"功"的一个最基本含义是功绩、功劳。如前所见,这样一层含义最初可能与武功、军功、立功密切相关,春秋时期也继承了这样一层含义,例如《左传·僖公二年》:"亡下阳不惧,而又有功,是天夺之鉴,而益其疾也。"此处的"而又有功"大抵就是从武功和军功意义而言的。在此基础上,进一步形成了功绩、功劳这样更为一般的意义,这也是春秋时期"功"语词中使用最普遍的含义。与此相关,"功"的另一个含义也由此衍生出来,这就是获胜、成功以及收获。无论是与武功、军功的含义相比,还是与功绩、功劳的含义相比,成功、获胜、收获这样的含义显然更加关注"功"的一般的意义,这也是周代所缺乏的,并且它与"利"也有了某种结合的可能。进一步,"功"又有了某种做功、事功也即功利的含义。与此相关,"功"也就有了劳作、劳力的意义。

当然,"功"可能还有其他的含义。例如"窃人之财,犹谓之盗,况贪天之功以为己力乎?"(《左传·僖公二十四年》)这里出现了"天功"这样的观念。又如"宋仲几不受功","子姑受功"(《左传·定公元年》),这里的"功"有任务、责任的含义。

总的来说,在春秋时期,"功"这一语词与哲学思考的关系不如"利"这一语词切近,这也是为什么后来"义利"关系问题或概念逐渐成为主流哲学问题的原因。

(二)"用"概念之哲学蕴涵

从"用"的词汇意义和词源意义综合来看,"用"之核心义素为"卜中可施行",这表明"用"是基于事物存在之"中"而产生的。而"中"即是指事物以及事物关系的本质所在,因而"用"即是基于事物的存在之"体"而言是的一种适宜可行。正因为这样,用(施行)的结果才可能表现为功效和作用,与此同时,一事物正因为是基于其体之"中"而言是有用的、可用的器具或器物。换句话说,凡是有"体"的存在,就必定有其适宜可施行之"用"。凡是真正的用或恰当的用也必定是对存在之体的充分把握,而"用"即是对此体之"中"的实际运用。

从哲学上来说,"体"即是任一"存在","用"即是基于某一存在的运动变化以及相互关系;"体"是"用"的根本依据,而"用"实质上是对"体"之"中"的运用或表现。进一步而言,任一存在之体,即潜在地蕴涵着依据此体之"中"而有的可施行之用,即是说"用"从一开始就是蕴涵在"体"之中的。王夫之所说的"体者所以用,用者用其体"可谓对这种哲学蕴涵的最鲜明表达。

四、"体"、"用"概念流变中的变与不变

近两千多年的体用思想发展中,体用概念的义涵实际处于不断变化之中,其具体的变化轨迹表现为不断地从实向虚变化。譬如"体"即是从具体的身体、形体向抽象的主体、理体、道体、气体发展,而"用"则从具体之功用、效用到无用之用,特别是发展到体之表现、流行等义涵。但在这样的变化中,存在着一个不变的方面,那就是"体"和"用"这两个词始终同时表现为动词性和名词性两种主要用法。

在两种用法之间,动词性用法逻辑上先于名词性用法,这在《说文解字》中已有明确揭示。具体来说,"体"即是把不同分属的部分综合、整合、统合为一个整体、总体和统体的行动、过程本身;名词性的"体"——"整体、总体和统体"——恰好是这一活动的自然结果。"用"也是如此,"用,可施行也"。"用"即是在"可"、"中"的前提下,在对环境、事态的根本性质和真实状态,以及主体需要的恰当认识或把握的前提下的合理施为和行动;名词性的"用"恰好是这一"施为和行动"本身及其所产生的应有效应和结果。事实上,"体"和"用"并不固定地属于动词或名词,这一切都必须取决于它们在什么样的情境和场合下。但不论是哪种情境或场合,都不意味着动词性与名词性的截然分离和非此即彼,而是始终把二者贯通一体,只不过其表达的倾向有显有隐而已。

第八章

"体用范畴"的方法论诠释

一、什么是范畴的方法论诠释

西方范畴论起源于古希腊哲学,其中范畴(希腊文为 $\kappa\alpha\tau\eta\gamma\rho\iota\alpha$)概念被用于对所有存在的最广义的分类,范畴即是最高层次的类的统称。早期的爱奥尼亚哲学以物质的基本元素为范畴:土、水、空气和火,这是西方哲学分类系统的前身。柏拉图则在其"通种论"中区分了五种基本范畴(通种):是、同、异、动、静,他认为这些范畴是精神存在的证明。亚里士多德是西方范畴论的真正奠基者,他在探讨哲学家应该考虑哲学的研究对象究竟是什么时,提出了第一个完整的哲学的分类系统。他在《范畴篇》中列举并讨论了十大基本存在并称它们为范畴,分别为:实体、数量、性质、关系、场所、时间、姿势、状态、动作、承受。其中又以"实体"为第一范畴(本体),其余九个范畴乃是依附于实体的属性。康德进一步完善了这个分类系统,他提出十二范畴作为先天的理性的先验形式,正是由于这些范畴的存在,我们才能够将经验转化为知识。海德格尔则提出:"范畴的根据就在于,它们是存在的定义(Seins be stimmth eiten),方式是通过'作为什么'('alswas')来把握,无非如此。"[①]

无论是对存在的分类,是知识的先验形式,还是对存在的定义,都意味着西方哲学中的范畴乃是源于其"思维与存在"的关系这一基本问题的。所以对于西方哲学而言,范畴一方面是基于存在本体的一种经验把握和理性分类,一方面又是基于人类认识存在本体的一种理性方法和概念工具。

中国的历史文献中并没有"范畴"一词,它是为了对译西方哲学中的category 一词而产生的。不过它来源于《尚书》中的"洪范九畴",即是指治理天下的最重要也是最基本的九类原则,"九畴"中的第一畴是我们熟悉的"五行":水、火、金、木、土。此处虽有范、畴二字,且畴亦是类别之义,但是范、畴二字并未连为一词。那么中国的范畴是否和西方意义上的 category 相对应

---

① 转引自朱清华:《海德格尔对亚里士多德范畴的存在论诠释》,《学灯》,2009 年第 1 期(总第 9 期)。

呢？换句话说，即中国传统哲学中到底有没有西方意义上的范畴呢？

对此，张东荪持鲜明的否定态度，他认为"因为中国文字没有语尾变化以致在思想上范畴的观念不会发达"，准确地说，中国哲学"只有概念而无范畴"。他认为"范畴的特性是必须附于物而后见。而概念本身是一个东西（entity），范畴则不是东西，仅是一个空的'方式'（form），虽不离事物却又非事物。中国人所以只有概念是因为中国人只有'实物'的观念，而很少有'方式'的观念"。因此中国人最容易犯"所谓 hypostatization（实体化——笔者译）的一种错误"。与此同时，他认为西方哲学是建立在范畴的观念上的，进而在此基础上他举英国哲学家布罗德（C.D.Broad，1887—1971）为例，把哲学分为批评的哲学和猜想的哲学，认为中国因为没有范畴所以没有所谓批评的哲学。①

张先生的观点言之有据，自然需要重视，但是他对范畴的理解过于狭隘而导致不能完全说明西方哲学的历史本身。对此他自己也说："我此处所谓'范畴'（category）是取亚里士多德的本义。后来西方学者对于范畴虽各有各义，不限定遵守亚氏的遗规，然而其原始却创自亚氏。"因此后来大多学者并没有完全采纳张先生的意见，而是普遍认为中国同样也有自己的范畴及范畴体系。

葛荣晋在其《中国哲学范畴通论》中指出："中国古代虽无概念范畴之称，但中国古代哲学家都以'名'或'字'的特殊表达方式，阐述了自己的哲学范畴思想体系。"②不仅如此，他还认为中国哲学对于概念、范畴的研究起源很早，他认为先秦时期韩非的《解老》篇，实际上就是从法家观点对《老子》一书的哲学概念所进行的解释；东汉时期的《白虎通义》，是班固对两汉的天人感应神学目的论范畴体系的说明；南宋程端蒙的《性理字训》和陈淳的《北溪字义》等，则是阐述程朱理学范畴体系的重要著作；清代戴震的《孟子字义疏证》则是一部解释明清实学的哲学概念、范畴的划时代的作品。③ 由此看来，中国哲学不仅很早就形成了自己的范畴体系，而且很早就有了对于哲学概念范畴的研究。

成中英不仅肯定中国哲学有自己的范畴体系，而且还曾专门著文对中西范畴论进行比较，他认为：

> 相对于西洋哲学的范畴观念，中国哲学的范畴观念具备了下列三项特性：（一）"范畴"的广延性与综合性：每一基本范畴在每一哲学系统

① 张东荪：《从中国言语构造上看中国哲学》，见张汝伦编《理性与良知——张东荪文选》，上海远东出版社，1995 年，第 343—345 页。
② 葛荣晋：《中国哲学范畴通论》，首都师范大学出版社，2001 年，第 1 页。
③ 葛荣晋：《中国哲学范畴通论》，首都师范大学出版社，2001 年，第 3 页。

中均有相应的位置而导致不同系统均有相应或对照的关系,此项特性亦可名为范畴的对应性要求。(二)范畴的落实性与应用性:每一基本范畴均透过个别体验者的体验取得新的意义,或发展为相关的意义。整体的经验及实用需求也就决定了及丰富了范畴的意义及意涵。(三)范畴的规范性与价值性:每一基本范畴均为一具有规范性的价值,故能直接或间接地规范了思考及行为,并因之发展了一套有关实用的解释学或指导个人的修养论。第一特点显示了中国哲学中范畴思想系统化与整体化倾向,可看做理论与理论的互摄与统一现象。第二点显示了范畴与经验的互摄与统一。第三点则显示了范畴与行为的互摄与统一。①

很显然,成氏在此阐明的中国范畴的三个特性,尤其是第二点"范畴的落实性与应用性"与第三点"范畴的规范性与价值性",很好地表明了中国哲学范畴甚至是中国哲学思维的独特性。

总而言之,范畴(category)是一个文化系统中反映事物本质属性和普遍联系的基本概念,是人类理性思维的逻辑形式。因此不同的文化系统一定会形成自己独有特色的概念范畴体系,与其他文化系统中范畴体系既有根本性不同,又同时在某个层面共同反映了人类认识世界的深度和广度。因此范畴具有一定程度的客观性。但是,"范畴"毕竟是来自人类通过理性思维认识世界的需要,从根本上来说,范畴是人们认识、把握世界存在的一种思维方法和概念工具。正因为如此,随着认识的发展,范畴体系也必定处在不断发展变化之中,事实上,无论中西方范畴体系的发展都充分说明了这一点。

概念是人们在认识过程中通过直观体验而形成的,范畴则是概念体系中的基本概念。一个概念要成为基本概念即"范畴",要么通过理论分析而获得前期设定,西方哲学中的范畴论正是如此;要么通过历史的筛选而获得范畴的地位,这在中国哲学的范畴发展中显得尤为清楚。本书前六章已经对体用是如何从一般概念到范畴的发展进程做了深入细致的梳理。

二、由概念到范畴的体用内涵

所谓范畴的方法论诠释,就是指在这样的动态体系中,基于范畴作为方法的理解,从而对诸范畴的形成、本质、地位、作用进行深入考察。本章将重点展开对体用范畴的方法论诠释,主要是对"体用"范畴的形式与内涵,以及体用范畴的地位与功能做出一个总的分析和描述。

---

① 成中英:《中国哲学范畴问题初探》,《汉学研究》,1985 年(第 3 卷)第 1 期。

（一）形式与内涵

1. 体用范畴的形式，是指它的语言形式或词语形式。显然它的表达形式是相当多样的，不仅由于体用范畴经历了范畴化之前、后两个阶段而导致语言形式的不同，而且在范畴化之后阶段其表达形式更为多样。具体来说，在范畴化之前，使用较多的是"本用"对称表达，而到《潜夫论》时则出现了"根使"对称表达。虽然在语词形式上似乎与"体用"有很大差别，但实际上，"根"即是体，"使"即是用，所以"根使"完全与"体用"相同。在概念化之后，除了"体用"表达外，还有很多变化或拓展形式，如体用文、体用名、体性用、体象用、体相用、体德用、体宗用、理体用、本体迹用、本实权用等。显然这些形式都是体用范畴的扩展，其内部还可以有更进一步的体用分别，鉴于这些形式已在前面六章中有充分的显现和分析，在此就不再一一深入讨论了。

2. 体用范畴的内涵，是指体用概念各自的内涵。关于此，现代学者有过很多的讨论，下面列举三个有代表性的内涵界定。

一是张岱年和方克立先生。张先生认为，所谓体用基本上具有两种不同的含义：第一种是实体与作用的关系；第二种是原则与应用的关系。方克立在此基础上也认为体用范畴具有两种基本涵义，首先是具体的实体及其作用、功能、属性的关系，而后演变为本体和现象的关系。并认为除了两种最基本的涵义之外，还有其他多种涵义，如本质和现象、原因和结果、内容和形式、全体和部分、主要和次要、必然和偶然、未发和已发、常住性和变动性、第一性和第二性等。[①]

二是葛荣晋先生在其《中国哲学范畴通论》"体用"篇中对其内涵做了详细的说明。首先他认为，从纵向考察，体用范畴是一对历史范畴，时代不同，体用范畴的内涵也随之不同。其次从横向考察，体用范畴的含义并不是单一的，而是多层次的。并认为至少有三种含义：一种是形体（形质、实体）与功能、作用、属性的关系；二种是本体（本质）与现象（表现）的关系；三种是根本原理（原则）与具体应用的关系。[②]

三是童世骏先生在《中西对话中的现代性问题》中专章讨论"中国现代化进程中的体用范畴"，他认为中国传统的体用范畴有两个基本含义：一是根据与表现的关系，一是物体与功用的关系。[③] 同时他认为，"体用"在近代与"中西"、"新旧"的结合，产生了第三种体用范畴内涵，即价值为体，工具

---

① 有关张岱年和方克立二先生的体用内涵的论述，在第六章相关小节已有详细讨论，在此不例举文献。

② 葛荣晋：《中国哲学范畴通论》，首都师范大学出版社，2001年，第334—335页。

③ 童世骏：《中西对话中的现代性问题》，学林出版社，2010年，第192页。

为用。①

上面三个例子对于体用范畴的内涵界定各有不同,因此就有进一步分析的必要,为了便于讨论,将其同异列表如下:

体用	张岱年	方克立	葛荣晋	童世骏
第一种	实体与作用	实体与作用、功能、属性	形体(形质、实体)与功能、作用、属性	物体与功用
第二种	本体与现象	本体和现象	本体(本质)与现象(表现)	根据与表现
第三种	原则与应用	本质和现象、原因和结果、内容和形式、全体和部分、主要和次要、必然和偶然、未发和已发等	根本原理(原则)与具体应用	价值与工具

从上表所示,就第一种而言,张岱年和方克立都认定"实体与功用"属于体用范畴的基本内涵,差别在于方克立把"作用"进一步区分为作用、功能和属性;葛荣晋则把"实体"与"形质"一起包括在"形体"之中作为"体"的内涵界定。与三家均不同的是,童世骏则把"体"界定为"物体"。很显然,童世骏的"物体"过于狭隘。葛荣晋的"形体"也过于狭隘,同时把实体和形体等同起来也存在问题。张岱年"实体"概念内涵不明确。方克立明确认为此实体与亚里士多德十范畴中的实体(ousia)概念相当,然而在亚氏那里"实体"即是个体事物,也就是说方克立的实体也是指个体事物。实际上"实体"是中国本有之词,不仅在中国哲学儒释道三家中都有大量的使用,同时也不是西方 substance 的完全对译。因此,综合四家来说,无论物体、形体还是亚氏的实体,事实上都不是中国哲学中"实体"之义的全部,"实体"无疑包括这些义涵,但"实体"的根本义涵即是"实在",尽管不同的思想系统(儒释道)对实在的认定不同。就中国体用范畴发展的全部历史来看,"体"即是存在或实在,可以是任何意义和任何层次的存在或实在,可以说一切我们可以讨论的对象都是实体,既包括具体的个体事物以及不同层次的总体性的类存在,也包括一切抽象的存在。因为它有体有用就意味着它的实在,在王夫之那里就是囊括一切的"有"。

对于体用之用,四家都认定为"作用",方克立和葛荣晋则在作用上增加了功用和属性两个概念,但对于为什么此"用"具有作用、功用、属性之含义,以及作用、功用与属性三者之间的关系则缺乏说明。

就第二种而言,张岱年似乎没有说明,其实他在论述中西本体论差别

① 童世骏:《中西对话中的现代性问题》,学林出版社,2010年,第199页。

时,强调中国有自己的本体论,并且与"实而不现,现而不实"的西方本体论有根本的不同。实际上就是强调中国本体论的本体与现象相即不离,而西方的本体与现象是分离为二的。方克立认为本体与现象的内涵是基于实体与作用而后起的,同时又把本质和现象与本体与现象区分开来,这会造成概念上的混乱。葛荣晋把本质与表现纳入本体与现象的内涵之中。童世骏则表述为根据与表现,显然是以根据为本体的。根据毕竟不能等同于本体,本体事实上还包括创生性本源,而"根据"只是指现象如此表现的根本依据所在。

就第三种而言,张岱年和葛荣晋二人基本一致,提出"原理(原则)与应用"为体用范畴内涵之一种;方克立在此基础上还提出了本质和现象、原因和结果、内容和形式、全体和部分、主要和次要、必然和偶然、未发和已发等一系列,显然这些范畴具有自己的独立性,只是体用范畴在具体诠释中可能临时获得意义,所以不宜作为体用范畴的基本内涵。而童世骏提出"价值与工具"可谓一种新解,对应的正是前面三家所提到的胡瑗的"明体达用"说、李颙的"明体适用"说,特别是近代的"中体西用"说。事实上"价值与工具"和"原理与应用"并不矛盾,应该说,"原理与应用"逻辑上包含了"价值与工具",因为原理既可以表现为事实原则,也可以表现为价值原则,应用自然是包括工具在内的。因此所谓价值和工具就不是所谓的近代以来的新内涵,而只是体用范畴在诠释理事关系中所获得的意义而已。

综合以上的比较分析,当前学界对体用范畴的内涵界定可以分为三个方面:一是实体(物体、形体)与作用(功用、属性),二是本体(本质、根据)与现象(表现),三是原理(价值)与应用(工具),其中括号意味着在逻辑上被包含。这样三种内涵描述看似非常清楚,实则存在两大缺陷:一是三种义涵之间的关系缺乏说明,也就是说为什么三种义涵相互不同而又都属于体用范畴的内涵呢? 二是体用范畴内涵描述中的实体、作用、本体、现象等概念的自身涵义不明确,尤其是这些概念都担负着相应的西方哲学概念的对译功能,如果没有清楚准确的界定,必然会引发概念使用上的混乱以及思想认识上的误解。鉴于此,笔者对体用范畴的基本内涵有一个自己的界定,在此提出来以供学界批评。

体用范畴的基本内涵有二,一是实体和作用,二是本体与作用。另外有三点说明:

一是前述之"原理与应用"从根本上可以归结到"本体与作用"之中,故不单列出来理由在讨论"明体适用"和"中体西用"时也有阐明。

二是"实体"和"本体"二词本是中国哲学本有的最为重要的概念范畴,在此不取其对译西方哲学概念的义涵,而取其中国哲学本有的义涵,具体来说,"实体"即指一切实在,包括具体的个体和类,以及一切抽象的存在;而

"本体"本质上都是"实体",也都有其自身的体与用。"本体"的本质义涵在于它是其他"实体"的本质根据或生发根源,也就是说"本体"一定是基于另一个实体而言的,"本体"就是相对于一个实体而言的根本性"实体"。"作用"作为"用"的内涵将根据是实体还是本体的情境不同而义涵有所不同,与"实体"相关联的是实体的属性表现和功能效用,与"本体"相关联的是实体的内在本质、根据、原理的显发运用和流行表现。

三是其他义涵如本质和现象、原因和结果、内容和形式、全体和部分、主要和次要、必然和偶然、未发和已发等,都只是体用范畴在具体诠释对象那里获得的暂时性意义,不可作为体用范畴的基本内涵。

另外,在此必须格外说明,关于体用范畴的内涵说明,学界一直流行一种迄今为止也未获得足够重视和相应反省的错误做法——不加批判地以"本质—现象"关系来说明体用关系的内涵。之所以说是一种错误,是因为本质和现象虽然都是中国哲学本有的两个概念,作为一对关系范畴却是从西方引入的,业已经形成其特定的概念内涵和逻辑关系,与原有的中国涵义有很大的不同。核心的一点是,在西方思想框架中,本质与现象之间并不具有中国体用之间的发生学关系。对于这一点,成中英曾有非常仔细的辨明。他说:

> 本和体与本质和现象是两种关系。一种"本"是从发生学上的一种根源,宇宙发生,人的发生是有个胚胎过程,宇宙就是从一个原始的宇宙开始。二层意思是"本"有个理性基础和逻辑基础。中国讲"本"字是个因果,是创造性的发展,是创造性孕育出来的一种东西,基本上把宇宙还是看成生命体,把任何一个本体都看成生命体,而不是一个机械体。其中我加了另外一种意思:古代君子以修身为本,这个本就是可以随时去找一种基础,有一种支撑的意思,不但是创造的原因、创造的能量,而且是支撑的能量,具有逻辑的根本,具有一种衬托,或者是一种前提。[①]

要注意,他所谓的本和体,其逻辑实质就是体和用。由此可见,西方所谓"本质—现象"之间的关系并不能充分涵括中国体用范畴的根本义涵,更何况在西方的传统中本质和现象长期是体用两分而非体用合一的。

综合上述分析,体用范畴的二种内涵及其相互关系可以如图所示:

---

① 成中英、王治东:《"本体诠释学"之本、体、用:成中英教授访谈录》,《南京林业大学学报(人文社会科学版)》,2011年第2期。

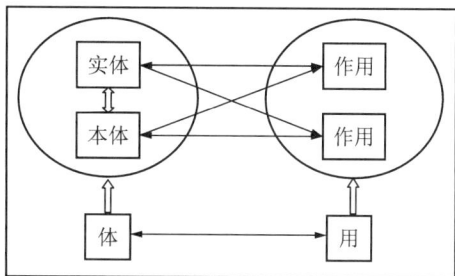

(二) 功能与地位

张立文先生在《论朱熹的"体"与"用"范畴》一文中,曾经认为中国哲学范畴大体可分为三类,具体来说:

> 一是"象"性范畴,是指某类具体的、特殊的范畴,如"天地"、"乾坤"、"男女"、"往来"、"屈伸"、"魂魄"等,内涵鲜明确定,较少游移。二是"实"性范畴,指某类实体性、本体性的范畴,如"有无"、"道器"、"理事"、"形神"、"理气"、"心物"、"太极"、"阴阳"等,这类范畴不是指某些具体的、特殊的事实,其内涵虽基本确定,但解释各异。三是"虚"性范畴,它是一种思维的模式或套子,如"体用"、"本末"、"阴阳"、"主次"等,这类范畴犹如代数学,任何"象"性或"实"性范畴以及任何问题,一经代入其两项,就可推导出所需要的具体结论。"体用"范畴基本上属于这类范畴。①

上述分类体现出张先生对中国哲学范畴形态的深刻洞察,尤其重要的是把作为思维模式或套子的范畴归结到虚性范畴一类,与具体指实性的范畴区分开来,但似乎第一类"象"性范畴可以归属到"实"性范畴之中,这样就可避免分类标准不统一的问题。

基于此,我在此将中国范畴区分为两大类别:一类是实质性范畴,即所谓"实"性范畴,包括张立文所谓的"象"性范畴。这一类范畴的特点是有确定的内涵和实指对象,它的内涵即是实指对象本身,这样的范畴本来应该是独立存在的,但在中国哲学的对待关联性思维模式中,常常成对出现,其间的相互关系由二者之实指对象来决定,但由形式性范畴表达出来。如道器、太极、阴阳、理气、理事、心性情、道德、仁义、中和,等等。另一类为形式性范畴,即所谓"虚"性范畴,此类范畴的特点是有确定的内涵却没有特定的实指对象,从本质上来说,它表现的是实质性范畴之间的关系,因此表现出很强的形式性和逻辑性,诸如有无、一多、本末、本迹、权实、因果、动静等。

---

① 张立文:《论朱熹的"体"与"用"范畴》,《学术月刊》,1984 年第 7 期。

既然如此,那么"体用"范畴到底属于哪一类呢? 很显然是形式性范畴,尽管体和用在早期各自都是具体的实质性范畴,但从先秦诸子时期开始被逐渐虚化,最终在魏晋南北朝时期完全概念化、形式化,成为一对真正的形式性范畴。体用范畴一旦获得自己的身份,便在中国哲学舞台上大显身手,不仅大量诠释诸多实质性范畴,而且与诸多形式性范畴频繁互动,由此形成一个可以笼络天地万物无所不包的范畴系统。**在整个范畴体系中,"体用"范畴不仅是一种形式性范畴,而且可以说是形式性范畴系统中的最高范畴。**这样认定的理由有二:一是它虽然不是最早的形式性范畴(最早的应该是"本末"、"有无"等范畴),但在随后的发展中,"体用"逐渐取得核心地位,它可以涵括统摄其他形式性范畴的本质内涵和结构逻辑,导致其他形式性范畴最终都依附或结合"体用"来发挥作用。二是它还能统摄说明几乎所有中国哲学系统(儒、释、道、易)中的各种实质性范畴。正是这两点决定了它在中国哲学中的本体诠释地位。

接下来,本章将通过两小节的内容来详细讨论体用范畴与其他重要实质性范畴和形式性范畴的关系。

三、体用与诸形式性范畴

在此主要考察的是体用范畴与有无、一多、本末、本迹、动静、因果、能所等形式性范畴的关系。

(一) 体用与有无

"有无"范畴,可以说是中国哲学使用最普遍、自然也是最重要的范畴之一。从"有无"范畴的历史演变来看,"有无"问题的提出当推老子为最早,为中国哲学史上"有无"之辩的滥觞。从《老子》开始,一直到明末清初的王夫之,"有无"历时 2000 多年,贯穿道、儒、佛三家的思想发展,先后成为各家哲学思想的主要论题。"有无"范畴的内涵是多层次的。对此,葛荣晋先生在其《中国哲学范畴通论》中有较为明晰的说明,摘录如下:

> 所谓"有",一是指客观存在的有形有象的各种具体事物,任何具体事物都是"有",绝大部分哲学家都是这样来规定"有"的内涵的。二是指一切具体事物的总体,从这一意义上,有也可称为存在,如西晋裴頠即持这种观点。总之,一切客观存在的具体事物及其总体皆可称"有"。所谓"无",也有多层的涵义:一是指客观事物的空虚部分,即与实体相对的空间,如老子、张载、王夫之即持此观点;二是指与有相对之无。一物生成即是从无到有,一物消失即是从有到无,如老子、《墨经》作者等;或者有与无是在事物相比较中而显现的(如王夫之),这是相对之无,是就客观存在的具体事物及其变化而言。三是指与真实性相对的虚幻

性,如佛教各派的"一切皆空"论,虚幻不实即是"无"。四是从本原或本体角度,把无看成是超越一切相对的绝对之无,先秦老、庄,魏晋何晏、王弼,以及宋明理学家皆持此种观点。因此,对不同历史时期的有无之辩,一定要做具体分析。①

事实上,讨论"有无"内涵的分别,首先要区分不同的层面,具体来说可以分为两个层面,一是本体宇宙论层面,一是工夫境界论层面。这两个层面的"有无"内涵,儒释道三家是有同有异、形态多样的,因此需要仔细分辨。

在本体宇宙论层面,一般而言,"有"指有形有限的存在或事物全体的存在,可以称之为"个有"或"万有"、"群有"。而"无"则可意味着"个有"的消失,也可指事物存在结构中虚空的部分。关于"个有"或"万有"的存在,儒释道三家都没有差别,分歧在它们各自对此存在的价值认定不同,儒家既肯定"个有"或"万有"的存在性,还肯定其真实、完善的价值性。就"有无"关系来说,儒家又分为三种类型:一种无形无限的理、道为有形有限之物、器的根本,前者为"无",后者属于"有",如程朱一系。一种以物、器为理、道的根本,此时二者均为"有",认为天下无"无","无"只是相对于"有"的一个逻辑对应项,如王夫之。还有一种如张载,太虚之气为无,阴阳之气为有,太虚之气乃阴阳之气的本体,所以也是"无为有本"。在张载这里"有无"又等同于"显隐"或"幽明"。道家强调在个有或万有之上还有一个更为真实、完善的存在——"无",也即是说,道家以"个有"或"万有"为有形有限之存在,以无形无限之"无"(包括道、自然)为"有"之创生的本源或存在的本体。因此在"有无"关系上,道家有"无中生有"和"以无为本"两种类型。佛家因为只承认"有"之存在的虚幻性或虚假性,认为其一切存在的真实本性是"无",是"空"。所以在"有无"关系上,佛家认为一切"假有"的本性即是"真无"。另外,在宇宙本体论上,佛家与重玄道家,都非常强调以"非有非无"等遮诠的方式来说明真实存在的本性,其实质仍然是对有无关系的一种把握。

总起来说,"有无"实质上是对宇宙存在之不同状态、方式或价值的一种认识和表述,在整个中国古代哲学的宇宙论思考中,有一个很重要的努力就在于,如何为现实的有限的经验存在寻找一个理想的无限的,同时又必须是人可以抵达的超越性存在。如果把前一个存在称之为"有",那么后一个存在就可以称之为"无",怎么样把"有"和"无"这看似矛盾的两种存在联系、结合、统一起来,就一直是传统中国哲学家们所殚精竭虑的事情。

在工夫境界论层面,儒释道三家学者有着惊人的相似,尽管这种相似性并不能掩盖三家各自不同的本体宇宙论设定上的巨大差异,也不能忽视"有

---

① 葛荣晋:《中国哲学范畴通论》,首都师范大学出版社,2001年,第266页。

无"境界之具体内涵,乃至实现各自境界所采用的方法和途径不同。具体来说,无论是儒家的内圣外王,还是道家的无为而无不为,或是佛家的烦恼与涅槃不二,他们都追求达到内在的自由、统一和完善,与此同时又能够对外在世界的各种变化做出全面的、恰如其分的反应和行动。正是在这个意义上,前者称之为"无",后者称之为"有"。与宇宙本体论层面一样,中国古代的思想家们穷其一生,孜孜以求的即是如何在心性境界论层面实现此有与无的结合和统一。

综上所述,无论本体宇宙论,还是工夫境界论,虽然一属于理论的,一属于实践的,但都有一个把"有无"这对矛盾对立的范畴如何结合统一起来的问题。历史表明,实现这一目标的最佳方法,就是把"有无"纳入"体用"逻辑之中,由于"体用"与"有无"之间的不同配应,就会形成各种不同的"体用有无"的结构类型。从宇宙论来说,因各家对有无内涵的设定不一样,就会形成"体无用无,体无用有,体有用有,体有用无"四种类型;从境界论来说,因各家对境界有无的认定相对一致,所以整体上来讲都是支持"体无用有"这一类型的。当然,其中还有更复杂的情形,需要根据不同学者的具体情况来予以分辨。

关于体用与有无的各种逻辑关系,杜光庭曾经有过充分的分析,他的分析可以用下图来表示:

①以无为体,以有为用。可道为体道,本无也;可名为用名,涉有也。
②以有为体,以无为用。室车器以有为体,以无为用。用其无也。
③以无为体,以无为用,自然为体,因缘为用。此皆无也。
④以有为体,以有为用,天地为体,万物为用,此皆有也。
⑤以非有非无为体,非有非无为用,道为体,德为用也。

除此之外,我们还需要从"体用"本身的逻辑类型上来看它与有无之间的关系。若从"实体—作用"型来说,则实体为有,作用也为有,所以为"体有用有"结构,即便佛教以个体实存为假有,也承认其有假用,因此在"虚假"的意义上认可"体有用有"的逻辑。若以"本体—作用"来说,道家和佛家坚持"体无用有",儒家之理学派坚持"体无用有",而气学派则坚持本体论上的"体有用有"与境界论的"体无用有"。

(二) 体用与本末

"本末"之本义在《说文》中为"木下曰本"和"木上曰末",指树木的下部与上部。引申为树木的根本主干和枝节,后引申为先后、始终、源流之义,并赋予其主要和次要的价值内涵。

"本末"概念出现得非常早,在现存的早期文献中大量发现本末概念的使用。无论儒家上古"六经",如《左传·庄公六年》:"夫能固位者,必度其本末,而后立衷焉。"(杜预注:"本末,终始也。")还是孔、孟、荀儒学大家的论述中,本末思想已经十分普遍而发展了。道家的老子、文子、庄子等人的著作中,都有较多的使用。其他如墨家、法家、兵家、杂家等诸子百家,无一不把本末概念作为论述自己主张的一个基本框架或表述逻辑;到两汉时期,"本末"连用的情况越来越普遍。

更重要的是在这一时期形成中国古代哲学的一种很重要的"本末思维"。如孔子《论语》中提出"君子务本",诸子百家各自的论述中都较多地提到"务本",秦汉之际直接以"务本"为文章的章节,如秦代的《吕氏春秋》中的《务本》章,东汉徐干的《中论》中的《修本》、《务本》章,王符《潜夫论》中的《务本》章。这些都充分说明,"务本"思想在先秦两汉时期是十分流行的,他们不仅探讨天地之本、礼之本、政之本,还追寻道之本、德之本、学之本、战之本,等等。这些都表明,他们已经有一种十分明确的意思或思维,即了解和把握宇宙天地、社会人生等一切事物存在变化的本末、主次、先后,是人类在各种实践活动中取得成功的首要前提和基本保证。

这种"务本"思维的深入与普遍,还表现为表示事物存在之根本、基础、本质的同义或同类概念的大量产生和使用,如本原、本源、本始、本根、本基、根本、宗本等。下面分别举例说明。

本基:

【1】言必欲尊贵,当以下为本基。(《老子河上公章句·法本》)

本源:

【2】盖所以崇本绝末,钩深之虑也……覆车之轨,其迹不远。盖失之末流,求之本源。(《后汉书·郭陈列传》)

【3】此未昭政乱之本源,不察祸福之所生也。(《后汉书·王充王符仲长统列传》)

根本:

【4】老子曰:教本乎君子,小人被其泽,利本乎小人……水下流而广大,君下臣而聪明,君不与臣争而治道通,故君,根本也,臣,枝叶也,根本不美而枝叶茂者,未之有也。(《文子·微明》)

【5】诸十二经脉者,皆系于生气之原。所谓生气之原者,谓十二经之根本也,谓肾间动气也。此五藏六府之本,十二经脉之根,呼吸之门,三焦之原。一名守邪之神。故气者,人之根本也,根绝则茎叶枯矣。寸口脉平而死者,生气独绝于内也。(《难经·经脉诊候》)

【6】言日月终天之道,故《易》卦六十四,分上下,象阴阳也。奇耦之数,取之于《乾》、《坤》。《乾》《坤》者、阴阳之根本,《坎》《离》者、阴阳之性命。(《京氏易传·归妹》)

宗本：

【7】老子曰：言有宗，事有本，失其宗本，伎能虽多，不如寡言。害众着锤而使断其指，以期大巧之不可为也，故匠人智为，不以能以时，闭不知闭也，故必杜而后开。(《文子·精诚》)

【8】夫明白于天地之德者，此之谓大本大宗，与天和者也；所以均调天下，与人和者也。与人和者，谓之人乐；与天和者，谓之天乐。(《庄子·天道》)

本始

【9】故曰：性者、本始材朴也；伪者、文理隆盛也。(《荀子·礼论》)

【10】事皆有内捷，素结本始。或结以道德，或结以党友，或结以财货，或结以采色。(《鬼谷子·内捷》)

【11】夫五运阴阳者，天地之道也，万物之纲纪，变化之父母，生杀之本始，神明之府也，可不通乎。(《黄帝内经·素问·天元纪大论》)

本根

【12】周任有言曰，为国家者，见恶如农夫之务去草焉，芟夷蕴崇之，绝其本根，勿使能殖，则善者信矣。(《左传·隐公六年》)

【13】天下莫不沈浮，终身不故；阴阳四时运行，各得其序。惛然若亡而存，油然不形而神，万物畜而不知。此之谓本根，可以观于天矣。(《庄子·知北游》)

【14】震：本根不固，花叶落去；更为孤妪，不得相亲。(《焦氏易林·履之》)

本原

【15】我在伯父，犹衣服之有冠冕，木水之有本原，民人之有谋主也。(《左传·昭公九年》)

【16】是故子墨子曰："兼是也。且乡吾本言曰：'仁人之事者，必务求兴天下之利，除天下之害。'今吾本原兼之所生，天下之大利者也；吾本原别之所生，天下之大害者也。"(《墨子·兼爱下》)

【17】夫子曰："夫道，渊乎其居也，漻乎其清也。金石不得，无以鸣。故金石有声，不考不鸣。万物孰能定之！夫王德之人，素逝而耻通于事，立之本原而知通于神。"(《庄子·天地》)

【18】地者，万物之本原，诸生之根菀也。美恶贤不肖愚俊之所生也。水者，地之血气，如筋脉之通流者也。故曰水具材也。(《管子·水地》)

【19】论者多曰："久不赦则奸宄炽，而吏不制，故赦赎以解之。"此乃招乱之本原，不察祸福之所生者之言也。(《潜夫论·述赦》)

列举上述文例,旨在表明前面所言的"务本"或"本末"思维,确已成为先秦两汉时期最重要的一种思维方式。这种思维方式对于中国古代哲学性格的形成和走向具有十分强大而深远的影响。

随着"本末"思维的进一步发展,"本用"思维或结构逐渐出现。在《论语》中就已经提出"礼之本"与"礼之用"的概念,虽然二者并未出现在同一个语境中。在《荀子》中就已有明确的"贵本而亲用"、"强本而节用",随后的司马谈在其《论六家旨要》中也指出"墨者"思想的根本特点为"强本节用"。从哲学上说,此处的"本用"关系还不完全具备成熟的体用范畴的逻辑内涵,因为此处的"本"虽然具有根本基础之抽象意义,但"用"仍然是指实际使用或具体财用,也就是说还没有上升到一般的哲学概念,本和用之间也就不能建立真正意义的逻辑联系,只能算作一般性的事实联系。但又必须指出的是,这种对举性用词的反复出现,无疑对真正意义的"本用"逻辑的形成有着巨大的促进作用。事实上,到梁武帝时期,他在《立神明成佛义记》中仍用"本用"结构,而其朝臣沈绩则将此"本用"直接注释为"体用",第一次把"本用"结构中所蕴含的"体用"逻辑明确揭示出来。随后皇侃的《论语义疏》中引述缪播的话,在"体用"意义上明确讨论礼之用与本。

与此同时,"本"与"体"在义涵和概念地位上的不断结合乃至互称同用,最终形成"本体"的概念。在先秦两汉时期,"体"和"本"被大量使用,最初"本"更多强调事物存在地位的根本性和重要性,而"体"更多强调事物存在的主要内容、结构、性质,意味着实体性或实质性存在。但因为二者经常同时出现,甚至有对称使用的情况,导致二者在思维方法以及表述义涵上发生密切联系。例如在《礼记》中,"本"和"体"不仅有对称使用的情况,而且还有比较明显的"本""体"合一、相互融摄的趋向。到西汉贾谊之时,"体"逐渐取代"本",以表示事物存在和变化的根本依据。譬如他说先王政教"内本六法,外体六行","本"与"体"对称使用,意味着本、体之间的意涵的互摄,使得"本体"合用的趋向更加明晰。而"本"与"体"二概念的融合乃是中国本有概念"本体"产生的重要前提。到西汉末《易纬·乾坤凿度》中正式形成"本体"的概念,它说:"生与性,天道精,还复归本体,亦是从无入有。"在京房《易传》中,也有三处"本体"之说①。此时的"本体"已是本和体的义涵的高度重合,即"本原之体"或"根本之体"的意思,这也是中国哲学"本体"概念以及"本体论"最初也是最核心的义涵。当然这也是真正成熟之"体用"范畴中"体"的重要内涵。

总体来说,本、末在《老子》中还只是一般性的概念,主要表示事物的主次、先后等关系。尽管后来"本末"思维有了很大的发展,也仍然不属于真正

① 上述所举文例及其分析,在本书第一章中都已有详细的说明。

的哲学性范畴,只有到了王弼这里,"本末"被赋予深刻的哲学内涵和巨大的诠释功能,不仅成为王弼经典诠释的基本原则,更成为王弼哲学建构的核心范畴。于此,"本末"与"有无",一跃成为整个魏晋玄学最为核心的两个范畴。这个时候,"体用"概念刚刚正式登上哲学舞台,仍然从属于"本末"范畴。在随后的南北朝时期,一方面是"体用"范畴的大量使用,可以说是与"本末"范畴齐驱并进;另一方面是二者的密切结合,至隋唐逐步形成体用与本末联合使用,形成"本体—末用"的结构,到宋明理学时期,"本末"概念的地位彻底被"体用"代替,"本体"常常作为"体用"的从属性表达而出现。

从上述简要的历史回顾中,我们可以看到,在最初,"本末"概念和思维对于"体用"概念范畴的形成起到了很重要的促进作用,随后在相当长的时间内,二者处于相互竞争、相互影响的状态。到最后,是"体用"结构彻底吸收本末概念的基本内涵,最终取代其在中国哲学逻辑中的中心地位。

另外,还有一点需要强调:本末和体用,从根本逻辑上来说是有重大差别的,并不能无条件的等同;不加区分的使用,必然导致相应的理论冲突,这一点在讨论王弼体用思想的部分已做了充分的说明。

(三) 体用与本迹

除儒家一直没有使用本迹概念的习惯外,道家道教和佛教义学都热衷于以"本迹"范畴来阐明义理。道家"本迹"说最早来源于郭象的《庄子注》中所提出的"迹"与"所以迹",到成玄英的《庄子注疏》,"本迹"观念已相当成熟,成为唐代重玄道学思想重要的内容。佛家的"本迹"最早源于僧肇,在其《注维摩诘经》中就有明确的"本迹"说法,其"非本无以垂迹,非迹无以显本"以及"本迹"不二的思想,对于后来吉藏和智颉产生了很大的影响。[①] 此后佛教之天台、华严、禅宗都大量使用"本迹"范畴来辨明教义。

无论道家还是佛家,其"本迹"概念都不可避免地要与"体用"范畴发生联系。道教在《道教义枢》中有体用与本迹的专门讨论,佛教有天台智颉在《法华玄义》之"六重本迹"[②]中就有"体用本迹"一门。他说:"行能证体,体为本。依体起用,用为迹。"是说以禀教修行契理而证得法身为本,而以法身之体起应身之用为迹。由于体用本迹是和其他五种本迹在逻辑结构上是相同的,也就导致"体用"与理事、理教、教行、实权、已今具有内涵上的关联。列表如下:

---

① 详见陈金辉:《吉藏与智颉法华经思想之比较研究》,台湾中华文化大学文学院哲学系博士论文,2010 年,第五章。

② 指天台智颉解释本、迹二门的六种释义。即理事本迹、理教本迹、教行本迹、体用本迹、实权本迹、已今本迹。"本"指所依的住处不动,"迹"指往来的踪迹出没多端。详见《法华玄义》卷七(上),《大正藏》第 33 册,第 764 页中。

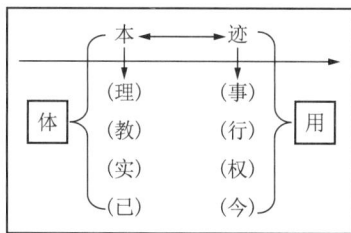

如图所示,一方面是本与体、迹与用的融合,形成"本体—迹用"的新型结构,同时又使"体用"能够涵摄理事、教行、实权和已今等结构内涵,从而极大地扩展了体用逻辑的诠释空间。不仅如此,在"本迹"之中又可以进一步分别"体用",由此可形成本中之体、本中之用、迹中之本、迹中之用的复杂结构,同样,"体用"之中也可以分别"本迹",形成体中之本、体中之迹、用中之本、用中之迹的多重结构。

在智颛著作以及后来的天台宗义学中,"本迹"和"体用"具有同样的诠释学地位,二者的内在逻辑(仅限于本体—作用方面)基本可以共享,如"体用"之间是"依体起用,由用显体","本迹"之间为"从本垂迹,发迹显本"。由此可见,本迹观念在中国古代哲学中不仅是非常重要的一对形式性范畴,而且在很长时间里与体用范畴的逻辑内涵和诠释作用非常接近,因而能够互相替代,甚至组合形成"本体—迹用"的新型结构。这在前面的个案分析中已有详细的表现,在此不再赘述。

(四) 体用与动静

体用和动静的结合最早可以追溯到先秦时期。在《道德经》中,既有"静为动本,静为躁君"之思想,又有"反者道之动,弱者道之用"的主张,与"柔弱"相关联的是"虚静",老子以虚静柔弱为道对万物发挥作用的根本,以万物对道的回归作为道的运动作用过程。但在这里,还不能确定老子是否赞同以道体为虚静,以道之用为运动。《周易》及《易传》认为一切事物都是变动不居的,所以强调"唯变所适"的思想。同时又认为"动静有常","易"本身是恒常不变的,是"无思,无为,寂然不动,感而遂通天下之故"。

体用与动静比较明确地结合是在王弼那里。在其《周易略例》[①]中他提出卦爻之间的体用关系,同时认为卦为时,以爻为时变之用,也就正式表明"体静用动"的逻辑结构的形成。在嵇康的《声无哀乐论》中,他认为"静躁"只是音声之对人心所产生的功用。中国佛学很早就关注现象事物的动静问题,道安提出"执寂以御有,崇本以动末"[②]的修养工夫论,这就把"动静"引入"本末"之中,形成"寂本动末"的结构,而此时的"本末"与"体用"还处在不太

---

① 楼宇烈:《王弼集校注》,中华书局,1980 年,第 604 页。
② 道安:《安般注序》第三,《出三藏记集》卷六,中华书局,1995 年,第 245 页。

明确的关系之中。

真正集中关注动静体用的是僧肇,他提出"用即寂,寂即用,用寂体一,同出而异名"的"寂用论",在《物不迁论》中强调"即动求静"的方法论。一方面认为事物现象是迁流变化的幻象,同时又认为这种幻象的本性即是虚寂无为的,因此形成"体寂用动"的结构逻辑。以此逻辑来说明世界的真实存在和生命的完美境界。由此,这种动为静本、体静用动的结构模式,就成为后来之中国佛教、道教的基本思维和表达模式。

儒家有关体用和动静范畴之间的关联,一直到梁代皇侃的《论语义疏》中,才显得比较明确。在对孔子所言"知者乐水,仁者乐山;知者动,仁者静;知者乐,仁者寿"的诠释中,他提出一种"性—用—功"的诠释模式,以"乐山"、"乐水"分别为仁者、智者之内在本性,而所谓仁智之"静动",乃是此内在本性的自然表现。这里"用"彻底摆脱具体实用性,用来表示事物本性的外在显现,因此"动静"都只是事物本体的不同之用。

在宋明理学之中体用动静的讨论获得最大关注,无论是周敦颐,二程、张载、邵雍等北宋五子,还是后来的胡宏、朱熹、陆九渊,还是明代的王阳明,特别是方以智、王夫之等人,也无论是在宇宙本体论,还是实践工夫论方面,体用动静以及有无显隐的关系都是他们理论探讨的重中之重。周敦颐明确地以"体用"结构来处理"寂然不动"与"感而遂通"之间的关系。最重要的一点,是他第一次把体用与动静联系起来讨论,开启后来整个易学即儒学讨论"体用动静"问题之先河。他不仅第一次以"体用动静"模式来诠释宇宙实理,还透过"体用动静"的逻辑,第一次把天道本体层面的"体用动静"结构与心性工夫层面的"体用动静"结构对应起来。更为重要的是,他还通过"实理"这个范畴把本体与工夫、天道与性命统合起来,继承并在本体层面上复兴了先秦儒家追求"天人合一"的传统。

朱熹的太极动静说,受到张载、程颐和邵雍的影响,最早他认为"太极为体,动静为用",后改为"太极者,本然之妙也;动静者,所乘之机也",其结论为:不可说太极就是动静本身,这样犯了没有正确区分形而上与下的错误。显然他是以太极为形而上者,以动静为形而下者,故不可相混淆。但他又认为可以说"太极含动静"和"太极有动静",并强调前者是以"本体"而言,后者则以"流行"而言。"本体"就结构而言,是说太极"含"动静之理;"流行"就变化言,是说太极"有"动静之象。同时"本体"与"流行"相对,本体为流行之本体,流行为本体之流行。所谓"本体"即体用之体,"流行"即体用之用。总起来说,朱熹是以太极本体为静,阴阳动静为用,在阴阳层面上强调动静无端,"互藏其根"。

至明代,湛若水尤为强调阴阳动静之间体用一原的关系,提出"内外合一,动静合几,体用合原,物我合体"的工夫论主张,特别强调随处体认天理,认为动静、已发未发都是心之本体。明确反对将"阴阳动静"强分为体用先后。王阳明同样认为"心不可以动静为体用",因为"动静时也,即体而言用在体,即用而言体在用,是谓体用一源"。阳明不以"动静"言心之体用,以贯乎动静之"定"为心的本体状态,而"动静"都只是此定制本体状态的作用而已。这样就形成了一个"定为体,动静为用"的心性结构模式。

方以智一方面区分体用动静,一方面又强调对动静、阴阳和体用二分的超越和统合,从而形成更高层次的辩证认识。关于体用与动静的关系,王夫之有最为详尽和深刻的论述,也可以看作中国古代哲学体用动静之间的最具辩证性的论述。这已在第五章中做了具体的说明。

综合而言,诚如葛荣晋在其《中国哲学范畴通论》中所言,动与静这对哲学范畴有其内在结构,至少可以分为四个层次:一是本体论(本原论),二是认识论(如老子的静观,管子、荀子的虚壹而静等),三是道德论(如周敦颐的主静说,颜元的主动说等),四是气功养生论(如动功、静功等)。① 显然,体用与动静之间的函摄和互释关系也正是基于此四个层次而展开。

四、体用与诸实质性范畴

(一) 体用与道器

"道"和"器"是中国古代的一对哲学范畴。最早见于先秦战国时期的《周易》,在《易·系辞上》中有"形而上者谓之道,形而下者谓之器"。这是以有形和无形来规定道器的内涵和关系。与此同时的《老子》中出现了"朴(道)散则为器"的说法,以道为大全之整体,器则为部分、为个别。总之,这一阶段都只是提出概念,缺乏对道器关系更为具体的讨论,但这也为后来的哲学家提供了自由发挥的巨大空间。

两汉时期宇宙气论与谶纬迷信之说结合起来,成为当时的思想主流,对于道器(气)、道物等抽象的本体论问题不感兴趣。直至东汉末期,王符才开始关注"道气"问题,提出著名的"道根气使"说。这既是哲学史上第一次明确而完整地使用"体用"(根即体,使即用)概念,也是把体用与道气(器)关系结合起来的开始。

魏晋南北朝时期,玄学、佛学相继昌盛,对有无、本末、一多、动静等哲学问题的关注成为时代的风潮。直至唐代孔颖达著《周易正义》,才重新开始关注道器、道物等形而上问题。但在哲学本体论思维上,孔颖达实际上仍然延续了魏晋玄学的"体无用有"的思想。他以"无"为宇宙万物的本原,"万物之本,有生于无"。因此他在解释"形而上者谓之道,形而下者谓之器"时说:"道是无体之名,形是有质之称,凡有从无而生,形由道而立,是先道而后形,

---

① 葛荣晋:《中国哲学范畴通论》,首都师范大学出版社,2001年,第266页。

是道在形之上,形在道之下。"虽然此处之"体"为形体形质之义,但他以"无体"释道,以器为有形之"器用",实质上仍然是玄学"体无用有"之体用逻辑的发挥。可以说,以体用来诠释道器萌发于汉末的王符,而真正明确使用"体用"概念是从孔颖达开始的。但此体用还不是真正意义上的体用范畴,真正意义上的体用说明出自唐代易学家崔憬的解释中。他明确提出"体者,即形质也。用者,即形质上之妙用也",由此形成典型的"器体道用"论。这是通过"体生用,用从体,体用不离"的体用逻辑来规定道器关系:道是以器为基础的。

宋元明清时期无疑是中国古代哲学家对道器范畴探索最多的,也是成就最大的历史时期。随着北宋儒学的复兴,《周易》等儒家经典重新受到时代的重视,成为学者哲学创新的思想宝库。对易学中的道器问题的诠释也随之成为宋元明清时期各家各派的兵家必争之地。葛荣晋将此阶段在道器问题上的各种思想概括为三种基本倾向或模式:或以理学诠释道器,或以心学诠释道器,或以气学诠释道器。[①] 这当然是针对哲学发展事实的一种很好的概括,但若是从体用与道器的关系来分析,则可以细致区分为如下几种类型或模式。

一是"道体器用"型。显然主张道体器用论的学者会有很多,最主要的代表自然是二程、朱熹及他们后来的追随者。这一类型的学者强调对道、器做形上形下的严格区分,他们认为形而上之"道"虽是借助阴阳有形之器表现出来的,但"道"本身并不是阴阳二气,它只是阴阳二气赖以存在和变化的根据(本体)。同时他们又和"一阴一阳之谓道"结合起来,强调"道非阴阳也,所以一阴一阳道也"。他们的最终目的就在于确定"理"的本原(或本体)地位。与此同时,这些学者无一例外地坚持道器之间是体用不离的关系,所以在一般意义上,他们也会有"器亦道,道亦器"、"器外无道,道外无器"这类的表达。

二是"器体道用"型。此一类型是以有形之器为体,以形而上之道为用。持这一观点的代表性人物有张载、罗钦顺、王廷相、刘宗周、顾炎武、谭嗣同等人。他们认为,虽然程朱理学认为道器不离,但其道体器用论实质上是将"道与器分为二物"。在他们看来,道是形而上者,是无形之理没错,但此道并非超越于器之上的自在之物,而是依托于器或气的运行之理,没有气或器,则道之不存。虽然同样强调道器不离,但他们坚持器或气比道分为根本,即所谓"离器而道不可见,故道器可以上下言、不可先后言"。

三是"道器体用相须"论。持这一主张的代表人物是王夫之。他总结并吸取以前许多思想家的积极成果,对道器范畴做了系统的研究和深入的探

---

① 葛荣晋:《中国哲学范畴通论》,首都师范大学出版社,2001年,第181页。

讨,达到了中国古代道器观研究的最高水平。

首先,他对道器的内涵做了自己独特的规定。他认为,器是指一切有形可见的存在(包括一切自然、人事),所以他说"盈天地之间皆器"(《周易外传·卷五》),也就是说世界就是"器"的世界。而道的内涵在船山那里有两重内涵:一是变易之道,指道为物的"固然之用",即天地万物本来就有的活动以及由此所产生的功用,唯如此所谓的器(天地万物)才是一个运动着的实在;二是存有之道,指"道"为物的"当然之则",即是指天地万物运动必然遵循的内在规律性,这一规律决定着天地万物的内在运动趋势及秩序。也就是一物之所以成为一物的内在具体法则,在天称为"天理",在人称之"人性"。① 无论是"固然之用",还是"当然之则"②,都意味着道是依托于器而为一不可见之实有,既然"盈天地之间皆器",必然是"盈两间皆道"(《周易外传·卷五》)。

其次,王夫之说"形而上者隐也,形而下者显也",也就是说"道隐器显"。所谓隐显非是指存在之有无,而是指存在方式之不同。所以在王夫之看来,"器"和"道"同样都是实有,只是器之实在性是具体可感知的;道的实在性却是抽象、超感官性的,是需要依托器才能实现和显现的。

最后,就道器关系而言,第一,他提出"道器不相离"和"道器一体"的观点。他说:"形而上者谓之道,形而下者谓之器,统之乎一形,非以相致,而何容相舍乎?"③是说,道器无论是"形"显现,或是"形"隐藏,道器同为事物构成的根本要素,最终都是由"形"所统摄的。如图所示:

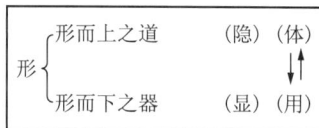

如图可知,形即是道器之体,而道器同为形"体"之二用,与此同时,这里的形"体"虽然统摄道器二用,但形不是道器之上的更高存在,而是由道器合一而有的世界本身,所以是真正意义上的"体用不二,即体即用"。在终极意义上,这应该说是"形本论"或"形有论",而非一般所谓的"气本论",此与张载是有根本区别的。

第二,他认为,道器为形之二用,但道器之间又有互为体用的关系。他说:

---

① 汪惠娟:《王船山"道器为一"形上思想之管见》,《哲学与文化》2007 年第 8 期,第 77 页。

② 王夫之:《四书训义·论语四》卷八,《船山全书》第 7 册,第 377 页。

③ 王夫之:《周易外传》卷八,《船山全书》第 1 册,第 1029 页。

"谓之"者,从其谓而立之明也,上下者,初无定界,从所拟议而施之谓也,然则上下无殊畛,而道器无易体,明矣!天下惟器而已矣,道者,器之道;器者,不可谓之道之器也,无其道,则无其器,人类能言之,虽然苟有其器矣,岂患无道哉……人或昧于其道者,其器不成,不成非无器也,无其器则无其道,人鲜能言之,而固诚其然者也。洪荒无揖让之道,唐虞无吊伐之道,汉唐无今日之道,则今日无他年之道者多矣……诚然之言也,而人特未之察耳。[①]

在此王夫之一方面说"无其道,则无其器",一方面又说"无其器则无其道",这两种说法似乎是完全对立的,但在王夫之看来,二者实际上是不仅没有矛盾而且是统一而必然的。就其原因,就在于前面所述的王夫之对道的两重理解,即变易之道和存在之道。从"变易之道"来看,道实乃器物自身的运动变化之过程和作用的显现,自然是器决定道,所以是"无其器则无其道",这显然属于"器体道用"。而从"存有之道",道乃是决定事物之所以如此存在以及运动变化的根据所在,当然是道决定器,所以说"无其道,则无其器",这正符合"道体器用"的逻辑。

显然无论是道体器用,还是器体道用,都是"道器不相离"和"道器一体",同时二者结合起来正是道器互为体用。图中的双箭头所指正是如此。由此可见,王夫之的道器互为体用论全面继承了程朱理学的"道体器用"思想,又继承了张载为代表的"器体道用"思想,并将二者统一在其独特的形本论或形有论之上。由此完成了道器关系在体用诠释中的真正融合。

需要进一步阐明的是,"道器"体用诠释的三种模式在逻辑实质上是有很大不同的。程朱的"道体器用"说本质上属于"本体—显现"型,而张载等人的"器体道用"说实质上属于"实体—作用"型,王夫之的道器说则是这两种不同的体用逻辑的结合。显然这既是王夫之体用思想的深刻之处,也更是体用逻辑在本体宇宙论发展的必然。

(二)体用与理气

在中国哲学系统中,与道器范畴关系最为密切的应该是理气范畴。在先秦时期,"理"和"气"分别作为单个的哲学范畴,未能形成把理气对举的范畴组。此阶段的"理"有三种含义:一是以"义"、"礼"解"理"。二是以事物形式和特性解"理"。三是以秩序、条理、规律解"理"。[②]汉代重视天人关系,但重在研究气之变易本身,对于理则主要集中在政治人伦方面,对于气之理或天道之理的研究不够。但郑玄在《雒书灵准听》中曾说:"太极具理气之原。"

① 王夫之:《周易外传》卷八,《船山全书》第1册,第1027—1028页。
② 葛荣晋:《中国哲学范畴通论》,第203—204页。

到魏晋玄学时期,"辨名析理"的清谈之玄风,使学者开始探究普遍的"通于天下之理"①以及万物"所以然之理"②,此时的理范畴逐渐获得本体地位。但在此时之理,还没有与"气"结合起来,也没有和体用建立联系。

隋唐时期对"理"的重视主要表现在佛学之中,从道生的理佛性之说,发展到后来的真如理体说以及理性说,使得"理"获得了在佛学中的本体地位,与一切表示生灭现象的"事"世界相对待,形成"理事"范畴组合,并与体用逻辑结合起来,成为佛教义理诠释的重要模式。这一模式直接启发了宋明理学理气思想的发生和发展。

自北宋起,理气范畴成为新儒学思想中核心范畴之一。整个宋元明清时期,哲学界围绕着理和气的关系问题,展开了长达数百年的辩论。同时也开启了运用体用逻辑诠释理气关系以建构各自本体宇宙论的历史进程。和"道器"范畴一样,理气关系的体用模式也分为三类:一类是理体气用,程朱为代表;一类是气体理用,张载、刘宗周等为代表;三类是理气合一、互相为体用,王夫之为代表。鉴于这些类型在本书前六章中已有比较详细的讨论,在此就不赘述了。

(三) 体用与理事

尽管在形成之前受到传统儒家和道家,尤其是玄学思想的影响,在之后又深刻地影响了宋明理学的"理气"思想,但理事范畴仍然可以说是属于佛教哲学中独有的一对哲学范畴。

"理"作为重要的佛教哲学范畴最早出现在晋、宋时期,当时的竺道生提出"理佛性"——以"理"为"性"的"佛性"论。南朝的僧宗也有"性理不殊"③的说法。与"理"相对的是"事",早在南朝时期毗昙学派的学者即以"事""理"来分别二谛,即以"事"为世谛,"理"为真谛。但只有到隋唐时期,理才与事相对举成为各宗重要的"理事"范畴。

隋唐时期的天台宗、唯识宗以及禅宗都有其自己的理事观。在早期天台宗,智颛在《法华文句》中依"权实"说十法,"事理"与"体用"均为其一。十法都是基于"从无住本立一切法",即以无住者为理,一切法者为事。依次有理教、教行、缚脱、因果、体用、顿渐等十法。在《法华玄义》中以"六重本迹"来诠释《法华经》,其中之一即是"理事本迹"。与此同时,智颛在《释禅波罗蜜次第法门》、《摩诃止观》中都曾结合"事"、"理"来讲"止观"、"禅定"。

唯识宗玄奘译经之中大量出现"理事",《成唯识论》中即有"于诸理事明解为性。对治愚痴作善为业"之说。窥基《般若波罗蜜多心经幽赞》更有"善

---

① 刘劭:《人物志·材理第四》。

② "所以然",见《荀子·君道》。"所以然之故",见董仲舒《春秋繁露·竹林》。"所以然之理"见《朱子语类·论语三十一》。

③ 《大般涅槃经集解》卷19,《大正藏》第37册,第456页中。

友恶友诸果诸因理事真俗皆不无故",显然是把理事和真俗、因果、善恶等范畴对应起来,表示两个相互对待而不同的世界。其在《妙法莲华经玄赞》中又说:"理事、空有、世出世间,未曾有法皆深入故。"再次明确"理事"即是空有、真俗之二分世界。窥基弟子慧沼在《金光明最胜王经疏》中亦有"空有理事名一切境"之说。

唐代前期的禅宗也有"理事"之说,如谓北宗神秀曾说:"心不动,是定、是智、是理;耳根不动,是色、是事、是慧。"[①]

不管怎样,理事范畴和理事关系在此时期并没有成为各宗的主要议题,也没有成为它们构造哲学体系的核心范畴或逻辑枢纽。只有到了华严宗,"理事"之说才突出地成为这一宗派的教义理论核心。受此影响,禅宗后期五家七宗都特别重视"理事"之说。北宋时期,天台宗内部"山家"、"山外"两派在教义上的争论几乎都是围绕"理事"范畴展开的。

如上所述,无论是哪个阶段或哪个宗派,理事范畴的所指基本一致,即"理"所指的是那个事物存在的本性(各宗对本性的认识是有不同的),"事"即是指那个与理世界相对立的现象世界。所以从根本上来说,理事即是真俗二谛,即是性相,也即是一般哲学意义上的本体世界与现象世界。根据中国佛教的体用不二逻辑,自然是"理体事用",但华严宗更加重视理事之间的相互融摄的关系,这是和他们的体用圆融观相一致的。具体来说,初祖杜顺在《华严法界观门》中,提出理法界、理事无碍法界和事事无碍法界之"三法界"说,后经智俨、法藏补充发展,最终形成澄观的"四法界"之说。法藏在《华严经探玄记》中基于体用双融、一多相即相入的逻辑,发展出以"一心"或"理体"含摄"事理"的法界缘起观。之后又有李通玄的"体用互参,理事相彻"之说。

事实上,华严宗这种强调"体用圆融、理事交彻"的思维模式深刻地影响了后来宋明儒学的发展。程朱的"体用一源,显微无间"之说,包括后来方以智的理事、性相、因果和体用之间圆融无碍的主张,都可以从中看到这种影响。

(四) 体用与道德

道和德是中国古代哲学中两个非常重要的概念,道德体用问题本质上是宇宙大全(或宇宙本体)与具体事物存在之间的关系。但从先秦到南北朝道教兴起之前的漫长时期内,要么重视道,要么重视德,唯有以老子为源头的道家、法家、杂家等学派才认真关注道德之间的关系问题。特别是南北朝道教重玄学思想的兴起,使得"道德"关系尤其是"道德体用"问题成为道教哲学讨论的主流,最终使之成为和儒家的道器、理气,还有佛教的理事、性相

---

① 《大乘无生方便门》卷一,《大正藏》,第 85 册,第 1274 页中。

的概念同等重要的一对范畴。

南北朝时期"道德"关系的讨论实际上就是对道和万物关系的一个讨论,尽管还没有提出如唐代道教学者那样明确的"道体德用"的模式,但其"道德体一"之说实际上已经蕴涵着后来的发展。

根据孟安排在《道教义枢》中的概括,我们可以看到唐代重玄学派是将"道德体用"和"有无体用"放在同一理论层面进行思考的。他说:"道德体用义者,道义主无,治物有病,德义主有,治世无惑。"认为"道篇"的主旨在于阐明"虚无",属于形而上,目的是对治世人因万物具体之有而产生的偏执之病;而"德篇"的主旨在于阐明万有,属于形而下,旨在对治世人因世界变化无常而产生的空无之惑。根据"道生德畜"的关系,实际上即是以道为德之体,德为道之用。同时他们也强调不可执着于道德体用之间的关系,因此既不可说不可执说其有体有用,也不可定说无体无用。显然,《道教义枢》的作者明显受到重玄派的思想影响。

然而哲学史上第一次明确指明道德之间体用关系的是唐初道教学者成玄英,他说:"道是德之体,德是道之用。"后来唐玄宗直接继承这一点,在"妙本"论的基础上谈论"道为德体,德为道用"。杜光庭更是强调道德之间是"体用互陈,递明精要"的关系,从此由单向的体用关系发展为双向的互为体用了。更重要的是,杜光庭不仅同唐玄宗一样,以"道德"之间的体用逻辑来解释《道德经》之所以分上下经的结构内涵,同时他还将这种"道德体用"逻辑应用到《道德经》的每一章内部以及上下章节之间关系的结构分析上。显然这既是"道德"之间关系的深化,同时也是体用结构逻辑的深化。

儒家学者中很少有直接关注"道德"范畴及其关系的,不过张载是个例外。他曾说"德为体,道为用",与唐代重玄道教的"道体德用"说形成鲜明的对照。后来方以智引述了张载这一说法,并进一步阐明此种"道德"体用之间内在又有互为体用的结构逻辑,即"道以其用为体,德以其体为用"。因此既可以说"道体德用",也可以说是"德体道用",这样就可以把张载和道教重玄学的主张统合起来。

第九章

"体用逻辑"的本体论诠释

一、什么是逻辑的本体论诠释

有一段时间,学术界几乎所有人都认为中国人缺乏逻辑思维能力,或者认为中国人不大讲逻辑思维。显然这一论断的根据是建立在西方现有哲学或逻辑学的认识之上的。但这样的论断若要成立,需要两个前提:一是中国人的思维方式的确与西方人不同,二是逻辑思维方式只有西方式的一种。第一个前提承认中国人和西方人都有思维能力,但存在着一种不讲逻辑思维的思维能力,并且在能够很好地运用此思维应付环境的挑战,甚至还一度超过西方人所创造的文明。第二个前提的推论为:中国人因为缺乏西方人式的逻辑思维,所以不能产生近代科学和现代社会制度。

一般来说,逻辑在西方哲学的传统中,是指"思维的形式和规则",但这并非就是"逻辑"的全部内涵。事实上,人类思维的本质表现为符号性,即能通过语言(口语、文字等符号性表达)来展示思维的过程和结果,同时又具有其内在的逻辑性,也就是说它的过程和结果始终要遵循一定的规律或要求。这一规律和要求,一方面表现为"思维的形式和规则",一方面又与思维的内容或对象有紧密关联。因为思维的本质并非形式规则之间的无聊游戏,而是以认识世界和改造世界(包括人类自身)为最终目的的一种活动。在中国人的信念中,这既是自然赋予人类,同时又是需要人类自身去发展和完善的一种根本的理性能力。事实上,思维的形式和内容都是人类在长期的生产生活实践中锤炼、发展出来的。

这也就表明,"逻辑"一开始就不只是一种认识论或方法论层面的工具性存在,而是具有本体论意义的本体性存在。说它是一种本体性存在,首先指"逻辑"是这个宇宙世界存在的根本依据,在这个意义上等同于古希腊的"逻各斯"和中国的"道"。因为有此"逻辑"的存在,世界方能是现实的存在(如此说并不意味着需要认定"逻各斯"或"道"现实地创造了宇宙世界的存在),因为唯有此"逻辑"的存在,世界才能是可以被认识和把握的。从这个意义上说,生活在同一个宇宙存在中的一切存在(当然包括人类自身)都共同遵循或享有这个"逻各斯"或"道"。正是在这个意义上说"逻辑"是一种本体性存在,因为你无法想象一种相反的情况是可能的。因此任何一种有思维能力的民族,就都应该具有一种认识和把握这种本体性"逻辑"的能力,不论是现实还是潜在的,也无论这种能力是有限还是完善的。事实上,人类的这种能力一直处在不断发展、进化的过程中,尤其是近现代以来更是突飞猛进。其次,说"逻辑"是本体性的存在,还意味着任何一种现有的"逻辑"思想或理论,都只是这种本体性"逻辑"的一种而不是其全部的表现或反映,倒过来说,任何一种现实的逻辑理论或逻辑形式,都有其"本体论承诺"①。这也就意味着任何现实性"逻辑"都不必然是无条件的绝对真理的体现或根据。

因此,与其说中国思想不重视逻辑,不如说中国思想"逻辑"的存在方式和表现形式与西方不同。中国虽然没有西方式的逻辑体系,但并不意味着中国人思维不讲逻辑,也不能说中国就没有自己的逻辑系统。对此,金岳霖有很深刻的认识与阐述。他在《不相融的逻辑系统》一文中说:

> 逻辑是逻辑系统所要表示的实质,逻辑系统是表示逻辑的工具。对于逻辑系统,逻辑可以说是"type"或者暂名之为"义";对于逻辑,逻辑系统可以说是"token",或者暂名之曰"词"。这两个名称或容易起误会。所谓"type"有似"美金一元",所谓"token"有似美国的银元,或美金一元的钞票。逻辑与逻辑系统的关系有似前者与后者的关系。……不同的逻辑系统是不同的系统,不是不同的逻辑;是不同的"词",不是不同的"义";是不同的工具,不是不同的对象。②

金岳霖认为,逻辑的义和词,一个是本体——义,一个是本体的具体表现——词,本体之"义"只有一个,但本体表现之"词"确可以有多种不同。这种"义"与"词"的关系显然就是一种"体一用异"的关系。

所谓"逻辑的本体论诠释",正是基于上述对"逻辑"本体性存在的两种理解而提出的一个诠释学概念。其意义在于,对于一种"逻辑"理论或思想,不仅要说明它的逻辑内涵,以及它作为方法的作用,还要说明它的本体论地位和意义。"体用"从一般性的独立概念,到二者结合形成一组基本的关系性范畴,乃至成为一个儒释道三家各自进行哲学思考和理论表述的最为基本的逻辑结构之一,不仅是各家运用最为普遍的最抽象的形式性逻辑结构,也与三家各自的本体思想有紧密关联。所以有必要考察这种"体用"逻辑的内涵和本体论意义。

---

① 此是由美国哲学家蒯因(1908—2000)提出的一个现代经验主义的哲学观点,详见涂纪亮、陈波所主编的《蒯因著作集·从逻辑的观点看》卷四(中国人民大学出版社,2007年)。

② 《金岳霖文集》(第一卷),甘肃人民出版社,1995年,第609—611页。

二、内容逻辑:"体用"逻辑之如何可能?

前述已经阐明"逻辑"本是思维活动的基本形式,西方逻辑的历史发展表明,它们的"逻辑"一开始就形式化程度很高,到现代数理逻辑就完全与日常语言脱离,因而也完全数学形式化了。而中国逻辑显然与此有很大不同,一是它始终没有发展出与日常语言相区别的形式化逻辑体系,二是它似乎从根本上就不承认有一种完全脱离对象的"形式逻辑"的存在。相反,它是把自身的逻辑结构建立在对思想论述的实质对象或结构之中。相对于西方式的高度形式化的逻辑模式,中国传统的逻辑可以说是一种"内容逻辑",此处所说的"内容逻辑"并非与"外延逻辑"相对,而是与"形式逻辑"相对的。

依照西方逻辑的传统来看,根本就不可能存在所谓的"内容逻辑",因为逻辑本质上就是脱离一切经验内容的普遍原则的形式。对此,胡塞尔在其晚年最后一部著作《形式逻辑和先验逻辑》中强调:逻辑学作为原则性的科学理论,意在提出"纯粹的"、"先天的"一般性。这种逻辑学的原则一般性,不仅是一般的先天性或本质一般性,而且是形式的一般性。他还认为,逻辑学本身是在最高意义上及可设想的最广泛意义上的普遍性规范。逻辑学所应用的规范是纯粹理性原则本身,而且它对合理性本身施以规范性检验。①显然在以胡塞尔为代表的西方哲学家们看来,真正的"逻辑"必须是自在自为的纯粹抽象的"形式"。

然而同样作为逻辑学家的皮亚杰在讲到逻辑结构时曾专门强调说:"不存在只有形式自身的形式,也不存在只有内容自身的内容,每个成分都同时起到对于被它所统属的内容而言是形式,而对于比它高一级的形式而言又是内容的作用。"②这也就意味着,所谓形式逻辑的"形式的一般性"只是表示它在整个知识(科学)中的最高层次上说它是"纯粹的、先天的一般性",它的下一层次(具体科学)即是它的内容。但问题不只在于此,而是在整个西方的逻辑观念中,先天地认为逻辑必须是以脱离内容的"形式"独立存在的,而内容只是作为形式的例证,且最终还得接受形式规范的指导和检验。

因此,此处提出的所谓"内容逻辑",并非指它没有形式只有内容,而是强调:它不是像西方形式逻辑那般把形式的纯粹性、先天性推崇到完全脱离具体经验实在的地步,而是始终依托于经验实在而又有相对超越于此具体实在的普遍性以及相应的形式性。也就是说,"内容逻辑"之所以仍然是"逻辑",根本在于它是立足于具体的实在性内容而有普遍性形式,在此,内容和形式是相互关联结合在一起的。

---

① 胡塞尔:《形式逻辑和先验逻辑——逻辑理性批评研究》,李幼蒸译,中国人民大学出版社,2012年,第22—25页。
② (瑞士)皮亚杰:《结构主义》,商务印书馆,1984年,第24—25页。

前面有关逻辑的本体论诠释的讨论已经表明，"逻辑"并非独立于思维的绝对物，而是思维活动规律性的一种反映或表现。因此中国式的内容逻辑就必定是中国式思维特别是中国哲学思维规律普遍性的一种反映和表现。有学者认为，中国古代哲学乃是基于一种合抽象与具体为一体的特有的思维方式，并在概念创造和运用上表现为虚实合一和动静合一的特质。① 应该说，这一认识的确把握到了中国哲学思维方式上的深层特性。显然，这种"合抽象与具体为一体"的特有的思维方式，正是在逻辑上内容与形式的密切关联、相即不二的深层基础。也正是这种思维方式导致了中国哲学始终没有发展出西方式的、完全形式化的逻辑体系，而恰好是形成了一种可以称之为"内容逻辑"的逻辑系统。

显然"体用"逻辑即是属于典型的中国式"内容逻辑"。虽然作为"内容逻辑"其内容和形式从根本上不可分离，但并非始终没有区别或不可分别。事实上，阐明体用逻辑的形式和内容，对于我们理解和把握体用逻辑的本质与作用是十分重要的。下面就分别对体用逻辑之形式和内容及其关系做进一步的分析说明。

（1）关于"体用"逻辑的形式性。所谓体用逻辑的"形式"，并非指它的语言形式，而是指它相对独立于它所诠释的对象（内容）的"形式性"，即作为一种思维方法和诠释模式（包括表达方式）的普遍性与规范性。正是这种形式的普遍性和规范性，使得"体用"范畴可以运用到几乎所有中国哲学的范畴之上，既包括儒释道三家之最高实义性范畴，如天人、道德、理气、太极与阴阳、真如实相与生灭诸法、本识与现象等，其他实义性范畴就更加不在话下了；当然也包括其他虚义性范畴，如一多、有无、动静、本末、本迹、能所、因果、权实等。在某种意义上说，这些虚义性范畴都是体用结构的"内容"，而体用结构则是它们的"形式"，尽管它们自身也是更为具体经验对象的"形式"。在此，作为形式的体用逻辑作为它之具体对象存在的认识规范和评价标准，也即是说具体的经验对象必须进入这一逻辑结构才能获得它们相应的实质规定。更重要的是，"体用"逻辑还能反身运用，也就是它还能以自身为诠释对象进行体用分析。可以肯定的是，正是上述这些特性使得体用范畴最终上升为普遍性、形式性的体用逻辑。

（2）关于"体用"逻辑的内容性。所谓"体用"逻辑的内容性，指的是体用逻辑的形成与发展始终是与其具体诠释对象即内容紧密关联的。首先，"体用"逻辑中的重要逻辑要素——体和用——原本就是具体的实在性概念。这种始源性的实在性和具体性在其后的逻辑化进程中虽然有很大程度的虚

① 张法：《唯心与唯物》，新浪博客地址：http://blog.sina.com.cn/s/blog_4de351700101961e.html

化,但始终没有彻底消失,而是转为体用逻辑中极为深层隐蔽的背景存在,控制着体用逻辑的诠释功能的发挥。其次,体用之间的逻辑关系的形成和发展自始至终都是从其具体的诠释对象中获得的,而并非如同西方形式逻辑或公理逻辑那样,其逻辑系统的普遍性和规范性是由完全与应用对象无关的初始概念或初始规则的内在分析演绎而来。体用逻辑的普遍性更主要地是从其诠释对象的实在关系中抽象出来而上升为逻辑规定的。也正是从这个意义上说,体用逻辑具有很高的形式性和普遍性,但这种形式性和普遍性确实是根源于实在本身的。这就是体用逻辑的内容性所在,显然这些都已在前面历史分析中得到充分证明。

(3)关于"体用"逻辑的内容与形式之关系。首先,体用逻辑的内容与形式谁更为根本呢?就体用逻辑的形成过程来看,体用逻辑的内容比形式更为根本,形式来自对内容的洞察和升华;但若就体用逻辑的发展演化来看,形式则越来越具有其相对的自主性和独立性,对内容的规范性和主宰性越来越强。其次,若依体用逻辑来看体用逻辑内容与形式的关系,我们可以说二者是互为体用关系,即在第一种意义上内容为形式之体,形式为内容之用,在第二种意义上又可以说形式是内容之体,内容是形式之用,一方面二者相即不离,一方面又是辩证互动的。正是这种内容与形式的体用相资互涵的关系,使得体用逻辑一方面朝着更为形式化的方向发展,同时这种形式化的普遍性也使其不断扩大诠释对象的范围,从而有机会获得更丰富更深刻的逻辑内涵。

综上所述,体用逻辑作为一种逻辑之所以可能,首先在于它是一种"内容逻辑",这种"内容逻辑"不同于"形式逻辑"把形式绝对脱离和超越于内容,而是把内容和形式构成一种体用相涵互资的关系。这种逻辑既对逻辑的形式性开放,允许追求体用逻辑形式上的普遍性,甚至在将来还会允许其完全数理形式化;然而这种逻辑又始终不脱离其逻辑的对象——实在本身,因为这个实在本身本就是一个不断变化的世界,意味着体用逻辑将始终对这个变化流动的内容保持开放。从这个意义上来说,体用逻辑并非固化不变,而是一个在继续丰富发展中的、动态的逻辑系统。

三、纵横虚实:"体用"逻辑之体

湛若水曾有"体用二字,随在皆有"之说,从本体论上指明体用逻辑或体用诠释的普遍性。因此对于体用逻辑本身我们也可以探讨其体用,下面重在分析体用逻辑之体的方面,主要从四个方面展开。具体如下:

(一)体用逻辑的表述形式

体用逻辑的表述有两种经典方式,一种是"S 是 X 之体,P 是 X 之用",一种是"S 是 P 之体,P 是 S 之用"。下面对这两种方式进行具体分析:

其一，在"S是X之体，P是X之用"中，S和P同时属于一个更高的概念X。也就是说，当此种表达式出现时，就意味着在S和P之上还有一个X的存在。譬如胡宏："中者，道之体；和者，道之用。"显然"道"乃是统摄中、和概念的更高概念。再如张载："太虚者，气之本体，其聚其散，变化之客形尔。"此中，太虚和聚散都被气这个概念所统摄，"太虚"并非气之外的存在，而是气之本体，仍然从属于"气"，所以说"太虚即气"。但它又与聚散阴阳之气不同，阴阳聚散之气乃是气之变用。正是基于此分析，我们认定周敦颐的"实理"乃是他宇宙论的最高范畴，无极为"实理"之体，太极生万物为"实理"之用，无极和太极都是被"实理"所统摄的概念。"实理"即是他所说的"诚"，因此也可以说是"诚本论"。同样的理由，我们认为把朱熹的宇宙论称之为"太极本体论"比"理本论"更为贴切。因为朱熹认为"理乃太极之体，气为太极之用"，所以"太极"才是那个统摄"理、气"的最高范畴。

其二，在"S是P之体，P是S之用"中，并不需要一个更高概念"X"的统摄，而是以"体"来统摄"用"。譬如最早出现在《潜夫论》中的道气体用论："道者，气之根也。气者，道之使也。"那么这种表达模式与第一种有什么异同呢？首先，这一模式中的体和用，是处在一个平行但又共存的关系之中的，其中任何一方都不能孤立存在；其次，"S"和"P"常常是可以"互为体用"或"体用相函"的，其中之主导最终取决于谁居于"体"的逻辑位置。

总之，以上两种体用关系的表达模式，实质上是对体用逻辑的两种使用场景的不同表述。第一种是针对一个独立对象的内在分析，第二种则是针对两个或多个对象之间的外部分析。联合运用这两种表达模式，就可以使我们完全充分地分析和表述整个世界。

（二）体用逻辑的基本类型

我们可以基于不同的标准对体用逻辑进行类型分别，譬如熊十力将其分为一般之体用和哲学之体用；贺麟将其分为柏拉图式体用和亚里士多德式体用；牟宗三将其分为抒意型体用与指实型体用；而杜维明则将其区分为静态型体用和动态型体用。这些分类在本书第六章中都有详细的论述，在此不再赘述，而将重点阐述笔者的区分。根据体用范畴的基本内涵，通观体用逻辑的各种形式，我们可以将其归结为两种基本类型，一种是"实体—作用"型，一种是"本体—作用"型。[①]

首先来看第一种"实体—作用"型，此中的"实体"并非西方哲学中的实体（substance），这里的"实体"一方面是针对任何我们诠释对象的存在本身而言的，无论是事物个体，是事物总体，还是各种精神性存在、符号性存在

[①] 事实上，这一区分最早在朱熹那里引起重视，在王夫之那里得到阐明，熊十力则把它直接区分为一般体用论和哲学体用论，而只取本体与现象或流行之体用论为讨论对象。本节的区分与前述的分别既有联系又有很大的区别。

(包括语言、概念等)以及任何综合性存在,只要它成为体用讨论的对象就必定具有实体性存在。另外此处之"实"乃是相对于"作用"而言,即为"作用"的实际依托,所以此处的实体之实并非价值实在与真实之实,而是指其现实存在之义。

这种现实性存在必定有其存在之结构,而附属于此结构的是其存在之样态与属性。这些"样态和属性"可以统称为存在之表现,若以存在之内在结构为存在(实体)之体,那么此种存在之表现就可以归属于存在(实体)之用。这种实体与作用的关系就相当于体与性(德)、相(象)的关系。与此同时,一个具有如此内在结构和外在表现的现实性存在,必定表现为对其他"实体"之间的相互作用,这种相互作用即实体(结构和属性的统一体)的潜在功能与现实功效。所以我们又可以依据实体作用的不同形式区分为两种,一种为"实体—表现"型,一种为"实体—功用"型。

其次来看"本体—作用型",此中的"本体"乃是相对于"作用"而言的,是指它是如此"作用"的根本依据,而"作用"则是此"本体"的现实表现。相对于"实体—作用型"来说,此种类型的体用逻辑根据"作用"的不同也有两种分别,一是"本体"作为作用的主宰者显发或显现于具体的作用对象中,二是"本体"的作用即表现为"本体"的流行及其规律本身。

以理事体用关系来说,真实之理即显发或显现于具体之事相中,由此说"理为事之体,事为理之用"。需要注意的是,理事体用关系不能归结到"实体—表现(功用)"中的任何一种,也不能归结到"本体—作用"型中的第二种即"本体—流行"型之中。而太极与阴阳与八卦之间的关系,就既不能归结为"实体—表现(功用)"中的任何一种,也不能归结到"本体—作用"型中的第一种即"本体—显发型"之中,只能归结到"本体—流行"型中。

由此我们可以看到,体用逻辑的两种基本类型又可以分为两类,于是构成一个二层次四分别的逻辑结构模式。如图所示:

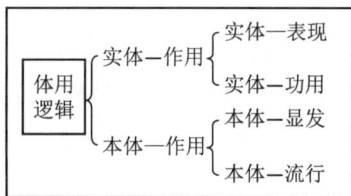

接下来的问题是,这两种逻辑类型的相互关系是怎样的? 事实上,"实体—作用型"与"本体—作用型"之间的分别本质上来自它们各自诠释语境的不同,"实体—作用"是基于独立的实体(存在)进行体用诠释,而"本体—作用型"是基于二种实体之间的关系而展开的。也就是说,这两种类型只是逻辑上的分别,在实际的体用诠释中,二者是可以同时存在或发生的。事实上本体也是实体,实体也都可以成为本体,关键看处在怎样的诠释语境之中。

（三）体用逻辑的结构演化

湛甘泉不仅提出"体用二字，随在皆有"之说，还第一次明确提出了"体中又自有体用，用中又自有体用"的说法。尽管在此之前的体用诠释中，就已经实际地展开了类似的体用演化，不过只有到了湛甘泉这里，这种结构演化才达到真正自觉。这种自觉的本质即是基于对体用逻辑的普遍性认识而有的。因为顺着甘泉的思路，如果从宇宙、天地、大道开始，依着"体中又自有体用，用中又自有体用"的逻辑推演，结合两个基本类型的分别，就可以发展出一个层次复杂又层层联结的体用结构之网；通过这张体用逻辑之网，宇宙世界的一切存在都可以获得自身的明确位置和丰富联结。体用逻辑具体的结构演化表现为两种形式，一是多重体用，二是体用层递。这两种形式在前面的论述中已有较为充分的分析说明，在此就不再重复了。

（四）体用逻辑的具体内涵

体用逻辑的本质是一种关系，其具体内涵包括以下四个方面：

1. 体用有别：即指体用之间虽然紧密关联，但毕竟体用内涵是不同的，首要的不同在于层次的差别，其次各自存在样式的差别。所以简别体用就被历来学者所重视。

2. 体主用从：也可以说是"体本用末"，此时强调"体用"之间的地位不同，特别是体对用的统摄、主导作用。不管"体用"各自实质所指为何，只要被纳入体用结构中，就必然被赋予相应的逻辑身份和相应的逻辑地位。

3. 体用不二：也可以说成"体用相即"或"体用一源"，突出的是虽然体用有别，且体主用从、体本用末，但体用二者是必须同时共存，不可分离独存的。

4. 体用相涵：强调的是体用之间的辩证关系，包括三个层次：一是"体生用，用归体"，也可说是"从体起用，摄用归体"，以及"体以致用，用以备体"。二是"体者所以用，用者用其体"，即"体在用中，即用显体"。三是体用之间的相互转化，即包括"互为体用"，以及"体用互资"和"体用圆融"。

事实上，上述1和2合为"体用有别"，而3和4则可合为"体用不二"，依此体用逻辑的具体内涵就可以进一步概括为："体用有别"和"体用不二"。

四、功过得失："体用"逻辑之用

所谓"体用"逻辑的功过得失，即是指对于体用逻辑在中国哲学的形成与发展过程中作用的一种描述。隋唐时期是中国体用逻辑形成的关键时期，到宋明理学时代，就成为一种普遍的思维方式，运行于思想的各个层面，最终成为三家学者构造各自理论体系和相互批评辩难的基本工具。显然这样一种基本工具必定深刻全面地影响中国哲学以及整个中国文化的基本属性和根本走向。然而,历史地来看,这种作用或影响并非全都是正面积极的,事实上也在很大程度上决定了中国哲学或中国文化近代衰落的命运。为此,下面将从得与失两方面来分析"体用"逻辑对于中国哲学及文化发展的历史作用或影响。

(一)体用逻辑之得

体用逻辑对于中国哲学及文化的积极作用主要表现在三个方面:

1. 以"体用逻辑"的普遍性来说,它将世界任何层次的存在都归结为体用两个方面,而"体用"之间又具有体统摄用、用涵有体的相即不二关系,这实际上就是将世界的统一性建立在"体用"逻辑之上,并在此基础上形成一种既极为简洁又极富辩证发展的宇宙洞察和生命领悟。正是这样的洞察和领悟为中国人的安身立命提供终极而宗极的思想与实践基点。

2. "体用逻辑"既重视体对用的统摄、主宰作用,又强调用对体的显发、实现作用,将中国文化中悠远而深刻的"反本意识"和"致用精神"紧密地结合在同一个逻辑结构之中,成为中国人生命实践和社会实践的基本致思方式,显然中国文化的基本走向和精神气质受到了这种致思方式的深刻影响。

3. "体用逻辑"中对"体用"相即不二、一源无间的关系的规定,使得中国哲学的关联性思维、整体性思维以及一元化辩证思维得到进一步强化,这种思维方式最终影响到中华民族发展出一种独特的宏观综合能力和战略决策能力。

(二)体用逻辑之失

必须清醒地看到,这种体用逻辑也有对中国的传统文化及哲学发展不利的一面,这种消极影响在中国近现代的历史变化中显得尤为清晰、强烈。具体来说也表现为个三方面:

1. 从哲学上来说,"体用逻辑"因其在"本体—工夫"的架构中必须强调体用不二,导致思维上不能对体用分别做更细致深入的独立分析,使得我们的思维过于注重综合性、整体性和辩证性,西方式的分立性、分析性和精确性思维不能充分发展起来。这种分立性、分析性和精确性思维的不发达,直到今天仍是我们哲学饱受合法性质疑与批判的主要因素之一。

2. 从科学上来说,上述那种分立性、分析性和精确性思维正是西方式科学的形成并发展壮大至今天能够统治世界的核心要素之一。而基于体用逻辑的辩证思维的中国式科学活动,近两个世纪以来,无疑遭受到了西方式科学几乎是颠覆式的挑战。

3. 从文化上来说,"体用逻辑"在实际的发展中,过多的重视体对用的统摄作用,最终导致事实上的体用分立,进而是有体无用,尤其是宋代理学形成之后,整个社会笼罩在"重体轻用"的文化惯性之中,长时间地堕入无用之体的局面。更严重的是,在传统的君主统治体制下,这种文化惯性纵容了权力独断地宣称什么是真正之体,而后又以此独断之体来笼罩统摄其用,直至彻底丧失用对体的反思与批判,使得本来动态、开放的体用系统转变为固化封闭的体用系统,最终必然导致政治和文化的僵化和腐败,这正是中国近代走向衰败的主要原因之一。

第十章

"体用诠释"的历史透视

任何历史都是连续的,因此也是从根本上拒绝作阶段划分的。但为了认识的深入,作为一种方便的方法或策略,对历史进行阶段划分是完全必需且一直被证明是有效的。当然这种分期的标准是相对也是多种多样的。本章的重点在分别从儒、释、道三个方面对体用诠释的整个历史发展做一个全景式的透视,以期能够揭示体用诠释在三家各自哲学理论建构以及三家互动中的真实状况和本质作用。在具体的操作上,笔者依据"由用显体"的逻辑,对儒释道三家都分别从历史(用)和本质(体)两个方面来阐明"体用诠释"的历史进程和价值。

一、儒家经典诠释与哲学发展中的体用

(一) 历史:儒家体用思想发展的四个阶段

依据体用思想在儒家哲学(具体说是其经典诠释学)发展中的角色、地位和作用,同时结合"体用"思想自身的形态变化,在此将中国儒家体用思想发展历史划分为四个阶段。它们分别是:

第一阶段:儒家体用意识萌生期(先秦两汉)

这一阶段不仅是儒家体用思想的萌生期,也是整个中国体用思想的孕育期。这一时期跨度较长,从先秦到两汉有近千年的历史。早期儒家有着深刻的忧患意识和强烈的救世情怀,因而使其关注对象,从鉴往知来到天文地理,乃至礼乐刑政等,无所不包。通观这一时期体用思想的孕育和萌生,可以从三个方面来说明,一是先秦与两汉的礼乐文化中的体用意识的萌生,二是早期易学发展中的体用意识的萌发,三是秦汉儒家气论中的体用思维的创发。

1. "体、用"概念的哲学化。最早的体用概念都是日常用词,"体"多指身体、物体等具体有形事物的存在,"用"也多用作普通的使用、材用和利用之义,其概念的哲学化过程是漫长而不自觉的。儒家礼乐文化很早就对礼乐制度的本源根据、内在本质与表现形式,以及在社会治理中的地位、作用等一系列基本理论问题进行思考,并且大量使用礼之本、用、礼之大体、大用等相类似的表述结构。这在《论语》、《荀子》、《礼记》、《春秋繁露》等经典中表现得尤为突出。

2. 先秦两汉时期的儒家思维模式仍然是以本末思维为主,但在儒家论述的历史进程中,"体"和"本"在概念内涵、表达功能上逐渐接近、等同直至对称使用,最后组合成一复合词"本体"而使用。"用"概念因为抽象使用的增多而变得愈来愈脱离日常意义,不仅可以表示抽象的功用,还可以表示事物的运动变化,以及事物之具体属性和表现,这些都为真正意义的体用之"用"概念的形成奠定了基础。

3. 从体用逻辑的角度来看,这一时期尽管处于萌发期,但在诸多的实际理论思考中,都已经触及或隐含着后来才被揭示出的体用逻辑结构。如"体性用"结构以及君臣君民"心体"关系等。

4. 值得重视的是,东汉时期的王符在其《潜夫论》中提出了"道者,气之根也;气者,道之使也"的说法,这可以说是儒家哲学(同时也是中国哲学)史上第一次如此明确地讨论道和气的关系,更为重要的是,他在此处明确地使用了体用逻辑。虽然没有使用"体用"这两个词语,但实际上其中"根"即与"本"或"体"同义,"使"即"用"义。在此之前,学界一致认为王弼是体用概念的第一位正式使用者,显然这一认定有必要重新讨论。

第二阶段:儒家体用思想潜运期(魏晋—隋唐)

这一阶段之所以称为"潜运"期,乃是与这一时期(尤其是南北朝隋唐时期)佛教以及道家道教的体用思想的发达兴盛相比较而言的。"潜运"的意思是指在这一时期,虽然儒家体用思想的发展属于隐而不显的状态,但不意味着它是完全停滞而没有发展的。因此,准确地说,这一时期的体用思想具有承先启后的地位和作用,一方面是延续先秦两汉的传统,另一方面又对宋明时期的儒家体用思想具有直接启发作用。具体来说,这一时期的体用思想发展具有如下特点。

1. 继承第一阶段儒家重视探究事物(尤其是宇宙天道和社会政治)之本、体的传统,在理论创造和经典诠释中,发挥体用思维或采用体用结构。三国魏的杜恕著有专门的《体论》就是这种趋势的具体表现。魏晋南北朝时期的儒学注重义疏之学,以何晏的《论语集解》与皇侃的《论语义疏》为代表。其中《论语义疏》明确提出"性用功"的诠释结构,实际上与后来孔颖达所揭示的"体性用"结构在逻辑上是一致的。与此同时,皇侃还提出独立的"本用"结构,并对此结构的内在逻辑予以明确说明:一是假用以达本,二是本达则用可忘。这与程颐后来提出的"假象以明理"在根本逻辑上并无二致,虽然程颐并不赞同"本达则用可忘"。由此可见,这里提出的"本用"结构,既是对早期秦汉礼乐文化精神的继承,又可说是宋代理学"体用"思想的理论先声。

南朝刘勰的《文心雕龙》本质上属于文学理论,但其基本的观念和思维仍然是儒家哲学式的,虽然其中不无对佛道观念的借鉴与吸收。一方面,他在文学理论的层面丰富与深化了体用概念的内涵,尤其是他对"体"的文学讨论,本质上属于哲学上"体"思维的一种文学具体化。与此同时,他还提出了一个"体用"对称结构,即以六经中的《书》为"明理以立体",《易》为"隐义以藏用"。实际上是以义理之显为"体",以义理之隐为"用",这和程颐所提出的"体用一源,显微无间"的易学原则有很强的相似性。在此基础上,他还特别重视"本体"概念的运用,在处理文章"情理"与"文采"关系时发展出一种类似于王弼卦之本体与时用关系的逻辑结构。南朝最值得注意的是梁武帝,他对于儒、释、道、易之经典都十分重视,就儒学易学而言,他曾著有《天象论》并在其中提出"妙体别用"之说。

2. 虽然隋唐时期的儒学在佛道二教的映衬下显得暗淡无光,但实际上这一时期的体用思想发展表明,唐代儒家哲学不仅有其进步之处,而且的确对宋明儒学的形成在思维模式和概念范畴方面具有重大的启发作用。

由孔颖达等诸多儒家学者共同编著的《五经正义》,可以说是唐代官方哲学的总代表,通常认为其只是对前人观点的汇总,在哲学上毫无创新。事实上,儒家之体用思想的真正显明化和结构化,正是在《五经正义》中完成和实现的。具体表现为:

1) 在《周易正义》中,他提出"天之体,以健为用",这样就把隐含于王弼和韩康伯论述中的"体用"结构揭示出来;通过阴阳之数的讨论,提出卦爻之间以实质(质)为本体,以变化(文)为用的体用结构;明确论述道之体用与《易经》之体用;探讨道与万物的关系,明确道无体、器有形,无为有之体;最后揭示"道"和"圣人"的体用差别,认为圣人虽然是"体道"者,但仍然有经营忧患之迹心,即所谓"体道以为用,而不能全无以为体",是指圣人最终只能达到"体无而用有"的境界,而道之境界则是"体用皆无"。

2) 在《尚书正义》中,提出"本体"概念,一指文字之最初本有之形体,一指《洪范》九畴之为基本原则。提出"自然本性"的概念,运用"体性用"逻辑明确地把《尚书》中的五行分析结构化。

3) 在《礼记正义》中,进一步突出了"礼"的宇宙本体地位,即所谓"经天地,理人伦,本其所起,在天地未分之前"。"礼"具有普遍性、先在性和本源性,这种本体性的礼即是"理"性的实存。其基本的功用在于协统天地,治理天下。这即是"以理为体,以治为用"。对《周礼》和《仪礼》之间的关系予以体用诠释,以《周礼》为礼之体,而《仪礼》为礼之用。提出"物体"、"礼体"、"心体"的概念,以此表明不论哪种存在,都有其体,"物体"之体即以个体固有属性为体,"礼体"则是以法度理性为体。"心"作为一种现实存在,有其自身之体;礼之体最终落实于"心体"之上,这一方面是"心体"本身功能,也可以说心之体即是以这些贯通天地人之理性法度为本质内容的。

李鼎祚的《周易集解》记录了崔憬一段非常重要的论述,其之所以重要就在于这是哲学史上第一次明确地以体用逻辑来诠释道器关系,明确以形质之器为体,以道为妙理之用。也就是以形而下之器为体,以形而上之道为用。

李翱《复性书》中的"性情论"在唐代的儒家思想中具有代表性。他"性情论"的核心在于"性情相需",虽然没有提到体用,但其逻辑实质即是典型的体用逻辑:性乃情之体,故情由性生;情乃性之用,故性因情明。

第三阶段:儒家体用诠释成熟期(宋元明清)

这一时期跨越宋元明清一千余年,是儒家体用思想最发达的时期,当然最为重要的还是宋代和明代这两个历史时段。这一时期的哲学,无论是理学、心学还是气学或所谓性学,还包括儒家易学,都充分普遍地运用体用范畴或体用逻辑来诠释经典,以及阐明自己的理论主张。在此不做详细论述,只是列举其主要特点。

1. 胡瑗"明体达用"思想不仅开宋初儒学复兴之新潮,也奠定了后世儒学从体与用两个方向开启深化探索之路的基本格局,或强于"明体",或重乎"达用",但无论哪家哪派,无不标榜自己为"明体达用"之儒家"实学"正宗。清代的李二曲提倡"明体适用"之学正是对此正宗的回归和发展。

2. 由程颐所发明的"体用一源,显微无间"的解易方法,经朱熹深化与升华之后,成为整个南宋之后的儒家体用诠释的基本原则。

3. 体用逻辑的成熟和体用诠释的泛化,是这一时期最重要的特点。所谓体用逻辑的成熟,是指体用逻辑的结构性和辩证性都达到了前所未有的高度。所谓体用诠释的泛化,是指体用诠释的运用对象范围普遍,可谓无所不包,以至于不仅是最常用之经典或事物的诠释方法,而且成为一种最基本的思维模式和表达范式。

第四阶段:儒家体用哲学超越期(近现代)

之所以称为超越期,是因为这一时期的体用思想,不再只是一种诠释方法或思想范式,而是业已超越整个经典诠释的传统从而发展成为"体用哲学"。所谓"体用哲学",包括两个方面的内容:一是对"体用"本身进行根源性的哲学式反思,二是"体用"逻辑本身同时成为哲学思考的最基本内容之一。体用哲学意味着体用思想发展到一个更高更为自觉的阶段,因为它不再只是作为方法,而是作为哲学本身,从诠释学的角度,即是从方法论诠释阶段进化到了本体论诠释阶段。

具体而言,熊十力的《新唯识论》和《体用论》,标志体用哲学的正式形成;牟宗三的儒佛道三家之体用衡定,标志着体用反思的全面哲学化;成中英的本体诠释学,杜维明的动态体用论和傅伟勋的中西互为体用论,标志着体用反思或体用哲学建构的世界化和现代化。应该说,这一进程才刚刚开始,还远没有结束。

(二) 本质:儒家体用思想的哲学和逻辑内涵

1. 体用诠释的对象内容

很显然,儒家体用诠释的对象内容是与不同时期的儒家思想发展直接相关的。早期儒家体用诠释的重点在于儒家礼乐文化,特别是对"礼"本身的本源、结构内容和功用等方面予以体用诠释,同时包括《易经》、气等方面。潜伏期的体用诠释局限在对儒家基本经典的诠释框架中,到了第三、四两个阶段才真正全面展开。下面即以这两个阶段为主,并结合前两个阶段,对儒家体用诠释的对象内容从两个层面做一个总的梳理:一是对象性体用诠释,二是反省式体用诠释。

(1) 有关儒家义理概念、范畴的体用诠释

综合四个阶段来看,可以将有关儒家义理概念范畴的体用诠释归总为三个方面:

1) 礼学方面:早期儒家主要集中在礼学及与其紧密相关之方面。具体来说,《左传》提出"体政"之体;《论语》提出礼之本与礼之用;《孟子》中的"志气"关系以及"心体"与"本心";《荀子》中的天人之间,荣辱与安危利害之间,道之一隅与全体,名实、期命、说辩、道心之间,礼之文理与情用之间,君民之间;《礼记》中的礼仁义关系、礼乐刑政之关系、乐声文之关系;汉代董仲舒《春秋繁露》中的礼之文质关系,命性情之间;贾谊《新书》中的治乱之体,品善之体,道、德、性、神、明、命之间,班固《汉书》中六艺之体用,徐干《中论》中文质、德艺之间,王符《潜夫论》中的道气之关系。皇侃《论语义疏》中的仁知动静,刘勰《文心雕龙》中情理与文采,诗文、词采与声韵之间。

2) 易学方面:《易经》是中国文化的元典,并不为哪一家所独占,从某种意义上说,易学应当于儒释道三家之外独立一家。汉代以后,儒道二家都形成了自己的易学传统,事实上佛教与易学的渊源也是非常久远而复杂的。[①]但从整个易学哲学发展来看,儒家易学历史最久,贡献最大。若从整个中国哲学发展来看,则历史最为悠久、贡献最为巨大的也还是儒家易学。

早期易学,包括先秦易学和两汉易学,并没有形成明确的体用诠释,但《易传》的形成对于日后整个易学哲学的体用诠释起着至关重要的作用,可以说,后来之易学体用诠释的几乎全部来自于此。[②] 除此之外,还有汉代《易纬》之"三易说"和"太易说",《焦氏易林》之"卦体"说,《京氏易传》之"互体"

---

① 金生杨:《佛教易学发展史综论》,《周易研究》,2010 年第 1 期。

② 陈鼓应先生认为,从《周易》古经到《易传》是《易》由占筮之书不断哲学化的过程,在这过程中老子道家起了关键性的作用。进而认为易学的哲学内涵,如其"道论"、"阴阳学说"、"对待与流行"等思想观念,与道家哲学关系密切,而与儒家关系不大。(详见陈鼓应:《道家易学建构》,台湾商务印书馆,2003 年。)本书并不支持这一主张,而依从传统认识,即《易传》虽不为孔子所亲撰,但主要为战国之儒家后学所为。

说和"卦变说"等,虽然都不能算作严格意义上的体用诠释,但又都对后来易学之体用思想的发展产生了影响。

南北朝时期易学中的体用诠释并不发达,梁武帝虽然好佛,但也著有《周易讲疏》等著作。其《天象论》,实是以《周易》原则来阐述自己的宇宙观,提出天地之"妙体别用"说。

隋唐时期的易学体用诠释主要表现在孔颖达的《周易正义》中,涉及天地与乾坤健顺之间的体用关系、阴阳之数与卦爻之间、象数与义理之间,大衍之数、"显诸仁,藏诸用"、"神无方,易无体"等方面的体用诠释,还包括对《易经》之体用、道之体用、道器、动静、性情之间的体用关系的揭示。显然这些一方面是对王弼韩康伯玄学易学的继承和超越,更重要的是在许多理论问题上产生了对宋代儒家易学和理学建构的直接影响。

宋元明清的易学体用诠释达到极盛。周敦颐明确以体用结构来处理"寂然不动"与"感而遂通"之间的关系,提出易理"实理"之体用,把儒家易学经学提升为本体诠释的"理学"。第一次把体用与动静联系起来,并把"本然而未发"与"善应而不测"与之相应。

对邵雍而言,体用思维或体用逻辑是其易学诠释乃至整个思想建立的一个不可缺少的工具与方法。主要表现在他运用的全面性,不仅有对整个易经体例的体用结构分析,还包括对先天后天易经图式的体用诠释,更有对《周易》之大衍之数、六十四卦、八卦、四卦、乾坤、阴阳、太极、道等一系列易学最基本也是最核心内容的体用诠释,进而建立了一个富有特色的宇宙论象数模式,并扩展到心性工夫和历史哲学领域。

二程之程颢以体用诠释咸恒二卦的关系,提出"体用无先后"之说。程颐在《伊川易传》中讨论象数与义理的关系,依据其"因象明理"之论提出"体用一源,显微无间"的易学诠释原则。

张载之气论源于其易学诠释。他依据体用逻辑诠释阴阳与乾坤之关系。朱震属于象数派易学,他提出"卦象合一,体用同源"的说法,以之作为这个卦变说的基本逻辑,进而以"体用相资"为原则解释卦变的具体过程,将整个易经的变易之道拟构成一个复杂而有序的有机动态系统。同时他还发展出一种以结构性整体为体、结构性要素之活动变化为用的体用结构,以此来诠释太极与阴阳之间的关系。杨万里在《诚斋易传》中强调易之道即造化之道都有体有用,君子学易之关键在于"通其变而得其常,极其用而执其体"。

朱熹易学乃义理学派之大成,他肯定周易"当初之意"本为卜筮,但其中又蕴涵着普遍的"必然之理",由此提出"稽实待虚,存体应用"的解易原则。他发展程颐的"体用一源,显微无间"的诠释方法,以之为本体诠释的基本逻辑。在此基础上,他对太极之体用、动静,太极与阴阳、五行、八卦、阴阳、乾坤之与动静,先天与后天,对待与流行等一系列易学核心理论概念或范畴,都做出了明确的体用诠释。

元末张理在《易象图说》中提出"生数为体,成数为用"之说,创新性地解释"大衍之数五十"与"其用四十有九"的关系。萧汉中的《读易考原》集中采用体用逻辑来解释六十四卦排列的程序问题,实际是以乾坤阴阳之体用构成"八卦本体",而后以此八卦本体之变而成五十六之用卦。

明清之际的方以智和王夫之最能代表那一时代之易学发展。方以智父子特别重视体用逻辑的时间性本质,提出了"易贵时用,用即是体"、"体用以时"的解易原则。同时特别重视体用之间的互动辩证关系,提出"河图为体,洛书为用,体用互藏"、"体用权变"、"阴阳互体互用"的观点。王夫之在其《周易内传》和《周易外传》中,提出"体用胥有"与"体用相涵"的总观点。

清代易学全面复兴汉易,故其在哲学上的体用诠释并不十分充分。现代新儒家最重视易学体用诠释的是熊十力,他以生生变易之大道为"本体",乾坤翕辟二能为"权用",体必生用,即用显体,体用不二。以此来解决大乘空有二宗之弊端,解决西方哲学唯心唯物之偏颇,由此建立真正意义上的体用哲学。

3) 宋明理学或道学方面,其中理学方面,以程朱一系为主、以"理"为最高本体的理学学者们,积极采用体用结构诠释的对象包括理气关系、道器关系、道物关系、理事关系、理性关系、心性情、道义、忠恕、仁义礼智信、未发已发、动静定、中和、下学上达、格物致知等一系列理学重要范畴或理论。心学方面,对于理气道器关系的关注会相对弱一些,除了上述范畴之外,还会特别关注心声、心物、心事以及心理的关系,还包括大学之道八纲目之间的关系,还有良知、知行之间的关系。气学方面,张载和方以智、王夫之还特别重视"体用"与隐显、有无、因果、能所、德业、德行、德功等范畴之间的逻辑关联。

(2) 有关经典、义理体系以及"体用"自身的体用诠释

除了对经典文本中具体的概念、范畴以及理论进行体用诠释外,儒家学者还对经典文本本身、儒家义理体系本身,尤其是对体用范畴或体用诠释本身予以反思性体用诠释。

具体来说,儒家对经典之间内在关系的关注最早可以追溯到汉代班固的《汉书》,其在《艺文志》中对六艺之关系给予讨论,虽未明确使用体用结构,但其逻辑是如此的。此后在唐代孔颖达之《礼记正义》中《周礼》与《仪礼》之间的关系明确为体用关系,即以《周礼》为体、《仪礼》为用。

到了宋代,邵雍以体用结构来分析《易经》体例。认为《易经》之上经言体,下经言用。同时又以乾、坤、坎、离四卦为上篇之用,以兑、艮、震、巽,四卦为下篇之用。张载以《礼记》中的《礼运》篇和《礼器》篇为体用关系。

朱熹非常重视对体用范畴及诠释本身义涵的界定,他举大量的例子来对各种层次的存在作体用分别,以此来说明体用有定与无定之义,"无定"是指体用说能诠释的对象是变化无定的,"有定"则是指体用各自的逻辑内涵以及二者之间的关系是明白确定的。在此基础上,他区分出体用之体、体质之体以及体段之体的差别。

湛甘泉对体用表达在语境上做了两种分别:一种是"偏言",即体用分别而论,一种是"专言",体用兼合而论。他还说"体用二字,随在皆有",并第一次明确提出"体中有自有体用,用中又自有体用",足见其对"体用"诠释的普遍性和体用逻辑的自我衍化已具有充分的自觉。他分辨"一本万殊"与"理一分殊"的差别,同时他还区分体用之体与天地万物同体之体的不同,实际上都是为了表明体用范畴义涵的明确性,反对将整体与部分的关系作为体用结构的逻辑内涵。

方以智在传统体用论基础上做出了多项创新性发展,将体用逻辑与"交、轮、几"、"统、细"、"随、泯、统"等各种辩证逻辑结合起来,互相诠释,促使体用逻辑的全面辩证化,也使得其整个宇宙论全面体用逻辑化。与此同时,他还十分重视体用结构与因果、性相、理事、妄染、善恶、真妄、一多等儒释道三家核心范畴进行关联分析,进而形成一超越的体用逻辑结构:无体、无无体、无用、无无用。此一超越的体用结构最终又是"层楼而一屋"之总的体用。

王夫之对于体用诠释最为自觉,在很多地方专门而集中地讨论并界定"体用"的概念内涵及其结构逻辑,对于体用诠释的普遍化有非常明确而肯定的分析,直接将体用诠释与宇宙的本体存在统一起来。他还在讨论朱熹"与道为体"说时,分别两种体用类型:"实体—作用型"与"本体—流行型",这也是中国哲学史上的第一次。

熊十力先生在《破破新唯识论》一书中,对中国哲学史上的"体用"学说做出自己的总结,首先将其划分为两大类:一类是哲学意义上的体用,是就宇宙人生之基源、大化之本始处立言,实际上就是中国哲学所谓本体论;另一类是"一般通用者",随机而设,凡主次、轻重、本末、先后、缓急等不同,都可用之表达。其弟子牟宗三也非常自觉地从语言层面分别体用类型为抒意型和指实型两大类型,并依此分别来判别和辩证儒释道三家之体用诠释的本质与功用。

综上所述,我们可以说,儒家体用诠释的历史表明,它的体用诠释既是"对本体诠释",又是"自本体的诠释",显然完全符合成中英所倡导的本体诠释学之基本原则。

2. 体用诠释的逻辑内涵

(1)儒家体用诠释的表达形态

"体用"作为关系型范畴,其根本作用在于阐明不同概念、事物之间的"体用"关系。但事实上,体用关系或体用结构的表达形态多种多样,这一方面源于语言表达的多样性,更多的是因为体用逻辑本身的丰富性和发展性。在两千多年的儒学发展历史中,的确形成了多种体用诠释的表达形态,下面列举除"体用"之外的一些典型方式并予以简要说明。

1)"本用":早期"本"比"体"更多地具有体用之体的概念内涵,它表示事物存在的根本、主体或本质,所以更早发生的不是"体用"而是"本用"。"本用说"最早出现于《论语》之中,后被皇侃在《论语义疏》中进一步强化。《荀子》中有"贵本而亲用"、"强本而节用"之说。至梁武帝还在使用"本一而用殊",被沈绩进一步注解为"体一而用殊"。

2)"体性用":在《尚书》中对"五行"的说明中,已经蕴涵有一种后来十分重要的体用模式或结构——"体—性—用"和"名—体—用",后来这一模式被孔颖达《尚书正义》明确揭示出来。《礼记》中也发展出一种类似"体性用"结构来揭示礼之本、礼之内容结构、礼之作用目的。在《周易正义》中,孔颖达对天地、乾坤、刚柔的分析中,暗含一个"体象用"或"体性用"的逻辑。事实上,佛教和道家道教也分别发展出类似的"体性用"或"体德用"结构。其中实质逻辑为:实体—属性—作用,简化的表达即为体—性—用。

3)"体用文":由宋代胡瑗提出,他认为圣人之道包括"体、用、文",所谓"体"是指君臣父子,仁义礼乐,属于为当时儒家所推崇的社会治理制度和道德人伦规范;"用"是指运用这些制度和规范之"体"去实现治理国家、和谐社会之"用";而所谓"文"实际上属于对这些制度规范(体)和普遍运用(用)的文学表达或文字记载。

4)"体理用":朱熹针对伊川所谓"上天之载无声无臭,其体则谓之易,其理则谓之道,其用则谓之神"以及"与道为体"的解释,提出一个"体—理—用"的结构,其中"体"并非体用之"体",而是作为"理—用"之体质、载体,更准确说是"场域",在朱子看来属于"形而下"。不可以说"体"是"理用"的流行,也不可说"理用"乃"体"之流行,因此三者之间更为准确的描述应该为:体:(理—用),其中"理—用"才属于真正的体用逻辑。

将此逻辑运用到具体的天、人层面上,则形成两个层次不同但逻辑相同的结构:"易:(道—神)"和"心:(性—情)"。其中"道—神"和"性—情"属于体用(本体—流行)关系,那么易和心作为"体",分别与"道—神"和"性—情"到底是什么关系呢?仔细考察朱子的全部论述,就会发现他之所谓"道体"有两种情况,一是单以"体质"为道体,二是"道体兼体用",实指"道体"兼包"道—神"此一体用结构。"心统性情",则指"心体"统括"性—情"此一体用结构。事实上,现代学者方克立提出的"马魂中体西用"模式类似于这一结构,其逻辑应当表述为:体:(魂—用)。

（2）儒家体用诠释的逻辑类型

1）从逻辑内涵来说，中国佛教体用结构的逻辑类型可以分为两大类型：一是"实体—作用（功效）型"，一是"本体—显发（流行）型"。第一种最早发生，也最为普遍；第二种模式比较晚出，直至东汉末年在王符的《潜夫论》中才发现这一类型："道—气—万物"之体用关系。

在儒家的哲学系统中，"实体—作用（功效）型"中之"实体"包括两个方面。一是个体性有形之结构性存在，其作用表现为两个方面，一方面是内在于此结构性存在个体的作用，表现为静态属性或潜在功能；一方面是此结构性存在（属性或功能）作用于外在世界而产生的现实功效或动态属性。当此功效未实际发生之时，该"实体"之作用主要表现为静态属性或潜在功能。因此在这个意义上看，"实体—作用（功效）型"的体用逻辑，又可以展开为"体—性—用"模式，在此"体"为"实体"，"性"即指其静态属性或潜在功能，"用"则指由此静态属性或潜在功能所产生的现实功效。因为此"性"事实上是内在于"体"之中，故常常"体性"同言，或体即涵性，或以性代体，使"体—性—用"模式归结为"体用"模式。与此同时，"实体—作用（功效）型"中之"实体"还可以指各种无形的普遍性存在，如形而上之道、理、气、仁、义、礼、心、情性等，也包括那种总体性的有形存在，如天地、宇宙、太极等。总之，在儒家的哲学系统中，"实体"之所以为"实体"，并非取决于它是否是物质性或具体性的存在，而是取决于它是否是真实性的存在（无论是存在论上还是价值论上的）。这是儒家之"实体"观与佛、道特别是佛教之实体观相区别的地方。

"本体—显发（流行）型"中的"本体"是指在两种存在之间，此存在为彼存在的根据、原则或本源而言此存在为彼存在的"本体"。与"实体"的独立存在不同的是，"本体"不能独立存在，它一定是相对于另一存在而言，尽管这两个存在也许并不属于同一层面的存在。在儒家看来，"本体"之所以为"本体"，就在于它是必定"显发"为另一存在，或必定在另一存在中"流行"。"显发"强调本体的创生功能，"流行"则凸显本体的决定功能。就"本体"的内容而言，既可以是整个宇宙或价值体系中的终极或最高"本体"，如天道、理或气、太极，也可以是任一两个发生体用联系的存在之间，如仁义、仁智、阴阳、乾坤、未发已发、中和、性情等范畴之间。

据上所述，"实体—作用（功效）型"与"本体—显发（流行）型"又具有内在的联系。首先所有的"本体"一定是"实体"，也就必然可以对其进行"实体—作用（功效）型"分析，但并非所有的"实体"都必然地成为现实的"本体"，只有进入到某一特定的体用结构中才会成为此结构中的本体。其次，在儒家的系统中，最高本体和终极实体是可以一致的，或者说这种一致乃是每一个成熟的儒家思想者所最终追求的。

2）关于体用之间的逻辑关系。若从整体或宏观的角度来说，无论哪个时期，也无论哪家哪派，都特别强调体用之间"相即不离"的关系，也都会把体用分离或体用两橛作为对其他思想最大的批评。早期儒家重在分别体用，很少关注体用之间的关系问题，唐代才开始有此意识。到宋代以后，体用之间的结构关系或逻辑内涵被自觉地关注，并形成了许多表达样式。

① "用以扶其体"：这应该算是对体用之间关系的最早说明，是由唐代的崔憬所提出。他说："有体有用。体者，即形质也。用者，即形质上之妙用也。言有妙理之用以扶其体，则是道也。"一方面他强调体对用的主体性和优先性，同时也强调用对体的附属性，特别是用对体的支持成就作用。这一逻辑发展到杨万里之时就更为明确，他说："通其变而得其常，极其用而执其体。"仍然是强调用对体的实现完成作用。

② "体用相需"：最早由李翱提出，原始说法为"性情相需"，后来王夫之仍然使用这一说法，不过他把性情相需与体用相涵结合在一起。他说："性情相需者也，始终相成者也，体用相函者也。"由此突出体用之间的相互依赖，互相成就的平等性。

③ "体用一源，显微无间"：最早由程颐提出，经朱熹发扬，最后成为儒释道三家都共同使用的思维模式。

④ "体立而后用行"：最早由朱熹提出，旨在强调体对用的逻辑优先地位，而后成为儒家讨论体用关系的基本模式之一。

⑤ "体用相资"：最早由朱震在"因体以明用"的原则之上提出"体用相资"，把乾坤、八卦、六十四卦以及六爻的互为体用的连锁结构揭示出来，以说明《易》之变易大用。

⑥ "体用合一"：最早由湛若水提出，旨在强调体用之间不可分离。

⑦ "用即是体"和"即用是体"：是由方以智提出，不同于"即用显体"或"即用见体"，更非"摄用归体"之说，而是强调用对体的基础性和重要性，也就是说：离用则无体，体不在用之外，也不在用之中，而是用即是体。对此，他还有更为明确的说法："体本无而入用立体，反有定位；用本有而正用之时，反无形拘。"强调用对体的根本性作用，即所谓"体本无而入用立体"。

⑧ "互体互用"：方以智提出，他在说明阴阳之间的关系时说："阴阳互体互用，而又自为体用，遂自为阴阳。"旨在强调阴阳之间的相互作用和相互转化。他还说："体为用之本，用又为体之本，即曰无体用。"是说既然体用互本，也就是"互体互用"，也就没有绝对固定的体用分别了，实际上是在强调体用之间的辩证运动。

⑨ "体用相因"：此说为王夫之所倡导，其根本在于说明体用之间的相互作用，对此他有更完备的说法：一是"体以致用，用以备体"，二是"体者所以用，用者用其体"。

⑩ "体用不二"：朱震提出"体用不相离"。湛甘泉："体用犹形影，不可离。"它的反面则是方以智所说的"体用两橛"。这些最后都被熊十力所吸收，构成其整个体用哲学的总纲。

以上这些虽然不是儒家体用逻辑表达的全部，但能够说明儒家对体用逻辑的认识已经具有很高的辩证水平。

3. 体用诠释的哲学本质

所谓体用诠释的哲学本质，是相对于其逻辑本质而言的。逻辑本质关注的重点是在体用诠释的逻辑结构与一般形式，虽然此形式也有它相应的内容存在，但毕竟不涉及体用诠释对象本身的内涵和关系问题。从某种意义上来说，它只是中国哲学具体展开的思维架构或形式基础。但它又从来不是与对象无关的纯粹形式逻辑，因此有必要探讨它与其诠释对象内涵本身之间的关系，这也就是体用诠释的哲学本质所在。

（1）儒家哲学的本质结构

儒家哲学在先秦作为中国哲学的源头，发展到宋明理学阶段又成为古典中国哲学的最高阶段，其哲学充满了忧患意识、救世情怀和道德实践精神。孔子曾说："朝闻道，夕死可矣。"可见"道"一开始就是儒家之最高追求。虽然孔子弟子及后人对于孔子之"性与天道"不可得而闻[①]，但儒家之"道"包含"天道"和"人道"两个层面是确定无疑的。就其思维的对象或场域而言，始终往返于天人之间；就其哲学的旨趣或最终的目标而言，始终关注的是人（个人与群体）之存在的完善性。因此，如何沟通天人之间，实现天人合一就成了不同阶段儒家学者的共同追求。在此基础上，我们可以发现一种表明儒家哲学本质的结构所在。如下图所示：

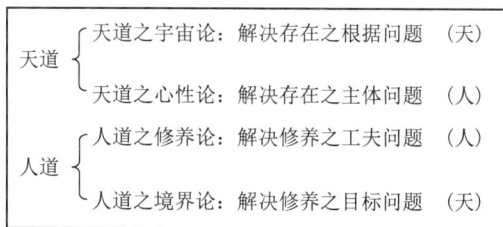

```
      ┌ 天道之宇宙论：解决存在之根据问题  （天）
  天道 ┤
      └ 天道之心性论：解决存在之主体问题  （人）

      ┌ 人道之修养论：解决修养之工夫问题  （人）
  人道 ┤
      └ 人道之境界论：解决修养之目标问题  （天）
```

显然，如何通过人自身的修养（个人与群体）实现天人合一的目标乃是儒家哲学的重中之重。因此上述四个方面都是围绕这一重点而展开。所谓天道之宇宙论，重在解决世界之如何存在及其存在本质问题，此是人之修养的根本依据所在；天道之心性论乃是建立在儒家"天命之谓性"的认识之上，主要解决的是人之存在以及修养的主体问题；人道之修养论主要解决修养工夫及其过程问题，人道之境界论主要阐明修养的具体目标和最终结果等

————————
① 《论语·公冶长》。

问题。另外,如图所示,天道与人道之内部又可以各自分别"天人"两个方面,宇宙论自然属于"天",心性论属于"人";修养论属于"人",境界论乃是天人合一,实际是以人合天,所以属于"天"。

虽然这一本质结构是针对整个儒家哲学而言的,但事实上并非儒家哲学的每一个阶段都充分体现了这一结构。先秦时期的原始儒家,特别重视仁德礼教方面的修养;最近出土的大量竹简,表明战国时期的儒家对于修养主体之心性或性情论也是十分重视的。这说明原始儒家最为重视的属于"人"的方面,包括人道之人和天道之人;对于天道尤其是天道之宇宙论,以及人道之境界论方面都不是特别重视。汉唐儒家在学术上重视经典阐释,但在哲学上最为重视的则是天道方面,其最大贡献在于把儒家哲学的天人结构揭示出来。宋明儒学的最大贡献就在于全面、自觉地体现了儒家哲学的本质结构,并且在各个层面都进行了极为丰富而深入的探索和阐释。

(2)儒家体用诠释的哲学本质

所谓"体用诠释的哲学本质",是指在上述有关哲学本质结构分析的基础上对体用逻辑与此本质结构之间相互关系的说明。要实现这一目标,需要对上述整个哲学本质结构做全面的分析。鉴于天道与人道的同构性,加之天道宇宙论又是整个儒家修养实践论的根本依据,选择以天道之宇宙论为中心来探讨儒家体用诠释的哲学本质。为了说明的方便和有效性,笔者在此选择了儒家历史上最为典型的宇宙论类型来进行比较分析。

1)荀子:"生之所以"与"成之所以"

儒家较为完整的天道宇宙论最早出现在荀子的天论思想中。他一方面强调至人既要明于天人之分,又说"圣人不求知天",另一方面又强调人要"制天命而用之",二者不仅自相矛盾,而且似乎都与儒家追求天人合一的精神相违背。然而事实并不如此,其关键在于他明确地提出了万物"生成之所以"的概念,即在万物生成的事实之上探寻万物为何如此生成的根本依据或根本原因。这个生成之所以即是"天道"之常行与"天命"之常体。更重要的是他把此"生成之所以"之天道又进一步分为"生之所以"与"成之所以"两个方面。荀子如此区分的目的在于说明,"生之所以"乃是天地之必然职责和自然功用,属于创生论层面。正是这一层面导致天人相分,因而是属于人所不能也不必去认识的部分;而所谓"成之所以"虽然也属于天道有常的部分,但是人可以认识甚至需要充分利用的。

正因为有此分别,"圣人为不求知天"与"制天命而用之"不会冲突。如图所示:

$$\text{天道}\begin{cases}\text{天功:生之所以} \xleftarrow{\ \ \text{分}\ \ } \text{不求知天} \\ \text{天命:成之所以} \xleftarrow{\ \ \text{合}\ \ } \text{制而用之}\end{cases}\Bigg\}\text{人道}$$

显然从"人(圣人)道"的角度来看,对于"天道"应该秉持两种态度或方法:一是对于"天功"(生之所以),正确的态度是"不求知天",在此意义上说"天人相分";二是对于"天命"(成之所以),正确的态度是"制而用之",在此意义上说"天人相合"。

如若进一步分析,则"生之所以"与"成之所以"之间显然具有某种关系,这种关系在荀子那里被进一步表达为"所以然"与"材"的关系。"所以然"指明天地万物存在的理性根据,而"材"则在于表明此存在的具体现实内容以及内在结构。实际上就是实然存在的天地万物之"性",也即是"天命之谓性"中的那个"性"。显然"生之所以"又是"成之所以"的本源或根据,"成之所以"即是根源于此"所以然"而有的现实存在之"材性",因其是有形可见,所以人可以把握和利用。那个终极的本源根据之"所以然"则是神妙难测无形之天道,人不应该也无法了解。如果人一定要勉强认知把握它,反而无法真正正确地了解万物存在的实质。

由此可知,荀子对"天道"做"所以然"与"才性"的区分,实质上揭示了对于宇宙之存在必然会发生的两个层面的追问:一是有形的现实性存在部分,涉及的是万物之本性如何和为何如此的问题?二是无形的超越性存在部分,涉及的是万物如此存在的最终根据或本源是什么?从哲学上说,"生之所以"属于形而上的问题,相当于后来理学之"道"或"理";"成之所以"则属于形而下的问题,相当于"器"或"气"之层面。事实上,在荀子的逻辑架构中,"所以然"和"材",也就是"生之所以"与"成之所以"分别属于天道之"体"和"用"。就荀子对天道的态度而言,显然是强调天之"体"不可知或不必知,但天之"用"可知且应该制而用之。也正是在这一基础上,他肯定了人道与天道的关系,进而批评庄子是"知天而蔽于人"。

2)王符:道—气—万物

东汉的王符最早提出了一个"道——气——变化(万物)"的宇宙论模式,这个模式不仅是创生论,还是本体论的。也就是说,道不仅创生出"气",还役使主宰着气化万物的过程。如图所示:

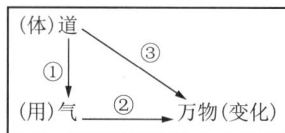

上图中存在着三组关系,分别标为①②③。其中①表示道与气之间,王符已经明确规定为创生关系;其中②指气与万物的关系,王符以"气化"来说明万物的形成。其中③表示道与万物的关系,王符认为道并不直接创生出万物,而是役使气而生成万物,也就是说气化万物的过程仍是以道为根本和依据。这三种关系,都是探讨宇宙存在之真理时最为核心的部分,如何圆融地处理这些关系,为历代哲人所殚精竭虑,欲罢不能。王符在此根本性问题上也已经表现出相当的自觉。在他的思想体系中,万物存在的直接根源是"气","气"又是"道"所创生并始终受"道"之控制和役使的,所以"道"才是万物存在的宗极根据。

3)崔憬:器体道用

在整个汉唐儒家经学时期,"体"经常用于表示"形质性"存在,具体说就是荀子所谓"材"性,以形而上下论则属于形而下之"器"。至唐代,孔颖达在《周易正义》中首次把形而上下之道器体用结构化——道体器用。崔憬却提出一个与此完全相对的方案,即他明确以形质之器为体,以形质之妙用为道。并认为妙用之道有扶持形质之体的作用。这一创建开启后来张载尤其是王夫之气宇宙论的先河。最后,无论是崔憬之"器体道用",还是孔颖达的"道体器用",就宇宙论而言,实质都是属于"实体—作用型",也都没有揭示万物(器)存在之本源和根据。

4)周敦颐:"实理之体"与"实理之用"

周敦颐著《太极图说》以发明儒家有史以来最为明确完备的宇宙论:无极——太极——阴阳——五行——万物——五行——阴阳——太极——无极。在此循环式宇宙论中,初看会发现周敦颐其实不过是把道家道教之"无中生有,有终还无"的宇宙论模式进一步易学化和具体精致化。但事实上在这一模式中有三个理论关键在《太极图说》中都没有明确地说明,一是无极与太极的关系,二是太极与万物的关系,三是无极与万物的关系。因此在解决此三个问题之前,不可武断周敦颐的宇宙论性质到底是儒家式的还是道家式的。

在《太极图说》中,太极与阴阳五行之间本质上属于"一生多"的关系,"一"为"多"之本源,所以万有之"多"最终被太极之"一"所统摄。无极与太极之间本质上属于"无为有本"的关系,是说"无极"并不创生"太极",但"太极"以"无极"为存在之本体根据。因此从生成论的角度来看,《太极图说》中的宇宙论模式可以有两种结构认定。如图所示:

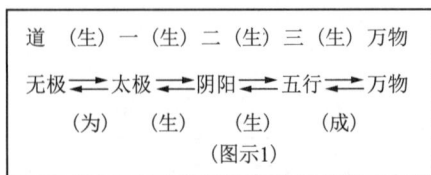

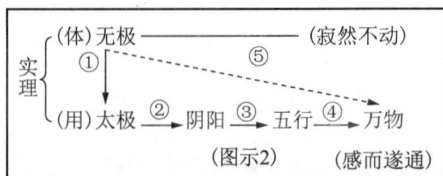

```
道 (生) 一 (生) 二 (生) 三 (生) 万物

无极 ⇌ 太极 ⇌ 阴阳 ⇌ 五行 ⇌ 万物
   (为)    (生)    (生)    (成)
              (图示1)
```

```
   ┌ (体)无极 ──────────── (寂然不动)
实 │      ①①        ⑤
理 │      ↓
   └ (用)太极 ②→ 阴阳 ③→ 五行 ④→ 万物
              (图示2)      (感而遂通)
```

显然,周敦颐之生成论模式应当属于图示 2 而非图示 1,其关键在于无极与太极之间是"为"而非"生"。更重要的是,《通书》中所谓的寂然不动之本体,实际上就是《太极图说》中的"无极","感而遂通"之神用则是整个太极生阴阳五行、成万物之过程。太极与阴阳五行万物的关系则属于生成演化之逻辑,万物之直接本源在于"太极",而不是"无极"。

5)朱熹:"太极"本体论

在整理并注解《太极图说》的过程中,朱熹对其中部分地方有所删订。最重要的一处是他把第一句"自无极而为太极"中的"自"和"为"二字删掉成为"无极而太极"①。这一删改的意义重大,表明朱熹注意到无极与太极非创生关系,而是无极为太极之本。为避嫌疑而删去"自"、"为"二字,并进一步将无极统一到太极中来,是朱熹对周敦颐太极说的发展。

在周敦颐的宇宙论系统中,无极是太极之本体,太极是无极之动用,在这里"无极"是最高本体和最后实体,但真正生化万物的直接本源是太极,显然这里存在一个双重体用结构,无极与太极之间为一体用,太极与万物之间为一体用。问题是,前一个体用结构乃是非生成论的,后一个体用结构却是生成论的。如此一来,对于万物之存在而言,就会产生两个本体,一个是创生本体,一个是根据本体,然而二重本体自然是不能被任何学者所接受的。

朱熹正是意识到这个巨大冲突,而创造性地把"无极"之"理"和生化之"气"同时纳入"太极"体用结构中,最终形成以"太极"为唯一、最高之本体的宇宙论结构。如图所示:

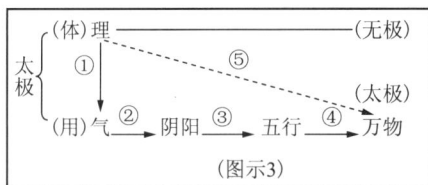

(图示3)

从图示 3 中可知,朱熹首先把"无极"作为"无形有理"之存在,然后以之为太极本体之"体",然后把万物之生成归结为气化之过程,而"气化"实际不过是太极流行之用,也就是说,相对于无极之理而言,气则是太极之"用"。如此一来,不仅解决了周敦颐的二重本体问题,也能解决朱熹既常讲"太极即理"又常说"太极即气"②的矛盾。因为,"太极即理"是就太极之体而言,"太极即气"则是就太极之用而言,并不构成真正的冲突。就理气关系而言,

———————————

① 据宋史馆所撰《国史》的《周敦颐传》所载是"自无极而为太极"。朱熹对此有质疑,他说:"不知其何所据而增此'自'、'为'二字,并且认为本文之意亲浑全明白……若增此字,其为前贤之累,启后学之疑,益以甚矣。谓当请而改之。"(《朱文公文集》卷七十一)

② "做这万物、四时、五行,只是从那太极中来。太极只是一个气,迤逦分做两个:气里面动底是阳,静底是阴。又分做五气,又散为万物。"详见《朱子语类》卷第三,第 163 页。

若以朱熹体用逻辑观——有体有用,体生用,体立而后用行,体用不离——来看,就必然是——有理有气,理生气,理先气后但理气不离。

就太极与万物的关系而言,所谓"万物总一太极,物物各一太极"必须就"体用"分别而论:"万物总一太极",是就太极之化用而言的。太极非在阴阳二气之外,而是阴阳对待之结构本身,此阴阳之对待必互为动静而化生万物。由此万物都是在一阴一阳之太极本体的动用流行中产生,"万物总一太极"。所谓"物物各一太极",则是就太极之理体而言,也就是说由太极气化而成的任何具体事物之中都必然蕴涵着气化此物之太极之理。太极之理无非就是太极气化之理,理必在气中,物物自然各有一太极之理。这也正是朱熹所推崇的"理一分殊"之逻辑。

朱熹最终把万物之生成诠释为太极之用即"气"之自身的展开,则是属于"本体—流行"之体用;把"无极而太极"诠释为太极之理体,此理体乃是气化万物过程中的主宰,最终落实为万物生成之"所以然",此属于"本体—显发"。前者为"体用一源",后者"显微无间"。二者同属于"本体—显发(流行)"体用逻辑类型。至此,朱熹的天道宇宙论就最终完成了:以"太极之理体气用"逻辑,将宇宙万物之终极本源和宗极本体统摄于"太极"。从这个意义上说,与其说朱熹主张"理本论",不如说他坚持的是"太极本体论",或者说是"道体论"①。

6) 张载:气之体无用有

张载的宇宙论与程朱不同,关键在于他提出两个气的概念:一是太虚之气,一是阴阳之气,同时以"太虚"为"气"之体,以气之阴阳的屈伸相感和神应为其用。其用是万殊无穷,但其体是湛然为一。实际上就是通过"体用"结构把太虚之气与阴阳之气统一起来,即"太虚之气"为气之"体","阴阳之气"为气之"用",因此他又说太虚即气。与此同时,张载还指出太虚之气与阴阳之气之间,并非先后创生的关系,即并非以太虚之气为元气,然后创生出具体的阴阳之气。而是认为二者既是同时并存但又有分合散聚的不同。这样也就坚持了以宇宙统一于"气"的"气"实在论,同时又超越了汉代以来的元气创生说宇宙论模式。如图所示:

---

① 朱熹认为道体与太极乃是一体二名。同时他还认为"道体兼体用",也即"太极兼理气"。他说:"至于《大传》,既曰'形而上者谓之道'矣,而又曰'一阴一阳之谓道',此岂真以阴阳为形而上者哉!正所以见一阴一阳虽属形器,然其所以一阴而一阳者,是乃道体之所为也,故语道体之至极,则谓之太极,语太极之流行,则谓之道。虽有二名,初无两体。周子所以谓之无极,正以其无方所,无形状,以为在无物之前,而未尝不立于有物之后,以为在阴阳之外,而未尝不行乎阴阳之中,以为通贯全体,无乎不在,则又初无声嗅影响之可言也。"(《朱文公文集·答陆子静》卷36,第1575—1576页。)

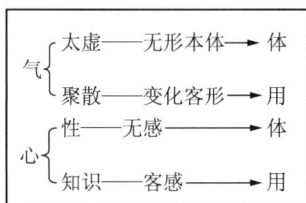

7) 王夫之:"理与气互相为体"

王夫之的本体宇宙论模式既与程朱不同,也与气本论的张载有很大不同,其核心思想表现为:在理气关系上强调"理与气互相为体",在道器关系上强调"道器一体"和"体用相须"。具体如图所示:

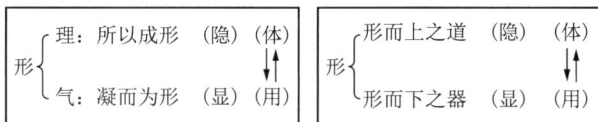

若将王夫之的理气观和道器观与朱熹进行比较,可以发现,他们二者在深层结构上具有很大的相似性,他们都将宇宙构成的终极要素归结"理气"或"道器"两个方面。与此同时,他们也都将"理气"或"道器"之间的关系建立在一个多重体用结构之中。不同的是,朱熹的本体宇宙论是奠基于"太极"之上的,"理气"分别为太极之体和太极之用,因此理气之间为理体气用之关系。王夫之的宇宙论则奠基于其"诚有"或"形有"之上,理气或道器分别为形之隐和形之显,但理气道器之间不仅有"理体气用"之关系,还同时具有"气体理用"之逻辑。也就是理气互为体用的关系。更大的不同在于,在朱熹那里,理对气的主宰决定作用始终是外在的,因而并不能真正解决气之动力问题。王夫之的理乃是内在于气之中,具有主持分剂之作用,如此才真正通过理气的相互作用解决宇宙的结构和动力问题,解决宇宙的统一性和多样性问题。

8) 熊十力:变易为体,翕辟成用

熊十力在继承王船山之"乾坤并建"的大易哲学思想,根据"体用不二"之逻辑,建立以"变易为体,翕辟成用"的真正即体即用的本体宇宙理论。如图所示:

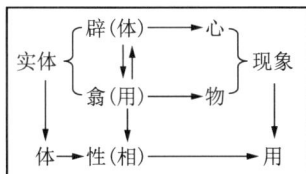

此本体宇宙论之成功的关键在于两点:一是它既已变易为宇宙本体,又以恒转功能为其用,也就是说宇宙之大化流行乃是因为变易本为宇宙本体,

如此就真正实现了即本体即作用,即实体即活动,而非传统的"体无用有"和"体静用动"模式。这种模式最终导致有无、动静之间无法做到真正的"体用不二"。二是它有效地解决了变易的动力问题,即变易之本体内在地蕴涵"乾坤"或"翕辟"两种势能,且这种势能之间又是因此对待之结构必然永恒地相互转化,正是如此而能成己成物,终成一生生不息的宇宙大全。而此中关键就在于在变易本体之中又有体用之分别,即以"翕辟"势能之对待为变易之体,以对待之流行为其变易本体之用,如此又必然是体用不二的。这一点也正是熊十力继承并超越船山本体宇宙论的地方。

从上述对八种典型模式的论述之中,我们可以得知,历来儒家本体宇宙论哲学所致力于解决的核心问题体现在两个方面:一要解决宇宙的变化性、多样性与宇宙的统一性、永恒性之相互关系问题;二要解决宇宙万物变化差异的动力问题,以及变化的规律问题。前者属于宇宙是怎样的问题,后者属于宇宙为什么这样的问题。儒家对于上述两个问题的思考和阐述从一开始就是以体用思维为基本方法的。显然,儒家两千多年的宇宙诠释历史表明,儒家利用体用逻辑深化、完善自己的宇宙论思考和论述,同时也在这种思考和论述中极大地丰富并发展了体用思想本身。这就是对儒家体用诠释的哲学本质在宇宙论层面的实质说明。

二、佛教经典诠释与汉化进程中的体用

众所周知,印度佛教在中国的发展是一个非常漫长且十分复杂的过程,通常从文化上称之为佛教中国化的过程,无论是从佛教理论发展,还是从佛教组织传播方面来说,都发生着全面而深刻的中国化。其一方面表现为印度文化特别是佛教文化对中国本土文化(包括社会形态)的刺激、输入和改造,同时也表现为中国文化本身对佛教的理论和实践形态的接受、融入和创造。但无论是哪一方面的文化交流,都离不开一项重要的活动,即对各自文化经典的持续不断的诠释和再诠释。

某一文化系统中的经典诠释从来都不只是为了简单的知识传统的理解与传承,而是有它真实强大而又常常不被自觉到的重大责任,即要以追求真理或终极之道的名义,为某一文化传统的时代发展提供新的存在基础、发展目标以及竞争策略。为此,经典诠释才不只是一种纯粹技术性或知识性的认识活动,而根本上是一种具有本体论探索和终极证悟使命的存在活动。正因为这样,佛教中国化就必然与中国佛教的哲学创造融合在同一个过程之中,同时中国佛教哲学的发展也成为整个中国哲学发展进程中非常重要的一个环节。

中国佛教体用思想在整个中国哲学体用思想的发展中所具有的重要地位,以及所产生的巨大作用都是毋庸置疑的。本小节的主要任务为,在"用"

篇对不同时代佛学中的体用思想已有具体考察的基础之上,对中国佛教"体用"思想(包括概念范畴、结构逻辑及其形而上学)进行一次贯通式的整体性讨论。和儒家体用诠释的讨论一样,在这里也具体从发展历史和哲学本质两个方面展开。

(一) 历史:中国佛教体用思想发展的四个阶段

依据体用思想在中国佛教哲学(具体说是其经典诠释学)发展中的角色、地位和作用,同时结合"体用"思想自身的形态变化,将中国佛教体用思想发展历史相对划分为四个阶段。它们分别是:第一阶段,玄学化时期;第二阶段,宗派化时期;第三阶段,平庸化时期;第四阶段,学术化时期。下面将具体分阶段予以阐述。

第一阶段:玄学化时期(东汉末—南北朝)

这一时期最早可以追溯到东汉末年印度佛教初传中土之际,一直到魏晋南北朝时期,南朝梁武帝时期的佛性论思想大盛与北地地论学派和摄论学派的形成兴起都是佛教体用思想发展的转折点。

之所以把这一时期称为玄学化时期,关键在于两个方面:一是就佛教而言,这一时期佛教整体上属于以外来宗教和思想者的身份,进入已经非常成熟稳定的中华文化势力之中,其首要的任务就是获得身份认同以及存在的合法性。二是就中国本土文化言,面对一种异质文化的进入,一方面要保证自己原有文化传统不受侵犯,同时又要充分理解和吸收异质文化的思想优势。这不仅是当时各朝统治者、士大夫精英的内在心理,也是一般学者和民众的基本心理。而玄学思想或玄学化思维模式,恰恰是那个时期最重要的或者说是普遍性的思想形态,因此无论是佛教自身的主动迎合与调适,还是本土思想的积极应对和融合,玄学思想或玄学化思维模式都是它们必须面对的最坚实的思想存在,或自觉或不自觉,或主动或被动。

玄学作为一种思潮是从王弼、何晏正式开始的,王弼对"有无、本末、体用"的关切来自玄学内在的形而上冲动——寻找世界存在之"所以"和安身立命之"宗极"。这种冲动致力于探求宇宙万化之宗主,寻找世界万有之统一性与古今变化之恒常性。也正是这种强烈的冲动,驱使他们不懈探求存在之宗之极、之根之本、之始之原、之体之统、之常之一。

显然这种玄学式的对"宗极"之追求是早期中国佛教学者们的共同兴趣,这一点汤用彤很早就有发现,他说:"在南朝玄风盛时,佛道儒诸家,类认其宗极(亦曰本,亦曰体)相同。"[①]事实上,这也可以从道安、僧肇、慧远、道生等佛学家的著作中大量使用"宗极"一词得到确证。毫无疑问,僧肇的"有

---

① 汤用彤:《汤用彤全集·汉魏两晋南北朝佛教史》第一卷,河北人民出版社,2000年,第498页。

无"关切也来自这种对"宗极"的形而上冲动。譬如他在《不真空论》篇首就说:"夫至虚无生者,盖是般若玄鉴之妙趣,有物之宗极者也。"同样的,他在《般若无知论》开篇即说:"夫般若虚玄者,盖是三乘之宗极也。"而且僧肇所谓"有物之宗极者"与"三乘之宗极",都是以"虚无"为"宗极",这和"贵无论"者王弼的"宗极"观是极为一致的。所以从哲学的旨趣来说,僧肇乃至整个南朝的佛学都笼罩在这样的学术风尚之中就是一个不争的历史事实。但二者对"宗极"的认识也有很大的不同。总起来说,玄学的"宗极"探寻重在解决世界万物的存在根据问题,僧肇等早期佛学的"宗极"追求则重在解决世界万物的存在本性问题。

这一时期的体用思想以僧肇的"寂用"论、梁武帝的"本一用殊"论、净影慧远的"体用互显"论,以及《大乘起信论》中的"体相用"思想为代表。从体用思想的发展阶段来说,此时的体用思想无论实在概念内涵和结构逻辑上都具有早期的模糊性和单一性,同时也没有成为佛教经典诠释的中心。僧肇并没有真正使用"体用"概念。直到南北朝后期的梁武帝时代,涅槃学派兴起,佛性思想成为佛学思辨的重心,特别是地论学派和摄论学派兴起,如来藏思想、唯识思想逐渐获得佛教界的普遍重视之后,佛教义学中的体用范畴运用开始普遍化,体用范畴的内涵和逻辑也更加明晰而丰富起来。[①]

第二阶段:宗派化时期(隋唐)

这一时期是中国佛教发展最为兴盛的时期,也是佛教中国化的最终完成时期。这既有国家统一,社会稳定,统治阶级大力扶持的因素,也与佛教理论即佛学思想极强的创造性有重要关系。宗派化是这一时期佛学发展的重要特质,各宗派都以追求真正的最高佛法——圆教为目标,以某一系列或一部佛教经典为中心,以大量的经典诠释为基础,以判教为重要方法,来建立自己宗派佛教义学主张的权威性,批评或反对其他宗派的缺陷或不完善,并以此为基础组织僧团,传播佛教。其中体用思想最有特色的有天台宗、三论宗、唯识宗、华严宗和禅宗。

在这一过程中,各宗派都毫无例外地运用体用范畴来诠释佛教义学中的一系列最根本的概念和思想。不仅如此,各宗派都充分利用体用结构来作为经典诠释或自身理论建构的逻辑工具。与此同时,体用范畴自身也在概念内涵和结构逻辑方面获得了极大的丰富和拓展。体用诠释的对象全面深入佛教义理的各个层面,无论宇宙本体论与修行认识论,还是实践解脱论和工夫境界论,几乎每一领域都是以体用范畴或逻辑作为其基本的诠释方法或结构。更重要的是,体用逻辑还成为诠释佛教经典文本整体结构本身

---

① 圣凯法师认为:"体用问题在地论师时代逐渐成为诠释的核心。"详见赖永海主编:《中国佛教通史》第三卷,江苏人民出版社,2010 年,378 页。

的一种基本架构。也就是说,这一时期的"体用"结构,一方面全面深入参与各宗派佛教哲学的建构,因而越来越内涵实在化;另一方面又越来越趋向于脱离具体的理论内容,走向形式化、结构化,以至于逻辑化。此一虚一实其实是相辅相成的。

综上所述,宗派化时期的体用思想,其最大的特点就在于其诠释的普遍化和自身结构的逻辑化或形式化。

第三阶段:平庸化时期(宋元明清)

所谓"平庸化"既是相对于隋唐宗派化时期而言的,也是相对于新儒学体用思想的崛起和兴盛而言的。具体指这一时期的佛教发展由于唐武宗最后一次大规模灭佛之后,一方面是佛教本身逐渐世俗化和民间化,佛教组织越来越成熟、稳定;一方面是佛教在三教合流的大趋势中,自身的义学研究越来越缺乏创造性,在宗派上一直是禅宗一枝独秀,在修行实践上追求禅净合流,这都导致佛教经学一蹶不振,由此整个佛教义学进入一个较长的沉寂期。

在这沉寂和平庸中,一方面是体用范畴或逻辑的普泛运用,同时又表现出在"体用"思想上几无创造,甚至到明清两代,不少的僧人著作还直接采用宋明理学的体用观念,特别是程颐所倡的"体用一源,显微无间"的体用逻辑。因此在某种意义上,所谓的"平庸化"也是相对于这一时期儒家体用论之特别发达而言的。当然这一时期也有少数的亮点值得关注和重视。如宋代有天台山家派的四明知礼,还有禅宗的永明延寿、宏智正觉和佛日契嵩等人,在明代则有紫柏真可和憨山德清等人。

第四阶段:学术化时期(近现代)

所谓"学术化",是指到近现代之际,以太虚、欧阳竟无和印顺为代表的佛教宗派义理大师们,依据传统的体用观念或逻辑,结合现代学术方法,重新诠释佛教经典,拓展佛教义理研究的视野和方法,一方面促使佛教特别是佛教义理符合或适应现代社会,一方面也促使佛教学内部对体用范畴或逻辑的学术性反思。正是在此意义上,将此阶段称为佛教体用思想发展的学术化时期。

(二) 本质:中国佛教体用诠释的哲学和逻辑内涵

1. 体用诠释的对象内容

佛教经典的体用诠释,从内容上也可以作两个方面的分别:一是对佛教义理本身以及义理体系的组织结构所展开的体用诠释,二是对佛教经典文本的结构整体的体用诠释,其中包括对体用概念范畴和结构逻辑自身的反省性诠释。

(1) 有关佛教义理概念范畴的体用诠释

魏晋时期的道安和慧远在玄学"宗极"思维的影响下,以"法性"为万法之宗极,解脱之津门;到僧肇之际,佛教中观般若思想大盛,所以鸠摩罗什、僧肇等人逐渐开始以"般若"、"涅槃"、"真俗"之体用为诠释中心。道生之后,佛教义理重心发生转换,由般若中观之真空,转为涅槃佛性之妙有,体用诠释的对象或内容也随之不同。南北朝时期的佛教义学呈现为学派林立的特色,其中有涅槃学派的涅槃体、佛性之体用;成实论学派有二谛体、假法有之体用;智论学派有四无量心、有为无为法等之体用;地论学派有如来藏真如心体、佛性、假有、心性、二谛、涅槃、八识、心智、五法三自性、二种庄严(佛果)义、证教两行义、四无量义、十忍义、四无畏义、入不二门等之体用诠释;摄论学派则以阿赖耶识、心识等为体用诠释的主要内容。

到了隋唐时期,各宗派除了继承魏晋南北朝时期的诠释传统外,又都具备各自宗派的特点。譬如天台宗慧思的诠释重心集中在心体与染净二用之上,智𫖮则把重心放在实相与万法之间的体用诠释上,湛然的心性变造生灭法之体用诠释,同时又都特别重视止观、定慧之间的体用关系讨论。三论宗则一贯关注二谛体、佛性、涅槃体、二智、一乘、三身等基本概念范畴的体用诠释,吉藏还以特别发展了于、教二谛之间的体用关系说明,同时也以中道实相为根本,发展出遮诠式体用诠释逻辑,如以"二不二"为体,以"不二二"为用等,使其具有三论宗的自身特点。唯识宗的体用论述具有更为鲜明的自身特点,主要集中在对心识内部以及与万法之间的关系,特别是本识与种子、现行之间的体用诠释上。华严宗和天台智𫖮一样,把"体用"作为经义诠释的基本方法之一,重点集中在法界缘起以及华严性海世界的体用说明之上。禅宗的体用诠释具有很强的实践修道工夫特色,关注的重点在修道本体、自性心与万法之间,真空妙有之间,智与慧、定与慧之间,以及得道境界之体用诠释。

总之,中国佛教思想发展中的体用诠释,虽然不同时期诠释对象的中心会发生变化,同时各个学派或宗派也有各自的关注重心,但不妨碍我们从整体上来把握佛教体用诠释在对象内容上的总体特征:1) 诠释内容的不断丰富、扩展,最后发展到整个佛教义学的重要概念范畴和理论观念。2) 诠释对象不仅是各个学派自身的基本概念、范畴,同时也都是整个佛教义学的核心基本概念、范畴。3) 诠释中心的变化和扩展,不仅与中国佛教义学的发展完全同步,同时也与佛教中国化的历史进程完全同步。

(2) 有关经论文本及义理体系的体用诠释

佛教学者不仅对佛法概念、范畴进行广泛的体用诠释,在进一步发展中还对佛教经典的义理脉络或文本结构进行体用诠释,并逐步形成一种具有普遍方法论意义的一般诠释学原则。

最早对佛教经典文本进行结构划分的是东晋的道安,他所创立的序分、正宗分、流通分之"三分科判",一直是佛教经学以及讲学的基本方法或模式。然"三分科判"主要侧重于文本的外在形式或一般内容之结构划分,未能触及更深层的义理结构。因此随着佛教义疏经学即僧团讲学风气的盛行,逐渐在道安"三分"科判的基础上,发展出一种更为侧重义理结构的科判之法。如河西道朗在《涅槃经义疏》中最早所创的"五门"科判:释名、明宗、辩体、论用、教判。再如梁代宝亮等人所做的《大般涅槃经集解》,将《大般涅槃经》科判为八,具体为:释名第一、辨体第二、叙本有第三、谈绝名第四、释大字第五、解经字第六、核教意第七、判科段第八。显然,这里将传统的"三分科判"作为《集解》八科中之"判科段第八",其他七科如释名、辨体、叙本有、谈绝名、释大字、解经字、核教意都是围绕经典的深层义理而进行一种诠释活动。

隋唐时期的经论诠释更为发达,其作为概念义理诠释方法的"体用"越来越具有本体论色彩,逐渐对文本形式和内容作结构化诠释,从而成为一种佛教义学研究和传播的基本方法,这种结构化的诠释方法本身越来越深入到佛教义学的核心教义或基本概念的理解乃至体系建构之中,也就是说,佛教经典的诠释方法与本体之间逐渐具有一种特殊的本质性关系。从某种意义上说,体用诠释逐渐从"方法性诠释"发展到"本体性诠释"。

慧达的《肇论疏》非常注重对《肇论》的文本脉络和义理结构进行诠释,他十分自觉地采用了体用结构作为诠释的基本逻辑。譬如:

> 言涅槃亦有体用。如波若义合明用涅槃亦从境得。能所合秤名为涅槃。此境智合秤涅槃即不可翻。若别涅槃则以灭度之名翻之为矣。体涅槃例此也。菩提法身佛性解脱。体用两释义皆例尔。但龙树菩萨举一隅而知余者。故举般若所表义端耳。若说波若义有多种。而大品玄记依论释义。寻之可得。今不重烦也。①

事实上,类似的说法在整个《肇论疏》中是十分常见的。譬如:"第四约体用得智无知也。"②"二是'以圣人'下,释体用两照二种波若也。"③"次,'何者'下,三双六句,体用相即释虚心实照也。初双两句,就体明于有无。次第二双,'圣以之故'下两句,释体用相即。"④显然,这些说法充分表明慧达对体用结构的诠释学性质是极为自觉的。

隋代智论学派的慧影(581—600)撰有《大智度论疏》,在此疏中,他将"体用"连称,并依此从义理逻辑层面诠释经文结构。他说:"解有两番,初番

---

① 慧达:《肇论疏》,《续大正藏》,第54册,第61页下。
② 慧达:《肇论疏》,《续大正藏》,第54册,第62页上。
③ 慧达:《肇论疏》,《续大正藏》,第54册,第63页下。
④ 慧达:《肇论疏》,《续大正藏》,第54册,第64页中。

就体,后释据用。亦可两番之中,随义即释,不必定就体用。"①显然,慧影此番诠释比慧达更为清晰自觉。

至隋唐各宗派都充分运用体用结构作为诠释经典之文本结构和义理脉络的基本逻辑和工具,并且发展出多种变化形式。

智𫖮提出"五重玄义",不仅成为天台宗的基本诠释原则,尤其是其中"体宗用"之结构分析方法广为华严、三论等其他宗派所借鉴使用。三论宗吉藏也十分重视对经文结构和义理内在逻辑的把握,譬如他在《净名玄论》中总括经文之整体结构,将全经划分前后两部分。前后之间的关系为——"收用归体,从体起用"。

唯识宗之玄奘在各种经典翻译中,大量采用体用概念或体用结构。在《成唯识论》中就8次出现"体用",甚至在《俱舍论》等小乘有部经典中的翻译中,也出现了体用概念。这和此前的真谛形成鲜明对比——除了身份存疑的《大乘起信论》中使用了体相用和体用结构之外,在真谛现存所译的经典中,极少有"体用"合用或对称分用的现象。窥基在《大乘法苑义林章》卷一总料简章之第五科中单列一科——"六合释","六合释"本为古印度解释梵语或巴利语之复合词的六种文法规则。窥基在解释其中"持业释"时,即采用"体用"逻辑说明"持业释"之内在逻辑。不仅如此,他还试图对"体用"概念本身的内涵予以体用说明,他说:"体故名法,用故名生,又体用故名法名生。"②凸显"体"的实体义、用的生成义。

华严初祖杜顺,在《华严五教止观》中,在《起信论》"体相用"基础上提出一个"六重诠释法"——即"名、事、体、相、用、因"的方法。法藏一方面大量采用"体用"结构,特别是"体宗用"和"体相用"结构来诠释经典文本的内在结构和义理逻辑,还和智𫖮一样,把"体用"作为十门诠释之一。更重要的是,他还结合"总别异同成坏"之"六相"和"相即相入"之分别,阐明"体用圆融"六义。唐代华严学者李通玄更是明确,他依"体用互参,理事相彻"的原则,把《华严经》整部经归结到"愿行"和"智慧"两个方面,然后以文殊之智慧为法界体,普贤愿行为法界用,二者又是互为体用因果,在此基础上将《华严经》之修行划分为两个阶段。起始阶段从起信而修入五位之时,此阶段是以慧为体,行为用;当行圆而入法界之时,则是以行为体,慧为用。显然这里的"行慧"二者互为体用关系。由此,"体用"诠释就把经典的文本结构和义理脉络完全融合在一起,水乳交融了。

禅宗六祖慧能,提出所谓"三十六对法",实际上可以看作慧能诠释一切佛教经论的三十六组对待性范畴。而"体用"作为"自性其用十九对法"

---

① 慧影:《大智度论疏》卷六,《续大正藏》第46册,第804页中。
② 窥基:《大乘法苑义林章》,第45册,第330页上。

中之一种,与"性相"作为对法中最为根本的范畴列于三十六中之最末。事实上,所谓"自性其用十九对法"中的"自性其用"即是"体(自性)用"之谓。

宋代天台山家代表四明知礼,集中讨论体用范畴本身的概念内涵和内在逻辑,他说:"夫体用之名本相即之义,故凡言诸法即理者,全用即体方可言即。……今谓全体之用方名不二。"强调相即不二是"体用"范畴或结构的一种内在本质,而非外在关系。这应该是佛学学者首次对体用名义和内在逻辑做出特别明确的诠释。

宋明元清时期,佛教义学沉寂,"体用"诠释却越来越普遍和成熟,但缺乏此前的创造性,大多是沿用隋唐所创的那些模式。同时也有一些借用自儒家程颐提出以来大盛的"体用一源,显微无间"作为自己文本和义理诠释的基本模式。

近代以降,受"救亡图存"之影响和西学深入之刺激,佛学研究日益受到教内外的重视。无论教内教外,都把佛学复兴或革新的基础建立在对经典的回归之上,他们努力在对经典的重新诠释中建构各自的佛法系统。而在这波重新诠释的浪潮中,"体用"诠释无例外地受到各家青睐。

太虚借鉴儒家体用实学的逻辑,对"佛法"也作总体的体用诠释,强调真正佛法或佛教一定是体用兼备的。与此同时,他还充分运用体用范畴和结构进行佛法判教,最为重要的是,他在自己的创造性著作《真现实论》中,把"体用"逻辑作为文章结构的根本依据。

印顺对熊十力的《新唯识论》中"体用"哲学进行批评时,对"体用"、"性相"、"因果"等核心范畴,在佛学内部进行了整体考察,由此判定熊氏体用论的玄学实体性质,指出其与佛教一切空之根本教义相违背。与此同时,印顺在对印度佛教原始经典的分析中,又非常自觉地使用体用结构作为诠释工具,往往收到很好的诠释效果。例如他在《说一切有部为主的论书与论师之研究》中对《阿毗昙甘露味论》全论的组织内容进行梳理时,就全面采用体用结构。

欧阳竟无同样也以体用逻辑作为判教和简别佛法的根本方法。尤其是他发明四重体用结构来建构整个唯识学的理论大厦。不仅如此,他还以体用结构来判别和会通儒佛。

综合上述两个方面的论述,我们可以发现,佛教体用诠释的对象或内容,整体上看是一个不断丰富和扩展的过程。在这个过程中,经历了由特定概念对象走向整个佛教的义理体系,由不自觉到自觉,由具体的观念诠释发展为整体的结构体系诠释,由对象性诠释到体用自身的反身性诠释,由经典诠释到义理系统建构,由佛教内部封闭式诠释走向佛教外部对话性诠释。

2. 体用诠释的逻辑内涵

(1) 体用诠释的表达形态

　　总体来说,在近两千年的中国佛教发展历程中,其体用结构的表达形式,除"体用"为最基本最常见之外,还有一些不同的表达模式。现列举其中主要形式如下:

　　1)"寂用"说:由僧肇始创,强调无为与无不为的相即不二。此后成为佛教学者描述得道境界、佛果涅槃、般若圣智以及修行工夫的不二之选。其变形有"寂动"说、庐山慧远的"照寂相济"说、南岳慧思的"寂用双修"说、慧能的"照寂同时"说等。

　　2)"体一用殊"说:此由梁武帝所发明,旨在表明体用之间的一多关系,或者是一多之间的体用关系。其变形有涅槃学派的"体一德三"或"体一义三"说,成实论学派的三假之间的"体一用二"说,南岳慧思的"一体双行"说,憨山德清的三教之"体同用异"说,还有印顺法师在《唯识学探源》中所揭示的"体一用异"之说等。

　　3)"体相用"说:最早由《大乘起信论》所使用,本质上是指实体、德性和功用三个方面,也可说是"体德用"或"体性用"。法藏的"体义用"与此相同,但后来也有以"相"为形相之义,如明末真可的"体用相"之说即是如此。其变形还有地论学派在判教中所发明的"体相事"之说。就结构逻辑而言,"体相用"实质上可以进一步简化形成"体—相用"、"体相—用"或"体用—相"结构。

　　4)"体宗用"说,此说最早为河西道朗所创,初为"宗、体、用",经智𫖮大力发扬,定性为"体宗用",遂成为此后经典诠释的基本结构之一。至太虚之时,仍以此为其《真现实论》的纲领。就结构逻辑而言,"体宗用"也可以归结为单纯的"体用"结构,分别形成体用、体宗、宗用的表达结构,但本质上都属于体用逻辑。

　　5)"名体用"说:最早由地论学派学者提出,诠释对象仅限于俗谛之假法有。而后智𫖮发展为"体用名",可以诠释一切对象。从逻辑上来说,"名体用"实质上是"名:(体—用)"的结构逻辑,"名"既可以独立存在,也可以依附于体或用而存在,当然"名"本身亦可以有自己的体和用。

　　6)"本迹体用"说,由智𫖮提出,湛然大力发扬,直接提出"本体迹用"说。智𫖮还提出"体用权实"说,类似的还有华严宗的"体用因果"说,与唯识宗窥基严格区分体用与因果不同。

　　7)"借功明位"说:此是宋代宏智正觉所发明,其中"功"即是用,"位"即是体;借功明位也就是借用明体。

　　8)"体用境缘"和"体用境具"说,此为净影慧远所独创,其后并未流行。

　　(2)体用诠释的逻辑类型

　　1)从逻辑内涵来说,中国佛教体用结构的逻辑类型可以分别为两大类型,一是"实体—作用(功用)型",一是"本体—显现(现象)型"。

"实体—作用(功用)型"中之"实体"并非佛教体系中的"实体"之义。佛教之"实体"即是性空之实相,是真如法体、是佛性、般若、涅槃、第一义谛等,这些虽名为"实体",却非是如实物般之有"实体",其"实体"之"实",恰在于其"空"。此处"实体—作用(功用)型"中之"实体",既包括真谛层面的"实体",也包括俗谛层面的假法之"实体"。一句话,无论"有为法"还是"无为法",只要成为体用逻辑的诠释对象,就都可以运用"实体—作用(功用)型"之体用逻辑对其进行体用诠释。所以就佛教言,"实体—作用(功用)型"中之"实体"是指一切法之体,即"法体","用"则是此"法体"之内在属性及其外在功用,若展开则为"体性用"或"体相用"。

"本体—显现(现象)型"中的"本体"也与一般佛教所谓之"本体"不完全相同。具体说,佛教所言之"本体",必定指无为法之真如,因此一定是相对于现象生灭法而言的,生灭法永不可为"本体"。而此处所谓"本体—显现(现象)型"之"本体",乃是与佛教之不同而又包含其"本体"在内的,此"本体"乃是根本依据之义,"用"则是此本体所显现、所运用或所支持的现象。也就是说,此"本体—显现(现象)型",也是以涵括有为法和无为法在内的一切法为诠释对象的。因此,既可以阐明无为法与有为法之间的关系,也可以阐释有为法之间或无为法之间的关系。

与此同时,在佛教而言,"实体—作用(功用)型"与"本体—显现(现象)型"之间,具有深刻的关联,因为佛教最为关注的是无为法与有为法之间的关系。从佛教宇宙论方面而言,它以有为法为"幻象",以超越有为法之无为法为"实体",同时它又以无为法之"实体"为一切有为法之幻象存在的"本体",力图说明生灭有为法的建立根源和价值依归。从佛教解脱论或实践论方面来看,它强调有情众生,尤其是人,作为解脱实践的工夫主体,乃是沟通"幻象"与"本体"的关键。一旦众生或人实现其沟通,也就从幻象界进入本体界,拥有佛教所谓"实体"之状态。

2) 关于体用之间的逻辑关系,若从整体或宏观的角度来说,无论哪个时期,也无论哪家哪派,都是特别强调体用之间具有"相即不离"的关系。若从细节或整个历史来看,体用关系的表达也是相当丰富的。

① 体用相即不离:"即"的概念最早由僧肇引入"体用",准确地说是"寂用"论中,强调"寂"与"用"的同时共存。由此开创中国佛学表述体用关系的基本形式。与此相同的表达还有很多,如:体用不离、体用不二、体用同时等。

② 体用不即不离:体用的"不即不离"的与体用之"相即不离"形成对比。最早由梁朝的沈绩给梁武帝《立神明成佛义记》作注时提出,以"离体无用"言"不离",以"用义非体"云"不即"。显然"不即不离",强调的是体用之间既是相互依存,互为存在上的前提;同时也强调体用有别,不能完全等同。此

后,净影慧远也提出"体用不即不离"之说,他把二谛之间的体用关系区分为"相即不离"和"不即不离"两种。此说是建立在他所揭示的两种体用结构模式,一是存有论层面上的"依持"型体用,一是生成论层面上的"缘起"型体用。"依持型"体用之间是"不即不离","缘起"型体用之间就是"即体即用"的"相即不离"关系。印顺在分析大众系说假部时,指出他们认为"色、心"之间是"不即不离"的关系,由此"色、心"之外无别实体。

③ 互为体用:最早由南北朝之涅槃师和成实论师在讨论二谛体时所提出,有学者认为,不是单纯真谛为体,或单纯俗谛为体,而是真俗二谛互为体用,为此才能不落二边,保持中道。而后吉藏在此基础上广为评破,并建立自己的二不二为体、不二二为用的中道体用说。在此基础上,吉藏还提出"体用平等"。

④ 体用双融:在互为体用的基础上更进一步则是"体用双融",此由华严宗法藏提出。他依"体"的角度,强调本体空与幻相有之间的"相即";在"用"的角度,强调诸缘之间的"相入","体用双融"则是全体是用,全用是体,力用交涉,全体融合的法界无尽缘起的境界。与此相当的说法还有华严宗李通玄之"体用互参,理事相彻"说,还有宋代永明延寿的"体用相寂,体用交彻"说,以及印顺在《性空学探源》中所发掘的"体用综贯"说。

3)体用辩证。事实上,佛教历史上并没有人提出"体用辩证"的说法。所谓"体用辩证"是笔者根据中国佛教体用思想发展的实际所提出的一个概念,是对体与用以及体用关系的一种动态的、交互作用的说明。这种辩证性主要表现为几个方面:

① 有体必有用,有用必有体,体用不离。这是佛教学者共同坚持的一般通则。

② 从体起用,摄用归体:最先由地论学派提出,而后成为整个佛教学界所坚持的基本原则。

③ 体用强弱:吉藏在以体用逻辑来说明般若方便二智的结构关系时,提出一个修道境界之内的体用结构有强弱不同变化的观点,譬如"六地"是"体强用弱","七地"时是"体用俱等","八地"已上是"体用俱巧",至"佛地"则是"体用同反",由此表明般若与方便二智之间不仅"互为体用",而且表明二智之间的体用结构中涵有一个动态的变化的过程。虽然此后没有人再在这个方面沿用和发展,但的确是中国佛教体用逻辑之辩证性的很重要的一个表现。

④ 体用重重:此说法直接由太虚提出,其实质是指体用诠释的层次性和递进性,最终使得全部的存在,包括最高的实在和一切的有为法,都可以纳入这个体用诠释的网络之中。

综合上述三个方面的论述,我们可以了解到,中国佛教体用诠释的逻辑类型从根本上同儒家一样可以归结为两大类,但是其具体内涵又是与儒家有很大不同的。特别是由净影慧远发明的"依持用"和"缘起用"之分别,是切中佛教本体宇宙论之中心的。从体用逻辑的表现形式来说,这些形式不仅符合佛教义理诠释的内在需要,同时也是佛教义理阐释对体用逻辑本身的丰富和发展所做的贡献。

3. 体用诠释的哲学本质

(1) 中国佛教哲学的本质结构

虽然佛教义理繁复深刻,但并不妨碍我们认为存在一个佛教哲学的本质结构。与前面对儒家哲学本质的结构分析一样,在此依照中国佛教义理展开之实际情况,从哲学上将其归结为四个层面:一是本体宇宙论层面,二是本体心性论层面,三是工夫解脱论层面,四是工夫境界论层面。这四个层面又可以进一步归结为两个维度,即本体维度与工夫维度。本体与工夫二者之间又是紧密关联的,"本体"不仅是宇宙万法之本体,还是众生心性之本体,正因为如此,此"本体"就必然是此"工夫"之本体,由此而形成一个"本体—工夫"的结构。很显然,这个结构从根本上是符合中国佛教二千多年的历史实际的,自然应当成为理解中国佛教哲学及其发展的全部秘密所在。

这一结构到道安、僧肇之时,特别是道生之时就已经基本形成,道生所佚失的著作足可表明这一点。随着佛教义学中心从般若中观之"真空"转向涅槃佛性之"妙有",中国佛教的经典诠释与义理组织就越来越明确地围绕"解脱"即"如何成佛"这一核心主题展开。正是这一中心主题的确立,使得佛教必须在理论上思考并解决四个方面的核心问题。一是解脱主体的问题,即谁能成佛的问题;二是解脱的根据问题,即凭什么成佛或为什么成佛的问题;三是解脱之实际操作问题,即怎么成佛的问题;四是解脱之后的境界问题,实际也是成佛之目标或结果的问题。如图所示:

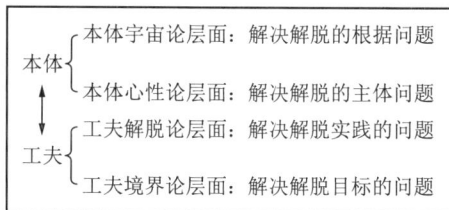

在这样一个结构之中,我们可以看到无论本体还是工夫,其实都是围绕一个中心即"如何解脱",也就是"如何成佛"而发生的。显然解脱成佛的问题本质上既是工夫论的,也是本体论的。也就是说它必须是"本体—工夫"论的。在这个结构中,本体是体,工夫为用,从体起用,由用达体。事实上,整个中国佛教的发展中所形成的分歧,就是因为在本体与工夫的确立与相应方面,各宗派体系都有自己不同的体认与安排,顿渐问题的长期争论就是一个很好的例证。①

在本体论层面，佛教本体之宇宙论部分，主要解决世界存在的真实性和如何存在的问题，包括 1) 人所生存的现实世界是真实的存在吗？2) 如若不是，真实的存在应该是如何的？3) 不真实的世界与真实的世界是什么关系？4) 不真实的世界为何、如何存在的？这些问题在某种意义上可以和西方传统哲学中的 ontology（存在论或存有论）和 cosmology（宇宙论或宇宙学）②相对应。

佛教本体之心性论部分，主要解决解脱主体主要是人的存在的真实性和如何存在的问题，包括 1) 人现实的存在是永恒真实的存在吗？2) 如若不是，人之真实的存在应该是如何的？3) 人之真实的存在与非真实的存在是什么关系？4) 不真实的存在是为何、如何存在的？

在工夫论层面，佛教工夫之解脱论部分，主要解决解脱行为的实际操作方式及其过程问题，包括 1) 解脱修行的主要依据是什么？2) 解脱修行的主要方法或途径是什么？3) 解脱修行的具体过程及其主要障碍是什么？4) 解脱修行的检验标准和对治方法是什么？

佛教工夫之境界论部分，主要解决解脱的终极目标和实际结果问题，包括 1) 修行解脱的最终目标和境界是什么？2) 修行解脱境界的具体阶段如何？3) 实现终极目标之后的修行主体之状态如何？4) 解脱主体在实现终极境界之后与现实世界的关系如何？

根据上述分析，我们就可以把中国佛教学者所讨论的全部主题按照这四个部分重新归属。具体如下表：

结构层面	主题示例
本体宇宙论	法、二谛、实相、中道、有为无为法、缘起等
本体心性论	佛性、心性、二智等
工夫解脱论	寂用、止观、定慧等
工夫境界论	涅槃、净土、十地等

在中国佛教漫长的诠释历史中，上表所示的这些范畴都经历了被体用逻辑分析或结构化的过程。这些在本书的"上篇"部分已有详细而全面的分析呈现，在此就不再赘述。

（2）中国佛教体用诠释的哲学本质

和前面对儒家体用诠释的哲学本质所做的分析一样，虽然佛教哲学在每一个层面都建立在体用逻辑之上，但本体论仍然是整个本质结构的核心

---

① 此问题可详见本人硕士论文。胡勇：《顿渐之争与朱陆之辩》，中南大学，2010 年 6 月。

② 宇宙论，其实更准确地来说，应该是现象论或幻相论，而非从西方那个整体上研究宇宙的结构和演化的科学式的 cosmology（宇宙论）。

所在,其中缘起法正是佛教本体论的核心内容,同时也是工夫论的重要基础。① 下面将通过对中国佛教史上几种典型的缘起论模式的分析来揭示中国佛教体用诠释的哲学本质。

1) 净影慧远之真如缘起体用模式

净影慧远的本体论思想主要体现在《大乘起信论义疏》和《大乘义章》二书中。其核心可以归结为"如来藏"缘起这一大的系统,也可说是真如心缘起,还可以说是真识(在《义疏》中为第九识,在《大乘义章》中为第八识)缘起。慧远的重心在于解决世间与出世间之间的关系,解决真如本真世界与生灭现象世界,也即真俗二谛之间的关系问题。

首先,他在真如本体与生灭现象之间建立体用联系,同时在二者之间依据大乘起信论的一心二门结构建立一体二用的模式,如来藏真如心体为一体,二用分别为染用和净用。

其次,最重要也是最具有创造性的,他从逻辑上进一步将用分析为二种,就染用分别是依持用和缘起用,就净用则是随缘作用和随缘显用。如图所示:

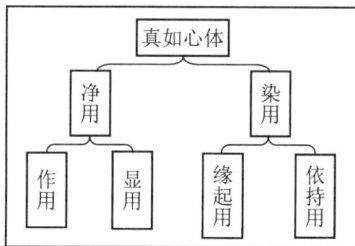

从哲学上来说,所谓"染用",本质上是要解决世间生灭万法的存在来源和根据问题,因此属于宇宙本体论方面。其中"依持用"与"缘起用"都是从"真如心体"与"妄染世间"的关系来分析的,"真如心体"因"依持"和"缘起"二用而生起和维持"世间法"的存在。从哲学上说,"缘起用"实际上是解决有为法即现实世界的存在来源问题;而"依持用"则相对是解决有为法存在的根据问题。所谓"净用",则实质上是要解决主体如何通过修养工夫实现自身存在的完善和完满问题,所以属于实践工夫论方面。净用之中的"随缘显用"和"随缘作用"的根本差别在于因果作用的类型,"显用"属于"无作因果"。而"作用"就不同了,因为通过缘修,真如理体由隐而显为实际果用,因果分明,所以为"有作因果"。

最后,值得注意的是,染用和净用二者之间实际上存在着明显的对应关系,如"随缘显用"正是根据真如本体的"依持用"而有,"随缘作用"则是依据真如本体的"因缘用"而有。

---

① 参见赖永海:《缘起论是佛法的理论基石》,《社会科学战线》,2003 年第 5 期。

2）三论宗之中道缘起体用模式

吉藏的本体论的核心是二谛中道思想,和净影慧远不一样,他不十分关注生灭世界的来源问题,而关注如何把握真俗两个世界的关系,从而能够证悟本体即中道实相。

最终他在"体用重为体用"原则指导下,建立二谛之间的二重体用模式,如所示:

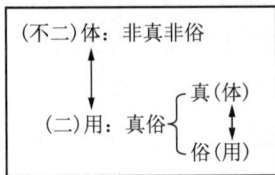

```
┌────────────────────────┐
│                        │
│  (不二)体：非真非俗       │
│      ↕                  │
│                  ┌ 真（体）│
│  (二)用：真俗    ┤   ↕    │
│                  └ 俗（用）│
│                        │
└────────────────────────┘
```

第一重,以真为体,俗为用;第二重,以非真非俗为二谛之体,真俗为二谛之用。其中"非真非俗"即是"不二",真俗即是"二",所以即是以"不二"为体,以"二"为用。依此二重体用逻辑,二谛之间即真理世界与现象世界之间的关系,为不二而二,二而不二。

吉藏还进一步讨论"体用"、"中假"与"生灭"之复杂关系,最后他认为,无论是"生灭",是"不生不灭",还是"非不生非不灭",即其最终都是"假"而"不生",这才是真正的不二中道之用。在此吉藏完全贯彻了中观缘起性空之无限否定的理论本色,体用、中假、本末等都不具有最终的真实性,而只是在无限否定过程中的方便设施。

但问题是:如此的无限否定将会造成我们永远都在否定之路上,而无法获得在诠释教义或实践教理中所必需的正面而稳定的认知。吉藏解决此问题的方法是依"体用"范畴的逻辑,将"二不二"与"不二二"这两个否定阶段结构化,即以"二不二"为体,以"不二二"为用,同时规定"体用"之间为内部互为体用的循环运动,即"以体为用,以用为体",由此获得所谓"体用平等不二"之中道。而此"中道"即是佛性。如图所示:

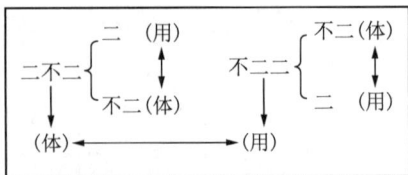

```
┌──────────────────────────────────────────┐
│                                          │
│          ┌ 二   （用）          ┌ 不二(体)   │
│  二不二  ┤     ↕         不二二 ┤    ↕      │
│          └ 不二(体)             └ 二   （用）  │
│                                          │
│      (体) ←──────────────→ (用)           │
│                                          │
└──────────────────────────────────────────┘
```

综上所述,吉藏的中道缘起体用模式,重在从否定超越的层面获得中道实相,虽然能够说明世界(宇宙)之如何存在,但不能说明世界(宇宙)之为何存在。这也正是熊十力在《新唯识论》中批评空宗之过在于"偏于扫相,无法设施宇宙万象",本质上是"谈体而废用","卒致性相皆空"。

3）天台宗之性具缘起体用模式

天台宗在佛教义学系统中与三论宗同属大乘空宗一脉,但他的本体论思想,尤其是其性具缘起论与三论宗有很大不同。

此性具缘起论始出于南岳慧思,他在《大乘止观法门》一文中,强调心体同时具有染净二性,但依染净二业熏习的缘故而有力用先后差别。他说:"就性说故,染净并具;依熏论故,凡圣不俱。"从佛性思想来说,此种说法充分体现了天台宗特有的性具佛性论——诸佛众生心体不二,本具染净二性,依熏习不同而有凡圣二用不同;所以虽本具染性,不碍"转凡成圣"。从体用思想来说,此处存在一个明确的"体性用"逻辑结构:心体——染净二性——凡圣二用。

智颛则以一念三千、三谛圆融为思维基础,以"从无住本立一切法"为佛法建立的基本精神,以实相与生灭为体用结构,从体起用,推用识体,由此建立以一念心为本的性具缘起论。一念心即三千染净皆具,即假即空即中,此即是中道实相,此实相即是一念心之体,同时也是一念心之用,所以一念心正是即体即用,体用不二。

到宋代四明知礼,更是强调"三千世间,一一常住。理具三千,俱名为体。变造三千,俱名为用。故云俱体俱用",认为唯有如此"全用是体"才是真正的"体用相即"。他批评华严宗的性起缘起中的别理随缘不是真正的体用相即,唯有在性具缘起的结构中才能谈真正圆教的"别离随缘"。

综合三人的缘起思想,我们可以发现,天台宗的性具缘起本体论的核心,除了解决世界如何存在的问题,还试图通过性具说来解决世界为何如此存在的问题。其解决的奥秘即在于它认为体用皆具三千,体用既有染净,所以体是染净体,用也是染净用,只不过体是恒具染净,没有显隐有无之说,而用虽也是恒具染净,但随缘有隐显而成现实之染净。如图所示:

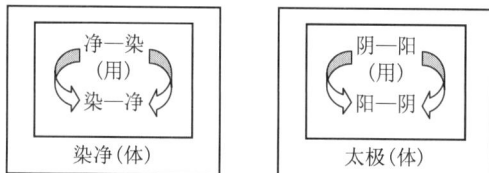

图中"染净体"即是法性,而此"法性"却是静明与无明之对翻。"染净用"即是此法性本体与无明对翻所起之染、净二种作用。所谓"染"用,即是法性翻作无明之时所生无明之用。所谓"净"用是无明翻为法性时所起法性之用。从逻辑上看,这有些类似于儒家关于太极与阴阳的关系:太极即阴阳,阴阳即太极。太极本体之用即是太极内涵之阴阳互动之用。

4) 华严宗之性起缘起体用模式

华严宗性起论的核心是称性而起,其要害在于"十玄门"与"六相圆融"两种理论,而其最终境界乃是"四法界"之"事事无碍法界"。但无论何种理论和哪种境界,其核心逻辑都在于"相即相入"之义。

法藏在《华严经探玄记》中将此"相即相入"纳入"体用双融"的逻辑分析中，以如来藏真如心为不变之理体，随缘差别万象为事用，理是一，事是多，一多体用，相即相入。具体表现为六个阶段或面向，如图所示：

```
（一）以体无不用，故举体全用      相入无相即
（二）以用无不体，故全用是体      相即无相入
（三）归体之用不碍用，全用之体不失体   相入亦相即
（四）全用之体泯，全体之用用亡    非即亦非入
（五）合前四句，同一缘起，无碍俱存    合
（六）泯前五句，绝待离言，冥同性海    泯
```

这里提出的"体用双融"义，作为华严宗之性起缘起法的根本要求，充分显示华严宗在本体思想上追求圆融殊胜的特性。

对于华严性起缘起论的体用义，牟宗三曾指出：就体用言，华严宗之"不变随缘，随缘不变"，即不能实然地说"如来藏心是这体，而随缘流转是其用"。虽然就佛果言性起而言有真实体用义，但最终不能说此真心为一创生的实体能创生此缘起事之大用。故只能说是"'缘起性空，流转还灭，染净对翻，生灭不生灭对翻'下之静态的虚系无碍之体用"[①]。

5）唯识宗之本识缘起体用模式

唯识宗的宗旨可以归结为一句话，即所谓"万法唯心，唯识无境"。这表明他的本体论思想和三论宗等空宗不同，除了要说明世界是怎样的存在之外，还特别致力于解决世界为何如此存在的问题。它的解决方案即是三性说和八识论。

唐代窥基在《成唯识论述记》中依据体用逻辑阐明了唯识宗本体宇宙论的内在结构，即"本识是体，种子是用。种子是因，所生是果"。如图所示：

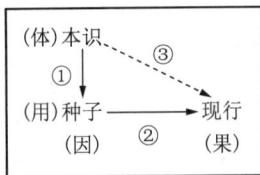

```
（体）本识 ┄┄┄┄┄ ③
         │  ┄┄┄┄┄┄┄→
         ①①         ↘
（用）种子 ─────→ 现行
  （因）    ②    （果）
```

此处的关键在于，窥基明确强调"体用"与"因果"的不同。之所以本识与种子是体用关系，而种子与现行是因果关系，乃在于种子之因能"生"现行之果，显然本识与种子非是相生关系。这是因为窥基认为体用关系属于依持型而非缘起创生型，相反，种子和现行之间为缘起创生型，所以他把它规定为因果关系。因内在地能够生出果，果又可以作为能生因而生果，如是则是种子与现行的互熏。

从本体论哲学角度来说，窥基以种子与现行的因果创生互熏关系比较好地解决了世界怎样存在即来源问题，同时他又以本识与种子的体用依持

---

① 参见赖永海：《缘起论是佛法的理论基石》，《社会科学战线》，2003 年第 5 期，第673 页。

关系比较好地解决了为何如此存在即存在依据问题。前者解决现象问题，后者说明本体问题。

近代欧阳竟无继承这一理论传统，建立一个更为完整的四重体用结构来说明唯识宗的本体宇宙论思想。如图所示：

一切法	体用	唯识	抉择
无为法（体）	体中之体	一真法界	以其周遍一切故，诸行所依故。
	体中之用	二空所显真如	以其证得故，为所缘缘故。
有为法（用）	用中之体	种子	以种子眠伏藏识，一切有为所依生故。
	用中之用	现行	以现行有强盛势用，依种子而起故。

欧阳竟无与窥基最大的不同，是他以体用而不是因果逻辑来规定种子与现行之间的关系，并将其纳入有为法之体用结构中。同时在无为法之体中在开出一体用结构，以一真法界为所缘之体，二空真如为能缘之用；而无为法与有为法之间又是一体用关系。如此一来，在欧阳竟无的体用结构中，就存在着多种体用类型，一是无为法与有为法之间，他认为"无为法"既然无生灭可言，所以不可以作为"有为法"的缘起因，但可以是"有为法"的依持因。因此在逻辑上属于依持型，与窥基之本识和种子之间的体用类型相同。二是种子与现行之间，因为种子是现象的缘起因，所以逻辑上为缘起型体用，与窥基的因果关系相同。三是一真法界与二空真如之间，能所之间非是因果关系，所以也属于依持型体用逻辑。

显然，欧阳竟无设立四重体用的根本目的，就在于解决前述有关佛教形而上学的两个根本问题。他通过种子与现行的体用之创生关系，一是解决缘起诸法建立的宇宙论问题，二是保持了"一真法界"作为无为法的绝对超越性，即不生亦不灭。因为在此体用结构中，一真法界并不直接缘起生成生灭诸法。而只是作为一切诸法建立的所依——是根本依据而非创生之本源。同时，他又通过体中之体用分别，建立无分别二空之真如，以"能观"正智而缘"所观"之真如，一方面通过"后得智"而入"根本智"来解决修行解脱之实践论问题，另一方面通过涅槃境界抉择无住涅槃来解决"体无而用无"的问题。这四个问题的解决，既是欧阳竟无抉择唯识的依据所在，也是其简别他宗的根据所在。从体用逻辑上来说，他的根本目标在于，一要避免体用分离，从而坚持体用相即不二的结构关系。二要保证体用皆备，实现全体大用的宗极之境。

6）禅宗之自性缘起体用模式

禅宗从整体上来说并不热衷于本体宇宙论，而是特别重视本体心性论和解脱实践层面的问题。禅宗坚持"一切佛法，自心本有"的理念，此自心即是宇宙之本心，也是人之本心。六祖慧能的二身论讨论法身与色身的根本关系,可以看作本体宇宙论思想的体现。慧能认为:法身并非是色身之外的实体性存在,法身从本质上只是此色身存在的本真状态,而非色身存在的始源或本根。说得更直白点,就是说,法身不是色身的存在论根源,而是色身存在的价值(境界)本体。色身唯有如此存在才是色身本来的存在,色身本来如此的存在即是法身存在。这一逻辑内在于每一色身存在之中,因此色身存在者的目标或任务,即在于发现或觉悟这一逻辑,并现实地使自身保持这一本真的色身存在,从而实现与法身同体存在。所以在这样的体用逻辑中,体与用二者从存在论的层面是可以且必须同时共存,即所谓的体用不二或体用相即。但二者从价值(境界)论层面上则有可能是分离,现实中是常常分离的,这恰恰是禅宗修行工夫的理论依据所在。即明心见性,顿悟成佛。

综上所述,我们可以看到,尽管中国佛教同印度佛教一样认为现实世界乃是非实体的幻象,但在近两千年的历史中,的确发展出了自己独特的本体宇宙论思想。上面对六种典型模式的分析充分证明了这一点。同时我们也发现,无论哪种模式,都毫无例外地采用体用逻辑作为自己的思考方法和表述基础,这使得它们的佛教义理建构与论述建立在坚实的逻辑基础之上,同时又使得体用范畴即结构的逻辑内涵和表达形式获得更多的可能,这对中国佛学和哲学的发展都是意义不凡的。

三、道家道教哲学与经典建构中的体用

(一)历史:道家道教体用思想发展的四个阶段

依据体用思想在道家哲学(具体说是其经典诠释学)发展中的角色、地位和作用,同时结合"体用"思想自身的形态变化,可将中国道家道教体用思想发展历史划分为四个阶段:第一阶段,先秦两汉原始道家时期;第二阶段,魏晋南北朝玄学与道教化时期;第三阶段,隋唐重玄道学时期;第四阶段,宋元明清内丹心性学时期。

第一阶段:原始道家时期(先秦两汉)

这一时期涵括先秦至两汉两个历史阶段。所谓"原始道家",是相对道教化或儒学化之后的道家思想而言的,主要包括老子的《道德经》,以及早期对老子道德经的诠释,如《文子》,还包括对老子思想的继承和发展,如《庄子》、黄老道学等。

虽然《道德经》中多处隐含性地谈到道的体、用,也已有"道之用"、"道之动"的明确表达,但对于"体、用"二者的概念内涵或关系,毕竟没有形成清晰而确定的认识与规定。其思维运作总体上是建立在有无、动静等范畴上的,但又的确为后来学者大量的体用诠释提供了理解空间和逻辑基础。

作为对老子思想的继承者,就体用思想而言,《文子》的贡献在于它对

"道体"和"体道"的重视，为后来的《老子》体用诠释奠定了基本方向。

《庄子》在继承老子思想的基础上又有很大的发展。在探求事物存在的"大本大宗"意识的驱动下，"体"逐渐成为一个真正意义上的哲学概念，主要用来表示具有内在统一性和连属性的存在，并逐渐与性、神等概念合流。也就是说，"体"不只是表示具体的个体实体，还能表示一切具有统一性、连属性的整体实体，乃至抽象实体。《庄子》对体用思想发展之最大贡献在于，它首次区分"有用之用"和"无用之用"，并以"无用之用"作为"有用之用"的根本，使"用"这个概念从一个表示功用的具体概念上升为一个抽象概念，最终成为一个真正的哲学范畴。更重要的是，此处的"用"，不再只是表示一般意义上的功能、作用，而发展成表示事物存在之表现或现象的特殊概念。

《汉书·艺文志》把《黄帝四经》、《庄子》、《道德经》都列入道家，是因为他们都把"道"看作理论赖以建立的基础和最高原则。作为探究"治国之本"的《黄帝四经》，其中"体"和"用"的使用基本上属于表示具体事物形体躯体和功用的层次，以此说明事物存在之根本或根源，乃至基本原则的概念大都是"本"、本始、纲纪等。

作为杂家①的《淮南子》思想主旨在于"讲论道德，总统仁义"②，因而处于汉初儒道合流的过渡环节。其中提出"无为者，道之体也"。以"无"为"道之要"，"德之至"，为"万物之用"，又说"一立而万物生"，这样就把道与无与有的关系凸显出来：一、道既是无也是有，有无同时存在；二、道与万物的关系是道一以生万物。而且从其所举事例来看，道一生万物的过程，实则为由基本要素产生无穷变化的过程。因而从生成论类型上说，应该属于"本质构生"型，而不是"本源创生"型。

从修养境界论的层面集中论述"有无"关系。从宇宙存在论来说，是"从无中生有"。从圣人修养论来说，则应该是"从有以归无"；若从圣人境界论上说，则应该是"既无既有"的有无同时共在，即它所说的"视于冥冥，听于无声。冥冥之中，独见晓焉；寂漠之中，独有照焉"。这些可以说是对整个原始道家修养论模式的一个总结，直接影响到王弼和僧肇修养境界论的形成。

汉代的司马谈在《论六家要旨》中指出：道家之术"以虚无为本，以因循为用"。此处的"用"并非指实体之作用，而是指把"因循"作为道家之术实际运行的具体原则或方法。由此说明，"用"业已从实体之作用发展为原理或

---

① 胡适曾说："杂家是道家的前身，道家是杂家的新名。汉以前的道家可叫做杂家，秦以后的杂家应叫做道家。"（详见胡适：《淮南王书》，《胡适全集》第6卷，安徽教育出版社，2006年版，第33页。）在此基础上，他说："道家集古代思想的大成，而《淮南书》又集道家的大成。"（同上，第123页。）

② 高诱在《淮南子注·序》称：刘安与诸儒"共讲论道德，总统仁义而著此书，其旨近老子，淡泊无为，蹈虚守静，出入经道……然其大较归之于道，号曰《鸿烈》。鸿，大也；烈，明也。以为大明道之言也……又有十九篇者，谓之《淮南外篇》"。

原则之运用。与此同时,以虚无为本,也不再是以虚无为本源或本始,而是以"虚无"作为道家之术的最高本质和绝对依据,而所谓"因循为用"则是对此最高本质和绝对依据的具体运用。由此也就表明,此处的"本用"之间已经隐含"本质—运用"的内在逻辑。

总起来说,这一时期的体用思想还处在萌发或潜伏状态。其对于后来玄学和道教体用思想的正式形成与发展最大之影响在于:

1)原始道家极力主张"道"之宇宙(包括天道与人道)本体(创生或根据)地位,由此形成两大思想趋向,一是对道的存在状态的描述越来越详细和完备,在这个描述的过程中,逐步触及道之存在状态本身与道之作用功能这两个方面,由此形成"道体"和"道用"或"道妙"的概念,事实上这就已经是道之"体用"的概念的原型了。第二个思想趋向是,极力思考在保证"道"的超越性和统摄性地位的前提下,如何保证"道"之与现实世界万物的确切关系。这样就逐步把道与万物的关系凸显为道家道教哲学的核心问题之一,同时也相应成为后来之道家道教哲学之体用诠释的主要对象之一。

2)因为把"道"作为宇宙(天、地、人、物)的本体,"道"既是宇宙万物的创生本源,又是宇宙万物存在的根据或本质原则,所以作为万物之灵的人类的存在就一方面是道之无限所创生的有限存在。同时又是可以体察、体悟,最后体达本体之道的存在,所以原始道家把"体道"作为人存在的最高使命或价值。由此在先秦两汉的道家著作中,存在着大量关于"体道"方法与境界的论述。

3)原始道家特别重视有无、一多、动静、本末范畴在思考和论述"道体"和"体道"问题中的作用,强调无对有、一对多、静对动、本对末的统摄作用,这些都为日后体用逻辑的建构产生重要的规定作用。特别是老子多提倡的"无为而无不为",其中隐含的"体无用有"模式成为日后儒释道三家共同推许的体用诠释模式。

第二阶段:玄学与道教化时期(魏晋南北朝)

这一阶段必须分两个方面来说明。一是玄学阶段,一是道教化时期。玄学之所以被归属到道家思想系统中,主要原因在于,这一时期的思想发展整体上是属于儒道合流历史潮流中"援道入儒"的阶段。因此基本思维方法和思维对象都更多的取自原始道家,虽然其出发点是要协调自然与名教的关系,但最终是将儒家之"名教"建立在道家之"自然"的基础上。

从哲学上来说,这一时期最为重要的贡献,就是把对道之创生本源地位的思考彻底转换为对道之本体根据地位的思考,并把这种思考提升到了前所未有的高度和普遍度。也正是在这一彻底的转换中,真正意义的体用概念才开始从隐伏模糊中走向中国哲学历史的前台。

王弼哲学是其最重要的开端,有无、本末和体用作为王弼经典诠释和哲学创造三组最为重要的范畴,其中"有无"最为基础,"本末"最为核心,而"体用"最为新颖。虽然没有"体用"范畴的明确表达,但其体用思维和逻辑已经充分具备,特别是他对道之存在的"体无用有"和"体无用无"两种模式的建立,成为后来儒释道三家本体诠释的基本范型。嵇康在《声无哀乐论》中明确地区分音乐的本体和功用,建立了真正明确而成熟的体用结构。郭象的《庄子注》,其重要的两个贡献在于:一是在概念上,把体与玄、妙、极、性等概念结合使用时,促使形体或质体之"体"向"宗极"之体发展,也就使"体"逐渐虚化并具有本质、本性乃至本体之色彩。与此同时,他还第一次在"本末"范畴的基础上提出"迹"和"所以迹"的概念,成为日后道教与佛教本迹观的形成以及和体用论合流的开始。二是他一方面要彻底否定原始道家有生于无之创生论,又不满足于只能说明万有的存在依据而不能说明万物之存在本源王弼式本体论,因而提出"独化于玄冥"之说。以"独化"论解决万物如何生成的问题,同时又以"玄冥"为万物生成之宗极本体,如此一来既解决了万物生成的本源本体,又解决了万物存在的根据本体。这一解决方案在唐宋道教学者杜光庭和陈景元之体用诠释中得到了明确的表现。

这一时期的第二阶段为道教化时期。时间上要追溯到汉代黄老道向方仙道过渡的时期,也是早期道教的形成时期。早期的道教义学主要表现在道教老学之中。河上公《老子注》和严遵的《老子指归》,都特别强调道之体以虚无自然为本,都十分重视道创生万物的功用和过程描述,这些都是王弼本体论发生的前奏。

由东汉魏伯阳所著的《周易参同契》提出"春夏据内体,秋冬当外用"之说,虽然不能成为完全意义上的体用概念,但已经初具雏形。

东晋的葛洪在论证神仙道教的过程中提出"形有神无、形宅神主"的形神关系模式,类似于后来范缜"形质神用"中的体用逻辑。更有价值的是,提出所谓"用之者神"和"体之者富"的"思玄道之要",这实际上建立了一个以"玄道"为目标的主体性体用逻辑。

南北朝时期的道教义学一方面沿着道教老学进一步玄学化,并将重玄式思维引入道教经典诠释之中,一方面沿着道教自身的组织改革和自身经典体系的建构的方向发展。这两个方面,道教学者都尝试利用体用逻辑来作理论支撑。

陆修静在进行道教经典体系化的过程中提出"总括体用,分别条贯"的原则,初步建立"三洞四辅十二部经"经藏体系。他在改革道教斋戒仪轨的过程中,提出道教斋法之体用的说法,提升仪轨的理论权威性。顾欢的道教义学主要在于承继了王弼的"体无用有"思想,并依此来应对佛教"有无双遣"的理论优势,从而发展了道教的重玄思想。宋文明提出"明治身之体用"之说,他继承了陆修静和三洞十二部的分类体系及其所采用的体用原则,还把"体用"范畴运用到十二部经的解说之中,对每一部的诠释,都说有两种含义,一从"体"方面来说,一从"用"方面来说。

南北朝道教又盛谈"道德体用"问题。臧玄靖提出"智慧为道体,神通为道用"之说。在此,他不仅把"体用"作为一般的概念组,而且把"体用"概念提升为一般范畴来运用,甚至用作为一种诠释方法,这在体用思想发展进程中是很重要的一个环节。更重要的是玄靖法师已经自觉地把"体用"范畴运用到"道物"关系的讨论中,其道和德的讨论实际上就是对道和万物关系的一个讨论,尽管还没有提出如唐代道教学者那样明确的"道体德用"的模式,但其"道德体一"之说实际上已经蕴涵着后来的发展。另外,玄靖还十分重视南朝齐、梁、陈三代的道教学者都很关心的"三一"问题。

北朝楼观道的韦处玄认为:"柔弱者,道与气也,刚强者,天地与万物也。根本,即自然之道也。"在此,他已经触及了道教哲学乃至整个中国哲学一个至为关键的难题——道是如何创生万物的,以及在创生之后又是如何保持与万物之间的关系的? 这也就是现代学者津津乐道的宇宙生成论与宇宙本体论之间的差异和结合问题。

第三阶段:重玄道学时期(隋唐)

隋唐时期是道教义学发展最为兴盛的时期,重玄道学是此阶段的核心。体用思想的发展与这一进程是同步的。

成玄英在《道德经义疏》中提出"用即道物,体即物道"的观点,发挥其重玄思想的方法特点,他总结道与物之间关系为"本体—迹用"关系,二者是相即不离的。同时在哲学史上第一次明确主张"道德"之间为体用关系,提出"道是德之体,德是道之用"。在《庄子注疏》中,他提出"就有无之用明非有非无之体",以"非有非无"为体,以"有无"为用,由用以明体。这是他重玄思想与体用逻辑的结合,而又以体用逻辑为基础,与佛教三论宗吉藏的中道体用论极为接近。李荣《老子注》中突出体用之间"从体起用,摄迹归本"的互动逻辑。王玄览也十分重视这种体用之间的辩证逻辑,他提出"动体将作用,其用全是体,息用以归体,其体全是用"的说法。

唐代早期形成的《道教义枢》对魏晋南北朝以来的道教义理进行了一次较为全面的总结,大量采用体用结构或逻辑来进行义理辨析,如【道德义第一】【法身义第二】【位业义第四】【三洞义第五】【十二部义第七】【十善义第十】【因果义第十一】【三一义第十六】【境智义第二十七】【动寂义第三十四】【有无义第三十六】等。《道教义枢》的作者还提出"体用并为用,非体非用始为体"的观点。这和成玄英的"非有非无为体,有无为用"说法非常相似,而实质上,此处更进一步,直接把体用结构纳入重玄的辩证逻辑中。

中唐及中唐之后,道教义学尤其是道教老学,因唐玄宗的《道德真经御注》的颁行天下而愈来愈兴盛发达。与此同时,道教经典诠释的体用化就成为一个普遍趋势,不论是道体论,还是道性论,抑或修道论和境界论方面,都习惯于采用体用结构和逻辑。更重要的是,道教学者还自觉地运用体用逻辑对经典文本结构进行体用诠释,并把这种诠释与对义理的体用诠释统一起来。

唐玄宗提出"妙本论",把"有无"关系明确转换为"道器"关系,也即"道物"关系,并且明确地以体用结构来规定这种关系。从哲学发展史的角度,可以说具有里程碑式的意义,为后来整个宋明理学的宇宙体用论的产生和发展,奠定了理论基础。从体用思想本身来说,其"有无皆有体用"的思想也暗含着一个更为复杂的体用结构。他在"道体德用"说的基础上,对《道德经》上下经的体例给予体用结构说明,提出体用之间就"名"而言可以分离,若就"实"而言则不可分离的原则。由此揭示出一个内在于经文的辩证结构,即上经虽言道体,但多处言德用,下经虽主德用,却大谈道体。这就是玄宗所谓的"体用互陈,递明精要",也可以说是"体用无定"之义。

杜光庭是晚唐最著名的道教学者,在肯定玄宗"道体德用"说的基础上,进一步对体用的内涵和属性予以说明。这可以说是中国哲学发展史上第一次对体用思想进行的系统性反思。

综合上述,可知隋唐时期的道教体用诠释不仅是整个道家道教体用思想发展中一个极为重要的,同时也是整个中国哲学体用思想发展进程中极为关键的一环。之所以关键和重要,就在于这一时期的道家道教体用诠释已发展到非常自觉、普遍、成熟的阶段。

第四阶段:内丹心性学时期(宋元明清)

从晚唐开始,道教在术数层面一方面表现为对斋醮科仪的神圣化和神秘化,一方面表现为由外丹炼养向内丹修炼的过渡。与此同步的是,道教义学也发生重要转向,即逐渐由对道体、道性的关注,转向对主体心性与修养工夫的关注。这种转向也直接反映在其体用诠释的运用之上。

陈景元受唐代重玄学体用思想的影响,强调建立"以无为为体,无不为为用"的体用模式,前者落实为"重渊"即"重玄",后者突出其"兼忘"即双遣;二者结合,才算正确全面地把握了道的体用。陈景元在提出"母体子用"结构的同时,又提出"体用相须"的观点,旨在解决道物分离的问题。他既强调道对万物的超越性地位,也强调万物对于道存在之真实性、超越性和完美性的实现具有不可或缺的意义和作用。最后,受唐代重玄学派的影响,陈景元在突出"体用双彰"基础上,又特别强调"体用冥一",即所谓"体用兼忘"。

在唐玄宗和杜光庭基础上,陈景元也十分重视运用体用逻辑来揭示《道德经》之整体逻辑与内在结构,并明确揭示《道德经》文本和义理结构之中所隐含的一个四重体用逻辑。在宇宙论的体用诠释中,创新性地引入"元气",以之作为万物生成的直接本源,由此可以解决万物的多样性如何统一的问题。同时又把传统道教诠释中"虚无——元气——万物"这种"线性创生论"模式，区分为两个层次，一是元气到万物的创生模式，二是虚无对此创生过程的体用模式。也就是说他巧妙地在"体无用有"的结构中纳入了一个"有创生有"的结构。

内丹学的兴起，导致体用诠释也扩展到性命、性情之间，以及心性与道体、万物之间，甚至进入内丹修炼的实践过程之中。由此可见体用诠释的普遍和深入。

作为南宗始创者的张伯端，积极自觉地把体用诠释运用到其内丹学理论之中。他在《悟真篇》中在本心与道之间建立起体用关系："心者道之体也，道者心之用。"这应该是最早把心与道（理）之间的关系定位为体用关系的，这对于道教修养论之由外向内发展具有重要意义。与此同时，在修道理论上把体道工夫明确地归结为"明心"，通过"察心观性"的心性修养工夫，便可以获得体用兼备的达人之境，即所谓"圆明之体自现，无为之用自成"。一旦修成达人，自然是无为而无不为。在道教修养工夫的论域中，以互为体用的逻辑来诠释戒定慧三者。在内丹修炼的操作中，提出"水火者，铅汞之体；金木者，铅汞之用"的说法，把五行与内丹修炼的核心要素铅汞利用体用逻辑关联起来，由此增强内丹修炼的理论性。

南宗的实际创建者是白玉蟾，他的最大贡献在于第一次明确地把金丹之道与心性结合起来，并将其体用结构化。他说："夫金丹者，金则性之义，丹者心之义，其体谓之大道，其用谓之大丹，丹即道也，道即丹也。"同时他还在道与一之间建立体用联系："道者一之体，一者道之用。"

北宗各派受儒家和佛教影响很大，因而大都强调三教合一基础上的性命之学。王重阳提出"以天心为主，以元神为用"之说。马丹阳提出"道以无心为体，忘言为用"。龙门派尹志平十分强调内在心性的修养与外在的"积功累行"，即强调有为与无为的结合。他认为二者共出大道，是互为体用的关系。这就有点类似于儒家所提倡的明体达用的主张。

盘山派郝太谷十分重视"性功"，明确提出"以见性为体，以养命为用"。实际上就赋予"性命"以体用逻辑，即"性体命用"。王志谨正是继承此思想，以"明心见性"为内丹修炼的核心，进而开创了盘山派。王志谨心性思想的核心，在于他进一步区分"性之体"与"性之用"，认为人的现实存在即"动静语默"，只是性之用，而非性之体。所谓性之体，应该是"非动非静，非语非默"的。所以修道之人切忌把修道的目标和重心错误地放在"语默动静"之上，如此即是"认奴作主"，即把"性之用"混同于"性之体"了。强调在性命修炼工夫中认清"体用"的重要性，这可与朱熹所指出的禅宗后期之"作用是性"相对照。

元代道教学者基本上是继承唐代以来道教义学的传统。李道纯在理论上强化金丹之道与道家老学和儒家易学的本质关联。他提出中和之道,"寂然不动,中之体也。感而遂通,中之用也"。同时强调高上之士要能"性命兼达",切不可支离为二。"性命"之间是本一而用二的关系,实际上是以道为本体,性命而二用。

陈致虚创造性地把自然、虚无、道这三个核心概念纳入一个以道为中心的体用结构之中——"道之体者,自然也;道之用者,虚无也",由此把道家道教之"道"的内涵通过体用结构更加明晰化,从而与儒释之道发生鲜明的区分。不仅如此,陈致虚还非常自觉地运用体用结构来阐述金丹大道修炼法门,要求圣人"体其体,而用其用,法乾坤之体,效坎离之用",最终才可以达至真人神人之境。与此同时,陈致虚大力主张三教融合,他采用"体同用异"逻辑,将三教义理皆归宗于老子金丹之道,然后说明儒释道三家在具体的教化内容和形式上虽各有不同:在儒曰修身,在释曰修性,在道曰修命,但最终是殊途而同归。

明清时期的道教义学,与佛教义学一样整体上趋于沉寂,其体用思想的发展也同样是继承多于创新,故不再赘述。

(二) 本质:道家道教体用诠释的哲学和逻辑内涵

1. 体用诠释的对象内容

道家道教的体用诠释从内容上来说,可以分为两个方面:一是对道家道教义理概念、范畴或观念体系的体用诠释,一是对道家道教的经典文本结构,以及对体用概念范畴和结构逻辑自身所做的反省性诠释。

(1) 有关道家道教义理概念、范畴的体用诠释

先秦两汉时期的原始道家,还没有形成完全意义上的体用概念和范畴,但与后来成熟的体用结构相应或类似的体用思维或体用逻辑早已隐含性存在。这一时期的主要任务在于对"道"的存在地位和状态的领悟和描述,在此过程中独立发展"体、用"的概念内涵,使二者逐渐成为对"道"的体用诠释。这一时期还有一个很值得重视的内容就是"体道"概念,这是从修养境界的层面对道之体用与修道主体之体用的探索。这些都为之后的道家道教义学及其体用诠释的发展提供了起始和基础。

只有到第二阶段玄学与道教化时期,体用概念、范畴才正式登上道家道教的哲学舞台,也才有真正意义上的体用诠释。从诠释对象和内容来说,有王弼的道体、天地、物体、圣人之体、卦体;阮籍的"琴瑟之体",以及"礼乐之体"、"造物之体"、"治化之体"、"治国之大体";嵇康的音乐之体用。还有人之性欲与智识之间等,郭象的圣人与万物,形体与性体等。显然玄学时期的体用诠释对象非常广泛,甚至无所不包,一方面这是第一阶段的思维惯性的延续,也是道家道教体用诠释还不够成熟的表现。早期道教的体用诠释对象仍然集中在"道"之本身,包括葛洪的"玄道"。

　　南北朝时期的道教义学获得很大发展,其体用诠释的对象越来越具有道教自身的特有内容了,恰是其体用诠释越来越成熟的表现。这些内容最后都被唐初的《道教义枢》保留下来,其主要内容在前面的历史部分已有比较详细的举例。

　　到隋唐时期,体用诠释越来越哲学化,除了《道教义枢》中的那些概念范畴,在唐代最为关注的对象就是"道德",进而由"道德"发展为"道物"、"道器"。唐玄宗的"妙体"则被诠释为一个以自然虚无为体、以道为其用的本体性存在。

　　到内丹心性学时期,道教义学体用诠释的对象也随之发生变化,除了对"道德"或"道气"、"道器"、"道物"关系继续保持关注外,开始扩展到性命、心性情、心与道与物之间,还有道与金丹乃至金丹内部之间,道与虚无、自然之间。

　　综上所述,道家道教在义理体用诠释上具有如下几个特点:1) 无论哪个时期,贯穿始终的是对"道"本身存在的体用诠释的重视,由此展开的是道德、有无、道物、道器、道心、道丹等一系列道家道教所特有的哲学范畴。2) 这一系列特有哲学范畴的体用诠释,并非出现在同一个历史时期,而是随着时代发展,特别是不同时代的道家道教哲学主题的转换而相继出现,有的随着时代而潜伏下来,有的则持续占据前台。3) 正是在这些不同的哲学主题的诠释实践中,体用范畴或逻辑本身也获得了相应的丰富和发展,这一过程是互为表里的。

　　(2) 有关文本结构及体用范畴自身的体用诠释

　　道家道教学者体用诠释中一个很重要的内容,就是他们不仅对道家道教的义理概念和范畴以及思想体性进行广泛的体用诠释,还对道教经典的义理脉络或文本结构进行体用诠释,由此逐步形成一种具有普遍方法论意义的一般诠释学原则。更重要的是他们还对"体用"范畴的形态和功用(即体和用)本身进行反思,从而极大地提高了对体用诠释的自觉程度。

　　最早利用体用结构进行经典整理或义理组织的是南朝刘宋时期的陆修静,他首次提出"总括体用,分别条贯"的原则,创造性地建立了三洞、四辅、十二类的道教典籍分类体系。宋文明在此基础上,把此原则贯彻到十二部经的每一部的解释说明之中,这样实际上就把整个道教经典完全体用结构化,并且是一个多重体用结构的整体。事实上,这一模式为隋唐以后历代整理道书、编修"道藏"者所沿用。

　　这种对道教经典体用结构化的运用,最大程度体现在对《道德经》的文本结构和义理逻辑的体用诠释上。这一关注源于南北朝时期的道教学者对《道德经》文本之分为道经和德经的解释,接着被诠释为"道体德用";到唐玄宗之际,就十分明确地把这一结构作为对《道德经》的分别上下经的内在逻辑,并依据"体用互陈,递明精要"的原则,揭示其内部又具有"道体中多言德用,德经中多谈道体"的结构特征。之后的杜光庭和陈景元,进一步发展了这一诠释模式,最终将《道德经》的外在文本结构和内在义理逻辑全部纳入一个多重复杂但井然有序的体用结构之中,为《道德经》的神圣性和权威性提供充分的证明。

针对体用范畴本身进行体用诠释,可以说是体用诠释的最高层次,也是中国哲学体用思想发展的必然阶段,这一伟大的贡献要归于晚唐最著名的道教学者——杜光庭。他在肯定玄宗"道体德用"说的基础上,进一步对体用的内涵和属性予以说明。更重要的是,他明确指出:"体用者,相资之义也……知体用是相明之义。体者形也,肤也;用者资也,以也。"他不再只是把"体用"结构作为单纯的诠释工具来使用,而是开始把"体用"结构本身作为独立诠释的对象,从而使体用结构的逻辑形式性得以真正彰显。这是中国哲学体用思想发展史上的第一次,而佛教要到宋代的四明知礼才第一次提出"体用之名本相即之义"的说法,因此这可以看作从体用范畴到体用逻辑转化的根本性标志。与这一标志相应的是,杜光庭对"体用"结构的内在逻辑以及相应的运用对象进行五种分别,可以说是中国哲学发展史上第一次对体用思想进行的系统性反思,也可以说是对"体用"范畴或逻辑本身展开"体用"诠释。从本体诠释学的意义上说,这已不再是对象性诠释,而是一种本体性诠释。

2. 体用诠释的逻辑内涵

（1）体用诠释的表达形态

相对于中国佛教体用诠释中表达形态的丰富多样,道家道教在表达形态上变化不是很多,基本上使用"体用"表达中最常用的两种模式,一种如"S是 X 之体,P 是 X 之用",一种如"S 是 P 之体,P 是 S 之用"。从历史发展的角度来看,最早只有第一种表达模式,就目前来看,成玄英的"道是德之体,德是道之用"应该是道家道教第一次运用第二种表达模式。事实上关于"道德体用"早在南北朝之时就已经有所讨论,据《道教义枢》所载,早有陆修静认为"虚寂为道体,虚无不通,寂无不应",而后臧玄靖法师认为当以"智慧为道体,神通为道用"。但《义枢》作者则认为,应该以"非有非无"为道体,以"既有既无"为道用。显然,无论以什么为道体和道用,都仍然属于第一种表达模式,而只有到了成玄英这里,才完全发展出第二种模式。

尽管道家道教的体用表达模式比较固定,但也有一些变化。譬如:

1)"名体用":此是在南北朝时期的道教学者谈论"有无体用义"时发展出的一种表达模式,《道教义枢》中载录了当时的徐素法师、臧玄靖法师、孟智周法师论"有无体用"的不同观点。孟法师认为,有无之间,应该以无为体,有为用。玄靖法师认为,事物之名依从事物之体用,无体用者应该无名,但又认为名一旦创立,事物体用消失仍然可以独立存在。而徐法师认为,事物存在必有其名,也因此而有体用,表明"名"对于"体用"的优先性。

成玄英在《庄子注疏》中,采用"体用名"结构来解释《庄子·逍遥游》之中的至人、神人和圣人的关系。他说:"至言其体,神言其用,圣言其名。故就体语至,就用语神,就名语圣,其实一也。"认为"体用名"虽有不同,但三者都是针对同一个"实在"而有的分别。

2)"本迹体用":唐代道教本迹概念的形成,成玄英使用最为成熟和广泛,基本上是一个与"体用"相当的概念。这一方面有郭象《庄子注》中所揭示的"迹"与"所以迹"为资源,也应该与成玄英对当时佛教,尤其是天台智颉的本迹思想有密切关系。

3)"体性用":道家道教也有"体—性—用"的表达模式,最为明确的要属唐玄宗,他在说明虚无、自然、道三者之间的关系时,提出"体—性—用"结构:"以虚无为妙本之体","自然为妙本之性","以道为妙本之功用"。其实这一逻辑早在王弼之时就已经存在,但一直未能获得概念上的明确表述,即便是唐玄宗自己及之后的道教学者,也都未将其作为一个较为重要的表达模式。

(2)体用诠释的逻辑类型

第一,道家道教的体用逻辑同样可以区分为两种基本类型,一是"实体—作用(功用)型",一是"本体—显现(现象)型"。

"实体—作用(功用)型"中"实体"实际上是指任何被体用逻辑诠释的对象本身,所以从某种意义上说,就是"S 是 X 之体,P 是 X 之用"中那个"X"。道家道教中的"实体"观与佛教不同,主要表现为两个方面的差别:一是道家认为"道"是最高实体,但不是唯一实体,虽然从价值上有迹和所以迹以及真假本末之分,但无论本真之道还是现象之物,其存在的真实性或现实性是不容置疑的。二是,道教的"实体"一般之所谓"道"之外,还包括所谓得道的神仙,虽然这些"神仙"可以超越现实世界的束缚,但并不意味着现实世界在存在上的虚幻性。所以当道家道教大量使用"S 是 X 之体,P 是 X 之用"的时候,就必然是属于"实体—作用(功用)型"。其中"实体"强调的是对象存在的结构或本质本身,而作用或功用,除了指与该结构或本质相应的属性和功能之外,还更多的指该"实体"实际的运动变化。

"本体—显现(现象)型",在道家道教的体用诠释中,更多的是与"S 是 P 之体,P 是 S 之用"这种表达模式关联在一起的,譬如典型的"道者德之体,德者道之用"。在这个结构中,"道"作为"德"的本体,在这里道既是德的存在本体(或创生本源或生成根据),又是其价值本体(宗极归属或最终目的);"德"作为具体性存在,是本体之道的具体显现或实现,此具体实现或呈现即是现象性存在。

基于道家道教的"实体"观,"实体—作用(功用)型"与"本体—显现(现象)型"之间的关联更为紧密。作为最高实体的"道"或"妙本"(唐玄宗以妙本为最高实体,以道为妙本之用),与万物的关系实际上既是"实体—作用(功用)型"的,也同时属于"本体—显现(现象)型"。事实上,道家道教哲学的一个巨大的理论目标就在于实体与本体的终极统一,由此解决它的核心理论问题——道物关系,因为对这种道物关系的洞察和领悟,对于人自身的存在是至关重要的。

第二,道家道教对于体用关系的逻辑要求也同样是体用不离或体用相即不二的。当然也有以"不即不离"来言体用之间关系的,如北宗盘山派王志谨在《栖云真人盘山语录》有言:"或问曰:视听食息手拈足行心思,此是性否?答云:道性不即此是,不离此是。动静语默,是性之用,非性之体也。性之体,则非动非静,非语非默。"强调道性与日常行为之间既有差别又有同一性。事实上这样的论述或表达在唐初的成玄英那里最为常见,在其《老子成玄英疏》中有段很重要的说明:"言至道之为物也,不有而有,虽有不有,不无而无,虽无不无,有无不定,故言恍惚。所以言物者,欲明道不杂物,物不离道,道外无物,物外无道,用即道物,体即物道。亦明悟即物道,迷即道物。道物不一不异,而异而一,不一而一,而物而道,一而不一,非道非物,非物故一不一,而物故不一一也。"

总体上来说,道家道教在体用逻辑的表述上虽然不如佛教那么丰富,若从细节或整个历史来看,体用关系的表达仍然具有其自身的特色。

第三,关于体用之间的互动辩证关系,道家道教学者特别是唐代重玄学者同样十分重视。他们一方面在本体论强调体对用的主宰主动作用,一方面从工夫论的层面强调"用"的作用。成玄英把前者称为"从本降迹",后者称为"息用归体"。李荣同成玄英一致,把前者定为"从本降迹",后者定为"摄迹归本"或"息用归体"。王玄览提出"体非用,用非体。谛而观之,动体将作用,其用全是体,息用以归体,其体全是用"。一则强调"体用不相是",即体用之间有差异,但体用之间又最终可以通过"动体"和"息用"的工夫修养而使二者融合为一体。《道教义枢》更是提出"体用并为用,非体非用始为体"的观念,由此将重玄双遣的理念贯彻到底。唐玄宗提出"体用互陈,递明精要",强调"体用之名可散,体用之实不可散"。在此基础上,杜光庭进一步阐明体用相资而彰的辩证关系,即"道资于德,德宗于道",认为体用之间通过互观其理,最终都能达至精微。也就是体用之间是可以相生相成的。陈景元在强调"体用相须"的基础上进一步强调"体用冥一"。南宗张伯端强调修炼金丹大道过程中的"体用相感",元代李道纯提出"虚为实体,实为虚用,虚实相通,去来无碍"的观点,强调体用虚实之间的相互转化与贯通。他还认为,"知其用则能极其体,全其体,则能利其用",此一方面突出体用并重的实践精神,同时又体现体用相资互成的理论逻辑。

3. 体用诠释的哲学本质

（1）道家道教哲学的本质结构

原始道家哲学以老子《道德经》为开端，以《庄子》为继承，以《淮南子》为集大成。其中《道德经》本质上阐明一种以君王圣贤为实践主体的政治行动哲学，而《庄子》则更多的是以一般士人为言说对象的关于生命自由的人生处世哲学。《淮南子》则具有杂合集成的特点，治国之道与理身之术同时凸显。总之这一时期的道家思想从哲学上说，是始终围绕着"道体"与"体道"二者之间展开的，尽管此时道之体用的观念并没有显明化。

从哲学上说，道家道教日后的理论发展正是建立在对"道体"与"体道"这一思维取向的确立与结构化之上的。王弼是这一结构化——"道体—体道"——的奠基者，郭象是其否定性继承，而成玄英、唐玄宗和杜光庭等人则将这一思维取向完全体用结构化，之后的理论发展无非是在同一个框架中的变化而已，包括道家道教对中国佛教相关理论的借鉴吸收，始终都必须符合这一总的趋向和结构。

"道体"论的核心是"道"，由此展开的是"道物"关系，进一步深入就是道性与道心关系。因为道物关系中最基本的即"道生万物"和"道在万物"，由"道在万物"自然有道性论的产生，道性论若集中到人与道的关系而言则自然是道与心的关系。因此广义的道体论，必然包括道性论和道心论。"体道"论的核心是"体"，"体"在此的前提是修道的主体，这由道体论中道物、道性、道心关系来解决。体道论要解决的重点有二，一是体道实践的相关条件和实际过程，二是体道实践的预期目标和最终境界。

如此分析下来，我们依然可以发现，道家道教哲学的本质结构与儒家、佛教的本质结构其实是一致的。如图所示：

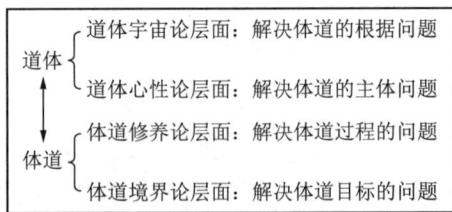

```
        ┌ 道体宇宙论层面：解决体道的根据问题
   道体 ┤
        └ 道体心性论层面：解决体道的主体问题
    ↕
        ┌ 体道修养论层面：解决体道过程的问题
   体道 ┤
        └ 体道境界论层面：解决体道目标的问题
```

上图表明，道体和体道都是以体道为中心而展开的，"道体"之所以重要是因为它是"体道"的根据和主体，而"体道"本身就是体达"道体"的努力和过程，从根本意义上来说，"体道"就是实现与道同体的生命存在，也就是道体在人的生命存在中实现，很显然，道体和体道正是一种体用关系，道体即是本体，体道即是工夫。所以一个圣人或神仙之人，是真正体达道体，实现了大道之人。

具体来说，"道物"关系还属于宇宙论层面，主要解决体道的根据问题，还包括金丹与道的关系问题，因而成为道家道教理论发展最为关注的问题，不同的思想者形成了不同的解决模式,但最终都采用"体用"结构或逻辑进行建构或阐释的。"道性论"或"道心论"属于道体心性论层面,主要解决体道主体如何的问题,所以同样成为体道的依据前提之一。体道修养论层面,主要解决体道过程中的手段方法的问题,包括政治行动与人生处世方面,还包括修炼金丹和养生长生方面。体道境界论层面是要解决体道预期目标和最终结果的问题,这既是体道实践的动力来源,又是体道成果的检验标准,所以为历来的学者所重视。对于道家道教而言,老子的"无为而无不为"即是此终极境界的最好表达,这一表达最终被道教学者所体用逻辑化,即以"无为"为体,"无不为"为用,体用不离,体用双彰。

显然,深入思考并透彻阐述这些问题,是每一时期优秀的道家道教思想家都必须面对的理论要求。也正是一代代不同时期的道家道教优秀学者的卓绝努力,才有了两千多年的丰富发展和丰硕成果。

(2)道家道教体用诠释的哲学本质

要完全了解道家道教体用诠释的哲学本质,需要从上述四个层面分别予以说明,但考虑到四个层面的同构性和贯通性,以及道体宇宙论在此结构中的基础地位,下面将以道体宇宙论为代表,阐明道家道教体用诠释的哲学本质。

道体宇宙论从根本上来说,即是道物关系问题,而道物关系中最基本的两大关系即是"道生万物"和"道在万物"。具体说包括三个方面的内容,一是道本身是怎样或如何存在的问题;二是万物生成变化的根源和过程是怎样的;三是道与宇宙万物的关系如何的问题。围绕这三个问题,在整个道家道教本体论发展中,形成了一些较为典型的思想模式。具体分析如下。

1)玄学的有无宇宙论模式

早期道家对道物关系的讨论主要透过道与天地、天地与万物,以及道与一、一与万物的关系来进行,但这一模式到了玄学时期发生了很大的变化,即以王弼为代表的玄学家开始以本末、有无等范畴来说明道与万物的关系,以及道自身的存在状态。

王弼以宇宙万物的存在为"有",以"无"表示万物之所以如此的存在根据。显然他们强调道物之间乃无为有本、体无用有的关系,但并不重视万物即"有"本身的存在来源问题。

裴頠的崇有论虽然首先是基于政治伦理次序而反对贵无论,但同时也在本体宇宙论上提出了不同的理论模式:即以"群有"之总体为道,为统摄万物之本。就个体事物之有而言,则以形象为其体,以事物之间的感应变化为迹,而化感错综同时又是事物变化之理的本原所在。而这个"理迹之原"即是

他之所谓的"始生者自生"和"济有者皆有"。通过此二本原之理,就能说明万物是如何生成的问题了。如图所示:

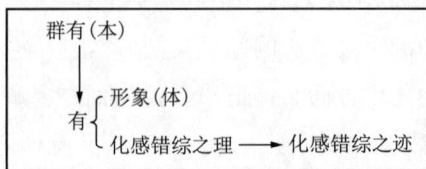

从上可以看到,裴頠否定无能生有,也就否定了无的本体论地位。他以群有为万有之本体,并非认为在具体万有之外有一个能够生化万物的独立自存的群有,而是认为群有就是万有自生与相互济生所形成的宇宙总体。这个群有即是道,万有即是万物。因此道与万物的关系,不是创生关系,实际上属于"本体—流行"的关系,类似于宋儒所谓太极与天地万物的关系。虽然裴頠没有明确使用体用范畴,但其思维中的体用逻辑还是比较显明的。

郭象继承了裴頠的崇有论思想,继续否定贵无派"无为有本"的思想,提出独特的"万物独化于玄冥之境"的本体论主张。他以"独化"论——万物非有造物主而是独化自生——来说明"迹"——万物如何生成的问题,同时又以"玄冥"论说明"所以迹"——万物生成之宗极本体。如此一来就形成一个迹与所以迹的本体结构。如图所示:

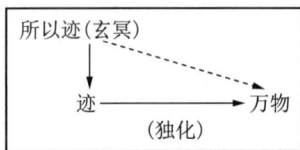

此中所以迹和迹的关系在南北朝时期就被简化为本迹关系,而后本迹又最终完全体用化,形成本体—迹用的结构。

2）成玄英之本迹体用论模式

到成玄英之际,道家道教都非常自觉地讨论道与万物的关系,因而形成道体论和道性论。他在《道德经义疏》中明确提出"用即道物,体即物道"之说。成玄英吸收佛教中观的双遣的思维方法,发展道教重玄义学,提出一个与老庄、王弼等人不同的道家宇宙图式。如图所示:

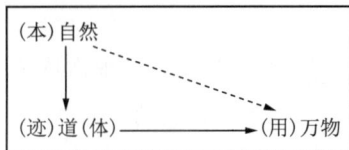

在此宇宙图式中,"自然"为"道"之本体,"道"则为自然之迹用;"道"同

时又是"万物"之本体,"万物"为"道"之迹用。但自然与道之本迹逻辑与道与万物之间的体用逻辑是不在一个层面的。前者之"自然"属于非"实体"之本体义,乃是对道与万物关系的超越,即他所谓的"重玄之极道",实与郭象所言的"万物独化于玄冥之境"中"玄冥"类似。与此不同的是,"道"乃是"实体"义之本体,从体起用,摄用归体,道与万物之间乃是积极建构的关系。

3) 唐玄宗的妙本论模式

唐玄宗的宗极本体也不是"道"而是"妙本"。他在反对《西升经》所云的"虚无生自然,自然生道,则以道为虚无之孙,自然之子"说法的同时,提出以"虚无"为妙本之体,"自然"为妙本之性,以"道"为妙本之功用。而妙本与万能生成的关系则是通过"道"与"德"的关系来实现。他认为"得生为德",而道德之间又是"道者德之体,德者道之用"的关系。同时他又说"言天地万变,旁通品物,皆资妙本而以生成",还说"妙本动用降和炁者,妙本,道也,至道降炁,为物根本,故称妙本"。此是对宇宙万物生成的具体诠释,其基本的逻辑为:妙本之道——冲和妙气——万物。综合起来,如图所示:

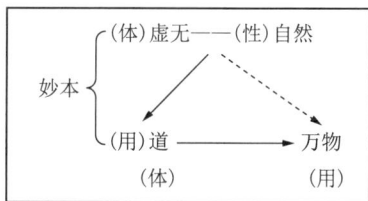

图示表明,妙本论中蕴涵两重体用结构,一重是以"妙本"为中心的"体性用",道只是妙本之用;第二重是直接说明道物关系的,道在此为万物之"体"。前者为"本体—显现"的根据型体用关系,而后者则为"本体—流型"的创生型体用关系。

4) 陈景元的道体元气生成论

陈景元的本体宇宙论与成玄英和唐玄宗有所不同,他坚持以"道"作为最高本体,把虚无、自然、元气等要素纳入道之体用结构中,即以虚无为道之体,以元气为道之用。同时又以"元气"为万物生成的直接根源,最后"元气"出于"虚无",最终以"虚无"为道之体。如此就构成这样一个本体宇宙论逻辑:虚无——元气——万物。

需要注意的是,陈景元又指出万物莫不"独化",也即是说他否定万物是由元气所创生。就道之体用来说,则仍然是以"虚无"为道之体,以"元气生万物"为道之用。而所谓"元气生万物"不过是"先反而后动"的过程而已。从这个意义上来说,万物自然独化,但又非"虚无"创生"元气",再由"元气"创生"万物"。如图所示:

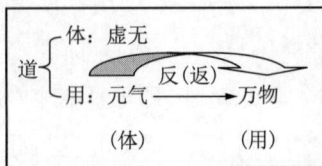

这种宇宙论模式的创新之处有二：一是他引入"元气"，以之作为万物生成的直接本源，由此可以解决万物的多样性如何统一的问题。二是他把传统道教诠释中虚无——元气——万物这种线性创生论模式，区分为两个层次，一是元气到万物的创生型体用模式，二是虚无对此创生过程的根据型（境界型）体用模式。也就是说他巧妙地在"体无用有"的结构中纳入了一个"有创生有"的结构。

从哲学历史的发展来说，此模式不仅能够坚持道家以"虚无"为宇宙终极的本体论传统，又能够解决万有如何创生的问题，同时还能避免历来学者对"无中生有"是如何可能的诘难。因此，此模式可以说是对郭象的独化论——独化于玄冥之境——的一种创造性发展。当郭象否定无中生有之后，又将万物独化根植于玄冥之境上。此玄冥之境实际上就是陈景元所谓的"虚无"之道体。差别在于，他自觉揭示了郭象未能阐明的玄冥与独化之间的体用逻辑。

5）陈致虚的"道体物用"论

陈致虚和陈景元一样，坚持以"道"为本体宇宙论的宗极本体。具体说，他在肯定"道体物用"的基础上，又就道本身而论其体用，即以"自然"为道之体，以"虚无"为道之用。如图所示：

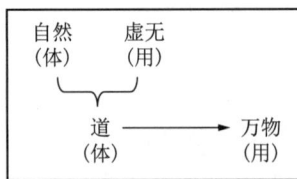

这和陈景元有所不同，陈景元是在道之用上再分体用，以元气为体，万物为用，说明万物存在之来源。而陈致虚则是在道之体上再分体用，旨在把唐玄宗也是整个道家道教所最为重视的虚无、自然等要素统一到道体之上。这样就既允许在"虚无"之道上又存有"自然"这一层次。这与《老子》在"人法地、地法天、天法道"之后还有"道法自然"是一致的。同时也使道虽然生成具体的有形万物，但始终能够保持虚无、自然的超越境界。

综合以上对五种典型本体宇宙论所做的体用分析，我们可以发现，道家道教的本体宇宙论在解决万物与道之关系的问题上大费苦心，他们充分利用体用逻辑的多重内涵，建立不同的宇宙论模式，从根本上就是要实现两点：一是要保证宇宙万物的存在性和现实性，同时又要实现存在境界的超越性和普遍性。说到底就是"无为而无不为"。这也正是道家道教体用诠释在本体论层面的哲学本质所在。

四、"体用"诠释与文化沟通

任何一种文化系统都不是一个静态的存在,而必然且始终处在古今变化之中以及本土与外来之间沟通之中的动态存在。就中国文化而言,儒道二家均为中国本土文化的重要组成部分,而印度佛教于东汉末年乃至更早的时期传入中国,在与中国本土文化——尤其是儒道二家——交流沟通的过程之中逐步中国化,最终成为中国传统文化的重要部分之一。早在唐代,西方各种宗教文化——主要是景教(天主教和基督教)和伊斯兰教——就相继传入中国,不可避免地与中国已有文化传统(主要是儒释道三家)发生交涉、对话甚至竞争。不同文化之间的交往最后必将落实到各自的哲学思想部分,而哲学思想交流的最内核部分又必定会落实到各自最为基础的思维模式或方法之上。这种最为基础的思维模式或方法,由该哲学系统中一些观念、范畴和逻辑融合而成。因此,无论是儒释道三家之间的文化对话,还是后来"儒释道"作为中国文化之整体与后来相继进入中国的各种西方文化的沟通竞争,都最终必然要进入中国哲学最为基础的观念、范畴与逻辑之中,"体用"范畴或逻辑无疑是其中最为核心的部分。接下来将从三个方面来分析体用诠释与文化沟通的关系。

(一)体用源流与三教关系

1. 体用诠释之与三教源流

讨论体用诠释与三教关系,首先需要解决如下几个问题:1. 体用观念起源于佛教还是儒或道? 2. 体用概念最早形成于佛教还是儒或道? 3. 三家之体用思想的相互关系如何? 4. 体用范畴或逻辑与三家义理评判的关系如何? 事实上,这些问题自宋以降的儒家学者早有关注,时至今日也仍是中国哲学史研究学者们时常争论不定的问题。[①] 其中大部分学者认为:"体用"思想或体用范畴乃是由佛教首发,而后被道家道教和儒家所吸收,甚至以此作为儒佛会通过程之中佛教影响宋明新儒学的重要证明。不仅中国如此,十七世纪日本学者伊藤仁斋(1627—1705)也持此见,他说:

> 旧注曰:"礼之为体虽严,然其为用必从容而不迫。"盖体用之说起于宋儒,而圣人之学素无其说。何者? 圣人之道,不过伦理纲常之间,而各就其事实用工,而未尝澄心省虑,求之于未发之先也。故所谓仁义

---

① 景海峰对于此问题做了详细的历史分疏(详见景海峰:《中国哲学体用论的源与流》,《深圳大学学报(人文社会科学版)》,1991 年第 1 期)。另外,(韩)姜真硕:《朱子体用论研究》(2000 年北京大学博士论文)第一章第一节《体用源流的论争》中有更为详细的列举与说明。

理智,亦皆就已发用工,而未尝及其体也。唯佛氏之说,外伦理纲常,而专守一心,而亦不能已于人事之应酬,故说真谛说假谛,自不能不立体用之说。唐僧《华严经》疏云"体用一源,显微无间"是也。其说浸淫乎儒中,于是理气体用之说兴。凡仁义理智,皆有体有用。未发为体,已发为用。遂使圣人之大训,支离决裂,为有用无体之言。①

当然也有学者认为体用论最早起源于儒家,如张立文认为"无论佛教还是道教,都普遍运用了体用范畴。它们都将此原出于儒家的范畴援入自己的体系之中"。又说:"道教在理论思维方面吸收了佛教的资料,因此,在体用观上大都沿袭佛教。"②

本节通过对自先秦一直到现代整个中国哲学,尤其是儒释道三家的体用思想进行全面而深入的考察分析,关于中国体用思想的源流问题当有更为清晰而确切的认识。具体说来有如下几点:

(1)儒家体用思想最早可以溯源至先秦时期的原始儒家,在其有关礼乐文化的大量论述中,分别形成了鲜明的体用意识以及强烈的"本"、"体"思维模式;在《易传》、《礼记》和《荀子》等经典中已经具有体用逻辑的明确呈现和体用概念的初步表达,东汉王符(83—170)在《潜夫论》中已实现体用结构逻辑与体用概念表达的真正统一:"道者,气之根;气者,道之使。"之后儒家体用诠释主要发生在易学之中,至宋明儒学则体用思想大盛,独步哲林。

(2)道家体用思想最早源自老子《道德经》,其后的《文子》、《庄子》、《淮南子》分别发展了"道体"、"道用"概念,汉司马谈《论六家旨要》中明确以道之"本用"结构总结道家旨要。到魏晋玄学兴起,王弼以玄注老,以老解易,形成明确的体用概念和表达逻辑;之后嵇康(224—263)在《声无哀乐论》中有"体赡而用博",实现了体用逻辑与表达的最终统一。道教方面,最早有东汉魏伯阳所著的《周易参同契》提出"春夏据内体,秋冬当外用"之说,虽然不能成为完全意义上的体用概念,但已经初具雏形。南朝刘宋道士陆修静(406—477)则明确提出以"总括体用,分别条贯"为原则进行道教经典的整理。

(3)中国佛教之体用意识最早形成在东晋道安(314—385)时期,但直到僧肇(384—414)的"寂用论"才实现真正意义上的体用逻辑与表达的一致。然而僧肇的"寂用论"在思维模式或表达逻辑上与王弼多有相似。真正明确使用"体用"概念表达体用逻辑的,一是僧卫提出的"体用无方,则用实异

---

① [日]伊藤仁斋:《论语古义·学而》"礼之用和为贵"章,东京:合资会社六盟馆,明治四十二年(1909)版,第13—14页。
② 张立文:《中国哲学范畴发展史·天道篇》,中国人民大学出版社,1988年,第630、633页。

照"，二是梁武帝以及当时大臣沈绩所提出的"体一而用异"论。即此之时以至隋唐时期，佛教体用论大盛。同时很重要但未曾引起注意的一点是，佛经翻译中出现体用概念的时间最早不会超过梁武帝时期，到真谛所译的《大乘起信论》（高度疑似为伪经）等经典中才出现体用概念，到玄奘时，其所译的大小乘经典中大量使用体用概念，譬如《大般般若经》、《成唯识论》和《俱舍论》等。

（4）就中国哲学体用思想发展而言，"体用意识"在先秦时期就非常发达，而且"体用逻辑"的形成早于"体用概念"的形成，同时"体用逻辑"的表达并非一定是"体用"之语词形式。因此，真正完整意义上（逻辑和概念一致）的体用思想，应该归属于儒家学者王符的"道根气使"论和玄学家嵇康的"体赡而用博"说；但真正使其完全哲学化的则应该归属于玄学家王弼（226—249）的"体无用有"论。因此从这个可以断定，中国最早之体用概念形成于儒道两家，萌芽孕育于先秦两汉，完成于汉末和三国时期。佛教体用论首见于东晋时期僧肇（包括道生、慧远）等人，受玄学影响较深，自梁武帝时起，经净影慧远至隋唐宗派佛教，体用诠释大为兴盛。虽然宋明儒学体用思想的形成发展的确受到佛教体用思想的深刻影响，但必须明确的是，其主干主要还是来自儒家易学固有之传统，其主要逻辑内容和表达模式，尤其是它的诠释对象和功能，与佛教的体用思想有很大不同。

综合上述分析可见：儒释道三家各自都有自己独立的体用思想发展脉络，但在不同的发展阶段中，三家体用思想互有交涉和影响。更重要的是，虽然互有交涉和影响，但三家体用思想又都创造性地发展出各自鲜明的理论特色，既为各自思想体系的发展、建构发挥了极为重要的作用，同时也为整个中国哲学体用思想的形成和发展做出了各自独特、巨大的贡献。

2. 体用诠释与三教争鸣

（1）汉魏晋南北朝之三教关系

佛教传入中国之后不久，便不可避免地与本土固有的儒家、道家道教发生交涉，三教之间由此处于长期的理论争鸣中。自此，三教之学者一方面要凸显本宗本教的优越性，另一方面又必须直面对手的事实存在，一些有识之士遂提出三教融合至少可以融通的思想。因此也形成一些不同的融通模式或主张，刘立夫先生将这些模式或主张归纳为三个方面：一是三教兼用论，二是内外相资论，三是殊途同归论。[①]事实上，无论哪一种模式，都首先要求对儒释道三教各自的本质内涵或最高境界与各自特性、社会功用做出分别，然后才能在此基础上比较异同，讨论融通，要么是"体异而用同"，如"三教兼

---

① 刘立夫：《汉魏两晋南北朝的三教关系与两次毁佛运动》，详见赖永海主编《中国佛教通史·第六章》第4卷，江苏人民出版社，2010年，第361—365页。

用论";要么是"体用互补",如"内外相资论",要么是"体同用异",如"殊途同归论"。说明如下：

1）玄学时期的孔老之争以及圣人有情无情之辨，其实就是变相的儒道体用之争。王弼认为真正的圣人必定是"体无而全有"的。

2）东晋葛洪在论述"道本儒末"关系时，指出儒道各有其功用，儒术之本在道，道不仅可以匠物治国，还可以治身长生。东晋《桓楚①许道人不致礼诏》中指出："佛教以神慧为本，导达为功。"②其中"本功"即是"体用"。

3）刘宋时期的顾欢作《夷夏论》掀起一场规模颇大的佛道斗争。在夷夏之争中，针对佛教对道教的指责——"有中无无"③，他强调道教本质上属于"体无用有"。与此同时，释僧绍著《正二教论》以明释、道之区别。他说："老子之教盖修身治国，绝弃贵尚，事正其分。虚无为本，柔弱为用。……而其道若存者也。安取乎神化无方济世不死哉。"④显然这里采用了"本用"概念。

4）南齐人张融则从佛、道一致的角度提出了他的殊途同归说。他说："道也与佛，逗极无二，寂然不动，致本则同，感而遂通，达迹成异。"⑤显然此处使用的是本迹结构。

5）梁朝刘勰兼通儒佛，对于儒佛二道，他说"至道宗极，理归乎一。妙法真境，本固无二"⑥，认为儒家和佛教都是权宜的称呼，差别只是细节的问题。无论是儒家还是佛教，最终的目的都在于"弥纶神化，陶铸群生"。因此在逻辑上可以说是体同用异。

6）梁朝著名道教学者陶弘景说："百法纷凑，无越三教之境。"（《茅山长沙馆碑》，见《华阳陶隐居集》）

7）北周释道安在《二教论》中首次连称"体用"："菩提大道，以智度为体。老氏之道，以虚空为状。体用既悬，固难影响。外典无为，以息事为义。内经无为，无三相之为。名同实异，本不相似。故知借此方之称，翻彼域之宗。寄名谈实，何疑之有。"⑦

（2）隋唐时代之三教论衡

缘于政治、社会等因素，隋唐时期的三教关系比较紧张，尤其是唐代以

---

① 桓楚，中国东晋时期由将领桓玄所建立的一个短期政权，存续期间为403年至404年。
② 《弘明集》卷六，《大正藏》第52卷，第84页下。
③ 释僧敏在《戎华论折顾道士夷夏论》中对道教所提出的批评：佛以空空为宗，老以太虚为奥，佛以即事而渊，老以自然而化，佛以缘合而生，道以符章为妙，佛以讲导为精。太虚为奥，故有中无无矣。即事而渊，故触物斯奥矣。自然而化，故宵堂莫登矣。缘合而生，故尊位可升矣。符章为妙，故道无灵神矣。讲导为精，故研寻圣心矣。有中无无，故道则非大也。触物斯奥，故圣路遐旷也。
④ 《弘明集·正二教论》，《大正藏》第52册，第38页中。
⑤ 《弘明集·张融门律》，《大正藏》第52册，第38页下。
⑥ 《弘明集》卷八，《大正藏》第52卷，第51页中。
⑦ 《广弘明集·二教论》，《大正藏》第52册，第139页中。

来，由于李氏皇帝巩固皇权的需要而推重道教，致使道教与佛教之间屡起争端。由此分别在武德四年（621）以及贞观十一年（637），由朝廷组织佛道论衡。到高宗之时，道教正式成为国教，老子被尊为玄元皇帝，道教的势力更盛，因此与佛教的冲突越发增大。于是佛道之争更加白热化。之后的玄宗自然也会尊崇道教，排抑佛教。在代宗、敬宗、德宗和宪宗时期，三教之徒也多有辩论。一方面是以韩愈为首的排佛派大论佛道二教之弊，以及佛教方面的反驳；一方面却是儒道佛各家学者在具体思想上的相互借鉴。武宗毁佛之后，三教之间的争辩更多成为一种朝廷仪式，从此三教优劣说让位于三教一致或三教融合说了。

总而言之，隋唐时期的三教关系一是表现得比较紧张、竞争甚至对立，二是争辩的内容大多集中在文化性质、政治地位和社会作用等方面，很少触及三教哲学思想内部。鉴于这一时期的三教关系与体用诠释的关联并不大，在此就不做更多的阐述了。

（3）自宋至今之三教合一

进入宋代之后，儒家道学兴盛起来，三教关系发生了很大的变化，主要表现在三点。一是和此前三教争辩多发生在皇权贵族、士大夫以及佛道教徒之间不同，宋以后的三教论争主要发生在文人学者与佛道学者之间。二是三教之间的相互态度各有不同，儒家对佛道二家的批评和佛道二家强调儒家形成鲜明对比，但总的来说，三教之间由竞争更多地转向一致和融合。三是与此前多针对的是佛道的宗教性质、社会功能等方面不同，宋以后的三教争论更为全面普遍，特别是深入到三家思想的哲学逻辑和思维方法层面。体用逻辑即是三家最喜欢的互动工具，对此前六章已有非常细致的讨论。在此将这些讨论概括为以下几种类型并予以简要说明。

1）"体用彼此"型。所谓"体用彼此"型即是指将儒佛道三家纳入体用结构中，要么是佛体儒用，要么是儒体佛用。如此做的好处，一是不必在三教之间做非此即彼的选择，大大降低了三家之间的冲突性；二是能够根据自己的立场做出价值上的高低分别，同时又能实现三家之间的融合。宋代的佛日契嵩提出"佛体儒用"即是此类之典型。

2）"体用分别"型。此种是指三家各有其体用，所以三家不应该是非此即彼而致水火不容，而应该是体用相合。宋代晁迥正是此类之典型。他认为儒释道三家学术各有其体用，具体而言为：儒家之学："大雅之法"为其体，"明智以保庆"为其用；道家（仙家）之学："大观之法"为其体，"静安以永命"为其用；佛家（禅家）之学："大觉之法"为其体，"清微以正性"为其用。这与后来的所谓"儒家治世、道家治身、佛家治心"，视角虽有不同，但思维方法几乎一致。最后，晁迥强调三家之学不仅不相违背，且唯有"三者并用"方为"卓然殊胜"。

3）"体用同异"型。是指三家在体用上有同有异。元代道教学者陈致虚的三教思想即是此种之典型。他明确提出"三教大圣皆体此道而用之"的说法,并在此基础上强调三教一致。明代湛甘泉认为儒佛二家在本体之性与无累之境界之上可以说是用同而体异,但在境界之用上又可以分体和用,在此境界之用层面则又可以说儒佛两家是体同而用异。

4）"体用一源"型。明代王畿以体用一源之说来证明三教同源。他反对"佛老之学有体无用,申韩之学有用而无体,圣人之学体用兼全"的说法,强调说:"佛老自有佛老之体用,申韩自有申韩之体用,圣人自有圣人之体用,天下未有无用之体、无体之用,故曰'体用一原'。"[①]

5）"体用批判"型。是指三家之间相互批判对方在体用论上的错误——"有体无用","弃用以求体","消用以归体",最终都导致"体用二分"或"体用两橛"。宋代张载和明末清初的王夫之是此种类型的代表。

（二）体用诠释与伊斯兰哲学中国化

本小节内容已经在第五章中做了较为详细的讨论,在此不再赘述。

（三）体用诠释与中西碰撞

本小节内容已经在第六章中做了非常详尽的分析,在此也不再赘述。

---

① 《龙溪王先生全集·南游会纪》卷七,明善书局,1882 年。

第十一章

"体用范式"与中西对话

近三百年来的中西哲学交会中,一直都是以西方哲学为标准来透视中国,其结果也大致相同,要么认为中国哲学的内容很狭隘——只是所谓的人生哲学、道德哲学;要么认为中国哲学的水平很低——因为根本就没有普遍客观的哲学知识可言;最极端的也是最诚恳的,则是认为中国根本就不存在所谓的"哲学"——中国只有思想,而没有哲学。[①] 导致这种狭隘认识的根源不仅在于中国近代以来在政治、经济以及军事上的受挫,更可能源自西方反思型哲学模式所必然带来的西方哲学中心主义认识视角。即便如此,倘若我们能够抛开那些无根据、想当然的观念或标准,以平等的视角、开放的胸襟看待中西哲学发展,便能更好地从对方的视野中认识自己。

本章将尝试以"体用"作为中国哲学的基本范式,来对中国哲学和西方哲学两千多年的发展做一个全景式的整体观照[②],并试图在此基础上推进对中西哲学的深层差异性和同一性的了解,同时也检验"体用"范式是否有可以作为一种普遍哲学诠释的可能。为了实现这一目标,本章将从四个方面展开相关论述。

一、"反"思与"返"思:中西文化范式之源

对于哲学范式,有学者认为"任何一种深刻的、成熟的哲学思想,在其理论的前提和基础、对象和内容的层次、逻辑的结构和规则、方法和应用的特征以及价值取向和现实意义等方面,都表现为自身内在的完整性、严密性和一贯性,即自成范式体系,中国哲学亦是如此"[③]。与此同时,他还认为要区

---

① 法国学者德里达访华时与王元化的一次对话中讲过一句让人震惊的话,他说:"中国没有哲学,只有思想。"尽管德里达马上强调这样讲并没有任何高下优劣的分别性,但仍然再次引起中国学者关于中国有无哲学或"中国哲学"的"合法性"问题的思考和讨论。详见《哲学与思想之辨——王元化谈与德里达的对话》,《德里达中国讲演录》,中央编译出版社,2003年,第139页。

② 这里所说的"整体观照",并不是要将西方哲学的一切部分、所有问题全部展现并得到一致的分析,而是要从整体上把握西方哲学最核心的精神,此精神代表这种哲学的最初也是最高方向,也正是在这一方向上引发出西方哲学的各种领域和问题。因此,"整体观照"也包括对西方哲学整个历史发展的一种总体把握。

③ 贾红莲:《重建中国哲学范式》,安徽师范大学出版社,2010年,第26页。

分"范式"的两个层面：一是"范式"实存本身；二是对这一"范式"实存本身的阐释所形成的"叙述"，它表现在哲学研究和探索中的概念范畴、观点方法系统。① 事实上，二者是既不可相混又紧密联系在一起，前者为范式本质之"体"，后者可以说是范式表现之"用"。

必须清楚的是，这两种哲学范式的区分，乃是基于在一种现有静态的哲学思想而言的。事实上，无论中西，哲学首先是一种人类特殊的精神性活动，说它是"精神性活动"，而非"精神活动"，是想强调哲学活动不仅是思辨的，同时也可以包含人的行为实践在内。其次，一般之"哲学"乃是就这种特殊的精神性活动的结果或成果而言的。这种静态的已成式哲学为我们日常所更多提及，譬如我们称为中国哲学、西方哲学、康德哲学和朱熹哲学等，它更多以文本的方式存在，可以作为进一步哲学诠释的对象。所以我们可以把发生在具体时空和具体个人身上的哲学活动，称为"活动性哲学"，而把这种活动性哲学所产生的哲学文本称为"文本性哲学"。活动性哲学是一种综合性存在，包括具体实际的思维活动和行为实践，而文本性哲学本质上是一种哲学叙述，只能是一种语言性存在。两种"哲学"之间的关系可以依体用逻辑来表述，即活动性哲学为体，文本性哲学为用，体必生用，用必依体。

因此要对一种文化或哲学进行范式考察，既要把握"文本性哲学"的"范式实存"与"范式叙述"之间的体用关系，更需要对此"文本性哲学"的范式之源有所体认和把握，而"活动性哲学"正是"文本性哲学"的范式之源。活动性哲学的本质由其哲学活动本身的形态和性质所决定，因此要考察中西文本性哲学的范式之源，实质上就是要考察两种哲学的活动方式本身。

（一）"反思"：西方哲学活动的基本方式

1. 反思：西方哲学的根本方式

中国近代才有"哲学"这一现代学科概念，因此对"哲学"这一特殊活动的认识也是从那时开始的，其中最为突出的当属冯友兰，他在晚年曾对哲学的本质做过明确的界定。他认为："哲学是人类精神的反思。所谓反思就是人类精神反过来以自己为对象而思之。人类的精神生活的主要部分是认识，所以也可以说，哲学是对于认识的认识。对于认识的认识，就是认识反过来以自己为对象而认识之，这就是认识的反思。"② 这和他早期的界定——"对于觉解底觉解，就是对于思想底思想。这种思想，如成为系统，即是哲学"③——基本上是一致的。

---

① 贾红莲：《重建中国哲学范式》，安徽师范大学出版社，2010年，第26页。

② 冯友兰：《中国哲学史新编》第一册，《三松堂全集》第8卷，河南人民出版社，2001年，第15页。

③ 冯友兰：《新知言·绪论》，《三松堂全集》第5卷，河南人民出版社，2001年，第143页。

此处有两点值得分析,第一,冯友兰正是基于"活动性哲学"层面对于"哲学"的活动方式本身,指出"反思"乃是"哲学"之根本的活动方式。同时他还指出"哲学反思"不同于一般性"反思",而是人类以自身的人类精神为对象的反思活动。第二,冯先生所谓"反思"是"对于认识的认识",表明他之所谓"反思"乃是属于第二序、间接的理性认识,而非直接的经验认识,也非第一序的理性认识。在他看来,人类在第一序的认识中获得的是属于"实际"的知识,而第二序的理性认识中获得的是属于"真际"的知识。这一知识即是建立在对"实际"知识的反思之中的。如图所示:

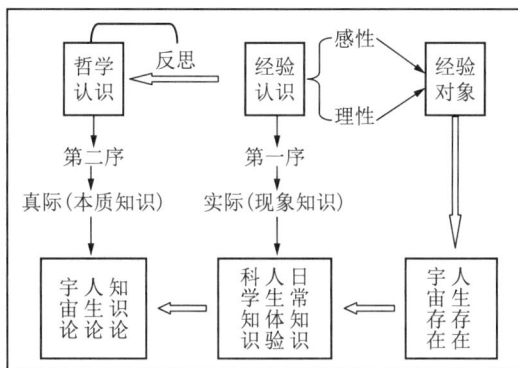

如图所示,冯友兰认为真际的知识,也即西方形而上学的本质知识,包括三个大的方面:一是宇宙论,宇宙论又包括本体论和宇宙论;二是人生论;三是知识论。这三个方面的知识都不是以现存世界和现实人生为直接对象,因此并不对现存世界和现实人生产生现实的直接作用。在这个意义上,哲学是无用的,但哲学又有其大用,即通过对"实际"知识的反思,获得人生境界或精神境界的提升。[①]

与此同时,冯友兰还阐明了这种哲学性反思的基本方法,一种是形式主义的方法,一种是直觉主义的方法。所谓形式主义的方法,冯友兰又名之为正的方法,即逻辑分析的方法;所谓直觉主义的方法又名为负的方法。形式主义的方法以形式主义讲形上学,直觉主义的方法讲形上学不能讲。讲形上学不能讲,也就是一种讲形上学的方法。之所以需要负的方法,是因为哲学有时要勉力而为之。

正的方法即逻辑分析法,即通过"辨析名理"来对形上学的内容和对象做正面的分析、界说和规定。冯友兰重视辨名析理,强调概念的明确。"西

---

① 对此,冯友兰曾说"人所可能有底最高底境界,是天地境界",以及"不过人求天地境界,需要对于人生底最高底觉解。形上学所能予人底,就是这种觉解"(《三松堂全集》第5卷,第168页)。

方哲学对于中国哲学的永久性贡献,是逻辑分析方法。"①冯友兰吸取了逻辑实证主义的方法,但他没有像实证主义一样把哲学归于逻辑。哲学作为真正的形而上学的性质,"乃自纯思的观点,对于经验,作理智底分析、总结及解释,而又以名言说出之者"②。逻辑分析法无疑是新理学最体现现代品格的方法。

事实上,冯友兰哲学观从整体上属于柏拉图主义的实在论,其认为哲学的特点在于"反思",本就源自西方对哲学的界定。虽然西方哲学中"反思"概念要到十六、十七世纪才出现,直到黑格尔才真正成为一种完整意义上的哲学反思范畴。黑格尔把"反思"作为哲学的基本思维方式,他认为反思既是自反的思维,也指反复的思维。黑格尔认为"反思"是一种思维的自我运动,本身也有一个过程:第一阶段"设定的反思",其对于本质的认识尚停留在抽象的自身同一阶段;第二阶段为"外在的反思",本质认识则进展到把握区别与对立;最后是"规定的反思",它能从联系上把握对立面的统一。由此,反思通过辩证的运动而达到"反思的自觉",作用于"绝对理念"的自我发展的全过程。正是在这个意义上,黑格尔把反思提升为真正的哲学反思,从而区别于一般的日常反思活动。这样说,并不意味着黑格尔之前的哲学活动不是以"反思"为基本的哲学思维方式,而是说它们对于这种一直使用的方式缺乏足够的自觉,到黑格尔才实现这一自觉而已。但无论是否自觉,哲学反思作为西方哲学活动的基本方式,并由此构成西方哲学的本质特征是确定无疑的。

2. 西方哲学"反思"的思维本质

作为西方哲学活动基本方式的"反思",到底具有哪些思维特质,从而从根本上决定了西方哲学的整体走向和历史发展呢? 下面尝试对其做进一步分析。

1) 哲学反思的主要对象:包括两个层次,一是对第一序的知识活动及其知识成果的反思,这一层面的反思在历史的纵轴上是无限展开的;二是对哲学反思活动及其成果的再反思,这一层面的反思在逻辑的横轴上也是无限展开的,也就是说可以是对反思的反思的反思,以至于不可穷尽。

2) 哲学反思的核心方法:概念分析、范畴辩证、逻辑推演、公理建构。

3) 哲学反思的基本目标:不论最初的古希腊形而上学、中世纪经院哲学,还是近代认识论哲学,以及现代反形而上学,包括各种实证主义、存在主义、实用主义、现象哲学、分析哲学等不同时期的哲学形态,都以获得概念的普遍性、形式的确定性、辩护的逻辑性为其哲学活动的基本目标。

---

① 冯友兰:《中国哲学简史》,《三松堂全集》第 6 卷,第 277 页。
② 冯友兰:《新理学·绪论》,《三松堂全集》第 4 卷,第 6 页。

4）哲学反思的终极追求："发现"世界之谜和生命之谜——真理与智慧。

5）哲学反思的文化品格：自我否定的生命意识，彻底怀疑的致思精神，本质还原、逻辑分析的方法理性，形式至上的知识信念，绝对超越的存在信仰。

上述几点只是对西方哲学反思的一个很粗糙的描述，目的在于获得一个整体的轮廓式的把握，以便可以更好地把握西方哲学的本质和历史。

（二）"返思"：中国哲学活动的基本形式

毫无疑问，中国哲学与西方哲学，无论它们各自内部立场是怎样的多元，形态是多么的不同，二者从整体上都表现出巨大的异质性，这是任何一个严肃对待中西哲学比较的学者所必须要面对的。这种巨大的异质性从根本上来说是由各自哲学的活动方式所决定的。前述试图阐明"反思"作为西方哲学活动的基本方式，而对西方哲学的整体面貌和本质起到决定作用。那么对中国哲学历史形态起决定作用的活动方式又是什么呢？在此提出一个与"反思"相关联但又有很大不同的概念——"返思"。

1. 中国哲学中的"返思"概念

首先必须说明，"返思"并非杜撰之词。无论儒释道三家，都有"返思"一说。下面略举几例说明。

"返思"最早见于佛教典籍，在宋代的《景德传灯录》卷 11 中，记载了唐代沩仰宗开宗祖师沩山灵佑与仰山慧寂师徒之间的一段机锋：

> 【1】（仰山）师问："如何是真佛住处？"佑曰："以思无思之妙，返思灵焰之无穷。思尽还源，性相常住。事理不二，真佛如如。"师于言下顿悟。①

此中"以思无思之妙，返思灵焰之无穷"，是说不仅要体察"无思"之妙，还要能够返回到思之"灵焰"处体察其无穷。"无思之妙"自然是真佛之虚寂本体，当属"法性"，"灵焰之无穷"则是指真佛之应机化用，故为"法相"。显然灵佑认为，真佛必须是体用兼备的，所以他说不仅要体思佛之寂体，还要从此寂体中返回到佛之动用处体思。如此才能返本还源，性相常住，事理不二，也才是所谓"真佛如如"。"返思"在此即是指返回本源——由体返用——的体悟之思。

在宋代临济宗禅僧大慧宗杲（1089—1163）的语录《大慧普觉禅师语录》卷 27 中也有一则与仰山有关的记载，如下：

---

① 《景德传灯录》卷 11，《大正藏》，第 51 册，第 282 页中。

【2】昔僧问仰山："禅宗顿悟毕竟入门的意如何？"山曰："此意极难。若是祖宗门下上根上智，一闻千悟，得大总持。此根人难得，其有根微智劣。所以古德道，若不安禅静虑，到这里总须茫然。"僧曰："除此格外，还别有方便令学人得入也无？"山曰："别有别无，令汝心不安。我今问汝，汝是甚处人？"曰："幽州人。"山曰："汝还思彼处否？"曰："常思。"山曰："彼处楼台林苑人马骈阗，汝返思思底，还有许多般也无？"曰："某甲到这里一切不见有。"山曰："汝解犹在境，信位即是，人位即不是。"妙喜已是老婆心切，须着更下个注脚。人位即是汪彦章；信位即是知根性陋劣、求入头处底。若于正提撕话头时，返思能提撕底，还是汪彦章否。到这里间不容发，若伫思停机，则被影子惑矣。请快着精彩。不可忽不可忽。记得前书中尝写去：得息心且息心已，过去底事，或善或恶，或逆或顺，都莫理会；现在事得省便省，一刀两段不要迟疑；未来事自然不相续矣。不识曾如此觑捕否，这个便是第一省力做工夫处也。[1]

　　此处是大慧宗杲藉仰山之语阐明禅宗顿悟毕竟法门。关键是此处有两处"返思"。第一处"返思"是仰山问某僧在思想除自己家乡外的别处的"楼台林苑人马骈阗"时"返思"一下，在他之前所"思"的——"楼台林苑人马骈阗"——之外还有没有其他的东西。某僧回答"某甲到这里一切不见有"，是说通过"返思"，明白其实我并没有真正看见那些"楼台林苑人马骈阗"之实有，因为它们本性是空寂的。仰山认为他的悟解仍有滞碍，未能真正通透，具体说是"信位即是，人位即不是"[2]。大慧接着这个"信位即是，人位即不是"，进一步说明："人位即是汪彦章，信位即是知根性陋劣、求入头处底。若于正提撕话头时，返思能提撕底，还是汪彦章否。"所谓"于正提撕[3]话头时，返思能提撕底"，是说要在参究起念之当下，"返思"是谁在参究起念，即那个能参究起念的根据所在。那个参究起念的根据即是仰山所谓之"人位"，即是那个知道自己根性陋劣、想要寻求参话头之入头处的人——汪彦章。而那个知道自己根性陋劣、想要寻求参话头之入头处的即是"信位"，即是"正提撕话头时"。

　　显然在此的两个"返思"意义相同，具有两方面的特点：一是以自己之思为对象，因此可以说是"思之思"，这与"反思"非常接近；二是所谓"返回"之思，并非时空意义上第二序的返回，而是指回返到对此刻当下之思的本源之

　　① 《大慧普觉禅师语录》卷27，《大正藏》，第47册，第929页上。
　　② 所谓"信位"，与"人位"之对称，指超越纯净绝对，向上直入之悟境。反之，向下救济众生之位，则是人位。见《万松从容录·第三十二则》。
　　③ 此处指禅门修行者在行住坐卧间，对古则公案专心参究之工夫。也有提挈之意。即导引后进之人。在禅宗指师家指导学人（被指导者）。详见《佛学大词典》。

思，因此可以说是"当下之思"的"本源之思"。

【3】如梦未觉，不能自知，由斯未了色境唯识。如梦下，答：先举喻。如梦未醒，不能自觉梦境唯心，要至醒时，返思梦中一切唯识。觉时下。次合法，觉时境色，应知亦然。未至真觉位，不能自知万法唯识。至真觉时，亦能追觉所缘唯识。未得下，结答：未得真觉，恒处梦中，由斯未了色境唯识。此之法喻，参明符合。云何以在梦，生死妄觉欲同真觉耶。①

此处之"返思"，乃是由梦醒之后再"回返体察"梦中一切不过是唯心所造，并无实体。此中以"梦"喻人生之未觉，"梦醒返思"喻人生之真觉。作者在此用了一个词即"追觉"，"追觉"即是"返思"。显然，此种"返思"具有时间上的第二序性，乃是对过去之思的追觉或反思，但此中追觉或反思的目标仍在于把握过去之思的唯识缘起之空性本质。也唯有返思、追觉到过去所思之万法的本性实乃唯识性空，才算是得到真觉。

不仅佛教有"返思"概念，儒家亦有。如明代宋应星在《天工开物·野议》中说：

【4】百姓见不慧子弟，空费重赀，而莫冀进身，即暂幸进身，而转眄岁考，辱荣立判，乃始返思务本。从此百室盈，而王道之始成矣。②

此处谈如何淳朴学政之风，强调让那些不认真为学读书却又希冀侥幸进身的人最终没有好下场，这样才能使百姓"返思务本"。此处"返思"与"务本"结合，表明"返思"的是对为学之根本的体察和认识。

清代颜习斋具有强烈的"返思"意识。譬如：

【5】正月，思凡罪皆本于自欺，言圣人之言，而行小人之行，全欺也；即言圣人之言，而行苟自好者之行，亦半欺也。……又思不怨、不尤，下学而上达，真无声、无臭，于穆不已，上通于天矣。故曰："知我者其天乎！"内返歉然自愧！［辛未（一六九一）五十七岁］

二月，规王法干不系念民物。法干引易"何思何虑"，先生曰："子自返已至圣人乎！元则自愧衰昏，不能'昼有为、宵有得矣。'"……思每昼夜自检，务澄澈方寸，无厌世心，无忘世心，无怨尤心，无欺假心，方与天

---

① 大惠：《成唯识论自考》卷7，《续大正藏》，第51册，第249页上。
② 宋应星：《天工开物·野议》。

地相似。不然,昏昏如无事人,老而衰矣。[己卯(一六九九)六十五岁]①

此处虽然没有完整的"返思"之名,却有明确的"返思"之实。尤为重要的是,颜元在此把自己内返自思的细节过程全部呈现出来。可见颜元之"返思"乃是极为重要的儒门工夫,即是不断地内省自心,以至于抵达"不怨、不尤,下学而上达,真无声、无臭,于穆不已,上通于天",以及"澄澈方寸,无厌世心,无忘世心,无怨尤心,无欺假心,方与天地相似"之境,此境即是本心自性呈露之际。

前述佛教、儒家之"返思",道家道教亦然。略举一例说明:

> 【6】当时闻道以后,立愿普度,中夜以思,不敢妄泄天机,则将何以示人循径纵入。不避天谴,故违师誓,述于文字,形于语言。世人久迷,焉能确信,因衰集历代祖师所破旁门,使人知其为此必无成天仙之效,庶可以返思从何入道,故标之曰学仙破惑。②

此中所言"返思"更是直接与入道关联,"返思"之"返",即在于从"世人久迷"返回到"天仙之道"。

综合上述举例分析,我们可知道中国哲学儒释道共有之"返思",具有如下几个特点:1)"返思"的对象,一是以自己之思、当下之思、梦中之思、日常用心,久迷之心,驰骛之心等当下现实之心为主要对象,也可以当前实际之事为对象。2)"返思"的形式,可以是与现实之心同时发生的、第一序的当下之思,当然也可以是第二序的后返之思。3)"返思"的目标,或是对事物本性的体察,或是对本心的领悟,或是对事为根基的把握,或是对本真之道的体达。总之即是本源之思或本体之思。由此,我们可以做一界定,所谓"返思",即是一种特有的以追求返回心物之本体或本源为目标的、或当下或后返的精神活动。

其次,"返思"一词虽然最早出现在唐代佛教禅宗哲学之中,在其后的儒释道三家似乎也偶有使用,的确至今并未成为一个自觉性的哲学概念。然而,事实上一方面这种精神活动方式的起源可以追溯到先秦时期,另一方面,这一精神活动的确是中国哲学的根本活动方式之一。这两个重要方面将在下面得到进一步阐明。

2. 中国哲学"返思"的思维本质

尽管"返思"作为一种特有的精神活动方式早已存在,但到目前为止都

---

① 颜习斋:《颜习斋先生年谱》卷下。
② 戴起宗:《紫阳真人悟真篇注疏·序》,《正统道藏》,洞真部玉诀类。

没有被把握为中国哲学活动方式的自觉形式,因而首先需要对它的思维本质即内涵、形式、功能等方面的确定性进行认识与说明。

1) 哲学返思的主要对象:早期儒家以各层面的社会行动和个人活动为主要对象,包括政治管理活动、经济军事活动、礼乐文艺活动、修身道德活动等;宋明新儒学以上达下学、内圣外王为主要对象;道家道教早期以治国理身活动为主要对象,唐宋之后转向内丹性命之学为主;佛教以明经阐教、止观定慧、明心见性等为活动主要对象。总而言之,无论前期还是后期,儒释道三家都以生命活动为返思的主要对象,尽管三家的活动内容各有不同。其次,到唐宋之际,三家在活动内容上越来越趋向一致,即都注重以当下现实之心性或当下现实之人事为"返思"主要对象。

2) 哲学返思的核心方法:辨名析理、联类举譬、对称辩证、整体洞察、直观顿悟、体验内省。

3) 哲学返思的基本目标:不论是儒家、道家道教,还是佛教,其哲学活动的基本目标都在于获得对宇宙之道、万物之源、治乱之本、心性之体的真切了解和内在把握——体达本体。

4) 哲学返思的终极追求:"实现"至真至善的存在——内圣外王、无为无不为、无住涅槃。

5) 哲学返思的文化品格:自我确证的生命意识,体用不二的致思精神,返本还源、顿渐体知的方法理性,知行合一的知识信念,天人合一的存在信仰。

上述几点也同样只是对中国哲学"返思"的一个很粗糙的描述,目的在于获得一个整体轮廓式的把握,以便更好地把握中国哲学的本质和发展历史。

其次,还需要阐明"返思"何以是中国哲学的根本活动方式。要回答这个问题,需要具体考察先秦时期哲学活动方式的本质特征。虽然第一章对此一时期的哲学思维本质已有较充分的揭示,但为集中说明此问题,不妨在此做更进一步的阐释。

如前所述,"返思"本质在于"返"思,即对宇宙人生宗极本体的终极回归。也就是说"返思"即是"本体之思"。

我们先来看先秦儒家的"本体之思",《论语》中孔子反复强调"克己复礼曰仁"与"天下归仁"的理想;另据《孔子家语·六本》中所载孔子曰:"行己有六本焉,然后为君子也。……是故反本修迹,君子之道也。"可见,在孔子看来,反本、复本不仅是社会治理的太平之道,同时也是个人修身进德的君子之道。这些足以说明孔子已经具有鲜明的复本、归本、反本思维。

先秦儒家十分推重礼乐文化在王道政治中的核心作用,其不仅以礼乐为天道之体,也以礼义为人道之本,更重要的是,他们在对"礼"本身的阐释中体现出鲜明的"反本"思维。略举几例如下：

【1】《礼记·郊特牲》：唯社，丘乘共粢盛，所以报本反始也。……万物本乎天，人本乎祖，此所以配上帝也。郊之祭也，大报本反始也。

【2】《礼记·乐记》：乐也者施也；礼也者报也。乐，乐其所自生；而礼，反其所自始。乐章德，礼报情反始也。

【3】《礼记·祭义》：天下之礼，致反始也，致鬼神也，致和用也，致义也，致让也。……合此五者，以治天下之礼也，虽有奇邪，而不治者则微矣。

【4】《礼记·礼器》：礼也者，反本修古，不忘其初者也。

"报本反始"或"反本修古"，既是礼之大本，也是大用。显然，正是基于这样的"返思"，儒家学者才会致力于对宇宙人生的整体洞察和直观领悟。

儒家如此，道家亦然。事实上，老子《道德经》的整个思维就奠基于对宇宙本真大道的把握，人类的目标就在于遵循或归复于此道——见素抱朴，复归于婴孩，反者道之动，观天下之复，道曰远、远曰逝、逝曰返等。这在后来的《老子》诠释中都被逐步揭示并作为道家乃至道教思想的根本纲领。譬如：

【5】《文子·自然》：老子曰：所谓天子者，有天道以立天下也。立天下之道，执一以为保，反本无为，虚静无有，忽恍无无际，远无所止，视之无形，听之无声，是谓大道之经。

【6】《老子河上公章句·去用》：反者道之动，反，本也。本者，道之所以动，动生万物，背之则亡也。弱者道之用。柔弱者，道之所常用，故能常久。

【7】《老子河上公章句·守微》：复众人之所过；众人学问反，过本为末，过实为华。复之者，使反本也。以辅万物之自然。教人反本实者，欲以辅助万物自然之性也。而不敢为。圣人动作因循，不敢有所造为，恐远本也。

不仅对《老子》的诠释是如此，庄子更是如此。他强调要探索宇宙人生之大本大宗，同时又提出以心斋、坐忘、见独为修道之津梁。这些都足以表明早期道家始终重视的是"道体如何"与"如何体道"的问题，显然二者都是建立在反本之思的基础之上的。

再看兵家：

【8】《吴子·图国》:吴子曰:"夫道者,所以反本复始。义者,所以行事立功。谋者,所以违害就利。要者,所以保业守成……此四德者,修之则兴,废之则衰。"

【9】《尉缭子·治本》:反本缘理,出乎一道,则欲心去,争夺止,囹圄空,野充粟多,安民怀远,外无天下之难,内无暴乱之事,治之至也。

再看杂家:

【10】《管子·正世》:百官有常,法不繁匿,万民敦悫,反本而俭力。

【11】《淮南子·原道训》:夫无形者,物之大祖也;无音者,声之大宗也。……是故清静者,德之至也;而柔弱者,道之要也;虚无恬愉者,万物之用也。肃然应感,殷然反本,则沦于无形矣。所谓无形者,一之谓也。所谓一者,无匹合于天下者也。……道者,一立而万物生矣。……衰世凑学,不知原心反本,直雕琢其性,矫拂其情,以与世交。……外束其形,内总其德,钳阴阳之和,而迫性命之情,故终身为悲人。达至道者则不然,理情性,治心术,养以和,持以适,乐道而忘贱,安德而忘贫。

【12】《缪称训》:君反本,而民系固也。至德小节备,大节举。

【13】《说苑·修文》:圣人举事必返本,五谷者,以奉宗庙,养万民也,去禽兽害稼穑者,故以田言之,圣人作名号而事义可知也。

【14】《说苑·反质》:且夫死者终生之化,而物之归者;归者得至,而化者得变,是物各返其真。其真冥冥,视之无形,听之无声,乃合道之情。

【15】《盐铁论·忧边》:文学曰:"夫欲安民富国之道,在于反本,本立而道生。"

【16】《盐铁论·击之》:文学曰:"夫劳而息之,极而反本,古之道也,虽舜、禹兴,不能易也。"

由上可知,无论儒家、道家,还是兵家、杂家,其基本的致思方式都是"反本"之思,也正是"返思"的早期形态。随着玄学的兴起,尤其是印度佛教的传入,"返思"形态发生变化,逐渐由外在转向内在。下面略举几则佛教文例予以说明:

【17】有名曰:夫名号不虚生,称谓不自起。经称有余涅槃、无余涅槃者,盖是返本之真名,神道之妙称者也。①

---

① 僧肇:《肇论·涅槃无名论》卷1,《大正藏》,第45册,第158页上。

【18】其为论也,言而无当,破而无执。傥然靡据,而事不失真。萧焉无寄,而理自玄会。返本之道,著乎兹矣。①

【19】圣人为化众生示有应身五阴,是则权实阴殊。若众生法性理显,圣人亦息化归真,权实不二。合掌表于返本还源,入非权非实,事理契合,故合掌也。②

【20】三约返本还源说。对其初义,初义是总。第二约妄惟往非来,今此唯复,复本源故,斯即静义。故周易《复》卦云:复其见天地之心乎。然往必复。易《泰》卦云:无往不复。天地际也,就此一义。自有往复。③

【21】次第思惟,即妄而真,皆得法喜。法喜无体,融合觉心。思惟假缘亡缘,可符真性。观照是迹拂迹,返本还源。返本还源,法空心寂。心寂真体,般若朗然。④

上述例证分析,足以说明反本之思是早期中国哲学的普遍方式之一,虽无"返思"之名,确有"返思"之实。在此需要说明的是,"返思"并非只是中国哲学一种具体的思维方法,而是整个中国哲学活动的基本方式,它决定甚至控制着中国哲学活动的发生与智慧成果的形成的整个环节、过程以及表现形态。

(三) 返思与反思:中西哲学形态之比较

作为两种完全不同的哲学活动方式,返思和反思之间最大的不同在于:"返思"逻辑地要求返思的主体和对象之间具有固有的关联性,甚至是贯通性,唯如此,返思的意义实现——返思主体与本体的同体融合——才是可能的。"反思"则恰恰相反,它逻辑地要求反思的主体对反思对象——现象、知识——保持外在的、分离的超然姿态。唯如此,反思的终极目标——对反思对象的客观认识——才能实现。

显然如此大的差异必将导致一系列不同的哲学后果。

1) 返思之思与反思之思:非语言(诗喻)/语言(概念);动态连续的/静态分离的;涵容统合、体验独特的/精确分析、形式普遍的;实现/发现;内在/外在;二极相关/二元对立;情境/标准。

2) 返思之返与反思之反:返回本体与返回自身/反对面;过程和谐性/逻辑一致性;美学秩序/逻辑秩序;具体/抽象。

3) 返思和反思的交互性:反思和返思的区分只是一种辨析的方便,而非一种绝对客观的事实区分。事实上,返思与反思并不是在同一水平面的对

---

① 僧肇:《百论序》卷1,《大正藏》,第30册,第167下。
② 智顗:《观音义疏》卷1,《大正藏》,第34册,第922页上。
③ 澄观:《大方广佛华严经随疏演义钞》卷1,《大正藏》,第33册,第156页下14—17。
④ 宗密:《金刚般若经疏论纂要》卷1,《大正藏》,第33册,第156页下14—17。

立部分,而是其本身在形态上的差异,所以在实际上,返思并不必然拒斥反思,反之,反思也可以容许返思的存在。这就好比是各种颜色之间,一方面是它们的确存在着可以辨别的差异,同时它们又是可以相互并存甚至融合成新的颜色一样。

二、"体用"透视下的中国哲学之谜:返思与天人体用

中国哲学的基本问题是什么? 这一问题的提出至为关键,唯有提出这一问题,才意味着中国哲学的合法性回到中国哲学本身,也意味着中国哲学发展历史是可以贯通的,同时它也决定了中国哲学特有形态形成的哲学根源所在。

(一) 体用与返思

既然"返思"作为中国哲学的基本思维方式,对中国哲学的起源和发展起着决定性的作用,那么就必然要关注"返思"与作为中国哲学运思和表达基本范式之一的"体用"之间是怎样的关系。

第一,概括地说,作为哲学活动方式的"返思"与作为哲学实际运思和表达范式的"体用"之间也是一种体用关系,即"返思"方式为体,"体用"范式为用,返思乃体用范式之源,体用范式则是返思活动之流;返思模式为隐,体用范式为显;因此可以说返思模式与体用范式之间是"体用一源,显微无间"。

第二,具体来说,从体发用,即用显体。"返思"作为一种整体的致思模式,并非一种具体的、显性的思维方法,而更多地属于一种对宇宙存在和生命状态的整体领悟,相对于具体的哲学思考而言,属于一种混沌未分的"原思"而非"元思",因为"元思"是建立在"反思"基础上的。正是在这样的"原思"基础上才分化出显性的"体用"思维,形成相应的体用概念,并逐步地范畴化、逻辑化,从而构成中国哲学两千多年来绵延不绝的哲学传统。然而,"返思"作为"原思"并非超然于"体用"等显性思维之外并作为思维第一触发角色的存在,而是始终内在于"体用"等显性思维之中,随着"体用"等显性思维的发展,作为原思的"返思"获得与此同样的丰富。从这个意义上来说,返思模式与体用范式之间还是互为体用或体用相涵的关系。总而言之,体用范式的发展历程也正是返思模式的变化过程。如图所示:

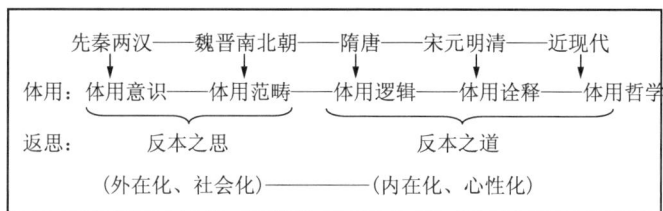

中国哲学体用思想研究

（二）体用与"天人—体用"

本书在第十章"'体用诠释'的历史透视"中,已经揭示了儒释道三家哲学发展与体用诠释的紧密联系,并分别建构出三家哲学的本质结构。事实上,三家结构的同一性是一目了然的。为了分析的方便,下面把这三家结构图示集中例示如下:

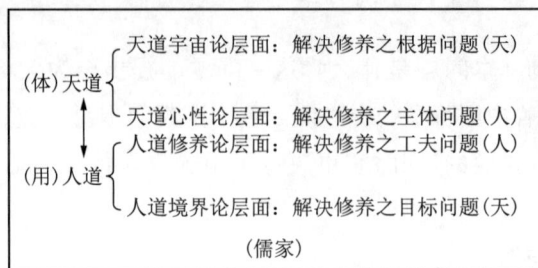

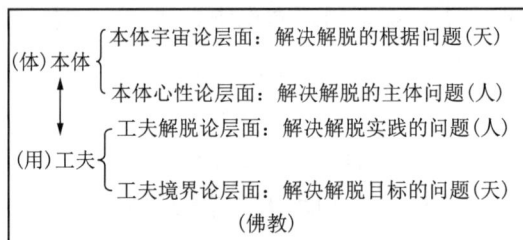

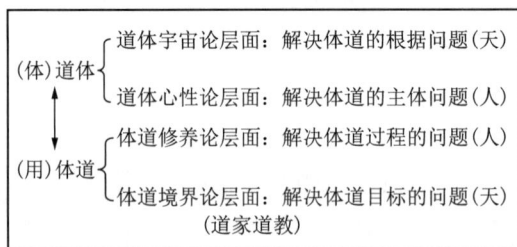

```
         ┌ 天道宇宙论层面：解决修养之根据问题(天)
(体)天道 ┤
    ↕    └ 天道心性论层面：解决修养之主体问题(人)
         ┌ 人道修养论层面：解决修养之工夫问题(人)
(用)人道 ┤
         └ 人道境界论层面：解决修养之目标问题(天)
                              (儒家)
```

```
         ┌ 本体宇宙论层面：解决解脱的根据问题(天)
(体)本体 ┤
    ↕    └ 本体心性论层面：解决解脱的主体问题(人)
         ┌ 工夫解脱论层面：解决解脱实践的问题(人)
(用)工夫 ┤
         └ 工夫境界论层面：解决解脱目标的问题(天)
                              (佛教)
```

```
         ┌ 道体宇宙论层面：解决体道的根据问题(天)
(体)道体 ┤
    ↕    └ 道体心性论层面：解决体道的主体问题(人)
         ┌ 体道修养论层面：解决体道过程的问题(人)
(用)体道 ┤
         └ 体道境界论层面：解决体道目标的问题(天)
                              (道家道教)
```

正如上面图示所示,三家哲学本质结构在形式上是完全相同的,都属于相同的多重体用结构。虽然在内容上三家各有不同,如儒家是天人之间,佛教是本体与工夫之间,而道家道教则是道体与体道之间;但都可以用儒家的天人关系来统摄,也可以依道家道教之道体与体道关系来统摄各家,当然也可以用佛教自本体工夫关系来统摄三家。

虽然佛教并不赞同儒道两家之实有的宇宙论,但它仍然必须说明世界的虚幻存在和真实存在的过程与本质,人的存在过程和本质必须也只能在此说明中得以阐明,所以从这个意义来说,佛教之"本体—工夫"关系,也可以归属于"天—人"模式中。道家道教与儒家之宇宙论虽然在内容上有很大差别,但在形态和实在性上是完全相同的,归属为"天—人"模式自然没有问题。如是,我们可以看到,儒释道三家哲学最终都可以在内容上归结为"天—人"模式,其内部又可以进一步区分天人关系,这样就形成一个多重天人关系结构。显然这一多重天人关系结构与多重体用结构是完全吻合的。

如图所示：

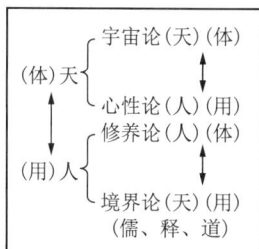

依图示来说，"天"在此并不实指宇宙之天，而是指相对于"人"之存在与行动的根源依据而言其为天，主要表明其存在上的源始性和价值上的超越性。而"人"则既包括现实性存在，也包括人之依托于"天"的理想性存在，当然也包括人之从现实性存在向理想性存在的实现过程。分析至此，我们已有非常充分的理由来揭示中国哲学——以儒释道三家为主干——的基本结构：天人—体用。"天人"是其内容方面的最高范畴，"体用"是其形式方面的宗极范畴，天人与体用之间又构成严格的同构关系，天人之间是体用相函——互为体用，体用相资。唯有在此结构之中，中国哲学的内容与形式才能达成了真正的统一："天人合一"正是"体用不二"。

在这个理解的基础上，我们可以清楚地阐明：什么是中国哲学的基本问题。当西方哲学在十八世纪末期自觉提出"思维与存在之间的关系"为西方哲学的基本问题时，我们其实早就提出了自己对基本问题的理解——天人关系。从司马迁的"究天人之际，通古今之变"，到董仲舒的"天不变道亦不变"，再到张载的"为天地立心，为生民立命，为往圣继绝学，为万世开太平"，到程颢的"天人本无二，何必言合"。"天人关系"作为中国哲学基本问题的进一步表述为："天"乃是指向现实世界（包括人在内）如此存在的本体，"人"指向一种内在具有天性的存在，这种存在既可以显性地实现天性本体，也可以是隐涵而未能实现的。

（三）返思与"天人—体用"

当"天人"与"体用"之间形成"天人—体用"结构时，就意味着"返思"与"天人—体用"之间的关系即将浮出水面。如图所示：

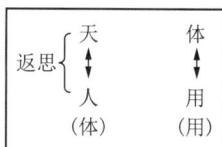

从图示可知，"返思"作为中国哲学深层模式的内容即是天人之间，此深层模式的形式即是体用之间。由此，"返思"正是在天人与体用之间才可以也必然要发生的一种生命活动，"返思"之"返"即是由天人之间体用不二的内在关系所决定。从宗极存在和终极价值上说，天当为人之本体，但天道本体必不能脱离人之存在而为孤立之本体,因此天道必下贯而为人道之本体,人道也必上达而与天道本体合为一体,这正是"从体发用、由用归体"体用逻辑之必然。若从人道主体性存在与实践能动性上说,人当为本体,而天则为之用,天在此作为人修道的目标之趋向和境界之结果,这也同样是"体以致用,用以备体"的体用逻辑之必然。

正因为互为体用而导致天人之间实际上是体用无定,所以"天人合一",既可以是"以人合天",也可以是"以天合人"。由此,"返思"之返,一方面是由人返于天,由用返于体;一方面又必须是由天返于人,也即是由体返于用。就"体用"而言,不能回返至体的用是无体之用,当然也是无根之用,最终不能成就其用;不能回返于用的体必是无用之体,当然成为孤悬之体,最终也不能成就其体。就"天人"而言,"返思"中的天人关系必然体现为体用逻辑。依此逻辑,不能回返至天的人是无根之人,当然不是本真、理想、完善的人;不能落实到人之存在的天,也必是无生命、无觉解、绝对孤存死寂之天。

事实上,儒释道三家之间争论的本质并不在于是否认同"天人合一、体用不二"的"返思"精神,而是在于是否真正实现了或在多大程度上实现了这一原则。三家之间是如此,各家内部之不同时期不同流派之间的争论焦点也多在于此。这正是了解中国哲学之所以如此发展的密钥所在。对此,汤用彤先生曾指出:"中国之言本体者,盖未尝离于人生也。所谓不离人生者,即言以人生之真之实证为第一要义。实证人生者,即所谓返本。而归真,复命,通玄,体极,存神等均可谓返本之异名。"①

三、"体用"观照下的西方哲学之惑:本质与存在

前述我们试图揭示"反思"乃是西方哲学的深层运思方式之一,并说明正是这种运思方式导致西方哲学在形态上的独特性(非普遍性)。具体到西方哲学的实际历史来看,这种以"思想的思想"为主要目标的反思活动,必然要求思想的纯粹化,此纯粹化不仅要求思想越来越脱离混沌、变化、不确定的对象实在本身,还要求思想脱离思想主体的情绪、情感,以致最终被要求脱离认识主体的经验、感性认识,而直接进入纯粹逻辑、思辨的思想之域,这一要求起源于巴门尼德,成形于苏格拉底、柏拉图,成熟于亚里士多德,途经笛卡尔但直到康德才获得彻底的自觉意识,他的三大批判尤其是《纯粹理性批判》最能证明此点。当然,黑格尔的"绝对理念"则是这种要求的最高表现形态,与此同时,也只有在黑格尔这里西方哲学才获得其对自身的整体认识的自觉。证明这种自觉意识的具体标志即是对西方哲学基本问题的

---

① 汤用彤:《理学·佛学·玄学》,北京大学出版社,1991年,第225页。

把握。

对此,黑格尔曾说:"思维与存在的对立是哲学的起点,这个起点构成了哲学的全部意义。"[①]这一论述后来在恩格斯那里获得更为明确的表达,他说:"全部哲学,特别是近代哲学的重大基本问题,是思维与存在的关系问题。"[②]从黑格尔和恩格斯的说法中,我们可以总结三点:第一,思维与存在[③]的关系(在黑格尔那里是对立)是哲学的起点,意味着西方哲学一开始就意识到二者之分别,并自觉把对这种关系的思考与阐明作为哲学活动的根本意义和基本内容。第二,正因为如此,思维与存在的关系问题才必然构成西方全部哲学的基本意义和内容,因而必然贯穿整个西方哲学的发展历史。第三,恩格斯特别强调这一基本问题的近代性。显然,黑格尔强调的是基本问题的起始性,而恩格斯强调的是基本问题的当下性和现实性。于是就必然会产生一个问题:即这种对西方哲学基本问题的把握是否符合西方哲学发展的历史事实,也即是要追问:此基本问题是否真实地贯穿从古希腊到十八、十九世纪的哲学? 同时又是否仍然是十九、二十世纪乃至现代二十一世纪的哲学基本问题呢?

(一) 反思与转向

关于西方哲学的历史发展,通常习惯于把西方哲学的发展通过为几次转向的说明而把握为不同的历史阶段。其中最为常见的是二次转向说,一是从古代本体论哲学转向近代认识论哲学,然后从近代认识论哲学转向现代语言哲学。这实际上是把西方哲学划分为三个阶段,一是本体论阶段,一是认识论阶段,三是语言哲学阶段。[④] 事实上还有一种常见的二分法,即把整个西方哲学区分为形而上学与反形而上学两个阶段,这实际上是把前面三分法的前两个阶段本体论和认识论合为一个阶段,即形而上学阶段,而以现代语言哲学为独立的反形而上学阶段。这种区分的背后隐藏的其实是对西方哲学的真实本质的认识冲动。此刻讨论的关键在于,无论哪种区分法,都必须讨论其与基本问题的关系。

首先来看所谓的三分法。本体论阶段以追求世界统一性为终极目标,即解决"世界本原(arche)是什么"的问题。在最早的"始基"哲学中,思维(语言、逻辑)与存在(Being)虽浑同未分,实质以存在(Being)为基础的哲学思

---

① 黑格尔:《哲学讲演录》第 3 卷,商务印书馆,1978 年,第 325 页。

② 恩格斯:《路德维希·费尔巴哈和德国古典哲学的终结》,《马克思恩格斯选集》第 4 卷,人民出版社,1995 年,第 219 页。

③ "思维与存在"关系中的"存在",并非一般中国语境中的存在,而应该是指西方哲学中最根本的概念 Being 或 on,此 Being 或 on,即包含"有"和包含"在"的意义,有即是本质(essence),在即是中文语境中之所谓"实存"或"存在"(existance)。因此思维与存在的关系在中文语境中实质上包括思维与本质、思维与实在两个方面。

④ 韩秋红等:《西方哲学的现代转向》,吉林人民出版社,2007 年,第 1 页。

考,且在存在(Being)中又是以"实在"为重心的。到巴门尼德才第一次明确地把思想(语言、逻辑)与存在(Being)的关系揭示出来,这一关系被简化为"能思想的与所思想的存在(Being)是同一的",这大概就是黑格尔所谓的"哲学的起点"。不过在巴门尼德那里,其存在(Being)到底是倾向于本质(essence)还是实存(existence)并不是明确的。

苏格拉底"认识你自己"的箴言彻底把始基哲学从天上的宇宙论拉回人间的本体论(ontology),其实质是以"自己的无知"迫使认识主体从对实存世界的直接关注,转向对实存事物的概念的认识,事物之本质只有在定义事物的概念中才能获得。由此引发柏拉图的"理型论"——认为真正的"实体"不是实存的现象世界,而是以概念形式表示的"本质""eidos"(forms),因此真理不在可感的经验世界(包括人的灵魂和精神)中显现,而只能存在于由各种概念——"eidos"(forms)所结合形成的非物质的理念世界里,这就是世界的"本原"。它是可感世界之外的"自在的 being(本质)",却又决定着可感世界、人类思想和语言的各种运动、变化。正是这种对"本质"的追求,开启了西方长达两千多年的形而上哲学之源。

亚里士多德在对柏拉图的理型论的批判中,发展了自己的形而上学本体论——他反对柏拉图把世界的本原归结为一个完全超越现实实存世界的理型世界,他认为哲学的本质在于探索什么是"存在者(beings)的存在(being)",这样的探索包含了"什么是(being)"和"如何是(being)"两个方面。据此,他一方面把"本原"归结为存在者本身(beings),从而确认现实世界中的独立实存的个体就是唯一的实体(substance),而附属于实体的则为实体之属性。这在语言层面表现为十范畴之间的关系。另一方面他又把"本原"归结为"实体"存在和变化的原因:即形式因、目的因、质料因和动力因。因此就世界本原即"实体"自身而言,又可以区分"形式"和"质料"两方面,"质料"即"事物所由产生的,并在事物内部始终存在着的那东西"①,而"形式"即指事物的"原型",亦即"表达出本质的定义"②,是"是者之所以是"即"实体"的本质(essence)所在。因此对于这样的"实体"的存在过程而言,即是一个从"潜能性"(质料)存在获得"形式"(包括形式因、目的因和动力因)成为"现实性"存在的过程。也即是说"形式"(essence)决定"实体"(substance)的"存在"(being),而这一"形式"即是由概念的普遍性所形成的。由此我们看到,亚里士多德本体论哲学乃是始基哲学与柏拉图本质论的集大成,如图所示:

---

① [美]莫蒂默·艾德勒、查尔斯·范多伦:《西方思想宝库》,吉林人民出版社,1988年,第1419页。

② [美]莫蒂默·艾德勒、查尔斯·范多伦:《西方思想宝库》,吉林人民出版社,1988年,第1419页。

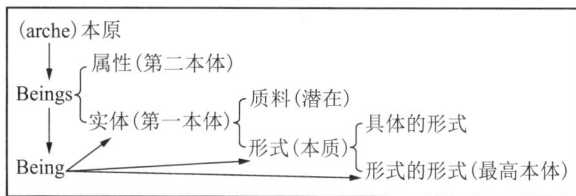

从图示可知,一方面亚里士多德继承了"始基"哲学立足于现实世界寻找"本原"的传统,但同时又否定"始基"学派企图通过寻找具体的事物(水、气、火等)作为世界本原的可能,在他看来这只是质料因;另一方面他坚决反对柏拉图企图在外在于现实世界的纯粹理念世界获得"本原"的做法,但同时他又继承了其把"形式"(概念的普遍性)作为万物(多)统一的本原(一)的思想。具体的实现恰如图中所示,他坚持以现实的个体存在(beings)作为第一本体(Substance),同时把柏拉图理念世界中的"形式"以及毕达哥拉斯的"数一"作为第一本体(Substance)中的"形式"(form),而又把"始基"派的元素归结为第一本体(Substance)的"质料",最后"潜能"(质料)通过"形式"获得"实在"。在这里,形式与质料统一于"实体"即第一本体(Substance),同时也使"始基"派与柏拉图等"形式"派获得统一。因此可以说,亚里士多德乃是古典时期本体论的真正完成者。

整个中世纪经院哲学的焦点集中在唯名论与实在论的争论——个别与一般、殊相与共相之间何者为真正的"实在"(本体 substance),这场在本体论上是关于理念、精神实体和个别事物的独立存在问题的争论。就思想渊源来说,可以上溯到古希腊哲学家赫拉克利特与德谟克利特,特别是柏拉图和亚里士多德。因此,这场争论本质上就是思维与存在的哲学基本问题的争论。但与古希腊本体论不同的是,这场争论在更多意义上基于思想(概念)方面来讨论普遍概念的形成、性质和意义的问题,因而有从古代本体论向近代认识论转向过渡的意味。与此相关的还有所谓三位一体论和上帝的本体论证明。更重要的是,在亚氏哲学通过阿拉伯语转译成拉丁文的过程中,使原本隐含于亚氏那里的"Being"一词中"本质"(essence)与"存在"(existence)之间的区分与矛盾完全显明化。由此展开经院哲学家们对于"本质与存在谁更在先"的争论,无论是主张对事物而言的"本质先于存在",还是"存在先于本质",他们都共同主张上帝的本质和存在是统一的。实质上,本质与存在的分别与争论,同样可以归结为有关思维(本质)与 Being(实存)二者关系的争论。

近代认识论阶段转向对"人的认识何以可能"这一问题的反思。这一进程由笛卡尔和休谟分别从理性主义和经验主义的两个立场展开,到康德的三大批判试图调和这两个立场,康德对纯粹理性进行批判的目的,就是为了给理性能力划界,认为理性能力一旦超出经验使用的范围,就必定会造成二律背反。在他看来，人类认识的对象只能是形成感性经验的现象，而真正的世界本体——康德称之为"物自体"——是一片与感性经验完全隔绝的领域，这样的领域是人类纯粹理性所不可知的。显然，在康德这里，本体和现象是完全隔离的，但这种隔离并非世界本身内在的隔离，而只是因为人类认识能力所必然形成的隔离，它最终导致思维（理性）与 Being 的不可同一。具体如图所示：

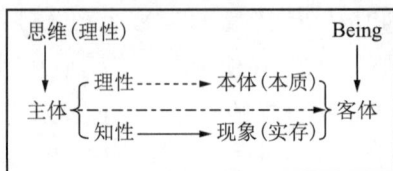

```
   思维(理性)                        Being
        │                              │
        ↓        理性 ------→ 本体(本质) ↓
      主体 ├- - - - - - - - - - - - - -┤ 客体
              知性 ------→ 现象(实存)
```

显然，黑格尔不同意康德把人的理性能力限制在对感性事实进行认知的范围内，也不认为"物自体"是纯粹理性所不能进入或一进入就会产生错误的领域。正因为此，黑格尔提出了"思维和存在（Being）同一性"的观点，认为理性不仅能够深入物自体，而且还能获得关于事物本质的客观知识。具体来说，他是通过绝对理念的辩证运动实现"实体"（Being）与"主体"（思维）最终同一的。它不仅解决人类认识是如何可能的问题——从感性到理性到绝对理念的螺旋式上升，也从认识论层面回到之前本体论关于世界是（本质）什么以及如何是（实存）的问题——从特殊（存在）到普遍（本质）到具体普遍（绝对理念）的螺旋式上升。实质上，这也是在柏拉图理念论基础上将亚里士多德实体论容纳进来并回到绝对理念论的过程。其一方面通过绝对理念的自我辩证运动解决了柏拉图因其理念的静止不动从而无法与现实实存关联起来的问题，一方面又解决了亚里士多德的形式最终脱离实存的问题，最后在"思维"的基础上实现了认识论上理性主义与经验主义的统一，从而达到"思维与 Being 的同一"。至此，西方古典本体论也达到其最高阶段。如图所示：

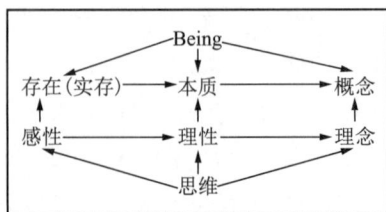

```
                    Being
                     │
        ┌────────────┼────────────┐
        ↓            ↓            ↓
    存在(实存) ──→ 本质 ──→ 概念
        │            │            │
       感性         理性         理念
        └────────────┼────────────┘
                    思维
```

现代哲学的"语言转向"本质上是对近代认识论反思基础上的进一步反思，认识论只是一般地反思了人类认识能力与 Being 的关系，而没有展开对于认识关系形成的本体基础以及认识中介或工具（语言、逻辑）的深入反思。而所谓"语言转向"就是要转向为对语言意义的分析和理解，语言及意义问题成为现代哲学研究的切入点。在这一转向中，形成了经验主义传统下的英美分析哲学,以及理性主义传统下的欧陆理性哲学。但不论是英美哲学还是大陆哲学,从根本上来说,二者仍然是"思维与 Being 关系"这一基本哲学问题的现代表现。因为语言是思维的表现形式,"思维与 Being 的关系"实际是"逻辑地"也是"隐涵地"以"语言与 Being 的关系"呈现的。

在这一转向中,哲学家们提出了"在传统哲学视域内遭到遮蔽的一系列问题,如存在与语言、语言与世界、语义与语用、人工语言与日常语言、科学语言与哲学语言、语言与理解、理解与解释、语言的历史性与普遍性等等。正是对这些问题的理解与反思,构成了现代西方哲学超越传统哲学从而形成独特而丰富的现代哲学思想流派的切入点"①。与此同时,现代"语言转向"带来的更多是现代西方哲学在哲学观层面的深刻变化。"从思维方式上来看,在语言转向的过程中,现代西方哲学家都试图超越传统哲学认识论主客二元对立的思维方式;从理论形态上来看,现代西方哲学通过对语言的分析与理解,放弃了对客观知识形态的形而上学的追求,自觉探索具有自身特点的新的存在样式;从价值旨趣上来看,现代西方哲学通过语言的治疗,在不同程度上消解了传统哲学对客观主义和普遍主义的理论追求,力图转向对生活世界意义的关注与反思;在文化定位上,现代西方哲学通过语言的批判,反思了传统哲学基础主义的自我意识,实现了对自身现代存在意义和价值的理性自觉。总之,现代西方哲学通过语言转向,表达了超越传统形而上学的思想努力,尽管这种努力导致的具体目标和理论观点是迥异其趣的。"②

事实上,现代哲学的"语言转向"并不仅限于语言层面的反思,而是对包括古代本体论哲学和近代认识论哲学在内的全部旧形而上学的全面反思。既有本体论层面的反思,如蒯因的"本体论的承诺"昭示一个经受认识论批判之后的新本体论回归;怀特海的过程哲学更是以其动态的本体论超越旧的静态的本体论。还有认识论层面的反思,如胡塞尔的"先验自我"就是对笛卡尔心物二元认识论的超越;美国实用主义哲学则更多强调经验的综合性、生成性以及真理的实用性;在语言层面的反思,最典型的是维特根斯坦后期日常语言本体论对前期的逻辑语言本体论的超越。海德格尔可谓现代语言转向的集大成者,他从古典时期的本体论批判开始,途经认识和语言两层面的透视,最终实现其新形而上学的建构。这种新形而上学包括:在本体论上奠基于原初的 being(无)而非现存的 beings(有);在认识论上奠基于澄明去蔽之思而非传统的对象性反思;在语言观上则奠基于本体(Being)论的言说——"诗意地栖居",而非对象性的语言——语言是存在(Being)的家园。

上述分析表明,三个阶段的西方哲学虽然在主题、对象、方法和结论形

---

① 韩秋红、庞立生、王艳华:《西方哲学的现代转向》,吉林人民出版社,2007 年,第153 页。
② 韩秋红、庞立生、王艳华:《西方哲学的现代转向》,吉林人民出版社,2007 年,第154 页。

态等方面都表现出很大的不同,一方面是不同阶段的对前一阶段的否定超越,一方面是同一阶段的不同哲学思想之间的相互区别甚至针锋相对。但有两点是贯穿其中的,一是"思维与存在(Being)的关系"始终是哲学的基本问题,二是本体论、认识论、语言论并非仅仅是三个历史阶段的哲学形态,而且也是每一个阶段哲学的全部要素或层面。也就是说,在古典本体论阶段,认识论、语言论层面的问题实际上也一直伴随着本体论问题存在,到认识论阶段,本体论的认识来源和认识能力以及认识过程的反思而已;语言论层面的问题在本体论和认识论讨论中隐而未发,到语言论阶段,实际上就是本体论与认识论问题同步出现在语言这一中介层面所进行的反思而已。所以进一步分析这三个阶段,实际上可以进一步区分为两个阶段:古代本体论阶段与近代认识论阶段合为一个阶段,而现代语言转向阶段为新的阶段,这一阶段还没有彻底完成。前一个阶段我们可以称为"形而上学",后一阶段则可以称为"反形而上学",更准确的说法应该为"旧形而上学"阶段与"新形而上学"阶段。显然这正是前面所提到的两分法。两分法与三分法的内在关联,可以通过下面的图示说明。

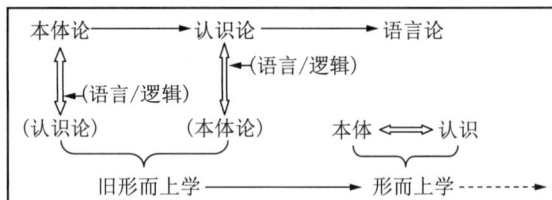

从图示来看,第一阶段本体论之所以可以和第二阶段的认识论合在一起,关键在于二者合起来才是"形而上学"的全部。事实上,本体论与认识论必然是互相包含的,因为本体论本来就是基于对世界之本体(Being/on)的反思性认识,而认识论本就是对这种本体认识过程的反思,只有到近代认识论阶段才把这一形而上学结构完整显现出来。事实上也只有在这一阶段才真正产生"本体论"的概念①,当然也只有在这一阶段才能提出什么是西方哲学的基本问题。

由此可见,"形而上学"的内在核心结构就必然是"本体—认识",这一结构是由西方哲学基本问题所决定的。其中的"本体"即是"思维与存在(Being)"中的"存在"(Being/On),而"认识"即是其中的"思维"。由此看来,所谓现代哲学的语言转向,其实质不过是把旧形而上学中未被反思的语言因素提到哲学反思的前台,也透过这一"本体—认识"结构中本有的语言因素,重新审视形而上学本身。所谓的反形而上学不过是反思批判旧形而上

---

① "本体论"(Ontology)这个词直到17世纪才出现,据说最先构成Ontology的是17世纪时一位叫郭克兰纽(Goclenius 1547—1628)的德国人。第一个为"本体论"下定义的则是18世纪德国哲学家沃尔夫(Christian Wolff 1679—1754)。

学的具体做法或结论,因此不仅没有从根本上否定"本体—认识"这一形而上学核心结构本身,恰恰最终在批判的基础上建立了新的形而上学。因此以"反思"为基本思维模式,以"思维与存在(Being)的关系"为基本问题,以"本体—认识"为基本结构,以追求普遍必然之知识为目标的"形而上学"就是西方哲学的本质所在,也是构造西方哲学心灵的根本要素所在。

(二)体用与"本体—认识"

一旦我们把西方哲学的基本结构揭示出来,就会发现这种"本体—认识"与中国哲学"天人"结构中的"本体—工夫"具有某种相似性。因此,我们不仅可以对这个结构做进一步的分析,还可以同时考察它与体用逻辑的相互关系。如图所示:

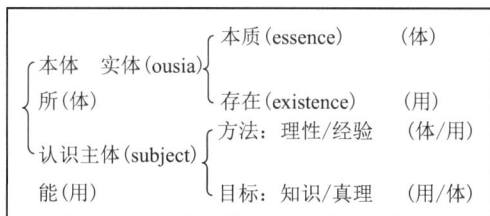

```
        ┌ 本体   实体(ousia) ┌ 本质(essence)      (体)
        │ 所(体)            └ 存在(existence)    (用)
        │                   ┌ 方法:理性/经验      (体/用)
        └ 认识主体(subject) │
          能(用)           └ 目标:知识/真理      (用/体)
```

如图所示,"本体"即是西方哲学最核心当然也是最高的范畴"Being",也就是认识论视域中的"实体",而"认识"即是对"本体"的认识,所以表现为相对于"实体"的"主体"。

就"本体"而言,依照古代哲学的传统,"Being"或者"substance",既有本质(essence)之义,又有存在(existence)之义,正因为这样,导致了西方历经两千多年的本质主义与存在主义之争,其争论的实质就在于本质与存在谁是真正的第一本体(ousia)——到底是本体先于存在,还是存在先于本质。正是柏拉图开启了西方延续至今仍然十分强大的本质主义传统——现代逻辑实证主义即是代表;亚里士多德开启了另一个也相对强大的存在主义传统——海德格尔可以看作这一传统的现代发展。

就"认识"而言,认识主体又可以分为认识能力和认识目标两个层面。认识能力又可分为理性和感性两个方面,这种区分在古希腊就已经非常明确了。巴门尼德将真理之路与理性对应,意见之路与经验(感性)对应;柏拉图则直接把本质认识与概念理性等同起来,完全与对实存的感性认识隔离开来,于是开启了整个西方漫长的理性主义认识传统。亚里士多德肯定本质就在实存之中,因此也就肯定经验认识的重要性,虽然他最终又把对事物"形式"即本质的认识当作最高认识,强调形式逻辑的工具性,但总体上仍然应该属于西方经验主义认识传统的开创者。从此西方哲学发展中的理性主义与经验主义之争就一发不可收,至今仍有势同水火、冰炭难容的感觉。若从认识目标上来说,则有知识(后天)和真理(先天)之别,这一差别同样是建立在本质与存在和理性与经验的分别之上的。虽然对普遍知识的追求是基本的认识目标,但并非所有的知识都是必然的先天真理。于是围绕什么是普遍的先天知识,以及是否可以获得这一先天真理等一系列问题,从古希腊开始就展开了旷日持久且至今无果的争论,由此,怀疑主义、相对主义、绝对主义、实证主义、实用主义、意志主义、直觉主义等一系列关于知识的主张或论说就相继而来。

仔细体味上表,可见不仅本体与认识之间可以建立一种体用关系,即以认识客体为体,以认识主体为用。这种体用关系在中国哲学尤其是佛教哲学中早已建立起来,即"所体能用"的关系。进一步分析,我们还可以在本质与存在之间建立互为体用的关系,在方法与目标之间建立互为体用的联系,于是就可以构成一个彰显西方形而上学内在本质的多重体用结构。

显然,如此建立起来的体用结构,必然会成为中西哲学比较中一个相对有效的比较基础和工具。下面将尝试把亚里士多德哲学的"本体—认识"中的"本体论"与中国朱熹哲学的"本体—工夫"中的"本体论"做一个简单的比照。

前面已经对亚里士多德的"实体"本体论进行了一个模式分析,在此不再赘述。这里主要是将此一模式与朱熹的"太极"本体论做一比较。依照第五章的分析,朱熹之本体属于"太极"本体,而非"理"本体。如图所示:

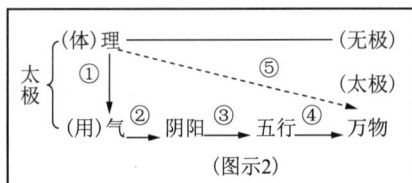

(图示2)

朱熹以太极作为宇宙的第一本体显然类同于亚里士多德的实体(substance),不过他的实体是个体,因此是无穷多的,而朱熹的太极是整体之一。接下来,朱熹以"理"为太极之本体,以"气"为万物生化的直接根源,理气现实性同时共存,但逻辑(或本质)上,理决定气化过程,因此"理气"相当于形式与资料之间。不过朱熹的"理"是静止不动的,显然朱熹的"理"只包括形式因和目的因,而动力因则必须被归到"气"的领域。朱熹是在第一本体太极之中有以"理"为第一本体,与此相同,亚氏也是在第一本体"实体"之中又以"形式"为第一本体的。

既然如此,我们也可以与朱熹以体用逻辑来规定太极、理、气三者的关系一样,以体用逻辑来诠释实体、形式、质料的关系,即以"形式"为"实体"之"体",以"质料"为"实体"之用,也可以简化为"形式"与"质料"之间的体用关系。

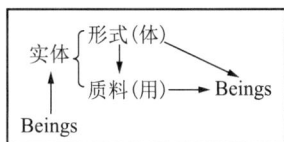

图中"形式"之"体"是为了说明"实体"存在的本原或本体,而质料之"用"则是为了说明"实体"存在的现实载体。体生用,并非"形式"创生"质料",而是指"形式"为"质料"的实现(存在)根据。形式之体为不变之一,质料之用则为变化之多。如此则是:体在用中,一在多中,变在不变之中。在这个意义上说,亚氏的"实体"本体论实现了体用相即不二。但亚氏的本体论存在一个巨大的理论困境,即他对纯粹形式的追求,最终导致出现一个形式的形式——完全脱离质料的形式——作为宇宙的最高本体和第一推动者(自身不动)。依体用逻辑而言,即他最终走向了无用之体,导致"体用为二"。虽然与柏拉图的体用(本质与现象)绝然二分在形态上不同,但从理论结果最终形成体用分离为二的本质上来说是完全一样的。

显然,此处的体用分析,只是依照中国体用思想的固有逻辑来对亚氏的本体论做一个探索性观照与诠释,丝毫不意味着亚氏对这种体用思想有任何的自觉思考。但不可否认的是,从体用逻辑的角度,不仅使我们能够基本廓清长期笼罩在古希腊尤其是柏拉图与亚氏之本体论认识上的迷雾,更令人惊喜的是,这种观照足以证明:体用范式不仅可以是中国哲学的基本诠释逻辑之一,同时也可以在西方哲学的本质认识上发挥重要作用。

四、中西哲学的体用分别

无论西方哲学形而上学,还是中国哲学的形而上学,虽然它们各自形态的差异很大,但它们都致力于对人类自身实现超越的一种终极领悟。不过中西方在领悟方式上是有根本区别的,在西方总体上是属于反思模式,在中国则总体上属于返思模式。正是这种哲学活动模式的根本差异,导致中西哲学形态和发展历程的巨大差异。从体用逻辑的角度来说,中国哲学的体用合一与西方哲学的体用两分,形成鲜明的对照。至于其中具体的情况,限于篇幅和主要任务,加之相关讨论在学界也已有不少,在此就不展开论述了。

第十二章

"体用哲学"的创新使命

"体用哲学",是指在事实上拥有多元形态的"世界哲学"之林,存在着一种可以称为"体用哲学"的哲学样式。这一名称并不意味着它只是关于"体用"的哲学,或者说是运用"体用"进行诠释的哲学;而是指一种强调对"世界"作本体性"体用"诠释的哲学。从内容上来说,它既包含"体"的层面,也包含"用"的层面,当然也包含"体用"之关系的层面。也即是说,此种哲学不只是"形而上"学(接近西方哲学),同时包含"形而下"学。现实地说,中国古典哲学即是这种"体用哲学"的典型代表。但这绝不意味着它是"体用哲学"的唯一代表,不论是历史的现成,还是未来的可能,"体用哲学"都有可能通过创造获得新的时代特征。

本章的主要目标即是基于"中国哲学"这一现成的"体用哲学"来讨论上述这种可能。主要从四个方面展开:第一,重点讨论中西"本体论"之异同,以及本体论与 ontology 的翻译问题,旨在为中西"本体论"正名,并尝试重新建构一个可以中西沟通的"本体论"对话模型;第二是有关知识论(认识论)或 epistemology 的,重在讨论在返思型的"体用哲学"框架中引入西方反思型知识论是否可能的问题;第三,重在从历史纵向的角度来探讨体用哲学如何实现在继承传统基础上的创新——寻求体用哲学的动态性和开放性;第四则重在从世界横向的角度来讨论中国式体用哲学的主体性和世界性。

一、"本本论"的回归:"体用哲学"与"ontology"

(一) 正名:本体论与 ontology

近些年中国学界掀起一股讨论西方"ontology"的热潮,尤其是关于西方哲学中的"being"及由此而有的"ontology"的翻译问题,更是学术界至今仍然争论不休的热点问题。这不仅反映了不同语言和文化传统之间核心概念翻译的困难性,更重要的是反映了不同哲学体系之间的相互理解和诠释的困难性,更深层次反映的是当前中国学者对于"中国哲学"合法性的语言焦虑。事实上这个问题涉及很多层面,其中要害有二:(1)"本体"在中国哲学中的概念意义是什么? 是否存在中国哲学的"本体论"? (2) 西方哲学中的"ontology"是否可以理解为是关于"本体"的学问?"ontology"翻译成"本体论"是恰当的吗？鉴于此，下面分别从这两个方面出发来为中西"本体论"正名。

1. 中国哲学中的"本体"与"本体论"

本小节要解决两个问题，第一是中国哲学中"本体"一词的概念涵义，第二是中国哲学是否有"本体论"，若有则是什么样的本体论。

来看第一个问题，即"本体"一词的概念内涵。中国哲学中的"本体"是一个复合词，是由"本"和"体"两个词组合而成。在组合之前，二者即有重要的关联，后来逐渐词义相互涵摄并最终融合为一个词。这一涵摄融合发生在先秦上古占统治地位的"反本思维"或"本末思维"的背景下。这一思维以了解、把握宇宙天地、社会人生等一切事物存在变化的本末、主次、先后为目标，旨在为人类的各种实践活动提供行动原则和价值标准。这种"务本"思维的深入与普遍，反映在语言上则是产生了大量表示事物存在之根本、基础、本质的同义或同类概念，如本原、本源、本始、本根、本基、根本、宗本等。正是在这样的思维导引下，"本"与"体"在义涵和概念地位上不断结合、互称同用，最终形成"本体"的概念。

在先秦两汉时期，"体"和"本"被大量使用，最初"本"更多强调事物存在地位的根本性和重要性，而"体"更多强调事物存在的主要内容、结构、性质，意味着实体性或实质性存在。但因为二者经常同时出现，甚至有对称使用的情况，导致二者在思维方法以及表述义涵上发生密切联系。例如在《礼记》中，"本"和"体"不仅有对称使用的情况，而且还有比较明显的"本"、"体"合一，相互融摄的趋向。到西汉贾谊之时，"体"逐渐取代"本"，以表示事物存在和变化的根本依据。譬如他说先王政教"内本六法，外体六行"，"本"与"体"对称使用，意味着本、体之间的意涵互摄，使得"本体"合用的趋向更加明晰。而"本"与"体"二概念的融合乃是中国本有概念"本体"产生的重要前提。到西汉末《易纬·乾坤凿度》中正式形成"本体"的概念，它说："生与性，天道精，还复归本体，亦是从无入有。"在京房《易传》中，也有三处"本体"之说。[①] 此时的"本体"已是本和体的义涵的高度重合，即是"本原之体"或"根本之体"的意思，是指包括人在内的万物得以生成的本源、本根。所谓"复归"意味着万物从此本体而生成，最终又都复归到此本根、本源之处。这一过程也正是所谓的"从无入有"。显然此处的"本体"即是本来、固有、根本、始源之体的涵义。而"复归本体"，"从无如有"正是典型的"反本思维"或"本末思维"的具体表现。由此中国哲学之"本体"概念以及"本体论"的最初也是最核心的义涵得以呈现，"本体"也就此成为"体用"范畴中"体"的重要内涵。

① 上述所举文例及其分析，在第一章中都已有详细的说明。

中国佛教在早期的佛教译经中就频繁出现了"本体"一词,如西晋竺法护所译《等目菩萨所问三昧经》卷 3〈12 等目菩萨大权慧品〉中就有:"如其摩尼,尽自现其色像,不毁摩尼本体。"①姚秦时期的竺佛念所译《最胜问菩萨十住除垢断结经》卷 4〈10 成道品〉中即有:"如于良田种于谷子,茎节萌芽展转成长,谷败芽生无复本体,深自思惟芽非本子亦不离本。"②随后又有"菩萨本体"③。直至鸠摩罗什所译的《持世经》卷 4〈8 八圣道分品〉中则发展出"法之本体"④之说。到隋代的净影慧远则在《大乘义章》中提出"佛性本体"⑤和"法身本体"⑥的说法,并依据"宗趣"(所说和所表)予以判教。唐代的法藏在其《大乘起信论义记》卷 2 更是提出"真如本体"⑦。显然这些本体概念与传统"本体"概念的内涵是基本一致的。

唐代道教的重玄义学与智𫖮一样,把体用与本迹二范畴联合起来使用,最终形成"本体—迹用"的结构模式,由此本体与体用的关系就显明化,而"本体"就正式明确成为体用之体的基本义涵之一。到宋明理学时期,"本体—工夫"的思维模式逐渐成熟,宋代的张载提出"气之本体",杨简提出"人心本体"⑧的概念,而后朱熹则有"性者,人所受之天理;天道者,天理自然之本体,其实一理也"之说。⑨ 到明代心学时期,本体工夫之说则大盛。

上述例证充分表明"本体"概念不仅在中国哲学的早期就已形成,与此同时发展的是一种在中国哲学中具有根本地位的"本体思维"(反本或本末思维),而且这一思维随后被融入"体用思维"之中成为中国哲学的最基本范式之一。

接下来的问题是:中国有所谓的本体论吗,抑或本根论呢? 现代最关注中国哲学本体论的学者莫过于张岱年先生了。张先生专门著有《中国古代本体论的发展规律》一文,在此文中他提出了很多有关中国哲学本质与整体特征以及与西方本体论异同的重要观点,具体如下:

首先,他认为"'本体论'的名称是西方近代初期才提出的。西方近代初期的学者把古代关于宇宙演化的学说称为'宇宙论'(cosmology),把古代关于存在根据的学说称为'本体论'(ontology)"。同时认为"中国先秦时代的情况与西方古希腊有类似之处,在中国哲学史上,先秦时代即已有本体论的

① 《等目菩萨所问三昧经》卷 3,《大正藏》,第 10 册,第 588 页下。
② 《最胜问菩萨十住除垢断结经》卷 4,《大正藏》,第 10 册,第 990 页中。
③ 《最胜问菩萨十住除垢断结经》卷 4,《大正藏》,第 10 册,第 1017 页上。
④ 《持世经》,《大正藏》,第 14 册,第 662 页上。
⑤ 《大乘义章》卷 1,《大正藏》,第 44 册,第 476 页下。
⑥ 《大乘义章》卷 3,《大正藏》,第 44 册,第 534 页上。
⑦ 《大乘起信论义记》卷 2,《大正藏》,第 44 册,第 253 页上。
⑧ 杨简:《慈湖诗传》卷六。
⑨ 朱熹:《论语集注》。

学说了。在中国哲学史上,第一个提出本体论学说的是老子"①。

其次,注重分析了现在中国古代本体论的三个基本特征:第一,中国古代多数哲学家不以"实幻"谈"体用";第二,中国古代的自然哲学表现了宇宙生成论与宇宙本体论的统一;第三,中国古代的本体论与伦理学是密切结合的。②

与此同时,又指出中国古代本体论的发展过程中所显示出的三项内在的规律性:第一,本体论所讨论的中心问题是随时代的转移而演变的;第二,在本体论的长期发展过程中,思想家们分别表现了两种基本倾向,形成两个基本派别(唯物主义和唯心主义)。第三,这两种基本倾向、两个基本派别之间又表现了相互错综、交参互函的关系。③

最后,他反对把"本原"问题和"本体"问题对立起来的论调,他强调:"把‘本体论’解释为‘研究世界本原问题的学说’,还是名实相符的。但是,讲述中国古代哲学还是适当地采用中国固有的名词为好。把中国古代关于世界本原的学说,称为本体论,不如称为‘本根论’,这样才能显示出中国古代哲学的特色。"④

对于"本根论",张岱年先生在其名著《中国哲学大纲》里做了专门探讨,该书第一部分之第一篇即是"本根论",显见张先生是把它作为中国哲学的基础与根本来对待的。文中张先生首先指出:"宇宙中之最究竟者,古代哲学中谓之‘本根’。"⑤然后揭示此"本根"具有三义,即第一"始义",指"万物之所出,即是宇宙之所始"。第二"究竟所待义",即"世间万物皆有所待,即根据。万物的总所待,即究竟所待,为总根据"。第三"统摄义",即"纷繁的万物,总有其统一者,此所统摄一切而无所不赅者"。⑥ 接下来,张先生还指出"本根"作为绝对者的四个基本特征:(1) 不生或无待;(2) 不化或常住;(3) 不偏或无滞;(4) 无形或形而上。⑦

综合二文所述,我们可以看到,张先生对于中国古代本体论问题的思考非常全面、深入且多有创见。其最核心的在于他认为中国有与西方不同的"本体论",并且认为"中国哲学不仅有它的特点,我认为它的特点还是比较深刻的"⑧,因为他认为中国的"体用一源"就是"本体论",这与西方哲学把体

---

① 《张岱年文集》第六卷,清华大学出版社,1995 年,第 15 页。
② 《张岱年文集》第六卷,清华大学出版社,1995 年,第 17 页。
③ 《张岱年文集》第六卷,清华大学出版社,1995 年,第 22 页。
④ 《张岱年文集》第六卷,清华大学出版社,1995 年,第 26 页。
⑤ 张岱年:《中国哲学大纲》,中国社会科学出版社,1982 年,第 6 页。
⑥ 张岱年:《中国哲学大纲》,中国社会科学出版社,1982 年,第 10—11 页。
⑦ 张岱年:《中国哲学大纲》,中国社会科学出版社,1982 年,第 10—11 页。
⑧ 张岱年:《中西哲学比较的几个问题》,《中西哲学与文化比较新论——北京大学名教授演讲录》,谢龙主编,人民出版社,1995 年,第 9 页。

用分开是不一样的。^① 所以他强调不可以简单地以西方哲学本体论模式来套用中国哲学。

对于张先生的许多精辟论述,笔者持赞同态度。但认为有三个方面值得重新探讨。

第一,当张先生特别强调所谓中国哲学"本体论"乃是随俗之称,而应该称为"本根论"之时,实际上是在否定中国哲学有"本体论"之说,也即是说"本体论"是西方古典哲学的专名,唯有"本根论"是与之相似的一种中国哲学形态。但问题是,既然"本体"和"本根"都是中国哲学常用概念,并且二者涵义是完全一致的,为何一定要以"本体论"去对译西方的 ontology,同时又一定要把"本根"与"本体"之义区别开来呢? 在整个中国哲学发展历史中,无论儒释道,"本体"作为概念范畴比"本根"更为根本、更为重要,也更为常用,在宋明理学中尤为明显。因此,倘若在"本体"与"本根"二者意义没有很大差别的前提下,称"本体论"比"本根论"更加符合中国哲学的历史和本来面目。所以无论"本体论"是否可以对译西方之 ontology,认为中国有自己的"本体论"是毫无疑义的。

第二,他采用唯心、唯物二分法来分析中国本体论的历史发展的做法值得商榷。因为唯心唯物二分法本身就是建立在西方哲学本体论以及"思维与存在关系"之基本问题上的。这样就导致一方面强调中国哲学本体论与西方本体论的不同,一方面又将这种独特性置于一个不同的西方标准中加以评判和衡量。

第三,关于中国本体论的特点,张先生所做的三点分析应该说是比较符合实际的;但若仔细分辨,仍然有许多地方值得重新检讨。分别论述如下:

1) 张先生认为中国古代多数哲学家不以"实幻"谈"体用",整体上固然可以这么说,但有两个方面需要进一步说明。其一是有不把佛教本体论哲学看作中国哲学本体论重要组成部分的嫌疑,事实上佛教从印度传入中国之后不断地中国化,甚至不断地化中国,发展至今更是儒释道三家水乳交融,难分你我,同是中国哲学的主体内容,所以谈本体万不可把中国佛教哲学边缘化为可有可无的存在。其二是有认为儒道两家必然没有不以"实幻"谈"体用"的嫌疑。事实上儒道两家虽然不在宇宙论层面上分别"实幻",但并非不在价值层面(包括心性论和境界论)上区分虚实真假,因此谈中国本体论不可以是否分别"实幻"而论,需要分层次区别说明。更重要的是,无论是否以"实幻谈体用",儒道释三家都无例外地宣称并实际追求"体用不二",仍然与西方之体用分离有根本的区别。

---

① 张岱年:《中西哲学比较的几个问题》,《中西哲学与文化比较新论——北京大学名教授演讲录》,谢龙主编,人民出版社,1995年,第9页。

2) 张先生认为"中国古代的自然哲学表现了宇宙生成论与宇宙本体论的统一",这样的表述有让人认为中国本体论(本根论)即是中国古代的"自然哲学"的嫌疑,更麻烦的是,他又认为这一"本体论"表现为"宇宙生成论与宇宙本体论的统一",如是必然会产生概念使用上不必要的混乱。因为这里不仅有生成论与本体论的区分问题,又有宇宙论与本体论的层次问题,更有自然哲学与本体论与宇宙论的关系问题,总之,按照张先生的表述,无论如何都很难合理安排这些概念之间的关系并保证它们在系统中的一贯性。

3) 张先生认为"中国古代的本体论与伦理学是密切结合的"。这无疑是对中国本体论进而是对中国哲学基本特质极为准确而又极为重要的一个发现。但在此论述中,仍然有几点值得进一步讨论:其一是所谓"本体论"与"伦理学"的密切结合,此一说法意味着把"本体论"仅限于宇宙论或自然哲学的领域内,既然如此,这种"本体论"就与张先生所认定的西方 ontology 根本不相对应,反而是相当于西方形而上学中的 cosmology。其二,既然认为所谓本根或本体不但是宇宙中的最究竟者,而且是生活的最高标准,那就必然要承认本体不仅是宇宙中之本体,也同样是人类生活的本体,虽然前者为存在之本体,后者为价值之本体。既如此,本体论就自然不只是关于宇宙本体,而同时也是关乎人生本体的,也就是说,"本体论"本来就包括所谓"伦理学",而谈不上与它的"密切结合"了。

显然,造成这种困境的根本原因在于,张先生一方面发现了中国哲学的基本特质的某些方面,但又有限于西方哲学以及马克思主义哲学观的先见立场,未能真正自主地看待中国哲学的自身形态和深层结构。接下来,笔者将在上述分析的基础上,对"中国哲学是否有以及有怎样的本体论"的问题做一个综合说明。具体如下:

(1)中国哲学无疑是有自己的"本体论"的,这种本体论并非基于西方的 ontology,尽管最早"本体论"这个概念是日本人为对译 ontology 而发明的。"本体"范畴在中国哲学中的基本范畴地位是其来有自,贯穿古今的,中国哲学的确可以在某种意义上说是一门关于"本体"——本体究竟为何与如何体达本体——的学问。张先生所谓的"本根论"即是"本体论",事实上"本根"在中国哲学发展中的使用普遍性要比"本体"低很多,尤其是在佛教和宋明理学中基本不使用"本根",而是大量使用"本体"概念,这也正是"本根论"未能最终被学界接受并流行的主要原因。

(2)真正意义上的中国哲学"本体论",必须要在中国哲学基本问题的框架中来把握,这个框架即是前面所揭示的"返思"模式下的"天人—体用"结构。在此结构中的"本体",总是与"工夫"形成"本体—工夫"的结构,其中本体必然是工夫的本体,工夫也必然是基于本体而有的工夫。虽然"本体"与"工夫"实为体用不二的关系,但毕竟体用有别,所以可以有相对独立的"本体论",但始终要牢记与之相应的是"工夫论"。因此就相对独立的"本体论"而言,可以进一步区分为宇宙本体论和心性本体论,前者探讨的是宇宙的终极统一性问题,包括世界万物存在的根本依据和具体生成问题;后者关注的是修养工夫主体的心性结构和修养的宗极标准问题,二者之间同样是体用不二的关系。很显然这种本体论正是张岱年先生所发现的中国本体论三个基本特征的真正根源所在。

2. 西方哲学中的"on"与"ontology"

本小节主要解决两个问题:一是西方哲学中的"on"和"ontology"真正的概念内涵是什么? 二是这种内涵与前述之"本体论"的关系是什么?

首先来看第一个问题:什么是西方哲学中的 on 与 ontology? 此问题中最为关键的部分在于如何把握 ontology 中的"on"(即 Being)的内涵。近些年来的中西方学者都十分关注这一攸关西方哲学本质的问题,并产生了大量研究成果。在西方以美国学者 C.H.卡恩所著的《古希腊语中的动词"Be"》(Reidel,1973 年)为代表;在国内则以宋继杰主编的《BEING 与西方哲学传统》(河北大学出版社,2002 年)一书的结集出版为标志。

从字面上来看,"ontology"是由 onto-和-logy 组合而成的,onto-是希腊文系词 einai(= to be)的现在分词中性形式 on(being)的复数(onta)的拼法,相当于英文的 beings,相当于中文的"是者","-logy"相当于 logos,为"是"的原始意义之一。这样,ontology 所讲的就是"是者之是",即是者为何以及如何是:是者是其所是的原因和根据。也即是关于"on"的学问或研究。①

俞孟宣著有《本体论研究》一书,可谓当前中文学术界最为专门、详细地讨论西方 ontology 的著作之一了。对于 ontology 的定义以及西方"本体论"的特征,在此书中都有详细的论述。下面以此为依据进行分析。

首先他考察了 18 世纪德国哲学家沃尔夫第一个为 ontology 下定义。这个关于本体论的定义见于黑格尔的《哲学史讲演录》,其说如下:

> 本体论,论述各种抽象的、完全普遍的哲学范畴,如"是"以及"是"之成为一和善,在这个抽象的形而上学中进一步产生出偶性、实体、因果、现象等范畴。②

随后,俞孟宣在书中还转译了《不列颠百科全书》(第 15 版)中关于ontology 的定义,摘录如下:

---

① 萧诗美:《是的哲学研究》,武汉大学出版社,2003 年,第 47 页。

② 转引自俞孟宣:《本体论研究》,上海人民出版社,2005 年,第 20 页。这是他根据英译本翻译的。而贺麟、王太庆根据德文本所译与之有所不同——中文译本中"是"作"有",详见贺麟、王太庆译《哲学史讲演录》,第四卷,第 189 页,商务印书馆,1978 年。

本体论:关于"是"本身,即关于一切实在的基本性质的理论或研究。这个术语直到 17 世纪时才首次拼造出来,然而本体论同公元前 4 世纪亚里士多德所界定的"第一哲学"或形而上学是同义的。由于后来形而上学也包括其他的研究(例如,哲学的宇宙论和心理学),本体论就毋宁指对"是"的研究了。本体论在近代哲学中成为显学,是由于德国理性主义者克利斯蒂安·沃尔夫,依他的看法,本体论是走向关于诸是者之本质的必然真理的演绎的学说。然而,他的伟大的后继者康德却对作为演绎体系的本体论以及作为对上帝的必然存在(当作最高最完善的"是")所作的本体论证明,作了有重大影响的拒斥。由于 20 世纪对形而上学的革新,本体论或本体论的思想又变得重要起来,这主要表现在现象学家以及存在主义者中,其中包括马丁·海德格尔。

另一份重要的资料摘译自《美国大百科全书》:

本体论,形而上学的一个分支,它研究实在本身,这种实在既是与经验着它的人相分离的,又是与人对于它的思想观念相分离的。这个术语是由克利斯蒂安·封·沃尔夫(1679—1754)导入的,以指介乎研究世界的起源与结构的自然哲学和研究心灵的精神哲学或心理学之间的、一片思辨思想的领域。他教导说,本体论应当为那些比自然哲学或心理学中所考虑的问题更为基本的问题寻找答案。……本体论是思辨性的探究,它要问实在从根本上说究竟是多种不同表现中的一这样的东西呢,还是就是多样性的东西。在这两种情况的每一种里,如果实在要被思想为是服从于形式逻辑法则的、一致而统一的东西,那么就必须发现出一些重要的范畴来。……①

最后,俞孟宣提出了自己对 ontology 的定义,并描述了它的三个基本特征,具体如下:

所谓本体论就是运用以"是"为核心的范畴、逻辑地构造出来的哲学原理系统。它有三个基本的特征:

(1) 从实质上讲,本体论是与经验世界相分离或先于经验而独立存在的原理系统,这种哲学当然应归入客观唯心主义之列;

(2) 从方法论上讲,本体论采用的是逻辑的方法,主要是形式逻辑的方法,到了黑格尔发展为辩证逻辑的方法;

---

① 俞孟宣:《本体论研究》,上海人民出版社,2005 年,第 23—24 页。

（3）从形式上讲，本体论是关于"是"的哲学，"是"是经过哲学家改造以后而成为的一个具有最高、最普遍的逻辑规定性的概念，它包容其余种种作为"所是"的逻辑规定性。ontology 因之而得以命名，即它是一门关于"是"的学问，其较适当的译名应为"是论"。①

总之，他认为 ontology（本体论）即使在西方也是一种特殊形态的哲学，当然也不是哲学的普遍形式，因此并非凡哲学皆有它的本体论。

应该说，俞孟宣是具有通过"如何是"来把握"是什么"的方法论自觉的，但他在对 ontology 是什么——定义和特征——的考察中最终还是没有坚持这一自觉。他在强调"ontology"的最基本的源始意义的同时，实际上犯了一个错误，即以 ontology 的最初形态和实有形态取代 ontology 这一哲学形式的全部可能，从而将其狭义化，最终导致狭隘化。依照这种定义和特征，不仅现代哲学都不能归结到 ontology，实际上许多古代哲学也都不能算作ontology，甚至在最严格意义上，亚里士多德哲学也不属于 ontology。但这显然与他把 ontology 看作西方哲学的第一原理和主干的说法②十分矛盾。事实上那些被他不归之为 ontology 却又"围绕着建设、运用或怀疑、反对本体论而展开的"③的哲学系统基本都是从对"on"（being）的研究而展开，海德格尔能说明这一点。所以从广义的角度来说，都是关于"是"（on 或 being）的哲学。

依此我们可以说，关于"是"的哲学 ontology 虽然是西方所产生并发展的一种哲学形态，但它自身并非只有一种样式，而是可以有多种样式的。这种样式的多样性既可以存在于同一哲学时代，也可以存在于不同时代之间。关于"是"（on 或 being）的哲学本质上就是关于"是"的认识，由此表明认识论因素一开始就是内在于本体论（ontology）之中的，因此所谓"认识论"转向其实质就在于从认识能力和认识方法等层面反思"关于'是'的认识"。

第二是要解决 ontology 与中国本体论的关系，也即说明 on（being）与"本体"的关系。前述表明俞孟宣（其实也是大多数学者）强烈反对将ontology 译成"本体论"，而主张把 ontology 译成"是论"（当然也有主张译成"存在论"或"万有论"的）。在此我们具体来看他的论述，他说：

---

① 俞孟宣：《本体论研究》，上海人民出版社，2005 年，第 73 页。

② "虽然'本体论'（ontology）这个词直到 17 世纪才出现，但是人们一般都把它当作是从柏拉图到黑格尔的西方传统哲学的主干，或'第一哲学'。这意味着它是各个哲学分支的理论基础，是理论中的理论、哲学中的哲学；其他哲学问题都是围绕着建设、运用或怀疑、反对本体论而展开的。现代西方哲学的主要流派大多也是通过对本体论的不同程度的批判而发展起来的。治西方哲学史而不通晓本体论，犹如入庙宇而不识佛。"见俞孟宣：《本体论研究》，上海人民出版社，2005 年，第 3 页。

③ 俞孟宣：《本体论研究》，上海人民出版社，2005 年，第 3 页。

　　"本体论"虽然已经成为 ontology 的一个流行的译名,但它是不准确的。从字面上说,ontology 是关于"是"或"是者"的学问,丝毫没有关于"本体"的学问的意思。我们知道,在亚里士多德的《形而上学》中,"本体"是该书讨论的一个重要的概念,他认为只有本体是能够独立存在的,其他各种"所是"都是依附于本体才成立的,这便是他讨论"是者之为是者"时的一个基本的观点。但这不等于说他(更不能说后人)就以对本体的研究作为这门学问的名称。亚里士多德说明这门学问时说的是:有一门学问,研究"是者之为是者"及其本已所有的属性。并且即使在亚里士多德这里,本体也是诸"是者"之一。更何况在后来的一些 ontology 中,并非必定讨论"本体"这个范畴。"本体论"这个译名最大的危害是,用它译 ontology 牛头不对马嘴,但却容易使我们的同胞望文生义,由它而想起中国传统哲学中有关"体用"、"本根"的论述,于是在中国哲学中勾勒出一种"本体论",当作是与 ontology 相应的东西,其实是南辕北辙。本书仍然沿用"本体论"这个名称,是因为目前它依然流行,但我们同时也将情况讲明,相信经过更多的人研究之后,自会产生正确的译名。①

　　此处说明他之所以反对将 ontology 译成本体论,关键在于他认为 ontology 不是关于"本体"的学问,而是关于"是"(on 或 being)的学问。这种论断显然是基于对"本体"与(on 或 being)的关系上认定。对此他做了自己的辩护,然而辩护之中充满了矛盾。

　　具体来说,一方面他承认对"本体"的讨论是亚氏讨论"是者之为是者"时的核心,然后他又说"这不等于说他(更不能说后人)就以对本体的研究作为这门学问的名称",以及后来者也不都是以"本体"为主要讨论对象。显然他辩护的关键逻辑在于:"本体"虽然是亚氏形而上学中重要的范畴,但仍然是"所是"或"是者"之一,并非就是"是者之为是者",因此还有比"本体"更根本的范畴——"是"(on 或 being);若以 ontology 是关于"本体"的学问,无异于指它是关于"是者"的学问,因此不符合 ontology 关于"是"的学问的定义。

　　这一辩护看起来无懈可击,实际上存在一个致命的问题,即他把亚氏所认为的"自己能够独立存在的,其他各种'所是'都是依附于本体才成立的"那个 ousia 无批判地对译成中国哲学中的最高范畴"本体",然而这一对译并非必然是合法的。中国哲学中之"本体"即是"体用"关系中之"体",与道、气、理、性、天、法、虚无、自然、物、器等这些实指概念不同,"体"是一个虚位概念。"本体"具体到底指什么,取决于不同的理论体系。因此"本体"或

---

① 俞孟宣:《本体论研究》,上海人民出版社,2005 年,第 17 页。

"体"概念是一个比道、气、理在逻辑上更高当然也是更为抽象的哲学范畴。就概念的逻辑地位来说,与中国"本体"或"体"范畴形成对应的只能是西方哲学中的那个"是"on(on 或 being)而非"诸是者"(onta 或 beings),倘若那个 ousia 仍然属于"是者",只能译成"实在"或"实有",甚至可以直接译为"道"、"法"或"有",但绝对不能译成"本体"。

既然我们一直认为西方哲学根源于"是"(being)与"是者"(beings),认为"是"(being)不等于"是者"(beings),却是"是者"之所"是",即"是"(being)是"是者"(beings)的根本原因和依据;那么从体用逻辑的立场来看,此中之"是"(being)恰相当于体用中之"体",而"是者"(beings)则相当于体用之"用"。体用之体在最高层面上即终极"本体",因此在最高本体的意义上说,"本体"即是 on(being),关于 on(being)的学问的 ontology 即是关于"本体"的学问——"本体论"或"终极本体论"或者是"体用论"。

(二) 回归:相通而非相同

通过分析,我们确证了中国"本体论"存在以及主要研究对象和理论特征,也重新审视了西方"ontology"的实质内涵,尤其是考察了二者之间的对应关系和互译的可行性。接下来要讨论的"本体论的回归",实际包含两个层面的意义,一是指回到真正意义上的中国本体论哲学,二是中西哲学的对话向"本体论—ontology"层面的回归。

所谓"真正意义上的中国本体论",即指立足于中国哲学自身的内在逻辑,符合中国哲学发展实际的,无须依傍西方解释框架而形成的一种对中国古典哲学核心部分的理论描述。对于它的具体内容和基本特征,前面已有较详细的分析和阐明,在此不再赘述。需要强调的是,对于今天中国哲学发展而言,回到"真正意义上的中国本体论"意义非凡。它可以使我们近百年来纠缠于中国是否有本体论哲学的困扰得以摆脱,因为我们可以大胆地宣告:无论西方是否有,中国都有独立的、源生的、悠久的、完整的本体论哲学。

比较而论,中国"本体论"与西方 ontology 虽然在具体内涵、基本特征和历史发展以及文化影响上存在根本的差异,但二者都居于各自文化体系尤其是哲学系统之中的核心地位,都是基于各自哲学系统中的最高范畴——本体/on——而展开的学问体系。由此可见,中国"本体论"并非一种根据西方 ontology 所进行的哲学拟构。事实上二者在很长时间内都是独立平行发展的,直到近几个世纪才有了较为全面的接触和碰撞。虽然二者之间有很多差异,但这种差异只是形态上,而非本质上的。从根本上来说,二者都源于探索世界之谜与生命之谜那不可遏止的形而上冲动,都是源自人类实现生命完善和超越的伟大心灵,最终也都是来自人类长期的历史实践。从这个意义来说,中国本体论和西方 ontology 的差异虽然巨大,但它们都共有一个更大的本源或基础:人与世界历史的先在结构。中西方又因为在这一结构中的源始境遇和领悟方式的差异,而形成日后在思维模式和语言模式上的巨大差异,表现在哲学上首当其冲的是中国本体论与西方 ontology 的不同。但无论二者在形态上有多么大的不同,都不能掩盖二者在更深刻的基础上有着更大的相同。

因此,所谓"本体论的回归"的第二层意义即在于"相通而非相同"。中国"本体论"与西方 ontology 的关系,若以体用逻辑来说明会更为清晰,即二者是"一体而二用"或"体同而用异"的关系。根据体用逻辑的层级性原则,说中国本体论与西方 ontology 是"一体而二用"关系,并不排斥二者又各有其体用。而只是强调二者有一个共同之体:"(世界—历史)—人"。在这个结构中有两极:一极是"人",一极是"世界—历史"。而此极又是由"世界"和"历史"两个要素形成的一个结构体,"世界"更多地表示此结构体之静态的空间性存在,"历史"则更多地凸显其动态的时间性存在,二者是既相互区别而又不可分离的关系,故以"世界—历史"来表示。显然,"人"既先天地内在于这个"世界—历史"结构,被这个结构先在地决定;"人"又并非被动地由此结构所决定,而是试图保持一种与"世界—历史"的能动而辩证的相互作用关系。显然这一关系如若依体用逻辑来阐述则是:"世界—历史"为人之体,"人"为"世界—历史"之用,同时体用相涵并体用相资。

既然"(世界—历史)—人"乃是中西本体论哲学的共同之体,那么二者之巨大差异又是如何形成的呢?形成的具体原因肯定是多元而复杂的,在此笔者并无能力作深入考察,而只能把重点放在与哲学形态密切相关的因素上。

虽然有一个先在结构"(世界—历史)—人",但这还是一个极为抽象的框架,不具备任何实际内涵。然而正是这个没有任何实质内涵的结构才能成为中西哲学之体,才能为二者不同之"用"提供可能。因为实在的"世界—历史"也好,"人"也好,都必定是具体的,具体的就必然是有差别的,正是这种在同体结构中差别内涵的实有导致了中西哲学之用的不同。关于这个"(世界—历史)—人"结构内涵的具体差别,中西学者已经做过很多讨论,在此不必多说。具体如图所示:

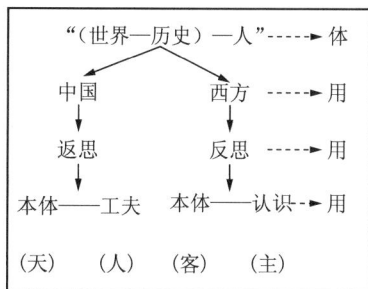

值得注意的是,在这个"一体二用"的模型中,无论是中国的"本体论"还

是西方的 ontology,都不能绝对独立地存在,要么在"本体—工夫"的关联中,要么在"本体—认识"的结构中。所以当我们说中西本体论的回归时,实际上是要回到这样的中西哲学的整体结构之中去,即当我们说中国本体论时实际上是指在"本体—工夫"整体关联中的"本体论";而当我们说西方 ontology 时,也必须是指"ontology-epistemology"结构中的"ontology"。当我们言及中西之比较时,就应该是在"本体论—ontology"这样一个平台上的对话。

另外,本体论的回归,还意味着透过中西哲学的巨大差异,走向那个更为深邃的奥秘之源,回到那个中西形而上学的共同本体——"(世界—历史)—人"。在过去的时间里,中西各自"世界—历史"的具体内涵相互隔绝和独自发展,因此在某种意义上中西各自拥有自己的"世界—历史",随着"世界—历史"的发展进程不断向前,这一局面即将或正在发生巨大变化,那就是两个各自独立的"世界—历史"将越来越融合成为一个"世界—历史"。于是这个时候可以说中西共同拥有真正意义上的同一本体,不仅是结构形式上,也是具体内涵上的。由此,一个真正意义上的"世界哲学"的时代正式来临。

二、"认知论"的引入:"体用哲学"与"epistemology"

如果说,中国是否有自己的"本体论"还是一个可以争论的问题话,那么说中国并无自己的"知识论"(epistemology)恐怕不会引起太大的争议。① 因为相比于西方发达的知识论,中国虽然偶有此方面的思考和论述,但实在不成体系。由此本小节主要不在于详细讨论西方哲学中重要组成部分的知识论或认识论,而是要重点考察这种"认知论"与中国"体用哲学"是否有结合的可能性。

(一)西方知识论与中国体知论

1. 认知:西方知识论的基本模式

我们先来看看西方哲学对"知识论"的认识。所谓"知识论",是对西方哲学中的"epistemology"的翻译,该词来源于希腊语 episteme(知识)和 logos(言说/理论),因此"知识论"是以探讨人类知识的本质、起源和范围为主要内容的哲学活动。但目前西方对于"知识论"和"认识论"之间的关系存在争议,有人认为它们是同一个概念,也有人认为它们其实是存在密切联系的两个不同概念。

---

① 金岳霖先生说:"中国哲学的特点之一,是那种可以称为逻辑和认识论的意识不发达。"他还说:"中国哲学家没有一种发达的认识论意识和逻辑意识,所以在表达思想时显得芜杂不连贯,这种情况会使习惯于系统思维的人得到一种哲学上料想不到的不确定感。"详见金岳霖:《金岳霖学术论文选》,中国社会科学出版社,1990 年,第 352 页。

狄尔泰在《历史中的意义》的附录部分中，曾以"哲学的本质"为标题，专章讨论"哲学"，准确地说是西方哲学的本质。他的基本方法是，通过对整个西方哲学的历史发展——从"哲学名称的古希腊起源"，到"已经通过哲学的各种界定表现出来的现代哲学的各种形式"①——的精细考察，然后从这些历史事实的考察出发确定哲学的本质，从而使"哲学"获得他所谓的"精神科学"的相应身份和基本方法。他最后的结论是，尽管哲学是"一种极其具有流动性的东西，它总是不断地为自己确定新的任务，总是不断地使自己适应各种文化状况"②。因此，尽管人们曾经用"哲学"这个术语来表示"各种各样大相径庭的情境"，但是就在这种流动性，甚至是相互对立的历史中，存在某种持续发挥作用，并被称为"哲学的本质"的东西。他说：

> 我们总是可以看到有某种东西在持续不断地发挥作用——这种东西就是始终都保持不变的追求普遍性和逻辑基础的倾向，就是精神那始终保持不变的走向既定世界的整体的方向。而且，形而上学方面的、洞察这种整体的核心的强烈要求，也一直都在持续不断地与哲学对于普遍有效的知识的实证主义追求作斗争。这就是哲学的本质所具有的两个侧面，正是这两个侧面使它与一些文化领域区别开来了——即使这些文化领域都与它联系得最紧密，情况也仍然是如此。与各种具体科学有所不同，哲学所追求的是解决世界之谜和生命之谜；与艺术和宗教不同的是，哲学所追求的是以普遍有效的形式把这种解答呈现出来。③

在此，狄尔泰描述了哲学本质的两个侧面：一个是在形而上学方面的、洞察世界整体的强烈要求，一个是与追求普遍有效的知识的实证主义的持续斗争。正是这两点，使得哲学这种文化形式与其他的文化形式如具体科学、艺术和宗教有所不同。总的来说，他认为"哲学"就是以普遍有效的形式追求解决世界之谜和生命之谜。他认为西方哲学从古希腊的形而上学开始，一直到最近的各种哲学主张，都是由这种出发点和这个基本的哲学问题以某种方式决定的。

由此可见，知识论是以"本体—认识"为基本结构的西方哲学的主要任务和基本目标。知识论无疑是认识论的直接内容或结果之一，但同时也是本体论的主要目标。依据狄尔泰的分析，这种对普遍有效的形式——知识——的追求乃是西方哲学从古至今的本质，无论是旧形而上学的，还是反形而上学的，都可以统摄到这样一个本质目的之下。狄尔泰的工作清楚

① ［德］威廉·狄尔泰：《历史中的意义》，艾彦译，译林出版社，2011年，第143、152页。
② ［德］威廉·狄尔泰：《历史中的意义》，艾彦译，译林出版社，2011年，第172页。
③ ［德］威廉·狄尔泰：《历史中的意义》，艾彦译，译林出版社，2011年，第172页。

地表明:"哲学意味着追求知识的努力——这种知识是以其严格的形式像科学那样存在的。在这里,普遍有效性、精确性,以及向所有各种假定的辩护依据的回归,都作为某种对于全部知识的要求而第一次被突出表现出来了。"①

在这里,狄尔泰揭示了西方知识论的几个基本特征:一是这种知识论追求有严格形式的知识,像科学知识那样;二是这种严格形式是为了获得知识的普遍有效性和精确性;三是这种普遍有效性和精确性是经受严格证明了的;四是这种知识论并非像具体科学那样研究具体对象,而是以建立知识统一性基础为目的的认识论研究。显然这一本质追求可以概括为我们常说的"西方哲学以求真为中心"。更重要的是,这一本质追求还直接引导和促进了西方科学的发展。事实上,西方科学即是西方本质主义形而上学在自然研究领域的直接体现,其对知识的态度与哲学是一脉相承的。

显然与这一以追求普遍有效性和精确性知识为目的的"认知论"形成鲜明对照的,是以"本体—工夫"为基本结构的中国哲学。关于这一差别,英国汉学家葛瑞汉很早就有清晰的认识,他说:"中国哲学思考是以'道'而不是以'真'为中心。"②然而重点在于,中国哲学中的"道"本身首先不是人类认识的对象,而是包括人类在内的万有(天、地、人、物)之存在本身,这个存在本身既是道的展开,又是道的载体。所以从这个意义上来说,"道"不仅先在于人类认识,还先在于人类生命存在,但同时"道"又是整体性显现在我们的生命的每个环节和时刻的,包括人类对道的认识本身恰恰是"道"的显现所在。人类是天地依"道"所生之万物中最灵秀的存在,人类依于"道"而拥有了认识能力——"心",与此同时,人又因此成为天地之"心"而必然要以体认"道"为其根本目标。

因此,当中国哲学思考是以"道"而不是以"真"(普遍形式之知识)为中心的时候,其哲学活动的基本方式就必然是"返思"型而不是"反思"型的。这种思维模式导致近些年来学界提出一个中国特色的认识方法模式——体知。

2. 体知:中国知识论的基本模式

"体知"在当代被发掘为一个重要概念,首要归功于作为现代新儒家第三期代表的杜维明先生③。尤其是近年来一系列有关"体知"的专门研讨会

---

① [德]威廉·狄尔泰:《历史中的意义》,艾彦译,译林出版社,2011年,第146页。

② 葛瑞汉:《论道者:中国古代哲学论辩》,张海晏译,中国社会科学出版社,2003年。

③ 据张兵考证:中文文献中,最早阐述"体知"是在1984年,针对王弼"圣人体无'何以可能'"这个难题,作者做了一个认知方式上的区分:"英国哲学家赖尔(G. Ryle)在其《心的概念》(*The Concept of Mind*)一书中指出'认知'(to know that)和'体知'(to know how)的分别。"这一分别,在1981年的英文文献中已经提到,且用来分析"自我认识"(self-knowledge),而"自知"、"知人"是杜维明先生在阐述"体知"内涵时经常举的例子。事实上,更早的英文文献出现在1976年,在探究宋明"身心之学"的体验特色时,作者区分了"如何"(how)和"什么"(what)的问题,进而指出宋明儒学强调的是体验性的理解而非纯认知性论证的技巧。引自张兵:《"体知"探源》,《人文杂志》,2011年第2期。

以及文集的出版,①更是将"体知"研究推向学术前沿,大有成为"体知学"的趋势。下面结合现有学界成果,将"体知"观念放置于体用哲学的视域中予以重新观照。

对于杜维明的"体知"理念,李明辉有一个较为准确而全面的概括,勾勒出了"体知"的几点特性,现摘引如下:

> 首先,"体知"一词中的"体"字直接指涉身体,间接指涉"身体"的隐喻所指向之活动,这两层意涵预设了杜教授关于"存有的连续"的想法。……其次,"体知"的意涵可从宋儒张载关于"德性之知"与"闻见之知"的区别进行说明。体知是一种德性之知,但它不能完全脱离"闻见之知"而存在。……第三,杜教授对于"体知"的理解预设了王阳明的"知行合一"说。……第四,"体知"是人的尊严在生命之不同层面(感性、理性、智性、神性)的表现。……第五,"体知"具有一种难以明言的特性。②

显然,我们必须认识到,杜维明的"体知"作为一个哲学概念还在初创时期,其内涵和功能都还没有得到清晰而准确的界定。事实上杜维明还曾提出一个很重要但并未充分发展的概念——"体知结构"。在他看来这个"体知结构"是由认识论、本体论、宇宙论和道德实践等问题相互有机联系而形成的思维方法或经验模式,并把他所提出的中国哲学的三个基调即"存有连续、有机整体、辩证发展"作为这个结构的子系统。③ 在此本书借用这个"体知结构"进一步展开关于"体知"一些思考。

我们要了解到,杜维明思考"体知"有一个问题,即他始终局限于儒家的"德性之知",而很少讨论到道家道教,更不用说佛教的认识论方面,这势必影响到他对所谓中国式"体知"领悟的完整性和有效性。我们不妨看看各家对于"体知"的实际运用:

以儒家言,体知一词最早出现在《后汉书·志·律历上》,其中说:

> 【1】音声精微,综之者解。……知之者欲教而无从,心达者体知而无师,故史官能辨清浊者遂绝。④

① 关于"体知"规模较大的学术专题讨论,有 2006 年 7 月 8—9 日在广州中山大学举办的"体知和人文学"研讨会,以及同年 12 月在台北召开的"'体知'与儒学"研讨会。广州研讨会出版论文集:《体知与人文学》,华夏出版社,2008 年。

② 李明辉:《康德论"通常的人类知性"——兼与杜维明先生的"体知"说相比较》,载于陈少明主编《体知与人文学》,华夏出版社,2008 年,第 214—215 页。

③ 杜维明:《杜维明文集》第五卷,郭齐勇、郑文龙主编,武汉出版社,2002,第 348 页。

④ 《后汉书·志·律历上(贾逵论历)》第十二卷。

到了初唐,道教学者成玄英在其《道德真经注疏》和《南华真经注疏》中多次使用"体知",略举几例:

【2】"知常容。"疏:体知凝常一中之道,悟违顺之两空,故能容物也。①

【3】"我独闷闷。"疏:察察机速,是分别之心。闷闷宽缓,是无分别之智,但俗心滞有,司察是非,妄生迫遽,圣智体有冥无,体知空幻,恒自闲静也。②

【4】"枉则直。"疏:枉,滥也。体知枉滥不二故能受于毁谤而不伸其怨枉翻获正真也。此一句忘毁誉。③

【5】"是以侯王自谓孤寡不穀。"疏:不穀,犹不善也。王侯贵人智慧,聪达体知,傲是丧身之本,谦是贵盛之基,故抚接下凡,以卑自牧,乃称孤寡不穀。④

【6】"是以圣人不行而知。"注:圣人不上天,不入渊,能知天下者,以心知之也。疏:不行者,心不缘历前境而知者,能体知诸法实相,譬悬镜高堂,物来斯照,而无心也,故《庄子》云:圣人不由心而照之于天矣。⑤

【7】"知我者希,则我者贵。"注:希,少也。唯达道者乃能知我,故为贵也。疏:凡情浮浅蒙昧者多,体知圣教甚自希少也。则,法则也。依我经教则而行之,证于圣果所为贵。⑥

【8】"……力不能行邪,故推正不忘邪?"疏:无足,谓贪婪之人,不止足者也。知和,谓体知中和之道,守分清廉之人也。⑦

【9】……道义两全,实声真之要路也。学道之士,宜各体知。⑧

以佛教言,在南朝刘宋时期所译的《月灯三昧经》卷5中即有"体知"用法,如:

【10】我心得解脱,一切种物中,能体知其性,而起于智慧。⑨

---

① 《道德经义疏》,《道书辑校十种》,蒙文通辑校,巴蜀书社,2001年,第408页。
② 《道德经义疏》,《道书辑校十种》,蒙文通辑校,巴蜀书社,2001年,第416页。
③ 《道德真经注疏》,卷之三,《正统道藏·洞神部·玉诀类》。
④ 《道德真经注疏》,卷之四。
⑤ 《道德真经注疏》,卷之五。
⑥ 《道德真经注疏》,卷之七。
⑦ 《道德真经注疏》,卷之三十一。
⑧ 《虚皇天尊初真十戒文》,《正统道藏·洞真部·戒律类》。
⑨ 《月灯三昧经》卷5,《大正藏》,第15册,第576页下。

之后有吉藏在《仁王般若经疏》卷 1〈2 观空品〉中有：

【11】今谓众生我人名颠倒法，常乐我净四德是清净法。若能体知此二毕竟空，故云为如。①

还有智颛于《妙法莲华经玄义》卷 10 中有：

【12】月灯三昧经第六，明四种修多罗，谓诸行、诃责、烦恼、清净。私释会之：诸行是因缘生法，即三藏义也。诃责是体知过罪，即通教义也。烦恼者，不入巨海不得宝珠，若无烦恼则无智慧。即别教义也。清净者既举一净当名，任运有我常乐等。即圆教也。②

　　显然对于"体知"的思考一方面要利用这些实例进行深度分析，但又不能局限于此。首先，"体知"是一个由"体"和"知"组合而成的动词性复合词。其中"知"的意义较为确定，即知道、明了、领会之义，关键在"体"的不同用法和意义。前面已对"体"之词源学意义和哲学意义做了十分详细的分析，在此将"体"之两种用法的生成内涵集中于此。如图所示：

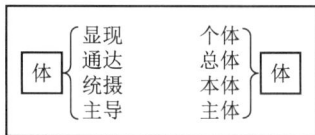

```
          ┌ 显现       个体 ┐
    ┌──┐  │ 通达       总体 │  ┌──┐
    │体│──┤ 统摄       本体 ├──│体│
    └──┘  └ 主导       主体 ┘  └──┘
```

　　其次，"体知"组合结构也可以有多种可能，当体为名词用法时，有依于"体"而知、从于"体"而知、归于"体"而知和行于"体"而知，这里的"体"自然具有身体、个体、总体和本体之义，因而"体知"凸显的是此种"知"的当下性（个体）、切己性（主体）、完整性（总体）和根源性（本体）。当体作动词用法时，则意味着体对知的作用，依据"体"之四种基本动词义，则有对知的显现（践行）、通达、统摄、主导四种涵义。正是由于"体"本身这种的包容统摄性，上述这些可能性涵义都成为"体知"丰富内涵的一部分。

　　最后，"体"与"知"之间还存在一个互为体用结构：一方面体乃知之体，知乃体之用；一方面"体"是实现"知"的方式和目标，即是知之用，同时"知"也是"体"之为体的内容和原则。也就是说完整意义上的"体知"概念必须包括"体知"和"知体"两个方面，于是形成一个完整的体知逻辑——"对体的知只能通过体而知"或"通过体而实现对体的知"。"体知"之本质首要在于这种"知"乃是对本体的知，包括本体是什么，以及本体与个体、总体的关联是什

---

① 《仁王般若经疏》卷 1，《大正藏》，第 33 册，第 324 页上。

② 《妙法莲华经玄义》卷 10，《大正藏》，第 33 册，第 812 页上。

么？其次是个体存在的知。最后是个体与本体同体的知。而"知体"还包括"知之体"与"知"的关系。

至此，我们可以依据中国返思哲学的深层结构来说明"体知结构"的具体内容。如图所示：

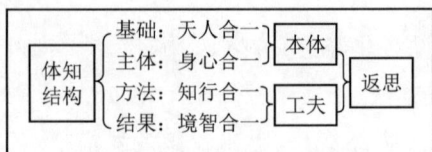

```
          ┌ 基础：天人合一 ┐ ┌────┐
┌────┐    │ 主体：身心合一 │ │本体│ ┐
│体知│────┤              ├─┤    ├─┤返思
│结构│    │ 方法：知行合一 │ │工夫│ ┘
└────┘    └ 结果：境智合一 ┘ └────┘
```

图中的"天人合一"并非限于儒家的"天人合一"，而是三家共享的一种基础观念，即以本体性存在为天，现实性存在为人。这种"天人合一"既是"体知"或"知体"可能的前提基础，同时也是"体知"的对象本身。从本质上来说，"体知"非对象性反思而是本体性返思。"身心合一"强调的是认识主体的完整性和真实性。"知行合一"强调的是认识过程中的知识与行动，理论与实践的同一性。"境智合一"强调的是在认识结果上，并非一个完全脱离情境的形式原则，而是理事合一的具体呈现。综合而言，天人合一与身心合一，对应的是"本体—工夫"中的"本体"层面，而知行合一与境智合一则对应的是其中的"工夫"层面。倘若把这种"体知结构"与西方反思型的"认知结构"比照一下，会对彼此之间的差异有更深的领悟。如图所示：

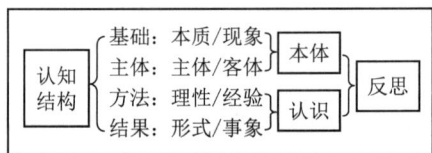

```
          ┌ 基础：本质/现象 ┐ ┌────┐
┌────┐    │ 主体：主体/客体 │ │本体│ ┐
│认知│────┤              ├─┤    ├─┤反思
│结构│    │ 方法：理性/经验 │ │认识│ ┘
└────┘    └ 结果：形式/事象 ┘ └────┘
```

其中的"/"表示前后因素的根本分离。唯有本质与现象的分离，即真理与假象的对立，对象性反思才有发生的空间。与此同时，他还必须假定一个独立于认知对象的认知主体的存在，并把这种认识主体纯粹理性化，同时还要把认识结果形式逻辑化，如此才能保证这种认识结果是超越于变化的事态情境而普遍有效的，当然他的最终目标在于指认出那个一直也永远在那里的"这一个"。很显然这种模式不仅是哲学的，同时也是科学的，差别在于科学为自己划定了相对的对象域，而哲学则为这种相对性知识提供反思的统一性。因此我们可以说，在西方文化的两大支柱即哲学与科学之间实际也属于一种体用关系——哲学为体，科学为用。体生用如母生子，西方哲学在很长时期是西方科学之母，西方哲学的许多领域或分支逐渐从母体中分离出来，独立成为科学之一门。科学之独立发展，也同时反哺哲学，使哲学的方法获得改善或发生变化，但始终不变的，是对精确性、客观性、普遍性和形式性的追求。

由上我们可以看到，"认知结构"正是基于"本体—认识"模式而发展起来的一种特有的知识论(Epistemology)结构,这种认识论具有对象性、对立性、间接性和超越性,并对生活具有极强的宰制性。与之形成鲜明对比的,则是中国的"体知"知识论所具有的本体性、关联性、直接性和融合性,以及由此而来的极强的生命参与性。[①]

(二) 体用哲学对"认知论"的融摄

中西文化的近代碰撞实际是从礼俗、器物的层面开始,然后再到制度、精神文化等层面。在这种充满痛苦的碰撞中,中国人对自身文化的反思始终绕不开两个主题,一个是民主政治,一个是科学技术。"李约瑟难题"[②]正是后一个问题的总代表。无论是为了救亡图存,还是为了知识启蒙,一个多世纪的中国哲人都曾为之愤懑忧伤——为什么中国文化不能产生像西方那样强大的科学,也都为之殚精竭虑——如何在自己的文化中接引或开出现代科学。这种努力不仅体现在近现代的中西文化结合构想之中,如近代洋务派的"中体西用"论,以及李泽厚的"西体中用"论;体现在近代以来学术革新之中,如近现代佛家唯识学复兴、墨子逻辑学和荀子名学之重新发掘;更体现在现代新儒家创新性的哲学建构之中,如熊十力的"性、量二智"说,牟宗三的"良知坎陷"说,冯友兰的新理学,金岳霖的知识论,贺麟的新心学。直到今天为止,任何从整体上思考中华文明未来走向的人,尤其是中国哲学未来的思考者或理论建构者,都必须认真而慎重地对待这个问题——如何在中国哲学的架构中处理西方认知论的利与弊。

在此,笔者在前述分析的基础上,尝试从"体用哲学"的角度来说明融摄西方认知论的可能性所在,尽管这种说明目前只能停留在很初级的阶段。

1. 前提与基础

认知与体知之间的比较分析表明,不同的认识结构产生不同性质和形态的知识。基于"本体—认识"反思模式的认知生产对象性(现象性)知识,基于"本体—工夫"返思类型的"体知"形成直接性(本体性)知识。两种知识生产核心结构的差异导致直接相容的不可能性,也即是说,试图从原有的返思型体知中直接开出西方反思式认知模式的可能性是很小的;同理,想要体知模式在强大的反思认知传统中成为主流也会异常困难。因此需要我们重新思考二者结合的前提和基础。

---

① 马一浮:"须知体仁亦有三义,体之于人,以仁为体,全体是仁,如是三种次第。"详见《复性书院讲录·孔子闲居释义》,第281页。

② 根据维基百科所述:李约瑟难题是由英国学者李约瑟所提出的,其主题是:"尽管中国古代对人类科技发展做出了很多重要贡献,但为什么科学和工业革命没有在近代的中国发生?"李约瑟在1930年代开始研究中国科技史时提出了这一问题。1976年,美国经济学家肯尼思·博尔丁称之为李约瑟难题。很多人把李约瑟难题进一步推广,出现"中国近代科学为什么落后"、"中国为什么在近代落后了"等问题。对此问题的争论一直非常热烈。"为何科学发生在西方社会?"是李约瑟问题的反面。(http://zh.wikipedia.org/wiki/李约瑟难题)

这个前提和基础就是要改变过去那种简单的优越论思考模式,这种模式要么认为西方科学认知在精确性普遍性上优于中国心性工夫论,要么认为中国心性工夫论在境界上高于西方科学认识论。这其实完全是一种错置性比较,最终导致对双方的伤害性认识。所以首先要十分明确地承认"体知"模式与"认知"模式的异质性,也就是要降低在各自内部开出对方模式的期待,然后再在分清二者各自利弊的同时,从外部引入西方"认知论",在一个可能的平台上将二者结合成为一个新的知识论结构。其可能的形态如下图所示:

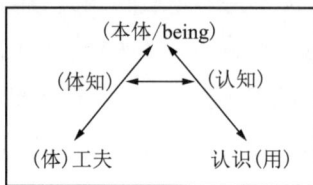

从图中所知,这一新的知识论结构即是中西两种哲学结构基于"本体"的融合而形成的一个一体二用的新模式,正是在这样一个新结构中展开中西哲学的真正对话。

2. 维度与方法

面对西方知识论的怀疑传统,中国知识论必然要遭受的挑战即是否过于独断的问题。康德的认识论批判认为人类纯粹理性只能获得现象性知识,而无法获得本体性知识,唯有实践理性可以进入本体世界,但这样就必然导致现象与本体的根本隔离,同样也造成现象性知识与本体性知识之间的隔离。牟宗三则强调依据中国哲学传统可以通过"智的直觉"(他认为康德把这一能力赋予上帝)来实现本体界与现象界的沟通。邓晓芒对此一思想做了较为深入而有启发的批评,在他看来:

> 由此来看康德的"智性直观"和牟宗三的"智的直觉",就可以发现两者的根本区别了。前者是反思性、对象性的,后者是非反思、非对象的;前者是自在之"有"(虽然对于我们的知识是"无"),后者是自在之无(虽然这"无"也有"无相之相",称作"本体");前者指向一个永远追求而不得的理想目标,后者是一个当下即得的起点;前者是经过批判的审查而留下的剩余,后者是未经批判而预先假定的前提;前者看似不能"稳定",实际上没有什么可以触动它,后者好像"稳定得住",其实经不起质疑和批判的眼光。总的来说,这两者只是表面上相关,细究起来,却完全是两股道上跑的车,根本不搭界。所以牟宗三对康德的解读,在一些重要问题上是不成功的,而在从康德哲学转渡到中国哲学时,他抛弃了康德的批判精神,而正好陷入了康德所批评的"以心之自发的善性来诣

媚自己"的"道德狂热"。而这反过来也说明,中国传统伦理的这种自恋和非理性的"道德狂热"正需要康德的批判哲学来"对治"。①

引文的目的不在于要对邓先生的具体结论做评论,而是要借他的说明来表明中国式体知论可能遭遇的批评是什么。显然在这种批评面前,任何民族主义辩护都不足以解决问题。因此,如果要讨论在"体用哲学"框架中融摄西方"认知论"如何可能的问题,就必然要考虑解决如下两个方面的问题:(1) 客观性及其限度;(2) 批判性及其限度。

笔者认为,想要实现二种哲学结构的融合,首先充分利用唐玄宗曾说的"体用之名可散,体用之实不可散"原则。"体用之实不可散"即是指天人之间、道与德(万物)之间,实际上是一个连续的、有机的、辩证发展的整体,因此它们之间是不可区分体用的。所谓"体用之名",是指各种存在之间之所以区分体用乃是因为事物在现象层面是有分别差异的。因此,唐玄宗的"体用之实不可散"即是基于本体的统一性,"体用之名可散"乃是基于现象之用的多样性而言的。既然如此,我们就可以在牢不可破的体用不二的结构中,暂时性地悬搁实在性之"体",而专注于现象性之"用",采用西方科学性认知方法,求取基于现象之用的形式性客观知识。"悬搁"的目的在于,使这种"认知"性知识活动不至于因为体对用先天而强大的统摄作用受到影响和干扰,而丧失相应的合法性和独立性。悬搁的"暂时性"意味着"体用之实不可散"的终极性,也就意味着取消这种现象性知识的绝对性和先验性。这样一来,就在体用不二的一元结构中引入二元性"认知"活动,既保证了本体性知识对现象性知识的统摄和主导,同时又防止此现象性"认知"结构对本体性"体知"结构的任意僭越。

三、动态性与开放性:体用哲学创新之体用

"体用哲学"这个概念是在对中国传统哲学中"体用思想"发展的全过程——从体用意识的孕育、体用概念的形成、体用逻辑的丰富到体用范式的确立——进行独立而深入的考察之后而形成的,这个概念的意义在于从形态上来表明中国古典哲学独特的哲学本性——以天人关系为基本的实质内容,以体用逻辑为最高的形式表达。但这并不意味着这些就是中国哲学传统的全部,事实上中国哲学还有很多与此紧密联系但又有自身特点的重要部分,因此,"体用哲学"这个概念只是从一个最基本的层面揭示了中国古典哲学的特点,它并不能阻碍我们从更多不同的层面或侧面来探索中国哲学

---

① 邓晓芒:《牟宗三对康德之误读举要(之二)——关于"智性直观"》,《江苏行政学院学报》,2006 年第 2 期,第 15 页。

的奥秘所在。更为重要的是,体用哲学也并不必然地只能具有中国身份,它完全有可能成为未来世界哲学中一种独立发展的哲学形态,尽管它很多的基本理念或内容的确来自中国哲学的传统。

言下之意是,当我们以"体用哲学"这个名称来指涉中国古典哲学时,体用哲学的创新,就是指中国哲学的创新,具体说就是如何实现中国哲学的现代化,包括中国哲学的当下性和未来性。当我们用"体用哲学"这个名称来指涉一种世界哲学的可能形态时,意味着体用哲学要主动地、自觉地走出中国哲学传统的局限或樊篱,使其在独立发展中获得更多的文化身份。实际上这两个方面可能是同一个过程,只不过前者侧重于"动态性",后者则更多地要求"开放性";当然"动态"和"开放"本身又是互为体用的关系。

(一) 动态性:体用哲学的创新之体

所谓"动态性",既是指在新的"(世界—历史)—人"的发展背景下,体用哲学(中国古典哲学)作为一个整体,如何保持其自身之"体"(结构)和"用"(功能)的动态性的丰富和发展;同时也指体用哲学中之核心范畴的"体用"概念及逻辑本身如何随着时代的发展而获得动态性的丰富和发展。关于第一点,杜维明先生在其《体用论的动态体系及心学非主观主义》一文中强调中国体用论本质上是一个动态的体系,他认为只有从"生生不息的宇宙演化的泉源活水"来掌握"体"的实义,这样的体用系统才是真正"动态的开放的"。相反,若认为"体"只是现象背后那个一成不变的"空理",而此"理"又只是毫无创造性和生命力可说的抽象观念,那么这样的"体用系统"就只能是"静态的封闭系统"。既然"体"——天地万物——是永远发展的,那么它的"用"——具体表现——也是无穷无尽的。成中英本体诠释学中的本和体的分合正是要保证有"本"、"体"之间的动态发展,生生不息。

那么,我们该如何保持或者说实现这种动态性呢? 总体来说,我们应该(1) 充分梳理、发掘并弘扬中国体用哲学传统中有关体用辩证关系的理论资源,尤其是那些注重"由用显体"、"用即是体"、"体以致用,用以备体"、"体贵时用",以及"尽用以全体"等类型的思想或观念。(2) 要充分深刻体察当代"(世界—历史)—人"之"体"的深刻变化,尤其是对这种变化的丰富认识,并将其与传统的体察比较、关联甚至贯通起来,在此基础上对整体变化做出新的"体用"诠释。

(二) 开放性:体用哲学的创新之用

所谓"开放性",即指在世界哲学的背景下,体用哲学在中国传统的基础上参与到世界哲学的多元对话之中,使体用哲学之"体"和"用"在内容和形式上向他者的开放:批判和丰富。不仅如此,还要向新的时代发展开放,要获得诠释当下现实的合法性和有效性,也就是要实现体用哲学的现实性的"体"与"用"。

在具体方法上，我们应当（1）在符合原有文化语境的前提下，用现代分析方法重新梳理和考察体用哲学的中国传统，尽可能将其系统化、结构化，从而获得在世界哲学领域中的身份认同。在此基础上，积极参与对话，一方面主动接受西方反思哲学的批判与怀疑，尤其是对那些基础性的长期不言自明的要素和关联展开反思批评；一方面也要自信地运用体用哲学的核心理念与基本逻辑对西方反思哲学予以诠释和批评。（2）要强化体用哲学的问题意识，自觉地把时代发展所引发和产生的新现象与新问题纳入体用分析的范围，形成或构建新的体用诠释的对象域和问题域，并在此实践中，不断地对原有逻辑的合理性予以检验、修正甚至发展出新的逻辑内涵，由此进一步提升或完善体用哲学的结构与功能。

总之，无论是动态性还是开放性，都既是体用哲学内在本质所必然要求的，也是体用哲学继续存在并发展的唯一途径；二者之间是互为体用，相资相成的。

四、主体性与世界性：中国哲学未来之体用

美国佛教研究学者伯兰特·佛尔曾尖锐地指出：无论是种族中心还是反种族中心，它们的极端都根源于同一个基础，即倾向于把不同文化和传统的区别绝对化。[①] 更重要的是，把区别绝对化的最终结果都是把异己的存在极端贬低直至取消它存在的合法性。不幸的是，这一过程正是中国哲学近代以来的真实写照。

一个多世纪前，积贫积弱的中国被世界列强欺侮凌辱，伴随而来的是中国人对自己绵延几千年的文化传统逐渐丧失自信——从部分怀疑到彻底否定直至全面抛弃。在现代西方文化全面优势的压力下，中国不得不放弃近两千年建立起来的学术传统而无条件地接受西方现代学术分科体系。这种近乎文化殖民的文化屈从，直接导致了中国文化近一个世纪的自我迷失。此种迷失表现在哲学领域尤为触目惊心，令人难以心安，一如台湾学者欧崇敬所指出的那样。他说：

> 当代中国学者已形成一种"文人病"，即：一言及西欧理论即为之信仰或迷惘或从属的心态。而所谓的海外学人更经常地高居国内学人之上，学术界竟皆是（价值·权力）关系，其客观性不如说是西欧与北美意识型态性的表现。[②]

---

① ［美］伯兰特·佛尔：《西方的东方学与禅学论述》，载《汉语佛学评论》第二辑，上海古籍出版社，2011年，第12页。

② 欧崇敬：《中国的知识论史观》，台北洪业文化事业有限公司，1998年，第10、11页。

　　造成这种局面的根本原因在于，"中国哲学"的"合法性"一直是一个未被真正确立的想象性存在，于是"中国哲学"的中国身份的合法性一直是百年来中国哲人无从治愈的心病和挥之不去的梦魇。所谓的"中国哲学"除了少数人继续在传统的故纸堆里自恋自美，更多的则是只能在西方学术普遍性的笼罩中自残自怜。也许每一个人都充分感知到中国哲学具有独特的不同于西方的特点，但每个人又都认为这种独特性必须要获得西方哲学（无论是西方哲学哪一种流派）的鉴定和许可。然而，问题的复杂性并不能简单以西方中心主义来解释，也无法用简单的民族主义情感来反对，当然也不能因为政治、经济等社会因素的变化而自动获得解决，近几十年来东亚经济的崛起并没有从根本上动摇这个格局就是最好的证明。

　　回到问题的本身来看，"中国哲学"的"合法性"危机来自两个方面：一是"中国哲学"是什么的问题。在古今、中西两个维度上都缺乏自我认知的明晰性和稳定性，就必定导致对"中国哲学"认同对象的模糊和认同感受的淡薄。二是"中国哲学"有什么的问题。这个问题的核心在于追问：即便有所谓"中国哲学"的存在，那它又曾为当今世界——民主政治、科技产业、社会自由——的形成、发展做过怎样的贡献？又将为世界历史的未来发展产生怎样的作用？显然，前者"中国哲学"是什么的问题属于中国哲学的主体性问题，后者"中国哲学"有什么的问题则属于中国哲学的世界性问题，依照体用逻辑来说，即前者为中国哲学之"体"，后者为中国哲学之"用"。所以真正的问题即是：如何才能真正把握中国哲学的主体性和世界性，实现其未来的体和用呢？

　　或许我们可以从中国传统数学近百年来的历史命运中找到可能的答案或启示。众所周知，数学是中国古代最发达的科技门类之一，中国古代数学在世界古代数学史上具有重要的地位和鲜明的特色。其在公元前 3 世纪至公元 14 世纪初一直居于世界数学的先进水平，然而这一进程在 20 世纪初被彻底中断，从此中国数学走上全盘西化之路。毫无疑问，相比于文艺复兴之后欧洲学术的大发展，近代中国数学的确暂时居于落后地位，由此导致西方人一般鄙视中国古代数学，他们编著的数学史著作，基本不提中国古代数学，甚至将中国与日本、玛雅的数学一道列入"对于数学思想的主流没有重大的影响"略而不论。[①] 至今学术界包括数学界有相当多的人对中国古代数学有偏见，相当多的人接受了西方中心论的偏见，不假思索地认为中国古代数学落后，于是中国传统数学中很多的优秀思想和方法也因为这种偏见被丢掉了。

---

　　① 西方数学史家克莱因在《古今数学思想》中就曾提到中国古代数学"对世界数学思想的主流没有重大的影响"。[美] 莫里斯·克莱因：《古今数学思想》，张理京、张锦炎、江泽涵译，上海科学技术出版社，2002 年。

世界并非总是只有一种声音,如英国著名科学史家李约瑟(1900—1995)对此就有不同的看法。他根据自己以及李俨、钱宝琮、严敦杰等学者的中国数学史研究成果指出,在数学上,"在公元前 250 年到公元 1250 年之间,从中国传出去的东西比传入中国的东西要多得多",由此批驳了中国古代数学源于古巴比伦、古希腊和印度的谬说。① 然而真正让中国传统数学重放光明的是中国当代著名数学家吴文俊②先生。在郭书春主编的《中国科学技术史·数学卷》中对此有十分概括的说明。其中说:

> 吴文俊指出中国传统数学的算法具有构造性、机械化,以及几何问题的代数化特征,是有重大意义的。首先,它为从理论上回答了什么是世界数学发展的主流,为彻底解决中国传统数学是不是世界数学发展主流的问题,开辟了道路。吴文俊指出:"贯穿在整个数学发展历史过程中有两个中心思想,一是公理化思想,另一是机械化思想。"后来,他又将"两个中心思想"改成"两条发展路线",使表述更为清晰。接着,他提出这两条发展路线互为消长,并明确地指出了数学发展的主流问题:"在历史长河中,数学机械化算法体系与数学公理化演绎体系曾多次反复互为消长交替成为数学发展中的主流。"李文林指出,这从理论上回答了什么是世界数学发展主流的问题。而"中国古代数学,乃是机械化体系的代表",从而彻底解决了中国传统数学属于世界数学发展主流,并且是主流的两个主要倾向之一的问题。这就是说,在吴文俊看来,"数学发展的主流并不像以往有些西方数学史家所描述的那样只有单一的希腊演绎模式,还有与之平行的中国式数学,而就近代数学的产生而言,后者甚至更具有决定性的(或者说是主流的)意义"③。

事实上,正是以中国数学为其源头和重要组成部分的东方数学,包括数学方法和用数学解决实际问题的传统,传到欧洲与发掘出来的古希腊数学相结合,促使数学模式和数学观念改变,开辟了文艺复兴后欧洲数学的繁荣。④

应该说,吴文俊用他杰出的创造和领悟,阐明了"中国式数学"——重视

---

① 上述关于中国传统数学的论述来自王剑《中国传统数学的魅力》一文,详见《中国科学报·思想周刊》2013 年 1 月 28 日第 5 版。

② 吴文俊(1919—　)是中国著名的数学家。毕业于交通大学,1949 年在法国斯特拉斯堡大学取得博士学位。在拓扑学的示性类和示嵌类、数学机械化等领域中做出了重要贡献,后者得益于他对中国数学史的研究。这是近代数学史上的第一个中国原创的领域,被国际上称为"吴方法"。(详见百度百科)

③ 郭书春主编:《中国科学技术史·数学卷》,科学出版社,2010 年,第 87 页。

④ 王剑:《中国传统数学的魅力》,《中国科学报·思想周刊》2013 年 1 月 28 日第 5 版。

构造性和算法性研究；始终形数合一，互助互益——存在的合法性。更重要的是，他还证明了"中国式数学"的现代价值和对世界数学未来发展的独特贡献。吴文俊对待中国传统数学的那种鲜明的主体性态度和创造性方法，为我们思考中国传统哲学的命运提供了极好的参照和借鉴。对此，他曾在《对中国传统数学的再认识》一文中强调：

> 要真正了解中国的传统数学，首先必须撇开西方数学的先入之见，直接依据目前我们所能掌握的我国固有数学原始资料，设法分析与复原我国古时所用的思维方式与方法，才有可能认识它的真实面目。[1]

他在文章的结尾部分再次强调：

> 数学是一门研究现实世界中的空间形式与数量关系，即研究数与形的科学。几何学致力于形的研究，因而也可称为形学。欧几里得几何脱离形来自现实世界的实质，而着眼于抽象出来的概念与性质及其相互间的逻辑关系。与之相反，我国古代几何的对象都直接来自现实世界，问题也大都来自实际需要。欧几里得几何形数脱节，实际上排斥了数量关系。与之相反，在我国几何学的整个发展过程中，始终形数合一，互助互益。开平、立方与解二次方程，都以出入相补原理为其几何背景，即其一例。[2]

从中国传统数学的现代遭遇尤其是吴文俊对待它的态度和方法之中，我们可以获得两点十分重要的启示：一是唯有坚持传统文化的自主性，撇开西方学术的先入之见，才能真正了解中国文化传统的本来面目，具体的方法是直接依据目前我们所能掌握的我国固有学术活动的原始资料，深入分析并复原古典学术的思维方式与方法，由此才可能认识它的真实面目。二是不仅要独立地认识自己文化传统的本来面目，还要能够合理地看待不同文化之间的同异关系，平等看待文化发展中优劣呈现的相对性和历史性，更重要的是要创造性地参与到世界文明发展进程之中，甚至要引领世界学术发展的新未来。

当吴文俊雄辩地证明了"中国数学"的主体性和世界性的时候，我们势必要问："中国哲学"的命运是否也可以如此呢？答案是肯定的。为了打破这种西方理性主义普世性的魔咒，我们需要暂时封闭起来，独立完成对传统

---

[1] 吴文俊：《吴文俊论数学机械化》，山东教育出版社，1996年，第31页。

[2] 吴文俊：《吴文俊论数学机械化》，山东教育出版社，1996年，第42页。

和历史的自我认识，然后才能真正参与世界的哲学对话。

（一）中国哲学的主体性

所谓主体性，即是指中国哲学的本来面目和真实存在，以体用逻辑来说即是中国哲学的固有真实之体与用。

唐君毅先生曾著《中国哲学原论》以求中国哲学之本来面目和丰富形态，内容共有四篇六册。四篇分别为《导论篇》《原性篇》《原道篇》《原教篇》。显然此中内在逻辑源出于《中庸》之所谓"天命之谓性，率性之谓道，修道之谓教"。而《中庸》由天而性、道、教，正是中国哲学"天人体用"结构的基础所在，在此依照此逻辑而尝试对中国哲学的主体性做一个结构性描述。如图所示：

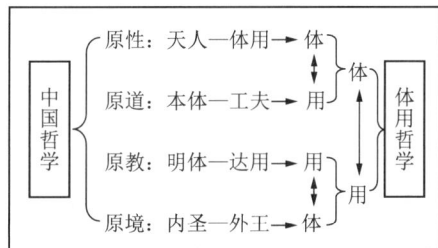

"天命之谓性"，"原性"在此是指"中国哲学"的最基本结构和逻辑，当然也是中国哲学之最不同于西方哲学的核心本质所在。"率性之谓道"，"原道"实际上就是贯彻本原之性的实践之道——"本体—工夫"。"修道之谓教"，"原教"即是将"性"与"道"原则的现实化和普遍化，既包括个体层面的明体适用，更重要的是全体层面的明体适用。"全教之为境"，此是指通过"明体—适用"的实践所最终要达成的目标或境界。此境界在儒家为"内圣外王"，在道家道教为"理生治国"，在佛教则或为"寂照同时"，或为"出世入世不二"或为"三身体用"——法身为体，报身化身为用。虽然三家对于终极境界的具体内涵认知各有不同，但三家境界在终极逻辑上完全一致。他们都强调不仅要实现存在之体上的本真性、完善性和超越性，同时更要实现存在之用上的具体性、完满性和现实性，也就是说要达到体用兼备的境地。因此，对于儒家的"内圣外王"之境，佛、道两家不仅从未表示过反对，反而是在体用兼备的共同要求下完全赞同这一表述。鉴于此，此处以儒家之"内圣—外王"为三家代表，以之阐明中国哲学之"原境"。事实上，前面原性之"天人—体用"和原教之"明体—适用"都有同样的考量。

原性、原道、原教和原境，此四者显然还只是对"中国哲学"在核心内容和基本要素上的把握，但这些要素之间的关系还需要体用逻辑予以阐明：中国哲学有体有用，体用兼备，然体用又各有其体用；原性乃体中之体，原道是体中之用，原教为用中之用，原境为用中之体。需要注意的是，每一层次的体用设置只是基于源始义上的分别，而在实际过程中则为互为体用之辩证。

至此,我们已经比较清晰地阐明了"中国哲学"(体用哲学)是什么的问题。这种阐明使中国哲学可以自信地获得自己的身份认同,关键在于这种身份认同是奠基于流淌了两千多年的中国哲学之河的历史自身,这比任何他者的目光都更加真实可靠。

(二) 中国哲学的世界性

讨论中国未来的世界性,包括要讨论:中国哲学凭什么是世界性的? 世界哲学如何可能? 世界哲学的体用诠释如何可能?

首先,我们需要明白,此处的"世界性"不仅是一个地域概念,同时也是一个历史概念,根本上说是一个哲学人类学概念。准确地讲,此处的"世界性"即是前面所述存在基本结构"(世界—历史)—人"中的"世界—历史"。所谓"世界—历史"中的"世界"即是一般意义上的时空综合体,既可以指广义的宇宙,也更多地指生命尤其是人类诞生以来的整体性时空存在。所谓"历史"既指任一存在事物的一般存在过程,在这个意义上说,宇宙世界本身即是历史的。但"历史"更多的是指与人类生存活动本身紧密关联的时空连续性和统一性。前一个历史是无限的,后一个历史是有时空起点和向度的,这正是"世界—历史"的真实所指——人类诞生后的世界发展与人类历史的自身创造共同构成一个"存在"的先在结构或过程基体。现实的人既是这个结构或基体的产物,同时又是这个结构和基体历史本身的参与者和改变者。这一互动辩证的结构或过程即是存在基本结构"(世界—历史)—人",同时这一结构也唯有这一结构是世界不同地方和不同历史阶段的人群所共享的存在结构。

其次,人类的"世界—历史"意识也是随着人类实践的历史进程而不断发展变化的。其总的趋势是,一方面是"世界"的历史化进程,即世界疆域的扩大是一个历史的过程;一方面是历史的世界化进程,即人类历史的进步同步地表现为交往世界的扩大。所以古希腊历史学家希罗多德的目标虽然是要写一部"世界"的历史,但他的《历史》实际只记述部分欧洲、地中海沿岸、西亚等地的历史。中国汉代司马迁基于"天下"的观念写作《史记》,实际上也是以中国为中心而旁及四夷。事实上,人类只有到了近代,尤其是资本主义全球化时代的来临,才可能有真正意义上的"世界历史",也才可能拥有真正的"世界历史意识"。但可惜的是,这种"世界历史"的概念最早起源于西方,也是由西方透过向外的强力拓展而传播到世界各地,正是这一原因,导致这一观念中不可避免的西方中心主义的盛行,这一局面到今天虽然有所减弱但仍没有根本性的改变。显然,中国学术特别是中国哲学的近现代命运恰好与这一进程同步。

最后,此处所说的哲学"世界性"有两个层面的内涵:一是指当前的以西方中心主义为核心的"世界性"。此刻的"世界哲学"还是一个不真实的概念,实质是西方哲学的世界化,或世界哲学的西方化,所以中国哲学的命运自然是西方哲学在中国,而"中国哲学"是没有合法性的,顶多成为一种边缘性的地方知识,以作西方哲学优越感的陪衬。然而这本身即是"世界—历史"所事实具有且不可任意消解的一段历史进程,人对这一历史进程的体察与领悟本身就是"世界哲学"发展的必经过程。因此从这个意义来说,近现代中国哲学的"世界性"遭遇,就并非只是消极的。客观地说,没有这段"世界性"遭遇,"中国哲学"仍然还在一种不切实际的"天下"(世界—历史)观念中顾影自怜、踽踽独行。在这种观念中,既不需要所谓的"主体性",也不可能产生真正的"世界性"。

哲学"世界性"的第二个层面即是指未来的去除西方中心的、基于真正融合的、平等一体的"世界性"。此刻的"世界哲学"就不再是西方哲学世界化,当然也不是中国哲学世界化,也不是中国(东方)哲学与西方哲学的简单相加。真正的"世界哲学"奠基于一个新的"(世界—历史)—人"的结构中,它的世界性体现在人类存在对其存在命运的宗极"反思"和终极"返思"之上。在这里,西方哲学和中国哲学既是普遍的又是相对的,二者之间既是平等分别的又是相资互用的。借用体用逻辑,可以将世界哲学与西方哲学以及中国哲学的相互关系阐述清楚。如图所示:

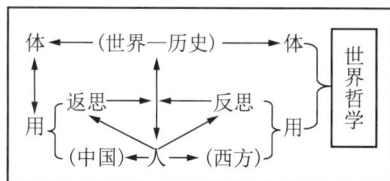

从上图我们可以看到,在新的真正意义上的"世界哲学"版图中,其真正的本体乃是整个存在及其关系,也即是上述的"世界—历史",因为"人"本质上是内在于"世界—历史"中,所以他之存在必定具有"返思"的维度,而他又可以暂时性、认知性地外在于"世界—历史",因此他又可以具有"反思"的维度,两个维度不仅可以同时共存,还可以相互对话、相互作用,甚至相互融合。但无论是返思还是反思,都只是"世界—历史"这一新本体的现象作用。更重要的是,在这一新的"世界哲学"中,无论西方还是东方(中国),都不再必然是反思或返思哲学的实际拥有者,而是都能同时拥有这种整体性的"世界哲学"。因此这里的中国返思或西方反思在更多意义上只是一种哲学类型的名称标志而已。

回到最初的问题上来,即中国哲学的未来到底是什么? 我们必须区分中国哲学的未来"应该是怎样"和"实际会怎样"两个层面。从"应该会怎样"的角度来说,中国哲学的未来既不是西方哲学在中国,也不是中国哲学在世界,而必定是"世界哲学"在中国。当然它也在西方,原有的中国返思式哲学作为世界哲学的重要结构要素随着"世界哲学"而普遍在于世界。从"实际会怎样"的角度来说,中国哲学的未来首要在于获得自身的主体性,其次以更平等的方式与西方哲学及其他哲学体系进行深入的交流、对话,最后自然促进世界哲学的形成。

与此同时,中国哲学正是在获得主体性和世界性的过程中,不断深入中西哲学的传统,不断回应时代(世界—历史)的关切与挑战,为人类的安身立命发挥哲学应有的作用。

参考文献

一、古代文献

【先秦时期】

《诗经》、《周易》、《尚书》、《春秋左传》、《晏子春秋》

《论语》、《孟子》、《荀子》、《墨经》、《韩非子》、《管子》

《司马法》、《尉缭子》、《黄石公三略》、《老子》、《文子》

《庄子》、《黄帝四经》、《周礼》、《礼记》、《仪礼》

【两汉时期】

刘安:《淮南子》

董仲舒:《春秋繁露》

贾谊:《新书》

刘向:《说苑》

司马迁:《史记》

班固:《汉书》

徐干:《中论》

荀悦:《申鉴》

王充:《论衡》

王符:《潜夫论》

郑玄:《易纬注》

焦延寿:《焦氏易林》

京房:《京氏易传》

许慎:《说文解字》

【魏晋南北朝时期】

刘劭:《人物志》

僧叡:《法华经后序》

慧远:《大智论钞》、《大智度论疏》、《沙门不敬王者论》、《达摩多罗禅经·序》

道生等:《大般涅槃经集解》

梁武帝:《天象论》、《立神明成佛义记》

道宣:《续高僧传》

僧祐:《弘明集》

安澄:《中论疏记》

冯衮:《捧心论》

净影慧远:《大乘义章》、《大乘起信论义疏》

法上:《十地论义疏》

昙延:《大乘起信论义疏》

河上公:《老子注》,四库版。

严遵:《老子指归》

魏伯阳:《周易参同契》

葛洪:《抱朴子·内外篇》

王弼:《王弼集》,楼宇烈校注,中华书局,1980年。

阮籍:《通易论》、《乐论》、《大人先生传》

嵇康:《嵇康集》

郭象:《庄子注》

宋文明:《通门论》

陆修静:《洞玄灵宝五感文》、《洞玄灵宝斋说光烛戒罚灯祝愿仪》

孟安排:《道教义枢》

顾欢:《道德真经注疏》

陶弘景:《鬼谷子注》、《真诰》

皇侃:《论语集解义疏》

刘勰:《文心雕龙》

慧达:《肇论疏》

慧皎:《高僧传》

道安:《安般注序》

道安:《合放光光赞略解序》

僧肇:《肇论》

佛经:《十住经》、《等目菩萨所问三昧经》、《最胜问菩萨十住除垢断结经》

《持世经》、《月灯三昧经》、《圆觉经》、《大般涅槃经》

道经:《洞玄灵宝定观经注》、《虚皇天尊初真十戒文》

【隋唐时期】

元康:《肇论疏》

慧思:《大乘止观法门》

智颛:《妙法莲华经文句》、《法华玄义》、《摩诃止观》

湛然:《止观辅行传弘决》、《法华玄义释签》、《法华文句记》、《止观大意》、《十不二门》

吉藏:《二谛义》、《三论玄义》、《净名玄论》、《大乘玄论》、《法华义疏》、《胜鬘宝窟》、《中观论疏》、《仁王般若经疏》

玄奘:《成唯识论》

窥基:《成唯识论述记》、《大乘法苑义林章》

杜顺:《华严五教止观》

智俨:《华严五十要问答》

法藏:《华严经探玄记》、《华严一乘教义分齐章》、《华严经义海百门》

李通玄:《略释新华严经修行次第决疑论》、《新华严经论》

弘忍:《最上乘论》

净觉:《楞伽师资记》

神秀:《大乘无生方便门》

慧能:《南宗顿教最上大乘摩诃般若波罗蜜经六祖惠能大师于韶州大梵寺施法坛经》、《六祖大师法宝坛经》

慧光:《大乘开心显性顿悟真宗论》

永明延寿:《宗镜录》

慧海:《顿悟入道要门论》

宗密:《禅源诸诠集都序》

成玄英:《道德经义疏》、《庄子注疏》

李荣:《道德经注》

孟安排:《道教义枢》

钟离权:《灵宝毕法》

钟离权:《钟吕传道集》

施肩吾:《西山群仙会真记》

孔颖达等:《五经正义》

李鼎祚:《周易集解》

刘禹锡:《刘禹锡集》

李翱:《复性书上》

【宋元明清时期】

黄宗羲:《宋元学案》

胡瑗:《周易口义》

脱脱:《宋史·道学传》

朱震:《汉上易传》

杨万里:《诚斋易传》

朱熹:《朱子全书》,上海古籍出版社、安徽教育出版社,2002 年。

周敦颐:《通书·圣第四》

邵雍:《皇极经世》,文渊阁《四库全书》本

程颢、程颐:《二程集》,中华书局,1981 年。

张载:《张载集》

胡宏:《胡宏集》,中华书局,1987 年。

杨简:《慈湖诗传》

李霖:《道德真经取善集》

张君房:《云笈七签》

陈景元:《西升经集注》、《道德真经藏室纂微篇》

司马光:《资治通鉴》

张伯端:《悟真篇》、《青华秘文》

陈楠:《翠虚篇·丹基归一论》

白玉蟾:《紫清指玄集》

王重阳:《重阳全真集》

马丹阳等:《真仙真指语录》

段志坚:《清和真人北游语录》

王志谨:《栖云真人盘山语录》

李道纯:《李道纯文集》

晁迥:《法藏碎金录》

刘谧所撰《三教平心论》

孙猛:《郡斋读书志校证》,上海古籍出版社,1990 年。

慧照:《镇州临济慧照禅师语录》

慧南:《黄龙慧南禅师语录》

方会:《杨岐方会禅师语录》

永明延寿:《万善同归集》

原妙:《高峰原妙禅师语录》

道原:《景德传灯录》

普觉:《大慧普觉禅师语录》

万松行秀:《万松从容录》

宏智:《宏智禅师广录》

契嵩:《镡津文集》

四明知礼:《四明十义书》、《十不二门指要钞》

湛若水:《泉翁大全集》

王阳明:《王阳明全集》

黄宗羲:《黄宗羲全集》、《明儒学案》

刘宗周:《刘宗周全集》。

萧汉中:《读易考原》,江西教育出版社,2006 年。

方以智:《时论合编》、《东西均》、《易余》。

王夫之:《船山全书》,岳麓书社,1988 年。

罗钦顺:《困知记·续卷上》,中华书局,1990 年。

李颙:《李二曲全集》。

胡渭:《易图明辨》,巴蜀书社,1991 年。

宋应星:《天工开物·野议》。

颜习斋:《颜习斋先生年谱》。

戴起宗:《紫阳真人悟真篇注疏》。

马德新撰:《四典要会》,青海人民出版社,1988 年。

刘智(介廉):《天方性理》,1923 年。

紫柏真可:《紫柏尊者全集》。

憨山德清:《憨山老人梦游集》。

大惠:《成唯识论自考》。

性统:《三山来禅师五家宗旨纂要》。

超溟:《万法归心录》。

李鸿章:《李文忠公全书·奏稿十九》,光绪三十四年金陵刻本。

严复:《严复集》,中华书局,1986 年。

皮锡瑞:《经学历史》,中华书局,2008 年。

孙诒让:《墨子闲诂》,中华书局,2011 年。

严可均:《全上古三代秦汉三国六朝文》。

徐珂:《清稗类钞》。

永瑢等:《四库全书总目》。

丁福保:《丁福保佛学大词典》。

黄永武主编:《敦煌宝藏》。

二、现代著作

【中国著作】

1. 陈鼓应:《道家易学建构》,台北商务印书馆,2003 年。

2. 陈来:《现代中国哲学的追寻:新理学与新心学》,人民出版社,2001 年。

3. 陈少明主编:《体知与人文学》,华夏出版社,2008 年。

4. 陈崧编:《"五四"前后东西文化问题论战文选》,中国社会科学出版社,1989 年。

5. 成中英主编:《本体诠释学》(第 2 辑),北京大学出版社,2002 年。

6. 成中英主编:《创造和谐》扉页,上海文艺出版社,2002 年。

7. 邓瑞全、王冠英主编:《中国伪书综考》,黄山书社,1998 年。

8. 杜继文:《中国佛教与中国文化》,宗教文化出版社,2003 年。

9. 杜维明:《杜维明文集》,郭齐勇、郑文龙编,武汉出版社,2002 年。

10. 方克立:《方克立文集》,上海辞书出版社,2005 年。

11. 方克立:《中国文化的综合创新之路》,中国社会科学出版社,2012 年。

12. 方克立主编:《21 世纪中国哲学走向》,商务印书馆,2003 年。

13. 冯友兰:《三松堂全集》,河南人民出版社,2001 年。

14. 傅伟勋:《从创造的诠释学到大乘佛学》,台北东大图书公司,1990 年。

15. 傅伟勋:《从西方哲学到禅佛教》,生活·读书·新知三联书店,1992 年。

16. 高亨:《周易大传今注》,齐鲁书社,1979 年。

17. 高亨:《周易杂论》,山东人民出版社,1962 年。

18. 葛荣晋:《中国哲学范畴通论》,首都师范大学出版社,2001 年。

19. 郭齐勇:《守先待后——文化与人生随笔》,北京师范大学出版社,2011 年。

20. 郭书春主编:《中国科学技术史·数学卷》,科学出版社,2010 年。

21. 韩秋红等:《西方哲学的现代转向》,吉林人民出版社,2007 年。

22. 贺麟:《贺麟选集》,吉林人民出版社,2005 年。

23. 胡绳:《胡绳文集 1935—1948》,重庆出版社,1990 年。

24. 胡适:《胡适全集》,安徽教育出版社,2006 年。

25. 黄易青:《上古汉语同源词意义系统研究》,商务印书馆,2007 年。

26. 贾红莲:《重建中国哲学范式》,安徽师范大学出版社,2010 年。

27. 金岳霖:《金岳霖文集》,甘肃人民出版社,1995 年。

28. 孔令宏:《宋明道教思想研究》,宗教文化出版社,2002 年。

29. 赖永海:《中国佛性论》,中国青年出版社,1999 年

30. 赖永海主编:《中国佛教通史》,江苏凤凰出版传媒集团,2010 年。

31. 李大华、李刚、何建明:《隋唐道家与道教》,广东人民出版社,2003 年。

32. 李小荣:《敦煌道教文学研究》,巴蜀书社,2009 年。

33. 李养正:《道教经史论稿》,华夏出版社,1995 年。

34. 李毅:《中国马克思主义与现代新儒学》,天津教育出版社,2007 年。

35. 李泽厚:《中国现代思想史论》,生活·读书·新知三联书店,2008 年。

36. 林继平:《李二曲研究》,陕西师范大学出版社,2006 年。

37. 林忠军:《易纬导读》,齐鲁书社,2002 年。

38. 刘固盛:《道教老学史》,华中师范大学出版社,2008 年。

39. 刘立夫:《弘道与明教》,中国社会科学出版社,2004 年。

40. 刘炜:《六艺与诗——马一浮思想论衡》,中国社会科学出版社,2010 年。

41. 卢国龙:《道教哲学》,华夏出版社,2007 年。

42. 吕澄:《中国佛学源流略讲》,中华书局,2008 年。

43. 马一浮:《马一浮集》,丁敬涵校点,浙江古籍出版社,1996 年。

44. 马一浮:《马一浮先生遗稿三编》,台北广文书局,2002 年。

45. 马宗霍:《中国经学史》,商务印书馆,1968 年。

46. 蒙文通:《蒙文通文集》、《道书辑校十种》,巴蜀书社,2001 年。

47. 牟宗三:《牟宗三先生全集》,台湾联经出版事业股份有限公司,2003 年。

48. 欧崇敬:《中国的知识论史观》,台北洪业文化事业有限公司,1998 年。

49. 欧阳竟无:《悲愤而后有学——欧阳竟无文集》(王雷泉编),上海远东出版社,1996 年。

50. 卿希泰主编:《中国道教》第二卷,东方出版社,1996 年。

51. 宋永培:《〈说文〉与上古汉语词义研究》,巴蜀书社,2001 年。

52. 太虚:《太虚大师全书》。

53. 汤用彤:《汤用彤全集》,河北人民出版社,2000 年。

54. 童世骏:《中西对话中的现代性问题》,学林出版社,2010 年。

55. 托德麟、何萍主编:《马克思主义哲学中国化:历史与反思》,北京师范大学出版社,2007 年。

56. 王承文:《敦煌古灵宝经与晋唐道教》,中华书局,2002 年。

57. 魏道儒:《中国华严宗通史》,凤凰出版社,2008 年。

58. 吴文俊:《吴文俊论数学机械化》,山东教育出版社,1995 年。

59. 向世陵:《理气性心之间——宋明理学的分系与四系》,湖南大学出版社,2006 年。

60. 萧诗美:《是的哲学研究》,武汉大学出版社,2003 年。

61. 熊十力:《破破新唯识论》,北京大学出版部,1933 年印本。

62. 熊十力:《体用论》,中国人民大学出版社,2006 年。

63. 熊十力:《熊十力集》,群言出版社,1993 年。

64. 印顺:《印顺法师佛学著作集》。

65. 俞孟宣:《本体论研究》,上海人民出版社,2005 年。

66. 张岱年:《张岱年全集》,河北人民出版社,1997 年。

67. 张岱年：《中国哲学大纲》，中国社会科学出版社，1982年。

68. 张广保：《金元全真道内丹心性学》，三联书店，1996年。

69. 张立文：《中国哲学范畴发展史》，中国人民大学出版社，1988年。

70. 张朋：《春秋易学研究——以〈周易〉卦爻辞的卦象解说方法为中心》，上海人民出版社，2012年。

71. 张汝伦编：《理性与良知——张东荪文选》，上海远东出版社，1995年。

72. 张云勋编：《中国哲学基本范畴与文化传统》，贵州民族出版社，1999年。

73. 周谷城：《周谷城史学论文选集》，人民出版社，1983年。

74. 朱伯崑：《易学哲学史》，昆仑出版社，2009年。

75. 宗福邦、陈世铙、萧海波主编：《故训汇纂》，商务印书馆，2003年。

【国外著作】

1. 大渊忍尔：《敦煌道经·目录编》，福武书店，1978年。

2. 德里达：《德里达中国讲演录》，中央编译出版社，2003年。

3. 葛瑞汉：《论道者：中国古代哲学论辩》，张海晏译，中国社会科学出版社，2003年。

4. 黑格尔：《哲学讲演录》第3卷，商务印书馆，1978年。

5. 胡塞尔：《形式逻辑和先验逻辑——逻辑理性批评研究》，李幼蒸译，中国人民大学出版社，2012年。

6. 蒯因：《蒯因著作集》，涂纪亮、陈波译，中国人民大学出版社，2007年。

7. 马克思、恩格斯：《马克思恩格斯选集》，人民出版社，1995年。

8. 莫蒂默·艾德勒、查尔斯·范多伦：《西方思想宝库》，吉林人民出版社，1988年。

9. 莫里斯·克莱因：《古今数学思想》，上海科学技术出版社，2002年。

10. 皮亚杰：《结构主义》，商务印书馆，1984年。

11. 瓦格纳：《王弼〈老子注〉研究》，江苏凤凰出版传媒集团，2008年。

12. 威廉·狄尔泰：《历史中的意义》，艾彦译，译林出版社，2011年。

13. 伊藤仁斋：《论语古义》，东京合资会社六盟馆，1909年。

三、论文

1. 伯兰特·佛尔：《西方的东方学与禅学论述》，载《汉语佛学评论》第二辑，上海古籍出版社，2011年。

2. 蔡世昌：《北宋道学的"中和"说——以程颐与其弟子"中和"之辩为中心》，《中国哲学史》，2004年第1期。

3. 陈鼓应：《老子的有无、动静及体用观》，《华中师范大学学报（人文社会科学版）》，2005年第6期。

4. 陈卫宗、代正:《论魏晋南北朝时期儒学的衰落》,《南京理工大学学报(社会科学版)》,2005 年第 4 期。

5. 陈旭麓:《论"中体西用"》,《历史研究》,1982 年第 5 期。

6. 陈赟:《从"贵体贱用"到"相与为体"——中国体用哲学的范式转换》,《许昌学院学报》,2003 年第 1 期。

7. 成中英:《本体诠释学体系的建立:本体诠释与诠释本体》,《安徽师范大学学报(人文社会科学版)》,2002 年第 30 卷第 3 期。

8. 成中英:《中国哲学范畴问题初探》,《汉学研究》,1985 年第 3 卷第 1 期。

9. 邓晓芒:《牟宗三对康德之误读举要(之二)——关于"智性直观"》,《儒家伦理新批判》,重庆大学出版社,2010 年,第 189—209 页。

10. 丁克家:《汉语语境中的文化表述与中伊哲学的交流——论〈勒瓦一赫〉和〈真境昭微〉的中伊哲学思想的融通》,《回族研究》,2005 年第 3 期。

11. 方克立:《当代中国文化的"魂"、"体"、"用"关系》,《中国社会科学院研究生院学报》,2012 年第 1 期。

12. 方克立:《关于文化体用问题》,《社会科学战线》,2006 年第 4 期。

13. 方克立:《论中国哲学中的体用范畴》,《中国社会科学》,1984 年第 5 期。

14. 方禹纯:《体·体性·风格——略论〈文心雕龙〉风格论的理论价值》,《辽宁师范大学学报(社会科学版)》,1986 年第 2 期。

15. 胡勇:《略论阳明心学视域中的静坐功夫》,《孔子研究》,2012 年第 2 期。

16. 胡勇:《有无、本末与体用:王弼经典诠释中的哲学创造》,《台湾大学哲学论评》,2012 年第 44 期。

17. 黄小石:《略论宋元新道教的主要特征》,《社会科学研究》,1998 年第 4 期。

18. 蒋海怒:《僧肇对玄佛体用论的扬弃》,《人文杂志》,1999 年第 3 期。

19. 金生杨:《佛教易学发展史综论》,《周易研究》,2010 年第 1 期。

20. 景海峰:《中国哲学体用论的源与流》,《深圳大学学报》,1991 年第 1 期。

21. 景海峰:《中国哲学体用论的源与流》,《深圳大学学报(人文社会科学版)》,1991 年第 1 期。

22. 赖贤宗:《成中英的本体诠释学和易学体用论》,《哲学门》总第十五期,2007 年第八卷第一册。

23. 赖永海:《王夫之辩证法网上的纽结》,《求索》,1982 年第 2 期。

24. 赖永海:《缘起论是佛法的理论基石》,《社会科学战线》,2003 年第

5 期。

25. 李清良：《马一浮对熊十力〈新唯识论〉前半部之影响》，《湖南师范大学社会科学学报》，2009 年第 6 期。

26. 李锐：《郭店简与〈孟子〉"天下之言性"章的"故"字》，《北京师范大学学报(社会科学版)》，2009 年第 3 期。

27. 李毅忠、安军：《〈墨经〉"兼"、"体"关系科学性考辨》，《科学技术哲学研究》，2012 年第 29 卷第 4 期。

28. 李泽厚：《启蒙与救亡的双重变奏》，《走向未来》，1986 年创刊号。

29. 李泽厚：《中国思想史杂谈》，《复旦学报》，1985 年第 5 期。

30. 梁劲泰：《胡瑗思想的人文历史背景》，载《中外人文精神研究：第四辑》，中国大百科全书出版社，2011 年。

31. 刘毅青：《重建中国解释学的起点：走出考据学的局限》，《文艺理论研究》，2008 年第 4 期。

32. 刘悦笛：《"启蒙与救亡"的发明权：归李泽厚，还是舒衡哲?》，《中华读书报》，2009 年 9 月 16 日。

33. 强昱：《道教的"三一"论》，《中国哲学史》，1998 年第 4 期。

34. 裘锡圭：《由郭店简〈性自命出〉的"室性者故也"说到〈孟子〉的"天下之言性也"章》，载《第四届国际中国古文字学研讨会论文集》，香港中文大学中国语言及文学系，2003 年 10 月。

35. 圣凯：《〈大集经〉与地论学派——以判教为中心》，《法音》，2008 年第 2 期。

36. 圣凯：《地论学派的判教思想与南朝佛教》，《闽南佛学》第五辑，宗教文化出版社，2008 年。

37. 孙道升：《现代中国哲学界之解剖》，《国闻周刊》，1935 年 12 卷 45 期。

38. 藤原高男：《顾欢〈老子注〉考》，收入《内野博士还历记念"东洋学论集"》，东京汉魏文化研究会，1964 年。

39. 藤原高男：《〈老子〉解重玄派考》，载《汉魏文化》第二号。

40. 汪惠娟：《王船山"道器为一"形上思想之管见》，《哲学与文化》，2007 年第 34 卷第 8 期。

41. 王剑：《中国传统数学的魅力》，《中国科学报·思想周刊》，2013 年 1 月 28 日第 5 版。

42. 王开府：《张横渠气论之诠释——争议与解决》，《中国哲学论集》(日本九州岛大学中国哲学研究会印行)26 号。

43. 王治东、成中英：《"本体诠释学"之本、体、用——成中英教授访谈录》，《南京林业大学学报(人文社会科学版)》，2011 年第 2 期。

44. 徐克谦:《〈孟子〉"天下之言性也"章探微》,《南京师大学报(社会科学版)》,2011 年第 2 期。

45. 张兵:《"体知"探源》,《人文杂志》,2011 年第 2 期。

46. 张岱年:《中国古典哲学中若干基本概念的起源与演变》,《哲学研究》,1957 年第 2 期。

47. 张岱年:《中西哲学比较的几个问题》,谢龙主编《中西哲学与文化比较新论——北京大学名教授演讲录》,人民出版社,1995 年。

48. 张立文:《论朱熹的"体"与"用"范畴》,《学术月刊》,1984 年第 7 期。

49. 章伟文:《试论张理易图学思想与道教的关系》,《中国道教》,2006 年第 6 期。

50. 郑坚坚:《关于〈墨经〉中"体"的新解》,《自然科学史研究》,1991 年第 1 期。

51. 朱清华:《海德格尔对亚里士多德范畴的存在论诠释》,《学灯》,2009 年第 1 期(总第 9 期)。

52. http://blog.sina.com.cn/s/blog_4de351700101961e.html. 张法:《唯心与唯物》。

53. http://sixiang.jguo.cn/lianghan/people/2013/0104/7609.html. 博学人《汉初儒学的主要代表人物及其著作》。

54. http://zh.wikipedia.org/wiki/"李约瑟难题"。

四、博士论文

1. 陈金辉:《吉藏与智顗〈法华经〉思想之比较研究》,台湾中华文化大学文学院哲学系博士论文,2010 年。2. 洪潭:《魏晋玄学"以无为本"的再诠释——以王弼、嵇康、郭象》,台湾成功大学博士论文,2009 年。

3. 姜真硕(韩):《朱子体用论研究》,北京大学博士论文,2000 年。

4. 郑灿山:《迈向圣典之路——东晋唐初道教〈道德经〉学》,台湾师大国文所博士论文,2000 年。

后　记

　　伟大的哲学思维和思想是一个民族建立文化自信的依据,更为建设人类命运共同体提供参考。当代中国经济社会的高速发展,给予我们重新思考三千年以来中国哲学的本来面目和未来命运的新机遇。这一机遇既是面向中国自身的,也是面向世界未来的,因此成为一种责任和使命。正是这种责任和使命促使我确定以"中国哲学体用思想"为博士论文的研究和写作方向。

　　本书是在我博士论文基础上修订而成的。2013 年 8 月 18 日,当我完成这本厚达 860 页、将近 78 万字的论文时,520 多天的煎熬总算告一段落。回首那些日子,其中有太多无法言表的感动和感恩,也有太多不为人知的辛苦与挣扎。我知道这将会是我人生中最充实、最刻骨铭心的一段岁月。

　　感谢恩师赖永海先生对我的无限包容和全力支持。是先生在写作过程中一次次的关心和鼓励,使我有勇气和决心来坚持并最终完成这个艰巨的写作计划;也是恩师的鼓励和支持,最终使我有机会将博士论文整体呈现并出版。

　　感谢母校南京大学给了我圆梦的机会。在南大这三年时间里,我有机会遇到张异宾、徐小跃、王月清、洪修平、孙亦平、李承贵、杨维中、圣凯等优秀的老师,还有诸多优秀的同窗和同门。还要感谢我的产业经济学博士后导师——南大商学院顾江教授,感谢为本书题写书名的也是我的书法恩师——书法大家言恭达先生。

　　还要特别感谢这几年来一直给我巨大支持和关怀的圣辉大和尚,感谢十年来一如既往关心我的硕士导师——中南大学的刘立夫教授;还有台湾大学为我搜集港台珍贵资料付出很多的陈平坤教授,以及我在长沙求学期间的诸多师友;还有我过去在湖南岳阳工作过的多所学校的领导和好友。

　　最后,我要特别感谢我的家人:父母带我来到这个世界,为我操劳至今;岳父母对我疼爱有加,全力支持我的学习;妻子雷希女士对我不离不弃,深情相守,任劳任怨,助我圆梦;儿子也常常鼓励我和他共同进步;还有我的姐姐和姑妈,他们都是我完成博士学习的坚强后盾。

博士论文能够顺利出版,要特别感谢南京大学出版社总编辑金鑫荣先生和人文图书编辑部主任施敏女士的不弃鄙陋和不辞辛劳,也要感谢南京牛首山诸多好领导和好同事的大力支持。

以上一切的感恩和感谢,期待日后以更好的思考和写作来回报!

守　愚

2020 年 1 月 1 日于南京牛首山